심리학입문 │제5판│

Daniel L. Schacter, Daniel T. Gilbert, Matthew K. Nock, Daniel M. Wegner 지음
민윤기, 김명선, 김영진, 남기덕, 박창호, 이주일, 이창환, 정경미, 진경선 옮김

Σ 시그마프레스

심리학입문, 제5판

발행일 | 2022년 7월 25일 1쇄 발행

지은이 | Daniel L. Schacter, Daniel T. Gilbert, Matthew K. Nock, Daniel M. Wegner
옮긴이 | 민윤기, 김명선, 김영진, 남기덕, 박창호, 이주일, 이창환, 정경미, 진경선
발행인 | 강학경
발행처 | ㈜시그마프레스
디자인 | 김은경, 이상화, 우주연
편   집 | 이호선, 김은실, 윤원진
마케팅 | 문정현, 송치헌, 김인수, 김미래, 김성옥

등록번호 | 제10-2642호
주소 | 서울특별시 영등포구 양평로 22길 21 선유도코오롱디지털타워 A401~402호
전자우편 | sigma@spress.co.kr
홈페이지 | http://www.sigmapress.co.kr
전화 | (02)323-4845, (02)2062-5184~8
팩스 | (02)323-4197

ISBN | 979-11-6226-400-3

Introducing Psychology, Fifth Edition

First published in the United States by Worth Publishers
Copyright © 2021, 2018, 2015, 2012 Worth Publishers
All rights reserved.
Korean language edition © 2022 by Sigma Press, Inc. published by arrangement with Worth Publishers

＊ 책값은 책 뒤표지에 있습니다.

'심리학입문'은 하버드대학교 심리학과 교수들이 공동 집필한 *Introducing to Psychology*의 번역서 제목으로 국내에서는 2017년에 제3판의 번역서를 처음 출간하였다. 그동안 이 번역서는 많은 국내 대학교에서 심리학 개론서로 사용되어 왔고, 그 구성과 내용의 깊이와 충실함에 대한 강의자들의 크나큰 호평을 받아왔다. 이제 그동안 변화와 진화를 겪은 세상을 반영한 내용과 흥미를 더해주는 글쓰기가 보강된 2021년에 출간된 *Introducing to Psychology* 제5판의 번역서를 세상에 내놓게 되었다.

제3판과 마찬가지로 제5판의 경우도 하버드대학교 심리학과에 재직 중인 Schacter 교수, Gilbert 교수, Nock 교수가 집필하였고, 처음부터 제2판까지 집필에 참여했지만, 2013년에 세상을 떠난 Wegner 교수를 기리는 의미로 계속해서 저자 명단에 꾸준히 올리고 있는 저자들의 의리에 뭉클함을 느끼게 된다. 제5판의 번역을 맡은 역자들 모두 기쁜 마음으로 번역 작업에 참가해 주었다.

각 역자들이 담당한 부분은 다음과 같다.

제1장은 민윤기 교수, 제2장과 부록은 이주일 교수, 제3, 5, 13장은 김명선 교수, 제4, 7, 8장은 박창호 교수, 제6, 9장(전반부)은 김영진 교수, 제9장(후반부)은 이창환 교수, 제10장은 진명선 교수, 제11, 12장은 남기덕 교수, 제14, 15장은 정경미 교수가 맡았다.

각 분야의 국내 최고 권위자들의 참여로 알차고 충실한 번역 작업이 이루어졌다고 감히 말하고 싶다. 이 입문서를 통해 현실 세계의 특정한 현상들을 심리학 연구와 개념을 통해 이해할 수 있음을 안다는 것이 얼마나 중요한지 깨닫는 기회가 되기를 바란다. 이 입문서는 지식을 딱딱하게 나열하는 기존의 개론서와 달리, 저자들의 유머러스한 문체가 깨알 같은 즐거움과 흥미를 준다. 부디 이 책을 통해 심리과학에 대한 깊이 있는 지식을 얻어가기를 바라는 마음이다.

끝으로 좋은 책을 추천하여 번역을 맡겨주신 (주)시그마프레스 강학경 사장과 편집부 여러분께 감사드린다.

2022년 7월
역자 대표 민윤기

COURTESY OF DANIEL SCHACTER

Daniel L. Schacter는 하버드대학교 심리학과 William R. Kenan, Jr 교수이다. 채플 힐에 위치한 노스캐롤라이나대학교에서 학사학위를 받았다. 그때부터 여러 종류의 뇌 손상과 연계된 실어증상에 깊은 관심을 갖게 되었다. 그 후 토론토대학교에서 연구와 교육을 계속하여, 그곳에서 1981년에 박사학위를 받았다. 그후 1987년 애리조나대학교 심리학과에 합류할 때까지, 6년 동안 토론토대학교에서 교수로 복무하였다. 1991년에 하버드대학교 교수로 이동하였다. 그는 의식과 무의식적인 기억형태 간의 관계, 기억의 왜곡과 오류의 본질, 기억을 활용한 미래사건 심상화 등을 탐구하는 연구를 수행하였다. 그의 많은 연구들은 1996년에 발간된 기억을 찾아서 : 두뇌, 마음 및 과거(*Searching for Memory: The Brain, the Mind, and the Past*), 2001년에 발간된 기억의 일곱 가지 죄악 : 마음의 망각과 기억(*The Seven Sins of Memory: How the Mind Forgets and Remembers*)으로 출간되었으며, 두 책 모두 미국심리학회에서 수여하는 윌리엄 제임스 기념상을 받았다. Schacter는 다수의 우수 교수상과 연구상을 수상하였는데, 미국실험심리학회에서 수여하는 하버드 레드클리프 파이베타카파 교수상과 워렌 메달을 수상하였고, 미국심리학회가 수여하는 우수 과학공로상을 수상하였다. 2013년에는 국립 과학아카데미 회원으로 선출되었다.

JOANNE GILBERT

Daniel T. Gilbert는 하버드대학교 심리학과의 Edgar Pierce 교수이다. 덴버 소재 콜로라도대학교에서 학사학위를, 프린스턴대학교에서 박사학위를 받았다. 1985년에서 1996년까지 오스틴 소재 텍사스대학교에서 강의를 하다가, 1996년에 하버드대학교 교수로 합류하였다. 소장학자로서 심리학 발전에 기여한 공로를 인정받아 미국심리학회 우수 과학자상을 수상하였고, 사회심리학에 대한 탁월한 공로로 디너상을 수상하였으며, 파이베타카파 우수교수상과 하버드대학교 교수상을 비롯한 다수의 교육상을 수상하였다. 그의 연구 관심사는 미래사건에 대해 정서적으로 반응할 때, 인간이 어떻게 그리고 얼마나 현명하게 생각하는지에 대한 것이다. 그는 국제적으로 베스트셀러가 된 행복에 걸려 비틀거리다(*Stumbling on Happiness*)의 저자이며, 이 책은 그해 발간된 가장 대중적인 과학도서에 수여되는 영국 왕립학회 일반부문 도서상을 수상하였다. 그는 PBS에서 방영되는 TV 시리즈물인 '이것이 정서적인 삶이다(This is Emotional Life)'의 진행자이며 공동 저자이기도 하다.

NICOLAS GUEVARA

Matthew K. Nock은 하버드대학교 심리학 교수이다. 1995년에 보스턴대학교에서 학사학위를, 2003년에 예일대학교에서 박사학위를 받았다. 같은 해 Bellevue 병원과 뉴욕대학교 아동연구 센터에서 임상 인턴을 하였다. 2003년부터 하버드대학교에 재직 중이다. 학부 시절, 사람들은 왜 의도적으로 자신을 해치려고 하는 일들을 하는지에 대해 의문을 갖게 되었고, 그 이후부터 이 질문에 답하려는 연구를 계속해 오고 있다. 그의 연구는 본질상 다학제적으로 이루어지며 다양한 방법론적 접근법(예 : 인식론적 조사, 실험실 기반 실험 및 임상 기반 연구 등)을 활용한다. 이를 통해 해당 행동들이 어떻게 발전하고, 어떻게 예측될 수 있으며, 발생을 막으려면 어떻게 해야 하는지를 좀 더 잘 이해할 수 있기 때문이다. 하버드대학교에서 다수의 교수상을 수상하였고, 연구성과를 인정받아 4개의 소장학자상을 수상하기도 했는데, 2011년에 MacArthur 선임연구원으로 지명되었다.

THE FAMILY OF DANIEL WEGNER

Daniel M. Wegner는 하버드대학교에 있는 윌리엄 제임스 기념, John Lindsley 심리학 교수이다. 미시간주립대학교에서 1970년에 학사학위와 1974년에 박사학위를 받았다. 그는 텍사스 샌안토니오에 있는 트리니티대학교에서 교수 경력을 시작하였는데, 1990년에 버지니아대학교에 임용되었고, 그 후 2000년에 하버드대학교에 임용되었다. 미국 예술 및 과학 아카데미 선임연구원을 역임했고, 미국심리과학협회로부터 윌리엄 제임스 기념상을 수상하였으며, 미국심리학회로부터 우수 과학공로상과 실험사회심리학회로부터 우수 과학자상을 수상하였다. 사고억압과 정신적 통제, 집단과 관계에서의 교류기억, 의식적 의지의 경험이 핵심적인 연구 관심사이다. 사고억압과 의식에 관한 그의 연구는 대중적 저서인 흰곰과 원하지 않는 사고(*White Bears and Other Unwanted Thoughts*)와 의식적 의지의 착각(*Illusion of Conscious Will*)의 기초가 되었으며, 이 둘 모두 우수 학술도서로 채택되었다. 2013년에 사망하였다.

학생 여러분께

이 세상은 별에서 화석에 이르기까지, 또 양성자에서 생명체의 세포에 이르기까지, 신비한 일들로 가득 차 있습니다. 그러나 이 책의 저자들에게 가장 신비한 것은 바로 사람이며, 그런 이유로 이 책의 저자들은 대학에서 심리학 강의를 수강하게 되었습니다. 우리는 심리학에서 알게 된 많은 사실과 우리가 들은 심리학 강의에 너무나 매료되었지만, 우리가 공부했던 교과서가 무엇이었는지는 기억에 남지 않았습니다. 그 이유는 아마도 그 교과서들이 수많은 이름과 날짜로 가득 찬 전문 용어집처럼 보이는 책이었기 때문일 것입니다. 그래서 우리는 기말시험이 끝나기 바쁘게 아직 뭘 잘 모르는 후배 학생들에게 그 책들을 팔아버렸습니다.

심리학 교수가 되고 나서 우리는 왜 교과서는 꼭 그런 식의 책이 되어야만 하는가에 대해 생각해 보기 시작했습니다. 우리는 그래서는 안 된다고 생각했고, 그래서 2008년에 우리가 학창 시절에 가지고 싶었을 것으로 생각될 만한 그런 교과서를 썼습니다. 그 책에 대한 반응은 어마어마했습니다. 우리는 이전에 교과서를 써 본 적이 없었으므로 어떤 결과가 나올지를 조금도 예상할 수 없었지만, 퓰리처상까지 받을 생각은 절대 하지 않았습니다.

퓰리처상은 우리가 아예 꿈꾸지 않았던 것이기에 그 상을 받지 못한 것은 상관없습니다. 그러나 우리에게는 퓰리처상을 받는 것보다 더 좋은 일이 생겼습니다. 우리가 쓴 그 책이 너무나 좋았다는 이메일이 전국 각지의 학생들에게서 오기 시작한 것입니다. 학생들은, 당연히, 심리학이 그 자체로서 흥미로운 주제이므로 그 책의 내용도 좋았지만, 그 책의 또 다른 면들이 좋았다고 했습니다. 첫째로, 우리가 쓴 교과서가 교과서 같지 않아서 좋았다고 했습니다. 우리는 그 책을 중고교 생물학 시간의 영상물에 많이 나오는 해설자의 판박이 같은 어조("저 바다 수달을 보세요. 작은 털북숭이의 자연 청소부입니다.")로 쓰지 않았습니다. 그보다 학생들에게, 친구들에게, 반려동물에게 말할 때처럼 바로 우리가 평소에 말하는 투로 그 책을 썼습니다(그래서 제12장의 제목이 처음에는 "내 신발 좀 그만 물어뜯어"였습니다). 학생들은 우리가 풀어나가는 심리학 이야기를 좋아했습니다. 말하자면 내용을 열거만 하기보다는 연결하고, 내용을 서술만 하기보다는 아이디어를 보여주고, 우리 자신과 또 이해해줄 만한 사람에게 짓궂게 놀리는 식으로 이야기하는 것이 좋았다는 것입니다. 이런 피드백 덕분에 우리는 제5판까지 쓰게 되었습니다.

물론 교과서는 재미있고 오락적인 것 이상의 내용이 들어 있어야 합니다. 교과서는 또 학생들의 학습을 도와주는 것이 되어야 합니다. 그런 이유로 모든 소설, 요리책, 매뉴얼에서 활용하는 단어, 문장, 도표와 도식에 더해서 교과서는 학생들이 읽은 내용을 이해하고 기억하는 데 도움을 줄 수 있는 장치를 더 마련합니다. 이러한 장치를 만들려면 인간이 어떤 방식으로 학습하는가를 잘 알아야 하는데, 운이 좋게도, 우리 심리학자는 바로 이 학습이라는 문제에 있어서 전문가가 아닌가요? 이 책에 마련된 장치를 소개하기 전에 먼저 이 책을 잘 소화하는 데 도움이 되는 여섯 가지 팁을 설명할 것인데, 이 팁을 다 읽고 나면 이어서 바로 이 책을 더 잘 이해하는 데 도움을 줄 장치에 관해 설명할 것입니다.

이 책을 효과적으로 읽는 데 도움이 되는 여섯 가지 팁

책을 읽는 것은 저절로 됩니다. 글자가 인쇄된 페이지를 보면, 눈은 곧바로 그 글자를 따라 굴러가면서 다른 도움이 필요 없이 검은 선들을 단어와 문장으로 바꿉니다. 그런데 읽는 것과는 달리 이해와 기억은 저절로 일어나는 것이 아닙니다. 어떤 문장을 읽은 다음 그 문장에서 눈을 떼고 10초만 지나면 방금 무엇을 읽었는지 그 내용이 아무것도 생각나지 않는다면 그것은 바로 그런 이유 때문입니다(이런 일이 일어난다면 여러분에게는 이 여섯 가지 팁이 꼭 필요합니다). 연구에 따르면 읽기가 이해와 기억이 되게 만드는 가장 좋은 방법은 그 읽기가 저절로 일어나는 수동적 읽기가 아니라 능동적으로 개입하는 읽기라는 것입니다. 아래에 능동적 읽기의 여섯 가지 방법이 나와 있습니다.

- **연습** 여기서 연습이란 옷을 차려입고 셰익스피어의 대본을 암송한다는 그런 의미가 아닙니다. 심리학에서 연습이란 단순히 암기물을 자신에게 반복하는 것을 말하는데, 이 연습이라는 것은, 제대로만 한다면 암기물을 기억하는 너무나 훌륭한 방법임을 알게 될 것입니다. 예를 들면 심리학 실험실을 최초로 창설한 사람의 이름을 기억한다고 생각해봅시다(여러분은 아마도 제1장을 읽으면서 이것을 해야 할 것입니다). 여러분은 먼저 "빌헬름 분트가 최초의 심리학 실험실을 창설했다"라는 내용을 몇 번 자신에게 말할 것이고, 몇 초 지난 다음에, 이 말을 몇 차례 다시 반복하고, 이번에는 조금 더 오래 있다가 이 말을 다시 반복하고, 하는 식으로 계속할 것인데… 이제 이것이 무슨 뜻인지 알았을 것입니다. 연습과 연습 사이의 시간 간격을 늘리면 그럴 때마다 암기물의 기억이 좀 더 어려워지는데, 이것은 마치 벤치프레스에서 시행을 반복할 때마다 무게를 늘려가는 것과 같은 방법으로서, 연구에 의하면 이 방법이 암기물을 기억하게 만드는 데 아주 효과적이라고 합니다.

- **해석** 연습이 매우 좋은 기억 방법이기는 하지만, 심리학을 학습하기 위해서는 먼저 그 내용을 이해해야 합니다. 연구에 따르면 내용을 이해하고 기억하는 가장 좋은 방법 중 한 가지는 읽는 것을 잠시 멈추고 그 내용을 해석하는 것이라고 합니다. 말하자면 그 내용이 무엇을 의미하며, 그 내용이 여러분과 어떤 관계가 있는가를 생각해본다는 것입니다. 예를 들면, 여러분이 행동주의의 기본 개념이 무엇인지를 학습하려고 한다고 합시다(여러분이 제7장을 읽을 때 이것을 해야 할 것입니다). 여러분은 아마도 우리가 행동주의에 관해 써놓은 내용을 읽어보려고 할 것인데, 그보다는 잠깐 멈추어서 "행동주의자는 내가 대학교에서 왜 이 전공을 선택했는가를 어떻게 설명할 것인가?"와 같은 질문을 자신에게 해보는 것입니다. 이런 질문에 답을 하면서 여러분은 행동주의에 관해 읽은 내용을 기억해낼 뿐만 아니라 그것을 이미 알고 있는 다른 내용(예를 들어 여러분이 전공을 선택할 때 심리학을 선택할 것인지 아니면 부모님께서 본인들도 잘 모르시면서 더 좋다고 하시는 다른 전공을 선택할 것인지를 놓고 고민했던 일)과도 연결해보려고 할 것입니다. 새로운 사실을 이미 잘 알고 있는 내용과 연결할 때 새로운 사실을 기억하기가 훨씬 더 쉽다고 합니다.

- **조직화** 누가 여러분에게 '인사, 문의, 간청, 서명, 접기, 넣기, 침 바르기'라는 단어들을 순서대로 기억해보라고 한다면, 이게 부모님께 돈을 보내 달라는 편지를 써서 봉투에 넣는 순서임을 알기 전까지는 그리 쉽지 않을 것입니다. 정보를 의미가 통하는 방식으로 조직화하는 것은 그 내용을 학습하고 기억하는 가장 좋은 방법 중 한 가지인데, 이것이 바로 여러분이 각 장을 읽고 나서 그 장의 내용을 여러분의 이야기로 만들어보아야 하는 이유입니다. 이것은 단순히 학습한 내용을 연습하거나 해석하는 것에 그치지 않고, 그 내용을 서로 연결해

서 무엇이 원인이고 무엇이 결과인지를 알아보는 것을 의미합니다.

- **시험** 여러분은 교재를 읽을 때 중요 부분을 노란색 형광펜으로 표시해두었다가 표시한 부분만 다시 읽는 방식으로 공부하려고 할 것입니다. 이것은 잘못된 방법인데, 그 이유는 표시한 부분만 반복해서 읽으면 그 부분은 점점 더 익숙하게 되고, 따라서 여러분은 익숙해졌으므로 그 부분을 아주 잘 안다는 착각에 빠지게 됩니다. 그러나 사실은 그 부분을 읽고 있을 때만 그 부분을 아는 것일 뿐입니다. 공부하는 훨씬 더 좋은 방법은 공부한 부분을 교과서 내용을 보지 않고 스스로 시험해보는 것입니다. 더 좋은 방법은 누군가 다른 사람과 함께 공부하면서 공부한 내용을 서로 시험해보는 것입니다.

- **시간 간격** 그러면 이 모든 것을 어느 때 하는 것이 좋을까요? 잘못된 답은 '시험 전날 밤에 하는 것'입니다. 연구에 따르면 교과서 내용을 매일 조금씩 읽고, 그 내용을 읽을 때마다 위에 나온 공부 방법을 적용해서 하면 학습 내용이 아주 잘 기억된다고 합니다. 시험 전날 밤의 벼락치기 공부는 하기도 괴로운 일이지만(벼락치기 공부라는 말에서 이미 알 수 있지 않은가요?), 공부한 내용을 잘 기억하고 시험을 잘 보기를 원한다면 이 방법은 가장 좋지 않은 방법의 하나입니다. 시험 전날 밤에 읽는 것은 전혀 읽지 않는 것에 비해 아주 약간 더 나을 뿐입니다.

- **수면** 여러분은 시험 전날 밤에 충분히 잠을 자는 게 좋다는 것을 이미 알고 있습니다. 그러나 제6장에서 보게 되겠지만, 우리가 앞에서 말한 공부 방법으로 공부를 하는 날에는 항상 충분히 잠을 자 두는 것이 시험 전날 밤에 충분히 잠을 자는 것과 똑같이 중요합니다. 잠을 자는 동안 두뇌는 낮 동안에 공부한 것을 반복해서 떠올리면서 그 내용을 잘 살펴본 다음 의미 있는 패턴으로 조직화하여 체계적으로 저장한다는 것입니다. 잠을 자는 동안 뇌가 읽은 내용을 '심사숙고하는 것'이 뇌가 그 내용을 맨 처음 읽는 것만큼이나 중요합니다.

이 공부 방법의 실행에 도움되는 장치

자 지금까지 여섯 가지 공부 방법을 알아보았습니다. 그런데 여러분이 이 방법들을 꼭 기억하고, 나아가 이 방법들을 꼭 사용한다고 누가 보장하겠습니까? 걱정할 필요가 없습니다. 우리가 도와줄 것입니다. 우리는 이 교과서에다 다양한 장치들을 마련해놓아서 여러분이 이 여섯 가지 학습 방법과 다른 연구에서 나온 학습 전략을 저절로 사용하게 만들어놓았습니다. 그리고 우리는 여러분이 저절로 잠이 오도록 아주 지루한 장도 하나 마련해놓았답니다(농담입니다)!

예를 들어 각 장을 보면 몇 개의 주요 절로 나누어져 있는 것을 볼 것인데, 각 절이 시작할 때마다 **학습목표**를 제시하여 그 절을 읽을 때 주요 개념이 무엇인가를 유념하여 볼 수 있게 하였습니다. 이것은 여러분이 읽는 내용을 체계화하는 데 도움이 될 것인데, 마치 로미오와 줄리엣이 불행한 연인들이라는 사실을 미리 알고 있는 게 이 연극을 볼 때 그 내용을 이해하는 데 도움이 되는 것과 같습니다. 학습 목표가 내용을 읽기 전에 무엇을 보아야 할 것인지를 알려주는 것과 같이 **정리문제**(이것은 각 절의 맨 뒷부분에 나와 있을 것입니다)는 여러분이 내용을 읽으면서 알아내어야 할 것을 찾았는지를 확인하는 데 도움이 될 것입니다. 이 질문들은 여러분의 공부가 자신이 원하는 수준, 그리고 교수님이 요구하는 수준을 달성했는지를 확인하는 데 도움이 될 것입니다. 그 수준에 도달하지 못했다면 그 절의 내용을 다시 읽어보거나 각 장의 끝부분에 있는 **복습**에서 놓친 내용을 찾아내면 됩니다.

우리는 또한 여러분이 읽은 내용의 해석을 돕기 위한 장치도 마련했습니다. 예를 들면 각 장의 끝부분에서 여러분은 **생각 바꾸기**라는 글상자를 볼 수 있을 것인데, 이것은 일상생활에서 사람들이 인간의 행동을 잘못 이해한 경우를 제시한 것으로서, 여러분은 해당 장의 내용에서 정답을 찾아볼 수 있을 것입니다.

글상자

사람들이 얘기할 때 보면("나는 이번 여름에 로마에 갔었는데, 거기서 트레비 분수와 시스티나 성당, 콜로세움…을 봤어요") 가끔 그 얘기 중에서 특별한 관심거리("16세기에 교황이 콜로세움을 직물 공장으로 바꾸려고 했다는 사실을 들어보셨나요?")를 얘기하기 전에 약간의 뜸을 들이는 경우가 있습니다. 그런 다음에 얘기를 계속 이어갑니다. 자! 그런데 우리 교과서에서도 각 장에서 얘기가 나오는데, 가끔 하던 얘기를 멈추고 그 장의 내용과 관련해서 특별히 흥미를 끄는 얘기를 꺼냅니다. 물론 직물 공장에 관한 얘기가 아니라 심리학에 관한 얘기입니다. 우리가 쉬어가는 방식은 여러분에게 글상자를 만나게 하는 것입니다. 이 글상자는 네 가지 유형이 있는데, 각 유형별로 이름을 붙여봤습니다.

- 한 가지 유형은 **차이의 세계**라는 이름의 글상자입니다. 사람들은 문화, 성별, 인종, 종교, 나이, 경제 수준, 성 정체성, 기타 등등 수많은 방식으로 서로 다릅니다. 이러한 다양성의 원천들이 각 사람의 생각, 감정, 행동에 영향을 주므로 거의 모든 장에서 그런 내용을 다루면서 쉬어갈 것입니다.
- 두 번째 글상자는 **다른 생각**입니다. 이 지구상에 심리학자가 나타나기 아주 오래전에 이미 시인, 현자, 극작가, 철학자들이 통찰력 있게 인간의 본질에 관한 문제를 다루어왔습니다. 따라서 우리는 이들의 통찰력 있는 생각을 여러분과 공유하기 위해 그들이 쓴 글을 이 책에 초대했습니다. 거의 모든 장에서 여러분은 심오한 사고와 훌륭한 문체로 쓴, 그리고 무엇보다 더 중요하게 이 책의 저자가 아닌 다른 사람이 쓴 글들을 만나게 될 것입니다.
- 세 번째 글상자는 **현실 세계**입니다. 미로 속에 있는 쥐에서부터 뇌 주사장치에 들어있는 인간에 이르기까지 교과서에서 다루고 있는 내용이 때로는 우리가 살아가는 곳이 아닌 다른 세상에서 일어나고 있는 일들을 다루고 있는 것처럼 보일 수 있습니다. 그래서 우리는 여러분이 읽고 있는 내용이 일상생활과 어떻게 연결되는지를 보여주는 이 글상자를 마련한 것입니다.
- 마지막으로 여러분은 모든 장에서 **최신 과학**이라는 글상자를 만나게 될 것입니다. 우리가 이 책의 제4판을 썼을 때 도널드 트럼프는 부동산 개발자였고, 여러분 중의 누구도 '미투'라는 말을 들어본 적이 없었을 것인데, 이 말은 세상이 너무나 빨리 변한다는 것입니다. 그래서 우리는 매 장에서 우리의 사고방식을 바꾸고, 나아가 여러분의 사고방식을 바꾸게 하는 최신의 과학적 연구 결과를 공유할 수 있는 자리를 마련한 것입니다.

여기까지가 이 책의 장치와 글상자에 관한 얘기였는데, 이것으로 서문의 내용은 충분히 된 것 같습니다. 교수 아니랄까 봐 장황하게 얘기했는데, 어쨌든 여러분은 핵심 내용을 잘 파악했을 것으로 믿습니다. 우리는 심리학이라는 과학을 사랑하고, 그래서 여러분도 심리학을 사랑하게 되기를 바라는 마음으로 이 책을 썼습니다. 그렇게 될지 아닐지는 모르겠지만, 우리가 이번에 쓴 제5판에 대해 여러분이 어떻게 생각하는지 들어보기를 간절히 바랍니다. 어느 때건 편하게 MattAnd3Dans@gmail.com으로 연락해주기 바랍니다. 괜히 비아그라와 같은 말이 들어가서 여러분이 보낸 이메일이 스팸메일로 처리되지 않도록 주의해주기 바랍니다.

교수님들께

우리는 왜 이렇게 살고 있나요? 과자를 굽고, 시를 읽고, 워킹데드 시리즈를 몰아볼 수도 있는데, 우리는 허구한 날 교과서를 뒤지고 있습니다. 피아노를 연주하고, 박물관을 찾아보고, 워킹데드 시리즈를 몰아볼 수 있는데도 우리는 허구한 해를 논문을 읽고, 장과 절을 쓰고, 사진을 찾고 있습니다. 왜 우리는 수많은 좀비가 줄지어 다니고 있는 'Textbookland.com'에서 자처해서 길을 잃고 헤매고 있는가요?

이 모든 게 과학을 사랑하기 때문입니다. 여러분과 우리는 나이, 성별, 인종, 종교가 다를 수 있고, 사는 곳이나 언어가 다를 수 있겠지만, 우리의 공통적인 유대감은 그런 차이보다 훨씬 더 클 것인데, 그 유대감이란 과학이 인간 행동의 신비를 이해하는 데 가장 좋은 도구가 된다는 우리 모두의 확고한 신념입니다.

어디서인지는 모르지만, 우리는 심리학이라고 하는 학문을 만났고, 바로 거기에 꽂혀버렸는데, 과학자들이 암의 원인이 무엇인지를 밝히고, 나비가 어떻게 이주하는지를 알아내는 데 사용하는 방법이 바로 우리 인간의 심정과 심리에 관한 해묵은 질문에 대한 해답을 얻는 데 마찬가지로 사용될 수 있다는 생각, 바로 그 생각에 푹 빠져버렸기 때문입니다. 솔직하게 말씀드리자면, 이런 생각을 접하고도 거기에 빠지지 않는 사람이 있다면 그런 사람이 바로 좀비가 아닐까요?

우리가 쓴 교과서가 여러분께 맞는 것이었는지요? 교수님들께서 교과서를 선택할 때는 자기 학생들에 대한 교육의 일부분을 그 교과서의 저자에게 맡긴다는 것인데, 잘은 모르겠지만, 이 교과서를 선택하셨다면 그러한 신뢰가 있었기 때문이겠지요. 그래서 우리는 단 한 가지의 중요한 목표를 지닌 교과서를 저술함으로써 그러한 신뢰를 얻으려고 노력하였는데, 그 목표란 우리와 여러분이 그랬듯이 학생들이 이 놀라운 신생 과학의 매력에 푹 빠지게 만드는 것이었습니다. 학생들이 그러한 열정으로 심리학자, 더 나은 부모, 현명한 소비자, 훌륭한 시민 등 무엇이 되든 상관없이 우리가 하는 이 과학에 대한 좋은 뉴스를 전파함으로써 학생들의 열정을 점화하는 것이 우리가 할 일이라고 본 것입니다. 그렇게 우리는 이 책의 한쪽 한쪽에 심혈을 기울였는데, 우리의 이런 노력이 제대로 되었는지 아닌지 여러분의 생각을 알려주신다면 정말 좋겠습니다.

좋았다고요? 감동입니다. 잠깐만 감동의 눈물을 닦을 시간을 주십시오. 이제 됐습니다. 자 그러면 이제부터 우리가 쓴 교과서, 말하자면 이번의 제5판에 대해서 여러분께서 알고 싶어 할 구체적인 내용을 얘기해보겠습니다.

변화!

'새로운'이라는 말과 '개선'이라는 말이 들어가면 핸드폰도 더 많이 팔리고 커피 메이커도 더 많이 팔리는데, 교과서도 아마 그렇겠지요. 그러나 우리는 여기서 그런 말들을 쓰지 않겠습니다. 이 책은 우리가 쓴 교과서의 제5판인데, 이 책의 내용이 전부 새롭고 개선된 것이라면, 그 이전 판의 책은 전부가 진부하고 몽땅 고쳐야 할 엉망진창의 내용이라는 말이 되겠지요. 그런 의미는 아니지요. 우리가 이 교과서를 집필하기 시작한 지도 10년이 넘었는데, 그 과정에서 우리는 많은 걸 배우게 되었습니다. 내용을 쓰고 고쳐 쓰면서 배웠을 뿐만 아니라, 전국의 수많은 교수님과 학생들이 시간을 내어서 무엇이 좋고 무엇이 부족한지, 그래서 우리가 다음 판을 쓸 때 무엇을 바꾸어야 할지를 알려주신 것으로부터 많은 것을 배웠습니다.

지금까지 많은 조언을 들어왔는데, 이번의 제5판이 이제까지 썼던 것 중 제일 나은 이유는 모든 내용을 바꾸어 화려한 모습으로 꾸며서가 아니라 우리가 이제까지 잘해왔던 것을 더욱더 완벽하게 만들려고 하는 데 모든 노력을 쏟았기 때문입니다. 교수님들은 우리의 교육 방법론이 훌륭하다고 말씀해주셨기에 그 방식을 바꾸지 않고 더욱 강화하였습니다. 또한 우리가 포괄하고 있는 범위가 맞다고 하셨으므로 그 방향을 바꾸기보다는 계속해서 그 방향을 지향했습니다. 그리고 학생들이 우리의 일상적인 어투와 뭔가 어색해 보이는 서술 방식을 좋아한다고 말씀하셨기에 우리의 표현 방식이 나쁘지 않다고 믿고 우리의 유머러스한 방식을 더 발전시켰습니다. 이 제5판이 눈에 익숙해 보인다면 그 이유는 개정판을 쓸 때마다 이전의 기본 틀을 유지하면서 내용을 첨삭하는 방식으로 책을 썼기 때문일 것입니다.

그렇다고 해서 제5판이 제4판의 내용을 그대로 두고 겉표지만 바꾼 건 아닙니다. 제5판을 보시면 몇 가지 큰 변화가 있다는 것을 금방 아실 것입니다. 예를 들면 제1장(심리학 : 과학의 진화)은 분량을 대폭 줄이고, 내용도 완전히 새롭게 재구성했습니다. 그래서 심리학의 다채로운 역사를 더 명확하고 더 재미있게 꾸몄다고 생각합니다. 제4장(감각과 지각), 제8장(정서와 동기), 제9장(언어와 사고)의 내용은 대폭 손질했고, 또 다른 장들은 내용을 더 보충했는데, 예를 들면 제3장(신경과학과 행동)에는 활동 전위에 관한 절을 새로 만들었고, 제2장(심리학 연구방법)에는 반복 실험에 관한 절을 신설했습니다. 무엇보다 중요한 건 요즘의 학생들에게 '더 후(The Who, 1964년 영국 런던에서 결성된 록 그룹 – 역주)'가 누군가를 한 번 보도록 피트 타운센트('더 후'의 창립 멤버)의 사진을 몰래 가져다가 교과서에 실었다는 것입니다. 이런 중요한 일이 우연히 일어나지 않는다는 건 잘 아시지요?

요약 차례

차례

3 신경과학과 행동

4 감각과 지각

SPL/Science Source

Purestock/Getty Images

5 의식

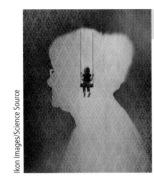

6 기억

7 학습

Echo/Getty Images

8 정서와 동기

Muriel de Seze/Getty Images

9 언어와 사고

John Lund/Getty Images

10 발달

PeopleImages/E+/Getty Images

11 성격

David Gilliver/Barcroft Media

12 사회심리학

Fotosearch/Age Fotostock

13 스트레스와 건강

Trevor Williams/Getty Images

14 정신장애

Livia Fernandes-Brazil/Moment Select/Getty Images

15 정신장애의 치료

이 책의 참고문헌은 시그마프레스 홈페이지(www.sigmapress.co.kr) 내 일반자료실에서 찾을 수 있습니다.

심리학 : 과학의 진화

1860년에는 많은 일이 일어나고 있었다. 에이브러햄 링컨이 이제 막 대통령으로 선출되었고, 포니 익스프레스(Pony Express, 조랑말 속달우편)가 미주리와 캘리포니아 간 우편물을 배달하기 시작했고, 18세 청년이었던 윌리엄 제임스(William James, 1842~1910)는 앞으로 어떤 삶을 살아가야 할지를 고민하고 있었다. 그는 화가가 되고자 하는 희망으로 수개월 동안 로드아일랜드주에서 유명 화가들과 교류를 하였지만 그 분야에 소질이 없음을 깨달았다. 이후 그는 부친의 권고로 화학을 전공하기 위해 대학교에 진학하였지만, 곧 생리학으로 전공을 바꾸었다. 하지만 그는 이런 전공들에 대해 그리 흥미를 갖지 못하였다. 윌리엄은 대학교를 졸업하고 의대에 진학하였지만, 곧 학업을 중단하고 독일로 떠났는데, 그곳에서 소위 심리학(psychology, 그리스어로 '영혼'을 뜻하는 *psyche*와 '공부하다'를 뜻하는 *logos*의 합성어)이라 부르는 새로운 과학에 대해 알게 되었다. 2년 후, 그는 미국으로 돌아와 의대 학위를 마치고 하버드대학교 교수가 되었다. 그의 강의는 심리학이라는 새로운 유럽의 과학을 배우려는 우수한 학생들로 만원을 이루었다. 마침내 윌리엄은 오랫동안 갈구하던 것을 찾게 되었다. 교수로서 1년을 지낸 후, 그는 동생에게 쓴 편지에서 "지금까지 난 학생들의 흥미를 잘 유발했고 그들로부터 만족한다는 얘기를 듣고 있지."[1] "앞으로 계속 이 길을 가는 것도 그리 나쁘지 않은 것 같아."라고 말했다.

그리고 윌리엄은 영원하였다. 그는 35년 동안 하버드대학교에 남아, 그곳에서 최초의 심리학 과목 중 한 과목을 담당했고, 미국 최초의 심리학 실험실을 개설하고 운영하였다. 그는 또한 미국 최초의 심리학 교재인 **심리학의 원리**(*The Principles of Psychology*)를 썼다. 후에 역사가인 에드윈 보링(E. G. Boring)(1929, p. 624)은 "근대에 이르러 그 어떤 영문 심리학 서적도 윌리엄의 책만큼 광범하면서도 지속적인 영향력을 발휘하지는 못하였다"고 썼다. 오늘날 윌리엄 제임스는 미국 심리학의 아버지로 불리고 있으며, 그의 기념비적 교재는 아직도 널리 읽히고 있다.

1892년에 제임스는 심리학에 대해 "이것은 과학이 아니다. 단지 과학의 희망일 뿐이다"라고 말하였다. 그러나 1세기도 훨씬 더 지난 지금은 심리학의 희망이 실현되었고, 여러분이 손에 쥐고 있는 책이 바로

---

1 1920년 윌리엄의 조카인 헨리 제임스가 편집하여 보스턴에 있는 애틀랜틱 먼슬리 출판사에서 처음 출간되어 지금은 여러 형태의 편집본으로 나와 있는 *The Letters of William James*에서 인용된 것이다.

심리학의 뿌리 : 철학

1800년대 후반 : 마음의 과학을 향하여

1900년대 초반 : 정신분석과 행동주의

1900년대 초반 : 행동주의에 대한 저항

1900년대 후반 : 인지혁명

2000년대 초반 : 뉴 프런티어

심리학자의 길

윌리엄 제임스(왼쪽)는 학창시절 초기에 어떤 삶을 개척하며 살아가야 할지에 대해 혼란을 겪었다. 그로부터 45년이 지난 뒤(중간), 그는 미국 심리학의 아버지가 되었다. "어느 날 한 학생이 불쑥 끼어들면서 잠시만이라도 진중해지시는 것은 어떨지요?"라고 말할 정도로 제임스는 그의 찬란했던 커리어 내내 매우 활기차고 유머가 넘쳤던 헌신적이면서도 추앙을 받았던 교수로 기억되고 있다(Hunt, 2007, p. 169). 1907년 1월 22일 그의 마지막 강의가 있던 강의실에는 학생, 졸업생, 동료 및 학교 보직자들이 한자리에 모였다. 제임스의 삶은 좋지 않은 건강의 연속이었고, 1910년 그의 나이 68세에 사망하였다. 현재 하버드대학교의 심리학과는 윌리엄 제임스 홀(오른쪽)에 있다.

(MS Am 1092). Houghton Library, Harvard University; Stock Montage/Getty Images; The Harvard Crimson

그 산물인 셈이다('다른 생각 : 심리학은 과학인가?'를 보라). 어떻게 이런 일이 일어났을까? 우리가 어떻게 거기에서 여기까지 오게 되었을까? 이 장은 그 역사를 다룬다.

심리학의 뿌리 : 철학

심리학(psychology)은 마음과 행동의 과학적 연구이다. 마음(mind)이란 사람의 내부에서 발생하는 사적 경험의 세트(매 순간 우리가 경험하지만 누구도 볼 수 없는 사고와 감정)를 말한다. 그리고 **행동**(behavior)은 공적 사건의 세트(잠정적으로 다른 사람들이 관찰할 수 있는 우리가 말하고 행하는 것들)를 의미한다. 인간의 마음과 행동은 둘 다 꽤나 오랫동안 우리 주변에 머물고 있었고, 심리학자들이 처음으로 그것들을 이해하려고 시도한 것은 아니다. 그 영예는 수천 년 동안 이런 주제에 대해 깊이 생각해온 철학자들의 차지다.

이원론과 유물론

우리의 육체(body)는 보고, 냄새 맡고, 만질 수 있는 물리적 대상이다. 그러나 우리의 정신(mind)은 그렇지 않다. 여러분은 정서를 들을 수 없고, 신념을 맛볼 수 없다. 철학자인 르네 데카르트(René Descartes, 1596~1650)는 육체는 물질로, 그리고 정신은 비물질로 이루어져 있어 모든 사람은 비물리적인 것을 담고 있는 물리적 컨테이너라고 생각했다 — 후세 철학자들은 이를 '기계 속 유령(ghost in the machine)'이라 불렀다(Ryle, 1949). 데카르트의 입장은 정신과 육체는 근본적으로 다른 것이라는 관점인 **철학적 이원론**(philosophical dualism)으로 알려져 있다.

그러나 정신과 육체가 근본적으로 다른 것이라면, 그것들은 어떤 식으로 상호작용을 할까? 비물질적인 정신은 어떤 식으로 물질적인 육체에 최선을 다하라고 말할까? 그리고 물질적 육체가 녹슨 못을 밟았을 때, 비물질적 정신이 "아야!"라고 소리를 내는 이유는 무엇일까? 토머스 홉스(Thomas Hobbes, 1588~1679)와 같은 철학자들은 데카르트가 틀렸으며, 정신과 육체는 근본적으로 다른 것이 아니라고 주장하였다. 즉 정신은 뇌의 작용인 것이다. 홉스의 입장에서 보면, 뇌에서 정신이 육체와 만나는 곳을 찾는 것은 마치 휴대폰에서 사진이 화면과 만나는 곳을 찾는 것과 같고, 그것들은 제3의 장소에서 '만나지' 않는다. 뇌는 '정신'으로 알려진 활동을 하는 물질적 대상이기에, 모든 정신적 현상(모든 사고와 감정, 모든 시야와 소리)은 물리적 뇌의 물리적 작용의 산물인 것이다. **철학적 유물론**(philosophical materialism)은 모든 정신적 현상은 물리적 현상으로 환원될 수 있다는 관점이다.

그러면 어느 철학자가 옳을까? 이원론과 유물론 간의 논쟁은 근거에 입각해서 해결될 수 있는 것은 아니다. 이것은 사람들이 스스로 자신들의 입장을 결정하고 선호를 택하는 문제인 것이다. 전 세계에 퍼져있는 종교(기독교, 유대교에서부터 힌두교와 이슬람교에 이르는)는 이원론자의 편에 서서 비물질적 영혼이라는 개념을 껴안았다. 그러나 대부분 심리학자들의 선택은 유물론으로(Ecklund et al., 2007), 그들은 모든 정신적 현상들(주의와 기억에서부터 신념과 정서에 이르는)이 궁극적으로 그것들을 일으키는 물리적 과정들로 설명될 수 있다고 믿는다. 정신은 뇌가 작용한 결과이다(그 이상도 그 이하도 아니다). 우리는 분명 어떻게든 의식을 일으키는 복잡한 기계이며 심리학의 일 가운데 하나는 그 '어떻게든'이 어떤 것인지를 밝혀내는 것이다.

실재론과 관념론

당신은 '당신'이라 불리는 것이 당신의 두개골 어딘가에 있고, 지금 당신의 눈을 통해 현재 지면에 있는 단어들을 보면서 읽고 있다고 느낄지 모르겠다. 마치 우리의 눈은 일종의 카메라이

심리학 마음과 행동의 과학적 연구

철학적 이원론 마음과 육체는 근본적으로 다른 것이라는 견해

철학적 유물론 모든 정신적 현상은 물리적 현상으로 환원될수 있다는 관점

르네 데카르트(왼쪽)는 정신(마음)은 육체와 구별되는 물질이라고 믿는 이원론자였다. 그는 "이것이 나이고(나를 나이게끔 하는 영혼) 육체와는 완전하고도 절대적으로 구별되며, 그것 없이도 존재할 수 있음은 분명하다"고 했다. 그러나 토머스 홉스(오른쪽)는 "물질과 육체는 같은 것을 의미하기" 때문에 육체와 구별되는 '물질'에 대한 관념이 모순이라고 생각한 유물론자였다.

Album Archivo/Science Source; Fine Art Images/Heritage Images/Getty Images

고, '당신'은 '여기'에서 '저기'에 있는 사물의 사진을 보고 있다고 느낄 수 있다. 철학자인 존 로크(John Locke, 1632~1704)는 이런 이론을 **철학적 실재론**(philosophical realism, 1632~1704)이라 했고, 이는 물리적 세계에 대한 지각이 전적으로 감각 기관에서 오는 정보에 의해 일어난다는 관점이다. 실재론에 따르면, 지금 빛이 지면에 반사되어 눈으로 들어오고, 당신의 뇌는 당신 앞에 놓여 있는 책에 대한 지각을 일으키기 위해 그 정보, 그리고 오로지 그 정보만을 사용한다. 그리고 당신의 눈은 카메라와 같기 때문에, 생성된 사진은 일반적으로 세계에 대한 정확한 묘사이다.

　그러나 이마누엘 칸트(Immanuel Kant, 1724~1804)와 같은 철학자들은 세계에 대한 지각이 사진보다는 그림에 가깝다고 주장하였다. **철학적 관념론**(philosophical idealism)은 물리적 세계에 대한 지각이 감각 기관에서 오는 정보에 대한 뇌의 해석이라는 관점이다. 관념론에 따르면, 빛이 지면에 반사되어 눈에 들어오고, 당신의 뇌는 책에 대한 지각을 일으키기 위해 그 정보(더해서 세계에 대해 뇌가 가지고 있는 모든 기타 정보)를 사용한다. 일반적으로 이 책을 보기 전에 당신은 이미 이 책에 대해 많은 것(무엇으로 만들어졌고, 크기는 어느 정도이고, 표지는 내지보다 더 두껍다)을 알고 있다. 이제 당신의 뇌는 이 책에 대해 알고 있는 모든 것을 사용하여 눈으로부터 수용되는 정보를 해석한다. 우리는 거기에 무엇이 있다고 믿는 그림을 그리게 되는데, 따라서 당신은 책을 '보고' 있다고 생각할지 모르지만, 실제로는 그 책의 그림을 보고 있는 것이다.

　그래서 어느 철학자가 옳다는 것인가? 현대 심리학은 관념론에 훨씬 더 무게를 두어 왔다. 앞으로 많은 내용을 보게 되겠지만, 세계에 대한 우리의 지각은 추론이다(거기에 무엇이 있다는 뇌의 최선의 추측). 우리의 뇌는 그런 추측을 빠르면서도 잘하기 때문에, 우리는 뇌가 추측을 하고 있는 것을 전혀 깨닫지 못한다. 우리는 눈을 사진을 찍는 카메라처럼 느끼지만, 그것은 양 귀 사이에 있는 예술가가 전광석화 같은 속도로 사실적인 그림을 그려내기 때문이다.

이마누엘 칸트는 1781년에 펴낸 **순수이성비판**(*The Critique of Pure Reason*)에서 정신은 특정 종류의 지식들로 구축되어 있으며, 이 지식들을 사용하여 세상에 대한 지각을 생성한다고 주장했다. 그는 "개념 형성이 없는 지각은 눈이 먼 것과도 같다"고 썼으며, 이는 세계에 대한 선험적 지식이나 개념 없이 세계를 보거나 그것에 대한 지각을 가질 수도 없다는 것을 의미한다.

GL Archive/Alamy

경험론과 생득론

다음은 당신이 책에 대해 알고 있는 몇 가지 사항이다: 네 권의 책이 두 권보다 많다는 것, 탁자 위의 책을 밀치면 바닥으로 떨어진다는 것, 그리고 그 책은 위가 아닌 아래로 떨어진다는 것을

철학적 실재론　물리적 세계에 대한 지각이 전적으로 감각 기관에서 오는 정보에 의해 일어난다는 관점

철학적 관념론　물리적 세계에 대한 지각이 감각 기관에서 오는 정보에 대한 뇌의 해석이라는 관점

존 로크는 영국 철학자이자 물리학자였고, 또한 정치이론가로서 정교 분리, 종교의 자유, 그리고 자유에 관한 그의 저서는 매우 큰 영향력을 끼쳤다. 토머스 제퍼슨과 같은 미국 건국의 아버지들은 '행복 추구'라는 로크의 성구를 독립선언문에 차용하였다.

John Locke, Kneller, Godfrey (1646–1723), National Trust Images/Lodge Park and Sherborne Estate, UK/Bridgeman Images

알고 있다. 이런 사항을 어떻게 알게 되었을까? **철학적 경험론**(philosophical empiricism)은 모든 지식이 경험을 통해 획득된다는 관점이다. 존 로크와 같은 철학자들에 따르면, 신생아는 타불라 라사(tabula rasa) 혹은 '비어있는 서판'이며, 경험을 통해 그 위에 이야기를 써나가게 된다고 믿었다. 로크는 1690년 자신의 에세이 인간지성론(*Essay on Human Understanding*)에 다음과 같은 글을 남겼다:

> 우리가 신생아들을 세심하게 고려하면, 그들이 세상에 많은 아이디어를 가져다준다고 생각할 이유가 거의 없을 것이다. ··· 나중에 점차로 아이디어들이 어떻게 그들의 마음에 들어오는지 인식할 것이다. 그리고 그들은 경험과 자기의 길에서 만나고 제공되는 것들에 대한 관찰보다 더 많은 것을 얻지 못한다. 그것들은 애초 마음에 도장 찍힌 문자가 아니라는 점을 만족시키기에 충분할 수 있다.

다시 말해서, 당신은 책을 보았거나 책을 경험했기에, 혹은 다른 사람을 보았고, 그들과 상호작용했기 때문에 책(그리고 찻잔과 차 주전자, 티셔츠 및 기타 수많은 대상들)에 대해 아는 것이다.

칸트는 로크의 생각이 틀렸다고 생각했다. **철학적 생득론**(philosophical nativism)은 일부 지식은 획득되는 것이 아니라 타고난 것이라는 관점이다. 칸트는 인간이 세계에 대한 추가적인 지식을 획득하려면 세계에 대한 일부 기본 지식을 지닌 채 태어나야 한다고 주장했다. 결국 탁자 위에 놓인 책을 밀치면 아래로 떨어진다는 것을 미리 알고 있지 않다면, 책을 밀칠 때 그것이 아래로 떨어진다는 것을 어떻게 학습할 수 있겠는가? 책을 밀칠 때 그 책이 어떻게 된다는 지식을 획득할 수 있다는 사실은 당신의 마음속에 이미 프로그래밍이 된 약간의 지식을 가지고 있음을 시사한다. 칸트에게 있어, 그러한 프로그래밍이 된 약간의 지식이란 공간, 시간, 인과관계, 그리고 숫자와 같은 개념들이다. 칸트가 주장하는 것은 당신이 그런 개념들을 학습할 수 없고 여전히 다른 것들을 학습하기 위해 그런 개념들을 가지고 있어야 한다는 것이다. 따라서 개념들은 공장의 설치 부품과도 같은 것이다.

그러면 어느 철학자가 옳을까? 대부분의 현대 심리학자들은 생득론 버전을 껴안는 모양새이다. 우리가 알고 있는 상당한 것들은 분명 경험을 통해 획득된다. 그러나 연구는 적어도 우리가 알고 있는 일부는 칸트가 생각했던 것처럼 사실상 우리의 뇌에 이미 장착되어 있음을 시사한다. 나중에 발달을 다루는 장에서 알게 되겠지만, 신생아조차 물리학과 수학의 법칙에 대한 일부 기초 지식을 가지고 있는 듯하다. 타불라 라사가 아니며, 서판은 비어있지 않은데, 이는 흥미로운 몇몇 질문을 던지게 만든다: 태어나면서 서판에는 정확하게 무엇이 쓰여 있는 것일까? 진화의 역사를 거치면서 무언가가 서판에 어떻게 그리고 언제 쓰여지게 된 것일까? 경험은 그 서판을 지우거나 쓰는 것이 가능할까? 심리학자들은 이런 식의 질문을 '본성 대 양육'의 문제로 언급하며, 곧 살펴보게 되겠지만 심리학자들은 그 질문에 답하기 위한 영리한 기술을 고안했다.

철학적 경험론 모든 지식은 경험을 통해 획득된다는 관점

철학적 생득론 일부 지식은 획득되는 것이 아니라 타고난 것이라는 관점

정리문제

1. 유물론과 이원론의 차이점에 대해 논하라. 현대 심리학자들은 어느 관점을 선호하는가?

2. 실재론과 관념론의 차이점에 대해 논하라. 현대 심리학자들은 어느 관점을 선호하는가?

3. 경험론과 생득론의 차이점에 대해 논하라. 현대 심리학자들은 어느 관점을 선호하는가?

1800년대 후반 : 마음의 과학을 향하여

학습목표

- 내성을 정의하고 이것이 구성주의에서 어떻게 사용되었는지 설명한다.
- 자연선택을 정의하고 이것이 기능주의에 어떤 영향을 주었는지 설명한다.

심리학자인 헤르만 에빙하우스(Hermann Ebbinghaus, 1908)는 "심리학의 과거는 오래됐지만 그 역사는 짧다"고 말한 바 있다. 사실상 심리학의 철학적 뿌리는 수천 년 전으로 거슬러 올라가지만, 독립적인 과학으로서 역사의 시발점은 불과 150여 년 전으로, 몇 명의 독일 과학자가 물리학과 자연과학의 방법을 사용하여 인간의 마음을 연구할 수 있을지 고민하기 시작했던 시점이다.

구성주의 : 마음은 무언인가

1867년 윌리엄 제임스가 베를린을 방문하는 동안, 친구에게 보낸 편지 내용의 일부이다:

> 심리학이 과학으로 출발할 때가 온 것 같다. … 이미 많이 알려져 있기는 하지만, 나는 그것에 대해 좀 더 해볼 수 있는 연구를 하려고 한다. 헬름홀츠와 하이델베르크 대학교의 분트라는 이름의 한 남자가 그 작업을 하고 있으며, 나는 이번 겨울을 보내고 여름이 오면 그들과 합류하고 싶다.

　헤르만 폰 헬름홀츠(Hermann von Helmholtz, 1821~1894)는 주로 시각에 대한 수학을 연구하였지만, 사람들에게 눈을 감고 그들의 여러 다른 다리 부위가 무언가 접촉되었다고 느낄 때마다 가능한 한 빠르게 반응하도록 요구한 독일의 생리학자이자 물리학자였다. 그것은 생각만큼 소름끼치는 그런 실험은 아니었다. 헬름홀츠는 개개인의 **반응시간**(reaction time), 혹은 **자극**이 제시되고 반응할 때까지의 시간의 양을 기록하였다. 그는 일반적으로 사람들은 그들의 허벅지보다는 발가락을 자극할 때 반응이 더 느렸다는 것을 발견하였다. 왜? 어떤 것으로 당신의 신체를 자극할 때, 신경은 자극 지점으로부터 뇌로 신호를 전송하고, 그 신호가 뇌에 도착할 때 당신은 비로소 그 자극을 '느끼게' 된다. 허벅지는 발가락보다 뇌에서 더 가깝기 때문에, 허벅지로부터 오는 신호는 더 가까운 이동 거리를 가지고 있다. 사람들이 허벅지 자극과 발가락 자극을 느끼는 데

반응시간 어떤 자극이 제시되고 그 자극에 사람이 반응하는 데 걸린 시간의 양

빌헬름 분트(사진의 중앙)는 세계 최초로 심리학 강좌를 열었고 세계 최초의 심리학 교재인 **생리심리학의 원리**(*Principles of Physiological Psychology*)를 출간하였다(생리란 단어는 그 당시만 하더라도 단지 '실험'의 의미를 가진다). 그는 또한 라이프치히대학교에 세계 최초의 심리학 실험실을 개설하였다. 그는 184명의 뛰어난 박사과정 대학원생을 지도하였는데, 그중 상당수가 유명한 심리학자가 되었다. 그는 없지만 현대 심리학은 곧 분트와 같다고 말할 수 있다.

Wontorra, H. M., Meischner-Metge, A. & Schröger, E (Eds.). (2004). Wilhelm Wundt (1832–1920) and the advent of Experimental Psychology. (CD [ISBN 3-00-013477-8.] ed.

구성주의 마음의 기본 요소를 분리하고 분석하려고 시도한 심리학에 대한 접근

내성법 훈련받은 관찰자에 의한 주관적 경험의 분석

얼마나 걸리는지를 세심하게 측정하고 두 측정치를 비교함으로써 헬름홀츠는 괄목할만한 성과를 얻을 수 있었다: 그는 신경이 정보를 전송하는 속도를 계산할 수 있었던 것이다!

헬름홀츠의 연구조교였던 빌헬름 분트(Wilhelm Wundt, 1832~1920)는 1867년 독일의 하이델베르크대학교에서 처음으로 과학적 혹은 '실험' 심리학 강좌를 진행하였고, 1874년에 첫 심리학 교재를 출간하였으며, 1879년에는 라이프치히대학교에서 세계 최초의 심리학 실험실을 개설하였다. 분트는 심리학의 주요 목표가 "의식의 사실들, 그 조합과 관계들을 이해하여, 궁극적으로는 이런 관계들과 조합들을 지배하는 법칙을 발견할 수 있도록" 해야 한다고 믿었다(Wundt, 1912/1973, p.1). 자연과학자들은 물리적 세계를 세포와 분자, 그리고 원자와 같은 기본 요소로 분해함으로써 그것을 이해하는 데 큰 성공을 거두었는데, 분트는 마음을 이해하기 위해 같은 접근법을 적용하기로 결정하였다. 나중에 그가 채택한 접근법은 **구성주의**(structuralism)로 알려졌는데, 마음의 기본 요소를 분리하고 분석하려고 시도했던 심리학에 대한 접근이라 할 수 있다.

구성주의자들은 소위 **내성법**(introspection)이라는 기법, 즉 훈련을 받은 관찰자들에 의한 주관적 경험에 대한 분석 방법을 종종 사용하였다. 자원자들은 색 패치에서부터 소리에 이르는 매우 다양한 자극들을 제시받고, 색의 색상과 휘도, 소리를 들었을 때의 느낌 등과 같은 있는 그대로의 순간 경험의 내용을 보고하도록 훈련받았다. 구성주의자들은 많은 자극들에 노출된 바 있는 많은 훈련을 받은 관찰자들로부터 얻은 보고 내용을 세심하게 분석함으로써 종국적으로는 주관적 경험의 기본 블록을 발견할 것으로 믿었다.

그러나 구성주의는 지속되지 않았다. 자연과학자들이 사실상 자연 세계를 더 작은 부분들로 분리함으로써 그것을 이해하는 데 성공했지만, 그런 접근법은 모든 사람들이 그런 부분들이 무엇이라는 것에 동의할 수 있을 때만 성공적이라 할 수 있는 것이다. 두 명의 생물학자가 현미경으로 혈액을 관찰할 때, 그들은 동일한 적혈구를 본다. 그러나 초록색을 보거나 피아노의 C# 음을 청취할 때 모든 사람은 동일한 색이나 소리로 보거나 듣지 않는다. 어떤 사람이 자신의 경험에 대한 묘사가 정확한지 알 수 있는 방법은 없으며, 자신의 경험이 다른 사람의 경험과 같거나 다른지를 말할 수 있는 방법도 없다. 사실 윌리엄 제임스는 내성법에 대해 "돌고 있는 팽이를 잡아 움직임을 포착하려는 것과 같다"고 했다. 따라서 독일의 구성주의자들이 내성을 하느라 분주했던 반면에, 제임스는 마음을 연구하기 위한 매우 다른 접근법을 채택하였는데, 그것은 구성주의를 심리학 역사의 뒤안길에 영원히 남겨둘만한 접근법이었다.

찰스 다윈(왼쪽)의 **종의 기원**(1859)은 지금까지 출간된 가장 중요한 과학서적 중 하나이며, 윌리엄 제임스와 기능주의의 탄생에 지대한 영향을 끼쳤다. 다윈은 1830년대에 자신의 이론을 발전시켰지만, 그에 관해서 집필은 하지 않았다. 앨프리드 러셀 월리스(Alfred Russel Wallace, 1823~1913, 오른쪽)는 동시대에 같은 이론을 정립하였고, 1855년에 다윈에게 그것을 설명하는 논문을 보냈다. 1858년에 개최된 린네학회(Linnean Society)에서는 두 사람 다 그 이론 수립에 공동의 공이 있음을 공표하였다. 그다음 해에 다윈은 그 이론을 설명하는 책을 출간하였고, 세상은 선한 노인네인 월리스를 기억에서 지워버렸다.

Collector/Getty Images; London Stereoscopic & Photographic Company

기능주의 : 마음은 왜 있는 것일까

윌리엄 제임스는 주관적 경험이 마치 원자로 이루어진 분자이기보다는 강(그는 이것을 '의식의 흐름'이라 불렀다)과 같으며, 기본 요소로 분리하려는 시도는 옳지 않다고 느꼈다. 제임스는 심리학자들이 마음이 어떤 것인지보다는 그것이 왜 있는 것인가에 대해 더 관심을 두어야 한다고 생각했다. 그래서 제임스와 다른 심리학자들은 **기능주의**(functionalism)라 불리는 심리학의 새로운 접근을 발전시켰다. 이는 정신 과정의 적응적 중요성을 강조한 심리학에 대한 접근이었다. 여기서 '적응적 중요성(adaptive significance)'이란 무엇을 의미하는가?

그 대답은 제임스와 동시대의 인물이며, 이전에 자연선택의 방법에 의한 종의 기원에 대하여(*On the Origin of Species by Means of Natural Selection*, 1859)라는 제목의 책을 출간한 찰스 다윈(Charles Darwin, 1809~1882)에게서 찾을 수 있다. 그 책에서 다윈은 **자연선택**(natural selection)의 원리, 즉 유기체의 생존과 번식을 돕는 특별한 속성이 다른 속성들보다 다음 세대로 전달될 가능성이 더 크다는 원리를 제안했다. 자연선택은 어떻게 작동하는가? 동물들은 자신들의 물리적 속성을 후손들에게 전해주며, 가장 '적응적인' 속성들(즉 후손들의 생존과 번식을 돕는 속성들)은 한 세대에서 다음 세대로 전해지기 쉽다. 시간이 지나면서 이런 속성들은 생존과 번식에 성공한 동물들, 즉 '개체군'에 더욱 더 만연하게 된다.

예를 들어, 인간은 지느러미 대신에 손가락을 가지고 있다. 먼 과거의 어느 시점에서 손가락을 발달시킨 선조들이 그렇지 않았던 선조들보다 더 잘 생존하고 번식할 수 있었고, 지느러미 없

기능주의 정신 과정의 적응적 중요성을 강조한 심리학에 대한 접근

자연선택 유기체의 생존과 번식을 조장하는 특별한 속성이 다른 속성들보다 다음 세대로 전달될 가능성이 더 크다는 원리

다른 생각

심리학은 과학인가?

아무도 여러분이 심리학 과목을 수강하고 있다는 것을 부정하지 않겠지만, 그렇다면 여러분은 과학 과목을 수강하고 있다고 할 수 있는가? 일부 비평가들은 심리학이 실제로 과학이 아니라고 말하지만, 그런 비평가들은 버지니아대학교의 심리학과 교수인 티모시 윌슨(Timothy Wilson)과 약간의 대화를 나누었으면 한다. 여기 그가 그 주제에 대해 말하려는 것이 있다.

한때, 필자가 몸담고 있는 대학교에서 미팅을 하는 도중, 한 생물학자는 자신만이 유일한 과학 관련 학과 출신의 교수라고 말한 적이 있다. 필자가 심리학과 출신이라는 점을 언급하면서 그의 말을 교정해 주었을 때, 그는 마치 필자가 뉴욕 양키스 선수에게 나도 야구를 해 봤다고 말하는 리틀 리그 야구선수처럼 보였는지 무시하듯 손사래를 쳤다.

과학계에는 오랫동안 이어온 속물근성이 있는데, 그것은 '하드' 사이언스(물리학, 화학, 생물학)가 '소프트' 사이언스(심리학, 사회학)보다 과학이라고 칭하기에 더 적합하다고 생각하는 것이다. 그러기에 많은 일반인들도 동일한 생각을 하는 것은 놀라운 일이 아닐 것이다. 그러나 최근 사회과학 분야에 대한 회의론은 극에 이르렀다.

최근 미국 하원은 미국 국립과학재단(National Science Foundation)이 정치학 분야의 연구비를 지원하지 않기로 하는 결의를 했다. 그 여파로 워싱턴 포스트의 한 오피니언 작가는 하원이 매우 어리석다고 주장하였다. 찰스 레인(Charles Lane, 저널리스트)은 "하드 사이언스의 가설과 다르게, 사회에 관한 가설은 일반적으로

실험으로 증명되거나 반증될 수 없기 때문에" 미국 국립과학재단은 사회과학의 어떤 연구에도 연구비를 지원해 주지 않아야 한다고 썼다.

레인의 의견은 또한 뉴욕 타임스의 오피니어네이터라는 블로그에서 게리 굿팅(Gary Gutting, 노트르담대학교 철학 교수)의 공감을 이끌었다. 굿팅은 "물리학은 많은 상세하고도 정확한 예측을 생성해 내지만, 사회과학은 그렇게 할 수 없다. 그 이유는 그와 같은 예측은 거의 항상 무선화되고 잘 통제된 실험을 요구하는데, 사람들이 관여될 때 그것은 거의 불가능에 가까운 것이기 때문이다"라고 썼다.

이것은 인간의 행동에 대해 실험실 안과 밖에서 세심하게 통제된 실험을 행하는 경력을 가진 필자와 다른 많은 사회과학자들에게는 뉴스이다. 비판을 너무나도 담대하게 만드는 것은 그런 목소리를 내는 사람들이나 가족 구성원들이 의심의 여지없이 자신들이 무시한 분야들에서 나온 연구로부터 혜택을 받아왔다는 것이다.

대부분은 주변에 우울증 때문에 심리치료를 필요로 하는 누군가를 알고 있다. 그런 사람은 아마도 무작위 임상시험에서 효과가 있는 것

티모시 윌슨은 버지니아대학교 심리학과 교수이다. 그는 *Redirect : The Surprising New Science of Psychological Change*(2011)를 포함하여 다수의 책을 출간하였다.

Photo by Jen Fariello, Courtesy Timothy D. Wilson.

으로 나타난 인지행동치료와 같은 치료를 통해 도움을 받았을 것이다.

아동학대와 청소년 임신과 같은 문제는 사회에 막대한 피해를 준다. 연구 심리학자들에 의해 개발되어 실험법으로 검증된 개입들은 아동 학대 발생률과 청소년 임신율을 낮추는 것으로 확인되었다.

고정관념 위협에 대해 들어본 적이 있는가? 이는 사람들이 자신의 집단에 대한 부정적인 고정관념을 확인할 위험에 처할 때 직면하게 되는 이중 위험이다. 예를 들어, 아프리카계 미국 학생들이 어려운 시험을 치를 때, 그들은 얼마나 그 시험을 잘 치를지 뿐만 아니라 형편없는 점수가 전체 집단에 나쁜 영향을 미칠 가능성에 대해서도 걱정을 한다. 세심하게 통제된 실험에서 이런 추가적인 염려는 학업 수행을 저조하게 만든다는 결과가 반복적으로 나타났다. 그러나 다행히도 실험은 이런 위협을 줄일 수 있는 유망한 방법들도 확인하였다. 예를 들어, 중학교에서 실시된 한 개입은 학업 격차를 40%까지 줄여주었다.

만약 여러분이 저지르지도 않은 범죄로 체포될 만큼 운이 좋지 않은 누군가를 알고 있다면, 그는 무고한 사람들이 유죄 판결을 받을 가능성을 낮출 수 있는 보다 공정한 라인업(lineup)과 심문 제도 수립을 가져온 사회심리학적 실험의 혜택을 받았을 수도 있다.

흔히 간과되는 실험법의 장점은 효과가 없다는 것을 증명할 수 있다는 것이다. 연구 심리학자들이 반박한 세 가지 인기 프로그램들을 고려해 보자: 응급 처치 요원과 끔찍한 사건을 목격한 다른 사람들의 외상후 스트레스 장애를 예방하는 데 사용되는 위기상황 스트레스 해소(Critical Incident Stress Debriefing, CISD) 방안, 미국 전역에 걸쳐 많은 학교에서 사용되는 D.A.R.E.(Drug Abuse Resistance Education) 약물남용 예방교육 프로그램, 청소년의 범죄 행위 가담 위험을 예방하기 위해 설계된 스케어드 스트레이트(Scared Straight) 프로그램.

이 세 가지 프로그램은 모두 잘 설계된 실험 연구에서 비효과적이었고, 경우에 따라서는 더 악화시키는 것으로 나타났다. 결과적으로 그 프로그램들은 사용성이 떨어지게 되면서 방법들이 수정되었다. 효과가 없다는 것을 발견함으로써, 사회과학자들은 어마어마한 공공의 경제적 손실을 막아주었다.

비평가들의 입장을 옹호해 주는 것일지 모르겠지만, 사회과학자들은 실험법의 장점을 그만큼 많이 활용하지는 않는다는 것이다. 예를 들어, 흔히 교육 프로그램들은 적절한 검증 절차 없이 널리 시행되고 있다. 그러나 이제 더 나은 방법론을 사용하는 교육 연구자들이 많이 늘고 있다. 예를 들어, 최근 연구에서 연구자들은 교사들을 무작위로 강의법을 향상시키기 위해 디자인된 마이 티칭 파트너라 불리는 프로그램이나 통제집단에 할당했다. 그 프로그램에 참여한 교사들이 지도한 학생들은 통제집단의 교사가 지도한 학생들보다 학업 성적이 유의미하게 더 우수했다.

그러면 사회과학은 완벽할까? 당연히 그렇지 않다. 인간 행동은 복잡하다. 그리고 사람들이 무엇을 하거나 왜 하는지의 모든 측면들을 검증하기 위해 실험을 수행하는 것은 가능하지 않다. 그러나 엄격하게 통제되고, 윤리적으로 허용되는 방식으로 인간의 행동에 대한 실험적 연구에 전념하는 완전한 분야들도 있다. 이런 연구로부터 나온 결과들은 무지 속에서 과학이 분자 연구에 국한된다고 믿는 사람들을 포함하여 많은 사람들에게 이득을 가져다준다.

윌슨은 심리학이 과학이라고 말하며, 우리는 그에 동의한다. 그러나 소위 물리학과 같은 종류의 과학은 아니지만, 어쩌겠는가, 펭귄은 타조와 같은 종류의 새는 아니지만, 여전히 새이다. 심리학을 독특하게 만드는 것은 우주에서 가장 복잡한 대상(인간의 마음)을 이해하는 그 자체만으로도 매우 어려운 과제를 떠안은 특히 젊은 과학이라는 점이다. 이 장에서 곧 알게 되겠지만, 그런 과제를 수행하는 최선의 방법이 무엇인지는 항상 명확한 것은 아니다: 그 결과, 심리학은 올바른 질문과 그 질문에 대답하기 위한 최상의 방법을 찾으려는 시도 가운데 한 가지 접근에서 다른 접근 방식으로 요동치는 식의 혁명과 반혁명의 공유 그 이상을 가지고 있다. 그래서 뭐라는 것인가? 시행오차는 쥐가 학습하는 방식이다. 그렇다면 심리학자들은 어떤가? 우리는 이 장에서 여러분과 다른 모든 사람들에게 윌리엄 제임스 시대 이후로 심리학이 많은 것들을 학습했다는 확신을 주기를 희망한다. 이제 우리가 어떻게 될지 한번 지켜보기로 하자.

는 손가락을 우리에게 물려주었기 때문이다. 그것이 인간의 몸을 조성하는 데 작용하는 자연선택의 원리이다. 제임스는 우리의 신체적 특성이 적응적이기 때문에 진화한다면, 마음을 조성하는 데도 자연선택이 작용했을 것으로 생각했다. 1892년에 제임스는 "의식은 다른 모든 기능과 마찬가지로 사용을 위해 진화했다"고 말했다. 제임스에 따르면, 심리학자들의 과제는 그 용도가 무엇인지를 알아내는 것이다.

정리문제

1. 헬름홀츠는 신경의 신경충동 전달 속도를 어떻게 계산했는가?
2. 내성법은 무엇이고, 분트는 이것을 어떤 식으로 사용했는가?

3. 구성주의는 무엇이고, 쇠퇴의 원인은 무엇인가?
4. 자연선택은 무엇이며, 기능주의의 부상에 어떤 영향을 미쳤는가?

1900년대 초반 : 정신분석과 행동주의

구성주의와 기능주의는 그것들에 대해 알고 있는 고작 수백여 명의 사람들에게만 중요한 아이디어였다. 19세기 학자들이 마음을 연구하는 가장 좋은 방법에 대해 논쟁을 벌이긴 했지만, 그 외의 세상 사람들은 거의 관심도 두지 않았다. 그러나 그다음 세기에 들어서면서 비엔나 출신의 한 불안한 신경학자와 펜실베이니아 출신의 한 실패한 작가가 심리학을 정반대의 방향으로 끌어당기고, 그 과정에서 가장 영향력 있는 두 명의 사상가가 되면서 모든 것이 바뀌게 된다.

정신분석 : 자신도 모르는 마음

실험심리학자들이 마음을 이해하려는 시도를 할 무렵, 의사들은 마음을 치유하려는 시도를 하고 있었다. 프랑스 의사 장 마르탱 샤르코(Jean-Martin Charcot, 1825~1893)와 피에르 자네(Pierre Janet, 1859~1947)는 이상 증상들(일부는 앞을 보지 못하였고, 다른 일부는 마비, 또 다른 일부는 자신의 정체성을 기억하지 못하였다)이 있지만, 명확한 신체적 질병이나 부상이 없던 환자들에게 관심을 가지게 되었다. 샤르코와 자네는 그런 환자들의 조건(즉 **명확한 신체적 원인이 없는 기능의 상실**)을 **히스테리**(hysteria)라 불렀다. 과연 이러한 조건을 어떻게 설명할 수 있을 것인가?

코카인의 효과와 뱀장어의 성 해부학에 대해 연구하기 시작한(동시에 연구한 것은 아니지만) 비엔나의 젊은 미남 의사인 지그문트 프로이트(Sigmund Freud, 1856~1939)를 만나보자. 프로이트는 많은 히스테리 및 다른 '신경증' 환자들이 스스로 기억할 수 없을 정도의 매우 고통스러운 아동기 경험을 가지고 있지 않을까 생각했다. 프로이트는 이런 기억들이 의식으로부터 숨겨져 있고 **무의식**(unconscious)이라는 장소에 좌천되어 있다고 추측했다. 무의식은 사람들이 인식하지 못하는 정보를 담고 있는 마음의 부분이다. 프로이트는 이런 추방된 혹은 억압된 기억들이 환자들의 히스테리 증상의 근원이라고 믿었고, 그로부터 수년에 걸쳐 무의식이 감정, 사고 및 행동에 미치는 영향을 강조하는 일반 이론인 **정신분석 이론**(psychoanalytic theory)이라 불리는 마음의 정교한 이론을 발전시키는 데 전념했다.

프로이트의 이론은 복잡하기에, 의식, 성격, 장애 및 치료를 다루는 장에서 좀 더 많은 내용을 학습하기 바란다. 그렇지만 간략하게 소개하면, 프로이트는 마음을 우리의 시야에서 크게 감추어진 과정들의 세트로 보았고, 그는 구성주의자들이 그토록 열심히 확인하고자 했던 의식적인

히스테리 분명한 신체적 원인이 없는 기능의 상실

무의식 사람들이 자각하지 못하는 정보를 포함하는 마음의 부분

정신분석 이론 무의식이 감정, 사고 및 행동에 미치는 영향을 강조하는 일반 이론

지그문트 프로이트의 첫 저서인 **꿈의 해석**(*The Interpretation of Dreams*)은 처음 8년간 고작 600부 정도밖에 팔리지 않았다. 프로이트는 친구에게 보낸 편지에서 "언젠가 '1895년 7월 24일 이 집에서 지그문트 프로이트 박사가 꿈의 비밀을 밝히다'라는 문구가 새겨진 비석이 집에 놓일지도 모른다고 생각하지 않아? 현재로서는 거의 그럴 것 같지는 않지만 말이야"라고 썼다. 그러나 프로이트의 마지막 말은 틀렸다. 오늘날 그 집의 부지에는 정확하게 그 비문이 새겨진 기념비가 놓여있다.

Photo by Sigmund Freud Copyrights/ullstein bild via Getty Images; volkerpreusser/Alamy

정신분석 사람들에게 그들의 무의식적 마음의 내용에 대한 통찰을 제공하려는 목적을 가진 치료

행동주의 과학적 탐구를 관찰 가능한 행동으로 제한하는 심리학에 대한 접근

사고와 감정은 망망대해상에서 흔들거리며 떠도는 부유물에 불과하다고 생각했다. 프로이트는 여러분이 쉽게 그 부유물을 걷어낼 수는 없을 것이라 하였다. 여러분은 다이빙하는 법을 배워야 하고, 그렇게 했을 때 끔찍한 일에 처할 것을 예상해야 한다. 프로이트에게 있어, 이런 끔찍한 일이란 개인의 불안과 충동(죽음의 공포, 살인 욕구, 금지된 성적 충동 등)이며, 그것들은 모두 파도 아래에 감추어져 있다.

프로이트는 이런 심연의 이주민들과 마주하는 유일한 방법으로 사람들에게 그들의 무의식적 마음의 내용에 대한 통찰을 제공하는 것을 목표로 하는 치료인 **정신분석**(psychoanalysis)을 통하는 것이라고 믿었다. 지그문트 프로이트와의 치료 세션은 환자가 소파에 눕고 바로 뒤에 프로이트가 앉아 있는 것으로(아마도 시가를 피우면서) 시작된다. 그는 환자에게 그가 꾼 꿈을 설명해보도록 요청하거나 그가 소망하는 것에 대해 말해보도록 하고, 또 어떤 단어("엄마라고 말할 때 여러분의 머릿속에 떠오르는 것이 있으면 말하세요")에 대해 빠르게 반응하도록 하는 식의 '자유연상(free association)'을 하도록 요청하였다. 프로이트는 꿈과 자유연상을 통해 환자들의 무의식적 마음의 내용을 엿볼 수 있으며, 거기에 무엇이 있는지 볼 수 있다면, 치료가 가능하다고 믿었다.

윌리엄 제임스는 프로이트의 이론 대부분이 말도 안 된다고 생각했다. 그는 1909년에 친구에게 보낸 편지에서 "나는 프로이트가 자신의 꿈의 이론을 통해 주기적인 환각 상태에 빠져들고 있지나 않은지 염려스럽다"고 말했다. 여기서 **환각**(hallucine)이란 단어는 '미치광이'를 뜻하는 옛날 표현이기 때문에 결코 칭찬은 아니다. 대부분 실험심리학자들은 제임스의 평가와 같은 생각을 가지고 있었기에 프로이트의 아이디어에 거의 관심을 두지 않았다. 그러나 다른 한편으로 임상가들은 지대한 관심을 보였고, 프로이트의 정신분석 운동은 역대급 열풍을 불러왔다. 사실상 프로이트의 사고는 20세기의 거의 모든 것(역사와 철학에서부터 문학과 예술에 이르기까지)에 영향을 미쳤다 해도 과언은 아닐 것이다. 이것이 프로이트가 인류 역사상 가장 영향력 있는 인물 44위에 선정된 이유이며, 알베르트 아인슈타인보다는 약간 뒤에, 그리고 부처보다는 훨씬 앞에 랭크되어 있을 정도이다.

행동주의 : 관심 밖의 마음

제임스는 프로이트에 대해 다소 부정적인 시각을 가지고 있었다. 그런데 20세기에 접어들면서 프로이트에 대해 더 부정적인 시각을 가진 또 다른 훨씬 더 젊은 심리학자가 있었다. 뿐만 아니라 그는 제임스, 분트 및 '마음의 과학'에 대해 이야기하는 모든 사람에 대해서도 부정적 시각으로 바라보았다. 그 젊은 심리학자는 사우스캐롤라이나주의 작은 도시인 트래블러스 레스트에서 태어났고 쥐의 행동을 연구하기 위해 시카고대학교로 진학했다. 그러나 그의 관심사가 사람의 행동으로 변하였고, 이렇게 변화된 그의 관심사는 세계를 변화시켰다.

파블로프와 왓슨

존 브로더스 왓슨(John Broadus Watson, 1878~1958)에게 쥐에 대해 알 가치가 있는 모든 것(어떻게 먹고, 짝짓기를 하며, 보금자리를 어떻게 짓고 새끼는 어떤 식으로 기르는지)은 그저 지켜보는 것만으로도 알 수 있었는데, 왜 인간은 그와 같은 방식으로는 알 수 없는지 의아해 했다. 인간의 행동 연구가 인간의 마음에 대해 많은 헛된 사변을 요구하는 이유는 무엇일까? 왓슨은 정신적 삶은 독특하고, 정의할 수도, 측정할 수도 없는 것이기에 심리학이 진정한 과학이 되고자 한다면, 사람들이 생각하고 느낀다고 주장하는 것보다 사람들이 행하는 것을 연구하는 것으로 국한해야 한다고 느꼈다. 왓슨은 이런 아이디어를 **행동주의**(behaviorism), 즉 과학적 탐구를 관찰 가능한 행동으로 제한해야 한다는 심리학에 대한 접근이라 했다.

왓슨은 개의 소화 연구를 한 러시아 생리학자인 이반 파블로프(Ivan Pavlov, 1849~ 1936)에게 깊은 인상을 받았다. 파블로프는 음식을 주면 개가 자연스럽게 타액을 분비한 다는 것을 알았다. 그러던 어느 날 파블로프는 먹이를 주려고 복도를 따라 내려오는 연구 조수의 발자국 소리를 듣고, 실험실 개들이 타액을 분비하기 시작했음을 주목하였다! 파 블로프는 개들이 먹이를 주는 사람의 발자국 소리를 음식 도착과 연합시켰고, 그 개들은 발자국 소리를 마치 음식인 것처럼 반응한 것이라고 추측했다. 그는 이런 가설을 검증하 기 위한 실험을 고안하였다. 첫째, 그는 개에게 음식을 줄 때마다 음(tone)을 들려주었다. 그다음, 며칠이 지나고 그는 개들에게 음식은 주지 않고 음만 들려주었다. 어떤 일이 일어 났을까? 그 개들은 음을 듣고 타액을 분비하였다. 파블로프는 음을 '자극', 그리고 타액 분 비를 '반응'이라 불렀다.

왓슨은 이 연구 보고서를 읽자마자 이런 두 개념(자극과 반응)이 새로운 행동주의 접근 의 빌딩 블록이 될 수 있음을 깨달았다. 왓슨은 심리학이 자극과 반응 간의 관계성(분명 그 이상도 그 이하도 아닌)에 대한 과학적 연구가 되어야 한다고 주장했다. 왓슨은 1919년에 출간한 자신의 책 *행동주의자의 관점에서 본 심리학*(*Psychology from the Standpoint of a Behaviorist*)에서 다음과 같이 썼다: "심리학 연구의 목표는 자극이 주어질 때 어떤 반응이 나타날 것으로 예측할 수 있는 그런 데이터와 법칙을 확인하는 것이다." 왓슨은 그의 책에 서 "독자는 의식에 대한 어떤 논의도, 감각, 지각, 주의, 의지, 이미지 등과 같은 용어들에 대한 어떤 언급도 발견하지 못할 것이다. 왜냐하면 나는 솔직히 그것들이 무엇을 의미하 는지 모르며, 또한 다른 어떤 사람도 그런 용어들을 일관되게 사용할 수 있다고 믿지 않기 때문이다"라고 자랑스럽게 언급했다.

왓슨의 주장은 매우 설득력이 있었다. 왓슨 이전에 몇몇 심리학자들은 구성주의자들이 었고, 또 몇몇은 기능주의자들이었으며, 다른 일부는 어디에 속하지도 않았다. 한 역사가 는 다음과 같이 썼다 : "왓슨은 다 같이 모여 있는 자리에 성냥을 갖다 댔고, 폭발이 일어나 행동 주의만이 남았다"(Boring, 1929). 왓슨이 심리학자들에게 행동주의가 인간의 행동을 연구하기 위한 유일한, 그리고 적절한 방법이라는 점을 납득시켰다면, 펜실베이니아 출신의 한 깡마른 아 이는 나머지 세상 사람들에게 똑같은 점을 납득시켜 주었다 할 것이다.

스키너

버러스 프레더릭 스키너(Burhus Frederick Skinner, 1904~1990)는 펜실베이니아에서 성장했고, 작가의 꿈을 품고 1926년에 해밀턴대학교를 졸업했다. 그런 포부를 가진 다른 많은 청년들과 마

강화원리 보상받는 어떤 행동은 반복되고, 그렇지 않은 행동은 반복되지 않는다고 진술하는 원리

찬가지로, 스키너도 뉴욕시에 있는 한 서점에서 일하였다. 집필이 지지부진하면서 1년이라는 세월을 보내던 중, 어느 날 선반을 둘러보던 그는 파블로프와 왓슨의 책을 발견하게 되었다. 그는 그 책들에 매료되었다. 결국 작가라는 직업을 포기하고 하버드대학교 심리학과 대학원생으로 입학하였다(20년 먼저 은퇴한 윌리엄 제임스도 같은 학과 출신이었다).

스키너는 파블로프와 왓슨의 연구를 크게 칭송하였지만, 연구를 진행하면서 그는 그들의 단순 자극-반응 심리학이 중요한 무엇인가를 놓친 것 같다는 의심을 품기 시작하였다. 파블로프의 개는 주변에 가만히 앉아 먹이를 기다리는 실험실에서 살았다. 그러나 실세계에서 동물들은 먹이를 구하기 위해 환경을 탐색해야 한다. 그들은 그것을 어떻게 학습했을까? 연구를 위해 스키너는 실험실 동물들을 위한 우리(cage)를 만들었는데, 곧 세상은 그것을 '스키너 상자'라 불렀다. 우리에는 레버가 설치되어 있고, 배고픈 쥐가 그것을 누르면 관을 통해 먹이가 공급되었다. 그 다음, 그는 누적반응기록계를 설치하여 실시간으로 쥐가 레버를 누르는 빈도를 기록하였다. 오늘날에는 그렇게 보이지 않겠지만, 이 발명품은 1930년에는 매우 획기적인 기술이었다. 더구나 그런 장치를 통해 스키너는 놀라운 발견을 할 수 있었다.

스키너가 쥐를 그의 특별한 우리 중 하나에 넣었을 때, 쥐는 우연히 레버를 건드려 마치 마법처럼 음식 팔레트가 떨어질 때까지 전형적으로 주위를 돌아다니며 냄새를 맡고 탐색을 하였다. 이러한 행복한 사건이 몇 차례 반복되고 나면, 쥐는 돌연히 레버를 누르는 행동을 하기 시작할 것이다(잠정적으로 처음에는 라틴 재즈 밴드의 콩가 연주자처럼 보일 때까지 더 빠르고 더 자주). 환경을 모니터하고 음식을 예상하는 것을 학습한 파블로프의 개와 달리, 스키너의 쥐는 음식을 얻기 위해 환경을 조작하는 학습을 하였다. 쥐의 행동이 음식(스키너가 '강화'라고 부른)을 얻을 때, 그 행동은 반복될 것이다. 그리고 음식을 얻지 못할 때, 쥐는 그 행동을 반복하지 않을 것이다. 스키너는 동물이 보상받는 행동을 행하기 쉽다고 결론을 내렸으며, 그는 이것을 **강화원리**(principle of reinforcement)라 했다. 즉 보상받는 어떤 행동은 반복되고, 그렇지 않은 행동은 반복되지 않는다고 진술하는 원리이다.

스키너는 이런 간단한 원리로 쥐들이 음식을 어떻게 구하는지 설명할 수 있지만, 가장 복잡한 인간의 행동 또한 설명할 수 있다고 주장했다. 비교적 짧은 시간에 스키너의 이론은 심리학을 지배하게 되었다. 구성주의와 기능주의는 조용히 역사의 뒤안길로 사라지게 되었고, "행동주의는

버러스 프레데릭 스키너의 책과 아이디어는 영향력은 있었지만, 종종 오해를 낳기도 하였다. 예를 들어, 둘째 아이가 태어났을 때, 스키너는 유아의 수면을 돕기 위해 단순히 온도가 조절되는 방인 '에어 침대(air crib)'(오른쪽)라 불린 장치를 고안했다. 그러나 **레이디스 홈 저널**이라는 여성잡지에서 "상자 속의 아기(Baby in a Box)"라는 제하의 기사를 실었을 때, 격노한 독자들은 스키너가 실험실에서 쥐를 실험하는 방식을 집에서 그의 자녀들에게도 행하고 있다고 가정하고, 그를 '괴물'이라고 불렀다. 스키너는 1990년 86세의 나이로 사망하였고, 심리학이 행동주의에 대한 충성을 포기한 지 오래되었지만, 여전히 그는 확고한 행동주의 수호자로 남아 있다. "인지 상태와 과정에 대한 호소는 우리의 문제해결 실패에 대해 상당한 책임이 있다. 우리는 행동을 변화시켜야 하며, 신체적·사회적 환경을 변화시킴으로써만 그렇게 할 수 있다. 우리의 목표가 남성과 여성이 살고 있는 세계가 아니라 그들의 마음이나 심장을 변화시키는 것이라고 생각할 때 우리는 처음부터 잘못된 길을 선택하는 것이다"(Skinner, 1971).

B.F. Skinner Foundation; Bernard Hoffman/The LIFE Picture Collection/Getty Images

심리과학을 행하는 하나의 올바른 방법으로 간주되었다"(Baars, 1986, p. 32).

프로이트와 마찬가지로, 스키너의 영향력은 담쟁이로 덮인 벽을 훨씬 넘어섰다. 그의 이론은 전 세계에 퍼져, 학교 교육, 정부 프로젝트, 심리치료, 심지어 육아 관행의 기초가 되었다. 논란이 되는 두 권의 베스트셀러인 월든 투(*Walden II*, 1948)와 자유와 존엄을 넘어서(*Beyond Freedom and Dignity*, 1971)에서 그는 모든 인간 행동이 강화원리의 현명한 적용에 의해 통제되는 유토피아 사회에 대한 자신의 비전을 제시했다. 스키너는 이들 책에서 자유의지는 환상이며, 사람들이 자신이 강화된 일을 하고 있다는 것을 깨닫는 동시에, '선택하고', '결정하는' 감각이 위험한 허구라는 것을 깨닫게 될 때 비로소 세계는 가장 시급한 사회 문제를 해결할 수 있다고 주장하였다.

예상했겠지만, 스키너에 대한 비판은 많으면서도 격렬했다. 타임지는 표지에 "스키너는 말한다: 우리는 자유를 감당할 수 없다"는 제목과 함께 그의 사진을 실었다. 한 평론가는 그의 책을 '피도 눈물도 없는 파시즘'이라 불렀고, 또 다른 평론가는 '철학의 폐차장에서 나온 너트, 볼트, 나사로 장식된 시체'라고 말했다. 평소 당파적이지 않은 TV 가이드조차도 스키너가 '모두를 위해 개 순종 학교 시스템을 통한 인류 길들이기'를 옹호하고 있다고 경고하면서 행동에 나서기도 했다. 이런 공격은 예측 가능했지만, 잘못된 것이었다. 스키너는 교실을 복종 학교로 바꾸거나 시민권을 박탈하는 것을 원치 않았다. 오히려 그는 행동을 지배하는 원리에 대한 과학적 이해가 사회복지를 개선하는 데 사용될 수 있으며 행동주의자들이 바로 그런 원리를 알고 있다고 믿었다.

정리문제

1. 프로이트가 실험심리학에 그리 큰 영향을 미치지 못했던 이유는? 그렇다면 그는 어디에 영향을 미쳤을까?

2. 왓슨의 행동주의의 이면에 있는 핵심 아이디어는 무엇인가?

3. 스키너는 파블로프의 기여와 어떻게 다른가?

1900년대 초반 : 행동주의에 대한 저항

1900년대 초 행동주의는 그야말로 왕이었지만, 그렇다고 모든 주제가 다 왕족은 아니었다. 사실 왕국 전역에 걸쳐 여러 저항 세력들(곧 반혁명을 주도하는 심리학자 집단)을 발견할 수 있다.

게슈탈트심리학과 발달심리학

많은 반체제 인사들이 유럽에 있었다. 예를 들어, 독일 심리학자인 막스 베르트하이머(Max Wertheimer, 1880~1943)는 사람들이 운동을 어떻게 지각하는지를 연구하였다. 그의 실험 가운데 하나로, 참가자들에게 화면에 교대로 빠르게 깜박이는 2개의 불빛을 보여주었다. 두 불빛 사이의 시간 간격이 비교적 길면, 참가자들은 교대로 번쩍이는 2개의 불빛을 보았다고 정확히 보고한다. 그러나 번쩍이는 두 불빛 사이의 시간 간격을 20분의 1초 정도로 줄였을 때, 참가자들은 하나의 불빛이 앞뒤로 움직인다고 보고했다(Fancher, 1979; Sarris, 1989). 베르트하이머는 이러한 '착각적 운동'은 마음이 세계가 어떻게 작동하는지에 대한 이론을 가지고 있기 때문에 발생하며(예 : "대상이 한 위치에

학습목표

- 몇 명의 유럽 심리학자들이 행동주의를 반대한 이유를 설명한다.
- 미국 사회심리학자들이 행동주의를 반대한 이유를 설명한다.

단어가 스크롤되는 것처럼 보이는 '뉴스 자막(news ticker)'을 본 적이 있을 것이다. 물론 단어들이 실제로 움직이는 것은 아니다. 대신 이웃하는 불빛들이 연속해서 켜지고 꺼짐을 반복하는 것이다. 그러면 실제로는 없는 움직임을 보는 이유는 무엇일까? 이것은 게슈탈트 심리학자인 막스 베르트하이머가 나치즘의 부상으로 독일을 떠나도록 강요한 1933년에 시작된 연구 문제이다. 그는 뉴욕으로 갔고, 1943년 세상을 떠날 때까지 사회연구 뉴 스쿨(The New School for Social Research, 1919년에 설립된 대학 교육기관)에서 가르쳤다.

Ramin Talaie/Bloomberg via Getty Images; AKG Images

프레더릭 바틀릿은 기억과 같은 '정신적' 현상을 연구하기 위해 행동주의의 칙령에 저항한 20세기 초 유럽 심리학자 중 한 사람이었다.

Walter Stoneman, ©Godfrey Argent Studio/The Royal Society

있다가 즉시 인접한 위치에 나타나면, 그것은 이동한 것이다"), 마음은 이런 이론들을 들어오는 감각 데이터를 이해하기 위해 사용한다고 주장하였다. 베르트하이머 실험의 두 조건에서는 참가자들에게 정확히 동일한 물리적 자극들을 보여주었지만, 그들은 다른 것을 보았다. 베르트하이머는 물리적 자극들이 지각 경험의 일부이긴 하지만, 전체는 부분의 합 이상이라는 결론을 내렸다. 독일어로 '전체(whole)'를 뜻하는 단어는 게슈탈트(gestalt)이며, 베르트하이머와 그의 동료들은 그들의 접근을 **게슈탈트심리학**(Gestalt psychology)이라 불렀다. 즉 이는 마음이 지각적 경험을 창출하는 방법을 강조하는 심리학에 대한 접근이다.

독일 심리학자들이 사람들이 때로 실제로 존재하지 않는 것들을 보는 이유가 무엇인지를 연구하는 동안, 영국 심리학자인 프레더릭 바틀릿 경(Sir Frederic Bartlett, 1886~1969)은 왜 사람들은 때때로 실제로 발생하지 않은 것들을 기억하는지를 연구하고 있었다. 바틀릿은 실험 참가자들에게 여러 이야기를 읽게 하고 그것을 기억하도록 요청하였다(15분에서 수년 뒤까지). 그들의 오류를 분석한 바틀릿은 참가자들이 종종 실제로 읽었던 것보다 읽었을 것으로 기대하는 것을 기억하며, 이러한 경향성은 시간이 지나가면 갈수록 더 두드러진다는 것을 발견하였다. 바틀릿의 주장에 따르면, 기억은 단순한 기록 장치가 아니며, 대신 우리의 마음은 과거 경험에 대한 기억을 구성하기 위해 일반적으로 세상이 어떻게 작동하는지에 관한 이론을 사용한다('현실 세계 : 기억의 심해' 참조).

독일과 영국 심리학자들이 성인의 마음을 이해하려는 시도를 하는 동안, 스위스 심리학자인 장 피아제(Jean Piaget, 1896~1980)는 종종 아이들이 저지르는 실수를 조사하여 아동의 마음을 이해하려는 시도를 하고 있었다. 예를 들어, 한 연구에서 피아제는 3세 아이들에게 동일한 크기의 진흙 더미 2개를 보여준 다음, 한 더미를 작은 조각들로 부수었다. 그 아동들에게 이제 어느 더미가 진흙이 '더 많은지' 물었을 때, 그들은 전형적으로 온전한 진흙 더미가 더 많다고 말했다. 6~7세가 되면 아동들은 더 이상 이런 오류를 범하지 않았다. 피아제에 따르면, 마음은 어떻게 세상이 작동하는지에 대한 이론을 가지고 있으며("재료가 되는 대상이 조각으로 나눠진다

게슈탈트심리학 마음이 지각적 경험을 창출하는 방법을 강조하는 심리학에 대한 접근

장 피아제(왼쪽)는 10세에 자신의 첫 과학적 논문을 발표하였다. 연체동물에 관한 연구였다. 수년 후, 그의 관심사는 사람들로 향했다. 특히 사람들은 어떻게 사고하는지에 관심이 있었다. 피아제는 아동의 마음을 이해하는 가장 좋은 방법은 그들에게 질문을 하는 것(행동주의자들이 쓸모없는 것보다 더 나쁜 것으로 여긴 기법)이라고 믿었다. 1933년에 피아제는 베벨 인헬더(Bärbel Inhelder)(오른쪽)라는 20세 학생을 만났는데, 그녀에게 각설탕을 물이 담겨있는 컵에 떨어뜨리고 아이들에게 무슨 일이 일어날지 설명하도록 요청해 볼 것을 제안하였다. 그녀는 그렇게 했고, 그 실험은 그녀의 첫 과학적 논문이라는 성과를 이끌었다. 인헬더는 박사학위를 마치고, 50여 년 동안 피아제와 공동 연구를 진행했다. 세상은 피아제 연구의 탁월함을 정당하게 기억하고 있지만, 그 연구(뿐만 아니라 탁월함)는 또한 인헬더의 업적도 포함되어 있다는 사실을 종종 망각하고 있다.

Ben Martin/Getty Images; Alvaro Donado/Macmillan Learning; © Archives Jean Piaget

현실 세계

기억의 심해

┴ 레더릭 바틀릿 경은 기억이 '현실 세계'에서 어떻게 작용하는지에 관심을 가졌고, 행동주의의 기세에도 불구하고, 그는 평생 동안 그 연구에 몰두하였다. 제2차 세계대전이 발발했을 때, 그는 히틀러를 무찌르기 위해 케임브리지 산업연구소(The Cambridge Laboratory of Industrial Research)에 응용심리학부(The Applied Psychology Unit)를 설립하고 영국군을 도왔다. 그리하여 그가 사망하고 거의 반세기가 지나 바틀릿의 인간 기억에 대한 선구적인 연구는 해군의 미스터리를 푸는 데 도움 그 이상을 주었다.

제2차 세계대전 당시, 호주 군함 시드니호는 독일 군함 코모란호와 해전을 벌였는데, 두 군함 모두 인도양에 침몰하였다. 생존자는 소수였는데, 몇 달 후 심문을 받았을 때, 각자 두 군함이 침몰한 정확한 지점에 대해 다른 기억을 가지고 있었다. 배를 찾으려는 수많은 시도에도 불구하고, 바다 밑 어디에도 잔해는 없었다.

그러다 1998년에 심리학자인 존 던(John Dunn)과 킴 커스너(Kim Kirsner)는 바틀릿의 연구를 사용하여 생존자들의 기억이 시간이 경과하면서 왜곡되었을 수 있다는 점을 추정해 보

Courtesy Sea Power Centre - Australia

기로 하였다(Dunn & Kirsner, 2011). 던은 "우리가 찾아낸 것은 한 장의 서신이 있다는 것이다 — 우리의 데이터는 바틀릿이 그의 연구에서 생성한 종류의 데이터처럼 보였다"고 말하였다(Spiegel, 2011). 생존자의 증언과 바틀릿의 기억왜곡에 대한 아이디어를 비교함으로써, 그 심리학자들은 군함들이 실제로 어디에 있는지 예측할 수 있었다.

던은 "나는 실제로 그것이 옳은지 혹은 그른

지를 알 수 있을 것으로 생각하지 않았습니다"라고 말하였다. 그러나 2008년에 한 난파선 탐사대가 두 심리학자가 예상했던 바로 그 해저 위치에서 군함들을 발견했기에 마침내 그는 해낸 것이다. 그의 행동주의자 동료들이 주장한 바에도 불구하고, 프레더릭 바틀릿 경의 정신 연구는 결국 '진정한 과학'이었다.

고 해서 그 재료의 양이 변하지는 않는다."), 어린 아이들은 아직 이런 이론들을 학습하지 못했기 때문에, 성인과 기본적으로 다른 방식으로 세상을 보게 된다. 피아제와 그의 동시대 사람들은 **발달심리학**(developmental psychology)이라는 실험심리학 영역을 개척하는 데 기여하였다. 발달심리학은 전 생애에 걸쳐 심리적 현상이 어떻게 변하는지를 연구한다.

요약하면, 20세기 초 대다수 미국 심리학자들이 행동주의 깃발을 흔들고 있는 사이에 유럽 심리학자들은 행동주의가 금기로 여긴 바로 그 일(마음이라 불리는 관찰할 수 없는 실체의 본질을 이해하기 위해 사람들의 지각, 기억 및 판단을 연구하는 것)을 조용히 행하고 있었다.

사회심리학

모든 저항세력들이 유럽에만 있던 것은 아니었다. 일부는 이미 미국에 들어와 있었다. 많은 유대인들과 마찬가지로, 쿠르트 레빈(Kurt Lewin, 1890~1947)은 히틀러가 집권한 1930년대 초에 유럽을 떠났다. 메사추세츠 공대의 교수로 자리를 잡은 레빈은 리더십, 의사소통, 태도 변화 및 인종 편견과 같은 주제를 연구하기 시작하였다. 그의 여러 다른 연구 프로젝트의 핵심은 단순한 한 가지 아이디어, 즉 행동은 환경 자체가 아닌 환경에 대한 개인의 주관적 해석의 함수라는 것이었다. 반응은 행동주의자들이 주장하듯이 자극에 달려있는 것이 아니라, 사람들이 그런 자극에 대

발달심리학 심리적 현상이 일생에 걸쳐 변하는 방식에 대한 연구

쿠르트 레빈은 히틀러가 권력을 잡은 해에 독일을 떠났고, 독재(한 사람이 다른 모든 사람을 지배하는)와 민주주의(모든 사람이 권력을 공유하는)의 심리적 차이에 깊은 관심을 갖게 되었다. 일련의 연구에서 그와 동료들(Lewin et al., 1939)은 10세 소년들을 독재적 집단에서 며칠간, 그리고 민주적 집단에서 며칠간 협업하도록 하였다. 그는 "독재에서 민주주의로의 변화는 민주주의에서 독재로의 변화보다 시간이 더 많이 걸린다"는 관찰을 하였고, 이는 "독재는 개인에게 강요하면 그만이지만, 민주주의는 학습을 요구하기" 때문이라는 결론을 내렸다(Lewin, 1948).

Album/Alamy; MBI/Alamy

사회심리학   사회성의 원인과 결과에 대한 연구

해 어떻게 생각하는지에 달려있다.

레빈의 연구와 이론은 **사회심리학**(social psychology)이라는 실험심리학의 새로운 분야를 낳았다. 사회심리학은 **사회성**(sociality)의 원인과 결과에 대한 연구 분야이다. 사회심리학자들은 사람들이 사회적 세계를 어떻게 보는지를 이해하고자 하였다. 예를 들어, 솔로몬 애쉬(Solomon Asch, 1907~1996)는 참가자 집단에게 한 남자를 시기심이 많고, 완고하며, 비판적이고, 충동적이며, 근면하고, 지적이라고(부정적인 것에서 긍정적인 순서로 이어지는 일련의 형용사) 말해 주었다. 그는 또 다른 집단에게는 한 남자를 지적이며, 근면하고, 충동적이고, 비판적이고, 완고하며, 시기심이 많다고(동일한 형용사지만 정확하게 정반대 순서의 목록) 말해 주었다. 애쉬는 긍정적인 특질을 먼저 들었던 참가자들이 그 남자를 더 좋아했음을 발견하였다. 애쉬는 이런 '초두 효과(primacy effect)'가 각 목록에서 전반부에 있는 단어들("지적이고 근면한 — 와우, 정말 대단한 사람이네")이 해당 목록의 후반부에 있는 단어들("완고하다는 것은 그가 원리원칙을 따지는 사람이라는 뜻이지")을 해석하는 데 마음이 사용한 이론을 만들었기 때문에 발생한다고 주장하였다. 애쉬의 연구는 사람들이 어떻게 다른 사람들에 대한 추론을 도출해내는지에 대한 많은 연구를 이끌었다.

다른 사회심리학자들은 사람들이 그들의 신념을 변화시키기 위해 서로를 어떤 식으로 설득하는지, 사람들은 어떤 식으로 고정관념을 형성하는지, 그리고 사람들은 그들의 사회적 집단에 기초된 정체성을 어떻게 만들어 가는지를 연구했다. 신념, 고정관념, 정체성과 같은 개념들은 행동주의로부터 버림을 받았지만, 사회심리학의 심장이자 영혼이 되었다. 심리학자 조지 밀러(George Miller)는 "행동주의 학파는 힘, 명예, 독재, 교재, 돈 등 심리학의 모든 것을 소유했다"고 회고했다(Baars, 1986, p. 203). "관심조차 없는 임상이나 사회심리학자들은 나가서 홀로서기를 해야 했다." 그러나 당시 사회심리학자들이 모르고 있었던 것은 그들의 것이 곧 모든 사람의 것이 된다는 사실이었다. 행동주의 왕국은 공격을 받고, 침략을 당해 정복되기 일보 직전이었기 때문이다.

게슈탈트심리학의 영향을 받고 사람들이 서로에 대해 어떻게 생각하는지를 연구한 솔로몬 애쉬(왼쪽)는 행동주의의 칙령에 저항한 많은 사회심리학자 중 한 사람이었다. 그의 '초두 효과'에 대한 초기 연구는 한 사람에 대한 초기 정보가 나중 정보의 해석을 변화시킨다는 것, 그래서 첫인상이 그토록 중요하다는 것을 보여주었다. 만일 오른쪽 사진을 보기 전에 좌측 사진을 보았다면, 이 남자에 대해 어떤 인상을 형성했을 것이다("그는 주말 파티를 좋아하는 상당히 직설적인 사람일 것 같다."). 그러나 만약 반대 순서로 사진을 보았다면, 그에 대해 매우 다른 인상을 형성했을 것이다("그는 하루 일과를 문신으로 치장하는 토탈 힙스터네!").

Solomon Asch Center for Study of Ethnopolitical Conflict.; Alvarez/Getty Images

1. 베르트하이머와 바틀릿 연구의 유사점은 무엇인가?
2. 어떤 면에서 피아제의 연구가 행동주의와 양립할 수 없었는가?

3. 쿠르트 레빈의 연구를 뒷받침하는 기본 아이디어는 무엇이고, 사회심리학자들이 행동주의를 거부한 이유는 무엇인가?

1900년대 후반 : 인지혁명

스키너는 1957년에 **언어행동**(*Verbal Behavior*)이라는 책을 출간하고, 행동주의자들에게 아동이 어떻게 언어를 학습하는지에 대해 설명하였다. 언어학자인 노엄 촘스키(Noam Chomsky)는 지난 40여 년 동안 행동주의에 대해 충분한 수동적 저항이 있었지만, 이제부터 본격적으로 공격을 가할 때가 왔다고 말하였다. 촘스키는 1959년에 스키너의 책에 대해 파급력이 있는 비평을 하였는데, 행동주의 원리들은 언어 학습의 가장 명백한 특징 중 일부를 결코 설명할 수 없다고 주장하였다.

예를 들어, 아동은 이전에 들어보지도 않았던 새로운 문장들을 생성해 낸다. 아동은 어떻게 그렇게 할 수 있을까? 명확한 대답은 아동이 문법(무한히 많은 수의 가능한 문장 중 허용되는 문장["The girl ran after the ball"]과 허용되지 않는 문장["The girl after the ball ran"]을 알려주는 복잡한 규칙 세트)을 사용한다는 것이다. 그러면 아동은 어떻게 이런 규칙들을 학습할까? 촘스키는 학습에 대한 순수한 행동주의적 관점으로는 아동이 문법을 어떻게 학습하는지에 대해 절대 설명할 수 없다고 주장하였다. 촘스키(1959)는 행동주의를 역사의 휴지통에 처박을 때라고 제안하였다: 그는 "만약 언어 연구가 이런 방식으로 제한된다면, 언어 행동의 주요 측면들이 미스터리로 남는 일은 피할 수 없을 것이다"라고 했다.

세상은 귀를 기울이고 있었다. 그러나 "구식에서 벗어나자!"는 외침은 "새 것을 따르자!"는 슬로건을 따를 때만 성공적인 외침이 된다. 실제로 행동주의를 심리학의 뒷전으로 밀어 넣는 새로운 일은 1960년대에 발생했다. 그것은 새로운 철학이나 과학적 발견 또는 사회운동도 아니며, 마음도 영혼도 없는 기계였다.

인지심리학

최초의 범용 전자식 디지털 컴퓨터인 에니악(ENIAC)은 1945년에 제작되었다. 무게는 30톤에 달했고, 그 크기는 작은 집만 했으며, 가격은 700만 달러로 주로 소수의 공학자, 미군 및 일부 괴짜들이 관심을 가지는 복잡한 수학적 계산을 수행했다. 그러나 에니악과 이후의 다른 모든 컴퓨터들은 계산기를 두드리는 것보다 더 중요한 일을 해냈다. 즉 그것들은 심리학자들에게 또 다시 마음에 대해 이야기할 기회를 제공하였다. 어떻게 한 걸까?

컴퓨터의 관찰 가능한 행동은 쥐의 행동만큼이나 단순하다. 컴퓨터에게 어떤 자극("2+2=?")을 제시하면 반응을 산출한다("4"). 그러나 쥐와는 달리 컴퓨터가 반응을 산출하는 방식은 숨겨져 있거나 미스터리가 아니다. 그것은 정보를 처리함으로써, 즉 정보를 부호화하고, 그것을 기억에 저장한 다음, 요구에 따라 인출하며, 적절한 방식으로 조합하는 방식으로 반응을 산출한다. 이러한 연산은 컴퓨터로 하여금 밖에서 학습하고, 추론하며, 기억하고, 심지어는 사고하는 것과 같은 많은 일들을 할 수 있도록 해준다. 만약 그런 단어들이 기계 내부에서 발생하는 물리적 정보처리 운영을 적절히 기술하는 데 사용될 수 있다면, 그것들은 또한 뇌 안에서 일어나는 물리적 정보처리 운영을 기술하는 데도 사용될 수 있지 않을까? 뇌가 하드웨어라면, 마음은 소프트웨어

학습목표

- 스키너에 대한 촘스키의 비판을 요약한다.
- 인지심리학은 무엇을 하며, 어떻게 등장하게 되었는지 설명한다.
- 진화심리학은 무엇을 하며, 어떻게 등장하게 되었는지 설명한다.

1959년에 언어학자인 노엄 촘스키(b. 1928)는 미국 심리학에서 행동주의의 쇠락을 예고하는 스키너의 언어행동 이론에 대한 비평 논문을 발표하였다. 그는 진술한 정치 활동가이자 사회 비평가로 활동을 이어갔다.

Tom Landers/The Boston Globe via Getty Images; Cory S. Sheffield

1946년에 촬영한 이 사진 속, 마를린 웨스코프(Marlyn Wescoff, 좌)와 루스 리히터만(Ruth Lichterman, 우)은 세계 최초의 디지털 컴퓨터인 에니악을 프로그래밍하고 있다. 이런 혁신적 장치는 많은 것을 수행하지만, 가장 중요한 것 중 하나는 그것이 심리학자들에게 정신적 과정에 대해 말할 수 있는 과학적으로 존경할만한 방법을 제공했다는 것이다.

Tom Landers/The Boston Globe via Getty Images; Cory S. Sheffield

인지심리학 인간의 정보처리에 대한 연구

이며, 소프트웨어 프로그램이 작동하는 방식에 대해 도깨비와 같다거나 측정하지 못할 것은 없다.

디지털 컴퓨터를 일종의 안내 은유로 삼은 1950년대와 1960년대의 심리학자들은 갑자기 저항세력을 제외한 모든 사람들이 수십 년간 무시해왔던 주제를 연구하는 것에 대해 격려를 아끼지 않았다. 그런 주제로는 사람들이 어떻게 그들의 주의를 한 자극에서 다른 자극으로 전환하는지, 정보를 청크로 조합함으로써 사람들은 어떻게 그들의 처리 용량을 확장시키는지, 사람의 욕망이 어떻게 물리적 대상에 대한 지각을 조성할 수 있는지 등이다. 이런 심리학의 지향에 있어서의 극적인 전환은 좋든 싫든 간에 인지혁명(cognitive revolution)으로 알려졌다. **인지심리학**(cognitive psychology)은 인간의 **정보처리**에 대한 **연구**이며, 50년 이상 인간의 마음의 본질에 대해 심도 있는 통찰을 제공해 왔다(그 가운데 많은 것은 곧 다루게 될 장들에서 학습하게 될 것이다).

진화심리학

행동주의가 마음을 구석으로 밀어 놓았다면, 인지심리학은 그것을 다시 가져다 놓았다고 할 수 있다. 그러나 행동주의는 또한 다른 것도 옆으로 제쳐 놓았는데, 그것은 바로 과거이다. 행동주의자들은 사람을 아무것도 가지지 않았지만 환경에 의해 조성될 준비가 되어 있는 상태로 세상에 온 빈 서판으로 보았다. 존 왓슨(1930, p. 89)은 다음과 같이 썼다:

나에게 건강한 12명의 유아를 맡기세요. 잘 구성된 나만의 특정 세계로 그들을 데려와 양육하고, 무작위로 한 명을 선택하여 훈련시키면 내가 선택할 수 있는 그 어떤 유형의 전문가, 즉 타고난 재능, 성향, 경향성, 능력, 적성 및 조상의 인종과 무관하게 의사, 변호사, 예술가, 상인, 심지어는 거지와 도둑으로 키워낼 수 있다는 것을 보장할 수 있습니다.

왓슨의 견해는 평등주의적이며 낙관적이다. 그는 전형적인 미국인이었다. 그러나 이는 또한 잘못이기도 하였다. 1960년대에 심리학자인 존 가르시아(John Garcia, 1917~2012)는 쥐들이 방사능병(radiation sickness)에 어떻게 반응하는지를 연구하고 있었다. 그는 쥐들이 구토증을 아프기 직전에 먹은 음식의 맛과 연합시켜 그 음식에 대한 혐오감을 발달시키는 학습을 즉시 달성한다는 것에 주목했다. 한편, 얼마나 많은 훈련을 받는지와 관계없이 쥐들은 구토증과 번쩍이는 불빛이나 부저음(buzzer sound)을 연합시키는 학습이 어려웠다. 그건 말이 되지 않는다. 파블로프는 2개의 자극이 짝지어질 때(예 : 연구자의 발자국 소리와 음식의 출현), 동물은 한 자극을 다른 자극과 연합시키는 학습을 한다는 것을 보여주었다. 즉 자극이 발자국인지, 불빛인지, 부저인지는 중요하지 않았다. 자극이 중요하지 않았지만, 중요하기도 했다. 이는 무엇을 의미하는 것일까?

가르시아는 모든 유기체는 특정 방식으로 특정 자극에 반응하도록 진화된다는 것, 즉 동물들은 어떤 연합을 다른 것보다 더 쉽게 학습하는 '생물학적으로 준비된' 상태로 세상에 온다는 것을 의미한다고 생각했다. 숲과 하수도가 있는 현실 세계에서 쥐의 메스꺼움은 보통 상한 음식을 먹을 때 발생한다. 비록 가르시아의 쥐들이 실험실에서 태어나 상한 음식을 먹어 본 적은 없지만, 그것들의 조상은 그런 경험을 가지고 있다. 수백만 년에 걸친 진화를 통해 쥐의 뇌는 음식의 맛과 구토증을 연합시키는 학습을 빠르게 할 수 있도록 설계되었고, 그것은 쥐들이 이런 연합을 그토록 빠르고 쉽게 학습할 수 있

존 가르시아의 실험은 연합 학습의 용이성이 유기체의 진화 역사에 의해 영향을 받을 수 있음을 보여주었다. 다른 진화심리학자들이 수행한 후속 연구는 많은 인간의 행동들도 유사한 영향을 받을 수 있음을 시사하였다.

UCLA Media

었던 이유이다. 쥐는 더 이상 빈 서판이 아니라는 것이 밝혀졌다. 그렇다면 심리학자들이 사람에 대해서도 그런 식으로 생각해야 할 이유가 있을까?

이와 같은 결과는 **진화심리학**(evolutionary psychology), 즉 인간의 마음이 자연선택에 의해 조성되어온 방식에 대한 연구를 이끌었다. 진화심리학자들은 혼음의 성차, 사회적 거래에서 사람들은 어떻게 사기꾼을 탐지하는가, 그리고 사람들은 어떤 식으로 자신의 이상적인 짝을 선택하는지와 같은 주제를 연구하기 시작하였다. 진화심리학은 "시각, 추론 혹은 사회행동 연구와 같은 심리학의 특정 하위분야가 아니다. 그것은 심리학 내의 어떤 주제에도 적용될 수 있는 심리학에 대한 하나의 사고 방법이다"(Cosmides & Tooby, 2000, p. 115). 앞으로 다룰 장들에서 알게 되겠지만, 현대 심리학자들은 이제 진화론적 사고를 광범한 주제에 적용하고 있다.

진화심리학 인간의 마음이 자연선택에 의해 조성되어온 방식에 대한 연구

혁명 이후

행동주의가 인간의 행동에 대한 많은 중요한 발견을 이끈 가치 있는 접근이기는 했지만, 마음과 과거를 무시했다. 비록 많은 현대 심리학자들이 여전히 쥐가 어떻게 학습하고, 강화가 어떻게 행동을 조성하는지를 연구하고 있다 하더라도, 인간을 빈 서판으로 생각하거나 정신 과정들을 측정할 수 없는 허구라고 믿는 행동주의자들은 거의 없다. 아이러니하게도 인지 및 진화심리학의 출현은 어떤 면에서 심리학을 원점으로 돌려놓았다고 할 수 있다. 구성주의자와 마찬가지로 인지심리학자는 마음이 어떤 것인지에 대해 묻고 있으며, 기능주의자와 마찬가지로 진화심리학자는 마음이 무엇을 위해 있는 것인지를 묻는다. 분명 몇몇 질문들은 달빛이 좋은 밤에 조용히 집에 들어가기에는 너무나도 흥미를 자아낸다.

정리문제

1. 아동이 어떻게 언어를 학습하는지에 대한 스키너의 설명에서 잘못된 점은?
2. 컴퓨터의 출현이 어떻게 심리학자로 하여금 마음에 대해 말할 수 있도록

허용해주었는가?

3. 행동주의가 유기체의 진화 역사를 무시한 점이 잘못임을 시사하는 증거는?

2000년대 초반 : 뉴 프런티어

인지혁명은 20세기 끝 무렵에 심리학을 근본적으로 바꾸어 놓았다. 그러나 과학은 결코 멈추어 있지 않았다. 현 세기에 심리학은 진화를 거듭하여 몇 가지 새롭고도 흥분을 자아내는 분야들이 등장했다. 이 가운데 두 가지 분야를 살펴보도록 한다. 하나는 정신적 삶의 신경 기질을 찾으면서 생물학을 '한 수 아래'로 보는 심리학자들이 연구하는 분야이며 다른 하나는 문화의 기원을 이해하는 가운데 사회학과 인류학을 '한 수 위'로 보는 심리학자들이 연구하는 분야이다.

신경과학

마음이란 곧 뇌의 작용이다. 그러나 최근까지 뇌에 대한 지식은 주로 손상된 뇌 연구에 기반을 두고 있었다. 예를 들어, 1981년에 프랑스 의사인 폴 브로카(Paul Broca, 1824~1880)는 단어는 이해하지만 그것을 산출하지 못한 한 남성에 대해 부검을 실시했다. 그는 그 남자의 좌반구 뇌의 작은 영역이 손상되어 있음을 발견하였다. 브로카는 말하는 능력이 어떻든 간에 그 특별한 작은 영역에 달려있다는 결론을 내렸다. 그리고 이 영역이 오늘날 '브로카 영역'으로 불린다는 사실은 여러분에게 그가 옳았다는 것을 말해주는 것이다.

학습목표

- 신경과학을 정의하고 현대 심리학자들이 뇌를 어떤 식으로 연구하는지 설명한다.
- 문화심리학을 정의하고 그것이 중요한 이유에 대해 설명한다.

인지신경과학 뇌와 마음(특히 인간)의 관계성에 대한 연구

행동신경과학 뇌와 행동(특히 인간이 아닌 동물)의 관계성에 대한 연구

자연에 의해 손상된 뇌로부터 배우는 것 외에도, 심리학자들은 그들 스스로 손상을 가한 뇌로부터 배우기도 했다. 예를 들어, 1930년대 심리학자인 칼 래슐리(Karl Lashley, 1890~1958)는 일련의 유명한 연구들에서 쥐가 미로를 달리도록 훈련시키고 나서 쥐의 대뇌피질 여러 영역을 외과적으로 손상을 가한 다음, 미로 달리기 수행의 변화를 측정했다. 놀랍게도 그는 뇌 손상으로 수행이 저조해지기는 했지만, 피질의 어느 부분에 손상이 가해졌는지는 중요하지 않다는 사실을 확인했다. 이런 결과는 래슐리로 하여금 학습은 언어와 같은 방식으로 '국재화(localized)'되지 않거나 특정 뇌 영역과 연결되어 있지 않다는 결론을 이끌게 했다.

물론 손상된 뇌는 우리에게 그리 많은 것을 가르쳐 주지는 않는다. 망치로 여러 다른 부품들을 부수고 차가 얼마나 잘 작동하는지를 측정하는 것뿐이라면 엔진이 어떻게 작동하는지 알아내는 것이 얼마나 어려울지 상상해 보라. 다행히도 최신 기술을 통해 심리학자들은 손상되지 않은 뇌의 작동을 관찰할 수 있게 되었다. 예를 들어, 기능적 자기공명영상(fMRI)은 여러분이 뉴스에서 종종 듣는 '뇌 스캔'을 할 수 있는 기술이다. 그 명칭에도 불구하고, 실제 이런 스캔은 뇌 사진이 아니라, 특정 순간에 사람의 뇌의 여러 부위를 따라 이동하는 혈액의 양을 보여주는 일종의 지도인 것이다. 신경 활동은 산소를 필요로 하며 혈액이 산소를 공급하기 때문에, 이를 스캔하면 뇌의 어느 부위가 어떤 특정 시간에 대부분 정보를 처리하는지 알 수 있다. 이는 우리에게 단지 손상된 뇌를 살펴보는 것만으로는 알 수 없는 것들을 가르쳐준다.

예를 들어, 브로카는 미국 수화(American Sign Language, ASL)를 하는 사람들이 그가 1861년에 확인한 좌반구의 동일 영역에서 증가된 신경 활동을 보인다는 결과에 대해 그리 놀라지 않았을 것이다. 그러나 그는 이 좌반구 활동이 성인기에 청각장애인이 된 화자의 뇌에서만 발생한다는 것을 보여주는 fMRI 연구 결과에 대해서는 놀라움을 보였을 것이다. 처음부터 청각장애인으로 태어난 화자들은 좌반구와 우반구 둘 다에서 증가된 신경활동을 보여주는데, 이는 그들이 매우 다른 방식으로 수화를 한다는 것을 시사한다(Newman et al., 2002). 제3장에서 배우게 될 다른 기술들의 출현은 두 가지 새로운 심리학 영역의 탄생을 가져왔다. 즉 뇌와 마음(특히 인간) 간의 관계성에 대한 연구인 **인지신경과학**(cognitive neuroscience)과 뇌와 행동(특히 인간이 아닌 동물) 간의 관계성에 대한 연구인 **행동신경과학**(behavioral neuroscience)이 그것이다.

문화심리학

인도의 산, 중국의 평야, 아프리카의 도시, 브라질의 정글, 미국의 교실에 안주하고 있는 인간들은 서로 유사하지만, 차이점을 비교하면 그들이 어떻게 생각하고, 느끼며, 행동하는지를 이해하는 데 중요하다. 문화란 특정 집단의 사람들이 공유하고 있는 가치, 전통, 신념을 말한다. 우리는 일반적으로 문화를 국적과 인종의 관점으로 생각하지만, 연령(예 : 청년 문화), 성적 지향(예 : 게이 문화), 종교(예 : 유대 문화), 직업(예 : 학문 문화) 및 사람들이 차이를 보이는 많은 다른 차원

fMRI와 같은 기술은 인지신경과학자들로 하여금 사람들이 읽기, 쓰기, 생각하기, 기억하기와 같은 다양한 심적 과제들을 수행할 때 뇌의 어느 부위가 가장 많이, 혹은 가장 적게 활성화되는지를 결정할 수 있게 해준다. 그 장치(왼쪽)는 흔히 뇌 스캔(오른쪽)이라 부르는 영상을 산출한다.

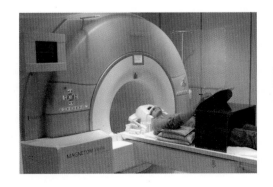
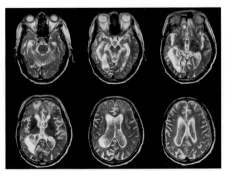

으로 정의할 수도 있다('차이의 세계 : 가진 자와 못 가진 자' 참조).

　학자들은 적어도 고대 그리스 시대 이래로 문화적 차이에 관심을 가져왔지만, 대부분의 19세기 심리학자들은 그것을 무시하고 그들이 연구하는 것이 보편적이라거나 규칙에 대한 예외가 실제로 중요하지 않다고 가정하는 것에 만족했다. 20세기에 이르러 문화는 사회심리학자들이 큰 관심을 가지는 주제가 되었지만, 행동주의자들은 그것을 무시했다. 결국 쥐들만 아니었다면 문화는 얼마나 중요할 수 있었을까?

　이제 모든 것이 변했다. 미국은 좀 더 다양화되었고, 그런 다양성은 더욱 확연해졌는데, 이는 문화의 중요성이 그 어느 때보다 더욱 커지고 있음을 의미한다. **문화심리학**(culture psychology)은 문화가 정신적 삶에 어떻게 영향을 주는지에 대한 연구로, 그러한 영향은 매우 클 수 있다. 예를 들어, 한 연구에서 미국인과 일본인 참가자들에게 몇 가지 작은 세부에서 다른 2개의 그림을 보

문화심리학　문화가 정신적 삶에 어떻게 영향을 미치는지에 대한 연구

차이의 세계

가진 자와 못 가진 자

우리가 '다른 문화'를 생각할 때, 대부분은 이국적인 음식을 먹는, 낯선 의상을 입고 있는, 그리고 이해하지 못하는 언어를 사용하는 사람들로 채워진 멀리 있는 땅을 상상한다. 그러나 여러분은 지구촌에 살고 있기 때문에 자기 문화와 다른 문화를 방문하기 위해 비행기를 타지 않아도 된다. 다만 뚜렷하게 구분되는 두 문화(더 많은 돈, 더 나은 교육, 더 많은 명성을 가진 사람들과 그보다 못한 사람들이 살고 있는)가 나란히 있을 뿐이다(Kraus et al., 2011). 가장 평등한 사회에서조차 사람들은 상위와 하위 사회적 계층으로 나누어지며, 이미 확인된 바에 의하면, 사회 계층은 인간 행동의 강력한 결정인자이다.

　한 가지 예를 들어보자. 상류층 사람들은 충분한 재원을 가지고 있기 때문에, 다른 사람에게 그리 의지할 필요가 없다. 문제가 발생할 때, 상류층 사람들은 그들의 은행 계좌에 의지한다. 이에 반해 하류층 사람들은 좋은 관계를 유지해야 하는 가족, 친구 및 이웃에 의지한다. 어떤 면에서 상류층 사람들이 즐기는 호사 가운데 하나는 다른 사람들이 느끼거나 생각하는 것에 그리 신경 쓰지 않아도 되는 사치이다. 그런 사치가 그들의 행동에 영향을 미칠까?

　사실 그렇다. 실험실 연구에서 상류층 사람들은 흔히 관대함, 자비심, 신뢰성이 떨어지며, 타인을 돕는 행동도 적었을 뿐만 아니라 사적인 이익을 위해 거짓말과 속이는 행동을 더 많이 하는 것으로 나타났다(Gino & Pierce, 2009; Piff et al., 2012). 이러한 '나 먼저' 지향은 실험실 밖에서도 쉽게 볼 수 있다. 예를 들어, 한 연

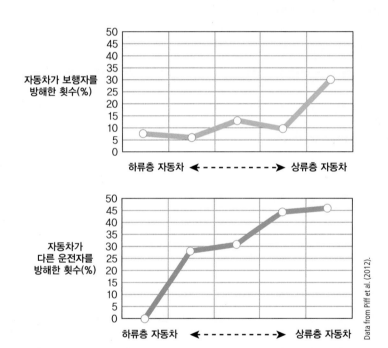

구에서 연구자들은 두 곳의 번잡한 교차로 근처에 서서 접근해 들어오는 차량의 제조사, 모델 및 연도를 기록했다. 그다음, 그들은 운전자들이 교차로에서 다른 차량과 보행자들을 방해하는지를 살펴보았다. 2개의 그래프에서 알 수 있듯이, 고가의 신형차 운전자들은 다른 사람을 무시한 채 교차로를 통과할 가능성이 상당히 높았다. 상류층이라는 것이 사람들을 이기적으로 만들기 때문일까? 아니면 이기심이 사람들을 상류층으로 만들기 때문일까? 몇몇 연구는 전자의 설명이 옳다고 제안한다. 예를 들어, 실험 참가자들을 무선 할당하여 자신들이 상류층

이라 생각하도록 했을 때(예를 들어, 그들의 수입을 수입이 적은 사람들과 비교하도록 요청했을 때), 그들은 또한 더욱 이기적으로 행동하였다(Piff et al., 2012).

　사회 계층은 중요하다. 따라서 성별, 인종, 종교, 연령 및 다른 대부분의 차원들도 마찬가지다. 심리과학은 흔히 '평균적인 사람'에 대해 결론을 산출하지만, 평균이라는 것은 행동을 이해하고 예측하기 위해 유용한 반면, 사람들은 실제로 거의 무한한 다양성을 가지고 있으며, 그들을 구별해주는 것들은 흔히 그들을 하나로 만드는 것만큼이나 흥미롭다.

Data from Piff et al. (2012).

문화는 우리가 어떻게 보는지, 그리고 무엇을 보는지에 영향을 미칠 수 있다. 한 연구에서는 참가자들에게 위 사진과 같은 장면을 보여준 다음, 약간의 변화를 준 이 장면의 다른 버전을 보여주었다. 미국인 참가자들은 빨간색 차의 변화를 쉽게 찾아낸 반면, 일본인 참가자들은 건물의 변화를 더 잘 찾아냈다.

Culture and point of view, Richard E. Nisbett, Takahiko Masuda, Proceedings of the National Academy of Sciences Sep 2003, 100 (19) 11163-11170. © 2003 National Academy of Sciences, U.S.A

여준 다음, 차이가 나는 것을 가리켜 보도록 요청하였다(Masuda & Nisbett, 2001). 왜? 미국인은 독립적이고 개인주의적 사회에서 살고 있는 반면, 일본인들은 그들에게 관계와 맥락에 참여할 것을 요구하는 많은 역할 규정을 가진 상호의존적인 사회에 살고 있는데, 이런 문화적 차이는 그들이 자연스럽게 주의를 주는 시각 정보의 유형에 영향을 줄 수 있기 때문이다. 서구인들은 시각 정보를 '분석적으로(analytically)' 처리하는 경향이 있는 반면에, 동양인들은 배경에 주의를 줌으로써 '전역적으로(holistically)' 시각 정보를 처리하는 경향이 있다. 문화는 심리학자들이 연구하는 거의 모든 것에 영향을 미칠 수 있기 때문에, 거의 모든 후속 장들에서 문화심리학 연구를 다룰 것이다.

정리문제

1. 어떤 종류의 것들이 뇌 스캔을 통해 학습될 수 있는가?

2. 행동신경과학과 인지신경과학의 차이점은?

3. 문화가 지각을 조성하는 방식에 대한 예를 들라.

학습목표

- 심리학의 다양성을 기술한다.
- 심리학자가 받는 여러 유형의 훈련을 설명한다.
- 심리학자들이 가질 수 있는 직업들을 말한다.

심리학자의 길

평범한 사람들은 대부분 정확하게 심리학이 무엇인지 알지 못하지만, 심리학자들이 그들의 마음을 직접 들여다 볼 수 있으며, 그들의 생각, 특히 성에 대한 생각을 읽을 수 있다는 막연한 추측을 한다. 사실 심리학자들은 그렇게 할 수 없다. 대신 사람들을 돕고, 연구를 수행하며, 세 가지 예로 목록을 만드는 것과 같은 훨씬 더 유용한 다른 일을 할 수 있다. 이제 여러분은 심리학이 어디서 왔고 어떤 변천사를 겪었는지 알았을 것이다. 마지막으로 직업으로서의 현대 심리학을 살펴보면서 이 장을 마무리하고자 한다.

어떤 사람이 심리학자가 되는가

1892년 7월에 윌리엄 제임스와 6명의 심리학자들이 모여 전문 분야로서의 심리학을 대표하는 조직을 구성하려는 결정을 내리면서 미국심리학회(American Psychological Association, APA)가 탄생했다. 오늘날 이 작은 클럽은 7만 5,000명이 넘는 회원을 보유할 정도로 커졌고, 1988년에 두 번째 전문 조직인 심리과학회(Association for Psychological Science, APS)가 창립되어 현재는 3만 명의 회원을 보유하고 있다. 제임스와 그의 친구들은 그들의 전문 조직이 얼마나 거대해질지, 또는 2017년까지 여성이 APA 회원의 주류를 차지하고 거버넌스 위치를 점하게 될지를 감히 상상조차 하지 못했을 것이다(National Science Foundation, 2018).

혹은 그런 예측을 했을 수도 있다. 결국 APA가 설립되고 겨우 몇 년이 지나 메리 와이튼 칼킨스(Mary Whiton Calkins, 1863~1930)가 APA 회장을 맡게 되었는데, 그 시기는 대부분의 미국 여성들이 사회가 아닌 가정을 돌보는 일에 충실했던 때였다. 칼킨스는 하버드대학교에서 제임스와 함께 연구를 하였고, 전체 경력 과정에서 네 권의 책을 출간했고 100편이 넘는 과학적 논문을

1890년의 하버드대학교는 모두 남학생만 다니는 학교였지만, 메리 와이튼 칼킨스(왼쪽)는 윌리엄 제임스와 연구를 하는 조건으로 특별 입학허가를 받았다. 그러나 박사학위를 취득하기 위한 모든 요건들을 충족했음에도 불구하고, 하버드대학교 총장은 그녀가 여성이라는 이유만으로 박사학위 수여를 거부했다. 이에 대해 제임스는 그녀의 연구 성과를 "하버드 역사상 가장 뛰어난 박사학위 논문"이라 말하면서 격노했다. 칼킨스는 웰즐리대학교의 교수와 APA의 첫 여성 회장이 되었다. 1984년에는 마가렛 플로이 워시본(Margaret Floy Washburn, 오른쪽)이 실제로 심리학에서 박사학위(코넬대학교 수여)를 받은 최초의 여성이 되었다. 그녀는 바사르대학교의 교수가 되었고, 그녀 역시 APA의 회장을 역임하였다. 오늘날 여성은 미국 대학에서 심리학 박사학위 취득의 주류가 되었다.

Macmillan Learning; The Drs. Nicholas and Dorothy Cummings Center for the History of Psychology, The University of Akron

발표했다. 오늘날 여성들은 모든 심리학 분야에서 주도적인 역할을 하고 있다. 사실 미국 대학에서 박사학위를 취득한 사람의 70%가 여성이다(National Science Foundation, 2018).

1892년 APA 창립 모임에는 여성이 한 명도 없었으며, 유색인종도 없었다. 그러나 상황은 급격히 변했다. 1920년에 프랜시스 세실 섬너(Francis Cecil Sumner, 1895~1954)는 심리학 박사학위를 취득한 최초의 아프리카계 미국인이었고, 1970년에 그의 제자인 케네스 클라크(Kenneth Clark, 1914~2005)는 아프리카계 미국인으로서 APA의 최초 회장이 되었다. 그와 그의 아내인 마미 핍스 클라크(Mamie Phipps Clark)는 아프리카계 미국 아동들이 분리(segregation) 정책(백인과 유색인종이 같은 공립학교에 다닐 수 없게 한 주법 – 역주)으로 인해 심리적 상처를 입는 방식을 연구했고, 1954년에 그들의 획기적인 연구는 공립학교의 분리 정책이 위헌임을 주장하는 브라운 대 교육위원회(Brown v. Board of Education)의 미국 대법원 판결에 인용되었다(Guthrie, 2000). 오늘날 미국 대학의 심리학 박사학위 취득자의 약 30%는 백인이 아닌 학생들이다. 미국은 변하였고, 심리학도 변하였다(7명의 창립자가 자랑할 법한 일이다).

어떻게 하면 심리학자가 될 수 있을까

심리학을 전공하는 대학생들은 일반적으로 학사학위에 그치는 경우가 많다. 그들은 스스로를 교육받은 사람이라고 부를 수 있고, 스스로를 졸업했다고 부를 수 있으며, 정말로 원한다면, 스스로를 학사라고 부를 수 있다. 그러나 그들은 스스로를 심리학자라고 부를 수 없다. 심리학자가 되기 위해서는 부가적으로 학사 이상의 학위를 취득해야 한다. 가장 일반적인 것 가운데 하나는 심리학에서 PhD를 취득하는 것이다. 이 약어는 철학박사를 의미한다(실제로 철학과는 아무 관련

마미 핍스 클라크와 케네스 클라크는 편견, 차별, 분리가 아동에 미치는 심리적 영향을 연구했다. 부분적으로 그들의 연구에 기초하여 미국 대법원은 분리 정책을 위헌으로 판결했다. 대법원장이었던 얼 워런(Earl Warren)은 "인종 때문에 그들(아프리카계 미국 아동)을 비슷한 연령과 자격을 가진 다른 아동들과 분리시키는 것은 결코 되돌릴 수 없는 방식으로 그들의 마음과 정신에 심각한 영향을 미칠 수 있으며 지역사회에서의 그들의 지위에 대해 열등감을 유발한다"는 결론을 내렸다. 두 명의 선구적 심리학자의 연구가 없었다면, 미국의 학교 통합은 일어나지 않았을 수도 있다.

University Archives, Rare Book & Manuscript Library, Columbia University Libraries; The Topeka Capital-Journal

이 없고 19세기 독일 대학의 역사와 많은 관련이 있는데, 여기서는 이 정도로만 설명하기로 한다).

　　PhD를 획득하려면, 대학원에 진학해서, 수업을 듣고 교수와 협력하여 독창적인 연구를 수행하는 법을 배워야 한다. 윌리엄 제임스는 당시에는 심리학의 지식체계가 그리 크지 않았기 때문에 단지 몇 년 만에 심리학의 전 분야를 숙달할 수 있었지만, 오늘날 대학원생은 전형적으로 심리학의 특정 분야(예 : 사회, 인지, 발달 또는 문화)에서 집중훈련을 한다. 대학원생이 PhD를 획득하기까지는 평균 6년이라는 시간이 소요되며(National Science Foundation, 2018), 획득한 이후에도 실험실이나 병원 등에서 더 많은 훈련을 받는다.

　　심리학에서 PhD를 받은 일부의 사람들은 교육과 과학적 연구를 병행하는 대학교 교수가 된다. 여러분은 아마 지금 그런 사람들 중 한 사람에게서 수업을 받고 있을 것인데, 잠시 시간을 내어 그가 교재에 안목이 있는 사람이라고 평가할 만한가? 그러나 심리학에서 PhD를 받은 사람 중 많은 수가 심리적 문제를 가진 사람들을 평가하고 치료하는 데 관여하는 직업을 갖는다. 이런 심리학자들은 비공식적으로는 치료사로 언급되며, 전형적으로 여러분의 주치의나 치과의사가 하는 것처럼 개업해서 일을 한다.

　　개업 활동에는 정신과 의사(MD 혹은 의학, 학위를 받은)와 상담사(많은 석사 수준의 학위 가운데 하나를 받은)와 같은 다양한 정신건강 전문가들을 포함한다. 스스로를 심리학자라 부를 수 있게 해주며 치료를 제공하는 또 다른 고급 학위에는 PsyD(심리학 박사)와 MEd(교육학 석사)가 있다. 개업을 위해 그렇게 많은 상이한 유형의 사람들이 필요한 이유는 무엇일까? 첫째, 학위마다 주어지는 권한이 다르다. 즉 MD를 가진 사람들은 약을 처방할 수 있지만, 대부분의 주에서 PhD를 가진 사람들은 약 처방을 할 수 없다. 둘째, 대부분의 치료사들은 우울, 불안, 섭식장애 등과 같은 특정 문제를 다루는 전문가이며, 심지어 그들은 아동, 노인 또는 특정 인종 집단과 같이 특정 모집단을 전문으로 다루기도 한다(**그림 1.1** 참조). 사람들의 정신건강을 보살피려면 마을이 필요한 것이다(사람들의 정신건강을 돌보는 데 전체 지역사회가 상호작용해야 함을 의미–역주).

　　심리학자들은 또한 여러 다른 환경에서도 고용되고 있다. 예를 들어, 학교 심리학자들은 학생, 부모 및 교사들에게 가이던스를 제공한다. 산업/조직심리학자들은 기업과 조직이 직원을 고

그림 1.1　심리학의 하위 분야　다양한 심리학의 하위 분야에서 미국 대학들이 수여한 PhD의 백분율(2017년 기준)

출처 : National Science Foundation, 2018.

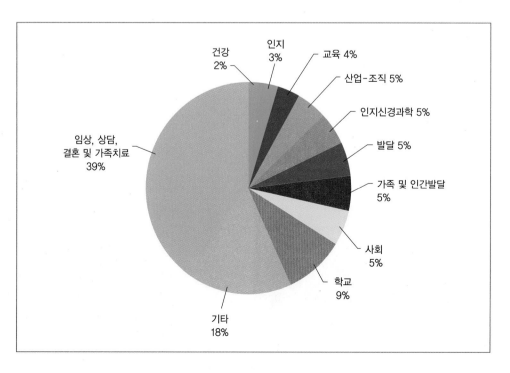

심리학에서 PhD를 획득한 사람은 위의 세 사람(왼쪽에서 오른쪽으로)이 하고 있는 것과 같은 다양한 범위의 분야로 진출할 수 있다. 린 매딘(왼쪽)은 개인과 집단을 대상으로 개업 활동을 하는 임상심리학자이다. 글로리아 발라그(중앙)는 임상심리학자로서 습득한 지식을 운동선수에게 적용한다. 린 오웬스 모크(오른쪽)는 시카고에 있는 지역사회 정신건강센터를 관장하고 있다.

© Macmillan Learning

용하고, 직원의 성과를 극대화하도록 돕는다. 스포츠심리학자들은 선수의 훈련과 경기력 향상을 돕는다. 법정 심리학자들은 범죄를 다루는 변호사와 법정을 돕는다. 소비자 심리학자들은 회사의 발전과 새로운 상품의 광고를 돕는다. 이런 목록은 계속 이어진다. 현대 심리학자들은 가르치고, 연구하고, 고통받는 사람들을 돕고, 공공 및 사립 기관의 미션을 조력하는 다양한 남녀들의 집합체이다. 여러분이 앞으로 이어질 장에서 무엇을 배울지 흥미를 가진다면, 위에서 언급한 사람 가운데 한 사람이 되고자 결심할 수도 있다.

정리문제

1. 지난 150년 동안 심리학의 구성은 어떻게 변화했나?
2. 심리학 PhD를 받은 대부분의 사람들은 그 학위로 무엇을 하는가?

3. 심리학자들이 추구할 수 있는 직업은 어떤 것이 있는가?

제1장 복습

심리학의 뿌리 : 철학

- 심리학은 마음과 행동의 과학이고, 깊은 철학적 뿌리를 가지고 있다.
- 철학적 이원론은 마음과 신체가 근본적으로 다른 것이라는 관점이다. 철학적 유물론은 모든 정신적 현상이 물리적 현상으로 환원될 수 있다는 관점이다. 대부분의 현대 심리학자들은 철학적 유물론자이다.
- 철학적 실재론은 물리적 세계에 대한 지각이 완전히 감각 기관들로부터 오는 정보에 의해 발생된다는 관점이다. 철학적 관념론은 물리적 세계에 대한 지각이 감각 기관에서 오는 정보에 대한 뇌의 해석이라는 관점이다. 대부분의 현대 심리학자들은 철학적 관념론자이다.
- 철학적 경험론은 모든 지식이 경험을 통해 획득된다는 관점이다. 철학적 생득론은 어떤 지식은 획득되기보다는 생득적이라는 관점이다. 대부분의 현대 심리학자들은 철학적 생득론자이다.

1800년대 후반 : 마음의 과학을 향하여

- 구성주의는 마음의 기본 요소를 분리하고 분석하려고 시도하는 심리학의 접근이다.
- 기능주의는 다윈의 자연선택론의 영향으로 정신 과정의 적응적 중요성

을 강조하는 심리학의 접근이다.

1900년대 초반 : 정신분석과 행동주의

- 지그문트 프로이트는 감정과 사고 및 행동에 미치는 무의식의 영향을 강조하는 정신분석론을 발전시켰다. 그는 사람들이 무의식적 마음의 내용에 대한 통찰을 얻도록 도와주는 '정신분석'이라 불리는 치료를 개발하였다.
- 프로이트는 실험심리학에 거의 영향을 주지 못했지만, 심리장애자의 치료와 서구 세계의 지적 분위기 조성에 크게 영향을 미쳤다.
- 존 왓슨은 과학적 탐구를 관찰 가능한 행동으로 제한한 심리학의 접근인 행동주의를 발전시켰다. 행동주의는 곧 미국의 실험심리학을 지배하게 되었다.
- 버러스 프레더릭 스키너는 유기체가 환경에 대한 조작을 어떻게 학습하는지를 이해하기 위한 행동주의 접근을 채택했고, 강화원리를 발전시켰다. 그는 이 원리가 사람들이 어떻게 언어를 학습하는지를 포함한 복잡한 인간의 행동을 설명할 수 있다고 믿었다.

1900년대 초반 : 행동주의에 대한 저항

- 20세기 전반기에 행동주의는 미국을 지배했는데, 유럽 심리학자들은 지각, 기억 및 판단과 같은 정신적 현상에 대한 연구를 이어갔다.
- 동시대에 미국 사회심리학자들 또한 행동주의에 저항하면서 신념, 태도, 고정관념, 정체성 및 의도와 같은 정신적 현상들에 대한 연구를 이어갔다.

1900년대 후반 : 인지혁명

- 노엄 촘스키의 스키너의 언어 이론에 대한 비판뿐만 아니라 디지털 컴퓨터의 개발은 '인지혁명'에 불을 붙이는 계기가 되었다.
- 인지심리학의 등장은 심리학자들로 하여금 정보처리 언어를 사용하여 정신적 현상을 또 다시 연구할 수 있게 해주었다.
- 1970년대와 1980년대에 이르러 심리학자들은 진화생물학 이론들을 자신들의 연구에 통합하기 시작하였고, 진화심리학의 출현을 이끌었다.

2000년대 초반 : 뉴 프런티어

- 인지신경과학자들은 심리적 과정과 신경 활동의 관계성을 연구한다.
- 행동신경과학자들은 행동과 신경 활동의 관계성을 연구한다.
- 문화심리학자들은 문화가 정신적 삶에 미치는 영향을 연구한다.

심리학자의 길

- 심리학은 다양성을 가진 과학이다. 미국에서는 여성이 심리학에서 PhD 취득자의 절반 이상을 차지하고 있으며, 심리학에서 모든 PhD의 3분의 1 정도가 유색인종이 차지하고 있다.
- 심리학자가 되기 위해서는 먼저 고급 학위를 획득해야 한다. 많은 심리학자들은 치료사나 임상가가 되지만, 일부는 교수가 되고, 또 상당한 인원은 학교, 정부 및 산업체를 포함한 다양한 장면에 고용되기도 한다.

핵심개념 퀴즈

1. 마음에서 일어나는 모든 정신 과정들이 뇌에서 일어나는 물리적 과정으로 환원된다는 철학적 견해는?
   - a. 철학적 유물론
   - b. 철학적 생득론
   - c. 철학적 경험론
   - d. 철학적 실재론

2. 내성은 어떤 견해의 주요 방법 중 하나인가?
   - a. 이원론
   - b. 구성주의
   - c. 행동주의
   - d. 게슈탈트심리학

3. 기능주의에 가장 큰 영향을 준 사람은?
   - a. 스키너
   - b. 프로이트
   - c. 다윈
   - d. 파블로프

4. 정신분석은 사람들에게 어떤 도움을 주는가?
   - a. 의식적 경험의 기본 요소를 분리하도록 한다.
   - b. 자극에 반응하도록 한다.
   - c. 강화를 획득하게 한다.
   - d. 무의식적 마음에 대한 통찰을 얻도록 한다.

5. 존 왓슨이 생각한 행동주의란?
   - a. 동물을 연구하는 적절한 방법이지만 사람을 연구하기에는 부적절한 방법이다.
   - b. 유기체의 진화 역사를 고려해야 한다.
   - c. 심리학을 객관적 과학으로 만드는 것이다.
   - d. 사람의 무의식적 마음을 엿볼 수 있다.

6. 존 프레더릭 스키너의 강화원리가 설명하는 것은?
   - a. 문화심리학의 출현
   - b. 심지어 실제로 존재하지도 않는데 불빛이 움직이는 것처럼 보이는 이유
   - c. 구성주의가 실패한 이유
   - d. 행동이 어떻게 그 결과에 의해 조성되는지

7. 1900년대 초반 행동주의에 저항한 미국 심리학자는?
   - a. 사회심리학자
   - b. 신경과학자
   - c. 진화심리학자
   - d. 철학적 이원론자

8. 인지혁명에 불을 지핀 것은?

   - a. 촘스키의 프로이트에 대한 비판
   - b. 디지털 컴퓨터의 발명
   - c. fMRI의 발명
   - d. 스키너 상자의 발명

9. 쥐가 빠르게 매스꺼움을 음식의 맛에 연합시키는 학습을 한다는 것을 보여준 존 가르시아의 실험의 의의는?
   - a. 미국에서 행동주의의 확립에 중요한 역할을 하였다.
   - b. 자신의 대학에서 해고당하는 계기가 되었다.
   - c. 진화심리학의 출현을 도왔다.
   - d. 문화심리학의 출현을 도왔다.

10. 21세기에 등장한 두 가지 새로운 심리학 분야는 무엇인가?
   - a. 행동신경과학과 문화심리학
   - b. 인지신경과학과 진화심리학
   - c. 게슈탈트심리학과 발달심리학
   - d. 사회심리학과 문화심리학

11. 1800년대에 프랑스 의사인 폴 브로카가 연구한 것은 무엇인가?
   - a. 동물과 인간의 연계성
   - b. 마음과 뇌의 연계성
   - c. 뇌 크기와 정신적 능력의 연계성
   - d. 두개골 함몰과 심리적 속성의 연계성

12. 헤르만 폰 헬름홀츠가 수행한 유명한 실험의 주제는 무엇인가?
   - a. 반응시간
   - b. 아동기 학습
   - c. 골상학
   - d. 특정 뇌 영역의 기능

13. 다음 중 윌리엄 제임스가 지지한 정신적 과정이 사람들의 환경 적응을 돕는 목적을 가진 연구는?
   - a. 경험주의
   - b. 생득론
   - c. 구성주의
   - d. 기능주의

14. 메리 칼킨스에 대한 다음 진술 중 옳은 것은?
   - a. 최초의 심리 실험실에서 빌헬름 분트와 같이 연구했다.
   - b. 아프리카계 미국 아동의 자아상에 대한 연구를 했다.
   - c. APA의 창단기념 모임에 참석했다.

　　　d. APA의 최초 여성회장을 역임했다.
15. 케네스 클라크에 대한 다음 진술 중 옳은 것은?
　　　a. 미국 대법원이 공립학교의 분리 정책을 위헌으로 판결을 내리는
　　　　 데 영향을 준 연구를 했다.

　　　b. APA 창립자 중 한 사람이다.
　　　c. 윌리엄 제임스의 제자이다.
　　　d. 아프리카계 미국 아이들을 대상으로 연구를 수행했다.

핵심용어

강화원리	반응시간	정신분석	철학적 유물론
게슈탈트심리학	발달심리학	정신분석 이론	철학적 이원론
구성주의	사회심리학	진화심리학	행동신경과학
기능주의	심리학	철학적 경험론	행동주의
내성법	인지신경과학	철학적 관념론	히스테리
무의식	인지심리학	철학적 생득론	
문화심리학	자연선택	철학적 실재론	

생각 바꾸기

1. 여러분이 뉴스피드를 스크롤하는 동안, 사람들은 사랑을 느낄 때, 뇌의 특정 영역이 '밝아진다'는 것을 보여주는 몇몇 연구를 기술하는 이야기를 보게 된다. 아래로 스크롤해서 누군가가 남긴 댓글을 본다: "말도 안 돼. 사랑은 뇌 화학을 넘어 심장에 관한 거잖아!" 여러분이 유물론, 이원론 및 fMRI에 대해 알고 있음을 감안하고, 그 댓글에 어떤 반응을 하겠는가?

2. 지그문트 프로이트의 생일은 5월 6일이다. 일부 언론인은 매년 이를 공지하고 그를 '현대 심리학의 아버지'라 기술한다. 과연 그 제목은 정확한가? 그런 대접을 받을 만한 다른 사람이 있는가?

3. 여러분의 친구 중 하나가 화학을 전공한다. 그 친구는 책상 위에 놓인 여러분의 심리학 서적을 보고 그 책을 손으로 잡고 이리저리 뒤적거리다 "심리학은 너무 멍청해. 생각과 기억, 그리고 정서와 같이 볼 수도 없는 것들을 연구할 때 그것을 과학이라고 말할 수 있어? 실제 측정할 수 있는 것을 연구하는 것이 어떨까?"라고 말한다. 이제 여러분이 심리학의 역사에 대해 알고 있음을 감안하고, 그 친구에게 어떤 말을 해주겠는가?

4. 오늘 고등학교 학생들이 여러분이 다니는 대학 캠퍼스를 투어하고 있다. 여러분이 그들을 만났다. 오호! 그들 중 한 명이 여러분에게 심리학과에 입학하려 한다고 하면서 "저는 4년 후 졸업하고 치료사 일을 시작할 수 있다고 생각합니다"고 말한다. 여러분이 심리학 경력에 대해 알고 있음을 감안하고, 그 학생에게 어떤 말을 해주겠는가?

핵심개념 퀴즈 정답

1. a; 2. b; 3. c; 4. d; 5. c; 6. d; 7. a; 8. b; 9. c; 10. a; 11. b; 12. a; 13. d; 14. d; 15. a

심리학 연구방법

루이스 헤이(Louise Hay)가 2017년 사망했을 때, 그녀가 가진 순자산은 5,000만 달러로 추정되었다. 그녀가 저술한 가장 인기있는 책 **당신만이 당신의 인생을 치유할 수 있다**(*You can heal your life*)는 3,500만 부 이상이 팔렸다. 이 책에서 저자는 우리에게 일어난 모든 일, 즉 재난, 사고 및 기타 불운한 일들은 우리가 생각하기로 선택한 생각의 결과라고 이야기한다. 그녀는 단지 생각을 고침으로써 그녀 자신이 '치료 불가능한' 암을 치유할 수 있었다고 주장하면서, 자신이 저술한 책, CD, DVD를 사서 읽거나 자신의 세미나에 참가하면 다른 사람들도 같은 경험을 할 수 있다고 약속한다. 2010년 이 책의 저자 중 한 명과의 텔레비전 인터뷰에서 헤이는 자신의 기법이 유용하다는 것을 확신하는 이유를 설명하였다.

> **길버트** : 당신이 말하는 것이 옳다는 것을 어떻게 아시나요?
>
> **헤 이** : 내 마음속의 종소리로요.
>
> **길버트** : 종소리라구요?
>
> **헤 이** : 내 마음속의 종소리. 그것이 내게 말합니다. 무엇이 옳은 것이고 옳지 않은 것인지가 느껴지지요. 행복이란 당신에게 좋은 기분을 느끼도록 만드는 생각을 선택하는 것이지요. 아주 간단해요.
>
> **길버트** : 그런데 제게는 당신이 하는 말은, 당신이 믿는 것에 대해 증명할 수 없거나 반대되는 과학적 증거가 있더라도 바꿀 수 없다고 말하는 것처럼 들리는데요.
>
> **헤 이** : 음, 난 과학적 증거를 믿지 않아요. 난 진짜 그래요. 과학은 아주 새로운 거지요. 오랫동안 존재하지도 않았던 거잖아요. 내 생각에 그건 일종의 커다란 거래 같은 거예요. 당신도 알다시피 삶을 바라보는 방식일 뿐이지요.

경험주의 : 사물을 인식하는 방법

관찰법 : 사람들이 무엇을 하는지 발견하기

설명법 : 사람들이 자신이 하는 일을 왜 하는지 알아내기

증거에 관한 비판적 사고

과학의 윤리 : 올바른 일을 행하기

루이스 헤이는 과학적 증거를 '믿지' 않는다고 말한다. 그런데 이것이 의미하는 바가 무엇인가? 그렇다 해도 헤이의 기법이 진짜 암을 치료할 수 있다면, 그녀가 제시한 암 치료 기법을 실천한 암 환자는 실천하지 않은 암 환자보다 회복율이 더 높아야 한다. 이는 '삶을 바라보는 방식'을 말하는 것은 아니다. 이는 평범하면서도 오랜 전통을 가진 상식일 뿐이다. 즉, 과학의 심장 한가운데 놓여 있는 일종의 상식이다. 루이스 헤이가 말하는 것과 같은 어떤 주장이 사실인지 아닌지를 확실하게 아는 유일한 방법은 증거를 모으는 것이라고 과학은 말한다. 그러나 유감스럽게도, 내면의 종소리는 셀 수가 없다.

그렇다면 우리는 그런 증거를 어떻게 수집해야 하는가? '헤이재단'이 개최하는 세미나 중의 하나에 참여해서 청중에게 그들이 치료되었는지 아닌지를 질문해 볼까? 책을 구입한 사람과 구입하지 않은 사람의 의료기록을 조사해 볼까? 그녀가 제안한 기법을 가르치는 교실에 참여하겠다고 신청한 사람을 찾아가서 이들이 암에서 얼마나 많이 회복되는지를 기다려 볼까? 이 검사 방법들 모두 루이스 헤이의 주장을 검증하기에 그럴듯해 보인다. 그러나 사실 이 방법들은 모두 솔직히 쓸모없다. 세상에 널려있는 주장을 검증하는 좋은 방법들이 몇 가지 있고 대체로 좋지 않은 방법들이 더 많이 있는데, 이 장의 핵심은 여러분에게 그 차이를 알려주는 것이다. 과학자들은 어떤 주장이 언제 옳고 언제 틀렸는지를 결정하는 데 필요한 강력한 도구를 개발하였다.

우리는 과학적 연구의 길잡이가 되는 일반적 원칙을 검토하고 이를 다른 시도들과 구별하는 것부터 시작할 것이다. 그런 다음 심리학 방법론이 다음 두 가지 기본적인 질문에 어떻게 답하는지를 살펴볼 것이다. 즉 사람들은 무엇을 하는가? 그리고 왜? 심리학자들은 사물을 측정함으로써 첫 번째 질문에 대답을 한다. 그리고 그들이 측정한 사물들 간의 관계를 살펴봄으로써 두 번째 질문에 대답을 한다. 마지막으로 우리는 인간이나 다른 동물들을 연구하는 과학자들이 직면하게 되는 독특한 윤리적 문제에 대해 살펴볼 것이다.

마음을 활용하여 사람들이 암을 치료할 수 있다고 루이스 헤이는 주장한다. 그녀의 주장이 옳은지 아닌지에 대해 우리는 어떻게 이야기할 수 있을까?

Michele Asselin/Contour by Getty Images

학습목표

- 교조주의와 경험주의를 비교한다.
- 과학적 연구방법에 대한 개요를 이해한다.
- 인간행동을 연구할 때 직면하는 세 가지 도전을 확인한다.

천문학자 갈릴레오 갈릴레이(1564~1642)는 교회의 계시를 수용하는 대신 태양계 시스템에 관한 자신의 경험적 관찰을 고수한 대가로 파문당하고 감옥에 수감되었다. 1597년에 그는 친구이자 동료 천문학자인 요하네스 케플러(Johannes Kepler, 1571~1630)에게 다음과 같이 편지를 썼다. "그토록 집요하게 망원경을 통해 관찰한 것을 철저히 거부한다면, 당신은 여기서 배운 것은 어떻게 이야기하실지요? 우리는 이것으로 무엇을 해야 하지요? 웃어야 합니까? 울어야 합니까?" 나중에 알려진 대로 정확한 대답은 울음이었다.

The Picture Art Collection/Alamy Stock Photo

경험주의 정확한 지식은 관찰을 통해 획득된다는 신념

과학적 연구방법 경험적 증거를 사용하여 사실을 찾아내는 절차

이론 자연 현상에 대한 가설적 설명

가설 이론에 따라 만들어진 반증 가능한 예언

경험주의 : 사물을 인식하는 방법

고대 그리스인들은 다리를 삐었을 때, 감기에 걸렸을 때 또는 우연히 턱수염에 불이 붙거나 하면 다음 두 종류의 박사들 중 하나를 찾아야 했다. 교조주의자(dogmatists, '믿음'을 상징하는 *dogmatikos*에서 유래함)와 경험주의자(empiricists, '경험'을 의미하는 *empeirikos*에서 유래함). 교조주의자는 질병을 이해하는 최고의 방법은 신체 기능에 관한 이론을 개발하는 것이라고 생각하는 사람들인 반면에, 경험주의자는 질병을 이해하는 최선의 방법은 아픈 환자를 관찰하는 것이라고 생각했다. 그러나 이 두 의학 학파 간의 경합은 오래 지속되지 않았다. 교조주의자를 찾아가기로 결정한 사람은 사망에 이르는 경우가 많았기에 이 방식을 반복하는 것은 올바른 선택이 아니었기 때문이다. 오늘날 우리는 자신이 가지고 있는 신념이나 추정에 집착하는 경향을 지칭하는 데 교조주의(dogmatism)란 단어를 사용하고, 정확한 지식은 관찰을 통해 획득된다는 신념을 지칭하는 데 **경험주의**(empiricism)란 단어를 사용한다. 관찰을 해야 자연 세계(natural world)에 관한 질문에 답을 할 수 있다는 사실이 자명한 것이기는 하지만, 이런 분명한 사실도 실제로는 최근 들어서야 널리 수용된 것이다. 인류 대부분의 역사를 되돌아볼 때, 인간은 중요한 문제에 대답하는 데 있어 권위자를 신뢰하였다. 인간이 선지자가 아니라 자신의 눈과 귀를 신뢰하게 된 것은 최근 1,000년(특히 지난 3세기간)에 국한될 뿐이다.

과학적 연구방법

경험주의는 **과학적 연구방법**(scientific method)의 기본요소인데, 과학적 연구방법이란 **경험적 증거를 사용하여 사실을 찾아내는 절차**를 의미한다. 본질적으로 과학적 연구방법은 우리가 세상 일에 관해 어떤 생각을 가지게 될 때, 즉 박쥐들은 어떻게 목적지를 찾아가고, 달은 어디에서 생성되었으며, 왜 사람들은 트라우마를 겪은 사건들을 잊지 못하는지 등에 대해 어떤 아이디어를 가지게 될 때, 우리는 세상 속으로 들어가서, 관찰을 하고, 우리의 아이디어가 사실인지 아닌지를 결정하기 위해 관찰한 것들을 활용한다는 것을 의미한다.

　과학자들은 '어떤 것이 작동하는 방법에 대한 아이디어'를 **이론**(theory)이라고 지칭하는데, 이는 자연 현상에 대한 가설적 설명을 의미한다. 예를 들어, 박쥐들은 소리를 내서 그 메아리가 돌아오는 것을 들으면서 방향을 잡아간다거나, 달은 소행성이 지구와 충돌할 때 생성되었다거나 또는 기억을 촉진시키는 화학물질을 방출하게 만듦으로써 두뇌는 트라우마를 일으키는 사건에 반응한다고 이론을 만들 수 있을 것이다. 이 이론들 각각은 자연세계의 어떤 것이 작동하는 방법에 대한 설명이며 왜 이런 식으로 작동하는지에 대한 설명이다.

　우리는 어떤 특정 이론이 정확한지 아닌지를 어떻게 결정할 수 있는가? 좋은 이론은 이론이 사실이라면 우리가 세상에서 무엇을 관찰할 수 있어야 하는지에 대해 구체적인 예언을 만들어 낸다. 예를 들어, 박쥐들이 소리를 내서 그 메아리가 돌아오는 것을 들으면서 방향을 잡아가는 것이 사실이라면, 청각장애 박쥐들은 목적지를 찾아갈 수 없어야 한다. 이러한 '당위(should)' 진술문을 **가설**(hypothesis)이라고 하는데, 이는 **이론에 따라 만들어진 반증 가능한 예언**(falsifiable prediction)을 말한다. 반증 가능한(falsifiable)이라는 말이 이 정의에서 중요한 부분이다. 어떤 이론들 예컨대 "신이 그렇게 되기를 원하였기 때문에 세상 일은 그렇게 발생한 것이다"와 같은 이론은 이 이론이 사실이라면 우리가 무엇을 관찰할 수 있어야 하는지를 알려줄 수 없다. 따라서 어떤 관찰을 통해서도 오류를 반증할 수가 없다. 이 말이 그런 이론들은 틀렸다고 하는 것은 아니다. 단지 그 진실성을 평가하기 위해 과학적 연구방법을 사용할 수 없다는 것을 의미한다.

　그래서 좋은 이론은 반증될 수 있는 가설들을 만들어 내는 것이며, 그런 일이 발생하면 이론

은 틀린 것으로 증명이 되는 것이다. 그러나 우리는 이론이 옳다는 것을 어떻게 증명할 수 있는가? 어떤 이론이 틀렸다고 증명이 된다 하더라도, 절대로 이론이 옳다고 증명할 수는 없다. 예를 들어 박쥐는 소리를 활용하여 길을 찾는다는 이론을 검증하기로 하였다고 상상해 보자. 이 이론은 몇 가지 가설을 만들어 낸다. 예컨대, 청각장애를 가진 박쥐는 길을 찾을 수 없어야 한다. 만일 청각장애 박쥐가 목적지를 완벽하게 찾아간다는 것을 관찰하였다면, 여러분의 관찰은 이론이 예언하는 것과 명확하게 불일치하게 되는 것이고 이론은 틀린 것이어야 된다. 한편 청각장애 박쥐가 목적지를 찾아가는 데 서툴다는 것을 관찰했다 하더라도, 이것이 여러분의 이론이 옳다는 것을 증명하지는 못할 것이다. 왜? 비록 오늘은 청각장애 박쥐가 완벽하게 목적지를 찾아가는 것을 볼 수 없었지만, 여러분이 내일 또는 모레 또는 30년 후에 그런 일이 생기는 것을 볼 가능성이 있다. 이론과 일치하는 관찰은 이론이 옳다는 확신을 키워줄 수 있지만, 이것이 우리에게 완전한 확신을 갖게 하는 것은 아니다.

세상에 관한 진실이 무엇인지를 학습하는 최선의 방법은 이론을 개발해서, 이들로부터 반증 가능한 가설을 추출해 내고, 세상을 관찰함으로써 이 가설들을 검증하고, 보다 근사한 말로 이야기하면 경험적인 증거를 수집함으로써 가설들을 검증하는 것임을 과학적 연구방법은 시사하고 있다.

살펴보기 기술

적합하게 증거를 수집하기 위해서는 **경험적 연구방법**(empirical method)이 요구되는데, 이는 관찰에 필요한 일련의 규칙과 기법을 말한다. 많은 과학에서, 연구방법이란 감각의 검증력을 키워주는 테크놀로지를 의미한다. 생물학자가 현미경을 사용하고 천문학자가 망원경을 사용하는데, 맨눈으로는 볼 수 없는 것을 관찰하고 싶기 때문이다. 반면, 인간의 행동은 상대적으로 관찰하기가 쉽기 때문에 심리학 연구방법이 상대적으로 단순하다고 기대할 것이다. 그런데 인간의 행동은 다음 세 가지 특성을 가지고 있어서 세포나 별보다 연구하기가 사실 더 어렵다.

1. 인간은 매우 **복잡하다**(complex) : 과학자들은 별의 탄생과 세포의 소멸을 아주 정밀하게 기술할 수 있다. 그러나 인간의 뇌를 구성하고 있는 1,000억 개의 상호 연결된 뉴런들이 사고, 감정 및 행동을 어떻게 일으키는지는 거의 설명하지 못한다.
2. 인간은 고도로 **가변적이다**(variable) : 어느 하나의 리보좀(세포질 속에 있는, 단백질을 합성하는 단백질과 RNA로 이루어진 아주 작은 알갱이. 다음 사전)은 다른 것과 많은 부분이 유사하다. 그러나 사람은 아무리 똑같은 상황에 처하더라도 어떤 두 사람이 똑같은 방식으로 행동하고 말하고 생각하거나 느끼지는 않는다.
3. 사람은 고도로 **반응적이다**(reactive) : 동위원소 세슘은 누가 관찰하더라도 똑같은 비율로 진동한다. 그러나 사람은 자신이 관찰될 때 생각하고 느끼고 행동하는 방식과 관찰되지 않을 때 모습이 다르다.

인간이 고도로 복잡하고, 가변적이며, 반응적이라는 사실은 그들의 행동을 과학적으로 연구하는 데 커다란 도전이 된다. 심리학자들은 두 가지 연구방법을 통해 우리는 이런 도전에 대응하게 된다. 하나는 **관찰방법**(methods of observation)이고 또 다른 하나는 **설명방법**(methods of explanation)인데, 전자는 사람들이 무엇을 하고 있는지를 결정할 수 있도록 해 주고, 후자는 사람들이 왜 그것을 하는지를 결정할 수 있게 해준다. 다음 절에서는 이 두 방법들을 검토해 보겠다.

유클리드와 톨레미와 같은 고전적 사상가들은 우리 눈은 우리가 보게 되는 목표물에 따라 움직이는 광선을 방출하면서 작동하는 것이라고 믿었다. 이것이 사실이라면, 우리가 눈을 떴을 때, 가까이 있는 대상을 볼 때보다 멀리 있는 대상을 바라볼 때 우리의 눈이 더 커져야 한다고 이븐 알하이삼(Ibn al-Haytham, 965~1039)은 추론하였다. 자, 어떻게 되었는지 추측해 보자! 실제로 그렇지는 않았다. 그리고 단 한 번의 관찰 결과로, 수세기 동안 이어져 오던 이 이론은 소멸되었다. 실로 눈 깜짝할 사이에 말이다.

Science Source/Colorization by: Mary Martin

사람들은 고도로 반응적이다. 즉, 자신이 관찰되고 있다는 것을 알고 있을 때는 다르게 행동한다. 예를 들어 여배우 밀라 쿠니스는 사진사가 가까이에 숨어서 기다리고 있다는 것을 눈치챘다면, 보다 근사한 방식으로 과일 차에 대한 자신의 견해를 표출하는 방법을 찾았을 것이다.

James Devaney/Wireimage/Getty Images

경험적 연구방법 관찰에 필요한 일련의 규칙과 기법

차이의 세계

남자 영웅과 여자 영웅의 차이는 어떻게 시작된 것인가?

갈릴레오, 뉴튼, 멘델, 다윈, 파러데이, 아인슈타인, 튜링 그리고 스키너는 모두 뛰어난 과학자들이다. 그리고 일들은 모두 남성이다. 과학의 역사는 위대한 꽤 많은 부분이 위대한 아이디어와 위대한 발견을 한 똑똑한 남성들의 역사이다. 그런데 여성들은 모두 어디에 있는가? 한 가지 대답은, 아주 최근까지도, 여성들에게는 교육을 받거나 고용될 기회가 아주 제한되었다는 것이다. 대부분의 역사에서, 여성들이 과학을 연구하는 것은 미묘하게 방해를 받거나 적극적으로 금지되었다. 예컨대 여러분이 대수법을 공부하지 못하게 된다면 실제로 노벨 물리학상을 받을 수는 없을 것이다.

두 번째 대답은 남성과 여성이 흥미와 재능에서 차이가 있고, 남성이 가진 흥미와 재능이 위대한 과학자가 되는 데 필요한 것들일 가능성이 있다. 얼마 전에 일군의 남성 과학자와 여성 과학자들은 이 주제에 관한 모든 과학적 증거를 수집하였고, 그렇다는 결론을 내렸다. 증거는 남성들이 과학자들이 연구하는 주제에 더 많은 관심을 가진다는 것을 보여준다(Halpern et al., 2007).

전문가들은 또한 남성들이 여러 특정 능력(예 : 숫자 활용 능력)에서 여성들보다 가변적이라고 결론을 내렸다. 이런 능력은 많은 과학에서 성공하는 데 중요하다. 여기서 가변적이란

말은 비록 남성과 여성이 이런 차원에서 동일한 평균 재능을 가지고 있다 할지라도, 스펙트럼의 매우 낮은 끝과 매우 높은 끝에 있는 남성들이 더 많다는 것을 의미한다. 실제로, 남성들은 지구과학, 엔지니어링, 경제학, 수학, 컴퓨터과학 및 물리과학 분야와 같은 '수학 집중적인' 과학 분야를 과다 대표하는 반면, 여성들은 생명과학이나 사회과학 같은 다른 과학 분야에서 다수의 학위를 얻는다는 것을 최근의 데이터는 보여준다(Ceci et al., 2014). '경성 과학(hard science)'분야에서 가장 큰 성별 차이는 성평등지수가 가장 높은 나라들에서 나타나는데, 이는 여성들에게 선택의 기회가 주어졌을 때 여성들은 그런 분야를 선택하지 않은 경향이 있다는 것을 시사한다(Stoet & Geary, 2018).

그러면 이런 성차는 왜 발생하는가? 남성과 여성의 두뇌 기능과 구조에 차이가 있기 때문인가? 남성이 자신의 흥미를 발전시키고 수량 기술을 연마하도록 부모나 선생님에 의해 격려를 받았기 때문인가? 즉 부모들이 인형을 사주는 대신 비디오 게임을 사주거나 선생님이 토론 팀보다는 수학 팀에 참여하도록 고취시키는 것들을 통해서 말이다. 증거들에 대한 전문가의 검토 결과 남성들은 특정 과학 주제에 더 흥미를 보일 수 있으며, 수학과 관련되었을 때 비상하게 더 재능을 보이거나(또는 아주 재능을 보이지 않거나) 하였다. 그러나 이런 차이가 선천적

1834년에 윌리엄 휘웰(William Whewell)은 과학자란 말을 만들었는데, 메리 소머빌(Mary Somerville)이란 이름을 가진 뛰어난 천문학자, 물리학자이며 화학자를 기술하기 위한 것이었다. 세계에서 첫 번째 과학자가 여성이었다는 것을 기억하는 사람은 몇 명 되지 않는다.

Historia/Shutterstock

이라는 유력한 증거는 보이지 않았다(Ceci et al., 2014).

우리는 "과학과 수학에서의 성차에 관한 복잡한 질문에 대해 유일하거나 간단한 답변은 존재하지 않는다"라고 결론 내린 전문가들(Halpern et al., 2007, p. 75)에 동의한다. 그러나 언젠가 똑똑한 젊은 심리학자가 이런 복잡한 질문에 대해 진실된 정답을 찾아낼 것이라고 확신한다. 어느 여성이 이 일을 수행했을 때, 우리가 함께하기를 희망한다.

정리문제

1. 과학적 연구방법이란 무엇인가?
2. 이론과 가설 간의 차이는 무엇인가?
3. 왜 이론은 틀렸다는 것은 증명할 수 있지만, 옳다는 것은 증명할 수 없는

이유는 무엇인가?
4. 인간행동을 과학적으로 연구하기가 어려운 이유 세 가지는 무엇인가?

학습목표

- 양호한 조작적 정의의 속성을 열거한다.
- 심리학자가 요구특성을 피하기 위해 사용하는 방법을 파악한다.
- 심리학자가 관찰자 편파를 피하기 위해 사용하는 방법을 파악한다.

관찰법 : 사람들이 무엇을 하는지 발견하기

사과를 관찰할 때, 여러분의 뇌는 사과의 색, 모양, 크기에 관해 추론하기 위해 망막에 떨어지는 빛의 형태를 활용한다. 과일을 사려고 할 때라면 이런 종류의 관찰로도 충분하지만 과학을 하고자 한다면 이걸로는 충분하지 않다. 왜 그런가? 첫째, 모든 관찰은 종종 일관적이지 않다(inconsistent). 똑같은 사과라도 낮에는 빨갛게 보이지만 밤에는 진홍빛으로 보이게 된다. 또는 어떤 사람에게는 둥그렇게 보이지만 다른 사람에게는 반원형으로 보인다. 둘째, 모든 관찰은 종

종 불완전하다(incomplete). 여러분이 아무리 오랫동안 그리고 애써서 어떤 사과를 응시하더라도, 단순히 바라보는 것만으로는 사과의 펙틴(세포를 결합하는 다당류의 하나. 모든 식물의 세포벽에 존재함-역주) 성분을 결정하지 못할 것이다. 다행히도 과학자들은 이런 한계를 극복할 수 있는 기법들을 고안하였다.

측정

지진의 강도, 코끼리의 크기 또는 등록된 유권자의 태도를 측정하고자 하면 어떤 경우가 되더라도, 우리는 두 가지 일을 해야 한다. 첫째, 측정하기를 원하는 속성을 정의해야(define) 하고, 두 번째, 그것을 탐지하는(detect) 방법을 찾아야 한다(**그림 2.1**). 예를 들어 개인의 행복도 수준을 측정하고자 한다면, **조작적 정의**(operational definition)를 만드는 것부터 시작해야 하는데, 즉, 측정 가능한 용어로 특정 속성을 기술하는 것이다. 예를 들어, 행복을 '어떤 사람이 자신에게 내리는 자기평가' 또는 '어떤 사람이 한 시간 동안 미소 짓는 빈도'로 조작적으로 정의할 수 있다. 일단 이런 정의를 하게 되었다면, 탐지기를 찾을 필요가 생기게 된다. 탐지기란 우리가 방금 정의한 속성을 탐지할 수 있게 해주는 일종의 기구나 장치를 말하는 것으로, 개인의 자기평가를 탐지하는 평정척도나 개인이 미소를 지을 때 얼굴에 나타나는 근육의 움직임을 탐지하는 근전기록기(electromyograph) 같은 것이다.

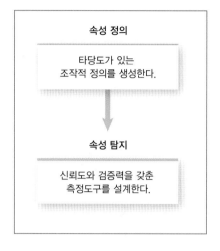

양호한 조작적 정의란 무엇인가? **구성타당도**(construct validity)는 측정되고 있는 것이 해당 속성을 정확하게 특징짓는 정도를 말한다. 예를 들어 우리 대부분은 개인이 미소짓는 빈도는 '행복'이라는 속성을 조작적으로 정의하기에 합당한 방법이라고 간주한다. 우리 모두 알다시피 행복한 사람들은 행복하지 않은 사람들보다 더 자주 미소를 짓는 경향이 있기 때문이다. 행복한 사람은 또한 더 많이 먹고, 더 많이 수다 떨까? 아마도 그럴 수 있을 것이다. 그런데 그렇지 않을 수도 있다. 이런 이유로 대부분의 심리학자들이 '시간당 미소 지은 수'를 행복을 조작적으로 정의하는 데 합리적인 방법이라고 여기는 것이다. 그러나 '소비된 초콜릿 수'나 '발화된 단어 수'는 같은 방식으로 사용하고 싶지 않을 것이다. 조작적 정의가 속성을 적절하게 특징짓는다는 것에 대부분의 사람들이 동의할 때, 이 정의가 구성타당도를 가진다고 말한다.

좋은 탐지기란 무엇인가? 좋은 탐지기의 두 가지 주요 특성은 **검증력**(power)과 **신뢰도**(reliability)이다. 전자는 속성의 강도에서의 차이나 변화의 존재(presence)를 탐지해 내는 능력을 말한다. 후자는 속성의 강도에서의 차이나 변화의 부재(absence)를 탐지해 내는 능력을 말한다. 만일 어떤 사람이 화요일에 수요일보다 약간 더 자주 미소 짓는다면, 검증력이 있는 미소 탐지기라면 이 양일 간에 미소 짓는 양의 차이를 탐지해낼 것이다. 만일 어떤 사람이 화요일에 보여준 것처럼 수요일에도 똑같은 양의 미소를 지었다면, 신뢰로운 미소 탐지기는 이 양일간 미소 짓는 양의 차이가 없음을 탐지해낼 것이다. 양호한 탐지기는 차이가 있을 때는 속성의 양에서의 차이 또는 변화를 잘 찾아낼 것이고(검증력), 차이가 없을 때는 차이가 없다는 것을 잘 찾아낼 것이다(신뢰도).

요구특성 : 기대되는 대로 행하기

일단 구성 타당도를 갖춘 조작적 정의, 신뢰로우며 검증력 있는 측정도구를 갖게 된다 하더라도, 아직 점검해야 할 일이 남아 있다. 그것은 자신들이 관찰되고 있다는 것을 알 때, 사람들은 종종 자신들이 어떻게 행동할 것이라고 다른 사람들이 그들에게 기대하거나 원한다고 생각하는 방식대로 행동하려고 한다는 것이다. **요구특성**(demand characteristics)이란 사람들로 하여금 다른 사람

그림 2.1 측정 속성은 두 단계로 측정한다.

조작적 정의 측정 가능한 용어로 특정 속성을 기술하는 것

구성타당도 측정되고 있는 것이 해당 속성을 정확하게 특징짓는 정도

검증력 속성의 강도에서의 차이나 변화의 존재를 탐지해 내는 능력

신뢰도 속성의 강도에서의 차이나 변화의 부재를 탐지해 내는 능력

요구특성 사람들로 하여금 다른 사람들이 원하거나 기대한다고 생각하는 대로 행동하게 만드는 관찰 상황의 특성

우사인 볼트는 100미터를 9.58초에 주파하였고 요한 블레이크는 9.75초에 주파하였다. 만일 심판이 검증력을 갖춘 속도 탐지기를 갖고 있지 않다면, 두 사람이 동률을 이루었다고 잘못된 결론을 내렸을 것이다. 카멜리타 지터와 토리 보위는 둘 다 10초 83의 기록으로 주파하였다. 이 경우에도 심판이 신뢰할만한 속도 탐지기를 갖고 있지 않았다면, 그들 중 한 사람이 다른 사람보다 빠르다고 결론 내렸을 것이다.

Kyodo News/Getty Images; David J. Phillip/AP Images; Dylan Martinez/Reuters/Newscom

자연관찰 자연스러운 상황에서 아무런 방해 없이 사람들을 관찰함으로써 과학적인 정보를 얻어내는 기법

들이 원하거나 기대한다고 생각하는 대로 행동하게 만드는 관찰 상황의 특성을 말한다. 만약 친구가 "너는 내가 똑똑하다고 생각하니"라고 질문한다면, 여러분은 언제나 "그래, 맞아"라고 답하는 것이리라. 그 뜻이 뭐래도 상관없이 말이다. 여러분은 친구가 듣고 싶어하는 것이 무엇인지를 알고, 그래서 의무적으로 그렇게 응답하는 것이다. 유사하게 어떤 연구자가 "시험을 볼 때 부정행위를 하는 것은 잘못되었다고 생각하시나요?"라고 질문한다면, 여러분은 아마 그렇다고 응답할 것이다. 이는 아마도 단순히 연구자가 기대하는 반응이 그런 것이라고 여러분이 알고 있기 때문이다. 그런 질문을 하는 연구는 요구특성을 가졌다고 말하는데, 질문이 '요구를 하고 있다' 또는 참여자로 하여금 진실한 감정을 반영할 수도 있고 아닐 수도 있는 반응을 하도록 요청하기 때문이다.

심리학자들이 이런 요구특성의 문제를 피하는 한 가지 방법은 **자연관찰**(naturalistic observation)을 하는 것인데, 이는 자연스러운 상황에서 아무런 방해 없이 사람들을 관찰함으로써 과학적인 정보를 얻어내는 기법이다. 자연적인 관찰을 통해 다음과 같은 사실들이 드러났다. 식사할 때 집단이 클수록 팁을 적게 준다(Freeman et al., 1975), 클럽에서 대개 남성들은 가장 아름다운 여성에게는 접근하지 않는다(Glenwick et al. 1978), 그리고 올림픽 육상선수들은 은메달을 받았을 때보다 동메달을 받았을 때 더 많이 미소를 짓는다(Medvec et al., 1995). 이 모든 결론은 자신이 관찰되고 있다는 것을 모르는 사람들을 심리학자들이 관찰하여 만든 측정의 결과이다. 만약,

삶의 보폭이 더 빠른 나라에서는 심장병 발병 비율이 더 높았다. 연구자들은 '삶의 보폭'을 어떻게 측정할 수 있는가? 위 경우에 연구자들은 자연관찰을 하였는데, 여러 도시에서 보행자들의 평균 보행속도를 측정함으로써 시행하였다. 이 방법을 사용하여, 가장 빠른 보행자들은 아이리시인들이었고(왼쪽), 가장 느린 보행자들은 로마인들이었다(오른쪽).

Izzet Keribar/Getty Images; Mladensky/iStock Editorial/Getty Images

식사를 하는 사람들, 클럽 참가자, 육상선수들이 자신이 세밀하게 관찰되고 있다는 것을 알고 있는 상황이었다면, 동일한 관찰 결과가 만들어졌을 것 같지는 않다.

불행하게도, 자연관찰이 언제나 실용적인 것은 아니다. 첫째, 몇몇 사건들은 자연스럽게 발생하지 않는다. 예를 들어, 감각 박탈을 당한 사람들이 섬세한 운동과제를 수행하는 데 서툰지를 알아보고자 할 수 있다. 이를 위해 우리는 귀마개와 눈가리개를 한 수십 명의 사람들이 한 손으로 문자를 보내려고 하는 것을 관찰하려고 아주 오랜 시간 길모퉁이에 서서 기다려야 할 수도 있을 것이다. 둘째, 심리학자들이 관찰하고자 하는 일들 중 어떤 것은 인터뷰를 하거나 심박수 모니터에 사람을 연결시키는 것과 같이 사람들과 직접적으로 상호작용을 해야만 정보를 얻을 수 있다. 만약에 어떤 사람이 죽음에 대해 얼마나 걱정하는지, 자신의 고등학교 시절을 정확하게 기억하고 있는지, 질투를 할 때 두뇌 전기활동이 얼마나 많이 일어나는지를 알고자 한다면, 숲에 숨어 있거나 쌍안경으로 관찰하는 것만으로는 이를 알 수 없다.

자연관찰이 가능하지 않을 때 요구특성을 줄여주는 다른 방법들이 있다.

1. **사생활 보장(privacy).** 사적으로 반응하도록 허용해 주거나(예 : 혼자 있을 때 설문지를 작성하게 하는 것), 익명으로 반응하도록 할 때(예 : 이름을 기록하지 않게 하는 것), 사람들은 요구특성의 영향을 덜 받게 된다.

2. **비자의적 행동(involuntary behavior).** 만일 어떤 행동이 개인의 자의적 통제하에 있지 않으면, 이런 행동은 요구특성에 영향받지 않을 수 있다. 만일 어떤 심리학자가 여러분이 유명인에 대한 터무니없는 소문들에 관심 있어 하는지를 묻는다면, 여러분은 거짓말을 하거나 아니라고 응답할 수 있다. 그러나 우리 동공은 지루할 때는 수축되고, 흥미있을 때는 확장하기 때문에, 여러분이 흥미를 느끼는지 지루해 하는지를 알아보기 위해 주간 U.S 위클리 최신판을 넘겨보도록 하고 동공의 확장 상태를 기록할 수 있다.

3. **비자각성(unawareness).** 자신이 어떻게 행동해야 하는지에 대해 모른다면 자신이 어떻게 행동해야 하는지에 따라 행동하려고 할 수 없다. 예를 들어, 어떤 심리학자가 고전음악이 기분에 미치는 효과를 연구하고 있다는 것을 알지 못하면, 바하의 음악이 연주될 때 미소를 지어야 한다고 느낄 필요는 없을 것이다. 연구가 끝날 때까지 관찰 중인 사람들에게 심리학자들이 연구의 진정한 목적을 알려주지 않는 이유다.

관찰자 편파 : 기대하는 것을 보기

반세기 더 이전에, 심리학 수업을 듣는 학생들은 쥐가 미로 달리기를 학습하는 속도를 측정하도록 요청을 받았다(Rosenthal & Fode, 1963). 어떤 학생들은 자신들의 쥐가 느린 학습자가 되도록 길러졌다는 이야기를 들었고, 다른 집단의 학생들은 자신들의 쥐가 **빠른** 학습자가 되도록 양육되었다고 들었다. 실제로는 모든 쥐들이 똑같은 조건에서 양육되었지만, 자신들이 느린 학습자의 속도를 측정하고 있다고 생각한 학생들은 빠른 학습자의 속도를 측정하고 있다고 생각한 학생들보다 자신들의 쥐가 미로를 학습하는 데 더 오랜 시간이 걸린다고 보고하였다. 다른 말로 하면, 측정치들은 학생들이 그들에게 나타날 것으로 기대한 것을 정확히 재현한 것이다. 그런 기대는 아무런 현실적 근거가 없는데도 말이다.

이런 일이 발생한 데는 두 가지 이유가 있다. 첫째는 기대가 관찰치에 영향을 미칠 수 있다. 쥐의 속도를 측정할 때 학생들이 내린 모든 의사결정을 생각해보자. 만일 한 발만이 결승선에 닿았다면 결승선을 통과한 것인가, 아니면 네발이 모두 결승선을 지나야 하는가? 만일 쥐가 미로를 18.5초에 통과하였다면, 이 기록을 정리하기 전에 반올림해야 하는가 아니면 반내림해야 하는

로버트 파커는 세계에서 가장 유명한 포도주 비평가 중의 한 사람이다. 그가 한 평정은 포도주의 맛이 얼마나 좋은지를 알려준다. 그러나 그들은 또한 포도주가 얼마나 맛있는지에 영향을 줄 수도 있는가? 연구자들은 참여자들에게 포도주 한 잔을 주고, 그들 중 몇 사람에게는 파커가 이 포도주에 92~100점을 부여하였다고 이야기하였다. 다른 사람들에게는 파커가 단지 72점을 주었다고 이야기 하였다(Siegrist & Cousin, 2009). 확실히 포도주가 높은 평가를 받았다고 생각한 참여자들은 포도주가 더 맛있다고 생각했고, 약 50% 이상이 한 병을 기꺼이 구매할 의향이 있다고 생각하였다.

Abel Alonso/Epa/Shutterstock

가? 학생들이 이런 질문에 대한 답하는 방식은 그들이 쥐가 느린 학습자라고 생각하는지 빠른 학습자라고 생각하는지에 따라 달라질 것이다. 둘째, 기대가 현실에 영향을 미칠 수 있다. 자신들의 쥐가 빨리 학습할 것으로 기대한 학생들은 부지불식간에 학습에 도움이 되는 행동을 하였을 수도 있다. 쥐를 더 자주 보살피거나 더 부드럽게 다루는 방식으로 말이다. 학생들은 아마 공정하고, 객관적이려고 최대한 노력했을 것이다. 그러나 그들이 가지고 있는 기대가 쥐의 행동이나 이에 대한 자신들의 관찰에 영향을 미쳤을 수도 있을 것이다.

이런 문제는 너무 중요해서 심리학자들은 거기에 **관찰자 편파**(observer bias)란 이름을 붙였다. 이는 관찰자의 기대가 자신들이 관찰한다고 믿는 것과 실제로 관찰되는 것 두 가지 모두에 영향을 미치는 경향을 말한다. 관찰자 편파를 피할 수 있게 해주는 일반적인 기법은 **이중맹목 연구**(double-blind study)이다. 이는 연구자와 참여자 모두 참여자가 어떻게 행동하도록 기대되는지를 모르는 연구이다. 예를 들어 사람들이 힙합을 들을 때보다 고전음악을 들을 때 더 미소를 짓는지를 알고 싶다면, 이 두 종류의 음악 중 하나를 배경음악으로 듣게 하면서 참여자에게 과제를 수행하도록 할 수 있다. 그런 다음 연구 보조자에게 그들을 지켜보면서 그들이 얼마나 미소를 짓는지를 기록하게 할 수 있다. 우리 연구 보조자가 우리가 연구하는 것이 무엇인지 모른다는 것을 확실히 하기 위해 한 단계를 더 취할 수 있다. 그래야 그들도 자신에게 기대되는 대로 행동해야 한다는 의무감을 느끼지 않게 될 것이다. 아마도 소리를 없애는 헤드폰을 쓰게 해서 참여자들이 미소 짓는 수를 계산할 때 어떤 음악이 연주되고 있는지를 모르게 하는 방법을 사용할 수 있을 것이다. 연구보조자가 아무런 기대를 갖지 않게 되면, 그들의 기대가 자신들의 관찰이나 참가자의 행동에 영향을 미칠 수 없게 된다.

정리문제

1. 조작적 정의의 필수적 특징은 무엇인가?
2. 양호한 탐지기가 갖추어야 하는 두 가지 특성은 무엇인가?
3. 요구특성을 피하고자 할 때 심리학자는 어떤 기법을 사용하는가?
4. 심리학자가 관찰자 편파를 피하고자 할 때 사용하는 기법은 어떤 것인가?

설명법 : 사람들이 자신이 하는 일을 왜 하는지 알아내기

1639년에 목사 존 클레이크는 "일찍 자고 일찍 일어나는 것은 사람을 건강하고, 부유하고 똑똑하게 만든다"라고 제안하였다. 그때 이후로 사람들은 이 짧은 운문을 계속 따라 했는데, 이 말은 진실인가? 지금까지 배운 방법은 특정 표본의 사람들에게 건강, 부, 그리고 지혜를 측정하도록 할 것이다. 좋은 방법이라 할 수 있다. 그런데 건강, 행복 및 지혜가 일찍 자고 일찍 일어나는 것이 원인이 되어 생긴 것인가? 이런 질문에 답하기 위해 여러분의 새 측정기술을 활용할 방법이 있는가? 그렇다. 이런 내용을 바로 이 장, 이 절에서 다룬다.

상관관계

그러면 잠을 더 많이 잔 사람이 더 똑똑한지 아닌지를 어떻게 결정하는가? 수십 명의 대학생들에게 어제 저녁에 얼마나 많은 시간 잠을 잤는지를 물어보고, 그런 다음 역대 대통령의 이름을 얼마나 많이 알고 있는지를 질문할 수 있다. 여러분은 **표 2.1**에 나타나는 것과 같은 스프레드 시트에 적힌 응답기록을 얻게 될 것이다. 축하한다! 여러분은 이제 일종의 데이터를 확보한 사람이 된 것이다. 데이터를 보면 특정 패턴을 볼 수 있을 것이다. 즉 여러분은 더 적은 시간 동안 잠을 잘 잔 학생이 더 적은 수의 대통령 이름을 호명한 것 같다. 이런 데이터를 수집함으로써, 여러분은 다음 세 가지를 시행한 것이다.

표 2.1	수면과 기억 간의 관계를 보여주는 가설적 자료	
참여자	수면 시간	호명된 대통령 수
A	0	11
B	0	17
C	2.7	16
D	3.1	21
E	4.4	17
F	5.5	16
G	7.6	31
H	7.9	41
I	8	40
J	8.1	35
K	8.6	38
L	9	43

1. 쌍으로 이루어진 **변인**(variables)을 측정하였다. 변인이란 차이가 나는 값을 가질 수 있는 속성을 말한다. 여러분이 수면 시간에 대해 질문하면 여러분은 그 값이 0과 24 사이에서 변하는 한 변인을 측정할 수 있고, 여러분이 역대 대통령에 관해 질문하게 되면 그 값은 0에서 45까지 변하게 될 것이다(조 바이든이 46대 대통령으로 취임했지만, 그로버 클리블랜드 대통령이 22대와 24대 대통령을 두 번 역임하였다).

2. 이 절차를 계속해서 시행하였다. 즉, 여러분은 단지 한 번에 그친 것이 아니라 다중 학생들에게 질문을 하였다.

3. 측정 결과를 살펴보고 변인의 패턴을 찾아내려고 하였다. 표 2.1의 두 번째 열은 위에서 아래로 내려갈수록 증가하고 있으며, 세 번째 열의 값도 똑같지는 않지만 유사한 변인 패턴을 가진다. 다른 말로 하면, 이 두 열에서 변산의 형태가 다소 동기화되어(syncronized) 있고, 이런 동기화는 **상관**(correlation)이라고 한다. 이는 한 변인 값에서의 변산이 다른 변인 값의 변산과 동기화되어 있을 때 발생한다. 변인들의 패턴이 동기화되어 있을 때, '상관되었다(correlated)', 또는 '함께 관련되었다(co-related)'라고 말한다.

상관의 방향은 정적(positive)일 수도 있고 부적(negative)일 수도 있다. 정적인 상관은 두 변인들 간의 관계가 '더 많아지면-더 많아진다(more-is-more)' 관계일 때 나타난다. 예를 들어, 더 많이 잠을 자는 것이 더 많은 대통령을 회상하는 것과 연합되면, 정적인 상관을 이야기하는 것이다. 부적인 상관은 두 변인이 '더 적어지면-더 많아진다(less-is-more)' 관계일 때 나타난다. 만일 잠을 더 적게 자면 더 많이 감기에 걸린다고 한다면, 부적인 상관을 이야기하는 것이다(상관을 측정하는 방법을 상세히 알려면 '부록 : 심리과학을 위한 필수 통계학' 참조).

인과관계

자연적 상관(natural correlations)은 우리 주변 세상에서 우리가 관찰하는 상관관계를 말한다. 이런 관찰은 두 변인들이 서로 관계가 있는지 아닌지에 대해 이야기할 수는 있지만, 왜 그런지에 대해서는 말해 줄 수 없다. 예를 들어, 많은 연구들(Anderson & Bushman, 2002; C.A. Anderson et al., 2003, 2017; Huesman et al., 2003)에서 아동들이 TV, 영화, 비디오 게임과 같은 매체를 통해 노출되는 폭력의 양과 아동의 공격적인 행동 성향 간에 정적인 상관 관계가 있다는 것이 발견되었다. 아동이 폭력에 노출되는 양이 많을수록, 아동은 더 공격적이 되는 경향이 나타났다. 이 변인들은 분명히 관계를 가진다. 즉, 정적으로 상관되어 있다. 그런데 왜 그들은 상관을 보이는가?

제3 변인 문제 : 상관관계는 인과관계가 아니다

한 가지 가능성은 미디어 폭력에 노출되는 것이 공격성의 원인이 되는 것이다. 예를 들어, 미디어 폭력은 아동들에게 공격 행동이 분노를 발산하고 문제를 해결하는 합리적인 방법이라는 것을 가르쳐 줄 수 있다. 두 번째 가능성은 공격성이 아동들이 미디어 폭력에 노출되도록 하는 원인이 될 수도 있다. 예를 들어, 천성적으로 공격적인 아동들은 그렇지 않은 아동들보다 폭력적인 비디오 게임을 더 즐기거나 폭력적인 영화를 볼 기회를 특별히 더 찾으려고 할 수 있다. 세 번째 가능성은 어떤 다른 변인, 즉 지금까지 확인되지 않은 '제3의 변인'이 있어, 아동들이 폭력적이 되도

변인 차이가 나는 값을 가질 수 있는 속성

상관 한 변인 값에서의 변산이 다른 변인 값의 변산과 동기화되어 있는 결과로 발생하는 관계

자연적 상관 우리 주변 세상에서 관찰되는 상관관계

제3 변인 문제 제3 변인이 두 변인 모두에 대해 원인이 될 수 있기 때문에, 두 변인 간의 자연적인 상관은 그들 간의 인과관계의 증거로 받아들여질 수 없다는 사실

실험 변인들 간에 인과적 관계가 있는지를 결정하기 위한 기법

조작화 특정 변인의 값을 적극적으로 변화시킴으로써 특정 변인의 인과적인 검증력을 결정하기 위한 기법

1949년에 의사 벤자민 샌들러는 소아마비 발병과 아이스크림 소비 간에 상관관계가 있다는 것에 주목했다. 그는 설탕이 아동들로 하여금 이 질병에 취약하도록 만들었다고 결론을 내렸다. 공중건강 담당 공무원은 경고문을 발표하였다. 그렇지만 제3 변인, 즉 따뜻한 기온이 이 질병의 증가(즉, 바이러스는 여름에 더 활성화됨)와 아이스크림 소비 증가의 원인이 된다는 것이 드러났다.

George Marks/Getty Images

록 하고, 또한 아동들이 미디어 폭력에 노출되게 하는 원인이 될 수 있다(**그림 2.2** 참조). 예를 들어 성인 감독의 부재가 어른들이 정상적으로 금기시하는 폭력적인 비디오 게임을 하며 어울리도록 허용하거나 단순히 주변에 금지하는 어른이 없기 때문에 아동들에게 다른 아동들을 왕따시키는 행동을 하게 할 수도 있다.

두 변인들이 제3의 변인에 의해 원인이 된 것인지 아닌지를 우리는 어떻게 알 수 있는가? 우리는 알 수가 없다. **제3 변인 문제**(third-variable problem)란 제3 변인이 두 변인 모두에 대해 원인이 될 수 있기 때문에, 두 변인 간의 자연적인 상관은 그들 간의 인과관계의 증거로 받아들여질 수 없다는 사실을 말한다. 이것이 의미하는 것은 우리가 두 변인 간의 인과관계를 알고 싶다면, 그들 간의 자연적인 상관을 관찰하는 것은 우리가 알고자 하는 것을 우리에게 알려줄 수 없다는 것이다.

다행히 또 다른 기법이 있다. **실험**(experimentation)은 변인들 간에 인과적 관계가 있는지를 결정하기 위한 기법이다. 실험은 조작화와 무선할당이라 불리는 두 가지 기법을 활용하여 이 일을 하게 된다. 이들 각각을 차례로 살펴보도록 하자.

조작화 : 구별되는 조건을 만드는 것

어느 날 노트북 컴퓨터를 이용하여 웹 검색을 하고 있는데, 갑자기 인터넷 연결이 느려져서 접속이 어려워졌다고 상상해 보자. 룸메이트가 2층 침대 위에서 새로 산 인터넷 접속 게임기로 게임을 하고 있다면, 그것이 인터넷 접속 대역폭을 잠식하고 있고 노트북의 인터넷 접속을 느리게 만들고 있다고 의심할 수 있다. 이런 의심을 검증하기 위해 무엇을 할 것인가? 이제 자연적 상관을 관찰하는 것은 많은 도움이 되지 않음을 알고 있다. 룸메이트가 게임기를 쓸 때마다 노트북이 느려지고, 게임기를 사용하지 않을 때는 노트북이 빨라진다 하더라도 제3 변인 문제가 있기 때문에, 그 게임기가 컴퓨터를 느리게 하는 원인이라고 결론지을 수는 없다. 예를 들어 룸메이트는 게임기를 저녁에만 사용했는데, 그때는 이웃에 사는 다른 많은 사람이 집에서 넷플릭스를 시청하고, 비디오 게임을 하고, 음악을 다운로드 받고 있어서 인터넷 대역폭을 잠식하고 있을 때일 수도 있다. '저녁 시간'이 룸메이트가 게임을 시작하게 하고 여러분 컴퓨터를 느리게 만든 제3 변인일 가능성이 있는 것이다.

그러면 컴퓨터가 느려지는 것이 실제로 게임기 때문에 생긴 것인지 아닌지를 어떻게 확인할 수 있는가? 룸메이트가 집에 없을 때 친구의 자리로 가서 친구의 게임기를 켰다 껐다 하면서 여러분의 노트북의 속도를 관찰할 수 있다. 게임기를 껐을 때마다 노트북의 속도가 빨라지고, 게임기를 켰을 때마다 노트북의 속도가 느려졌다면, 게임기가 속도 저하의 원인이었다는 것을 알게 될 것이다. 여러분이 방금 행한 것이 **조작화**(manipulation)라 불리는 것인데, 이는 **특정 변인의 값을 적극적으로 변화시킴으로써 특정 변인의 인과적인 검증력을 결정하기 위한 기법**이다. 상관관계를 관찰할 때 하는 것처럼 두 변인을 측정하는 대신에, 실험은 우리가 어떤 변인을 조작하는 것, 즉 적극적으로 변인의 값을 변화시키는 것을 필요로 하고 그 후 다른 변인을 측정한다. 게임기를 켰다, 껐다 하는 것으로 게임기의 값을 변화시키는 것이 조작화의 예라고 할 수 있다.

똑같은 기법이 미디어 폭력 노출이 공격성의 원인이 되는지 아닌지를 결정하는 데 활용될 수 있다. 예를 들어, 실험실에 아동들을 초청해서 그들에게 두 가지 체험 중 한 가지를 하도록 할 수 있다. 즉 절반은 한 시간 동안 폭력적인 비디오 게임을 하도록 하고, 나머지 절반은 비폭력적인 비디오 게임을 하도록 할 수 있다. 이런 두 가지 체험은 우리 연구에서 **조건**

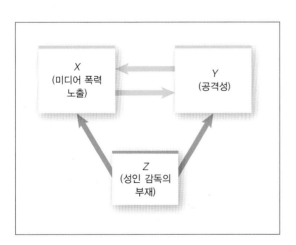

그림 2.2 상관의 원인 X(미디어 폭력 노출)가 Y(공격성)와 상관된다면 세 가지 설명이 가능하게 된다. 즉, X가 Y의 원인이 된다, Y가 X의 원인이 된다, 또는 Z(성인 감독의 부재와 같은 다른 요인)가 X와 Y 두 변인 모두의 원인이 되고 이 두 변인 간에 인과관계는 없다.

(condition)이라고 불리는데, '폭력 노출 조건'과 '비폭력 노출 조건'이라고 할 수 있다. 한 시간 동안 게임을 하게 한 후, 아동들의 공격성을 측정할 수 있다. 아마도 줄 맨 앞으로 나오려고 아동들이 다른 사람을 밀치는지를 관찰하는 것과 같은 방법을 활용할 수 있을 것이다. 그런 다음 한 조건의 공격성 측정치를 다른 조건의 공격성 측정치와 비교할 수 있다.

조건들 간의 측정치를 비교할 때, 우리는 미디어 폭력 노출이 낮은 수준에서 높은 수준으로 변화할 때 공격성의 값이 낮은 수준에서 높은 수준으로 변하는지를 물어보는 것이다. 바로 이 부분이 굉장하다. 즉, 단순히 노출 정도를 **측정**한 것이 아니라 **조작**하였기 때문에, 공격성이 미디어 폭력을 일으킨 원인이 아니고, 성인 감독의 부재가 미디어 폭력 노출의 원인이 아니라는 것을 확실히 알 수 있다. 즉 미디어 폭력에 대한 노출이 원인이었다는 것을 알기 때문에 이 두 가지를 알게 된 것이다. 우리가 해냈다!! 이제 단지 한 가지 가능성만 남은 것이다. 즉, 미디어 폭력에 노출되는 것은 공격성을 유발하는 원인이 된다.

실험을 한다는 것은 **그림 2.3**에 제시한 것처럼 세 가지 단순한 단계들이 포함된다.

독립변인 실험에서 조작되는 변인
종속변인 실험에서 측정되는 변인

1. **조작한다.** 실험의 첫 번째 단계는 특정 변인을 조작하는 것이다. 실험에서 조작되는 변인을 **독립변인**(independent variable)이라고 부른다. 변인의 값이 전적으로 실험자에 의해 결정되고 따라서 참가자에게 종속되지 않거나 '독립적이기' 때문이다. 조작화에서는 최소 두 가지 조건을 만들어 낸다. 우리 실험에서는 폭력 노출 조건과 비폭력 노출 조건이다.

2. **측정한다.** 실험의 두 번째 단계는 특정 변인을 측정하는 것이다. 실험에서 측정되는 변인을 **종속변인**(dependent variable)이라고 지칭하는데, 이 변인의 값은 참여자에게 '종속되기(depend on)' 때문이다. 우리 실험에서 종속변인은 공격성이다.

3. **비교한다.** 실험의 세 번째 단계는 한 조건에서의 변인 값을 다른 조건에서의 변인 값과 비교하는 것이다. 평균적으로 그 값이 다르면, 독립변인 값의 변화가 종속변인 값의 변화의 원인이었음을 알게 된다. 이 실험에서, 우리는 두 가지 노출 조건 각각에서 공격성의 수준을 비교하였다.

이 두 광고의 차이를 알 수 있는가? 걱정하지 말기 바란다. 아주 미세한 것이다. 왼쪽 그림의 광고는 '추가 검토(learn more)' 버튼이 있고 오른쪽 그림은 '확인(sign up)' 버튼이 있다. 버튼의 이름을 조작해서, 광고자는 어떤 명칭이 사람들의 클릭 수를 늘리는지를 결정할 수 있다. 이 경우 '추가 검토' 설명이 15% 더 많은 페이스북 사용자들로 하여금 클릭하게 만들었다(Karlson, 2016).

AdExpresso/Scoro

그림 2.3 실험의 3단계 독립변인을 조작한다. 종속변인을 측정한다. 그런 다음 조건별로 값을 비교한다.

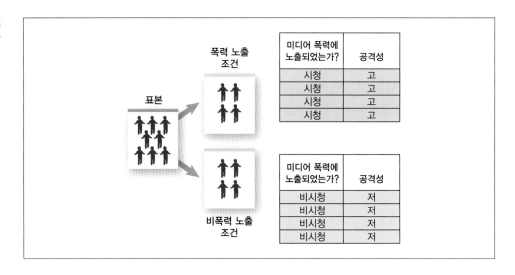

무선할당 : 단 한 가지 방식으로 조건들을 확실히 다르게 만드는 법

조작화는 실험에서 요구되는 한 가지 필수요소이지만, 또 다른 요소가 하나 더 있다. 폭력적인 비디오 게임을 하거나 또는 비폭력적인 비디오 게임을 하게 하고 한 시간 후에 공격성을 측정하였던, 우리가 방금 설계했던 실험으로 되돌아가보자. 우리 연구에 참여하기 위해 아동들이 실험실에 나타났을 때, 어떤 아동이 어떤 게임을 할지를 어떻게 결정해야 하는가?

간단히 각 아동들에게 어떤 게임을 더 좋아하는지 물어보았고, 아동들 중 절반은 폭력적 게임을 선택하였고, 나머지 반은 비폭력 게임을 선택하였다고 가정해보자. 아동들에게 한 시간 동안 자신이 하고 싶은 것을 하도록 하였고, 어느 정도 시간이 경과한 후에 공격 행동을 측정하였다. 그 후 폭력적인 비디오 게임을 한 아동들은 그렇지 않은 아동들보다 더 공격적이라는 것을 발견하였다. 폭력적인 비디오 게임을 하는 것이 공격성의 원인이 되었다고 결론 내릴 수 있는가? 아니다. 왜 아닌가? 게임기의 스위치를 껐다 켰다 한 것처럼, 우리는 미디어 폭력에 노출되는 것을 조작하였다. 그리고 공격성을 측정했고 그리고 노출과 비노출 시에 차이가 있다는 것을 발견했다. 우리는 조작하였고, 측정하였고, 비교한 것이다. 그러면 어디서 잘못된 것인가?

아동들이 어떤 비디오 게임을 할지를 선택하게 내버려 두었다는 것에서 잘못되었다. 폭력적인 비디오 게임을 선택한 아동들은 그렇지 않은 아동들과 여러 측면에서 다를 것이기 때문이다. 그들이 좀 더 나이가 많거나 더 심술궂을 수가 있다. 그들은 더 어리거나 더 상냥할 수도 있다. 두뇌 구조, 재능, 형제 수, 성인 감독 수준에서 다를 수도 있다. 있을 법한 차이의 목록은 끝도 없을 것이다. 실험을 수행하는 핵심 포인트는 참여자들이 오로지 한 측면에서만, 즉 우리 실험실에서 노출된 미디어 폭력에서만 차이가 나는 두 조건을 만들어 내는 것이다. 우리가 아동들에게 어떤 실험조건을 경험할지를 자기 스스로 선택하게 하는 순간, 참여자들은 많은 면에서 서로 다른 두 조건에 마주하게 된다. 그 수많은 차이 중 어느 것이라도 잠재적으로 제3 변인으로 작용해서 조건들을 비교해서 관찰된 공격 행동에서의 차이의 원인이 될 수 있는 것이다. **자기선택**(self selection)이란 참여자에 관한 어떤 것이 참여자의 조건을 결정할 때 일어나는 문제이다.

그러면 각 아동이 어떤 비디오 게임을 할지를 어떻게 결정해야 하는가? 우리는 동전 던지기를 해야 한다. **무선할당**(random assignment)은 운에 따라 참가자들을 특정 조건에 할당하는 절차이다. 각 아동을 특정 조건에 할당하기 위해 동전 던지기를 사용했다고 가정해 보자. 동전 앞면은 폭력적인 비디오 게임을 하게 하는 것이고, 동전의 뒷면은 비폭력적인 비디오 게임을 하는 것이다. **그림 2.4**가 보여주는 것처럼 동전 던지기를 하면 뒷면이 위로 향하는 수만큼 앞면이 위로 향하게

자기선택 참여자에 관한 어떤 것이 참여자의 조건을 결정할 때 일어나는 문제

무선할당 운에 따라 참가자들을 특정 조건에 할당하는 절차

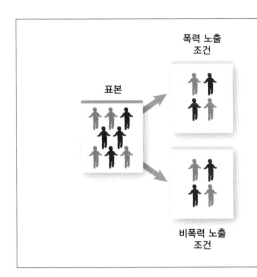

미디어 폭력에 노출되었는가?	성인 감독	공격성
시청	예	고
시청	아니요	고
시청	예	고
시청	아니요	고

미디어 폭력에 노출되었는가?	성인 감독	공격성
비시청	예	저
비시청	아니요	저
비시청	예	저
비시청	아니요	저

그림 2.4 무선할당 무선할당은 모든 가능한 제3 변인 차원에서 두 조건의 참여자들이 평균적으로 동일하다는 것을 보증해준다.

될 것이다. 그래서 대략 아동의 절반이 각 조건에 할당될 것이다.

두 번째 — 훨씬 더 중요한 것인데 — 두 조건은 대략 동일한 수의 심술궂은 아동과 상냥한 아동, 더 나이가 들은 아동과 더 어린 아동, 집에서 성인 감독을 더 많이 받은 아동과 더 적게 감독을 받은 아동 등등을 갖게 될 것이다. 다른 말로 하면, 두 조건은 우리가 이름 붙일 수 있는 어떤 것에서도 그리고 이름 붙일 수 없는 모든 것에서 대략 동일한 수의 아동이 포함된 두 조건을 기대할 수 있는 것이다. 우리가 조작화한 변인을 제외하고, 두 조건에 있는 아동들은, 심술궂음, 연령, 성인 감독 등 우주상의 모든 면에서 평균적으로 동일할 것이므로, 우리는 우리가 조작한 변인이 우리가 측정한 변인에서 나타나는 변화의 원인이었다고 확신할 수 있게 된다. 비디오 폭력에 대한 노출이 우리가 실험을 시작할 때 두 조건 간의 유일한 차이였기 때문에, 그것이 우리가 실험 종료 시에 우리가 관찰한 공격성에서의 차이의 원인이 되어야 한다.

결론 도출하기

지금까지 논의한 모든 기법을 적용할 수 있게 되면, 두 변인 사이의 인과관계를 설정할 수 있는 아주 좋은 기회를 가지는 실험을 설계할 수 있다. 그런 실험은 **내적 타당도**(internal validity)를 가졌다고 이야기하는데, 이는 인과관계를 설정하게 해주는 실험의 특정 특성을 말한다. 실험이 내적으로 타당하다고 말하는 것은 실험 내부의 모든 것이 독립변인과 종속변인 사이의 인과관계에 관한 결론을 내리는 데 우리가 그 결과를 활용하기 위해 해야 하는 모든 것이 정확히 작동하고 있다고 말하는 것이다. 그러면 결론을 내릴 자격이 있다는 것이 정확히 무엇인가? 우리의 가상 실험이 미디어 폭력에 높거나 또는 낮은 수준으로 노출된 아동들의 공격성 간에 차이를 나타냈다면, 미디어 폭력이 공격성의 원인이 되었다고 결론 내릴 수 있는가?

실제로는 아니다. 우리가 자격을 갖추고 내릴 수 있는 결론은 훨씬 제한적이다. 우리가 결론 내릴 수 있는 것은 다음과 같다. "우리가 연구한 사람들의 경우, 우리가 정의한 미디어 폭력은 우리가 정의한 공격성의 원인이 되는 것 같다." 위 문장은 불쾌할 정도로 길고, 법적 면책사유처럼 들린다. '우리가 정의한', '우리가 연구한 사람들의 경우', '되는 것 같다' 같은 문구가 포함되어 있기 때문이다. 이 각 문구는 본 실험 또는 다른 실험 결과로부터 내리게 되는 결론에 대해 중요한 제한점을 기술하는 것이다.

루이스 헤이가 제시한 치료기법이 암을 치료할 수 있다는 증거는 존재하지 않는다. 그녀가 쓴 책을 산 암 환자가 책을 사지 않은 암 환자보다 더 높은 회복률을 보여주고 있다 하더라도, 도서 구매자는 자기선택자들이고, 이들은 비구매자와는 수많은 면에서 다를 수 있기 때문에 아직은 어떤 증거도 될 수 없는 것이다.
Nicosan/Alamy

내적 타당도 인과관계를 설정하게 해주는 실험의 특정 특성

피어싱이 사람을 더 매력적으로 보이게 하는가? 덜 매력적으로 보이게 하는가? 대답은 물론 여러분이 피어싱을 어떻게 조작적으로 정의하는가에 달려 있다.

AP Photo/Keystone, TIPress/Samuel Golay; Dinodia Photos/Alamy Stock Photo

대표성 제한 : '우리가 정의한…'

자연스럽게 실험 결과는 독립변인과 종속변인이 어떻게 조작적으로 정의되었는지에 달려 있다. 예를 들어 '10분간 미식축구 게임을 하는 것'보다는 '두 시간 동안 고리 도끼 살인자를 시청하는 것'으로 미디어 폭력 노출을 정의할 때, 또는 '다른 사람이 이야기하는 것을 방해하는 것'보다 '쇠 타이어로 누군가를 때리는 것'으로 공격성을 정의할 때, 미디어 폭력 노출이 공격 행동의 원인이 된다는 사실을 발견하게 될 가능성이 더 커질 것이다. 우리가 변인을 조작적으로 정의하는 방식이 우리가 무엇을 발견할 수 있을지에 대해 커다란 영향을 미치게 되는데, 그러면 변인들을 올바르게 정의하는 방법은 무엇인가?

한 가지 공통된 답변은 실험에서도 실제 세상에서 정의되는 방식과 똑같은 방식으로 변인들을 조작적으로 정의해 주어야 한다는 것이다. **외적 타당도**(external validity)는 변인이 정상적이며, 전형적이고, 현실을 반영하는 방식으로 조작적으로 정의되어야 한다는 실험의 속성을 말한다. 선생님이나 부모님들이 일반적으로 관심을 가지는 폭력 행동은 단순히 대화를 방해하는 것과 남을 공격하는 행동 사이 어디에 있을 것이고, 아동들이 전형적으로 노출되는 미디어 폭력은 단순한 운동 경기와 고문 행위 사이 어딘가에 있을 것이다. 실험의 목적이 아동들이 전형적으로 노출되는 미디어 폭력 장면들이 사회가 전형적으로 관심 가지는 공격 행동의 원인이 되는 것인지를 결정하기 위한 것이라면, 외적 타당도는 중요해진다. 실제 세상에서 전형적으로 나타나는 것처럼 실험에서도 변인이 정의될 때, 우리는 이런 변인들이 실제 세상을 대표하는 것이라고 이야기한다.

외적 타당도는 아주 좋은 아이디어라고 여겨지지만 대부분의 심리학 실험들이 외적으로 타당하지 않다는 것을 알게 되면 깜짝 놀라게 될 것이다(Mook, 1983). 잘 정립된 이론이란 특정 상황에서 어떤 일이 발생해야 할지에 대한 가설을 세울 수 있도록 해준다. 그리고 실험이란 그런 상황 중의 어떤 것을 창안해내고, 가설을 검증하고, 해당 이론을 찬성하거나 반대하는 증거를 제공하는 것을 의미한다('최신과학 : 증오글 게시와 증오 범죄 : 단순 상관관계가 아니다' 참조). 실험은 대개 일상생활의 축소판이어야 하는 것은 아니다. 마찬가지로 외적 타당도가 없다는 것이 언제나 문제로 여겨지는 것은 아니다.

일반화 제한 : "우리가 연구하는 사람들의 경우에는…"

심리학자들이 전체 **모집단**(population)의 속성을 측정하는 것은 아주 드문 일이다. 모집단이란 **사람들 전체 집단**을 말하는 것으로, 인간 모집단(약 70억), 캘리포니아인 모집단(약 3,800만), 또는 다운증후군을 가진 사람들 모집단(약 100만)을 들 수 있다. 오히려 심리학자들은 **표본**(sample)을 관찰하는데, 표본이란 모집단에서 추출된 일부 집단을 말한다. 어떤 경우, 표본 크기는 1처럼 작을 수 있다. 예를 들어, 라즈비라 미나나 타니쉬크 아브라함 같은 한 사람을 연구해도 기억에 대해 많은 것을 알 수 있다. 라즈비라 미나는 파이의 첫 7만 자리를 암송하였고, 타니쉬크 아브라함은 11살에 대학을 졸업한 후 항공우주 산업에 대한 컨설팅을 시작하였다. 심리학자들이 이런 개인들을 연구할 때, 그들은 **사례연구법**(case method)을 사용하는 것인데, 이는 개인 한 명을 연구함으로써 과학적 지식을 얻는 방법이다.

물론 이 책의 다른 장들에서 여러분이 읽게 될 많은 심리학적 연구는 10명, 100명, 1,000명 또는 수천 명의 표본들이 연구되었다. 그러면 어떤 사람들을 자신의 표본 속에 포함시켜야 할지 말지를 심리학자들은 어떻게 결정하는가? 한 가지 방법은 **무선표집**(random sampling)을 사용하는 것인데, 이는 모집단에 속한 모든 사람들이 표본 포함될 가능성이 동일하게 참여자를 선정하는 기법이다. 참여자를 모집단에서 무선적으로 표집하게 되면, 표본은 모집단의 대표가 된다고 이야기

외적 타당도 변인이 정상적이며, 전형적이고, 현실을 반영하는 방식으로 조작적으로 정의되어야 한다는 실험의 속성

모집단 사람들 전체 집단

표본 모집단에서 추출된 일부 집단

사례연구법 개인 한 명을 연구함으로써 과학적 지식을 얻는 방법

무선표집 모집단에 속한 모든 사람들이 표본에 포함될 가능성이 동일하게 참여자를 선정하는 기법

증오글 게시와 증오 범죄 : 단순 상관관계가 아니다

페이스북은 애완동물 비디오를 게시하고, 휴가 이야기를 공유하고, 우리가 전혀 모르는 사람들이 먹은 점심이 무엇인지를 찾아낼 수 있게 해준다. 동시에, 사람들이 가진 최악의 충동을 소집하고, 증폭시켜서 세상에 내놓는 플랫폼이 되기도 한다. 페이스북에 게시하는 것이 사람들로 하여금 실제 세계에서도 끔찍한 일을 하도록 유도하기도 하는가? 방화를 하거나 공격을 하고 심지어는 살인을 저지르게 하는 것 같은 일들 말이다.

이를 검증해보기 위해, 독일의 연구자들이 연구를 수행하였다(Muller & Schwarz, 2018). 최근 독일에서는 독일 우익 반(反)이민 정당(독일인을 위한 대안 실천 또는 AFD)이 페이스북으로 존재감을 키우고 있다. 이 연구에서 AFD 웹사이트에 매주 올라오는 반난민 관련 페이스북 게시물의 수와 같은 주간 동안 발생한 난민에 대한 폭력 범죄 수를 측정하였다. 옆의 그림은 이 연구에서 발견한 것을 보여준다. 보다시피 두 변인은 매우 정적 상관이 있음을 보여준다. 즉, 특정 주간에 AFD 페이스북에 게시된 '증오 게시물'이 많아질수록, 독일 거리에서 '증오 범죄'가 더 많이 발생하였다.

그런데 잠시 기다려라. 제3 변인 문제가 있지는 않은가? 증오 게시물과 증오 범죄가 상관이 있을 수는 있다. 그러나 이것이 전자가 후자의 원인이 된다는 것을 의미하지는 않는다. 증오 범죄가 증오 게시물 수를 증가하게 하였을 수도 있다. 또는 어떤 제3 변인, 예컨대 기후나 주식 시장 같은 것이 양자 모두 증가하는 원인이 되었을 수도 있다. 두 변인 간의 인과관계에 관한 결론을 내리는 데는 변인 중의 하나가 조직될 것을 필요로 한다. 그렇지 않은가?

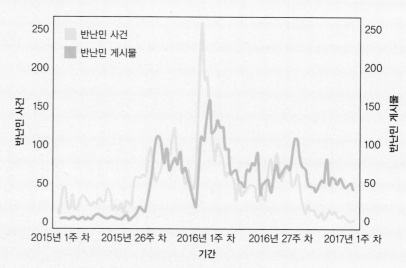

2015~2017년 독일 증오 범죄 및 증오 게시물 수

옳은 말이다. 그런데 독일의 연구자들에게는 운좋게 이런 일을 할 수가 있다. 독일의 인터넷 서비스는 미국에서처럼 신뢰롭지가 않다. 독일의 페이스북 사용자들은 몇 시간 동안 때로는 며칠 동안 모든 사람을 오프라인으로 차단하는 서비스 중단을 자주 경험한다. 서비스 중단은 기본적으로 무선적인 사건이기 때문에, 이런 일은 다른 변인(증오 범죄 수)에 영향을 주는 한 변인(증오 게시물 수)에 대한 조작의 기능을 할 수 있다. 연구자가 이렇게 하자, 영향력은 분명해졌다. 페이스북이 차단되었을 때, 증오범죄 역시 줄어 들었다. 그리고 페이스북이 다시 활성화되었을 때 증오 범죄 수도 그렇게 되었다. 연구자들은 다음과 같은 결론을 내렸다. "소셜 미디어는 증오 아이디어가 확산하는 데 비옥한 토양 역할을 할 뿐만 아니라, 실생활에서 행동화하도록 동기를 부여해주기도 한다"(Muller & Schwarz, 2018, p. 40).

심리학자들은 종종 거센 선택 상황에 직면하게 된다. 즉, a) 실제 세계에서 상관관계를 관찰할 수 있으나 인과관계는 확증할 수 없다, 또는 b) 실험실에서 인과관계가 확고하게 설정되었으나 이것을 실제 세계에 일반화시킬 수 있을지는 확실하지 않다. 그러나 가끔씩, 자연이 이런 딜레마를 해결해 주기도 한다. 즉 앞에서와 같이 무선적으로 실제 세상에서 어느 한 변인을 조작화함으로써 말이다. 그런 일이 우연히 발생하게 되면, 영리한 연구자는 그런 상황의 이점을 이용해서 절박한 사회적 질문에 답하는 데 이것을 사용할수 있을 것이다. 그리고 이를 통해 매우 관심의 중심이 되는 과학을 산출할 수도 있는 것이다.

할 수 있다[주목!! 무선할당과 무선표집을 혼동하지 말자. 둘 간에 공통되는 유일한 것은 무선(random)이란 단어뿐이다]. 우리가 모집단에서 참여자들을 무선으로 표본표집하게 될 때, 이 표본은 모집단을 대표한다고 말할 수 있다. 이런 절차는 우리로 하여금 표본에서 모집단으로 일반화할 수 있게 해주며, 그 결과 우리 표본에서 관찰된 것이 만일 우리가 전체 모집단을 측정한다면

타니쉬크 아브라함은 11살에 대학을 졸업했다. 그는 기자에게 이야기했다. "나는 의사가 되고 싶어요. 그런데 의학 연구자가 되고 싶기도 해요. 그리고 또 미국 대통령이 될 거예요". 그가 이 세 가지 모두를 할 수 없는 이유가 있을까?
Renee C. Byer/Zumapress/Newscom

역시 관찰될 것이라고 결론내리게 해준다.

무선표집도 아주 훌륭한 아이디어인 것으로 보이는데, 대부분의 심리학자들이 무선적이지 않은 표본을 활용한다는 것을 알면 여러분은 다시 한번 놀랄 것이다. 실제로 여러분이 살펴보게 될 모든 심리학 실험에 참여하는 거의 모든 참여자는 자원자이며 대부분 대학생으로, 이들은 지구상의 다른 사람들과 비교해 볼 때 유의미하게 더 젊고, 더 똑똑하며, 더 건강하고, 더 부유하며, 얼굴색이 더 하얀 사람들이다. 심리학자들이 연구하는 사람들의 약 96%는 세계 인구의 단지 12%를 차지하는 나라들로부터 오며, 그중 70%는 미국 한 나라로부터 온다(Henrich et al., 2010). 이는 대부분의 심리학 실험들은 지구상 서반구에 위치한 대학의 교수와 대학원생들에 의해 시행된 것이기 때문이며, 마치 지구상에 있는 모집단에 대해서 무선적으로 표본을 추출한 것처럼 보이지만, 실상은 그들의 연구에 자원한 지역민 연구에 한정된다는 것이다.

이는 심리과학의 치명적인 결점이 아닌가? 아니다. 그런 것은 아니다. 이에는 두 가지 이유가 있다. 첫 번째, 어떤 경우에는 표본의 대표성은 그리 문제가 되지 않는다. 돼지 한 마리가 한 번 자유의 여신상 위를 날아갔다면, 이는 우연히 돼지 이동의 표준 이론을 부정하는 사례가 될 수 있을 것이다. 그리고 다른 돼지가 같은 속임수를 쓸 수 있는지 아닌지는 실제로 그리 문제가 되지 않는다. 레프트 포 데드(좀비들을 죽이고 살리면서 쾌감을 느끼게 하는 액션 게임 – 역주)를 한 시간 동안 게임을 하게 한 것이 미시간, 앤 아버에 있는 공립학교 5학년 학생들이 실험실에서 다른 아동들을 밀치게 하는 원인이 되었다. 그런데 텍사스 오스틴에 있는 사립학교 9학년 학생들에게서는 이 게임이 같은 효과를 가져오지 않았더라도, 미디어 폭력이 공격성에 영향을 줄 수 있다는 것을 우리는 여전히 알고 있을 것이다. 이는 어떤 이론이 그것은 명백히 잘못된 것이라고 말할 수는 없다는 것을 의미한다. 때때로 심리학자들은 모든 사람이 어떤 일을 할 수 있는지 아닌지에 대해 관심이 있는 것은 아니다. 그들은 단지 어떤 사람들이 그 일을 할 수 있는지 아닌지만 알고 싶어 한다.

무선표집이 치명적 결함이 아닌 두 번째 이유는 표본의 대표성은 합리적인 기초적 전제 사항이 되기 때문이다. "내 표본이 모집단의 대표라는 것을 믿어야 하는 강력한 이유가 있는가?"라고 묻는 대신에, "내 표본이 모집단의 대표가 아니라고 믿어야 하는 강력한 이유가 있는가?"처럼 질문할 수 있다. 예를 들어, 비무선 표집으로 선정된 참여자가 특정 신약을 먹고 죽었다면, 우리 중 누구라도 이 특정 신약을 먹으려고 하지 않을 것이다. 아마도 그 참여자가 생쥐라 하더라도 우리는 신약을 먹는 것을 거부할 것이다. 이렇게 비무선적으로 표집된 참여자들이 많은 측면에서 우리와 다르더라도(예 : 꼬리나 수염 등), 우리 중 대부분은 그들을 죽인 어떤 것이 우리를 죽일 수도 있는 합당한 이유를 가졌다고 추정할 것이다. 같은 추론에 따라 몇몇 미국 아동들이 폭력적인 비디오 게임을 한 후에 폭력적으로 행동한다는 것이 밝혀졌다면, 에콰도르 대학생이나 중년의

비무선 표집을 일반화하게 되면 잘못된 결론을 유도할 수 있다. 1948년 대통령 선거에서 시카고트리뷴지는 토머스 듀이가 해리 트루먼에 승리할 것이라고 잘못된 예측을 하였다. 왜? 여론조사는 전화로 이루어졌는데, 듀이의 공화당원이 트루먼의 민주당원들보다 전화기를 가지고 있을 가능성이 더 많았기 때문이었다. 2004년 대통령 선거에서도, 존 케리가 조지 부시를 이길 것이란 잘못된 예측을 하였다. 왜? 여론조사는 일정 수의 투표자들이 여론조사에 포함될 때까지 투표자를 선정하는 방식으로 이루어졌는데, 케리의 지지자들은 멈추어서 의견을 이야기하려는 의지가 더 많았기 때문이다. 2016년에도, 여론조사는 힐러리 클린턴이 도널드 트럼프를 이길 것으로 예측하였다. 왜? 여론조사가 힐러리 클린턴을 지지할 가능성이 있는 고학력자는 너무 많이 선정한 반면, 도널드 트럼프를 지지할 것 같은 저학력 유권자는 충분치 않았기 때문이다.

호주인이 다르게 행동할 특별한 이유가 있을지에 대해 의문을 가질 수 있을 것이다. 만일 대답이 그렇다면, 그 가능성을 검증하기 위해 실험을 할 수 있다.

결론은 몇몇 사람들에 관해 학습한 것이 반드시 모든 사람에 관한 것을 말해주는 것은 아니지만, 그래도 그것은 많은 것을 말해준다는 것이다. 즉 그것은 어떤 사람에 대해 전혀 모르는 것보다 확실히 더 많은 것을 말해준다. 그리고 종종 이 방법이 유일한 선택지일 경우도 있다.

신뢰성 제한 : "…인 것 같다"

반복검증(replication)은 동일 모집단의 새로운 표본을 활용하여 이전 실험과 동일한 절차를 활용하는 실험이다. 지난 몇 년 동안, 많은 주요 언론 매체들은 심리학자들이 다른 심리학자들의 실험을 반복검증하게 되었을 때, 대개 이전 결과를 반복하는 데 실패하였다고 보도하였다. 이는 처음의 결과가 일종의 요행이었음을 시사하는 것이다. 이 말이 옳은가? 기사는 사실인가, 그러면, 심리학은 '반복검증 위기'를 경험하는 것인가?

최근 심리학자 팀은 발표된 연구들의 표본을 골라 이 연구를 반복검증하려고 함으로써 과학적 문헌에서 요행의 비율을 추정하고자 하였다(심리학자들이 요행의 가능성을 계산하기 위해 어떻게 하는지에 대한 추가 정보를 얻으려면 '부록 : 심리과학을 위한 기본 통계' 참조). 어떤 연구팀은 그들이 사용한 표본에서 반복율이 놀랍게 낮다는 것을 발견하였고(Open Science Collaboration et al., 2015), 반면에 다른 연구팀은 합리적이라 생각할 만큼 높았다(Klein et al., 2014). 그러면 이런 발견들 중 어느 것은 심리학 연구의 실제 반복검증 비율을 보여주는 것인가? 아마 그렇게 볼 수는 없을 것이다(Gilbert et al., 2016). 첫째, 이런 반복검증을 수행한 연구팀들은 어떤 연구를 조사할지를 무선적으로 선별하지 않았다. 그렇다기보다는 특별한 종류의 연구들(예 : 어떤 사람이라도 시행하기 쉬워서 시간, 돈 및 전문성이 요구되지 않는 것)을 특정 심리연구 분야(예 : 거의 대부분 사회심리학 분야의 것으로 신경과학, 발달심리, 임상심리 영역이 아닌 영역)에서 골랐다. 선택된 연구들이 전체적으로 심리학을 대표하는 것이 아니었기 때문에, 이 연구 결과들은 그런 특정 연구의 반복 가능성에 대해서는 많은 것을 이야기할 수 있지만 심리학 전 분야의 반복가능 비율에 대해 많은 것을 설명해줄 것 같지는 않다.

두 번째, 연구팀들은 원래 연구에서 사용되었던 것과 동일한 방법을 항상 활용하지는 않았다. 때로는 이는 원래 연구의 세부사항이 알려지지 않았기 때문이기도 하였고, 때로는 연구팀들의 실수 탓이었다. 국립 과학, 공학, 의학 학술단체는 최근 모든 증거를 고려하고 다음과 같은 결론을 내렸다. 여러분이 뉴스에서 읽은 바와 반대로, "심리학을 '위기' 상태로 보는 것은 도움이 되지도 않고, 정당하지도 않다."(National Academies of Sciences, Engineering, and Medicine, 2019, p. 124). 결론은 심리학 실험의 실제 반복검증 비율은 아무도 모른다는 것이다.

반복검증은 심리학에서 아주 중요한 기능을 한다. 이는 다른 모든 과학에서 그런 것과 마찬가지이다. 그리고 이는 최고의 실험적 증거조차도 두 변인이 인과적으로 관련되어 있다고 결론 내리게 해주지는 않는다는 것을 상기시켜 준다. 그보다는 두 변인이 인과적으로 관련되어 있을 수도 있다고 결론 내리게 할 뿐이다. 더 쉽게 그리고 더 자주 증거가 반복검증될수록, 두 변인 사이에 인과적 관계가 있을 수 있다고 더 확신하게 된다. 물론 우리는 어떤 결과도 완전히 확신할 수 없지만, 반복검증은 우리를 확신에 좀 더 가까이 가게 해준다.

반복검증 동일 모집단의 새로운 표본을 활용하여 이전 실험과 동일한 절차를 활용하는 실험

헤드라인은 대부분의 심리학 연구 결과가 반복검증될 수 없다는 것을 시사한다. 이 헤드라인을 믿어야 하는가?

Photo Researchers/Science Source

정리문제

1. 자연 상관이란 무엇이고 그것은 어떻게 측정될 수 있나?
2. 제3 변인 문제란 무엇인가?
3. 조작화와 무선할당은 제3 변인 문제를 어떻게 해결하는가?

4. 자기선택은 왜 문제가 있나?
5. 독립변인과 종속변인 간의 차이는 무엇인가?
6. 내적 타당도와 외적 타당도 간의 차이는 무엇인가?

학습목표

- 비판적 사고를 너무 어렵게 만드는 두 가지 심리학 경향을 확인한다.
- 사람들이 비판적으로 생각하도록 도와주기 위해 무엇을 할 수 있는지를 설명한다.

증거에 관한 비판적 사고

실험은 증거를 산출한다. 증거를 해석하기 위해서는 비판적 사고(critical thinking)를 필요로 하는데, 이는 우리가 증거를 편향되지 않는 방식으로 해석하였는지, 증거가 바로 진실 자체는 아니나 전반적인 진실을 말하고 있는지 등에 대해 스스로 엄격하게 질문해 본다는 것을 말한다. 연구에 따르면, 대부분의 사람들은 이 두 가지를 실천하지 못하며, 비판적 사고 기술을 향상시키고자 설계된 교육 프로그램은 특별히 효과적이지 않았다(Willingham, 2007). 왜 우리는 비판적으로 생각하는 것을 그리 어려워하는가?

우리는 우리가 볼 것이라고 기대하는 것만 본다

한 가지 문제는 우리가 가진 기존 신념은 새로운 증거에 대한 우리의 관점에 색깔을 입힌다는 것인데, 이것이 우리로 하여금 우리가 보려고 기대한 것을 보게 하는 원인이 된다. 예를 들어 한 연구(Darley & Gross, 1983)에서, 참가자들에게 한나라는 작은 소녀에 대한 정보를 주었다. 한 집단의 참가자들은 한나가 부유한 가정 출신이라는 이야기를 들었고, 다른 집단 참가자들은 한나가 빈곤한 가정 출신이라는 말을 들었다. 그런 다음 모든 참가자들에게 한나가 독서 능력 시험을 보는 비디오를 보여주고 한나의 수행을 평가하도록 하였다. 모든 참가자들에게 보여준 비디오는 정확하게 똑같은 것이었는데도 불구하고, 한나를 부유한 집안 출신이라고 믿은 참가자들이 한나가 빈곤한 가정 출신이라고 믿은 참가자들보다 한나의 수행 성과를 더 긍정적으로 평가하였다. 게다가 두 집단의 참가자들은 모두 비디오에서 나온 증거를 인용해서 자신들이 내린 결론을 옹호하였다. 이 같은 실험은 우리가 증거를 고려할 때, 우리가 보는 것은 우리가 보려고 기대한 것에 의존한다는 것을 시사한다.

우리의 믿음과 욕망은 우리가 처음에 어떤 증거를 고려할지에 영향을 줄 수도 있다. 대부분의 사람들은 그들이 믿는 것과 유사한 것을 믿고 있는 사람들로 둘러 쌓여 있다. 이는 우리 친구나 가족은 우리가 가진 신념과 욕망에 도전하기보다는 이들을 타당화할 가능성이 더 많다는 것을 의미한다. 여러 연구들은 또한 증거를 찾을 기회가 주어졌을 때, 사람들은 자신의 신념을 확증시켜주고 자신의 욕망을 충족시켜주는 증거를 찾는 것을 더 선호한다는 것을 보여준다(Hart et al., 2009). 더 나아가서 자신의 신념을 확증해주고 욕망을 충족시켜주는 증거를 찾게 되면, 더 이상 증거 찾기를 중단한다. 그러나 반대되는 증거를 찾게 되면, 보다 더 많은 증거를 찾으려고 계속해서 더 탐색을 하게 된다(Kunda, 1990).

우리가 보려고 기대한 것을 보는 것은 너무 쉽기 때문에, 비판적 사고에서 해야 할 첫 번째 규칙은 이것이다: 여러분 자신이 내린 결론을 의심해보라. 세상에 관한 진실을 발견하는 최상의 방법 중 한 가지는 여러분의 방식대로 세상을 보지 않는 다른 사람을 찾아서 그들이 말하고자 하는 바에 신중히 귀기울이는 것이다. 과학자들은 자신들에게 가장 동의하지 않을 것 같은 동료에게 자신의 논문을 보내거나 비평가로 가득

비판적 사고의 첫째 규칙은 자신의 결론에 의심을 가지는 것이다. 그렇지만 모든 사람이 여러분이 옳다고 말할 때 그렇게 하기는 힘든 일이다. 최근 연구는 페이스북 사용자들은 자신의 관점을 이미 공유하는 친구들과 이야기와 링크를 공유함으로써 '메아리 방'을 만들어낸다는 것을 보여준다(Del Vicario et al., 2016).

FluxFactory/E+/Getty Images

한 청중들에게 자신이 발견한 것을 발표함으로써 그들의 비판에 자신을 노출시키는 방법을 찾아 밖으로 나간다. 그들은 자신이 내린 결론에 대해 보다 균형 잡힌 관점에 이르고자 이렇게 한다.

우리는 우리가 보지 않은 것은 고려하지 않는다

사람들은 자신이 보지 않은 것에는 거의 주의를 기울이지 않는다(Kardes & Sanbonmatsu, 2003). 예를 들어, 한 연구(Newman, Wolff, & Hearst, 1980)에서 참가자들은 세 가지 문자가 한 세트로 주어지는 게임을 하도록 하였는데, 문자들의 조합은 *SXY*, *GTR*, *EVX* 등이었다. 각 시행에서, 실험자는 이 세 문자 중의 한 세트를 제시해 주고 이 세 문자 세트는 특별한 것이라고 말해 주었다. 참가자가 할 일은 그 특별한 세 문자 세트를 특별하게 해주는 것이 무엇인지를 찾아내는 것이었다. 참가자의 반에게, 특별한 세 문자 세트란 언제나 문자 *T*가 포함된 문자 세트였는데, 이 조건의 참가자들이 세 문자를 특별하게 만든 것이 *T*가 있느냐 아니냐에 달려 있다는 것을 알아내는데는 34세트의 시행이 필요하였다. 그러나 나머지 반의 참가자들에게, 특별한 세 문자 조합이란 *T*가 없는 것을 찾아내는 것이었다. 참가자들이 이를 알아내는 데는 얼마의 시행이 필요하였을까? 이 피험자들은 전혀 이를 알아채지 못하였다. 무엇이 존재하지 않는다는 것보다 무엇이 존재한다는 것을 생각하는 것이 훨씬 더 쉬운 일이다.

빠진 증거를 무시하는 경향은 여러 가지 잘못된 결론을 내리게 하는 원인이 될 수 있다(Wainer & Zwerling, 2006). 예를 들어, **그림 2.5**의 붉은색 지도를 생각해보자. 이 지도는 신장암이 가장 낮게 나타난 비율을 보여주는 미국의 주를 보여준다. 지도에서 볼 수 있는 것처럼 가장 낮은 지역은 압도적으로 남부, 서부, 중부에 있는 농촌 지역 주들이다. 왜 가장 낮은 인구를 가진 지역들이 신장암 비율도 가장 낮았는지에 대해 상상하기가 어렵지 않을 것이다. 즉, 이런 지역에 사는 사람들은 농장에서 재배된 음식을 더 많이 먹고, 오염된 공기를 덜 마시며, 실외 활동을 더 많이 할 것이다. '시골 살이'가 명백하게 건강에 이점을 주는 것이라면, 미국에 있는 대부분의 농촌지역이 가장 낮은 신장암 비율을 가지는 것은 절대 이상하지 않다.

이것은 여러분이 본 증거에 기초한 합리적인 가설이다. 그러나 이는 완전히 잘못된 것으로, 잠시 멈추어서 여러분이 보지 않은 증거를 숙고해본다면 이것이 잘못되었다는 것을 알게 될 것이다. 이 증거는 그림 2.5의 녹색 지도에서 볼 수 있는데, 이 지도는 미국의 주들 중 신장암 비율이 가장 높은 주들을 보여준다. 여러분이 보다시피 이 지도에 나타난 지역들도 압도적으로 농촌지역이고, 남부, 서부, 중부에 압도적으로 존재한다. 실제로, 색깔만 제외하고 그림 2.5에 나타난 두 지도는 아주 많은 부분이 유사하다. 왜? 사실로 드러난 대로, 농촌지역의 주들은 신장암이 아주 높은 지역들을 가지는 경향이 있었다. 즉 이런 지역에는 신장암 비율이 가장 낮은 지역도 있

그림 2.5 미국 신장암 발생 비율 이 지도는 신장암 비율이 가장 낮은 지역(왼쪽)과 가장 높은 지역(오른쪽)을 노란색으로 표시해 보여준다.

가장 낮은 지역(노란색)   가장 높은 지역(노란색)

귀사의 제품을 사용하기 시작한 이후, 이 제품을 원하지 않는다는 생각은 한 번도 하지 않았어요. 이런 놀라운 발견을 해주셔서 감사합니다. 이 제품이 내 인생을 바꾸어 놓았어요.

Mr. Ferb Kushman,
Lansing, MI

비판적 사고의 두 번째 규칙은 여러분이 보지 못한 것을 고려하는 것이다. 비즈니스에서는 종종 만족해하는 고객의 보증만 제공해준다. 그런데 불만족해하는 고객들은 모두 어디 있는가? 그들은 무엇을 말해야 하는가?

Daniel Gilbert

었지만 또한 그 비율이 가장 높은 지역도 있었다. 이는 일부 농촌지역이 인구가 더 적기 때문에 생긴 일이었다. 붉은색 지도에 나타난 증거를 보고 녹색 지도의 있는 누락된 증거를 생각하지 못한 사람들은 신장암과 인구밀도 간의 관계에 대해 잘못된 결론을 내릴 수 있을 것이다. 비판적 사고의 첫 번째 규칙은 여러분이 본 것에 대해 의심을 해보는 것이고, 두 번째 규칙은 여러분이 보지 않은 것을 고려해보는 것이다.

회의적 입장

과학은 인간이 만드는 것이고, 인간은 실수를 한다. 인간은 자신이 기대한 것을 보고, 보고 싶어 하는 것을 보며, 볼 수 없는 것은 고려하지 못한다. 과학이 인간이 만든 다른 사업들과 다른 것은 과학은 자신의 실수를 적극적으로 찾아내서 수정하려고 한다는 것이다. 과학자들은 부단히 자신의 관찰을 보다 정확하게 만들고 자신의 추론과정을 더 엄정하게 하려고 분투하며, 누구라도 다시 말해 모든 사람이 자신이 내놓은 증거를 검토하고 결론에 도전하도록 한다. 그럼으로써, 과학은 궁극의 민주주의를 실천한다. 즉, 가장 낮은 곳에 있는 그 누구라도 가장 고귀한 누군가에게 승리할 수 있다. 생생한 상상력을 갖고 있던, 이름도 알려지지 않은 스위스 한 특허 출원인이 당대의 가장 위대한 물리학자에게 도전하였을 당시, 이 사람은 유명한 부모를 가진 것도 아니고, 매력적인 학위를 가진 것도 아니었으며, 권위 있는 친구나 두툼한 지갑을 가진 것도 아니었다. 알베르트 아인슈타인은 한 가지 이유, 오직 그 한 가지 이유로 과학적 논쟁에서 승리하였다. 그 이유란 그가 옳았다는 것이다.

이 책의 남은 장들에서는 현장의 기록, 즉 심리과학자들이 지식과 씨름하면서 수행하는 작업 기록을 검토하고자 한다. 이런 장들에서는 과학적 방법을 충실히 따르고, 이를 활용해서 진실의 일부를 찾고자 하는 사람들에 관한 이야기, 즉 우리가 누구이며, 우리가 어떻게 생각하고, 느끼고 행동하는가 그리고 여기 태양으로부터 세 번째로 떨어진 바위 위에 함께 모여서 우리가 하는 것이 무엇인지에 대한 이야기를 들려주고자 한다. 이런 보고들 중 어떤 것은 요행으로 판명날 것이지만, 그런 것들 모두는 누군가에게는 사람들이 작동하는 방식에 대한 최선의 설명을 제공해 줄 것이다. 흥미를 갖고 읽어 나가되, 이런 주장들을 비판적으로 생각하기 바란다. 더 나가서, 그 밖의 모든 것들도 그렇게 보기 바란다('현실 세계 : 놀라울 정도로 높은 가능성을 가진 예상치 못한 우연의 일치' 참고).

정리문제

1. 비판적 사고의 적이 되는 두 가지 인간 성향이란 무엇인가?
2. "여러분이 행복하기를 원한다면 친구와 점심을 먹고, 올바르기를 원한다면 적과 점심을 먹어라"라는 교훈이 의미하는 바는 무엇인가?
3. 대부분의 다른 인간 사업과 과학의 차이는 무엇인가?

- 윤리적 연구가 준수해야 하는 세 가지 기본 원칙을 확인한다.
- 심리학자가 자신의 연구가 인간을 존중한다는 것을 보증해주는 방법을 간략히 요약한다.
- 심리학자가 자신의 연구가 진실을 존중한다는 것을 보증해주는 방법을 설명한다.

과학의 윤리 : 올바른 일을 행하기

삶의 도중 어디에선가, 사람을 물건처럼 취급하는 것은 좋지 않다는 말을 누군가 여러분에게 이야기하였을 것이다. 그러나 심리학자는 사람들을 두려워하거나 슬프게 만들고, 당황하거나 비도덕적인 일을 하도록 만들고, 또는 자신이나 다른 사람에 대해 실제로 알고 싶지 않은 모습을 알게 되는 실험 상황을 만들어 냄으로써 그런 일을 하게 될 수 있다. 이런 겉모습만 보고 당혹해하지는 말아라. 사실 심리학자들은 연구 참가자의 안녕 상태를 지키기 위해 오랫동안 노력해 왔으

놀라울 정도로 높은 가능성을 가진 예상치 못한 우연의 일치

조근 조사는 대학생의 절반 이상이 초감각적 지각(extrasensory perception, ESP)을 믿는다는 것을 발견하였는데, 쉽게 그 이유를 이해할 수 있을 것이다. 실로 놀라운 우연의 일치 사례들을 살펴보자. 어느 날 저녁 여러분은 판다 곰이 인도양 위로 비행기 항해를 하는 꿈을 꾸었다. 그리고 여러분이 다음날 친구 한 명에게 이야기했는데, 그 친구가 "와우, 나도 똑같은 꿈을 꾸었는데!"라고 이야기하였다. 또 다른 어느 날 저녁 여러분이 룸메이트와 TV를 보고 있다가 그때 갑자기 서로를 돌아보며 "피자 한 판?"이라는 말이 완벽히 일치하여 동시에 튀어나왔다. 이같은 우연의 일치는 어떤 사람들로 하여금 이상하면서 으스스한 초자연적인 기이한 일들을 믿게 만든다.

글쎄, 어떤 사람들은 그렇지 않다. 그런데 노벨 물리학상 수상자인 루이스 앨버레즈(Luis Alvarez)는 어느 날 신문을 읽고 있었는데, 신문에 난 한 특별 기사가 그가 오랫동안 보지 못하고 있던 오래된 대학 친구가 생각나도록 만들었다. 몇 분 후, 그는 신문을 넘겨 가다가 바로 그 친구의 부고를 접하게 되고 충격을 받고 말았다. 자신이 ESP의 급성 사례를 갑자기 발전시킨 것이라고 결론 내리기 전에, 앨버레즈는 이런 놀라운 우연 사례가 어떻게 결정된 것인지를 결정해보기로 결심했다. 그는 보통 사람들이 가지고 있는 친구의 수를 추정해 보았고, 그런 다음 보통 사람들이 그런 친구들 각각에 대해 얼마나 자주 생각하게 되는지를 추정해 보았다. 그리고 간단한 계산식을 만들어서 어떤 사람이 친구의 사망 소식을 알기 5분 전에 친구를 생각할 확률을 결정하였다. 놀랍게도 확률이 꽤 높은 것으로 나타났다. 미국 정도 크기의 나라라면, 이런 우연 사례가 하루에 열 명의 사람들에게 발생해야 한다고 앨버레즈는 계산하였다

"아이다호! 이런 우연이 있을 수 있나. 나도 아이다호 출신이잖아."

Michael Maslin © The New Yorker Collection/www.cartoonbank.com

(Alvarez, 1965). 어떤 노벨상 동료는 그 수가 매일 80명 가까이 된다고 보았다(Charpak & Broch, 2004).

"10년은 약 500만 분에 해당된다"고 통계학과 교수 어빙 잭(Irving Jack)은 말한다. "이 말은 모든 사람이 자신의 일생 중에 굉장한 우연을 만날 기회가 무수히 많다는 걸 의미한다"(Neimark, 2004). 예를 들어 2억 5,000만의 미국인이 매일 약 두 시간 정도 꿈을 꾸는데, 이는 약 5억 시간의 꿈을 꾸는 것이고, 두 사람이 우연히 같은 꿈을 꾸는 것은 놀랄 일도 아니고, 실제로 다음날 일어날 일을 미리 꿈꾸는 것이 놀랄 일도 아니다. 수학과 교수 존 파울루스(John Paulos)는 다음과 같이 말한다. "현실적으로 상상할 수 있는, 가장 놀라운 우연의 일치란 모든 우연의 일치가 완전히 부재하는 것일 것이다"(Neimark, 2004).

만일 이런 일이 여러분에게 일어난다 하더라도, 여러분만 그런 경험을 한 것은 아니다. 사람들은 통상적으로 운에 의해 발생하는 우연의 일치 가능성을 과소 추정한다는 것을 연구 결과들은 보여준다(Diaconis & Mosteller, 1989; Falk & McGregor, 1983; Hinzman 등, 1978). 만일 여러분이 이런 사실을 활용해서 이득을 얻고자 한다면, 35명 정도의 사람들이 모인 집단이라면 그들 중 최소 한두 명 정도는 생일이 동일할 것이라는 것에 대해 1달러 내기를 해보기 바란다. 확률은 여러분의 편이 될 것이다. 그 확률은 놀랍게도 85%나 된다. 사람들이 1달러를 내놓으면서 집단에 있는 두 사람의 생일이 같은 것을 어떻게 알았느냐고 물어보면 여러분은 정직하게 그게 바로 초감각적 지각이라고 말하면 된다. 다른 말로 특별히 교활한 심리학(especially sneaky psychology, ESP)이라는 농담으로 불리기도 한다.

며, 윤리강령을 지키도록 요구받고 있다. 이 윤리강령들은 물리학자, 변호사, 회계사 등이 지켜야 하는 직업윤리와 같이 구체적이면서도 다양한 사항들을 요구하는 내용들로 이루어져 있다. 윤리강령은 심리학자들이 인간, 동물 및 진실에 대한 존중을 보여줄 것을 요구하고 있다. 이 의무사항들 각각을 차례로 살펴보도록 하자.

동의표시 연구 참여에 관한 언어적 동의가 연구 참여로 인해 발생할 수 있는 모든 위험 요소에 대해 고지받은 성인에 의해 작성되었다는 것

인간 존중

제2차 세계대전 기간 동안, 나치 의사들은 인간 피험자를 대상으로 잔인무도한 실험을 수행하였다. 사망에 이르기까지 얼마나 오랜 기간을 버티는지를 알아보기 위해 마취도 하지 않고 신체 기관을 제거하거나 얼음물 속에 들어가게 하는 것과 같은 실험을 하였다. 종전 후, 국제 사회는 1947년 뉘른베르크 헌장을 만들었고, 1964년엔 헬싱키 선언을 만들었다. 여기에서 실험에 참여하는 인간 피험자에 대한 윤리적 대우에 관한 규칙을 제정하였다. 불행하게도 모든 사람이 이 규정을 따르지는 않았다. 예를 들어 1932~1972년 사이, 미국 공공 건강 서비스는 악명 높은 터스키기 실험을 수행하였는데, 이 실험에서는 연구자들이 질병의 진행 정도를 관찰할 수 있도록, 매독에 걸린 399명의 아프리카계 미국인 남성에 대한 치료가 거부되었다. 한 저널리스트가 기록한 대로, 정부는 "인간 피험자를 실험실 동물로 사용하였는데, 이 장기간에 걸친 비효율적인 연구를 통해 매독이 인간을 죽게 하는 데 얼마나 오래 걸리는지를 알고자 하였다"(Jones, 1993, p. 10)

1979년, 미국 건강 · 교육 · 복지부는 벨몬트 보고서를 발표하였는데, 여기에는 인간 피험자와 관련된 모든 연구에서 준수해야 할 세 가지 기본원칙을 기술하고 있다.

1. 연구는 인간에 대한 **존중**(respect for persons)과 부당한 영향력이나 강압 없이 스스로 자신에 관한 결정을 내릴 권리를 보장해 주어야 한다.
2. 연구는 **유익**(beneficient)해야 한다. 즉, 참여자에게 혜택을 극대화하고, 위험을 줄이려고 시도하여야 한다.
3. 연구는 **공정**(just)해야 한다. 즉, 특정 개인이나 집단에 대한 편견 없이 참여자들에게 혜택과 위험이 동등하게 주어져야 한다.

심리학자들이 준수해야 하는 구체적인 윤리강령은 이런 기본원칙을 바탕으로 하여 이들을 확장시킨 것이다[미국심리학회의 심리학자를 위한 윤리원칙과 행동강령(2017)을 http://www.apa.org/ethics/code.에서 볼 수 있다]. 여기 심리학 연구 수행 시 준수해야 할 중요한 규칙 몇 가지를 제시한다.

- **동의 표시** : 연구 참가자들은 동의 표시를 하지 않는 한 연구에 참여할 수 없다. **동의 표시** (informed consent)란 연구 참여에 관한 언어적 동의가 연구 참여로 인해 발생할 수 있는 모든 위험 요소에 대해 고지받은 성인에 의해 작성되었다는 것을 말한다. 이 합의가 연구에 참여하는 사람이 연구에 대한 모든 것(예 : 가설)을 알아야 한다는 의미는 아니지만, 연구에 참여하는 개인은 잠재적으로 유해하거나 고통스러울 수 있는 모든 상황을 알아야 한다는 것을 의미한다. 만일 연구 참가자가 동의 표시를 할 수 없는 경우라면(예 : 연구 참여 대상이 미성년자이거나 심신 무능력자이기 때문에), 동의 표시는 법정 후견인으로부터 받아야 한다. 그리고 개인이 동의 표시를 하였더라도, 그들은 아무런 벌칙 없이 언제라도 연구를 포기할 권리를 항상 가진다.

바에 앉은 이 남성은 왜 이렇게 화가 났는가? 이 남성은 방금 어떤 여성의 음료수에 약물을 떨어뜨리는 다른 남성을 보고는 바텐더에게 알려 주고 있다. 이 남성은 바에 있는 모든 사람들이 배우이고, 자신이 지금 'What would you do'란 TV쇼에 녹화되고 있다는 것을 모르고 있다. ABC 방송국이 남성의 동의 없이 이 남성에게 이런 스트레스 상황에 처하게 하는 것이 윤리적인가? 한 달 후 TV를 틀었을 때, 바텐더에게 경고를 하지 않은 사람들은 어떤 기분이 들었을까? 그리고 자신의 수치스러운 행동을 보고 무슨 생각을 하였을까?

- **강요 배제**(freedom from coercion) : 심리학자들은 연구 참여를 강압해서는 안 된다. 강압이란 물리적이며 심리적인 강압뿐만 아니라 금전적 강압도 포함된다. 어떤 일을 하도록 설득하기 위해 많은 돈을 주고 그렇지 않으면 참여하지 않을 어떤 일을 하게 만드는 것은 비윤리적인 일이다.
- **유해상황 금지**(protection from harm) : 심리학자들은 물리적 또는 심리적 위해로부터 연구 참가자들을 보호할 수 있도록 가능한 모든 사전 조치를 취해야 한다. 어떤 것을 연구하는 데 동일한 효과가 있는 두 가지 방법이 존재한다면, 심리학자들은 더 안전

한 방법을 선택해야 한다.

사후설명 연구의 참된 본성이나 진짜 목적을 언어적으로 설명해 주는 것

- **위험-수익 분석(risk-benefit analysis)** : 참여자들이 가벼운 쇼크나 당혹감같이 작은 위험을 수용하라는 요청을 받을 수 있을지라도, 심각한 고통이나 심리적 트라우마 같은 더 큰 위험을 수용하라고 요구해서는 안 된다. 이들은 일상생활에서 일반적으로 경험하게 되는 위험들보다 더 크다. 더욱이 참여자들이 작은 위험은 수용하라는 요구를 받는다고 하더라도, 심리학자들은 이 위험이 연구에서 얻는 새로운 지식이라는 사회적 이득보다 더 중요하다는 것을 보여주어야 한다.
- **속임(deception)** : 연구가 가진 과학적·교육적 또는 응용적 가치가 정당화될 때, 그리고 대안적인 절차를 사용할 수 없을 때에 한해 심리학자는 속임수를 활용할 수 있다. 그러나 신체적 또는 심리적 해나 고통을 야기할 수 있는 연구 측면이 있다면 어느 것이라도 참여자를 속여서는 안 된다.
- **사후설명(debriefing)** : 어떤 식으로든, 연구 전이나 후에 연구 참가자가 속임을 당하였다면, 심리학자는 사후설명을 해야 한다. **사후설명**이란 연구의 참된 본성이나 진짜 목적을 언어적으로 설명해 주는 것이다.
- **비밀 보장(confidentiality)** : 심리학자들은 연구 기간 중에 얻은 사적이며 개인적인 정보를 비밀로 유지해야 한다.

이런 규정들은 심리학자들이 준수해야 하는 규정들 중 몇 가지이다. 그러나 어떻게 이런 규정들이 실행되도록 할 것인가? 거의 모든 심리학 연구들은 대학에 근무하는 심리학자들에 의해 실시된다. 그리고 이런 기관에는 기관심사위원회(Institutional Review Board, IRB)가 구성되어 있는데, 이 위원회는 교수와 연구자, 대학 행정직원, 지역사회 민간인(예 : 기업 임원이나 성직자 등)으로 구성된다. 특정 연구가 정부로부터 지원을 받게 되면, 법은 IRB는 최소한 한 명의 비과학자 그리고 해당 기관에 소속되어 있지 않은 사람이 한 명 포함될 것을 요구한다(심리과학에 대한 정부 지원에 대해 좀 더 알고 싶으면 '다른 생각 : 우리가 과학을 허용할 수 있는가?' 참조). 심리학자들은 IRB 심사를 신청해서 승인을 얻은 이후에만 연구를 수행할 수 있다. 윤리강령과 승인 절차는 매우 까다롭기 때문에 많은 연구들이 아무 장소에서, 아무 때고, 아무 사람에 의해 이루어질 수는 없다. 이렇게 하는 이유는 그렇지 않으면 기본적인 인간권리를 침해하는 비윤리적 실험을 하게 될 수도 있기 때문이다.

동물 존중

연구 참가자가 모두 인간은 아니기 때문에, 연구 참가자가 모두 인간적인 권리를 가지는 것은 아니다. 어떤 참여자는 침팬지, 쥐, 비둘기 또는 그 밖의 인간 외 동물들이다. 심리학회의 윤리강령은 이와 같은 인간 이외 참여자들에게 적용되는 구체적인 권리를 상세하게 기술하고 있다. 이 중 중요한 것 몇 가지는 다음과 같은 것들이다.

- 동물과 관련된 모든 절차는 연구방법 훈련을 받았고, 실험용 동물을 보살핀 경험이 있고, 동물들의 안락함, 건강 및 인간적 대우를 적절히 고려하는 데 책임 있는 심리학자가 감독해야 한다.
- 심리학자들은 동물들이 받는 불편함, 전염, 질병 및 고통이 최소화되도록 합리적인 노력을 기울여야 한다.
- 대안적인 절차를 활용할 수 없으며, 해당 연구 절차가 과학적이고 교육적이거나 응용적 가

우리가 과학을 허용할 수 있는가?

캐스 R. 선스타인은 하버드대학교 법학교수이고 버락 오바마 정부에서 백악관 정보규제국 행정 담당관이었다.

Andrew Toth/Getty Images

이 책에 기술되는 것과 같은 모든 연구에는 누가 비용을 지불하는가? 대답은 당신이다. 대체로, 과학적 연구는 정부 기관에서 연구비 후원을 받는데, 국립과학재단(National Science Foundation) 같은 기관으로, 이 기관은 과학자들에게 자신들이 제안한 특정 연구 프로젝트를 수행하도록 연구비를 지원해준다. 물론 이런 돈은 가난한 사람에 대한 식량 지원, 무주택 노숙자에 대한 주택 지원, 중증 환자 및 노인에 대한 요양 지원 같은 다른 일들에 활용될 수도 있다. 우리의 이웃 시민들이 춥고 배고픈 상황에 있는데, 납세자들은 심리과학 연구에 돈을 쓰는 데 수긍할까?

법률학자인 캐스 선스타인(Cass Sunstein)은 행동과학에 대한 연구가 낭비적 소비가 아니라고 주장한다. 자체를 위해서도 또한 그 이상을 위해서도 이는 투자라고 할 수 있다. 여기 그가 하는 말을 들어보자.

정부 정책 프로그램이 실패했을 때, 이는 대개 사람들이 어떻게 생각하고 행동할지에 대해 정책 담당자들이 무지하기 때문이다. 연방, 주 및 지방정부는 소상공인, 개발자, 농부, 퇴직군인 및 저소득층이 인허가, 면허 발급, 기술훈련, 경제적 지원 등을 받는 것을 너무 힘들게 한다. 대학에 입학할 수 있도록 학생들이 재정적 지원을 받게 하는 것도 한 가지 중요한 일이다. 학생들이 내용을 채울 수 있도록 형식을 설계하는 것은 또 다른 일이라 할 수 있다.

백악관 사회행동과학팀에서 인상적인 새로운 시스템을 구축하고 있던 오바마 대통령은 그의 정부 정책관들에게 행동과학적 통찰력을 사용하도록 지시하였다. 즉 형식을 단순화해서, 대기시간을 줄이고, 행정적인 장애와 규제비용을 제거하는 데 행동과학적 통찰력을 사용하도록 하였다. 1년 남짓 시간을 들여 만들어진, 해당 팀의 새로운 보고서는 작은 개혁이 커다란 차이를 가져올 수 있다는 것을 보여주었다.

예를 들어, 이 팀은 서비스 수혜자들의 저축을 증진시키기 위해 새로운 이메일 캠페인을 설계하는 데 도움을 주었는데, 그 결과 연방 저축 계획에 대한 등록이 두 배로 증가하였다. 저소득 학생들에게 입학전 필수 과제를 완성하도록 상기시켜주는 간단한 문자 메시지는 해당 학생들의 대학 등록율을 5.7% 높여주었다는 것도 발견되었다. 대출 프로그램에 대한 인지를 높이려고 농부들에게 발송된 송달우편은 대출을 받은 농부의 비율을 증가시켜주었다. 자율 보고 판매액의 정확성을 보증하기 위해 판매자들에게 요구한, 온라인 형태로 고안된 새로운 서명 칸은 단지 1분기 만에 정부에 보고된 비용에 추가적으로 159만 달러의 추가 비용을 산출하였다. 이는 분명히 이 서명 칸이 정직한 보고를 증가시켰기 때문이다.

이러한 성공적인 이야기에도 불구하고, 행동과학을 공적으로 사용하는 것은 두 가지 합법적인 우려를 키워준다. 첫 번째는 실용적인 측면에서 나온다. 즉 그것이 얼마나 좋은 일인가? 개선은 단지 몇 퍼센트 포인트의 문제일 수 있다. 아마 훨씬 더 큰 차이를 가져올 수도 있는 야심찬 재정개혁 또는 규제개혁과의 불화일 수도 있다. 그것은 공정한 요점이다. 그러나 점진적 개선이 폄하되어서는 안 된다. 특히 이런 것들이 수십만 명의 사람들에게 도움이 된다면 말이다. 그리고 목표가 대규모의 변화를 산출해 내는 것이라면, 행동적 정보 접근은 우리가 기대하는 것보다 더 많은 것을 성취할 수 있다. 예를 들어 행동과학자들은 사람들이 아무것도 하지 않으면 어떤 일이 일어날지 알아내는 것을 지칭하는 디폴트 규칙이 놀라우리만치 큰 효과를 낸다는 것을 발견하였다. 만일 고용인들이 새로운 종업원을 자동적으로 저축 프로그램에 등록한다면, 그들은 참여율을 큰 폭으로 증가시킬 수 있다. 한 연구에 따르면 30% 이상의 증가를 가져왔다. 더 논쟁적일 수도 있는데, 만일 공익기업이 구성원들을 녹색에너지에 자동으로 등록시키면, 비록 탈퇴할 권리를 갖고 있다 하더라도 온실가스 방출은 불가피하게 감축될 것이다.

이러한 사례들은 윤리에 대한 두 번째 우려를 제기한다. 조작화의 위험은 어떤가? 연방정부는 실제로 미국인들에게 심리학 실험을 수행해야 하는가? 행동과학이 오용될 수 있는 것은 사실이다. 두려움을 야기하려고 고안된 도표상의 경고로 적은 상해를 유발하는 상품 구매의 의욕을 떨어뜨릴 수 있다. 사람들이 자신에게 아무런 이익도 되지 않는 프로그램에 자동으로 등록할 수도 있다. 조작에 대한 최선의 보호막은 책임성이다. 행동과학에 대한 공적 사용이 금지되어서는 안 된다. 그렇지만 그들은 항상 법적 한계 내에서 합법적 목적을 위해 받아들여져야 한다. 예컨대 은퇴 안전성의 제고, 대학 진입장벽 낮추기, 고용율 제고 및 과세자 세금 절약과 같은 것들 말이다. 만약 법률이 자격증과 허가를 요구하고 세금을 납부하고, 복리후생이나 교육을 신청하도록 요구한다면, 정부는 몇 가지 커뮤니케이션 방법을 선택해야 한다. 다른 방법이 더 효과적인지를 알고자 한다면 정책 담당자는 실험을 해보아야 한다.

행동과학은 단순화 노력 또는 미약한 단어 순서 변경이 모든 차이를 만들 수 있다는 것을 보여준다. 2010년 이래 영국은 행동과학 팀을 두고, 세금을 늦게 내는 납세자들에게 다음 문장을 덧붙이는 실험을 하였다. "여러분 지역에 사시는 사람들 대부분은 세금을 정시에 납부합니다." 전국적으로 도입된 이 변화는 정시 세금 납부율을 15% 증가시켰고 수백만 달러의 재정 수익을 가져왔다. 정부의 프로그램이 작동하지 않게 되면, 좌익에 있는 사람들은 더 많은 기금 확충을 지지하는 경향이 있는 반면에 우익에 있는 사람들은 그것들을 전부 폐기하고 싶어 한다. 이럴 때는 문제가 복잡하고 잘못 설계가 된 것은 아닌지를 묻는 것이 더 나은 일이다. 우리는 그런 문제를 해결할 수 있다. 때로는 한 푼도 들이지 않고 말이다.

여러분은 어떻게 생각하는가? 선스타인이 옳은가? 심리과학은 공금기금을 사용하는 현명한 방법인가? 아니면 감당할 수 없는 사치라고 생각하는가?

Sunstein, S.(2015, September 9). Making Government Logical, New York Times. Https://www.nytimes.com/2015/09/20/opinion/sunday/cass−sunsten−making−government−losical.html.html

치가 충분히 정당할 때에만, 심리학자들은 동물들에게 고통을 주고, 스트레스를 주거나 특정 감각을 박탈하는 절차를 활용할 수 있다.

- 심리학자들은 적절한 마취 조치를 취하고 난 후에 모든 외과적 시술을 시행해야 하고, 수술 중과 후에는 동물의 고통을 최소화시켜야 한다.

어떤 사람들은 연구를 하거나 의복을 만들기 위해 동물을 사용하는 것이 비윤리적이라고 비판한다. 그러나 다른 사람들은 이 두 가지 목적 간에 중요한 차이가 있다고 보기도 한다.

Paul McErlane/Reuters/Newscom

이렇게 하면 괜찮아 보인다. 그러나 충분히 괜찮다고 할 수 있는가? 어떤 사람은 그렇게 생각하지 않는다(예 : Singer, 1975). 그들은 고통을 느낄 수 있는 모든 생명체는 인간과 동일한 기본적인 권리를 가져야 한다고 믿는다. 동물에 대한 윤리적 대우를 위한 사람들 같은 집단은 인간 이외 동물을 활용하는 모든 연구를 종식시킬 것을 요구한다. 그러나 대부분의 미국인들은 연구에서 인간 이외 동물을 활용하는 것이 도덕적으로 수용할 수 있는 일이라고 믿는다(Gallup, 2018). 실로 대부분의 사람들은 육류를 섭취하고, 가죽을 입고, 사냥꾼의 권리를 지지하는데, 대부분의 사람들이 동물과 인간의 권리를 분명히 구분한다는 것을 말해주는 것이다.

과학은 도덕적 논쟁을 해결해 주는 사업은 아니다. 따라서 모든 사람들은 이 이슈에 대해 자기 나름의 결론을 내려야 한다. 그러나 여러분이 어떤 입장을 취하는지 상관없이, 심리학 연구들 중 적은 비율에서만 동물이 관련되며, 그런 연구들 중에서도 아주 적은 비율에서만 동물들을 고통스럽게 하거나 해롭게 한다는 것을 아는 것이 중요하다. 심리학자들은 주로 사람을 연구하며 동물을 연구할 때에도 주로 그들이 보이는 행동을 연구한다.

진실 존중

IRB는 데이터가 윤리적으로 수집되었음을 보증해준다. 그러나 데이터가 일단 수집되면, 이들이 윤리적으로 분석되고 보고되었음을 누가 보증할 것인가? 아무도 해주지 않는다. 모든 과학에서 하는 것처럼, 심리학은 자율시스템하에서 작동한다. 조금 이상해 보일 수도 있을 것이다. 어떤 경우에도, 상점("이 전자레인지를 집으로 가져가시고, 다음에 이 근처에 오게 되면 돈을 지불해주세요."), 은행("저희가 고객님의 계좌를 검사해볼 필요는 없습니다. 고객님이 돈을 얼마나 인출하려고 하는지 말씀만 해주세요."), 또는 법정("여러분이 무죄라고 말한다면, 음, 그것으로 충분하네요.")에서 자율시스템을 활용하지는 않는다. 그러면 왜 과학에서는 이것이 작동하기를 기대하는가? 과학자가 다른 모든 사람들보다 더 정직하기 때문인가?

절대로 그렇지는 않다. 계속해 보자. 과학자들이 특별히 정직하기 때문이 아니라 과학은 일종의 공동체 사업이기 때문에 자율시스템이 작동하는 것이다. 과학자가 어떤 중요한 것을 발견했다고 주장할 때, 다른 과학자는 단순히 손뼉만 치는 것은 아니다. 즉, 그들도 이 사항을 연구하기 시작한다. 물리학자 장 헨드리크 숀(Jan Hendrick Schön)이 2001년에 분자 수준의 트랜지스터를 생산해 냈다고 공표하자, 다른 물리학자들은 이 사실에 깊은 감명을 받았다. 그러나 숀의 연구를 재현해 보고, 숀이 자신의 데이터를 왜곡하였다는 사실을 발견하였을 때까지(Agin, 2007)만 그랬다. 숀은 직업을 잃게 되었고, 박사학위는 반납되었다. 그러나 중요한 사실은 그러한 사기가 오래 지속되지 않았다는 것이다. 한 과학자가 내린 결론은 다른 과학자의 다음 번 연구 질문이 되기 때문이다.

심리학자들은 자율적 시스템하에서 정확히 무엇을 해야 하는가? 최소한 세 가지이다. 첫째, 자신의 연구에 대해 보고하고 과학 저널에 이를 공표할 때, 심리학자들은 자신이 시행하고 발견한 것을 진실하게 보고해야 한다. 결과를 날조해서는 안 되고(예 : 자신이 수행하지 않은 연구를 수행했다고 주장하는 것), 조작하지 말아야 하고(예 : 실제로 수집한 데이터의 기록을 변조하는 것), 일부를 생략해서 오도하지 말아야 한다(예 : 자신의 가설을 확증하는 결과만을 보고하거나 가설을 확증하지 않는 결과에 대해서는 아무것도 말하지 않는 것). 둘째, 연구에 공헌한 다른 연구자를 자신들의 보고에 대한 공동연구자로 포함시키거나 연구에 관련된 다른 과학자들을 자신의 연구보고에서 언급함으로써 심리학자들은 신뢰를 공유해야 한다. 셋째로, 심리학자들은 자신의 데이터를 다른 과학자들과 공유해야 한다. 이들은 데이터를 재분석해서 이 발견을 검증하고자 할 것이다. 대부분의 과학적 사기는 동료 과학자에 의해 드러나게 되는데, 사기꾼의 데이터를 심층적으로 살펴보게 될 때 의심을 품게 되는 것이다. 누구라도 다른 사람의 연구에 대해 검토할 수 있다는 사실이 자율시스템이 수행하며 작동하는 이유의 일부가 되는 것이다.

정리문제

1. 기관심사위원회(IRB)란 무엇인가?
2. 동의 표시란 무엇인가?
3. 사후설명이란 무엇인가?

4. 인간 이외 피험자를 보호하기 위해 심리학자는 어떤 단계를 거쳐야 하는가?
5. 연구 결과를 보고할 때 심리학자는 무엇을 하여야 하는가?
6. 과학은 사기를 어떻게 밝혀내는가?

제2장 복습

경험주의 : 사물을 인식하는 방법

- 경험주의는 세상을 이해하는 최선의 방법은 우선 그것을 관찰하는 것이라는 신념이다. 세상에 대한 자신의 신념을 검증하기 위해 체계적으로 증거를 수집하고 평가하기 시작한 것은 단지 최근 몇 세기에 들어와서야 이루어졌다.
- 과학적 연구방법은 (a) 검증 가능한 가설을 생성해내는 이론을 개발하는 것, 그런 다음, (b) 해당 가설을 검증하기 위한 관찰을 하는 것과 관련된다. 비록 이 검증은 특정 이론이 잘못되었다는 것을 증명할 수는 있지만, 그 이론이 사실이라는 것을 증명할 수는 없다.
- 심리학 연구방법은 특별한데, 과학자들이 연구하는 거의 어떤 것보다도 인간은 더 복잡하고, 변화무쌍하며, 반응적이기 때문이다.

관찰법 : 사람들이 무엇을 하는지 발견하기

- 측정이란 (a) 측정 가능한 용어로 속성을 정의하기, 그리고 (b) 해당 속성을 탐지할 수 있는 측정도구를 사용하는 것과 관련된다.
- 좋은 정의는 구성타당도(측정되는 조건이 적절하게 해당 속성의 특징을 나타내는 것)를 가진다.
- 좋은 탐지기는 검증력(속성들이 언제 다른지를 말할 수 있는 것)과 신뢰도(속성들이 언제 동일한지를 말할 수 있는 것)를 둘 다 가진다
- 요구특성이란 다른 사람들이 자신에게 원하거나 기대한다고 생각하는 대로 행동하게 만드는 관찰 상황의 특성을 말한다. 자연적인 생태에서 참여자를 관찰하거나 참여자의 기대를 숨김으로써 심리학자들은 요구특성을 줄이거나 없애려고 한다.
- 관찰자 편파는 관찰자들이 자신이 관찰했다고 믿는 것과 실제로 발생한 것 둘 다에 영향을 미치는 관찰자 기대 경향성이다. 심리학자들은 이중 맹목 연구를 수행함으로써 관찰자 편파를 줄이려고 한다.

설명법 : 사람들이 자신이 하는 일을 왜 하는지 알아내기

- 두 변인이 관련되어 있는지를 결정하려면, 우리는 각 변인을 여러 번 측정한 다음, 변산 패턴을 비교한다. 만일 이런 패턴이 동기화되어 일어난다면, 두 변인은 상관되는 것이다. 상관은 다른 변인의 값을 앎으로써 어떤 특정 변인의 값을 예측할 수 있게 해준다.
- 두 변인 간 상관관계를 관찰하였다 할지라도, 그들이 서로 인과관계를 가진다고 결론 내릴 수는 없다. '제3 변인'이 두 변인 모두에 대해 원인이 될 수 있기 때문이다.
- 실험은 제3 변인 문제를 해결한다. 실험에서는 독립변인을 조작하고, 이런 조작화가 적용되는 실험집단과 통제집단에 참가자들을 무선할당하고, 그런 다음 종속변인을 측정한다. 그다음 이 측정치들을 집단 간에 비교하게 된다.
- 내적 타당도를 갖춘 실험은 연구된 참여자들 간에 정의된 변인 사이 인과관계의 가능성을 확정해준다.
- 실험이 현실 세계를 잘 모사하였을 때, 외적으로 타당도를 갖추게 된다. 그러나 대부분의 심리학 실험들은 현실 세계를 모사하려고 하지 않는다. 그보다는 이론에서 도출된 가설을 검증한다.
- 무선표집은 연구자들이 표본에서 표본이 추출된 모집단에 일반화할 수 있게 해준다. 대부분의 심리학 실험은 무선표집을 사용할 수 없다. 따라서 이런 연구에서 도출된 결론은 한계점을 가진다.
- 반복검증은 원래 연구와 같은 절차와 동일한 모집단에서 표본을 표집함으로써 결과를 재산출해보려는 시도이다

증거에 관한 비판적 사고

- 증거를 비판적으로 생각하기는 어려운 일인데, 사람들은 자신이 볼 것이라고 기대하고 원하는 것을 보고자 하는 경향을 가지고, 자신이 본 것

은 고려하나 보지 않은 것은 고려하지 않는 자연스러운 경향이 있기 때문이다.

- 비판적인 사상가는 자신의 견해와 일치하지 않는 증거를 고려한다. 그들은 또한 존재하는 증거뿐만 아니라 존재하지 않는 증거를 고려한다.
- 과학이 대부분의 다른 인간 사업과 다른 점은 과학은 자신의 실수를 적극적으로 찾아내려 하고 이를 고치려 한다는 점이다.

과학의 윤리 : 올바른 일을 행하기

- IRB는 과학적 연구에 참여하는 인간의 권리가 인간 존중, 유익성, 공평성 원칙에 기반하고 있음을 보증한다.
- 심리학자는 참여자 동의 확보, 강제 참여 배제, 유해 상황 금지, 위험 대비 이익, 기만 방지, 사적 비밀 유지 원칙을 준수해야 한다.
- 심리학자는 동물권리를 존중해야 하며 동물을 인간과 동등하게 대우해야 한다. 대부분의 사람들은 과학적 연구에 동물을 활용하는 것을 찬성한다.
- 심리학자는 자신의 연구에 관해 진실을 말해야 하고, 연구 이익을 적절히 공유해야 하며, 다른 사람이 자신의 데이터에 접근할 수 있게 해야 한다.

핵심개념 퀴즈

1. 정확한 지식은 관찰을 통하여 얻어질 수 있다는 신념은?
   - a. 비판적 사고
   - b. 교조주의
   - c. 경험주의
   - d. 상관관계

2. 아래 중 어느 것이 가설에 대한 정의를 가장 잘 나타내는가?
   - a. 경험적 증거
   - b. 과학적 연구
   - c. 반증 가능한 예언
   - d. 이론적 아이디어

3. 어떤 탐지기가 동일한 속성을 두 번 측정하였는데, 다른 측정 결과를 산출하였다, 이때 무엇이 부족하다고 하는가?
   - a. 타당도
   - b. 신뢰도
   - c. 검증력
   - d. 구체성

4. 사람들로 하여금 다른 어떤 사람이 원하거나 기대한다고 생각하는 대로 행동하게 만드는 관찰 상황의 모습을 무엇이라 하는가?
   - a. 관찰자 편파
   - b. 반복검증
   - c. 상관관계
   - d. 요구특성

5. 이중맹목 관찰에서
   - a. 참여자들은 무엇이 측정되고 있는지를 알고 있다.
   - b. 사람들은 자연적인 환경에서 관찰된다.
   - c. 목적이 관찰자와 관찰되는 모두에게 숨겨져 있다.
   - d. 객관적이고 통계적인 측정치만 기록된다.

6. 인과관계에 관한 결론을 내리도록 해주는 실험의 한 가지 특징은 무엇인가?
   - a. 외적 타당도
   - b. 내적 타당도
   - c. 무선할당
   - d. 자기선택

7. 두 변인이 상관관계를 가지더라도, 한 변인은 원인이고 다른 변인은 그 효과라고 결론짓지 못하게 하는 것은 무엇 때문인가?

   - a. 제3 변인 문제
   - b. 관찰자 편파
   - c. 조작화의 강도
   - d. 무선할당 실패

8. 한 연구자가 미국 내 모든 연령대 남성과 여성 모두에게 세금 인상에 대한 태도를 묻는 설문조사를 실시하였다. 이 연구에서 종속변인은 무엇인가?
   - a. 연령
   - b. 성별
   - c. 태도
   - d. 지정학적 위치

9. 실제 세상에서 정의되는 바와 같이 변인을 정의하면. 해당 실험은 어떻게 되는가?
   - a. 외적 타당도를 갖춘다.
   - b. 내적 타당도를 갖춘다.
   - c. 조작적으로 정의된다.
   - d. 통계적 유의미성을 갖춘다.

10. 사람들은 자신의 신념을 확증시켜주는 증거를 찾게 되면 그 후 어떻게 하는가? 사람들은 종종 _____
    - a. 탐색을 멈추는 경향이 있다.
    - b. 추가적인 증거를 찾는다.
    - c. 증거를 믿는 것을 거부한다.
    - d. 반대되는 사람과 식사를 한다.

11. 연구 결과를 보고할 때 심리학자들이 수행하도록 윤리적으로 요구되는 것은 무엇인가?
    - a. 발견 사항을 진실되게 보고하는 것
    - b. 연구에 대한 신뢰를 공유하는 것
    - c. 후속연구를 위해 데이터를 활용할 수 있게 하는 것
    - d. a, b, c 모두

핵심용어

가설	독립변인	사후설명	자기선택
검증력	동의 표시	상관	자연관찰
경험적 연구방법	모집단	신뢰도	자연적 상관
경험주의	무선표집	실험	제3 변인 문제
과학적 연구방법	무선할당	외적 타당도	조작적 정의
관찰자 편파	반복검증	요구특성	조작화
구성타당도	변인	이론	종속변인
내적 타당도	사례연구법	이중맹목 연구	표본

생각 바꾸기

1. 잠을 잘자는 것은 어떤 종류의 과제에 대해서라도 수행을 증가시켜준 다는 것을 연구 결과는 보여준다. 여러분이 이런 원리를 학교 친구에 게 이야기하면, 그 친구는 단지 어깨를 으쓱하며 다음과 같이 말할 것 이다. "그건 이미 누구라도 알고 있는 거 아냐? 나한테 물어본다면, 심 리학이란 단지 상식일 뿐이야. 모든 사람이 이미 사실로 알고 있는 것 을 검증하기 위해 과학적 실험을 왜 하는 거지?" 여러분이라면 '상식' 처럼 보이는 어떤 것을 연구하는 것의 가치가 무엇인지를 어떻게 설 명할 것인가?

2. 더 오랜 시간 일하는 유럽 사람이 더 적은 시간 일하는 유럽 사람들보 다 덜 행복하다는 것을 보여주는 연구에 대한 기사 링크를 친구가 여 러분에게 문자로 보내왔다. 그런데 미국에서는 이 양상이 다르게 나 타나고 있다는 내용이 뒤따르고 있다. 문자에 "훌륭한 실험이네"란 말 이 덧붙여지자, 여러분은 "실험은 무슨, 그냥 연구한 거겠지"라고 응 답한다. 여러분이 똑똑하기 때문이든, 친구에 대해 잘 모르기 때문이 든 상관없다. 왜 모든 연구를 실험이라고 할 수 없는가? 실험에서는 알 수 있지만 단순 연구에서는 알 수 없는 것은 무엇인가?

3. 첫 번째 시험을 본 후, 교수님은 학생들의 자리 배치와 시험성적 간에 아주 정적인 상관관계가 나타났다고 이야기하였다. "강의실에서 앞에 앉은 학생일수록 시험 점수가 높게 나왔는데!"라고 교수님은 이야기

한다. 수업이 끝난 후, 친구는 성적을 올리기 위해 남은 학기 동안 둘 이 함께 앞자리로 옮기자고 제안하였다. 상관과 인과관계에 대해 읽 은 것을 상기해 볼 때, 무엇을 의심해야 하는가? 자리에 앉는 것과 좋 은 성적을 얻는 것 간의 상관이 나타날 만한 이유가 있는가? 앞자리에 앉는 것이 좋은 성적을 받는 것의 원인이 되는지 아닌지를 검증하기 위한 실험을 설계할 수 있는가?

4. 범죄와 정의 과목을 수강하는 학급 친구가 정신질환이 미국에서 보이 는 많은 폭력 범죄의 원인이 된다고 제안하였다. 증거로 유죄 판결을 받은 혐의자가 정신병 환자로 진단받았다는, 고도로 공론화된 살인사 건을 언급하였다. 자신의 주장을 뒷받침하려면, 친구는 어떤 증거가 필요한가?

5. 여러분이 친구에게 같이 체육관에 가겠냐고 물었다. "싫어. 나는 절대 운동 안 해!"라고 친구가 이야기하였다. 여러분은 친구에게 규칙적인 운동이 모든 종류의 건강에 이득이 되고, 특히 심장질환의 위험을 크 게 감소시킨다고 말했다. 그러자 친구는 응답한다. "말도 안 돼. 매일 아침 여섯 시에 일어나서 평생 조깅을 하던 아저씨가 한 분 계셔. 그런 데 그 아저씨가 53세에 심장발작으로 돌아가셨거든!!" 여러분이라면 친구에게 뭐라고 이야기할 것인가? 아저씨의 사례는 운동이 심장병 을 보호하지 못한다는 것을 증명해 주는가?

핵심개념 퀴즈 정답

1. c; 2. c; 3. b; 4. d; 5. c; 6. b; 7. a; 8. c; 9. a; 10. a; 11. d

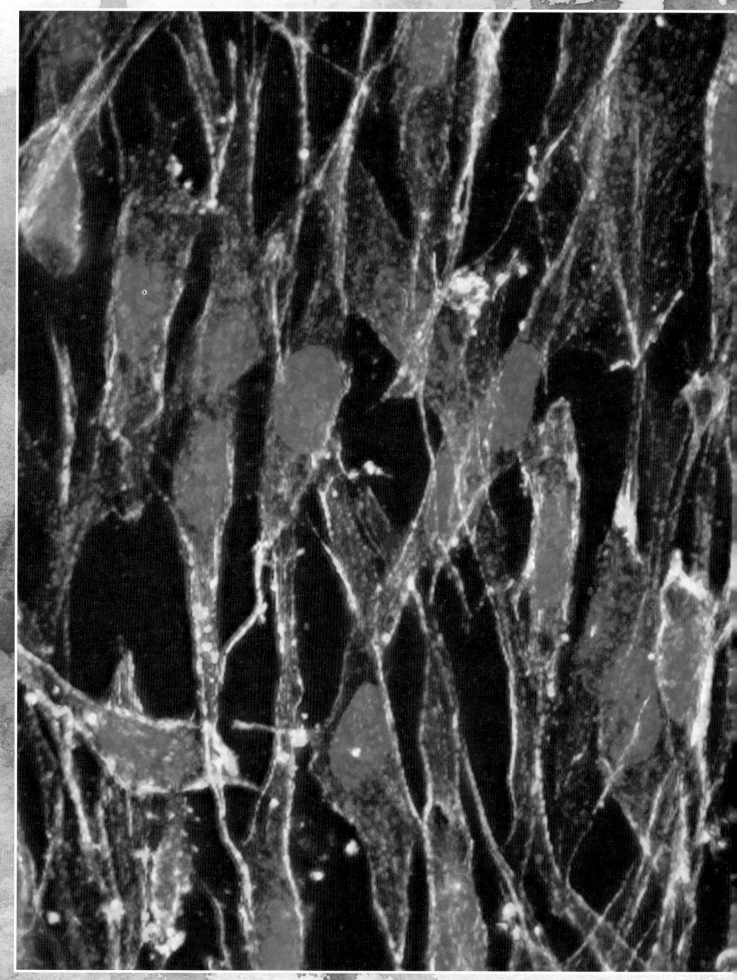

신경과학과 행동

주니어 서는 19년 동안의 미식 선수 생활 동안 내셔널 풋볼 리그(NFL)에서 어느 누구도 경쟁의 대상이 될 수 없을 정도로 무적의 선수였다. 그의 리더십과 자신이 속한 팀에 대한 헌신으로 말미암아 다른 선수들로부터 엄청난 사랑을 받았다. 서가 2009년 NFL에서 은퇴 후 어려움을 겪었지만 2012년 5월 2일 43세의 나이에 자살로 생을 마감하였다는 뉴스는 많은 이들을 놀라게 하였다.

부검 결과 서의 뇌에서 만성 외상성 뇌장애(chronic traumatic encephalopathy, CTE)가 발견되었는데, CTE는 반복적인 뇌진탕과 관련되어 초래되는 진행성 뇌 손상이다(Montenigro et al., 2015). 서는 CTE로 진단받은 전직 NFL 선수들 중 한 명에 불과하며(Mez et al., 2017), 여기에는 먼데이 나이트 미식축구 방송 진행자였던 프랭크 길포드도 포함되는데, 그는 2015년 8월에 사망하였고 사망 후 CTE 진단을 받음으로써 이 문제가 전국적인 관심을 받게 되었다. 복싱, 레슬링, 하키와 럭비 시합 중에 반복적으로 뇌 손상을 입을 경우에도 CTE가 초래되는 것으로 알려져 있다(Costanza et al., 2011; Daneshvar et al., 2011; Lahkan & Kirchgessner, 2012; McKee et al., 2012).

NFL 선수의 뇌에서 CTE를 처음으로 발견한 병리학자인 베넷 오말루(윌 스미스가 역을 맡음)의 이야기에 초점을 맞춘 영화 *Concussion*(뇌진탕, 한국에서는 '게임 체인저'로 개봉-역주)"이 2015년 12월에 개봉됨에 따라 CTE는 더욱 더 관심을 받게 되었다. 현재 미식축구 시합이 CTE를 발병하게 하는지 혹은 CTE가 자살과 같은 극단적 결과를 초래하게 하는지 확실하게 알지 못한다(Castellani et al., 2015). 그러나 CTE가 주의집중의 어려움, 기억 상실, 안절부절 못함 및 우울증과 관련되어 있고, 이러한 결함이 반복적인 뇌진탕을 입은 지 10년 이내에 시작되며 시간이 지남에 따라 점점 심각해지는 것으로 이해되고 있다(McKee et al., 2009; Montenigro et al., 2015). 다행히도 CTE와 관련 증상들에 대한 인식이 증가하고 있고 이로 말미암아 대학, 중고등학교 및 다른 청소년 스포츠 단체뿐만 아니라 전문 스포츠 단체에서도 이 문제에 대처할 준비를 하고 있다.

CTE 증상은 우리의 심리적ㆍ정서적ㆍ사회적 안녕이 뇌의 건강과 온전함에 거의 전적으로 달려 있다는 것을 상기하게 한다. 나아가 신경과학에 관한 이해가 과학적 실험실에서 일어나는 학문적 활동만이 아니라는 것을 알려준다. 뇌에 관해 더 많이 알수록 CTE와 같은 문제를 해결할 수 있는 방안을 찾을 가능성이 더 높아진다.

이 장에서 뇌가 어떻게 작용하는지, 뇌가 작용하지 않을 경우 어떤 일이 발생하는지를 살펴본다. 먼저 뇌의 정보 처리에 관여하는 가장 기본적인 단위인 뉴런에 관해 살펴본다. 뉴런이 모든 행동, 사고와 정서의 출발점이다. 그런 다음 중추신경계, 특히 뇌의 구조와 기능에 관해 살펴보기로 하자. 다음으로는 유전과 환경이 어떻게 상호작용하고 유전과 환경 각각이 행동에 어떤 역할을 하는지에 관해 살펴본다. 마지막으로 손상된 뇌와 건강한 뇌 모두를 연구하는 것을 가능하게 하는 연구 방법들에 관해 살펴본다.

주니어 서가 NFL에서 뛸 때 사랑을 받는 동시에 두려움의 대상이기도 하였다. 그의 자살은 가족을 비탄에 빠트렸다.

Boston Globe/Getty Images; Donald Miralle/Getty Images

- 뉴런의 기능을 설명한다.
- 뉴런의 구성요소를 요약한다.
- 뉴런의 세 가지 주요 유형의 기능을 기술한다.

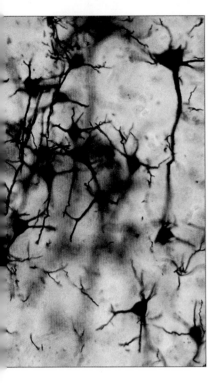

그림 3.1 골지 염색법을 사용하여 관찰된 뉴런 산티아고 라몬 이 카할은 골지염색법을 사용하여 뉴런의 모습을 발견하였다. 그는 각 뉴런의 세포체가 다른 뉴런들로 향하는 많은 가는 가닥들로 구성되어 있다는 것을 최초로 발견하였다. 그는 놀랍게도 각 뉴런의 가는 가닥들이 다른 뉴런과 실제로 붙어 있지 않은 것도 관찰하였다.

Oxford Scientific/Getty Images

뉴런 정보 처리 과제를 수행하기 위해 신경계 내의 다른 세포와 의사소통하는 세포

세포체(소마) 정보 처리 과제를 조정하고 세포의 생존을 유지하게 하는 뉴런의 구성 요소

수상돌기 다른 뉴런으로부터 정보를 받아들여 이를 세포체로 전달하는 뉴런의 구성 요소

축색 정보를 다른 뉴런, 근육 혹은 내분비선으로 전달하는 뉴런의 구성 요소

수초 뉴런의 축색을 둘러싸고 있는 지방 물질의 절연층

교세포 신경계에서 관찰되는 지지 세포

시냅스 한 뉴런의 축색과 다른 뉴런의 수상돌기 혹은 세포체 사이의 접합부 혹은 영역

뉴런 : 행동의 기원

대략 10억 명 정도의 사람들이 4년마다 열리는 월드컵 최종 게임을 시청한다. 이는 상당히 많은 숫자이지만 현재 지구상에 살고 있는 약 70억 인구의 14%보다 약간 더 많은 숫자에 불과하다. 그러나 실제로 엄청난 수는 여러분의 두개골 안에 위치하고 있다. 여러분의 뇌에는 대략 860억 개정도의 신경 세포들이 존재한다고 과학자들은 추정한다(vom Bartheld et al., 2016). 여러분의 생각, 감정과 행동 모두가 하루에 수조 번이나 정보를 받아들이고 행동을 생산하는 뇌세포들로부터 초래된다. 이 세포들이 **뉴런**(neuron), 즉 신경계에 위치하여 정보 처리 과제를 수행하기 위해 서로 의사소통하는 세포들이다.

뉴런의 구성 요소

1880년대 말 산티아고 라몬 이 카할(Santiago Ramon j Cajal)은 뉴런을 염색하는 새로운 기법을 사용하여(**그림 3.1**) 뉴런이 세 가지 기본 요소, 즉 세포체, 수상돌기와 축색으로 구성된 복잡한 구조를 가지고 있는 것을 발견하였다(**그림 3.2** 참조). 신체 기관의 세포들처럼 뉴런들은 **세포체** [cell body, 소마(soma)라고도 부른다]를 가지고 있으며, 세포체는 **정보 처리 과제를 조정하고 세포가 살아 있게 하는 기능을 가지고 있다.** 세포체는 핵(nucleus)을 가지고 있는데, 여기에는 DNA, 혹은 여러분이 누구인가에 관한 유전 청사진을 함유하는 염색체가 위치한다. 세포체는 분자들을 세포 안과 밖으로 이동하게 하는 투과성의 세포막으로 둘러싸여 있다.

다른 체세포들과 달리 뉴런은 세포막으로부터 확장된 두 가지 요소를 가지고 있다. 즉, 수상돌기와 축색을 가지고 있으며 이들을 통하여 뉴런들이 서로 의사소통한다. **수상돌기**(dendrites)는 다른 뉴런으로부터 정보를 수용하여 이를 세포체에 전달한다. 수상돌기라는 용어는 나무를 뜻하는 그리스어로부터 유래되었는데, 실제 대부분의 뉴런들은 마치 나뭇가지처럼 보이는 수많은 수상돌기들을 가지고 있다. **축색**(axon)은 정보를 다른 뉴런, 근육 혹은 내분비선으로 전달하는 뉴런의 한 부분이다. 인간의 경우 척수의 기저 부위에서 발가락에 이르는 축색을 길게 잡아당기면 그 길이가 무려 1미터나 될 정도로 매우 긴 축색도 있다. 모든 뉴런들이 동일한 기본 구성 요소(세포체, 수상돌기, 축색)를 가지고 있지만 뉴런들은 매우 다양한 형태와 기능을 가지고 있다. 예를 들어 일부 뉴런 유형은 빽빽한 덤불처럼 정교한 수상돌기를 가지고 일부 뉴런들은 많은 작은 수상돌기에 둘러싸인 하나의 긴 주요 수상돌기를 가지는 한편 또 다른 뉴런들은 단지 하나의 수상돌기만을 가진다.

많은 뉴런들에서 축색은 **수초**(myelin sheath)로 덮여 있는데, 수초는 **지방성 물질의 절연층**이다. 수초는 신경계에서 관찰되는 지지 세포인 **교세포**(glial cell, '풀'을 의미하는 그리스어 단어로부터 유래되었다)로 만들어진다. 교세포는 신경계의 기능에 매우 중요한 다양한 역할을 한다(von Bartheld et al., 2016). 즉 일부 교세포들은 죽은 뉴런의 일부를 소화하고 일부 교세포들은 뉴런에게 물리적 지지와 영양을 공급하며, 또 다른 교세포들은 수초를 형성하여 축색으로 하여금 더 효율적으로 정보를 전달하도록 돕는다. 실제 다발성 경화증(multiple sclerosis)과 같은 **탈수초화 질환**에서는 수초가 상실되며 이로 인하여 한 뉴런에서 다른 뉴런으로의 정보 전달이 느려진다(Schwartz & Westbrook, 2000). 이 결과 다양한 문제들, 즉 사지의 감각 상실, 부분적 시력 상실, 협응 운동과 인지 기능의 어려움 등이 초래된다(Butler et al., 2009).

뉴런의 수상돌기와 축색은 서로 붙어 있지 않다. 한 뉴런의 축색과 다른 뉴런의 수상돌기 혹은 세포체 사이에 작은 틈이 존재한다. 이 틈이 **시냅스**(synapse), 즉 한 뉴런의 축색과 다른 뉴런의 수상돌기 혹은 세포체 사이의 접합 부위의 일부이다(그림 3.2 참조). 여러분의 뇌에 있는 수십억 개의

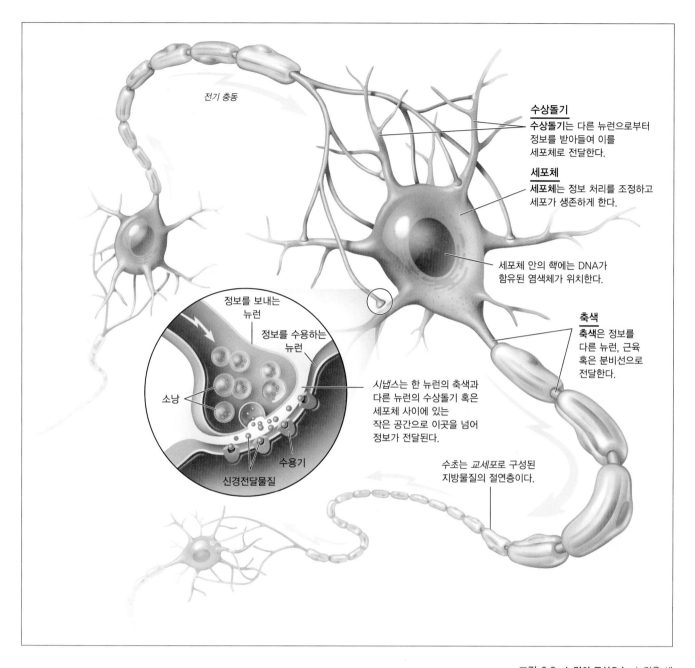

전기 충동

수상돌기
수상돌기는 다른 뉴런으로부터 정보를 받아들여 이를 세포체로 전달한다.

세포체
세포체는 정보 처리를 조정하고 세포가 생존하게 한다.

세포체 안의 핵에는 DNA가 함유된 염색체가 위치한다.

축색
축색은 정보를 다른 뉴런, 근육 혹은 분비선으로 전달한다.

정보를 보내는 뉴런

정보를 수용하는 뉴런

소낭

시냅스는 한 뉴런의 축색과 다른 뉴런의 수상돌기 혹은 세포체 사이에 있는 작은 공간으로 이곳을 넘어 정보가 전달된다.

수용기

신경전달물질

수초는 *교세포*로 구성된 지방물질의 절연층이다.

뉴런들 중 많은 뉴런들이 수천 개의 시냅스 접합을 가지고 있다는 것은 성인 뇌에 몇 조의 시냅스가 존재한다는 것을 의미한다. 곧 살펴보겠지만 시냅스를 통한 정보 전달이 뉴런들 사이의 기본적인 의사소통 수단이며 이로 말미암아 우리가 생각하고 느끼고 행동하게 된다.

그림 3.2 뉴런의 구성요소 뉴런은 세 가지 부분, 즉 세포체, 수상돌기, 축색으로 구성되어 있다. 실제로 뉴런들은 서로 붙어 있지 않다. 뉴런들 사이에 작은 시냅스 공간이 있고 여기를 건너 정보가 전달된다.

뉴런의 주요 유형

세 가지 주요 뉴런 유형, 즉 감각 뉴런, 운동 뉴런, 개재 뉴런이 있으며 각 유형의 뉴런은 독특한 기능을 행한다.

- **감각 뉴런**(sensory neurons)은 외부 세계로부터 정보를 수용하고 이 정보를 척수를 통하여 뇌로 전달한다. 감각 뉴런들은 자신들의 수상돌기 끝에 특별한 구조를 가지고 있으며 이를 통하여 빛, 소리, 접촉, 맛과 냄새에 관한 신호를 수용한다. 예를 들어 우리 눈에 있는 감각 뉴런의 끝은 빛에 민감하다.

감각 뉴런 외부 세계로부터 정보를 받아 이 정보를 척수를 통해 뇌로 전달하는 뉴런

운동 뉴런 신호를 척수에서부터 근육으로 전달하여 움직임이 일어나게 하는 뉴런

개재 뉴런 감각 뉴런, 운동 뉴런 혹은 다른 개재 뉴런들을 서로 연결하는 뉴런

안정 전위 한 뉴런의 세포막 안과 밖의 전하 차이

- **운동 뉴런**(motor neurons)은 신호를 척수로부터 근육으로 전달하여 움직임이 일어나게 한다. 이 뉴런들은 종종 신체 말단의 근육까지 연결되는 긴 축색을 가지고 있다.
- **개재 뉴런**(interneurons)은 감각 뉴런, 운동 뉴런 혹은 다른 개재 뉴런들을 서로 연결하는 기능을 한다. 대부분의 신경계는 개재 뉴런으로 구성되어 있다. 일부 개재 뉴런들은 감각 뉴런으로부터 정보를 받아 신경계로 전달하는 한편 일부 개재 뉴런들은 신경계로부터 운동 뉴런으로 정보를 전달한다. 또 다른 개재 뉴런들은 신경계 내에서 다양한 정보 처리 기능을 행한다.

정리문제

1. 뉴런은 무엇을 하는가?
2. 뉴런의 세 가지 주요 구성 요소는 무엇인가?
3. 뉴런들이 서로 의사소통할 때 실제로 서로 접촉하는지 설명하라.
4. 수초의 기능은 무엇인가?
5. 교세포의 가장 중요한 기능은 무엇인가?
6. 세 유형의 뉴런들이 어떻게 상호작용하여 정보를 전달하는가?

학습목표

- 전기적 신호가 어떻게 축색을 따라 내려가는지를 설명한다.
- 시냅스에서의 정보 전달 단계를 요약한다.
- 약물이 어떻게 신경전달물질을 모방하는지 설명한다.

뉴런의 작용 : 정보 처리

우리의 생각, 느낌과 행동은 뉴런들 사이의 의사소통에 달려 있다. 뉴런은 의사소통을 하기 위해 전기적 및 화학적 신호 모두를 사용한다. 첫째 뉴런 내부에서 전기적 신호가 수상돌기에서 세포체, 나아가 축색으로 전도(conduct)된다. 그다음에는 화학적 신호가 시냅스를 건너 한 뉴런에서 다른 뉴런으로 전달(transmit)된다. 이 두 단계를 자세하게 살펴보자.

전기적 신호 : 뉴런 내에서의 정보 전달

뉴런의 세포막은 채널로 작용하는 작은 구멍(미세공)들을 가지고 있으며, 전하를 띠는 작은 분자인 이온들이 이 미세공들을 통해 세포 안과 밖을 통과한다. 이온은 작은 양전위(+) 혹은 음전위(−)를 띠는 원자 혹은 분자들이다. 뉴런의 세포막을 건너 일어나는 이온의 흐름이 뉴런 내에서 전기적 신호가 일어나게 한다.

안정 전위 : 뉴런의 전기적 속성의 근원

정상적으로(뉴런이 '안정 상태'에 있을 때), 일부 이온들, 즉 양전위를 띠는 칼륨 이온(K^+)과 음전위를 띠는 단백질 이온(A^-)은 액체로 채워져 있는 뉴런들 사이의 공간인 뉴런의 바깥보다 뉴런의 안쪽에 더 많이 위치한다(**그림 3.3a** 참조). 다른 이온, 예를 들어 양전하를 띠는 나트륨 이온(Na^+)은 뉴런 바깥에 더 많이 위치한다. 그 결과 뉴런 안이 밖에 비해 더 음전하를 띠게 된다. 이 작은 불균형이 뉴런의 세포막 안과 밖의 전하 차이, 즉 **안정 전위**(resting potential)로 알려져 있다(Kandel, 2000). 안정 전위는 대개 −70밀리볼트 정도이다. 그에 비해 전형적인 AA 배터리는 약 1.5볼트(1,500밀리볼트)이다.

　뉴런의 세포막 안과 밖의 이온 농도 차이는 세포막에 위치하는 특별한 채널 때문인데, 이 채널은 이온이 세포 안과 밖으로 이동하는 것을 제한한다. 안정 상태 동안에는 이 채널들이 닫혀있다. 그러나 콜로라도 강물을 방출하기 전까지 막아두는 후버댐의 수문처럼 세포막에 위치하는 이 채널들이 개방되면 순식간에 이온들이 세포막을 건너 이동한다.

활동 전위 : 뉴런 내부에서 신호 보내기

대부분의 시간 동안 뉴런들은 안정 전위를 유지한다. 그러나 생물학자인 앨런 호지킨(Alan

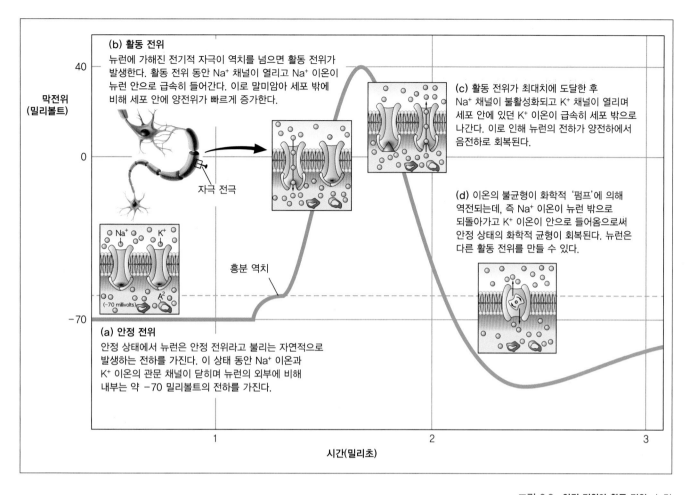

그림 3.3 안정 전위와 활동 전위 뉴런은 안정 전위라 불리는 자연적인 전위를 가지고 있다. 전기적 자극이 활동 전위를 초래한다.

Hodgkin)과 앤드루 헉슬리(Andrew Huxley)는 짧은 시간 동안 축색에 전기 쇼크를 가함으로써 신호를 만들어 낼 수 있었고 그 결과 전기 충동(electric impulse)이 축색을 따라 빨리 전도되는 것을 일련의 고전적 실험을 통해 관찰하였다(Hausser, 2000; Hodgkin & Huxley, 1939). 이 전기 충동을 **활동 전위**(action potential)라고 부르는데, 이는 뉴런의 축색을 따라 시냅스로 전도되는 전기 신호를 의미한다.

호지킨과 헉슬리는 전기 쇼크가 일정 수준, 혹은 역치(threshold)에 도달할 때에만 활동 전위가 발생하는 것도 관찰하였다. 역치 이상의 전기 자극이 활동 전위의 강도를 증가시키지 않았다. 활동 전위는 실무율(all or none)을 따르는데, 즉 역치 이하의 전기 자극은 활동 전위를 생산하지 못하는 반면, 역치 혹은 그 이상의 전기 자극은 항상 동일한 강도의 활동 전위를 생산한다. 활동 전위가 빨리 일어나고 실무율을 따르기 때문에 과학자들은 뉴런이 활동 전위를 생산할 때 뉴런이 '발화(fire)'한다고 칭한다(비유하면 권총의 방아쇠를 충분한 힘으로 당기면 총알은 일정한 속도로 발사된다. 방아쇠를 충분한 힘으로 당기면 총이 발사되지만 그 힘 이상으로 당긴다고 하여도 총알이 더 강하게 혹은 더 빠른 속도로 발사되지 않는다. 즉 발사는 실무율을 따른다).

활동 전위는 도미노 효과로 뉴런을 건너 이동한다

활동 전위는 축색의 세포막 채널에 변화가 있을 경우 발생한다. 안정 상태에서는 나트륨 이온의 세포막 채널은 닫혀있다. 그러나 세포막 안과 밖의 전하가 역치에 도달하면 마치 댐의 수문처럼 세포막에 있는 나트륨 채널이 열리고, Na^+이온이 거의 즉각적으로 안으로 들어간다(그림 3.3b 참조). 양전하를 띠는 이온들이 안으로 들어가면 전하가 밀리초 내에 −70밀리볼트에서 +40밀

활동 전위 뉴런의 축색을 따라 시냅스로 전도되는 전기 신호

리볼트로 바뀐다.

그리고 도미노 효과가 일어나기 시작한다. 첫 번째 Na^+ 이온이 들어가면 이 이온들이 세포 안으로 퍼지고 이로 인하여 인접한 영역들에서도 전하가 상승하게 된다. 이 영역들에서의 전하가 역치에 도달하면 인접한 세포막 채널들이 열리고 더 많은 Na^+ 이온들이 안으로 들어와서 전하를 더 멀리 퍼트린다. 한 도미노가 다른 도미노를 쓰러뜨리듯이 Na^+ 이온의 유입이 이웃한 채널을 열리게 하고 이 과정이 축색 전체에서 반복된다.

많은 뉴런에서 활동 전위의 전도가 축색을 둘러싸고 있는 수초에 의해 상당히 빨라진다. 수초는 전류가 축색의 바깥으로 새어나가는 것을 막는데, 이는 마치 전선을 둘러싸고 있는 절연물질이 전류가 새어나가는 것을 막는 것과 동일하다. 그러나 전선을 둘러싸고 있는 절연물질과 달리 수초는 축색 전체를 감싸고 있지 않고 대신 마치 소시지의 연결처럼 축색 군데군데에 수초가 없는 부분이 있다. 수초가 없는 축색 부위는 이를 발견한 프랑스 병리학자인 루이스 안토니 랑비에(Louis-Antoine Ranvier)의 이름을 붙여 **랑비에 결절**(nodes of Ranvier)이라고 불린다(**그림 3.4** 참조). 전류가 한 랑비에 결절에서 다른 결절로 빨리 점프하는 것처럼 보인다(Poliak & Peles, 2003). 이러한 과정을 **도약 전도**(saltatory conduction, *saltare*는 라틴어로 '뛰다'를 의미한다)라고 하며, 이는 축색을 따라 정보가 빨리 전도되는 것을 돕는다.

활동 전위는 항상 앞으로 나아가지 거꾸로 가지 않는데, 이는 축색의 한 영역에 있는 Na^+ 채널이 활동 전위가 통과한 후 일시적으로 불활성화되기 때문이다. 이는 마치 한 도미노가 쓰러지면 두 번 다시 쓰러지지 않는 것과 같다. 이 짧은 불활성화 시기를 **불응기**(refractory period)라고 부르는데, 즉 활동 전위가 생성된 후 다른 새로운 활동 전위가 생성되지 못하는 시기이다. 불응기 동안 뉴런의 전기적·화학적 균형이 회복된다. 전기적 균형을 회복하기 위해 Na^+ 채널이 몇 밀리초 동안 불활성화되어 Na^+ 이온이 안으로 들어오지 못하게 되고 K^+ 채널이 열려 세포 안에 있는 K^+ 이온이 밖으로 나가게 된다(그림 3.3c 참조). 양이온인 K^+ 이온이 밖으로 나가게 되면 세포막의 전하가 음전하를 다시 띄게 된다. 또한 화학적 균형을 회복하기 위해 이온 펌프라고 불리는 일련의 특수 채널이 이온을 재분배하기 위해(여분의 Na^+을 세포 밖으로 밀어내고 일부 K^+를 세포 안으로 끌어당긴다) 작용하는데, 이 작용은 이온 농도가 재균형을 이루고 안정 전위가 회복될 때까지 일어난다(그림 3.3d 참조). 이 시기 동안 도미도가 다시 재준비, 즉 방아쇠가 당겨지면 다시 도미노를 넘어뜨릴 준비를 한다. 이 전 과정은 매우 빨리 일어나며 일부 뉴런들은 일초 동안 100번 이상 발화한다.

화학적 신호 : 뉴런들 사이의 정보 전달

아마 여러분은 활동 전위가 축색의 끝에 도달하면 그곳에서 멈출 것이라고 여길 것이다. 어쨌든 뉴런들 사이에 시냅스 공간이 존재한다는 것은 한 뉴런의 축색과 인접해 있는 다른 뉴런의 수상

그림 3.4 수초와 랑비에 결절 수초는 교세포에 의해 형성된다. 수초는 뉴런의 축색을 감싸고 있으며 활동 전위가 축색을 따라 빨리 전달되도록 한다. 수초 사이사이에 수초가 없는 부분이 있는데, 이를 랑비에 결절이라고 부른다. 전기 충동이 한 결절에서 다음 결절로 점프하기 때문에 축색을 따라 정보 전달이 빠르게 일어난다.

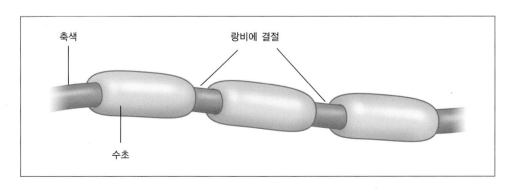

축색   랑비에 결절

수초

돌기가 실제로 서로 접하지 않는다는 것을 의미한다. 그러나 정보는 화학적 작용에 의존하여 시냅스 공간을 건너게 된다.

축색은 대개 **종말 단추**(terminal button)에서 끝나는데, 종말 단추는 축색의 끝에 있는 혹처럼 생긴 구조이다. 종말 단추는 **신경전달물질**(neurotransmitter)이라고 알려져 있는 분자를 담고 있는 작은 소낭 혹은 자루로 채워져 있다. 신경전달물질은 **시냅스를 건너** 정보를 수용하는 뉴런의 수상돌기로 정보를 전달하는 화학물질이다. 정보를 수용하는 뉴런의 수상돌기는 세포막의 일부인 **수용기**(receptor)를 가지고 있는데, 수용기는 신경전달물질을 수용하고 새로운 전기적 신호의 생성을 시작하게 하거나 막는 역할을 한다.

활동 전위는 정보를 보내는 뉴런, 즉 **시냅스전 뉴런**(presynaptic neuron)의 축색을 따라 전달되어 종말 단추에 도달하게 되며, 그곳에서 소낭 속에 있는 신경전달물질이 시냅스에 분비되도록 자극한다. 이 신경전달물질들은 시냅스에 떠다니며 인근에 있는 정보를 수용하는 뉴런, 즉 **시냅스후 뉴런**(postsynaptic neuron)의 수상돌기에 있는 수용기와 접촉하게 된다. 이 수용기들이 세포막 채널을 열리게 하고 수상돌기 영역의 전하를 변화시킨다. 이 변화의 강도와 발생 시점에 따라 시냅스후 뉴런이 역치에 도달하게 되면 활동 전위가 생성, 즉 정보가 전달된다. 화학적 신경전달물질을 보내고 수용하는 것을 **시냅스 전달**(synaptic transmission)이라고 부르며(**그림 3.5a** 참조), 이것이 궁극적으로 여러분의 생각, 정서와 행동이 일어나게 한다.

신경전달물질과 수용기가 열쇠와 자물쇠처럼 작용한다. 특정 열쇠가 단지 특정 자물쇠에만 맞듯이 일부 신경전달물질은 수상돌기의 특정 수용기하고만 결합한다. 신경전달물질의 분자 구조가 수용기의 분자 구조와 '꼭 맞아야'만 한다.

화학적 메시지가 시냅스후 뉴런에 전달된 후 신경전달물질은 뉴런에 미치는 작용을 멈추어야 하는데, 만약 그렇지 못할 경우 신경전달물질은 끊임없이 신호를 보내게 된다. 신경전달물질이 세 가지 과정을 통하여 시냅스를 떠나게 된다(그림 3.5b 참조).

- **재흡수**(reuptake)를 통하여 신경전달물질이 시냅스전 뉴런의 축색에 있는 종말 단추로 재흡수된다.
- 신경전달물질이 시냅스에 있는 효소에 의해 파괴될 수 있다.
- **확산**(diffusion) 과정을 통하여 신경전달물질이 시냅스, 특히 수용기로부터 멀리 사라진다.

신경전달물질이 시냅스전 뉴런의 **자가수용기**(autoreceptors)라고 불리는 수용기와 결합할 수 있다. 자가수용기는 얼마나 많은 양의 신경전달물질이 시냅스에 분비되었는가를 탐지하고 더 이상의 신경전달물질이 분비되지 않게 한다.

신경전달물질의 유형과 기능

여러분은 뇌에 있는 시냅스에 얼마나 많은 유형의 신경전달물질이 존재하는지 궁금할 것이다. 오늘날 우리는 100종 이상의 화학물질이 뇌와 신체에서 정보 전달의 역할을 하고 있는 것으로 알고 있다. 이 중 몇 가지 주요 신경전달물질이 행동에 중요한 역할을 한다. 여기서 이 신경전달물질들을 살펴보지만 이 중 일부 신경전달물질에 관해서는 뒷장에서 다시 살펴보게 될 것이다.

- 아세틸콜린(acetylcholine, ACH)은 수의적 운동 통제, 주의, 학습, 수면, 꿈과 기억에 관여한다(Gais & Born, 2004; Hasselmo, 2006; Wrenn et al., 2006). 심각한 기억 손상을 동반하는 알츠하이머병(Salmon & Bondi, 2009)은 아세틸콜린을 생산하는 뉴런의 상실과 관련되어 있다.

종말 단추 축색으로부터 확장되어 나온 혹처럼 생긴 구조

신경전달물질 시냅스를 건너 정보를 수용하는 뉴런의 수상돌기로 정보를 전달하는 화학물질

수용기 신경전달물질을 수용하고 새로운 전기적 신호를 생성하게 하거나 생성하지 못하게 하는 세포막의 일부분

그림 3.5 **시냅스 전달** (a) 활동 전위가 축색을 따라 이동하여 소낭에서 신경전달물질이 분비되도록 자극한다(1). 신경전달물질이 시냅스에 분비되며(2), 시냅스를 건너 시냅스후 뉴런의 수상돌기에 있는 수용기와 결합하여(3) 시냅스후 뉴런의 내부에 전기적 변화가 일어나게 하여 만약 역치를 넘어서면 새로운 활동 전위가 생성된다. (b) 신경전달물질은 다음의 방법으로 시냅스에서 제거되는데, 즉 (1) 시냅스전 뉴런으로 재흡수되거나 (2) 시냅스에서 효소에 의해 분해되거나 (3) 시냅스로부터 확산되거나 (4) 시냅스전 뉴런의 자가수용기와 결합하여 더 많은 신경전달물질이 분비되지 못하게 한다.

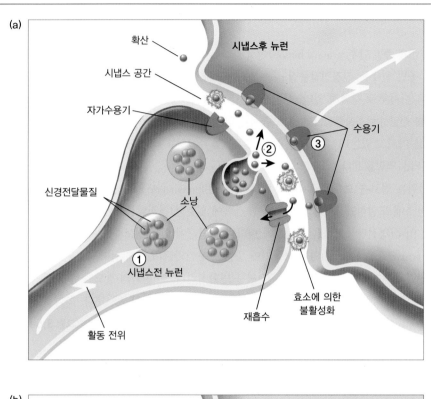

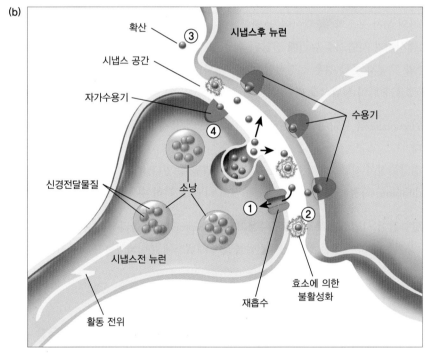

- 도파민(dopamine)은 움직임, 동기와 정서적 각성에 관여하는 신경전달물질이다. 도파민이 쾌락 추구와 보상 관련 행동에 관여하기 때문에 도파민은 약물 중독에 중요한 역할을 한다 (Baler & Volkow, 2006). 일부 뇌 경로에서의 높은 도파민 수준이 조현병과 관련되어 있는 (Winterer & Weinberger, 2004) 한편, 또 다른 뇌 영역에서의 낮은 수준은 파킨슨병과 관련되어 있다.

- 글루타메이트(glutamate)는 뇌의 주요 흥분성 신경전달물질인데, 이는 글루타메이트가 뉴런들 사이의 정보 전달을 증대시킨다는 것을 의미한다. 이와 상반되게 GABA(gamma-aminobutyric acid)는 뇌의 대표적인 억제성 신경전달물질로서 뉴런의 발화를 멈추게 하는 경향을 가지고 있다. 너무 많은 글루타메이트 혹은 너무 적은 GABA는 뉴런을 지나치게 활성화시켜 발작을 초래할 수 있다.

- 두 가지 서로 관련되는 신경전달물질, 즉 노르에피네프린과 세로토닌은 기분과 각성에 영향을 미친다. **노르에피네프린**(norepinephrine)은 경계 상태 혹은 위험에 대한 인식을 높이는 데 관여한다(Ressler & Nemeroff, 1999). **세로토닌**(serotonin)은 수면과 각성, 섭식 행동과 공격 행동에 관여한다(Dayan & Huys, 2009; Kroeze & Roth, 1998). 이 신경전달물질들의 수준이 낮으면 기분장애가 발병된다(Tamminga et al., 2002).

- **엔도르핀**(endorphins)은 통증을 완화시키고 기분을 돋우는 효과를 가지는 화학물질이다(Keefe et al., 2001). 많은 운동선수들이 신체의 극한 상황에서 경험하는 '러너스 하이(runner's high)'는 뇌의 엔도르핀의 분비와 관련되어 있다(Boecker et al., 2008).

각각의 신경전달물질은 서로 다른 방식으로 사고, 감정, 행동에 영향을 미치므로 정상적으로 기능하기 위해서는 각 신경전달물질의 정교한 균형을 필요로 한다. 경미한 불균형, 즉 한 신경전달물질이 너무 많거나 혹은 충분하지 않은 것조차 행동에 막대한 영향을 미칠 수 있다. 흡연, 음주, 합법적 혹은 불법 약물 복용 등이 뇌의 신경전달물질의 균형을 깰 수 있다.

효능제　신경전달물질의 작용을 증가시키는 약물

길항제　신경전달물질의 기능을 봉쇄하는 약물

장거리 러너들이 마라톤을 완주하면 주관적인 황홀감에 빠지는데 이는 엔도르핀, 즉 기분의 상승과 통증 완화에 관여하는 정서 및 통증 센터에 작용하는 화학적 메신저의 분비로 초래된다.

Sam Barnes/Getty Images

어떻게 약물이 신경전달물질을 모방하는가

신경계에 영향을 미치는 많은 약물들은 신경전달물질의 합성 혹은 기능을 증가시키거나, 방해하거나 혹은 모방함을 통하여 작용한다(Cooper et al., 2003; Sarter, 2006). **효능제**(agonists)는 신경전달물질의 작용을 증가시키는 약물이다. 반면 **길항제**(antagonists)는 신경전달물질의 기능을 감소시키는 약물이다. 일부 약물은 신경전달물질과 매우 유사한 화학구조를 가지고 있기 때문에 약물이 뉴런의 수용기와 결합하여 신경전달물질을 모방하거나(효능제) 신경전달물질이 수용기를 활성화시키는 것을 봉쇄한다(길항제).

예를 들어 약물 L-도파(L-dopa)는 파킨슨병, 즉 진전과 운동 개시의 어려움으로 특징되는 운동장애의 치료에 사용된다. 파킨슨병은 도파민이라는 신경전달물질을 생산하는 뉴런들의 상실로 말미암아 초래된다. L-도파를 복용하면 살아 있는 뉴런들이 더 많은 도파민을 생산하도록 자극한다. 다시 말하면 L-도파가 도파민의 생산을 증가시킴을 통해 도파민의 효능제로 작용한다는 것이다. L-도파의 사용으로 인하여 파킨슨병의 증상들이 성공적으로 완화된다(Muenter & Tyce, 1971; Schapira et al., 2009).

또 다른 효능제인 **암페타민**(amphetamine)은 노르에피네프린과 도파민의 분비를 자극하고 재흡수를 막는 약물이다. 노르에피네프린과 도파민 모두 기분 통제에 매우 중요한 역할을 하는데, 즉 두 신경전달물질 중 하나가 증가하면 행복감, 각성, 에너지의 증가가 초래된다. 그러나 노르에피네프린은 심박수도 증가시킨다. 암페타민을 지나치게 많이 복용하면 심장 수축이 지나치게 빨리 일어나서 심장박동이 혈액을 효과적으로 펌프하기에 충분히 길지 못하게 되고 이로 말미암아 실신과 때로는 사망에 이르게 된다.

아편유사제(opioids)는 양귀비로부터 자연적으로 추출되거나(모르핀과 헤로인) 합성된다(옥시

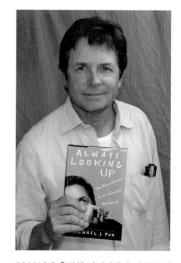

2009년에 출판된 자서전에서 마이클 제이 폭스는 파킨슨병과 싸우는 과정을 생생하게 기술하였다. 그는 손과 팔의 움직임을 통제할 수 없어 양치를 스스로 할 수 없었다. 폭스의 모습은 이 질환에 대한 대중적 인식을 증가시키고 치료법을 찾고자 하는 노력을 고무시켰다.

David Livingston/Getty Images Entertainment/Getty Images

코돈과 펜타닐). 대부분의 아편유사제는 엔도르핀의 효능제로 작용하여 진정과 행복감을 느끼게 한다. 아편유사제는 진통제로 널리 처방되어 왔는데 이는 아편유사제들이 통증 지각을 감소시키는 데 매우 효과적이기 때문이다. 이와 동시에 아편유사제는 호흡 곤란을 일으키는 혈액 내의 이산화탄소 수준 증가에 대한 뇌간의 민감성을 낮추기도 한다. 따라서 아편유사제의 과다복용은 질식과 사망을 초래할 수 있다. 아편유사제는 매우 강한 중독성을 띠기도 한다. 2017년 질병 통제와 예방 센터(Centers for Disease Control & Prevention)는 매일 미국 내에서 아편유사제의 과다복용으로 약 115명이 사망하는 것으로 추정하였다.

이 약물들은 신경전달물질을 모방하는 수많은 자연 혹은 합성 약물들, 합법적으로 처방되거나 불법으로 사용되는 약물들 중 극히 일부에 불과하다. 제15장에서 더 많은 약물들이 소개될 것이다.

정리문제

1. 세포막의 안과 밖의 어떤 차이가 안정 전위를 생성하는가?
2. 뉴런의 세포막이 활동 전위 과정 동안 어떻게 변화하는가?
3. 신경전달물질이 뉴런들의 의사소통에 어떤 역할을 하는가?

4. 두 가지 신경전달물질을 선택하고 그들의 기능을 비교하라.
5. L-도파는 도파민의 효능제인지 혹은 길항제인지 설명하라.

학습목표

- 중추신경계와 말초신경계의 기능을 구분한다.
- 척수 반사의 본질을 이해한다.

신경계의 조직

개개의 뉴런들이 어떻게 서로 소통하는가를 살펴보았다. 이제 범위를 더 넓혀보자. 뉴런들은 신경 혹은 축색 다발을 형성하는 구성 블록이고 교세포는 뉴런을 지지한다. **신경계**(nervous system)는 정보를 신체에 전달하는 서로 상호작용하는 뉴런 네트워크이다.

신경계는 크게 두 가지, 즉 중추신경계와 말초신경계로 구분된다(**그림 3.6** 참조). **중추신경계**(central nervous system, CNS)는 **뇌와 척수로 구성**되며, 외부 세계로부터 감각 정보를 수용하고 처리하며 통합하고 골격과 근육에 명령을 보내어 행동이 일어나게 한다. **말초신경계**(peripheral nervous system, PNS)는 중추신경계와 신체 기관 및 근육을 연결한다. 신경계를 구성하는 각 요소를 자세하게 살펴보기로 하자.

말초신경계

말초신경계는 두 가지 주요 부위, 즉 체성신경계와 자율신경계로 구분된다. **체성신경계**(somatic nervous system)는 수의적 근육과 중추신경계 사이에 정보를 전달하는 일련의 신경들이다. 인간은 이 신경계를 의식적으로 통제하며, 이를 지각, 사고와 협응 행동에 사용한다. 예를 들어 여러분이 손을 뻗어 커피잔을 집을 경우 체성신경계의 조화된 활동이 요구된다. 즉, 여러분의 눈에 있는 수용기가 수용한 정보가 뇌에까지 전달되어야만 테이블 위에 컵이 놓여 있다는 것을 부호화할 수 있다. 또한 정보가 뇌에서부터 팔과 손의 근육까지 전달되어야 하고 이 근육으로부터의 피드백은 컵을 방금 집었다는 정보를 뇌에 알려준다.

이와 상반되게 **자율신경계**(autonomic nervous system, ANS)는 혈관, 신체 기관과 내분비선을 통제하는 불수의적이고 **자동적인 명령을 전달하는 일련의 신경이다. 이름에서 추측할 수 있듯이 이 체계는 주로 의식적 통제 없이 스스로 작용하여 신체 체계를 통제한다. ANS는 두 가지 하위 체계, 즉 교감신경계와 부교감신경계로 구분되며, 이들 각각은 서로 다른 유형의 신체 통제에 관여한다.

신경계 정보를 전 신체에 전달하는 뉴런들의 네트워크

중추신경계(CNS) 뇌와 척수로 구성된 신경계의 일부

말초신경계(PNS) 중추신경계와 신체의 기관 및 근육을 연결하는 신경계의 일부

체성신경계 수의근과 중추신경계 사이로 정보를 전달하는 일련의 신경

자율신경계(ANS) 혈관, 신체 기관과 내분비선을 통제하는 불수의적이고 자동적인 명령을 전달하는 일련의 신경

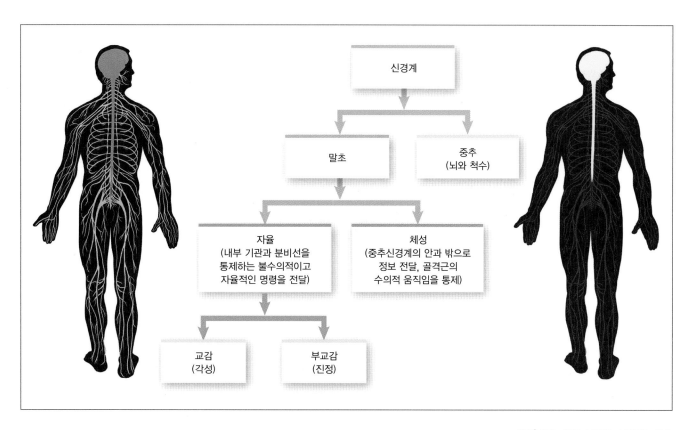

그림 3.6 **인간 신경계** 신경계는 말초신경계와 중추신경계로 구성된다. 말초신경계는 다시 자율신경계와 체성신경계로 구분된다. 자율신경계는 또 다시 교감신경계와 부교감신경계로 구분된다.

    교감신경계(sympathetic nervous system)는 도전적이거나 위협적인 상황에 대항하기 위해 신체를 준비시키는 일련의 신경들로 구성된다. 예를 들어, 늦은 밤에 여러분 혼자 어두운 길을 걸어가는 동안 여러분의 등 뒤에서 발자국 소리가 들린다고 가정해보자. 이 상황에서 여러분의 교감신경계가 활성화되기 시작한다. 즉, 교감신경계는 여러분의 동공을 확대시켜 더 잘 볼 수 있게 하고 근육으로 더 많은 산소를 보내기 위해 심박수와 호흡률을 증가시키며 뇌와 근육으로 혈류를 보내고 신체를 식히기 위해 땀샘을 활성화시킨다. 에너지를 보존하기 위해 교감신경계는 침 분비, 장 운동, 면역 반응과 통증 및 상처에 대한 반응을 억제시킨다. 이와 같은 신속하고 자동적인 반응들을 통하여 신체가 위협적인 상황으로부터 달아날 수 있는 가능성을 높인다.

    부교감신경계(parasympathetic nervous system)는 신체가 평상시의 안정 상태로 되돌아오는 것을 돕는다. 만약 여러분이 여러분을 공격하고자 하는 사람과 멀리 떨어져 있는 것을 알게 되면 여러분의 신체는 매우 각성된 상태에 놓일 필요가 없다. 이 경우 부교감신경계가 교감신경계의 효과를 전환시켜 여러분의 신체를 정상 상태로 되돌린다. 부교감신경계는 일반적으로 교감신경계의 연결을 반영한다. 예를 들어 부교감신경계는 동공을 수축하고, 심박수와 호흡률을 느리게 하고 혈류를 소화기관으로 보내고 땀샘의 활성화를 감소시킨다.

중추신경계

말초신경계를 구성하는 많은 요소들에 비하여 중추신경계는 단순해 보인다. 중추신경계는 뇌와 척수의 두 가지 요소로 구성되어 있다. 그러나 이 두 요소들은 우리가 인간으로서 행하는 대부분의 것들에 막중한 책임을 가지고 있다. CNS의 맨 위에 위치하는 뇌에는 신경계가 행하는 대부분의 복잡한 지각, 운동, 정서와 인지 기능을 지지하는 구조들이 포함되어 있다. 뇌에서 아래로 갈라져 있는 척수에는 감각 정보를 처리하는 신경과 뇌의 명령을 신체에 전달하는 신경이 위치한다.

    척수는 뇌의 가난한 친척처럼 여겨질 수 있다. 즉 모든 영광은 뇌가 차지하고 척수는 단지 뇌

교감신경계 도전적이거나 위협적인 상황에서 신체를 준비시키는 일련의 신경

부교감신경계 신체가 평상시의 안정 상태로 돌아오는 것을 도와주는 일련의 신경

그림 3.7 통증 철수 반사 신경계의 많은 활동은 뇌의 입력을 요구하지 않는다. 예를 들어 통증 자극으로부터의 철수는 척수에 의해 통제되는 반사 행동이다. 통증(예 : 불의 뜨거움)은 감각 뉴런을 통하여 직접 척수로 전달되고 척수는 통증 자극으로부터 손을 철수하라는 명령을 운동 뉴런에게 즉각적으로 내린다.

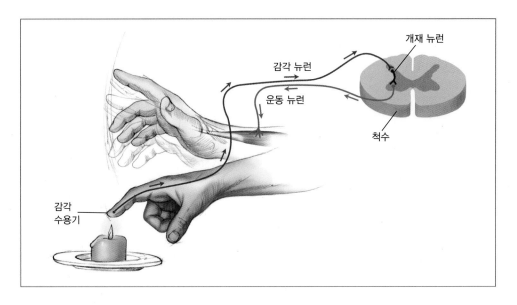

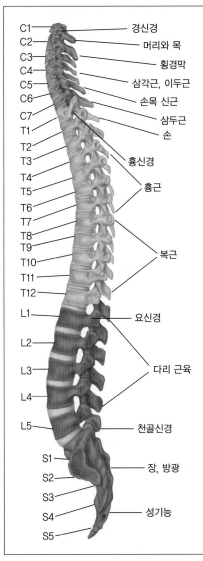

그림 3.8 척수 영역 척수는 네 가지 주요 영역으로 구분되며 각 영역은 신체의 서로 다른 부위를 통제한다. 손상이 척수의 윗부분으로 향할수록 더 많은 신체 부위가 영향을 받는다.

에 붙어 비교적 단순한 일만 수행한다고 여겨진다. 그러나 척수는 매우 중요한 일을 하는데, 즉 호흡을 유지시키고 통증에 반응하게 하며 근육을 움직여서 걷게 한다. 더 중요한 점은 척수가 없으면 뇌가 상위의 과정을 실행하기 어렵게 된다는 것이다.

척수 내에서 감각 뉴런과 운동 뉴런의 연결이 **척수 반사**(spinal reflexes)를 중재하는데, 즉 신속한 근육 수축이 일어나게 하는 신경계의 단순한 **경로**를 통하여 척수 반사가 일어난다. 만약 여러분이 뜨거운 난로를 만질 경우 통증을 수용한 감각 뉴런이 이 정보를 직접 척수로 보낸다(**그림 3.7** 참조). 개재 뉴런은 척수 내의 단지 소수의 시냅스 연결만을 통하여 이 감각 정보를 팔 근육과 연결되어 있는 운동 뉴런으로 보내어 손을 재빨리 난로에서 떼게 한다.

더 정교한 과제들은 척수와 뇌의 상호작용을 필요로 한다. 말초신경계가 감각 뉴런으로부터의 정보를 척수를 통하여 뇌로 전달한다. 뇌는 수의적 움직임에 관한 명령을 척수를 통하여 운동 뉴런으로 보내는데, 운동 뉴런의 축색은 골격근과 연결되어 있다. 척수의 손상은 뇌와 감각 뉴런 및 운동 뉴런 사이의 연결을 단절시키는데, 이 연결은 감각 지각과 움직임에 필수적이다. 척수의 어느 부위에 손상을 입었는가가 상실되는 능력의 정도를 결정한다. **그림 3.8**에서 볼 수 있듯이 척수의 서로 다른 영역들은 신체의 서로 다른 부위를 통제한다. 척수의 특정 부위에 손상을 입은 환자들은 손상된 부위 아래 신체의 촉각 및 통각과 동일한 신체 부위의 근육의 운동 통제를 상실한다. 손상 위치가 척수의 상위 부위일수록 사지마비(모든 사지의 감각과 운동 통제의 상실), 인공호흡기를 통한 호흡과 일생 동안 움직이지 못하는 것과 같은 훨씬 나쁜 예후가 초래된다.

다행인 점은 척수 손상의 본질에 관한 이해와 척수 손상에 대해 뇌가 어떻게 변화되는가에 초점을 둔 치료에 상당한 진전이 있다는 것인데(Blesch & Tuszynski, 2009; Dunlop, 2008), 이는 이 장의 뒷부분에서 살펴볼 뇌 가소성의 개념과 매우 밀접하게 관련되어 있다. 뇌-기계 인터페이스 개발의 진전은 척수 손상으로 말미암아 마비를 겪고 있는 사람들의 삶의 질도 높일 수 있다.

정리문제

1. 뉴런은 신경계에서 어떤 역할을 하는가?

2. 말초신경계를 구성하는 두 요소는 무엇인가?

3. 중추신경계를 구성하는 두 요소는 무엇인가?

4. 위협을 느낄 때 심박수를 증가시키는 것은 무엇인가?

5. 척수 스스로 행하는 중요한 기능은 무엇인가?

뇌의 구조

지금 여러분의 뉴런들과 교세포들이 바쁘게 움직여서 여러분의 창의적인 생각, 의식과 감정을 가능하게 한다. 그러나 뇌의 어느 영역에 위치하는 뉴런들이 어떤 기능들을 통제하는가? 뇌 영역들을 '밑바닥에서 꼭대기' 방향으로 구분하면 어떻게 뇌의 서로 다른 영역들이 서로 다른 과제들에 전문화되어 있는가를 이해하는 데 도움이 될 수 있다. 일반적으로 단순한 기능일수록 뇌의 하위 수준들에 의해 행해지는 반면 더 복잡한 기능들은 점차 더 상위인 수준들에 의해 이루어진다(**그림 3.9a** 참조). 뇌는 '반구 대 반구'의 방향으로도 구분될 수 있다. 비록 뇌의 좌우 반구가 대략 비슷하지만 뇌의 한 반구는 다른 반구와는 달리 특정 과제에 전문화되어 있다. 비록 이 모든 뇌 구분 방법들이 뇌 영역들과 이들이 행하는 기능들을 쉽게 이해하게 하지만 뇌 구조 혹은 영역이 홀로 작용하지 않는다는 것을 명심하는 것이 바람직하다. 이들은 서로 상호작용하고 의존하는 하나의 큰 전체의 일부들이다(Avena-Koenigsberger et al., 2018; Sporns & Betzel, 2016).

뇌의 바닥에서 꼭대기 방향으로 위치하는 뇌 주요 부위들을 먼저 살펴보기로 하자. 이 방법은 뇌를 세 부위, 즉 후뇌, 중뇌, 전뇌로 구분한다(그림 3.9a 참조).

후뇌

만약 여러분이 미저골(꼬리뼈)에서 두개골의 입구까지 손가락을 대고 따라가 보면 척수가 어느 지점에서 끝나고 뇌가 어디에서 시작되는가를 결정하는 것이 어렵다는 것을 알 수 있을 것이다. 이는 척수가 후뇌와 연결되어 있기 때문인데, **후뇌**(hindbrain)는 척수로 들어가는 정보와 척수로부터 나오는 정보를 통합하는 뇌의 한 영역이다. 후뇌는 뇌의 나머지 영역들이 자리잡고 있는 줄기처럼 보이고, 가장 기본적인 기능, 예를 들어 호흡, 각성과 운동 기술 등을 통제한다. 후뇌에는 연수, 망상체, 소뇌와 교가 위치한다(그림 3.9b 참조).

연수(medulla)는 척수가 두개골 안으로 연장된 것으로 심박수, 혈액 순환과 호흡을 조율한다. 연수의 내부에서 시작하여 윗부분에 이르기까지 **망상체**(reticular formation)라고 불리는 일련의 뉴런들이 모여 있는 부위가 있는데, 이 부위는 수면, 깸과 각성 수준을 통제한다. 많은 일반 마취제들은 망상체의 활동을 감소시킴으로써 환자로 하여금 무의식 속으로 빠지게 한다.

연수 후측에 **소뇌**(cerebellum)가 위치하는데, 이는 정교한 운동 기술을 통제하는 후뇌의 한 큰 구조이다(*cerebellum*은 라틴어로 '작은 뇌'라는 의미를 가지며 소뇌는 뇌의 작은 축소판처럼 보인다). 소뇌는 자전거를 타거나 피아노를 연주할 때 움직임이 적절한 순서로 일어나게 조율하거나 걷거나 뛸 때 균형을 유지하게 한다. 소뇌는 행동의 '정교한 조율'에 관여하고 행동의 개시보다는 행동이 유연하게 일어나게 하는 기능을 가진다(Smetacek, 2002). 행동의 개시에는 뇌의 다른 영역이 관여하는데, 이는 앞서 언급한 바와 같이 서로 다른 뇌 체계들이 상호작용하고 서로 의존하는 것을 시사한다.

후뇌에 포함되는 마지막 주요 부위가 **교**(pons)인데, 교는 소뇌로부터 오는 정보를 뇌의 나머지

학습목표

- 뇌의 주요 부위들의 기능이 어떻게 다른지 설명한다.
- 대뇌피질의 기능을 두 대뇌반구 간, 한 대뇌반구 내와 특정 엽 내의 조직화 관점에서 설명한다.
- 뇌 가소성의 원인과 결과를 설명한다.
- 인간 뇌의 진화 과정을 설명한다.

척수 반사 신속한 근육 수축이 일어나게 하는 신경계의 단순한 경로

후뇌 척수 안으로 들어오거나 밖으로 나가는 정보를 통합하는 뇌 영역

연수 척수가 두개골 안으로 연장된 것으로 심박수, 혈액 순환과 호흡을 조율한다.

망상체 수면, 깸과 각성 수준을 통제하는 뇌구조

소뇌 정교한 운동 기술을 통제하는 후뇌의 큰 구조

교 소뇌로부터 오는 정보를 뇌의 나머지 영역으로 전달하는 뇌 구조

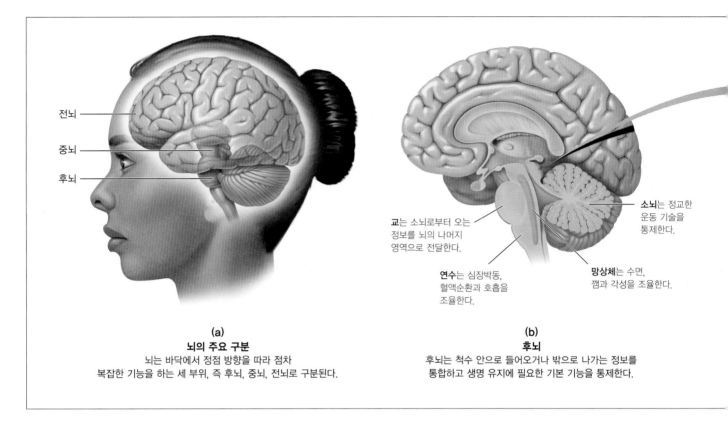

교는 소뇌로부터 오는 정보를 뇌의 나머지 영역으로 전달한다.

연수는 심장박동, 혈액순환과 호흡을 조율한다.

소뇌는 정교한 운동 기술을 통제한다.

망상체는 수면, 깸과 각성을 조율한다.

(a)
뇌의 주요 구분
뇌는 바닥에서 정점 방향을 따라 점차
복잡한 기능을 하는 세 부위, 즉 후뇌, 중뇌, 전뇌로 구분된다.

(b)
후뇌
후뇌는 척수 안으로 들어오거나 밖으로 나가는 정보를
통합하고 생명 유지에 필요한 기본 기능을 통제한다.

그림 3.9　뇌 구조

줄타기 곡예사인 프레디 녹은 해발 1만 피트 이상 높이에 있는 코르바츠 케이블카 줄을 따라 스위스의 실파플라나에 있는 기 지역으로 내려오는 동안 줄 위에서 균형있게 걷기 위해 자신의 소뇌에 의존하였다.

Arno Balzarini/Keystone/AP Images

영역으로 전달하는 구조이다(*pons*는 라틴어로 '다리'를 의미한다). 비록 교가 행하는 상세한 기능은 아직 잘 이해되지 않고 있지만 근본적으로 교는 소뇌와 다른 뇌 구조들 사이를 연결하는 다리 역할을 한다.

중뇌

중뇌(midbrain)는 후뇌의 위쪽에 위치하며 인간에서는 비교적 작다. 그림 3.9c에서 볼 수 있듯이 중뇌에는 두 가지 주요 구조, 즉 시개와 피개가 위치한다. 시개(tectum)는 유기체로 하여금 환경 내에서 정향(orientation) 반응을 하게 한다. 시개는 눈, 귀와 피부로부터 자극 입력을 받고 유기체로 하여금 조율된 방식으로 자극으로 향하게 한다. 예를 들어 여러분이 조용한 방에서 공부를 하고 있는데 여러분의 오른쪽 뒤에서 째깍하는 소리를 듣는다면 여러분은 몸을 돌려 소리 나는 방향으로 주의를 줄 것이다. 이는 여러분의 시개가 활성화되기 때문이다. 피개(tegmentum)는 움직임과 각성에 관여하며 유기체로 하여금 감각 자극으로 향하게 하는 것을 돕기도 한다.

중뇌는 비교적 작지만 중요한 기능을 가지고 있다. 실제로 여러분이 단지 후뇌와 중뇌만을 가지고 있다고 해도 생존할 수 있다. 후뇌의 구조들은 생명을 유지하는 데 필요한 신체 기능들을 통제하고 중뇌의 구조들은 환경 내의 즐거운 자극으로 향하게 하거나 위협적인 자극으로부터 벗어나게 도와준다. 그러나 이것만으로는 삶이 충분할 수 없다. 우리를 충분히 인간답게 하는 능력이 어디에서 오는지를 이해하기 위해서는 뇌의 마지막 부위들을 살펴볼 필요가 있다.

전뇌

여러분이 시를 음미하거나 다가오는 겨울에 스키 타러 가는 것을 계획하거나 혹은 사랑하는 사람의 얼굴에서 살짝 우울함이 비치는 것을 인식하는 것 등은 전뇌의 도움을 받고 있는 것이

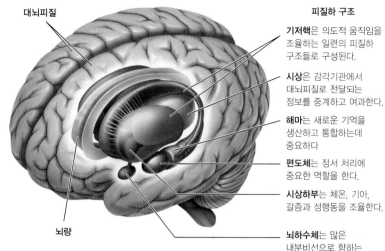

피개는 움직임과
각성에 관여한다.

시개는
환경에서의
정향 반응에
관여한다.

대뇌피질

피질하 구조

기저핵은 의도적 움직임을
조율하는 일련의 피질하
구조들로 구성된다.

시상은 감각기관에서
대뇌피질로 전달되는
정보를 중계하고 여과한다.

해마는 새로운 기억을
생산하고 통합하는데
중요하다

편도체는 정서 처리에
중요한 역할을 한다.

시상하부는 체온, 기아,
갈증과 성행동을 조율한다.

뇌하수체는 많은
내분비선으로 향하는
호르몬을 분비한다.

뇌량

(c)
중뇌
중뇌는 정향 반응과 움직임에
중요한 역할을 한다.

(d)
전뇌
전뇌는 뇌의 가장 상위 수준이며 복잡한 인지, 정서, 감각과 운동 기능에
매우 중요한 역할을 한다. 전뇌는 두 부위, 즉 대뇌피질과 피질하 구조로 구분된다.
뇌의 가장 바깥층인 대뇌피질은 뇌량으로 서로 연결되어 있는 두 대뇌반구로 구성된다.

다. **전뇌**(forebrain)는 뇌의 가장 상위 수준이며 복잡한 인지, 정서, 감각과 운동 기능을 통제한
다. 전뇌는 다시 두 가지 주요 부위인 대뇌 피질과 피질하 구조들로 구분된다. **대뇌피질**(cerebral
cortex)은 뇌의 가장 바깥층이고 육안으로도 볼 수 있으며 2개의 대뇌반구로 나뉘어진다. **피질하 구조**
(subcortical structures)들은 대뇌피질 아래, 뇌의 중앙 가까이에 위치하는 전뇌 영역들이다(그림 3.9d
참조). 피질하 구조들을 먼저 살펴보자.

피질하 구조

피질하 구조들은 뇌 깊숙이 위치하며(피질 아래) 잘 보호되어 있다. 피질하 구조들은 우리가 인
간으로서 경험하는 사고, 감정과 행동을 가능하게 하는 특정 기능을 가지고 있을 뿐만 아니라 뇌
전체를 통하여 정보를 연결하는 중요한 역할을 한다. 각 피질하 구조들을 간략하게 살펴볼 것이
며 많은 피질하 구조들이 다음 장들에서 상세하게 소개될 것이다.

- **시상**(thalamus)은 감각 기관으로부터 전달되는 정보를 중계하고 여과하여 이 정보를 대뇌피질로
전달하는 역할을 한다. 시상은 후각을 제외한 모든 주요 감각 기관으로부터 정보를 받고 이
정보를 여과하여 일부 정보를 더 중요하게 여기거나 일부 정보를 덜 중요하게 여기게 한 후
이 정보를 뇌의 다양한 영역으로 중계한다. 또한 시상은 잠을 자는 동안 입력 정보를 차단하
여 뇌의 나머지 영역에 정보가 전달되지 않도록 하는 기능도 가지고 있다.
- **시상하부**(hypothalamus)는 시상의 아래쪽에 위치하며[*hypo*는 그리스어로 '아래'라는 의미
임] 체온, 배고픔, 갈증과 성행동을 조절한다. 시상하부의 뉴런들은 인간이 최적의 상태에서 기
능할 수 있도록 체온, 혈당 수준과 신진대사를 유지하게 한다. 시상하부의 일부 영역에 손
상을 입은 동물들이 과식 행동을 보이는 반면 시상하부의 다른 영역에 손상을 입으면 음식
에 대한 욕구를 보이지 않는다(Berthoud & Morrison, 2008).

대뇌피질　뇌의 가장 바깥층으로 육안으로
도 볼 수 있으며 2개의 대뇌반구로 나뉜다.

피질하 구조　대뇌피질 아래에 위치하는
전뇌 구조들로서 뇌의 중앙 가까이에 위치
한다.

시상　감각 기관으로부터 전달되는 정보
를 여과하여 대뇌피질에 전달하는 피질하
구조

시상하부　체온, 배고픔, 갈증과 성행동
을 조절하는 피질하 구조

해마 새로운 기억을 형성하고 이 기억이 지식 네트워크와 통합되어 대뇌피질의 다른 부위들에 영구적으로 저장되는 데 중요한 역할을 하는 구조

편도체 여러 정서 과정, 특히 정서 기억의 형성에 중요한 역할을 하는 변연계의 한 부분

기저핵 의도적 행동에 관여하는 일련의 피질하 구조

내분비계 호르몬으로 알려져 있는 화학적 메시지를 생산하고 혈관 속으로 분비하여 다양한 기본 기능, 즉 신진대사, 성장과 성적 발달 등에 영향을 미치는 분비선의 네트워크

공포 영화는 여러분의 편도체를 아주 조금 자극하기 위해 고안되었다.
Piola666/Getty Images

- **해마**(hippocampus, 모양 때문에 라틴어로 '해마'라는 의미를 가짐)는 새로운 기억을 형성하고 이 새로운 기억을 지식 네트워크와 통합시켜 대뇌피질의 다른 영역에 영구적으로 저장하는 데 매우 중요한 역할을 한다. 해마에 손상을 입은 환자들은 새로운 정보를 획득하면 이 정보를 몇 초 동안 파지할 수 있으나 간섭 자극을 받으면 곧 그 정보와 그 정보에 대한 경험을 망각한다(Scoville & Milner, 1957; Squire, 2009). 예를 들어, 해마에 손상을 입은 사람은 어떻게 운전하고 말하는지를 기억할 수 있지만 최근에 어디를 운전해서 다녀왔는지, 방금 자신이 무엇에 관해 대화를 하였는지는 회상하지 못한다(알츠하이머병에 관한 '차이의 세계' 참조).

- **편도체**(amygdala, 모양 때문에 라틴어로 '아몬드'라는 의미를 가짐)는 여러 정서 과정, 특히 정서 기억의 형성에 중요한 역할을 한다(Aggleton, 1992). 편도체는 두려움, 벌 혹은 보상과 관련되어 있는 중립적 사건에 중요성을 붙이는 기능을 가지고 있다(LeDoux, 1992; Mcgaugh, 2006, 2015). 우리가 정서적으로 각성되는 상황에 있게 되면 편도체가 해마를 자극하여 그 상황을 둘러싸고 있는 많은 세부 사항을 기억하게 한다(Kensinger & Schacter, 2005). 예를 들어 2001년 9월 11일 테러에서 살아남은 사람들은 몇 년이 지난 다음에도 그 당시 자신들이 어디에 있었는지 무엇을 하고 있었는지와 그 뉴스를 들었을 때 어떻게 느꼈는지를 아주 세밀한 부분까지 생생하게 기억한다(Hirst et al., 2009, 2015).

- **기저핵**(basal ganglia)은 의도적 움직임을 통제하는 일련의 피질하 구조이다. 기저핵은 대뇌피질로부터 정보를 받고 뇌간의 운동 센터로 정보를 보낸다(Nelson & Kreitzer, 2015). 파킨슨병을 앓는 환자들은 전형적으로 통제할 수 없는 진전(떨림)과 갑작스러운 사지 경련을 보이며 특정 목표를 위한 일련의 행동을 시작하지 못한다. 이는 파킨슨병이 기저핵에 도파민을 공급하는 중뇌의 일부 영역을 손상시키기 때문이다(Dauer & Przedborski, 2003).

내분비계

피질하 구조들이 내분비계와 상호작용하여 행동에 영향을 미치기도 하는데, **내분비계**(endocrine

차이의 세계

알츠하이머병과 해마 : 성차

알츠하이머병(Alzheimer's disease, AD)은 점차적으로 그리고 궁극적으로는 기억과 다른 인지 기능을 지워버리는 퇴행성 뇌질환이다. 대략 500만 미국인들이 AD를 앓고 있으며(National Institute on Aging, http://www.nia.nih.gov/health/alzheimers-disease-fact-sheet), 2050년에는 전 세계적으로 AD 환자가 9,000만 명에 이를 것으로 추정된다(Prince et al., 2015).

그러나 AD의 발병률이 남녀에서 동일하지 않다. 최근 다수의 전문가들은 세계 여러 나라들에서 AD가 남성보다 여성에서 더 흔하다고 결론 내렸다(Mazure & Swendsen, 2016; Winblad et al., 2016). 비록 그 원인에 대한 연구가 막 시작되었지만 최근 연구에 의하면 학습

과 기억에 중요한 역할을 하는 뇌 영역인 해마가 AD의 성차에 중요하다고 한다.

한 연구가 AD로 보인다고 진단받은 43명의 환자와 23명의 정상적인 인지 기능을 유지하는 노인들의 해마 부피를 분석하였다(Ardekani et al., 2016). 1년 동안 각 연구 참여자를 여러 번 평가하여 시간에 따라 어떻게 변화가 일어나는가를 평가하였다. 전반적으로 AD 환자군이 통제군보다 더 적은 해마 부피와 1년 동안 더 많은 감소를 보였다. 그러나 AD 환자군 중 남성보다 여성의 부피 감소가 약 1.5배 더 빠르게 나타났다. 또 다른 연구는 시간에 따른 해마 부피의 변화가 남성보다 여성에서 AD 진단을 더 예측한다는 것을 보고하였다(Burke et al., 2019).

이러한 연구 결과는 임상적으로 중요한데, 여

성의 경우 해마 부피가 신뢰할 만한 AD 발병의 조기 지표가 되기 때문이다. 해마 부피의 변화만이 AD에서 관찰되는 유일한 성차가 아니다. 남성 AD 환자에 비해 여성 환자가 여러 다른 뇌 영역들에서 더 심각한 부피 감소를 보이고(Hua et al., 2010) 더 빠른 인지 기능의 저하를 보인다(Ferretti et al., 2018). 임상가들과 연구자들은 이러한 성차가 진단과 치료에 중요한 시사점을 가진다는 것을 점차 인식하고 있고, 이러한 인식이 궁극적으로는 AD의 진단과 치료 모두에 성 특정적인 접근을 개발하는 데 도움이 될 것이다(Ferretti et al., 2018; Fisher et al., 2018). AD가 전 세계에 영향을 미치는 것을 고려하면 성차의 연구보다 더 중요한 연구 영역을 상상하기 어렵다.

system)는 호르몬으로 알려져 있는 화학적 메시지를 생산하고 이를 혈관으로 분비하는 내분비선의 네트 워크이다. 호르몬은 다양한 기본 기능, 즉 신진대사, 성장과 성적 발달에 영향을 미친다. 내분비계에 포함되는 주요 내분비선에는 갑상선, 부신, 췌장, 생식선(sexual reproductive gland, 여성의 난소와 남성의 고환)과 송과선이 포함된다. 갑상선(thyroid gland)은 체온과 심박수와 같은 신체 기능을 조율하고 부신(adrenal gland)은 스트레스 반응을 조율하며 췌장(pancreas)은 소화 기능을 통제하고 멜라토닌을 분비하는 송과선은 수면−각성 주기에 영향을 미친다. 내분비계의 전반적 인 기능은 **뇌하수체**(pituitary gland)에 의해 통제되는데, 뇌하수체는 신체의 호르몬 생산 체계의 '주 분비선'으로 신체의 다른 내분비선의 기능을 관리하는 호르몬을 분비한다(**그림 3.10** 참조).

　시상하부가 뇌하수체로 호르몬 신호를 보내면 이에 따라 뇌하수체가 다른 내분비선으로 호르 몬 신호를 보내어 스트레스, 소화 활동과 생식 활동을 통제하게 한다. 예를 들어 우리가 위협을 지각하면 감각 뉴런이 이에 대한 신호를 시상하부로 보내고 시상하부는 뇌하수체에서 부신피질 자극호르몬(adrenocorticotropic hormone, ACTH)이 분비되도록 자극한다. ACTH는 차례로 부 신을 자극하여 교감신경계를 활성화시키는 호르몬을 분비하게 한다(Selye & Fortier, 1950). 앞서 살펴본 바와 같이 교감신경계는 위협에 당면하거나 그 상황에서 벗어나도록 신체를 준비시킨다.

대뇌피질

뇌에 관한 우리의 여행은 아주 작은 것(뉴런)에서부터 아주 큰 것, 즉 대뇌피질(cerebral cortex)에 이르렀다. 피질은 뇌의 가장 상위 수준의 구조이며 가장 복잡한 지각, 정서, 운동, 사고에 관여한

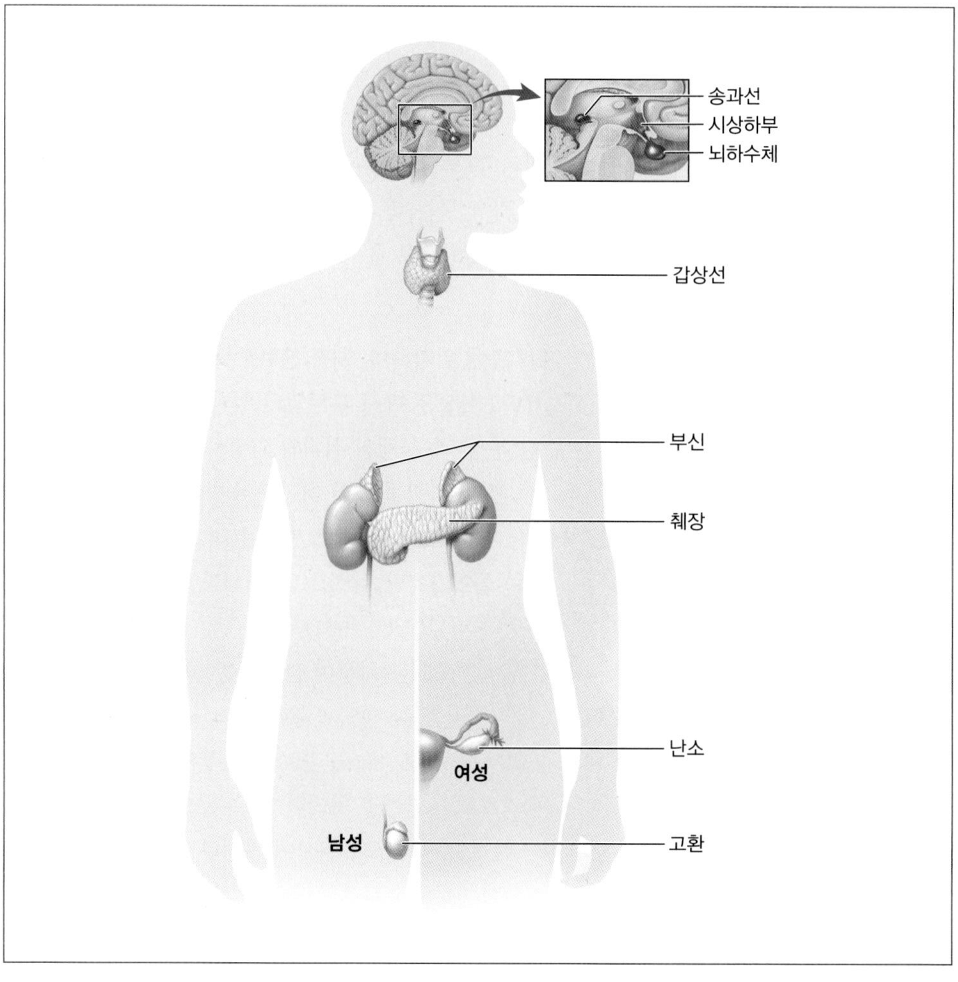

뇌하수체 신체의 호르몬 생산 체계의 '주 분비선'으로 신체의 많은 다른 분비선들의 기능에 영향을 미치는 호르몬을 분비한다.

그림 3.10　내분비계의 주요 분비선 내 분비계는 분비선의 네트워크로서 혈관 속 으로 호르몬을 분비함으로써 신경계와 작 용하고 많은 기본 기능에 영향을 미친다.

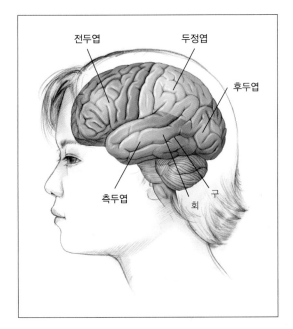

그림 3.11 대뇌피질과 엽 대뇌피질의 네 가지 주요 엽은 후두엽, 두정엽, 측두엽과 전두엽이다.

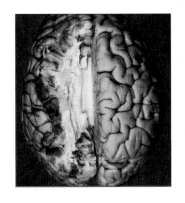

그림 3.12 대뇌반구 뇌량이 두 대뇌반구를 연결하고 두 대뇌반구의 의사소통을 가능하게 한다. 뇌량이 보이도록 하기 위해 대뇌피질의 일부(왼쪽)를 제거하였다. 뇌량은 수초로 둘러싸인 축색으로 구성되기 때문에 매끈하고 하얗게 보인다.

VideoSurgery/Science Source

뇌량 뇌의 좌·우면에 위치하는 많은 영역들을 연결하는 두꺼운 신경섬유 밴드로서, 두 대뇌반구들이 서로 정보를 교환하게 한다.

후두엽 시각 정보를 처리하는 대뇌피질 영역

측두엽 청각과 언어에 관여하는 대뇌피질 영역

두정엽 촉각 정보를 처리하는 기능을 가지는 대뇌피질 영역

다(Fuster, 2003). 마치 버섯의 갓이 아래쪽 면(underside)과 줄기를 보호하듯이 피질은 뇌의 다른 부위들 위에 위치하고 육안으로 뇌를 보면 표면에 잡혀 있는 주름을 볼 수 있다.

대뇌피질은 대략 신문 한 페이지 정도의 영역이다. 이러한 부피를 가지는 피질을 인간의 두개골 내에 넣는 것은 어려운 작업이다. 그러나 만약 여러분이 신문지 한 장을 구기면 동일한 면적을 훨씬 더 작은 공간 안에 넣을 수 있다. 피질이 주름 잡혀 있기 때문에 비교적 작게 포장되어 인간의 두개골 내에 안전하게 위치할 수 있다(**그림 3.11** 참조). 대뇌피질의 기능은 세 가지 수준에서 이해될 수 있다. 즉 피질을 2개의 대뇌반구로 분리함으로써, 각 대뇌반구의 조직화를 통하여, 마지막으로 특정 피질 영역의 역할을 통하여 대뇌피질의 기능을 이해하게 된다.

1. **대뇌반구 간 조직화.** 피질의 두 반구는 각각 좌반구와 우반구로 불리는데, 두 대뇌반구는 외양상으로 다소 대칭적이고 기능에 있어서도 어느 정도 그러하다. 그러나 각 대뇌반구는 반대편 신체의 기능을 통제한다. 즉 여러분의 우측 대뇌반구가 여러분의 신체 좌측면으로부터 전달되는 자극을 지각하고 신체 좌측면의 운동을 통제하는 반면, 좌측 대뇌반구는 신체 우측면에서 전달되는 자극을 지각하고 우측면의 운동을 통제하는 것을 의미한다. 대뇌반구는 교련(commissures)이라고 불리는 축색 다발에 의해 서로 연결되어 있고 축색 다발은 각 반구의 서로 상응하는 영역들 간의 소통을 가능하게 한다. 가장 큰 축색 다발이 **뇌량**(corpus callosum)인데, 이는 두 대뇌반구의 넓은 영역들을 서로 연결하고 두 대뇌반구 사이의 정보 교환을 가능하게 한다(**그림 3.12** 참조). 예를 들어 우반구에서 받아들인 정보가 뇌량을 건너 거의 즉각적으로 좌반구에 전달된다.

2. **대뇌피질 내의 조직화.** 대뇌피질 조직화의 두 번째 수준은 각 대뇌반구의 서로 다른 영역들의 기능을 구분하는 것이다. 대뇌피질의 각 반구는 네 영역 혹은 엽(lobes)으로 구분된다. 그림 3.11에서 볼 수 있듯이 후측에서 전측의 방향으로 후두엽, 두정엽, 측두엽과 전두엽이 위치한다.

- **후두엽**(occipital lobe)은 대뇌피질의 후측에 위치하며, 시각 정보를 처리한다. 눈에 있는 감각 수용기들은 시상으로 정보를 보내고, 시상은 다시 후두엽의 일차 시각 영역으로 정보를 보내는데, 이곳에서 자극의 단순한 특징, 즉 물체의 위치와 가장자리의 방향 등이 처리된다(상세한 내용은 제4장 참조). 그런 후 이 특징들이 더 처리되어 방금 본 것이 무엇인지를 인식하게 된다. 후두엽의 일차 시각 영역에 손상을 입으면 부분적으로 혹은 완전히 보지 못하게 된다. 정보가 여전히 눈으로 들어가지만 이 정보가 대뇌피질의 수준에서 처리되고 해석되지 못하면 정보가 상실된 것과 같다(Zeki, 2001).

- **측두엽**(temporal lobe)은 각 대뇌반구의 아래쪽에 위치하며 청각과 언어에 관여한다. 측두엽에 위치하는 일차 청각피질은 후두엽의 일차 시각 영역과 유사하다. 즉 일차 청각피질은 각 귀로부터 감각 정보를 받아들인다(Recanzone & Sutter, 2008). 측두엽의 이차 영역들은 이 정보를 의미 있는 단위, 예를 들어 말소리와 단어로 처리한다. 측두엽에 시각 자극의 의미를 해석하고 환경 내에 존재하는 일상적인 물체들의 인식에 관여하는 영역들도 위치한다(Martin, 2007).

- **두정엽**(parietal lobe)은 후두엽의 전측에 위치하며 촉각에 관한 정보를 처리하는 기능을 가지

고 있다. 두정엽은 체감각 피질, 즉 뇌의 맨 위에서 아래쪽으로 내려오는 뇌 조직 띠를 포함하고 있다(**그림 3.13** 참조). 각 대뇌반구 내의 체감각 피질은 **반대편** 신체의 피부 영역을 표상한다. 즉 우반구 체감각 피질은 신체의 왼편을 표상하고 좌반구 체감각 피질은 신체의 오른편을 반영한다. 체감각 피질의 각 부위는 신체의 특정 부위를 표상한다. 신체 영역이 체감각에 민감할수록 이 신체 부위가 체감각 피질에서 차지하는 영역이 더 넓다. 예를 들어 입술과 혀의 체감각을 처리하는 체감각 피질 부위는 발의 체감각을 담당하는 체감각 피질 부위보다 더 크다. 체감각 피질은 **호문쿨러스**(homunculus, 소인)라고 불리는 왜곡된 모습으로 설명되는데, 이는 어느 정도의 체감각 피질이 각 신체 부위를 담당하는가를 보여준다(Penfield & Rasmussen, 1950).

- **전두엽**(frontal lobe)은 이마 뒤에 위치하며 움직임, 추상적 사고, 계획, 기억과 판단 등에 관여하는 전문화된 영역들을 가지고 있다. 체감각 피질 바로 앞의 전두엽에는 체감각 피질과 유사한 뇌 조직 띠가 있는데, 이를 **운동 피질**(motor cortex)이라고 부른다(그림 3.13 참조). 체감각 피질과 마찬가지로 운동 피질의 각 부위는 서로 다른 신체 부위의 운동을 담당한다. 운동 피질은 수의적 움직임을 개시하고 기저핵, 소뇌와 척수로 이에 관한 정보를 보내어 신체에 널리 분포되어 있는 근육 집단의 움직임을 조율한다. 전두엽 내의 다른 영역들은 사고 과정을 조율하여 우리로 하여금 정보를 조작하여 행동을 계획하고 다른 사람들과 사회적 작용을 하게 한다. 요약하면 전두엽은 우리로 하여금 사고, 상상, 계획과 예상을 하게 하여 우리 인간을 다른 종들과 구분되게 한다(Schoenemann et al., 2005; Stuss & Benson, 1986; Suddendorf & Corballis, 2007).

3. **특정 엽 내의 조직화.** 대뇌피질 조직화의 세 번째 수준은 피질의 특정 엽 내의 정보 처리 과정에 관한 것이다. 정보 처리는 위계적으로 일어나는데, 즉 정보의 매우 세부적인 것을 처리하는 일차 영역에서부터 정보에 의미를 부여하는 **연합 영역**(association areas)의 수준으로 정보가 처

전두엽 운동, 추상적 사고, 계획, 기억과 판단 등에 관여하는 대뇌피질 영역

연합 영역 피질에 등록된 정보에 감각과 의미를 부여하는 데 관여하는 뉴런들로 구성된 피질 영역

그림 3.13 체감각 피질과 운동 피질 전두엽에 위치하는 운동 피질은 반대편 신체의 서로 다른 피부와 부위들을 통제한다. 운동 피질의 바로 뒤 두정엽에 체감각 피질이 위치한다. 운동 피질과 마찬가지로 체감각 피질은 반대편 신체의 특정 부위를 통제한다.

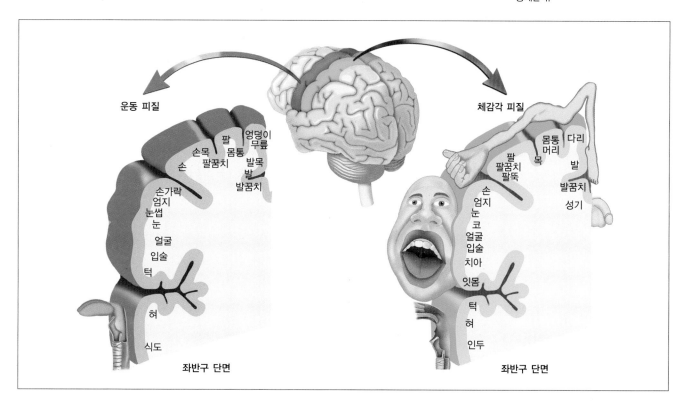

리된다. 예를 들어 일차 시각피질의 뉴런들은 매우 전문화되어 있는데, 즉 일부 뉴런들은 수평 방향의 특징을 탐지하고 다른 뉴런들은 움직임을 탐지하고 또 다른 뉴런들은 인간 대 동물 형태에 관한 정보를 처리한다. 연합 영역들은 이러한 일차 영역에 의해 추출된 정보(형태, 움직임 등)를 해석하여 방금 무엇을 보았는가를, 예를 들어 큰 고양이가 여러분의 얼굴을 향하여 깡충 뛰었다는 것을 알게 한다(Martin, 2007). 이와 유사하게 일차 청각피질의 뉴런들은 소리의 주파수를 처리하지만 측두엽의 연합 영역은 이러한 소리를 여러분의 친구가 "고양이 조심해!"라고 외치는 말로 들리게 한다. 따라서 연합 영역은 피질의 여러 영역들에서 오는 정보를 통합하며 뇌에 도달한 정보를 의미 있는 것으로 이해하게 한다. 연합 영역의 뉴런들은 일차 영역의 뉴런들에 비해 덜 전문화되어 있지만 더 유연하다.

　연합 영역들이 가지는 이러한 속성을 설명하는 예가 거울 뉴런의 발견으로부터 제공된다. **거울 뉴런**(mirror neurons)은 동물이 물체를 잡으려고 하거나 조작하는 등과 같은 행동을 할 때 활성화되고 다른 동물이 동일한 행동을 수행하는 것을 관찰할 때에도 활성화된다. 거울 뉴런은 전두엽(운동 피질 가까이)과 두정엽에서 발견된다(Rizzolatti & Craighero, 2004; Rizzolatti & Sinigaglia, 2010). 거울 뉴런은 새, 원숭이와 인간에서 관찰되며 거울 뉴런이라는 이름은 이 뉴런들이 행하는 기능을 반영한다. 인간을 대상으로 한 신경영상 연구들은 사람들이 다른 사람이 어떤 행동, 예를 들어 무엇을 집는 등의 행동을 하는 것을 관찰할 때 거울 뉴런이 활성화되는 것을 보고하였다. 그러나 그 행동이 목적을 가지고 있거나 어떤 맥락에서 일어날 때, 예를 들어 물을 마시기 위해 컵을 집는 등의 행동이 일어날 때 거울 뉴런이 더 활성화된다(Iacoboni et al., 2005). 또한 거울 뉴런이 다른 사람이 특정 행동을 수행하는 동안에 일어나는 특정 움직임보다는 그 사람이 행하는 행동의 목적과 결과를 인식하는 것과 관련되어 있다고 보고되고 있다(Hamilton & Grafton, 2006, 2008; Iacoboni, 2009; Rizzolatti & Sinigaglia, 2010).

　거울 뉴런, 특히 인간의 거울 뉴런의 활성화를 어떻게 해석해야 하는가(Hickok, 2009, 2014)와 일부 연구자들이 주장하는 것과 같이 거울 뉴런 체계의 손상이 자폐스펙트럼 장애에서 관찰되는 다른 사람의 마음을 이해하지 못하는 장애를 초래하는지(Hamiltonm 2013; 제14장 참조)에 관한 논란이 있다. 그럼에도 불구하고 거울 뉴런의 존재는 실험 증거로 지지받고 있다(Rizzolatti & Rozzi, 2018).

한 동물이 다른 동물이 특정 행동을 하는 것을 관찰할 때, 특정 행동을 하는 동물뿐만 아니라 관찰하는 동물에서도 동일한 뉴런들이 활성화한다. 이 거울 뉴런들은 사회적 행동에 중요한 역할을 하는 것으로 여겨진다.

뇌 가소성

대뇌피질이 외부 세계의 인식을 도와주는 뉴런들의 집단으로 구성되어 있는 고정된 구조로 여겨질 것이다. 그러나 놀랍게도 감각 피질들은 고정되어 있지 않다. 이들은 감각 정보의 변화에 적응할 수 있으며 이러한 현상을 수정될 수 있는 능력, 즉 **가소성**(plasticity)이라고 부른다. 이에 대한 예로 만약 불의의 사고로 왼손의 가운뎃손가락을 상실하였다고 가정하자. 이 손가락의 감각을 담당하는 체감각 피질 부위는 처음에는 반응을 하지 않는다(Kaas, 1991). 이는 가운뎃손가락으로부터 체감각 피질의 이 부위에 전달되는 정보가 더 이상 없기 때문이다. 여러분은 체감각 피질의 '왼손 가운뎃손가락' 담당 부위가 쇠퇴하게 될 것이라고 추측할 것이다. 그러나 시간이 지나면 그 부위는 상실된 손가락 옆에 있는 손가락으로부터 전달되는 정보에 반응하게 된다. 뇌는 가소성을 가지고 있다. 즉, 환경으로부터 전달되는 정보의 변화에 적응하기 위해 뇌의 특정 영역에 부여된 기능들이 뇌의 다른 영역으로 할당될 수 있다(Feldman, 2009).

새로운 지도

많은 환자들이 사지를 절단한 후 오랫동안 절단된 사지에서 지속적으로 감각을 경험하는데, 이 현상을 **환상지 증후군**(phantom limb syndrome)이라고 한다. 일부 환자들은 상실된 사지가 움직이는 것, 예를 들어 악수를 하는 것과 같은 조직화된 제스처를 느끼기도 한다. 일부 환자들은 환상지에 통증을 경험하기도 한다(Kuffler, 2018; Ramachandran & Brang, 2015). 왜 이런 현상이 일어나는 것일까?

이 현상을 밝히기 위해 연구자들은 얼굴, 몸통과 팔 주위의 신체 표면을 자극하는 동안 신체 일부가 절단된 사람과 그렇지 않은 사람의 뇌 활성화를 관찰하였다(Ramachandran & Blakeslee, 1998; Ramachandran et al., 2010; Ramachandran et al., 1992). 뇌 영상 기법은 피부가 자극을 받을 때 피질 영역이 활성화되는 것을 보여주었다. 손이 절단된 사람의 얼굴과 팔 윗부분을 자극할 경우 이전 손(이제는 절단되고 없는)의 촉각에 의해 활성화되던 체감각 피질 부위가 활성화되었다(**그림 3.14**). 얼굴 혹은 팔을 자극할 경우 절단 수술을 받은 환자의 환상지에 감각이 초래된다. 그들은 상실되고 없는 사지에 감각을 '느낀다'고 보고하였다.

뇌 가소성이 이러한 결과를 설명할 수 있다(Pascual-Leone et al., 2005). 얼굴 혹은 팔의 촉각을 표상하는 체감각 영역은 손의 촉각을 표상하는 부위와 인접해 있다. 절단 수술을 받은 사람의 얼굴과 팔 윗부분에 관여하는 체감각 영역이 확장되어 정상적으로는 손을 담당하는 피질 영역까지 담당하게 된다!

훈련의 영향

그러나 가소성이 단지 상실된 손가락 혹은 사지를 보상하기 위해서만 일어나지 않는다. 한 손가락에 엄청난 정도의 자극을 가하면 이 손가락에 인접해 있는 다른 손가락들에 주로 반응하던 피질 영역이 이 손가락에도 반응할 수 있다(Merzenich et al., 1990). 예를 들어 피아니스트들은 손가락 통제에 관여하는 피질 영역들이 매우 잘 발달되어 있다. 손가락으로부터 지속적으로 정보가 유입되면 뇌의 체감각 피질에서 손가락을 담당하는 부위가 더 커진다. 이와 유사한 결과가 퀼트 전문가(퀼트에 중요한 엄지손가락과 집게손가락을 담당하는 영역이 매우 발달되어 있다)와 택시기사(공간 이동에 중요한 역할을 하는 해마가 매우 발달되어 있다)에서 관찰된다(Maguire et

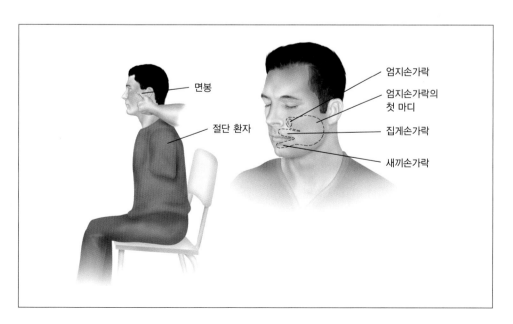

면봉

절단 환자

엄지손가락

엄지손가락의
첫 마디

집게손가락

새끼손가락

그림 3.14 **환상지의 감각지도** 손이 절단된 사람의 얼굴을 면봉으로 가볍게 만지면 '상실된' 손에서 감각이 발생한다. 뺨의 다른 부위들을 만지면 상실된 손의 특정 손가락 혹은 엄지손가락에서 감각이 발생하기조차 한다.

키스 자렛은 60년 이상 피아노를 연주하고 있는 명연주자이다. 초보자에 비해 자렛의 경우 손가락을 통제하는 운동 피질 영역이 뇌 가소성 때문에 확장될 가능성이 높다.

Jacques Munch/AFP/Getty Images

al., 2006).

여러분은 가소성이 신체 운동과도 관련되어 있다는 사실에 놀랄 것이다. 신체 운동은 시냅스 수를 증가시키고 해마에 새로운 뉴런이 생성되는 것을 촉진시키며(Hillman et al., 2008; van Praag, 2009) 뇌 기능과 인지 능력을 향상시킨다(Colcombe et al., 2004, 2006; Prakash et al., 2015). 비록 이러한 효과가 대부분 나이 든 성인들에서 확실하게 관찰되는 경향이 있지만(좋다, 이 책의 저자들이 러닝머신에 올라갈 시간이다), 이 효과가 전 생애 동안 나타나기도 한다(Hertig & Nagel, 2012; Hillman et al., 2008). 중등도-강도의 운동을 단 한 차례 하여도 기억과 운동 기술이 향상된다는 연구 결과도 있다(Roig et al., 2012; Statton et al., 2015).

뇌 가소성이 단지 흥미로운 이론적 주제일 뿐만 아니라 일상생활에도 매우 중요하게 적용될 수 있다는 것이 명백하게 밝혀지고 있다(Bryck & Fisher, 2012).

적응적인 뇌 : 뇌 진화의 이해

인간의 뇌는 하나의 정교한 기계가 아니라 진화 과정 동안 서로 다른 시기에 첨부된 많은 별개의 요소들로 구성되어 있는 하나의 체계이다. 인간의 뇌는 이전 진화 단계의 뇌에서 가장 잘 작용하던 요소들을 계속 유지하는 동시에 진화 과정 동안 다른 요소들을 첨부하면서 현재에 이르렀다.

가장 단순한 동물조차 환경에 반응하기 위해 감각 뉴런과 운동 뉴런을 가지고 있다(Shepherd, 1988). 예를 들어 단세포 생물인 원생동물은 물속에 있는 먹이에 민감하게 반응하는 분자를 세포막에 가지고 있다. 해파리와 같은 무척추동물에서 뉴런이 처음으로 나타났다. 해파리의 촉수에 있는 감각 뉴런은 위험한 약탈자와 접촉하는 것을 느낄 수 있으며, 이는 해파리로 하여금 안전한 곳으로 헤엄쳐 가게 한다. 그러나 중추신경계라고 불릴 만한 신경계는 편형동물(flatworms)에서 처음으로 관찰되었다. 편형동물은 단순한 형태의 뇌에 뉴런 군집을 가지고 있는데, 여기에는 시각과 미각에 관여하는 감각 뉴런과 섭식 행동을 통제하는 운동 뉴런이 포함된다. 뇌로부터 척수를 형성하는 한 쌍의 관(tract)이 생겨났다.

편형동물은 잘 발달된 뇌를 가지고 있지 않지만 많은 뇌 부위를 필요로 하지 않는다. 단순한 무척추동물에서 관찰되는 매우 기초적인 뇌 영역들이 인간에서 관찰되는 복잡한 뇌 구조들로 결국 진화되었다.

Blickwinkel/Hecker/Alamy

진화 과정 동안 무척추동물(척추를 가지고 있지 않은 동물)과 척추동물(척추를 가지고 있는 동물)의 신경계 구조에 주요 차이가 발생하였다. 모든 척추동물의 중추신경계는 위계적으로 구성되어 있다. 즉, 뇌의 하위 수준과 척수는 단순한 기능들을 수행하는 반면 신경계의 상위 수준들은 더 복잡한 기능들을 수행한다.

양서류(개구리와 도롱뇽)와 같은 하위 척추동물의 전뇌는 작은 뉴런 군집만으로 구성되어 있다. 파충류와 조류는 피질하 구조를 포함하는 더 큰 전뇌를 가지고 있지만 대뇌피질은 거의 가지고 있지 않다. 이와 상반되게 포유류는 매우 발달된 대뇌피질을 가지고 있는데, 즉 다양한 상위 정신 기능을 수행하는 다양한 영역들로 구성된 대뇌피질을 가지고 있다. 전뇌의 발달은 아직까지는 인간에서 절정에 달하고 있다(**그림 3.15**).

그렇다면 인간의 뇌는 그다지 놀랄만한 것이 못 되는데, 이는 매우 쓸만한 것으로부터 연속적으로 확장되어 왔기 때문이다. 황소개구리의 전뇌는 개구리의 세계에서 생존하는 데 필요한 만큼 진화되어 왔다. 그러나 인간의 전뇌는 상당한 진화되어 인간 특유의 능력, 즉 자의식, 세련된 언어 구사, 추상적 추론과 상상 등과 같은 놀랄만한 능력을 가지게 되었다.

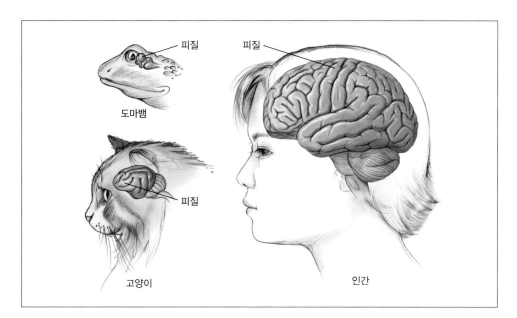

피질

피질

도마뱀

피질

고양이

인간

정리문제

1. 뇌의 어느 부위가 호흡과 같은 기초적인 능력을 통제하는가?
2. 뇌의 어느 부위가 환경에 대한 정향 반응이 일어나게 하는가?
3. 뇌의 어느 영역이 정서 기억과 관련되는가?
4. 뇌하수체의 주된 기능은 무엇인가?
5. 왜 발보다 입술에 관여하는 체감각 영역이 더 큰가?

6. 어떤 유형의 사고가 전두엽에서 일어나는가?
7. 개인의 경험에 의해 뇌가 변화될 수 있다는 것을 보여주는 연구 결과의 예를 들어보라.
8. 파충류 혹은 조류의 뇌와 포유동물의 뇌 사이의 주요 구조적 차이는 무엇인가?

유전자, 후성유전학과 환경

개인의 행동을 결정하는 데 유전(본성) 혹은 환경(양육) 중 어느 것이 더 영향을 미치는가? 오늘날의 연구 결과는 본성과 양육 모두 행동을 결정하는 데 중요하다는 것을 보여주고 있으며, 연구 초점은 둘 중 하나가 행동에 미치는 절대적 영향에서 둘의 상대적 영향을 조사하는 것으로 바뀌고 있다(Gottesman & Hanson, 2005; Rutter & Silberg, 2002; Zhang & Meaney, 2010).

유전자는 무엇인가

유전자(gene)는 유전 전달의 주요 단위이다. 유전자는 눈의 색깔과 같은 특성에 영향을 미치는 단백질 분자를 부호화하는 DNA 가닥(디옥시리보핵산)의 부분이다. 유전자는 **염색체**(chromosomes)라고 불리는 큰 실 안에 조직화되어 있는데, 염색체는 DNA를 이중나선형으로 감싸고 있는 DNA 가닥이다(**그림 3.16** 참조). 염색체는 쌍을 이루고 있으며 인간은 23쌍의 염색체를 가지고 있다. 염색체의 각 쌍들은 서로 유사하지만 동일하지는 않다. 여러분은 각 쌍 중 하나는 아버지로부터 다른 하나는 어머니로부터 물려받았다. 그러나 반전이 있는데, 즉 각 쌍의 어느 것이 여러분에게 주어지는가는 무작위로 일어난다.

모든 인간이 동일한 DNA를 99% 정도 공유하고 있기 때문에 (그리고 다른 유인원과도 거의 많은 부분을 공유) 산소를 들어마시는 것, 중추신경계의 발달과 미토콘드리아에서 에너지를 생산하는 것 등과 같은 기본적인 특성을 공유한다. 일부 DNA에 개인차가 있기 때문에 사람들이

학습목표

- 유전자의 구조를 요약한다.
- 일란성 쌍생아와 이란성 쌍생아의 차이를 설명한다.
- 유전과 환경이 인간 행동에 미치는 영향을 보여주는 예를 제시한다.

유전자 유전 전달을 가능하게 하는 주요 단위

염색체 DNA를 이중나선형으로 감싸고 있는 DNA 가닥

그림 3.16 **유전자, 염색체와 이들의 재조합** 세포핵에 위치하는 염색체는 DNA를 이중나선형으로 감싸고 있다. 우리 신체에 있는 대부분의 세포들은 23쌍의 염색체로 구성되어 있다. 유전자는 DNA 가닥의 한 부분이다.

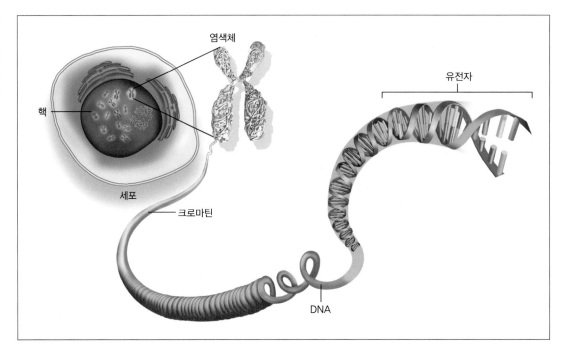

나의 과학 프로젝트의 주제는 '나의 남동생: 본성 혹은 양육'입니다.

Michael Shaw/The New Yorker Collection/Cartoonbank.com

생물학적 성, 눈 색깔, 귓불 모양 혹은 특정 질환에 대한 취약성 등에서 서로 다르다. 이러한 다양성은 유전자의 차이를 반영한다. 자녀들은 자신들의 유전자 중 반을 각 부모와 공유하고 조부모와는 4분의 1을 공유하고 사촌과는 8분의 1을 공유한다. 유전적으로 가장 가까운 사람이 일란성 쌍생아(monozygotic twins)인데, 일란성 쌍생아는 하나의 수정란에서 분리되기 때문에 유전자를 100% 서로 공유한다. 이란성 쌍생아(dizygotic twins)는 2개의 분리된 수정란에서 발달하기 때문에 서로 다른 시기에 태어난 형제의 경우처럼 유전자를 50%만 공유한다.

많은 연구자들이 유전이 행동에 미치는 상대적 효과를 연구하였다. 이를 조사하는 한 방법이 일란성 쌍생아와 이란성 쌍생아를 대상으로 특정 특성을 비교하는 것이다. 이러한 유형의 연구들은 동일한 가정에서 양육된 쌍생아를 대상으로 하는데, 이는 환경(사회경제적 지위, 교육을 받을 기회, 부모의 자녀 양육법, 환경 내의 스트레스)을 비교적 일정하게 하기 위해서이다. 연구 결과는

일란성 쌍생아(왼쪽)는 유전자를 100% 공유하지만 이란성 쌍생아(오른쪽)는 다른 형제자매들처럼 50%만 공유한다. 일란성 쌍생아와 이란성 쌍생아의 연구는 우리의 행동에 유전과 환경이 어느 정도 영향을 미치는가를 이해하는 데 도움이 된다.

Paul Avis/Stockbyte/Getty Images; JBphoto1/Alamy

이란성 쌍생아보다 일란성 쌍생아가 특정 특성을 더 많이 공유하는 것을 보여주는데, 이는 유전 영향을 시사한다(Boomsma et al., 2002).

한 예로, 이란성 쌍생아 중 한 사람에게 조현병(이 정신장애에 관해서는 제14장에서 자세하게 논할 것임)이 발병할 경우 쌍생아 중 다른 사람에게도 조현병이 발병할 가능성은 27%이다. 그러나 일란성 쌍생아의 경우 이 가능성이 50%까지 상승하는데, 이는 조현병의 발병에 유전전 요인이 매우 큰 영향을 미친다는 것을 시사한다. 이 발병률이 무서울 정도로 높다고 여길 수 있지만 100%는 아니다. 이는 유전적 요인이 조현병의 발병을 결정하는 유일한 요인이 아니고 조현병의 발병에 환경적 요인도 영향을 미친다는 것을 시사한다. 요약하면 유전은 다양한 특성의 발달, 가능성 혹은 발생에 영향을 미친다. 그러나 행동에 미치는 유전적 영향을 더 잘 이해하기 위해서는 환경 맥락을 항상 고려해야만 한다. 유전자는 환경과 무관하게 표현되는 것이 아니라 환경 내에서 표현되기 때문이다.

후성유전학의 역할

유전자가 환경 내에서 발현된다는 생각이 **후성유전학**(epigenetics)이라고 알려져 있는 연구 영역을 급성장하게 하였다. 후성유전학은 환경이 유전자 그 자체를 구성하는 기본적인 DNA 배열을 변화시키지 않고서도 어떻게 혹은 어느 정도 유전자 발현에 영향을 미치는가를 연구한다. 어떻게 후성유전적 영향이 작용하는가를 이해하기 위해 DNA를 연극 혹은 영화 대본으로 비유해보자. 생물학자인 네사 캐리(Nessa Carey, 2012)는 셰익스피어의 로미오와 줄리엣을 예로 들었다. 이 희곡은 여러 편의 영화로 만들어졌는데, 영화를 만든 감독들은 이 희곡을 서로 다른 방법으로 사용하였고 영화에 출연한 배우들도 서로 다르게 연기하였다. 따라서 비록 셰익스피어의 희곡은 여전히 존재하지만 이 희곡에서 출발한 영화들은 매우 다르다. 이와 유사한 현상이 후성유전학에서도 일어나는데, 즉 기본적인 DNA 부호를 변화시키지 않고서도 환경에 따라 유전자가 발현되거나 발현되지 않는다.

지난 10여 년 동안 후성유전학이 학습 및 기억(Bredy et al., 2007; Day & Sweatt, 2011; Levenson & Sweatt, 2005)과 스트레스 반응(Zhang & Meaney, 2010)에 중요한 역할을 하는 것으로 밝혀지고 있다. 예를 들어 일부 쥐는 자신의 새끼를 핥고 돌보는 데 많은 시간을 소요하고 새끼들도 이를 즐기는 반면(자상한 어미) 일부 쥐는 이러한 것에 거의 시간을 보내지 않는다(무관심한 어미). 연구자들은 무관심한 어미의 새끼에 비해 자상한 어미의 새끼들이 자라서 스트레스 상황에 놓였을 때 훨씬 덜 두려워하는 것을 발견하였다(Francis et al., 1999; Liu et al., 1997). 이는 어미와 새끼가 공유하는 유전적 프로파일을 단순히 반영하는 것이 아닌데, 자상한 어미의 새끼를 무관심한 어미가 양육하거나 혹은 그 반대의 경우에도 동일한 효과가 관찰되었기 때문이다. 또한 자상한 어미의 양육 행동이 그 새끼들에서 세로토닌의 분비를 증가시킨다. 이 장의 앞부분에서 살펴보았듯이 세로토닌 수준의 증가는 기분 상승과 관련되어 있다. 이는 스트레스 호르몬에 관여하는 유전자의 발현을 감소시키는 후성유전적 변화를 초래하고 나아가 스트레스에 더 침착하게 반응하게 한다(Weaver et al., 2004).

인간의 경우에도 생의 초기에 경험한 스트레스가 장기적인 후성유전적 효과를 발휘한다. 연구들은 아동기의 학대 경험이 성인 남성들에게 지속적으로 영향을 미치는 후성유전적 역할을 보여준다((McGowan et al., 2009). 이러한 결과는 임상가와 연구자 모두에게 생의 초기에 경험한 스트레스가 발병 요인인 우울증, 조현병과 외상후 스트레스장애 등을 포함한 다양한 심리장애에 미치는 후성유전학의 중요성을 인식하게 한다(Kundakovic et al., 2015; Provencal & Binder,

후성유전학 유전자를 구성하는 DNA의 기본 배열을 변화시키지 않으면서 유전자의 발현 여부 혹은 발현의 정도를 결정하는 환경적 영향을 연구하는 분야

새끼들을 핥고 돌보는 데 많은 시간을 보내는 어미에 의해 양육된 어린 쥐는 자라서 스트레스 상황에 놓일 때 덜 두려워한다.

Juniors Bildarchiv GMBH/R211/Alamy

2015). 비록 후성유전적 변화와 심리현상의 복잡한 관련성이 아직 충분히 이해되지 못하고 있지만 과학자들은 심리학과 후성유전학이 서로 관련있다는 것을 점차 인식하고 있다(Jones, Moore, & Kobor, 2018; Sweatt, 2019; Zhang & Meaney, 2010).

정리문제

1. 유전자란 무엇인가?
2. 다른 시기에 출생한 형제자매처럼 왜 이란성 쌍생아는 유전자를 50%만 공유하는가?

3. 생의 초기 경험이 어떻게 유전자 발현에 영향을 미치는가에 대해 후성유전학 연구들은 무엇을 시사하는가?

뇌의 연구방법

이제까지 여러분은 신경계에 관한 많은 것을 살펴보았다. 즉, 신경계가 어떻게 조직되어 있고 어떻게 작용하며 또 구성 요소는 무엇이고 각 구성 요소가 하는 일이 무엇인지에 관해 살펴보았다. 그러나 우리가 살펴본 이 모든 것을 어떻게 알 수 있는가? 해부학자들은 인간 뇌를 해부하여 각 구조들을 확인하지만 그들이 살아 있지 않은 뇌를 해부하기 때문에 어떤 구조가 어떤 행동을 산출하는 데 중요한 역할을 하는가를 결정할 수 없다.

뇌가 어떻게 행동에 영향을 미치는가를 이해하기 위해 과학자들은 다양한 방법들을 사용한다. 즉 뇌 손상 환자를 연구하거나 뇌의 전기적 활동을 연구하거나 뇌 구조와 뇌 활동을 관찰하기 위해 뇌 영상 기법을 사용하기도 한다. 뇌를 연구하는 데 사용되는 이 방법들을 차례로 살펴보기로 하자.

손상된 뇌의 연구

한 과정의 정상적인 작용을 잘 이해하기 위해서는 이 과정이 실패할 경우 어떤 일이 일어나는가를 이해하는 것이 필요하다. 신경과학에서 이루어지는 많은 연구들은 특정 지각, 운동, 정서 혹은 인지 기능의 상실과 특정 뇌 영역의 손상을 서로 관련 짓는다(Andrews, 2001; Kolb & Whishaw, 2015). 이러한 연구들을 통하여 신경과학자들은 이 뇌 영역들이 정상적으로 행하는 기능들에 관한 이론을 세운다.

전두엽의 정서 기능

앞서 살펴본 바와 같이 인간의 전두엽은 상당한 정도로 진화되었다. 그러나 심리학 분야에서 전두엽의 일부 기능에 관한 최초의 단서는 피니어스 게이지로 알려진 25세의 철도 인부로부터 제공되었다(Macmillan, 2000). 1848년 게이지가 바위틈에 폭발물을 채워 넣고 있는 도중 사고가 일어났고 길이가 3피트이고 무게가 13파운드인 철근이 피니어스 게이지의 머리를 빠른 속도로 관통하였다(Harlow, 1868). **그림 3.17**에서 볼 수 있듯이 철근은 그의 왼쪽 아래턱 부분으로 들어가서 머리의 위 중앙 부위를 통과하여 빠져나갔다. 놀랍게도 그는 생존하였지만 이 사고로 말미암아 그의 성격이 상당한 정도로 변하였다.

사고를 당하기 전 게이지는 유순하고 매너가 좋았으며 조용하고 양심적이었으며 매우 열심히 일하였다. 그러나 사고 후 그는 안절부절못하고 무책임하며 쉽게 결정을 내리지 못하고 불경스러운 언행을 보였다. 게이지의 성격과 정서적 생활의 변화는 물론 매우 슬픈 일이지만 뜻밖의 정보를 심리학 분야에 제공하였다. 그의 사례는 연구자들로 하여금 전두엽이 정서 조절, 계획과 의

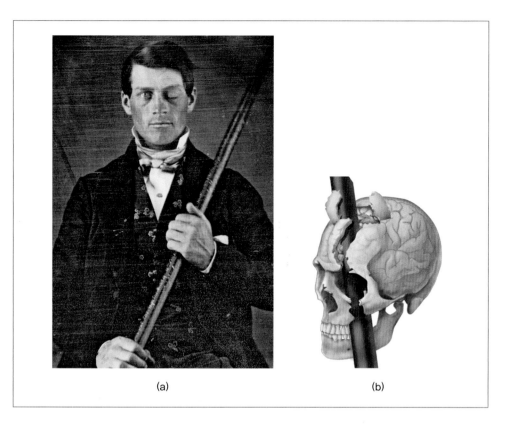

(a)   (b)

그림 3.17 피니어스 게이지 (a) 피니어스 게이지가 겪은 충격적인 사건은 전두엽 기능과 전두엽이 피질하 구조들에 위치하는 정서 센터와 어떻게 연결되어 있는가를 이해하게 하였다. (b) 철근이 게이지의 두개골을 통과하였을 것으로 여겨지는 경로를 재구성한 그림이다.

Warren Anatomical Museum in the Francis A. Countway Library of Medicine. Gift of Jack and Beverly Wilgus

사 결정에 관여할 것이라는 가설을 세우게 하고 이를 연구하게 하는 계기가 되었다.

좌반구와 우반구의 분리된 역할

여러분은 대뇌피질이 2개의 대뇌반구로 분리되지만 두 대뇌반구들이 하나의 통합된 단위로 작용한다는 것을 기억할 것이다. 그러나 때로는 질환이 뇌의 기능을 위협하고, 이를 막을 수 있는 유일한 방법이 과격할 수 있다. 이러한 경우는 주로 심각한 난치성 뇌전증을 앓는 환자들에서 일어난다. 한 대뇌반구에서 시작한 발작이 뇌량을 건너 다른 반구로 전달되어 피드백 고리를 시작하게 하여 마치 뇌에 대폭발이 일어나는 결과를 초래한다. 발작이 지나치게 심할 경우 이를 치료하기 위해 외과의사들은 분리뇌 절차(split-brain procedure)를 통하여 뇌량을 절단할 수 있다. 이 경우 한 대뇌반구에서 시작한 발작이 다른 반구로 건너가지 못한다. 이 절차는 뇌전증 환자들에게 도움이 되지만 예상 가능한 기이한 행동들을 초래한다.

정상적으로 좌반구로 들어간 어떤 정보도 우반구에 전달되고 우반구에 들어간 어떤 정보도 좌반구에 전달된다. 즉, 정보가 한 대뇌반구에 들어가면 이후 뇌량을 건너 다른 반구로 전달되기 때문에 양 반구는 무엇이 일어나는가에 관해 이해하게 된다(**그림 3.18** 참조). 그러나 분리뇌 환자의 경우 한 대뇌반구에 들어간 정보가 그곳에만 머문다. 노벨상 수상자인 로저 스페리(Roger Sperry, 1913~1994)와 동료들이 분리뇌 환자들을 대상으로 일련의 연구를 수행한 결과 대뇌반구들이 서로 다른 과제에 전문화되어 있는 것을 발견하였다. 예를 들어 언어 처리는 대부분 좌반구에서 일어난다. 따라서 어떤 정보가 분리뇌 환자의 좌반구에 들어가고 환자에게 제시된 것이 무엇인지 말로 설명하게 할 경우 환자는 아무런 문제없이 이를 설명할 수 있다. 좌반구가 정보를 가지고 있고 이와 동시에 언어를 담당하는 반구이기 때문에 환자는 방금 자신이 본 것을 말로 설명하는 데 아무런 어려움을 가지지 않는다. 그러나 이 환자의 우반구는 그 물체가 무엇인가에 관한 단서를 가지고 있지 않은데, 이는 좌반구가 정보를 받았고 이 정보가 우반구로 전달되지 못하

로저 스페리는 좌·우 대뇌반구가 가지는 독립적인 기능에 관한 선구적인 연구로 1981년 생리학 분야에서 노벨상을 수상하였다.

Juniors Bildarchiv GMBH/R211/Alamy

그림 3.18 분리뇌 실험 스크린의 오른쪽에서 반지를, 왼쪽에서 열쇠를 본 분리뇌 환자가 자신이 본 것들 중 반지는 '반지'라고 말로 반응할 수 있지만 열쇠는 말로 반응하지 못하는데 이는 좌반구가 반지를 보았고 언어가 주로 좌반구에 위치하기 때문이다. 이 환자는 스크린 뒤에 놓여 있는 여러 물체 중에서 자신의 왼손으로 열쇠를 선택할 수 있다. 그러나 왼손으로 반지를 선택하지 못하는데, 이는 반지를 '본' 좌반구가 신체의 왼쪽 면과 의사소통을 하지 못하기 때문이다.

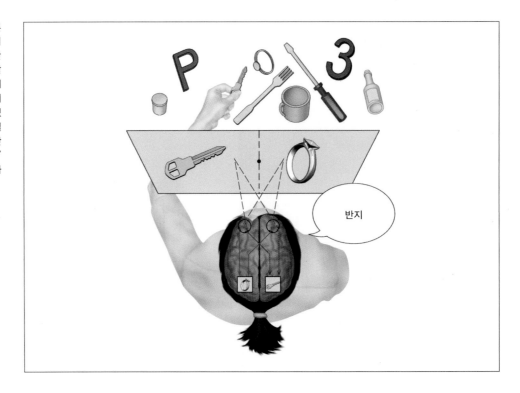

뇌전도(EEG) 뇌의 전기적 활동을 기록하는 기계

기 때문이다. 따라서 분리뇌 환자는 물체를 보고 말로 설명할 수 있음에도 불구하고 그 물체에 관한 다른 과제, 예를 들어 왼손으로 일련의 물체들 중에서 방금 본 물체를 정확하게 선택하는 과제를 수행하기 위해 우반구를 사용할 수 없다(그림 3.18 참조).

이러한 분리뇌 연구들은 두 대뇌반구들이 서로 다른 기능을 가지고 있고 뇌량이 정상적으로 기능하는 한 서로 상호작용한다는 것을 밝혀준다. 정보가 한 대뇌반구에서 다른 대뇌반구로 전달되는 방법이 없으면 정보는 처음 들어간 대뇌반구에 갇히게 되며 이를 통하여 우리는 각 대뇌반구가 서로 다른 기능을 가지고 있다는 것을 알게 된다. 물론 분리뇌 환자는 자신의 눈을 약간 움직여 동일한 정보가 양 반구에 독립적으로 들어가게 함으로써 이 결함에 적응할 수 있다. 분리뇌 연구는 지난 수십 년 동안 지속되어 왔고 앞으로도 뇌가 어떻게 작용하는가에 관한 우리의 이해를 높이는 데 공헌할 것이다(Gazzaniga, 2006).

뇌의 전기적 활동에 관한 연구

뇌 구조와 행동 사이의 관련성을 연구하는 두 번째 방법은 뉴런들의 전기적 활동 양상을 기록하는 것이다. **뇌전도**(electroencephalograph, **EEG**)는 뇌의 전기적 활동을 기록하는 도구이다. 전형적으로 전극을 두피에 부착하며, 비록 시냅스에서의 전기적 활동 및 활동 전위의 생성지는 두피로부터 멀리 떨어져 있지만 두피에서 측정한 전기적 신호를 EEG를 통해 몇천 배나 증폭할 수 있다. 이는 **그림 3.19**에 제시되어 있는 것처럼 뇌의 전기적 활동을 시각적으로 기록한 것을 제공한다.

이 기법을 사용하여 연구자들은 서로 다른 의식 상태와 경험 동안의 뇌 활동 정도를 알 수 있다. 예를 들어 제5장에서 살펴보겠지만 뇌는 각성과 수면 상태 동안 서로 다른 전기적 활동 양상을 보인다. 실제로 수면의 여러 단계들과 관련되어 있는 서로 다른 뇌파 양상들도 존재한다. EEG 기록은 연

그림 3.19 EEG가 마음을 읽는가? 뇌전도(EEG)는 뇌에서 일어나는 전기적 활동을 기록하지만 여러분의 사고 내용을 구분하지 못한다. 의식의 다양한 상태, 즉 깨어있는 상태와 수면 상태 등은 뇌파의 특정 유형으로 구별된다. 이로 말미암아 시간이 지남에 따라 한 개인의 주의 수준 등이 어떻게 변하는가를 측정할 수 있다. 의학적으로 EEG는 뇌손상 및 질환과 관련하여 일어나는 비정상적인 활성화 양상을 밝혀준다.

AJPhoto/Science Source

구자들로 하여금 수면과 각성의 특성들에 관한 이러한 기본적인 발견을 가능하게 한다(Dement, 1978). EEG는 개인이 다양한 심리적 기능, 예를 들어 지각, 학습 및 기억 등의 기능을 수행하는 동안 일어나는 뇌의 전기적 활동을 조사하는 데에도 사용된다.

전기적 활동을 측정하는 또 다른 방법이 뇌의 서로 다른 영역들의 기능, 심지어 세포 수준의 기능을 이해하는 데 공헌하였다. 노벨상 수상자인 데이비드 허블(David Hubel)과 토르스텐 비셀(Torsten Wiesel)은 마취 상태에 있는 고양이의 후두엽에 전극을 삽입하는 방법을 통하여 단일 뉴런의 활동 전위 양상을 관찰하였다(Hubel, 1988). 그들은 일차 시각피질의 뉴런들이 명암 대비가 시야에 일어날 때, 예를 들어 시각 자극이 어두운 배경에 밝고 두꺼운 빛 막대일 경우, 활성화한다는 것을 발견하였다. 추후 그들은 대비되는 가장자리가 특정 방향을 향하도록 제시될 때 각 뉴런이 활발하게 반응하는 것을 관찰하였다. 그 후 많은 연구들이 일차 시각피질의 뉴런들이 시각 자극의 특정 양상, 예를 들어 대비, 형태와 색채를 표상하는 것을 보여주었다(Zeki, 1993).

시각피질의 뉴런들은 **특징 탐지기**(feature detectors)라고 알려져 있는데, 이는 이들이 시각 이미지의 특정 측면에만 선택적으로 반응하기 때문이다. 예를 들어 일부 뉴런들은 시야 중앙에 수직선이 있을 경우에만 발화하고 다른 뉴런들은 45도로 기울어져 있는 선이 지각되면 발화하고 또 다른 뉴런들은 넓은 선, 수평선 혹은 주변 시야에 있는 선 등에 대해 선택적으로 발화한다(Livingstone & Hubel, 1988). 뉴런들이 특유의 기능을 가지고 있다는 발견은 시각피질이 어떻게 작용하는가에 관한 이해를 높이는 데 큰 공헌을 하였다. 특징 탐지기들은 자극의 기본적 차원들('사선… 또 다른 사선… 수평선')을 확인하고, 이러한 차원들이 시각 처리 과정의 후반 단계 동안 통합되어 하나의 자극으로 인식되고 지각된다("네, 철자 *A*입니다.").

데이비드 허블(왼쪽, 1926년 생)과 토르스텐 비셀(오른쪽, 1924년 생)은 시각 피질의 지도화에 관한 업적으로 1981년 생리학 분야에서 노벨상을 수상하였다.

AP Photo

뇌 구조와 뇌 활동의 연구에 사용되는 뇌 영상

신경과학자들이 인간 뇌의 작용을 연구하는 데 사용하는 세 번째 주요 방법이 신경영상 기법(neuroimaging technique)인데, 이 기법은 생존하는 건강한 뇌의 영상을 만들어내는 진보된 기술을 사용한다(Posner & Raichle, 1994; Raichle & Mintun, 2006). **구조 뇌 영상**(structural brain imaging)은 뇌의 기본 구조들에 관한 정보를 제공하고 임상가 혹은 연구자들로 하여금 뇌 구조의 이상을 발견하는 것을 가능하게 한다. 이와 달리 **기능 뇌 영상**(functional brain imaging)은 개인이 다양한 인지 혹은 운동 과제를 수행하는 동안 일어나는 뇌 활동에 관한 정보를 제공한다.

구조 뇌 영상

최초로 개발된 신경영상 기법 중의 하나가 **컴퓨터 단층촬영법**(computerized axial tomography[CT] scan)이다. CT 스캔의 경우 개인의 머리 위를 회전하는 스캐너가 서로 다른 각도에서 일련의 X-레이 사진을 촬영한다. 그런 다음 컴퓨터가 이 영상들을 통합하여 어느 각도에서라도 뇌를 볼 수 있는 사진을 만들어낸다. CT 스캔은 서로 다른 밀도를 가지는 뇌 조직들을 보여준다. 예를 들어 고밀도인 두개골은 CT 스캔에서 하얗게 보이고 피질은 회색으로 보이며 가장 밀도가 낮은 열(fissures)과 뇌실은 어둡게 보인다(**그림 3.20** 참조). CT 스캔은 병변이나 종양의 위치를 확인하기 위해서도 사용되는데, 이는 피질보다 병변 혹은 종양의 밀도가 낮기 때문이다.

자기공명영상법(magnetic resonance imaging, MRI)은 뇌 조직에 있는 특정 분자들의 핵이 정렬되도록 강한 자기장을 사용한다. 짧지만 강력한 라디오 파장의 펄스는 정렬한 핵들을 요동하게 한다. 펄스가 끝나면 핵들은 자기장에서 일렬로 스냅백하고 이 과정 동안 적은 양의 에너지가 발생하게 된다. 서로 다른 분자들이 자기장에서 일렬로 스냅백하는데, 이 과정 동안 소량의 에너지가 발산한다. 서로 다른 분자들은 자기장 내에서 스냅백 할 때 특유의 에너지 신호를 가지는

여러분이 갑작스럽게 기억상실증에 걸린 이유를 찾은 것 같습니다.

© Mark Parisi/Atlantic Feature Syndicate

그림 3.20 뇌구조 영상 기법(CT와 MRI) CT(왼쪽)와 MRI(오른쪽) 스캔은 뇌 구조에 관한 정보를 얻기 위해서 사용되며 종양이나 다른 유형의 뇌 손상을 발견하는 데 도움이 된다. 여기에 제시된 각 스캔은 뇌의 수평면에 관한 스냅숏이다.

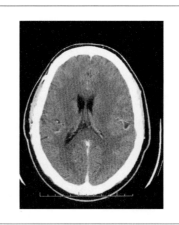
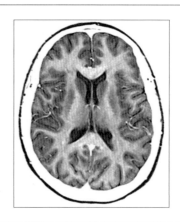

DTI는 뇌의 백질 경로, 즉 뇌 영역을 서로 연결하는 데 중요한 역할을 하는 신경섬유 다발을 시각화한다.

데, 이 신호들이 서로 다른 분자들로 구성되어 있는 뇌 구조들을 밝히는 데 사용된다. 그림 3.20에서 볼 수 있듯이 MRI는 CT 스캔보다 연조직(soft tissues)이 더 잘 나타나게 한다. 이 기법들은 심리학자들에게 뇌 구조와 뇌 부피에 관한 보다 명확한 사진을 제공하며('최신 과학 : 큰 뇌가 영리한 뇌인가?' 참조) 뇌 손상의 위치를 확인하는 것을 도와준다.

확산텐서영상(diffusion tensor imaging, DTI)은 비교적 최근에 개발된 MRI 유형으로 백질 경로의 시각화에 사용되는데, 백질 경로는 인접해 있거나 멀리 떨어져 있는 뇌 영역들을 서로 연결해주는 섬유 다발을 의미한다. DTI는 백질 경로를 따라 일어나는 물 분자의 확산율과 방향을 측정하고 이를 통해 백질 경로가 어디로 향하는지를 밝힌다. DTI가 인간 뇌의 연결성을 지도화하는 데 매우 중요한 도구이며, 인간 커넥텀 프로젝트(Human Connectome Project)라고 알려져 있는 야심찬 과제에서 중요한 역할을 하고 있다. 국립건

최신 과학

큰 뇌가 영리한 뇌인가?

뇌가 더 크면 더 영리한가? 이는 수백 년 동안 심리학자, 신경과학자와 철학자들이 큰 관심을 가져왔던 질문이다. 예를 들어 영국의 심리학자인 프란시스 갈톤 경은 성적이 우수한 대학생들이 동년배들보다 상당히 더 큰 머리를 가지고 있다고 언급하였다(Galton, 1869, p. 156). 이는 여러분과 여러분 친구들이 다가오는 시험을 어떻게 볼 곳인가를 예견하기 위해서 줄자를 집어야 한다는 것을 의미하는가? 그렇게 하지 않아도 된다. 불행히도 갈톤의 결론은 머리 둘레로 뇌 부피를 추정하는 등의 잘못된 방법에 근거하였다.

오늘날 사용되고 있는 MRI 등과 같은 뇌 영상 기법은 뇌 부피를 정확하고 직접적으로 측정 가능하게 한다. 연구들은 뇌 부피와 다양한 지능 측정 사이의 정적 상관을 보고한다(Gignac & Bates, 2017; Pietschnig et al., 2015). 그러나 이 상관의 정도 혹은 이 상관이 무엇을 의미하는가에 대해서는 여전히 논란이 있다.

최근 내브와 동료들(2019)에 의해 실시된 대규모 연구는 영국의 자원 참여자들로부터 얻은 엄청난 건강 관련 데이터베이스인 UK 바이오뱅크(UK Biobank, UKB)를 사용하였다(Miller et al., 2016). UKB는 거의 50만 명의 성인들의 유전 자료를 이미 가지고 있었고 2018년 4월에 1만 5,000명의 성인의 구조 MRI 스캔을 획득하였다. 내브 등(2019)은 MRI 스캔을 사용하여 뇌 부피를 계산하였고 이를 동일한 참여자들의 여러 인지적 측정과 비교하였다.

내브와 동료들이 분석한 한 인지 검사는 유동성 지능(fluid intelligence, 이에 관해서는 제9장에서 상세하게 살펴본다)이라고 알려져 있는 새로운 문제를 해결하는 능력을 측정하는데, 이 능력에는 논리와 추론이 요구된다. 이들은 뇌 부피와 유동성 지능 사이에 정적 상관이 있음을 관찰하였고 이 상관이 연령, 사회경제적 지위, 신장 혹은 성으로 설명되지 않는 것을 보여주었다. 그러나 상관의 정도는 크지 않았는데, 이는 뇌 부피가 참여자들에서 관찰되는 유동성 지능의 차이의 단지 작은 한 부분만을 설명하는 것을 시사한다. 또한 상관 결과이기 때문에 전반적으로 큰 뇌 부피가 지능의 향상을 초래하는지 혹은 그 반대인지는 여전히 알려져 있지 않다. 다만 지능 수준이 높은 사람들이 뇌 부피를 증가시키는 방법으로 자신들의 뇌를 사용한다는 것을 추측할 수 있다.

비록 이러한 결과가 더 큰 뇌가 더 영리한 뇌인가를 평가하는 근거를 제공하지만 여러분 혹은 다른 사람의 학업적 성공의 가능성을 예견하고자 할 때 자를 사용할 필요는 여전히 없다.

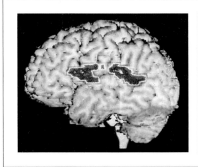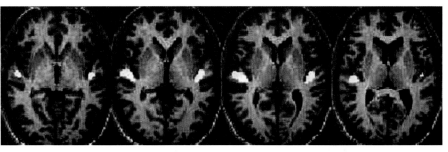

강연구소의 지원을 받아 2009년부터 시작된 이 프로젝트는 뇌 신경 경로의 연결성에 관한 완벽한 지도를 개발하는 것을 목적으로 하고 있다(Toga et al., 2012).

기능 뇌 영상

기능 뇌 영상 기법은 활동 중인 뇌를 관찰함으로써 뇌 구조에 관한 정보 이상의 정보를 제공한다. 이 기법들은 활동하는 뇌 영역들이 더 많은 에너지를 요구한다는 사실에 근거하는데, 에너지의 공급은 활성화 영역으로 향하는 혈류량의 증가를 통하여 일어난다. 기능 뇌 영상 기법은 이러한 혈류 변화를 탐지한다. 예를 들어, 양전자방출단층촬영법(positron emission tomography, PET)의 경우 해가 없는 방사성 물질을 개인의 혈관에 주사한 후 개인이 지각 과제 혹은 읽기, 말하기 등과 같은 인지 과제를 수행하는 동안 방사선 탐지기가 뇌를 스캔한다. 이러한 과제를 수행하는 동안 활성화된 뇌 영역들이 더 많은 에너지와 더 많은 혈액을 필요로 하며 그 결과 그 영역들에 더 많은 양의 방사능이 있게 된다. 방사선 탐지기는 각 뇌 영역의 방사능 수준을 기록하여 활성화 영역들에 관한 영상을 제공한다(**그림 3.21** 참조).

오늘날 심리학자들이 가장 널리 사용하는 기능 뇌 영상 기법이 기능자기공명영상법(functional magnetic resonance imaging, fMRI)인데, 이는 자기 펄스에 노출될 경우, 산화 헤모글로빈과 탈산화 헤모글로빈의 차이를 탐지한다. 헤모글로빈은 혈액 내의 분자로서 뇌를 포함한 신체 조직에 산소를 운반한다. 활성화된 뉴런들이 더 많은 에너지와 혈액을 요구하면 산화 헤모글로빈이 활성화 영역에 집중하게 된다. fMRI는 산화 헤모글로빈을 탐지하여 각 뇌 영역의 활성화 수준에 관한 영상을 제공한다(그림 3.21 참조).

fMRI와 PET 모두 연구자들에게 뇌 활동의 변화 영역에 관한 정확한 정보를 제공한다. 그러나 fMRI가 PET보다 두 가지 점에서 더 우수하다. 첫째, fMRI는 방사성 물질에의 노출을 필요로 하지 않는다. 둘째, fMRI는 PET보다 더 짧은 기간 동안 일어나는 뇌 활성화의 변화를 국소화할 수 있다. 이는 매우 빨리 일어나는 심리적 과정, 예를 들어 단어를 읽거나 얼굴을 인식하는 등의 과정을 분석하는 데 더 유용하다.

비록 fMRI로부터 제공받는 정보가 흥미진진하지만 미디어에서 fMRI 결과를 소개할 때 가끔 일어나는 경우처럼 fMRI가 제공하는 정보에 너무 흥분하지 않는 게 중요하다(Marcus, 2012; Poldrack, 2018). 기억 정확성과 왜곡을 예로 들어보자. 일부 fMRI 연구들은 부정확한 기억보다 정확한 정보를 인출하는 동안 일부 뇌 영역들이 더 활성화된다고 보고하고 있다(Schacter & Loftus, 2013). 그러나 이 결과는 증인이 법정에서 정확한 혹은 정확하지 않은 기억에 근거하여 증언하는가를 결정하는 데 fMRI를 사용해야 한다는 것을 의미하지 않는다. 예를 들어 단어 혹은 그림과 같은 단순한 자료를 사용하여 실험실에서 실시된 fMRI 연구 결과를 법정에서 증언하는 복잡한 일상 사건에 일반화할 수 있는지에 관해서는 아직 잘 모른다(Schacter & Loftus, 2013).

그림 3.21 기능 영상 기법(PET과 fMRI) PET와 fMRI 스캔은 뇌 기능에 관한 정보를 제공하는데, 즉 서로 다른 조건들에서 뇌 영역들이 얼마나 더 혹은 덜 활성화하는가를 밝혀준다. PET 스캔(왼쪽 첫 번째 그림)은 사람들이 몇 초 동안 철자열을 마음속에 상기하는 동안 활성화하는 좌반구 영역들[브로카 영역(왼쪽), 두정엽 하측과 측두엽 상측(오른쪽)]을 보여준다. fMRI 스캔(오른쪽 그림들. 각 그림은 서로 다른 수평면을 보여준다)의 노란색 부위는 개인이 음악을 듣고 있는 동안 청각피질이 활성화하는 것을 보여준다.

더욱이 fMRI가 정확한 기억과 부정확한 기억을 구분할 수 있다는 증거는 연구참여자 집단의 뇌 활성화를 평균한 연구들로부터 제공된다. 그러나 법정의 경우 한 개인이 정확하게 혹은 정확하지 않게 기억하고 있는가를 결정하는 것이 요구되며 fMRI가 이러한 것을 할 수 있다는 증거는 거의 없다. 일반적으로 어떻게 fMRI 결과를 일상생활에 활용할 수 있는가에 관한 결론을 내리기 전에 어떻게 fMRI 결과를 얻었는가를 신중하게 생각하는 것이 중요하다(Poldrack, 2018).

경두개 자기자극

연구자들이 뇌 손상을 입은 환자들의 행동을 연구함으로써 뇌에 관한 많은 정보를 얻을 수 있다는 것을 앞서 살펴보았다. 과학자들은 뇌 손상을 일시적으로 모방하는 경두개 자기자극(transcranial magnetic stimulation, TMS; Barker et al., 1985; Hallett, 2000)이라는 기법을 개발하였다. TMS는 두개골을 통과하는 자기펄스를 통해 짧은 시간 동안 대뇌피질의 뉴런들이 활동하지 못하게 한다. 연구자들은 TMS 펄스를 특정 뇌 영역으로 향하게 한 후(근본적으로 이 뇌 영역들이 활동하지 못하게 됨) 개인의 움직임, 시각, 사고, 기억, 언어 혹은 감정이 일시적으로 변화하는 것을 측정한다.

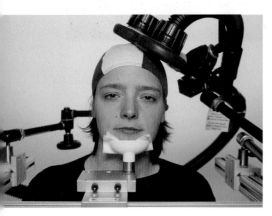

경두개 자기자극(TMS)은 자기펄스로 뇌 영역을 활성화 혹은 비활성화시키는데, 이는 일시적으로 뇌 손상을 일으키는 것과 유사하다.

ASTIER/BSIP SA/Alamy

뇌 상태를 조작함으로써 과학자들은 인과관계를 밝힐 수 있는 실험을 수행할 수 있다. 예를 들어, 연구자들은 연구참여자들이 기억과 상상 과제를 수행하기 직전에 TMS를 사용하여 일부 두정엽 영역의 기능을 방해하였다(Bonnici et al., 2018; Thakral et al., 2017). TMS가 연구 참여자들이 지난 경험의 상세한 부분들을 기억하는 것과 미래 경험을 상상하는 것을 감소시켰는데, 이는 뇌의 이 영역이 기억과 상상에 매우 중요한 역할을 하는 것을 시사한다.

연구들은 TMS가 해롭거나 오랫동안 지속되는 부작용을 가지고 있지 않고(Anand & Hotson, 2002; Pascual-Leone et al., 1993), 이 새로운 도구가 우리의 뇌가 어떻게 생각, 감정과 행동을 만들어 내는가에 대한 연구를 변화시켰다고 제안한다. 이 새로운 방법들로부터 제공되는 인간 뇌 활성화에 관한 그림이 오늘날에까지 유행하고 있는 뇌에 관한 흔한 근거 없는 믿음을 없애주기를 바란다('다른 생각 : 뇌에 관한 근거 없는 믿음' 참조).

뇌를 연구하는 방법들에 관해 살펴본 것 중에 가장 중요한 점은 각 방법이 뇌 구조 혹은 뇌 기능의 다양한 측면들과 심리적 기능 사이의 관련성을 연구하는 심리학자들에게 특정 유형의 도구를 제공한다는 것이다. 각 방법은 장단점을 가지고 있기 때문에 연구자들은 자신들이 가지는 과학적 질문에 가장 적합한 도구가 무엇인지를 결정하는 것이 중요하다. 결정을 하기 위해서는 각 도구의 가능성과 제한점을 이해하는 것과 가능한 도구들을 선택하기에 충분할 만큼 과학적 질문을 명확하게 세우는 것 모두가 요구된다.

정리문제

1. 어떻게 뇌 장애가 뇌의 특정 영역의 연구에 중심적인 역할을 하게 되었나?
2. 뇌량이 행동에 어떤 역할을 하는가?
3. 어떻게 EEG가 뇌의 전기적 활동을 기록하는가?

4. 구조 뇌 영상과 기능 뇌 영상이 제공하는 정보를 서로 비교해보아라.
5. fMRI가 활동 중인 뇌에서 무엇을 추적하는가?
6. 왜 우리는 fMRI 결과에 근거하여 성급하게 결론을 내리지 않아야 하는가?

뇌에 관한 근거 없는 믿음

여러분은 "우리는 뇌의 단지 10%만을 사용한다"라는 말을 틀림없이 들었을 것이고 이것이 근거가 있는지 궁금했을 것이다. 차브리스와 시몬스(Chabris & Simons, 2012)는 데커와 동료들(Dekker et al., 2012)이 발표한 최근 연구 결과에 근거하여 뇌에 관한 근거 없는 믿음들이 단지 꾸며낸 이야기에 불과하다고 여겼다.

퀴즈 : 다음 중 옳지 않은 것은?
1. 우리는 뇌의 단지 10%만을 사용한다.
2. 자극이 풍부한 환경이 학령 전 아동의 뇌 발달을 향상시킨다.
3. 개인이 선호하는 학습 유형, 즉 청각, 시각 혹은 운동 감각 유형으로 정보를 얻을 때 학습이 더 잘 이루어진다.

만약 여러분이 1번을 선택하였다면 축하한다. 우리가 뇌의 단지 10%만을 사용한다는 생각은 명백히 잘못된 것이다. 심리학자와 신경과학자들이 성급하게 믿었던 것이 '10%의 믿음'이다. 일반적 믿음과는 달리 뇌 전체가 사용되고 사용되지 않는 뉴런들은 죽고 사용되지 않는 회로는 위축된다. 신경영상 연구들이 소수의 영역들만이 '활성화'한다는 스캔을 제공함으로써 '10% 믿음'를 부추겼지만 스캔에 나타나는 이 영역들은 기저 활성화 수준보다 더 많이 활성화되는 것을 의미하고 스캔에서 활성화되지 않은 영역들이 잠을 자고 있거나 사용되지 않는다는 것을 의미하지 않는다.

여러분은 다른 두 진술에 동의하는가? 만약 동의한다면 여러분은 우리의 덫에 걸린 것이다. 위에 제시된 세 가지 진술 모두 잘못된 것이거나 혹은 아직까지 과학적으로 입증되지 않은 것들이다. 만약 여러분이 이 세 진술 중 어느 것에라도 틀리게 답한다 하여도 불행히도 거의 대부분의 사람들이 여러분처럼 답할 것이다.

암스테르담대학교와 브리스톨대학교의 데커와 동료들이 수행한 연구의 일부로 이러한 '뇌의 근거 없는 믿음'을 242명의 네덜란드와 영국의 초등학교와 중등학교 교사들에게 제시하였는데, 이에 대한 결과가 최근 *Frontiers in Psychology*에 발표되었다. 교사들의 약 47%가 10% 이야기를 믿고 이보다 더 많은 76%가 아동의 환경이 풍부해지면 뇌가 더 성장한다고 믿는다는 것이 관찰되었다.

이러한 믿음은 운동용 바퀴, 터널 등과 같은 설비가 갖추어진 케이지에서 다른 쥐들과 같이 양육된 쥐들이 아무런 설비가 없는 케이지에서 고립되어 자란 쥐들에 비해 더 나은 인지 능력과 향상된 뇌 구조를 보인다는 연구 결과로부터 비롯되었다. 그러나 이러한 실험들은 함께 놀거나 상호작용을 할 기회가 제공되는 자연적인 환경보다 더 빈곤하고 자연스럽지 못한 환경이 발달에 부정적인 영향을 미친다는 것만을 보여준다. 옷장과 같은 좁은 곳에 갇혀 성장하거나 혹은 사람과의 접촉이 단절된 채 성장하는 것이 아동의 뇌 발달에 영향을 미친다. 전형적인 환경(예를 들어 '베이비 아인슈타인'과 같은 비디오를 보는 것) 이상으로 풍부한 환경이 아동의 인지적 발달을 향상시키지 않는다.

학습 유형에 관한 이야기를 가장 많이 믿었다. 즉, 교사들의 94%가 학생들이 선호하는 유형으로 학습이 제공될 때 학생들의 수행이 더 나아진다고 믿었다. 실제로 학생들은 자신들이 어떤 방식으로 학습하는가에 관한 선호를 가지고 있지만 문제는 이러한 선호가 어떻게 효과적으로 학습하는가와는 아무런 관련이 없다는 것이다.

미국인을 대상으로 한 연구들은 미국인들이 뇌에 관한 근거 없는 이야기를 더 광범위하게 믿는 것을 관찰하였다. 연구 대상자들의 약 3분의 2가 10% 이야기에 동의하였다. 또 많은 사람들이 기억이 비디오 녹화와 같이 작용한다고 믿거나 어떤 사람이 자신의 등

크리스토퍼 차브리스(왼쪽)는 유니온대학 심리학과 부교수이고 **다니엘 시몬스**(오른쪽)는 일리노이대학교 심리학과 교수이다. 차브리스와 시몬스는 *The Invisible Gorilla: And Other Ways Our Intuitions Deceive Us*(2010)의 공저자이다.

Milless; Courtesy Daniel J. Simons

뒤에서 노려보는 것을 알 수 있다고 믿었다.

역설적으로 데커 연구팀의 연구는 신경과학에 관해 가장 잘 아는 교사 대부분도 이야기들을 믿는다고 보고하였다. 명백히 마음과 뇌에 관한 지식을 넓히는 데 열광하는 교사들이 자신들이 배운 것과 가공의 이야기를 구분하는 데 어려움을 가지고 있다. 뇌에 관한 이야기는 직관적인 호소력을 가지고 있기 때문에 비즈니스와 자기계발 등과 같은 분야에 급속하게 전파되고 대중의 의식에서 이러한 이야기를 근절하는 것이 헛수고일 수 있다. 그러나 강의실에서 이 이야기들의 영향력을 감소하는 것이 근거 없는 믿음을 근절하는 첫걸음일 수 있다.

만약 여러분이 어떤 심술궂은 이유로 심리학을 강의하는 교수를 괴롭히기 원한다면 "우리는 우리 뇌의 단지 10%만을 사용한다"라고 주장하는 것보다 더 좋은 방법은 없을 것이다. 차브리스와 시몬스(2012)가 지적하였듯이 비록 초등학교와 중등학교 교사들 중 상당수가 이 이야기를 믿지만 심리학을 강의하는 심리학자들 중 이 이야기를 인정하는 이가 없기를 바란다. 이러한 근거 없는 이야기가 어디서 비롯되었는가? 아무도 모른다. 일부는 이 이야기가 위대한 심리학자인 윌리엄 제임스가 기술한 것(우리는 우리가 가지고 있는 마음 및 신체 자원의 단지 일부만을 사용한다)에서부터 비롯되었거나 알베르트 아인슈타인이 자신의 놀랄 만한 지능을 이해하고자 한 시도로부터 비롯되었다고 여긴다(Boyd, 2008).

우리가 뇌에 관한 근거 없는 이야기들을 논하는 주요 목적은 여러분의 친구가 이러한 이야기를 다른 사람들로부터 듣고 여러분에게 전할 때 이 책에서 초점을 두고 있는 비판적인 사고 기술을 여러분이 사용하여 다음의 질문을 하길 원하기 때문이다. 이 주장에 대한 근거는 무엇인가? 여러분의 친구가 이 주장을 지지할 만한 증거를 제공하는 특정 연구 혹은 연구들이 있는가? 이러한 연구들이 전문가의 심사를 거친 후 과학적 저널에 발표되었는가? 연구 결과가 재현되었는가? 이러한 비판적 사고로 10% 이야기에 맞서면 오래되지 않아 이 근거 없는 이야기는 사라질 것이다.

제3장 복습

뉴런 : 행동의 기원

- 뉴런은 외부 세계로부터 수용한 정보를 처리하고 다른 뉴런과 의사소통하며 신체의 근육과 기관으로 메시지를 전달한다.
- 뉴런은 세 가지 주요 부위, 즉 세포체, 수상돌기와 축색으로 구성된다. 세포체에는 유기체의 유전 정보가 담긴 핵이 위치한다. 수상돌기는 다른 뉴런에서 감각 정보를 수용하여 이를 세포체로 전달한다. 축색은 세포체에서 다른 뉴런 혹은 신체의 근육이나 기관으로 정보를 전달한다.
- 뉴런들은 작은 틈을 사이에 두고 분리되어 있고 이 틈은 한 뉴런에서 다른 뉴런으로 정보가 전달되는 시냅스의 일부이다.
- 교세포는 주로 수초 형성을 통하여 뉴런을 지지하는 역할을 한다. 수초는 축색을 둘러싸고 있으며 정보 전달을 용이하게 한다.
- 뉴런의 세 가지 유형은 감각 뉴런, 운동 뉴런과 개재 뉴런이다.

뉴런의 작용 : 정보 처리

- 뉴런의 안정 전위는 세포막 안과 밖의 이온 농도 차이 때문에 일어난다.
- 만약 뉴런 내부의 전기적 신호가 역치에 도달하면 활동 전위가 일어나고, 실무율을 따르는 이 활동 전위가 축색을 따라 이동하게 된다.
- 뉴런들 사이의 소통은 시냅스 전달을 통해 일어나는데, 즉 활동 전위가 신경전달물질을 분비하게 하고 분비된 신경전달물질이 시냅스를 건너 정보를 수용하는 뉴런의 수상돌기에 있는 수용기와 결합한다.
- 주요 신경전달물질에는 아세틸콜린, 도파민, 글루타메이드, GABA, 노르에피네프린, 세로토닌과 엔도르핀이 포함된다.
- 약물은 신경전달물질의 작용을 용이하게 하는 효능제로 작용하거나 신경전달물질의 작용을 봉쇄하거나 감소시키는 길항제로 작용함으로써 행동에 영향을 미칠 수 있다.

신경계의 조직

- 신경계는 말초신경계와 중추신경계로 구분된다. 중추신경계는 척수와 뇌로 구성된다.
- 말초신경계는 중추신경계와 신체의 나머지 부위를 연결한다. 말초신경계는 수의적 근육을 통제하는 체성신경계와 신체 기관을 자율적으로 통제하는 자율신경계로 구분된다.
- 자율신경계는 위협적인 상황에서 신체를 준비시키는 교감신경계와 신체를 정상 상태로 돌아오게 하는 부교감신경계로 다시 구분된다.
- 척수는 척수 반사와 같은 일부 기본적인 행동을 통제하는데, 이 경우 뇌의 통제를 받지 않는다.

뇌의 구조

- 뇌는 후뇌, 중뇌와 전뇌로 구분된다.
- 후뇌는 주로 척수로부터 혹은 척수로 가는 정보를 조율하며 연수(호흡과 심박수의 조율), 망상체(수면과 각성 조절), 소뇌(정교한 운동기술의 협응)와 교(소뇌로부터 오는 정보를 피질로 전달)가 포함된다.
- 중뇌의 구조들은 환경으로의 정향 반응과 감각 자극으로의 움직임 등과 같은 기능을 주로 통제한다.
- 전뇌에는 시상, 시상하부, 변연계(해마와 편도체 포함)와 기저핵 등과 같은 피질하 구조들이 위치한다. 이 피질하 구조들은 동기와 정서와 관련된 다양한 기능을 수행한다.
- 내분비계는 호르몬의 분비를 통해 사고, 정서와 행동을 통제하는 신경계와 밀접하게 작용한다.
- 대뇌피질은 전뇌의 일부이고 두 대뇌반구로 구성되며 각 대뇌반구에는 4개의 엽(후두엽, 두정엽, 측두엽, 전두엽)이 있다. 대뇌피질은 우리를 충분히 인간답게 하는 기능, 즉 사고, 계획, 판단, 지각, 목적 지향적이며 수의적 행동 등을 수행한다.
- 뇌의 뉴런들은 경험과 환경에 의해 변화될 수 있으며 이는 인간 뇌가 놀랄 만큼 가소성을 띠게 한다.
- 신경계는 단순한 동물(예 : 편형동물)들의 감각 뉴런과 운동 뉴런으로부터 포유동물에서 관찰되는 정교한 중추신경계로 진화되었다. 다른 동물들과 비교하여 포유동물은 매우 발달된 대뇌피질을 가지고 있다.

유전자, 후성유전학과 환경

- 유전 전달의 단위인 유전자는 염색체에 있는 이중나선형의 DNA 가닥으로부터 형성된다.
- 일란성 쌍생아는 유전자를 100% 공유하는 반면 이란성 쌍생아는 다른 시기에 태어난 형제자매처럼 유전자를 50% 공유한다.
- 후성유전학은 유전자를 구성하는 기본 DNA 배열을 변화시키지 않으면서 환경이 유전자의 발현 여부를 결정하는 것을 연구하는 분야이다. 후성유전적 영향은 쥐와 인간의 생의 초기 경험이 지속적으로 영향을 미치는 것에 결정적 역할을 한다.
- 유전자와 환경이 상호작용하여 행동에 영향을 미친다.

뇌의 연구방법

- 뇌의 특정 영역에 손상을 입은 후 지각, 지적 능력 및 정서 능력이 어떻게 영향을 받는가를 관찰함으로써 뇌를 연구할 수 있다.
- 뇌전도(EEG)를 사용하여 광범위한 뇌 영역에서 일어나는 전기적 활동을 두개골 밖에서 조사할 수 있다. 단일 뉴런의 활동을 기록함으로써 어떤 뉴런이 특정 유형의 자극을 표상하거나 행동의 특정 측면을 통제하는가를 알 수 있다.
- PET과 fMRI와 같은 기능 뇌 영상 기법은 개인이 다양한 지각 또는 지적 과제를 수행하는 동안 뇌를 스캔한다. 이를 통해 어느 뇌 영역들이 특정 유형의 지각, 운동, 인지 혹은 정서 처리에 관여하는지 확인한다.

핵심개념 퀴즈

1. 한 뉴런에서 다른 뉴런으로의 정보 전달은 어떻게 일어나는가?
   - a. 시냅스를 건너
   - b. 교세포를 통해
   - c. 수초에 의해
   - d. 세포체 안에서

2. 외부 세계로부터 정보를 수용하고 이 정보를 척수를 통해 뇌로 전달하는 뉴런은?
   - a. 감각 뉴런
   - b. 운동 뉴런

c. 개재 뉴런　　　　　　　　d. 축색

3. 뉴런의 축색을 따라 시냅스로 전달되는 전기적 신호는?
　　a. 안정 전위　　　　　　　　b. 활동 전위
　　c. 수초　　　　　　　　　　d. 이온

4. 시냅스를 건너 정보를 수용하는 뉴런의 수상돌기로 정보를 전달하는 화학물질은?
　　a. 소낭　　　　　　　　　　b. 종말 단추
　　c. 시냅스후 뉴런　　　　　　d. 신경전달물질

5. 자율적으로 신체 기관을 통제하는 신경계는?
　　a. 자율　　　　　　　　　　b. 부교감
　　c. 교감　　　　　　　　　　d. 체성

6. 후뇌의 어느 구조가 정교한 운동 기술을 조율하는가?
　　a. 연수　　　　　　　　　　b. 소뇌
　　c. 교　　　　　　　　　　　d. 피개

7. 움직임과 각성에 관여하는 뇌 부위는?
　　a. 후뇌　　　　　　　　　　b. 중뇌
　　c. 전뇌　　　　　　　　　　d. 망상체

8. 체온, 기아, 갈증과 성행동을 통제하는 것은?
　　a. 대뇌피질　　　　　　　　b. 뇌하수체
　　c. 시상하부　　　　　　　　d. 해마

9. 심혈관 운동이 뇌 기능과 인지 기능에 미치는 긍정적 효과가 설명하는 것은?
　　a. 체감각 피질의 서로 다른 크기
　　b. 대뇌피질의 위치

c. 연합 영역의 전문화
　　d. 뉴런 가소성

10. 유전자의 발현 여부를 결정하는 것은?
　　a. 개인적 특성　　　　　　　b. 변이의 범위
　　c. 환경　　　　　　　　　　d. 행동 표준

11. 다음 중 뉴런의 기능이 아닌 것은?
　　a. 정보 처리
　　b. 다른 뉴런과의 의사소통
　　c. 영양분 공급
　　d. 신체 기관과 근육으로 메시지 전달

12. 다른 뉴런으로부터 오는 신호를 받아서 세포체로 전달하는 것은?
　　a. 핵　　　　　　　　　　　b. 수상돌기
　　c. 축색　　　　　　　　　　d. 내분비선

13. 위협적인 상황에서 싸움 혹은 도망 반응을 준비시키는 신경계는?
　　a. 중추　　　　　　　　　　b. 체성
　　c. 교감　　　　　　　　　　d. 부교감

14. 진화 과정 동안 중추신경계가 처음으로 나타난 것은?
　　a. 편형동물　　　　　　　　b. 해파리
　　c. 파충류　　　　　　　　　d. 초기 영장류

15. 특정 뇌 영역의 에너지 소모와 특정 인지 및 행동 사이의 관련성을 관찰하는 것은 가능하게 하는 것은?
　　a. 기능 뇌 영상　　　　　　b. 뇌전도
　　c. 개개 세포로 전극 삽입　　d. CT 스캔

핵심용어

감각 뉴런	대뇌피질	시상하부	척수 반사
개재 뉴런	두정엽	신경계	체성신경계
거울 뉴런	말초신경계(PNS)	신경전달물질	축색
교	망상체	안정 전위	측두엽
교감신경계	부교감 신경계	연수	편도체
교세포	불응기	연합 영역	피질하 구조
기저핵	세포체(소마)	염색체	해마
길항제	소뇌	운동 뉴런	활동 전위
내분비계	수상돌기	유전자	효능제
뇌량	수용기	자율신경계(ANS)	후뇌
뇌전도(EEG)	수초	전두엽	후두엽
뇌하수체	시냅스	종말 단추	후성유전학
뉴런	시상	중추신경계(CNS)	

생각 바꾸기

1. 밤 늦게 TV에서 자연산 BrainGro에 관한 광고를 우연히 보게 되었다. 대변인이 다음과 같이 말하였다. "대부분의 사람들이 뇌의 단지 10%만을 사용하는 것은 잘 알려진 사실이다. 그러나 BrainGro를 사용하면 뇌를 99%까지 사용 가능하다." 우리가 뇌의 단지 10%만을 사용한다는 주장에 대해 왜 여러분은 회의적인가? 만약 약물이 실제로 신경 활동을 10배나 증가시키면 어떤 일이 일어나는가?

2. 여러분의 친구가 우울증 때문에 정신과 전문의를 방문하였다. "의사가 뇌의 세로토닌 분비를 증가시키는 약물을 처방하였지만 내 기분은

나한테 달려 있지 내 머릿속에 있는 일군의 화학 물질에 달려 있는 것 같지 않아"라고 그녀는 말하였다. 여러분은 그녀에게 호르몬과 신경전달물질이 실제로 우리의 인지, 기분과 행동에 영향을 미친다는 것을 어떤 예를 들어 확신시킬 수 있는가?

3. 여러분의 학과 친구가 이 장에 기술되어 있는 신경계의 진화에 관한 부분을 읽은 후 다음과 같이 말하였다. "진화는 단지 이론에 불과해. 모든 사람이 진화를 믿지는 않아. 그리고 만약 우리 모두가 원숭이로부터 진화된 것이 사실이라고 해도 이는 오늘날의 인간 심리학과는 아무런 관련이 없어." 여러분의 친구가 진화에 대해 잘못 이해하고 있는 것은 무엇인가? 여러분은 진화가 현대 심리학과 관련되어 있는 것을 어떻게 설명하겠는가?

4. 하루에 30분씩 8주 동안 명상을 한 사람들의 뇌가 변화된 것, 즉 해마와 편도체의 크기가 증가한 것을 보여주는 연구 결과가 보고되었다 (Hölzel et al., 2011). 여러분이 친구에게 이 연구 결과를 말해주었지만 친구는 회의적이었고 다음과 같이 말하였다. "뇌는 이처럼 변하지 않아. 출생할 때의 뇌는 일생 동안 변하지 않아." 왜 친구의 말이 잘못된 것인가? 경험이 어떤 방법들을 통해 뇌를 변화시키는가?

5. 여러분의 친구가 자신이 왜 수학을 못하는가를 알아차렸다고 말하였다. "좌반구가 우세한 사람들은 분석적이고 논리적인 반면 우반구가 우세한 사람들은 창의적이고 예술적이라고 책에서 읽었어. 나는 예술을 전공하고 따라서 우반구가 좌반구보다 더 우세하기 때문에 수학을 못하는 것 같아." 왜 친구의 견해가 지나치게 단순한 것일까?

핵심개념 퀴즈 정답

1. a; 2. a; 3. b; 4. d; 5. a; 6. b; 7. b; 8. c; 9. d; 10. c; 11. c; 12. b; 13. c; 14. a; 15. a

감각과 지각

대니얼 키쉬는 심리학과 교육학 석사 학위를 가진 중년의 캘리포니아인이다. 자라면서 그는 조종사나 배트맨이 되고자 했다. 그는 작곡, 단독 하이킹, 그리고 산악 자전거를 즐긴다. 그는 비영리 조직을 설립하고 이끌고 있으며 많은 시간을 아이들을 가르치는 데 쓰고 있다. 대니얼은 또한 완전 맹인이다.

대니얼이 한 살이었을 때, 그는 암으로 인해 두 눈을 제거해야 했다. 그는 박쥐나 돌고래가 사용하는 것과 조금 비슷한, 일종의 반향정위(echolocation) 혹은 소나(sonar)를 이용해서 '본다'. 그는 주변으로 움직일 때 (몇 초 간격으로) 입천장에 조용하게 혀를 찬다. 그 소리는 나무, 벽, 울타리, 가로등과 같은 물리적 표면에서 반사되고, 대니얼은 이 소리의 반향을 사용해서 주변 환경에 대한 심적 이미지를 만들어낸다. 그 반향음들이 대니얼에게 물체의 위치, 크기 및 모양, 심지어 그것들이 무엇으로 만들어졌는지를 알려준다. '순간 소나(flash sonar)' 기법을 써서 만들어진 이미지들은 보는 것처럼 정확하지는 않지만, 자신 주변의 공간에 대한 정보를 제공한다. 대니얼은 말하기를, "여러분은 연속적인 종류의 시각을 얻는데, 어두운 장면을 밝히기 위해 전등을 사용할 때와 비슷한 방식이다. 매 순간마다 (그 이미지는) 명료해지고 초점이 주어진다. … 여러분은 구조물의 깊이, 위치와 차원을 알게 된다. 여러분이 그러려고 한다면, 순간 소나에 대한 일종의 색깔과 비슷한 밀도와 결을 가진 꽤 강한 감각도 가질 수 있다"(Hurst, 2017). 시각적 비유들은 적절하다. 최근의 뇌-영상화 연구들은, 대니얼을 포함한 순간 소나의 맹인 사용자들이 반향정위를 능동적으로 쓸 때 자신의 뇌의 후두엽에 있는 '시각' 부위들을 활성화시킨다는 것을 보여준다(Thaler et al., 2011).

대니얼은 어릴 때부터 스스로 순간 소나를 배웠으며, 그 결과 능동적이고 독립적이게 될 수 있었다. 그는 이제 자신의 비영리 법인인 맹인을 위한 세상 접속(World Access for the Blind)을 통해 모든 연령의 맹인들이 반향정위를 사용하도록 가르친다. 대니얼과 반향정위를 쓰는 다른 맹인들은 충분한 연습을 하면 우리 모두가 뇌를 변화시켜 놀라운 일을 할 수 있으며, 심지어 우리 모두가 배트맨일 수 없을지라도 박쥐처럼 '볼' 수 있다는 것을 가르쳐준다.

감각과 지각은 별개의 활동이다
시각 경로 : 눈과 뇌 사이의 연결
시지각 : 보는 것을 재인하기
청각 : 귀에 들어오는 그 이상의 것
신체 감각 : 피부 깊이 그 이상의 것
화학 감각 : 풍미를 더하기

이 장에서 우리는 감각과 지각의 본질을 탐구할 것이다. 우리는 주변에 있는 세상의 물리적 에너지가 우리 감각기관에 의해 어떻게 부호화되고 뇌로 보내져서 의식적으로 자각되는지를 볼 것이다. 시각 시스템이 어떻게 작동하는지를 이해하는 데 상당한 비중을 둘 것이다. 그다음 우리는 어떻게 소리를 단어나 음악 혹은 소음으로 지각하는지를 논의하고, 잇따라 신체 감각을 논하면서 촉각, 통증 및 균형을 강조할 것이다. 냄새와 맛이라는 화학적 감각들로 이 장을 마칠 것인데, 이 감각들은 함께 작용하여 여러분이 먹는 음식을 음미할 수 있게 해준다. 그러나 이들을 다루기 전에 우리는 먼저 감각과 지각을 구별하고, 어떻게 지각이 감각 정보뿐만 아니라 지식과 경험에 의존하는지를 보여줄 것이다.

날 때부터 완전히 볼 수 없었던 대니얼 키쉬는 그의 고향 캘리포니아의 산에 혼자 여행 가는 것을 즐긴다.

Volker Corell Photography

- 감각과 지각을 구별한다.
- 변환이 무엇인지 설명한다.
- 감각과 지각을 측정하는 방법의 예를 든다.

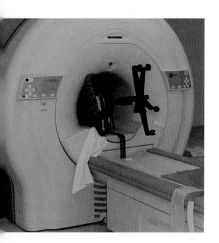

누군가가 MRI 시스템이 있는 방으로 사무실 의자가 굴러 들어가게 한다면, 그 의자는 방을 가로질러 자석으로 날라 가서 강한 자기장 안에 들어가자마자 단단히 들러붙는데, 사람은 그럴 수 없다. 이것이 그림과 같은 사고가 일어나는 이유이다.
Provided courtesy of Simply Physics at simplyphysics.com

감각   감각 기관에 대한 단순한 자극하기

지각   정신 표상을 형성하기 위한 감각의 조직화, 식별 및 해석

변환   감각 수용기들이 환경의 물리적 신호를 신경 신호로 바꾸는 과정. 이 신호가 중추신경계로 보내진다.

감각 순응   지속되는 자극에 대한 민감성은 유기체가 현재의 (변하지 않는) 조건에 순응하면서 시간에 걸쳐 쇠퇴하는 경향이 있다.

감각과 지각은 별개의 활동이다

감각(sensation)은 감각 기관을 단순히 자극하는 것이다. 그것은 여러분의 신체 부위가 물리 세상과 상호작용하면서 빛, 소리, 압력, 냄새, 혹은 맛을 기초적으로 등록한 것이다. 감각이 여러분의 뇌에 등록되는 것이라면, **지각**(perception)은 정신 표상을 형성하기 위해 감각을 조직화하고, 식별하고, 그리고 해석하는 것이다. 예컨대, 여러분의 눈은 바로 지금 이 문장을 가로질러 나아가고 있다. 여러분 안구에 있는 감각 수용기들은 지면에서 반사되는 여러 패턴의 빛을 등록하고 있다. 여러분의 뇌는 그 빛 정보를 통합하고 처리하여, 의미 있는 단어의 지각으로 만든다. 여러분의 눈(감각 기관)은 실제로 단어를 보지 않는다. 그것들은 단순히 지면에 있는 여러 선분과 곡선들을 부호화하는 것이다. 여러분의 뇌(지각 기관)는 그 선분과 곡선들을 단어와 개념이라는 응집성 있는 정신 표상으로 변형시킨다. 뇌 손상은 때때로 감각에서 오는 정보의 해석을 방해할 수 있다. 예를 들어, 뇌의 시각 처리 중추에 대한 특정한 종류의 손상은 눈에서 오는 정보의 해석을 방해할 수 있다. 이 경우, 감각은 온전하지만, 지각 능력은 손상되어 있으며, 그 사람은 자신이 보는 것을 이해할 수 없을 것이다.

감각 변환과 감각 순응

감각 수용기들은 어떻게 뇌와 소통하는가? **변환**(transduction)은 감각 수용기들이 환경의 물리 신호를 중추신경계로 보내는 신경 신호로 바꿀 때 일어나는 과정이다. 시각에서, 표면에서 반사된 빛은 물체의 모양, 색, 그리고 위치에 대한 정보를 눈에 제공한다. 청각에서, (성대에서 혹은 기타의 현에서 나오는) 진동은 공간을 가로질러 청자의 귀로 전파되는 공기 압력에서 변화를 일으킨다. 촉각에서, 피부에 대한 표면의 압력은 그 모양, 질감 및 온도를 신호한다. 미각과 후각에서 공기 중에 퍼지거나 침 속에 용해되는 분자들은 우리가 먹어도 좋거나 먹어서는 안 되는 물질의 정체를 드러낸다. 이 각각의 경우에 세상에서 오는 물리 에너지는 전기 신호로 변환되고, 이것은 뇌에 의해 해석되어서 여러분이 '저기 바깥'에 있는 세상이라고 지각하는 것을 구성한다.

우리의 감각은 관문처럼 작동한다. 그것은 제한된 양의 정보를 받아들이고 다른 정보를 받지 않는다. 예를 들어, 박쥐, 쥐, 및 생쥐는 인간은 들을 수 없는 고주파수 소리를 써서 서로 소통한다. 벌과 나비는 우리가 볼 수 없는 '색깔'을 보고 먹을 것을 찾는다. 어떤 동물은 우리가 감지할 수 없는 자기장을 감지해서 돌아다닌다. 지각이 착각이란 것은, 우리가 탐지하는 감각 신호들이 '저기 바깥'에 있는 것의 작은 부분 집합임에도 불구하고 우리가 풍부하고, 상세하고, 완전한 주변 세계를 지각한다는 말이다.

우리의 감각 시스템은 또한 다른 방식으로 관문처럼 작동한다. 그것은 일정한 자극보다 변화에 더 민감하다. 빵집으로 들어갈 때 갓 구운 빵의 향이 여러분을 압도하지만, 몇 분 후에 그 냄새는 약해진다. 여러분이 찬물로 뛰어들면, 그 온도는 처음에는 충격적이지만, 몇 분 후 여러분은 그것에 익숙해진다. 물을 마시기 위해 한 밤 중에 깰 때, 부엌의 불빛에 눈부시지만, 몇 분 후 여러분은 더 이상 실눈을 뜨지 않는다. 이 모든 것이 **감각 순응**(sensory adaptation), 즉 유기체가 현재의 (변하지 않는) 조건에 순응하면서 지속되는 자극에 대한 민감성은 시간에 걸쳐 쇠퇴하는 경향을 보이는 과정의 예들이다.

감각 순응은 유용한 과정이다. 감각 순응이 없다면 여러분의 감각 및 지각 세계가 어떤 모습이 될지 상상해보라. (여러분의 혀가 입 안에 놓여 있는 동안 여러분의 혀가 느끼는 것을, 혹은 여러분의 청바지가 다리에 스치는 것을 계속 자각해야 한다면 여러분은 매우 산만해질 것이다). 변화하지 않는 감각 신호는 보통 어떤 행동도 필요로 하지 않으며, 여러분의 몸은 그 신호들을

버린다. 이것은 우리 몸이 '저기 바깥'에 있는 것의 부분 집합만을 지각하는 또 다른 방식이다.

정신물리학

감각 시스템은 얼마나 민감한가? 정보는 얼마나 빨리 등록될 수 있는가? 순응은 얼마나 빨리 일어나는가? 이것들은 모두 **정신물리학**(psychophysics)을 써서 답할 수 있는 질문들인데, 이것은 자극의 물리적 특성들을 관찰자의 지각과 체계적으로 관련짓는 방법이다. 간단한 정신물리학 실험에서 연구자는 사람들에게 예컨대 희미한 광점을 보았는지 아닌지를 결정하라고 요구한다. 빛의 강도(밝기)는 체계적으로 변화되고, 관찰자의 반응(예 혹은 아니요)은 강도의 함수로 기록된다.

정신물리학에서 가장 단순한 측정치는 **절대역**(absolute threshold), 즉 시행 중 50%에서 어떤 자극(의 존재)을 겨우 탐지하는 데 필요한 최소한의 강도이다. **표 4.1**은 다섯 감각 각각에 대해 대략적인 절대역을 보여준다. 예컨대 소리를 탐지하는 절대역을 측정하기 위해, 관찰자는 컴퓨터와 연결된 헤드폰을 쓴다. 실험자는 한 소리를 반복 제시하는데, 컴퓨터를 써서 그 강도를 변화시키고, 관찰자가 각 강도 수준에서 그 음을 들었다고 얼마나 자주 보고하는지를 기록한다. 그런 실험의 결과가 **그림 4.1**에 그래프로 그려져 있다. 곡선 모양에서 듣지 못함에서 들음으로 바뀌는 것이 돌발적이지 않고 점진적이라는 것을 주목하라.

만일 여러 다른 음들에 대해 이런 실험을 되풀이한다면, 우리는 매우 낮은 음에서 매우 높은 음에 걸쳐 있는 음에 대한 역을 기록할 수 있다. 사람들은 인간의 목소리에 상응하는 범위의 음에 가장 민감한 경향이 있다. 이 음이 충분히 낮으면, 예컨대 파이프 오르간에서 가장 낮은 음과

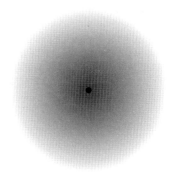

이미지의 가운데에 있는 검은 점을 응시하라. 몇 초 후에, 그 점 주위의 회색 구름이 사라질 것이다. 트록슬러 쇠퇴(Simons et al., 2006 참조)라고 불리는 이 현상은 감각 순응의 예이다.

표 4.1	대략적인 감각역
감각	절대역
시각	어둡고 맑은 밤에 약 48km 떨어져 있는 촛불
청각	아주 조용할 때 6m 떨어진 곳에서 시계의 똑딱거림
촉각	1cm 떨어진 곳에서 뺨에 떨어지는 파리의 날개
후각	6개의 방의 부피에 해당하는 공간에 퍼진 향수 한 방울
미각	약 7.6리터의 물에 용해된 1티스푼의 설탕

Research from Galanter (1962).

정신물리학 자극의 물리적 특성과 관찰자의 지각을 체계적으로 관련짓는 방법

절대역 시행들 중 50%로 어떤 자극을 겨우 탐지하는 데 필요한 최소한의 자극 강도

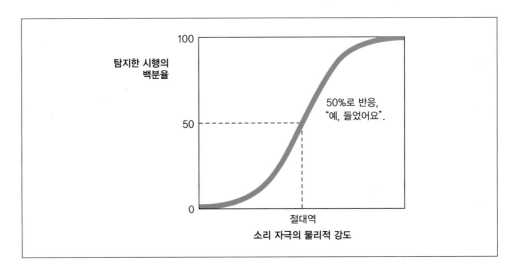

같다면 대부분의 사람은 그것을 전혀 들을 수 없을 것이다. 우리는 다만 느낄 수 있을 뿐이다. 만일 소리가 충분히 높다면, 우리는 또한 들을 수 없으나 개나 여러 다른 동물들은 들을 수 있다.

절대역은 우리가 약한 자극에 얼마나 반응적인지의 **민감도**(sensitivity)를 측정하는 데 유용하지만, 때때로 우리는 소리 강도가 살짝 다른 두 음 혹은 밝기가 살짝 다른 두 불빛의 경우와 같이 매우 비슷한 두 자극을 얼마나 잘 구별할 수 있는지의 **정밀도**(acuity)를 또한 알고 싶어 한다. **최소가지차이**(just noticeable difference, JND)는 자극에서 겨우 탐지될 수 있는 (예 : 그 소리 크기 혹은 밝기에서) 최소한의 변화이다.

JND는 고정된 양이 아니다. 그보다 그것은 자극의 강도에 달려있다. 이 관계성은 독일 생리학자 에른스트 베버(Ernst Weber)에 의해 처음 주목되었으며(Watson, 1978), 이제 **베버의 법칙**(Weber's law)이라고 한다. 즉 모든 감각 영역에 대해, 넓은 범위의 강도에 걸쳐서 겨우 탐지 가능한 어떤 자극의 변화(량)는 표준 자극에 대해 일정한 비율이다. 예를 들면, 여러분이 30g의 봉투를 집어든 다음 60g의 봉투를 집어 든다면, 아마 둘 간의 차이를 알아차릴 것인데 30g의 증가가 무게로 두 배가 되기 때문이다. 그러나 여러분이 10kg의 꾸러미를 집어든 다음 10kg과 30g(즉, 1,030g)의 꾸러미를 집어든다면, 아마도 둘 간의 차이를 전혀 탐지하지 못할 것인데, 30g의 증가는 원래 무게에 대해 작은 비율에 불과하기 때문이다.

신호 탐지

감지하지 못함에서 감지함으로 바뀌는 것은 점진적이다(그림 4.1 참조). 이것은 우리 신경계가 소란스럽기 때문이다. 대체로 말해 세상에 있는 여러 광경, 소리 및 냄새가 주의를 받고자 경쟁한다. 여러분은 다른 모든 것을 제쳐 놓고 단지 한 자극에만 주의를 기울이는 사치를 거의 누리지 못한다. 더욱이 여러분의 기대, 동기, 목적이 매 순간 여러분이 보고, 듣고, 냄새 맡은 것과 상호작용하여 지각에 영향을 줄 수 있다. 여러분은 감지하는 모든 것을 지각하지 못하기도 하며, 여러분이 감지하지 못한 것을 지각하는 경우조차 있다. (연인으로부터 혹은 취업 면접의 고지 같은) 문자를 기대하고 있을 때 휴대폰이 울렸다고 생각해서 확인했더니, 아무것도 없었던 적이 있지 않은가?

신호 탐지 이론(signal detection theory, SDT)은 소음, 기대, 동기 및 목적을 고려하면서 한 사람의 지각 민감도를 측정하는 정신물리학 실험에서 자료를 분석하는 방법이다. 감각 자극이 매우 강할 때(예 : 자동차 경적이나 섬광), 감각적 증거가 매우 강하며, 훨씬 더 낮은 강도를 가진 배경 소음은 중요하지 않다. 그러나 감각 자극이 약할 때, 소음 및 기대와 동기와 같은 다른 요인들은 여러분이 그런 자극들을 지각할지 말지에 영향을 준다. 신호 탐지 이론에 따르면, 여러분이 한 자극을 지각할지 말지는 두 가지 독립적인 요인들에 달려있다. 즉 그 자극에 대한 감각적 증거의 강도, 그리고 결정 준거라고 하는 그 자극이 출현했다고 여러분의 지각 시스템이 '결정'하는 데 필요한 증거의 양이다(Green & Swets, 1966; Macmillan & Creelman, 2005). 만일 감각적 증거가 결정 준거를 초과하면, 관찰자는 그 자극을 지각한다. 만일 증거가 준거에 못 미치면 관찰자는 그 자극을 지각하지 못한다. 결정 준거는 여러 요인에 달려있는데, 여러분의 기대(여러분이 중요한 전화를 기다리고 있는가?) 및 여러 종류의 오류 결과의 상대적 '나쁨'이 그렇다. 때로는 전화를 놓치는 것이 실수로 전화를 확인하는 것보다 더 좋다(여러분이 샤워하고 있고 바깥이 추울 때!). 그러나 때로는 전화를 놓치는 것이 더 나쁘다. '현실 세계 : 다중 작업'에서 신호 탐지를 방해할 수 있는 흔한 일상 과제의 예를 보라.

현실 세계

다중 작업

한 추정에 따르면, 운전 중 휴대폰을 사용하는 것은 사고를 일으킬 가능성을 네 배나 높인다(McEvoy et al., 2005). 고속도로 안전 전문가의 의견과 위와 같은 통계치에 대한 반응으로, 여러 주(州)의 입법가들은 운전 중 휴대폰 사용을 제한하거나 때로는 금지하는 법률을 통과시키고 있다. '이건 좋은 생각이야. 왜냐하면 모든 사람이 운전을 하기 때문이지…'라고 여러분은 생각할지 모른다. 그러나 여러분은 분명히 안전하고 예의바른 방식으로 운전하는 동시에 여러 통의 통화를 시도하고, 대화하고, 혹은 문자 메시지를 보낼 수 있다. 그렇지 않은가? 한마디로 틀렸다.

운전 중 휴대폰으로 말하기 위해서는 2개의 독립적인 감각 입력, 즉 시각과 청각의 출처를 동시에 교묘하게 다루어야 한다. 이것이 문제가 되는 이유는 주의가 청각으로 향해 있을 때 시각 영역의 활동이 감소한다(Shomstein & Yantis, 2004)는 것이 연구에서 밝혀졌기 때문이다. 이런 종류의 *다중 작업*(multitasking)은 운전 중에 갑자기 반응해야 할 때 문제를 일으킨다. 연구자들은 실제와 매우 흡사한 운전 시뮬레이터에서 숙련된 운전자들을 시험하면서, 여러 과제들 중 그들이 라디오를 듣거나 전화 통화를 하는 동안 브레이크 등과 멈춤 표지에 대한 반응 시간을 측정하였다(Strayer et al.,

2003). 운전자들은 다른 일을 하는 것보다 전화 통화를 하는 동안 유의하게 더 늦게 반응하였다. 이것은 전화 통화가 기억 인출, 숙고 및 할 말을 계획할 것을 요구하고, 종종 대화 주제에 대한 정서적인 개입을 일으키기 때문이다. 라디오를 듣기와 같은 과제는 주의를 훨씬 적게 요구한다.

손에 전화기를 들었는지 혹은 핸즈프리인지는 거의 차이가 없었으며, 실제 운전을 다룬 현장 연구들에서도 비슷한 결과들이 얻어졌다(Horrey & Wickens, 2006). 이것은 운전자가 핸즈프리 전화기를 쓰도록 하는 법이 사고를 줄이는 데 거의 효과가 없으리라는 것을 뜻한다. 이 상황은 문자 메시지가 관련될 때 한층 더 나빠졌다. 문자 메시지를 사용하지 않는 통제 조건과 비교할 때, 시뮬레이터에서 문자 메시지를 보내거나 받을 때 운전자들은 도로를 보는 데 훨씬 더 적은 시간을 썼으며, 차로를 지키는 것을 훨씬 더 힘들어하였으며, 여러 번의 차로 변경을 놓쳤으며, 앞 차와의 적정 거리를 유지하는 것을 훨씬 더 어려워하였다(Hosking, Young, & Regan, 2009). 다른 개관 연구는 운전 중의 문자하기가 미치는 손상 효과는 음주 효과에 비견할 만하며

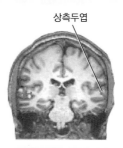 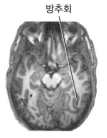

상측두엽　　　　방추회

참가자는 시각 및 청각 정보 간에 주의를 전환하도록 요구하는 과제를 수행하는 동안 fMRI 스캔을 받았다. 참가자가 청각 정보에 집중하였을 때, 청각 처리에 관여하는 측두엽의 한 영역은 활동이 증가(노랑/주황색)했으나, 시각 영역인 방추회는 활동이 감소(파란색)되었다.

Shomstein and Yantis, 2004, Control of Attention Shifts Between Vision and Audition in Human Cortex, The Journal of Neuroscience, 24 November 2004, 24(47): 10702–10706; Doi:10.1523/Jneurosci.2939-04.2004.

마리화나를 피우는 효과보다 더 크다고 결론지었다(Pascual-Perrá et al., 2012).

그렇다면 고속도로를 질주하는 수천 파운드의 금속 덩어리 안에서 우리는 다중 작업을 얼마나 잘하는가? 여러분이 각각 하나의 뇌를 가진 머리를 2개 가지고 있고, 그중 한 뇌는 말하고 다른 뇌는 운전에 집중하지 않는 한, 여러분은 전화가 아니라 도로에 눈을 떼지 말아야 할 것이다.

정리문제

1. 예컨대 건강한 눈을 가지고 있으나, 뇌 손상 후 더 이상 자기가 읽는 것을 이해할 수 없는 사람을 이용하여, 감각과 지각을 구별하라.
2. 감각 적응의 이점은 무엇인가?
3. 빛과 음파와 같은 감각 입력은 어떤 과정에 의해, 뇌로 가는 메시지가 되는가?
4. 절대역은 무엇인가?
5. 겨우 탐지 가능한 차이가 무엇인가?

학습목표

- 빛의 물리적 속성이 밝기, 색 및 채도라는 심리적 차원과 어떻게 관련되는지를 논의한다.
- 눈이 광파를 신경 흥분으로 어떻게 바꾸는지를 서술한다.
- 우리가 색을 어떻게 지각하는지를 논의한다.
- 배측 및 복측 시각 흐름의 기능을 서술한다.

시각 경로 : 눈과 뇌 사이의 연결

여러분의 숙련된 시각 시스템은 세상에 있는 에너지를 뇌의 신경 신호로 변환하도록 진화해 왔다. 인간은 빛 에너지의 파장에 반응하는 감각 수용기를 눈에 가지고 있다. 우리가 사람, 장소 및 사물들을 볼 때, 빛과 색의 패턴은 한 표면이 끝나고 다른 표면이 시작하는 곳에 대한 정보를 준다. 그 표면들에서 반사되는 빛의 배열은 그 모양을 보존하고, 우리가 한 장면에 대한 정신 표상을 형성할 수 있도록 한다(Rodieck, 1998 ; Snowdon et al., 2012). 그러므로 시각의 이해는 빛의 이해와 더불어 시작된다.

빛의 감지

가시광선은 전자기 스펙트럼 중 단지 우리가 볼 수 있는 부분에 불과하며, 극히 작은 일부분이다(**그림 4.2** 참조). 빛은 에너지의 파들로 생각될 수 있다. 대양의 파도처럼 빛의 파(광파)는 높이가 다를 수 있고, 봉우리 간의 간격, 즉 **파장**(wavelength)도 다를 수 있다. 광파는 세 가지 물리적 차원에서 달라질 수 있는데, 그것은 길이, 진폭, 및 순도이다(**표 4.2** 참조). 광파의 길이(파장)가 빛의 색상(hue), 즉 인간이 색으로 지각하는 것을 결정한다. 광파의 강도 혹은 **진폭**(amplitude)은 봉우리가 얼마나 높은가인데, 우리가 빛의 밝기(명도)로 지각하는 것을 결정한다. **순도**(purity)는 광원이 단지 한 파장을 방출하는지 혹은 복합적인 파장들을 방출하는지의 정도를 가리킨다. 매우 순수한 빛은 단지 하나의 파장으로 구성되는데, 순도, 즉 색의 풍부함이 매우 높은 것으로 인간에게 지각된다. (태양, 불, 백열등과 같은) 대부분의 광원은 여러 다른 빛의 파장으로 구성된다. 지각되는 색은 (순수하지 않은) 복합체에서 여러 파장의 상대적 양에 달려있다.

그림 4.2 전자기 스펙트럼 보라-파랑에서 빨강까지의 무지개 색으로 인간에게 보이는 은빛의 광파는 짧은 쪽으로는 꿀벌이 볼 수 있는 자외선에 의해 경계가 지어지며, 긴 쪽으로는 적외선에 의해 경계가 지어지는데, 이에 대해서는 야시경 장비들을 통해 볼 수 있다. 예를 들면, 야시경을 쓰는 사람은 완전한 어둠 속에서 다른 사람의 체열을 탐지할 수 있다. 광파는 극미하지만, 이 차트의 아래쪽에 있는, 나노미터(nm) 단위로 측정된 척도는 그 다양한 길이에 대해 어렴풋이 알 수 있게 해준다(1nm=1미터의 10억 분의 1).

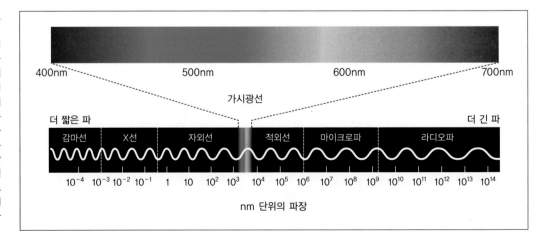

표 4.2	광파의 속성들	
물리 차원		**심리 차원**

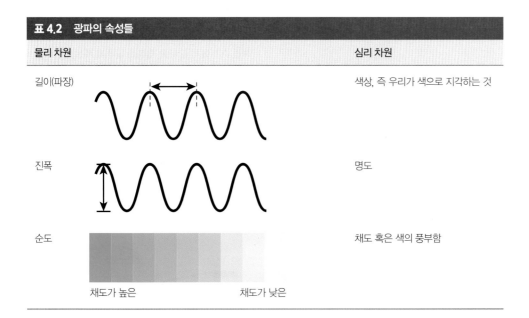

길이(파장)	색상, 즉 우리가 색으로 지각하는 것
진폭	명도
순도	채도 혹은 색의 풍부함

채도가 높은   채도가 낮은

눈은 빛을 탐지하고 초점을 맞춘다

눈은 빛을 탐지하는 데 전문화된 기관으로 진화했다. **그림 4.3a**는 인간의 눈의 단면을 보여준다. 눈에 도달하는 빛은 **각막**(cornea)이라 불리는, 맑고 부드러운 외부 조직을 먼저 통과하는데, 이것은 광파를 구부려서 동공을 통해 보낸다. **동공**(pupil)은 눈에서 채색된 부위에 있는 구멍이다. 이 채색된 부위는 **홍채**(iris)라고 하는데, 동공의 크기를 조절해서 눈에 들어가는 빛의 양을 조절하는 도넛 모양의 반투명 근육이다.

홍채 바로 뒤에, 눈 안에 있는 근육이 렌즈의 모양을 조절하여 빛이 휘어져 **망막**(retina), 즉 안구 뒤에 받쳐져 있는 빛에 민감한 조직층 위에 초점을 맞추도록 한다. 그 근육은 렌즈의 모양을 바꾸어 여러 거리에 있는 물체들에 초점을 맞추도록 하는데, 멀리 있는 물체에 대해서는 렌즈를 편평하게 하고 가까이 있는 물체에 대해서는 렌즈를 더 둥글게 한다. 이런 변화는 **조절**(accommodation)이라 불리는데, 눈이 망막 위에 선명한 상을 유지하는 과정이다. 그림 4.3b는 조절이 어떻게 작동하는가를 보여준다. 여러분의 안구가 조금 많이 길면, 이미지는 망막의 앞에 초점이 맞춰지는데, 이는 **근시**(myopia)를 낳는다. 만일 안구가 너무 짧으면 이미지는 망막 뒤에 초점이 맞춰지는데, 그 결과가 **원시**(hyperopia)이다. 안경과 콘택트렌즈는 여분의 렌즈를 제공하여 빛이 더 적절하게 초점을 맞출 수 있도록 도와주며, 라식과 같은 수술법은 눈에 있는 기존 각막의 모양을 외과적으로 교정한다.

왼쪽의 유채색 이미지는 여러분의 간상체(막대세포)와 추상체(원뿔세포)가 충분히 작동할 때 보게 되는 것이다. 오른쪽의 회색 톤의 이미지는 여러분의 막대세포만 작동할 때 보게 되는 것이다.
Mike Sonnenberg/iStockphoto/Getty Images

빛은 망막에서 신경 흥분으로 변환된다

빛의 파장은 어떻게 의미 있는 이미지가 되는가? 망막은 몸 바깥에 있는 빛의 세계와 중추신경계 내부에 있는 시각의 세계 사이에 있는 경계면이다. 망막에 있는 두 가지의 광수용기 세포(photoreceptor cell)는 빛을 흡수하여 신경 흥분으로 바꾸는 빛에 예민한 단백질을 가지고 있다. **추상체**(cone)는 색을 탐지하고, 정상적인 주간 조건에서 작동하며, 정밀한 세부에 초점을 맞출 수 있도

망막 안구 뒤에 받쳐져 있는 빛에 민감한 조직

조절 눈이 망막 위에 선명한 상을 유지하게 하는 과정

추상체 색을 탐지하고, 정상적인 주간 조건에서 작동하며, 정밀한 세부에 초점을 맞추게 하는 광수용기

a. 눈은 물체 표면에서 반사된 광파를 포획한다.

물체의 표면에서 반사된 빛은
투명한 **각막**을 통해 눈으로 들어가서
휘어진 다음, 색깔을 띤 홍채의
중앙에 있는 **동공**을 통과한다.

각막
홍채
렌즈
동공
망막
중심와

홍채 뒤에서 **렌즈**의 두께와 모양은
빛을 망막 위에서 초점을 맞추기 위해 조절된다.
망막의 상은 아래위가 뒤집혀지고
좌우가 역전되어 보인다.
시각은 **중심와**에서 가장 선명하다.

b. 근육은 렌즈의 모양을 바꾸어서
여러 거리에서 물체에 초점을 맞추게 하는데,
이는 조절이라 부르는 과정이다.

정상 시각을 가진 사람은, 가까운 물체나 멀리 있는 물체
모두에 대해 눈의 뒤편에 있는 망막에 이미지를 모은다.

근시인 사람은 가까이 있는 것을 선명하게 보지만, 멀리
있는 물체는 흐려지는데 거기로부터 오는 빛이 망막의
앞에서 모아지기 때문이다.

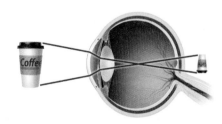

원시인 사람은 멀리 있는 물체가 선명하지만, 가까이
있는 물체는 흐려지는데 초점이 망막의 표면 너머에
있기 때문이다.

그림 4.3 눈은 광파를 신경 활동으로 변환한다
Omikron/Science Source

간상체 야간시를 위해 낮은 빛 조건에서
작동하는 광수용기

록 한다. **간상체**(rod)는 낮은 빛 조건에서만 야간시를 위해 작동한다(그림 4.3c 참조).

간상체는 추상체보다 훨씬 더 민감한 광수용기이지만, 색 정보를 전혀 주지 않으며 단지 회색
음영만을 감지한다. 언젠가 한밤에 깨어나 물 한잔 마시러 주방에 갈 때 이 점을 생각해보라. 창
에 비친 달빛만으로 갈 길을 찾아가면서 여러분은 방을 컬러로 보는가 아니면 흑백으로 보는가?

왼쪽의 이미지는 오른쪽 이미지보다 더 높
은 해상도로 찍은 것이다. 빛이 망막의 주
변부에 떨어지는 것에 비해 중심와에 떨어
지는 것과 비슷하다.

c. 망막은 눈과 뇌가 만나는 영역이다.

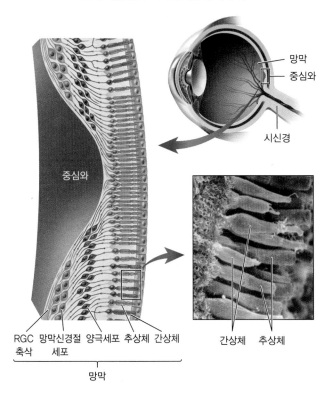

RGC 망막신경절 양극세포 추상체 간상체
축삭　세포
망막

간상체　추상체

망막 표면은 광수용기 세포, 즉 간상체와 추상체로 구성되어 있으며, 투명한 뉴런 층 아래에 양극세포, 망막신경절세포(RGC)가 순서대로 연결되어 있다. 망막신경절세포의 축삭은 모든 다른 RGC 축삭과 만나서 **시신경**을 이룬다. 시신경으로 인해 망막에 맹점이 생긴다.

중심와는 시력이 가장 좋은 영역인데, 가장 색에 민감한 추상체가 집중되어 있는 곳이며, 색뿐만 아니라 세부를 볼 수 있게 한다. 간상체는 낮은 조명 조건에서 주로 작동하는 광수용기인데, 망막에서 중심와 외의 모든 곳에 분포되어 있다.

d. 시신경은 신경 에너지를 뇌로 나른다.

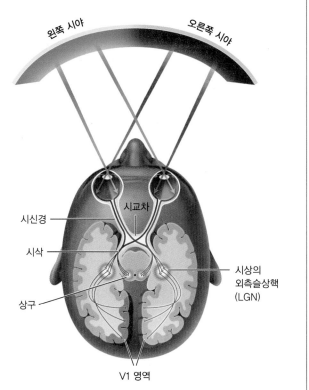

오른쪽 시야에 있는 물체들은 각 망막의 왼쪽 절반을 자극하며, 왼쪽 시야에 있는 물체들은 각 망막의 오른쪽 절반을 자극한다. 각 눈을 빠져나가는 시신경들은 망막에서 나오는 망막신경절 세포의 축삭들에 의해 형성된다. 시신경이 뇌로 들어가기 직전에, 각 눈에서 나오는 시신경들의 절반가량은 교차한다. 각 시신경의 왼쪽 절반(오른쪽 시야를 표상함)은 시상을 경유해서 뇌의 좌반구를 통과해 가고, 오른쪽 절반(왼쪽 시야를 표상함)들은 우반구를 관통하여 이 경로를 이동한다. 그래서 오른쪽 시야들에서 오는 정보는 좌반구에서 끝나고, 왼쪽 시야에서 오는 정보는 우반구에서 끝난다.

약 1억 2,000만 개의 간상체들이 각 눈의 망막에 대체로 고르게 분포되어 있는데, 망막의 중심인 **중심와**(fovea)만이 예외이다. 중심와는 시력이 가장 좋은 망막의 영역인데, 거기에는 간상체가 전혀 없다. 중심와에 간상체가 없으므로 조명이 낮은 조건에서는 시력의 예민성이 떨어진다.

　추상체는 간상체보다 그 수가 훨씬 더 적다. 각 망막에는 단지 600만 개의 추상체가 있는데, 이것들은 그림 4.3c에서 보듯이 중심와에 밀집해 있으며 망막의 나머지에서는 훨씬 성기게 분포되어 있다. 여러분이 똑바로 보는 물체에서 반사된 빛은 여러분의 중심와에 떨어진다. 중심와에서 추상체의 높은 밀도가 의미하는 바는 이 물체들이 오늘날의 스마트폰 카메라가 만들어주는 이미지와 비슷하게 매우 자세히 보인다는 것이다. 똑바로 향한 여러분의 초점을 벗어난, 다른 말로 하면 여러분의 주변시(peripheral vision)에 있는 물체들은 그렇게 선명하지 않다. 그처럼 주변부에 있는 물체들에서 반사되는 빛은 세포의 밀도가 더 낮은 중심와 바깥에 떨어지고, 그 결과 저가의 스마트폰 카메라와 비슷한 더 흐릿하고 알갱이가 보일 듯한 이미지를 낳는다.

　그림 4.3c에서 보듯이, 광수용기 세포(간상체와 추상체)는 망막에서 가장 안쪽의 층을 이룬다. 그것들 위에 양극세포(bipolar cell)와 망막 신경절세포(retinal ganglion cell, RGC)라고 하는 투명한

중심와　시력이 가장 좋은 망막의 영역인데, 거기에는 간상체가 전혀 없다.

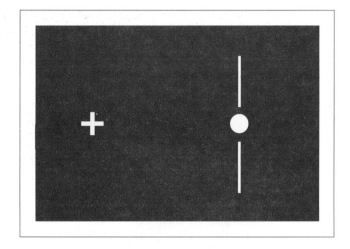

그림 4.4 맹점 시범 여러분 오른쪽 눈에 있는 맹점을 찾으려면 왼쪽 눈을 감고 오른쪽 눈으로 십자가를 응시하라. 이 책을 여러분 눈으로부터 15~30센티미터 떨어져 잡고 점이 사라질 때까지 여러분에게로 가까이 혹은 멀리 천천히 책을 움직여라. 점이 사라질 때, 그 점은 여러분의 맹점 안에 있고 그래서 보이지 않게 된다. 이 지점에서 수직선들은 하나의 연속선으로 보이게 될 것인데, 시지각 시스템이 사라진 점이 차지한 영역을 채우기 때문이다. 여러분의 왼쪽 눈의 맹점을 검사하려면, 책을 위아래로 뒤집은 다음 오른쪽 눈을 감고 위 과정을 되풀이하라.

맹점 망막에서 어떤 감각도 일으키지 않는 시야에서의 특정 위치

V1 영역 일차시각피질을 포함하는 후두엽의 한 부분

뉴런들의 층이 놓여 있다. 양극세포는 간상체와 추상체로부터 전기 신호를 모아서 망막 신경절세포로 보내는데, 망막 신경절세포는 신호들을 조직한 다음 뇌로 보낸다. RGC의 축삭들이 시신경(optic nerve)을 이루는데, 이것은 망막에 있는 작은 구멍을 통해 눈을 빠져나간다. 이 구멍에는 간상체도 추상체도 없으므로 빛을 감지할 수 있는 기제가 없기 때문에, 망막에 있는 이 구멍은 **맹점**(blind spot)을 낳는데, 이것은 망막에서 어떤 감각도 일으키지 않는 시야의 한 장소를 말한다. 여러분의 눈에서 맹점을 찾고 싶다면 **그림 4.4**에 있는 시범을 해 보라.

시신경은 신경 흥분을 뇌로 전달한다

각 눈에서 출발하는 시신경에서 축삭들의 절반은 오른쪽 시야에 있는 정보를 부호화하는 망막 신경절세포(RGC)들로부터 오며, 다른 절반은 왼쪽 시야에 있는 정보를 부호화한다. 오른쪽 시야의 정보는 뇌의 왼쪽 반구로 중계된다(그림 4.3d 참조). 정보는 먼저 외측슬상핵(LGN)으로 가는데, 이것은 각 반구의 시상에 있다. 제3장에서 보았듯이, 시상은 냄새를 제외한 모든 감각들로부터 입력을 받는다. LGN에서, 시각 신호는 뇌의 뒤쪽으로, 즉 일차시각피질을 포함하는 후두엽의 한 부위인 **V1 영역**(area V1)이라 불리는 곳으로 전달된다.

색채 지각

색은 광파 '안에' 있는 무엇이 아니다. 사실 색의 지각은 우리 뇌에서 만들어진다. 우리가 순수한 빛(즉, 한 번에 단 하나의 파장)을 본다면, 우리는 가장 짧은 가시 파장을 진한 보라로 지각한다. 파장이 증가하면서 우리가 지각하는 색은 점차적으로 그리고 연속적으로 파랑으로, 그다음 초록, 노랑, 주황, 그리고 가장 긴 가시 파장인 빨강으로 변한다. 색상 및 이와 관련된 파장들의 무지개는 가시 스펙트럼(visible spectrum)이라 하는데, 그림 4.2에 예시되어 있다. (대부분의 광원들에 의해 방출되는 것처럼) 파장들의 혼합체로부터 어떤 색을 지각할지는 혼합체에서 여러 파장들의 상대적인 양에 달려 있다. 예를 들어, 많은 다른 파장들이 가시 스펙트럼에 걸쳐서 똑같은 양만큼 포함된다면 빛은 흰색으로 보이는데, **그림 4.5**에 나타나 있다. 그림의 중앙에서 빨강, 초록, 파란 빛이 겹치는데, 여기에서 표면은 희게 보인다는 점을 유의하라. 그 이유는 표면이 장파장(빨강)에서 중간 파장(초록)을 거쳐서 단파장(파랑)에 이르기까지 넓은 범위의 가시 파장들을 반사하기 때문이다.

추상체는 색이 아니라, 추상체가 예민한 희미한 빛의 밝기만을 신호로 보낼 수 있다. 대조적으로 추상체는 세 가지 종류가 있는데, 한 종류는 장파장(L-추상체)에 특히 예민하고, 다른 것은 중간 파장(M-추상

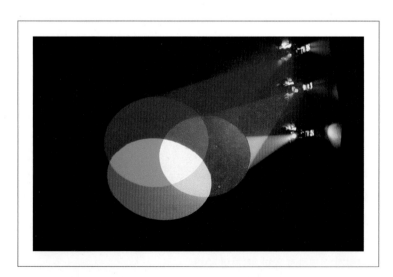

그림 4.5 색혼합 인간이 지각할 수 있는 수백만 가지의 색조들은 광원이 방출하거나 물체가 반사하는 빛의 파장의 산물이다. 유색 광점들은 표면이 특정한 파장의 빛을 반사하도록 함으로써 작동하는데, 이 파장이 빨강, 파랑, 또는 초록을 감지하는 추상체를 자극한다. 모든 가시 파장들이 있을 때, 우리는 흰색을 본다.

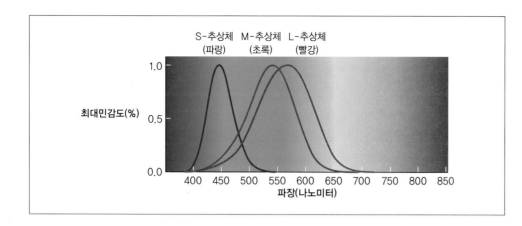

그림 4.6 색을 보기 우리가 색 스펙트럼을 지각하는 것은 물체들이 선택적으로 어떤 파장의 빛을 흡수하고 다른 것들을 반사하기 때문이다. 색 지각은 세 가지 종류의 추상체들의 상대적 활동에 대응한다. 세 가지 종류의 추상체의 민감도는 세 가지 유색 선에 의해 표시되어 있다. 각 유형은 단파장(푸른 빛), 중파장(초록 빛), 또는 장파장(붉은 빛) 범위에 가장 민감하다.

출처 : Stockman & Sharpe, 2000.

체), 그리고 또 다른 것은 단파장(S-추상체)에 특히 예민하다. (광원에서 직접 오는, 혹은 물체에서 반사된) 빛이 망막의 한 영역에 닿으면 **그림 4.6**이 보여주듯이 그 영역에 있는 L-, M-, 그리고 S- 추상체는 빛이 추상체가 예민한 파장을 포함하고 있는 정도만큼 흥분된다.

　망막에 있는 세 종류의 (L-, M-, S-) 추상체를 세 가지 정보 채널로 간주할 수 있다. 각 채널에서 상대적 활동량은 여러분이 보는 각 색깔에 대한 고유한 부호를 제공한다. 예컨대, 그림 4.6에서 예시되듯이, 570나노미터의 파장을 포함하는 빛은 L-추상체를 최대로 자극할 것이며, M-추상체는 다소 덜 강하게, 그리고 S-추상체는 전혀 반응하지 않을 것인데, 이것은 우리가 노랑-초록이라고 지각하는 한 가지 조합이다.

　추상체들 중 하나가 부족한, 그리고 매우 희귀한 경우지만, 추상체 중 2개나 3개 모두가 부족한 유전적 장애는 색 시각 결함(color vision deficiency)을 일으킨다. 이런 장애는 여성보다 남성에게 더 자주 발생한다. 색 시각 결함은 종종 색맹(color blindness)으로 지칭되지만, 사실상 단지 한 종류의 추상체가 부족한 사람은 그럼에도 여러 색들을 구별할 수 있는데, 세 종류의 추상체를 모두 구비하고 있는 사람만큼 많은 색을 보지는 못한다. 감각 순응 개념을 활용하면 일종의 일시적 색 결함을 만들어낼 수 있다. 몸의 나머지와 마찬가지로, 추상체도 가끔씩의 휴식이 필요하다. 한 색을 너무 오랫동안 쳐다보는 것은 그 색에 반응하는 추상체를 피로하게 해서, 색 잔상(color afterimage)이라고 하는 일종의 감각 순응을 낳는다. 이 효과를 직접 느껴보고 싶으면, **그림 4.7**에서 위에 있는 십자가를 쳐다보되, 눈을 가능한 한 정지 상태로 유지하라. 그다음 아래쪽의 십자가를 보라. 여러분은 몇 초 동안 지속하는 생생한 색 잔상을 볼 것이다.

　분홍빛 빨간색 조각이 초록색 잔상을 낳고, 노란색 조각이 파란색 잔상을 낳는다는 것을 알아차렸는가? 여러분이 빨간색 조각을 쳐다볼 때, 가장 강하게 흥분하던 추상체(L-추상체)는 시간이 가면서 피로해진다(감각 순응을 기억하라). 그다음 모든 파장들을 똑같이 반사하고, L-, M--S-추상체를 똑같이 흥분시키는, 흰 혹은 회색 조각을 쳐다볼 때, 피로해진 L-추상체는 M-추상체와 비교해서 비교적 약하게 반응한다. M-추상체가 L-추상체보다 더 활동적이기 때문에 여러분은 그 색 조각을 초록 기운이 있는 것으로 지각한다.

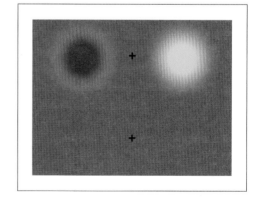

그림 4.7 색 잔상 시범 본문에 나와 있는 지시를 따르라, 그러면 감각 순응이 그 나머지 일을 할 것이다. 잔상이 약해질 때, 여러분은 본문으로 되돌아가라.

시각적 뇌

시신경은 신경 흥분을 뇌의 V1 영역으로 전달한다(그림 4.3d). 여기에서 정보는 시각 장면의 표상에 체계적으로 대응된다.

모양 지각의 신경 시스템

시각의 가장 중요한 기능 중 하나는 물체의 모양을 지각하는 것이다. 도넛과 셀러리 줄기를 제대로 구별할 수 없다면, 우리의 일상적 생활은 난장판이 될 것이다. 모양 지각은 물체 모서리의 위치와 방향에 달려 있다. 제3장에서 읽었듯이, 일차시각피질(V1)의 뉴런들은 공간에 있는 특정 방향의 막대 및 모서리에 선택적으로 반응한다(Hubel & Weisel, 1962, 1998). 이것이 의미하는 바는 어떤 뉴런은 (문이나 창문의 측면처럼) 수직 방향의 모서리를 지각할 때 발화하고, 다른 뉴런은 (문이나 창문의 윗부분처럼) 수평 방향의 모서리를 지각할 때 발화하며, 또 다른 뉴런은 45도의 대각선 방향의 모서리를 지각할 때 발화하는 식이라는 것이다(**그림 4.8** 참조). 이런 모서리 탐지기들 모두가 함께 작업한 결과로 여러분은 도넛과 셀러리 줄기를 구별할 수 있게 된다.

무엇, 어디, 그리고 어떻게 경로

V1 영역에서 시각 정보는 분산되어 32개 이상(!)의 구별되는 뇌 영역들을 거쳐 처리된다(Felleman & van Essen, 1991). 정보는 기능적으로 구별되는 두 가지 경로, 즉 시각 흐름(visual stream)을 거쳐 분산된다(**그림 4.9** 참조).

- 복측('아래') 흐름은 후두엽을 가로질러 측두엽의 아래쪽으로 이동하는데, 여기에는 물체의 모양과 정체를 표상하는 뇌의 영역이 포함된다. 이 흐름은 물체가 무엇인지를 표상하기 때문에, 종종 '무엇' 경로(what pathway)라고 불린다(Kravtiz et al., 2013; Ungerleider & Mishkin, 1982).

- 배측('위') 흐름은 후두엽에서 위쪽으로 (측두엽의 중간 및 상부 수준의 일부를 포함하는) 두정엽으로 이동하는데, 물체가 어디에 있는지와 그것이 어떻게 움직이는지를 식별하는 뇌 영역을 포함한다(Kravtiz et al., 2011). 배측 흐름은 우리가 공간적 관계를 지각할 수 있게 하므로 연구자들은 처음에 그것을 '어디' 경로(where pathway)라고 이름 붙였다(Ungerleider & Mishkin, 1982). 나중에 신경과학자들은, 배측 흐름이 조준하고 손을 뻗고, 또는 눈으로 추적하는 것과 같이 움직임을 유도하는 데 결정적이기 때문에 '어디' 경로보다 '행위의 지각' 경로라고 부르는 것이 더 적절하다고 주장했다(Milner & Goodale, 1995).

이 두 경로의 존재에 대한 가장 극적인 증거 중 일부는 뇌 손상을 입은 환자의 연구에서 나온

그림 4.8 단일 뉴런 특징 탐지기 V1 영역에는 특정한 방향의 모서리들에 반응하는 뉴런이 있다. 여기에서 원숭이가 여러 방향의 막대를 볼 때(오른쪽) 단일 뉴런의 반응(분홍색 선분으로 표시된 활동 전위)이 기록된다(왼쪽). 이 뉴런은 막대가 45도로 오른쪽을 가리킬 때 높은 비율로 활동 전위를 보이며, 막대가 수직일 때는 덜 자주 발화하며, 막대가 45도로 왼쪽을 가리킬 때는 거의 발화하지 않는다.

Fritz Goro/The Life Picture Collection/Getty Images

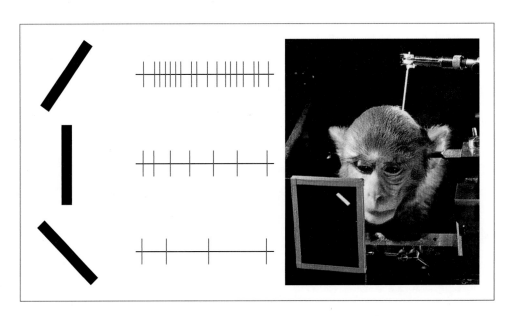

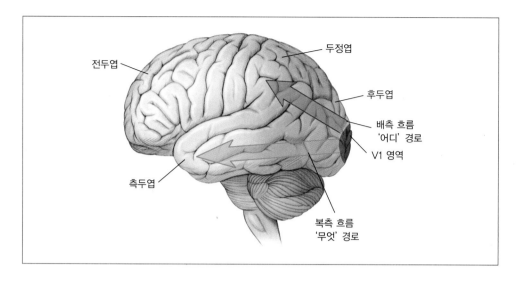

다. 예를 들어 D.F.라고 알려진 여성은 복측 흐름에 속하는 넓은 영역에 손상을 입었다(Goodale et al., 1991). 시력으로 물체를 재인하는 능력은 크게 손상되었는데, 촉각을 통해 물체를 식별하는 능력은 정상이었다. 이것은 물체에 대한 그녀의 기억이 아니라, 물체에 대한 그녀의 시각 표상이 손상되었다는 것을 가리킨다. 거꾸로 말해 배측 흐름에 뇌 손상이 있는 사람은 시각을 사용하여 뻗는 동작이나 붙잡는 동작을 안내하는 데 어려움을 겪지만, 그들의 복측 흐름은 온전하기 때문에 자신이 보는 것을 여전히 식별할 수 있다(Perenin & Vighetto, 1988). 이러한 두 가지 손상 패턴으로부터 복측 및 배측 흐름은 기능적으로 별개라고 결론을 내릴 수 있다. 한 흐름이 손상된 반면에, 다른 흐름은 온전할 수 있다. 그렇지만 보통 두 흐름은 시지각 과정에서 함께 작동해서 정체 확인을 위한 지각(복측 흐름)과 행위를 위한 지각(배측 흐름)이 통합된다.

정리문제

1. 광파의 물리적 · 심리적 속성은 무엇인가?
2. 눈에서 조절 과정이 중요한 이유는 무엇인가?
3. 광수용기 세포(간상체와 추상체)의 기능은 무엇인가?
4. 오른쪽 및 왼쪽 눈과, 오른쪽 시야와 왼쪽 시야의 관계는 무엇인가?

5. 세 가지 종류의 추상체에 따라 색체 지각은 어떻게 달라지는가?
6. 여러분의 눈에 있는 추상체가 피로해지면 어떤 일이 일어나는가?
7. 복측 및 배측 흐름의 중요한 일은 무엇인가?

시지각 : 보는 것을 재인하기

시각 시스템으로의 여행은 그것이 꽤 놀라운 업적을 어떻게 달성하는지를 이미 보여주었다. 그러나 우리가 시각 세상과 효과적으로 상호작용할 수 있도록 하려면 이 시스템은 훨씬 더 많은 것을 해야 한다. 이제 이 시스템이 개별적인 시각 특징들이 전체 대상이 되도록 어떻게 함께 결합하여, 우리로 하여금 그 대상들이 무엇인지를 알아보게 하고, 물체들을 시각 장면으로 조직하고, 그런 장면들에서 운동과 변화를 탐지하게 하는지를 살펴보자.

학습목표

- 우리가 눈으로 물체를 재인할 수 있게 하는 지각 조직화의 원리들을 열거한다.
- 깊이 지각에 필수적인 시각 단서들을 서술한다.
- 우리가 운동과 변화를 어떻게 지각하는지를 논의한다.

개별 특징을 하나의 전체로 결합하기

시각 시스템의 여러 부위에서 전문화된 특징 탐지기들이 가시적인 대상의 여러 특징들, 즉 방향, 색, 크기, 모양 등의 각각을 분석한다. 그렇지만 궁극적으로 이런 여러 특징들이 어떻게든 결

우리는 특징들을 통합된 물체로 제대로 결합한다. 예컨대 젊은 남자는 회색 셔츠를 입고 있고 젊은 여자는 빨간 셔츠를 입고 있다고 본다.

Thomas Barwick/Iconica/Getty Images

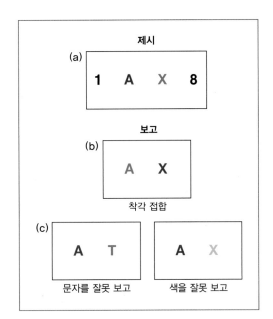

그림 4.10 착각 접합 착각 접합은 색깔과 모양과 같은 특징들이 잘못 결합될 때 일어난다. 예를 들어 참가자가 빨간 A와 파란 X를 제시받을 때, 그들은 가끔 파란 A와 빨간 X를 보았다고 보고한다. 다른 종류의 오류, 예컨대 잘못 보고된 문자(예 : T가 전혀 제시되지 않았는데, 'T'를 보고하는 것) 혹은 잘못 보고된 색깔(초록이 전혀 없었는데 '초록'을 보고하는 것)은 드물게 일어났는데, 이는 착각 접합이 추측의 결과가 아니라는 것을 시사한다 (Robertson, 2003에 기초함).

결합 문제 뇌가 특징들을 어떻게 서로 연결 지어 우리가 시각적 세상에서 마구 떠다니는 혹은 잘못 결합된 특징들 대신에 통합된 물체를 보는지의 문제

착각 접합 뇌가 여러 물체들의 특징을 잘못 결합하여 생긴 지각적 착오

주의 특정 정보에 대한 능동적이고 의식적인 처리

합되어 단일한, 통일된 대상의 지각이 되어야 할 것이다(Nassi & Callaway, 2009). 무엇이 우리로 하여금 사진 속의 젊은 남자가 회색 셔츠를 입고 있고 젊은 여자는 빨간 셔츠를 입고 있다는 것을 그렇게 쉽고 정확하게 지각할 수 있게 하는가? 왜 우리는 이리저리 떠다니는 빨강과 회색 조각들을 보지 않는가? 이것은 **결합 문제**(binding problem)의 한 측면인데, 이것은 어떻게 뇌가 특징들을 함께 연결하여 우리가 이리저리 떠다니거나 잘못 결합된 특징들 대신에 시각 세계에서 통일된 대상을 보게 되는가의 문제이다(Treisman, 1998, 2006).

일상생활에서, 우리는 통일된 대상이 되도록 매우 자동적으로 노력 없이 특징들을 올바르게 결합하므로 도대체 결합이 문제가 된다는 것을 인정하는 것이 어려울 정도이다. 그러나 가끔씩 발생하는 결합의 오류는 그 과정이 어떻게 작동하는지에 관한 중요한 단서들을 드러낼 수 있다. 그러한 오류 중 하나는 **착각 접합**(illusory conjunction)이라고 알려졌는데, 이것은 뇌가 여러 대상들의 특징을 잘못 결합하여 생기는 지각적 착오이다. 한 연구에서, 연구자들은 검정 숫자들이 빨간 A와 파란 X와 같은 유색 문자들을 측면에서 둘러싸고 있는 시각적 자극판을 실험 참가자들에게 매우 짧은 순간 보여주고, 참가자들에게 검정 숫자들을 먼저 보고하고, 그다음 유색 문자들을 보고하라고 지시했다(Treisman & Schmidt, 1982). 참가자들은 자주 착각 접합을 보고했는데, 이를테면 실제로 보여준 빨간 A와 파란 X 대신에 파란 A와 빨간 X를 봤다고 주장했다(**그림 4.10** 참조). 이런 착각 접합들은 단지 추측의 결과는 아니었다. 착각 접합은 자극판에 제시되지 않은 문자 혹은 색깔을 보고하는, 다른 종류의 오류들보다 더 자주 발생했다(그림 4.10c 참조).

왜 착각 접합이 일어나는가? 심리학자 앤 트리즈먼과 동료들은, **특정한 정보에 대한 능동적이고 의식적인 처리인 주의**(attention)가 특징들을 함께 결합하는 데 필요한 '접착제(glue)'를 제공한다고 주장하였다. 착각 접합은 함께 달라붙어야 할 특징들에 참가자들이 충분한 주의를 주기가 어려울 때 발생한다. 예를 들어, 방금 살펴봤던 실험들에서, 참가자들은 유색 문자들 양 측면의 숫자들을 처리하도록 요구받기 때문에 문자들에 대한 주의를 줄이게 되었고 그래서 착각 접합이 일어날 수 있었다. 실험 조건들이 바뀌어서 참가자들이 유색 문자들에 충분한 주의를 줄 수 있고 그 특징들을 바르게 결합할 수 있을 때, 착각 접합은 사라진다(Treisman, 1998; Treisman & Schmidt, 1982).

시각에 의한 물체 재인

다음 페이지 오른쪽 상단의 문자들을 잠깐 보자. 그것들은 매우 서로 다르게 생겼지만, 모두가 문자 'G'의 예들이라는 것을 대체로 힘들지 않게 알아차렸을 것이다. 이제 여러분의 가장 친한 친구의 얼굴을 사용하여 같은 종류의 시범을 한다고 생각해보자. 어느날 여러분의 친구가 아주 새로운 머리 모양을 했거나 안경을 쓰거나, 염색을 하거나, 코걸이를 했다고 가정해보자. 여러분의 친구는 이제 놀라우리만치 다르게 보이지만, 여러분은 여전히 그 사람을 쉽게 알아본다. 여러 가지로 다른 G의 경우처럼 여러분은 어떻게든 그 얼굴에 기저하는 특징들을 뽑아내어 여러분의 친구를 정확하게 식별할 수 있을 것이다.

이것은 사소해 보일지 모르나, 결코 작은 지각적 업적은 아니다. 기계는 여러 관점에서 본 물체를 재인하는 것이 혹은 여러 머리 모양을 한 여러분 친구의 경우처럼 한 사물의 여러 사례를 재인하는 것이 여전히 어렵다(Goodfellow et al., 2016). 어떻게 사람들은 어떤 G를 G가 되게 하

는 필수적 정보를 추출하여, 그렇게 정확하고도 쉽게 패턴을 재인하는가?

어떤 연구자들은 **모듈** 견해를 옹호한다. 전문화된 뇌 영역, 즉 모듈(modules)이 얼굴이나 집, 신체 부위 혹은 다른 물체까지도 탐지하고 표상한다(Kanwisher, 2010). 예를 들어 건강한 젊은 성인들의 시각 처리를 조사하기 위해 fMRI를 이용한 고전적 연구에서 측두엽의 한 하위 영역이 거의 어떤 다른 범주의 사물들보다 얼굴에 가장 강하게 반응하는 반면에, 인접 영역은 빌딩과 풍경에 가장 강하게 반응하는 것을 발견하였다(Kanwisher et al., 1997). 이후의 많은 연구 결과들이 복측 시각 흐름의 여러 영역이 여러 종류의 물체들, 예컨대 얼굴, 신체, 장면 및 도구에 우선적으로 반응한다는 생각과 일치한다(Kanwisher, 2010; Hutchison et al., 2014).

최근에 연구자들은 물체의 재인에서 개념적 지식, 즉 친숙한 물체에 대해 알고 있는 사실들과 여러 의미 있는 지식의 풍부한 저장고의 중요성도 탐구하고 있다(Clarke & Tyler, 2015; Schwartz & Yovel, 2016). 이 관점에 따르면, 우리가 물체를 재인할 때, 우리는 그것이 어떻게 보이는가를 지각할 뿐만 아니라 우리는 그것이 무엇인지, 즉 그것의 특성과 우리 행동에 대한 중요성을 이해한다. 차는 딱딱한 금속으로 만들어졌고, 빨리 움직이며, 여러분을 친다면 아마 상당한 손상을 일으킬 수 있으며 그래서 길에서 벗어나야 한다는 것을 알지 못한다면, 길을 가로지를 때 여러분에게 다가오는 것이 카나리아가 아니라, 차라는 것을 재인하는 것이 무슨 소용이 있겠는가! 한 물체의 시각 속성들은 뇌의 앞부분에 더 가까운, 복측 흐름의 상위 수준에서 개념적 지식의 활성화를 낳는다.

잠깐 살펴보면 이 문자들 전부가 G라는 것을 알아차릴 것이지만, 그것들의 다양한 크기, 모양, 모서리, 방향들로 인해 이 재인 과제는 어려워야만 한다. 물체 재인 과정과 관련해서 우리가 이 과제를 손쉽게 수행할 수 있도록 하는 것은 무엇인가?

지각 항상성 감각 신호의 측면들이 변함에도 불구하고 지각은 항상적이라는 원리

지각 대비 두 가지로부터 온 감각 정보는 매우 유사함에도 두 물체를 다르다고 지각하는 원리

지각 조직화 특징들을 집단화하고 분리하여 전체 물체를 의미 있는 방식으로 조직되게 만드는 과정

지각 항상성과 대비

앞 절은 **지각 항상성**(perceptual constancy, 혹은 지각 항등성), 즉 감각 신호의 측면들이 변함에도 불구하고, 지각은 항상적이라는 원리의 예를 제공한다. 내가 커피잔을 집어든 다음, 약간 다른 방향을 가리키도록 손잡이를 내려놓고, 나중에 그것을 다시 들려고 할 때, 컵이 지난번에 손을 뻗을 때와 비교해서 약간 다르게 보인다는 것을 알아채지 못한다. 마찬가지로 내가 밝은 햇빛 아래 친구를 보고, 그다음 어두운 클럽에서 역광으로 조명된 것을 볼 때, 친구의 얼굴에서 반사되는 빛(그리고 나의 망막에서 뇌로 가는 신호들)이 두 경우에 매우 다름에도 불구하고 그 친구는 나에게 거의 똑같게 보인다. 지각 항상성은 여러분의 지각 시스템이 감각 정보를 의미 있는 물체로 조직하고, 그다음 잠재적으로 방해적인, 필수적이지 않은 감각 자료를 완전히 벗겨낸 결과이다.

다른 상황에서, 우리 지각 시스템은 **지각 대비**(perceptual contrast), 즉 두 물체로부터 오는 감각 정보가 매우 비슷할 수 있음에도 불구하고, 우리는 그 물체들을 다르게 지각하는 원리를 보여준다. 지각 항상성의 경우처럼, 지각 대비는 여러분의 지각 시스템이 감각 정보를 의미 있는 물체로 조직하고, 그다음 잠재적으로 방해적인 혹은 심지어 오도하는 감각 정보를 벗겨내어 여러분이 실재 대상이 무엇인지를 더 정확하게 지각할 수 있게 한 결과이다('차이의 세계 : 드레스'를 보라).

지각 조직화의 원리

제1장에서 읽은, 게슈탈트 심리학(Gestalt psychology) 운동을 한 연구자들은, 우리가 개별적인 특징들의 단순한 집합이 아니라 의미 있는 방식으로 조직된 전체 물체를 지각하는 경향이 있다는 생각을 처음 알아본 사람들이었다. 우리는 한 물체에 함께 속하는 특징들을 지각적으로 집단화하고, 다른 사물에 속하는 특징들을 분리한다. **지각 조직화**(perceptual organization)는 특징들을 집단화하고 분리하여 전체 물체들이 의

우리 시각 시스템은 사람들이 헤어스타일, 피부 색깔과 같은 특징들을 바꾸어도 같은 사람으로 식별할 수 있도록 해준다. 이 두 사진에서 극단적인 변화에도 불구하고, 여러분은 이 두 사람이 모두 엠마 스톤을 나타낸다는 것을 아마 알아차릴 것이다.

Sundholm Magnus/action press/Shutterstock; Moviestore/Shutterstock

미 있는 방식으로 조직되게 하는 과정이다.

게슈탈트 지각적 집단화 규칙은 사람들이 사물을 지각적으로 어떻게 조직화하는 경향이 있는 지를 관장한다. 여기에 몇 가지 예가 있다.

- **단순성** : 한 물체의 모양에 대해 둘 혹은 그 이상으로 해석이 가능할 때, 시각 시스템은 가장 단순한 것 혹은 가장 그럴싸한 해석을 선택하는 경향이 있다. **그림 4.11a**에서 우리는 이 복잡한 모양을 2개의 분리된 모양, 즉 사각형 위에 있는 삼각형 대신에 화살표를 본다.
- **폐쇄성** : 우리는 시각적 장면에서 빠져 있는 요소들을 채워 넣는 경향이 있어서 방해물(예 : 틈)로 분리된 모서리들을 완전한 물체에 속하는 것으로 지각하게 된다. 그림 4.11b에서 우리는 틈이 있음에도 화살표를 본다.
- **연속성** : 우리는 같은 방향을 가진 모서리나 윤곽들을 지각적으로 함께 묶는 경향이 있다. 그림 4.11c에서 우리는 2개의 V 모양 대신에 2개의 교차하는 선분들을 지각한다.
- **유사성** : 색, 밝기, 모양, 혹은 결이 비슷한 영역들은 같은 물체에 속하는 것으로 지각된다. 그림 4.11d에서 우리는 3개의 줄, 즉 2개의 삼각형 줄을 옆에 끼고 있는 원들의 줄을 지각한다.
- **근접성** : 함께 가까이 있는 물체들은 함께 집단화되는 경향이 있다. 그림 4.11e에서 우리는 16개의 점들이 아니라, 각각 5개 혹은 6개의 점들로 된 3개의 집합 혹은 '덩어리'를 지각한다.
- **공통 운명** : 함께 움직이는 시각 이미지의 요소들은 움직이는 단일 물체의 부분들로 지각된다. 그림 4.11f에서 도로 표지판에서 일련의 반짝이는 불빛들은 움직이는 화살표(화살촉)로 지각된다.

형을 바탕으로부터 분리하기

지각 조직화는 시각으로 물체를 재인하고, 물체를 그 배경으로부터 시각적으로 분리하는 우리 능력에 강력한 도움이 된다. 게슈탈트 용어로 말하면, 이것은 형이 있는 배경(background) 혹은 바탕(ground)으로부터 형(figure)을 식별하는 것을 뜻한다. 예를 들면, 이 페이지에 있는 단어들은 형으로 지각된다. 그것들은 인쇄되어 있는 종이 바탕으로부터 두드러진다. 여러분은 물론 이런 요소들을 다르게 지각할 수 있다는 것도 확실하다. 단어 및 종이는 모두 페이지로 지각되는 물체

그림 4.11 지각 집단화 규칙들 게슈탈트 심리학자들에 의해 처음 확인되었으며, 이제 뇌가 입력 감각들에 대해 특정 방식으로 질서를 부과하도록 되어 있다는 것을 보여주는 풍부한 실험 증거들에 의해 지지받고 있는 원리. 이것은 아마도 세상을 돌아다니고 상호작용하는 동안 얻은 경험들에 주로 기초할 것인데, 어떤 원리들은 날 때부터 내장된 것일 수도 있다.

Tony Freeman/Photo Edit

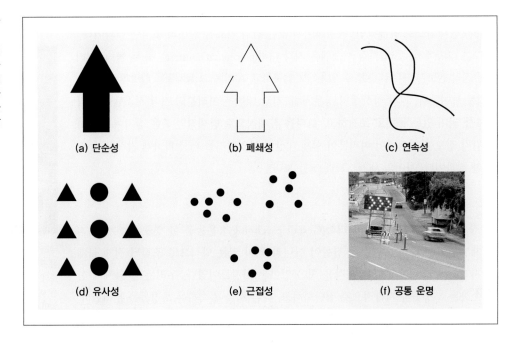

(a) 단순성　　(b) 폐쇄성　　(c) 연속성

(d) 유사성　　(e) 근접성　　(f) 공통 운명

차이의 세계

드레스

20 15년 2월 25일 텀블러 유저가 올린 드레스 사진은 소셜 미디어에 불을 질렀다. 그 사람은 자신의 친구들이 드레스의 색깔에 대해 둘로 나누어졌다고, 어떤 사람들은 그것을 희고 금색인 것으로 보았고 다른 사람들은 파랗고 검정인 것으로 보았다고 설명했다. 누가 옳은가? 그 다음 이틀 동안, 그 포스트는 텀블러에서 40만 개 이상의 응답을 받았다. 사람들은 자신의 지각이 옳은 것이라고 주장했지만 다른 사람들은 그것을 매우 다르게 볼 수 있다는 것을 믿지 못하였기 때문에, 거의 전세계 곳곳에서 친구들과 가족들이 드레스의 색깔에 대해 논쟁하였다. 그 드레스를 판 온라인 소매업자가 올린, 다른 조명 조건에서 찍은 드레스 사진을 보면, 그 드레스는 명백하게 파란색에 검정색이었다.

시각 과학자들은 드레스의 신비를 파헤치기 시작했고, 우리는 왜 사람들이 그 색깔을 그렇게 다르게 보는지를 아직 충분히 이해하지 못하지만, 어떤 실마리를 알고 있다. 드레스 색깔의 지각은 그 사진이 찍힌 방의 조명을 사람들이 어떻게 지각하는지에 의해 큰 영향을 받는다고 연구자들은 주장한다(Lafer-Sousa & Conway, 2017; Gegenfurtner et al., 2015; Uchikawa et al., 2017; Winkler et al., 2015).

여러분은 드레스 색깔을 어떻게 보는가? 배경 조명에 대한 지각이 우리가 보는 색에 영향을 준다.

조명은 매우 애매하고 그 결과 다르게 해석될 수 있다. 일광(햇빛)은 (파란색으로 지각되는) '차가운(cool)' 단파장 성분과 (노란 빛으로 지각되는) '따뜻한(warm)' 중파장 모두로 구성된다. 방의 조명을 '차갑고' '파란색 쪽으로' 지각하면, 여러분의 시각 시스템은 그 드레스에 중파장을 부여하는데, 그러면 그것은 하얀색/금색으로 보인다. 그러나 여러분이 방 조명을 '따뜻하고' '노란색 쪽으로' 지각하면, 여러분의 시각 시스템은 그 드레스에 단파장을 부여하고 여러분은 그것을 파란색/검정색으로 지각한다 (Uchikawa et al., 2017).

그렇지만, 이 가설은 왜 어떤 사람은 방 조명을 '차갑게' 보는 반면 다른 사람들은 그것을 '따뜻하게' 보는지에 대한 질문을 곧 제기한다. 비록 아직 충분히 이해되지 않지만, '그 드레스'는 지각 대비에서 중요한 교훈을 부각시켜 준다. 같은 자극이, 그것에 부딪히는 빛을 우리가 해석하는 방식에 따라, 매우 다른 색으로 보일 수 있다. 우리가 지각하는 색은 단순히 물체의 내재된 속성이 아니다. 그 대신 그것은 입력되는 감각 자료뿐만 아니라 우리의 과거 경험의 복잡한 패턴을 기반으로 색에 대해 우리 시각 시스템이 내리는 최선의 추측을 나타낸다.

의 부분이다. 보통 우리 지각 시스템은 어떤 물체들에 주의의 초점을 맞추는 데 반하여 다른 것들은 배경으로 여기고 무시한다.

크기는 무엇이 형이고 무엇이 바탕인가에 대한 한 가지 단서를 준다. 큰 종이에 있는 작은 문자들과 같이 더 작은 영역은 형이 되기 쉽다. 움직임도 도움을 준다. 여러분의 강사는 (바라건대) 활동적인 강사여서, 정지된 환경에서 이리저리 움직인다면, 여러분은 강사를 교실을 배경으로 하는 형으로 지각한다.

형과 바탕은 또한 역할을 바꿀 수 있다. 루빈의 꽃병으로 불리는 유명한 착각이 이것을 보여준다. 여러분은 **그림 4.12**에 있는 '얼굴–꽃병' 착시를 두 가지 방식으로 볼 수 있는데, 검은 배경 위에 있는 꽃병으로 혹은 서로 마주보는 한 쌍의 실루엣으로 볼 수 있다. 여러분의 시각 시스템은 이런 혹은 다른 해석에 도달하는 데 몇 초마다 그 둘 사이를 왔다 갔다 한다. 이런 일이 벌어지는 것은 보통은 형과 바탕을 분리하는 경계선이 꽃병의 윤곽과 얼굴의 윤곽을 똑같이 잘 나타내기 때문이다. fMRI 뇌영상법 연구에서 나온 증거들은 사람들이 루빈의 이미지를 꽃병으로 볼 때보다 얼굴로 볼 때, 측두엽에서 얼굴–선택적인 영역에서 더 큰 활동이 있음을 보여준다(Hasson et al., 2001).

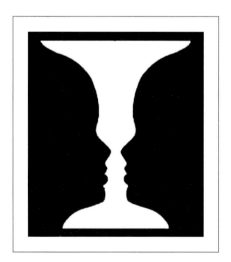

그림 4.12 애매한 경계선 이것이 루빈의 고전적인 착각이 작동하는 방식이다. 눈을 이미지의 중앙에 고정하라. 그러면 비록 감각 자극은 일정하게 유지되어도 여러분의 지각은 꽃병과 마주보는 실루엣 사이를 왔다 갔다 할 것이다.

단안 깊이 단서 한 눈으로 보았을 때 깊이에 관한 정보를 주는 장면의 여러 측면

깊이와 크기의 지각

세상에 있는 물체들(예 : 테이블)은 보통 3차원, 즉 길이, 폭, 깊이를 가지고 있지만, 망막 이미지는 단지 두 차원, 즉 길이와 폭만을 가지고 있다. 뇌는 편평한 2차원적인 망막 이미지를 어떻게 처리하여, 우리가 물체의 깊이를 지각하고 그것이 얼마나 멀리 있는지를 지각하게 되는 것일까? 그답은 우리가 학습된 추측을 해야 한다는 것이다. 여기에서 학습되었다고 하는 것은 우리가 3D 세상에서 두루 움직여 온 오랜 경험으로 여러 시각 단서가 깊이와 거리를 나타낸다는 것을 우리가배웠기 때문이다.

단안 깊이 단서

단안 깊이 단서(monocular depth cue)들은 한 눈으로 보았을 때 깊이에 관한 정보를 낳는 장면의 측면들을 말한다. 예를 들어 한 눈을 감은 채로 있어도, 여러분이 초점을 맞추고 있는 물체의 망막 이미지는 그 물체가 멀어짐에 따라 점점 더 작아지고, 그것이 가까이 오면 더 커진다. 우리 뇌는 통상 망막 이미지 크기에서의 이런 차이, 즉 상대적 크기를 사용하여 거리를 지각한다. 예를 들면, 대부분의 성인은 좁은 범위의 키(아마 1.5~1.8미터 높이) 안에 들어가므로, 망막 이미지는 단독으로 그들이 얼마나 멀리 있는지를 판단하는 데 보통 믿을 만한 단서가 된다. 우리 지각 시스템은 크기 차이를 자동적으로 보정하고 그 차이들을 거리의 차이들로 돌린다. **그림 4.13**은 이 효과가 얼마나 강력한지를 보여준다.

상대적 크기 외에도, 다음과 같은 몇 개의 단안 깊이 단서들이 더 있다.

- 선형 조망(linear perspective) : 평행하는 선들이 멀리 물러갈 때 수렴하는 것처럼 보인다(**그림 4.14a** 참조).
- 결 기울기(texture gradient) : 바싹 마른 땅과 같은 결은 가까이에서는 더 자세하게 보이지만, 더 멀리 있을 때에는 더 균일하고 더 부드럽게 보인다(그림 4.14b 참조).
- 중첩(interposition) : 한 물체가 다른 물체를 부분적으로 가릴 때, 가리는 물체가 가려지는 물체보다 더 가까이 있다(예 : 그림 4.14c에서 버찌는 사과보다 더 가까이 있다).
- 상대적 높이(relative height) : 여러분에게 더 가까이 있는 물체들은 시각 장면 (혹은 여러분의

그림 4.13 상대적 크기 여러분이 왼쪽 사진의 사람들처럼, 친숙한 크기의 사물들의 이미지를 볼 때, 여러분의 지각 시스템은 더 작은 물체는 더 가까이 있는 것과 같은 크기이지만 더 멀리 떨어져 있다고 자동적으로 해석한다. 이미지를 조금 조작함으로써, 오른쪽 사진에서 여러분은 상대적 크기가 여러분이 지각하는 것보다 훨씬 더 크다는 것을 알 수 있다. 파란 조끼를 입은 사람의 이미지는 두 사진에서 똑같은 크기이다.

The Photo Works

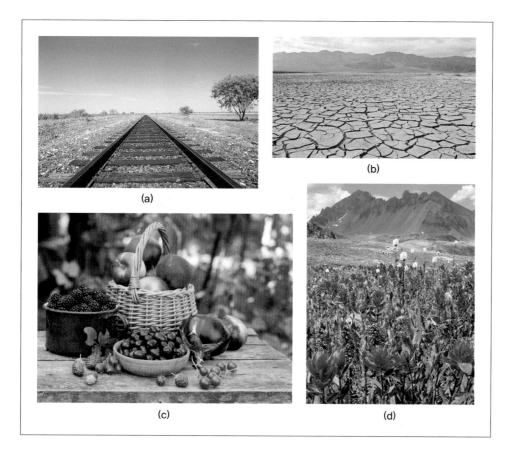

(a)

(b)

(c)

(d)

그림 4.14 **단안 깊이 단서** (a) 선형 조망, (b) 결 기울기, (c) 중첩, (d) 상대적 높이와 같은 단서를 이용하여, 단지 한 눈만 가지고도 거리, 깊이, 및 위치를 추측할 수 있다.

(a) DC Productions/Exactostock-1598/Superstock; (b) Age fotostock/Superstock; (c) NP-E07/iStock/Getty Images Plus; (d) Rob Blakers/Lonely Planet Images/ Getty Images

시야)에서 더 낮게 있고, 반면에 멀리 떨어진 물체는 여러분의 시야에서 더 높게 있다(그림 4.14d 참조).

양안 부등 두 눈의 망막 이미지의 차이로 서 깊이에 관한 정보를 준다.

양안 깊이 단서

우리는 **양안 부등**(binocular disparity), 즉 두 눈 간 망막 이미지의 차이를 통해서도 정보를 얻을 수 있다. 두 눈은 약간 떨어져 있기 때문에, 각 눈은 세상에 대해 약간 다른 장면을 등록한다. 뇌는 두 망막 이미지 간의 차이(부등성)를 계산하여 **그림 4.15**에서 보듯이 물체가 얼마나 멀리 있는가를 지각한다. 만일 그 이미지들이 두 망막에서 매우 비슷한 곳에 떨어져서, 부등성을 거의 보이지 않으면, 그 물체는 멀리 떨어져 있는 것으로 지각된다. 만일 그 이미지들이 망막들의 위치에서 더 많이 차이나면, 그 물체는 더 가까이 있다고 지각된다. 3D(입체) 영화는 생생한 깊이감을 낳기 위해 각 눈에 약간씩 다른 이미지를 보여주는 방법으로 작동한다.

깊이와 크기의 착각

크기와 거리 간의 애매한 관계성이 물체가 얼마나 멀리 있는가에 관해 시각 시스템을 속이는 정교한 착각을 만들어내는 데 사용되어 왔다. 이 착각들은 동일한 원리를 이용한다. 그것은 같은 크기의 망막 이미지를 비추는 두 물체를 볼 때, 여러분이 더 멀리 있다고 지각하는 물체는 더 크게 지각될 것이라는 것이다. 유명한 예가 에임스 방(Ames room)인데, 사각형이라기보다는 사다리꼴인 방이다(**그림 4.16a** 참조). 에임스 방의 한구석에 서 있는 사람은 다른 구석

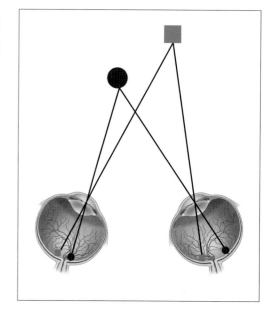

그림 4.15 **양안 부등** 우리는 세상을 3차원적으로 보는데, 눈이 약간 떨어져 있어서 한 물체의 이미지가 각 눈의 망막에서 약간 다른 위치에 떨어지기 때문이다. 이 그림에서 삼각형과 원의 이미지들은 각 눈에서 망막의 서로 다른 지점에 떨어진다. 망막 이미지의 위치에서 부등은 강력한 깊이 단서를 제공한다.

그림 4.16 놀라운 에임스 방 (a) 에임스 방의 실제 비례를 보여주는 도식은 에임스 방의 비밀을 드러낸다. 방의 네 벽은 두 측면은 평행하지만 뒤쪽 면은 정사각형에서 벗어난 사다리꼴을 이룬다. 편평하지 않은 바닥 때문에 멀리 있는 뒤쪽 구석보다 가까운 뒤쪽 구석 방의 높이가 더 짧다. (b) 단 한 눈으로 관찰 구멍을 통해(그림 a에서 노란 화살표를 보라) 에임스 방을 들여다보면, 관찰자는 정상적인 크기-거리 관계를, 즉 두 사람이 같은 거리만큼 떨어져 있다고 추측한다. 그래서 두 사람이 망막에 투사하는 이미지 크기들은 관찰자로 하여금, 한 사람은 매우 작고 다른 사람은 매우 크다고 결론짓도록 한다.

Stephanie Pilick/AFP/Getty Images

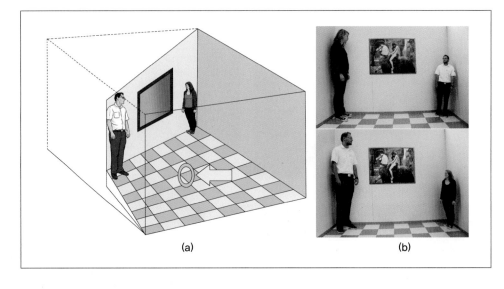

(a)   (b)

에임스 방과 유사한 사다리꼴로 마차를 만들어서, 호빗인 프로도(왼쪽)는 마법사 간달프(오른쪽)보다 훨씬 더 작게 보이게 한다는 것을 알겠는가? 이것은 *반지의 제왕*(워너브라더스)의 한 장면이다.

에 서 있는 사람보다 관찰자로부터 물리적으로 두 배나 멀리 떨어져 있다. 그러나 한쪽 벽에 있는 작은 구멍을 통해 한 눈으로 보면 에임스 방은 사각형으로 보이는데, 이것은 창문들과 바닥에 깔린 타일들의 모양이 관찰 구멍으로 보면 사각형으로 보이도록 교묘하게 손질되었기 때문이다(Ittelson, 1952). 그 결과, 왼쪽 구석에 서 있는 사람은 오른쪽 구석에 서 있는 사람보다 훨씬 더 크게 보인다(그림 4.16b 참조). 비슷한 기법이 영화 촬영에도 흔히 사용되어서, 같은 프레임 속의 물체들 혹은 사람들이 크기가 서로 다르게 보이도록 한다. 예를 들어, 반지의 제왕 영화 시리즈의 배우들은 실제로 키가 매우 다르지 않지만, 여러분은 호빗을 사람, 마법사, 엘프보다 훨씬 더 작게 지각한다.

운동과 변화의 지각

이제 여러분은 물체가 무엇이며, 어디에 있는지를, 우리가 어떻게 보는지에 관해 잘 이해할 것인데, 이것은 물체가 한 곳에 정지해 있을 때 본질적으로 더 쉬운 과정이다. 그러나 물론 실제로는 시간이 지나면서 물체는 위치를 바꾼다. 우리가 어떻게 운동을 지각하는지를 이해한다면 시각 지각이 일상생활에서 어떻게 작동하는지를 더 잘 인식할 수 있을 것이다.

운동 지각

운동을 감지하기 위해, 시각 시스템은 공간과 시간 모두에 관한 정보를 부호화해야 한다. 생각해볼 수 있는 가장 간단한 경우는 움직이는 물체를 지각하려고 하는, 움직이지 않는 관찰자이다.

한 물체가 정지된 관찰자의 시야를 가로질러 움직이면 그것은 먼저 망막의 한 지점을 자극하고, 그다음 곧 망막의 다른 지점을 자극한다. 뇌에 있는 신경회로들은 시간에 걸쳐 이러한 위치 변화를 탐지할 수 있고 특정한 운동 속도와 방향에 반응한다(Emerson et al., 1992). (앞에서 논의한 배측 흐름의 한 부분인) 측두엽의 뒤쪽 가까이에 있는 한 영역은 시각 운동의 지각에 전문화되어 있으며(Born & Bradley, 2005; Newsome & Parré, 1988), 이 영역에서의 뇌 손상은 정상적 운동 지각의 손상을 일으킨다(Zihl et al., 1983).

물론 실세계에서 여러분이 정지된 관찰자인 경우는 매우 드물다. 주변을 움직임에 따라 여러분의 머리와 눈은 항상 움직인다. 운동 지각 시스템은 눈, 머리, 및 몸의 위치와 운동을 고려함으로써 물체의 운동을 정확하게 지각하고 그것에 접근하거나 회피하도록 할 수 있게 해준다. 뇌는 여러분의 눈과 머리의 운동을 주시함으로써 그리고 망막 이미지에서의 운동에 그것들을 '제거'

함으로써 이런 일을 해낸다.

세상에서 물체의 움직임이 운동 지각을 일으키는 유일한 사건은 아니다. 라스베이거스 카지노의 네온사인에서 연속적으로 깜박거리는 불빛들은 강한 운동감을 불러일으킬 수 있는데, 사람들은 일련의 깜박이는 불빛을 전체로 움직이는 한 물체(그림 4.11f 참조)로 지각하기 때문이다. 이와 같이 여러 위치에서 매우 빠르게 연속하여 나타나는, 교대하는 신호들의 결과로 경험하는 운동 지각을 **가현 운동**(apparent motion)이라고 부른다. 영화 촬영과 애니메이션은 가현 운동에 달려있다. 영화는 1초에 24개의 정지 프레임(fps)을 비춰주는데, 우리 지각 시스템은 이것을 스크린상의 부드러운 운동으로 해석한다. 더 느린 속도는 더 끊기는 듯한 운동감을 줄 것이다. 더 빠른 속도는 자원 낭비가 될 것인데, 우리는 24fps에서 보이는 것보다 조금이라도 더 부드러운 운동을 지각하지 않을 것이기 때문이다.

변화맹과 무주의맹

시각 세계는 매우 풍부하다. 사실 너무 풍부해서 우리 지각 시스템은 그것을 모두 받아들일 수 없다. 비록 직관적으로 우리는 어떤 순간에라도 우리 주변에 있는 것을 충분히 의식하고 있다고 느낄지라도. 그러나 우리의 편안한 직관은 **변화맹**(change blindness)에 대한 실험적 시범으로 도전받는데, 이것은 사람들이 한 장면의 시각적 세부 사항의 변화를 탐지하지 못하는 것을 말한다(Rensink, 2002; Simons & Rensink, 2005). 변화맹은 장면의 주요한 세부 사항이 변화되었을 때에도 발생한다. 그런 변화는 우리가 놓칠 리가 없다고 잘못 생각하는 것들이다(Beek et al., 2007).

한 연구는 극적으로 이 아이디어를 실제로 보여주었는데, 실험자가 대학 캠퍼스에서 어떤 사람에게 길을 물었다(Simons & Levin, 1998). 그들이 말하는 동안, 두 사람이 두 번째 실험자를 가리는 문을 들고, 그들 사이를 지나갔다(**그림 4.17** 참조). 문 뒤에서, 그 두 실험자들은 자리를 바꾸었으며, 그래서 문을 들고 가는 남자들이 지나갔을 때, 바로 조금 전에 있었던 사람과는 다른 사람이 길을 묻고 있었다. 놀랍게도, 15명의 참가자들 중 단지 7명만이 이런 변화를 알아차렸다.

놀랍긴 하지만, 이런 발견들은 다시 한 번 시각 지각에서 초점 주의의 중요성을 예시한다. 물체의 특징을 결합하는 데 초점 주의가 핵심적이듯이, 물체와 장면의 변화를 탐지하는 데에도 초점 주의가 필요하다(Rensink, 2002; Simons & Rensink,

가현 운동 다른 위치에서 매우 빠르게 연속하여 나타나는 교대되는 신호들의 결과로 경험하는 운동 지각

변화맹 사람들이 한 장면의 시각적 세부 사항의 변화를 탐지하지 못하는 현상

캠퍼스를 걸으면서 휴대폰을 사용하고 있었던 대학생들은 휴대폰을 쓰지 않고 있었던 학생들보다, 외발 자전거를 타는 어릿광대를 더 자주 알아차리지 못하였다.

(a)　　(b)　　(c)

그림 4.17　변화맹 흰머리의 남자가 한 실험자에게 길을 가르쳐주고 있다가(a). 그 실험자는 움직이는 문 뒤에 사라지고(b), 다른 실험자로 대체된다(c). 다른 많은 사람들처럼 이 남자는 명백해 보이는 변화를 탐지하지 못하였다.

무주의맹 주의의 초점에 있지 않은 물체를 지각하지 못하는 현상

2005). 변화맹은 사람들이 변화가 일어나는 물체에 주의를 집중하지 못할 때 일어나기 쉽다 (Rensink et al., 1997).

의식적 시각 경험에서 초점 주의의 역할은 변화맹과 밀접하게 관련된 현상인 **무주의맹** (inattentional blindness)에 의해서도 예시되는데, 이것은 주의의 초점에 있지 않은 물체들을 지각하지 못하는 것을 말한다(Simons & Chabris, 1999). 우리는 이미 휴대폰을 사용하는 것이 운전할 때 좋지 않은 생각이라는 것을 보았다('현실 세계 : 다중 작업' 참조). 다른 연구에서 연구자들은 다른 경우에도 휴대폰 사용이 무주의맹을 초래하는지 질문했다(Hyman et al., 2010). 그들은 광대를 불러서 캠퍼스 가운데에서 외발자전거를 타도록 했다. 연구자들은 그곳을 막 통과해서 걸었던 151명의 학생들에게 그 광대를 보았는지를 물었다. 휴대폰을 사용하고 있었던 학생들의 75%는 광대를 알아차리지 못했는데, 이것은 휴대폰을 쓰지 않았던 학생들의 경우 50% 미만이 알아차리지 못한 것과 비교된다. 휴대폰을 쓰는 것은 초점 주의를 끌어가며, 무주의맹을 낳는데, 이것은 시각 환경에 대한 우리의 의식 경험은 초점 주의에 의해 선택된 특징들 혹은 물체들에게로 제한된다는 것을 다시 강조한다.

정리문제

1. 착각 접합에 관한 연구는 특징 결합에서 주의의 역할을 이해하는 데 어떤 도움을 주는가?
2. 친구들이 선글라스를 끼고 있을 때에도 우리는 어떻게 친구를 알아보는가?
3. 지각 조직화의 게슈탈트 규칙은 무엇인가?
4. 얼굴-꽃병 착시는 지각 조직화에 대해 무엇을 알려주는가?

5. 지각 항상성과 지각 대비는 무엇인가?
6. 단안 깊이 단서는 깊이 지각에 어떤 도움을 주는가?
7. 양안 부등은 깊이를 지각하는 데 어떤 역할을 하는가?
8. 카지노 네온사인에서 깜박거리는 불빛은 어떻게 운동의 느낌을 주는가?
9. 초점 주의의 실패는 무주의맹을 어떻게 설명할 수 있는가?

학습목표

- 음파의 물리적 속성들을 서술한다.
- 귀가 음파를 신경 흥분으로 어떻게 변환하는지를 서술한다.
- 소리의 물리적 속성들이 음높이, 음색, 및 음량과 어떻게 관련되는지를 설명한다.
- 청력 상실의 주요 원인들을 비교한다.

청각 : 귀에 들어오는 그 이상의 것

몇 분 동안 눈을 감고 어떤 소리가 들리는지를 주목하라. 시각과 달리, 청각은 어둠 속에서, 벽을 통해서, 그리고 모퉁이를 돌아서도 작동한다.

청 감각은 음파, 즉 시간에 걸쳐서 펼쳐지는 공기 압력의 변화에 달려있다. 박수 치는 두 손의 충격, 감동적인 연설을 하는 동안 성대의 진동, 스래시 메탈 콘서트 중 베이스 기타 줄의 공명 등 많은 것이 음파를 낳는다. 시각이 의미 있는 시각 대상의 지각에 관한 것처럼, 청각은 공기 압력의 변화를 의미 있는 소리 대상(혹은 음원)으로 변환시키는 것과 관련된다.

소리의 감지

소리굽쇠를 치는 것은 순수음을 만들어내는데, 이것은 규칙적으로 교대하는, 공기 압력이 더 높고 더 낮은 영역들로 구성되는 단순한 음파이며, 음원으로부터 모든 방향으로 밖으로 퍼진다. 만일 여러분의 귀가 이 확산되는 소리의 경로상에 있다면, 교대하는 압력파는 여러분의 귀청(고막)이 그 파와 시간을 맞추어 1초에 수백 번 혹은 심지어 수천 번 진동하게 만든다. 시지각에 영향을 주는 광파의 세 물리 차원들이 있듯이, 또한 청 지각의 차원들에 상응하는 음파의 세 물리 차원들이 있다. 그것은 주파수, 진폭 및 복합성이다(**표 4.3** 참조).

- 음파의 **주파수**(frequency, 혹은 반복 비율)는 공기 압력의 봉우리가 얼마나 자주 귀나 마이크를 통과하는가에 달려있는데, 초당 주기의 수, 즉 헤르츠(Hz)로 측정된다. 음파의 반복 비율

표 4.3	음파의 속성	
주파수(반복 비율)는 음높이 지각에 상응한다.	 저주파수(낮은 음의 소리)	 고주파수(높은 음의 소리)
진폭은 음량 지각에 상응한다.	 고진폭(큰 소리)	저진폭(약한 소리)
복합성은 음색 지각에 상응한다.	 단순(순수음)	복합(주파수들의 혼합)

은 **음높이**(pitch, 혹은 음고), 즉 음계의 순서로 볼 때 소리가 얼마나 높은지 혹은 낮은지로 지각된다.

- 음파의 **진폭**(amplitude)은, 인간 청력의 식역(0데시벨, 혹은 0dB로 설정됨)과 비교해서 그 강도를 가리킨다. 진폭은 **음량**(loudness), 즉 소리의 강도로 지각된다. 부드러운 바람에 바스락거리는 잎은 약 20dB이며, 정상적인 대화는 약 40dB로 측정되며, 그룹 슬레이어의 콘서트는 약 130dB인데 이것은 노출 시간에 따라 청각 시스템에 영구적인 손상을 낳기에 충분히 큰 소리이다.

- 음파의 복합성, 혹은 주파수들의 혼합은 **음색**(timbre)의 지각에 영향을 준다. 음색은 같은 음고와 음량을 가진 2개의 음원을 구별할 수 있게 해주는 소리의 질이다. 음색 때문에 여러분은 같은 키(key)로, 같은 음량으로, 같은 멜로디를 연주하는 피아노와 기타의 차이를 알아맞힐 수 있다. 음색은 (피아노이든, 기타이든, 혹은 육성이든) 부분적으로 소리 복합체에서 여러 주파수들의 상대적 양에 의해 결정된다. 이것은 색깔이 순수하지 않은 빛에 포함되어 있는 여러 파장들의 상대적 양에 달려있는 것과 다소 비슷하다.

실생활에서 만나는 대부분의 음원은 여러 다른 주파수들의 복합체이고, 여러 음원들이 공통되는 주파를 가질 수 있다. 어쨌든 우리는 청각 장면을 통일되지 않은 뒤죽박죽이 아니라, 여러 청각 장소에서 육성, 에스프레소 기계, 차량들과 같이 서로 구분되고, 재인 가능한 음원으로 지각한다. 뇌는 원래 소리를 어떻게 재구성해서 여러분은 다른 모든 소리 속에서도 친구의 말소리를 듣고 이해할 수 있는가? 이것은 청 지각의 중심 문제이다. 이것에 답하기 위해, 우리는 청각 시스템이 어떻게 음파를 신경신호로 변환하는지를 이해할 필요가 있다.

외이는 음파를 중이로 이동시킨다

인간의 귀는, **그림 4.18**에서 보듯이, 독특한 세 부분으로 나누어져 있다. 외이는 음파를 수집하여 중이 쪽으로 보내는데, 중이는 그 진동을 내이로 전달한다. 내이는 두개골 안에 있는데, 여기에서 음파들은 신경 흥분으로 변환된다.

외이는 머리 바깥에서 볼 수 있는 부분(귓바퀴라 불림), 귓구멍, 귀청(고막)으로 구성되는데, 귀청은 공기가 통하지 않는 피부 판막으로서 귓바퀴가 모아서 귓구멍으로 보낸 음파들에 대해

음높이 소리가 얼마나 높은지 혹은 낮은지의 정도

음량 소리의 강도

음색 같은 음높이와 음량을 가진 두 가지 음원을 구별하게 해 주는 소리의 질

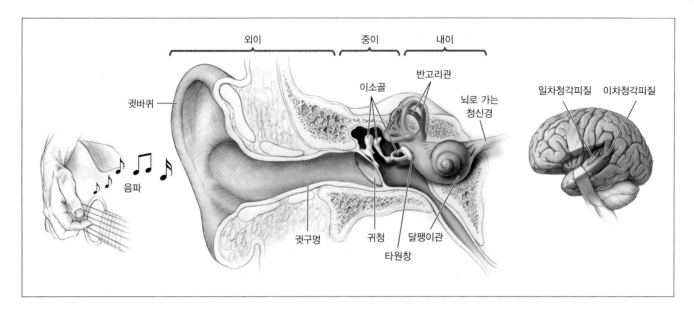

그림 4.18 인간 귀의 해부 구조 귓바퀴는 음파들이 귓구멍으로 집중시켜 귀청이 소리의 주파수에 맞추어 진동하게 한다. 중이에서 이소골들은 귀청의 진동을 포착해, 그것들을 증폭시키고, 전달하여, 타원창의 진동을 일으키고 그 결과로 내이의 액체로 채워진 달팽이관의 진동을 일으킨다. 여기에서 액체는 음파의 에너지를 청각 수용기(내용모세포)로 나르고, 청각 수용기는 그것을 전기적 활동으로 변환시키며 뇌로 가는 청신경을 이루는 뉴런을 흥분시킨다.

진동한다. 중이는 귀청 뒤에 공기가 채워진 작은 방인데, 이소골이라 불리는 몸에서 가장 작은 3개의 뼈를 포함한다. 그 모양에 따라 추골(망치), 침골(모루), 등골(등자형)이라 불리는 이소골은 서로 지렛대 모양으로 잘 끼워 맞춰져 있어서 진동을 귀청에서 내이로 기계적으로 전달하고 증폭시킨다. 증폭이 필요한 이유는 이소골이 난원창을 밀기 때문인데, 이것은 중이와 내이의 달팽이관을 분리하는 막이다. 이소골은 귀청에서 공기로 전달된 압력파를 받아서 그것을 액체 속의 압력파로 전달한다. 액체는 진동하기 위해 에너지가 더 많이 필요하다. 만일 여러분이 풀장 옆에 있어서, 수중에 있는 누군가에게 이야기하려고 한다면, 여러분 목소리의 압력파가 수중으로 전달되기 위해서 여러분은 정말로 외쳐야 한다는 것을 알 것이다.

소리는 내이에서 신경 흥분으로 변환된다

내이에는 나선 모양의 **달팽이관**(cochlea)이 있는데, 이것은 액체가 채워진 관으로서 소리 진동을 신경 흥분으로 변환하는 세포가 들어 있다. 달팽이관은 **기저막**(basilar membrane)에 의해 길이 방향으로 나누어진다. 기저막은 이소골이 중계하고 타원창을 통해 전달된 진동에 맞추어 위아래로 움직이는 내이에 있는 구조이다(**그림 4.19** 참조). 소리는 기저막이 위아래로 움직이도록 한다(Békésy, 1960). 자극을 주는 소리의 주파수가 기저막의 어느 곳에서 위아래 운동이 최대가 될지를 결정한다. 주파수가 낮을 때, 기저막에서 넓고, 부드러운 끝(정점, apex)이 가장 많이 움직인다. 주파수가 높을 때, 타원창(기저 부위)에 가장 가까운 좁고, 뻣뻣한 끝이 가장 많이 움직인다.

기저막이 위아래로 움직일 때, 이것은 수천 개의 **내용모세포**(inner hair cells), 즉 기저막에 들어 있는 전문화된 청각 수용기 세포들을 자극한다. 융모세포는 위에서 밖으로 삐져나온 긴 털을 가지고 있는데, 이것이 물살 속의 해초처럼 달팽이관에서 앞뒤로 휘어진다. 이와 같은 앞뒤 휘어짐이 뇌로 가는 청신경의 축삭에서 율동적인 활동 전위를 낳는다.

청신경은 신경 흥분을 뇌로 전달한다

내이에서, 청신경의 활동 전위는 뇌간의 여러 영역으로 이동한 다음, 시상으로 이동하고 마침내

달팽이관 액체가 채워진 관으로 소리의 진동을 신경 흥분으로 변환하는 세포가 있다.

기저막 내이에 있는 한 구조물로 이소골에서 난원창을 통해 중계된 진동에 맞추어 위아래로 움직인다.

내용모세포 기저막에 들어가 있는 전문화된 청각 수용기 뉴런

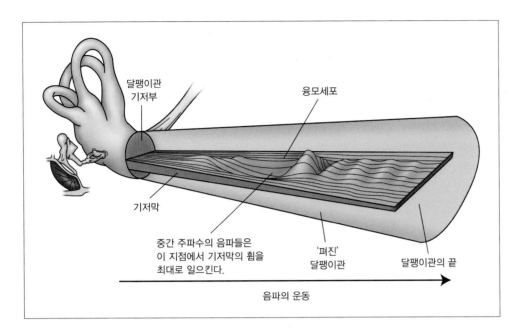

그림 4.19　청각 변환　달팽이관 안에서 (여기에서는 감긴 부분이 단면으로 보이고 풀린 것처럼 보인다) 기저막은 달팽이관 액체의 파 에너지에 반응하여 출렁거린다. 막의 여러 위치들은 서로 다른 주파수들에 민감하며, 기저막의 움직임은 그 위치들에 있는 융모세포의 융모들이 휘어지게 만든다. 이 휘어짐이 여기에 부착되어 있는 청신경의 축삭에 활동전위를 생성한다. 이 축삭들이 모여 달팽이관에서 나가는 청신경을 이룬다.

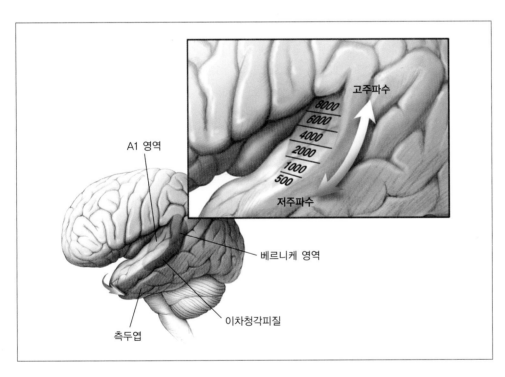

그림 4.20　일차청각피질　A1 영역은 각 반구의 측두엽 안으로 접혀 있다. 이 영역은 위상적인 조직화를 가지고 있는데(확대 그림), 저주파수는 뇌의 앞쪽으로 고주파수는 뒤쪽으로 대응이 되며, 달팽이관을 따라 이어진 기저막의 조직화를 반영한다 (그림 4.19 참조).

A1 영역(area A1)이라고 하는 측두엽에 위치한 일차청각피질로 간다(**그림 4.20** 참조).

　　청각피질이, 대체로 시각 시스템의 배측 및 복측 흐름과 유사하게, 2개의 구별되는 흐름으로 구성되어 있다는 증거가 있다. 공간적('어디') 청각 특징들은 공간에서 소리 출처의 위치를 찾을 수 있게 하는데, 측두엽의 뒤쪽에 있는 영역에서 처리되는데, 시각적 배측 흐름과 중첩될 수 있다. 소리가 무엇인지를 식별할 수 있게 하는 특징들은 측두엽의 하부(복측)에 있는 영역에서 처리되는데 복측 시각 경로와 중첩될 수 있다.

음원을 지각하기

시각 대상들이 그 모양, 크기, 색깔에 근거해서 식별될 수 있듯이, 목소리, 박수 소리, 혹은 기타

A1 영역　측두엽에 있는 일차청각피질

장소 부호 뇌가 전체 기저막에 걸쳐서 융모세포의 상대적 활동에 관한 정보(예 : 어떤 것은 더 활동적이고 다른 것은 덜 활동적이다)를 써서 여러분이 듣는 음높이를 판단하도록 돕는 과정

시간 부호 뇌가 청신경에서 활동전위의 시간 맞추기(정보)를 써서 여러분이 듣는 음높이를 판단하도록 돕는 과정

와 같은 음원은 그 음량, 음높이, 및 음색에 기반해서 식별될 수 있다.

- 음량은 융모세포에서 총 활동량에 의해 신호되는데, 빛의 밝기가 광수용기의 총활동량에 의해 신호되는 방식과 비슷하다.
- (예컨대 음표나 목소리의) 음높이는 청신경 활동의 두 측면에 의존하는 것처럼 보인다(Plack, 2018a). 첫째는, 다른 주파수의 소리는 기저막에서 각각 특정한 장소를 자극한다. 이것은 **장소 부호**(place code)를 제공하는데, 이것은 여러분이 듣는 소리의 음높이를 결정할 때 뇌가 전체 기저막에 걸쳐서 (어떤 세포가 가장 활동적인지 그리고 어떤 세포가 덜 활동적인지) 융모세포에 관한 정보를 사용하는 과정이다. 둘째로 융모세포는 입력되는 음파와 시간을 맞추어 움직이고 흥분한다. 이것은 **시간 부호**(temporal code)를 제공하는데, 이것은 여러분이 듣는 소리의 음높이를 결정할 때 뇌가 청신경의 활동전위의 시간 맞추기(timing)에 관한 정보를 사용하는 과정이다.
- 음색은 소리에서 여러 주파수 성분들의 상대적 양에 일부 의존하며, 그래서 음높이처럼 전체 기저막에 걸쳐서 융모세포들의 상대적 활동에 달려있다.

우리는 또한 음원의 위치를 결정할 필요가 있다. 시각에서처럼, 장소에 대한 단이(한 귀) 및 양이(두 귀) 단서들이 있다(Plack, 2018b). 첫째로, 여러분의 귓바퀴는 교묘하게 접혀 있어서 소리를 변화시키는데, 소리가 어디에서 오느냐에 따라 다른 주파수 성분들보다 특정 주파수 성분이 강조된다. 여러분은 이러한 변화들이 소리의 위치를 가리키는 것으로 해석하는 것을 학습해 왔다. 둘째로 소리의 속도는 빛의 속도보다 훨씬 더 느리다. 소리는 음원에서 더 멀리 있는 귀보다 더 가까이 있는 귀에 조금 더 일찍 도달한다. 이 시간 차이는 소리가 약간만 한쪽으로 치우칠 때조차 소리의 위치를 가리키는 데 매우 효과적이다. 셋째로 소리의 고주파 성분들은 소리에 더 멀리 있는 귀보다 더 가까이 있는 귀에 더 강한데, 청자의 머리가 고주파수들을 가리기 때문이다. 소리가 한쪽으로 더 멀리 비껴 있을수록, 고주파수 성분들의 크기에서 양쪽 귀 간의 차이는 더 크다. 때때로 여러분은 자신이 머리를 좌우로 돌려서 소리의 위치를 찾는다는 것을 알아차릴 것이다. 이렇게 함으로써 여러분은 귀에 들어오는 음파의 상대 강도와 때맞춤을 변화시키며, 가능한 음원에 관한 더 좋은 정보를 수집한다. 머리를 돌리는 것은 또한 눈을 써서 음원의 위치를 찾는 것을 도와준다.

물론 음량, 음높이, 음색 및 위치에 대한 이 모든 정보가 주어져도 뇌는 여전히 어떤 소리 성분들이 단일 음원에 함께 속하는지(지각 집단화) 그리고 어떤 것들은 다른 음원에 속하는지를 (그래서 여러분이 식당에서 들리는 다른 모든 소음들로부터 식사하는 친구들의 대화를 구분하게 해주는지를) 알아내야 한다. 시각에서처럼, 우리 지각 시스템은 조직화하고, 자동적으로 경험에 근거한 기대와 일치하는, 가장 단순하고 가장 의미 깊은 해석을 우리에게 전달한다.

이 장의 앞에서 배운 게슈탈트 규칙은 소리에도 적용된다. 예를 들어, 주파수 혹은 강도의 물리적 속성들에서, 혹은 음량, 음높이, 음색, 혹은 위치의 지각 속성들에서 유사한 소리들은 한 음원으로 함께 묶이며, 시간에서 함께 가까이 발생하는 소리들도 그렇다(근접성). 게다가 (악기 혹은 목소리에 의해 동시에 방출되는 여러 주파수들의 경우처럼) 함께 시작해서 함께 끝나는 소리들은 같은 음원에서 나오는 것으로 지각된다.

청력 손상

청력 상실에는 두 가지 주요한 원인이 있다. **전도성 청력 손상**(conductive hearing loss)은 귀청이나 이소골이 음파를 달팽이관으로 효과적으로 전도할 수 없을 정도로 손상되었을 때 일어난다. 많

은 경우, 약물치료나 수술로 이런 문제를 고칠 수 있다. 보청기로 하는 소리 증폭도 귀 주변의 뼈를 통해 직접 달팽이관으로 전도함으로써 청력을 높일 수 있다.

　감각신경성 청력 손상(sensorineural hearing loss)은 달팽이관, 융모세포 혹은 청신경의 손상으로 일어난다. 두 가지 주요 결과가 있다. 민감성이 떨어져서 소리를 들으려면 소리가 더 강해야 하며, 정밀도가 떨어져서 소리는 기저막에서 서로 엉키는데, 특히 다른 소리가 있을 때 목소리를 알아듣기가 더 힘들게 된다. 감각신경성 청력 손상에는 여러 원인이 있는데, 유전적인 장애, 감염, (특히 강한) 소리 노출로 인한 손상의 축적, 및 노화 (이 마지막 두 원인은 분리하기 힘든데 고령자들이 소리에 더 오랫동안 노출되어 왔기 때문이다) 등이 있다. 청력 보조장치(hearing aids)는 소리를 증폭시킬 수 있지만, 정밀도 문제를 고칠 수는 없다.

　청력 손상이 심각할 때, 달팽이관 이식(cochlear implant)이 얼마간 청력을 회복시킬 수 있다. 달팽이관 이식기구는 융모세포의 기능을 대체하는 전자 장치이다(Waltzman, 2006). 그 장치의 외

최신 과학

작은 귀에 있는 큰 기술

농아로 태어난 아기들의 90% 이상이 들을 수 있는, 즉 구어를 사용해서 의사소통하는 부모들에게 태어나는데, 그들의 아기들은 말을 들을 수 없다. 여러분이 제10장에서 배울 내용으로 그런 아기들은 언어장애에 취약한데, 출생 후 첫 몇 년 동안 부모와 다른 보호자와의 의사소통이 언어가 정상적으로 발달하는 데 결정적이기 때문이다. 이 부모들의 일부는 이를 보충하려고, 미국 수어(American Sign Language)와 같은 수어를 배워서, 그것을 아기에게 가르치고 아기와 함께 쓸 수 있다. 여러분이 만일 두 번째 언어를 배우려고 시도해 보았다면, 그것이 얼마나 어려운지를 알 것인데, 이제 신생아를 돌보는 동시에 제2언어를 배우려고 한다고 상상해보라! 이것은 때때로 현실적이거나 혹은 가능하지도 않은 대단한 양의 시간과 자원의 투입을 필요로 한다. 게다가 부모와 아기가 함께 수어를 사용하는 것을 성공적으로 배운다 할지라도, 청력(들을 수 있는) 공동체에 있는 조부모, 가족의 친구들 및 다른 사람들과의 관계는 어떻게 될 것인가?

　아기에게 달팽이관 이식을 하는 것은 부모와 다른 사람들이 그들의 모국어를 써서 아이와 상호작용하는 것을 가능하게 해주고, 언어 발달을 가능하게 한다. 신생아 청력 선별 프로그램은 이제 농아가 태어날 때 식별될 수 있으며 아기들은 통상 그들의 첫째 생일에, 때때로 더 일찍 달팽이관 이식을 받는다는 것을 뜻한다. 이것은 부모가 내리는 심각한 결정이다. 비록 이것은

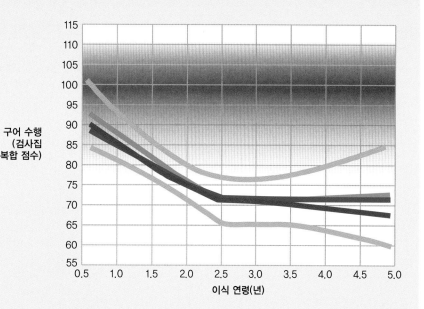

듣기를 가능하게 해주지만, 달팽이관 이식은 수막염과 같은 심각한 감염에 걸릴 확률을 더 높이는 것과 같은 위험이 있다. 그렇다면 그것은 위험을 감수할 가치가 있는가?

　연구자들은 생후 6개월과 5년 사이에 이식을 받은 160명의 아이들을 검사해서, 구어 능력과 달팽이관 이식을 받은 연령 간의 관계를 조사했다(Tobey et al., 2013). 그 결과가 그림에 나와 있다. 정상적인 청력이 있는 아이들의 경우 전형적인 점수의 범위는, 나이에 따라 조정되었을 때, 회색 음영의 직사각형으로 표시되었으며, 85와 115 사이의 범위를 가지고 있다. 파

란색 선은 4세에 검사받은 아이들의 수행을 보여주며, 고동색(밤색)은 5세 아동, 초록색은 6세 아동을 보여준다. 선들은 모두 꽤 유사한데, 검사 연령이 결과에 큰 영향을 주지 않는다는 것을 가리킨다. 중요한 것은 이식을 받은 연령이었다. 가장 어린 나이(1세 전후)에 이식을 받은 아이들은 정상 범위에 있는 수행을 보인 반면, 2세나 그 이후 연령에 이식을 받은 아이들은 그렇지 않았다. 이는 이식을 받기 위해 나이 먹기를 기다리는 것은 불이익임을 시사한다.

촉지각 손으로 물체를 접촉하거나 붙잡음으로써 환경을 적극적으로 탐색하는 것

부 부품들에는 마이크로폰과 (대략 USB 키 크기의) 언어처리기가 있는데, 귀 뒤에 착용되어 귀 뒤 두피에 놓이는 작고 납작한 외부 송신기가 있다. 이식되는 부품들에는 두개골 바로 안에 있는 수신기와 청신경을 자극하기 위해 달팽이관 안에 삽입되는 전극을 포함한 가는 전선이 있다. 마이크에 의해 포착된 소리는, 사실상 소형 컴퓨터에 해당하는 언어처리기에 의해 전기신호로 변환된다. 신호는 이식된 수신기로 전달되고, 이것은 달팽이관에 있는 전극을 작동시킨다. 달팽이관 이식은 이제 통상적으로 사용되고 있으며, 비록 배경 소리 듣기는 여전히 실로 어려운 문제이지만, 착용자가 말을 이해할 수 있을 정도로 청력을 향상시킬 수 있다(어떻게 달팽이관 이식이 아기가 부모와 보호자의 말을 배우게 하는지를 알아보려면 '최신 과학 : 작은 귀에 있는 큰 기술'을 보라).

정리문제

1. 음파의 세 속성들은 무엇인가?
2. 왜 같은 음표가 피아노와 기타에서 그렇게 다른 소리를 내는가?
3. 청력에서 외이, 중이, 내이의 역할은 무엇인가?
4. 귀에서 융모세포는 어떻게 우리가 듣게 해주는가?

5. 음파의 주파수는 우리가 듣는 것과 어떻게 관련되는가?
6. 우리는 어떻게 소리의 위치를 판정하는가?
7. 소리 증폭은 어떤 종류의 청력 손상에 도움을 주는가?
8. 감각신경성 청력 상실의 원인들은 무엇인가?

학습목표

- 촉각 수용기들이 뇌로 메시지를 보내는 방법을 서술한다.
- 왜 통증이 심리적인 지각인지를 논의한다.
- 균형을 유지하기 위해 어떻게 다양한 감각을 사용하는지를 설명한다.

신체 감각 : 피부 깊이 그 이상의 것

시각과 청각은 멀리 있는 세상에 관한 정보를 제공한다. 환경에 있는 빛과 소리 에너지에 반응함으로써 이 '원격' 감각들은 우리가 주변의 물체와 사람을 식별하고 위치를 파악할 수 있도록 한다. 이와 비교해서 체감각(somatosenses)이라고도 불리는 신체 감각들은 아주 가까이 있고 개인적인 것이다. **촉지각**(haptic perception)은 손으로 물체를 접촉하거나 붙잡음으로써 환경을 적극적으로 탐색하는 것이다. 우리는 피부에 있는 다양한 수용기들뿐만 아니라 근육, 건, 관절에 있는 감각 수용기들을 사용하여 주변 세상을 느낀다(**그림 4.21** 참조).

접촉을 감지하기

촉각은 피부 감각을 신경 신호들로 변환함으로써 시작한다. 피부 표면 아래에 있는 네 가지 수용기 덕분에 우리는 피부에 가해지는 통증, 압력, 결, 패턴 또는 진동을 감지할 수 있다(그림 4.21 참조). 각 수용기는 작은 조각의 피부에 대해 예민하다. 이렇게 전문화된 세포들의 수용장들은 함께 작동하여 여러분이 물체를 느끼거나 붙잡으려고 하면서 물체를 탐색할 때 풍부한 촉감 경험을 제공한다. 게다가 열수용기(thermoreceptor), 즉 온냉을 감지하는 신경섬유들은 피부 온도가 변할 때 반응한다. 이 모든 감각들은 지각 과정에서 당연히 끊김 없이 함께 섞이지만, 세밀한 생리학적 연구를 통해 촉각 시스템의 부분들을 성공적으로 분리해낼 수 있었다(Hollins, 2010; Johnson, 2002).

신체의 왼쪽 반은 뇌의 오른쪽 반에서 표상되며, 그 반대도 마찬가지이다. 제3장의 그림 3.13에서 보았듯이 신체의 여러 위치들이 두정엽에 있는 체감각 피질의 여러 위치에 감각 신호들을 보낸다. 시각 두뇌의 상당 부분이 시력이 가장 좋은 중심와 시각을 담당하듯이, 촉각 두뇌의 상당 부분은 미세한 공간적 세부에 대한 정밀도가 최고인 피부 표면 부위들을 담당한다. 손끝이나 입술을 나타내는 영역들은 높은 정밀도를 가지는 반면, 종아리와 같은 신체 영역을 나타나는 영역들은 더 낮은 정밀도를 가지고 있다. 여러분은 이것을 스스로 시험할 수 있다. 만일 젓가락 2개

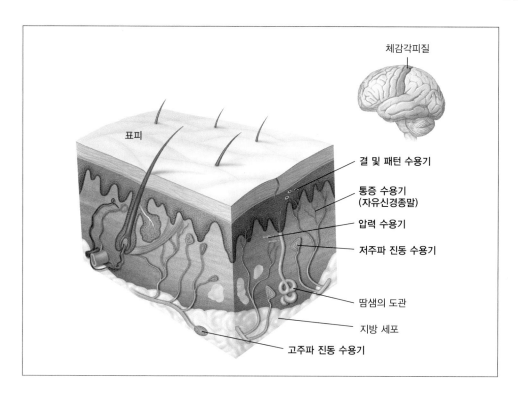

체감각피질

표피

결 및 패턴 수용기

통증 수용기
(자유신경종말)

압력 수용기

저주파 진동 수용기

땀샘의 도관

지방 세포

고주파 진동 수용기

그림 4.21　**촉각 수용기**　전문화된 감각 뉴런들이 압력, 온도, 피부에 대한 진동을 탐지하는, 촉각 수용기로 기능한다. 촉각 수용기의 긴 축삭은 척수 혹은 뇌신경을 경유해 뇌의 체감각 피질로 신호를 보낸다. 통증 수용기들은 통증을 느끼는 모든 신체 조직에 분포한다. 그것들은 표피 아래뿐만 아니라 뼈 주위, 근육 안, 내장기관에도 분포되어 있다.

를 두 끝이 약 1센티미터 떨어지도록 잡은 다음 여러분 손끝의 피부에 누르면, 여러분은 하나가 아니라 2개의 끝이 있음을 구별할 수 있을 것이다. 만일 여러분의 종아리에 똑같은 일을 한다면, 그 두 끝이 얼마나 벌어져야 여러분이 그것들을 구별할 것인가?

　우리가 시각과 청각에 대해 이미 살펴본 구분들과 유사하게 촉각에서도 '무엇' 및 '어디' 경로들 간의 구별이 있다는 증거들이 쌓이고 있다. 촉각에서 '무엇' 시스템은 표면과 물체의 속성들에 관한 정보를 제공한다. '어디' 시스템은 접촉되고 있는 외부 공간의 장소 혹은 자극되고 있는 신체의 한 장소에 관한 정보를 제공한다(Lederman & Klatzky, 2009).

통증

통증은 아마 가장 즐겁지 않은 감각이겠지만, 촉각의 이런 측면은 생존에서 가장 중요한 측면에 속한다. 통증은 신체의 손상 혹은 잠재적인 손상을 가리킨다. 통증에 대한 선천적인 둔감성은 구체적으로 통증 지각을 손상시키는 희귀한 유전적 장애인데, 이것을 가지고 태어난 아이들은 종종 자신을 해치며(예 : 혀를 깨물거나, 긁어서 피부를 후벼 판다) 아동기에 죽을 위험이 더 높다(Nagasako et al., 2003).

　조직 손상은 고통스러운 자극들을 감지하는, 그림 4.21에 보이는 자유신경 종말들에 의해 변환된다. 게다가 빨리 작동하는 A-델타 섬유들은 초기의 날카로운 통증을 전달하고, 더 느린 C 섬유들은 더 오래 가고 더 둔한 지속적인 통증을 전달한다. 여러분이 바깥에서 맨발로 달리다가 바위에 발가락을 찧었다면, 여러분은 처음에 A-델타 섬유들에 의해 전달되는 급격하고 찌르는 통증을 느낄 것인데, 이것은 빨리 약해진 다음 C 섬유에 의해 전달되는 욱신거리면서 더 오래 지속되는 통증에 의해 대체될 것이다.

　통증의 신경 신호들은 뇌에 있는 2개의 다른 영역으로 전달되며 2개의 독특한 심리적 경험을 일으킨다(**그림 4.22** 참조)(Treede et al., 1999). 한 통증 경로는 신호를 체감각 피질로 보내어 통증이 어디에서 일어나는지, 어떤 종류의 통증인지(날카로운지, 타는 듯한지, 둔한 것인지)를 식별

샌프란시스코에 있는 익스플로레이토리엄의 바닥에 있는 촉각 돔은 촉지각만 사용할 수 있는 환경으로 만들어졌다. 돔 안은 완전히 검다. 방문자들은 기어가고, 꼼지락거리고, 미끄러지고, 그밖의 방법으로, 단지 촉각만을 써서 친숙하지 않은 지면을 이동해야 한다. 한 시간이나 그 이상 그런 환경에 있다면 어떤 느낌이 들까?

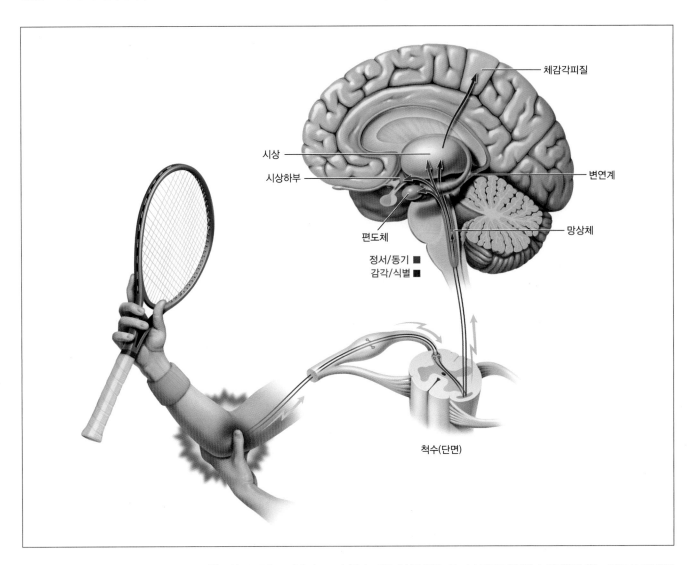

그림 4.22 통증은 두 가지 경로로 전달된다 통증의 신경신호는 두 가지 경로로 전달된다. 하나(빨간색)는 시상으로 이동해서 거기서 체감각피질로 이동하는데, 통증의 위치와 종류가 판단된다. 다른 것(파란색)은 뇌의 동기 및 정서 중추로 이동한다.

한다. 두 번째 통증 경로는 신호를 전두엽뿐만 아니라 시상하부와 편도체 같은 뇌의 동기 및 정서 중추로 보낸다. 이것이 통증이 불쾌하고 우리가 통증을 피하거나 벗어나려고 하게 만드는 측면이다.

통증은 보통 통증을 일으키는 조직 손상 지점으로부터 생겨나는 것처럼 느껴진다. 손가락을 데었다면 여러분은 통증이 거기에서 발생하는 것으로 지각할 것이다. 그러나 우리는 피부 외에도 여러 영역에 통증 수용기들을 가지고 있는데, 뼈 주위, 근육 내부 및 내부 장기에도 있다. 통증이 신체 내부에서 생길 때, 우리는 신체 표면에서 그것을 느낀다. 이런 종류의 **연관통**(referred pain)은 내부 손상에 기인하지만 신체 표면에서 통증을 느끼는 것인데, 내부 및 외부 영역에서 오는 감각 정보가 척수에 있는 동일한 신경 세포로 수렴할 때 발생한다. 흔한 예는 심장 발작이다. 피해자들은 종종 통증이 가슴 내부보다는 왼팔에서 퍼져 나오는 것으로 느낀다.

통증 지각에 대한 영향력 있는 한 가지 설명은 **출입문 제어 이론**(gate-control theory of pain)인데, 몸에 있는 통증 수용기로부터 오는 신호들은 피부 혹은 뇌에서 오는 피드백을 통해 척수에 있는 중간뉴런에 의해 중지될 수도, 혹은 차단될 수도 있다고 주장한다(Melzack & Wall, 1965). 통증은 피부 수용기에 의해 차단될 수 있다. 예를 들면 돌에 찧은 발가락을 문지르는 것은 '출입문을 닫는'

연관통 내부 손상으로 인해 신체 표면에 통증을 느끼는 것인데, 내부 및 외부 영역에서 오는 감각 정보가 척수에 있는 동일한 신경 세포로 수렴할 때 발생한다.

출입문 제어 이론 몸에 있는 통증 수용기로부터 오는 신호들은 피부 혹은 뇌로부터 오는 피드백을 통해 척수에 있는 중간뉴런에 의해 중지되거나, 제어될 수 있다는 생각에 기초한 통증 지각 이론

뉴런을 활동시켜서 통증 신호가 뇌로 전달되는 것을 막는다. 통증은 또한 뇌로부터 차단될 수 있다. 예를 들면 높은 스트레스와 같은 극단적 상황에서 자연적으로 분비되는 엔돌핀은 척수에 억제 신호들을 보내는 뇌 영역을 활동시켜서, 통증 신호가 뇌로 가는 것을 억제할 수 있다.

뇌로부터 오는 다른 종류의 피드백을 통증 감각을 증가시킬 수 있다. 이 시스템은 감염 및 학습된 위험 신호들과 같은 사건들에 의해 활성화된다. 우리가 매우 아플 때, 다른 경우라면 중간 정도의 불편함으로 경험할 법한 것이 매우 고통스러운 것으로 느껴질 수 있다. 이와 같은 통증 촉진은 짐작컨대 자신의 에너지를 치료에 전적으로 투입할 수 있도록, 아픈 사람이 쉬도록, 그리고 힘든 활동을 피하는 쪽으로 동기화시키도록 진화해 온 것 같다. 통증에 대한 출입문 제어 이론은 지각이 양방향 도로라는 것을 인정한다. 감각들은 통증 감각과 같은 정보를 뇌로 주고, 뇌는 이 감각 자료를 처리해서 지각이 되게 한다. 그러나 시각과 청각의 경우처럼, 통증에 대한 여러분의 지각은 또한 여러분의 지식, 여러분의 기대 및 여러분의 기분과 동기 상태와 같은 다른 요인들에 의해서도 영향을 받는다.

신체 위치, 운동 및 균형

눈을 감고 여러분의 다리와 발, 그리고 팔과 손의 위치를 주목해보라. 그것들이 공간에서 어디에 있는지를 느낄 수 있는가? 이것은 종종 언급되지 않는 감각인데, **고유감각** (proprioception)은 신체 위치에 대한 여러분의 감각이다. 공간에서 몸통, 사진, 손, 발의 위치(및 운동)에 대한 지각은 여러분 몸의 근육, 힘줄 및 관절에 있는 수용기들의 자극에 달려있다. (균형을 맞추기 위해) 어느 방향이 위인지와 머리 움직임에 대한 정보는 내이에서 비롯된다. 이 수용기들은 또한 우리가 원하는 움직임을 제대로 수행하고 있는지, 쥐고 있는 물체의 저항이 움직임에 어떻게 영향을 줄 것인지에 대한 되먹임 정보를 제공한다. 예를 들어, 여러분이 야구방망이를 휘두를 때, 방망이의 무게는 여러분의 근육이 팔을 어떻게 움직이는지에 영향을 준다. 여러분은 어떻게 여러분의 팔이 실제로 움직였는지에 대한 근육, 관절, 및 건이 주는 피드백을 사용해서, 연습하는 동안 수행을 향상시킬 수 있다.

균형을 유지하는 것은 주로 **전정 시스템**(vestibular system), 즉 각 내이의 달팽이관 옆에 위치한, 액체로 채워진 3개의 반고리관과 인접 기관들에 달려있다(그림 4.18 참조). 이 세 반고리관들은 3개의 수직 방향으로 배치되어 있고, 그 안에는 융모세포가 달려 있어서 머리가 움직이거나 가속할 때 액체의 운동을 탐지한다. 융모세포에서 융모의 휘어짐은 전정 신경에서 활동을 생성하고, 그다음 이것은 뇌로 전달된다. 이렇게 탐지된 운동은 우리가 균형을 유지할 수 있게 한다(Lackner & DiZio, 2005).

시각도 균형을 유지하는 데 도움을 준다. 만일 방의 벽과 같은 수직 방향과 비교해서 여러분이 흔들리고 있다는 것을 본다면, 넘어지지 않도록 여러분은 자세를 조정할 것이다. 심리학자들은 바닥은 고정되어 있지만 벽이 앞뒤로 흔들리는 방에 사람을 놓아두고, 균형에 대한 이런 시각적 측면에 대해 실험을 했다(Bertenthal et al., 1997; Lee & Aronson, 1974). 방이 충분히 흔들리면, 사람들 특히 어린아이들은 자신의 시각 시스템이 알려주는 것을 보상하려는 듯이 넘어질 것이다. 시각 단서가 제공하는 정보와 전정기관 피드백 사이의 불일치가 생길 때 멀미가 생길 수 있다. 다음에 여러분이 움직이는 차의 뒷좌석에서 글을 읽고자 한다면 이런 불일치를 기억하라!

고유감각 신체 위치에 대한 감각

전정 시스템 내이의 달팽이관 옆에 위치한, 액체로 채워진 3개의 반고리관과 인접 기관

방망이나 라켓으로 공을 치는 것은 이 물체들의 저항이 여러분의 운동과 균형에 어떻게 영향을 주는지 외에도 여러분의 팔과 몸이 공간의 어디에 있는지에 관한 피드백을 제공한다. 세레나 윌리엄스와 같이 성공적인 운동선수들은 특히 잘 발달된 신체 감각들을 가지고 있다.

Rick Rycroft/AP Images

정리문제

1. 시각, 청각 및 체감각의 차이는 무엇인가?
2. 어떤 종류의 물리 에너지가 촉각 수용기를 자극하는가?
3. 미세한 세부를 변별하는 것이 손끝과 입술에 왜 중요할까?
4. 촉각과 통증에서 피부 여러 부위의 역할은 무엇인가?

5. 왜 상처 난 곳을 문지르는 것이 때때로 통증을 줄이는 데 도움이 되는가?
6. 전정 시스템은 무엇인가?
7. 눈을 감은 채로 한 다리로 서 있는 것은 왜 그렇게 어려운가?

학습목표

- 방향(냄새) 분자들이 어떻게 신경 흥분들로 변환되는지를 서술한다.
- 개인적·사회적 경험에서 냄새의 중요성을 설명한다.
- 맛 감각이 혀에 의해 신경 흥분으로 어떻게 변환되는지를 서술한다.
- 어떤 감각들이 풍미의 지각에 기여하는지를 설명한다.

화학 감각 : 풍미를 더하기

시각과 청각은 세상의 물리적 에너지, 즉 광파와 음파로부터 시작하고, 촉각은 신체 표면 혹은 그 내부에서 물리적 에너지에 의해 작동된다. 우리가 살펴볼 마지막 두 감각은 우리 입에 들어오거나 (맛의 감각, 미각) 코에 흘러들어오는 (냄새의 감각, 후각) 화학물질에 달려있다. 맛과 냄새는 공통되는 진화론적 기반을 가지고 있는데, 이로 인해 원시 바다에서 헤엄치던 우리의 먼 조상인 단세포 유기체는 주변의 바닷물에서 이롭거나 해로운 화학물질을 감지할 수 있게 되었다. 냄새와 맛은 결합되어 우리가 **풍미**(flavor)라고 부르는 지각 경험을 낳는다.

냄새의 감지

후각은 이해된 바가 가장 적은 감각이지만 가장 흥미로운 것 중 하나이다. 제3장에서 기억하듯이 다른 감각들은 먼저 시상으로 연결되는 반면, 후각 정보는 전두엽, 편도체, 해마, 및 다른 전뇌 구조들로 거의 직접 입력된다. 이런 해부 구조는 냄새가 기억뿐 아니라 정서적·사회적 행동과 관련되는 영역들과 밀접한 관계를 가지고 있음을 가리킨다. 냄새는 어떤 생명체가 친숙한지 아닌지 (혹은 잠재적인 짝짓기 대상인지) 혹은 어떤 물질이 달콤할 것인지 혹은 독성이 있거나 위험할 가능성이 높은지를 알려줄 수 있다. 그리고 그것은 오래 전의 장소와 사람을 기억나게 하는 기묘한 능력을 가지고 있다.

수많은 물질들이 공기 중에 향(odor)을 방출한다. 자연적인 빛과 소리들이 파장들과 주파수들의 혼합체이듯이, 대부분의 자연적인 냄새(굽고 있는 빵, 커피, 방귀 등)는 실제로 여러 냄새 분자들의 혼합체이다. 방향제(취기제)들은 (그 자체로 썩은 달걀 같은 냄새가 나는) 황화수소, (아몬드 냄새가 나는) 벤즈알데히드, (바닐라 특유의 냄새가 나는) 바닐린과 같은 화학물질들이다. 냄새 분자들은 우리가 숨 쉬는 공기 중에 떠다니다가 우리 코로 들어온다. **그림 4.23**에서 보듯이 비강의 윗부분을 따라 있는 것이 후각상피라고 하는 점막인데, 여기에는 약 1,000만 개의 **후각 수용기 뉴런**(olfactory receptor neurons, ORNs), 즉 냄새 분자들을 신경 흥분으로 변화시키는 수용기 세포들이 있다(Dalton, 2003). 각 후각 뉴런(ORN)은 어떤 냄새(방향) 물질과는 결합하지만 다른 것과는 결합하지 않는 수용기들을 가지고 있는데, 마치 수용기들이 자물쇠이고 냄새(방향) 물질은 열쇠인 듯하다(그림 4.23 참조). ORN 축삭의 묶음들은 후각 상피에서 **후각구**(olfactory bulb), 즉 전두엽 아래, 비강 위에 있는 뇌 구조로 연결된다. 인간은 약 350개의 서로 다른 ORN 유형들을 가지고 있으며, 이것들은 각 냄새가 일으키는 신경 흥분의 독특한 조합을 통해 우리가 대략 1조(!)개의 냄새들을 식별할 수 있게 한다. 서로 다른 방향 물질은, 각 방향 물질이 일으키는 신경 활동의 독특한 패턴을 통하여 서로 구별될 수 있게끔 한다(Bushdid et al., 2014). 이런 설정은 단지 소수의 망막 수용기 세포 유형들만 가지고 광범위한 색들을 볼 수 있는 능력이나, 단지 한 줌밖에 안 되는 촉각 수용기 세포 유형들을 통해 광범위한 피부 감각을 느낄 수 있는 능력과 유사하다.

후각 수용기 뉴런(ORN) 냄새 분자를 신경흥분으로 변환하는 수용기 세포들

후각구 전두엽 아래 비강 위에 위치한 뇌 구조

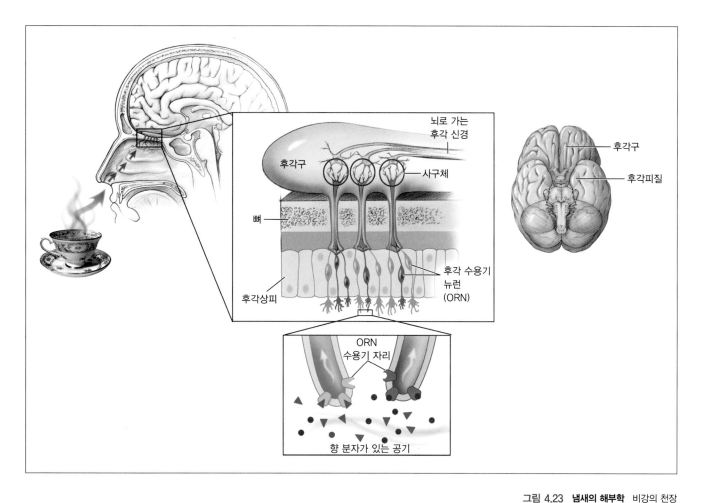

그림 4.23 **냄새의 해부학** 비강의 천장을 따라 향 분자들은 후각 상피를 이루는 점막에 녹은 다음, 상피에 있는 후각 수용기 뉴런(ORN)들에 결합한다. 여러 ORN들은 여러 향 분자에 대한 수용기를 가지고 있다. 한번 활성화되면, ORN은 정보를 후각구로 보낸다. 후각구의 뉴런은 후각 신경을 이루는 축삭을 가지고 있으며, 이 신경은 뇌로 바로 투사된다.

냄새를 지각하기

후각구는 출력을 뇌의 여러 중추로 보내는데, 여기에는 기본 추동, 정서 및 기억의 제어를 담당하는 부분들도 포함된다. 냄새와 정서 간의 관계는 왜 냄새가 우리에게 즉각적이고 강력하게, 긍정적 혹은 부정적인 효과를 미칠 수 있는지를 설명해준다. 다행스럽게도 다른 감각들의 경우와 마찬가지로 냄새의 경우에도 감각 순응이 작용한다. 연합된 것이 좋든 나쁘든, 단지 몇 분 후에 냄새는 약해진다. 냄새 순응은 일리가 있다. 그것은 우리는 행동할 필요가 생길 수 있는 새로운 냄새를 탐지하도록 하는데, 그러나 최초의 평가를 한 다음에는 민감성을 줄이는 것이 다른 냄새를 탐지하게 하는 데 최선일 것이다.

냄새에 대한 우리 경험은 ORN의 부위에 결합하는 실제의 방향 분자들에 의해서뿐만 아니라, 냄새에 대한 이전 경험들에 의해서도 결정된다(Gottfried, 2008; Rolls, 2015). 이런 아이디어와 일치하는 것으로서, 사람들은 동일한 냄새가 몸 냄새와 같은 호소력이 없는 이름보다는 체다 치즈와 같은 호소력이 있는 이름과 짝지어질 때, 그것을 더 즐겁게 평정했다(de Araujo et al., 2005; Herz & von Clef, 2001).

냄새는 사회 행동에도 일정한 역할을 할 것이다. 다른 동물들은 **페로몬**(pheromone)에서 나온 냄새를 탐지할 수 있는데, 이것은 어떤 동물 종의 다른 성원들에 의해 방출되는 생화학적 방향물질로서 동물의 행동이나 생리작용에 영향을 미칠 수 있는 것이다. 페로몬은 곤충들에게서, 그리고 쥐, 개 및 영장류를 포함한, 몇몇 포유류 종에게서 생식 및 사회 행동에 중요한 역할을 한다(Brennan & Zufall, 2006). 인간 페로몬의 경우 잘 수행되었고 반복검증 가능한 실험들에서 얻은 증거는 희박하지만(Wyatt, 2015), 인간 페로몬에 대한 어떤 증거는 모유 수유하는 엄마와 아기로부터 나온

페로몬 자기 종족의 다른 성원들에 의해 방출되는 생화학적 방향 물질로서 동물의 행동이나 생리작용에 영향을 미칠 수 있다.

맛봉오리 맛 변환의 기관

다. 인간 엄마는 젖꼭지 근처의 샘에서 어떤 물질을 생산한다. 젖이 나오는 엄마에서 채취한, 이 분비물을 (자신의 아이는 아닌) 생후 3일인 신생아의 코 아래 두면 아기는 수유하는 행동과 일치하는 머리와 입의 움직임으로 반응한다(Doucet et al., 2009). 이것은 분비된 물질에 있는 합성물의 하나가 아기에게 젖 먹는 행동을 격려하는 페로몬이라는 것을 시사한다. 사실, 처음으로 엄마가 된 사람이 이 물질을 분비하는 정도는 생후 며칠 동안 아기가 보이는 체중 증가의 비율과 상관이 있는 것처럼 보인다(Doucet et al., 2012).

맛의 감각

맛이라는 화학 감각의 일차적 책임들 중 하나는 여러분에게 안 좋은, 즉 '유독하고 치명적인' 것들을 식별하는 것이다. 맛 지각의 어떤 측면들은 유전적인데 (독을 가리킬 수 있는) 극단적 쓴맛에 대한 혐오가 그렇고, 어떤 측면들은 학습된 것인데 한때 욕지기를 일으킨 특정 음식에 대한 혐오가 그런 경우이다. 어떤 경우든 혀와 가능한 음식물 사이의 직접 접촉은 어떤 것이 해로울지 혹은 맛있을지를 예상할 수 있게 한다.

맛 시스템은 단지 다섯 가지의 주요한 맛 수용기를 가지고 있으며, 이것들은 다섯 가지 일차적인 맛 감각들, 즉 짠맛, 신맛, 쓴맛, 단맛 및 감칠맛(umami)에 상응한다. 처음 네 가지에 여러분은 아마 친숙할 것이지만, 감칠맛은 그렇지 않을 것이다. 감칠맛 수용기는 일본 과학자들에 의해 발견되었는데, 그들은 그것을 고농도의 단백질을 함유하는 음식, 예컨대 미소(일본식 된장-역주), 고기, 블루 치즈 및 오래된 체다치즈와 같은 치즈에 의해 유발되는 풍부한 풍미의 좋은 맛 때문이라고 귀인했다(Yamaguchi, 1998). 최근 연구는 지방맛(oleogustus)이라고 불리는 여섯 번째 맛이 있을 것이라고 주장하는데, 이것은 지방산(fatty acid)에 의해 유발되고 앞의 다섯 가지 일차 맛 감각과 구별되는 것이다(Running et al., 2015). (*Oleosus*는 '지방이 많은' 혹은 '기름기가 많은' 이란 뜻의 라틴어이다.)

혀는 유두라고 부르는 수천 개의 작은 돌기로 덮여 있는데, 맨눈으로도 쉽게 볼 수 있다. 대부분의 유두 안에는 수백 개의 **맛봉오리**(taste bud), 즉 맛 **변환** 기관이 있다(**그림 4.24** 참조). 각 맛봉오리는 몇 가지 종류의 맛 수용기 세포들을 가지고 있는데, 그 끝은 미세융모(microvilli)라고 불리는데, 미각물질(tastants)이라는 음식물의 화학 분자들에 반응한다. 입은 혀, 입천장 및 인후 상부에 꽤 고르게 분포되어 있는 5,000~1만 개의 맛봉오리를 가지고 있다(Bartoshuk & Beauchamp, 1994; Halpern, 2002). 각 맛봉오리는 50~100개의 맛 수용기 세포들을 가지고 있는데, 여러 가지 맛에 상응하는 수용기들이 꽤 고르게 분포되어 있어서, 어떤 맛이든 혀의 어떤 부분에서도 탐지될 수 있다.

맛 경험은 사람들 간에 큰 차이를 보인다. 약 50%의 사람들이 카페인, 사카린, 녹황색 채소, 및 다른 물질에서 약간 쓴맛을 느끼는 반면, 대략 25%는 아무 쓴맛도 느끼지 못한다. 첫째 집단의 사람들은 맛 감식가(taster)라고 불리고, 둘째 집단의 사람들은 비감식가로 불린다. 남은 25%의 사람들은 초감식가(supertaster)로서, 특히 진한 녹색의 채소들과 같은 그런 물질들이 너무 써서 먹지 못할 정도라고 한다(Bartoshuk, 2000). 유전적 요인이 맛 지각에서 개인차에 기여한다는 증거가 있지만(Kim et al., 2003), 이와 관련된 특정 유전자들에 관해서 탐구해야 할 많은 것이 있다(Hayes et al., 2008; Reed, 2008). 맛 지각은 나이와 더불어 약해진다(Methven et al., 2012; Barragán et al., 2018). 이것은 왜 어린아이들이 '식성이 까다롭게' 보이는지를 설명하는 데 도움이 되는데, 그들은 맛 감각에 더 높은 민감성을 가지고 있을 것이기 때문이다.

식성이 까다로운가 아니면 단지 맛봉오리가 너무 많은가? 우리의 맛 지각은 나이와 더불어 쇠퇴한다. 이로 인해 아동기는 맛의 환희의 시기 아니면 맛의 감각적 과부하 시기가 된다.

Leslie Banks/iStockPhoto

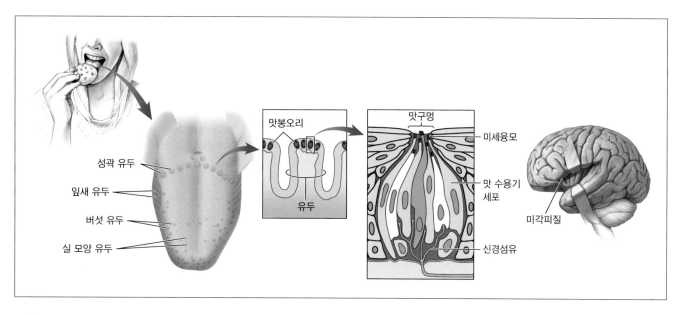

그림 4.24 맛봉오리 맛봉오리들이 여기 보이듯이 혀에 그리고 입의 뒤, 측면, 천장에 있는 돌기(유두)들에 박혀 있다. 각 맛봉오리는 미각 물질이라고 하는 음식의 다양한 화학 성분들에 반응하는 수용기 세포들을 가지고 있다. 미각 물질의 분자들은 침에서 녹으며 맛 수용기 세포들의 끝에 있는 미세융모를 자극한다. 각 맛봉오리는 뇌 신경에 연결되어 있는데, 이것은 맛 정보를 뇌간으로, 그다음 시상으로, 그리고 뇌의 전두엽에 있는 일차미각피질로 전달한다.

풍미를 지각하기

물론 맛 경험의 다양성은 여기에서 논의한 다섯 가지 기본적인 수용기들을 훨씬 초과한다. 침에 녹은 어떤 음식 분자들은 다섯 가지 맛 수용기 유형들에서 특정하게 조합된 활동 패턴을 불러일으킨다. 냄새가 보통 냄새 물질들의 복합체로 구성되듯이, 음식에는 흔히 미각 물질의 복합체가 있다. 게다가 맛은 풍미와 완전히 똑같은 것은 아니다. 맛은 여러분의 입에 있는 수용기들이 단독으로 기여한 것이다. 맛과 냄새는 협동하여 풍미라는 복합적인 지각을 낳는다. 여러분의 냄새 감각을 차단하는 심한 코감기를 겪는 동안에 식사를 해본 적이 있었는가? 그런 경우 음식은 무미하게 느껴지지 않는가?

음식 지각은 다중감각적인데 맛, 냄새, 질감(texture)이 관여한다. 신경영상법 연구는 음식물에서 나는 냄새에 민감한 뇌 영역은 (편도체 근처의) 일차후각피질뿐만 아니라 (전두엽의) 일차미각피질 그리고 (두정엽의) 일차체감각피질의 입 영역도 포함한다는 것을 시사해왔다(Cerf-Ducastel & Murphy, 2001; Small et al., 2005). 사실, 일차후각피질과 일차미각피질은 서로 연결되어 있으며, 미각피질은 '맛' 정보를 후각피질로 직접 전달한다.

풍미에 관한 마지막 요점은, 배우기가 매우 쉬운 것이라는 것이다. 제7장에서, 우리는 어떤 음식물(예 : 후무스)에 대한 평생 동안의 강력한 혐오가 어떻게 해서 단지 하나의 역겨운 경험으로부터 발달할 수 있는지를 논의했다. 이것은 일리가 있다. 어떤 것이 한번 여러분에게 나쁘다면, 아마 그것은 다음에도 그럴 것이므로, 여러분은 그것을 충분히 멀리하는 것을 재빨리 배울 것이다. 음식물에 대한 학습된 선호도 풍미를 결정하는 데 또한 중요하며, 그것은 문화와 경험에 극적으로 달려있다. "그것은 익숙해져야 하는 맛이야"("It's an acquired taste")는 여러분이 혐오스러운 음식에 대해 들어봤을 법한 말이다. 익숙해진 맛에는 멕시코의 구운 메뚜기(chapulines), 스칸디나

"우리는 싹눈 양배추 맛이 나기 위해 유전적으로 수정되고 싶어요."
Sam Gross/The New Yorker Collection/Cartoonbank.com

포도주 풍미의 완전한 경험은 정밀하게 훈련된 냄새 감각이 없이는 평가될 수 없다. 와인 애호가가 한 잔의 와인을 입으로 들어올릴 때, 와인의 방향 물질이 목구멍 뒤쪽을 통과하는 것과 더불어 콧구멍을 통해 비강으로 들어간다. 같은 일이 다른 음식 및 음료들에게도 일어난다.

Alain Robert/SIPA via AP

비아의 발효 생선(lutefisk), 베트남과 필리핀의 껍질 안에 있는 오리 태아, 세계의 여러 지역에서는 치즈조차 포함된다. 어떤 사람의 '윽(yecch)'은 다른 사람의 '얌얌(yummy)'이 된다.

정리문제

1. 화학적 감각은 다른 감각과 어떻게 다른가?
2. 코의 여러 부위는 냄새의 감각에 어떤 역할을 하는가?
3. 인간은 얼마나 많은 냄새를 맡을 수 있는가?
4. 맛과 냄새는 풍미에 어떻게 기여하는가?

5. 냄새는 사회적 행동에 어떻게 기여하는가?
6. 맛 수용기의 주요한 다섯 가지 종류는 무엇인가?
7. 감식가, 비감식가, 초감식가는 무엇인가?

제4장 복습

감각과 지각은 별개의 활동이다

- 감각은 감각기관에 대한 단순한 자극(하기)인 반면, 지각은 뇌 수준에서 감각을 조직하고, 식별하고, 해석한다.
- 변환 과정은 환경으로부터 오는 물리적 신호들을 신경 신호로 바꾸는데, 이것은 다시 감각 뉴런에 의해 중추신경계로 전달된다.
- 감각 순응은 변화하지 않는 자극에 대한 민감도가 시간에 걸쳐 쇠퇴할 때 일어난다.
- 정신물리학은 자극의 강도와 그 자극에 대한 관찰자의 민감도를 측정하는, 지각 연구 접근이다. 관찰자의 절대역은 어떤 자극을 겨우 탐지하는 데 필요한 최소한의 강도이다. 최소가치차이(JND)는 어떤 자극에서 겨우 탐지될 수 있는 가장 작은 변화이다.
- 신호탐지 이론은 연구자가 방해 자극의 효과와 관찰자의 기대, 동기 및 목표를 동시에 고려하는 가운데 관찰자의 지각적 민감도를 연구할 수 있게 해준다.

시각 경로 : 눈과 뇌 사이의 연결

- 빛은 눈에 있는 몇 개의 층을 파형으로 통과하고 망막에 도달한다.
- 망막에 있는 두 종류의 광수용기 세포들이 빛을 신경 흥분으로 변화시킨다. 추상체는 정상적인 주간 조건에서 작동하고 색을 감지하며, 간상체는 야시경의 경우처럼 낮은 빛 조건에서 작동한다.
- 세 가지 추상체가 색 지각에 결정적으로 중요하다. (푸르스름한) 단파장 빛, (초록 기운의) 중파장 빛, 그리고 (붉그스레한) 장파장 빛이 그것이다. 세 종류의 추상체들에 걸쳐서 보이는 전반적인 반응 패턴은 각 색에 대한 독특한 부호를 낳는다.
- 망막에 의해 부호화된 정보는 시신경을 따라 시상을 거쳐 후두엽에 있는 일차시각피질(V1 영역)로 연결된다.
- 물체의 모양은 시각피질에 있는 여러 뉴런들이 물체 모서리의 여러 방향들에 반응하여 흥분할 때 지각된다.
- 두 가지 기능적으로 구별되는 경로가 후두엽에서 뇌의 다른 부위에 있는 시각 영역으로 나아간다. 복측 흐름은 측두엽으로 이어지고 물체의 모양과 정체를 표상하는 뇌 영역이 포함된다. 배측 흐름은 두정엽으로 이어지고, 물체의 위치와 운동을 식별하는 뇌 영역들과 연결된다.

시지각 : 보는 것을 재인하기

- 착각 접합은 별개 물체들의 특징들이 잘못 결합될 때 일어난다. 두정엽은 주의에 중요하며 특징 결합에 기여한다.
- 지각 항상성의 원리는 비록 감각 신호들이 변해도, 지각은 일관적으로 유지된다고 주장한다.
- 단순성, 폐쇄, 연속성과 같은 지각 집단화에 대한 게슈탈트 원칙들은 어떻게 특징들이 의미 있는 물체로 조직되는지(방법)를 지배한다.
- 깊이 지각은 친숙한 크기 및 직선 조망과 같은 단안 단서들과, 망막 부등성과 같은 양안 단서들, 그리고 시간에 걸친 머리의 움직임에 기반을 둔 운동 기반 단서들에 달려있다.
- 우리가 운동감을 경험하는 것은 여러 방향의 운동에 예민한 뉴런들의 출력 강도에서의 차이를 통해서이다.
- 변화맹과 무주의맹은 우리가 환경의 특징들을 알아차리지 못할 때 생기는데, 우리의 의식적 시각 경험은 초점 주의에 달려 있다는 것을 강조한다.

청각 : 귀에 들어오는 그 이상의 것

- 소리의 지각은 음파의 세 가지 물리적 차원에 달려있는데, 그것은 음높이를 결정하는 주파수, 음량을 결정하는 진폭, 주파수들의 복잡성 혹은 혼합에서의 차이, 즉 음색이다.
- 청각적 음높이 지각은 귀에서 시작하는데, 귀는 음파를 중이로 보내는 외이, 그다음으로 진동을 내이로 보내는 중이, 그리고 달팽이관을 가지고 있는 내이로 구성된다.
- 내이에서 발생하는 활동 전위들은 청각 흐름을 따라 이동하는데, 시상을 경유해서 측두엽에 있는 일차청각영역(A1 영역)으로 간다.
- 청지각은 장소 부호와 시간 부호 모두에 의존한다. 음원의 위치를 파악하는 능력은 머리의 양쪽에 있는 귀의 배치에 크게 의존한다.
- 어떤 청력 상실은 소리를 증폭하는 청력 보조기구에 의해 극복될 수 있다. 융모세포가 손상되어 있을 때 달팽이관 이식이 가능한 해결책이다.

신체 감각 : 피부 깊이 그 이상의 것

- 몸에 있는 감각 수용기들은 두정엽의 한 부위인 체감각 피질의 여러 위치로 신경 신호들을 보낸다. 뇌는 이 신호들을 촉감각으로 번역한다.
- 통증 경험은 통증의 위치와 종류를 나타내는 체감각 피질과 불쾌한 느

끰을 낳는 뇌의 정서 센터로 가는 신호들에 달려 있다.

- 균형과 가속 느낌은 일차적으로 전정기관에 달려있지만 시각에 의해서도 영향을 받는다.

화학 감각 : 풍미를 더하기
- 냄새의 경험, 즉 후각은 특정한 후각 수용기들의 부위에 결합하는 방향(냄새) 분자들과 연관된다. 후각구는 다시 신호들을 추동, 정서 및 기억

을 제어하는 뇌 부위들로 보낸다.

- 냄새는 또한 사회적 행동과도 관련되는데, 이 점은 여러 종에서 재생산 행동과 성적 반응과 관련되는 페로몬에 의해 예시된다.
- 맛 감각은 맛봉오리에 달려 있다. 맛봉오리는 혀, 입천장 및 인후의 상부에 분포되어 있다. 맛봉오리에는 짠맛, 신맛, 쓴맛, 단맛, 감칠맛이라는 다섯 가지 일차 맛 감각에 상응하는 맛 수용기가 있다.

핵심개념 퀴즈

1. 감각은 _____와(과) 관련되는 반면 지각은 _____와(과) 관련된다.
- a. 조직화, 조정
- b. 자극, 해석
- c. 식별, 번역
- d. 이해, 정보

2. 어떤 과정이 환경의 물리적 신호들을, 감각 뉴런이 중추신경계로 전달하는 신경 신호로 바꾸는가?
- a. 표상
- b. 식별
- c. 전파
- d. 변환

3. 자극을 겨우 탐지하는 데 필요한 최소한의 강도를 무엇이라 하는가?
- a. 비례적 크기
- b. 절대역
- c. 최소가지차이
- d. 베버의 법칙

4. 망막을 두드리는 빛은 세 종류의 추상체에 특정한 패턴의 반응을 일으킴으로써, 다음 중 어느 것을 보는 능력을 가능하게 하는가?
- a. 운동
- b. 색채
- c. 깊이
- d. 그림자

5. 뇌의 어떤 부분이, 부호화된 정보가 시각 장면의 표상으로 체계적으로 대응되는, 일차시각피질인가?
- a. 시상
- b. 외측슬상핵
- c. 중심와
- d. V1 영역

6. 다음 중 어느 것이 후두엽에서 물체가 무엇인지를 식별하는 측두엽의 뇌 영역을 가로질러 이동하는가?
- a. 시신경
- b. 배측 흐름
- c. 복측 흐름
- d. 출입문 제어 경로

7. 상대 크기와 선형 조망은 어떤 종류의 단서들인가?
- a. 운동-기반
- b. 양안
- c. 단안
- d. 형판

8. 음파의 주파수는 무엇을 결정하는가?
- a. 음높이
- b. 음량
- c. 음질
- d. 음색

9. 머리의 반대편에 두 귀가 배치된 것은 다음 어떤 능력에 결정적인가?
- a. 음원 위치 파악하기
- b. 음높이 판정하기
- c. 강도 판단하기
- d. 복잡성을 재인하기

10. 전도성 청력 손상은 다음 어느 것의 손상에 기인하는가?
- a. 귀청 혹은 이소골
- b. 달팽이관 혹은 융모세포
- c. 청신경
- d. 일차청각피질(A1 영역)

11. 신체의 어떤 부분이 체감각 피질에서 가장 큰 영역을 차지하는가?
- a. 종아리
- b. 입술
- c. 허리
- d. 엉덩이

12. 우리가 경험하는 통증의 위치와 유형은 다음 중 어디로 보내진 신호들에 의해 표시되는가?
- a. 편도체
- b. 척수
- c. 통증 수용기
- d. 체감각 피질

13. 귀의 어느 부위가 균형 감각에 핵심적으로 관여하는가?
- a. 귓바퀴
- b. 이소골
- c. 세반고리관
- d. 기저막

14. 냄새가 즉각적이고 강력한 효과를 가지는 이유를 가장 잘 설명하는 것은?
- a. 감정과 기억의 뇌 중추들이 냄새에 관여하는 것
- b. 우리가 가지고 있는, 매우 많은 수의 후각 수용기 뉴런
- c. 페로몬으로부터 냄새를 탐지하는 능력
- d. 여러 방향(냄새) 분자들이 다양한 패턴의 활동을 낳는다는 사실

15. 입은 대략 얼마나 많은 맛봉오리를 가지고 있는가?
- a. 50~100개
- b. 5,000~1만 개
- c. 5만~10만 개
- d. 100만 개 이상

핵심용어

A1 영역	기저막	민감도	연관통
V1 영역	내융모세포	베버의 법칙	음높이
가현 운동	단안 깊이 단서	변화맹	음량
간상체	달팽이관	변환	음색
감각	맛봉오리	시간 부호	장소 부호
감각 순응	망막	시력(정밀도)	전정 시스템
결합 문제	맹점	신호 탐지 이론	절대역
고유 감각	무주의맹	양안 부등	정밀도

정신물리학	지각	착각 접합	출입문 제어 이론
조절	지각 대비	촉지각	페로몬
주의	지각 조직화	최소가지차이(JND)	후각 수용기 뉴런(ORN)
중심와	지각 항상성	추상체	후각구

생각 바꾸기

1. 여러분 친구 중 한 사람이 의료 윤리 수업을 듣고 있다. "오늘 어려운 사례에 대해 논의했어"라고 말한다. "몇 년 동안 식물인간 상태로 있었던 환자에 관한 것이야. 가족은 생명 유지 장치를 뗄 것인가를 결정해야 해. 의사는 그 친구가 자신이나 환경에 대한 의식이 없고 결코 회복될 가망이 없다고 말해. 그러나 의사가 눈에 빛을 비추면 동공이 수축해, 이것은 그가 빛을 감지할 수 있고, 그래서 그는 자신의 환경을 지각할 수 있는 어떤 능력을 가지고 있음에 틀림없다는 것을 보여줘. 그렇지 않아?" 이 특정한 사례의 다른 세부 사항들에 관해서는 모른 채, 여러분은 친구에게 환자가 빛을 감지할 수는 있지만 지각할 수는 없을지 모른다고 어떻게 설명할 것인가? 이 장의 어떤 다른 예들을 써서 감각과 지각의 차이를 설명해줄 수 있는가?

2. 여러분이 듣는 철학 수업에서, 교수는 "지각은 실재이다"라는 명제에 대해 토론한다. 철학의 관점에서 보면, 실재는 실제로 존재하는 사물의 상태인 반면, 지각은 그것들이 관찰자에게 나타나 보이는 방식이다. 정신물리학은 이 쟁점에 대해 무슨 말을 해야 할 것인가? 감각 변환이 지각을 바꾸고, 절대적인 실재와 다를 수도 있는 지각을 낳는, 세 가지 방식은 무엇인가?

3. 한 친구가 부하들 중 두 명의 목숨을 구해서 명예 훈장을 받은, 미국 병사 서전트 르로이 페트리에 관한 이야기를 들었다. 병사들은 아프가니스탄에서 총격전 중에 수류탄이 그들의 발치에 떨어졌다. 페트리는 수류탄을 집어 다른 사람들로부터 멀리 던지려고 했으나, 그것이 폭발하여 그의 오른손을 파괴했다. 뉴스에 따르면, 페트리는 처음에 어떤 통증도 느끼지 못했다. 대신 그는 자신의 팔에 지혈대를 대면서 총격전이 진행되는 동안 부하들에게 소리쳐 명령을 내렸다. "그것은 정말로 영웅적이야. 그러나 통증을 느끼지 않는다는 부분은 정말 말도 안 돼. 그는 정말로 강인해서 통증에도 불구하고 계속 갔음에 틀림없어"라고 친구가 말한다. 여러분은 친구에서 무슨 말을 할 것인가? 통증 지각은 어떻게 바뀔 수 있는가?

핵심개념 퀴즈 정답

1. b; 2. d; 3. b; 4. b; 5. d; 6. c; 7. c; 8. a; 9. a; 10. a; 11. b; 12. d; 13. c; 14. a; 15. b

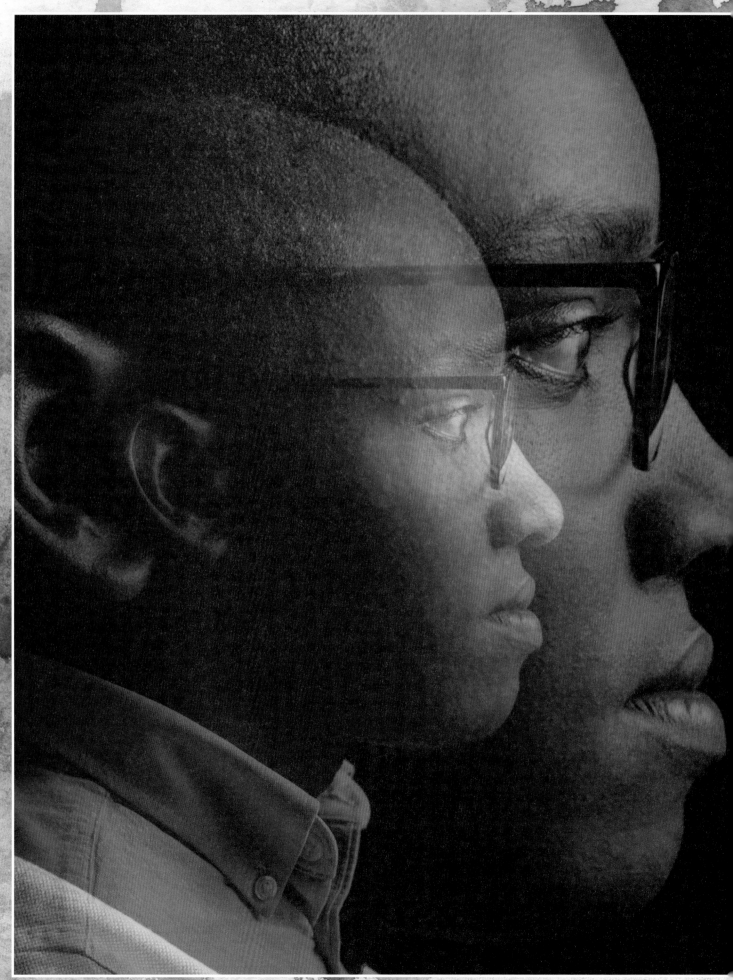

의식

무의식이란 우리가 필요로 할 때까지 우리가 알지 못하는 그 어떤 것을 의미한다. 어느 날 벨 리스킨은 의사가 자신의 목 속으로 호흡관을 밀어 넣고 있는 동안 마취에서 깨어났다. 그녀는 숨이 막히는 것을 느꼈지만 볼 수도, 숨을 쉴 수도, 고함을 칠 수도, 움직일 수도 없었다. 눈을 깜빡거리는 것조차 할 수 없었기 때문에 그녀는 수술을 집도하는 의사에게 자신이 깨어났다는 신호를 보낼수 없었다. 이후 그녀는 그 당시의 상황을 다음과 같이 설명하였다. "너무 끔찍했어요. 나는 수술이 진행되고 있다는 것을 내가 의식하고 있는 걸 알고 있었어요. 나는 관이 내 몸속으로 삽입되고 있는 것을 충분히 알고 있었어요"(Groves, 2004).

어떻게 이런 일이 일어날 수 있는가? 수술을 위한 마취는 환자를 무의식에 빠지게 하여 '아무런 통증을 느끼지 않게' 하지만 2만 번의 수술 사례 중 약 한 사례(Pandit et al., 2014) 환자가 수술 도중 어느 순간에 의식을 되찾는다. 이러한 문제들이 일어나는 것은 환자가 불수의적으로 움직이거나 수술을 방해하는 것을 막기 위해 근육 이완 약물을 사용하기 때문이다. 근육이 매우 이완되어 있기 때문에 무의식을 유도하기 위해 투입된 마취제가 제대로 작용하지 못할 경우 환자는 자신에게 문제가 발생했다는 것에 대해 의사에게 신호를 보내거나 말하지 못하게 된다.

다행히 뇌의 전기적 활동의 측정을 통하여 환자가 깨어나는 것을 관찰할 수 있는 새로운 방법들이 개발되고 있다. 한 방법은 환자의 머리에 센서를 부착하여 이 센서를 통하여 0(뇌의 전기적 활동이 전혀 없음)~100(완전히 각성되어 있음)까지 척도 중 어느 숫자를 나타내게 한다. 즉, 일종의 '의식 미터(consciousness meter)'를 제공한다. 마취과 의사들은 이 척도의 점수가 대개 40~60 사이가 될 때까지 환자에게 마취제를 투여한다. 이 방법을 사용한 결과, 수술 도중 깨어나는 빈도와 수술에 관한 기억을 수술 후에 보고하는 빈도가 감소하였다(Myles et al., 2004). 수술실에 구비되어 있는 이러한 도구들 중 하나로 말미암아 벨 리스킨은 다시 무의식 속으로 들어가게 되었다.

의식의 신비

의식의 본질

무의식적 마음

수면과 꿈 : 숙면, 마음

약물과 의식 : 인위적 영감

최면 : 암시에의 개방

물론 대부분의 경우 우리는 의식을 소중하게 여긴다. **의식**(consciousness)은 세상과 정신에 관해 개인이 가지는 **주관적 경험**을 의미한다. 비록 여러분이 의식을 단순히 '깨어 있는 것'으로 여길 수 있으나 의식의 정의에는 경험이 포함된다. 즉, 여러분이 깨어 있을 때의 경험이나 생생한 꿈과 같은 경험이 의식에 포함된다. 의식적 경험은 인간다움에 대한 필수적 요소이다. 마취과 의사가 벨 리스킨의 의식을 관찰하는 동안 가진 딜레마는 한 개인이 다른 사람의 의식을 경험하는 것이 불가능하다는 사실을 강하게 상기시켜준다.

어떻게 이 개인적인 세계를 연구할 수 있는가? 우리는 의식이 무엇인지, 어떻게 의식이 무의식적 과정과 다른지를 알아보고자 한다. 그다음에는 변화된 의식 상태, 즉 수면과 꿈, 알코올과 약물 중독 및 최면을 살펴볼 것이다. 집에서 멀리 떨어져 있는 곳을 여행하는 도중에 가정의 의미를 깨닫게 되는 것처럼 변화된 의식을 통하여 의식의 의미에 관해 배울 수 있을 것이다.

의식 세상과 정신에 관한 개인의 주관적 경험

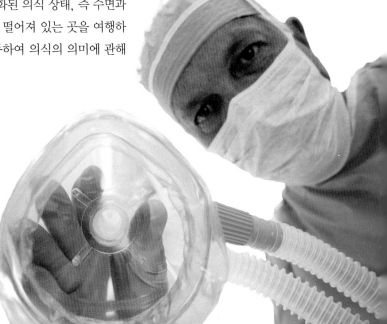

수술하는 동안에는 무의식 상태에 있는 것이 좋다.

Masterfile

학습목표

- 마음 지각의 두 차원을 설명한다.
- 뇌 활성화, 사고와 행동 사이의 관련성을 요약한다.

의식의 신비

지금 이 순간 여러분은 자신이 무엇과 같다고 느끼는가? 아마 여러분은 눈을 통해 세상을 바라보면서 생각에 잠겨 있을 수 있다. 만약 여러분이 눈을 감고 여러분의 마음속에 있는 것들을 상상한다고 하면 상상 속에서도 많은 생각과 감정들이 오가는 것을 인식할 것이다. 그러나 실제로 '여러분'은 어디에 있는가? 심리학자들은 **현상학**(phenomenology), 즉 의식을 가지고 있는 사람이 어떻게 느끼는가를 이해하고자 한다. 그러나 여러분의 마음속에 있는 극장은 여러분 외 다른 사람을 위한 좌석을 가지고 있지 않기 때문에 여러분의 정신적 화면에 있는 것을 다른 사람과 공유하는 것을 어렵게 한다. 의식의 미스터리 중 많은 논란이 되어 왔던 두 가지, 즉 다른 사람의 마음의 문제와 마음/신체 문제를 살펴보기로 하자.

타인의 마음 문제

심리학의 중대한 미스터리 중 하나를 **타인의 마음 문제**(problem of other minds), 즉 타인의 의식을 지각하는 것의 어려움이라고 부른다. 다른 사람이 의식이 있다는 것을 어떻게 알 수 있는가? 물론 다른 사람들이 여러분에게 자신들이 의식이 있다고 말해주거나 자신들이 어떻게 느끼고 생각하는지와 자신들이 무엇을 경험하는지를 심도 있게 기술할 수 있다. 실제로 의식적인 사람과 의식적이지 않지만 자신이 의식적이라고 말하는 사람을 명확하게 구분할 수 있는 방법은 없다.

마취과 의사들이 사용하는 '의식 미터'조차도 충분하지 않다. 의식 미터는 마취과 의사들에게 수술대에 누워 있는 환자가 어떠할까에 관해서는 아무런 통찰을 제공하지 않고 단지 환자가 자신이 의식이 있다는 것을 말할 것이라는 것만 예견한다. 우리는 다른 사람의 의식을 직접적으로 지각할 수 있는 능력이 부족하다. 요약하면 여러분은 여러분 자신이 어떠하다는 것을 진정으로 아는 유일한 우주 속 인간이다.

타인의 마음 문제는 다른 사람이 여러분이 경험하고 있는 것과 똑같이 경험한다는 것을 알 수 있는 방법이 없다는 것도 시사한다. 예를 들어 비록 여러분은 빨강이 여러분 자신에게는 빨강으로 보이는 것을 알지만 다른 사람들도 여러분이 지각하는 것과 똑같은 색으로 보는지에 관해서는 알 수 없다. 물론 대부분의 사람들은 자신들의 내적 경험을 기술하는 것을 서로 신뢰하기 때문에 다른 사람들의 마음이 자신들의 마음과 많이 같다고 일반적으로 가정한다. 그러나 우리들은 이 가정이 맞는지를 직접적으로 알 수 없다.

어떻게 사람들은 다른 사람의 마음을 지각하는가? 연구자들이 사람들에게 13개의 서로 다른 목표물, 예를 들어 아기, 침팬지, 로봇의 마음을 서로 비교하게 하였다(Gray et al., 2007). 연구자들은 사람들이 두 가지 차원, 즉 **경험 능력**(예를 들어 통증, 즐거움, 배고픔, 의식, 분노 혹은 두려움을 느낄 수 있는 능력)과 **기능 능력**(예를 들어 자기통제, 계획, 기억 혹은 사고 능력)에 따라 판단하는 것을 발견하였다(**그림 5.1** 참조).

그림 5.1에 제시되어 있듯이 응답자들은 일부 목표물을 경험이나 기능이 거의 없다고 평정하였고(사망한 여성), 일부 목표물을 경험은 가지고 있지만 거의 기능하지 못하는 것으로 평정하였으며(아기), 또 다른 목표물을 경험과 기능 모두를 가지고 있는 것으로 평정하였다(성인). 또한 일부 목표물을 경험 없이 기능만을 가지고 있는 것으로 지각하였다(로봇). 사람들은 마음이 경험을 가지고 있는 동시에 행동을 수행할 수 있는 기능도 가지고 있는 것으로 인식한다.

제2장에서 살펴본 바와 같이 과학적 방법은 한 과학자에 의해 관찰된 것이 다른 과학자에 의해서도 관찰될 수 있어야 한다. 그러나 만약 다른 사람들의 마음을 관찰할 수 없다면 어떻게 의식이 과학적 연구의 주제가 될 수 있는가? 이에 대한 한 극단적인 해결책은 의식에 관한 연구를

현상학 의식을 가지고 있는 사람에게 사물이 어떻게 보이는가에 관한 연구

타인의 마음 문제 우리가 다른 사람의 의식을 지각할 때 가지는 근본적인 어려움

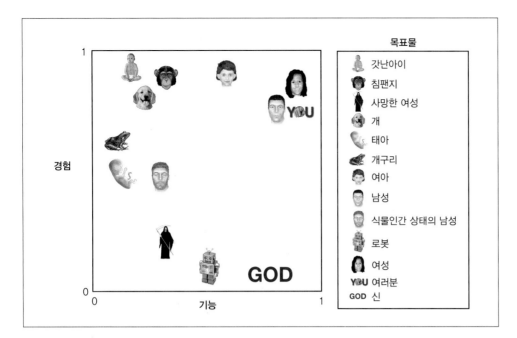

그림 5.1 **마음 지각의 차원** 참여자가 13개 목표물, 예를 들어 갓난아이, 침팬지와 성인 남녀 등의 정신 능력을 판단한 결과 마음이 경험 능력(예를 들어 고통 혹은 즐거움을 느낄 수 있는 능력)과 기능 능력(예를 들어 계획 혹은 자기통제 능력)에 따라 변한다고 지각하였다(Gray et al., 2007). 예를 들어 정상 성인(남성, 여성 혹은 응답자인 '여러분')은 경험과 기능 모두를 가지고 있다고 판단된 반면 식물인간 상태에 있는 남성('PVS' 남성)은 단지 어느 정도의 경험은 가지고 있으나 기능은 거의 하지 못하는 것으로 판단되었다. 또한 로봇은 기능은 가지고 있으나 경험 능력은 거의 가지고 있지 않다고 판단되었다.

Macmillan Learning

심리학에서 완전히 배제하고 다른 과학처럼 완전히 물질적인 것만을 연구하는 것이다. 이는 행동주의가 주장한 해결책이지만 제1장에서 살펴본 바와 같이 행동주의도 단점을 가지고 있는 것으로 밝혀졌다. 타인의 마음 문제에도 불구하고 현대 심리학은 의식의 연구를 포용하고 있다. 심리학은 놀라울 만큼 풍부한 정신 생활을 무시하지 못한다.

마음-신체 문제

의식의 또 다른 미스터리는 **마음-신체 문제**(mind-body problem)인데, 이는 마음이 어떻게 뇌 혹은 신체와 관련되는가에 관한 이슈이다. 프랑스의 철학자이자 수학자인 르네 데카르트(Rene Descartes, 1596~1650)는 다른 무엇보다도 인간의 신체가 물질로 만들어진 기계와 같지만 인간의 마음 혹은 영혼은 '사고하는 물질'로 만들어진 별개의 것이라고 제안한 것으로 유명하다. 오늘날에는 마음과 뇌는 어느 곳에서나 서로 연결되어 있다고 알려져 있다. 다시 말하면 "마음은 뇌가 행하는 것이다"(Minsky, 1986, p. 287).

그러나 데카르트는 물질적인 신체와 정신이 서로 조화되기 어렵다고 지적한 점에서는 정확했다. 대부분의 심리학자들은 정신적 사건들이 뇌에서 일어나는 사건들과 밀접하게 관련되어 있다고 여긴다. 즉, 모든 사고, 지각과 감정은 뇌에 위치하는 뉴런들의 특정 활동 양상과 관련되어 있다고 여긴다(제3장 참조). 예를 들어 특정 사람에 관한 생각을 할 경우 일련의 특정 신경 회로가 활성화된다. 만약 뉴런들이 이러한 양상으로 반복해서 활성화되면 여러분은 동일한 사람을 생각해야만 하고, 이와 반대로 여러분이 그 사람을 생각하면 뇌 활동이 그러한 양상으로 일어나게 된다.

그러나 한 일련의 연구들은 뇌 활동이 의식적 마음보다 앞서 일어난다고 제안한다. 연구 참가자들이 언제 손을 움직여야 되는가를 반복적으로 결정하는 동안 그들 뇌의 전기적 활동을 두피에 부착한 센서를 사용하여 측정하였다(Libet, 1985). 연구 참가자들에게 언제 손을 움직이는가를 의식적으로 선택했는가를 정확하게 반응하도록 지시하였는데, 즉 선택을 하는 순간 시계판을 따라 재빨리 움직이는 한 점의 위치를 보고하도록 하였다(**그림 5.2a**). 대체로 뇌는 수의적 행동이 일어나기 0.5초(정확하게 535밀리초) 전 그리고 손을 움직여야겠다는 의식적 결정을 내리기 3분의 1초(331밀리초) 전에 전기적 활동을 보였다(그림 5.2 b). 비록 여러분은 특정 행동을 생각

마음-신체 문제 어떻게 마음이 뇌 혹은 신체와 관련되는가에 관한 이슈

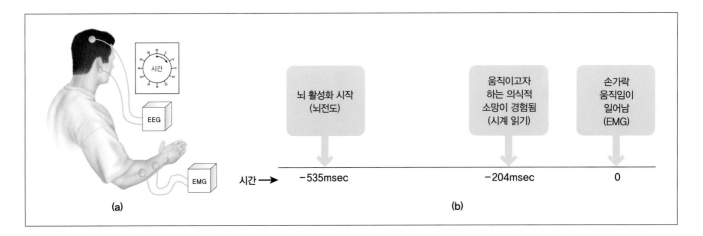

(a)

뇌 활성화 시작
(뇌전도)

움직이고자
하는 의식적
소망이 경험됨
(시계 읽기)

손가락
움직임이
일어남
(EMG)

시간 ➞   −535msec   −204msec   0

(b)

그림 5.2 의식적 의지의 타이밍 (a) 참여자는 손가락을 의도적으로 움직이는 동시에 시계판을 따라 움직이는 점을 주시하는 것을 요구받았는데, 이는 행동이 의도적으로 시도된 순간을 표시하기 위해서였다. 그동안 EEG 센서가 뇌 활성화의 시작을 측정하였다. (b) 뇌 활성화(EEG)가 손가락의 움직임보다 더 빨리 시작되었음을 보여주지만 손가락을 움직이고자 하는 의식적 의도는 뇌 활성화 뒤에 나타났다.

한 후 그것을 행하는 것으로 여기겠지만 이 실험 결과는 생각하거나 행동하기 전에 여러분의 뇌가 이미 활동하기 시작하여 여러분으로 하여금 사고와 행동을 준비하게 한다는 것을 보여준다(Haggard & Tsakiris, 2009; Wegner, 2002).

지난 수십 년 동안 심리학자와 컴퓨터 과학자는 인간의 의식과 지능을 모방할 수 있는 기계를 개발하고자 시도하였다. 이 연구들은 '인공지능(artificial intelligence, AI)'이라는 분야, 즉 인간의 지능과 상호작용을 모방하는 방법을 통해 독립적으로 작용하는 기계(컴퓨터를 포함하여)를 연구하고 활용하는 분야를 만들었다. 애플의 시리와 아마존의 알렉사 등을 통하여 인간 행동을 모방하려고 시도하는 방법 등으로 AI는 점차 우리의 일상생활에 사용되고 있다. 지난 수십 년 동안 심리과학자들은 학습, 의사결정, 주의, 기억과 미래계획 능력 등과 같은 다양한 측면의 인간 의식을 더 잘 이해하고 모방하기 위해 더 세련된 AI 방법을 지속적으로 개발하여 왔다(Hassabis et al., 2017). 다른 사람의 의식을 볼 수 없고 의식이 뇌에서 어떻게 생성되는가를 아직 모르기 때문에 앞으로 더 많은 발전이 있어야 하지만 이런 제한점들이 심리과학자들이 사람들의 의식적 경험에 관한 보고를 수집하고 이 보고를 통해 의식의 본질을 알고자 하는 것을 막을 수 없다.

알렉사와 시리는 인간의 의식을 가지고 있는가? 이를 어떻게 알 수 있나?
Frank Duenzl/Picture-Alliance/DPA/AP Images

정리문제

1. 의식을 연구하는 것이 왜 어려운가?
2. 어떻게 경험 능력과 기능 능력이 서로 다른가?

3. 뇌 활동과 의식적 사고 중 어느 것이 먼저 일어나는가?

의식의 본질

여러분은 자신의 의식을 어떻게 기술할 수 있는가? 연구자들은 의식이 네 가지 기본 속성을 가지고 있고, 세 가지 서로 다른 수준에서 일어나며 서로 다른 내용을 포함하고 있다고 제안한다. 이 의식의 본질을 하나씩 살펴보기로 하자.

네 가지 기본 속성

사람들이 자신들의 의식적 경험을 보고하는 것에 근거하여 연구자들은 의식의 네 가지 기본 속성을 밝혔다.

1. 의식은 **의도**(intentionality), 즉 한 대상으로 향하는 속성을 가지고 있다. 의식은 항상 무엇에 관한 것이다. 여러분이 자신의 마음의 눈으로 많은 것을 볼 수 있음에도 불구하고 혹은 보고 듣고 느끼고 생각하는 것의 변화무쌍함에도 불구하고 한순간에 여러분 의식의 대상이 되는 것은 이 모든 것들의 단지 한 작은 일부에 불과하다.

2. 의식은 **통합**(unity), 즉 분리에 대한 저항 혹은 모든 신체 감각을 하나의 일관성 있는 전체로 통합하는 능력이다(**그림 5.3** 참조). 이 책을 읽는 동안 여러분의 오감은 많은 정보를 수용한다. 즉, 여러분의 눈은 책의 각 페이지(혹은 스크린)에 있는 많은 글씨를 스캔하고 제시되어 있는 그림, 색채를 느낀다. 여러분의 손은 두꺼운 책(혹은 컴퓨터)을 쥐고 있다. 여러분의 엉덩이는 의자로 여러분을 끌어당기는 중력으로부터 압각을 느끼고 또한 여러분은 음악이나 다른 방에서 들리는 이야기 소리를 듣는다. 이에 덧붙여 룸메이트의 더러운 옷 냄새를 맡는다. 놀랍게도 여러분의 뇌는 이 모든 정보를 통합하여 하나의 통합된 의식을 경험하게 한다.

3. 의식의 세 번째 속성인 **선택**(selectivity)은 일부 대상을 의식 속에 포함시키고 일부 대상을 포함시키지 않는 능력을 의미한다. 환경으로부터 오는 많은 감각들을 하나의 일관된 전체로 통합하는 동안 여러분의 마음은 어떤 정보를 받아들이는 동시에 어떤 정보를 무시해야 하는가를 결정해야만 한다. 의식 체계는 청자(listener)가 특별히 관심을 가지는 정보를 선택하게 한다. 예를 들어 **칵테일 파티 현상**(cocktail party phenomenon)이라고 알려져 있는 현상은 사람들이 다른 메시지를 여과하여 받아들이지 않는 동안 한 메시지를 받아들이는 것을 의미한다. 여러분도 다른 대화에 참여하는 동안 가까이에서 다른 사람이 여러분의 이름을 말할 경우 주의가 그곳으로 향하는 경험을 하였을 것이다.

학습목표

- 의식의 네 가지 기본 속성을 기술한다.
- 의식의 세 가지 수준을 비교한다.
- 우리가 의식적 생각을 항상 통제하지 못하는 이유를 설명한다.

칵테일 파티 현상　사람들이 가까이에서 들리는 소리를 여과하면서까지 한 메시지에 주의를 주는 현상

그림 5.3　벨로토의 드레스덴과 클로즈업　(왼쪽) 그림은 베르나르도 벨로토(1721~1780)가 그린 '프라우메키르헤가 있는 드레스덴 전경'인데 멀리 보이는 다리 위에 서 있는 사람들이 매우 자세하게 묘사된 것으로 보인다. 그러나 이 그림을 가까이 관찰하면(오른쪽) 단지 붓으로 사람들의 형상만을 그려놓은 것을 알 수 있다. 즉 팔과 몸통을 여기저기에 그려놓은 것을 볼 수 있다. 이와 유사하게 의식은 '채움(filling in)'의 현상을 만들어내는데, 이는 주변 영역조차도 매우 상세하게 채워져 있는 것처럼 여기게 하는 현상이다(Dennett, 1991).

Dresden from right bank of Elbe upstream from bridge of Augustus, circa 1750, by Bernardo Bellotto, known as Canaletto (1721–1780), oil on canvas, 50×84 cm, Detail/De Agostini Picture Library/A. Dagli Orti/Bridgeman Images

4. 의식의 마지막 기본 속성이 **일시적**(transience) 혹은 변하는 속성이다. 여러분이 제1장에서 만나 보았던 윌리엄 제임스는 의식을 하나의 흐름, 즉 소용돌이치고 혼란스러우며 끊임없이 변하는 것으로 기술하였다(James, 1890). 의식이 이러한 방식으로 흐르는 것은 의식적 마음의 제한된 능력 때문이다. 우리 인간은 한순간에 단지 일정량의 정보만을 마음에 저장할 수 있기 때문에 만약 이보다 더 많은 정보가 선택되면 현재 우리의 마음속에 있는 일부 정보는 사라지게 된다. 그 결과 우리의 주의 초점은 항상 변한다.

의식 수준

의식은 세 가지 수준의 관점에서도 이해될 수 있는데, 각 의식 수준은 질적으로 서로 다른 세상과 자신에 관한 인식에 관여한다. 세 가지 의식 수준 모두는 이 장의 서두에서 언급한 수술 환자를 위한 의식 미터상에서 '의식적'으로 인식된다.

우리의 의식적 사고의 내용은 마치 시냇물처럼 끊임없이 변화한다. 음악 그룹 'The Roots'의 블랙 소트가 자유로운 형식으로 10분 동안 노래한 것이 '의식의 흐름'에 관한 좋은 예이다. 그의 노래가 매우 인상적이어서 뉴욕 타임스가 이를 청취하는 것을 추천하였다.

1. **최소한의 의식**(minimal consciousness)은 마음이 감각을 받아들이고 이 감각에 대해 반응하는 경우 일어나는, 낮은 수준의 감각 인식과 반응이다(Armstrong, 1980). 이러한 감각 인식과 반응은 여러분이 잠을 자는 동안 어떤 사람이 여러분을 찌르면 이에 대한 반응으로 여러분이 몸을 다른 쪽으로 돌리는 경우에도 일어난다. 여러분의 마음에 무엇인가가 등록되고, 적어도 여러분이 그것을 경험한다는 느낌은 있지만 그런 경험을 하였다는 것에 관한 생각을 전혀 하지 않을 수 있다. 동물, 심지어 식물조차도 최소한의 의식을 가지고 있을 수 있다. 그러나 타인의 마음 문제와 동물과 식물이 우리에게 자신들의 의식 상태에 관해 전혀 이야기하지 않기 때문에 우리는 동물과 식물이 무엇을 경험하고 이에 대해 어떻게 반응하는가를 확실히 알지 못한다.

2. **충만한 의식**(full consciousness)은 여러분이 여러분의 정신 상태를 알고 있고 이를 보고할 수 있을 때 일어난다. 충분히 의식적이라는 것은 여러분이 정신 상태 그 자체를 경험하는 동안 그러한 정신 상태를 가지고 있다는 것을 여러분이 인식하는 것을 의미한다. 여러분은 운전 도중 갑자기 지난 15분 동안에 일어난 일을 기억하지 못하는 것을 깨달은 적이 있는가? 이 경우 여러분이 무의식적 상태에 있었던 것이 아니라 최소한의 의식 수준에 있었을 가능성이 높다. 여러분이 운전을 하고 있다는 것을 완벽하게 인식하고 생각한다면 여러분은 충만한 의식 수준으로 들어가는 것이다. 충만한 의식은 어떤 것에 대해 생각하는 것뿐만 아니라 그것에 대해 여러분이 생각하고 있다는 사실을 생각하는 것도 포함된다(Jaynes, 1976).

충만한 의식은 자신에 관한 의식, 즉 운전하는 동안 운전에 관한 생각을 하는 등이 포함된다. 이것이 자의식과 어떻게 다른가?

Photomondo/Photodisc/Getty Images

최소한의 의식 마음이 감각을 받아들이고 이 감각에 대해 반응할 경우 일어나는 낮은 수준의 감각 인식과 반응

충만한 의식 개인이 자신의 정신 상태를 인식하여 이를 보고할 수 있는 의식 수준

자의식 개인의 주의가 자신에게 향해 있을 경우에 일어나는 의식 수준

3. **자의식**(self-consciousness)은 또 다른 의식 수준인데, 이는 개인의 주의가 자신에게 향하는 경우이다(Morin, 2006). 대부분의 사람들은 자신들이 당혹감을 경험할 때 이러한 자의식을 경험한다고 보고한다. 즉, 한 그룹에서 자신이 관심의 초점이 될 때나 다른 사람이 자신에게 카메라를 들이댈 때 혹은 자신의 생각, 감정, 자질에 관해 깊이 생각할 때 이러한 자의식을 경험한다. 예를 들어 사람들은 거울을 들여다보면서 자신들을 평가하는데, 즉 자신들의 외모에 대해서만 생각하는 것이 아니라 자신이 좋은지 나쁜지에 관해 생각한다. 사람들이 수치스러운 일을 행하였을 경우 거울 보는 것을 회피한다고 한다(Duval & Wicklund, 1972). 그러나 자의식이 사람들로 하여금 자기 비판적이 되게 하기 때문에 사람들이 거울을 통하여 자신의 모습을 보면서 가지게 되는 자의식은 도움이 된다. 즉, 사람들로 하여금 더 협조적이 되게 하거나 덜 공격적이 되게 한다(Gibbons, 1990).

대부분의 동물들은 자의식을 가지고 있지 않는 것으로 여겨진다. 그러나 침팬지는 거울에 비친 자신의 모습을 인식하는 것처럼 행동한다. 이를 조사하기 위해 연구자들은 마취 상태에 있는 침팬지의 눈썹 위에 냄새가 나지 않는 붉은색 물감을 칠한 후 마취에서 깨어난 침팬지에게 거울을 보여주면서 침팬지의 행동을 관찰하였다(Gallup, 1977). 만약 침팬지가 거울 속에 비치는 것을 이상하게 화장을 한 다른 침팬지로 여기면 단지 거울을 쳐다보거나 거울에 비치는 것을 손을 뻗어 잡으려고 할 것이라고 기대하였다. 그러나 침팬지는 거울을 보면서 자신의 눈을 만졌으며, 이는 침팬지가 거울에 비치는 것이 자신이라는 것을 인식하였다는 것을 시사한다. 다른 몇 동물들, 즉 침팬지와 오랑우탄(Gallup, 1997), 돌고래(Reiss & Marino, 2001), 코끼리(Plotnik et al., 2006)와 까치(Prior et al., 2008)조차 거울에 비친 자신들의 모습을 인식할 수 있는 것으로 밝혀졌다. 개, 고양이, 새, 원숭이와 고릴라 등을 대상으로 한 실험들도 실시되었으나 이 동물들은 거울을 통해 자신들을 바라보고 있는 것을 알지 못하는 것으로 보인다. 인간조차도 태어나자마자 자신을 인식하지 못한다. 유아들은 생후 18개월 이전에는 거울에 비친 자신들을 인식하지 못한다(Lewis & Brooks-Gunn, 1979). 거울 속의 자신을 인식하는 것을 통하여 측정한 자의식의 경험은 소수의 동물과 특정 발달 단계를 거친 인간에게 제한되어 있다.

침팬지는 자신의 눈썹 위에 그려져 있는 붉은색의 자국을 지우려고 노력하였는데, 이는 거울 속의 자신을 인식한다는 것을 시사한다.
The Povinelli Group LLC

의식 내용

지금 여러분의 마음속에는 무엇이 들어 있는가? 모든 사람의 마음속에는 무엇이 있는가? 사람들의 마음속에 무엇이 있는가를 알 수 있는 한 가지 방법이 사람들에게 그에 관한 질문을 하는 것이며, 많은 연구들은 사람들에게 단순히 마음속에 있는 것을 생각하게 하는 방법을 사용하였다. 이보다 더 최근의 방법이 **경험 표본**(experience sampling) 혹은 **생태 순간평가**(ecological momentary assessment, EMA) 기법인데, 이는 사람들에게 자신들의 의식적 경험을 특정 시간에 보고하게 하는 기법이다. 예를 들어 연구 참가자들이 스마트폰에 조사앱을 탑재한 후 하루 동안 무작위로 자동연락을 받은 그 순간에 자신들이 하고 있던 생각들을 보고한다(Stone, 2018).

경험 표본 기법을 사용한 연구들은 의식이 즉각적인 환경, 즉 보고 느끼고 듣고 맛보고 혹은 맡는 냄새 등에 의해 지배된다는 것을 보여준다. 여러분이 일상생활을 영위하는 동안 어떤 경험을 하는가? 최근에 실시된 한 연구는 어떤 장소와 활동이 지루함을 경험하는 것과 가장 관련되는가를 이해하기 위해 경험 표본 기법을 사용하여 1,100만 명의 사람들을 10일 동안 조사하였다(Chin et al., 2016). **그림 5.4**에 제시되어 있는 것처럼 사람들은 학교 혹은 대학에 있는 동안 가장 지루함을 경험한다고 보고하였는데, 이 장소에서 경험하는 지루함이 공항 혹은 병원에 있을 때보다 더 높았다. 활동의 경우 사람들이 공부할 때 가장 지루함을 경험한다고 보고하였는데, 심지어 아무것도 하지 않을 때보다 공부할 때 더 지루함을 경험한다고 보고하였다(다행히도 여러분은 매우 흥미를 불러일으키는 이 책 덕분에 지루함을 느끼지 못한다!).

백일몽 : 뇌는 항상 활동한다

아무것도 하지 않아도 지루함을 경험하지 않는 한 이유는 우리의 마음이 **백일몽**(daydreaming) 시기로 전환하기 때문인데, 백일몽은 목적 없는 생각들이 마음속에 떠오르는 의식 상태를 의미한다. 그러나 뇌는 당장 수행하는 특정 과제가 없을 경우에도 활동을 한다. 한 연구에서 연구 참가자들이 fMRI 스캐너에서 휴식을 취하는 동안 백일몽을 조사하였다(Mason et al., 2007). 대부분의 fMRI 연구에서는 참여자가 백일몽을 꿀 시간적 여유가 없는데, 참여자들이 정신적 과제를 수행하기 때문이다. fMRI 연구는 비용이 많이 들기 때문에 연구자들은 가능한 한 많은 데이터를

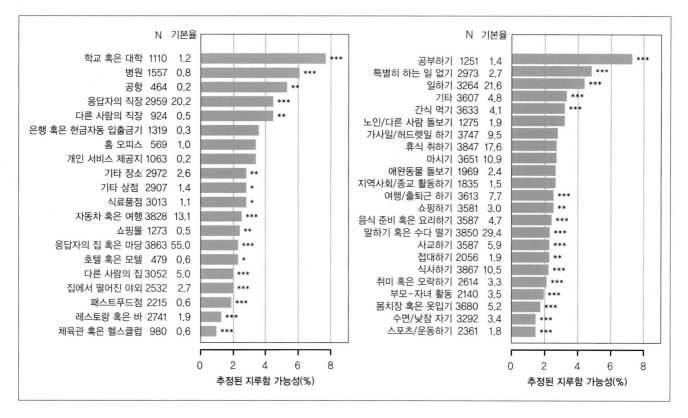

그림 5.4 지루함과 관련된 장소와 활동
100만 명 이상의 사람을 대상으로 한 경험 표본 연구는 지루함과 가장 관련되거나 가장 관련되지 않은 장소와 활동을 보고하였다.

Data from Chin et al. (2016).

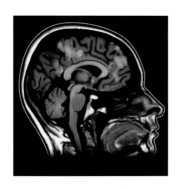

그림 5.5 백일몽 동안 활성화하는 기본 상태 네트워크 fMRI 스캔은 개인이 특정 정신적 과제를 수행하지 않을 때에도 기본 상태 네트워크라고 알려진 많은 뇌 영역이 활성화하는 것을 보여준다.

Data from Science from Wondering Minds, Mason, et al., Vol. 315. January 19, 2007, pp. 393–305

정신 통제 마음의 의식적 상태를 바꾸려는 시도

사고 억제 의도적으로 어떤 생각을 회피하는 것

얻고자 한다. 그러나 참여자들이 과제를 수행하지 않을 때에도 뇌의 많은 영역들이 활동하는 것이 관찰되는데, 이를 기본상태 네트워크(default network)라고 한다(Gusnard & Raichle, 2001)(**그림 5.5** 참조). 기본상태 네트워크에 포함되는 영역들은 사회생활, 자신, 과거와 미래에 관한 생각, 즉 백일몽에서 주로 일어나는 생각에 관여하는 것으로 알려져 있다(Mitchell, 2006).

의식 속에 있는 현재 관심을 억제하려는 노력이 역효과를 낳을 수 있다

의식을 차지하고 있는 현재의 관심이 때로는 우세해질 수 있는데, 즉 백일몽 혹은 매일매일의 생각이 반추와 걱정거리로 전환될 수 있다. 이러한 상황이 일어나면 사람들은 **정신 통제**(mental control), 즉 마음의 의식 상태를 바꾸려는 시도를 할 수 있다. 예를 들어 어떤 사람이 미래에 대한 걱정('만약 졸업 후에 괜찮은 직업을 가지지 못하면 어떡하나?')을 가지고 있고 이 걱정이 너무 큰 불안과 불확실감을 초래하면 이에 관해 생각하지 않기로 마음먹을 수 있다. 미래에 관한 걱정이 일어날 때마다 이 사람은 **사고 억제**(thought suppression), 즉 생각하는 것을 의도적으로 피하는 것을 행하게 된다. 이는 완벽하게 좋은 전략처럼 보이는데, 걱정을 없애주고 그 사람으로 하여금 다른 것에 관해 생각할 수 있게 하기 때문이다.

정말 사고 억제가 그러할까? 대니얼 웨그너와 동료(Daniel Wegner et al., 1987)들은 연구 참가자들에게 5분 동안 흰곰에 대해 생각하지 않도록 노력하는 동안 마음속에 떠오르는 모든 생각을 테이프 레코드에 녹음하도록 하였다. 이에 덧붙여서 흰곰에 관한 생각이 떠오를 때마다 벨을 누르게 하였다. 이들은 흰곰에 관한 생각 혹은 이를 시사하는 벨 울림을 평균적으로 1분에 한 번 이상하였다. 사고 억제가 작동되지 않았을 뿐 아니라 오히려 원하지 않는 생각을 많이 일어나게 하였다.

더욱이 추후 일부 연구 참가자들에게 과제를 바꾸어 이번에는 흰곰에 대해 곰곰이 생각하게 한 결과 그들은 지나치게 흰곰 생각에 빠져들었다. **그림 5.6**에 제시되어 있는 벨 울림의 결과를

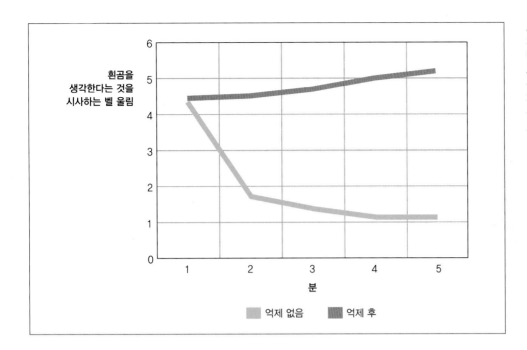

그림 5.6 **반등 효과** 연구 참여자들에게 먼저 흰곰에 대해 생각하지 않도록 노력할 것을 요구한 후 흰곰이 마음속에 떠오를 때마다 벨을 누르게 하였다. 흰곰을 생각하지 않도록 요구받은 적이 없는 참여자들에 비하여 요구를 받은 참여자들이 훨씬 더 흰곰에 대한 생각을 많이 하는 반등 효과를 보였다(Wegner et al., 1987).

보여주는 그래프는 실험의 시작부터 사고 억제 없이 흰곰에 관해 생각하도록 지시를 받은 연구 참가자들에 비해 흰곰에 관한 사고 억제를 하도록 지시받은 참가자들이 더 자주 흰곰에 관해 생각했다는 것을 보여준다. **사고 억제의 반동 효과**(rebound effect of thought suppression), 즉 억제 후 사고가 더 자주 의식으로 되돌아오는 경향은 정신 통제가 실제로 매우 어렵다는 것을 시사한다. 생각을 억제하려고 노력하는 시도 그 자체가 그 사고를 더 강력하게 의식으로 되돌아오게 한다는 것을 시사한다.

의식 밖의 과정이 의식 통제를 방해할 수 있다

사고 억제의 경우처럼 의식을 한 방향으로 나아가게 하려는 시도가 원하는 것과 정반대의 정신 상태를 초래할 수 있다. 이는 얼마나 모순되는가? 의식적으로 한 과제를 성취하려는 시도가 정반대의 결과를 초래할 수 있다! 사람들이 혼란스럽거나 스트레스를 받을 경우 이러한 모순 효과가 가장 잘 나타나는 것으로 여겨진다. 예를 들어 기분이 좋아지려고 노력하는 동안 혼란스러워하면 우울해지는 경향이 있고(Wegner et al., 1993), 이완하려고 노력하는 동안 혼란을 경험하는 사람이 이완하려고 노력하지 않는 사람에 비하여 실제로 더 불안해한다(Wegner et al., 1997). 또한 혼란스러워하는 동안 골프 퍼트를 더 멀리 날리겠다고 노력하지 않는 경우 원하지 않게 공을 멀리 날릴 수 있다(Wegner et al., 1998). **정신 통제의 모순 과정**(ironic processes of mental control) 이론은 이러한 모순되는 오류가 일어나는 것이 오류를 모니터링하는 정신 과정 자체가 오류를 초래하기 때문이라고 제안한다(Wegner, 1994, 2009). 예를 들어 흰곰을 생각하지 않으려는 시도를 하는 동안 이와 모순되게 마음의 다른 부분에서는 흰곰을 찾고 있다.

잠시 동안 책에서 눈을 떼고 흰곰에 대해 생각하지 않으려고 노력해보라.

Larry Williams/Getty Images

사고 억제의 반동 효과 억제 후 더 자주 사고가 의식으로 돌아오는 경향

정신 통제의 모순 과정 정신 과정은 모순된 오류를 낳는데, 이는 오류를 모니터링하는 것 자체가 오류를 낳게 할 수 있기 때문이다.

정리문제

1. 어느 정보를 받아들여 의식화하고 어느 정보를 여과해야 하는가를 여러분의 마음이 어떻게 알 수 있나?
2. 충만한 의식과 최소한의 의식은 어떤 점에서 서로 다른가?
3. 사람들은 어느 때 거울 보는 것을 회피하는가?
4. 어느 동물이 자신의 모습이 거울에 비추어지는 것을 인식하는가?
5. 백일몽 동안 뇌의 어느 영역이 활성화를 보이는가?
6. 걱정스러운 생각을 의식적으로 회피하는 것이 좋은 전략인가?

여러분이 손가락을 사용하여 셈을 하지 않는 한 쉬운 문제(4+5는?)를 듣고 답을 생각하는 것 사이에 의식적 단계가 없다.

Fuse/Corbis/Getty Images

무의식적 마음

많은 정신 과정이 무의식적으로 일어난다. 즉, 우리가 그것을 경험했다는 것을 알지 못하는 가운데 일어난다. 단순한 덧셈에 포함되어 있는 정신 과정을 예로 들어 살펴보자. 덧셈 문제("4+5는 무엇입니까?")를 듣고 이에 대한 답("9")을 생각하는 사이에 어떤 일이 의식 속에 일어나는가? 여러분이 아주 어렸을 때에는 손가락을 세면서 이 문제를 풀었을 것이다. 이제는 여러분이 더 이상 손가락을 셀 필요가 없고(더 이상 그렇게 하지 않는다고 말해주길 바란다) 문제를 해결하는 데 필요한 단계를 인식도 하지 않은 채 자동적으로 답이 마음속으로 떠오를 것이다. 어떤 의식적인 것도 답과 질문 사이에 일어나지 않고 대신 답이 무의식적 마음에서 나온다.

프로이트의 무의식

제1장에서 살펴본 바와 같이 프로이트의 정신분석 이론은 의식적 사고를 무의식적 과정으로 구성되어 있으면서 깊숙이 존재하는 마음의 표면으로 여겼다. 프로이트는 **역동적 무의식**(dynamic unconscious)을 개인이 일생 경험한 기억이 숨겨진 것, 개인의 마음속 깊이 존재하는 본능과 열망, 이를 통제하려는 개인의 내적 투쟁 등을 포함하는 역동적 체계로 기술하였다. 예를 들어 역동적 무의식에는 개인이 자신의 부모에 대해 가지는 숨겨진 성적인 생각 혹은 힘이 없는 유아를 목표로 하는 파괴적인 도발 — 이러한 생각들은 개인이 다른 사람에게 들키지 않으려 하고 또 개인 자신도 인식하지 못하는 생각들이다 — 이 포함된다. 프로이트의 이론에 의하면 무의식은 용납되지 않는 사고와 기억들을 의식에서 배제하여 무의식 속에 남겨두려는 정신 과정, 즉 **억압**(repression)되어 있는 힘이라고 한다. 프로이트는 억압이 없으면 개인이 얼마나 이기적이거나 비도덕적인가와는 상관없이 모든 무의식적 충동 혹은 동물적 도발을 생각하거나 행하거나 혹은 말할 것이라고 믿었다. 억압이 있을 경우 이러한 열망들은 역동적 무의식 속에 남아 있게 된다.

프로이트는 말의 오류, 의식의 실책 혹은 흔히 **프로이트의 과실**이라고 불리는 현상을 통하여 무의식적 마음에 관한 증거를 찾으려고 하였다. 예를 들어 여러분이 싫어하는 사람의 이름을 잊어버리는 것은 특별한 의미를 가진다. 프로이트는 오류가 무작위로 일어나지 않고 대신 비록 개인이 의식적으로는 부인하지만 지적인 무의식적 마음에 의해 생성된 의미를 가진다고 믿었다. 물론 한 개인이 말한 것이 특별한 의미를 가진다거나 일련의 무작위적 사건에 의미를 부여하는 것은 한 사건이 언제 그리고 왜 일어나는가를 과학적으로 예견하고 설명하는 것과 같지 않다. 한 사건이 이미 일어나고 난 후 그 사건에 관해 합리적이고 그럴듯한 설명을 할 수 있지만("이것은 프로이트의 과실이었어!") 진정한 과학은 신뢰로운 증거에 근거하여 검증할 수 있는 가설을 제공하는 것이다. 불행하게도 지난 100여 년이 넘는 동안 무의식에 관한 프로이트의 이론은 과학적 연구에 의해 지지를 받지 못하고 있다.

인지적 무의식에 관한 현대적 관점

현대 심리학자들은 무의식적 정신 과정이 의식과 행동에 영향을 미친다는 프로이트의 견해에 동의한다. 그러나 오늘날의 무의식적 마음의 연구는 프로이트가 주장한 것처럼 무의식이 동물적인 충동과 억압된 사고로 채워져 있다고 여기기보다는 무의식을 우리의 사고, 느낌과 행동에 영향을 미치는 빠르고 자동적인 정보처리기로 여긴다. **인지적 무의식**(cognitive unconscious)은 개인이 경험하지 않음에도 불구하고 개인의 사고, 선택, 정서와 행동에 영향을 미치는 모든 정신 과정을 포함한다.

인지에 관한 오늘날의 관점은 우리가 서로 다른 두 가지 마음을 가지고 있고, 이 두 마음이 우리의 작은 뇌에 서로 연결되어 있다고 제안한다. **이중 처리 이론**(dual process theories)은 우리의 뇌에 두 가지 서로 다른 체계가 정보를 처리한다고 제안하는데, 즉 한 체계는 빠르고 자동적이며 무의식적 과정에 관여하는 한편 다른 체계는 느리고 노력이 필요하며 의식적 과정에 관여한다고 제안한다(Kahneman, 2011). 빠르고 자동적인 체계(체계 1이라고 불림)는 단어를 읽거나 2+2=?처럼 큰 노력 없이 어떤 일을 할 때 작용한다. 느리고 노력을 요하는 체계(체계 2)는 이 장의 퀴즈질문에 답하거나 245×32=?를 풀거나 레스토랑에서 음식을 주문할 때처럼 이성적이고 의도적인 일을 할 때 사용된다.

노벨 수상자인 대니얼 카너먼(Daniel Kahneman, 2011)은 자신의 저서 **생각에 관한 생각**(*Thinking Fast and Slow*)에서 우리가 깨어 있을 때에는 체계 1과 2 모두 끊임없이 작용한다고 제안하였다. 즉 체계 1은 효율적으로 일상생활을 영위하도록 도와주는 한편 체계 2는 더 신중한 정신적 노력이 요구될 때 관여한다. 예를 들어 여러분이 캠퍼스의 한 강의실에서 다른 강의실로 걸어갈 때(아마 여러분은 수십 번이나 이렇게 걸었을 것이다) 체계 1이 여러분을 가이드한다. 그러나 여러분이 고무로 만든 닭을 한 웅큼 쥐고 있는 광대를 만난다면 체계 1이 기대하는 것과 여러분이 목격한 것 사이의 갈등을 해결하기 위해 체계 2가 작동하게 된다. 이런 방법을 통해 체계 2는 체계 1로부터 정보와 입력을 받아 여러분의 장차 행동을 가이드하는 것을 돕는다.

이중 처리 관점은 무의식적 마음과 의식적 마음이 서로 분리되어 있다는 프로이트의 주장과 일부 유사하다. 그러나 이중 처리 이론은 프로이트가 주장한 숨겨진 욕망, 방어 기제, 프로이트 과실 등을 전혀 고려하지 않는다. 그 대신 서로 다른 신경 경로에 근거하는 두 체계가 정보를 처리한다고 제안한다. 이중 처리 이론은 주의, 학습과 기억 등과 같은 서로 다른 인지 과정을 이해하는 데 도움이 되고(제 6, 7장 참조) 심리학의 많은 영역의 생각과 연구를 가이드하고 있다.

정리문제

1. 프로이트는 무의식적 말실수의 근원이 무엇이라고 하는가?

2. 체계 1과 2는 정보 처리 방법에서 어떻게 서로 다른가?

수면과 꿈 : 숙면, 마음

수면은 마음과 뇌가 경험을 생산하는 기능을 중단하는 일종의 무의식적 상태를 만들어낼 수 있다. 즉, 여러분의 마음에 있는 극장이 문을 닫는다. 그러나 이는 지나치게 단순한 표현일 수도 있는데 실제로 극장이 이상한 특별 쇼, 즉 꿈을 위해 밤에 다시 여는 것처럼 보이기 때문이다. 꿈에는 우리가 경험한 것들이 상당히 변형되어 나타나기 때문에 흔히 꿈을 **의식의 변형된 상태**(altered state of consciousness), 즉 세상과 마음에 관한 정상적인 주관적 경험으로부터 상당한 정도로 이탈된 경험 형태라고 여긴다. 이러한 변형된 의식 상태에는 사고의 변화, 시간 감각의 장애, 통제 상실감, 정서 표현의 변화, 신체상과 자아감의 변화, 지각 왜곡과 의미 혹은 중요감의 변화 등이 동반되어 나타난다(Ludwig, 1966). 수면과 꿈은 의식에 대한 두 가지 독특한 관점을 제공하는데, 즉 의식 없는 마음에 관한 것과 의식의 변형된 상태에 관한 것이다.

이중 처리 이론　뇌에 두 가지 서로 다른 체계가 존재하여 정보를 처리한다고 주장하는 이론. 즉 한 체계는 빠르고 자동적이며 무의식적 과정에 관여하고 다른 체계는 느리고 노력을 기울이며 의식적인 과정에 관여한다는 주장

의식의 변형된 상태　세상과 마음에 관한 정상적인 주관적 경험에서 상당히 이탈된 경험 형태

학습목표

- 수면 단계를 기술한다.
- 수면 장애의 유형을 설명한다.
- 우리가 왜 꿈을 꾸는가를 설명하는 두 가지 주요 이론을 비교한다.

알베르트 조셉 무어(1879/1881)의 꿈꾸는 사람들 그림 속의 사람들은 비록 몸은 같은 방에 있지만 마음은 서로 멀리 떨어져 있는데, 이는 여러분과 여러분의 곁에서 자고 있는 사람의 경우와 같다.

Moore, Albert Joseph/Birmingham Museums and Art Gallery/The Bridgeman Art Library

수면

평상시의 밤을 생각해보자. 여러분이 잠들기 시작하자마자 바쁘게 돌아가고 일 중심으로 일어나는 생각들이 산만하고 이상한 생각이나 이미지들로 대체되면서 거의 꿈을 꾸는 상태처럼 여기게 된다. 이러한 수면전 의식(presleep consciousness)을 **입면 상태**(hypnagogic state)라고 부른다. 매우 드물게 수면 **놀람**(hypnic jerk)을 경험할 수 있는데, 이는 갑작스러운 떨림 혹은 마치 계단에서 발을 헛디딜 경우처럼 떨어지는 느낌을 의미한다. 이 현상이 왜 일어나는가에 대해서는 아직 이해가 되지 않고 있다. 마침내 잠이 깊게 들면 여러분의 마음은 전적으로 사라지게 된다. 시간과 경험이 멈추어 버리게 되고 여러분은 무의식에 빠지게 되며 실제로 경험을 하는 '여러분'은 존재하지 않는 것처럼 보인다. 그러나 이때 꿈이 나타나기 시작하는데, 즉 여러분이 낮 동안에는 경험하지 못하는 생생하고 초현실적인 의식이 여러분이 실제로 경험하는 것이 전혀 없다는 이상한 전제 조건을 달고 나타난다. 더 많은 무의식적 현상과 더 많은 꿈이 나타날 수 있다. 그리고 마침내 여러분이 수면 후 의식 상태[출면기(hypnopompic state)]에 들어가면서 어렴풋하게, 즉 몽롱하고 정확하지 않은 형태로 의식이 돌아오는 것을 경험하게 된 후 간혹 헝클어진 머리카락과 함께 잠에서 깨어난다.

수면 주기

밤에 수면을 취하고 있는 동안 일어나는 일련의 사건들은 인간 생활의 주요한 리듬 중 한 부분인 수면과 깸의 주기이다. 이 **일주율**(circadian rhythm)은 자연적으로 일어나는 24시간 주기이며, 라틴어인 *circa*는 '대략'을 의미하고 *dies*는 '하루'를 의미한다. 사람을 시계가 없는 지하에 격리한 후 자신이 잠자고 싶을 때 잠을 자는 것을 허용하더라도 대략 25.1시간의 휴식-활동 주기를 보인다 (Aschoff, 1965). 이렇게 24시간에서 약간 벗어난 것이 쉽게 설명되지 않지만(Lavie, 2001) 이로 말미암아 많은 사람들이 밤에 약간 늦게까지 깨어 있고 아침에 약간 늦게 일어나기를 원하는 경향을 가지는 것으로 여겨진다. 우리는 24시간의 세상 속에 25.1시간 사는 사람들이다.

그러나 수면 주기는 단순한 작동/꺼짐 이상인데, 이는 많은 신체적 혹은 심리적 과정들이 이 리듬에 따라 밀려왔다가 밀려가기 때문이다. 인간 뇌의 EEG(뇌전도) 기록은 뇌의 전기적 활동의 규칙적인 변화 양상이 24시간의 주기 리듬에 동반되어 나타나는 것을 보여준다. 깨어있는 동안에는 각성 동안에 관찰되는 고주파 활동(베타파)과 휴식 동안에 관찰되는 저주파 활동(알파파)이 교대로 일어나는 것이 이러한 변화에 포함된다.

EEG의 가장 큰 변화는 수면 동안에 일어난다. 밤 동안 이 변화가 수면의 5단계에 따라 규칙적인 양상을 보인다(**그림 5.7** 참조). 수면의 첫 번째 단계 동안에 관찰되는 뇌파는 알파파보다 더 낮은 주파수 형태로 변한다(세타파). 수면의 두 번째 단계에서는 이러한 뇌파 양상이 수면 **방추**(sleep spindles)와 K **복합체**(K complexes)라고 불리는 짧은 활성화 격발에 의해 방해를 받으며 수면을 취하고 있는 사람으로 하여금 깨어나는 것을 더 어렵게 만든다. 깊은 수면 단계인 3단계와 4단계는 서파 수면(slow-wave sleep) 단계로 알려져 있는데, 이때 EEG 양상은 델타파라고 불리는 느린 활동을 보인다.

수면의 5번째 단계, 즉 **REM 수면**(REM sleep)은 급속 안구 운동(rapid eye movements)과 높은 수준의 뇌 활동을 특징으로 하는데, 이 단계 동안의 EEG 양상은 베타파와 유사한 고주파의 톱니모양의 파형을 보인다. 이는 이 단계 동안 깨어있을 때처럼 마음이 활동적이라는 것을 시사한다(그림 5.7 참조). REM 단계에 잠을 깬 사람들이 비REM 단계 동안 잠을 깬 사람에 비해 훨씬

일주율 자연적으로 일어나는 24시간 주기

REM 수면 급속 안구 운동과 높은 수준의 뇌 활성화가 특징인 수면 단계

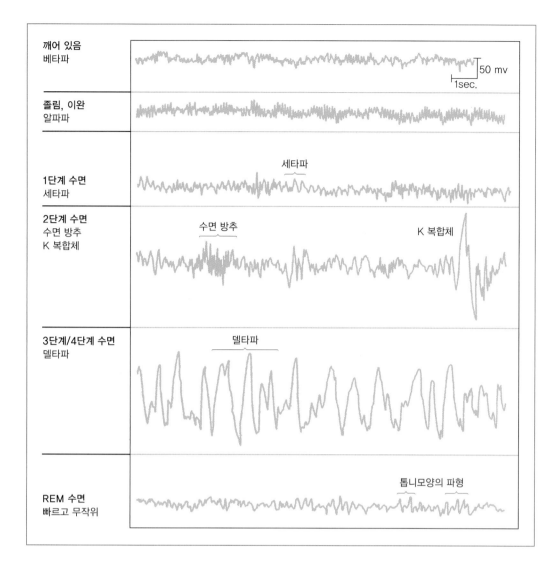

깨어 있음 베타파	
졸림, 이완 알파파	
1단계 수면 세타파	세타파
2단계 수면 수면 방추 K 복합체	수면 방추　　K 복합체
3단계/4단계 수면 델타파	델타파
REM 수면 빠르고 무작위	톱니모양의 파형

50 mv
1sec.

그림 5.7 수면 단계 동안의 뇌파 패턴 깨어있는 동안에 관찰되는 고주파의 베타파가 졸린 상태와 이완 상태에서는 저주파의 알파파로 바뀐다. 1단계 수면에서는 더 낮은 주파수의 세타파가 관찰되고 2단계에서는 수면 방추와 K 복합체라고 불리는 불규칙적인 패턴이 나타난다. 3단계와 4단계는 가장 주파수가 낮은 델타파가 나타난다. REM 수면 동안의 뇌파 패턴은 깨어있는 동안에 관찰되는 베타파와 유사한 고주파의 톱니모양 파형을 특징으로 한다.

더 자주 꿈을 보고한다(Aserinsky & Kleitman, 1953). REM 수면 동안 맥박이 빨라지고 혈압이 상승하며 성적 각성을 한다는 명백한 징후가 보인다. 이와 동시에 근육의 움직임에 관한 측정은 수면을 취하는 사람이 눈을 한쪽에서 다른 쪽으로 빨리 움직이는 것을 제외하고는 움직이지 않는다는 것을 보여준다(수면을 취하고 있는 사람을 관찰하면 닫힌 눈꺼풀을 통하여 REM 수면을 관찰할 수 있다. 그러나 버스 정류장에 누워 있는 낯선 사람을 관찰할 때에는 주의하라).

비록 많은 사람들이 자신들은 꿈을 많이 꾸지 않는다고(혹은 전혀 꾸지 않는다고) 믿지만 REM 수면 단계 동안 잠에서 깨어난 사람들 중 약 80%는 꿈을 보고한다. 만약 이 단계 동안 꿈이 실제로 일어나는지 혹은 꿈에서 일어나는 사건만큼 꿈이 지속되는가에 대한 궁금증은 REM 수면을 분석하면 해결될 수 있다. 연구자들은 REM 수면이 시작된 후 5분 혹은 15분마다 수면을 취하고 있는 사람들을 깨운 후 이 사람들이 기억하는 꿈에서 일어난 사건에 근거하여 얼마나 오랫동안 꿈을 꾸었는가를 판단하게 하였다(Dement & Kleitman, 1957). 111명 중 92명이 정확하였는데, 이는 꿈이 실제 시간(real time) 동안 일어나는 것을 시사한다. REM 수면의 발견은 꿈에 관한 이해를 많이 높였지만 모든 꿈이 REM 수면 동안에만 일어나지 않는다. 일부 꿈이 다른 수면 단계 동안 보고되기도 하지만 REM 단계만큼 빈번하지 않고 REM 동안의 꿈보다 덜 엉뚱하고 훨씬 더 정상적인 생각처럼 여겨진다.

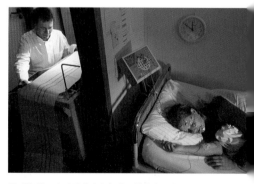

심리학자는 이 사진에서처럼 연구 참여자들이 수면 연구실에서 잠을 자는 동안 EEG와 다른 도구로 측정한 자료를 수집하여 수면 동안 무엇이 일어나는가를 연구한다.

Ronald Frommann/Laif/Redux

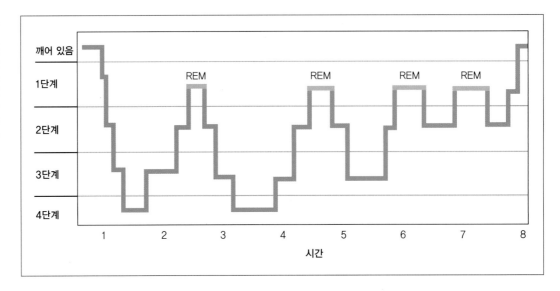

그림 5.8 밤 동안의 수면 단계 전형적으로 밤의 초기에는 수면 주기가 점점 더 깊은 단계로 들어가고 후반부에는 얕은 단계가 나타난다. 주기의 후반부로 갈수록 REM 기간이 더 길어지고 서파가 나타나는 깊은 수면 단계인 3단계와 4단계의 길이는 밤 동안 반으로 감소한다.

EEG와 REM 자료를 종합하면 밤 동안 취하는 전형적인 수면이 수면 단계의 주기를 통하여 어떻게 진행되는가를 이해할 수 있다(**그림 5.8** 참조). 밤의 첫 1시간 동안 깨어있는 것에서부터 가장 깊은 수면 단계인 4단계, 즉 델타파로 특징되는 단계까지 진행된다. 이후 더 얕은 수면 단계를 거쳐 결국에는 REM 단계에 이르고 꿈을 꾸게 된다. 그런 다음 90분마다 REM과 서파 수면 단계의 주기가 밤 동안 계속된다. 밤이 깊어 갈수록 REM 단계는 더 길어지고 REM과 REM 단계 사이에는 얕은 수면 단계가 자주 일어나고 깊은 수면 단계인 3, 4단계는 밤이 깊어 갈수록 절반으로 감소하게 된다. 비록 수면을 취하는 동안 여러분은 무의식 혹은 꿈-의식 상태에 있지만 여러분의 뇌와 마음은 상당히 서로 다른 상태들을 순환한다.

수면 욕구와 수면 박탈

사람들은 얼마나 잠을 자는가? 이에 대한 답은 잠자는 사람의 연령에 달려 있다(Dement, 1999). 신생아들은 24시간 동안 6~8번 잠을 자며 전체 수면 시간이 16시간 이상이다. 수면 주기는 대략 생후 9~18개월이 되면 '밤 동안의 잠'으로 굳어진다. 전형적으로 6세 아동은 하루에 11시간 혹은 12시간의 수면이 필요하고 성인이 될 때까지 수면을 점차 덜 취하게 되며 성인이 되면 밤에 평균 7~7.5시간의 수면을 취한다. 노화가 진행되면 이보다 적은 시간의 수면을 취한다. 일생 동안 우리는 깨어 있는 매 2시간마다 대략 1시간의 수면을 취하게 된다.

이는 일생 동안 많은 시간 잠을 자는 것을 의미하는데, 만약 이보다 수면을 덜 취하는 것이 괜찮을까? 1965년 과학 프로젝트 때문에 17세의 랜디 가드너(Randy Gardner)는 264시간 12분 동안(11일보다 약간 더) 깨어있었다. 마침내 그가 수면을 취하였을 때 그는 단지 14시간 40분 동안만 잠을 잤으며 깨어났을 때는 완전히 회복된 상태였다(Dement, 1978).

이와 같은 사례는 수면이 소모품이라고 여기게 할 수 있다. 이것은 '밤을 꼬박 새우는 사람(all nighter)'들의 생각인데, 아마 여러분도 큰 시험을 앞두고 이런 경험을 하였을 것이다. 그러나 수면이 소모품이라는 생각은 틀린 것으로 드러났다. 어려운 학습 과제를 학습한 후 밤을 새울 경우 학습한 것이 모두 사라진다(Stickgold et al., 2000). 기억이 자리 잡을 수 있도록 수면을 취하지 않으면 기억이 쇠퇴하는 것으로 여겨진다(제6장의 '최신 과학 : 수면이 학습을 증진시킬 수 있나요? 물론!' 참조). 밤을 새워 공부하는 것이 여러분으로 하여금 시험에 대비한 공부를 하도록 하지만, 학습한 것을 기억하도록 도와주

학습 후의 수면은 기억 응고에 필수적이다. 그러나 수업 중에 잠드는 경우는 그렇지 않다.

Sonda Dawes/The Image Works

지는 않고 오히려 학습한 것을 많이 잊어버리게 할 수 있다.

수면은 사치스럽기보다 필수적인 것으로 드러났다. 극한의 경우 수면 상실이 치명적일 수 있다. 쥐들로 하여금 랜디 가드너의 기록을 깨게 하기 위해 그보다 더 오랫동안 깨어있게 한 결과 체온 조절의 통제에 어려움을 보이고 평상시보다 훨씬 더 많이 먹이를 섭취하였음에도 불구하고 체중이 감소되었다. 쥐의 신체 체계가 붕괴되었고 평균 21일 만에 죽었다(Rechsthaffen et al., 1983). 매일 밤 몇 시간의 수면 박탈이 있을 경우 건강한 젊은이들조차 누적된 유해 효과, 즉 정신적 예민함과 반응 시간의 감소, 안절부절 못함과 우울감의 증가와 사고 및 부상의 위험이 증가됨을 보인다(Coren, 1997).

일부 연구자들은 서로 다른 수면 단계들을 선택적으로 박탈하였는데, 이는 특정 수면 단계가 탐지될 때마다 사람들을 잠에서 깨우는 것을 통하여 이루어졌다. REM 활동이 시작될 때마다 잠을 깨우는 것을 단지 며칠 동안만 지속하여도 기억장애와 과도한 공격적 행동이 사람과 쥐 모두에서 관찰되었다(Ellman et al., 1991). REM 수면의 박탈이 그다음 날 밤에 더 많은 REM 수면이 일어나게 한다(Brunner et al., 1990). 이와 상반되게 서파 수면(3, 4단계)의 박탈은 신체적 효과가 더 큰 것으로 여겨지는데, 이는 단지 며칠 밤만 수면을 박탈하여도 사람들이 지치고 피곤함을 느끼며 통증에 매우 민감하게 반응하기 때문이다(Lentz et al., 1999).

수면 욕구를 무시하는 것은 명백하게 위험한 것이다. 그러나 우리는 왜 수면 욕구를 가지는가? 모든 동물들이 잠을 자는 것으로 보이는데, 필요한 수면량은 동물에 따라 다르다(**그림 5.9** 참조). 기린은 하루에 2시간 미만 동안 잠을 자는 반면 갈색 박쥐는 거의 20시간 동안 잠을 잔다. 이러한 수면 욕구에 대한 차이와 수면 욕구가 왜 존재하는가를 설명하기는 어렵다. 결국 수면은 진화 과정 동안 상당한 대가를 치렀을 것이다. 잠을 자는 동물은 희생되기 쉽기 때문에 수면이 상당한 정도의 이익을 주지 않는 한 수면 습관은 발달되지 않았을 것으로 보인다. 수면 이론들은 왜 뇌와 신체가 이러한 무의식적 에피소드(수면)가 되풀이되어 일어나는 것이 필요하도록 진화되었는가를 설명하지 못하고 있다.

수면 장애

"숙면을 취하였나요?"라는 질문에 코미디언인 스티븐 라이트는 "아니요, 나는 몇 가지 실수를 하였습니다"라고 답하였다. 모든 사람들이 숙면을 취하는 것을 좋아하지만 많은 사람들이 수면

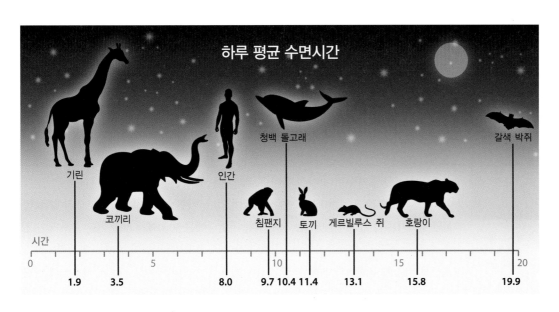

그림 5.9 일 평균 수면시간
모든 동물이 수면을 취하지만 수면량은 서로 다르다. 여러분이 늦잠을 자고 "어린아이처럼 잠을 잔다"는 비난을 받으면 "나는 호랑이나 갈색 박쥐처럼 잤다"라고 말해보라.

Ljerka ILIC/Hermera/Thinkstock

하루 평균 수면시간

기린 · 코끼리 · 인간 · 침팬지 · 토끼 · 게르빌루스 쥐 · 호랑이 · 청백 돌고래 · 갈색 박쥐

시간
0   5   10   15   20

1.9   3.5   8.0   9.7   10.4   11.4   13.1   15.8   19.9

불면증 위험

사람들이 나를 오래 하는 것	이상한 소음	내가 가진 질병	재정적 어려움	나는 왜 그렇게 말하거나 행동했을까?	시나리오에 대한 아이디어
$10	$10	$10	$10	$10	$10
$20	$20	$20	$20	$20	$20
$30	$30	$30	$30	$30	$30
$40	$40	$40	$40	$40	$40
$50	$50	$50	$50	$50	$50

Roz Chast/The New Yorker Collection/www.cartoonbank.com

불면증 잠이 들기 어렵거나 잠을 지속적으로 자는 것이 어려운 경우

수면 무호흡증 잠을 자는 동안 짧은 시간 호흡이 멈추어지는 장애

몽유병 잠을 자는 동안 일어나서 걸어 다니는 경우

기면증 깨어 활동하는 동안 갑작스럽게 수면 발작이 일어나는 장애

수면 마비 잠에서 깨어났지만 움직이지 못하는 경우

만화 속의 몽유병자는 자신의 팔을 축 널어뜨리고 눈은 감고 있지만 이는 사실이 아니다. 실제로 몽유병자는 눈을 뜨고, 때로는 무표정한 시선을 한 채 정상적으로 걷는다.

Matthew Nock

장애를 경험한다.

잠이 들기 어렵거나 잠을 자지 못하고 깨어있는 **불면증**(insomnia)이 아마도 가장 흔한 수면 장애일 것이다. 대략 30~48%의 사람들이 불면 증상을 보고하고 6% 정도는 불면증 진단에 부합하는 불면증, 즉 지속적이고 손상된 수면 문제를 경험한다(Bootzin & Epstein, 2011; Ohayon, 2002). 불면증은 다양한 원인에 의해 발병한다. 어떤 경우는 야간 근무와 같은 라이프스타일의 선택 때문에 초래되는(자기유도적 불면증) 한편 어떤 경우에는 우울, 불안 및 다른 상태에 대한 반응으로 일어난다(이차적 불면증). 어떤 원인에 의해 불면증이 초래되는가와는 상관없이 불면증은 불면에 대한 걱정으로 인해 악화될 수 있다(Blake, Trinder, & Allen, 2018). 여러분은 잠을 꼭 자야 하는 경우, 예를 들어 다음날 수업 시간에 발표를 하거나 중요한 인터뷰가 있을 경우, 잠에 쉽게 들 수 없는 것을 경험하였을 것이다. 잠을 원하는 것이 이와 모순되는 정신 통제 과정, 즉 잠이 오지 않는 것에 대해 민감하게 반응하게 하고 이 민감성이 수면을 방해한다. 비록 진정제가 정서적 사건과 관련되어 초래되는 단기간의 수면 장애에는 유용하지만 진정제를 장기간 복용하는 것은 효과적인 해결책이 아니다. 대부분의 수면제가 중독성을 띨 뿐만 아니라 수면제를 단기간 사용하는 것조차 REM 수면과 서파 수면 단계의 시간 비율을 감소시켜(Qureshi & Lee-Chiong, 2004) 꿈과 깊은 수면 단계를 빼앗는다. 그 결과 수면의 질이 낮아지게 되고 낮 동안 불안정하고 안절부절못하게 되는 부작용을 경험하게 된다.

수면 무호흡증(sleep apnea)은 잠을 자는 동안 짧은 시간 호흡을 중단하는 장애이다. 무호흡증을 가지는 사람들 대부분이 코를 고는데, 이는 기도가 불수의적으로 막히기 때문이다. 만약 무호흡증이 한 번에 10초 이상 지속되거나 밤 동안 여러 번 무호흡증이 일어날 경우 자주 깨게 되어 잠을 자지 못하게 되거나 불면증을 경험하게 된다. 무호흡증은 중년의 과체중 남성들에서 가장 흔하게 일어나며(Punjabi, 2008), 잠을 자는 동안 이를 인식하지 못하기 때문에 무호흡증 진단이 간과되기 쉽다. 옆에서 같이 자는 사람이 무호흡증을 앓는 사람의 코 고는 소리 혹은 호흡을 다시 시작할 때 나는 소음 등으로 인하여 지치거나 무호흡증을 앓는 사람이 낮 동안 지나치게 졸음을 느끼게 되면 비로소 치료를 찾게 된다. 치료에는 체중 감량, 약물 처방, 코로 공기를 불어넣는 수면 마스크 혹은 수술 등이 포함된다.

몽유병(somnambulism 또는 sleepwalking)은 개인이 잠을 자는 동안 일어나서 걸어 다니는 경우이다. 몽유병은 아동들에서 자주 관찰되는데, 4~8세 동안에 발병률이 가장 높고 15~40%의 아동들이 적어도 한 번의 에피소드를 경험한다(Bhargava, 2011). 몽유병은 이른 밤, 대개 서파 수면 단계 동안 일어나는 경향이 있다. 환자는 걸어 다니는 동안 깨어나거나 깨어나지 않고 다시 잠이 들기도 하는데, 이 경우 이들은 아침에 이 사실을 기억하지 못한다. 몽유병 환자의 눈은 대개 초점이 흐리고 만화에서처럼 이들이 걸어 다니는 동안 손을 뻗는 경우는 거의 없다. 몽유병은 다른 부가적인 문제를 초래하지는 않지만 유일한 문제는 환자들이 잠이 든 상태로 집 밖으로 나가거나 가구에 부딪히거나 계단에서 넘어지는 등의 현명하지 못한 행동을 한다는 것이다. 일반적인 견해와는 달리 몽유병 환자들을 깨우거나 다시 침대로 데려가는 것이 안전하다.

다소 흔하지 않게 일어나는 수면 장애들이 있다. **기면증**(narcolepsy)은 깨어서 활동하는 동안 갑자기 수면 발작이 일어나는 장애이다. 기면증에는 30초에서 30분 동안 지속되는 참을 수 없는 졸음과 통제할 수 없는 수면 발작이 자주 동반된다. 이 장애는 가족력이 있는 것으로 미루어 유전적 근거를 가지고 있는 것으로 보이며 약물로 치료가 가능하다. **수면 마비**(sleep paralysis)는 움직일 수 없는 상태에서 깨어나는 경우이다. 이 기분 나쁜 경험은 대개 REM 수면에서 깨어나지만 운동 통제를 미처 하지 못할 때 일어난다. 이 기간은 단지 몇 초 혹은 몇 분 동안만 지속되고 환각, 즉 잠에서 깬 후 꿈의 내용이 현실에서 일어나는 것처럼 여겨지는 현상이 동반될 수 있다. **야경증**(night terrors 또는 sleep terrors)은 **공황 발작 및 강렬한 정서적 각성**과 더불어 갑작스럽게 잠을 깨는 경우이다. 야경증은 주로 아동들에서 발병하고, 성인의 2%만이 야경증을 경험하며(Ohayon et al., 1999), 수면 주기의 초기 비REM 수면 동안 가장 흔하게 일어나고 환자들이 보고할 만한 꿈의 내용을 대개 가지지 않는다.

요약하면 우리가 밤에 자는 동안 많은 일들이 일어난다. 인간은 매우 규칙적인 수면 주기를 따르는데, 즉 밤 동안 수면의 5단계를 거치게 된다. 수면 박탈이나 수면 장애로 인하여 이 주기가 방해를 받게 되면 잠에서 깨어나 의식을 찾게 되는 결과가 초래된다. 그러나 밤 수면 동안 무엇인가가 일어나면 잠을 자는 동안이나 깨어 있는 동안 우리의 의식이 영향을 받게 된다.

야경증 공황발작 및 강렬한 정서적 각성과 더불어 갑작스럽게 잠에서 깨는 경우

꿈

수면 연구의 선구자인 윌리엄 C. 디멘트(William C. Dement, 1959)는 다음과 같이 언급하였다. "꿈은 우리 각자를 그리고 우리 모두를 매일 밤 조용하고 안전하게 미치게 한다." 실제로 꿈은 비정상적인 것 같다. 더 기이한 것은 우리가 꿈에서 경험하는 비정상적인 것들을 우리 스스로 쓰고 제작하고 감독한다는 것이다. 이러한 경험들이 무엇이고 우리는 이 경험들을 어떻게 설명할 수 있는가?

꿈 의식

꿈은 현실로부터 매우 동떨어져 있다. 여러분은 아마 대중들 앞에 옷을 벗은 채 서 있거나, 매우 높은 곳에서 떨어지거나, 이빨이 빠지거나, 다른 사람에게 쫓기는 꿈을 꾼 적이 있을 것이다. 이러한 것들은 여러분이 끔찍하거나 소름끼치거나 매우 운이 나쁜 날을 맞이하지 않는 한 현실에서 흔하게 일어나지 않는다. 꿈에서의 의식의 질은 깨어있을 때의 의식의 질과 매우 다르기도 하다. 꿈 의식이 깨어있는 상태와 구분되는 다섯 가지 주요 특징이 있다(Hobson, 1988).

1. 기쁨, 공포, 사랑 혹은 경외이든지 간에 매우 강렬한 **감정**을 느낀다.
2. 꿈에서 경험하는 사고가 비논리적이다. 시간, 장소와 사람의 연속성이 적용되지 않는다. 꿈에서 여러분이 한 장소에서 다른 장소로 이동하지 않았음에도 불구하고 한 번은 이 장소에 있다가 곧 다른 장소에 있거나 한 개인이 꿈 장면마다 다른 사람으로 나타나는 것을 경험할 수 있다.
3. 감각이 완전히 형성되고 의미를 가진다. 꿈에서 시각이 우세하지만 청각, 촉각과 움직임도 경험한다(비록 통각은 매우 드물게 경험되지만).
4. 꿈은 무비판적으로 수용되는데, 예를 들면 꿈에서 경험하는 이미지나 사건들이 이상하게 여겨지기보다는 정상적인 것으로 받아들여진다.
5. 꿈을 꾸고 난 후에 그 꿈을 기억하는 것이 어렵다. 사람들은 꿈을 꾸고 있는 도중에 깨어날 경우에만 꿈을 기억하고, 기억한다고 해도 몇 분 후에는 꿈을 기억하지 못할 수 있다. 만약 깨어있는 동안의 기억이 이 정도로 나쁘다면 여러분은 대부분의 시간을 거리에서 거의 옷을 벗은 채 서 있거나 여러분이 가야 할 곳이나 옷과 점심값을 잊어버리게 될 것이다.

헨리 푸젤리(1790)의 작품인 악몽 푸젤리는 이 그림에서 암말뿐만 아니라 꿈꾸는 사람의 가슴에 앉아 있는 악마도 그렸는데, 이는 특히 매우 무서운 악몽과 관련되어 있다.

Goethe House and Museum/Snark/Art Resource, NY

그러나 우리가 꾸는 모든 꿈들이 멋지거나 초현실적인 것은 아니다. 우리가 깨어있을 때 경험한 세속적인 주제들 혹은 '낮 동안의 잔류물(day residue)'에 관한 꿈을 꾸기도 한

다. 현재 의식 속에 남아 있는 관심(Nikles et al., 1998) 혹은 최근에 경험한 이미지들이 꿈에 나타나기도 한다. 예를 들어 여러분이 해변에서 즐거운 시간을 보낸 날 밤에 비치볼이 튀거나 갈매기들에 관한 꿈을 꿀 수 있다. 꿈의 내용은 여러분이 낮 동안 행하였거나 본 것에 관한 이야기가 아니라 스냅 사진의 유형을 취한다. 이는 꿈이 명확한 구성 혹은 대본 없이 나타나기 때문에 상식적으로 이해되기 어렵다는 것을 의미한다.

가장 잘 기억되는 꿈 중의 일부가 악몽이며 이로 인해 잠에서 깨어나기도 한다(Levin & Nielsen, 2009). 대학생을 대상으로 한 연구에 의하면 대학생이 1년에 평균 24번의 악몽을 꾼다고 하지만(Wood & Bootzin, 1990), 일부 사람들은 매일 밤 악몽을 꾸기도 한다. 성인보다 아동이 악몽을 더 많이 경험하고 외상을 경험한 사람들이 이 사건들을 상기시키는 악몽을 꾸는 경향이 있다.

꿈에 관한 이론

꿈은 풀고 싶어 안달하는 퍼즐이다. 꿈의 의미를 찾고자 하는 시도는 성경에 나오는 인물들에 의해서도 이루어졌는데, 그들은 꿈을 해석하고 꿈에서 예언을 찾고자 하였다. 구약에 등장하는 예언자 다니엘(이 책의 세 저자들이 매우 좋아하는)은 바벨론 왕이었던 네브카드네자르의 꿈을 해석해줌으로써 왕의 신뢰를 얻게 되었다. 불행하게도 꿈의 의미가 대개 명확하지 않다.

꿈에 관한 첫 번째 심리학적 이론을 제안한 프로이트(1900/1965)는 꿈이 혼란스럽고 불명확한 이유는 역동적 무의식이 꿈을 생산할 때 혼란스럽고 불명확하게 만들기 때문이라고 제안하였다. 프로이트에 의하면 꿈은 욕망을 표상하는 것이며, 욕망 중 일부는 상당히 받아들이기 어렵거나 금기시되거나 불안을 야기하는 것이기 때문에 욕망이 가장된 형태로만 꿈에 표현된다고 한다. 프로이트는 가장 받아들이기 어려운 욕망 중 많은 것이 성에 관한 것이라고 믿었다. 예를 들어 기차가 터널로 들어가는 꿈은 성교를 상징한다고 해석하였다. 프로이트의 꿈 해석 방식이 가지는 문제는 어떤 꿈이라도 수많은 방법으로 해석될 수 있다는 것이다. 꿈에 관한 정확한 해석이 단지 추측에 근거할 뿐이며, 꿈을 꾼 사람에게 다른 해석보다 특정 해석이 더 옳다는 것을 확신시킨다는 것이다.

비록 꿈이 숨겨진 욕망을 교묘하게 나타내지 않을 수도 있지만 억제된 생각이 꿈에 나타난다는 것을 보여주는 증거가 있다. 한 연구에서 연구 참가자들에게 자신들이 잘 아는 한 사람을 생각하게 한 후 잠이 들기 5분 전에 자신들의 마음속에 떠오르는 것들을 기록하게 하였다(Wegner et al., 2004). 일부 참가자들에게는 기록을 할 때 자신들이 생각한 사람에 관한 생각을 억제하도록 지시하고 일부 참가자들에게는 그 사람에 관한 생각에 초점을 맞추도록 지시한 한편, 또 다른 참가자들에게는 마음에 떠오르는 어떤 것이라도 자유롭게 기록하도록 지시하였다. 다음 날 아침 참가자들에게 꿈에 관해 기술하게 하였다. 모든 참가자들은 다른 사람들보다 자신들이 잘 안다고 이름을 말한 사람에 관한 꿈을 꾸었다고 언급하였다. 그러나 전날 밤 자신들이 잘 안다고 한 사람에 관한 생각을 억제하도록 지시를 받은 집단에 속한 참가자들이 자신들이 잘 아는 사람에 관한 꿈을 꾸었다고 가장 많이 보고하였다. 이 결과는 실제로 꿈이 원하지 않는 생각을 숨겨준다는 것을 시사한다. 이러한 이유 때문에 간혹 여행자들이 길을 잃는 꿈을 꾸고 학생들은 시험을 놓치는 꿈을 꾸고 교수들은 강의를 잊어버리는 꿈을 꾸는 것일 것이다.

또 다른 중요한 꿈 이론이 **활성화-통합 모델**(activation-synthesis model, Hobson & McCarley, 1977)이다. 이 이론은 수면을 취하는 동안 무작위로 일어나는 신경 활동의 의미를 뇌가 찾을 때 꿈이 생산된다고 제안한다. 깨어 의식이 있는 동안 마음은 감각을 통하여 도달된 많은 정보를 해석한다. 예를 들어 수업 시간에 들은 이상한 소리가 여러분의 핸드폰 진동 소리라는 것을 알아차리거

활성화-통합 모델 뇌가 수면 동안 무작위로 일어나는 신경 활동에 대한 의미를 찾을 때 꿈이 생산된다고 주장하는 이론

나 방 바깥 복도에서 나는 이상한 냄새가 팝콘이 타는 냄새라는 것을 알아차린다. 꿈을 꾸는 상태에서는 마음이 외부에서 들어오는 감각 정보에 접근하지 않지만 그럼에도 감각 정보의 해석을 계속한다. 꿈의 상태에서는 현실 지각이 아닌 신경 활동으로부터 감각 정보가 오기 때문에 뇌의 해석 기제가 자유로워진다.

프로이트 이론과 활성화–통합 이론은 꿈의 의미를 어디에 두는가에 있어 매우 다르다. 프로이트 이론에서는 꿈이 의미와 함께 시작된다고 주장하는 반면, 활성화–통합 이론에서는 꿈이 무작위로 시작되지만 꿈을 꾸는 동안 마음이 꿈을 해석함을 통하여 의미가 부여될 수 있다고 주장한다. 꿈 연구는 두 이론 중 어느 이론이 혹은 두 이론 이외의 어떤 다른 이론이 꿈의 의미를 가장 잘 설명하는가에 관한 명확한 결론을 제공하지 않고 있다.

꿈꾸는 뇌

우리가 꿈을 꿀 때 뇌에서 어떤 일이 일어나는가? fMRI 연구들은 REM 수면 동안 일어나는 뇌 변화는 꿈을 꾸는 동안 일어나는 의식의 변화와 일치하는 것을 관찰하였다. **그림 5.10**은 꿈을 꾸는 뇌에서 관찰되는 활성화 혹은 비활성화 패턴 중 일부를 보여준다(Nir & Tononi, 2010; Schwartz & Maquet, 2002).

많은 꿈은 정서적 내용, 즉 위험한 사람이 숨어 있거나 괴물이 나타나거나 사소한 걱정을 하거나 중요한 시험이 있는 것을 잊은 채 강의실로 들어서는 등의 내용을 가진다. 위협적이거나 긴장을 주는 사건에 대한 반응에 관여하는 편도체가 REM 수면 동안 상당히 활성화되는 것이 보고되었다. 그러나 전전두 피질은 깨어 의식적일 때보다 상대적으로 덜 활성화를 보인다. 이는 무엇을 의미하는가? 전전두 피질은 행동의 계획과 집행에 관여하며 간혹 꿈이 무계획적이고 두서가 없는 것으로 보인다. 아마 전전두엽의 활성화 감소로 말미암아 꿈이 분별 있는 줄거리를 가지지 못하고 마치 계획 능력이 없는 작가에 의해 쓰여진 원고처럼 여겨질 것이다.

전형적으로 꿈에는 멋진 세상이 시각적으로 펼쳐지지만 청각, 촉각, 후각 혹은 미각은 거의 없다. 더욱이 개인이 꿈에서 경험하는 각 감각의 정도는 매우 다른데, 이에 관해서는 '차이의 세계 : 시각장애인의 꿈'에 기술되어 있다. 물론 꿈에 나타나는 '그림 쇼'는 실제 시각적 사건의 지각보다는 상상을 반영한다. 꿈을 꾸는 동안 시지각에 관여하는 뇌 영역들이 활성화되지 않지만

프로이트는 꿈이 허용되지 않은 욕망을 나타내고, 이 욕망은 가장된 형태로만 표현된다고 주장하였다. 활성화–통합 모델은 수면 동안 무작위로 일어나는 신경 활동에 마음이 어떤 의미를 부여하고자 할 때 일어난다고 제안한다. 못마땅해하는 친척 혹은 지인이 곧 여러분의 집을 방문한다고 가정해보자. 그 사람의 방문 전날 버스가 여러분의 집 거실 문을 통해 돌진해 들어오는 꿈을 꾸었다면 프로이트는 이 꿈을 어떻게 해석하겠는가? 활성화–통합 모델은 이 꿈을 어떻게 해석하는가?
© John Davenport/SanAntonio Express-News via ZUMA

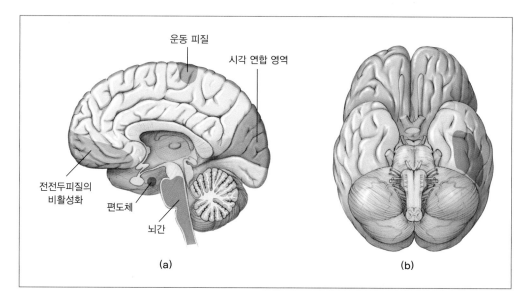

운동 피질

시각 연합 영역

전전두피질의 비활성화

편도체

뇌간

(a)

(b)

그림 5.10 REM 수면 동안의 뇌활성화와 비활성화 붉은색으로 칠해져 있는 뇌 영역들은 REM 수면 동안 활성화되고 파란색으로 칠해져 있는 영역들은 비활성화된다. (a) 내측면은 편도체, 시각 연합 영역, 운동 피질과 뇌간의 활성화와 전전두피질의 비활성화를 보여준다. (b) 복측면은 다른 시각 연합 영역들의 활성화와 전전두피질의 비활성화를 보여준다(Schwartz & Maquet, 2002).

시각장애인의 꿈

여러분은 어떤 꿈을 꾸는가? 꿈이 대부분 시각적으로 나타나는가? 꿈에서 소리를 듣는가? 촉각? 미각? 후각을 경험하는가? 우리가 깨어있을 때 경험하는 것이 다르듯이 꿈에서의 경험도 다르다. 대부분의 사람들은 꿈을 꾸는 동안 이 모든 감각을 경험하는 능력을 가지고 있다. 그러나 시각장애인들의 경우에는 어떠할까? 연구자들은 시각장애인들에게 몇 주 동안 매일 꿈을 기록하도록 한 후 이들의 기록을 시각장애를 가지고 있지 않은 사람들의 기록과 비교하였다(Meaidi et al., 2014). 그 결과 시각장애를 가지고 있지 않은 사람들의 꿈은 100% 시각 인상이 포함되어 있지만 이에 비해 시력을 가지고 있다가 이후에 시력을 상실한 사람(후천적 시각장애인)의 꿈 중 약 75%, 그리고 태어날 때부터 시력을 상실한 사람(선천적 시각장애인)의 꿈 중 약 20%에 시각 인상이 포함되어 있었다. 결코 볼 수 없는 사람들이 꿈에서도 볼 수 없다는 것이 아마 놀라울 일이 아니지만 이들의 꿈 20%에서 볼

수 있다는 사실이 흥미를 끈다(비록 이러한 시각 인상이 적어도 어느 정도는 빛 지각이 가능한 시각장애인에게만 일어난다).

그림에 제시되어 있듯이 시각장애인들의 꿈에서 시각적 내용이 부족하지만 대신 청각과 촉각 인상은 더 많다.

불행히도 선천적 시각장애인의 경우 악몽도 자주 경험하는데 이들이 꾸는 꿈의 거의 25%에

서 악몽을 경험한다. 악몽은 시각장애인이 잘못된 행동을 하여(시력의 부족 때문) 다른 사람들로부터 공격적 반응을 받는 내용으로 자주 나타난다(Meaidi et al., 2014). 실제로 모든 심리학이 깨어있는 마음을 이해하는 데 초점을 두지만 꿈의 경험에 다양한 개인차가 존재하는 것은 이제 막 이해되기 시작하였다.

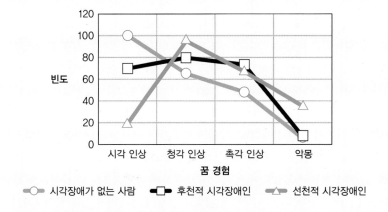

꿈 경험

⊸◯⊸ 시각장애가 없는 사람   ◼️ 후천적 시각장애인   △ 선천적 시각장애인

시각적 상상에 관여하는 후두엽의 시각 연합 영역들이 활성화된다(Braun et al., 1998). 여러분의 뇌는 기이한 장면들을 실제로 보지 않고 상상한다는 것을 인식할 만큼 영리하다.

꿈에 관한 또 다른 이상한 사실은 꿈을 꾸는 동안 눈은 매우 빨리 움직이지만 몸이 거의 움직이지 않는 것이다. REM 수면 동안 운동 피질이 활성화되지만 뇌간을 통해 연결되는 척수 뉴런들이 운동 피질의 활성화가 표현되는 것을 억제한다(Lai & Siegal, 1999). 이는 꿈과 관련된 뇌 활성화의 유용한 속성으로 밝혀졌는데, 만약 이러한 속성이 없으면 여러분은 꿈을 꿀 때마다 일어나서 움직여야 하기 때문이다! 잠을 자는 동안 움직이는 사람들은 꿈을 꾸고 있지 않다. 뇌는 꿈을 꾸는 동안 움직이는 것을 억제시켜 우리가 다치지 않게 한다.

정리문제

1. EEG 기록은 수면에 관해 무엇을 말해주는가?
2. 전형적인 밤 수면의 단계는 무엇인가?
3. 수면과 학습은 어떻게 관련되어 있는가?
4. 수면제가 야기하는 문제는 무엇인가?
5. 몽유병 환자를 깨우는 것이 안전한가?

6. 꿈 의식과 깨어있는 상태는 어떻게 다른가?
7. 프로이트는 꿈이 무엇을 나타낸다고 하는가?
8. 활성화-통합 모델은 뇌와 꿈의 관련성에 대해 무엇을 제안하는가?
9. 왜 꿈이 일관된 줄거리를 가지지 못하는가를 fMRI 연구들은 어떻게 설명하는가?

약물과 의식 : 인위적 영감

유토피아에 반대하는 소설인 멋진 신세계(*Brave New World*)의 저자인 올더스 헉슬리(Aldous Huxley)는 자신의 메스칼린 약물 경험에 관해 기술하였다. 자신의 저서인 *The Doors of Perception* 에서 그는 다음과 같이 기술하였다. "세상의 모든 것이 빛으로 반짝거리고 무한정으로 중요하게 느껴졌다. 예를 들어 의자 다리가 불가사의하게 보였고 초현실적으로 운이 나게 매끈하였다. 나는 몇 분 동안—혹은 수세기 동안?—단지 이 대나무 의자 다리를 응시한 것만이 아니라 실제로나 자신이 그 의자 다리가 되었다"(Huxley, 1954, p. 22).

여러분 자신이 의자 다리가 되는 경험? 의자 다리가 되는 것이 의자 방석이 되는 것보다 낫겠지만 이는 매우 기이한 경험을 한 것처럼 들린다. 그럼에도 불구하고 여전히 많은 사람들이 이러한 경험을 하기를 원하며 자주 약물을 통하여 이러한 경험을 추구한다. **향정신성 약물**(psychoactive drugs)은 뇌의 화학적 메시지 체계를 변화시킴으로써 의식 혹은 행동에 영향을 미치는 화학물질이다. 뇌의 신경전달물질 체계를 기술하고 있는 제3장에서 이러한 약물들에 대해 살펴보았다. 이 약물들이 어떻게 심리장애를 치료하는 데 사용되는가를 살펴보는 제15장에서는 이 약물들을 다른 관점에서 살펴볼 것이다. 이 약물들이 향락, 치료 혹은 또 다른 목적으로 사용되는가와 상관없이 이 약물들의 효과는 신경전달물질의 작용을 증가(효능제) 혹은 감소(길항제)시킴으로써 일어난다. 헉슬리 그 자신이 의자 다리가 되는 것을 경험한 것처럼 약물을 복용한 사람들은 정상적인 의식 상태 혹은 꿈에서 경험하는 것과도 아주 다른 것을 경험할 수 있다. 이러한 변화된 상태를 이해하기 위해 사람들이 어떻게 약물을 사용하고 남용하는지와 향정신성 약물의 주요 범주들에 관해 살펴보기로 하자.

약물 사용과 중독

왜 가끔 아동들은 어지러워 땅에 쓰러질 때까지 뱅뱅 도는 행동을 하는가? 정상적인 의식 상태에서 이탈된 상태에 관한 호기심이 있어 왔고 역사를 통해 사람들은 춤, 단식(fasting), 노래, 명상과 자신들을 취하게 할 정도의 이상한 화학물질의 섭취를 통하여 변형된 의식 상태를 경험하고자 하였다(Crocq, 2007). 사람들은 현기증을 동반한 메스꺼움부터 생을 망가뜨릴 정도의 중독 약물에 대한 집착에 이르기까지의 희생을 감수하더라도 변형된 의식 상태를 추구한다. 이러한 관점에서 보면 변형된 의식의 추구는 치명적으로 매력적이다.

한 연구에서 연구자들은 쥐들이 레버를 누르면 스스로 코카인을 정맥 주사할 수 있도록 고안하였다(Bozarth & Wise, 1985). 30일 이상 동안 쥐들은 높은 비율로 자신들에게 코카인을 주사하는 것을 계속할 뿐만 아니라 경련을 일으킬 만큼 높은 양을 간혹 주사하였다. 쥐들은 자신들을 돌보는(grooming) 것과 먹이를 먹는 것을 중단하였고 그 결과 체중의 3분의 1이 감소하였다. 대략 90%의 쥐들이 연구가 끝날 무렵 죽었다.

물론 쥐가 작은 인간이 아니기 때문에 쥐를 대상으로 한 연구 결과가 코카인에 대한 인간의 반응을 이해하는 데 확고한 근거를 제공하지 않는다. 그러나 이러한 결과는 코카인이 중독성을 띠고 중독의 결과가 비참할 수 있다는 것을 명백하게 보여준다. 또 다른 연구들은 동물들이 코카인뿐만 아니라 알코올, 암페타민, 바르비투르제, 카페인, 아편(모르핀과 헤로인), 니코틴, 페닐사이클라다인(PCP), MDMA(엑스터시)와 THC(tetrahydrocannabinol, 마리화나의 주성분) 등을 얻기 위해서도 열심히 과제를 수행하는 것을 보여준다.

학습목표

- 중독의 위험에 관해 설명한다.
- 향정신성 약물의 주요 카테고리와 약물이 신체에 미치는 효과를 기술한다.

향정신성 약물 뇌의 화학적 메시지 체계를 변화시킴으로써 의식 혹은 행동에 영향을 미치는 화학물질

왜 아동들은 현기증을 느껴 바닥에 쓰러질 때까지 빙빙 도는 것은 즐기는가? 아주 어릴 때부터 의식 상태를 변화시키는 것을 즐기는 것처럼 보인다.

Matthew Nock

그림 5.11 약물 사용의 동기가 정적 강화에서 부적 강화로 변화되는 동안 약물 중독이 자주 일어난다. 최근 연구에 의하면 사람들이 처음 약물을 사용하는 이유가 약물 사용이 제공하는 긍정적 경험 때문이라고 한다. 그러나 시간이 지날수록 약물 중단으로 인한 불쾌한 효과를 피하기 위해 지속적으로 약물을 사용하며 이 결과로 중독이 일어난다고 한다.

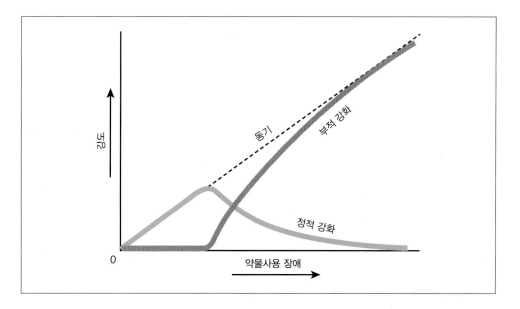

중독의 위험

사람들이 향정신성 약물을 처음 사용하자마자 중독되지는 않는다. 약물을 여러 번 실험적으로 사용한 후 다시 사용하고 시간이 지남에 따라 마침내 약물 사용이 증가한다. 연구 결과는 약물 사용이 처음에는 **정적 강화**(positive reinforcement)에 의해 동기화된다는 것을 보여주는데, 정적 강화는 보상이 따르는 행동은 증가할 가능성이 높음을 의미한다. 다시 말하면 사람들은 향정신성 약물이 긍정적인 심리적 상태를 야기하기 때문에 향정신성 약물을 반복해서 사용한다. 그러나 시간이 갈수록 일부 약물들의 경우 보상은 덜 제공하지만 부적 강화에 의해 지속적인 약물 사용이 동기화되는데, 부적 강화란 행동 후 혐오적인 상태가 제거되면 그 행동이 증가할 가능성이 높음을 의미한다(**그림 5.11** 참조). 즉 사람들이 약물 사용을 중단할 경우 일어나는 금단 증상을 감소 혹은 제거하기 위해 향정신성 약물을 지속적으로 사용한다(George & Koob, 2017). 다음의 세 가지 주요 요인들이 이 과정에 영향을 미친다.

1. **약물 내성**(drug tolerance)은 시간이 지남에 따라 동일한 효과를 얻기 위해 약의 용량이 증가되는 경향을 의미한다. 환자들의 통증을 통제하기 위해 모르핀을 처방하는 의사들은 내성 문제에 당면하게 되는데, 이는 동일한 정도의 통증을 완화하기 위해 더 많은 용량의 모르핀이 요구되기 때문이다. 내성이 증가하면 약물의 과잉 투여라는 위험이 초래된다. 즉, 향락을 위해 약물을 사용하는 사람들은 동일한 정도의 즐거움을 경험하기 위해 더 많은 약물이 요구된다는 것을 알게 된다. 그러나 만약 헤로인 혹은 코카인을 평소보다 더 많이 사용할 경우 치명적인 결과가 초래될 수 있다.

2. **신체적 의존**(physical dependence)은 약물 사용을 중단할 때 야기되는 통증, 경련, 환각 혹은 다른 불쾌한 증상들을 의미한다. 신체적 의존으로 고통받는 사람들은 신체적 고통을 피하기 위해 약물 사용을 계속한다. 일부 사람들이 커피를 마시지 않을 경우 호소하는 '카페인 두통'이 가장 흔한 예 중의 하나이다.

3. **심리적 의존**(psychological dependence)은 신체적 금단 증상들이 사라진 후에도 약물에 대한 강한 욕구를 가지는 경우를 의미한다. 시간이 지남에 따라 약물에 대한 지속적인 정서적 욕구를 가지게 하는데, 약물이 상기되는 환경에서 특히 그러하다. 예를 들어 일부 금연가들은 몇 년 동안 금연에 성공한 후에도 식사 후 흡연 욕구가 일어나는 것을 보고한다.

약물 내성 시간이 지남에 따라 동일한 약물 효과를 얻기 위해 약물의 양이 증가되는 경향

중독 위험에 개인차가 존재한다

중독을 개인의 선택(개인이 약물 사용을 할 것인지 혹은 하지 않을 것인지를 결정) 혹은 개인이 통제할 수 없는 질환으로 보아야 하는지에 관한 논란이 지속되고 있다. 개인의 선택이 중독에 중요한 역할을 한다고 제안하는 사람들은 다음을 자신들의 주장에 대한 증거로 제시하는데, 즉 대규모 연구들이 물질사용장애 환자들의 약 75%가 중독을 극복 하는 것을 일관되게 보고하고 있다는 것이다(Heyman, 2009).

예를 들어 베트남에서 헤로인에 중독된 군인들을 대상으로 한 고전적 연구는 본국에 돌아온 몇 년 후 이들 중 단지 12%만이 여전히 헤로인에 중독되어 있는 것을 관찰하였 다(Robins et al., 1980). 중독 습관과 관련된 장소와 인물을 떠나는 것뿐만 아니라 정상 적인 일상생활, 끌림과 의무를 재개하는 것이 헤로인 중독에서 벗어나게 한 것으로 여 겨지고 있다. 최근에 실시된 잘 통제된 연구들은 연구 참가자들로 하여금 약물 혹은 적 은 액수의 보상(예 : 5달러)을 선택하게 한 결과 크랙 코카인과 메타암페타민 등과 같은 약물에 중독된 사람들이 약물보다는 적은 액수의 보상을 훨씬 더 자주 선택하였다. 이 결과는 중독 약물의 사용에 관한 결정을 개인이 통제할 수 있다는 것을 시사한다(Hart, 2013).

이와 상반되게 중독이 질환이라고 주장하는 이들은 지난 수십 년 동안 이루어진 연 구들을 증거로 제시하는데, 즉 이 연구들은 유전적·신경생물적·사회적 성향을 가지 는 일부 사람들이 약물 사용으로 인하여 가정 혹은 가족을 상실하는 등의 매우 부정적 결과를 경험할 수 있음에도 불구하고 약물 욕구를 떨쳐버리지 못하는 것을 보여준다(Volkow & Boyle, 2018; Volkow et al., 2016). 모든 사람들이 이러한 성향을 가지지 않는다. 실제 연구들은 중독 약물에 노출된 사람들 중에서도 단지 약 10%만이 중독된다고 보고하고 있다(Warner et al., 1995). 유전 대 환경 논란처럼 약물 중독에 관한 현실은 양자택일의 상황은 아닌 것으로 보인다. 대신 대부분의 사람들이 약물 중독에 관한 유전적·신경생물적·사회적 성향을 가지고 있지 않 기 때문에 만약 중독 약물에 노출되더라도 단기 혹은 장기적 약물 사용을 참을 수 있다. 그러나 강한 성향을 가지는 일부 사람들은 약물 사용에 대한 욕구를 참는 데 어려움을 가지며 이 어려움 의 극단적인 형태가 개인이 통제하지 못하는 질환이다.

베트남전에 참여한 군인 중 많은 이들이 베트남에 있는 동안 헤로인에 중독되었다. 로빈스와 동료들(1980)은 대부분의 중독 군인이 미국으로 돌아온 후 약물 습관을 버렸고 더 이상 중독되지 않은 것을 관찰하였다.

Bettmann/Getty Images

'중독'이 변화될 수 있다

비록 '중독'이 우리 대부분에게 익숙하지만 중독이 실제 무엇인지에 관한 임상적 정의는 존재하 지 않는다. 중독 개념이 약물과 알코올뿐만 아니라 인간이 추구하는 많은 것에게도 적용되는데, 즉 **성 중독, 게임 중독, 일중독**, 심지어 **초콜렛 중독**도 있다. 사회는 중독에 대해 서로 다른 시기에 서로 다르게 반응하였다. 예를 들어 17세기 초에는 흡연을 독일에서는 사형으로, 러시아에서는 거세로, 중국에서는 참수로 엄하게 금지하였다(Corti, 1931). 흡연가들에게는 좋은 시절이 아니 었다. 이와 상반되게 마리화나, 코카인, 헤로인 등은 매우 인기가 있었고 심지어 의약품으로 추 천되기도 하였으며 중독이라는 낙인도 붙여지지 않았다(Inciardi, 2001).

오늘날 서구 사회에서 일부 약물의 사용은 허용되고(카페인), 일부 약물은 규제되며(알코올), 또 다른 약물은 단지 세금만 부과되고(담배) 또 다른 약물은 엄하게 금지된다(마리화나, 코카인 과 헤로인; 우리 사회의 약물 사용에 관해서는 '최신 과학 : 왜 아편제가 유행하고 우리는 무엇을 할 수 있는가?' 참조). 모든 약물 사용을 문젯거리로 여기기보다는 약물 사용의 장단점을 고려하 여 사람들이 자신들의 약물 사용을 선택하는 것을 도와줄 수 있는 방법을 마련하는 것이 중요하 다(Parrott et al., 2005).

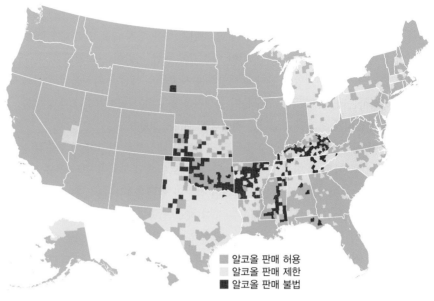

알코올 판매 허용
알코올 판매 제한
알코올 판매 불법

1920년 미국에서 알코올의 생산, 판매 및 수송이 불법이었다. 사회 및 경제적 압력 때문에 이 '금지' 기간은 1933년 막을 내렸다. 비록 대부분의 미국 자치주들이 현재 알코올의 판매를 허용하지만(지도에서 초록색으로 표시됨) 여전히 많은 자치주들이 알코올 판매를 법으로 제한하거나(노란색으로 표시됨) 심지어 일부 '날씨가 건조한' 자치주들에서는 알코올 판매가 불법이다(빨간색으로 표시됨). 왜 전국적인 알코올 금지가 실패하였는가?

SZ Photo/Scherl/Sueddeutsche Zeitung Photo/Alamy

향정신성 약물의 유형

북미 사람들 5명 중 4명은 매일 카페인을 섭취하지만 모든 향정신성 약물이 이처럼 널리 사용되지는 않는다. 잘 알려진 약물과 덜 알려진 약물 모두가 어떻게 우리의 마음에 영향을 미치는가를 이해하기 위해 약물을 몇 개의 범주, 즉 진정제, 자극제, 마약성 진통제, 환각제와 마리화나로 구분하여 살펴보기로 하자. **표 5.1**은 서로 다른 유형의 약물들이 가지고 있는 잠재적 위험에 관해 알려진 사실들을 요약하고 있다.

표 5.1 약물 위험	위험		
약물	과량 (지나치게 많은 양을 취할 경우 사망 혹은 해가 되는가?)	신체적 의존 (약물 사용을 중단할 경우 신체적 고통이 있는가?)	심리적 의존 (약물 사용을 중단할 경우 약물에 대한 갈망이 있는가?)
진정제			
알코올	X	X	X
바르비투르산염/벤조디아제핀	X	X	X
독성 흡입제	X	X	X
자극제			
암페타민	X	X	X
MDMA (엑스터시)	X		?
니코틴	X	X	X
코카인	X	X	X
마약성 진통제(아편, 헤로인, 모르핀, 메타돈, 코데인)	X	X	X
환각제(LSD, 메스칼린, 실로시빈, PCP, 케타민)	X		?
마리화나		?	?

진정제

진정제(depressants)는 중추신경계의 활동을 감소시키는 약물이다. 진정제는 진정 혹은 안정 효과를 가지고 있고 많은 용량은 수면을 유도하며 매우 많은 양은 호흡을 멈추게 할 수 있다. 진정제는 신체적 의존과 심리적 의존 모두를 야기할 수 있다.

가장 흔하게 사용되는 진정제인 **알코올**은 선사시대부터 널리 사용되기 시작하였으며 대부분의 문화권에서 손쉽게 구할 수 있고 사회적으로 용납되는 물질로 받아들여지는 '진정제의 왕'이다. 12세 이상의 미국인들 중 52%가 지난달에 음주한 경험이 있다고 보고하고 있으며 24%는 폭음(연속해서 5잔 이상 음주)을 하였다고 보고하고 있다. 젊은 성인(18~25세)은 이보다 더 높은 음주율을 보고하는데, 즉 이 연령층의 62%가 지난달에 음주를 한 경험이 있으며 42%가 폭음을 하였다고 보고하고 있다(National Center for Health Statistics, 2012).

알코올의 초기 효과, 즉 행복감과 불안 감소는 매우 긍정적으로 느껴진다. 그러나 많은 양의 알코올을 섭취할 경우 술 취함이 초래되고 이에 따라 반응이 느려지고 발음이 분명하지 않게 되며 판단력이 낮아지고 사고와 행동의 효율성이 감소하게 된다. 알코올이 어떻게 신경계에 영향을 미치는가에 관해서는 아직 정확하게 이해되지 못하고 있으나 다른 진정제와 마찬가지로 알코올은 GABA 신경전달물질의 활동을 증가시킨다(Koob & Volkow, 2016). 제3장에서 살펴본 바와 같이 GABA는 신경 충동의 전달을 억제하는 기능을 가지고 있기 때문에 알코올의 효과 중 하나는 뉴런의 발화를 중단시키는 것이다. 알코올에 대한 사람들의 반응이 매우 다르다. 즉 일부 사람들은 시끄럽고 공격적이 되고 일부는 감정적이 되어 눈물을 흘리며 일부는 침울해지고 또 일부 사람들은 경솔한 행동을 하기도 한다. 또한 동일한 사람이 서로 다른 상황에서 이 모든 것들을 경험하기도 한다. 어떻게 한 약물이 이러한 효과를 가질 수 있는가? 알코올이 가지는 이런 다양한 효과를 설명하기 위해 두 이론, 즉 기대 이론과 알코올 근시(alcohol myopia)가 제안되었다.

1. **기대 이론**(expectancy theory)은 사람들이 특정 상황에서 알코올이 자신들에게 어떤 영향을 미칠 것이라고 기대하는 것에 의해 알코올 효과가 일어난다고 제안한다(Marlatt & Rohsenow, 1980). 예를 들어 만약 여러분이 친구 혹은 가족이 결혼식장에서 술을 마시면서 유쾌하게 서로 만남을 즐기는 것을 목격한다면 이와 유사한 상황에서 여러분이 음주를 하면 이와 같은 효과를 경험하게 될 것이다. 반면에 만약 사람들이 술집에서 술을 마시면서 싸움을 하는 것을 목격하면 여러분도 술을 마신 후 공격적이 될 것이다. 기대 효과를 지지하는 증거는 연구 참가자들에게 알코올 혹은 대체 음료(알코올과 유사한 냄새와 색채를 띠는)를 마시게 하는 연구들로부터 제공되었다. 각 집단에 속한 일부 참가자들은 자신들이 알코올을 마셨다고 믿고 일부 사람들은 마시지 않았다고 믿게 된다. 이러한 실험들은 알코올을 마셨다고 믿는 것이 실제로 알코올을 마셨을 때처럼 행동에 영향을 미친다는 것을 자주 보고한다(Goldman et al., 1987).

2. **알코올 근시**(alcohol myopia)는 알코올이 주의를 방해하여 사람들로 하여금 단순한 방법으로 복잡한 상황에 반응하게 한다고 주장한다(Steele & Josephs, 1990). 이 이론은 생이 복잡한 상황으로 채워져 있으며 우리는 때로 균형 있게 행동한다고 인정한다. 여러분이 여러분의 친구와 데이트를 하고 있는 사람에게 끌린다고 상상해보라. 여러분은 여러분이 느끼는 감정에 충실할 것인가 혹은 친구와의 우정을 더 중요하게 생각할 것인가? 근시 이론은 알코올을 섭취하면 판단력이 방해를 받게 된다고 주장한다. 서로 다른 선택의 미묘함을 평가하기 어렵게 되어 부적절하게 반응하게 된다고 주장한다.

진정제 중추신경계의 활성화를 감소시키는 약물

기대 이론 사람들이 특정 상황에서 알코올이 자신들에게 어떤 영향을 미칠 것이라고 기대하는 것에 따라 알코올의 효과가 나타난다고 주장하는 이론

알코올 근시 알코올이 주의를 방해하고 이로 말미암아 복잡한 상황을 매우 단순하게 반응하는 것

개인이 알코올에 대해 어떤 반응을 보이는가를 관찰함으로써 알코올에 대한 개인의 반응이 학습(적어도 부분적으로)된다고 주장하는 이론이 기대 이론 혹은 알코올 근시 이론인가?

Lise Gagne/E+/Getty Images

기대 이론과 근시 이론 모두 음주가 사람으로 하여금 극단적인 행동을 하게 한다고 주장한다 (Cooper, 2006). 실제 음주가 극단적인 행동으로 초래되는 사회적 문제의 주된 원인이다. 음주 운전이 자동차 사고의 주된 원인이다(National Highway Traffic Safety Administration, 2018). 여러 연구들은 음주가 타인에 대한 공격성을 증가시키는 것과 관련되어 있다고 보고하고 있는데, 즉 음주가 전반적인 공격성뿐만 아니라 성폭력 및 친밀한 파트너에 대한 폭력도 증가시킨다고 한다(Crane et al., 2015).

알코올에 비해 다른 진정제는 인기가 덜하지만 그럼에도 불구하고 여전히 널리 사용되고 남용되고 있다. 세코날이나 넴뷰탈 등과 같은 **바르비투르산염**은 수면제로 처방되거나 수술 전 마취제로 사용된다. 발륨과 자낙스 등과 같은 **벤조디아제핀** 역시 진정제이며 항불안제로 처방된다. 이 약물들은 불안과 수면장애의 치료를 위해 처방되지만 신체적 의존을 초래할 가능성이 있고 심리적 의존 역시 자주 발생시킨다.

마지막으로 **독성 흡입제**(toxic inhalants)는 풀, 헤어 스프레이, 메니큐어 리무버 혹은 가솔린 등과 같은 가정제품의 증기를 통하여 아동들에게조차 쉽게 노출된다. 이러한 제품들에서 나오는 증기를 코로 들어 마실 경우 술 취함과 유사한 효과가 일시적으로 나타나지만, 지나치게 많이 흡입하면 치명적이며 지속적으로 흡입할 경우 영구적인 뇌 손상이 초래될 가능성이 있다(Howard et al., 2011).

자극제

자극제(stimulants)는 중추신경계를 흥분시켜 각성과 활동 수준을 증가시키는 물질이다. 자극제에는 카페인, 암페타민, 니코틴, 코카인과 엑스터시가 포함되며 이 중 일부는 때로 합법적인 치료 목적으로 사용된다. 예를 들어 암페타민(때로는 *speed*로 불린다)은 원래 의학적인 목적과 다이어트 약물로 개발되었지만 메테드린(methedrine)과 덱세드린(dexedrine) 등과 같은 일부 암페타민계 약물들이 널리 남용되고 있고 장기간 사용할 경우에는 불면증, 공격성 및 편집 증상이 초래된다. 자극제는 뇌의 도파민과 노르에피네프린 수준을 증가시키고 이로 인해 각성과 에너지가 증가되며 간혹 성취할 수 있다는 자신감과 동기를 가지게 한다. 자극제는 신체 및 심리적 의존을 야기하고 금단 증상에는 피로와 부정적 정서 등과 같은 우울 효과가 포함된다.

엑스터시(MDMA, 'X', 혹은 'E'로도 알려져 있다)는 암페타민 파생물이다. 엑스터시는 이를 사용하는 사람으로 하여금 주위에 있는 다른 사람들과 공감 혹은 친밀한 느낌을 들게 한다. 엑스터시는 댄스 클럽 혹은 밤 축제에서 집단감을 높이기 위해 자주 파티 약물로 사용되지만 체온 조절을 방해하거나 열사병이나 탈진에 취약하게 하는 등의 불쾌한 부작용도 가지고 있다. 비록 엑스터시가 다른 약물에 비해 신체 및 심리적 의존을 덜 야기하는 것으로 알려져 있지만 이 약물 역시 어느 정도의 의존을 야기한다. 더욱이 간혹 길거리에서 판매되는 불법 약물도 위험하다 (Parrott, 2001). 동물과 인간을 대상으로 한 연구들은 엑스터시를 지속적으로 사용할 경우 세로토닌 뉴런들의 손상을 야기하고 기분, 주의, 기억과 충동 통제의 장애가 초래될 가능성이 있음을 보여준다(Kish et al., 2010; Urban et al., 2012).

코카인은 코카나무의 잎으로 만들어지는데, 이 나무는 천 년 동안 안데스 원주민에 의해 재배되어 왔고 의료적 목적으로 사용되어 왔다. 1903년까지 코카콜라에 코카인이 함유되어 있었고 아직까지 코카콜라의 향을 내기 위해 코카인을 제거한 코카잎이 사용된다는 이야기는 비록 코카콜라 회사가 밝히지 않고 있지만 사실이다(펩시콜라는 코카인을 함유하지 않으며 대신 갈색 빛을 내는 재료를 포함한다). 지그문트 프로이트는 코카인을 사용하였으며 이에 대해 자세하게 기술하였다. 코카인(주로 흡입)과 크랙 코카인(피움)은 인간과 쥐 모두에게 들뜬 기분과 유쾌함을 일

자극제 중추신경계를 흥분시켜 각성과 활성화 수준을 증가시키는 약물

으키며 심한 중독성을 띠는데, 여기에 관해서는 이 장의 앞부분에 기술되어 있다. 코카인 사용의 위험한 부작용에는 신체적 문제(심장발작으로 인한 사망 혹은 저체온증)뿐만 아니라 심리적 문제(불면증, 우울, 공격성, 편집증)도 포함된다(Marzuk et al., 1998). 비록 코카인이 오랫동안 '파티 약물'로 사용되어 왔지만 코카인이 상당한 정도의 의존을 야기할 수 있고 치명적인 부작용을 가지고 있다는 사실을 심각하게 여겨야만 한다.

그러나 **니코틴**의 인기는 수수께끼이다. 이 약물은 흡연을 처음 시도하는 사람들에게 거의 아무것도 제공하지 않는다. 적어도 처음에는 흡연이 좋은 냄새를 제공하지 않고 기분을 좋게 하지 않으며 기껏해야 현기증 혹은 메스꺼움만을 제공한다. 그럼에도 사람들은 왜 흡연을 하는가? 흡연 행동은 흡연의 즐거움보다 금연 시 야기되는 불쾌감 때문에 지속된다. 예를 들어 흡연가들이 말하는 흡연의 긍정적 효과, 즉 이완과 주의집중력의 상승은 주로 금단 증상으로부터 해방되었다는 느낌으로 온다(Baker et al., 2004). 니코틴에 대한 가장 좋은 태도는 흡연을 아예 시도하지 않는 것이다.

흡연의 위험이 알려지면서 많은 이들이 전자담배를 대신 피우는데, 이는 전자담배가 궐련보다 안전할 것이라고 믿기 때문이다. 그러나 전자담배에 포함된 화학물질을 조사한 결과 92%에서 위험한 화학물질인 디아세틸이 함유된 것이 발견되었는데, 디아세틸은 '팝콘 폐(popcorn lung)'와 같은 심각하고 회복 불능의 의학적 문제와 관련되어 있다(Allen et al., 2016).

Dai Sugano/San Jose Mercury News/Zuma Press

마약성 진통제

아편(opium)은 양귀비 씨로부터 만들어지며 파생물인 헤로인, 모르핀, 메타돈과 코데인 (데메롤과 옥시콘틴과 같은 처방약도 포함됨) 등은 **통증을 완화하는 아편으로부터 파생된 매우 중독성이 강한 약물**인 **마약성 진통제** 또는 **아편제**(narcotics 또는 opiates)로 알려져 있다. 마약성 진통제는 안녕감과 이완감을 느끼게 하지만 혼수 상태와 무기력감을 야기하기도 한다. 마약성 진통제는 매우 중독성이 강하며 장기간 사용할 경우 내성과 의존을 가지게 된다. 이 약물들의 사용이 주로 피하 주사기를 통해 이루어지기 때문에 약물 사용자들이 주사기를 함께 사용할 경우 HIV 등과 같은 질병의 위험도 가지게 된다. 불행히도 이 약물들은 매우 유혹적인데, 이는 이 약물들의 효과가 뇌가 생산하는 이완감 및 안녕감과 매우 비슷하기 때문이다.

뇌는 내인성 아편제(endogenous opiates) 혹은 엔도르핀을 생산하는데, 이것은 아편제와 매우 밀접한 신경펩티드이다. 제3장에서 살펴본 바와 같이 엔도르핀은 뇌가 통증과 스트레스에 대처하는 데 매우 중요한 역할을 한다. 이 물질들은 자연적으로 통증을 완화시킨다. 예를 들어 운동을 어느 정도 하면 근육 통증을 느끼게 되지만 그 후로는 심지어 운동을 하고 있는 동안에도 통증이 완화되는 것을 느낄 수 있다. 손상 혹은 힘든 일에 대한 반응으로 생산되는 엔도르핀은 뇌 하수체와 다른 뇌 부위들에서 분비되는데, 통증을 완화시키고 안녕감을 증가시키는 일종의 자연 치유제, 혹은 때로 러너스 하이(runner's high)라고 불린다.

그러나 사람들이 마약성 진통제를 사용하면 뇌의 엔도르핀 수용기가 인위적으로 과활성화되고, 이에 따라 수용기의 효율성이 낮아지게 되어 엔도르핀의 생산이 억제될 수 있다. 마약성 진통제의 사용을 중단할 경우 금단 증상이 나타날 가능성이 높은데, 이것이 현재 미국에서 일어나고 있는 아편제의 급속한 확산을 일부 설명한다(이 중요한 주제에 관해서는 '최신 과학 : 왜 아편제가 유행하고 우리는 무엇을 할 수 있는가?' 참조).

환각제

의식의 가장 큰 변화를 초래하는 약물이 **환각제**(hallucinogens)인데, 환각제는 감각과 지각을 변화시키고 자주 환시와 환청이 일어나게 한다. 환각제에는 LSD(lysergic acid diethylamide or acid), 메스칼린, 실로시빈, PCP(phencyclidine)와 케타민(동물 마취제) 등이 포함된다. 이 약물들 중 일부는 식물(메스칼린은 선인장으로부터, 실로시빈은 버섯으로부터)로부터 추출되며 고대 시대 때부터 사용되어 왔다. 예를 들어 선인장을 섭취하는 것이 북미 원주민의 종교 의식에서 중요한 역할을

마약성 진통제(아편제) 통증을 완화하는 양귀비로부터 파생된 매우 중독성이 강한 약물

환각제 감각과 지각을 변화시키는 약물로서 자주 환시와 환청을 초래하게 한다.

왜 아편제가 유행하고, 우리는 무엇을 할 수 있는가?

아편은 수천 년 동안 여러 형태로 사용되어 왔다. 예를 들어 만병통치약(theriac)이라고 불렸던 초기 의약품은 우울, 불안 등을 포함한 다양한 질병을 치료하기 위해 1,500년 이상 동안 사용되었다. 이 의약품에는 독사 고기, 장미와 당근 등을 포함한 100개 이상의 성분이 들어있지만 유일하게 작용하는 성분이 아편제인 것으로 드러났다. 비록 아편제와 아편 파생물이 어느 시기라도 어느 정도 소비되었지만 지난 몇 년 동안 우리 사회에서 아편제의 사용이 놀라울만큼 증가하고 있다. 아편제의 과다 복용율이 2000년 이후부터 400% 이상 증가하였고(그림 참조) 이로 인해 과학자들은 아편제 유행(opioid epidemic)이라고 선언하고 미국 대통령은 '공중 건강 비상 사태'라고 불렀다(Blendon & Benson, 2018).

아편제의 과다 복용이 급격하게 증가한 이유는 무엇인가? 불행하게도 아편제 의존으로 고생하는 대부분의 사람들이 아편제를 마약상으로부터 받은 것이 아니라 자격을 갖춘 의사로부터 받았다. 실제로 지난 20여 년에 걸친 아편제 관련 과다 복용의 증가는 동일한 기간 동안 의사들의 아편제 처방전 수가 증가한 것을 반영한다(Paulozzi et al., 2014). 다음과 같은 일들이 일어난 것으로 여겨진다. 즉 (1) 통증을 호소하는 환자에게 아편제 처방의 증가와 (2) 많은 의사들이 실제 필요한 양보다 더 많은 약물을 처방하고 있다(일부 과학자들은 통증을 호소하는

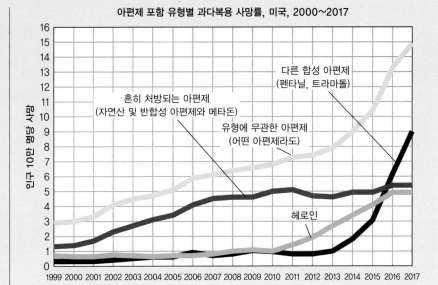

아편제 포함 유형별 과다복용 사망률, 미국, 2000~2017

흔히 처방되는 아편제
(자연산 및 반합성 아편제와 메타돈)

다른 합성 아편제
(펜타닐, 트라마돌)

유형에 무관한 아편제
(어떤 아편제라도)

헤로인

(세로축: 인구 10만 명당 사망률, 0~16)

1999 2000 2001 2002 2003 2004 2005 2006 2007 2008 2009 2010 2011 2012 2013 2014 2015 2016 2017

환자에게 아무것도 처방하지 않으면 낮은 평가를 받는 것처럼 의사들이 부정적 평가를 받는 것을 회피하기 위해서라고 주장한다). 환자가 필요 이상으로 약물을 처방받을 경우 다음 해에 아편제에 중독될 가능성이 있다(Shah et al., 2017). 사람들이 처방 약물을 모두 복용하고 나면 금단 증상을 피하기 위해 불법적이거나(헤로인) 더 강한(그리고 독성이 있는) 합성 아편제(펜타닐)를 택하는데 이 약물들은 처방이 요구되는 아편제보다 저렴하고 쉽게 구입할 수 있다(Cicero et al., 2014).

그러면 이 유행을 막기 위해 우리가 할 수 있는 것은 무엇인가? 과학자들과 정책담당자들은 너무 뻔한 해결책을 제시하는데, 이에는 부적절하게 높은 아편제 처방을 감소시키기 위해 의사들을 훈련시키거나 정책을 변화시키고 덜 중독성을 띠는 진통제를 개발하며 아편제 중독의 잠재적 위험을 지역사회나 개인에게 전하는 공중 교육 캠페인을 시작하는 등이 포함된다(Volkow et al., 2019). 이러한 전략들이 성공할지 혹은 더 효과적인 전략이 필요한지는 아직 알 수 없다. 다른 어떤 접근을 시도해야 하는가?

1960년대의 환각적 예술과 음악은 LSD와 같은 약물이 제공하는 시각 및 청각 효과에 의해 영감을 받았다.

한다. LSD를 포함한 다른 환각제들은 주로 합성물이다.

이 약물들은 상당한 정도의 지각 변화를 일으킨다. 감각이 지나치게 강렬해지고 정지된 사물들이 움직이거나 변화된 것으로 보이며 실제로 존재하지 않는 무늬나 색채가 지각되는데, 이러한 지각 변화는 행복한 초월감부터 비참한 공포에 이르기까지의 과장된 정서와 동반되어 나타난다. 이들이 '나는 책상 다리가 되었다!'라고 느끼게 하는 약물들이다. 그러나 환각제의 효과가 극적이고 예상하기 어려우며 심리적 롤러코스터를 야기하여 일부 사람들에게는 흥미를 자아내게 하지만 일부 사람들에게는 매우 큰 고통을 경험하게 한다. 동물들이 스스로 취하지(self-administer) 않는 대표적인 약물이 환각제라는 점을 고려하면 환각제가 인간에게 중독성을 야기하지 않는다는 것은 놀라운 일이 아니다. 환각제는 심각한 내성 혹은 의존을 야기하지 않으며 과잉 투여로 인한 사망도 흔하게 일어나지 않는다. 비록 자신들의 지각 변화에 흥미를 가지는 사람들이 지금도 환각제를 즐겨 사용하지만 환각제의 사용은 위험한 중독보다는 문화적 추세에 의해 일어나는 것으로 여겨진다.

마리화나

마리화나(marijuana 또는 cannabis)는 잎과 싹에 테트라히드로칸나비놀(tetrahydrocamnabinol, THC) 이라고 불리는 향정신성 약물을 함유하는 식물이다. 마리화나 그 자체 혹은 대마와 같이 농축된 형 태를 피우거나 먹을 경우 경미한 환각 효과가 있는 흥분 상태가 유발된다. 마리화나 사용자들은 이 경험을 유쾌하다고 기술하는데, 즉 시력과 청력이 좋아지고 많은 아이디어가 생각나는 듯한 느낌을 가진다고 기술한다. 마리화나는 판단력과 단기 기억에 영향을 미치고 운동 기술과 협응 능력을 손상시키며 이에 따라 운전 혹은 중장비를 다룰 때 잘못된 선택을 하게 한다('내가 어디 에 불도저를 놓아두었지?').

THC에 반응하는 수용기가 뇌에서 발견되었는데(Stephens, 1999), 이 수용기는 뇌에서 생산 되는 아난다마이드(anandamide)라고 불리는 신경전달물질에 의해 활성화된다(Wiley, 1999). 아난 다마이드는 기분, 기억, 식욕과 통증 지각의 통제에 관여하며 마치 마리화나가 인간에게 야기하 듯이 실험실 동물들로 하여금 일시적으로 과식하도록 자극하는 것으로 알려져 있다(Williams & Kirkham, 1999). 다크 초콜릿에서 발견되는 일부 화학물질이 비록 경미하지만 아난다마이드와 유사한 효과를 가지는 것으로 알려져 있는데, 이는 일부 사람들이 초콜릿을 먹은 다음 안녕감을 느낀다고 보고하는 것을 설명하는 것으로 여겨진다.

마리화나는 중독의 위험이 비교적 강하지 않고 내성도 발생하지 않는 것으로 보이며 신체적 금단 증상도 매우 경미하다. 그러나 심리적 의존의 가능성이 있으며 이로 인하여 일부 사람들은 만성적으로 마리화나를 사용한다. 역사 기록을 보면 마리화나는 통증/메스꺼움의 완화를 위한 의약품 혹은 향락을 위해 전 세계적으로 널리 사용되어 왔으나 마리화나의 사용은 논란이 되고 있다. 마리화나 남용과 의존은 우울, 불안 혹은 다른 정신병리를 초래할 가능성을 높인다. 많은 사람들이 마리화나(알코올과 궐련과 더불어)를 **게이트웨이 약물**(gateway drug), 즉 사용할 경우 더 해로운 약물 사용의 위험을 높이는 약물로 여긴다. 게이트웨이 이론을 비판하는 최근 연구들은 약 물의 유형과는 상관없이 어떤 약물이라도 생의 이른 시기에 사용하기 시작하면 추후 약물 중독 의 위험을 높인다고 주장한다(Degenhardt et al., 2008).

마리화나 사용을 금하는 연방법에도 불구하고 미국 성인 중 약 42%가 일생 중 어느 시기에 마 리화나를 사용하였다고 보고하는데, 이 비율은 다른 나라들보다 매우 높은 것이다(Degenhardt et al., 2008). 일반 대중이 마리화나를 허용하는 것처럼 여겨지기 때문에 미국 내 여러 주들이 최 근 의료적 목적으로 마리화나를 판매하는 것을 허용하고 마리화나 소지를 비범죄화(위반자들의 경우 체포되는 것 대신 벌금을 냄)하고 판매와 소유를 합법화하려는 시도를 하고 있다. 마리화나 사용의 합법화에 관한 논란이 해결되기 위해서는 앞으로 몇 년이 더 걸릴 것이다. 그동안 여러분 이 어느 주에 사는가에 따라 마리화나 사용의 가장 큰 위험이 구속되는 것이다('다른 생각 : 어느 판사의 마리화나 간청' 참조).

마리화나(카나비스) 대마의 잎과 꽃으로 테 트라히드로카나비놀이라고 불리는 향정신 성 약물을 포함하고 있다.

게이트웨이 약물 복용 시 더 해로운 약물 복용으로 이어질 가능성을 높이는 약물

정리문제

1. 약물에 대한 내성의 증가는 어떤 위험을 초래하는가?
2. 신체 및 심리적 약물 금단 문제는 무엇인가?
3. 음주 후 왜 사람들이 서로 다른 경험을 하는가?
4. 자극제는 의존 현상이 일어나게 하는가?

5. 코카인 사용의 위험한 부작용은 무엇인가?
6. 아편제가 왜 매력적인가?
7. 환각제의 효과는 무엇인가?
8. 마리화나 사용의 위험은 무엇인가?

다른 생각

어느 판사의 마리화나 간청

구스틴 L. 라히바흐는 1999년부터 2012년까지 뉴욕주의 대법원 판사로 재직하였다. 2012년 7월 췌장암으로 사망하였다.

Rick Kopstein

모든 약물이 불법이어야만 하는가? 개인의 의식을 변화시키는 약물 사용에서 허용되는 것과 범죄 혹은 병리적 행동의 구분은 무엇인가? 한 특별한 예, 즉 마리화나의 합법화에 대해 여러분은 어떤 입장을 취하는가? 뉴욕주 대법원 판사인 구스틴 L. 라히바흐(Gustin L. Reichbach, 2012, A27)는 이 이슈에 관한 매우 강력한 글을 남겼는데(여기서는 요약한 것을 소개한다) 그의 입장은 많은 사람들을 놀라게 하였다.

3년 6개월 전, 나의 62번째 생일날 나의 췌장에서 종양이 발견되었다. 췌장암 3기로 진단되었다. 의사는 나에게 앞으로 4~6개월 정도 더 살 수 있다고 말하였다. 오늘 나는 이 암으로 이만큼 오래 생존한 소수의 사람 중 한 명이다. 그러나 40년 동안 법률가, 특히 20년 이상 동안 뉴욕주의 판사로 재직한 후 내가 치료를 위해 마리화나를 요청하게 될 줄은 예견하지 못하였다.

나는 생존을 위해 엄청난 대가를 치루고 있는데, 즉 몇 개월 동안의 항암 치료, 방사선 치료와 혹독한 수술을 받았다. 약 1년 동안 암이 사라졌다가 다시 돌아왔다. 약 한 달 전에 나는 새롭고 이전보다 더 지치게 하는 치료 과정을 시작하였다. 매 2주마다 3시간이나 소요되는 항암 치료를 받고 있으며 48시간에 걸쳐 약물을 천천히 주사하는 펌프를 차고 있다.

구토와 통증은 끊임없이 나를 괴롭히고 있다. 이 질환의 한 부분인 엄청난 체중 감소를 피하기 위해 충분한 음식을 섭취하려고 하고 있다. 인생의 큰 즐거움 중 하나인 식사하기가 이제는 매일의 전쟁이 되었고 나는 아주 소량만 먹을 수 있다. 한 문제를 해결하기 위해 처방된 약물은 그 약물의 부작용을 없애기 위한 또 다른 하나 혹은 둘 이상의 약물을 처방하게 한다. 진통제는 식욕을 없애고 변비를 유발한다. 구토를 막는 약물은 당 수준을 올리며 췌장이 손상된 나에게 또 다른 심각한 문제를 일으킨다. 고단한 하루 뒤에 오는 휴식인 잠을 거의 자지 못한다.

마리화나를 흡입하는 것만이 구토를 감소시키고, 식욕을 올려주며 쉽게 잠들게 한다. 나의 주치의가 처방한 마리놀은 소용이 없었다. 나의 친구들은 나의 고통을 지켜보는 것 대신 개인적인 위험을 무릅쓰고 나에게 마리화나를 제공하였다. 저녁 식사 전에 마리화나를 몇 모금 빨아들이는 것이 먹기와의 전쟁에서 이기는 무기가 된다. 또 잠들기 전 몇 모금 더 흡입하면 잠을 들 수 있다.

이것은 법과 질서의 문제가 아니라 의료 및 인간 권리에 관한 문제이다. 메모리얼 슬론 케터링 캔서 센터에서 치료를 받는 동안 나는 더할 나위 없는 의료적 보살핌을 받았다. 그러나 의사는 자신의 환자에게 최선이라는 것을 알고 있음에도 불구하고 법이 금지하는 것을 할 수 없다. 완화 치료가 근본적인 인간 및 의료 권리라고 이해한다면 의료적 목적으로 마리화나를 사용하는 것은 논쟁의 여지가 없다.

암은 초당적 질병이고 만연하기 때문에 입법가들이 자신들의 가족이 이러한 불행을 경험하지 않을 것이라고 상상하는 것은 불가능하다. 내가 지금 말하는 것은 암으로 고통받는 사람들과 앞으로 암을 경험할 사람 모두를 돕기 위해서이다. 나의 위치, 즉 조용히 앉아 사례를 듣는 판사의 위치를 고려하면 선의의 친구들은 이 이슈에 관한 나의 지혜에 의문을 품을 수 있다. 그러나 암 환자들은 여러 이유로 인하여 자신들의 고통에 관한 목소리를 낼 수 없다. 유독한 부작용 없이 고통을 경감해 주는 약물이 아무런 의료적 판단 없이 아편제로 분류되는 것은 암 환자들에게 또 다른 어려움을 준다.

효과적인 의료적 기법을 법률로 금하는 것이 공평하게 정의를 실현하는 것에 영향을 미치기 때문에 나는 판사와 치명적인 질병을 앓고 있는 암 환자로서 이런 발언을 할 의무를 느낀다…. 의학은 아직 치료법을 발견하지 못하지만 고통을 경감시켜주는 것으로 입증된 한 약물에 대한 접근을 금하는 것은 잔인하다.

의식을 변화시키는 약물 중 어느 것은 우리 사회의 구성원이 사용하는 것을 허용하고 어느 것은 불법으로 해야 하는 것을 어떻게 결정할 수 있는가? 여러분은 어떤 준거를 제안할 수 있는가? 이 결정이 약물 사용의 부정적인 결과에 근거하여 내려져야 하는가? 라히바흐 판사에 의해 기술된 긍정적 결과에는 어떤 무게를 두어야 하는가? 이 장에서 소개된 연구들은 약물 사용에 관한 게이트웨이 이론을 검증하였고 이를 지지하지 못하였다. 만약 여러분이 이 영역의 주요 현안에 대한 답을 제공하기 위해 연구를 고안하고 수행할 기회를 가진다면 무엇을 하겠는가?

학습목표

- 최면이 정신과 행동의 변화를 초래할 수 있다는 증거를 제시한다.

최면 한 사람(최면가)이 암시를 하면 다른 사람(참여자)의 세상에 관한 주관적 경험의 변화가 초래되는 사회적 상호작용

최면 : 암시에의 개방

여러분이 최면을 생각하면 다음과 같은 장면, 즉 최면가들의 지시에 따라 사람들이 닭처럼 춤을 추거나 어린 시절로 퇴행하여 어린아이와 같은 목소리로 말하는 것을 상상할 것이다. 일반인들이 최면에 대해 가지고 있는 생각 중 많은 것이 잘못된 것이다. **최면**(hypnosis)은 한 사람(최면가)이 다른 사람(참가자)의 세상에 관한 주관적 경험이 변하도록 하는 사회적 상호작용을 의미한다(Kirsch et al., 2011). 최면의 핵심은 사람으로 하여금 자신의 의식적 의지 밖의 특정한 일이 자신에게 일어날 것이라고 기대하게 하는 것이다(Wegner, 2002).

유도와 민감성

최면을 유도하기 위해 최면가는 최면에 걸릴 사람으로 하여금 조용히 앉아 벽에 있는 하나의 점(혹은 흔들거리는 포켓 시계)과 같은 특정 항목에 초점을 맞추게 한 다음 최면이 어떤 효과를 가져다줄 것인가를 암시한다(예를 들어 "여러분의 눈꺼풀이 천천히 감길 것이다." 혹은 "여러분 팔이 점점 무겁게 느껴질 것이다."). 일부 사람들은 최면에 걸리지 않아도 사람이 무엇인가에 집중을 하면, 예를 들어 눈꺼풀이 천천히 감길 것이라고 생각만 해도 눈이 감기거나 깜빡거리는 일들이 자주 일어난다고 주장한다. 그러나 최면에서는 암시가 주어지고 암시에 민감한 사람들은 대부분의 사람들이 정상적으로 행하지 않는 기이한 행동, 예를 들어 팔을 퍼덕거리거나 요란하게 닭 울음 소리를 내는 등의 행동을 한다.

무대 위에 선 **최면가**는 전체 청중에게 최면을 유도한 후 최면에 민감한 몇 사람을 무대 위로 불러들여 더 최면을 유도한다.

Photographer: Menelaos Prokos (www.athousandclicks.com) Hypnotist: Eric Walden (https://www.facebook.com/hypnotisteric)

모든 사람들이 동등하게 최면에 걸리지 않는다. 민감성의 정도는 매우 다르며 일부 사람들은 매우 쉽게 최면에 걸리지만 대부분의 사람들은 단지 어느 정도만 최면 암시의 영향을 받고 일부 사람들은 전혀 영향을 받지 않는다. 민감성을 예상할 수 있는 가장 좋은 지표 중 하나가 개인 자신의 판단이다. 따라서 여러분이 자신이 쉽게 최면에 걸린다고 생각하면 실제 최면에 잘 걸릴 것이다(Hilgard, 1965). 사람들이 최면에 매우 민감할 때뿐만 아니라 최면 유도 의식에서 최면 암시가 매우 구체적으로 주어질 때 사람들이 최면에 가장 강하게 반응한다(Landry et al., 2017).

최면 효과

최면에 걸린 사람들에게서 일어나는 진정한 변화를 보여주는 인상 깊은 예가 있다. 예를 들어, 1849년 영국 알버트 왕자의 생일 축제에서 최면에 걸린 한 손님에게 시끄러운 소음을 무시하도록 한 결과 피스톨이 자신의 얼굴 가까이에서 발사되어도 꿈쩍하지 않았다. 오늘날에는 최면가들이 무대 쇼에서 총을 사용하지 못하지만 최면 자원자들에게 다른 인상적인 재주를 부리게 한다. 최면 동안 초인간적 힘이 생긴다는 것을 보여주는 흔한 예가 최면에 걸린 사람이 '나무판처럼 뻣뻣하게' 될 수 있다거나 최면가가 최면에 걸린 사람의 몸 위에 서 있는 동안 그 사람이 어깨를 한 의자에 대고 발을 다른 의자에 놓은 채 누워 있을 수 있다는 것이다.

연구들은 최면이 기억을 손상시킬 수 있다는 것을 보여주지만, 이 연구 결과에는 중요한 제한점이 있다. 최면에 민감한 사람들은 **최면 후 기억 상실증**(posthypnotic amnesia), 즉 망각하라는 최면 암시를 받은 후 기억 인출에 실패하는 경우를 경험할 수 있다. 한 연구에서 연구자가 최면에 걸린 사람에게 멀리 떨어져 있는 몇몇 도시의 인구수를 알려준 후 그가 이 학습 회기를 망각한다는 암시를 주었다. 학습 회기 후 최면에 걸린 사람은 자신이 인구수를 정확하게 말할 수 있다는 사실에 매우 놀랐다(Hilgard, 1986). 그에게 어떻게 인구수를 아느냐고 물었을 때 그는 TV 프로그램에서 배웠다고 답하였다. 이와 같은 기억상실증은 뒤이어 주어지는 최면에서 뒤바뀔 수 있다.

최면에 의해 상실된 기억은 최면을 통해서만 인출될 수 있다는 것이 연구들을 통해 밝혀졌다. 최면이 사람들로 하여금 정상적인 의식 상태에서는 인출해내지 못하는 묻힌 기억들을 인출하도록 도와준다는 잘못된 주장은 최면에 걸린 사람들이 자주 최면가의 암시에 만족할 만한 기억을 하기 때문에 일어났다. 예를 들어 1980년대 딸을 성폭행한 혐의로 고소된 보안관 폴 잉그램에게 휴식을 취하는 것과 범죄를 저지르는 것을 상상하는 것을 반복하라고 조사관이 지시하였다. 이러한 과정을 통하여 그는 무시무시한 '악마 같은 행동'을 수십 차례 한 것을 자백하였다. 그러나 이 고백이 정확한지에 관한 의문이 제기되었는데, 즉 다른 조사관이 잉그램이 고소를 당한 적이

최면 후 기억상실증 망각하라는 최면 암시 후 기억을 인출하지 못함

그림 5.12 **최면 무통** 실험실에서 유도한 통증을 감소시키기 위해 다양한 치료 기법을 적용한 후 보고된 통증 감소의 정도(값은 실험 조건과 통제 조건에서의 자기보고식 통증 척도 점수 차이이다). 최면이 통증 감소에 가장 효과적이었다(Stern et al., 1977).

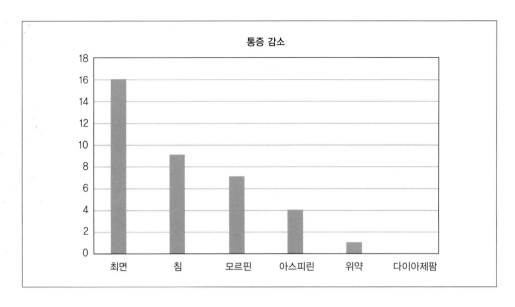

최면 무통 최면에 민감한 사람들에서 관찰되는 최면을 통한 통증 감소

없는 다른 범죄를 거짓으로 조작하여 이전과 동일한 기법으로 그를 조사하였다. 그 결과 잉그램은 세 페이지의 자필자술서를 제출하였다(Ofshe, 1992). 이 사건을 담당한 검사들은 여전히 잉그램의 자백을 인정하였으나 그는 대중의 호소와 자신의 무죄를 입증하기 위한 수년간의 노력 끝에 2003년에서야 풀려나게 되었다. 일단 한 개인이 최면에 걸려 있더라도 자신이 무엇인가를 기억한다고 주장하면 다른 사람들에게 그 기억이 거짓이라는 것을 확신시키는 것이 어렵다(Loftus & Ketchum, 1994).

최면은 신체적 혹은 행동적 변화를 야기한다. 잘 알려져 있는 최면 효과가 **최면 무통**(hypnotic analgesia), 즉 **최면에 민감한 사람들에게서 관찰되는 최면을 통한 통증 감소**이다. 예를 들어 한 연구(**그림 5.12** 참조)에서 참가자들에게 실험으로 유발된 통증을 제공하였는데 최면이 모르핀, 다이아제팜(발륨), 아스피린, 침 혹은 위약보다 통증 감소에 더 효과적이었다(Stern et al., 1977). 최면의 통증 감소 효과는 몇 년에 걸쳐 반복적으로 보고되었으며 최근 연구에 의하면 최면이 환자가 깨어있는 동안 실시된 뇌 수술의 통증도 감소시킨다고 보고하였다(Frati et al., 2019).

따라서 최면 암시를 받는 사람은 최면가가 듣기를 원하는 것만 최면가에게 말하는 것이 아니라 자신이 경험하도록 요구받은 것을 경험하는 것으로 여겨진다.

정리문제

1. 어느 요인들이 일부 사람들로 하여금 쉽게 최면에 걸리게 하는가?

2. 어느 유형의 기억이 최면을 통해 인출될 수 있는가?

3. 최면이 마취제만큼 통증 완화에 효과적인가?

제5장 복습

의식의 신비
- 사람들은 마음 지각을 경험과 기능 능력에 따라 판단한다.
- 연구들은 정신 활동이 먼저 일어나고 이후 의식적 사고와 행동이 일어난다고 제안한다.

의식의 본질
- 의식은 네 가지 기본 속성, 즉 의도, 통합, 선택, 일시성을 가지고 있다.
- 의식은 수준, 즉 최소한의 의식, 충만한 의식과 자의식의 수준에서도 이해될 수 있다.
- 의식의 내용에는 현재의 관심, 백일몽과 원치 않는 생각이 포함된다.
- 흰곰의 경우처럼 생각을 억제하려는 노력은 역효과를 낳는다.

무의식적 마음
- 무의식적 과정이 때로는 프로이트의 역동적 무의식의 표현으로 이해되지만 의식적 사고와 행동을 생산하는 인지적 무의식의 과정으로 보는 견해가 더 우세하다.
- 인지적 무의식은 식역하 지각과 무의식적 결정 과정이 개인이 인식하지 못한 상태에서 그 개인의 생각과 행동에 영향을 미칠 때 작용한다.

수면과 꿈 : 숙면, 마음
- 밤에 잠을 자는 동안 뇌가 5단계의 주기를 거친다. 대부분의 꿈은 REM 수면 단계에 일어난다.
- 수면과 꿈의 박탈에는 심리적 · 신체적 희생이 따른다. 수면은 불면증, 수면 무호흡증, 몽유병, 기면증, 수면 마비와 야경증 등의 장애로 인하여 방해를 받는다.
- 꿈 의식은 깨어있는 상태와 다른데, 즉 정서를 강하게 느끼고 사고가 비논리적이며 감각이 충분히 형성되고 의미를 가지며 이미지와 사건이 무비판적으로 받아들여진다. 꿈은 기억하기 어렵다.
- 꿈 이론에는 프로이트의 정신분석 이론과 활성화-통합 모델이 있다.
- fMRI 연구들은 꿈을 꾸는 동안 시각적 이미지에 관여하는 뇌 영역의 활동이 증가하고 공포와 같은 정서에 대한 민감성이 증가하며 계획 능력이 감소하고 움직임이 억제됨을 보여준다.

약물과 의식 : 인위적 영감
- 향정신성 약물은 뇌의 화학적 메시지 체계를 변화시키고 신경전달물질의 효과를 증가 혹은 감소시킴으로써 의식에 영향을 미친다.
- 약물 내성은 과잉 투여를 초래하고 신체 및 심리적 의존은 중독을 초래한다.
- 진정제는 중추신경계(CNS)의 활동을 감소시키고 자극제는 CNS를 흥분시키며 마약성 진통제는 통증을 완화시키고 환각제는 감각과 지각을 변화시키며 마리화나는 경미한 환각을 야기한다.

최면 : 암시에의 개방
- 최면은 암시를 특징으로 하는 의식의 변형된 상태이다.
- 비록 많은 이들이 최면 효과가 과장되어 있다고 주장하지만 최면은 개인의 행동을 불수의적으로 일어나게 하고 통증을 완화시키는데, 이는 최면 경험이 상상 이상임을 시사한다.

핵심개념 퀴즈

1. 다음 중 의식의 기본 속성이 아닌 것은?
   a. 의도   b. 분열
   c. 선택   d. 일시성

2. 현재 무의식 과정은 다음과 같이 이해되고 있다.
   a. 사고 억제가 농축된 형태
   b. 숨겨진 기억, 본능과 욕구 체계
   c. 빈 슬레이트
   d. 생각과 행동을 생산하는 의식하지 못하는 정신 과정

3. 식역하와 무의식 과정이 사고와 행동에 영향을 미칠 때 작용하는 무의식은?
   a. 최소한의   b. 억압적
   c. 역동적   d. 인지적

4. 수면과 깸의 주기는 인간 생의 주요 양상인데, 이를 무엇이라고 부르는가?
   a. 일주율   b. 수면 단계
   c. 의식의 변형된 상태   d. 식역하 지각

5. 수면 욕구는 일생에 걸쳐 _____한다.
   a. 감소한다.   b. 증가한다.

   c. 변동한다.   d. 동일하다.

6. 꿈을 꾸는 사람은 꿈을 꾸는 동안 일어나는 정서, 사고와 감각의 변화를 _____.
   a. 의심한다.
   b. 완전히 인식하지 못한다.
   c. 무비판적으로 수용한다.
   d. 객관적으로 바라본다.

7. 수면을 취하는 동안 뇌에서 무작위로 일어나는 신경 활동에 대해 마음이 의미를 부여하고자 할 때 꿈이 생산된다고 주장하는 이론은?
   a. 프로이트의 정신분석 이론
   b. 활성화-통합 모델
   c. 인지적 무의식 모델
   d. 발현내용 프레임워크

8. 꿈을 꾸는 뇌를 조사한 fMRI 연구들이 밝히지 않은 것은?
   a. 정서 민감성의 증가
   b. 시각 활동과 관련된 영역의 활성화
   c. 계획 능력의 증가
   d. 움직임의 억제

9. 향정신성 약물은 다음 중 어느 것의 효과를 변화시킴으로써 의식에 영향을 주는가?

    a. 효능제

    b. 신경전달물질

    c. 암페타민

    d. 척수 뉴런

10. 약물에 대한 내성에 해당되는 것은?

    a. 시간이 지남에 따라 동일한 효과를 얻기 위해 더 많은 양이 요구

    b. 새로운 경험에 대해 개방적

    c. 약물 사용의 초기에 경험하는 끌림

    d. 고통스러운 금단 증상의 감소

11. 중추신경계에 작용하여 각성과 활동 수준을 증가시키는 약물은?

    a. 진정제

    b. 자극제

    c. 마약성 진통제

    d. 환각제

12. 알코올 기대란?

    a. 알코올의 초기 효과인 즐거움과 불안 감소

    b. 알코올을 사회적으로 용납되는 물질로 널리 받아들임

    c. 알코올이 복잡한 상황에 대해 단순하게 반응하게 함

    d. 사람들이 특정 상황에서 알코올이 자신들에게 미치는 영향에 관한 믿음

13. 최면의 효과로 입증된 것은?

    a. 체력 효과

    b. 기억 인출에 대한 긍정적 효과

    c. 진통 효과

    d. 연령 퇴행 효과

14. 다음 중 누가 최면에 가장 덜 민감한가?

    a. 영화 감상에 많은 시간을 보내는 제이크

    b. 자신이 쉽게 최면에 걸린다고 확신하는 아바

    c. 적극적이고 상상을 잘 하는 에반

    d. 운동을 즐기는 이사벨

핵심용어

REM 수면	수면 마비	이중 처리 이론	최면 후 기억상실증
게이트웨이 약물	수면 무호흡증	인지적 무의식	최소한의 의식
기대 이론	마약성 진통제(아편제)	일주율	충만한 의식
기면증	알코올 근시	자극제	칵테일 파티 현상
마리화나(카나비스)	야경증	자의식	타인의 마음 문제
마음-신체 문제	약물 내성	정신 통제	향정신성 약물
몽유병	억압	정신 통제의 모순 과정	현상학
불면증	역동적 무의식	진정제	환각제
사고 억제	의식	최면	활성화-통합 모델
사고 억제의 반동 효과	의식의 변형된 상태	최면 무통	

생각 바꾸기

1. 여러분의 친구가 다음과 같이 말하였다 "어젯밤에 정말 이상한 꿈을 꾸었어. 내가 마치 새처럼 날려고 애를 썼지만 자꾸 빨랫줄 안으로 날고 있었어. 꿈 해석을 찾아보니 날려고 애를 쓰는 것은 나를 방해하는 사람이 있고 그 사람이 내가 발전하는 것을 막는다는 것을 의미한대. 나는 그 사람이 내 남자친구인 것 같아. 그 친구와 헤어지는 것이 더 나을 것 같아." 이 장에서 읽은 것에 근거하여 여러분은 꿈 해석의 신뢰성에 관해 무엇을 친구에게 말해줄 수 있는가?

2. 아침 수업에서 여러분은 친구가 하품하는 것을 보고 전날 밤에 잠을 잘 잤는가를 물었다. "주중에는 종일 수업을 듣고 밤에는 일을 해. 주중에는 잠을 많이 잘 수 없어. 그러나 토요일 아침에 늦게까지 잠을 자고 나면 괜찮아"라고 친구가 말하였다. 주중에 수면을 충분히 취하지 못한 것을 주말에 많이 자는 것으로 균형 잡힌 수면이 가능한가?

3. 여러분과 친구가 레오나르도 디카프리오가 기업 스파이로 나오는 2010년도 영화 '인셉션'을 시청하고 있었다. 영화에서 디카프리오를 고용한 사이토라는 이름을 가진 사업가는 자신의 경쟁자가 잠을 자고 있는 동안 그의 무의식적 마음에 아이디어를 심으려고 하였다. 계획은 경쟁자가 잠에서 깨어나면 심어 놓은 아이디어에 따라 행동하여 사이토의 회사에 큰 이익을 주는 것이었다. 여러분의 친구가 다음과 같이 말하였다. "괜찮은 아이디어이지만 공상과학에 불과해. 무의식적 마음과 같은 것은 존재하지 않고 무의식적 아이디어가 의식적 행동에 영향을 미치지는 못해." 여러분은 친구에게 어떤 말을 할 수 있는가? 무의식적 마음이 존재하고 무의식적 마음이 의식적 행동에 영향을 미친다는 것을 뒷받침하는 증거는 무엇인가?

핵심개념 퀴즈 정답

1. b; 2. d; 3. c; 4. a; 5. a; 6. c; 7. b; 8. c; 9. b; 10. a; 11. b; 12. d; 13. c; 14. d

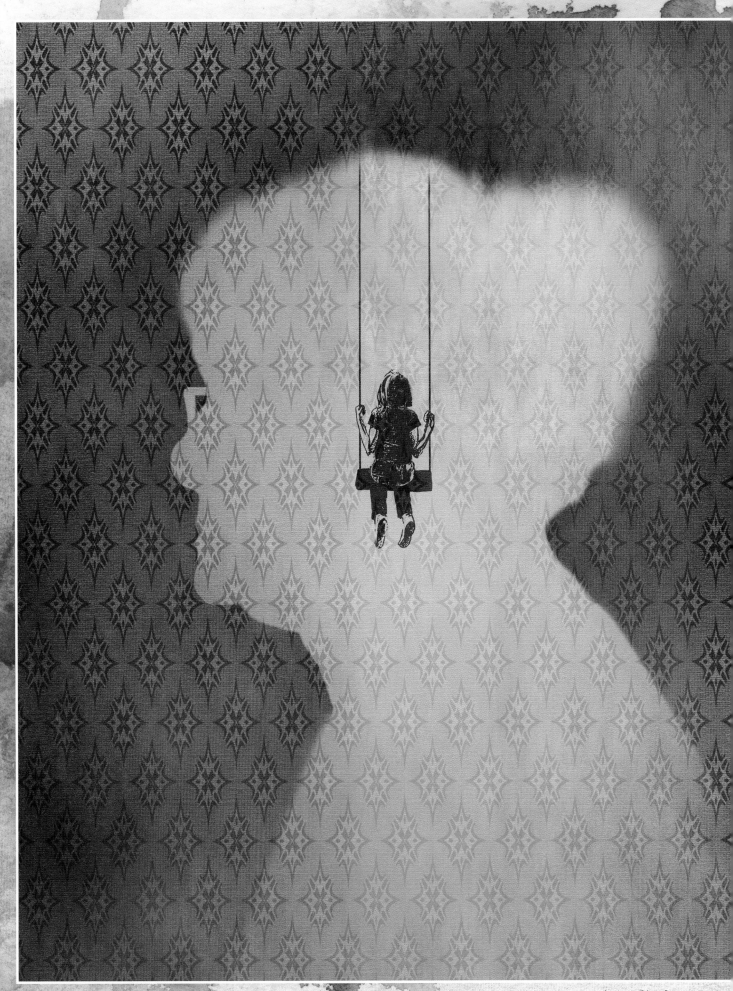

기억

질프라이스는 12살이 되었을 때 자신이 아주 특별히 좋은 기억력을 갖고 있다는 것을 깨달았다고 한다. 5월 30일 7학년 과학 기말 시험을 공부하다가, 자신이 작년 5월 30일에 했던 일들이 떠올랐고, 그날 했던 모든 것을 생생하게 기억해 낼 수 있다는 것을 알게 되었다고 한다. 1년 전 있었던 사건의 세세한 내용을 기억해 내는 것이 아주 예외적인 것이 아닐 것이다. 아마 여러분도 작년 생일 파티에서 했던 것이나 추수감사절을 지냈던 장소를 기억할 수 있을 것이다. 하지만 여러분이 1년 전 오늘 일의 세세한 사항을 정확히 기억할 수 있을까? 아마 못할 텐데 질은 할 수 있었다고 한다.

질은 1980년대 초 이후 매일매일 일어났던 것들을 아주 명확하고 상세히 기억할 수 있었다(Price & Davis, 2008). 이는 단지 질의 주관적인 느낌이 아니었다. 기억 연구가들은 수년간에 걸쳐 질의 기억을 검사했으며 충격적인 결과를 얻었다고 한다(Parker, Cahill, & McGaugh, 2006). 예를 들어 연구자들은 질에게 1980년부터 2003년 사이의 부활절을 기억해 내보라고 했는데, 이는 부활절이 3월 22일에서 4월 15일 사이이기에 아주 힘든 과제라고 할 수 있다. 이런 질문을 받으리라 생각도 못했을 것인데도, 질은 정확하고 신속히 요일을 기억해 냈으며, 다른 사람들 어느 누구도 할 수 없었다고 한다. 연구자들은 또한 무선적으로 선택된 날짜에 했던 세세한 것을 묻고 그녀의 개인 일기와 비교해 보았다고 한다. 그랬더니 역시 신속하고 정확하게 대답했다고 한다. 1986년 7월 1일? "화요일이었는데, 친구와 (어떤) 식당에 갔었다." 1987년 10월 3일은? "토요일이었는데, 주말 내내 아파트에서 있었고, 멜빵 옷을 입다 팔꿈치를 다쳤다"(Parker et al., 2006, pp. 39-40).

질처럼 과거를 쉽게 기억할 수 있다는 것이, 기억한다는 것이 실제로는 아주 복잡하다는 점을 잊게 해서는 안 된다. 기억이란 놀라울 정도로 복잡하기 때문이며, 또한 놀라울 정도로 부서지기 쉽기 때문이다(Schacter, 1996). 우리 모두는 그렇게 기억하길 원했던 어떤 것을 망각했던 경험이 있으며, 혹은 전혀 일어나지 않았던 어떤 것을 기억하는 경우도 있다. 도대체 왜 어떤 상황에서는 그렇게 잘 기능하는 기억이 다른 경우에는 잔인한 요술을 부리는 것일까? 한 종류의 기억만 있을까 아니면 여럿? 이것들이 심리학자들이 제기하고 답을 찾고자 하는 의문으로 이 장에서 논의할 것이다. 기억이란 무엇인가라는 근본적인 질문에서 시작하자.

> 기억이란 무엇인가
>
> 부호화 : 지각을 기억으로 변환하기
>
> 저장 : 시간이 지나도 기억을 유지하기
>
> 인출 : 기억을 마음으로 가져오기
>
> 장기 기억의 다양한 형태 : 한 종류 이상
>
> 기억 실패 : 기억의 7대 '죄악'

기억이란 무엇인가

기억(memory)이란 시간에 걸쳐 정보를 저장하고 인출하는 능력을 말한다. 우리들 중 소수는 질 프라이스처럼 예외적인 기억을 갖고 있기는 하지만, 우리 대부분은, 생각하고, 느끼고, 행동했고, 경험했던 것들이 복잡하게 묶여져 있는 독특한 정체성을 가지고 있다. 기억이란 그러한 사건들의 흔적이며, 경험이 우리의 뇌에 만들어 놓은 지속되는 변화로 시간이 지난 후에도 남게 되는 것이다. 만약 경험이 흔적을 남기지 않았다면, 그것은 일어나지 않은 것과 같은 셈이다.

다른 장에서도 본 것처럼, 마음의 실수가 바로 마음의 근본적인 작용 기제에 관한 핵심적인 통찰을 제공하는 것이며, 기억 분야에서도 가장 잘 나타난다. 이 장에서 우리는 기억의 세 가지 기본적인 작용을 고려할 것이다. 즉, 우리가 지각하고 생각하고 느끼는 것을

질 프라이스는 과거 30년간 일어났던 모든 것을 정확히 기억할 수 있었는데 이는 그녀의 일기로 확인되었다.

Dan Tuffs/Getty Images

학습목표

학습목표

- 기억이 새 정보의 녹화가 아니라 어떻게 구성되는지 설명한다.
- 정보가 뇌에 부호화되는 세 가지 주된 방식을 기술한다.
- 우리가 생존 관련 정보를 그렇게 잘 기억하는 이유를 제시한다.

```
        2 8
       6 9 1
      0 4 7 3
     8 7 4 5 4
    9 0 2 4 8 1
   5 7 4 2 2 9 6
  6 4 7 1 9 3 0 4
 3 5 6 7 1 8 4 8 5
1 0 2 8 8 3 4 7 2 9
4 7 2 0 8 2 7 4 2 6 4
7 3 1 0 9 3 4 3 5 1 3 8
```

그림 6.1 숫자 기억 검사 여러분은 얼마나 많은 숫자를 기억할 수 있는가? 첫 번째 줄에서 시작해서, 종이 한 장을 가지고 그 줄에 있는 숫자를 가려보라. 1초 동안 그 줄에 있는 숫자를 암기하고, 그 줄을 다시 종이로 가려보라. 몇 초 후에 그 숫자들을 다시 말해보라. 여러분이 맞았는지를 확인하려면 종이를 치우고 숫자를 확인하라. 맞았다면, 그 줄에 있는 모든 숫자를 기억해내지 못할 때까지, 계속해서 같은 방법을 사용하여 다음 줄의 숫자들을 외워나가라. 여러분이 마지막으로 올바르게 기억할 수 있었던 숫자의 수가 여러분의 숫자 폭(digit span)이다. 버블 P.는 임의의 숫자 20개 혹은 5줄까지의 모든 숫자를 기억할 수 있었다. 여러분은 어떠했는가?

기억 오랜 시간에 걸쳐 정보를 저장하고 인출해 내는 능력

부호화 우리가 지각하고, 생각하고, 느끼는 것을 지속적인 기억으로 변환하는 과정

저장 시간이 지나도 기억에서 정보를 유지하는 처리 과정

인출 이전에 부호화되고 저장되었던 마음속에 있는 정보를 끄집어내는 과정

의미 부호화 새로운 정보를 이미 기억에 있는 지식과 의미에 충만하게 연결하는 과정

시각적 심상 부호화 새로운 정보를 정신적 그림으로 바꾸어 저장하는 것

지속하는 기억으로 변환하는 과정인 **부호화**(encoding), 시간에 걸쳐 기억에 정보를 유지하는 과정인 **저장**(storage), 부호화하고 저장했던 정보를 마음에 다시 불러오는 과정인 **인출**(retrieval)이다.

부호화 : 지각을 기억으로 변환하기

지역 도박장에서 포커와 주사위 노름이 하는 일의 대부분이고 별로 공식적인 교육도 받지 못한 버블 P.라는 사람은 한 번 보고 나서 20개 숫자를 순서대로 혹은 거꾸로 되뇌는 것을 전혀 어려워하지 않았다(Ceci, DeSimone, & Johnson, 1992). 대부분의 사람들은 숫자들을 한 번 보고 회상해 내라고 하면, 아마도 7개 남짓을 할 수 있을 것이다(**그림 6.1**에 있는 숫자로 여러분도 해 보자).

버블은 어떻게 이런 놀라운 기억을 수행할 수 있었을까? 거의 2,000년 동안이나, 사람들은 기억을 비디오카메라 같은 기록 장치로 생각해 왔다. 우리의 감각기관으로 들어온 정보의 똑같은 복사본을 만들어 나중에 사용할 수 있도록 저장해 놓는 것처럼 말이다. 이 생각은 단순하고도 직관적이다. 실제로 이 생각은 전적으로 잘못된 것이다. 기억은 우리가 대뇌에 이미 갖고 있는 정보와 감각을 통해 들어온 새로운 정보를 결합하면서 이루어진다. 기억은 기록되는 것이 아니라 구성되는 것이며, 부호화는 우리가 지각하고, 생각하고, 느끼는 것을 지속적인 기억으로 변환하는 과정이다. 세 가지 유형의 부호화 과정, 즉 의미 부호화, 시각적 심상 부호화, 조직 부호화를 살펴보고, 우리 조상들에게 이런 부호화가 어떤 가능한 생존의 가치를 지녔겠는가를 생각해 보자.

의미 부호화

기억은 옛 정보와 새 정보의 결합이기에 어떤 특정한 기억의 성격은 감각을 통해 들어온 새 정보뿐만 아니라 이미 우리 기억에 있던 옛 정보에 의존한다. 다시 말하면, 우리가 어떤 것을 어떻게 기억하느냐는 그때 우리가 그것에 대해 어떻게 생각했느냐에 의존한다. 예를 들어 버블과 같은 전문 도박꾼에게는 숫자란 게 아주 중요한 것이기에 일련의 숫자들을 의미 있게 생각해 낼 수 있다. 하지만 버블을 숫자가 아닌 단어, 얼굴, 사물, 장소 등으로 검사해 보니 기억 수행이 평균을 넘지 못했다. 우리 대부분은 버블처럼 20개의 숫자를 기억할 수 없지만, 20개의 경험(좋아하는 캠프 여행, 16번째 생일 파티, 대학에 입학한 첫날 등)은 기억할 수 있다. 한 이유는 우리가 경험의 바탕이 되는 의미에 관해 생각하는 것이기에, 노력하지 않아도 그것들을 의미적으로 부호화하는 것이다(Craik & Tulving, 1975). **의미 부호화**(semantic encoding)는 새로운 정보를 이미 기억에 있는 지식에 의미 충만하게 연결하는 과정이다(Brown & Craik, 2000).

그렇다면 이러한 의미 부호화가 일어날 때 뇌에서는 무슨 일이 벌어지는가? 연구들은 정교한 부호화는 독특하게 전두엽의 하측 부분과 좌측 측두엽 내부의 증가된 활성화와 관련되어 있다고 말한다(**그림 6.2a**; Demb et al., 1995; Kapur et al., 1994; Wagner et al., 1998). 사실 부호화 동안 각각의 두 영역에서 나타나는 활성화의 양은 사람들이 나중에 그 항목을 기억하는지와 직접적으로 관련이 있다. 이 영역들에서의 활성화가 많을수록 정보를 더 많이 기억할 것이다.

시각적 심상 부호화

기원전 477년 아테네의 한 연회에서 그리스 시인 시모니데스가 막 연회장을 떠났고 천장이 무너지고, 그 안의 모든 사람들이 죽었다. 시모니데스는 단순히 연회 테이블 주변에 각각의 의자를 보고 거기에 앉아 있던 사람들을 회상함으로써 모든 사람의 이름을 기억해 낼 수 있었다. 시모니데스는 새로운 정보를 정신적 그림으로 바꾸어 저장하는 것을 뜻하는 시각적 심상 우승을 하는 '기억 선수(memory athletes)'들은 보통 **시각적 심상 부호화**(visual imagery encoding)에 의존해 놀랄

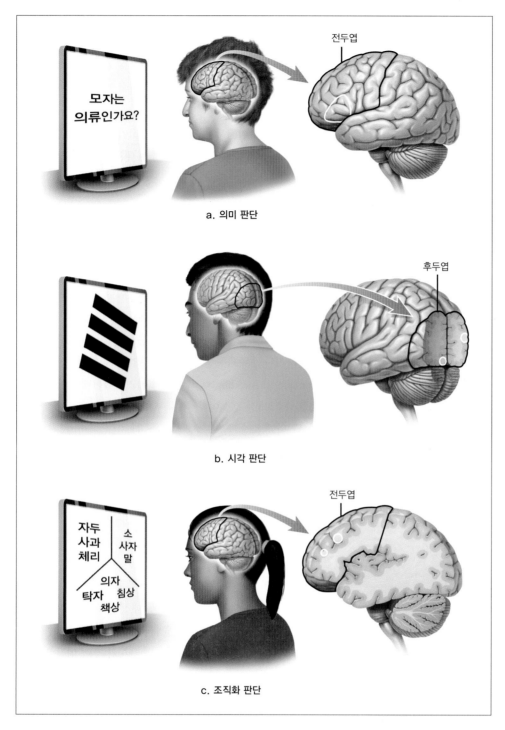

a. 의미 판단

b. 시각 판단

c. 조직화 판단

그림 6.2 판단 유형에 따른 대뇌 활동
fMRI 연구는 서로 다른 판단 유형에 따라 대뇌 활동이 다른 대뇌 부위에서 일어난다는 것을 밝히고 있다. 즉 (a) 의미 부호화 동안은 전두엽의 하부 왼쪽과 왼쪽 측두엽의 안쪽 부분(그림에는 표시하지 않았음)이 활성화되며, (b) 시각 심상 부호화 동안은 두정엽이 활성화되고, (c) 조직적 부호화 동안은 전두엽의 왼쪽 상부가 활성화된다.

만한 기억술을 달성한다(Dresler et al., 2017). 미시시피대학교의 의학도인 알렉스 뮬렌은 16초 시간 내에 게임 판에 배열된 카드의 순서를 시각심상을 이용해 암기했다고 한다! 그리고 이를 통해 2017년 세계 암기 챔피언에 등극했다고 한다.

왜 그렇게 시각적 심상 부호화가 잘 작동하는 것일까? 첫째, 시각적 심상 부호화는 정교하게 부호화하는 것과 상당히 같은 것이다. 시각적 이미지를 만들어 낼 때 여러분은 새로운 정보를 이미 기억에 있는 지식과 연관시킬 것이다. 예를 들어, 주차된 차의 시각적 이미지는 첫키스의 기억에 대한 연결을 만드는 것을 도와줄 것이다.

둘째, 우리가 시각적 이미지를 단어나 다른 언어적 정보를 부호화하는 데 사용할 때, 우리는

세계 기억 챔피언인 알렉스 뮬렌은 게임 판에 배열된 카드를 신속히 기억할 수 있었다.
Alex Mullen, Courtesy UMMC Public Affairs

어떤 항목에 대한 두 가지 다른 정신적 **공간보유기**(placeholders)를 가지게 된다. 하나는 시각적인 것이고 다른 하나는 언어적인 것으로 이는 단지 언어적 공간보유기만 있는 것보다 기억하는 방법을 더 많이 제공한다(Paivio, 1971, 1986). 시각적 심상 부호화가 후두엽의 시각처리 영역을 활성화시키며(그림 6.2b 참조) 이는 사람들이 정신적 이미지에 기초해서 기억을 형성할 때 실제로 시각 시스템의 도움을 받는다는 것을 시사한다(Kosslyn et al., 1993; Pearson & Kosslyn, 2015). 그러나 시각심상 부호화는 성공적으로 사용하기 위해서는 상당한 인지적인 노력을 요구하기 때문에 시험 공부를 하는 것과 같은 실세계 활동에 실용적으로 사용하는 데는 한계가 있다(제7장 239~244쪽 '교실에서의 학습' 절 참조).

조직적 부호화

조직적 부호화 사용법을 이해하는 종업원에게는 종이와 연필은 선택 사항일 뿐이다.

Efrain Padro/Alamy Stock Photo

여러분은 친구들과 저녁을 주문할 때, 종업원이 아무것도 쓰지 않고 주문을 받는 놀라운 광경을 구경한 적이 있는가? 어떻게 이것이 가능한지 알아내기 위해서 한 연구자는 종업원들에게 마이크를 장착하고 '생각을 말로 표현하기(think aloud)', 즉 일하는 하루 동안 걸어 다니면서 생각나는 것을 말로 하도록 요청했다(Stevens, 1988). 이 기록은, 종업원이 고객의 테이블을 떠나자마자 즉시 주문을 뜨거운 음료, 차가운 음료, 뜨거운 음식과 차가운 음식들로 분류하거나 범주화하는 것을 보여주었다. 종업원들은 주문받은 것을 **조직적 부호화**(organizational encoding)에 의존해서 기억하였는데, 이는 일련의 항목들을 관련성에 따라 정보를 범주화하는 과정이다.

예를 들어, 여러분은 얼마나 쉽게 복숭아, 소, 의자, 사과, 테이블, 체리, 사자, 카우치, 말, 책상이라는 단어를 기억할 수 있다고 생각하는가? 만약에 여러분이 대부분의 사람들과 비슷하다면, 특별히 기억하기 쉬운 목록은 아닐 것이다. 그러나 이 단어들을 세 범주, 즉 복숭아, 사과, 체리 그리고 소, 사자, 말 그리고 의자, 안락의자, 책상으로 조직화한다면 문제없이 기억할 수 있을 것이다. 연구들은 사람들에게 이와 같이 범주화하도록 지시하는 것이 항목들의 연속적인 회상을 강화시키는 데 효과적인 방법이라는 것을 보여주었다(Mandler, 1967).

물론 조직적 부호화는 단어 목록에만 사용될 수 있는 것은 아니다. 예를 들어, 쇼핑 갈 때 운전하기, 주차장에서 걷기, 가구점 포터리 반에 가 선물을 반납하기, 애플 매장에 가기 등 사건 단위로 분할할 수 있다. 최근 연구는 사람들이 일상 활동을 포함하는 영화를 볼 때, 영화의 내용을 의미 있는 단위로 분할하여 부호화하면 그 사건들에 관한 추후 기억을 증가시키며 이 이득은 10분 후뿐만 아니라 한 달 후의 지연에서도 명확했다고 한다(Flores et al., 2017).

정교한 시각적인 심상 부호화처럼 조직적인 부호화 또한 뇌의 특정한 영역을 활성화시킨다. 그림 6.2c에서 볼 수 있듯이, 조직적 부호화는 좌측 전두엽의 위쪽 표면을 활성화시킨다(Fletcher, Shallice, & Dolan, 1998; Savage et al., 2001). 다른 종류의 부호화 전략들이 뇌의 다른 영역을 활성화시킨다는 것을 보여준다.

생존-관련 정보의 부호화

새로운 정보를 부호화하는 것은 우리의 일상생활에서 아주 결정적이다. 여러분이 이런 능력이 없다면 아마 학위를 받을 가능성도 적다고 할 수 있다. 진화론적 관점에 따르면, 다윈의 자연선택, 즉 생존과 번식에 도움이 되는 특성들은 다른 것들보다 더 잘 다음 세대에 물려주게 될 것이다(제1장 참조). 그래서 생존과 번식에 도움을 주는 기억 기제는 자연선택에 의해 더 잘 유지될

조직적 부호화 일련의 항목들 간의 관계를 인식하여 정보를 범주화하는 행동

것이기에, 우리의 기억 체계도 생존에 적절한 정보를 더 잘 부호화하여 기억하도록 만들어졌을 것이다. 우리 조상들의 생존 역시 어디에 음식이나 물이 있으며 어디서 맹수가 나타나는지를 부호화하였다가 나중에 기억해 내는 것에 의존했을 것이다.

이 생각을 검증하기 위해, 연구자들은 참여자들에게 세 가지의 다른 부호화 과제를 주었다 (Nairne, et al., 2007). 생존 부호화 조건인 첫 조건에서는 참여자들에게, 자신들이 외국에 있는 초원에 어떤 생존에 필요한 물건 없이 갇혀 있을 것이며, 몇 개월에 걸쳐 음식과 물을 구해야 하고 맹수를 피해야 할 것이라고 말했다. 그리고 무선적으로 선택한 단어를 보여주며(예 : 돌, 초원, 의자), 이 항목들이 제시한 가상적인 상황에서 생존에 얼마나 적절한지를 1~5 척도에서 평정하도록 하였다. 이사 부호화 조건인 두 번째 조건에서는 피험자들에게 자신들이 외국에 있는 새로운 집으로 이사 갈 계획이며, 각 항목들이 새로운 살 집을 만드는 데 얼마나 유용할지를 1~5 척도에서 평정하도록 하였다. 마지막으로 세 번째 집단인 유쾌함 조건에서는 같은 단어들을 1~5 척도에서 유쾌하게 느껴지는 정도를 평정하도록 하였다.

결과는 **그림 6.3**에 나와 있는 것처럼, 생존 조건이 다른 두 조건인 이사, 유쾌함 보다 더 많은 단어들을 기억해 냈다(Nairne, Pandeirada, & Thompson, 2008). 그렇다면 생존 부호화가 왜 더 높은 수준의 기억을 만들어 냈을까?

생존 관련 정보를 부호화하는 것은, 의미, 시각 심상, 조직적 부호화의 요소들을 모두 동원한 것이 되기에, 나중 기억을 잘하게 만든다(Burns, et al., 2011). 또한 생존 부호화는 참여자들에게 달성해야 하는 목표를 구체적으로 생각하게 만들고 아주 철저한 계획을 짜도록 하기에 기억에 도움을 주며 바로 이것이 생존 부호화의 이득이라고 설명할 수 있다(Bell, Roer & Buchner, 2015). 저녁 식사를 계획하는 것처럼 계획을 포함하지만 생존과는 관련되지 않은(Klein et al., 2011) 시나리오에 대해서도 우수한 기억을 보인다. 물론 미래에 대한 계획 자체가 우리의 장기적인 생존에 중요하기에, 우리의 생존 가능성을 증가시키는 계획이나, 미래에 대한 관련 사고가 기억을 증가시킨다는 진화론적 관점과 전반적으로 일치한다고 할 수 있다(Klein et al., 2011 ; Schacter, 2012 ; Suddendorf & Corballis, 2007).

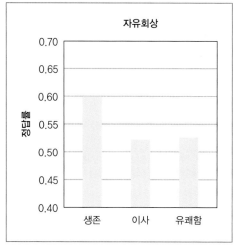

그림 6.3 **생존 관련 정보 부호화는 나중 회상을 증가시킨다.** 사람들은 즐거움 관련 부호화 과제보다는 '생존-부호화' 과제 후에 더 많은 단어를 회상한다(Nairne et al., 2007).

정리문제

1. 기억이 녹화가 아니라 '구성' 이라는 이유는?
2. 의미 판단을 할 때 우리는 무엇을 고려할까?
3. 시각 심상을 효과적으로 만드는 두 요인은?

4. 시험 보기 전에 내용을 기억하기 위해 조직적 부호화를 어떻게 사용할 수 있을까?
5. 생존 관련 정보에 관한 진화론적 관점은 무엇인가?

저장 : 시간이 지나도 기억을 유지하기

부호화는 기억에서 지각을 바꾸는 처리과정으로 저장(storage)은 시간이 지나도 기억에서 정보를 유지하는 처리과정이다. 기억 저장은 세 가지로 구분되는데, 이는 감각, 단기, 장기 기억이다. 이런 이름들이 암시하는 것처럼, 세 가지 구분들은 주로 기억이 유지될 수 있는 시간의 길이에 따라 구별된다.

학습목표

- 감각 기억과 단기 기억을 구분한다.
- 작업 기억 모델의 요소를 기술한다.
- 기억과 해마 간의 관계를 설명한다.
- 장기 기억저장에서 신경시냅스의 역할을 요약한다.

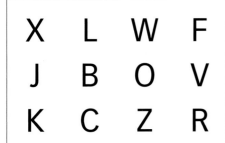

그림 6.4 영상 기억 검사 문자들의 격자가 1/20초 동안 비칠 때 각각의 문자를 기억하는 것은 어렵다. 그러나 격자가 제시된 후에 특정 줄을 기억하도록 유도하면 참가자들은 높은 정답률로 그것을 기억해낸다. 스펄링은 비록 영상 기억은 전체 격자를 저장하지만 정보가 너무 빨리 사라져 버려서 모든 것을 기억하기 어렵다는 것을 증명하기 위해 이러한 절차를 사용했다(Sperling, 1960).

감각 기억 감각 정보가 몇 초 동안만 유지되는 장소

영상 기억 빠르게 쇠퇴하는 시각 정보의 저장소

음향 기억 빠르게 쇠퇴하는 청각 정보의 저장소

단기 기억 비감각적 정보를 1분까지는 아니지만 몇 초 이상 지속시켜 주는 장소

감각 기억

감각 기억(sensory memory)은 감각 정보를 몇 초 동안 혹은 이하로 유지하여 저장하는 유형의 기억이다. 고전적 실험에서, 참여자들에게 몇 줄의 **그림 6.4**에 제시된 것 같은 글자를 기억하도록 하였다(Sperling, 1960). 연구자는 문자들을 1/20초 정도로 화면에 잠깐 제시하였고 방금 보았던 12개의 문자들을 기억해 보라고 했을 때, 참가자들은 절반보다 더 적게 기억하였다. 여기에는 두 가지 가능한 설명이 있다. 사람들이 단순히 짧은 시간 동안 문자를 모두 부호화할 수 없었거나 혹은 그들이 문자들을 부호화했지만 봤던 것을 기억하는 동안 잊어버렸을 수도 있다.

이 두 아이디어를 검증해 보기 위해 연구자들은 교묘한 방법을 사용했다. 스크린에 제시된 문자들이 사라진 직후 피험자들이 특정 열의 문자들을 보고하도록 단서를 주는 음조를 들려주었다. 고음은 첫 번째 열의 문자들을 보고하는 단서가 되었고, 중간음은 가운데 열, 저음은 마지막 열의 문자들을 보고하는 단서가 되었다. 하나의 열을 보고하라는 지시를 받았을 때, 사람들은 그 열에 있는 단어를 거의 모두 회상했다! 그 음조가 문자들이 스크린에서 사라진 후에 들렸기 때문에, 연구자들은 사람들이 지시를 받으면 어떤 열로부터라도 같은 수의 문자들을 회상할 수 있을 것이라고 생각했다. 참가자들은 세 열 중 어떤 것이 단서가 될지 알 방법이 없었고, 그래서 연구자들은 모든 숫자들이 부호화된다고 추론했다. 사실 음조가 상당히 지연되었을 때 참가자들은 과제를 수행할 수 없었다. 이것은 정보가 감각 기억으로부터 빠져나갔음을 의미한다. 플래시의 잔상처럼 스크린에 순식간에 제시된 12개의 문자들은 시각적인 영상들이었고, 남아 있는 흔적은 매우 짧은 기간 기억에 저장되었다.

우리는 하나 이상의 감각을 가지고 있기 때문에 한 종류 이상의 감각 기억을 가지고 있다. **영상 기억**(iconic memory)은 빠르게 쇠퇴하는 시각 정보의 저장소이다. 유사한 저장 영역은 소리의 일시적 저장소의 역할을 한다. **음향 기억**(echoic memory)은 빠르게 쇠퇴하는 청각 정보의 저장소이다. 여러분은 누군가가 말했던 것을 이해하기 어려울 때, 대개 자신이 마지막 몇 단어를 반복해서 말하고 있는 것을 발견한다. 말하자면, 이것은 마음의 귀에서 그 말들을 듣고 있는 것이다. 그것을 할 때 여러분은 음향 기억 저장소에 들어 있는 정보에 접근하고 있는 것이다. 영상 기억과 음향 기억 저장소의 특징은 둘 다 정보를 매우 짧은 시간 동안 유지하고 있다는 것이다. 영상 기억은 일반적으로 1초 혹은 그 전에 사라지고, 음향 기억은 약 5초 안에 사라진다(Darwin, et al., 1972).

이러한 두 감각 기억 저장소들은 도넛 가게와 비슷하다. 도넛이 들어오면 선반에 빠르게 진열되고 금세 소비된다. 여러분이 도넛 1개를 사고 싶다면 빨리 잡아야 한다. 그런데 어떻게 잡아야 할까? 감각기억에 있는 정보가 신속하게 사라진다면 어떻게 회상할 수 있겠는가? 핵심은 주의이며, 이는 단기기억이라는 주제로 이끈다(**그림 6.5** 참조).

단기 저장소와 작업 기억

단기 기억(short-term memory)은 비감각적 정보를 1분까지는 아니지만 몇 초 이상은 지속시켜 주는 저장 방식이다. 예를 들어, 누군가가 여러분에게 전화번호를 말한다면, 여러분은 몇 초 있다가 쉽게 반복해서 말할 수 있다. 그러나 너무 오래 기다리면 그렇게 하지 못할 것이다. 너무 오래라는 것은 얼마나 오래를 말하는 것인가? 사람들이 단기 기억에 정보를 얼마나 오랫동안 유지하고 있는가를 조사했던 한 연구에서 참여자들은 *DBX*, *HLM*과 같은 자음 문자열들을 기억하라는 지시

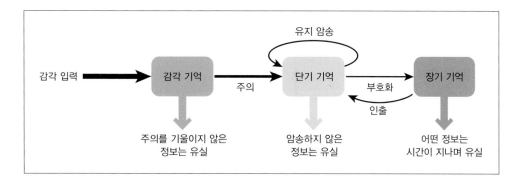

그림 6.5 기억 체계에서 정보의 흐름
정보는 부호화되고, 저장되고, 나중에 인출할 수 있도록 만들어짐으로써 기억의 여러 단계로 이동한다.

를 받았다. 각 문자열을 본 후 참여자들은 다양한 시간에 걸쳐서 100부터 3씩 빼 가면서 숫자를 세라는 지시를 받았고, 그다음 문자열을 회상하게 하였다(Peterson & Peterson, 1959). **그림 6.6**에 제시된 것처럼, 자음 문자열들에 대한 기억은 3초 지연 후에 약 80%에서, 20초 지연 후에는 20%까지 급속하게 감소하였다. 이 결과들은 정보가 단기 기억 저장고에 대략 15~20초 동안 유지될 수 있음을 시사한다.

암송과 '군집화'가 기억을 강화한다

만약 15초에서 20초가 충분하지 않다면? 그 이상 기억을 해야 할 필요가 있다면? 우리는 우리의 단기 기억의 자연적인 한계를 우회할 수 있는 기술을 사용할 수 있다. **암송**(rehearsal)은 정신적으로 정보를 반복하며 단기기억에 유지하는 과정이다. 어떤 사람이 전화번호를 주는데 핸드폰에 집어넣거나 적어 놓을 수 없다면, 할 수 있는 한 여러 번 말하면 된다. 매번 번호를 반복할 때마다 단기기억에 다시 집어넣어, 15초에서 20초의 유통 기한을 더 주게 되는 것이다.

　암송은 **계열 위치 효과**에 한 역할을 하는데, 목록 중간에 있는 항목보다 처음과 마지막에 있는 것들을 더 잘 회상한다는 관찰을 지칭한다. 단어 목록에서 처음에 있는 몇 항목에 대한 우수한 회상을 **초두 효과**라고 한다. 이것은 이 항목들이 중간에 있는 것들에 비해 더 많은 암송을 거치게 되고 그래서 장기 기억에 더 잘 부호화될 수 있기 때문에 일어나는 것이다. 마지막에 있는 몇 단어에 대한 우수한 회상은 **최신 효과**라고 하는데, 이는 암송하는 단어들이 아직 단기 기억에 남아있기 때문에 기인하는 것이다(Atkinson & Shiffrin, 1968). 이러한 해석과 일치하게, 마지막 단어 다음에 한 숫자를 주고 여기서 3씩 빼내가도록 시키면, 마지막 단어들에 대한 암송에 의존해야 하는 단기 기억 저장을 방해하는 것이기에 최신 효과(초두 효과는 아니다)는 사라진다(Glanzer & Cunitz, 1966). 그러나 초두 효과와 최신 효과 모두, 일곱 권의 해리포터 책의 순서를 회상하는 것과 같은 단지 장기기억을 포함하는 상황에서도 관찰된다고 한다(Kelley et al., 2013).

　단기 기억은 원래 얼마나 오래 정보를 유지할 수 있는지에 대해서뿐만 아니라 얼마나 많은 정보를 유지할 수 있는지에 대해서도 제한되어 있다. 대부분의 사람들은 약 7개의 숫자들을 단기 기억 안에 유지시킬 수 있으며, 새로운 숫자들이 단기 기억 안에 들어오면 가지고 있던 숫자들은 빠져나가기 시작한다(Miller, 1956). 단기 기억의 제한은 물론 숫자에만 한정되지 않는다. 7개나 혹은 7개가 넘는 문자들을 포함한 7개의 단어에도 적용된다. 사실 단기 기억은 한 번에 7개의 의미 있는 항목을 유지할 수 있다(Miller, 1956). 그래서 자연적인 한계를 피할 수 있는 한 방법은

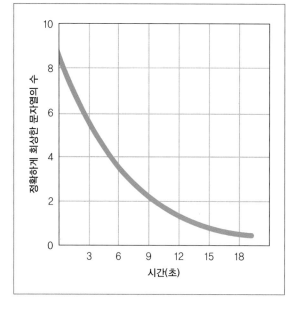

그림 6.6 단기 기억의 쇠퇴 3개의 문자열을 기억하는 검사에서 참여자들은 각 열을 제시받은 몇 초 안에 검사를 받았을 때 높은 정답률을 보였다. 그러나 15초 동안 지연되면 그들은 모든 문자열을 거의 기억하지 못했다(Peterson & Peterson, 1959).

암송 마음속으로 반복함으로써 단기 기억에 정보를 유지하는 처리과정

계열 위치 효과에 따르면 해리포터 시리즈 중 어느 책을 가장 쉽게 기억할 수 있을까?
AP Photo/Bizuayehu Tesfaye

그림 6.7 **작업 기억 모형** 작업기억 시스템은 시각/공간적 심상과 언어/청각 정보를 각각 잠시 유지하는 시각-공간 스케치 패드와 다양한 종류의 정보를 통합하는 일화적 저장소, 음성적 회로 그리고 시스템에서 정보의 흐름을 통제하는 중앙 집행기로 구성된다.

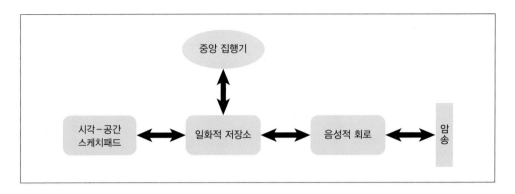

여러 문자들을 하나의 의미 있는 항목으로 만드는 것이다. **군집화**(덩이, chunking)는 작은 조각의 정보들을 더 큰 집단 혹은 덩어리로 결합시키는 것을 포함한다. 고객의 주문을 덩어리들로 조직화했던 종업원들은 본질적으로 정보를 군집화해서 기억할 양을 더 적게 만든 것이다.

정보를 저장하고 조작하는 작업 기억

단기 기억은 본래 제한된 시간 동안 정보가 유지될 수 있는 '장소'의 한 종류로 생각되었다. 제한 용량 기억 체계에 대한 보다 역동적인 모델이 지난 수십 년에 걸쳐 발전되고 수정되어 왔다. **작업 기억**(working memory)은 단기 저장소에서 정보가 능동적으로 유지되는 것을 말한다(Baddeley & Hitch, 1974). **그림 6.7**에 보여주는 것처럼 작업 기억은 4개의 하위 체계를 포함한다. 두 하위 체계는 정보를 저장하고 조작한다. 즉 시각적 이미지는 시각-공간스케치 패드에, 음성적 회로는 언어적 정보를 다룬다. 그리고 일화적 저장소에서는 이들 하위 체계의 시각과 언어 정보를 중다 차원의 부호로 통합하며, 이 일화적 저장소와 하위 체계를 조정하는 중앙 집행기도 포함한다(Baddeley, 2001; Baddeley, et al., 2011).

여러분이 핸드폰의 구글 맵을 이용해 새 장소를 찾아가는 실제 상황을 생각해보자, 여러분은 다음 이동을 생각하며 지도에 있는 장소들을 마음속에 유지해야 한다. 여러분은 지도의 위치를 시각적 표상으로 유지하기 위해 시각-공간 스케치 패드에 의존해야 한다. 혹은 다음 마주할 거리 이름을 갖고 있어야 하기에 음성적 회로를 불러들어야 하며, 모든 기억이 제한된 시간 동안만 저장되기에, 정보가 기억에 들어오고 나가는 정보의 흐름을 자각하고 방향을 정하는 통제를 위해 중앙 집행기에 의존해야 한다.

뇌 영상 연구들은 작업 기억의 중앙 집행 성분이 여러 인지 과제 수행에서 정보를 조작하고 통제하는 데 중요한 역할을 하는 전두엽 영역들에 의존한다는 것을 지적한다(Baddeley, 2001; D'Esposito & Postle, 2015). 최근에 몇몇 연구자는 그림 6.7에 있는 것처럼(Baddeley et al., 2011) 냄새와 맛과 같은 다른 종류의 감각 정보를 통합하는 데 일화적 저장소가 사용된다고 제안하고 있으나, 작업 기억의 여러 성분을 이해하기 위해서는 더 많은 후속 연구가 필요하다.

작업 기억 훈련과 인지 기능의 연계를 탐구하는 연구

작업 기억 기술은 훈련으로 증가될 수 있을까? 그리고 이 훈련이 인지 기능을 증가시킬까? 몇몇 연구는 '그렇다'고 시사한다. 한 연구에서 초등학생들에게 여러 작업 기억 과제들을 몇 주에 걸쳐 훈련시켰더니, 다른 작업 기억 과제에서 증진을 보였다(Holmes, et al., 2009). 하지만 작업 기억 훈련의 수행 증가가 훈련받았던 과제에서만 일어나고, 다른 인지 과제에서는 나타나지 않았으며(Redick et al., 2013), 다른 작업 기억 과제에서도 나타나지 않았다고 한다(De Simoni & vo Bastian, 2018). 작업 기억 훈련이 일반적인 인지 기능 수행에서 증가를 보일 것인지, 그렇다면

일상생활에서 우리는 낯선 곳에서 길을 찾으려고 핸드폰을 사용할 때 작업 기억을 동원한다.

Andresr/Getty Images

군집화 작은 조각들의 정보를 더 큰 집단 혹은 덩어리로 결합시키는 것

작업 기억 단기 저장소에서 정보가 능동적으로 유지되는 것

일상의 인지 과제 수행에도 영향을 끼칠 정도로 충분한지를 결정하기 위해서는 추가 연구가 필요할 것이다(Au et al., 2015; Redick, 2015; Shipstead et al., 2012).

장기 저장소

시간 제한적인 감각 기억과 단기 기억 저장과는 대조되게 **장기 기억**(long-term memory)은 **몇 시간, 며칠, 몇 주 또는 몇 년 동안 정보가 유지되는 장소이다.** 감각 기억이나 단기 기억과는 대조적으로 장기 기억은 용량의 제한이 없는 것으로 알려져 있다(그림 6.5 참조). 예를 들어, 대부분의 사람들은 1만~1만 5,000개의 모국어, 수천 개의 사실들('프랑스의 수도는 파리다'와 '3×3=9'), 헤아릴 수 없을 만큼 많은 개인 경험들을 기억할 수 있다. 여러분이 마음속으로 외우고 있는 노래 가사를 생각해보라. 그러면 여러분은 장기 기억에 집어넣어 둔 많은 정보를 얻을 수 있을 것이다!

색인으로서의 해마 : 조각을 하나의 기억으로 연결하기

장기 기억은 대뇌의 어디에 자리 잡고 있을까? 이 질문에 해답을 줄 수 있는 단서는 장기 기억을 저장할 수 없었던 개인에게서 나온다. 모든 사람이 장기 기억에 정보를 부호화하는 능력이 같은 것은 아니다. 1953년에 HM이라고 하는 27세의 남자가 치료할 수 없는 간질 발작으로 고통받고 있었다(Scoville & Milner, 1957). 간질 발작이 더 멀리 퍼져나가는 것을 막기 위해서 HM은 해마와 그 주변 영역들을 포함한 측두엽의 일부를 제거했다(**그림 6.8** 참조). 수술 후, HM은 쉽게 대화를 나누고, 언어를 사용하거나 이해할 수 있었고, 지능검사를 잘 수행할 수 있었다. 실제로 HM이 할 수 없었던 유일한 것은 수술 후에 일어난 일들을 기억하는 것이었다. HM은 어려움 없이 전화번호를 반복해서 말할 수 있었는데, 이것은 그의 단기 기억 저장소에는 문제가 없었음을 암시한다(Corkin, 2002, 2013; Hilts, 1995; Squire, 2009). 그러나 정보가 단기 저장소를 떠난 후에는 영원히 사라져 버렸다. 예를 들어, 그는 방금 음식을 먹었던 것을 잊어버리거나 매일 그를 도와주는 병원 직원들을 알아보지 못했다. HM과 다른 환자들의 연구들은 뇌의 해마 영역이 새로운 정보를 장기 기억 저장소에 넣는 데 중요한 역할을 한다는 것을 보여주었다(Clark & Maguire, 2016; Smith et al., 2013). 이 영역이 손상되면, 환자들은 단기 기억 저장소에서 장기 기억 저장소로 새로운 정보를 이동시킬 수 없는 **순행성 기억 상실증**(anterograde amnesia)에 걸렸다.

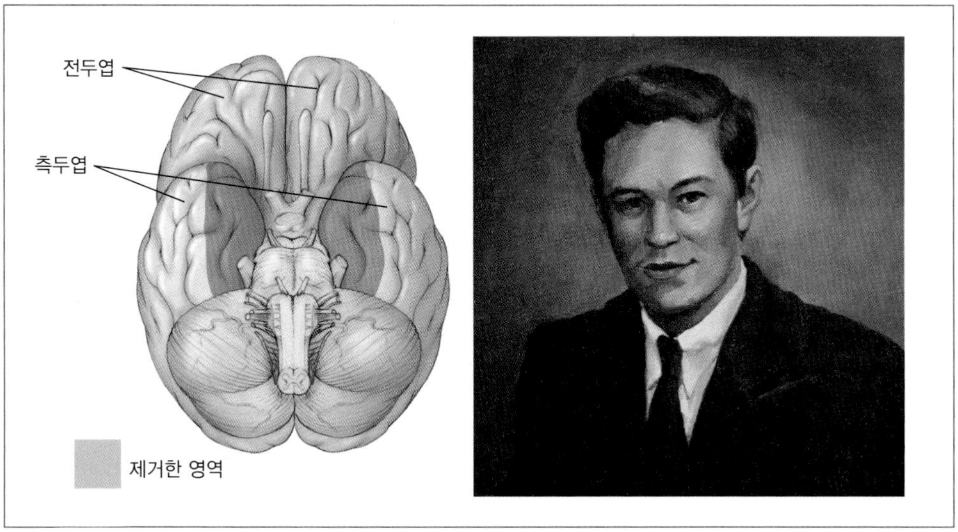

장기 기억 몇 시간, 며칠, 몇 주 또는 몇 년 동안 정보가 유지되는 장소

순행성 기억 상실증 단기 기억 저장소에서 장기 기억 저장소로 새로운 정보를 이동시킬 수 없는 것

그림 6.8 해마 환자 HM은 간질 발작을 멈추기 위해 해마와 주변 중앙 측두엽(그림의 회색 부분) 구조를 외과적으로 제거하는 수술을 받았다(왼쪽). 그 결과 그는 수술 후 일어난 일을 기억할 수 없었다. HM으로 세상에 알려진 헨리 모라슨(오른쪽)은 2000년 12월 2일 82세로 코네티컷 하트포드 주변에 있는 요양원에 사망하였다. 헨리는 1953년 기억 상실증에 걸린 이후 수많은 기억 실험에 참여하였으며 이를 통해 기억과 대뇌에 관한 이해에 상당한 기여를 하였다(Corkin, 2013).

2016 MACMILLAN LEARNING

전두엽

측두엽

제거한 영역

역행성 기억 상실증 사고나 수술을 받은 날 이전의 기억들을 잃어버리는 것

고정 대뇌에서 기억이 안정화되는 과정

재고정 회상된 기억도 붕괴에 취약할 수 있어서 다시 고정되는 과정

어떤 기억 상실증 환자는 사고나 수술을 받은 날 이전의 기억을 잃어버리는 **역행성 기억 상실증** (retrograde amnesia)으로 고통을 받는다. HM이 역행성보다 순행성 기억 상실 증상이 더 심했다는 사실은 해마 영역이 장기 기억의 장소는 아니라는 것을 암시한다. 실제로 연구들은 한 기억의 서로 다른 측면들, 즉 본 것, 소리, 냄새, 정서적 내용 등이 피질의 다른 장소에 저장된다는 것을 보여주었다(Damasio, 1989; Schacter, 1996; Squire & Kandel, 1999). 심리학자들은 현재 해마 영역이, 이렇게 서로 분리되어 있는 기억의 조각들을 연결시켜서 하나로 기억할 수 있게 해 주는 일종의 색인과 같은 역할을 한다고 생각한다(Schacter, 1996; Squire, 1992; Teyler & DiScenna, 1986). 시간에 걸쳐 이 색인이 덜 필요해질 것이다. 최근 신경과학 연구는 이러한 '색인 견해'를 지지한다(Horner et al., 2015; Tanaka et al., 2018).

하지만 시간에 걸쳐, 이 해마의 색인이 덜 필요해진다. 해마 영역 색인을 적어 놓은 요리법처럼 생각하면 될 것이다. 처음 파이를 만든다면, 모든 재료들을 꺼내 적절한 양만큼 섞기 위해 요리법이 필요하다. 하지만 여러 번 구우면 더 이상 적어 놓은 요리법이 필요 없게 된다. 마찬가지로 해마 영역의 색인은 새로운 기억이 만들어질 때는 필수적이지만 기억이 오래되면 덜 중요해진다. 과학자들은 우리의 오래된 기억의 세부 사항을 기억하게 만든 데 있어 해마 영역이 관여하는 정도에 대해 아직도 논쟁 중이지만(Bayley, et al., 2005; Kirwan et al., 2008; Moscovitch et al., 2006; Squire & Wixted, 2011; Winocur et al., 2010), 색인으로서의 해마의 개념은 왜 HM과 같은 사람들이 새로운 기억을 만들 수 없고 오래전의 것들은 기억할 수 있는지를 설명해준다.

고정이 기억을 안정시킨다

기억을 시간에 걸쳐 유지하는 데 해마가 덜 중요하다는 생각은, 대뇌에서 기억이 안정화되는 과정, 즉 **고정**(consolidation)이라는 개념과 관련된다(McGaugh, 2000, 2015). 부호화 직후 기억은 깨지기 쉬운 상태로 존재하기에 쉽게 방해받을 수 있으나, 일단 고정이 되면 방해를 이겨낼 수 있다. 한 유형의 고정은 몇 초나 몇 분에 작용한다. 예를 들어, 교통사고 후 머리 부상을 경험한 사람은, 사고 직전 몇 초나 몇 분에 일어난 일을 기억하지 못한다. 물론 다른 사건은 정상적으로 기억할 수 있다. 머리 부상이 단기 기억이 장기 기억으로 고정되지 못하게 했기 때문일 것이다. 다른 유형의 고정은 더 긴 기간(며칠이나 몇 주, 혹은 몇 개월이나 몇 년)에 걸쳐 일어나며, 아마도 해마에서 정보가 피질의 더 지속적인 저장으로 넘겨지는 과정일 것이다. 이러한 장기 기억 고정 과정은 역행성 기억 상실증 환자에게서 볼 수 있는데, 어렸을 적 기억은 정상적으로 회상해 낼 수 있는 데 반해, 기억 상실증이 시작되기 몇 년 전에 있었던 경험은 손상을 보인다(Kirwan et al., 2008; Squire & Wixted, 2011).

그렇다면 어떻게 기억이 고정되는 것일까? 기억을 회상하고, 그것에 대해 생각하고, 다른 사람과 그것에 대해 이야기하는 행위들이 기억 고정에 기여할 것이다(Moscovitch et al., 2006). 그리고 고정은 여러분이 밤에 별 노력 없이 하는 것, 즉 수면에 의해 부양된다(다음 페이지 '최신 과학 : 수면이 학습을 증진시킬 수 있나요? 물론!' 참조).

회상된 기억은 재고정화 때 방해받을 수 있다

많은 연구자들은 오래전부터 충분히 고정된 기억은 기억에 영구적으로 고착되기에 컴퓨터 바이러스보다도 없애기 어렵다고 믿어 왔다. 그러나 최근에 개발된 다른 계열의 연구들은 사태가 그렇게 단순하지 않음을 제안하고 있다. 실험들은 **고정된 것 같은 기억도 일단 회상되고 나면 다시 고정되어야 하므로 붕괴에 취약할 수 있다**는 것을 보여준다. 이 과정을 **재고정**(reconsolidation)이라고 부른다(Dudai, 2012; Nader & Hardt, 2009).

수면이 학습을 증진시킬 수 있나요? 물론!

다음 날 중요한 시험이 있어 꼬박 밤새우려고 한다면, 다시 생각해 볼 필요가 있다. 우리는 생의 거의 3분의 1을 자는 데 쓰며, 자면서 우리의 마음을 완전히 닫아 버리는 것은 아니다. 오히려 잠은 깨어났을 때의 기억에 중요한 역할을 할 수 있다.

거의 100년 전, 연구자들은 최근 학습한 정보의 회상이 잠을 자고 났을 때가 같은 시간 깨어 있을 때보다 좋다는 보고를 하였다(Jenkins & Dallenbach, 1924). 그 이후로 수면이 어떤 경험의 요약이나 의미를 나타내는 기억뿐만 아니라(Payne et al., 2009) 정서적으로 중요한 기억을 선택적으로 증진시키며(Payne et al., 2008, 2015 Payne & Kensinger, 2018), 이는 사소한 것은 폐기하고 중요한 정보를 기억하도록 도와주는 것이라는 점을 시사하는 것이다.

수면 중 특별한 기억을 재활성화하는 소리를 제공하면 기억 고정이 증가될 수 있다는 것을 최근의 다른 계열의 증거가 보여주는데, 이 절차는 *목표 기억 재활성화*(targeted memory reactivation, TMR)(Cellini & Capuozzo, 2018; Oudiette & Paller, 2013)라고 알려져 있다. 수면 전에 참여자들은 한 물건(예 : 주전자)이 화면의 특정한 위치에 놓여 있는 것을 보는데 그 물건의 소리(주전자에 물이 끓으며 나는 특징적인 휘파람 소리)를 들을 수 있었다. 연이어 수면 기간 중 연구자는 물건-위치의 연합에 관한 기억을 재활성화시키기 위한 시도로 보았던 물건의 소리를 참여자들에게 제시하였다. 놀라운 결과는 깨어난 후에 검사해보니, 참여자들이 심지어는 어떤 소리가 수면 중에 제시되었다는 것을 알아차리지도 못했는데도, 수면 중에 특징적인 소리를 들을 수 있었던 물건의 위치를 더 정확하게 기억해냈다는 것이다. 이러한 목표 기억 재활성화 효과는 초기에 잘 학습하지 않은 연합에서 가장 강했다고 한다(Creery et al., 2015).

이러한 결과는 TMR을 수면 중 학습 부양에 사용할 수도 있다는 것을 시사한다. 한 연구는 TMR을 새로운 외국어 어휘 획득을 도와주기 위해 사용했는데(Schreiner & Rasch, 2015). 참여자는 독일 성인으로 네덜란드 어휘를 하나도 모르는 사람이었다. 늦은 저녁 깨어 있는 상태에서 모든 참여자는 일련의 네덜란드 단어와 독일어 번역을 학습했다. 3시간 수면 중에 한 집단은 앞서 공부한 네덜란드 어휘의 녹음을 포함하는 TMR을 받았다. TMR을 받지 않았던 참여자와 비교해 네덜란드어에 수면 중 노출되었던 참여자들이 독일어 번역을 더 잘 회상할 수 있었다. 나중 연구(Batterink et al., 2017)는 영어 사용자의 새로운 단어 학습에서도 비슷한 TMR 효과를 발견했다.

그래서 여러분이 시험을 위한 몇 시간의 학습 후 잠이 쏟아진다면 잠을 잘 자는 게 더 났다는 것이 과학의 입장이다.

재고정에 대한 초기 증거는, 쥐에게 하루 전에 획득했던 새로운 기억을 인출하도록 단서를 제시하고 처치(약물 혹은 전기충격)를 하면 그 기억을 망각하게 할 수 있다는 실험에서 나온다(Nader, Shafe, & LeDoux, 2000; Sara, 2000). 그런데 만약 그 동물이 능동적으로 기억을 인출하지 못하면, 같은 처치가 효과가 없다. 연구자들은 사람에게서도 비슷한 효과를 만들어냈다(Elsey et al., 2018; Schiller et al., 2010). 이 발견은 기억을 인출할 때마다, 방해에 취약하고 재고정되어야 한다는 것을 의미한다.

재고정을 방해하여 고통스러운 기억을 제거하는 것이 언젠가는 가능할까? 외상 경험이 있는 환자를 대상으로 한 연구는 그럴 수 있다고 제안한다. 불안을 줄이는 약물 투여 후 외상적인 경험을 다시 떠올리면 외상적 증상을 줄일 수 있었다고 한다(Brunet et al., 2008, 2018). 관련된 연구들은 재고정 방해가 대뇌 부위의 편도체에서 공포 반응 조건 형성을 제거하는 것이라고 추측하고 있다(Agren et al., 2012). 이 장의 다음에 나올 정서 기억에서 편도체는 중요한 역할을 한다. 이처럼 중요한 기억 과정인 재고정은 여러 시사점을 포함하고 있다.

보스턴 마라톤 폭탄 사고는 그 주변에 있던 사람들에게 생생하고도 괴로운 기억을 만들었다. 하지만 연구는 상당한 세부 기억이 재고정을 방해하면 줄어든다는 것을 보여준다.

AP Photo/Metrowest Daily News, Ken McGagh

기억, 뉴런 및 시냅스

우리는 뇌의 여러 부위가 기억 저장과 관련된다고 논의했었지만, 뇌의 어떤 부위에 어떻게 기억이 저장되는지에 관해서는 언급하지 않았다. 우리가 장기 기억의 신경학적 기초에 대해 알고 있는 많은 지식은 아플라시아라는 작은 바다달팽이의 연구로부터 비롯되었는데, 이 아플라시아는 겨우 2만 개의 뉴런으로 구성되어 있는 단순한(약 1,000억 개의 뉴런을 가진 인간과 비교해

단순한 신경체계를 가지고 있는 아플라시아 바다달팽이를 연구하면서, 연구자들은 장기 기억 저장이 뉴런 간의 새로운 시냅스 연결 성장에 의존한다는 것을 알았다.

Donna Ikenberry/Art Directors/Alamy Stock Photo

장기 시냅스 강화(LTP) 시냅스 연결들의 강화로 발생한 향상된 신경 처리과정

서) 신경 체계를 가지고 있다. 실험자가 아플라시아의 꼬리를 미세한 전기 충격으로 자극하면, 그 달팽이는 즉시 입을 움츠린다. 그리고 실험자가 잠시 후에 다시 충격을 주면, 아플라시아는 더 빨리 목을 움츠린다. 만약 실험자가 한 시간이 지난 후에 돌아와서 아플라시아에게 전기 충격을 주면, 처음 실험했을 때와 마찬가지로 목 움츠리기 행동이 매우 천천히 일어난다. 마치 이전에 무슨 일이 있었는지 기억하지 못하는 것처럼 말이다(Abel et al., 1995). 그러나 만약 실험자가 아플라시아에게 계속해서 전기 충격을 준다면, 며칠 혹은 몇 주 동안이나 지속될 수 있는 지속적인 기억으로 발전한다. 그리고 이 연구는 장기 기억 저장이 뉴런들 사이에 새로운 시냅스의 연결이 발달하는 것과 관련이 있다는 것을 보여준다(Abel et al., 1995; Squire & Kandel, 1999). 여러분은 제3장에서 전달하는 뉴런의 축색과 전달받는 뉴런의 수상돌기 사이의 작은 공간인 시냅스가 있으며, 이 시냅스들을 통해 신경전달물질을 보냄으로써 뉴런들끼리 의사소통할 수 있다는 것을 기억할 것이다. 아플라시아에서 알게 된 것은 단기-저장(증가된 신경전달물질 분비)과 장기 저장(새로운 시냅스의 성장) 모두가 시냅스에서의 변화에 의존한다는 것이다.

만약 달팽이보다 더 복잡한 침팬지이든 여러분의 친구이든 유사한 시냅스 강화 과정이 새로운 정보의 저장에 필수적인 해마에서 일어난다. 1970년대 초에 연구자들은 쥐의 해마에서 신경학적 경로에 빠른 전기적 자극을 가했다(Bliss & Lømo, 1973). 그들은 전기적 흐름이 경로를 따라 놓여 있는 시냅스들 사이에 연결을 더 강하게 만들고 몇 시간 혹은 몇 주까지도 그 강화가 지속되는 것을 발견했다. 그들은 이것을 일반적으로 LTP로 더 잘 알려진, **장기 시냅스 강화**(long-term potentiation)라고 불렀는데, 이는 뉴런 간의 시냅스 전달이 잘되는, 즉 연결이 강해져 추후 전달이 쉬워지는 과정을 말한다. 사실 LTP를 막는 약들은 쥐를 설치류 버전의 HM 환자로 만들 수 있다고 한다. 이런 쥐들은 그들이 최근에 어디에 있었는지 기억하는 데 매우 큰 어려움을 겪으며, 미로에서도 쉽게 길을 잃는다(Bliss, 1999; Morris et al., 1986).

정리문제

1. 영상 기억과 음향 기억을 정의하라.
2. 기억하려고 할 때 전화번호를 반복하는 것이 왜 도움이 되는가?
3. 작업 기억은 단기 기억이란 생각을 어떻게 확장하는가?
4. 연구자는 HM의 기억과 해마의 역할에 대해서 무엇을 배웠는가?

5. 순행과 역행 기억 상실을 정의하라.
6. 기억을 회상하는 과정이 기억의 안정성에 어떻게 영향을 끼치는가?
7. 기억을 만드는 것이 신경계에서 어떤 물리적 변화를 만드는가?

학습목표

- 부호화 특정성 원리를 설명한다.
- 기억이 인출 행위에 의해 어떻게 변하는지 설명한다.
- 회상을 시도할 때와 성공적으로 정보를 회상했을 때 사이에 대뇌 활동에 어떤 차이가 있는지 기술한다.

인출 : 기억을 마음으로 가져오기

돼지 저금통은 좌절감을 준다. 여러분은 돈을 그 안에 넣고 들어 있는 돈을 확인하기 위해서 흔들 수 있다. 그러나 쉽게 돈을 꺼내지 못한다. 만약에 기억이 돼지 저금통과 유사하다면, 들어 있지만 꺼낼 수 없다면 애초에 기억에 저장하는 것이 무슨 의미가 있겠는가? 인출은 이전에 부호화되고 저장되었던 마음속에 있던 정보를 끄집어내는 과정이며, 이것은 모든 기억 처리과정에서 가장 중요한 것이다(Roediger, 2000; Schacter, 2001a).

인출 단서 : 과거를 다시 불러오기

머릿속에 있는 정보를 인출하는 가장 좋은 방법은, 어떻게 해서든지 연결되어 있는 머리 밖에 있

는 정보들을 만나는 것이다. 머리 밖에 있는 정보들은 **인출 단서**(retrieval cue), 즉 저장된 정보를 연합하고, 마음속에 있는 정보를 가져오도록 도와주는 외적 정보이다. 인출 단서들은 믿을 수 없을 정도로 효과적이다. "'내 인생의 마지막 변화구'에 나왔던 배우를 아는데, 그녀 이름이 생각나지 않네"라는 식으로 말했던 적이 많이 있을 것이다. 그러다가 친구가 단서를 주면("그녀가 '줄리 & 줄리아'에 나오지 않았나?") 답이(에이미 아담스) 마음속에 떠오른 경우가 있을 것이다. 이런 사건은 그 정보가 때론 순간적으로 접근 불가능하지만 동시에 기억 속에서 이용 가능하여, 인출 단서가 그 접근 불가능한 정보를 마음에 가져오는 것을 도와준다는 것을 시사한다.

일상생활에서, 인출 단서는 심지어 자발적으로 의도하지 않은 과거 기억을 유발하기도 한다(Berntsen, 2010). 한 친구를 만나 여러분이 최근에 그녀와 같이 보았던 영화를 자동적으로 상기하게 만들거나, 라디오에서 들은 노래가 그 악단의 연주회에 갔던 것을 기억나게 만들기도 한다. 인출하려고 의도적으로 노력하는 기억보다 오히려 의도하지 않은 기억들이 일상생활에서는 더 자주 일어나기에(Rasmussen & Berntsen, 2011), 사적 과거를 여는 인출 단서의 힘을 분명히 보여준다.

외부 맥락이 단서를 제공한다

힌트는 인출 단서의 한 형태이지만 그것만이 유일한 게 아니다. **부호화 특수성 원리**(encoding specificity principle)는 정보가 초기에 부호화되었던 구체적인 방식을 다시 만들어내도록 도와주면 이러한 것이 효율적인 기억 단서가 될 수 있다는 원리이다(Tulving & Thomson, 1973). 외부 맥락은 강력한 인출 단서가 된다(Hockley, 2008). 예를 들어 한 연구에서 일부 잠수부들은 단어를 땅에서 학습했고, 일부는 물속에서 학습했다. 그들이 학습했을 때와 같은 건조한(육지) 혹은 젖은 환경(물속)에서 시험을 보았을 때 단어를 가장 잘 회상할 수 있었는데, 학습한 환경 자체가 인출 단서의 역할을 했기 때문이다(Godden & Baddely, 1975). 회복 중에 있는 알코올 중독자들은 종종 술을 마시던 장소를 방문했을 때 술을 다시 마시고 싶다는 욕구를 경험하는데, 이 또한 그 장소가 인출 단서가 되기 때문이다. 교실에서 한 의자를 정해서 매일 그 의자에 앉고 시험 볼 때도 그 의자에서 시험을 치는 것은 현명한 방법이다. 그 의자의 느낌과 여러분이 봤던 주변 환경이 거기 앉아 있는 동안 학습했던 정보를 기억할 수 있게 도와줄 것이기 때문이다.

내부 상태가 또한 단서를 제공한다

인출 단서가 외부 맥락일 필요는 없으며 내적인 상태도 될 수 있다. **상태 의존 인출**(state-dependent retrieval)은, 부호화하고 인출하는 동안 같은 마음 상태에 있을 때 정보를 더 잘 회상할 수 있는 경향을 말한다. 예를 들어, 우리가 슬프거나 행복한 기분에 있을 때 정보를 인출하는 것은 우리가 슬프거나 행복한 일화를 인출할 가능성을 증가시킨다(Eich, 1995). 부호화 시기의 사람들의 생리학적·심리학적 상태가 정보의 한 부분으로 그 기억 속에 부호화된다. 그래서 인출 시의 상태가 부호화 시의 기분과 일치하며, 그 상태 자체가 인출 단서로 작용하는 것이다. 하나의 생각이 관련된 다른 생각을 불러올 때처럼, 생각 그 자체도 인출 단서가 될 수 있다(Anderson et al., 1976).

부호화와 인출 맥락을 맞추는 것이 회상을 증가시킨다

부호화 특수성 원리는 아주 통상적이지 않은 예측도 한다. 예를 들어 여러분은 앞에서 단어의 의미적인 판단을 만드는 것("*brain*의 의미는?")이 운(rhyme)을 판단하는 것("*brain*과 운이 맞는 단어는?")보다 더 지속적인 기억을 만들어낸다는 것을 배웠다. 그래서 만약 여러분이 *brain*이라는

인출 단서는 저장된 정보를 마음속으로 가져오는 힌트라고 할 수 있다. 대부분의 학생들이 공란 채우기보다는 선다형 시험을 더 좋아한다는 사실을 이 점을 가지고 어떻게 설명할 수 있겠는가?

AP Photo/*Pocono Record*, Adam Richins

인출 단서 저장된 정보를 연합하고, 마음속에 있는 정보를 가져오도록 도와주는 외적 정보

부호화 특수성 원리 정보가 초기에 부호화되었던 구체적인 방식을 다시 만들어내도록 도와주면 이러한 것이 효율적인 기억 단서가 될 수 있다는 원리

상태 의존 인출 부호화하고 인출하는 동안 같은 상태에 있을 때 정보를 더 잘 기억할 수 있는 경향

단어와 운이 맞는 단어를 생각하라고 지시받고, 여러분의 친구는 *brain*의 의미를 생각하라는 지시를 받는다면, 아마 다음 날 "어제 봤던 단어가 무엇이었습니까?"라는 단순한 질문에 여러분의 친구가 훨씬 더 그 단어를 잘 기억할 것을 예상할 수 있을 것이다. 그러나 만약 그러한 질문 대신에, "*train*과 운이 같은 단어는 무엇입니까?"라고 질문받는다면, 우리는 여러분이 친구보다 더 잘 기억할 것이라고 기대할 것이다(Fisher & Craik, 1977). 이것은 상당히 놀라운 발견이다. **전이 적절성 처리**(transfer-appropriate processing) 원리는, 한 상황에 대한 부호화와 인출 맥락이 적절하게 맞아 떨어질 때, 기억이 한 상황에서 다른 상황으로 더 잘 전이될 것이라는 생각이다(Morris, Bransford, & Franks, 1977; Roediger, Weldon, & Challis, 1989).

인출이 만들어 내는 결과

인간의 기억은 컴퓨터의 기억과 근본적으로 다르다. 컴퓨터에서는 파일을 인출하는 것이 나중에 다시 그 파일을 열 가능성에 어떠한 영향도 끼치지 않는다. 인간의 기억은 그렇지 않다. 인출은 기억에 저장되어 있는 것을 단지 읽어 오는 것이 아니며, 아주 중요한 방식으로 기억 체계의 상태를 변화시킬 수 있다.

인출이 나중 기억을 증가시킬 수 있다

인출이라는 단순한 행위가 인출된 기억을 강화시킬 수 있으며, 나중에 그 정보를 기억해 내기 쉽게 만든다(Bjork, 1975). 한 실험에서, 참여자들은 짧은 이야기를 학습하고, 그 이야기를 다시 학습하거나, 그 이야기를 인출해야 하는 시험을 보았다(Roediger & Karpicke, 2006). 참여자들에게 5분, 이틀, 일주일 후 다시 그 이야기에 대한 회상 검사를 해 보았다. **그림 6.9**에 나타나 있는 것처럼, 5분 후에는 이야기를 두 번 공부한 것이 공부하고 시험을 본 경우보다 약간 높은 회상을 보였다. 하지만 중요한 것은, 이틀과 일주일 후에는 반대로 나왔다는 것이다. 인출이 여분의 공부를 하는 것보다 회상의 수준이 훨씬 높았다.

추후 유지에 주는 인출의 이득은 심지어 초등학생들에게도 나타났다(Jaeger et al., 2015). 더구나 학생들은 이러한 인출 훈련을 자발적으로 스스로 사용하도록 배울 수도 있다고 한다(Ariel & Karpicke, 2018). 이 발견은 교육 장면에서의 학습에 아주 중요한 시사점을 주는 것이며, 제7장에서 더 자세히 살펴보겠다(Karpicke, 2012, p. 239).

인출이 나중 기억을 해칠 수 있다

인출이 기억을 도와 줄 수 있지만 늘 그런 것은 아니다. **인출-유발 망각**(retrieval-induced forgetting)은 장기 기억에서 한 항목을 인출한 것이 나중에 관련된 항목의 회상을 해칠 수 있는 과정을 말한다(Anderson, 2003; Anderson, Bjork, & Bjork, 1994). 예를 들어, 화자가 청자와 같이 공유하고 기억 내용을 이야기하며, 연관된 다른 정보를 언급하지 않는 경우 청자는 이 빠뜨렸던 사건을 기억하는 데 어려움이 있으며 화자도 마찬가지라고 한다(Cuc, Koppel, & Hirst, 2007; Hirst & Echterhoff, 2012). 인출-유발 망각이 목격자 증언에 영향을 끼칠 수 있다고 한다. 연출된 범죄에 대해 증언을 할 때 범죄 장면에 관한 세부 사항에 대한 질문을 받으면, 처음에 질문을 받지 않은 증언자에 비해 질문을 받지 않았던 관련된 세부 사항을 회상하는 능력이 손상을 입는다고 한다(MacLeod, 2002; Shaw, Bjork, & Handal, 1995). 이 발견은 처음 목격자와 면담을 할 때, 질문

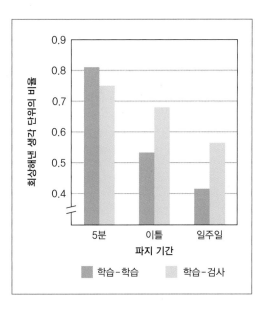

그림 6.9 기억 검사가 장기적인 기억에 도움이 된다 5분 파지 기간에는 학습-학습 조건이 다소 높은 회상을 보였다. 하지만 이틀과 일주일 유지 간격에서 전혀 다른 결과로 변한다. 긴 파지 기간에서는 학습-검사 조건이 학습-학습 조건보다 훨씬 높은 수준의 회상을 나타낸다(Roediger & Karpicke, 2006).

받지 않은 세부 사항에 대한 인출-유발 망각을 피하기 위해 가능한 완전하게 자세히 수행되어야 한다는 것을 시사한다(MacLeod & Saunders, 2008).

인출이 나중의 기억을 바꿀 수 있다

나중 기억을 증진하거나 손상시키는 것뿐만 아니라 인출 행위가 경험에서 기억하는 것을 변화시킬 수도 있다. 참여자들이 박물관을 관람하며 여러 전시물을 몇 번씩 멈추어서 구경하도록 한 최근의 실험을 살펴보자(St. Jacques & Schacter, 2013). 참여자들은 사진기를 부착한 채로 전시물을 관람하였으며, 매 15초마다 자신들이 보고 있는 것이 자동적으로 사진기에 찍히게 하였다. 이틀 후 참여자들은 다른 건물에 있는 기억 실험실에 방문해 '재활성화 세션(reactivation session)'을 가졌다. 그리고 멈추어서 관람했던 사진을 다시 보게 해 기억을 재활성화시킨 후, 그때 봤던 것들이 얼마나 생생하게 다시 경험되는지를 1~5점 척도상에서 평정하게 하였다. 그다음에 전시물 중 참여자들이 멈춰서 보지 않았던 새로운 사진을 보여주며 이 사진들이 전시물 중 실제 관람했던 전시물과 얼마나 관련되어 있는지를 판단하게 하였다. 그리고 재활성화 세션 이틀 후 기억 검사를 실시하였다.

최근 실험의 한 부분으로 참여자들은 박물관을 관람하며 매 15초마다 그들이 보고 있는 것을 카메라로 찍었다.
Daniel Schacter

　　참여자들은 때로 새로운 사진이 자신들이 원래 관람했던 것이라고 잘못 기억하였다. 가장 중요하게, 이런 실수가 재활성화 세션 중 더 생생하게 기억한다는 참여자들에게서 나타나는 경향이 있었다. 말하자면, 참여자들이 박물관 관람에서 실제 보았던 것을 생생하게 다시 경험하고 인출했던 것이 원래 경험하지 않았던 정보를 기억에 포함시키게 만든 것이다. 이 발견은 앞서 언급한 재고정 현상과 관련이 있으며, 일시적으로 재활성화된 기억이 방해와 변경에 취약하다는 것으로 보여준다. 최소한 이 발견은 기억 인출이 단순한 기억 읽기를 넘어선다는 생각을 강화하는 것이다.

인출의 구성 요소들을 분리하기

인출 문제를 떠나기 전에 실제 이 과정이 어떻게 일어나는지를 살펴보자. 어떤 사건을 회상하려고 노력하는 것과 성공적으로 하나의 사건을 회상하는 것은 뇌의 다른 부분에서 발생한 근본적으로 다른 처리과정이라고 믿을 수 있는 근거가 있다(Moscovitch, 1994; Schacter, 1996). 예를 들어, 왼쪽 전두엽 안의 영역은 사람들이 전에 제시받았던 정보를 인출하려고 노력할 때 증가된 활동을 보인다(Oztekin, Curtis, & McElree, 2009; Tulving et al., 1994). 심리학자들은 이러한 활동이 과거 사건을 꺼내려고 노력할 때 사람들이 가하는 정신적인 노력을 반영하는 것이라고 믿는다(Lepage et al., 2000). 그러나 과거의 경험을 성공적으로 기억해내는 것은 해마 영역과 경험에 대한 지각적 특징들을 처리하는 역할을 담당하는 뇌 영역(**그림 6.10** 참조)들에서의 활성화가 동반되는 경향이 있다(Eldridge et al., 2000; Giovanello, Schnyer, & Verfaellie, 2004; Schacter, Alpert, et al., 1996). 더구나 성공적인 회상은 또한 경험의 감각 특징을 처리하는 역할을 하는 대뇌 부위를 활성화시켰다. 예를 들어, 전에 들었던 소리에 대한 회상은 청각 피질(측두엽의 윗부분)의 활성화가 동반된다. 반면, 전에 보았던 그림에 대한 회상은 시각 피질(후두엽 안쪽)의 활성화를 동반한다(Wheeler, Petersen, & Buckner, 2000). 인출은 단일 처리인 것 같지만, 뇌 연구들은 개별적으로 확인할 수 있는 처리 과정들을 연구하고 있다고 제안한다.

그림 6.10 **성공한 혹은 성공하지 못한 기억에 대한 PET 영상** (a) 한 실험에서 사람들이 높은 기억률을 보이며 이전에 봤던 단어들을 성공적으로 기억했을 때(검사에서 높은 수준의 회상을 달성했을 때) 해마의 활성화가 증가되었다. (b) 사람들이 노력했지만 결국 이전에 본 것들을 기억하는 데 실패했을 때(검사에서 낮은 수준의 회상을 달성했을 때) 왼쪽 측두엽의 증가된 활성화가 나타났다(Schacter et al., 1996).

Schacter DL, Alpert NM, Savage CR, Rauch SL, Albert MS. Conscious recollection and the human hippocampal formation: evidence from positron emission tomography. Proc Natl Acad Sci USA 1996; 93: 321–5.

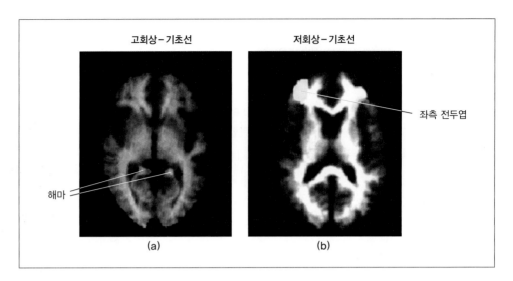

고회상 – 기초선　　　　저회상 – 기초선

좌측 전두엽

해마

(a)　　　　　　(b)

정리문제

1. 왜 외부 맥락이 강력한 인출 단서인가?
2. 기분이 어떻게 기억에 영향을 끼치는가?
3. 학생들이 학습할 내용을 반복해 다시 읽는 게 나을까 아니면 스스로 시험(인출) 보는 데 시간을 쓰는 게 나을까?

4. 대화 중 인출에 의해 야기되는 망각이 어떻게 일어날 수 있는가?
5. 전혀 보지 않은 어떤 것을 기억해 내는 것이 어떻게 가능한가?
6. 여러분이 한 사건을 기억해내려고 하는 것과 성공적으로 기억해내는 것 사이에는 어떤 뇌 활동의 차이가 있는가?

학습목표

- 외현 기억과 암묵 기억을 구분한다.
- 의미 기억과 일화 기억의 예를 든다.
- 협동 기억의 찬반 입장을 기술한다.

장기 기억의 다양한 형태 : 한 종류 이상

1977년 신경학자인 올리버 색스(Oliver Sacks)는, 대뇌 종양으로 매일매일의 사건을 기억하는 능력을 상실한 그레그라는 젊은이를 면담했다. 그레그가 기억하는 한 가지는 1960년대 그레이트풀 데드라는 그가 좋아하는 밴드의 락콘서트에 갔던 것이었다. 그가 장기 요양 병원에서 살 때도 그의 기억은 그 후 몇 년간 있었던 콘서트에 한정되어 있었다. 1991년 색스 박사가 그레그를 뉴욕 메디슨 스퀘어 가든에서 열린 데드 콘서트에 데려갔고, 혹 기억이 다시 번쩍 들지 않을까 궁금해 했다. 그레그는 콘서트를 떠나며 "굉장했어요, 내 생애의 최고의 시간이었어요. 언제나 기억할 거예요"라고 말했다. 다음날 색스 박사는 그레그에게 지난 밤의 콘서트를 기억하는지 물었다. "아뇨, 전 가든에 간 적이 없는데요"라며 아무 반응도 보이지 않았다(Sacks, 1995, pp. 76-77).

비록 그레그는 새로운 기억을 만들지 못하게 되었지만, 일부 새로운 사건들은 그 흔적이 남아 있는 것처럼 보였다. 예를 들어, 그레그는 그의 아버지가 돌아가셨다는 사실을 회상할 수 없었지만 그는 슬퍼하는 것처럼 보였고, 그 소식을 들은 후 몇 년 동안은 집 안에서 나오지 않았다. 유사하게, HM은 외과 수술 후 새로운 기억을 만들 수 없었지만, 움직이는 목표를 따라가야 하는 게임을 하면 회가 거듭될수록 수행 능력이 점차 향상되었다(Milner, 1962). 그레그는 의식적으로 아버지의 죽음에 관한 이야기를 기억할 수 없었고, HM은 의식적으로는 추적 게임을 했던 것을 기억할 수 없었지만, 둘 다 그렇게 신속하게 잊혀졌던 경험에 의해 뭔가 영구적인 변화가 일어났다는 명확한 신호를 보여주었다. 말하자면, 이 환자들은 전혀 기억을 할 수 없었음에도 불구하고, 마치 기억하는 것처럼 행동한 것이다. 이는 기억에는 여러 종류가 있으며 의식적인 회상이 되는 기억과 그렇지 않은 기억이 있음을 시사하는 것이다(Eichenbaum & Cohen, 2001; Schacter & Tulving, 1994; Schacter, Wagner, & Buckner, 2000; Squire & Kandel, 1999).

기억은 두 유형으로 쪼갤 수 있다. **외현 기억**(explicit memory)은 사람들이 의식적으로 혹은 의도적으로 과거의 경험을 인출할 때 발생한다. 지난 여름방학에 읽었던 소설의 삽화 혹은 시험을 위해서 공부했던 모든 지식들을 회상하는 것은 외현 기억에 포함된다. 실제로 "내가 기억하는 것은…"이라고 문장을 시작하는 순간 여러분은 외현 기억에 대해서 말하는 중인 것이다. **암묵 기억**(implicit memory)은 기억하려고 애쓰지 않고 기억하고 있다는 것을 알지도 못하지만, 과거의 경험들이 후에 행동이나 수행에 영향을 줄 때 발생한다(Graf & Schacter, 1985; Schacter, 1987). 다음에 이 둘을 살펴보자.

암묵 기억

암묵 기억은 의식적으로 회상하지 않지만 우리의 행동에 은연중에 나타난다. 그레그가 그의 아버지가 돌아가셨다는 사실을 회상할 수 없었지만 지속적으로 슬퍼한 것이 암묵 기억의 예이다. 유사하게, HM은 했다는 사실을 기억하지 못하면서도, 움직이는 목표를 따라가야 하는 게임을 하면 회가 지날수록 수행 능력이 점차 향상되었다.

자전거를 타거나 신발 끈을 묶거나 기타를 연주하는 것도 암묵 기억의 예들이며, 여러분은 이 것들을 할 수 있지만 어떻게 하는지를 기술할 수는 없을 것이다. 이러한 지식은 암묵 기억의 특별한 종류인 **절차 기억**(procedural memory)이라고 불리며, 이는 연습의 결과로서 점진적으로 습득하는 기술 또는 행하는 방법을 아는 것을 말한다.

점화는 어떤 정보에 더 쉽게 접근할 수 있게 만든다

모든 암묵 기억이 '어떻게 하는(how to)' 절차 기억은 아니다. 예를 들어, **점화**(priming)는 최근에 어떤 자극에 노출된 결과로 어떤 단어나 대상 등의 자극이 더 잘 생각나게 만드는 능력을 말한다(Tulving & Schacter, 1990). 한 실험에서 대학생들은 *avocado*, *mystery*, *climate*, *octopus*, *assassin* 등이 포함된 긴 단어 목록을 공부하라는 지시를 받았다(Tulving, Schacter, & Stark, 1982). 나중에 그들에게 목록에 없던 단어들과 이 단어들을 함께 보여주었고, 어떤 단어들이 목록에 있었는지 물어보면서 외현 기억을 평가하였다. 암묵 기억을 검사하기 위해 참가자들에게 단어의 일부분을 보여주면서 나머지 부분을 채워서 만들 수 있는 단어들을 생각해보라고 하였다. 여러분도 한번 해보라.

ch - - - - nk　　o - t - p - -　　- og - y - - -　　- l - m - te

여러분은 아마 첫 번째와 세 번째 단어 조각들은 답을 생각해내기 어려웠을 것이다(*chipmunk*, *bogeyman*). 그러나 두 번째와 네 번째 조각들은 문제없이 생각해냈을 것이다(*octopus*, *climate*). 처음 단어 목록에서 *octopus*와 *climate*를 본 것은 여러분이 단어완성 검사에서 그 단어들을 떠올릴 수 있도록 한 것이다. 펌프에 마중물을 붓는 것이 물을 더 쉽게 흐르도록 하는 것처럼, 기억 시스템을 점화시키는 것은 어떤 정보에 더 잘 접근할 수 있도록 해준다. 이 실험에서, 참가자들은 심지어 전에 봤던 단어라고 의식적으로 기억하지 못했던 단어들에서조차 점화 효과를 나타냈다. 이는 점화가 외현 기억이 아닌 암묵 기억의 예라는 것을 시사하는 것이다. 이 점을 잘 보여주는 놀랄만한 예가 미첼(Mitchell, 2006)의 연구로부터 나오는데, 이 실험에서 사람들을 처음 점화 실험에 참여한 지 17년이 지난 후에 검사하였더니 여전히 유의미한 점화 효과를 보였다고 하며, 심지어는 실험에 참여했다는 것을 전혀 기억하지 못했다고 한다!

기타 연주자인 자넬 모네는 최고 수준의 음악 연주에 필요한 기술 획득과 사용을 전적으로 절차 기억에 의존한다.

Erika Goldring/Getty Images

외현 기억　사람들이 의식적으로 혹은 의도적으로 과거의 경험을 인출하려는 행동

암묵 기억　기억하려고 애쓰지 않고 기억하고 있다는 것을 알지도 못하지만, 과거의 경험들이 후에 행동이나 수행에 영향을 주는 것

절차 기억　연습의 결과로서 점진적으로 습득하는 기술 또는 행하는 방법을 아는 것

점화　최근에 어떤 자극에 노출된 결과로 어떤 단어나 대상 등의 자극이 더 잘 생각나게 만드는 능력

의미 기억 세상에 대한 일반적인 지식을 구성하는 개념과 사실들이 연합되어 있는 네트워크

일화 기억 특정한 시간과 장소에서 발생했던 개인의 과거 경험들의 집합

절차 기억과 점화는 해마에 의존하지 않는다

HM과 그레그 같은 기억 상실증 환자도 새로운 절차 기억을 획득할 수 있으며, 학습한 항목에 대한 외현 기억은 없음에도 불구하고 상당한 점화 효과를 보인다. 이는 암묵기억이라고 기대할 수 있다. 사실 많은 연구들이 내현 기억은 없음에도 불구하고 기억 상실증 환자도 상당한 점화 효과를 건강한 사람 못지않게 보인다는 결과를 보여주었다. 이는 암묵 기억이 이 기억 상실증 환자들에게 손상되어 있는 해마 구조가 필요하지 않다고 제안한다(Schacter & Curran, 2000).

그러면 뇌의 어떤 부분이 관여되어 있을까? 구 참가자들에게 어근인 mot 혹은 tab을(를) 보여주고 마음속에 처음으로 떠오르는 단어를 말하라고 했을 때, 시각 처리와 관련된 후두엽의 일부와 단어 인출과 관련된 전두엽의 일부가 활성화되었다. 그러나 만약 사람들이 *motel*이나 *table* 이라는 단어를 보고 점화된 후에 같은 과제를 수행하면 이러한 영역들의 활성화는 줄어들었다 (Buckner et al., 1995; Schott et al., 2005). 점화는 단어 혹은 대상의 지각과 관련된 피질 영역들이 전에 노출된 단어나 대상을 알아보는 것을 쉽게 해준다(Schacter, Dobbins, & Schnyer, 2004; Wiggs & Martin, 1998). 이는 뇌가 점화로 처리 시간을 약간 절약한다는 것을 보여준다(**그림 6.11** 참조).

외현 기억 : 의미적 그리고 일화적

다음의 두 가지 질문을 생각해보라. (1) 왜 우리는 7월 4일을 기념하는가? 그리고 (2) 여러분이 봤던 가장 호화스러운 축하연은 무엇이었는가? 모든 미국인들은 첫 번째 질문의 대답을 알고 있지만(우리는 1776년 7월 4일에 독립을 선언한 것을 기념한다), 그러나 두 번째 질문에 대해서는 우리 각자의 대답을 가지고 있다. 이 두 가지 질문 모두 여러분에게 과거 경험을 의식적이고 의도적으로 인출하게 하는 외현 기억이다. 첫 번째는 여러분의 사적인 자서전의 일부분이 아닌 모든 미국 초등학생 알고 있는 사실을 끌어 올려야 한다. 이는 **의미 기억**(semantic memory)의 예로, 이는 세상에 대한 일반적인 지식을 구성하는 개념과 사실들이 연합되어 있는 네트워크이다. 반면, 특정한 축하연을 기억해내는 것은 특정한 시간과 장소 즉 일화를 다시 방문해야 한다. 이는 **일화 기억**(episodic memory)의 예로, 특정한 시간과 장소에서 발생했던 개인의 과거 경험들의 집합이다(**그림 6.12** 참조).

일화 기억은 특별하다. 그 이유는 우리 스스로를 과거로 보내고 우리에게 일어났던 사건들을 재방문하게 하면서 '마음의 시간 여행'을 할 수 있게 해주는 유일한 형태의 기억이기 때문이다. 이 능력은 우리의 과거와 현재를 연결시켜주며, 우리의 삶을 일관성 있는 이야기로 구성해준다 ('차이의 세계 : 우리는 우리의 개인적인 과거를 다시 경험하는 것일까?' 참조). 기억 상실증 환

그림 6.11 자극의 점화 효과와 비점화 효과 점화는 수많은 과제에서 피질의 감소된 활성화 수준과 관련이 있다. 각각의 fMRI 영상에서, (a), (c)는 비점화 과제 동안 활성화된 뇌의 전두엽(a)과 후/측두엽(c) 영역들을 보여준다(이 과제에서 단어들은 시각 단어 단서로 제시된다). (b), (d)는 동일한 형태의 점화된 형태의 과제 동안 같은 영역들의 감소된 활성화를 보여준다.

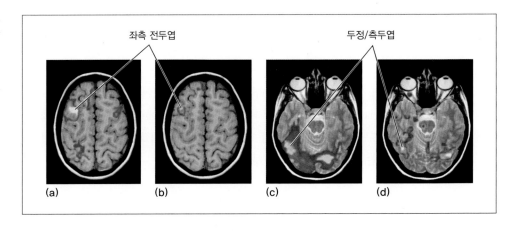

좌측 전두엽   두정/측두엽

(a)   (b)   (c)   (d)

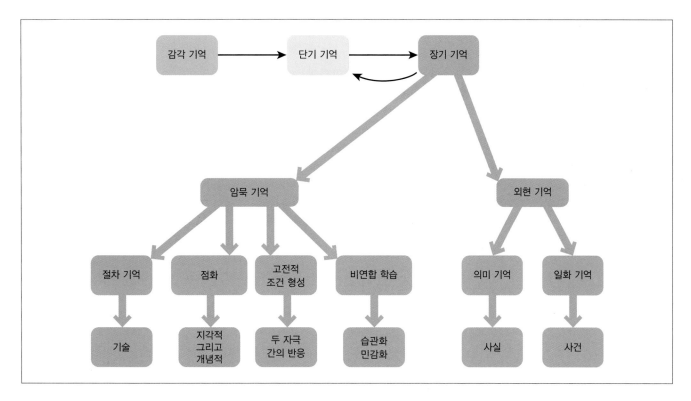

그림 6.12 장기 기억의 여러 형태 장기 기억은 외현과 암묵 기억으로 구성되며 이는 다시 특수한 하위 유형으로 나누어진다 (조건형성, 습관화, 민감화에 관한 제7장 참조).

자들은 시간을 거꾸로 여행하고 기억 상실이 일어나기 전에 발생했던 일화들을 재방문한다. 그러나 그들은 그 후에 일화들을 재방문할 수 없다. 예를 들어, 그레그는 1969년에 새로운 일화 기억을 만드는 능력이 멈추었기 때문에 그 이후 어떤 시간으로도 되돌아갈 수 없었다. 그러나 기억 상실증을 가진 사람들이 새로운 의미적 기억을 만들 수는 있는가?

차이의 세계

우리는 우리의 개인적인 과거를 다시 경험하는 것일까?

지난 저녁 식사를 생각해보자. 뭘 먹었고 어디서? 식당의 모양은? 다른 사람 누가 있었지? 여러분은 아마 이 질문에 답을 하는데, 그리고 지난 저녁에 일어난 많은 일을 최소한 다시 경험하는 데 어려움이 없을 것이다. 그러나 몇몇 사람들은 이러한 사건이 일어났다는 것을 알고 있고, 아주 기능 잘하는 사람인데도 과거 사건을 생생하게 다시 경험하는 능력이 부족하다고 한다. 연구자들은 최근 중증 자전적 기억 손상(severely deficient autobiographical memory, SDAM)이라고 이름 붙인 이 조건을 발견했다고 한다.

한 연구에서 이 SDAM을 가지고 있는 세 명

의 중년 성인(여성 한 명 남성 한 명)을 연구하였다(Palombo et al., 2015). 세 명 모두 직업이 있었으며, 한 명은 박사학위도 있었다. 이 셋 모두 정상적인 지능 소유자였으며, 실험실에서 실시한 언어 기억 검사를 잘 수행했고 시간에 걸쳐 정보를 유지하고 있음을 보여주었다. 그러나 시간을 거꾸로 여행하는 능력과, 일화 기억의 핵심이라고 할 수 있는 개인적인 과거 경험을 재경험하는 능력이 결핍되었다. 일상의 특정한 자전적 기억을 회상하는 과제를 주었을 때, 무엇이 일어났는지 일화적 세부 사항을 거의 회상하지 않았으며, 정상인들이 일화를 다시 성공적으로 재생해 낼 때 필수적으로 포함되는 시각적 세부사항을 특히 인출할 수 없었다고 한다.

해마와 성공적인 기억 재생의 잘 알려진 연결을 고려한다면, 여러분은 이 SDAM을 가진 개인이 우측 해마의 부피가 축소되어 있다는 발견을 안다고 놀라지 않을 것이다(Palombo et al., 2015). 심지어 건강한 청년에서 자전적 기억 검사에서 보이는 일화적 세부 사항의 회상 능력개인차가, 해마의 치상회(dentate gyrus/CA$_{2/3}$)라고 알려진 하위영역의 부피와 정적 상관을 보였다고 한다(Palombo et al., 2018). 사전 뇌영상 연구는 이 해마의 같은 부위가 특히 일화 기억에 중요하다는 것을 보여주었기에, 이 개인차에 관한 연구가 그 가설에 대한 추가적인 증거를 제공하는 것이다.

의미 기억을 사용해야 하는 시민권 테스트를 통과하여 새 미국인이 된 사람들이 국기에 대한 맹세를 하고 있다.
EPA/Jim Lo Scalzo/Newscom

연구자들은 뇌에 산소 공급이 차단되어 출산 중에 해마에 손상을 입은 세 명의 젊은 성인을 대상으로 연구를 했다(해마는 특히 산소 부족에 민감하다)(Brandt et al., 2009; Vargha-Khadem et al., 1997). 그들의 부모는 자녀가 하루 동안 무엇이 일어났는지 회상할 수 없고, 다른 사람들이 항상 그들에게 약속을 상기시켜주었고, 종종 길을 잃거나 방향 감각에 혼란을 일으켰다. 그들의 해마가 손상되었다는 점에서, 여러분은 세 명이 각각 학교에서 형편없이 수행을 할 것이고, 심지어 학습장애를 가진 것으로도 분류되었을 것이라고 예상할 수 있을 것이다. 그러나 놀랍게도, 세 명 모두 읽고, 쓰고, 말하는 것을 학습했다. 즉, 일반적인 어휘 능력을 발전시켰고, 그들이 학교에서 잘 수행할 수 있도록 해주는 여러 종류의 의미적 기억들을 습득했다. 이러한 증거에 기초해서 연구자들은 해마가 새로운 의미 기억을 습득하는 데 필수적인 영역은 아니라고 결론지었다.

일화 기억과 미래를 상상하기

우리 일화 기억이 시간을 거슬러 여행할 수 있게 한다고 말한 바 있는데, 시간을 앞당겨 여행하는 데도 역할을 한다고 밝혀졌다. K. C.라는 약자로 알려진 기억 상실증 환자가 단서를 제공한다. 이 환자는 과거의 구체적인 일화를 재생해낼 수 없을 뿐만 아니라, 내일 해야 되는 것과 같은 미래의 일화를 상상해보도록 하면 거의 완전한 '백지(blank)'와 같은 상태를 보고한다고 한다(Tulving, 1985). 이러한 관찰과 일치하게, 대부분의 기억 상실증 환자는 해변 모래밭에서 일광욕하는 것 같은 새로운 경험을 상상하는 데 어려움이 있다고 하며(Hassabis et al., 2007), 혹은 일상생활에서 일어날 수 있는 사건에서도 나타난다(Race, Keane, & Verfaellie, 2011). 비슷한 것이 노화에서도 일어난다. 노인들에게 과거에 실제 일어났던 일화나 앞으로 일어날 새로운 일화에 대해 회상하게 하면, 대학생들에 비해 훨씬 세부 사항을 말하지 못한다고 한다(Addis, Wong, & Schacter, 2008; Schacter, Gaesser, & Addis, 2012). 이러한 발견과 일치하게, 뇌영상 연구를 보면 해마를 포함하여 일화 기억에 관여하는 뇌 영역망에서 과거를 기억할 때와 미래를 상상할 때 모두 비슷하게 활동이 증가한다(Addis, Wong, & Schacter, 2007; Okuda et al., 2003; Schacter, Addis, et al., 2012; Szpunar, Watson, & McDermott, 2007; **그림 6.13** 참조).

이러한 관찰들을 종합해보면, 우리가 미래를 그릴 때 일화 기억에 많이 의존한다는 것을 알 수 있다(Schacter, Addis, & Buckner, 2008; Szpunar, 2010). 일화 기억이 이 과제에도 아주 적합하다고 할 수 있는데, 이를 통해 과거 경험의 요소들을 새로운 방식으로 재조합하여 앞으로 일어날 새로운 사건을 정신적으로 '시도(try out)'할 수 있기 때문이다(Schacter, 2012; Schacter &

그림 6.13 과거를 기억하는 것과 미래를 상상하는 것은 공통적인 뇌 영역에 의존한다 사람들이 자신에게서 실제 과거에 일어났던 일화를 기억할 때와 앞으로 일어날 일화를 상상할 때 같은 대뇌 회로를 활성화시킨다. 이 회로는 해마와 일화 기억에 중요한 역할을 한다고 오래전부터 알려진 내측 측두엽의 부분을 포함한다(Schacter, Addis, & Buckner, 2007).

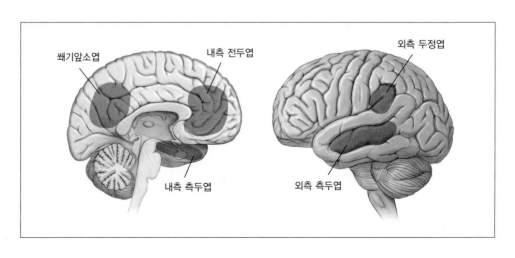

쐐기앞소엽   내측 전두엽   외측 두정엽
내측 측두엽   외측 측두엽

Addis, 2007; Suddendorf & Corballis, 2007). 예를 들어 친구와 며칠 전에 있었던 힘든 대화를 생각해볼 때, 과거 경험에 의존해 상황을 악화시킬 수 있는 말을 피했다면 대화가 다르게 진행되었을 것이라고 그려볼 수 있을 것이다. 하지만 나중에 언급할 것처럼, 바로 이런 일화 기억의 융통성이 기억 오류의 한 종류에 책임이 있다.

과거 경험의 요소를 재결합하여 미래를 상상한다는 것은 심리학자들이, 다른 유형의 정보를 새롭게 결합시켜 창의적인 생각을 산출한다(Guilford, 1967)는 확산적 창의사고와 아주 유사하게 들릴 것이다. 확산적 창의사고의 통상적인 검사는 대안적 용도 과제(alternative uses task, AUT)(Guilford, 1967)로 참여자들에게 벽돌과 같은 일상용품의 통상적이지 않은 용도를 생성하도록 한다.

사람들에게 fMRI 촬영하며 AUT를 수행하게 했더니, 해마를 포함한 일화 기억과 미래 상상을 지원하는 중심 대뇌 영역 부분에서 증가된 활동을 보였다(Beaty et al., 2016, 2018; Benedek et al., 2014)고 하며, 이는 일화 기억이 확산적 창의 사고에 기여한다는 것을 시사하는 것이다. 건강한 청년을 대상으로 일화 기억의 세부 사항을 인출하도록 하는 간략한 훈련을 시킨 최근의 연구는 이것이 AUT에서의 확산적 창의 사고를 증가시킴을 보여준다(Madore et al., 2015). 일화적 세부사항을 어떻게 회상할지 훈련시키는 것이 일화 기억에 더 의존하게 되고, 이것이 새로운 방식으로 정보를 결합하는 데 도움을 주어, AUT 동안 물건들의 통상적이지 않은 용도에 도달하게 만들었을 것이다. fMRI 증거는, 이 일화 훈련 효과가 일화적 처리를 지원하는 중심 대뇌 네트워크와 작업 기억과 관련 통제 기능을 통제하는 집행 네트워크의 결합뿐만 아니라, 해마의 증가된 활동에도 수반된다는 것을 밝히고 있다(Madore et al., 2019). 이 발견은 중심과 집행 네트워크의 결합이 확산적 창의 사고의 가장 대표적인 특성이라는 것을 지적하는 다른 증거들과 잘 맞아 떨어진다(Beaty et al., 2016, 2018).

이 벽돌로 얼마나 많은 일상적이지 않은 용도를 생각해낼 수 있겠는가? AUT에서는 문고정 장치, 종이 누르기, 혹은 무기 같은 새로운 용도를 생각해내면 점수를 받게 된다.

Alis Photo/Shutterstock

협력 기억 : 기억하기의 사회적 영향

우리는 지금까지 개인 자신의 기억 기능에 주로 초점을 두었다. 하지만 기억은 중요한 사회적 기능에 기여하기에 가족이나 친구들과 공유하고 있는 경험에 관한 기억을 서로 이야기하는 것은 아주 흔한 일이며 또한 우리 모두가 즐기는 것이기도 하다. 우리가 파티나 휴가 사진을 페이스북에 올리며 친구들과 아주 효율적으로 기억을 공유하는 것이다. 다른 사람과 기억을 공유하면 그 기억을 강하게 만들 수 있다(Hirst & Echterhoff, 2012). 하지만 우리가 이미 살펴본 것처럼, 기억의 한 측면을 이야기하고 다른 관련 정보를 생략한다면, 인출-유발 망각을 일으킬 수 있다는 것을 알고 있다(Coman et al., 2009; Cue et al., 2007). 심리학자들은 사람들이 집단으로 어떻게 기억하는지에 더 관심을 두게 되었으며 이를 **협력 기억**(collaborative memory)이라 부른다(Rajaram, 2011).

전형적인 협력 기억 실험에서 우선 참여자들은 일련의 단어들과 같은 자료를 각자가 부호화한다(우리가 살펴본 전형적인 기억 실험에서처럼). 그리고 인출하려고 할 때, 참여자들을 소집단(보통 2~3명으로)으로 만들어 함께 목표가 되는 단어들을 기억해내도록 한다. 개인들이 다른 사람의 도움 없이 혼자 회상하는 항목의 수와 이 집단이 회상하는 수를 비교해 볼 수 있다. 전형적으로 집단이 개인보다 더 많은 항목을 기억해내는데(Hirst & Echterhoff, 2012; Weldon, 2001), 이는 협력이 기억에 도움이 된다는 것을 시사한다. 이는 그럴듯하기도 하고 실제 이런 상황에 관한 우리의 직관과도 맞아 떨어진다(Rajaram, 2011). 예를 들어 팀은 에밀리가 회상 못한 항목을 기억할 수도 있으며, 이 둘이 못한 것을 에릭이 회상해낼 수 있기에 집단의 기억 합이 어느 한

협력 집단으로 기억하는 것이 집단의 한 사람이 기억할 수 있는 양보다는 크지만, 개인들이 혼자서 기억해내는 명목 집단이 기억해내는 양보다는 적다.

Blend Images/Hill Street Studios/Alamy

개인의 회상을 능가할 수 있다.

그런데 우리가 협력 집단을 수행을, 각 개인의 기억 수행을 단순히 합친 명목 집단(nominal group)의 수행과 비교해보면 진짜 흥미로운 것을 얻을 수 있다. 세 명의 명목 집단과 세 명의 협력 집단을 비교한다고 가정해보자. 명목 집단으로 생각해, 8개의 단어를 학습한 팀이, 1, 2, 8번을 회상해 내고, 에밀리가 1, 4, 7, 에릭은 1, 5, 6을 기억해냈다고 하자. 각자 혼자 회상해서, 이 세 사람은 모두 8개 중 7개를 기억해낸 것이다(어느 누구도 3은 회상하지 못했다). 여러 연구에서 보고된 놀라운 결과는 협력 집단이 회상한 수가 명목 집단보다 못하다는 것이다. 즉, 팀, 에밀리, 에릭이 함께 회상하는 경우가 각자가 기억해낸 것의 합보다 적은 수를 회상했다는 것이다(Basden et al., 1997; Hirst & Echterhoff, 2012; Rajaram, 2011; Rajaram & Pereira-Pasarin, 2010; Weldon, 2001). 이러한 동일한 수의 개인이 함께 협력하여 각자가 할 수 있는 것의 합보다 적은 회상을 보이는 부정적인 집단의 회상 효과를 **협력 억제**(collaborative inhibition)라고 부른다.

어떻게 된 일일까? 한 가능성은 집단으로 함께 회상하는 경우 개인의 인출 전략이 다른 사람에 의해 사용되는 것에 의해 방해를 받는다는 것이다(Basden et al., 1997; Hirst & Echterhoff, 2012; Rajaram, 2011). 예를 들어, 팀이 처음 제시받았던 순서대로 회상하려고 한다면, 이 전략은 마지막 단어를 먼저 기억하고 거꾸로 회상하는 방식을 더 좋아하는 에밀리의 전략을 방해할 수 있다.

협력적인 억제의 효과에도 불구하고, 개인들이 집단으로 함께 정보를 회상하면 그들은 자신들이 회상하지 못했던 다른 사람들이 회상한 항목에 노출된다. 그리고 이 노출이 나중에 다시 검사할 때 그들의 기억을 증가시킨다(Blumen & Rajaram, 2008). 그리고 집단 성원들이 그들이 회상하는 것을 논의할 때, 서로 수정을 도와줄 수 있고 기억 오류를 줄일 수 있다(Ross, Blatz, &

현실 세계

구글이 우리 기억을 방해할까?

이글상자에 있는 글을 읽기 전에 다음의 단순한 질문에 대답을 해보자. 어느 나라 국기가 사각형이 아닐까? 자, 이제 여러분이 답을 찾아가며 마음속에서 일어난 과정을 생각해보자(정답은 네팔). 여러분은 여러 나라의 국기 모양을 생각하면서 시작했는가? 세계 지도를 머릿속에 그리며 각 나라의 국기를 하나씩 그려보았는가? 혹은 대신에 컴퓨터를 생각하는, 즉 구글에 단지 질문을 타이핑하는 생각을 하였는가? 아마도 머지않아 대부분의 사람들은 머릿속으로 세계 각국을 여행하며 국기를 그려 보는 대신에, 이 책의 저자들 중의 한 사람이 실험실에서 살펴본 것처럼, 이런 종류의 질문을 받고 컴퓨터와 구글 탐색을 생각할 것이다(Sparrow, Liu, & Wegner, 2011).

스패로우(Sparrow)와 동료들은 사람들에게 대답하기 힘든 일반 상식 문제(즉, 국기가 사각

형이 아닌 나라)를 준 후, 컴퓨터와 관련된 단어(즉, 구글, 인터넷, 야후)와 컴퓨터와 관련되지 않은 단어(즉, 나이키, 책상, 요플레)를 제시하고 이 단어들이 쓰여진 색깔을 말하도록 하였더니, 전자 즉 컴퓨터 단어에서 더 느린 반응이 나왔다고 한다. 이는 어려운 질문이 주어졌기에 컴퓨터와 관련된 생각을 하고 이것이 단어의 색깔을 말하는 능력을 방해했을 것이라는 것을 시사하는 것이다. 연구자들은 우리가 즉각적으로 답을 할 수 없는 경우 우리의 기억을 탐색하기보다는 구글에서 정보를 찾는 것이 너무 친숙하고 자연스러운 것이라고 결론 내리고 있다. 어려운 질문에 직면해 컴퓨터에 의존하는 것은 나름 의미가 있다. 여러 나라 국기들을 생각하기보다는 구글 탐색이 더 신속하게 답을 얻게 한다.

그런데 이 결과는 또한 골치 아픈 의문을 야기한다. 컴퓨터와 인터넷에 대한 의존이 인간 기억에 부정적인 영향을 끼치는 것일까? 구글

에서 답을 찾는 게 우리도 모르게 우리의 기억을 더 이상 쓸모없게 만드는 것이 아닐까?

사실 참여자들은 답을 지웠다고 말할 때보다 답을 컴퓨터가 저장하고 있다고 말했을 때, 컴퓨터에 타이핑한 세부 정보들을 기억해내는 데 어려워했다. 하지만 같은 사람들이 정보 자체를 기억해내지 못할지라도, 어디에 답을 저장해 놓았는지는 자주 기억해낸다(Sparrow et al., 2011). 이는 사람들이 새로운 기술의 요구에 맞게 자신의 기억을 적응시킨 것일 수 있으며, 우리가 다른 사람(친구, 가족 구성원, 혹은 동료)에 의존할 때처럼 비슷하게 컴퓨터에 의존하는 것이다. 이는 우리가 협동 기억에서 논의했던 것처럼, 다른 사람들이 도움이 되기도 방해가 되기도 하는 것처럼 컴퓨터와의 협력 기억도 마찬가지라고 할 수 있다.

Schryer, 2008). (여러분이 협력 기억으로 컴퓨터에 의존할 수 있을까? '현실 세계 : 구글이 우리의 기억을 방해할까?' 참조).

정리문제

1. 여러분이 어떤 것을 '어떻게 하는지 아는' 기억의 유형은 무엇인가?
2. 어떻게 점화가 기억을 더 효율적으로 만드는가?
3. 대뇌의 어떤 부분이 절차 기억과 점화에 관여하는가?
4. 어떤 형태의 기억이 과거로의 시간 여행 기계 같은가?

5. 일화 기억이 우리의 미래를 상상하는 데 어떻게 도움을 주는가?
6. 같은 개인들이 독립적으로 할 때보다 협력적인 집단으로 할 때 훨씬 적은 회상을 만들어내는가?

기억 실패 : 기억의 7대 '죄악'

학습목표

- 기억의 죄악 각각을 구별한다.
- 각 기억 죄악의 가능한 이점을 기술한다.

여러분은 아마 오늘 숨 쉬는 것에 대해 많은 생각을 하지는 않았을 것이다. 그 이유는 여러분이 깨어났을 때부터 숨 쉬는 것을 노력 없이 잘하고 있기 때문이다. 그러나 숨 쉬는 것에 실패하는 순간, 우리는 그것이 얼마나 중요한지를 생각하게 된다. 기억도 마찬가지이다. 우리가 보고, 생각하고, 주목하고, 상상하고, 궁금해 하는 매 순간, 우리의 뇌에 저장되어 있는 정보들을 사용하는 능력을 끌어내고 있는 것이다. 그러나 그런 능력이 실패하고 나서야 비로소 우리가 그것에 얼마나 많은 가치를 부여해야 하는가를 뼈저리게 느끼게 된다. 인간의 많은 행동들처럼 언제 기억이 오작동하는지를 연구함으로써 어떻게 처리가 올바르게 작동하는지를 더 잘 이해할 수 있다. 이런 기억의 오류, 즉 기억의 7대 '죄악'도 어떻게 기억이 정상적으로 잘 작용하는지를 밝혀줄 것이다(Schacter, 1999, 2001b). 7개의 죄악 각각을 자세히 살펴보자.

1. 일시성

기억은 시간이 지나면 소멸된다. 여기서 범인은 시간의 경과에 따라 망각이 일어난다는 **일시성**(transience)이다. 일시성은 경험이 부호화된 후, 그리고 인출되기 전 단계인 저장 단계 동안에 일어난다. 이는 독일 철학자 헤르만 에빙하우스(Herman Ebbinghaus)가 의미 없는 음절들이 적혀 있는 목록을 공부하고 지연 시간을 다르게 해서 자신의 기억을 측정했던 1870년대 후반에 처음 밝혀졌다(Ebbinghaus, 1885/1964). 에빙하우스는 지연 시간에 따라 자신이 의미 없는 음절들을 회상한 정도를 기록해서 **그림 6.14**에 제시된 망각 곡선을 만들었다. 에빙하우스는 처음 몇

일시성 과거의 시간에 무슨 일이 일어났는지 잊어버리는 것

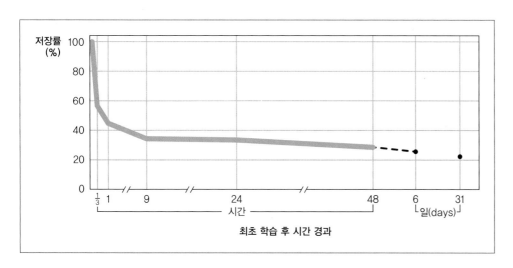

그림 6.14 망각 곡선 헤르만 에빙하우스는 의미 없는 음절들의 단어 목록을 공부한 후에 다양한 시간 간격을 둔 후 보유량을 측정했다. 보유량은 처음에 학습할 때 필요했던 시간과 비교해 그 목록을 재학습할 때 필요한 시간의 백분율로 측정되었다.

번의 실험 동안에 기억량이 급속히 떨어지고, 뒤의 실험들에서는 망각의 비율이 서서히 감소하는 것에 주목했다. 이 일반적인 패턴은 많은 추후 기억 연구에서 확인되었다(Wixted & Ebbesen, 1991). 그러기에 예를 들면, 영어 사용자들이 고등학교나 대학 수업에서 습득했던 스페인어 어휘에 대한 기억을 다양한 시간이 지난 후에(1~50년까지의 범위) 살펴보면, 수업을 마친 후 처음 3년 안에 스페인어 어휘에 대한 기억이 급격히 감소했고, 그 후에는 약간의 감소가 나타났다(Bahrick, 1984, 2000). 이 모든 연구들은 기억이 시간의 경과에 따라 일정 속도로 사라지는 것이 아니며 처음에 가장 많이 망각이 일어나고 시간이 지나며 점점 덜 망각이 일어난다는 것을 보여준다.

기억이 왜곡되는 또 다른 방식은 다른 기억으로부터의 간섭이다. 예를 들어, 만약 여러분이 같은 활동을 매일 한다면, 여러분은 월요일에 무엇을 했는지 기억하기 어려울 것이고, 이는 나중에 했던 활동들이 이전의 것들과 섞였기 때문이다. 이는 **역행 간섭**(retroactive interference)의 예이며, 이는 나중에 학습한 것들이 이전에 습득했던 정보에 대한 기억을 손상시킬 때 발생한다(Postman & Underwood, 1973). 반대로 **순행 간섭**(proactive interference)은 초기에 학습했던 것들이 나중에 습득된 정보들에 대한 기억을 손상시키는 상황을 말한다. 만약 여러분이 직장에서나 학교에서 매일 같은 주차장을 사용한다면 아마 전날 주차했었던 기억 때문에 혼란스러워져서 차를 찾으러 돌아다닐 것이다.

시간에 따라 망각이 일어나는 가장 통상적인 유형이 아동기 기억상실증 혹은 **영아기 기억상실증**이라 불리는 생의 첫 몇 해에 대한 기억의 부재이다. 평균적으로 개인의 첫 기억은 3살에서 3.5살이며(Dudycha & Dudycha, 1933; Waldfogel, 1948), 여자들이(3.07살) 남자(3.4살)보다 다소 빠르다(Howes et al., 1993). 이 추정은 과거에 대해 언급하는 것을 강조하는 서구 문화의 개인(즉, 북미와 유럽)에게서 얻은 것이다. 한국이나 중국처럼 과거에 대해 말하는 것을 덜 강조하는 아시아 문화에서는 첫 기억이 더 늦은 것으로 나온다(MacDonak et al., 2000; Mullen, 1994; Peterson et al., 2009). 그러기에 문화가 우리 기억이 얼마나 지속하는가에 영향을 주는 셈이다.

2. 방심

위대한 첼로 연주가 요요 마는 맨해튼에서 25억 원에 달하는 고가의 악기를 택시 트렁크에 싣고 목적지로 향했다. 10분 후, 그는 운전사에게 돈을 지불하고 첼로는 잊어버린 채 택시에서 내렸다. 몇 분 후, 요요 마는 그 사실을 깨닫고 경찰에 전화를 걸었다. 다행히도, 그는 택시를 추적할 수 있었고 몇 시간 안에 악기를 찾았다(Finkelstein, 1999). 그러나 어떻게 그가 10분 동안 그렇게 중요한 것을 잊을 수 있단 말인가? 일시성은 범인이 아니다. 만약 누군가가 악기에 대해 요요 마 씨에게 상기시켜주었다면, 그는 확실히 그것을 어디다 두었는지 기억할 수 있었을 것

과거에 관해 언급하기를 덜 강조하는 문화권에서는 첫 기억이 늦다.

이다. 이 정보는 그의 기억 속에서 사라진 것이 아니다(이것이 그가 경찰에게 첼로가 어디 있는지 말할 수 있었던 이유이다). 그 대신 요요 마는 주의의 감소로 인해 기억을 실패하게 하는 **방심**(absentmindedness)의 피해자였다.

무엇이 사람을 방심하게 만드는가? 공통된 원인 하나는 주의의 결핍이다. 주의는 장기 기억으로 정보를 부호화하는 데 필수적인 역할을 한다. 적절한 주의 없이는 자료들이 적절히 저장되지도 않고 나중에 회상되지도 않는다. '분산된 주의' 연구에서 참여자들에게 단어 목록이나 이야기, 혹은 일련의 사진들과 같은 자료를 기억하도록 지시하였다. 동시에, 그들은 그런 자료들로부터 주의를 기울이지 못하도록 만드는 부가적인 과제를 수행하였다. 예를 들어, 한 연구에서 참가자들은 나중에 기억해야 할 15개의 단어 목록을 들었다(Craik et al., 1996). 목록의 일부에서는 충분히 주의를 기울일 수 있었으나, 다른 목록을 듣는 동안에는 동시에 4개의 박스가 제시된 화면을 보고, 별표가 어디에 나타나고 사라지는지를 나타내는 키를 눌러야 했다. 나중 기억 검사에서 참여자들은 주의를 분산시키는 동안 들었던 목록에 있는 단어들을 훨씬 더 기억하지 못하였다.

주의가 분산될 때 뇌에서 어떤 일이 벌어질까? 전에 봤듯이, 부호화 동안 전두엽 영역의 좌측 하단에서 더 큰 활성화가 나타나는 것은 더 잘 기억하는 것과 관련이 있다. 주의를 분산시키는 것은 좌측 하전두엽 영역이 정교한 부호화를 하는 일반적인 역할을 못하게 하는 것이고, 그 결과 방심으로 인한 망각이 발생한다. 분산된 주의 또한 부호화 시 해마의 관여가 덜 일어나도록 한다는 것을 보여준다(Kensinger, Clarke, & Corkin, 2003; Uncapher & Rugg, 2008). 일화 기억에서의 해마의 중요성을 고려한다면, 이러한 발견은 잠시 전에 놓았던 열쇠나 안경을 잊게 되는 것처럼 방심에 의한 망각이 왜 극적인지 설명할 수 있다.

방심의 또 다른 일상적인 원인은 우리가 하려고 계획했던 행동들을 수행하는 것을 망각하는 것이다. 어느 날이건 여러분은 수업 시간과 장소, 누구와 어디서 점심을 먹을지 등을 기억해야 한다. 다른 말로, 여러분은 기억해야 할 것을 기억해야 하고, 이것을 **미래 기억**(prospective memory) 혹은 미래에 해야 할 것을 기억하는 것이라고 부른다(Einstein & McDaniel, 1990, 2005). 미래 기억의 실패가 방심의 주된 근원이다(Dismukes, 2012).

스마트폰과 구글 캘린더의 시대에, 우리는 일상생활에서의 미래 과제를 생각하게 만드는 데 외부 장치에 점점 더 의존하게 되는 일이 놀랄 만한 것은 아니며, 이 과정을 의도 떠넘기기(intention offloading)라고 부른다(Risko & Gilbert, 2016). 치명적인 뇌손상(Baldwin & Powell, 2015)이나 알츠하이머 질병(El Haj et al., 2017)으로 인한 기억에 문제를 갖고 있는 환자를 대상으로 한 연구는, 스마트폰과 연동된 구글 캘린더를 사용하도록 훈련시키면 일상의 미래 기억에 긍정적인 영향이 있다고 한다. 기술의 사용을 통한 미래 기억의 증진 장점은, '현실 세계 : 구글이 우리의 기억을 방해할까?'에서 논의한 단점과 균형을 잡아야 할 것이다.

운전하며 휴대폰 통화를 하는 것이 일상생활에서 일어나는 분산된 주의의 가장 흔한 예이다. 이는 위험할 수 있기에 여러 주에서 금지하고 있다.

AndreyPopov/Getty Images

3. 차단

유명한 영화 배우나 읽었던 책 이름을 기억해 내려는데, 이름이 '혀끝에 걸려 있는 것(tip-of-the-tongue)' 같은 느낌이고, 머릿속 어딘가에 있는데 도달하지 못했던 경험이 있는가? 이런 설단 경험이 **차단**(blocking)의 고전적인 예이다. 이것은 산출해내려고 노력하지만 기억에 있는 정보를 인출하는 데 실패하는 것이다. 원하는 정보는 부호화되고 저장된다. 그리고 어떤 단서가 대개 그 정보의 회상을 유발한다. 정보는 기억에서 사라지지 않고, 그것을 인출한다는 것을 잊어버리지도 않았다. 오히려 완전한 인출 실패를 경험하는 것이며 이 기억 마인드버그는 특히 좌절이 된다. 여

방심 주의의 감소로 인해 기억을 실패하게 하는 것

미래 기억 미래에 해야 할 것을 기억하는 것

차단 산출해 내려고 노력하지만 기억에 있는 정보를 인출하는 데 실패하는 것

메이시의 추수감사절 퍼레이드를 본 대부분의 사람들은 성격이 나쁜 이 인물의 이름을 기억할 것이다. 그린치!

AP Photo/Craig Ruttle

러분이 찾는 정보를 분명 산출할 수 있지만, 실제 그렇게 할 수 없다. 연구자들은 이 설단 상태를 재채기가 나올 듯 말 듯한 것과 같은 가벼운 고통으로 묘사했다(Brown & McNeil, 1966, p. 326).

차단은 특히 사람이나 장소의 이름에서 종종 일어난다(Cohen, 1990; Semenza, 2009; Valentine, Brennen, & Brédart, 1996). 왜 그럴까? 이러한 것들의 개념과 지식에 관련된 연결고리들이 일반적인 이름에 대한 것보다 더 약하기 때문이다. 누군가의 성이 베이커(Baker)라는 것이 그 사람에 관해 많은 것을 알려주지 않지만, 그가 빵 굽는 사람(baker)이라는 것은 그럴 수 있다. 이러한 관점을 설명하기 위해서 연구자들은 사람들에게 만화와 연재만화 등장인물의 사진을 보여주고, 일부 참여자들에게는 그 인물의 핵심 특징을 강조할 수 있는 묘사적인 이름을 주었고[그럼피(심술궂은), 백설 공주(하얀), 스크루지(인색한) 등], 다른 참여자들에게는 관련 없는 임의적인 이름(알라딘, 메리 포핀스, 피노키오)을 주었다(Brédart & Valentine, 1998). 두 가지 다른 종류의 이름들은 참여자들에게 똑같이 친근한 이름이었지만, 그들은 묘사적인 이름을 임의적인 이름보다 훨씬 덜 차단시켰다.

차단이 발생하면 좌절하겠지만, 그것은 우리에게 상대적으로 드물게 일어나는 사건이다. 그러나 나이가 들수록 더 빈번하게 발생하고, 60대와 70대의 사람들에게는 일반적인 불만이다(Burke et al., 1991; Schwartz, 2002). 더 놀라운 것은, 일부 뇌 손상 환자들이 거의 끊임없는 설단 상태로 살고 있다는 것이다(Semenza, 2009). 한 환자는 40명의 유명인의 사진을 보았을 때 그들 중 단지 2명의 이름을 회상할 수 있었는데, 이는 통제 집단의 정상인들이 40명 중 평균 25명 정도를 알아본 것과 비교된다(Semenza & Zettin, 1989). 그러나 그녀는 정상인들과 마찬가지로 유명인 32명의 직업을 여전히 정확하게 회상할 수 있었다. 이 경우와 비슷한 여러 경우들은 뇌의 어떤 부분이 적절한 이름을 인출하는 것과 관련이 있는지에 관한 중요한 단서를 주었다. 이름 차단은 보통 좌측 측두엽 피질 표면 영역들의 손상으로부터 발생하며 대부분 발작의 결과로 발생한다. 사실 사람들이 적절한 이름을 회상할 때 측두엽 안에 영역들의 강한 활성화가 나타난다는 연구들은 이 견해를 지지해준다(Damasio et al., 1996; Gorno-Tempini et al., 1998).

4. 기억 오귀인

충격적인 1995년 오클라호마시 연방 정부의 건물 폭파 사건 후 곧 경찰들은 용의자 2명을 찾았고, 그들을 존 도 1과 존 도 2라고 불렀다. 존 도 1은 티모시 맥베이로 밝혀졌는데, 그는 곧 체포되어 유죄로 확정되었고 사형을 선고받았다. FBI는 존 도 2가 폭파 이틀 전, 맥베이와의 합류 지점 도시인 캔자스에 있는 엘리엇의 차체 제조 공장에서 밴을 빌렸다고 생각했다. 그러나 FBI는 존 도 2를 결국 찾지 못했다. 그들은 후에 존 도 2가 밴을 빌렸을 때 차체 제조 공장에 있었던 기계공인 탐 케싱어에 의해 만들어진 인물이라는 것을 알아냈다. 그는 그날 남자 2명을 보았다고 기억했고, 그들을 꽤 상세하게 묘사했다. 그러나 케싱어가 묘사했던 존 도 2는 어느 날 공장을 찾아왔던 한 남자의 인상착의와 일치했다. 육군 하사관 마이클 허티크와 그의 친구인 이등병 토드 번팅 또한 케싱어가 보는 앞에서 밴을 빌려 갔다. 맥베이처럼 허티그 또한 키가 크고 금발이었다. 번팅은 더 작고 짙은 머리색에 파란색과 흰색이 조화된 모자를 쓰고 있었고, 왼쪽 소매 아래에는 문신이 새겨져 있었는데, 이는 존 도 2에 대한 묘사와 일치하는 것이었다. 탐 케싱어는 같은 장소에서 다른 날 봤던 남자들의 회상을 혼동했다. 그는 **잘못된 출처에 생각이나 회상을 할당하는 기억 오귀인**(memory misattribution)의 피해자였다(**그림 6.15** 참조).

기억 오귀인 잘못된 출처에 생각이나 기억을 할당하는 것

그림 6.15 기억 오귀인 1995년에 오클라호마시티의 무라 정부 건물이 테러로 폭파되었다. 경찰은 티모시 맥베이의 폭파 공범 피의자라고 생각한 '존 도 II'의 몽타주를 공개하였다. 그것은 나중에 목격자가 다른 날 만났던 다른 사람에 대한 기억과 혼동했던 것으로 판명되었다.

Albert Overbeek/AP Photo; FBI/*The Oklahoman*/AP Photo

기억의 일부는 우리의 기억이 어디서 왔는지를 아는 것이다. 이것은 언제, 어디서, 어떻게 정보가 습득되었는지에 대한 회상인 **출처 기억**(source memory)으로 알려져 있다(Johnson, Hashtroudi, & Lindsay, 1993; Mitchell & Johnson, 2009; Schacter, Harbluk, & McLachlan, 1984). 사람들은 때때로 그들이 전에 학습했던 사실을 올바르게 회상하고 그들이 전에 보았던 사람이나 사물을 정확하게 재인하지만 그것들의 출처를 오귀인하는데, 탐 케싱어에게 일어난 것이 바로 그 예이다(Davies, 1988). 그러한 오귀인은 비록 세부 사항들은 잘 기억할 수 없지만, 갑자기 전에 그 상황에 있었던 것 같은 느낌을 갖게 되는 데자뷔 현상의 원인이 될 수 있다. 과거의 경험과 유사한 현재 상황은 이전에 아주 똑같은 상황에 있었던 것으로 잘못 귀인하게 하는 일반적인 친숙한 감각을 야기할 수 있다(Brown, 2004; Reed, 1988)('최신 과학 : 데자뷔(기시감) : 우리가 미래를 예측할 수 있을까?' 참조).

전두엽에 손상을 입은 환자들은 특히 기억 오귀인 오류를 범하는 경향이 있다(Schacter et al., 1984; Shimamura & Squire, 1987). 이것은 아마 전두엽이 노력이 필요한 인출 과정에 중요한 역할을 하고, 기억의 정확한 출처를 찾아야 하기 때문일 것이다. 하지만 우리 모두 역시 기억 오귀인에 취약하다. 다음의 검사는 여러분이 오재인을 경험할 좋은 기회가 될 것이다. 먼저 **표 6.1**에 있는 두 목록에 있는 단어들을 1초에 한 단어씩 읽으면서 학습하고, 그다음 여러분이 이 책에서 더 읽고 싶은 내용이 있는 곳을 펴서 보라. 그러나 이 표를 봐서는 안 된다! 이제 여러분이 공부한 목록에 있었던 단어들(맛, 빵, 바늘, 왕, 달콤한, 실 등)을 간단히 말하면서 재인해보라. 여러분이 '맛'과 '실'이 목록에 있다고 생각한다면 그것은 옳은 대답이다. 그러나 여러분이 '바늘'이나 '달콤한'이라는 단어가 목록에 있다고 생각했다면 그것은 완전히 잘못한 것이다.

대부분의 사람들이 정확하게 같은 실수를 저지른다. 그리고 그들은 '바늘'이나 '달콤한'이라는 단어가 목록에 있었다고 확신한다. 이러한 유형의 오재인은 목록에 있는 모든 단어들이 '바늘' 혹은 '달콤한'과 관련되어 있기 때문에 나타난 것이다. 단어 목록에서 각각의 단어를 보는 것은 관련된 단어를 활성화시킨다. '바늘'과 '달콤한'이 연상되는 모든 것들과 관련되어 있기 때문에 그 단어들은 다른 단어들보다 더 활성화된다. 그리고 너무 활성화된 나머지 단지 몇 분 후에 사람들은 그들이 정말로 그 단어를 공부했다고 주장한다(Deese, 1959; Gallo, 2006; Roediger & McDermott, 1995, 2000). 사실 PET나 fMRI 같은 대뇌 연상 연구는 해마를 포함한 뇌의 많은 동일한 영역이 오재인과 사실 재인 동안 활성화된다(Cabeza et al., 2001; Schacter, Reiman, et al., 1996).

사람들이 한 사람이나 대상, 사건에 관해 강한 친숙성을 느낄 때, 실험실에서건 목격자 증언과 같은 실제 세상에서건 잠재적으로 위험한 기억 오귀인의 상이 차려진 것이라고 할 수 있다.

출처 기억 언제, 어디서, 어떻게 정보를 얻었는지 기억하는 것

표 6.1	오재인
시큰한	실
사탕	핀
설탕	눈
쓴	바느질
좋은	날카로운
맛	요점
이빨	찌르기
멋진	골무
꿀	건초더미
소다	고통
초콜릿	상처
심장	주입
케이크	주사기
타르트	옷
파이	뜨개질

데자뷔(기시감) : 우리가 미래를 예측할 수 있을까?

팻 롱은 현재 경험을 통해 거의 그럴 일이 없는데도 불구하고 예전에 살았었던 것 같은 강한 느낌을 경험하기 시작 했다. 이러한 데자뷔의 느낌은 하루에 10번까지 일어났고, 이는 그의 뇌에 있는 종양 때문에 생기는 간질(뇌전증) 발작과 연관되어 있었다(Long, 2017). 예전 연구는 빈번한 데자뷔 감각을 간질 발작과 연결시켰으나, 간질이 없는 사람들도 빈도는 덜하지만 비슷하다고 한다. 대략 3분의 2 정도의 사람들이 최소 한 번은 데자뷔를 경험한다는 것이 조사 결과이다(Brown, 2004). 그런데 데자뷔는 단순히 과거에 관련될 뿐만 아니라, 다음에 일어날 것을 알고 있다는 느낌도 종종 동반한다고 한다(Brown, 2004). 실제로 팻 롱은 자신의 데자뷔 경험을 '미리 인지하는 느낌'이라고 말하기도 했다. 그런데 실제 데자뷔를 경험하며 다음에 무엇이 일어날지 알 수 있는 것일까?

이 의문을 풀려고, 연구자들은 실험실에서 데자뷔 경험을 유발하기 위해 혁신적인 가상현실 절차를 사용했다(Cleary et al., 2012). 참여자들은 여러 장소를 보여주는 가상현실 영상을 보았으며, 그중 하나가 장면 a이다. 이 부호화 단계 후에, 참여자에게 새로운 장면을 보여주었는데, 이 중 반은 앞서 본 장면과 비슷했고(장면 a에 대한 장면 b), 나머지 반은 앞서 제시했던 장면과 비슷하지 않았다. 피험자들은 원래의 장면을 기억해낼 수 없었음에도 불구하고, 완전히 새로운 장면을 보았을 때보다 비슷한 장면을 보았을 때 더 많은 데자뷔 경험을 보고했다. 이것은 데자뷔 경험이, 회상할 수 없는 앞서 본 장면과 새로운 장면 간의 겹치는 부분에 의해 야기된다는 것을 보여준다.

다음에 무엇이 일어날 것이라는 느낌을 알아보기 위해, 클리어리와 클랙스톤(Clearly & Claxton, 2018)은 앞선 과정에 중요한 새 변화를 가미했다. 부호화 단계에서 참여자들은 여러 이미지를 동영상으로 보는 것이기에, 그들은 다음에 어떤 방향 바꾸기가 일어날지를 점화하는 여러 방향 틀기 장면들을 보았다. 참여자들이 검사 단계에서 새로운 장면을 보았는데, 이때 "왜인지 알 수 없겠지만, 여러분은 다음에 어느 방향 바꾸기가 일어날 것 같은 느낌을 갖게 될 것입니다. 왼쪽일 것 같으면 L을 누르고 오른쪽일 것 같으면 R을 누르십시오"라고 참여자에게 지시하였다. 데자뷔 경험을 보고했을 때, 참여자들은 다음에 어떤 방향 틀기가 일어날 것 같은 느낌을 갖게 된다고 주장을 했을까? 대답은 "확실히 그렇다"이다. 그런데 실제 참여자들은 올바른 방향 틀기를 알았을까? 대답은 "확실히 아니다"이다. 참여자들은 그들이 안다는 느낌을 갖고 있음에도 불구하고, 형태적으로는 유사하지만 새로운 장면을 보여주었을 때 정확하게 다음 방향 틀기를 예측할 수가 없었다.

이 발견으로 클리어리와 클랙스톤은 데자뷔의 특징을 '예언의 착시'라고 묘사하게 만든다. 이것이 또한 팻 롱이 자신의 데자뷔 경험의 특징을 다른 사람들과 공유하는 '미리 인지하는 느낌'으로 말한 이유를 이해하는 데 도움을 주지만, 그 느낌이 미래에 관한 신뢰할만한 정보를 갖고 있다는 것은 아니다.

(a)

(b)

이 점을 이해하는 것이 목격자 증언에서 보일 수 있는 오귀인의 위험한 결과를 줄이는 데 핵심이 된다(Schacter, Israel, & Racine, 1999). 예를 들어, 최근 연구는 참여자들에게 실제 보았던 대상(예 : 차)과 시각적으로 유사한 새로운 대상(예 : 보았던 차와 유사하지만 다른 차) 간에 선택을 하게 하는 경우, 거의 모든 경우에서 보았던 차를 선택하여 잘못된 재인 오류를 피할 수 있었다고 한다(Guerin et al., 2012a, 2012b)('다른 생각 : 밖으로 나온 내적 기억' 참조).

5. 암시성

1992년 10월 4일 엘 알(이스라엘 항공사) 화물 비행기가 암스테르담의 남쪽 교외의 한 아파트로 추락했고, 거주자 39명과 비행기에 타고 있던 4명의 승무원 전원이 사망했다. 그 재앙은 사람들이 충돌 장면을 보고 대참사의 기사를 읽으면서 며칠 동안 네덜란드 뉴스를 잠식했다. 10개월 후에, 네덜란드 심리학자들은 대학생들에게 "비행기가 아파트에 추락했던 순간에 텔레비전을 보았나?"라는 단순한 질문을 하였다. 55%의 학생들이 "예"라고 대답했다. 후속 연구에서는 66%가 그렇다고 반응하였다(Crombag, Wagenaar, & Van Koppen., 1996). 또한 그 학생들은 건물에 충돌할 때 비행기의 각도와 속도 그리고 충돌 후 비행기의 오른쪽 몸체가 어떻게 됐는지에 관한 세부 사항들을 설명하기도 했다. 이 모든 것들은 하나의 핵심적인 사실만 제외했다면 모두 정상이었을 것이다. 비행기가 충돌할 당시에는 텔레비전이 그 장면을 찍고 있지 않았다. 연구자들이 텔레비전이 충돌 장면을 보여주었다는 것을 함축하는 암시적인 질문을 했던 것이다. 반응자들은 충돌 후 장면을 텔레비전에서 보았고, 읽었던 것을 상상하고, 비행기가 충돌했을 때 무슨 일이 일어났는지에 관해 이야기했을 것이다. 그러나 그들은 정확히 그 순간을 보지는 못했다. 암시적인 질문은 참여자들이 존재하지 않는 영상에 대한 이런저런 출처들로부터 정보를 오귀인하게 만들었다. **암시성**(suggestibility)이란 개인의 기억에 외부 출처에서 온 잘못된 정보들을 통합하는 경향성을 말한다.

1992년, 엘 알 화물 비행기가 암스테르담 교외의 한 아파트 건물로 추락했다. 네덜란드 심리학자들이 비행기 추락 영상을 TV에서 본 적이 있는지 물었을 때 대부분은 그렇다고 답했다. 사실 그런 장면은 존재하지 않았다(Crombag et al., 1996).

Albert Overbeek/AP Photo

　만약 잘못을 유발하는 세부 정보가 사람들의 기억에 심어질 수 있다면, 전혀 일어나지 않았던 전체 사건을 암시하는 것도 가능할까? 답은 "그렇다"이다(Loftus, 1993, 2003). 한 연구에서 십대의 동생인 크리스가 자기 형인 짐을 다섯 살 때 쇼핑몰에서 잃어버렸던 일을 기억해보라고 요청을 했다. 처음에는 아무것도 기억해내지 못했지만, 며칠 후에는 그 사건에 관한 자세한 기억을 만들어냈다. 그는 기억하길, "가족을 다시 못 볼 것 같아 무서웠으며" 면 셔츠를 입은 친절한 노인이 울고 있는 자기를 발견했다고 기억해냈다(Loftus, 1993, p. 532). 그런데 짐이나 다른 가족들은 크리스를 몰에서 잃어버린 적이 없었다고 한다. 심어주는 기억에 관한 24명의 피험자를 사용한 보다 대규모 연구에서는 대략 25% 정도가 쇼핑몰이나 다른 장소에서 아이를 잃어버린 적이 있다고 잘못 기억해냈다고 한다(Loftus & Pickrell, 1995).

　사람들은 기억 오귀인이 발생하는 것과 같은 몇몇 이유들로 암시성에 대한 반응에서 거짓 기억을 만들었다. 우리는 기억에 우리가 경험하는 모든 세부 사항들을 저장하지 않기에, 우리에게 무엇이 일어났었는지 혹은 일어나야만 했는지에 대해 암시성을 받아들이기 쉽게 만든다. 게다가 시각적 이미지는 거짓 기억을 구성하는 데 중요한 역할을 한다(Goff & Roediger, 1998). 사람들에게 결혼식에서 신부 부모의 옷에 음료수를 엎지른 것과 같은 사건을 상상하도록 하는 것도 잘못된 기억을 만드는 것이다(Hyman & Pentland, 1996). 사회적인 압력도 암시성을 증가시킬 수 있는데, 범인이라고 믿고 자백을 강요하는 경찰과 같은 권위적인 인물이 반복적으로 심문하다 보면, 사람들은 자신이 저지르지도 않은 범죄를 잘못 자백하는 경우가 이에 해당된다(Kassin, 2015). 이 경우 이 피의자는 범죄에 관한 틀린 기억을 만들어내기도 한다(Kassin, 2007).

　최근 연구에서 이 모든 요인들이 작동한다는 암시의 오인 효과에 대한 극적인 증거를 제공한다. 연구자는 대학생들에게 그들이 아마도 11살에서 14살 사이에 저질렀을 수도 있는 범죄(도둑질, 폭행 혹은 무기 공격)에 관해서 물었다. 비록 어떤 학생도 실제 이 범죄를 저지르지 않았지만, 세 번의 개별적인 인터뷰에서, 실험자는 그들이 했다고 상상하라고 반복적으로 요구했다. 그리고 연구자는 그들 부모 혹은 양육자가 그들이 그런 범죄를 범했다고 말했으며, 대부분의 사람

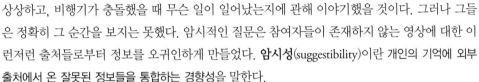

암시성　개인의 기억에 외부 출처에서 온 잘못된 정보들을 통합하는 경향성

밖으로 나온 내적 기억

카렌 다니엘은 노스웨스턴대학교의 법대에 있는 판결오류센터의 소장이다.

Jasmin Shah Photography

2015년 여름쯤에 여러분은 픽사의 영화 *인사이드 아웃*을 보았을 것이다. 이 영화에서는 기본 정서를 구별하는 심리학 연구(제8장 참조)에 기초해 가족이 새 집으로 이사를 가게 되며 11살짜리 라일리가 겪는 정서적 갈등을 묘사하고 있다. 이 영화는 또한 라일리의 기억 속을 탐색하며, 어떻게 기억이 정서를 제어하는가에 관한 현실적인 통찰을 제공한다. 하지만 영화가 개봉되었을 때 카렌 다니엘이 신문 오피니언 란에서 지적한 것처럼, 그 영화는 기억에 관한 심리학 연구의 생각과 핵심 발견을 무시하며 기억을 묘사했고, 잠재적으로 심각한 결과를 일으킬 수 있다.

나는 진정 픽사 영화들을 좋아한다는 것을 먼저 밝힌다. 다른 어른들처럼 부모 역할의 일부라고 여기며 영화들을 보았다. 내가 *몬스터 주식회사*와 두 *토이 스토리* 영화의 모든 대사를 암기할 수 있던 적도 있었다.

나는 최근 픽사가 내놓은 *인사이드 아웃*의 감독인 피트 닥터와의 라디오 인터뷰에 참가하게 되면서 대단한 기대를 했었다. 얼마나 멋진 아이디어인가? 주된 삶의 변화를 경험하는 11살짜리 아이 라일리의 마음속에 있는 정서를 애니메이션화했으니 말이다. 닥터는 영화를 정확하게 만들기 위해 많은 측면의 심리학을 연구했다고 설명했다. 하지만 영화의 줄거리를 살리기 위해 인간 기억이라는 측면에서는 과학에서 멀어졌다.

*인사이드 아웃*의 장면들에서 보여주듯이, 라일리의 기억은 작은 지구본 같은 구체 안에 안전하게 간직되고 있는 작은 애니메이션으로 그려지고, 끄집어낼 수 있고 예전에 일어났던 것처럼 똑같이 다시 재생될 수 있는 것으로 그려진다. 기쁨이는 이 몇몇 구체들이 라일리 성격의 기본을 형성하는 '핵심 기억'을 포함한다고 설명한다. 이러한 기억 표현은 구성에는 필수적이지만 사실이 아니며, 닥터도 이를 솔직히 인정했다.

나는 민망하지 않을 수 없었다. 픽사 영화가 아주 커다란 영향력이 있기에, 새로운 세대들이 기억은 비디오 녹화처럼 작용하고, 사건에 관한 완전한 기억을 마음대로 회상할 수 있다는 아주 심각하게 잘못된 관념이 내재화되며 성장할 수 있기 때문이다. 실상은 기억은 잘못될 수 있고, 휘어질 수 있고, 암시에 의해 바뀌고, 왜곡될 수 있다. 닥터는 *인사이드 아웃*에서는 묘사하지 못했지만, 이런 기억에 관한 사실을 배우게 되어 자신에게 새로운 깨달음이라는 것을 인정했다.

"그럼 어때서, 영화일 뿐이잖아"라고 물을 수도 있다. 형사 사법 제도의 세계에서 이는 대단히 중요하다. 형사 재판에서 가장 중요한 순간의 하나는, 피해자 혹은 목격자가 피의자를 지적하며, "나는 그 얼굴을 잊을 수가 없어요"라고 증언하는 때이다. 목격자는 보통 완전한 확신을 가지고 증언하며 검사는 이를 피의자가 유죄라는 증거로 강조한다. 비록 전문가들은 확실성이 정확성과 필수적으로 상관되는 것은 아니라는 것을 우리에게 알려주지만 말이다.

사실 잘못된 확인이 무죄인 사람에게 유죄 판결을 내리는 주된 이유이다. 일반인들에게는 명확하지 않겠지만, 사건 발생 시의 방해들, 시간의 경과, 사건 후 경찰과의 논의, 서로 다른 인종의 사람을 구별하는 데 내재된 한계 등과 같은 여러 요인들이 목격자 확인의 신뢰성에 영향을 끼친다. 전문가의 증언이 이 요인들을 설명하는 데 도움을 줄 수 있지만, 대부분의 재판관은 목격자 확인은 '상식'의 문제이기에 전문가의 도움이 필요하지 않다는 근거로 전문가의 증언을 배제한다(일리노이주 대법원은 이제 이 접근에 반발하는 사례를 검토하고 있다).

*인사이드 아웃*으로 돌아가 보자. 전문가의 제언이 없는 상황에서 배심원들은 증언을 사적인 경험에 기초하도록 내버려진다. 오늘의 아이들(그들의 부모)은 아마 내일의 배심원일 것이고, 기억은 온전하게 저장되어 있으며 증언은 작은 기억 구체 안에 들어 있는 그림을 피의자 자리에 앉아 있는 사람과 비교하는 것이라 잘못 생각할 수 있다. 닥터는 이것이 기억이 어떻게 작용하는가에 관한 대부분의 사람들의 생각과 일치하는 것이라 설명했으며, 바로 이것이 형사 재판이 '상식'에 의존하는 것이 왜 부족한가를 보여준다.

우리는 사법 제도에서 인간의 오류를 완전하게 제거할 수 없다. 그럼에도 증언에 대한 과도한 확신과 사실 발견에 대한 잘못된 이해가 틀린 판결로 이끈다. 픽사의 새 영화는 그냥 즐기자. 대신 영화관에서 나와 법정에서 유죄 혹은 무죄 판결을 해야 할 때는 구체라는 기억 개념이 아니라 목격자 확인에 관한 확실한 과학적 정보가 바탕이 되어야 함을 잊지 말자.

다니엘과 본문에서 지적하듯이 잘못된 목격자 기억은 잘못된 판결에서 빈번하다. *인사이드 아웃*에서 전달한 기억에 관한 소박한 견해가 앞으로의 배심원들에게 지속적으로 영향을 끼친다는 것은 불행이다. 긍정적인 측면에서, 여러분이 이 장에서 배우는 기억의 일곱 가지 죄악과 같은 기억의 취약성에 관한 중요한 발견이 사법 제도 참여자들에게도 전해지고 있다. 예를 들어 2014년 국가 과학 위원회에서는 심리학과 법 전문가들로 구성된 권위 있는 위원회에서 쓰여진 보고서, 즉 *범인 확인하기 : 목격자 확인에 대한 평가*를 출간하였는데 이는 사법 제도 관련자들에게 목격자 기억에 관한 심리학적 발견을 전달하기 위한 의도로 만들어진 것이다. 이 리포트를 본 사람보다는 '인사이드 아웃'을 본 사람들이 더 많겠지만, 국가과학위원회의 보고서에 실린 기억 연구에 관한 정확한 사실들이 궁극적으로는, 라일리의 기억 구체라는 잘못된 묘사보다 법정에서 더 큰 영향을 발휘할 것이다.

들은 열심히 노력하면 잊혔진 것 같은 기억도 인출할 수 있다고 진술하는 식과 같은 사회적 압력 기법을 또한 적용하였다. 세 번째 인터뷰 마지막에 70%의 학생들이 그들이 그 범죄를 저질렀다고 믿게 되었으며, 그들 중 몇몇은 그들이 했던 것에 관한 틀린 기억을 상세하게 만들어내기까지 했다(Shaw & Porter, 2015; Wade et al., 2018).

암시성의 문제는 1980년대와 1990년대에 제기된, 심리치료 동안 사람들이 회상하는 유년기 기억들의 정확성에 대한 논쟁의 중심에 있다. 대중에게 많이 알려진 예는, 다이애나 할브룩스이다(Schacter, 1996). 심리치료를 받은 몇 달 후에, 그녀는 그녀의 어린 시절에 대한 혼란스러운 사건들을 회상하기 시작했다. 예를 들어, 그녀의 어머니는 그녀를 죽이려고 했고, 아버지는 그녀를 성적으로 학대하였다는 것이다. 비록 그녀의 부모들은 이러한 사건이 일어났다는 것을 부인했지만, 그녀의 심리치료사는 그녀가 그 기억들의 실재성을 믿도록 고무했다. 결국에는 할브룩스는 치료를 중단하고 자신이 회복해 낸 그 '기억들'이 정확한 것이 아니라는 것을 깨달았다고 한다.

어떻게 이런 일이 일어났을까? 심리치료사들이 잊혀진 어린 시절의 기억들을 꺼내 오기 위해서 시도했던 수많은 기법은 명확히 암시적인 것들이었다(Poole et al., 1995). 중요한 것은, 사람들 자신이 자발적으로 기억해낸 것이, 실제 학대 경험을 잊지 않고 있는 사람들의 기억과 같은 정도로 다른 사람들에 의해 입증될 수 있는 반면, 암시적인 치료 기법에 의해 회복된 기억은 전혀 다른 사람에 의해 입증되지 않는다는 것을 보여준다(McNally & Geraerts, 2009).

6. 편향

2000년, 접전이었던 조지 부시와 앨 고어의 대통령 선거 결과는 선거 5주 후 대법원에 의해 결정되었다. 고어가 인정을 한 날, 각 후보의 지지자들은 선거 결과가 결정되면 그들이 얼마나 행복할지 예측해 달라는 질문을 받았다(Wilson, Meyers, & Gilbert, 2003). 이해할 수 있게 부시 지지자는 행복했고 고어 지지자는 실망했다. 그리고 4개월 후 같은 참여자들에게 선거가 결정된 직후 그들이 얼마나 행복했었는지 회상하라고 요청했다. 부시 지지자들은 그들이 그 당시 얼마나 행복했었는지를 과도 평가했으며, 고어 지지자들은 실제보다 과소 평가하였다. 두 그룹에서, 행복에 대한 회상은 그들이 그 당시 실제 보고했던 결과와 부조화를 일으켰다(Wilson et al., 2003).

이러한 결과는 **편향**(bias)의 문제, 즉 경험의 회상에서 현재의 지식, 신념 및 감정이 왜곡된 영향을 끼친다는 것을 보여준다. 때로 사람들이 자신의 과거로부터 기억하는 것은, 그들이 현재 자신이나 타인에 관해서 생각하고, 느끼고 혹은 믿는 것보다, 실제 일어났던 것에 관해서 덜 알려준다(Levine et al., 2018). 연구자들은 또한 우리의 현재 기분이 우리의 과거 경험 회상에 영향을 끼친다는 것을 발견했다(Bower, 1981; Buchanan, 2007; Eich, 1995). 그러기에 실제 슬픈 기억을 기억해내도록 도와줄 뿐만 아니라(이 장의 앞에서 읽은 것처럼), 슬픈 정서는 그렇게 슬프지 않았던 기억에 대한 회상을 편향되게 할 수도 있다.

때로 우리는 우리가 현재 느끼거나 믿는 것과 과거에 느끼거나 믿었던 것 간의 차이를 과장한다. 예를 들어, 대부분 우리는 낭만적인 애정이 시간이 갈수록 더 강해질 것이라고 믿는다. 한 연구에서, 데이트 중인 연인들에게 4년 동안 1년에 한 번씩 그들의 관계에 대한 현재 좋고 나쁨을 평가해보고, 과거에 그들이 어떻게 느꼈었는지를 회상해보라고 지시했다(Sprecher, 1999). 4년 동안 관계를 유지했던 연인들은 사랑의 강도가 그들이 전에 보고했을 때보다 더 증가했다고 회상했다. 그러나 그 당시 그들의 실제 평가는 사랑과 애정에 대한 어떠한 증가도 나타내지 않았다. 명백히 그들은 서로 예전보다 현재에 더 많이 사랑하는 것은 아니었다. 그러나 그들은 기억에 대한 주관적인 견해로부터 그렇게 느끼고 있었다. 사람들은 있었던 대로가 아닌, 바라고 원하는 대로 과거를 기억했던 것이다.

편향 이전 경험의 기억에 현재의 지식, 신념, 감정 등이 왜곡된 영향을 끼치는 것

이 행복한 연인들이 각각 상대방을 향한 연애 초기의 느낌을 기억하는 방법은 그들의 관계가 현재 어떻게 보이는지에 달려 있다.

Andersen Ross/Blend Images/Getty Images

집착 우리가 잊고 싶어 하는 사건에 대한
침투적인 기억

섬광 기억 우리가 놀라운 사건에 대해 들
었을 때 언제, 어디에 있었는가에 대한 상
세한 기억

케네디 암살이나 무역센터 공격 같은 어떤
사건들은 정서적으로 관여가 되어 있어,
언제 어디서 접하게 되었는지를 상세하게
기억한다. 이러한 섬광 기억은 일반 사건
들보다 더 오래 지속된다.

Kathy Willens/AP Images

7. 집착

예술가 멜린다 스티크니-김슨은 그녀의 시카고 아파트에서 연기 냄새 때문에 잠에서 깼다. 그녀
는 침대에서 뛰어내려 와 마루의 갈라진 틈에서 검은 연기가 올라오는 것을 보았다. 타오르는 불
꽃은 건물 전체를 휩쓸어 버렸고, 그녀의 3층 방에 있는 창문으로 뛰어내리는 것 외에 다른 방법
이 없었다. 그녀가 땅으로 뛰어내리고 잠시 후, 건물은 번쩍이는 불덩이로 뒤덮였다. 자신의 생
명은 구할 수 있었지만, 멜린다는 화재에 대한 기억에 휩싸였다. 멜린다가 새 그림을 그리기 위
해 캔버스 앞에 앉았을 때, 그 끔찍한 밤의 기억이 밀려 들어왔다. 예전에는 밝고 생생한 추상화
였던 그녀의 그림들은 오직 검정, 주황, 황토색 등의 불의 색깔들로 구성된 어두운 명상록이 되
었다(Schacter, 1996).

멜린다 스티크니-김슨의 경험은 기억의 7대 죄악과 그중에서 가장 치명적인 죄인 **집착**
(persistence), 즉 우리가 잊고 싶어 하는 사건에 대한 **침투적 회상**을 설명해준다. 멜린다의 경험은 독
특한 것이 아니다. 집착은 그녀의 집이 무너져 버린 화재와 같이 외상적 사건 후 빈번하게 발생
한다. 빨리 기억해내는 것이 일반적으로 좋은 것이지만, 집착의 경우에는 그 능력이 원하지 않는
부담으로 돌연변이 한 것이다.

침투적 기억들은 정서적 경험들이 비정서적인 경험에서보다 더 생생하고 지속적인 회상을 초
래한다는 사실의 바람직하지 않은 결과이다. 일련의 증거는 우리가 놀라운 사건에 대해 들었을 때
언제, 어디에 있었는가에 대한 상세한 기억인 **섬광 기억**(flashbulb memories)에 관한 연구들에서 나
타난다(Brown & Kulick, 1977). 예를 들어, 대부분의 미국 사람들은 2001년 9월 11일 테러리스
트들이 세계무역센터와 국방부를 공격했을 때 어디서, 어떻게 그 소식을 들었는지 마치 마음속
섬광 전구가 번쩍 발하여 그 사건을 기록했던 것같이 기억한다(Kvavilashvili et al., 2009). 여러
연구들이 섬광 기억이 늘 정확한 것은 아니라는 것을 보여준다. 그러나 보통 같은 시간에 있었
던 일상적인 뉴스보다는 더 잘 기억한다(Larsen, 1992; Neisser & Harsch, 1992). 섬
광 기억의 향상된 유지 기능은 부분적으로 9월 11일 테러리스트의 공격과 같은 사
건들에서 유도된 정서적 각성이 원인이 되기도 하고, 우리들이 그 경험에 대해 이
야기도 많이 하고 생각도 많이 한다는 사실에도 기인한다. 정교한 부호화가 기억을
증진한다는 것을 기억하면 될 것이다. 우리가 섬광 같은 경험에 대해 이야기를 할
때 우리는 그것들을 정교화하는 것이며, 이야기한 경험의 측면들의 기억 가능성을
증가하는 게 된다(Hirst et al., 2009, 2015).

왜 우리는 집착에 빠지고 말까? 우리 뇌에서 정서적 사건에 대해 반응하는 핵심
작동장치는 **그림 6.16**에 제시된 **편도체**라고 불리는 작은 아몬드 모양의 구조물이
다. 편도체는 우리가 각성시키는 사건을 경험할 때, 아드레날린이나 코르티솔 같은
호르몬 체계에 영향을 끼치는데, 위협에 직면해 신체를 움직이게 하고 경험에 대한
기억도 증가시킨다. 이러한 편도체의 활성화가 정서적 사건에 대한 기억이 일상적
인 사건에 대한 기억보다 좋은 한 이유가 된다. 사람들이 정서적으로 자극적인 사
건을 포함한 장면을 봤을 때, 그 장면을 본 당시에 편도체의 활성화 정도가 그 장
면에 대한 기억의 좋은 지표가 된다는 것을 보여준다. 사람들이 정서적 사건을 보
고 편도체의 활성화가 강화되었을 때, 후의 검사에서 이 사건들을 회상할 수 있는
더 좋은 기회가 되는 것이다(Cahill et al., 1996; Kensinger & Schacter, 2005, 2006).
편도체가 손상된 일반적인 기억 결핍을 야기하지는 않는다. 편도체가 손상된 사
람들은 비정서적 사건들보다도 정서적 사건들을 더 잘 기억하지 못한다(Cahill &

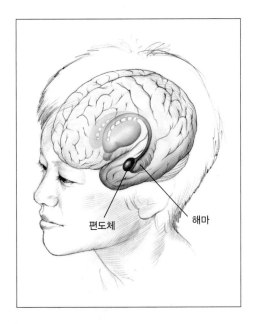

그림 6.16 기억에서 편도체의 영향 해마 옆에 위치한 편
도체는 정서 사건에 강하게 반응한다. 편도체에 손상을 입은
환자는 비정서적 사건보다 정서적 사건을 더 잘 기억하지 못
한다(Cahill & McGaugh, 1998).

편도체   해마

McGaugh, 1998).

　　많은 경우에서, 생존에 위협이 되는 아주 정서적인 사건에 대해 강한 기억을 형성하는 것은 명확한 이득이 있다. 하지만 집착의 경우 그 기억이 너무 강해 우리의 일상생활을 방해할 지경이 된 것이다.

7대 '죄악'은 악인가 선인가

　　여러분은 진화가 종종 우리의 삶을 위태롭게 할 수 있는 오류에 취약하고 극단적으로 비효율적인 기억 체계를 만들어냈다고 결론지을지 모르겠다. 하지만 그렇지 않다. 7대 죄악은 기억이 제공하는 많은 이점에 대해 우리가 지불하는 대가이며, 정상적으로 그리고 아주 효율적으로 작용하는 인간의 기억 체계의 부차적인 결과라고 할 수 있다(Schacter, 2001b).

　　예를 들어, 일시성을 생각해보자. 비록 여러분의 삶에서 모든 사건의 세부 사항을 시간이 얼마 지나든지 간에 모두 기억하는 것이 좋아 보이지만, 때로는 오래된 전화번호처럼 사용하지 않는 정보를 잊는 것도 중요하고 유용한 것이다. 만약 우리가 시간이 지남에 따라 점점 정보를 잊어버리지 않는다면, 우리의 머릿속은 더 이상 필요하지 않은 정보들 때문에 혼란스러울 것이다(Bjork, 2011; Bjork & Bjork, 1988). 잘 사용되지 않는 정보는 같은 시기에 빈번하게 사용되었던 정보들보다 앞으로도 덜 필요하게 될 것이다. 본질적으로 기억은 우리가 최근에 그 정보를 사용하지 않을 때 앞으로도 필요하지 않을 것이라는 내기를 건다. 우리는 이 내기에서 지기보다는 더 자주 이기면서, 일시성을 기억의 적응적인 속성으로 만든다.

　　유사하게 방심과 차단은 좌절이지만, 이것들도 입력된 정보를 분류하여 주의를 두고 회상할 필요가 있는 것과 덜 가치 있는 것을 구별하는 기억의 성공적인 시도의 부수 효과일 뿐이다.

　　기억 오귀인과 암시성은 모두 우리가 언제 그리고 어디서 그 사람의 얼굴을 보았는지 혹은 그 사실을 학습했는지에 대한 정확한 세부 사항들을 회상하는 데 실패하기 때문에 일어난다. 우리의 기억은 우리가 그것이 나중에 필요하고, 대부분 그렇게 하는 것이 더 낫다고 생각할 때 그 사건을 주의 깊게 기록한다. 더구나 우리는 기억을 앞으로의 가능한 사건을 예측하기 위해 사용한다. 앞에서 논의했던 것처럼, 기억은 매우 융통성 있으며 이것이 기억의 강점인데, 비록 때로는 과거 경험의 요소들이 잘못 조합되며 오귀인이라는 오류를 만들어낸다(Carpenter & Schacter, 2017; Dewhurst et al., 2016; Schacter & Addis, 2007; Schacter et al., 2011).

　　편향은 우리의 기억을 왜곡해서 우리 자신을 지나치게 호의적으로 보이게 만들지만, 전체적 만족감에 도움을 주는 이점을 갖고 있다. 스스로에 대한 긍정적인 착각을 가지고 있는 것은 더 큰 심리적 안녕감을 이끌어낼 수 있다(Taylor, 1989). 비록 집착은 오히려 잊는 게 나은 외상 경험에 빠지게 만들지만, 생존에 위협이 되는 위협적이고 외상적인 사건을 기억해 적응하게 하는 것이다.

　　비록 7대 기억 죄악 각각이 우리 생활을 괴롭히지만, 적응적인 측면도 있다. 여러분은 7대 죄악을, 기억이 대부분의 경우 잘 작용하기에 치르는 대가라고 생각해야 할 것이다.

정리문제

1. 어떻게 일반적인 기억이 구체적 기억을 왜곡하는가?
2. 사람들의 주의가 분산되었을 때 기억에 어떻게 영향을 끼치는가?
3. 왜 백설 공주의 이름이 메리 포핀스의 이름보다 기억하기 쉬울까?
4. 데자뷔 경험을 어떻게 설명하겠는가?

5. 목격자 증언이 어떻게 잘못될 수 있을까?
6. 여러분의 현재 관점이 과거 사건을 어떻게 변화시키는가?
7. 정서적 외상이 기억에 어떻게 영향을 끼치는가?
8. 불완전한 기억으로도 우리는 어떻게 잘 살 수 있는가?

제6장 복습

부호화 : 지각을 기억으로 변환하기

- 부호화는 우리의 감각이 받아들인 정보를 지속가능한 기억으로 변화하는 과정이다.
- 의미 부호화는 새로운 정보를 의미 있는 방식으로 이전 지식과 연관시키는 것이 특징이다.
- 시각적 심상 부호화 또한 새로운 정보를 이전 지식과 연관시키지만 시각적 및 언어적 공간보유기를 특징으로 한다.
- 조직적 부호화는 항목을 더 쉽게 검색할 수 있도록 항목 간의 관계를 찾는 프로세스이다.
- 생존 가치에 기초한 부호화는 특히 추후 회상을 증가시키는 데 효율적인데, 이는 우리의 생존에 적절한 정보를 특히 잘 기억하도록 하는 기억 체계를 진화시켰기 때문일 것이다.

저장 : 시간이 지나도 기억을 유지하기

- 감각기억은 1~2초 동안 정보를 유지한다. '암송'은 단기기억 저장에 기억을 유지하는 데 도움을 주고, '군집화'는 단일한 의미 있는 항목으로 정보를 결합한다.
- 작업기억은 정보를 단기 저장소에 능동적으로 유지하는 것이며 대략 15~20초간 유지한다.
- 작업기억 모형은, 시각과 언어 정보를 조작하고 저장하는 하위 체계와, 정보를 통합하는 일화적 저장소, 이들을 조정하는 중앙집행기를 포함한다.
- 해마는 장기 기억에 정보를 집어넣는 색인처럼 기능하지만 장기기억 저장 장소는 아니다.
- 기억에 관해 회상하기, 생각하기, 말하기 같은 행위는 고정화를 이룬다. 수면 또한 중요한 요인이다. 그러나 기억이 인출될 때 이 역시 손상에 취약하다.
- 기억 저장은 시냅스에서의 변화, 즉 시냅스 연결을 증가시키는 장기 시냅스 강화에 의존한다.

인출 : 기억을 마음으로 가져오기

- 과거 경험을 기억해 내느냐 여부는 회상을 촉발하도록 하는 인출 단서에 좌우된다. 인출 단서는 경험을 부호화할 때의 맥락과 같을 때 효율적이다. 기분과 내적 상태도 인출 단서로 작용한다.
- 기억에서 정보를 인출하는 것이 인출된 정보의 추후 기억을 증진시킬 수 있는데, 검사가 나중 회상에 이득이 된다는 예로 알 수 있다. 하지만

인출하지 않은 관련된 정보는 오히려 추후 기억을 해칠 수 있다.
- 어떤 대상에 관한 기억을 인출하고 생생하게 다시 경험하는 것은, 접하지 않은 대상이 잘못 기억에 포함되는 것처럼 그 기억 손상에 취약하게 만들 수 있다.
- 뇌 영상 연구에 따르면 기억하려는 노력은 좌전두엽을 활성화시키며, 저장된 정보의 성공적인 회복은 해마와 경험의 감각 측면에 관계하는 뇌 영역을 활성화시킨다.

장기 기억의 다양한 형태 : 하나 이상의 종류

- 장기 기억은 과거 경험을 의식적 혹은 의도적 활동에 의한 외현 기억과 과거 경험이 무의식적으로 나중 행동과 수행에 영향을 끼치는 암묵 기억으로 구성된다.
- 암묵 기억은 연습의 결과인 기술 습득과 과거 노출의 결과로 물체나 단어를 알아채는 능력에서 변화를 보이는 점화가 있다.
- 기억 상실 중인 사람은 외현 기억은 결핍되지만, 절차기억과 점화 같은 암묵 기억은 유지한다.
- 일화 기억은 특정한 시간과 장소에서의 사적 경험의 집합이며 과거를 다시 구성해내고 미래를 상상할 수 있게 한다.

기억 실패 : 기억의 7대 '죄악'

- 기억의 실수는 일곱 가지 죄로 분류될 수 있는데, 이는 대부분의 경우 잘 작동하는 기억에 대가를 치르게 한다.
- 이런 죄의 몇 가지는 우리가 원하는 정보를 저장하거나 인출하지 못하는 데서 생기는 것이다. 일시성은 기억의 급격한 저하와 완만한 망각을 말한다. 방심은 주의 실수, 빈약한 부호화, 자동 행동의 결과이다. 차단은 정보가 설단 현상을 일으킬 때처럼 일시적으로 접근할 수 없을 때 생긴다. 반면, 집착은 잊고 싶은 사건이 침투하는 기억이다.
- 반면에 집착은 우리가 그 경험을 기억하기 원하거나 원하지 않거나 관계없이 정서적 각성에 의해 일반적으로 기억을 증가시킨다.
- 다른 죄는 기억 내용에서의 오류이다. 기억 오귀인은 친숙한 것처럼 경험되지만, 언제 어디서 경험했는가의 구체적인 것을 회상할 수 없거나 잘못 회상했을 때 일어난다. 피암시성은 어떤 일화 전체 혹은 세부 사항이 기억에 심어지는 것을 말한다. 편향은 현재의 지식, 신념, 감정이 기억이나 과거 경험에 영향을 주는 것을 말한다.

핵심개념 퀴즈

1. 부호화란?
   a. 우리가 지각하고 생각하고 느끼는 것들을 지속하는 기억으로 변환시키는 것
   b. 시간에 걸쳐 정보를 기억에 유지하는 것
   c. 전에 저장한 정보를 마음으로 가져오는 것
   d. 전에 학습했지만 잊힌 정보를 회상하는 것
2. 새로운 정보를 이미 기억에 있는 지식에 의미 있게 연결시키는 과정은 무엇인가?

   a. 자발적 부호화   b. 조직적 부호화
   c. 의미 부호화   d. 시각적 심상 부호화
3. 어떤 종류의 기억 저장이 정보를 1~2초 동안 유지하는가?
   a. 역행 기억   b. 작업 기억
   c. 단기 기억   d. 감각 기억
4. 기억이 대뇌에서 안정화되는 과정은?
   a. 고정화   b. 장기 기억
   c. 영사 기억   d. 해마 표식

5. 장기강화는 어떻게 일어나는가?
   a. 뉴런 간의 소통 방해
   b. 시냅스 연결의 강화
   c. 방해받은 기억의 재고정화
   d. 수면

6. 여러분이 슬픈 기분일 때 슬픈 기억이 잘 회상되는 것을 무엇이라 하는가?
   a. 부호화 특정성 원리
   b. 상태 의존 인출
   c. 전이 적절 처리
   d. 기억 접근성

7. 신경 영상 연구에 따르면, 어떤 것을 기억해 내려고 할 때 어느 부위가 활성화되는가?
   a. 좌측 전두엽
   b. 해마 영역
   c. 두정엽
   d. 상위 측두엽

8. 의식적이고 의도적인 과거 경험의 인출 행위는?
   a. 점화
   b. 절차 기억
   c. 암묵 기억
   d. 외현 기억

9. 기억 상실증 환자의 기억에서 유지되지 않는 것은?
   a. 외현 기억
   b. 암묵 기억
   c. 절차 기억
   d. 점화

10. 어린아이 시절 여러분이 갔던 가족 모임에 대한 기억은?
    a. 의미 기억
    b. 절차 기억
    c. 일화 기억
    d. 지각 점화

11. 신속한 기억 감소 후 점진적인 망각이 일어나는 현상이 의미하는 것은?
    a. 군집화
    b. 차단
    c. 방심
    d. 일시성

12. 목격자 증언 실수나 틀린 재인은 무엇의 결과인가?
    a. 기억 오귀인
    b. 암시성
    c. 편향
    d. 역행 간섭

13. 정서적 각성이 기억을 증가한다는 사실이 지지하는 것은?
    a. 편향
    b. 집착
    c. 순행 간섭
    d. 원천 기억

핵심용어

감각 기억	섬광 기억	음향 기억	재고정
고정	순행 간섭	의미 기억	저장
군집화	순행성 기억 상실증	의미 부호화	전이 적절성 처리
기억	시각적 심상 부호화	인출	절차 기억
기억 오귀인	암묵 기억	인출 단서	점화
단기 기억	암송	인출-유발 망각	조직적 부호화
미래 기억	암시성	일시성	집착
방심	역행 간섭	일화 기억	차단
부호화	역행성 기억 상실증	작업 기억	출처 기억
부호화 특수성 원리	영상 기억	장기 기억	편향
상태 의존 인출	외현 기억	장기 시냅스 강화(LTP)	

생각 바꾸기

1. 여러분의 친구가 아주 어렸을 때 아버지가 암으로 돌아가셨다고 하자. "아버지에 대해 잘 기억할 수 있었으면 좋을 텐데. 분명히 머릿속에 그 기억들이 잠겨 있다는 것을 알아. 최면술을 통해 그 기억의 얼마만이라도 열어 보려고 해." 여러분이, 우리의 기억은 우리에게 있었던 모든 것을 머릿속에 집어넣는 것이 아니라고 설명한다고 하자. 기억이 시간에 걸쳐 없어지는 방식을 설명하기 위해 어떤 예를 들면 좋겠는가?

2. 여러분의 다른 친구가 2001년 9월 11일 거실에서 테러리스트의 공격으로 무역센터가 붕괴되는 것을 TV로 부모님들과 보았다는 생생한 기억을 갖고 있고, "엄마가 울고 있었고, TV 화면보다 그게 더 무서웠어"라고 말했다고 하자. 그런데 나중에 집에 가 엄마와 그 사건에 대해 이야기하다가 자신은 그때 학교에 있었고, 두 건물이 무너지고 난 후인 오후 점심시간에야 집으로 돌아왔다는 것을 엄마에게 듣고 충격을 받았다고 하자. "이해할 수가 없어. 아마 엄마가 혼동하는 것일 거야. 왜냐하면 그날 아침에 관한 생생한 기억을 갖고 있거든." 여러분

친구의 엄마가 정확하게 회상했다고 가정하고, 여러분은 이 친구의 스냅숏 같은 기억이 잘못이라는 것을 어떻게 설명하겠는가? 기억의 어떤 죄악에 해당될까?

3. 여러분이 심리학 수업을 같이 듣는 한 수강생에게 시험을 위해 스터디 그룹을 같이 하자고 제안했다고 하자. 그녀가 "기분 나빠 하지 마. 난 스터디 그룹을 하지 않아도 책을 8~9번 읽으며 공부하는 게 최선이라고 생각해"라고 말했다고 하자. 이 수강생의 계획에서 잘못된 점은 무엇이겠는가? 스터디 그룹을 만들면 서로 어떤 점에서 효율적으로 도와줄 수 있겠는가?

4. 여러분이 학교 파티에서 여러 새로운 친구들을 만났다고 하자. 한 친구가 "나는 사람 만나는 게 좋아. 그런데 이름을 기억할 수가 없네. 기억력이 좋은 사람도 있고 그렇지 못한 사람도 있지. 나로서는 할 수 있는 게 없지"라고 말했다고 하자. 여러분이 이 친구에게 사람들의 이름을 잘 기억할 수 있는 방법에 관해 알려준다고 하면 어떤 조언을 주겠는가?

5. 여러분의 친구가 범죄학 강의를 수강하며 살인 피의자가 나중에 DNA 증거로 번복이 되었다는 것을 읽었다고 하자. "참 어이없는 사법제도네. 목격자가 한 줄로 선 용의자들 가운데 명확히 그 범죄자를 찾아냈고, 법정에서도 증언했는데도 말이야. 목격자 증언보다 화학 실험실 결과에 더 의존하면 안 되지"라고 말했다고 하자. 여러분의 친구는 목격자 증언의 어떤 측면을 이해하지 못하고 있는가? 잘못된 확인이면서도 올바르게 범죄자를 찾아낸 것이라고 진정 믿는 것은 기억의 어떤 죄악인가?

핵심개념 퀴즈 정답

1. a; 2. c; 3. d; 4. a; 5. b; 6. b; 7. a; 8. d; 9. a; 10. c; 11. d; 12. a; 13. b

학습

45세의 노련한 군 간호사인 제니퍼는 이라크 전쟁에 19개월간 복무하면서 그중 4개월을 바그다드 근처의 교도소 병원에 있었는데, 거기서 수많은 사망자와 심각한 사상자 등 많은 끔찍한 사건들을 목격했다. 제니퍼는 12시간 내지 14시간 교대제 근무를 하였는데, 폭격을 피하면서 가장 끔찍하게 부상당한 몇몇 환자들을 돌보았다.

이런 반복되는 외상(trauma)은 제니퍼에게 큰 타격을 주었는데, 집으로 돌아온 후에도 그녀는 자신의 전쟁 경험에 대해 반복적으로 생각했고, 그 경험은 일상생활의 많은 측면들에 대한 반응에 심각한 영향을 미쳤다. 피가 있는 광경이나 고기 굽는 냄새는 그녀를 구역질나게 하였으며, 헬리콥터가 다가오는 소리와 같이 이전에는 무해한 소리가, 이라크에서는 새로운 부상자들이 곧 도착할 것이라는 신호였으므로, 이제 공포와 불안이 고조된 느낌을 불러일으켰다. 그녀는 이라크 경험 중 가장 괴로운 측면들과 관련된 악몽 때문에 자주 잠이 깼다. 제니퍼는 자신의 이라크 경험으로 인해 "영원히 바뀌었다"(Feczer & Bjorklund, 2009). 그리고 이것이 제니퍼의 이야기가 학습이란 주제에 대해 불편하지만, 강렬한 소개가 되는 이유이다.

제니퍼가 집에 돌아온 이후 그녀에게 일어난 일들의 상당 부분은 연합에 바탕을 둔 일종의 학습 조작을 반영한다. 이라크에서 경험한 광경, 소리, 냄새가 부정적인 감정들과 연합되고 지속적인 결합을 만들었기 때문에, 집에서 비슷한 광경, 소리, 냄새를 맞닥뜨리는 것은 비슷하게 강렬한 부정적 감정들을 유발시켰다.

학습(learning)은 유기체의 행동에 변화를 낳는 여러 기법, 절차, 결과들의 집합이다. 이 장에서 우리는 학습에 대한 두 가지 주요한 접근의 배후에 있는 이론적 전개과정과 기본적인 심리학적 원리를 논의할 것인데, 그 둘은 고전적 조건형성과 조작적 조건형성, 그리고 우리가 다른 사람들을 관찰할 때 일어나는 관찰 학습과 완전히 의식 밖에서 일어날 수 있는 암묵 학습이다. 끝으로 여러분에게 크게 중요할 맥락, 즉 교실에서 학습에 대해 논의할 것이다.

이라크 전쟁 동안 바그다드 근처의 교도소 병원에서 근무했던 4개월 동안, 제니퍼는 헬리콥터가 도착하는 소리를 부상당한 병사와 연합하는 것을 배웠다. 그렇게 학습된 연합은 그녀에게 장기적인 영향을 미쳤다.

AP Photo/john Moore

베놈과 같은 오늘날의 액션 영화들이 1980년대의 영화들보다 훨씬 더 많은 시각적 폭력을 보이는 경향이 있고, 이것은 다시 1950년대의 영화보다 더 많은 시각적 폭력을 보이는 경향이 있다는 사실을 설명하는 데 심리학자들은 습관화 개념을 어떻게 사용할까?

Marvel/Sony/Kobal/Rex/Shutterstock

학습이란 무엇인가

심리학자들이 발견한 다양한 종류의 학습에도 불구하고, 그 모든 것의 핵심에는 하나의 기본 원리가 있다. **학습**(Learning)은 학습자의 상태에 비교적 영속적인 변화를 낳는, 새 지식, 기술 또는 반응을 경험으로부터 획득하는 것을 말한다. 이 정의는 세 가지 핵심 아이디어를 강조한다.

- 학습은 경험에 기초한다.
- 학습은 유기체에 변화를 낳는다.
- 이 변화들은 비교적 영속적이다.

이라크에서 제니퍼의 시간을 생각해보면, 여러분은 이 모든 요소들을 이해할 수 있을 것이다. 다가오는 헬리콥터의 소리와 부상자의 도착 사이의 연합을 이끈 경험은 제니퍼가 어떤 상황에 반응하는 방식을 수년 동안 지속하도록 바꾸었다.

학습은 훨씬 더 간단한, 비연합적인 형태로 일어날 수도 있다. 여러분은 아마 **습관화**(habituation) 현상에 친숙할 것인데, 이것은 **자극에 대한 반복된 혹은 지속된 노출이 반응의 점차적인 감소를 낳는 일반적 과정**이다. 여러분이 혼잡한 고속도로 옆에 산 적이 있다면, 처음 이사 갔을 때 교통 소음을 알아차렸을 것이지만, 마침내 그 소음을 무시할 수 있었을 것이다. 이와 같이 반가운 반응의 감소가 습관화 조작을 반영한다.

습관화는 가장 단순한 유기체에서도 일어난다. 예컨대, 제6장에서 바다달팽이인 아플라시아에 대해 배웠는데, 아플라시아는 습관화를 보인다. 가볍게 접촉될 때, 이 바다달팽이는 처음에 아가미를 움츠리지만, 반복되는 가벼운 접촉 후에는 이 반응은 점차 약해진다. 게다가 아플라시아는 또한 **민감화**(sensitization)를 보이는데, 이것은 어떤 자극의 제시가 이후 자극에 대해 증가된 반응을 이끌어낼 때 발생하는 간단한 형태의 학습이다. 예를 들어, 강한 충격을 받은 후, 아플라시아는 가벼운 접촉에 대해 아가미 움츠림 반응의 증가를 보인다. 비슷한 방식으로, 자신의 집이 부서진 적이 있는 사람들은, 이전에 성가시지 않았던 심야의 소리들에 대해 나중에는 과민하게 될 수도 있다.

이런 간단한 형태의 학습은 중요하지만, 이 장에서 우리는 더 복잡한 종류의 학습에 대해 초점을 맞출 것이다. 제1장에서 보았듯이, 행동주의자는 관찰 가능하고, 양적으로 표시할 수 있는 행동만을 측정할 것을 주장하고, 정신 활동을 무관하고 알 수 없는 것으로 보아 받아들이지 않았다. 행동주의자들은 학습의 '경험의 영속적 변화' 측면은 거의 모든 유기체, 쥐, 개, 비둘기, 생쥐, 돼지 혹은 인간에게서 똑같이 잘 나타날 수 있다고 주장했다. 그러나 우리는 이제 인지적 고려사항(즉, 정신 활동 요소들)들도 또한 학습 과정에 기초적이라는 것을 알고 있다.

정리문제

1. 학습의 정의를 지탱하는 세 가지 핵심 아이디어는 무엇인가?

2. 습관화와 민감화는 어떻게 발생하는가?

고전적 조건형성 : 한 가지 일이 다른 일로 이어진다

미국 심리학자인 존 B. 왓슨(John B. Watson)은 20세기 초에 행동주의 운동을 시작했는데, 심리학자들은 "의식, 정신 상태, 마음, 내용, 내성적으로 검증 가능한, 심상 같은 용어들 및 그 비슷한 것을 사용해서는 안 된다"고 주장했다(Watson, 1913, p. 166). 왓슨의 선동적인 태세는 러시아 생리학자인 이반 파블로프(Ivan Pavlov, 1849~1936)의 업적에 의해 상당 부분 힘을 받았다.

파블로프는 실험실 동물의 소화 과정을 연구하면서 개의 뺨을 수술하고 시험관을 삽입하여 여러 종류의 음식에 대한 개의 침 분비 반응을 측정하였다. 우연히도 침에 대한 그의 탐구는 한 종류의 학습 기제를 드러내게 되었는데, 그것은 고전적 조건형성이라 불리게 되었다. **고전적 조건형성**(classical conditioning)은 어떤 반응을 자연히 일으키는 자극과 짝지어진 이후에 중성적인 자극이 같은 반응을 일으킬 때 발생하는 학습 유형이다. 고전적인 실험에서, 파블로프는 개가 부저 혹은 메트로놈과 같은 중성자극을 음식과 같이 자연적으로 침 분비를 일으키는 다른 자극과 연합한 이후에, 개가 그 중성자극에 침을 분비하는 것을 학습한다는 것을 보였다. 파블로프는 자신의 발견의 중요성을 알아차렸고, 고전적 조건형성의 기제에 대한 체계적 조사를 시작했다. 그 원리들 중 몇 가지를 좀 더 자세히 살펴보자.

고전적 조건형성의 기본 원리

파블로프의 기본적 실험 장치는 **그림 7.1**에 보이는 바와 같이, 개를 틀 안에 묶어 두고 음식을 주고 침 반응을 측정하는 것이다. 그는 이전에 실험에 참여했던 개들이 어떤 음식도 제공되기 전인데도 그 틀에 놓이자마자 일종의 '예비적' 침 반응을 보이기 시작한다는 것을 알아차렸다. 파블로프와 동료들은 처음에는 이 반응들을 귀찮게 생각했는데, 그것들이 자연스럽게 일어나는 침 분비액을 모으는 데 방해가 되었기 때문이었다.

실제로 개는 고전적 조건형성의 네 가지 기본 요소들에 맞게 행동하고 있었다. 개가 처음에 음식이 든 그릇을 받았을 때 침을 흘리기 시작했다. 여기에는 놀라운 점이 없다. 파블로프는 음식의 제공을 **무조건자극**(unconditioned stimulus, **US**)이라고 불렀는데, 즉 유기체에게 자연스럽게 일어나는 반응을 확실하게 생성하는 무엇이다(**그림 7.2a** 참조). 파블로프는 개의 침 분비를 **무조건반응**(unconditioned response, **UR**)이라고 불렀는데, 즉 무조건 자극에 의해 확실하게 유발되는 반사적인 반응이다.

파블로프는 음식 제공을 메트로놈의 째깍거리는 소리나 불빛의 켜짐과 같은 자극과 짝지었다(그림 7.2b 참조). 이 자극과 US를 반복해서 짝지은 후, 그 동물은 음식을 소리와 연합시킬 수 있었다.

결과적으로 그 자극은 단독으로 어떤 반응, 즉 침 분비(그림 7.2c 참조)로 이어지게 되었다. 이

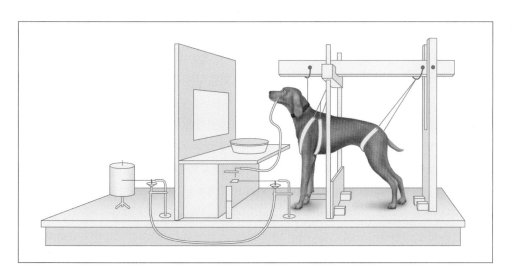

그림 7.1 고전적 조건형성 연구를 위한 파블로프의 기구 메트로놈이나 부저를 이용해서 파블로프는 개에게 청각 자극을 제시하였다. 시각 자극들은 스크린에 제시되었을 것이다.

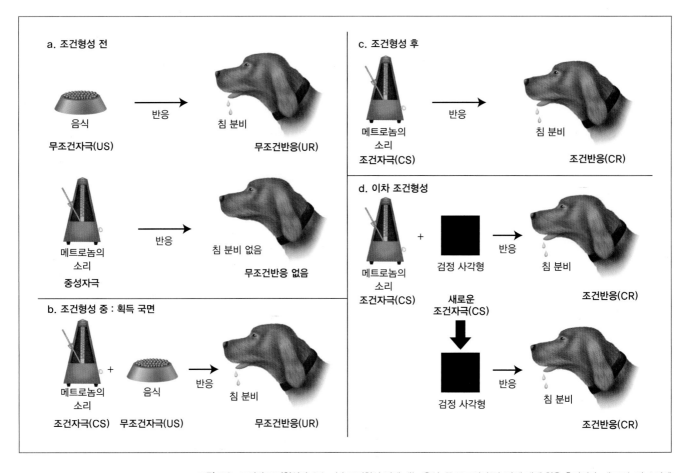

그림 7.2 고전적 조건형성의 요소 (a) 조건형성 전에 개는 음식, 즉 무조건자극(US)에 대해 침을 흘리지만, 메트로놈의 소리에 대해서는 침을 흘리지 않는다. (b) 조건형성 중에, 음식은 메트로놈 소리와 짝지어지는데, 이것은 조건자극(CS)이 된다. (c) 조건 형성 후에 이제 조건자극(CS)인 메트로놈 소리는 침 분비를 일으킬 수 있다. (d) 이차 조건형성에서, 메트로놈 소리는 검정 사각형 과 같은 새 자극을 조건형성시키는 데 사용될 수 있다.

이차 조건형성은 왜 어떤 사람이 돈을 저장해두고 돈으로 구입하는 물건들보다 훨씬 더 가치를 두는 지경에 이르기까지 돈을 원하는지를 설명하는 데 도움이 된다. 돈은 값비싼 차와 같이 만족을 주는 결과를 주는 물건을 구입하는 데 사용된다. 비록 돈은 새 스포츠카를 운전하는 흥분과 직접 연합되지는 않지만, 돈은 이런 종류의 원하는 보상과 연결될 수 있다.

조건자극(CS) 이전에는 중성적이었으나 US와 짝지어진 후에 유기체에 어떤 신뢰할 만한 반응을 내는 자극

조건반응(CR) 무조건반응과 유사하나 조건자극에 의해 생성되는 반응

시점에서 그 자극은 **조건자극**(conditioned stimulus, **CS**), 즉 이전에는 중성적인 자극이었으나 US와 짝지어진 후 유기체에 신뢰할 만한 반응을 낳는 자극이 되었다. 조건자극이 유발한 반응은 **조건반응**(conditioned response, **CR**), 즉 무조건반응과 유사하나 조건자극에 의해 생성되는 반응이 된다. 이 예에서 개의 침 분비(CR)는 마침내 메트로놈 소리(CS)만으로도 촉구되는데, 메트로놈 소리와 음식(US)이 과거에 종종 연합되었기 때문이다.

이제 여러분이 기르는 개(나 고양이)를 보자. 여러분의 개는 항상 언제 저녁을 주는지를 알고 있는가? 개에게 음식 제공(US)은 복합적인 CS, 즉 여러분의 일어남, 부엌으로의 이동, 찬장 열기, 캔 오프너를 다루기 등과 연합되어 왔는데, 그것들은 CS가 단독으로 음식이 준비되고 있다는 신호를 주고 그 결과 개가 먹을 준비를 하는 CR이 시작되게 한다. 고전적 조건형성은 개에게만 들어맞지 않는다. 여러분이 새로운 문자의 도착을 알리는 휴대폰 벨소리를 들을 때, 여러분은 침을 흘리지는 않겠지만 아마도 그것을 곧 확인하려는 충동을 느낄 것이다. 이전 문자에 들어 있는 친구나 다른 사람들로부터 온 사회적으로 중요한 정보(US)는 여러분 휴대폰의 문자 메시지 소리(CS)와 연합되어 왔고, 그래서 CS는 단독으로 중요한 정보가 왔을 수 있음을 신호하고, 따라서 휴대폰을 확인하는 CR을 착수하게 한다.

조건형성이 확립된 후, **이차 조건형성**(second-order conditioning)이란 현상이 일어날 수 있는데, 그것은 이 조건형성에서 한 CS는 이전 (조건형성) 절차에서 US와 연합되었던 자극과 짝지어지는 일종의 학습이다. 예를 들어, 초기 연구에서 파블로프는 새 CS인 검정 사각형을 (이전 조건

형성에 의해) 이제는 신뢰할 만한 소리와 반복적으로 짝을 지었다. 여러 번의 훈련 시행들 후에, 사각형 그 자체는 음식과 직접 연합된 적이 결코 없었지만 개는 검정 사각형에 대해 침 흘리는 반응을 생성했다(그림 7.2d 참조).

획득, 소거, 자발적 회복

연구자들은 CS와 US가 함께 제시되는 고전적 조건형성의 단계를 묘사하는 데 **획득**(acquisition)이라는 용어를 쓴다. 고전적 조건형성의 획득 기간의 초기 국면 동안에는 보통 학습의 점진적 증가가 있다. **그림 7.3**(주황색)에서 보듯이, 학습은 낮은 상태에서 시작해서 급격히 올라가고, 그다음 천천히 줄어든다. 파블로프의 개는 소리를 음식 제공과 몇 차례 짝지은 다음 침 분비량이 점차 증가하였다. 마찬가지로 여러분의 개도 마침내 여러분이 부엌에서 준비하는 것을 그다음에 올 음식의 출현과 연합시키는 것을 배웠다. 이차 (조건형성) 국면에서 학습이 확립된 후에는 CS는 그 자체만으로도 CR을 믿을 만하게 일으킨다.

파블로프는 획득 과정을 광범위하게 연구한 후, 그들은 CS(메트로놈 소리)를 계속 제시하지만 US(음식)를 제공하는 것을 멈춘다면 어떤 일이 생길지 궁금해했다. 그 답은 그림 7.3(파란색)에 있다. CR은 갑자기 줄어들어 마침내 개가 소리에 침 흘리는 것을 멈출 때까지 계속 떨어진다. 이 과정을 **소거**(extinction)라고 부르는데, US 없이 CS가 반복 제시될 때 일어나는, 학습된 반응의 점진적인 제거이다.

다음으로 파블로프는 소거가 영구적인지 아닌지를 궁금하게 생각했다. 단 하나의 소거 회기가 CR이 완전히 사라지게 하는 데 충분한가? 아니면 CR이 다시 나타날 것인가? 이 질문을 탐구하기 위해 파블로프는 고전적으로 조건형성된 침분비 반응을 소거시킨 다음 개가 잠깐의 휴지 기간을 갖도록 했다. 개가 실험실로 다시 불러들여지고 CS를 다시 제시받았을 때, 개는 **자발적 회복**(spontaneous recovery), 즉 학습된 행동이 휴지 기간 후에 소거로부터 회복되는 경향을 보였다. 이 현상은 그림 7.3(보라색)에서 보인다. 이 회복은 CS가 US와 명시적으로 짝지어진 적이 결코 없음에도 불구하고 발생한다는 것을 주목하라. CS 단독(US 없음)의 반복 제시와 더불어 CR은 다시 점차 사라지는데, 두 번째 휴지 기간 후에 CS가 제시되면 약하게 다시 나타날 뿐이다(그림 7.3의 초록색). 분명히 소거는 학습을 완벽하게 지우지 않는다.

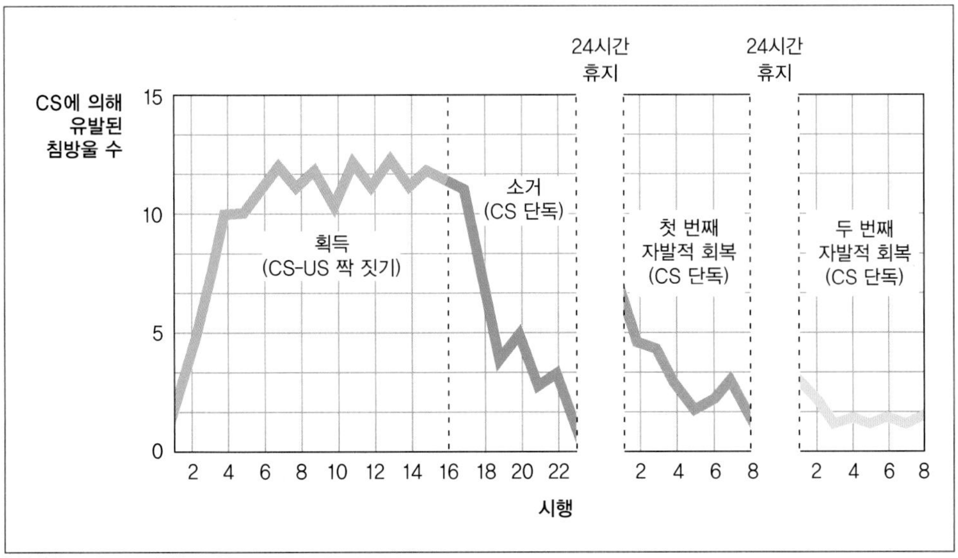

이차 조건형성　CS가 이전 절차에서 무조건자극과 연합된 어떤 자극과 짝지어지는 조건형성

획득　CS와 US가 함께 제시될 때의 고전적 조건형성의 단계

소거　US 없이 CS가 반복 제시될 때 일어나는, 학습된 반응의 점진적인 제거

자발적 회복　학습된 행동이 휴지 기간 후에 소거로부터 회복되는 경향

그림 7.3　획득, 소거, 자발적 회복　고전적 조건형성에서 CS는 US와 반복적으로 짝지어지며 마침내 CS가 단독으로 CR(파블로프의 개의 침 분비)을 일으킬 수 있다. 학습은 꽤 빨리 일어나는 경향이 있으며, 그다음 안정적인 반응이 발달함에 따라 안정적으로 된다(주황색). 소거에서 CS는 US 없이 제시되며, CR은 감소한다(파란색). 그러나 휴지 기간 후에 CS가 다시 제시되면, CR은 보통 얼마간의 자발적 회복을 보이는데(보라색), CS가 US 없이 반복 제시되면 자발적 회복은 점차 소멸한다. 사실, 잘 학습된 CR은 추가적인 학습 시행이 없어도, 한 번 이상의 휴지 기간 이후 자발적 회복을 보일 수 있다.

일반화 CS가 획득 시기 동안 사용된 CS와 약간 달라도 CR이 관찰되는 현상

일반화와 변별

만일 여러분이 깡통 따개를 새로 산다면, 여러분의 개가 궁지에 빠져서 음식 제공을 예상할 수 없을 것이라 생각하는가? 이렇게 수정된 CS에 대해 완전히 새로운 회기의 조건형성을 수립할 필요가 있을 것인가?

아마 그렇지 않을 것이다. CS-US 짝짓기에서 작은 변화가 매번 광범위한 양의 새 학습을 필요로 한다면 그것은 유기체에게 매우 적응적이지 않을 것이다. 그보다 **일반화**(generalization) 경향이 있는데, 즉 CS가 획득 시기에 사용된 CS와 약간 달라도 CR이 관찰된다. 예상하듯이, 새 자극이 더 많이 변할수록 조건형성된 반응은 더 적게 관찰된다. 이 말의 뜻은 만일 여러분이 손 깡통 따개를 전기 깡통 따개로 바꾼다면, 개는 아마 훨씬 더 약화된 조건형성 반응을 보일 것이다 (Pearce, 1987; Rescorla, 2006).

현실 세계

약물 과용의 이해

경찰은 중독자가 약물 과용으로 갑자기 사망하는 것 같은 황당한 문제에 너무 자주 부딪힌다. 이런 문제는 지난 10년 동안 꽤 증가했는데(Martins et al., 2015), 부분적으로 미국에서 진통제의 유행 때문이다 (Lyden & Binswanger, 2019). 이런 죽음은 적어도 세 가지 이유에서 어리둥절하다. 희생자들은 종종 숙련된 약물 사용자들이며, 복용한 용량은 보통 평소 하던 양보다 더 많지 않으며, 그 죽음은 색다른 장면에서 발생하는 경향이 있다.

고전적 조건형성은 이런 죽음이 어떻게 일어나는가에 대해 어느 정도의 통찰을 준다 (Siegel, 2016). 첫째, 고전적 조건형성이 일어날 때 CS는 간단한 부저음이나 소리 이상의 것이다. 그것은 또한 조건형성이 일어나는 전반적인 맥락도 포함한다. 둘째로, 많은 CR들은 US에 대해 보상적이다. 예를 들어, 헤로인은 호흡률을 낮추는데, 신체는 균형 상태, 즉 항상성을 유지하기 위해 호흡을 빨리 하는 보상적 반응으로 반응한다. 이것은 결정적으로 중요한 CR이다.

이 두 가지 고전적 조건형성의 세부 사항은 숙련된 약물 사용자에게 치명적인 헤로인 과용이라는 외견상 역설을 설명하는 데 도움을 준다(Siegel, 1984, 2016). 약이 주사될 때 전체 장면(약 준비용품, 방, 조명, 중독자의 평상시 동료들)이 CS로 기능하며, 뇌는 헤로인에 대해 보상적인 반응으로 반응하는데, 헤로인의 효과를 상쇄하는 신경전달물질을 분비한다. 시간이 지나면 이런 보상적인 생리 반응은 CS에 대한 신체 반응의 일부가 된다.

이것이 새로운 환경에서 약을 하는 것이 왜

아편 저장소와 마약 밀매소는 황폐한 곳으로 간주될지 모르지만, 중독자들은 거기에서 약을 쓰는 것이 종종 더 안전하다. 환경은 CS의 일부이므로, 역설적으로 마약 밀매소를 망가뜨리는 것이, 중독자가 새로운 맥락으로 바꾸어 약을 한다면, 약물 과용으로 인한 사망의 원인이 될 수 있다.

AP Photo/Chris Gardner

장기 약물 사용자에게 치명적일 수 있는지의 이유이다. 통상적 용량이 새로운 장면에서 취해진다 하더라도, 이제 CS가 달라져서, 생리적으로 보상적인 CR은 나오지 않는다(Siegel et al., 2000). 그 결과 통상적 복용량이 과용이 되며, 아마도 치명적이게 된다.

이런 원리들의 이해는 약물 중독의 치료를 이끌었다. 예를 들어, 약물에 대한 뇌의 보상 반응은, CS를 구성하는 약 복용과 보통 연합되는 친숙한 맥락 단서들에 의해 유발될 때, 중독자에게는 금단 증상으로 경험될 수 있다. 단서 노출 치료에서, 중독자는 약의 통상적 양 자체를 받지 않으면서 약물과 관련된 단서에 노출되는데, 맥락 단서들과 약의 효과 간의 연합이 소거되는 결과를 낳는다. 이런 치료를 받은 후에 약물과 관련된 친숙한 단서들을 만나는 것은 금단 증상과 연결되는 보상적 반응을 더 이상 낳지 않으며, 그 결과 중독에서 회복 중인 사람이 약물 중지를 유지하는 것을 더 쉽게 한다(Siegel, 2005).

유기체가 새 자극에게로 일반화할 때 두 가지 일이 생긴다. 첫째, 일반화 시험 동안 사용된 새 자극에 대해 반응함으로써 유기체는 원래 CS와 새 자극 간의 유사성을 알아차린다는 것을 보여준다. 둘째, 새 자극에 대해 감소된 반응을 보임으로써, 유기체는 또한 두 자극들 간의 차이를 알아차린다는 것을 알려준다. 이 두 번째 경우에 유기체는 **변별**(discrimination), 즉 유사하지만 별개인 자극들을 구별할 수 있는 능력을 보여준다. 일반화와 변별은 동전의 양면이다. 유기체가 한 가지를 더 많이 보이면 다른 것을 더 적게 보이며, 훈련을 통해 둘 사이의 균형이 조정될 수 있다('현실 세계 : 약물 과용의 이해'가 보여주듯이, 고전적 조건형성의 일반화는 약물 과용이 어떻게 생기는지를 설명해줄 수 있다).

변별 유사하지만 별개인 자극들을 구별할 수 있는 능력

조건형성된 정서 반응 : 어린 앨버트의 사례

행동주의자 존 왓슨과 그의 추종자들은 고전적 조건형성의 원리에 근거해서 어떤 유기체의 거의 어떤 행동에 대해서도 일반적인 설명을 발전시킬 수 있다고 생각했다. 그런 방향의 한 단계로, 왓슨은 그의 연구 조수인 로잘리 레이너(Rosalie Rayner)와 논란거리인 연구에 착수했다(Watson & Rayner, 1920). 왓슨과 레이너는 '어린 앨버트'로 알려진 건강한 9개월배기 남자아이의 참여를 요청했다. 그들은 그런 아이가 강한 감정적 반응, 즉 공포를 경험하도록 고전적으로 조건형성될 수 있는지를 알고자 했다.

첫째, 왓슨은 어린 앨버트에게 다양한 자극을 주었는데, 흰 쥐, 개, 토끼, 여러 가지 가면, 불타는 신문지 등이었다. 대부분의 경우 앨버트는 호기심 혹은 무관심으로 반응했으며, 이것들 중 어느 것에도 공포를 보이지 않았다. 왓슨은 또한 무엇인가가 앨버트가 두려워하게 만들 수 있다는 것을 분명히 했다. 왓슨이 망치로 금속막대를 갑자기 쳤을 때, 갑작스러운 소음은 앨버트를 울리고, 떨게 하였다.

그다음 왓슨과 레이너는 어린 앨버트가 고전적 조건형성의 획득 시기를 거치게 했다. 앨버트에게 흰 쥐가 제공되었다. 그가 그것을 만지려 손을 뻗자마자, 왓슨은 그 금속막대를 두드렸다. 이런 짝지음은 여러 시행에 걸쳐 계속 반복되었다. 마침내 쥐만 봐도 앨버트는 공포에 싸여 움찔하였다. 이런 상황에서 US(큰 소리)는 CS(쥐의 출현)와 짝지어졌으며, CS는 그 자체만으로도 CR(공포 반응)을 만들어내기에 충분했다. 어린 앨버트의 조건형성된 반응은 다른 자극, 즉 흰 토끼, 바다표범 털 코트 및 산타클로스 가면 등으로 일반화되었다.

이 연구는 어린아이를 거칠게 다룬 이유로 논쟁거리가 되었다(Harris, 1979). 연구 참가자들의 처치를 다루는 현대의 윤리 지침에 따르면 이런 종류의 연구는 오늘날 수행될 수 없음이 분명하다. 이 모든 일에서 왓슨의 목적은 무엇이었는가? 첫째, 그는 비교적 복합적인 반응이 파블로프의 기법을 써서 조건형성될 수 있다는 것을 보여주고자 했다. 둘째, 그는 공포와 불안과 같은 정서 반응들이 고전적 조건형성으로 학습될 수 있으며, 그러므로 프로이트와 그 추종자들이 주장한 (제1장 참조) 심층적 무의식 과정 혹은 어린 시절의 경험의 산물일 필요가 없다는 것을 보이고자 하였다. 셋째, 왓슨은 조건형성이 다른 동물뿐만 아니라 인간에게도 적용될 수 있다는 것을 확증하고자 했다.

어린 앨버트 사례에서 작용했던 조건형성된 공포 반응과 같은 것은 이 장을 여는 사례인 제니퍼의 사례에도 중요하였다. 그녀는 이라크에서의 경험의 결과로, 접근하는 헬리콥터 같이 전에는 아무 관계가 없는 소리를 들을 때 공포와 불안을 경험하였다. 사실 그런 외상이 유발한 공포를 다루는 데 효과적인 것으로 밝혀진 치료는 바로 고전적 조건형성의 원리에 근거를 두고 있다. 사람들은 조건형성된 공포 반응을 소거시키려는 시도에서 안전한 장면에서 자신의 외상과 연합된 조건형성된 자극들에 반

존 왓슨과 로잘리 레이너는 어린 앨버트에게 이상한 토끼 가면을 보여준다. 왜 이 실험자들의 단순한 출현은 그 자체로 조건자극이 될 수 없는가?

(Watson & Rayner, 1920)

펩시의 광고주들이 광고에서 소피아 베르가라를 등장시킬 때 그들은 어떤 반응을 기대하고 있다고 여러분은 생각하는가?

Tim Clayton - Corbis/Getty Images

복 노출된다(Bouton, 1988; Rothbaum & Schwartz, 2002). 그러나 조건형성된 정서 반응은 공포 및 불안 반응에만 한정되는 것이 아니다. 여러분의 전 남자친구 혹은 여자친구와 듣곤 하던 노래를 들을 때 여러분을 감싸는 따뜻하면서 어렴풋한 느낌도 일종의 조건형성된 정서 반응이다.

고전적 조건형성에 대한 더 깊은 이해

일종의 학습으로서 고전적 조건형성은 간단한 원리들을 가지고 있으며, 실제 생활 장면에 대한 응용성을 가지고 있다. 고전적 조건형성은 학습 배후의 기제를 이해하고자 하는 심리학자들에게 상당한 효용 가치를 주었다. 파블로프 시대 이래로 고전적 조건형성은 정확히 어떻게, 언제, 왜 작용하는가를 이해하고자 하는 심도 깊은 조사를 받아 왔다. 고전적 조건형성의 기제에 초점을 둔 세 영역들, 즉 인지적 · 신경적 · 진화적 요소들을 살펴보자.

고전적 조건형성에서 인지적 요소

이상하게도 파브로프의 개는 음식을 예상케 하는 메트로놈 소리를 들었을 때에 침을 흘렸음에도 불구하고, 파블로프가 다가왔을 때 침을 흘리지 않았다. 왜 침을 흘리지 않는가? 마지막에는 파블로프도 개에게 먹이를 주었는데, 왜 그는 CS가 되지 않았는가? 정말로, 불쾌한 US가 울릴 때마다 왓슨이 그 자리에 있었다면, 왜 어린 앨버트는 그를 두려워하게 되지 않았는가?

로버트 레스콜라와 앨런 와그너(Robert Rescorla & Allan Wagner, 1972)는 동물이 어떤 기대를 설정하는 것을 배울 때에만 고전적 조건형성이 일어난다는 것을 처음으로 이론화하였다. 메트로놈 소리는, 그것이 음식과 체계적으로 짝지어지기 때문에 실험실 개에게 이런 인지적 상태를 설정하였다. 파블로프는 음식과의 믿음직한 연결이 없기 때문에 그렇지 않았다. 레스콜라-와그너 모형은 간단한 행동주의적 관점에서 이해하기 어려웠던 여러 고전적 조건형성의 특징들을 설명해준 인지적 요소를 도입하였다. 예를 들면, 그 모형은 CS가 친숙할 때 비해 친숙하지 않은 사건일 때 조건형성이 더 쉽게 일어날 것이라고 올바르게 예측하였다. 그 이유는 친숙한 사건들은 친숙하기 때문에 이미 그것과 연합된 기대들을 가지고 있어서 새 조건형성을 어렵게 하기 때문이다. 간단히 말해, 고전적 조건형성은 원시적인 과정인 것처럼 보일지 몰라도, 그것은 실제로 꽤 세련된 것이며 상당히 인지적인 요소를 포함하고 있는 것이다.

고전적 조건형성에서 신경적 요소

파블로프는 자신의 연구가 뇌가 어떻게 작용하는가에 대한 통찰을 제공하는 것으로 보았다. 최근의 연구는 파블로프가 조건형성과 뇌에 관해 이해하고자 희망했던 것의 일부를 좀 더 명확히 해주었다.

예를 들어 리처드 톰슨(Richard Thompson)과 동료들은 토끼에서 눈 깜박임 반응의 고전적 조건형성에 집중하였는데, 소리(CS)가 울리자마자 공기를 눈에 뿜는 절차를 사용하였다. 공기 뿜기(US)는 반사적인 눈 깜박임 반응(UR)을 일으키는데, 여러분의 눈 근처에 공기가 뿜어진 다음 여러분이 눈을 깜박거리는 것과 비슷하다. CS-US가 여러 번 짝지어진 후에, 눈 깜박임 반응은 단독 CS에 대한 반응으로 일어나고, 그래서 눈은 부분적으로 감겨지고 그 결과 예상된 공기 뿜기가 올 때 눈이 보호된다. 톰슨과 동료들은 소뇌가 눈 깜박임 조건형성의 발생에 결정적이라는 것을 보여주었다(Thompson, 2005). 소뇌의 손상이 있는 사람들에 대한 연구는 눈 깜박임 조건형성의 손상을 보여주었다. 그들은 UR(공기 뿜기에 대한 눈 깜빡임)을 보일 수 있지만, CS에 대한 반응으로서 보호적인 CR을 학습할 수 없다(Daum et al., 1993). 이에 들어맞게, 젊고 건강한 성인들에 대한 더 최근의 신경영상법 연구의 발견들은 눈 깜박임 조건형성 동안 소뇌에서의 활성화를 보여준다(Cheng et al., 2008). 제3장에서 배웠듯이, 소뇌는 후뇌의 부위이며 운동 기술과 학습에 중요한 역할을 한다.

역시 제3장에서 편도체가 공포와 불안을 포함한 정서의 경험에 중요한 역할을 한다는 것을 보았다. 그래서 편도체가 정서 조건형성에도 결정적이라는 것은 그렇게 놀랄 만한 일이 아닐 것이다. 보통 쥐들은 약한 전기충격과 같이 갑자기 고통스러운 자극을 받으면, **얼어붙기**(freezing)라고 알려진 방어 반응을 보이는데, 그 반응은 웅크리고 움직임 없이 앉아 있는 것이다. 게다가 쥐의 자율신경계가 작동하기 시작한다. 심박율과 혈압이 증가하고, 스트레스와 연관된 여러 호르몬이 방출된다. 만일 어떤 소리(CS)가 전기충격, 즉 US를 예측한다는 것을 쥐가 훈련받았다면, 이런 행동적·자율적인 반응이 일어나는데, 이제 그것들이 CS에 의해 유발된 CR이라는 점이 다른 것이다. 사실상, 쥐는 공포 조건형성을 보이는데, 어린 앨버트가 보인 것과 다르지 않다. 편도체의 손상 혹은 붕괴는 사람과 다른 동물(Olsson & Phelps, 2007; Phelps & LeDoux, 2005)뿐만 아니라 쥐에게서도(LeDoux et al., 1988) 공포 조건형성을 붕괴시킨다.

고전적 조건형성에서 진화적 요소

진화적 기제도 고전적 조건형성에 중요한 역할을 한다. 제3장에서 배웠듯이, 진화와 자연 선택은 적응성과 나란히 간다. 적응적인 행동들은 유기체가 환경에서 생존하고 번영할 수 있게 해준다.

어떤 조건에서 사람들은 음식 혐오를 발달시킬 수 있다. 후무스는 매력적으로 보이고 아마도 맛있을 것이지만, 적어도 한 사람의 심리학자는 이것을 전염병만큼이나 회피한다.

Paul Cowan/Shutterstock

이 예를 생각해보라. 한 심리학 교수가 남부 캘리포니아를 방문했을 때, 그의 초청자는 그를 중동식 음식점에 데려가 점심을 대접했는데, 거기에서 그는 후무스 요리를 먹었다. 그날 밤 그는 몹시 아팠고, 후무스에 대해 평생 동안의 혐오가 생겨났다. 이 예에서 후무스는 CS였고, 박테리아 혹은 어떤 다른 독성원은 US였으며, 그 결과로 나타난 욕지기는 UR이었다. UR(욕지기)은 중성적이었던 CS(후무스)와 연결되면서, CR(후무스에 대한 혐오)이 되었다. 이 혐오는 단일 획득 시행으로 견고하게 되었다. 보통은 CS와 US의 여러 번의 짝지음이 있어야 학습이 확립된다.

음식 혐오 학습의 속도는 진화적 관점에서 보면 그렇게 특이하지 않다. 다양한 음식을 찾거나 먹는 종은 한때 자신을 아프게 만들었던 어떤 음식이든 피하는 것을 배울 수 있는 기제를 발달시킬 필요가 있다. 적응 가치를 가지기 위해 이 학습은 아마 한두 번 시행으로 일어나는 매우 신속한 것이어야 한다. 만일 학습이 이보다 더 많은 시행을 필요로 한다면, 그 동물은 독성 물질을 먹어서 죽을 수도 있을 것이다. 또한 학습된 혐오는 친숙한 것보다 새로운 음식과 더불어 더 자주 발생해야 한다. 동물이 앓은 특정한 날에 먹었던 모든 것에 대해 동물이 혐오를 발달시키는 것은 적응적이지 않다. 우리의 심리학자 친구는 그날 점심에 마신 콜라나 아침에 먹은 달걀 스크램블에 대한 혐오는 발달시키지 않았다. 그러나 후무스를 보거나 냄새 맡는 것은 그를 불편하게 만든다.

음식 혐오에 대한 고전적 조건형성은 다양한 CS(시각, 청각, 촉각, 미각, 및 후각) 및 몇 시간 후 욕지기와 구토를 일으키는 여러 다양한 US들(독성 물질의 주사나 방사선 조사)을 사용하여 광범하게 연구되었다(Garcia & Koelling, 1966). CS가 시각적, 청각적 혹은 촉각적 자극일 때 조건형성은 보통 약하거나 생기지 않지만, 독특한 맛과 냄새가 있는 자극에 대해서는 강한 음식 혐오가 발달한다. 반면에, 쥐에게서 음식 혐오를 낳는 맛과 냄새 자극은 대부분의 새 종류에게는 작용하지 않는다. 새는 음식을 찾을 때 시각 단서에 주로 의존하며 맛과 냄새에는 비교적 둔감하다. 그러나 새에게는 밝은 색깔의 음식과 같이 친숙하지 않은 시각 자극을 CS로 사용함으로써 음식 혐오를 생성시키는 것이 비교적 쉽다(Wilcoxon et al., 1971). 이와 같은 연구들은 진화가 각 종에게 일종의 **생물적 준비성**(biological preparedness), 즉 다른 것보다 특정한 종류의 연합을 학습하는 경향성을 주었음을 시사한다. 그래서 어떤 행동은 어떤 종에서는 쉽게 조건형성이 되나 다른 종에서는 그렇지 않다(Domjan, 2005).

생물적 준비성 다른 것보다 특정한 종류의 연합을 학습하는 경향성

맛 혐오에 관한 연구는 흥미롭게 적용될 수 있다. 방사능 조사 및 화학요법의 부작용을 다루는 기법의 발달이 그것이다. 치료로 인한 욕지기를 경험하는 암 환자들은 그들이 치료 전에 먹었던 음식들에 대한 혐오를 종종 발달시킨다. 브로버그와 베른슈타인(Broberg & Bernstein, 1987)은 만일 쥐에서 발견한 것이 인간에게 일반화된다면 간단한 기법이 이 효과의 부적 결과를 최소화할 것이라고 추측했다. 그들은 치료를 받기 전 마지막 식사 끝 무렵에 환자들에게 이상한 음식(코코넛 또는 루트비어 맛의 사탕)을 주었다. 아나나 다를까, 환자가 발달시킨 조건형성된 음식 혐오는 이상한 향들 중 하나에 대해서는 압도적이었지만 식사로 제공된 다른 음식들 중 어느 것에 대해서도 생기지 않았다. 표본(환자)들 중 루트비어나 코코넛 마니아 외의 환자들은 그들이 먹을 일이 더 많은 더 흔한 음식들에 대해서 혐오를 발달시키는 것을 면하게 되었다.

정리문제

1. 왜 어떤 개는 저녁 먹을 때를 아는 것처럼 보이는가?
2. 만일 무조건 자극과 조건 자극이 같은 효과를 낼 수 있다면, 둘의 차이는 무엇인가?
3. 이차 조건형성은 무엇인가?
4. 무조건 자극이 제거되었을 때 조건형성된 행동은 어떻게 변하는가?
5. 왜 일반화와 변별은 '같은 동전의 양면'인가?

6. 어린 앨버트는 왜 쥐를 두려워하였는가?
7. 조건형성에서 기대의 역할은 어떻게 행동주의자의 아이디어에 도전을 하는가?
8. 공포 조건형성에서 편도체의 역할은 무엇인가?
9. 암 환자의 불편이 음식 혐오의 이해를 통해 어떻게 완화되었는가?

학습목표

- 조작적 조건형성의 과정을 묘사한다.
- 인지적·신경적·진화적 측면이 조작적 조건형성에 대한 이해에 어떻게 영향을 주는지를 설명한다.

조작적 조건형성 : 환경으로부터의 강화

고전적 조건형성의 연구는 반응적인 행동에 대한 연구이다. 대부분의 동물들은 자발적으로 침을 흘리거나 불안의 발작을 느끼지 않는다. 오히려 이런 동물들은 조건형성 과정 동안 이런 반응들을 비자발적으로 내보인다. 그러나 우리는 또한 보상을 얻거나 처벌을 피하기 위해 이런 자발적인 행동들에 참여한다. **조작적 조건형성**(operant conditioning)은 유기체 행동의 결과가 미래에 그 행동을 되풀이할지 결정하게 되는 학습 유형이다. 조작적 조건형성의 연구는 능동적인 행동들에 대한 탐구이다.

조작적 조건형성의 발달 : 효과의 법칙

능동적 행동이 환경에 어떻게 영향을 미치는가에 대한 연구는 고전적 조건형성과 거의 같은 시기에 시작되었다. 1890년대에 손다이크(Edward L. Thorndike, 1874~1949)는 도구적 행동들, 즉 유기체가 무엇을 하도록, 다시 말해 문제를 풀거나 아니면 그 환경의 요소들을 조작하도록 요구하는 행동을 연구했다(Thorndike, 1898). 손다이크의 실험들 중 일부는 문제 상자를 사용했는데, 이것은 숨겨진 지렛대가 올바른 방향으로 움직일 때 문이 열리는 나무 상자였다(**그림 7.4** 참조). 문제 상자 안에 놓인 배고픈 고양이는 빠져나가려고 문을 긁거나, 시끄럽게 울거나, 구멍 속으로 앞발을 넣거나 하는 여러 가지 행동들을 시도할 것이지만, 단지 한 가지 행동이 그 문을 열고 음식을 얻도록 하였다. 그것은 지렛대를 바른 방향으로 딛는 것이다. 고양이가 보상을 획득한 후, 손다이크는 고양이를 또다시 상자 안에 넣었다.

　시간이 지나면서 효과적이지 않은 행동들은 점점 덜 자주 일어나고 하나의 도구적인 행동(걸쇠 쪽으로 바로 가는 것)이 점점 더 빈번하게 되었다(**그림 7.5** 참조). 이런 관찰로부터 손다이크는 **효과의 법칙**(law of effect)을 발전시켰는데, 이것은 '만족스러운 사태'가 뒤따르는 행동들은 반복

조작적 조건형성 유기체의 행동 결과가 미래에 그 행동을 되풀이할지를 결정하는 학습 유형

효과의 법칙 '만족스러운 상태'가 뒤따르는 행동들은 반복되는 경향이 있으며 '불쾌한 상태'를 낳는 것들은 되풀이될 가능성이 낮다는 원리

그림 7.4 **손다이크의 문제 상자** 손다이크의 원래 실험에서 음식은 문제 상자의 문 바로 바깥에 고양이가 볼 수 있는 곳에 놓여 있었다. 만일 고양이가 적절한 지렛대를 건드린다면, 문이 열리고 고양이는 나올 수 있을 것이다.

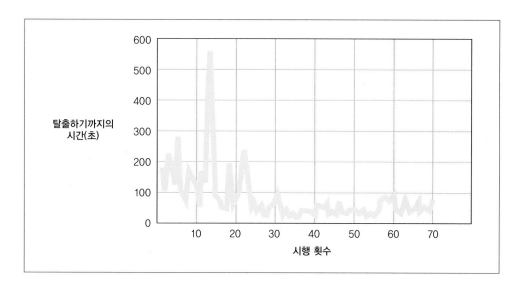

그림 7.5 **효과의 법칙** 손다이크의 고양이는 문제상자로부터 탈출하려고 할 때 시행착오 행동을 보였다. 예를 들어, 고양이는 오랫동안 많은 무관한 움직임들과 행동을 하고서야, 해결책을 발견했다. 어떤 행동이 빗장을 여는 데 도구적이었는가를 알아낸 다음에는 고양이들은 다른 비효과적인 행동들을 모두 중지하고 상자를 점점 더 빠르게 탈출했다.

되는 경향이 있으며 '불쾌한 사태'를 낳는 것들은 되풀이될 가능성이 더 적다는 원리이다.

그런 학습은 고전적 조건형성과 매우 달랐다. 고전적 조건형성 실험들에서 US는 매 훈련 시행마다 동물이 무엇을 하든 간에 발생했음을 명심하라. 파블로프는 개가 침을 흘리든 그렇지 않든 간에 개에게 음식을 주었다. 그러나 손다이크의 연구에서는 동물의 행동이 그다음에 일어날 것을 결정했다. 그 행동이 '맞으면'(즉 동물이 빗장을 건드리면), 동물은 음식으로 보상되었다. 맞지 않는 행동들은 아무 결과도 내지 않았으며 동물은 맞는 행동을 수행할 때까지 상자 안에 갇혀 있었다. 고전적 조건형성과 다르긴 하지만, 손다이크의 연구는 당시 대부분의 행동주의자들에게 반향을 불러일으켰다. 그것은 여전히 관찰 가능하고, 계량 가능하고, 마음을 필요로 하는 설명이 없는 것이었다(Galef, 1998).

조작행동 환경에 어떤 영향을 주는, 유기체가 수행하는 행동

강화물 그 자극으로 이어지는 행동의 확률을 증가시키는 역할을 하는 어떤 자극이나 사건

처벌물 그 자극으로 이어지는 행동의 확률을 감소시키는 역할을 하는 어떤 자극이나 사건

B. F. 스키너 : 강화와 처벌의 역할

손다이크의 연구 후 몇십 년 뒤 스키너(B. F. Skinner, 1904~1990)는 **조작행동**(operant behavior)이라는 용어를 만들었는데, 이것은 환경에 어떤 영향을 주는, 유기체가 수행하는 행동을 가리킨다. 스키너의 시스템에서 이렇게 방출된 모든 행동들은 어떤 방식으로 환경에 '작동했으며', 그 환경은 그 행동들을 강하게 하거나(즉, 행동을 강화한다), 혹은 그것들이 덜 자주 일어나게 하는(즉, 행동을 처벌한다) 사건들을 제공함으로써 반응했다. 스키너의 우아하고 단순한 관찰은, 대부분의 유기체들은 상황이 어떠하든 음식을 받기만을 수동적으로 기다리는 마구에 묶인 개처럼 행동하지 않는다는 것이었다. 오히려 대부분의 유기체들은, 보상을 얻기 위해 환경 속에 능동적으로 개입하는 상자 안의 고양이와 비슷하다(Skinner, 1938, 1953).

조작행동을 과학적으로 연구하기 위해 스키너는 손다이크의 문제상자를 변형시켰다. 그것은 조작적 조건형성 방, 혹은 스키너 상자라고 흔히 불리는 것(**그림 7.6** 참조)이었다. 이것은 통제된 환경 안에서 작은 유기체들의 행동을 연구할 수 있게 해준다.

학습 연구에서 스키너의 접근은 강화(reinforcement)와 처벌(punishment)에 초점을 두었다. 이 용어들은 상식적인 의미를 가지고 있지만, 심리학에서는 행동에 미치는 효과란 면에서 특별한 의미를 가지고 있다. **강화물**(reinforcer)은 그 자극으로 이어지는 행동의 확률을 증가시키는 어떤 자극이나 사건이며, **처벌물**(punisher)은 그 자극으로 이어지는 행동의 확률을 감소시키는 어떤 자극이나 사건이다.

특정한 자극이 강화물로 혹은 처벌물로 작용하는지는 그것이 한 행동의 확률을 높이는지 낮추는지에 부분적으로 달려있다. 음식 제공은 보통 강화적이며 그것으로 이끄는 행동의 증가를 낳는다. 음식 제거는 종종 처벌적이며 행동의 감소로 이어진다. 전기 충격 장치를 켜는 것은 보통 처벌적이며(그것을 이끄는 행동이 줄어든다), 그것을 끄는 것은 보상적이다(그것을 이끄는 행동이 증가한다).

이런 가능성들을 구별하기 위해 스키너는 한 자극이 제시되는 상황을 위해서는 **정적**(positive)이란 용어를 쓰고, 그것이 제거되는 상황에서는 **부적**(negative)이란 용어를 썼다. 결과적으로 **표 7.1**에서 보듯이, 정적 강화(자극이 제시되고, 이것은 행동 확률을 증가시킨다)와 부적 강화(자극이 제거되고, 이것은 행동 확률을 증가시킨다), 그뿐만 아니라 정적 처벌(자극이 제시되고, 이것은 행동 확률을 감소시킨다)과 부적 처벌(자극이 제거되고, 이것은 행동 확률을 감소시킨다)이 있다. 여기에서 정적 및 부적이란 단어는 각각 더해지는 무엇 혹은 제거되는 무엇을 의미하며, 일상 언어에서 그러는 것처럼

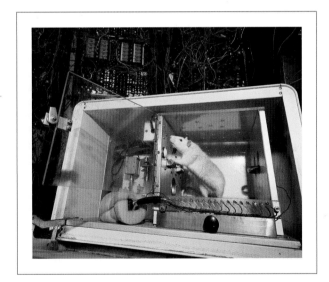

그림 7.6 스키너 상자 전형적인 스키너 상자 혹은 조작적 조건형성 방. 쥐, 비둘기 혹은 다른 적절한 크기의 동물이 이 환경 안에 놓이고 조작적 조건형성 원리를 적용하는 학습 시행 동안 관찰된다.

Walter Dawn/Science Source

표 7.1 강화와 처벌		
	행동의 발생확률 증가	행동의 발생확률 감소
자극의 제시	정적 강화 : 부모가 10대 자녀에게 안전한 운전에 대한 보상으로 새 차를 사준다.	정적 처벌 : 10대 자녀가 과속 단속된 후, 부모가 어려운 새 허드렛일을 시킨다.
자극의 제거	부적 강화 : 10대 자녀가 안전한 운전을 한 것에 대한 보상으로 운전이 허용되는 곳에 대한 제한을 부모가 줄여준다.	부적 처벌 : 10대 자녀가 과속 단속된 후 부모가 운전 특권을 보류한다.

'좋음' 혹은 '나쁨'을 뜻하지 않는다.

이러한 구별들이 처음에는 혼란스러울 수 있다. 결국 '부적 강화'와 '처벌'은 모두 '나쁜' 것처럼 들리고, 같은 종류의 행동을 낳지 않는가. 그러나 부적 강화는 행동의 확률을 감소시키는 무엇을 제시하는 것을 포함하지 않는다. 그것은 전기 충격과 같은 무엇의 제거이며, 이것은 어떤 행동의 확률을 증가시킨다.

학습을 촉진하는 데 강화는 일반적으로 여러 가지 이유로(Gershoff, 2002) 처벌보다 더 효과적이다. 한 가지 이유는 처벌은 용납할 수 없는 행동이 일어났다는 것을 알려주지만, 그 대신 무엇을 해야 하는지를 구체적으로 밝히지 않는다. 혼잡한 거리로 뛰어들려는 어린아이를 야단치는 것은 분명히 그 행동을 멈추게 하지만, 이것은 바람직한 행동에 관한 어떤 종류의 학습도 촉진하지 않는다.

부적 강화는 바람직하지 않은 어떤 것을 환경에서 제거하는 것과 관련된다. (사진 내용)아빠가 차를 멈출 때, 아빠는 보상을 받는다. 즉 그의 작은 괴물(아이)은 소리치는 것을 멈춘다. 그러나 아이의 관점에서 보면, 이것은 정적 강화이다. 아이의 짜증은 정적인 어떤 것이 환경에 더해지는, 즉 스낵을 먹기 위해 멈추는 결과를 낳는다.

Michelle Selesnick/Moment/Getty Images

일차 및 이차 강화와 처벌

강화물과 처벌물은 종종 기본적인 생물적 기제로부터 그 기능을 얻는다. 스키너 상자에서 표적을 쪼는 비둘기는 보통 음식 알갱이로 강화되는데, 약한 전기 충격으로부터 탈출하는 것을 배우는 동물이 따끔거리는 발의 처벌을 회피하는 것과 같다. 음식, 안락, 거처 혹은 따뜻함은 일차 강화물의 예인데, 그것들은 생물적 요구나 욕구를 충족하는 데에 도움이 되기 때문이다. 그러나 우리 일상생활에서 대다수의 강화물 혹은 처벌물은 생물학과 거의 관계가 없다. 언어적 승인, 청동 트로피 혹은 돈은 모두 강력한 강화 기능을 수행하지만, 이들 중 어느 것도 아주 좋은 맛이 나지도 않고 밤에 여러분을 따뜻하게 하는 데 도움이 되지도 않는다.

이러한 이차 강화물은 고전적 조건형성을 통해서 일차 강화물과 연합됨으로써 그 효과성을 끌어낸다. 예를 들어, 돈은 중성적 CS로 시작하지만, 음식이나 거처를 획득하는 것과 같은 일차적 US와의 연합을 통해 조건형성된 정서적 요소를 가진다. 섬광 조명은 원래는 중성적 CS이지만 과속 고지서와 벌금과의 연합을 통해 강력한 부정적 요소를 획득한다.

즉각 대 지연 강화와 처벌

강화물의 효과성에 대한 핵심 결정인자는 행동과 강화물의 발생 간의 시간 간격이다. 시간이 더 많이 흐를수록 강화물은 덜 효과적이다(Lattal, 2010; Renner, 1964). 음식 강화물이 쥐가 레버를 누른 후 다양한 시점에 주어진 실험에서 이 점이 매우 잘 드러난다(Dickinson et al., 1992). 단 몇 초라도 강화를 지연시키는 것은 그 뒤에 쥐가 레버를 누르는 횟수를 감소시키며, 지연을 1분까지 늘리면 음식 강화물은 전혀 효과적이지 않게 된다(**그림 7.7** 참조). 이 효과에 대한 가장 그럴싸한 설명은 강화물의 지연으로 인해 쥐가 강화물을 얻기 위해 어떤 행동을 수행할 필요가 있는지를 정확하게 알아내기 어렵게 되었다는 것이다. 같은 식으로 말하면, 몇 개의 캔디를 가지고 아이들이 조용하게 노는 것을 강화시키고자 하는 부모는 아이가 계속 조용히 놀고 있는 동안에 캔디를 제공해야 한다. 아이가 다른 행동, 아마 냄비나 팬으로 시끄러운 소리를 만드는 일에 몰두할지도 모를, 나중까지 기다리면, 아이들은 강화물과 조용하게 노는 행동을 연결시키기가 더 어려울 것이다(Powell et al., 2009). 비슷한 고찰이 처벌에도 적용

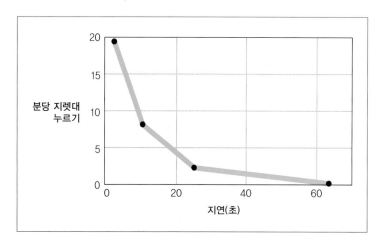

그림 7.7 강화의 지연 쥐는 음식 보상을 얻기 위해 지렛대를 눌렀다. 연구자들은 지렛대 누르기와 음식 강화의 제공 간 시간을 조작했다. 반응(분당 레버 누르는 수)의 빈도는 지연이 길어질수록 실질적으로 감소했다.

여러분이 교외 도시의 시장이고 거주 구역에서 속도를 높이는 운전자들의 수를 줄이는 새로운 정책을 도입하려 한다고 가정하자. 여러분이 싫어하는 행동(과속)을 줄이기 위해 처벌을 어떻게 쓸 것인가? 여러분이 바라는 행동(안전 운전)을 늘리기 위해 강화를 어떻게 쓸 것인가? 여러분이 이 절에서 읽은 조작적 조건형성의 원리에 근거해서, 어떤 접근이 가장 유익할 것으로 생각하는가?

Eden Breitz/Alamy

된다. 일반적으로 행동과 처벌하기 간의 지연이 길수록, 처벌은 그 행동을 억제하는 데 덜 효과적이게 될 것이다(Kamin, 1959; Lerman & Vorndran, 2002).

지연된 강화물과 처벌과 비교해서 즉각적 강화물과 처벌의 뛰어난 효능은 왜 장기적인 이득을 주는 행동에 몰입하기가 힘든지를 납득하는 데 도움을 줄 것이다. 금연을 필사적으로 원하는 애연가는 불을 붙이는 것에서 생기는 휴식의 느낌에 의해 즉시 강화될 것이지만, 금연으로 생기는 더 좋은 건강으로 강화되기 위해서는 몇 년을 기다려야 할 것이다. 체중을 줄이려고 진심으로 원하는 식이조절자는 체중이 감소된다 하더라도 몇 주 혹은 몇 달 뒤에 올 체중 감소와 연관된 강화(더 좋아 보이고 기분이 좋은 것)를 기다리기보다, 지금 강화를 주는 초콜릿 선디의 유혹에 쉽게 굴복할 것이다. 다른 면에서, 쇼핑몰에서 못되게 행동하는 아이를 둔 부모는 타임아웃(일정 시간 활동 금지 혹은 격리시키는 것-역주)으로 아이를 즉각 처벌할 수 없을 것인데, 쇼핑몰 장면에서 타임아웃은 비실제적이기 때문이다. 이런 지연은 처벌이 주어질 때 처벌의 효과를 떨어뜨릴 것이다.

조작적 조건형성의 기본 원리

강화와 처벌이 학습된 행동을 어떻게 생성하는가를 입증한 다음, 스키너와 다른 연구자들은 조작적 조건형성의 기본 원리를 탐구하기 시작했다. 몇 가지를 살펴보자.

변별과 일반화

조작적 조건형성은 고전적 조건형성에서 보았던 것과 비슷한 변별 및 일반화 효과를 보여준다. 이를 입증하기 위해, 연구자들은 모네의 인상파 그림 아니면 피카소의 입체파 그림을 사용했다(Watanabe et al., 1995). 이 실험의 참가자들은 적절한 그림이 제시될 때 반응하는 경우에만 강화받았다. 훈련 후에 참가자들은 제대로 변별하였다. 모네 그림으로 훈련받은 참가자들은 모네의 다른 그림들이 제시되었을 때 반응했으며, 피카소의 입체파 그림이 제시될 때는 반응하지 않았다. 피카소 그림으로 훈련받은 참가자들은 그 반대의 행동을 보였다. 게다가 참가자들은 같은 예술적 계통의 화가들에게도 일반화할 수 있었다. 이전에 그 그림들을 본 적이 전혀 없음에도 불구하고, 모네로 훈련받은 참가자들은 다른 인상파 화가의 그림에 대해서도 적절하게 반응했고, 피카소 훈련 참가자들은 다른 입체파 그림에 대해서 반응했다. 이런 결과들은 특히 놀라운데 연구 참가자들이 이런 다양한 예술 작품들에 대해 건반 쪼기를 훈련받은 비둘기였기 때문이다.

변별과 일반화에 관한 연구에서, 왼쪽에 있는 것과 같은 피카소의 그림들로 훈련을 받은 참가자들은 피카소의 다른 그림들에 대해 혹은 다른 입체파의 그림들에 대해서도 반응하였다. 오른쪽에 있는 것과 같은 모네의 그림들로 훈련을 받은 참가자들은 모네 혹은 다른 프랑스 인상파의 그림들에 반응하였다. 흥미로운 사실은 이 연구의 참가자들은 비둘기였다는 것이다.

소거

고전적 조건형성에서처럼 조작행동은 강화가 멈출 때 소거를 겪는다. 비둘기는 행동에 잇달아 음식이 더 이상 제공되지 않는다면 건반 쪼기를 중지한다. 여러분은 자동판매기가 약속된 사탕이나 음료수를 내놓지 않는다면 그것에 더 많은 돈을 넣지 않을 것이다. 표면적으로 조작행동의 소거는 고전적 조건형성의 소거와 비슷하게 보인다.

그러나 중요한 차이가 있다. 언급했듯이 고전적 조건형성에서 US는 유기체가 무엇을 하든 모든 시행에서 발생한다. 조작적 조건형성에서 강화는 적절한 반응이 수행될 때에만 나타나며, 그때에도 항상 나타나는 것은 아니다. 숲으로 가는 모든 여행이 다람쥐에게 나무 열매를 주지 않고, 자동차 판매원은 시운전을 하는 모든 사람에게 차를 팔 수 없으며, 연구자는 해결되지 않고 결코 출판되지 않는 많은 실험들을 수행한다. 그러나 이런 행동들이 점차로 약해져서 소거되지는 않는다. 사실 이런 행동들은 보통 더 강해지고 더 탄력적이게 된다. 흥미롭게도 소거는 고전적 조건형성보다 조작적 조건형성에서 약간 더 복잡한데 소거가 강화를 얼마나 자주 받았는가에 부분적으로 달려 있기 때문이다. 사실 이 원리는 다음에 살펴볼 조작적 조건형성의 중요한 기초이다.

강화 계획

어느 날 스키너는 그의 초기 실험에서 쥐를 강화시키는 데 사용할 음식 알갱이를 만들기 위해 힘들게 음식 가루와 물을 반죽하고 있었다. 막대를 누를 때마다 쥐에게 알갱이를 주지 않고 그 대신 간헐적인 일정에 따라 음식을 주면 아마 시간과 노력을 절약할 수 있으리라는 생각이 갑자기 떠올랐다. 이런 직감의 결과는 극적이었다. 쥐들은 막대를 계속 눌렀을 뿐만 아니라 강화물 제공의 때맞춤(timing)과 빈도에 따라 막대 누르기의 속도와 패턴도 바꾸었다(Skinner, 1979). 학습 시행의 수만이 중요했던 고전적 조건형성과 달리, 강화가 나타나는 패턴이 조작적 조건형성에서 결정적이었다.

스키너는 강화 계획이라 알려진 것을 수십 가지 탐구했다(Ferster & Skinner, 1957; **그림 7.8**

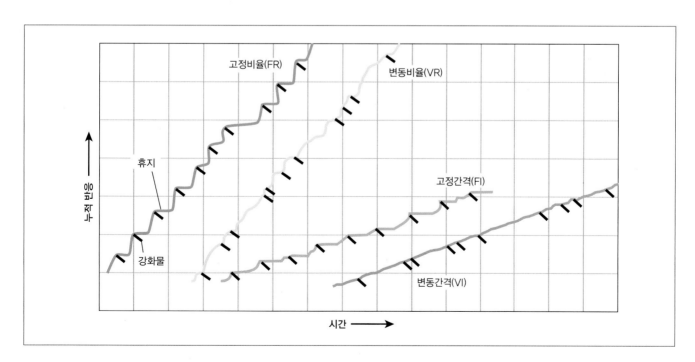

그림 7.8 강화 계획 여러 강화 계획들이 서로 다른 반응 비율들을 낳는다. 이 선들은 각 강화 유형 아래 발생하는 반응의 양을 나타낸다. 검정 사선 표시는 강화가 주어진 때를 나타낸다. 고정 비율 및 변동 비율 계획의 더 가파른 선들이 보여주듯이, 비율 계획이 간격 계획보다 더 높은 비율의 반응을 낳는 경향이 있음을 주목하라.

간격 계획 시험 직전에 벼락치기로 공부하는 학생들은 종종 고정간격 계획 조건에서 강화받는 비둘기와 같은 종류의 행동을 보인다. 라디오 방송국은 덜 예측적인, 변동간격 강화 계획에 기초해서 콘서트 참가 희망자에게 티켓을 제공한다.

Jupiterimages, Brand X Pictures/Stockbyte/Getty Images; © Richard Hutchings/Photoedit

고정간격 계획(FI) 적절한 반응이 만들어진다면 강화물이 고정된 시간 간격으로 제공되는 조작적 조건형성 원리

변동간격 계획(VI) 행동은 그 직전의 강화 이후 경과한 평균 시간에 기초해서 강화된다는 조작적 조건형성 원리

고정비율 계획(FR) 강화가 특정한 수의 반응을 한 다음에 제공되는 조작적 조건형성 원리

참조). 가장 중요한 두 가지는, 강화 간의 시간 간격에 기반을 둔 간격 계획과 강화 대 반응의 비율에 기반을 둔 비율 계획이다.

간격 계획 고정간격 계획(fixed-interval schedule, FI)에서 강화는 적절한 반응이 만들어진다면 고정된 시간 간격으로 제공된다. 예를 들면, 2분 고정간격 계획에서 그 직전의 강화 이후 2분이 지난 후에만 반응이 강화될 것이다. 스키너 상자 안의 쥐와 비둘기들은 이 계획 아래 예측 가능한 행동 패턴을 보여주었다. 그들은 강화 제공 직후에는 거의 반응하지 않았으나, 그다음 간격이 끝날 무렵 폭발적인 반응을 보였다. 많은 학부생들이 이와 똑같이 행동한다. 그들은 다가오는 시험 바로 직전까지는 비교적 거의 공부를 하지 않다가, 그다음 맹렬하게 읽기와 공부에 몰두한다.

변동간격 계획(variable-interval schedule, VI)에서 행동은 그 직전의 강화 이후 경과한 평균 시간에 기초해서 강화된다. 예를 들면, 2분 변동간격 계획에서 반응은 평균적으로 2분마다 강화된다. 변동간격 계획은 보통 꾸준하고 일관성 있는 반응을 보이는데, 그다음 강화까지의 시간이 덜 예측적이기 때문이다. 실생활에서 변동간격 계획의 한 예는 라디오 방송국의 홍보용 경품일 것이다. 예컨대 콘서트 표와 같은 강화는 그날의 방송 시간을 통틀어서 평균적으로 한 시간에 한 번 발생할 것이지만, 경품은 이른 10시에 나올 수도 있고, 늦은 11시에 또는 12시가 되는 즉시에 나오거나, 다른 때에 나올 수 있다.

고정간격 계획과 변동간격 계획은 느리고 질서정연한 반응을 생성하는 경향이 있는데, 강화는 얼마나 많은 반응이 일어나는가와 독립적인 시간 척도를 따르기 때문이다. 고정간격 계획에 있는 쥐가 2분 동안 막대를 1회 아니면 100회 누르는지는 중요하지 않다. 강화적인 음식 알갱이는 반응 수와 무관하게, 2분이 지나가기 전에는 배출기로부터 떨어지지 않을 것이다.

비율 계획 고정비율 계획(fixed-ratio schedule, FR)에서 강화는 특정한 수의 반응이 만들어진 다음에 제공된다. 어떤 계획은 매 네 번째 반응 후에 강화를 주는 것일 수 있고, 다른 계획은 매 20회 반응 이후에 강화를 주는 것일 수 있다. 각 반응 후에 강화를 제공하는 특수한 경우는 연속 강화(continuous reinforcement)라고 불린다. 예컨대 여러분 지역의 샌드위치 가게는 정해진 수의 정상적 구입 이후에 무료로 제공할 것이다. 성과급 노동자는 일정한 수의 제품을 만든 다음 임금을 지불받으며, 어떤 신용카드 회사는 청구 금액의 일정 비율을 고객에게 되돌려준다. 고정비율 계획이 작동하고 있을 때 그다음 강화물이 언제 올 것인지를 정확하게 아는 것이 원칙적으로는 가

비율 계획 섬유 공장에서 일하는 이 성과급 노동자들은 고정비율 계획에 따라 임금을 받는다. 그들은 일정량의 셔츠를 재봉한 다음에야 급료를 받는다. 카지노의 슬롯머신은 변동비율 계획에 따라 돈을 준다. 이것은 왜 어떤 노름꾼은 믿을 수 없으리만치 운이 좋다고 느끼는 반면, 다른 사람들은 한 번도 이기지 못하고도 그렇게 오랫동안 게임을 하는지를 설명하는 데 도움이 된다.

Jeff Holt/Bloomberg via Getty Images; Stockbroker/MBI/Alamy

능하다.

　변동비율 계획(variable-ratio schedule, **VR**)에서 강화의 제공은 반응들의 특정한 평균 수에 근거를 둔다. 현대 카지노의 슬롯머신은 기계의 작동을 통제하는 난수 생성기에 결정되는 변동비율 계획에 따라 지불한다. 카지노는 '평균 100번 당길 때'마다 당첨된다고 광고할 것인데, 그러나 오락을 하는 어떤 사람은 슬롯머신에서 3회 당긴 후 잭팟을 맞힐 수 있는 반면, 다른 사람은 80회 당길 때까지도 맞히지 못할 수 있다. 강화 대 반응의 비율은 가변적이며, 이것이 아마 카지노가 여전히 영업을 하는 데 도움을 줄 것이다.

　변동비율 계획은 고정비율 계획보다 약간 더 높은 반응 비율을 보이는 것은 놀라운 일이 아닌데, 이것은 주로 유기체가 그다음 번 강화가 언제 나타날 것인지를 결코 모르기 때문이다. 게다가 비율이 더 높을수록 반응률도 더 높아지는 경향이 있다. 20회 반응 변동비율 계획은 2회 반응 변동비율 계획보다 상당히 더 많은 반응을 낳을 것이다. 강화 계획들이 **간헐적 강화**(intermittent reinforcement)를 줄 때, 즉 반응들 중 일부에 대해서만 강화가 주어질 때, 그것은 연속 강화 계획보다 소거에 훨씬 더 저항적인 행동을 낳는다. 이 효과에 대해 생각하는 한 가지 방법은 강화 계획이 더 불규칙적이고 간헐적일수록 유기체가 실제로는 소거 상황에 놓여 있는지를 탐지하기가 더 어려워진다는 것을 깨닫는 것이다.

　예를 들면 여러분이 부서진 줄 모르고 음료수 판매기에 방금 1달러를 넣었는데 음료수가 나오지 않는다고 하자. 여러분은 연속 강화 계획에서 1달러에 음료수 하나씩을 음료수를 받는 것에 익숙해져 있기 때문에 이런 갑작스러운 환경 변화는 알아차리기 쉽고, 여러분은 기계에 돈을 추가로 넣지 않을 것이다. 즉, 여러분은 곧장 소거를 보인다. 그러나 여러분이 모르고, 부서진 슬롯머신에 1달러를 넣었다면, 한두 번 게임을 한 뒤 여러분은 그만두는가? 거의 확실하게 그렇지 않을 것이다. 여러분이 습관적인 슬롯 놀이꾼이라면 아무것도 따지 못하고 연속해서 몇 번이나 허탕을 치는 데 익숙해졌을 것이고, 그래서 무언가가 보통과는 다르다는 것을 알아차리기가 힘들다. **간헐적 강화 효과**(intermittent reinforcement effect)는 간헐적 강화 계획에서 유지되는 조작행동들은 연속 강화 아래 유지되던 행동보다 소거에 대해 더 잘 저항한다는 사실을 가리킨다. 한 극단적인 경우에, 스키너는 변동비율 계획을 확장해서 비둘기가 하나의 음식 강화물을 받기 위해 조명된 건반을 놀랍게도 1만 번 쪼도록 만들 수 있었다! 이와 같은 계획 아래 유지된 행동은 실제로 소거에 대해 면역되어 있다.

계기적 근사법을 통한 조성

아쿠아리움에 가서 돌고래가 공중에 점프해서 몸을 비틀어 물을 튀며 다시 입수해서, 재주넘기를 하고, 그다음 후프 속으로 점프하는 이 모든 것을 하나의 부드러운 동작으로 어떻게 배우는지에 대해 궁금증을 가진 적이 있는가? 글쎄, 돌고래들은 그렇게 할 수 없다. 적어도 한꺼번에 모든 것을 배우지는 않는다. 오히려 그들의 행동 요소들은 최종적 산물이 하나의 부드러운 동작처럼 보일 때까지 계속 조성되어 왔다.

　행동은 자극이 제시되고 그다음 유기체가 어떤 혹은 다른 활동에 몰입하는 식의 고정된 틀로는 거의 일어나지 않는다. 우리 행동들의 대부분은 **조성**(shaping)의 결과인데, 조성은 희망하는 최종 행동에 이르기까지 계기적인 단계들을 강화한 결과로 생기는 학습이다. 한 세트의 행동의 결과가 다음 세트의 행동을 조성하고, 그 결과는 그다음 세트의 행동을 조성하는 식으로 이어진다.

　여러분이 스키너 상자에 쥐를 한 마리 넣고 쥐가 막대를 누르도록 기다린다면 매우 오랫동안 기다리는 것으로 시간을 다 보낼 것이라고 스키너는 지적했다. 막대 누르기는 대부분의 쥐가 보

여러분이 보험회사를 소유하고 있고 여러분의 판매원들이 가능한 한 많은 보험을 판매하기를 원한다고 상상해보라. 여러분은 그들에게 판매한 보험의 수에 근거해서 보너스를 주려고 결정한다. 여러분은 FR 계획을 쓰는 보너스 시스템을 어떻게 설정할 것인가? VR 계획을 쓴다? 어떤 시스템이 여러분의 판매원들로 하여금, 더 많은 판매를 한다는 의미에서, 더 열심히 일하도록 격려할 것으로 생각하는가?

Elenathewise/iStock/Getty Images

통 상당한 시간을 쓰는 그런 일이 아니다. 그러나 막대 누르기를 조성하기는 비교적 쉽다. 쥐가 막대 방향으로 몸을 돌릴 때까지 기다려라. 그다음 음식 보상을 줘라. 이것은 막대 쪽으로 몸 돌리기를 강화하고, 그런 움직임이 더 잘 일어나게 할 것이다. 그다음 음식을 주기 전에 쥐가 막대 쪽으로 한 걸음 떼기까지 기다려라. 이것은 막대를 향해 움직이는 것을 강화할 것이다. 쥐가 막대로 더 가까이 걸어간 다음에는 음식을 주기 전에 쥐가 막대를 건드릴 때까지 기다려라. 이 행동들 중 어떤 것도 희망하는 최종 행동(확실하게 막대를 누르는 것)은 아니라는 점을 유의하라. 오히려 각 행동은 희망하는 최종 행동에 대한 계기적 근사(successive approximation)이다. 돌고래의 예에서, 그리고 정말로, 비교적 단순한 동물들이 놀라우리만치 복잡한 행동을 수행하는 것처럼 보이는 여러 경우의 동물 훈련에서, 전반적인 행동 순서가 확실하게 수행되기까지 어떻게 각각의 더 작은 행동들이 강화되는지에 대해 여러분은 생각할 수 있을 것이다.

미신행동

지금까지 논의한 모든 것이, 믿음직한 조작행동을 확립하는 비결들 중 하나는 유기체의 반응과 강화 발생 간 상관이라는 것을 시사한다. 모든 반응에 강화물의 제시가 뒤따르는 연속 강화의 사례에서는 일대일의 완벽한 상관이 있다. 간헐적 강화의 사례에서, 그 상관은 더 약하지만(즉, 모든 반응이 강화받는 것은 아니다), 상관이 0은 아니다. 그러나 제2장에서 읽었듯이, 상관은 반드시 인과를 의미하지 않는다(즉 두 가지 일이 시공간에서 함께 발생하는 경향이 있다고 해서, 하나의 출현이 실제로 다른 것이 일어나게 한다고 결론지을 수 없다).

스키너(1948)는 이런 구별을 보여주는 실험을 설계했다. 그는 스키너 상자 안에 몇 마리의 비둘기를 넣고, 음식 배급기가 매 15초마다 음식을 공급하도록 설정한 다음 비둘기를 기구에 내버려 두었다. 나중에 돌아와서 비둘기가, 예컨대 이렇다 할 표적 없이 구석을 쪼거나 빙빙 도는 것과 같이, 이상하고 특이한 행동들을 열심히 하고 있는 것을 발견하였다. 그는 이런 행동들을 '미

아그네스라는 이름의 개를 조성하는 B.F. 스키너. 아그네스가 벽에 있는 점차 더 높은 선에 닿도록 강화함으로써, 스키너는 아그네스에게 꽤 멋진 묘기를 가르쳤다. 20분의 조성 후에 아그네스는 이리저리 움직이다가, 뒷발로 서기, 맨 위의 선까지 바로 점프하였다.

Look Magazine Photograph Collection, Library of Congress, Prints & Photographs Division, [Reproduction Number E.g., LC-L9-60-8812, Frame 8]

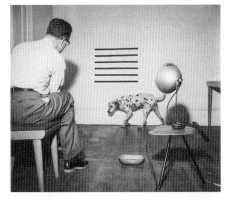

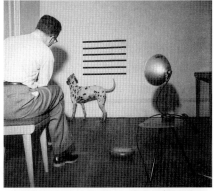
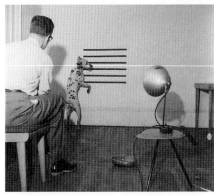
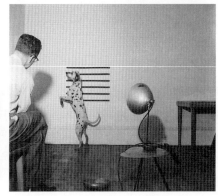
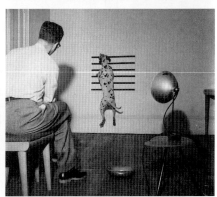

신적'이라고 지칭하고 이런 행동의 발생에 관한 행동주의적 분석을 제시했다. 그의 주장에 따르면, 비둘기는 우연적으로 강화받은 행동을 단순히 되풀이하고 있었다. 즉, 음식이 나타났을 때 비둘기는 우연히 구석을 아무렇게나 쪼고 있었을 것이다. 이 쪼기 행동이 음식 제공으로 강화받았기 때문에, 비둘기는 그것을 되풀이하기 쉽다. 이제 구석을 쪼기는 더 자주 일어날 것이고, 15초후 음식이 다시 나타날 때 강화받기가 더 쉽다. 각 비둘기의 경우, 강화받은 행동은 그것이 무엇이든 음식이 처음 제공될 때 그 비둘기가 우연히 하고 있었던 행동일 가능성이 높다. 스키너의비둘기는 단지 우연적으로 상관되었음에도 자신의 행동들과 음식의 출현 간에 인과관계가 있었던 것처럼 행동했다.

어떤 연구자들은 이런 행동들을 '미신적'이라고 스키너가 특성화한 것에 대해 의문을 제기했지만(Staddon & Simmelhag, 1971), 후속 연구들은 강화가 자신의 반응에 의존하지 않는 계획을 썼을 때 성인이나 아이들도 겉으로 볼 때 미신적인 행동을 낳을 수 있다는 것을 보여주었다. 사람도 비둘기처럼 그 관계가 단지 우연적인데도, 자신의 반응과 보상 간에 상관이 있는 것처럼 행동하는 것 같다(Bloom et al., 2007; Mellon, 2009; Ono, 1987; Wagner & Morris, 1987).

조작적 조건형성에 대한 더 깊은 이해

왓슨과 스키너와 같은 행동주의자에게 유기체는 어떤 면에서 환경 속의 자극들에 대한 반응으로 행동한 것이지 문제의 동물이 어떤 것을 갈망하거나, 소망하거나 의도했기 때문이 아니었다. 그러나 조작적 조건형성에 관한 어떤 연구는 행동을 낳는 배후의 기제를 찾아 더 깊이 파고들었다. 고전적 조건형성에 대해서 했듯이 조작적 조건형성의 인지적 · 신경적 · 진화적 요소들을 살펴보자.

조작적 조건형성의 인지적 요소

에드워드 체이스 톨먼(Edward Chace Tolman, 1886~1959)은 단지 환경의 조건들(자극 속성들)을 아는 것과 특정 결과(강화된 반응)를 관찰할 수 있는 것 이상의 것이 학습에 있다고 주장했다. 그 대신 톨먼은 조건형성 경험은 이런 특정 상황에서 특정 반응(목표에 이르는 수단)이 수행되면 특정 보상(목표 상태)이 나올 것이라는 앎 혹은 믿음을 낳는다고 주장했다.

톨먼의 아이디어는 고전적 조건형성에 관한 레스콜라-와그너 모형을 생각나게 할 것이다. 두경우 모두에서, 자극은 직접적으로 반응을 유발하지 않는다. 오히려 그것은 내적 인지 상태를 수립하고, 이것이 행동을 낳는다. 이런 학습의 인지 이론들은 자극-반응(S-R) 연결에 덜 초점을 두고 자극에 직면했을 때 유기체의 마음에서 일어나는 것에 더 초점을 두었다. 1930년대와 1940년대에 톨먼과 그 제자들은 잠재학습과 인지도에 집중하는 연구들을 수행했는데, 이 두 현상은 조작적 조건형성에 대한 단순한 S-R 해석이 부적절하다는 것을 강하게 시사한다.

잠재학습(latent learning)은 어떤 것이 학습되었으나 미래의 어느 시점까지 행동적 변화로 표출되지 않는 과정이다. 예를 들어, 톨먼은 세 집단의 쥐들을 17일의 기간에 걸쳐 매일 복잡한 미로에 들어가게 하였다. 통제집단은 어떤 강화도 받지 않았다. 그 쥐들은 미로의 끝에 있는 목표 상자에 우연히 도달할 때까지 미로를 자유롭게 돌아다니는 것을 허락받았을 뿐이었다. **그림 7.9**에서 연구 중인 17일이 지나도록 통제집단(초록색)은 미로를 통과하는 길을 찾는 데 약간 더 나았을 뿐이지만 그것도 많이 나아진 것은 아니었음을 볼 수 있다. 둘째 집단의 쥐는 정기적인 강화를 받았다. 쥐들이 목표 상자에 도달했을 때, 작은 음식 보상이 거기에 있었다. 놀라운 일은 아니지만 이 쥐들은 분명한 학습을 보였는데, 그림 7.9에서 파란색으로 표시되어 있다. 셋째 집단은 첫 10일 동안 통제집단과 똑같이 취급되었으나 그다음 마지막 7일 동안 보상을 받았다. 이 집단의 행동(주

우연히 샤워를 하지 않았던 날에 경기가 좋았던 야구 선수들은 그런 전통을 계속 유지하려 할 것인데, 이것은 불량한 개인위생과 좋은 경기 간의 우연적인 상관을 "악취가 홈런을 만든다"라는 주장의 증거로 오판하게 만든다. 이것은 인간의 미신적 행동의 많은 사례 중 하나일 뿐이다(Gilbert et al., 2000; Radford & Radford, 1949).

J. Meric/Getty Images

잠재학습   어떤 것이 학습되었으나 미래의 어느 시점까지 행동적 변화로 표출되지 않는 과정

그림 7.9 잠재 학습 어떤 강화도 받았던 적이 없었던 통제 집단의 쥐들(초록색 곡선)은 17일에 걸쳐 미로를 통과하는 길을 찾는 데 향상을 보였으나 대단하지는 않았다. 정기적으로 강화를 받은 쥐들(파란색 곡선)은 꽤 분명한 학습을 보였다. 그들의 오류율은 시간이 지나면서 꾸준히 감소하였다. 잠재학습 집단의 쥐들(주황색 곡선)은 첫 10일 동안은 통제집단 쥐들과 똑같이 취급되었으며, 그다음 마지막 7일 동안은 정기적으로 보상을 받은 집단처럼 취급받았다. 12일째 날에 그 쥐들이 보인 극적인 향상은 이 쥐들이 강화를 받은 적이 없음에도 불구하고 그 미로와 목표 상자의 위치에 대해 상당히 학습하였음을 보여준다.

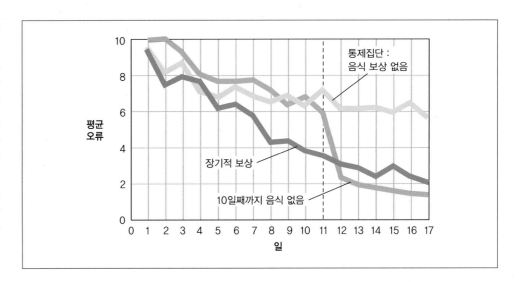

황색)은 매우 놀라웠다. 첫 10일 동안 이 쥐들은 통제 집단의 쥐들처럼 행동했다. 그러나 마지막 7일 동안 쥐들은 매일 강화받아 온 둘째 집단의 쥐들과 매우 비슷하게 행동했다. 분명히 이 셋째 집단의 쥐들은 비록 자신의 행동에 대해 어떤 강화도 받지 않았지만, 처음 10일 동안 미로와 목표 상자의 위치에 대해 많은 것을 학습했다. 다른 말로 하면, 그들은 잠재학습의 증거를 보여주었다.

이 결과들이 톨먼에게 시사한 것은 "여기에서 출발하고, 여기에서 멈추라"는 것을 단순히 학습한 것 이상으로 쥐가 미로에 대한 세련된 정신적 그림을 발달시켰다는 것이다. 톨먼은 이것을 **인지지도**(cognitive map)라고 불렀는데, 즉 환경의 물리적 특징들에 대한 정신적 표상이다. 톨먼은 "두 번 왼쪽으로, 그다음 오른쪽, 그다음 모서리에서 바로 왼쪽으로"라는 경로와 더불어, 쥐가 미로의 정신적 표상을 발달시켰다고 생각했고, 이런 생각을 검증하는 몇 개의 실험을 고안했다 (Tolman & Honzik, 1930; Tolman et al., 1946). 그 결과 미로가 변경되어 익숙한 경로가 차단되었을 때조차, 톨먼의 쥐는 목표점으로 가는 새 경로를 재빨리 찾을 수 있었다. 이 결과는 쥐가 환경에 관한 세련된 인지지도를 형성했으며, 상황이 바뀐 후에도 성공적으로 그 지도를 사용할 수 있다는 것을 시사하였다.

조작적 조건형성의 신경적 요소

특정한 뇌 구조가 어떻게 강화 과정에 기여하는지에 대한 첫 번째 힌트는 제임스 올즈(James Olds)와 그의 동료들로부터 나왔는데, 그들은 쥐의 뇌의 여러 부위에 작은 전극을 삽입하고서 쥐가 막대를 눌러서 자신의 뇌에 대한 전기적 자극을 제어할 수 있게 했다. 그들이 발견한 것은, 어떤 뇌 영역, 특히 변연계(제3장 참조)에 있는 영역은 극도로 긍정적인 경험으로 보이는 것을 낳는다는 것이었다. 쥐는 반복적으로 막대를 눌러 이 구조들을 자극하려고 했으며, 때때로 쥐들은 음식, 물 그리고 다른 생명 유지에 필수적인 것들을 수시간 동안 계속해서 무시하였다. 올즈와 동료들은 뇌의 이 부위들을 **쾌락 중추**(pleasure center)라고 불렀다(Olds, 1956; **그림 7.10** 참조).

이런 초기 연구가 있은 몇 년 뒤에 연구자들은 뇌에서 자극을 통해 보상을 주는 몇 개의 구조와 경로를 확인했다(Wise, 1989, 2005). 내측 전뇌속(medial forebrain bundle)은 중뇌에서 시상하부(hypothalamus)를 통해 측좌핵(nucleus accumbens)으로 이어지는 경로인데, 여기에 있는 뉴런들은 쾌락을 낳는 자극에 가장 예민하였다. 이것은 놀라운 일이 아니었는데, 심리학자들은 이 세포 속(bundle)이 먹기, 마시기 및 성 행동에 돌입하기와 같은 쾌락을 분명히 포함하는 행동들에

인지지도 환경의 물리적 특징들에 대한 정신적 표상

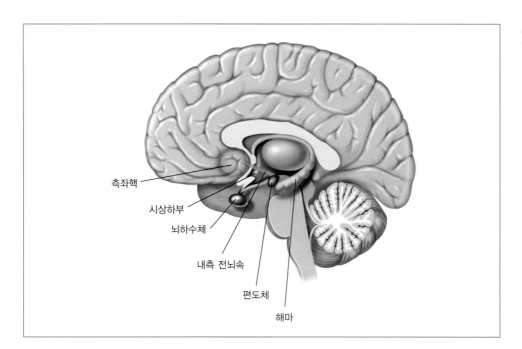

그림 7.10 뇌의 쾌락 중추 측좌핵, 내측 전뇌속, 시상하부는 모두 뇌에서 중요한 쾌락 중추들이다.

측좌핵
시상하부
뇌하수체
내측 전뇌속
편도체
해마

결정적이라는 것을 확인해왔기 때문이다. 둘째로, 이 경로를 따라 있는 뉴런들은 그리고 특히 바로 측좌핵에 있는 뉴런들은 모두 도파민성이다(즉, 그 뉴런들은 신경전달물질인 도파민을 분비한다). 뇌에 있는 도파민의 높은 수준은 보통 정적 정서와 연관되어 있다는 제3장의 내용이 기억나는가. 최근 수년 동안, 도파민의 정확한 역할에 대한 몇 가지 경쟁 가설들이 나타났는데, 여기에는 도파민이 보상 그 자체보다 보상의 기대와 더 밀접하게 연결되어 있다는 아이디어(Fiorillo et al., 2008; Schultz, 2016), 그리고 도파민이 단순히 좋아하는 것보다 어떤 것의 부족함 또는 갈망과 더 밀접하게 연관된다는 이론(Berridge, 2007)도 포함된다. 어떤 견해가 옳은 것으로 드러나든지 간에, 연구자들은 도파민이 핵심 역할을 하는 보상 중추의 존재를 잘 지지하는 증거를 발견했다(도파민과 보상의 관계에 대해 더 많은 정보는, '최신 과학 : 도파민과 보상학습 : 파킨슨병에서 도박까지' 참조).

조작적 조건형성의 진화적 요소

여러분이 기억하고 있듯이, 고전적 조건형성은 진화에 의해 정교하게 조절되어 온 적응 가치를 가지고 있다. 조작적 조건형성도 그렇다는 것은 놀랍지 않다. **그림 7.11**에서 보이는 것과 비슷한 간단한 T 미로를 사용하고 있던 몇몇 행동주의자들은, 만일 쥐가 그날의 첫 번째 시도로 미로의 한쪽 갈래(통로)에서 음식을 발견했다면 그 쥐는 그다음 시행에서는 보통 미로의 다른 갈래로 달리는 것을 발견했다. 확고한 행동주의자들은 쥐가 이렇게 행동하는 것을 기대하지 않을 것이다. 조작적 조건형성에 따르면, 미로의 한 갈래에서 받은 사전 강화는 다음번에 같은 방향으로 도는 확률을 감소시키는 것이 아니라 증가시켜야 한다.

행동주의자 관점에서 어리둥절한 것이 진화론적 관점에서 보면 이해가 된다. 쥐는 식량을 찾아다니는 동물이며, 먹이를 찾는 모든 종들처럼 쥐는 생존을 위해 매우 적응적인 전략을 발달시켜왔다. 쥐는 음식을 찾아 여기저기 움직인다. 어딘가에서 음식을 찾으면, 그것을 먹고(혹은 저장하고) 그다음 더 많은 것을 찾기 위해 그 밖의 다른 곳을 찾아간다. 만일 음식을 찾지 못하면, 쥐는 환경 속의 다른 곳

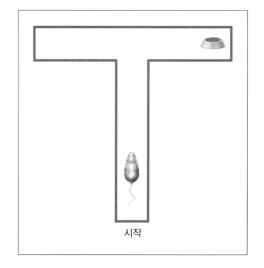

시작

그림 7.11 간단한 T형 미로 쥐들이 전형적인 T형 미로의 오른쪽 갈래에서 음식을 발견할 때, 그 쥐들은 다음 시행에서 미로의 왼쪽 갈래로 종종 달려갈 것이다. 이것은 조작적 조건형성의 기본 원리와 모순된다. 만일 오른쪽 갈래로 달리는 행위가 강화된다면, 그 행동은 미래에 다시 일어날 가능성은 더 높아야 하지 않겠는가. 그러나 쥐의 실제 행동은 쥐의 진화적 준비성과 완벽하게 일관적이다. 대부분의 채집 동물들과 같이, 쥐는 음식을 찾아서 환경을 탐색하고, 음식이 이미 발견된 곳으로 거의 되돌아가지 않는다. 쥐가 T형 미로의 오른쪽 갈래에서 음식을 이미 발견했다면, 당연히 그 쥐는 더 많은 음식이 있는지를 확인하기 위해 왼쪽 갈래를 탐색할 것이다.

에서 먹이를 찾는다. 그래서 쥐가 T 미로의 오른쪽 갈래에서 방금 음식을 발견했다면, 그다음 찾을 곳은 명백하게 왼쪽 갈래이다. 쥐는 거기에서 발견한 음식을 방금 먹었기 때문에 오른쪽 갈래에는 더 이상 음식이 없다는 것을 안다. 정말로 쥐와 같이 음식을 찾는 동물은 자신의 환경을 효율적으로 찾게 해주는 잘 발달된 공간 표상을 가지고 있다. 만일 여러 개의 갈래를 가진 미로와 같이 복잡한 환경을 탐색할 기회가 주어지면, 쥐는 이 갈래에서 저 갈래로 체계적으로 다니며 음식을 수집할 것이며, 이미 방문했던 갈래로는 거의 되돌아가지 않을 것이다(Olton & Samuelson, 1976).

스키너의 제자들 중 두 사람인 켈러 브릴랜드(Keller Breland)와 마리안 브릴랜드(Marian Breland)는 행동주의자에게 문제를 제기하는 것은 T 미로에 있는 쥐뿐만이 아니라는 것을 발견한 최초 연구자들이었다(Breland & Breland, 1961). 브릴랜드 부부는 광고와 영화에 쓰일 동물들을 훈련시키는 일을 하면서 종종 돼지를 사용하였는데, 돼지들은 모든 종류의 재주를 배우는 데 놀라우리만치 훌륭하기 때문이었다. 그러나 브릴랜드 부부는 돼지에게 상자 안으로 동전을 떨어뜨리는 것과 같이 단순한 일을 가르치는 것이 극도로 어렵다는 것을 발견하였다. 동전을 집어넣는 대신, 돼지들은 흙에서 파헤치는 듯이 동전을 주둥이로 헤집거나, 동전을 코로 공중으로 튕기

도파민과 보상학습 : 파킨스병에서 도박까지

신경전달물질 도파민은 또한 보상 기반 학습, 특히 **보상 예측 오류**(reward prediction error), 즉 실제로 받은 보상 대 예측된 혹은 기대된 보상의 양 간의 차이에 중요한 역할을 한다. 예를 들어, 동물이 레버를 눌러서 기대하지 않은 음식 보상을 받을 때, 정적 예측 오류(기대보다 더 좋은 결과)가 생기며 그 동물은 레버를 다시 누르는 것을 배운다. 대조적으로 동물이 레버를 눌러서 보상 받기를 기대했으나 받지 않을 때, 부적 예측 오류(기대보다 더 나쁜 결과)가 생기며 동물은 다음에 그 레버를 누르는 것을 덜 좋아할 것이다. 보상 예측 오류는 그래서 일종의 '가르침 신호'로 작용해서 동물이 보상을 최대화하는 방식으로 행동하는 것을 학습하도록 도와준다.

개척적인 연구에서, 슐츠(Wolfram Schultz)와 동료들은 원숭이의 뇌의 보상 중추에 위치한 도파민 뉴런들은 원숭이가 기대하지 않은 주스 보상을 받았을 때 증가된 활동을 보이며, 원숭이가 기대된 주스 보상을 받지 못했을 때 감소된 활동을 보이는 것을 관찰했다. 이것은 도파민 뉴런들이 보상 예측 오류를 생성하는 데 중요한 역할을 한다는 것을 시사한다(Schultz, 2016, 2007; Schultz et al., 1997). 신경영상법 연구들은 도파민이 인간 뇌에서 보상 예측 오류

신호를 보내는 데에도 비슷하게 관련되어 있다는 것을 보여주었다(Howard & Kahnt, 2018; Pessiglione et al., 2006).

이런 발견들은 도파민을 생성하는 뉴런의 손실로 인한 운동 장애인, 파킨슨병에 걸린 사람에게 중요한 함의를 가지고 있다. 파킨슨병을 가진 사람이 보상 관련 학습 과제를 수행할 때, 보상 예측 오류 신호가 붕괴된다(Meder et al., 2018; Schonberg et al., 2009). 이 결과는 파킨스병의 교묘한 특징과 관련되어 있을 수 있다. 즉 이 병을 가진 일부 사람은 강박적 도박, 쇼핑, 이와 관련된 충동적 행동과 관련된 심각한 문제를 발달시킨다. 그런 문제들은 주로 도파민 수용기들을 자극하는 파킨슨병 약의 결과인 것으로 보인다(Ahlskog, 2011; Weintraub et al., 2013). 사실, 신경영상법 연구들은 도파민 수용기를 자극하는 약의 결과로 강박적 도박 문제를 발달시킨 파킨슨병 환자에게서 보상 단서에 대해 증가된 도파민 반응이 있다는 것을 보여주었다(Clark & Dagher, 2014).

도파민과 도박과 같은 위험을 감수하는 행동을 연결하는 이런 발견은 더 일반적인 함의를 가지고 있을 수 있다. 리골라이(Rigoli)와 동료들의 연구(2016)에서 건강한 성인들이, 보장된 금전 보상을 선택하거나 아니면 두 배로 받거나

최근 연구는 도파민 수준을 올리는 것이 도박 경향성을 증가시킨다는 것을 시사한다.
iStock/Getty Images

혹은 아무것도 받을 수 없는 도박을 택할 수 있는 과제를 수행했다. 뇌의 도파민 수준을 높이는 약을 받은 참가자들은 위험한 도박을 더 자주 선택하는 경향을 보였다.

더 일반적으로 도파민이 어떻게 보상 학습과 인지에 영향을 미치는지에 대해 많은 것이 밝혀져야 하지만(Martins et al., 2017; Westbrook & Frank, 2018), 약물 처치, 신경영상법, 통제된 학습 연구법을 결합하는 미래의 연구들은 중요한 과학적·실제적 함의를 가질 것이다.

유기체의 비행 : 돼지는 음식을 땅에서 파 내도록 생물적인 경향성을 가지고 있는 것 처럼, 너구리는 자신의 음식을 씻는 경향 성을 가지고 있다. 이 종들을 다르게 행동 하도록 훈련시키는 것은 소용없는 연습인 것으로 입증될 수 있다.

Gerard Lacz/Science Source; Millard H. Sharp/Science Source

며 이리저리 밀쳐내곤 하였다. 브릴랜드 부부는 같은 과제에서 너구리를 훈련시키려고 하였고 다르긴 하였으나 똑같이 비참한 결과를 얻었다. 너구리들은 동전들을 상자 안에 떨어뜨리는 대 신 발로 동전들을 비비는 데 시간을 보냈다. 동전과 음식 간의 연합을 배운 뒤 동물들은 동전을 음식의 대역으로 다루기 시작하였다. 돼지는 땅을 파헤쳐 음식을 찾는 쪽으로 생물적으로 타고 났으며, 너구리는 발로 음식을 비벼서 음식을 깨끗하게 하는 방향으로 진화해왔다. 그것이 정확 하게 각 동물 종이 동전으로 한 것이었다. 브릴랜드 부부의 작업은 사람을 포함해서 각 종은 다 른 것보다 어떤 것을 더 즉각 배우고, 그 종의 진화 내력과 일치하는 방식으로 자극에 반응하도 록 생물적으로 타고났다는 것을 보여준다(Gallistel, 2000).

정리문제

1. 효과의 법칙은 무엇인가?
2. 조작적 조건형성에서 정적 및 부적이란 말은 무엇을 의미하는가?
3. 왜 강화가 처벌보다 종종 더 효과적인가?
4. 일차 및 이차 강화물이란 무엇인가?
5. 지연된 강화 개념은 금연의 어려움과 어떻게 관련되는가?
6. 소거 개념은 조작적 조건형성과 고전적 조건형성에서 어떻게 다른가?
7. 여러분이 계속 듣고 있도록 라디오 방송국은 계획된 강화를 어떻게 사용

하는가?
8. 비율 계획은 어떻게 여러분이 돈을 계속 쓰도록 하는가?
9. 조작적 조건형성은 복잡한 행동을 어떻게 생성할 수 있는가?
10. 인지도는 무엇인가? 왜 그것은 행동주의에 대한 도전이 되는가?
11. 특정한 뇌 구조는 보상 과정에 어떻게 기여하는가?
12. T 미로에서 쥐의 행동을 어떻게 설명할 것인가?

관찰학습 : 나를 봐

네 살배기 로드니와 그의 두 살배기 여동생인 마지는 항상 버너에 가까이 가지 말라고 들었다. 그러나 장난꾸러기 악동이었던 로드니는 어느 날 손을 버너 위에 올렸다가 살이 그슬리어 고통 으로 비명을 지르며 뒤로 움츠렸다. 로드니는 실제로는 다쳤다기보다는 더 놀란 편이었으며, 그 는 그날 중요한 것을 배웠다. 그리고 이 사건들의 하나하나가 전개되는 것을 옆에 서서 지켜본 어린 마지도 역시 같은 교훈을 배웠다. 로드니의 이야기는 행동주의자의 교과서적 예이다. 처벌 의 처치는 소년의 행동에 학습된 변화를 일으킨다. 그러나 마지의 학습을 어떻게 설명할 수 있을 까? 그녀는 어떤 처벌도 어떤 강화도 받지 않았지만, 사실 그녀는 못된 기기(버너)에 직접 접촉 을 하지도 않았지만, 그녀는 미래에 로드니만큼이나 버너로부터 손을 멀리할 것이라고 주장할 수 있다.

학습목표

- 관찰학습 과정을 서술한다.
- 사람들 가운데 자란 동물의 관찰 학습과 야생에서 자란 동물의 관 찰학습을 비교한다.
- 관찰학습의 신경적 요소를 설명 한다.

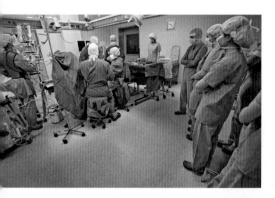

다행히도 외과와 다른 의료 전문가에게서 관찰학습에 대한 최근 연구는 다른 사람을 관찰함으로써 학습을 어떻게 최적화할 수 있는지에 관한 유용한 새 정보를 제공한다(Cordovani & Cordovani, 2016; Harris et al., 2018).

Carsten Koall/Getty Images

관찰학습 다른 성원의 행동을 관찰함으로써 학습하는 과정

마지의 경우는 **관찰학습**(observational learning)의 사례인데, 이것은 다른 이의 행동을 관찰함으로써 학습하는 과정이다. 모든 사회에서 적절한 사회적 행동은 세대를 거쳐 전수되는데 젊은이에 대한 신중한 훈련을 통해서뿐만 아니라 젊은이가 연장자와 서로의 행동 패턴을 관찰하는 것을 통해서이다(Flynn & Whiten, 2008).

젓가락을 쓰거나 TV 리모콘 조작하는 것과 같은 과제는 우리가 시도해보기 전에 이런 활동들이 수행되는 것을 관찰한다면 더 쉽게 획득된다. 수술을 집도하는 것과 같이 한층 복잡한 운동 과제들도 부분적으로는 광범위한 관찰과 모델에 대한 모방을 통해 학습된다. 수술을 받으려고 하는 사람은 누구라도 관찰학습에 대해 감사할 것이다. 외과의사들이 손다이크가 연구한 시행착오 기법이나 스키너를 사로잡은 계기적 근사법의 조성을 써서 외과수술 기법을 획득한다고 생각만 해도 누구든지 매우 조마조마하게 될 것이다.

인간의 관찰학습

심리학에서 이정표가 된 일련의 연구에서 앨버트 반두라(Albert Bandura)와 그의 동료들은 관찰학습의 변수들을 탐구했다(Bandura et al., 1961). 연구자들은 몇몇 취학 전 아이들을 네 살배기 아이들이 보통 좋아하는 수많은 장난감들로 가득 찬 놀이 공간으로 데려왔다. 그다음 한 어른이 방으로 들어와 보보 인형과 놀기 시작했다. 보보 인형은 크게 팽창될 수 있는 플라스틱 장난감으로, 넘어뜨려져도 다시 바로 설 수 있도록 무거운 받침대가 있는 것이었다. 그 어른은 잠시 동안 조용히 놀다가 그다음 보보 인형에 대해 공격을 하기 시작했는데, 그것을 넘어뜨리고, 그 위에서 구르고, 나무망치로 때리고, 방 이리저리로 차면서, "펑!", "발로 차!"라고 소리질렀다. 이런 행동들을 관찰한 아이들은 나중에 아이 크기의 보보 인형과 놀게 되었는데, 그들은 공격적인 어른을 관찰하지 않았던 아이들 집단에 비해 두 배 이상이나 더 공격적인 방식으로 인형과 상호작용하는 경향이 있었다(**그림 7.12** 참조).

이 연구들는 아이들은 또한 자기가 관찰한 행동들의 결과에 예민하다는 것을 또한 보여주었다. 어른 모델들이 공격적으로 행동한 것에 대해 벌받는 것을 보았을 때 아이들은 공격성을 상당히 적게 보여주었다. 어른이 공격 행동에 것에 보상받고 칭찬받는 것을 관찰하였을 때 아이들이 공격성의 증가를 드러냈다(Bandura et al., 1963). 반두라의 연구가 보여준 관찰학습은 행동, 규범, 가치의 사회적 학습 및 문화적 전이에 대해 함축하는 바가 많다(Bandura, 1977, 1994).

관찰학습은 일상생활의 여러 영역에서 중요하다. 스포츠는 좋은 예가 된다. 거의 모든 스포츠에서 코치들은 선수들에게 결정적 테크닉과 기술을 시범해줄 때 관찰학습에 의존하며, 운동선수들 또한 다른 운동선수들이 수행하는 것을 관찰하는 수많은 기회를 갖는다. 팀 스포츠든 개인 스포츠든 운동선수들에 대한 연구는 그들은 모두 수행을 향상시키기 위해 관찰학습에 크게 의존했다는 것을 보여준다(Wesch, Law, & Hall, 2007). 사실, 때때로 관찰학습은 그 과제 자체를 연습하는 것만큼이나 많은 학습을 낳았다(Heyes & Foster, 2002; Mattar & Gribble, 2005; Vinter & Perruchet, 2002).

동물의 관찰학습

인간이 관찰을 통해 학습할 수 있는 유일한 동물은 아니다. 광범한 종이 관찰을 통해 학습한다. 예를 들면, 한 연구에서 비둘기는 다른 비둘기가 먹이 공급기를 쪼거나 막

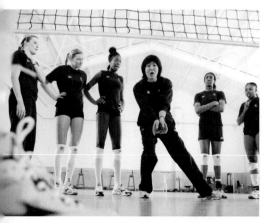

코치들이 운동선수들에게 기법을 시범해줄 때 관찰학습에 의존한다.

AP Photo/Robert F. Bukaty

그림 7.12 보보를 때려눕히기 보보 인형에 대해 공격적으로 행동한 어른 모형에 노출된 아이들은 스스로 그 인형에 대해 공격적으로 행동하기 쉬웠다. 이 행동은 어떤 직접 강화가 없이도 일어났다. 관찰학습이 아이의 행동을 초래하는 원인이 되었다.

© Albert Bandura, Dept. of Psychology, Stanford University

대를 밟는 것에 대해 강화받는 것을 관찰하였다. 나중에 그 상자에 놓였을 때, 그 비둘기는 다른 비둘기가 이전에 사용하는 것을 관찰한 기법은 무엇이든 사용하려는 경향을 보였다(Zentall et al., 1996).

　동물의 관찰학습에 관한 가장 중요한 질문들 중 하나는 원숭이와 침팬지가, 다른 개체들의 도구 사용을 관찰함으로써, 어린 아이들이 할 수 있듯이 도구를 사용하는 것을 배울 수 있는가와 관련된다. 한 연구(Nagell, Olguin, & Tomasello, 1993)에서 몇몇 침팬지들은 실험자가 음식 보상을 자신에게 당기기 위해 (끝이 땅을 향하는) 정상 위치에서 갈퀴를 사용하는 것을 관찰했다. 이 방법은 다소 비효율적이었는데 갈퀴 끝이 사이가 벌어져 있기 때문이었고, 때때로 그 사이로 미끄러졌기 때문이었다. 다른 침팬지들은 실험자가 갈퀴를 더 효과적으로, 갈퀴의 끝이 위로 향하고 갈퀴의 편평한 모서리가 땅에 닿도록 사용하는 것을 보았다. 두 집단의 침팬지들은 나중에 갈퀴를 써서, 스스로 음식을 얻으려고 할 때, 관찰 학습을 나타내었다. 그러나 더 효율적인 '끝을 위로 하는' 절차를 관찰한 침팬지들은 덜 효율적인 '끝을 아래로 하는' 절차를 관찰한 집단보다 더 자주 그 절차를 쓰지 않았다. 이와 달리, 같은 조건들에 노출된 두 살배기 아이들은 실험자가 갈퀴를 사용하는 것을 본 것과 정확하게 같은 방식으로 갈퀴를 사용했다. 침팬지들은, 그 도구가 음식을 획득하는 데 사용될 수 있다는 것만을 배운 것처럼 보인 반면, 아이들은 그 도구를 쓰는 방법에 관해 구체적인 것을 배웠다.

　이 연구들에서 침팬지들은 야생에서 어미들에 의해 길러졌다. 그러나 연구자들은 인간과의 접촉이 있었던 환경에서 길러진 침팬지들이 실험자가 수행한 정확한 행동들을 흉내낼 수 있었으며, 그 과제에서 인간 어린이와 비슷하게 수행했다는 것을 보여주었다(Tomasello et al., 1993).

그림 7.13 관찰학습 야생에서 어미에 의해 길러졌거나 아니면 인간 가족에 의해 길러진 원숭이들은 한 모델이 음식 보상을 얻기 위해 박스의 가운데에 있는 구멍을 드라이버로 찌르거나 (위) 뚜껑을 비틀어 여는(아래) 것을 관찰하였다. 두 집단은 모두 관찰학습의 증거를 얼마간 보였으나, 인간이 기른 원숭이들이 자기들이 관찰한 정확한 행동을 더 잘 수행하는 경향이 있었다.

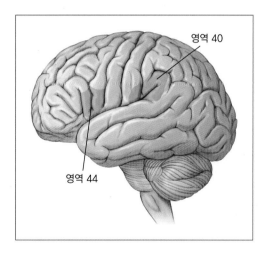

그림 7.14 거울뉴런 시스템 전두엽(영역 44)과 두정엽(영역 40) 영역들은 인간에게서 거울뉴런 시스템의 일부일 것으로 생각된다.

'춤출 수 있다고 생각해(So You Think You Can Dance)'에 나온 이 열정적인 쌍과 같은 숙련된 춤꾼을 관찰하는 것은 실제 춤 연습을 할 때처럼 많은 동일한 뇌 영역을 개입시키고, 상당한 학습을 낳을 수 있다.

Photo by Fox via Getty Images

이 발견들로부터 토마셀로 등(1993)은 인간 문화에서 양육되는 것이 침팬지의 인지 능력에 중대한 영향을 미치며, 특히 도구를 사용하는 것과 같은 과제를 수행할 때 다른 개체의 의도를 이해하는 능력에 중대한 영향을 미치며, 이것은 다시 관찰학습 능력을 증가시킨다고 주장하였다.

더 최근의 연구는 흰목꼬리감기원숭이에게서 비슷한 것을 발견했는데, 이 원숭이들은 야생에서, 벌어진 견과류를 깨기 위해 나뭇가지나 돌 망치를 사용하거나(Boinski et al., 2000; Fragaszy et al., 2004), 묻힌 뿌리를 파기 위해 돌을 사용하는(Moura & Lee, 2004) 것과 같이 도구 사용을 하는 것으로 알려져 있다. 한 연구에서 실험자는 상자 안에 숨겨져 있는 음식 보상에 접근하기 위해 드라이버를 쓰는 두 가지 방법들을 시범해주었다(Fredman & Whiten, 2008). 어떤 원숭이들은 실험자가 상자 가운데 있는 구멍을 찌르는 것을 관찰한 반면, 다른 원숭이들은 그가 상자 가장자리에 있는 뚜껑을 비틀어 여는 것을 관찰했다(**그림 7.13** 참조). 어미가 기른 원숭이들과 인간이 기른 원숭이들 모두 관찰학습의 증거를 보였으나, 인간이 기른 원숭이들이 어미가 기른 원숭이들보다 더 자주 자기들이 관찰했던 행동을 정확히 수행했다.

이 증거가 관찰학습을 지원하는 인지 과정들에 어떤 문화적 영향이 있다는 것을 함축하지만, 그 과정의 정확한 본질을 이해하기 위해서는 더 많은 연구들이 필요하다(Damerius et al., 2017; Mesoudi et al., 2015; Tomasello & Call, 2004).

관찰학습에서 신경적 요소

관찰학습에는 또한 신경적 요소도 있을 수 있다. 거울 뉴런(mirror neuron)들은 인간을 포함한 영장류의 전두엽과 두정엽에서 발견되는 세포의 일종이다(**그림 7.14** 참조). 거울 뉴런은 원숭이가 음식물에 손을 댈 때처럼 동물이 어떤 행동을 수행할 때 흥분한다. 그러나 또한 거울 뉴런들은 다른 누군가가 동일한 특정 과제를 수행하는 것을 그 동물이 관찰할 때에도 흥분한다(Rizzolatti & Craighero, 2004). 비록 이 '누군가는' 보통 같은 종의 동료 구성원이지만, 어떤 연구는 사람들이 어떤 행동을 수행하는 것을 관찰할 때에도 원숭이의 거울 뉴런이 흥분한다는 것을 시사한다(Fogassi et al., 2005). 예를 들면, 인간이 먹기 위해서나 용기에 넣기 위해서 음식물 조각을 집는 것을 원숭이가 관찰했을 때 원숭이의 거울 뉴런이 흥분하였다. 거울 뉴런의 정확한 기능은 계속 논의되어야 하지만(Hickok, 2009, 2014; Rizzolatti & Rozzi, 2018), 거울 뉴런은 관찰학습에 기여한다고 생각된다.

건강한 성인에게서 관찰학습 연구들은 다른 누군가가 과제를 수행하는 것을 관찰하면 그 과제를 스스로 실제로 수행할 때 활성화되는 동일한 뇌 영역의 일부가 활동하게 된다는 것을 보여주었다. 한 연구에서 참가자들은 어떤 댄스 시퀀스를 며칠 동안 연습하고 다른 댄스 시퀀스에 대한 음악 비디오를 관찰하였다(Cross et al., 2009). 그다음 참가자들은 그들이 이전에 춤추었거나 관찰하지 않았던 (훈련되지 않은) 시퀀스의 비디오뿐만 아니라, 이전에 춤추었거나 관찰했던 시퀀스의 비디오를 보는 동안 fMRI 스캔을 받았다. 이전에 춤추었거나 관찰했던 시퀀스를 보는 것은 거울 뉴런 시스템의 부분이라 생각되는 뇌 영역의 활동을 유발하였다. 스캔이 끝난 후에 참가자에게 주어진 깜짝 댄스 시험에서 훈련하지 않은 시퀀스에서보다 이전에 관찰한 시퀀스에서 수행이 더 좋았는데, 이는 상당한 관찰 학습이 있었음을 입증한다. 그러나 이전에 춤추었던 시퀀스에 대한 수행이 그중 가장 좋았다(Cross et al., 2009). 그래서 '댄싱 위드 더 스타'를 관찰하는 것은 정말로 여러분의 춤 실력을 향상시킬 것이며, 무도장에서 연습하는 것은 훨씬 더 도움이 될 것이다.

정리문제

1. 관찰 학습은 무엇인가?
2. 왜 동생이 첫째보다 더 빨리 배우는 것처럼 보이는가?
3. 보보 인형 실험은 아이들과 공격 행동 간에 무엇을 보여주었나?
4. 사람들 가운데 자란 침팬지와 야생에서 자란 침팬지 간의 인지적 차이는 무엇인가?
5. 거울 뉴런은 무엇을 하는가?

암묵학습 : 레이더망 아래로

학습목표

- 왜 언어 연구는 암묵학습 연구로 이어졌는지를 설명한다.
- 암묵학습과 외현학습이 서로 다른 점들을 요약한다.

대부분의 사람들은 보통 주변의 세상에서 언어적 · 사회적 · 정서적 혹은 감각운동적 사건들에 매우 익숙해져 있어서 외현적 자각 없이 획득한 그런 패턴들에 대해 내적 표상들을 점차로 형성한다. 이 과정은 종종 **암묵학습**(implicit learning)이라 불리는데, 즉 정보 획득의 과정 및 그 산물 모두에 대한 자각과는 대체로 무관하게 발생하는 학습이다. 자각 없이 일어나기 때문에, 암묵학습은 '레이더망 아래로' 몰래 잠입하는 지식이다.

어떤 형태의 학습은 외현적으로 시작하지만 시간이 지나면서 점점 더 암묵적으로 된다. 예를 들어 처음 차 운전을 배웠을 때, 아마 여러분은 동시에 수행되어야 하는 많은 동작들과 순서에 상당한 주의를 주었을 것이다("방향 지시등을 누르는 동안 가속 페달을 가볍게 밟고, 핸들을 돌리는 동안 후사경을 들여다보라."). 그런 복잡한 동작들의 상호작용은 이제 여러분에게 아마도 전혀 애쓸 필요가 없고 자동적인 것이 되었다. 외현학습이 시간에 걸쳐서 암묵적으로 되었다.

학습에서 이런 구별은 기억에서 유사한 구별을 생각나게 할 것인데, 그럴 만한 이유가 있다. 제6장에서 여러분은 암묵적 및 외현적 기억들 간의 차이에 대해 읽었으리라. 암묵적 및 외현적 학습이 암묵적 및 외현적 기억을 반영하는가? 그렇게 간단하지는 않으나, 학습과 기억이 불가분하게 연결되어 있다는 것은 진실이다. 학습은 기억을 낳고, 역으로 기억의 존재는 지식이 획득되었으며, 경험이 뇌에 등록되고 기록되어 있다는 것을, 즉 학습이 일어났다는 것을 함축한다.

10년 전, 아무도 엄지손가락을 써서 타자하는 방법을 몰랐다. 이제 거의 모든 10대가 자동적으로 한다.

Mary Altaffer/AP Images

암묵학습에 대한 인지적 접근

대부분의 아이들은, 6, 7세일 때, 언어적 · 사회적 행동이란 면에서 꽤 능숙하지만, 그들이 어떤 것을 배웠다는 것에 대한 외현적 자각은 거의 없는데, 그들 행동 배후의 일반 원칙을 말로 할 수조차 없을 것이다. 그러나 대부분의 아이들은 발로 먹지 않고, 남이 말할 때 듣고, 개를 차지 않는 것을 배웠다.

실험실에서 암묵학습을 조사하기 위해, 연구자들은 참가자들에게 15~20개의 문자열을 외우라고 요구했다. 처음 봐서는 무의미한 음절처럼 보이는 그 문자열들은 실제로는 인공문법이라는 복잡한 규칙 집합을 써서 만들어졌다(예를 들어, 규칙들 중 하나는 "X 다음에 2개의 J가 잇따를 수 있지만, 문자열의 끝에서만 가능하다"이다). 참가자들은 그 규칙들에 관해서는 아무것도 듣

암묵학습　정보 획득의 과정과 산물에 대한 자각과 대체로 독립적으로 일어나는 학습

지 않았지만, 경험을 통해서 그들은 특정 문자 집합들의 '맞음'에 관해 모호하고 직관적인 감각을 점차 발달시켰다(Reber, 1967, 1996). 새 문자열이 문법 규칙을 따르는지 아닌지에 따라 새 문자열을 분류하도록 하였을 때, 사람들은 60% 내지 70% 맞혔지만, 그들은 자신들이 사용하는 규칙과 어떤 규칙성들을 명백히 의식하는 것처럼 보이는 사례를 많이 제시하지 못했다.

암묵학습에 관한 다른 연구들은 계열 반응시간 과제를 사용했다(Nissen & Bullemer, 1987). 여기에서 연구 참가자들은 컴퓨터 화면에서 5개의 작은 상자를 제시받는다. 각 상자는 잠시 밝아지고, 참가자는 그 상자 바로 밑에 있는 단추를 가능한 한 빨리 누르도록 요청받는다. 인공문법 과제와 마찬가지로, 불빛의 순서는 마구잡이인 듯이 보이지만, 사실 어떤 패턴을 따른다. 연구 참가자들은 연습과 더불어 다음에는 어떤 상자가 밝아질 법한지를 예상하는 것을 배우면서 결국 더 빨라진다. 그러나 질문을 받는다면, 그들은 불빛에 패턴이 있다는 것을 대개 의식하지 못한다.

암묵학습은 외현학습에 영향을 준다고 알려진 다양한 장애들에 대해 놀랍게도 저항적이다(Reber, 2013). 예를 들어 심각한 기억상실 환자들이, 그들이 이 실험의 학습 단계를 거쳤다는 것에 대한 외현기억을 사실상 전혀 가지고 있지 않음에도 불구하고, 정상적 암묵기억을 보일 뿐만 아니라 인공문법에 대해 실제적으로 정상적인 암묵학습을 보인다(Knowlton et al., 1992). 연구자들은 또한 8개월 유아들에게서 복잡한, 규칙 기반의 청각 패턴에 대한 암묵 학습의 증거를 발견하였다(Saffran et al., 1996). 아마도 더 놀라운 것은 최근 증거에 따르면 적어도 한 형태의 암묵학습은 자폐증을 가진 성인에게서 향상된다는 것이다(Roser et al., 2015).

대조적으로 몇몇 연구는 실어증 아이들이, 그들은 정상적 지능과 좋은 교육 기회가 있음에도 불구하고 또래들과 같은 정도로 읽기 기술을 획득하지 못하였는데, 암묵학습에 결함이 있다는 것을 보여주었다(Bennett et al., 2008; Orban, Lungu, & Doyon, 2008; Pavlidou et al., 2009; Stoodley et al., 2008). 이 발견들은 암묵학습과 관련된 문제들이 발달적 실어증에 중요한 역할을 하며 치료 프로그램을 개발할 때 고려할 필요가 있다는 것을 시사한다(Stoodley et al., 2008).

암묵학습과 외현학습은 별개의 신경 경로를 사용한다

기억상실증을 겪는 환자들이 암묵학습을 보인다는 사실은 암묵학습 배후에 있는 두뇌 구조가 외현학습 배후에 있는 것들과 구별된다는 것을 시사한다. 제6장에서 배웠듯이, 기억상실증 환자들은 내측두엽에 있는 해마와 인접 구조들에 손상이 있는데, 이 영역들은 암묵학습에 필수적이지 않다는 것을 가리킨다(Bayley et al., 2005). 더 중요한 것으로 사람이 과제에 접근하는 방식에 따라 독특한 뇌 영역들이 활성화될 수 있는 것처럼 보인다(Reber, 2013).

예를 들어, 한 연구에서 참가자들은 일련의 점 패턴들을 보았는데, 그 각각은 밤하늘에 별들의 배치처럼 보였다(Reber et al., 2003). 실제로 모든 자극들은 배후에 있는 원형적인(prototypical) 점 패턴에 맞도록 구성되어 있었다. 그러나 이 점들은 제법 변화되어 있어서 점 패턴들이 모두 공통된 구조를 가지고 있다는 것을 관찰자가 추측하는 것이 실제로 불가능하였다. 실험이 시작되기 전에 참가자들의 절반은 원형의 존재에 대해 들었다. 다른 말로 하면 그들은 외현 처리를 조장하는 지시를 받았다. 다른 사람들은 표준적인 암묵학습 지시를 받았다. 즉, 그들은 점 패턴에 주목하라는 것 외에 아무것도 듣지 않았다.

그다음 참가자들은 새로운 점 패턴들이 그 원형에 들어맞는지 아닌지에 따라 새 점 패턴들을 분류하도록 지시받았다. 흥미롭게도, 두 집단은 이 과제에서 똑같이 잘했는데, 새 점 패턴들을 약 65% 정확하게 분류하였다. 그러나 뇌 스캔은 이 두 집단이 매우 다른 뇌 부위를 써서 이런 결정들을 하였음을 드러내었다(**그림 7.15** 참조). 외현적 지시를 받은 참가자들은 전전두 피질, 두정 피질, 해마 및 외현기억의 처리와 연합되어 있다고 알려진 여러 영역들에서 증가된 활동을

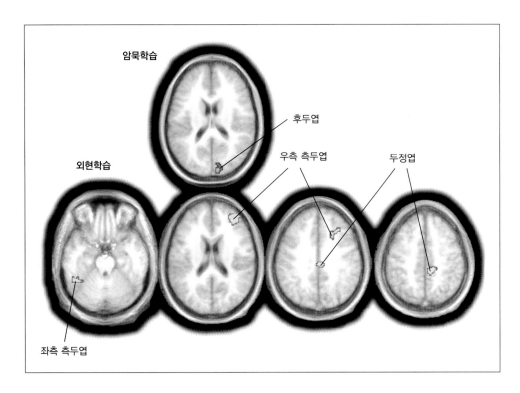

암묵학습

외현학습

후두엽

우측 측두엽

두정엽

좌측 측두엽

그림 7.15 **암묵학습과 외현학습은 다른 뇌 영역을 활성화시킨다** 연구의 참가자들은 점 패턴의 범주화에 관한 암묵적 아니면 외현적 학습에 몰두하는 동안 fMRI 스캔을 받았다. 후두 영역과 같은 어떤 뇌 영역(파랑색)은 암묵학습 후에 감소된 뇌 활동을 보여주었다. 좌측 측두엽, 우측 전두엽, 두정엽을 포함하는 여러 뇌 영역들(노란색)은 외현학습 동안 뇌 활동의 증가를 보여주었다(Reber, et al., 2003).

Reber, P. J., Gitelman, D. R., Parrish, T. B., & Mesulam, M. M. (2003). Dissociating Explicit and Implicit Category Knowledge with FMRI. Journal of Cognitive Neuroscience, 15, 574–583. Permission Conveyed Through Copyright Clearance Center, Inc.

보여주었다. 암묵 지시를 받은 사람들은 주로 시각 처리가 관련되는 후두엽에서 감소된 뇌 활성화를 보여주었다. 이 발견은 참가자들이, 그들이 그 과제를 외현학습 혹은 암묵학습을 써서 접근하느냐에 따라 별개의 뇌 구조들을 서로 다른 방식으로 동원했다는 것을 시사한다.

정리문제

1. 암묵학습과 외현학습의 차이는 무엇인가?
2. 학습과 기억은 어떻게 연결되어 있는가?
3. 무엇을 의식하지 않으면서 그것을 어떻게 학습할 수 있는가?

4. 암묵적으로 학습된 과제를 다른 사람에게 설명하는 것이 왜 어려운가?
5. 뇌의 어떤 구조가 암묵학습과 외현학습에 관련되어 있는가?

교실에서의 학습

이 장에서 우리는 행동적·인지적·진화적·신경적 관점에서 여러 다른 종류의 학습을 고찰해 왔다. 그러나 여러분이 현재 삶의 많은 부분을 쏟고 있는 그런 종류의 학습을 아직 다루지 않은 것이 여러분에게 이상하게 보일 수도 있다. 즉, 교실과 같은 교육 장면에서의 학습 문제이다. 지난 몇 년 동안 심리학자들은 교육 장면에서 학습을 향상시키는 데 특히 초점을 맞춘 상당한 연구를 출판해왔다. 몇몇 연구가 학습 기법에 관해 무엇을 말하는지를 살펴보고, 그다음 이와 똑같이 중요한 주제인 학습 과정에 통제를 행사하는 문제를 다루어보자.

학습목표

- 왜 분산 연습과 연습시험 보기가 효과적인 공부 기법인지를 설명한다.
- 학습 판단(JOL)이 학습에 어떻게 영향을 미치는지를 서술한다.

학습 기법

학생들은 자신의 학습을 향상시키기 위해 아주 다양한 공부 기법들을 사용하는데, 강조하기와 밑줄 긋기, 다시 읽기, 요약하기, 시각심상 기억술 등이 있다(Annis & Annis, 1982; Wade et al., 1990). 이런 저런 기법들은 얼마나 효과적인가? 포괄적인 분석(Dunlosky et al., 2013)에서 각 기

표 7.2 공부 기법들의 효과성 평정

아주 효과적	대체로 효과적	효과가 낮다
연습시험 보기	정교화 심문	요약하기
분산 연습	자기설명	강조하기/밑줄 치기
	혼합 연습	핵심어 암기
		본문에 대한 심상
		다시 읽기

법의 전반적 유용성이 고찰되었고 각각이 높은, 보통, 낮은 유용성으로 분류되었다(**표 7.2**).

널리 쓰임에도 불구하고, 강조하기, 다시 읽기, 요약하기, 시각심상 기억술 모두는 낮은 유용성 평가를 받았다. 그것은 이 기법들이 학습을 향상시키는 데 조금도 가치가 없다는 뜻은 아니지만, 각각이 중요한 제한점이 있으며 다른 접근들을 사용했다면 학생들의 시간이 더 잘 활용될 수 있었다는 것을 가리킨다. 이것이 이들 기법들 중 어느 것도 서문의 이 교재를 읽는 여섯 가지 요령 절에 나오지 않은 이유이다. 우리는 또한 제6장에서 이 기법들과 관련된 몇 가지 주제를 다루었다. 분산 연습, 연습 섞어넣기, 연습시험 보기가 가장 성공적인 기법이기 때문에, 이제 이들을 더 깊이 살펴볼 것이다(또한 '다른 생각 : 지피 루브 대학의 학습' 참조).

분산 연습

벼락치기 시험 공부, 즉 오랜 기간 동안 공부하기를 게을리하다가 시험 직전에 집중적으로 공부하는 것(Vacha & McBride, 1993)은 교육적인 삶에서 흔한 일이다. 대학 및 대학교 범위에서 학부생들에 대한 조사는 어디에서든 약 25~50%에 이르는 학생들이 벼락치기에 의존한다는 것을 보여준다(McIntyre & Munson, 2008). 벼락치기는 전혀 공부하지 않는 것보다 낫지만, 벼락치기하는 사람은 반복 사이에 시간 간격이 거의 혹은 전혀 없이, 학습해야 할 정보를 반복해서 공부하는데, 이는 **집중 연습**(massed practice)이라 알려진 방법이다. 그래서 그런 학생들은 분산 연습의 이득을 스스로 부정하는데, 분산 연습은 공부 활동을 넓게 펼쳐서 학습할 정보의 반복들 간에 더 많은 시간이 끼어들게 하는 것을 필요로 한다(그리고 벼락치기에 의존하는 학생들은 또한 제13장에서 논의할 미루기와 관련된 건강 및 수행 문제들 중 일부를 초래하고 있다).

집중 연습에 대한 분산 연습의 이득은 학부생뿐만 아니라 아이들, 노인, 뇌 손상으로 기억 문제를 겪는 사람들에게도 입증되어 왔다(Dunlosky et al., 2013). 1만 4,000명 이상의 참가자들을 포함하는 254개의 개별 연구들에 대한 개관은 참가자들은 평균적으로 집중 연습 후에 공부한 정보의 37%를 파지한 것과 비교해서 분산 연습 후에 47%를 파지했다고 결론을 내렸다(Cepeda et al., 2006). 분산 연습은 또한, 8학년 학생들과 대학생들을 포함하여 학생 집단에서 실제 교실 학습에 대한 장기 파지를 향상시킬 수 있다(Rohrer, 2015).

분산 연습이 효과적인 학습 전략이라는 것을 가리키는 이 모든 증거에도 불구하고, 우리는 여전히 왜 그러한지를 충분히 이해하지 못하고 있다. 한 가지 그럴싸한 아이디어는 집중 연습을 할 때, 최근에 공부한 정보를 인출하는 것은 비교적 쉬운 반면, 분산 연습 동안, 덜 최근에 공부한 정보를 인출하는 것은 더 어렵다는 것이다. 더 어려운 인출이 쉬운 인출보다 후속 학습에 득이 되는데, 이는 심리학자들이 '바람직한 어려움(desirable difficulties)'이라고 부르는 것이다(Bjork & Bjork, 2011). 분산 연습의 효과에 대한 설명이 어떠하든, 학생들에게 이득이 있다는 것을 부정할 수 없다.

지피 루브 대학의 학습

피터 브라운은 미네소타주 세인트폴에 사는 작가이다. **헨리 뢰디거와 마크 맥대니얼**은 모두 미주리주 세인트루이스의 워싱턴 대학교의 심리학과 교수이다.

Peter C. Brown

교실에서의 학습에 대해 이 장에서 개관한 공부 기법은 학술적 수행을 향상시키는 데 도움을 준다. 그러나 이런 기법들은 교실 밖에서도, 새로운 지식과 기술을 획득할 필요가 있는 상황에서 광범하게 응용될 수 있다. 학습 기법의 일상적 응용에서 가장 중요한 것 중 하나에 직무 수행 훈련이 포함된다. *어떻게 공부할 것인가(Make It Stick : The Science of Successful Learning)*라는 2014년에 나온 우수한 책은 이 절에서 우리가 논의한 핵심 기법들과 아이디어들 중 몇 가지를 정교화하였는데, 저자인 피터 브라운(Peter C. Brown)과 인지심리학자인 헨리 뢰디거(Henry L. Roediger III)와 마크 맥대니얼(Mark A. McDaniel)은 지피 루브(Jiffy Lube) 대학의 이야기를 들려준다. 이것은 교육 프로그램으로서 유명한 카센터 사업이 연습시험 보기, 분산 연습 및 다른 학습 기법을 통합하여 종업원 훈련을 돕는 것이다.

혁신적 훈련이 지역 카센터에서 튀어 나오리라고 기대하지 않는다면, 지피 루브가 여러분을 놀라게 할 것이다. 지피 루브 대학이라는 절묘한 이름(jiffy는 '순간', lube는 윤활유라는 뜻―역주) 아래 통합된 세트의 교육 코스가 기업의 프랜차이즈로 하여금 고객을 확보하고, 종업원 이직을 줄이고, 그들의 서비스 제공을 확대하고, 판매를 늘리도록 도와준다.

지피 루브는 미국과 캐나다에서 2,000개 이상의 서비스 센터의 네트워크이며 오일 교환, 타이어 교환, 기타 자동차 서비스를 제공한다. 비록 그 회사는 쉘 오일 컴퍼니의 자회사이지만 모든 판매점이, 고객에게 서비스를 제공하기 위해 종업원을 고용하는 독립된 프랜차이즈에 의해 소유되고 운영된다.

대부분의 다른 사업처럼 신속-오일-교환 사업은 시장의 변화와 기술의 진보에 적응해 와야만 했다. 합성 윤활유 때문에 오일 교환은 덜 빈번하게 되었으며, 자동차가 더 복잡하게 되었기 때문에, 카센터 종업원은 진단 코드를 이해하고 적절한 서비스를 제공하기 위해 더 높은 수준의 훈련을 필요로 한다.

어떤 종업원도 그가 숙련되었다고 인증받기 전까지 고객의 차에 작업하지 않을 것이다. 이 때문에 그들은 지피 루브 대학이라는, 웹 기반 학습 플랫폼에 들어간다. 인증(certification)과정은 상호작용적 이러닝과 더불어 시작하는데, 특정 직무에 수반하는 것 그리고 그것을 어떻게 수행하는지를 배우기 위해 잦은 퀴즈 시험 보기와 피드백이 있다. 종업원들이 시험에서 80% 이상의 점수를 획득하면 그들은 직무 훈련을 시작할 자격이 있는데, 이는 각 서비스 활동을 성분 단계들로 쪼갠 서면 안내에 따라 새 기술을 연습하는 것이다. 이 단계들은 30개 이상이 될 수 있으며 한 팀의 일부로 수행되고, (예를 들어, 엔진의 상부에서 일하는 기술자와 밑에서 일하는 다른 기술자 간의) 종종 호출하고 반응하는 것을 필요로 한다. 감독자는 종업원을 코치하고 각 단계에서 그의 수행을 평정한다. 기술자가 숙달성

(mastery)을 보여줄 때, 그의 영구 파일에 인증이 기록되고 감독자에 의해 서명된다. 기술자는 자신의 숙달성을 높은 수준으로 유지하고 운영 및 기술상의 변화를 파악하고 적응하기 위해 매 2년 마다 재인증받아야 한다. 브레이크 수리 혹은 운행 중 엔진 진단과 같은 고급 서비스에 해당하는 고급 직무도 같은 방식으로 훈련된다.

이러닝과 실무 훈련(on-the-job training)은 여러 형태의 퀴즈, 피드백, 분산 및 섞어넣기 연습을 통합하는 능동적 학습 전략들이다. 모든 진도는 컴퓨터의 가상적 '대시보드'에 표시되는데, 개별화된 학습 계획을 제공해서, 종업원이 자신의 수행을 추적하고, 향상될 필요가 있는 기술에 집중하고, 회사의 완성 스케줄과 비교해서 자신의 진도를 모니터할 수 있게 해준다. 지피 루브 종업원들은 보통 18~25세 사이이며 자신의 첫 직장으로 신청한 것이다. 어떤 직무에서 기술자가 인증되면, 그는 다른 직무의 훈련을 시작해서, 관리를 포함한, 가게의 모든 포지션에서 훈련받기까지 계속한다.

지피 루브의 학습 및 계발 부문의 국제 매니저인 바버는 훈련은 종업원의 주의를 유지하도록 몰입적이어야 한다고 말한다. 우리가 말한 시점에, 바버는 '가게 매니저의 일생에서 하루'라는 컴퓨터 매니저의 컴퓨터 기반 시뮬레이션 게임을 끝내고 있었다. 서비스 센터 매니저는 여러 도전에 맞닥뜨리면서 그것을 해결하기 위해 여러 가능한 전략들 중 선택하도록 요구받는다. 매니저의 선택이 그 게임이 어떻게 전개될지를 결정하고, 피드백과 더 좋은 결과를 얻기 위한 기회를 제공하고, 의사결정 기술을 연마하게 한다.

지피 루브 대학이 출범한 지 6년 후, 그것은 훈련 업계에서 많은 칭찬을 받았고 미국 교육 위원회(American Council on Education)에서 인가를 받았다. 모든 직무 인증 분야에서 훈련을 통과한 종업원들은 자신의 벨트 아래 일곱 시간의 대학 학점을 확보하고 고등 교육기관(postsecondary institution)에 등록할 수 있다. 그 프로그램의 시작 이후로 종업원 이직이 줄어들었으며 고객 만족도가 증가하였다.

"지피 루브 프랜차이즈의 대부분의 종업원들에게, 이것은 근무자(workforce)가 되는 길이며, 훈련 과정은 그들이 자신의 지식을 키우고 확장하도록 도움을 준다. 그것은 그들이 성공하는 길을 찾는 데 도움을 준다"라고 바버는 말한다.

지금까지의 결과로부터, 지피 루브 대학은 큰 성공인 것처럼 보인다. 이 장에서 서술한 학습 기법들을 통합한 것에 더해서 지피 루브 대학은 실제의 실무 훈련에 웹 플랫폼에 기반을 둔 이러닝을 결합한 것이 눈에 띈다. 온라인 러닝이라고 불리기도 하는 이러닝의 사용은 최근에 급속도로 확대되어 왔으며, 그 효과성에 대한 논쟁이 불붙었다(Brooks, 2012; Koller, 2011). 지피 루브가 이룬 이러닝과 실제 학습의 성공적인 결합은 이 두 포맷을 결합하는 것이 특히 효과적일 수 있다는 것을 가리키는 이전의 증거와 들어맞는다(Means et al., 2010).

그리고 지피 루브는 효과적인 학습 기법을 쓰는 유일한 회사가 아니다. 브라운, 뢰디거, 맥대니얼은 또한 파머스 인슈어런스, 앤더스 윈도우 앤드 도어, 및 다른 회사들에 의해 개발된 성공적인 훈련 프로그램을 요약해준다. 여러분이 공부를 마치고 근무 환경에 들어갈 때, 효과적인 학습을 촉진하는 연습시험 보기, 분산 연습, 관련된 공부 기법들과 원리들을 스스로 적용하고 있다는 것을 깨닫더라도 놀라지 말라.

시험에 충분히 앞서 공부하는 것은, 즉 여러분이 중간에 쉬고 공부 시간을 분산시킬 수 있게 해주고, 직전에 벼락치기를 하는 것보다 보통 더 좋은 결과를 낳을 것이다.

Age Fotostock/Superstock

연습 섞어넣기

연구자들은 또한 밀접하게 연관된 기법인 **연습 섞어넣기**(interleaved practice), 즉 단일 학습 회기 내에 여러 종류의 문제나 재료를 섞는 것의 몇 가지 새로운 이점을 발견하였다. 연습 삽입하기는 수학 학습에 특히 효과적일 것이다. 연구자들은 7학년 학생들 집단에게 전통적인 구획(block)을 나누어 수학 연습 문제들을 주었다. 구획은 모두 같은 해결 방법을 필요로 하는 일단의 유사한 문제들이다. 둘째 집단의 학생들은 섞은 형식(interleaved form)으로 문제들을 받았는데, 이는 각각이 독특한 전략을 필요로 하는 여러 종류의 문제들을 섞은 것이다.

연습 종료 후 하루 혹은 30일 후에 주어진 깜짝 시험에서 섞어넣기 연습 집단은 구획(block) 연습 집단보다 더 좋은 점수를 받았다(Rohrer et al., 2015). 연구자들은 섞어넣기 연습이 더 효과적인 이유는 이것이 (시험에서 해야 하듯이) 개별 문제의 특성에 따라 학생들이 전략을 선택할 것을 요구하는 반면 구획 연습 동안에 학생들은 가능한 전략들 중에서 선택할 필요 없이 같은 전략을 반복해서 적용할 수 있기 때문이라고 주장하였다.

연습시험 보기

연습시험 보기(practice testing)는 분산 연습처럼, 이야기, 사실, 어휘, 강의의 학습을 포함하는 광범위한 재료에 걸쳐서 유용하다고 밝혀져 왔다(Karpicke & Aue, 2015; Roediger & Karpicke, 2018). 제6장에서 배웠듯이, 연습시험 보기는 효과적인데, 부분적으로 시험을 보면서 기억에서 한 항목을 적극적으로 인출하는 것이 단순히 그것을 다시 공부하는 것보다 그 항목의 후속 파지를 향상시키기 때문이다(Roediger & Karpicke, 2006). 그러나 더 좋아하는 공부 전략에 대해 질문받았을 때, 학생들이 스스로 시험 보기보다 다시 읽기를 더 좋아한다는 것을 큰 차이로 보여주었다(Karpicke, 2012).

시험 보기의 이득은 시험이 어렵고 상당한 인출 노력을 요구할 때 가장 큰 경향이 있는데(Pyc & Rawson, 2009), 역시 바람직한 어려움 가설(Bjork & Bjork, 2011)과 일관적인 발견이다. 시험 보기는 시험되고 있는 바로 그 재료에 대한 글자 그대로(verbatim)의 학습을 증가시킬 뿐 아니라, 한 상황에서 다른 상황으로의 학습 전이(transfer)도 향상시킨다(Carpenter, 2012; Pan & Rickard, 2018). 예를 들면, 짧은 답을 요구하는 질문들로 연습시험을 받으면, 그런 시험은 재학습보다 짧은 답과 다중선택형 질문 모두에 대한 후속 수행을 향상시킨다(Kang et al., 2007). 시험 보기는 또한 공부한 재료로부터 결론을 끌어내는 능력을 향상시키는데, 이것은 학습의 중요한 부분이며 종종 교실에서 좋은 수행을 보이는 데에도 결정적이다(Karpicke & Blunt, 2011). 또 중요한 것은, 실제 교실에서 학생들의 수행에 대한 연구는 실험실에서 관찰한 것과 비슷한 연습 시험보기의 이득을 보여준다는 것이다(McDaniel et al., 2013; McDermott et al., 2014)(**그림 7.16** 참조).

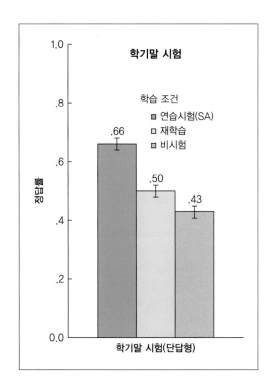

그림 7.16 교실 연구에서, 7학년 과학반 학생들은 어떤 학습 단위에 대해서는 단답형 연습 시험을 보았으며, 다른 학습 단위는 다시 공부하였고, 또 다른 단위에 대해서는 연습시험도 보지 않고 다시 공부하지도 않았다. 학기말 단답형 시험에서, 연습시험 보기는 다른 두 조건 모두보다 상당히 더 높은 점수를 내었다(McDermott et al., 2014).

시험은 주의에 도움이 된다

이 책의 저자들 중 한 사람의 실험실에서 수행된 최근 연구는 시험 보기의 또 다른 이득을 부각시켜 주는데, 강의 중 짧은 시험을 포함시키는 것이 마음이 떠도는 경향을 줄임으로써 학습을 향상시킬 수 있다는 것이다(Szpunar et al., 2013).

여러분은 강의 중 얼마나 자주 딴 생각하는 것을 발견했는가? 아마 한 번 이상은 발생했을 것이다. 학생들은 강의실 수업 중 자주 딴 생각을 한다는 것을 연구는 보여준다(Bunce et al., 2011; Lindquist & McLean, 2011; Wilson & Korn, 2007). 그런 딴 생각은 수업 재료의 학습을 심각하게 손상시킨다(Risko et al., 2012; Wammes et al., 2016). 쯔푸나와 동료들(Szpunar et al., 2013)의 연구에서 참가자들은 네 가지 부분으로 나누어진, 비디오로 녹화된 통계학 강의를 보았다. 참가자들 모두는 각 부분이 끝난 뒤 시험을 보거나 보지 않을 것이라고 들었으며, 또한 강의 중 노트를 하라는 격려를 받았다. 그런데 어떤 참가자들('시험 집단')은 각 부분에 대한 간단한 시험을 받았지만, '비시험 집단'은 마지막 부분이 끝날 때까지 시험을 받지 않았다. 세 번째 집단('재학습 집단')은 시험 집단과 같은 재료를 보았지만 시험을 보지는 않았다.

강의 중 무작위적인 시점에서, 모든 집단의 참가자들은 그들이 강의에 주의를 주고 있었는지, 다른 주제로 딴 생각을 했는지에 관해 질문을 받았다. 비시험 및 재학습 집단의 참가자들은 질문의 약 40%에 대한 반응으로 딴 생각을 하고 있었다고 표시했으나, 시험 집단에서는 딴 생각하기의 발생은 절반으로, 약 20%로 줄어들었다. 시험 집단의 참가자들은 강의 중 유의미하게 많은 노트를 했으며, 마지막 시험에서 서로 비슷한 수행을 보인 나머지 두 집단의 참가자들에 비해 최종 시험에서 강의의 정보를 유의하게 더 많이 파지했다. 또한 시험 집단의 참가자들은 다른 집단들의 참가자들보다 최종 시험에 대해 덜 염려했다.

이 결과들은 시험 보기의 가치 중 일부는, 딴 생각하기와 같은 과제와 무관한 활동들을 좌절시키고 노트하기와 같이 과제와 유관한 활동들을 격려하는 식으로 강의에 주의를 유지하게 하도록 사람들을 격려하는 데 있다는 것을 가리킨다. 후속 연구(Jing et al., 2016)는 시험 집단의 참가자들이 딴 생각을 했을 때조차 그들은 강의의 다른 부분에 대해 생각하는 경향이 있었다는 것을 보여주었다. 시험 집단은 강의 재료에 대한 글자 그대로의 회상에서 향상을 보였을 뿐만 아니라 강의의 여러 부분들의 정보를 통합하는 데에서도 증가된 능력을 보여주었다.

시험의 이런 이득은 비디오녹화 강의에서 관찰되었기 때문에, 그 이득은 녹화 강의가 표준인 온라인 학습에 거의 직접 적용된다(Breslow et al., 2013; Schacter & Szpunar, 2015). 그러나 특히 방금 논의하였던 연습시험 보기가 교실 수행을 향상시킨다는 증거에 비추어보면, 그 결과가 실제 교실 강의에도 마찬가지로 적용될 것이라고 믿을 만한 충분한 이유가 있다.

학습의 통제

심리학 입문 강좌의 기말 시험 전날이다. 여러분은 수업의 노트와 교재의 재료를 복습하는 데 많은 시간을 들였고, 그것 대부분을 꽤 잘 학습했다고 느낀다. 이제 여러분은 남은 귀중한 시간을 심리장애 아니면 사회심리학을 공부하는 데 바쳐야 할지를 결정해야 한다. 여러분은 어떻게 이런 결정을 하는가? 학습의 중요한 부분은 우리가 무엇인가를 얼마나 잘 아는지 그리고 그것을 공부하는 데 얼마나 더 많은 시간을 쏟아 부어야 하는지를 평가하는 것이다.

실험적 증거는 학습한 것에 대한 사람들의 판단이 후속 공부와 학습을 인도하는 데 결정적인 역할을 한다는 것을 보여준다(Dunlosky & Thiede, 2013; Metcalfe, 2009). 사람들은 보통 자신들이 잘 학습하지 않았다고 판단하는 항목들을 공부하는 데 더 많은 시간을 들인다(Metcalfe & Finn, 2008; Son & Metcalfe, 2000).

불행히도 학습의 판단(judgments of learning, JOL)은 종종 부정확하다(Castel et al., 2007). 예를 들면, 시험을 준비하면서 한 장 또는 한 항목을 읽고 다시 읽은 후에, 그 재료는 꽤 친숙하다고 느껴지기 쉽고, 그런 느낌은 여러분이 그 재료를 충분히 잘 학습했으므로 더 이상 공부할 필요가 없다고 확신하게 만들 수 있다. 그러나 친숙한 느낌은 오판을 불러일으킬 수 있다. 그것은 지각 점화(제6장 참조)와 같은 낮은 수준의 과정의 결과이지 시험을 잘 치는 데 요구될 그런 종류의 학습의 결과가 아닐 수 있다(Bjork & Bjork, 2011). 착오를 불러일으키는 JOL에 속는 것을 피하는 방법은 수시로 자신을 시험해보고, 자신의 답을 실제 답과 비교하는 것이다.

그래서 만일 여러분이 이 강좌의 최종 시험을 준비하고 있고, 심리장애 아니면 사회심리학을 공부하는 데 바쳐야 할지를 결정해야 한다면, 그 두 장의 재료에 대해 스스로를 시험해봄으로써 학습에 대한 통제를 행사하려고 해보라. 이 시험들의 결과를 써서 어떤 장이 추가적인 노력을 필요로 하는지를 결정하는 데 도움을 받을 수 있다. 연구자들의 다음 결론에 주목하라(Bjork et al., 2013). 더 세련되고 효과적인 학습자가 되기 위해서 (1) 학습과 기억의 핵심 특징들, (2) 효과적인 학습 기법들, (3) 자신의 학습을 어떻게 주시하고 통제할 것인가, (4) 학습의 판단을 그르치게 할 수 있는 편향들을 이해할 필요가 있다.

정리문제

1. 가장 효과적인, 그리고 가장 덜 효과적인 공부 기법은 무엇인가?
2. 분산 연습의 이득은 무엇인가?
3. 왜 어려운 연습시험이 가장 큰 이득을 주는가?
4. 어떻게 해서 연습시험을 보는 것은 딴 생각하는 마음을 집중시키는 데 도움을 주는가?
5. JOL은 어떤 방식으로 오해를 불러일으킬 수 있는가?

제7장 복습

학습이란 무엇인가

- 학습은 새로운 지식, 기술 및 반응의 획득을 포함한다. 그것은 경험에 기반을 두며, 유기체에 변화를 일으키며, 그 변화는 비교적 영구적이다.
- 가장 단순한 유기체조차 습관화와 민감화와 같은 간단한 형태의 학습을 드러낸다.

고전적 조건형성 : 한 가지 일이 다른 일로 이어진다

- 고전적 조건형성은 중성적인 자극(조건자극, CS)을 의미 있는 사건 혹은 자극(무조건자극, US)과 짝짓는다. 마침내 CS가 오로지 그 자체로 반응(조건반응, CR)을 일으킨다.
- 행동주의자들은 고전적 조건형성이 생각이나 의식과 같은 어떤 고등 수준의 기능도 행동을 이해하는 데 들먹일 필요가 없는 모형을 제공하는 것으로 보았다.
- 그러나 이후의 연구자들은 고전적 조건형성이 기대를 설정하는 것을 필요로 하고, CS가 US에 대한 진정한 예언자로 기능하는 정도에 예민하며, 어느 정도의 인지를 필요로 한다는 것을 보여주었다.
- 소뇌는 눈 깜박임 조건형성에 중요한 역할을 하는 반면, 편도체는 공포 조건형성에 중요하다.
- 각 종은 자신의 진화 내력에 기초하여 특정한 CS-US 연합을 획득하는 생물학적인 성향을 가지고 있는데, 이것은 고전적 조건형성이 적응 가치가 있기 때문에 진화한 세련된 기제라는 것을 보여준다.

조작적 조건형성 : 환경으로부터의 강화

- 조작적 조건형성은 강화가 행동의 발생 가능성을 높이고 처벌이 행동의 발생 가능성을 낮추는 과정이다.
- 행동주의자들은 인지적, 신경적 혹은 진화적 기제를 고려하지 않고 행동을 설명하고자 했다. 그러나 고전적 조건형성의 경우처럼, 이 접근은 불완전한 것으로 드러났다.
- 조작적 조건형성은 명백히 인지적 성분들을 가지고 있다. 유기체는 자신의 행동의 결과들에 대한 기대를 가지고 있고 그에 따라 그 행동들을 조정하는 것처럼 행동한다.
- 조작적 조건형성의 기저에 있는 연합기제는 진화론적 생물학에 그 뿌리가 있다. 여러 다른 종은 어떤 종류의 연합을 다른 것들보다 더 쉽게 학습하는 생물학적인 성향을 가지고 있다.

관찰학습 : 나를 봐

- 관찰학습은 종이 자기 주변 세계에 관한 정보를 수집하고 개체 간에 새로운 행동을 전달하는 중요한 과정이다.
- 침팬지와 원숭이는 관찰학습으로부터 이득을 얻을 수 있다.
- 거울 뉴런 시스템은 관찰학습 동안에 활성화될 수 있으며, 같은 뇌 영역의 많은 뉴런들이 어떤 기술을 관찰할 때와 수행할 때 모두 활성화된다.

암묵학습 : 레이더망 아래로

- 암묵학습은 학습자 측에서 외현적 자각의 개입이 없이 패턴을 탐지하고, 학습하고, 저장하는 과정이다.
- 암묵학습은 습관화와 같은 단순 행동을 낳을 수 있지만 또한 언어 사용이나 사회화와 같은 복잡한 행동도 낳을 수 있다.
- 신경영상법 연구들은 암묵학습과 외현학습이 서로 다른 뇌 구조들을,

때로는 서로 다른 방식으로 동원한다는 것을 보여준다.

교실에서의 학습

● 강조하기, 밑줄 치기, 다시 읽기와 같은 몇 가지 인기 있는 학습법들은 유용성이 낮은 반면, 연습시험 보기와 분산 연습과 같은 다른 기법들은

유용성이 높다는 것을 연구들이 보여준다.

● 연습시험 보기는 학습의 파지와 전이를 향상시키며 또한 학습을 향상시키고 수업 중 딴 생각하기를 줄여줄 수 있다.

● 학습의 판단(JOL)은 어떤 재료를 공부할 것인지를 결정하는 데 인과적인 역할을 하지만, 잘못된 인도를 할 수 있다.

핵심개념 퀴즈

1. 고전적 조건형성에서, 조건자극은 무조건자극과 짝지어져서 무엇을 낳는가?
   a. 중성자극
   b. 조건반응
   c. 무조건반응
   d. 다른 조건자극

2. 조건자극이 무조건자극과 더 이상 짝지어지지 않을 때 무슨 일이 일어나는가?
   a. 일반화
   b. 자발적 회복
   c. 소거
   d. 획득

3. 왓슨과 레이너는 어린 앨버트 실험을 통해 행동주의에 관한 무엇을 시범하려 하였는가?
   a. 조건형성이 어느 정도의 인지를 필요로 한다.
   b. 고전적 조건형성은 진화적 성분을 가지고 있다.
   c. 행동주의만으로는 인간 행동을 설명할 수 없다.
   d. 정서와 같은 세련된 행동조차도 고전적 조건형성의 대상이 된다.

4. 뇌의 어떤 부분이 공포에 대한 고전적 조건형성에 관여하는가?
   a. 편도체
   b. 소뇌
   c. 해마
   d. 시상하부

5. 특정한 종류의 음식에 대해 나쁜 경험을 한 뒤, 사람은 그 음식에 대해 평생 동안의 혐오를 발달시킬 수 있다. 이것은 조건형성이 어떤 측면을 가지고 있음을 시사하는가?
   a. 인지적
   b. 진화적
   c. 신경적
   d. 행동적

6. 다음 중 어느 것이 조작적 조건형성에 대한 정확한 진술이 아닌가?
   a. 행동과 결과는 조작적 조건형성에 핵심적이다.
   b. 조작적 조건형성은 행동의 강화를 필요로 한다.
   c. 복잡한 행동은 조작적 조건형성에 의해 설명될 수 없다.
   d. 조작적 조건형성은 진화적 행동에 뿌리를 가지고 있다.

7. 다음 기제들 중 어느 것이 행동에 대한 스키너의 접근에 아무 역할도 하지 못하는가?
   a. 인지적
   b. 신경적
   c. 진화적
   d. a, b, c 모두

8. 잠재학습은 조작적 조건형성에서 인지적 요소에 대한 증거를 제공하는데, 그 이유는?
   a. 어떤 명백한 강화 없이도 일어나기 때문이다.
   b. 정적 및 부적 강화를 필요로 하기 때문이다.
   c. 신경적 보상 센터의 작동을 가리키기 때문이다.
   d. 자극-반응 관계성에 달려 있기 때문이다.

9. 다음 중 어느 것이 관찰학습에 대해 사실인가?

   a. 인간은 다른 사람을 관찰하면서 배우지만, 인간이 아닌 동물은 이런 능력이 없는 것 같다.
   b. 만일 아이가 어른이 어떤 행동을 하는 것을 본다면, 그 아이는 그 행동을 흉내 내기 쉽다.
   c. 인간은 관찰보다 시행착오를 통해 복잡한 행동을 더 잘 배운다.
   d. 관찰학습은 같은 종의 개체들 간의 정보 전달에 한정된다.

10. 어떤 종류의 학습이 정보 획득의 과정과 산물 모두에 대한 자각과 대체로 독립적으로 일어나는가?
    a. 잠재학습
    b. 암묵학습
    c. 관찰학습
    d. 의식학습

11. 암묵학습에 관한 다음 진술 중 어느 것이 부정확한가?
    a. 어떤 종류의 학습이 외현적으로 시작하지만 시간이 지나면 더 암묵적이게 된다.
    b. 암묵학습은 가장 단순한 유기체들에서도 일어난다.
    c. 기억상실증이 있는 사람은 암묵학습 과제에 심각한 손상을 보이는 경향이 있다.
    d. 아이들은 대체로 암묵학습을 통해 언어와 사회 행동을 배운다.

12. 암묵적 지시에 대한 반응은 뇌의 어느 부위에서 뇌 활성화의 감소를 보이는가?
    a. 해마
    b. 두정 피질
    c. 전전두 피질
    d. 후두엽

13. 어떤 공부 전략이 가장 효과적인 것으로 보이는가?
    a. 텍스트 강조하기
    b. 다시 읽기
    c. 요약하기
    d. 연습시험 보기

14. 다음 중 어느 것이 학습의 판단(JOL)에 대해 사실인가?
    a. 보통 사람들은 그들이 새 학습재료를 얼마나 잘 학습했는지에 대해 훌륭한 판단자이다.
    b. 재료에 대해 친숙한 느낌은 흔히 그 재료가 학습되었는지에 대한 지표이다.
    c. JOL에 기초해서, 사람들은 보통 그들이 잘 안다고 느끼는 재료를 공부하는 데 더 많은 시간을 쓴다.
    d. JOL은 학습에 인과적인 영향을 미친다.

15. 공부의 보조수단으로 스스로 시험 보기의 가치는 부분적으로 다음 어디로부터 오는가?
    a. 재료에 대해 친숙한 느낌의 증가
    b. 최초 학습 동안 주의 유지에 도움
    c. 재료에 대한 수동적인 재노출
    d. 수업 중 신중히 노트할 필요의 감소

핵심용어

간헐적 강화	무조건자극(US)	암묵학습	조성
간헐적 강화 효과	민감화	이차 조건형성	조작적 조건형성
강화물	변동간격 계획(VI)	인지지도	조작행동
고전적 조건형성	변동비율 계획(VR)	일반화	처벌물
고정간격 계획(FI)	변별	자발적 회복	학습
고정비율 계획(FR)	생물적 준비성	잠재학습	획득
관찰학습	소거	조건반응(CR)	효과의 법칙
무조건반응(UR)	습관화	조건자극(CS)	

생각 바꾸기

1. 한 친구가 아동기 교육에 관한 수업을 받고 있다. "이전 시대로 돌아가면, 교사들은 체벌을 썼지만, 당연히 그것들은 더 이상 허용되지 않아. 이제 좋은 교사는 단지 강화만 사용해야 해. 아이들이 행동할 때, 교사는 칭찬과 같은 정적인 강화를 줘야 해. 아이들이 비행을 저지를 때, 교사는 꾸짖거나 특권을 철회하는, 부적 강화를 써야 해"라고 말한다. 강화에 대해 여러분 친구가 오해하는 것은 무엇인가? 부적 강화가 초등학교 교실에서 생산적으로 적용될 수 있는 방법에 대해 더 좋은 예를 제시할 수 있는가?

2. 여러분 가족의 한 친구가 매일 아침 침대를 정리하도록 자기 딸을 훈련시키려 하고 있다. 여러분은 그녀에게 정적 강화를 시도하라고 제안한다. 한 달 뒤, 그 여인은 여러분에게 말해주기를, "그것은 별로 도움이 되지 않아요. 비키가 침대를 정리할 때마다, 달력에 황금 별을 표시하고, 주말에 별이 7개 있으면, 나는 비키에게 감초사탕 한 조각을 보상으로 주지요. 그러나 지금까지 그녀는 감초사탕을 두 번 얻었을 뿐이에요"라고 한다. 왜 희망하는 행동, 즉 침대 정리가 강화 절차의 결과로 증가하지 않았는지를 여러분은 어떻게 설명할 수 있는가?

3. 심리학 시험공부를 하는 동안, 여러분은 같이 공부하는 친구에게 고전적 조건형성의 정의를 제시하라고 요구한다. 그는 "고전적 조건형성에서 자극, 즉 CS가 있고, 이것은 다가오는 사건, 즉 US를 예측해. 보통 그것은 나쁜 건데, 전기 충격, 욕지기 또는 무서운 큰 소리 같은 거야. 학습자는 반응, 즉 CR을 해서 US를 막아. 때때로 US는 좋은 건데, 파블로프의 개의 경우 음식 같은 거야. 그리고 학습자는 US를 얻기 위해 반응을 해." 이런 정의에서 무엇이 틀렸는가?

4. 여러분의 학급 친구 중 한 사람이 자신은 학습에 관한 현재 장보다 기억에 관한 직전 장을 더 좋아했다고 공표한다. "나는 심리치료사가 되고 싶어. 그래서 나는 주로 인간 학습에 관해 관심을 갖고 있어. 조건형성은 동물들이 레버를 밀거나 교묘한 행동을 수행하도록 훈련시키는 데 정말로 강력한 방법일지 몰라. 그러나 그것은 인간이 배우는 방법과는 실제로 큰 관련성이 없어"라고 말한다. 인간과 다른 동물들에게서 학습은 얼마나 비슷한가? 조건형성이 인간에게 일어난다는 것을 보여주기 위해 여러분은 어떤 실례들을 들 수 있는가?

핵심개념 퀴즈 정답

1. b; 2. c; 3. d; 4. a; 5. b; 6. c; 7. d; 8. a; 9. b; 10. b; 11. c; 12. d; 13. d; 14. d; 15. b

정서와 동기

레오나르도는 다섯 살배기가 하리라 생각되는 일을 한다. 그는 블록을 쌓고, 퍼즐을 풀고, 추측하는 게임을 한다. 그러나 다른 아이들과 달리, 레오나르도는 퍼즐을 풀 때 자랑스러워하거나, 게임에서 질 때 화를 내지 않는다. 그것은 레오나르도가 정상적인 인간 감정을 경험할 수 없게 하는 특이한 조건을 가지고 있기 때문이다. 그는 기쁨이나 슬픔, 환희와 절망, 수치심, 질투, 짜증, 흥분, 감사 혹은 후회를 느끼지 못한다. 그는 한 번도 웃거나 울어 본 적이 없다

레오나르도의 조건은 심각한 결과를 낳았다. 예를 들면, 다른 사람들과 어울리는 것은 꽤 큰 난관이었으며, 그러기 위해 레오나르도는 올바른 순간에 올바른 표정을 짓는 것을 배워야 했다. 즉 대화 상대방이 그에게 멋진 말을 하면 입을 당겨서 미소를 짓거나 가끔씩 그들이 말하는 것에 흥미를 보이기 위해서 눈썹을 올리는 것이다. 엄마가 방으로 들어오면 레오나르도는 그녀에게 미소를 지어야 한다는 것을 알고 그렇게 한다. 그녀는 그가 이런 기술을 숙달했다는 것을 자랑스러워 하지만, 그녀는 또한 그가 미소 지을 때 그는 단지 표정을 짓는 것이며 실제로는 자신을 보고 행복을 느끼지는 않는다는 것을 매우 잘 알고 있다. 대부분의 엄마는 이런 일로 힘들어 할 것이지만, 신시아 브리질(Cynthia Breazeal)은 그렇지 않다. 사실 그녀는 매우 기쁘다. 왜냐하면 레오나르도의 한계에도 불구하고, 그녀는 그가 그녀가 지금까지 고안한 로봇 중 가장 대단한 것이라고 생각하기 때문이다.

그렇다, 레오나르도는 로봇이다. 그는 보고 들을 수 있고, 기억하고 추리할 수 있다. 그러나 그의 사랑스러운 미소와 아는 체하는 윙크에도 불구하고, 그는 느낄 수 없는데, 이것이 그가 우리와 한없이 다른 점이다. 사랑하고 미워하는, 즐거워하고 짜증내는, 신나고 참담하게 느끼는, 우리 능력은 우리 인간성의 본질적 요소이다. 그러나 정서는 정확히 무엇이며 왜 그것은 그렇게 본질적인가? 이 장에서 우리는

대부분의 아이는 행복, 두려움, 놀람, 화를 경험할 수 있다.
그러나 레오나르도는 이런 혹은 다른 정서를 경험할 수 없다.

Alex Cao/Photodisc/Getty Images

레오나르도와 그의 '엄마', 로봇 디자이너이자 MIT 교수인 신시아 브리질.

Sam Ogden/Science Source

학습목표

- 심리학자들이 왜 그리고 어떻게 정서적 경험들의 '지도'를 만드는 지를 이해한다.
- 평정과 활동/행위 경향성 간의 차이를 설명한다.
- 정서를 생성하는 몸과 뇌의 역할을 설명한다.

이 질문들을 탐구할 것이다. 정서의 본질을 논의하고 그것들이 우리 몸과 뇌의 상태들과 어떻게 관련되는가를 살펴보면서 이 장을 시작할 것이다. 그다음 우리는 사람들이 자신의 정서를 어떻게 표현하는가를, 그들이 다른 사람과 의사소통하기 위해 자신의 정서를 어떻게 사용하는가를 살펴볼 것이다. 그다음 우리는 정서가 동기에서 하는 본질적 역할, 즉 그것들이 어떻게 우리에게 정보를 주는지, 그것들이 전쟁에서 사랑에 이르기까지 모든 것을 우리로 하여금 어떻게 하게 만드는지를 살펴볼 것이다. 마지막으로 우리는 가장 강력한 동기 중 몇 가지를 논의할 것인데, 그것들은 우리가 다른 동물들과 공유하는 것들 그리고 우리를 독특하게 인간적인 존재로 만드는 것들이다.

정서의 본질

여러분은 살아 있는가? 여러분은 아마 이 질문에 재빠르게 그리고 긍정적으로 답했을 것이다. 그러나 '살아 있다'는 말은 정확하게 무엇을 의미하는가? 살아 있음은 여러분이 가리킬 수 있는 것이 아니다. 그보다 그것은 재생산, 성장, 신진대사 활동 등의 능력과 같은 여러 특징들에 의해 정의되는 상태이다. (여러분과 같은) 어떤 개체는 이런 특징들을 모두 가지고 있고 분명히 살아 있다. (바위와 같은) 다른 개체들은 이런 특징들 중 몇 가지를 가지고 있지만 다른 특징들은 가지고 있지 않은데, 이것은 그것들이 살아 있다고 말하기가 다소 어렵게 한다.

마찬가지로 정서는 사물이 아니다. 뇌에는 그것이 자리잡고 있는 곳이 없으며 그것을 측정할 수 있는 단일한 방법도 없다(Mauss & Robinson, 2009). 오히려 **정서**(emotion)는 독특한 주관적 경험들과 생리학적 활동을 포함하며, 사람이 행동하도록 준비시키는 일시적 상태이다. 정서에는 여러 가지 독특한 특징들이 있다(Mauss et al., 2005). 그 정신적 특징에는 사람이 생각하고, 느끼고, 행동할 준비가 되어 있는 것도 포함되며, 그 신체적 특징에는 몸과 뇌 모두의 활동이 포함된다. 특정 시점에서 한 사람의 상태가 이런 특징들의 대부분 혹은 전부를 가질 때, 우리는 그 사람이 "정서를 경험한다"고 말한다. 이 특징들은 무엇인가? 정신적인 것들을 먼저 살펴보도록 하자.

정서적 마음

이 사진을 볼 때 무엇인가를 느끼지 않는다는 것은 거의 불가능하다. 그리고 여러분이 느끼는 것을 정확하게 말하는 것은 거의 불가능하다.

AP Photo/Stephen Morton

정서 독특한 주관적 경험과 생리적 활동을 포함하며, 사람이 행동하도록 준비시키는 일시적 상태

지구상의 모든 사람이 영어 단어에는 없는 정서를 경험하는데, 산스크리트어로 그것은 **카마무타**(*kama muta*)라고 불린다(Zickfeld et al., 2019). 이 정서를 경험할 때, 그들은 그것은 '눈물이 나도록 감동하는' 혹은 '감동적인' 느낌이라고 말한다. 그들은 그 경험을 '북받치는' 혹은 '가슴을 따뜻하게 하는' 것으로 묘사한다. 여러분은 아마 이 정서를 느꼈을 것이지만, 이것을 느껴보지 못한 사람에게 이것을 어떻게 묘사할 것인가? 여러분은 그들에게 이 정서를 유발하는 상황에 대해 이야기하려고 노력하거나(예 : 누군가가 희생을 하거나 선물을 주는 것을 본다), 혹은 여러분이 그것을 경험할 때 여러분 몸에 일어난 일(눈이 촉촉해지고, 가슴이 따뜻해지며, 목이 긴장된다)에 대해 이야기하려 할 것이다. 그러나 결국, 이 두 가지 묘사는 다소 실패할 텐데 카마무타의 본질적 특징들 중 하나는 그것을 느끼는 것이며, 그것을 갖지 못한 사람에게 어떤 느낌을 설명하려 하는 것은 타고난 맹인에게 초록색을 설명하려 하는 것과 다소 비슷하기 때문이다. 감동받아 눈물이 나는 무엇과 비슷한 느낌인데, 무엇과 비슷한 느낌이라는 것이 정서를 정의하는 특징들 중 하나이다(Heavey et al., 2012).

정서적 경험

만일 정서 경험을 쉽게 묘사할 수 없다면, 어떻게 그것들을 과학적으로 연구할 수 있을까? 한 가

	시카고	로스앤젤레스	샌프란시스코	오마하	피닉스	보스턴
시카고	0	1,749	1,863	433	1,447	856
로스앤젤레스	1,749	0	344	1,318	367	2,605
샌프란시스코	1,863	344	0	1,432	658	2,708
오마하	433	1,318	1,432	0	1,029	1,288
피닉스	1,447	367	658	1,029	0	2,290
보스턴	856	2,605	2,708	1,288	2,299	0

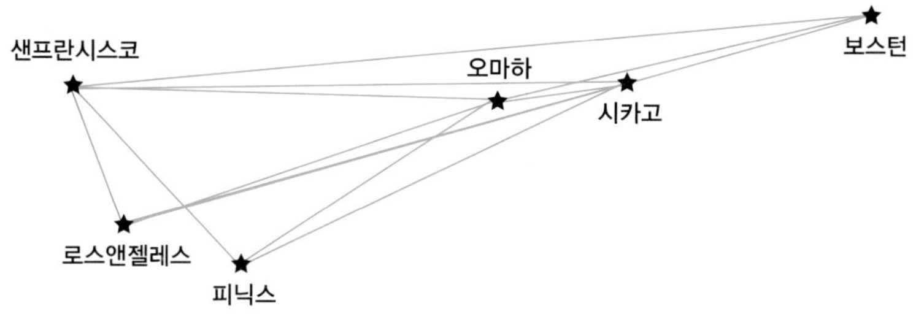

그림 8.1 거리에서 지도로 사물들, 예컨대 도시 간의 거리를 아는 것은 그것들이 변화하는 차원을 드러내는 지도를 그릴 수 있게 해준다.

지 방법은 우리가 경험하는 것을 항상 말할 수는 없어도, 한 가지 느낌이 다른 것과 얼마나 비슷한지를 보통은 말할 수 있다("카마무타는 분노보다 행복에 더 가깝다.")는 것을 이용하는 것이다. 좋은 소식이다. 일단의 사물들이 얼마나 가까이 있는지를 안다면 과학자들은 그것들을 지도로 만들 수 있기 때문이다. 6개의 미국 도시들 간 거리 혹은 '근접성'을 목록으로 보여주는 **그림 8.1**의 표를 보라. 여러분이 이 표의 숫자들을 써서 지도를 만들려고 했다면, 여러분은 표 아래에 있는 것과 같은 미국의 지도를 그릴 수밖에 없을 것이다. 믿기지 않는다면, 시카고를 이동시켜보아라. 그럴 수 없다. 만일 시카고를 조금이라도 오른쪽으로 움직이면, 그것은 보스턴에 너무 가깝게 되고 오마하로부터 너무 멀게 될 것이다. 시카고는 정확하게 보스턴에서 856마일, 오마하로부터 433마일 떨어져 있으며, 로스엔젤레스로부터 1,749마일 떨어져 있는 유일한 지점에 있다. 같은 사실이 지도상의 모든 다른 도시에 대해서도 사실이다. 그렇다면 이것은 정서 경험과 무슨 관계가 있는가? 사람들이 두 가지 정서 경험이 얼마나 가까운가를 말할 때, 그들은 실제로 그들 간의 '거리'를 추정하고 있는 것인데, 이것은 심리학자가 느낌-공간(feeling-scape)의 지도를 그릴 수 있게 해준다. 그림 8.2에 보이는 정서 경험들의 지도는 인간이 가장 흔하게 생성하는 것이다.

물론 아무도 여름 여행을 (지도에서) '기쁜'에서 '흥분된'으로 운전하면서 보내지는 않는다. 그렇다면 누가 이런 지도를 필요로 하는가? 우리가 그렇다. 지도는 그것들이 어디에 위치하는가를 보여줄 뿐만 아니라, 또한 그 위치들이 변화하는 차원들도 드러내기 때문이다. 예를 들어 그림 8.1에서 지도는 도시들의 위치가 정확하게 두 차원상에서 변한다는 것을 보여주는데, 그것은 우리가 경도(동서 차원)와 위도(남북 차원)라고 부르는 것이다. 이제 **그림 8.2**를 보라. 이것은 정서 경험이 마찬가지로 두 차원, 즉 유인가(valence, 그 경험이 얼마나 정적인지)와 각성(arousal, 그 경험이 얼마나 에너지를 갖는 것인지, energetic)에 따라 변한다는 것을 보여준다. 수십년의 연구들은 세상의 모든 사람의 정서 경험은 이 간단한 두 차원의 지도에서 각 경험의 독특한 좌표에 의해 꽤 잘 묘사될 수 있다는 것을 보여준다(Russell, 1980; Watson & Tellegen, 1985; Yik et al., 2011).

그림 8.2 정서 경험의 지도 도시의 위치가 위도와 경도라는 두 차원에서 변하듯이, 정서 표현은 유인가 및 각성이라는 두 차원에서 변한다.

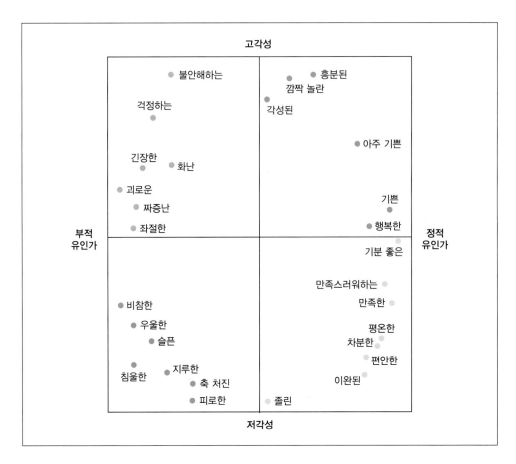

평정 및 활동 경향

정서의 한 특징은 그렇게 느끼는 무엇이라는 것이다. 다른 특징은 정서가 비롯되는 곳과 정서가 이끄는 것이다. 정서가 아무 이유 없이 생기는 일은 거의 없으며, 오히려 정서는 세상에서 벌어지는 사건들에 대한 반응이다. 여러분을 향해 달려오는 총을 든 사람을 보면, 여러분의 반응은 공포이다. 몸을 숙여 엄마를 위해 꽃을 꺾으려는 어린 소년을 보면, 여러분의 반응은 카마무타이다. 그러나 앞의 그 사람이 여러분을 구하려고 오고 있는 경찰관이라면, 여러분의 반응은 안도일 것이며, 그 어린 소년이 엄마의 무덤을 찾아온 것이라면 여러분의 반응은 슬픔일 것이다.

정서는 반응이지만, 그것은 단지 사건들에 대한 반응이 아니라 그만큼이나 사건들에 대한 우리의 해석에 대한 반응이다. 한 자극 혹은 사건에서 정서와 관련된 측면들에 대한 의식적 혹은 무의식적 평가와 해석을 가리키기 위해, 심리학자는 **평정**(appraisal)이란 말을 쓴다(Arnold, 1960; Blascovich & Mendes, 2000; Ellsworth & Scherer, 2003; Lazarus, 1984; Roseman, 1984; Roseman & Smith, 2001; Scherer, 1999, 2001). 연구들은 우리가 자연스럽게 여러 차원들, 예컨대 사건의 자기 관련성("이것은 나에게 영향을 주는가?"), 그리고 중요성("이것은 중요한가?"), 그 사건을 대처하고("내가 이것을 다룰 수 있는가?") 통제하는("내가 이것을 바꿀 수 있는가?") 우리 능력 등을 기초로 사건들을 평정한다는 것을 보여준다. 우리가 이런 질문에 어떻게 답하는가, 즉 우리가 그 사건을 어떻게 평정하는가는 우리가 경험하는 정서에 영향을 준다.

정서는 평정에 대한 반응이기 때문에, 다른 사람은 정확하게 같은 사건에 대해서 다른 정서적 반응을 할 수 있다. 예컨대, 한 연구(Siemer et al., 2007)에서 참가자들은 부담되는 과제("18,652에서 7씩 빼면서 거꾸로 세어라")를 수행하도록 요구받았으며, 그들이 시도하는 매번, 실험자는 그들의 수행에 대해 점점 더 기분이 상하는 피드백을 주었다("여러분은 충분히 크게 말하지 않네요" 혹은 "이리저리 움직이지 마세요"). 참가자들이 과제를 세 번 시도한 다음, 실험자는 참가자의 수행이 무가치하였으며 과제를 종료하고 있다고 매우 짜증내며 설명하였다. 참가자들은 이 사건에 대해 어떻게 반응하였는가? 그것은 그들이 이 사건을 어떻게 평정하였는지에 달려 있었다. 문제가 실험자의 잘못("그녀는 내가 가만히 앉아 있어야 된다고 말하지 않았어")이라고 생각한 사람은 유쾌해졌거나 화가 난 반면에, 문제가 자신의 잘못("의자에 앉아 꼼지락거리는 것보다는 더 잘 했어야 했는데")이라고 생각한 사람은 죄책감을 갖거나, 창피함을 느끼거나, 우울해졌다.

정서는 평정을 뒤따르며, 그것은 **행동 경향성**(action tendencies)을 낳는데, 이것은 특정한 일단의 정서 관련 행동들에 개입하려는 준비성이다(Frijda et al., 1989). 예를 들면, 여러분이 갑작스러운 큰 소음에 놀랐을 때 여러분은 즉각 움직임을 멈춘다는 것을 알아차렸는가? 왜? 두려움(공포)

행동 경향성 특정한 집합의 정서 유관 행동에 개입하려는 준비성

화가 나서 즐거워?

팀 크리더는 에세이 작가이며 만화가이다. 그의 책에는 *We Learn Nothing* (2013), *I Wrote This Book Because I Love You* (2018)가 있다.
Photo by Hayley Young, Courtesy Tim Kreider

어떤 정서는 긍정적이며 어떤 것은 부정적이다. 행복은 첫 번째 범주에 속하며, 슬픔은 두 번째 범주에 속한다. 그러나 분노의 경우는? 여러분은 아마도 이것은 종종 부정적 효과를 내기 때문에 부정적 정서라고 말하고 싶을 것이다. 그러나 밝혀지듯이, 분노는 긍정적 정서의 여러 특징들을 가지고 있다. 그것은 사람들이 회피하기보다는 접근하도록 하며, 몸에서 스트레스 호르몬 수준을 높이기보다는 낮추며, 화난 사람은 종종 화난 채로 있기를 원한다. 아마 이것이 왜 그렇게 많은 미국인들이 이제 소셜미디어를 써서 자신의 분노를 달래려고 하는 이유이다. 화가 난 것은 기분이 좋다. 에세이 작가 팀 크리더(Tim Kreider)는 이에 동의하지만, 손가락질하는 트위터 무리에 들어가는 것에는 어두면 면이 있다고 생각한다. 들어보자.

미국은 청교도적 기원에서 시작해서 뚱뚱하고 너그러운 바빌론으로 퇴화했다고 흔히 생각되는데, 그러나 공공적 비웃음거리라는 오래된 희미한 제도, 그리고 판단과 처벌의 유혹은 여전히 남아 있고 인터넷에서 번창하고 있다. 불륜 사건 웹사이트인 애슐리 매디슨의 폭로, 혹은 실수로 유명한 사자에 총을 쏜 치과의사에 대한 증오 캠페인을 보라. 앞의 경우에 사생활 침해를 원칙적으로 비판했던 사람들조차 그들은 처벌적 즐거움의 흥분을 억누르는 데 힘든 시간을 보냈음을 인정했다. 그리고 꽤 많은, 거의 모든 사람이 후자의 경우에, 커다란 카리스마적 포유류를 살해한 사람에 대한 도덕적인 비난을 가세하는 데 기분이 좋을 것이다.

나는 이런 충동을 이해할 수 있다. 이것은 보편적이며, 인간의 유흥 중 가장 오래되고 가장 인기 있는 것 중 하나이다. 그럴 만한 사람의 속셈을 미워하고, 강박적인 자위기구 또는 실험실의 쥐처럼 자기 자신의 자기정당화된 혐오라는 쾌락 중추 단추를 계속해서 누르는

것은 믿을 수 없으리만치 재미있다. 많은 사람들이, 적어도 약을 하거나 성행위를 하는 정신적으로 덜 진보한 사람만큼이나 비난을 하고 사과를 요구하면서, 공격받고 화를 내는 것을 분명히 칭송한다(인터넷의 유식한 체하는 작은 여선생들에 대해 이 에세이를 쓰는 데에도 동일한 쾌락의 기미 이상이 있다). 도덕적 판단과 더 일상적인 악덕 간의 교활한 차이는 — 그로 인해 훨씬 더 위험해지는데 — 중독은 적어도 영향을 받은 사람들에게 자신들을 문제로 제시하는 반면에, 판단적이 된다는 것은 그것에 탐닉하는 사람에게 하나의 덕처럼 느껴진다는 것이다.

아마 이것은 미적인 기호의 차이에 불과할 것이다. 어떤 사람이 사냥이나 불륜으로 심각하게 공격받는 것과 똑같은 식으로, 도덕적 꾸지람에 대해서 깊이 불쾌한 느낌을 주는 점이 많다. 그들은 그냥 추하고, 신랄하고, 심술궂고, 유머가 없고, 그들의 얼굴은 새침하고, 자기만족적 증오와 더불어 찌푸린다.

...

인터넷의 담화 중 약 94%가 이제 어떤 사람의 불명예에 대한 즐거운 비아냥으로 구성된다. 나는 위반자들의 비행을 관대하게 봐 주지 않을 것이지만 — 그들은 자신이 다른 사람들에게 하는 만큼이나 나를 혐오할지도 모른다 — 이런 역겨운 소란이 시작되자마자, 나는 항상 본능적으로 가정된 공격자 편에 서 있다는 것을 깨닫는다. 다른 사람에 의해 반영되는 여러분 자신의 반응을 보는 것은 교훈이 될 정도로 역겹다(여러분이 소녀에게 아첨을 떨 때, 항상 여러분은 진실하고 매력적이라고 느끼지만, 어떤 다른 사람이 누군가에게 수작을 거는 것을 여러분이 우연히 들을 때는 그것은 아주 속 보이고 너저분하며, 여러분을 오글거리게 만든다).

나는 도덕 철학자는 아니다. 나는 어떤 사람일 뿐이다. 그러나 앞의 치과의사 사무실에 세워진 증오의 문구들을 볼 때, 혹은 애슐리 매디슨 스캔들에 대해 마녀심판적 비난과 침 뱉기에 귀기울일 때, 혹은 단정하고 독실한 신자인 척하면서 경찰 사격의 최근 희생자는 그가 결국 법을 위반했기 때문에 그가 받아야 할 대가를 받았다고 설명을 붙이는 논평가들의 글을 읽을 때, 내가 아는 전부는, 나는 돌을 던지는 사람이 되기보다는 차라리 간통자가 되는 것이 낫다는 것이다.

제임스-랑게 설 감정은 어떤 자극에 대한 자신의 생리적인 반응에 대한 지각일 뿐이라는 이론

이라는 정서 상태는 얼기(freezing)라 불리는 행동 경향성을 낳기 때문이다(Roelofs, 2017). 마찬가지로, 여러분이 누군가와 열띤 논쟁에 빠진 적이 있다면, 여러분이 멀리 떨어지기보다는 그 사람을 향해 가까이 다가가는 것을 알아차렸을 것인데, 분노라는 정서 상태는 접근이라고 불리는 행동 경향성을 낳기 때문이다(Carver & Harmon-Jones, 2009)('다른 생각 : 화가 나서 즐거워' 참조). 그리고 웹을 검색하다가 우연히 지독하고 혐오적인 사진을 보았을 때, 여러분은 순간 눈을 감고 머리를 옆으로 돌리는데, 혐오라는 정서 상태가 회피라 불리는 행동 경향성을 낳기 때문이다(Chapman et al., 2009). 이 행동 경향성 각각은 상당한 진화적인 의미가 있는 것이다. 곰이 여러분을 향해 으르렁거릴 때, 여러분은 가만히 서 있어야 한다. 적이 위협할 때 여러분은 그를 멈추기 위해 앞으로 움직여야 한다. 아주 역겨운 것을 보면 여러분은 그것을 만지기 전에 물러나야 한다. 행동 경향성은 정서라는 것이 우리의 생존을 보장하기 위해 자연이 설계한 적응적 상태라는 것을 일깨워준다.

정서적인 몸

곰에 대해서 말하자면, 여러분이 부엌으로 곧장 들어가다가 곰이 찬장을 향해 코를 킁킁거리고 있는 것을 본다면 무슨 일이 일어날 것인가? 물론 여러분은 공포를 느낄 것이다. 심장은 쿵쿵거리기 시작하고, 거친 숨을 쉬기 시작할 것이며, 다리 근육은 달아날 준비를 하듯이 수축할 것이다. 간단히 말해 여러분은 공포를 느끼고 그 느낌은 여러분의 몸이 반응하도록 만들 것이다.

그러나 19세기 후반에 윌리엄 제임스(William James)는 공포의 감정이 이런 신체 반응을 일으키지 않는다고 주장하였다. 오히려 신체 반응이 공포 감정을 불러온다고 주장하였다. 제임스에 따르면, 먼저 여러분은 곰을 보고, 그것은 여러분의 심장이 뛰기 시작하도록 하고, 그다음 여러분은 공포라는 감정을 경험하는데, 이것은 여러분 신체의 반응에 대한 지각이다. 심리학자 칼 랑게(Carl Lange)는 거의 같은 시기에 비슷한 주장을 하였으므로, 이 생각은 이제 정서의 **제임스-랑게 설**(James-Lange theory)로 알려지게 되었는데, **감정**(feelings)은 어떤 자극에 대한 생리학적 반응의 지각일 뿐이라고 주장한다. 이 이론에 따르면, 감정은 세상 사건에 대한 우리 몸의 반응의 ─ 원인이 아니라 ─ 결과이다.

이 이론은 독창적이고, 우아하며, 도발적이었다. 그러나 생리학자 월터 캐논(Walter Cannon)과 필립 바드(Philip Bard)가 주목했듯이 이것은 옳지 않았다. 그들은 제임스-랑게 설은 세 가지 기초적인 사실에 맞지 않는다고 주장했다.

1. 어떤 정서 경험은 몸의 반응이 일어나기도 전에 일어난다. 바지가 남들 앞에서 벗겨지는 바로 그 순간에 사람은 당황하는 느낌을 갖는데, 얼굴 붉힘이라는 신체 반응은 15초 내지 30초 걸려서야 일어난다. 감정이 먼저 일어난다면 당황함이 어떻게 단지 '얼굴 붉힘'의 지각이겠는가?

2. 자극은 정서를 유발하지 않고도 신체 반응을 일으킬 수 있다. 침실이 더워지면 심장은 자연스럽게 약간 더 빨리 뛰기 시작하지만, 여러분은 염려하지 않는다. 만일 공포가 단지 '빠른 심장 박동의 지각'일 뿐이라면, 여러분의 룸메이트가 온도계를 돌릴 때마다 왜 여러분은 두려워하지 않는가?

3. 제임스-랑게 설이 맞으려면, 사람의 모든 정서는 특정한 신체 반응의 세트와 연관되어야 할 것이다. 즉 모든 정서는 특정한, 말하자면 '생리학적 지문'을 가지고 있어야 한다(Clark-Polner, Johnson, & Barrett, 2017; Siegel et al., 2018). 그런데 그렇지 않다. 다른 정서 경험은 때때로 같은 신체 반응 세트와 연관되며, 다른 신체 반응들이 때때로 같은 정서 경험과 연관된다.

제임스-랑게 설은 처음부터 문제가 있으며, 거의 한 세기 후에 심리학자 스탠리 샥터(Stanley Schachter)와 제롬 싱어(Jerome Singer)(1962)는 이를 고치려고 하였다. 제임스와 랑게처럼 샥터와 싱어는 인간의 정서 경험은 신체 반응들의 지각에 기초한다고 믿었다. 그러나 특정한 신체 반응 집합이 각 그리고 모든 독특한 정서 경험에 대응한다고 주장하는 대신, 그들은 단지 한 가지 신체 반응(그들은 '미분화된 생리학적 각성'이라 불렀다)이 있으며 사람들이 이 반응을 해석하는 방식이 어떤 정서를 경험할지를 결정한다고(**그림 8.3** 참조) 주장하였다. 그들의 정서의 **이요인 이론**(two-factor theory of emotion)은 자극들이 일반적인 생리적 각성 상태를 불러일으키고, 그다음 이것은 특정한 정서로 해석된다고 주장하였다.

이 이론에 따르면 부엌에서 곰을 보면, 여러분의 몸은 즉각 적색경보 상태가 되고, 즉 심장이 쿵쾅거리고, 근육이 긴장하고, 마라톤 선수처럼 숨을 쉬기 시작한다. 여러분의 마음은 고조된 생리적 각성을 알아채고 이것을 해석하려고 한다. 방을 둘러보고 곰을 발견하고, 곰이 사람을 물어뜯는 것을 얼마나 좋아하는지에 대한 정보를 기억하면서, 곰이 여러분이 공포를 느끼게 한다고 결론을 내린다. 그러나 이요인 이론에 따르면, 여러분이 곰 대신에 귀여운 새끼 고양이들을 보았다면, 여러분의 마음은 완전히 다른 결론을 내릴 것이다. 예컨대 여러분은 기쁨을 느낄 것이다. 이요인 이론은 사람은 모든 유관한 정서적 자극에 대해 단지 한 가지 신체 반응을 하지만, 경우가 다르면 그 반응을 다르게 해석한다고 주장한다. 다른 정서들은 동일한 생리적인 반응들에 대해 단순히 다른 해석들이다.

이요인 모형은 지난 반세기 동안 어떻게 대접받았는가? 최근 연구는 샥터와 싱어가 주장하였듯이, 단일한 신체 반응이 정말로 때때로 다른 정서 경험을 일으킬 수 있다는 것을 확증하였다. 그러나 최근 연구는 다른 정서 경험들이 단일한 신체 반응에 대한 서로 다른 해석일 뿐이라는 이요인 이론의 주장에 그렇게 관대하지 않았다. 예를 들어, 분노, 공포 및 슬픔은 모두 혐오보다 더 높은 심장박동률을 내었으며, 분노와 혐오는 슬픔이나 분노보다 더 높은 피부 전기 반응(땀 흘리기)을 낳았으며, 분노는 공포보다 손가락 온도를 더 크게 증가시켰다는 것을 발견했다(Christie &

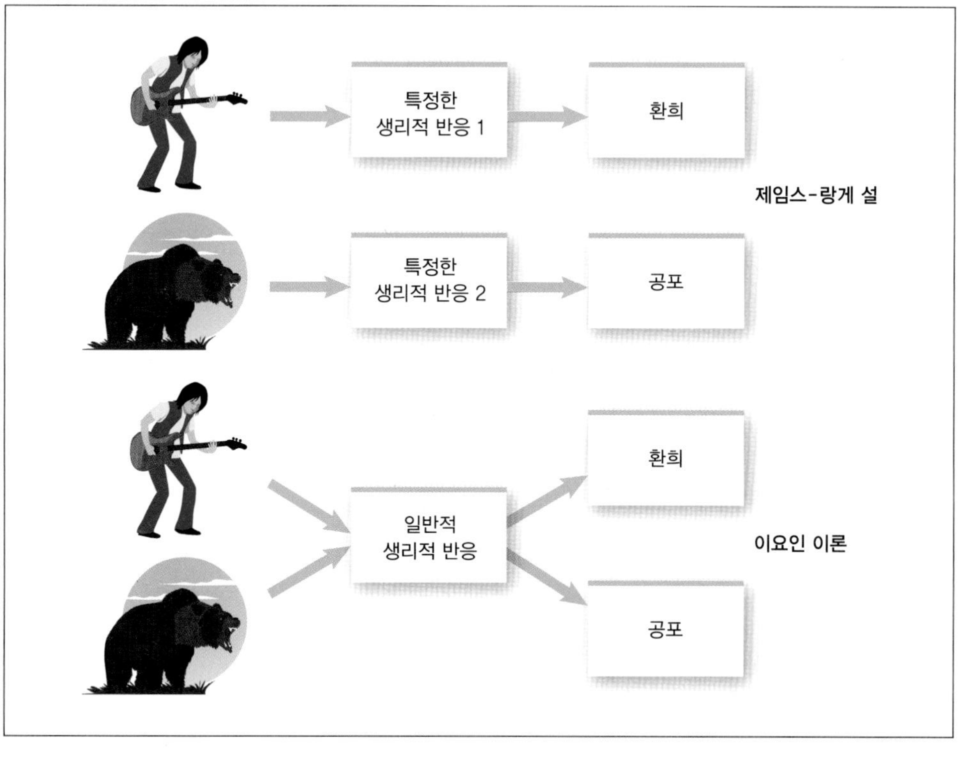

이요인 이론 자극이 일반적인 생리적 각성 상태를 유발하고, 이것이 특정한 정서로 해석된다는 이론

그림 8.3 정서의 고전적 이론 제임스-랑게 설은 여러 자극들(예 : 여러분이 좋아하는 가수와 으르렁거리는 곰)이 서로 다른 생리적 반응을 유발하고, 그다음 이것이 서로 다른 정서로 경험된다고 주장한다. 이요인 이론은 여러 자극이 같은 일반적 생리적 반응을 유발하고, 이것이 서로 다른 상황에 따라 달리 해석되거나 '명명'된다고 주장한다. 고전적 이론들 중 어느 것도 정확하지는 않다는 것을 연구가 보여준다.

Friedman, 2004; Ekman et al., 1983; Kreibig, 2010; Levenson et al., 1990; Levenson et al., 1991, 1992; Shiota et al., 2011; Stemmler et al., 2007). (제임스와 랑게가 주장하였듯이) 모든 인간 정서가 그 자체로 독특한 '생리적 지문'을 갖고 있다는 것은 그럴싸하지 않아 보이지만, (샥터와 싱어가 주장하였듯이) 모든 인간 정서가 정확하게 동일한 생리적 지문을 가지고 있다는 것은 더욱더 그럴싸하지 않다. 진실은 그 중간 어디엔가 있을 것이며, 최근 연구자들은 정확히 중간의 어디에 있는지를 판정하기 위해 연구하고 있다.

정서적인 뇌

1930년대 후반에 두 명의 연구자는 우연한 발견을 하였다(Klüver & Bucy, 1937, 1939). 오로라라는 이름의 원숭이에 대해 뇌수술을 한 며칠 뒤, 그들은 그 원숭이가 이상하게 행동한다는 것을 알아차렸다. 첫째로 오로라는 무엇이든 먹으려 하고 무엇과도 성교를 하려 했는데, 마치 그 원숭이는 더 이상 좋은 음식과 나쁜 음식 혹은 좋은 짝과 나쁜 짝을 구별할 수 없는 것처럼 보였다. 둘째로 오로라는 두려움이 전혀 없었고, 실험자가 만질 때 그리고 뱀과 마주칠 때조차 아주 조용히 있었는데, 이 두 가지는 원숭이들이 보통 좋아하지 않는 것들이었다. 원숭이에게 무슨 일이 일어났는가?

곧 밝혀졌지만, 수술 중 연구자들은 오로라의 뇌에서 편도체라 불리는 구조를 우연히 손상시켰는데, 후속 연구들은 편도체가 공포와 같은 정서를 생성하는 데 특수한 역할을 한다는 것을 입증했다(Cunningham & Brosch, 2012). 예를 들어, 사람들은 보통 상자나 의자 같은 일상어보다 죽음이나 구토 같은 정서 유발적인 단어들에 대해 뛰어난 기억을 가지고 있으나, 편도체가 손상되었거나(LaBar & Phelps, 1998), 편도체에서 신경 전달을 일시적으로 손상시키는 약을 먹은(van Stegeren et al., 1998) 사람들은 그렇지 않다. 편도체가 손상된 사람은 위험을 볼 때에 공포를 느끼지 않음에도, 위협을 경험할 때, 예를 들어 숨 쉴 수 없다고 갑자기 깨달을 때에는 공포를 느낀다(Feinstein et al., 2013).

이런 일들은 종합적으로 편도체가 하는 일에 대한 실마리를 준다. 동물이 공포를 느끼기 전에, 그 동물의 뇌가 두려워할 만한 무엇인가가 있다는 것을 먼저 알아야 한다. 다른 말로 하면, 평정을 해야 한다. 편도체는 자극들이 정서적으로 관련된 것인지를 판정하는 것을 도우면서 이런 평정에 어떤 역할을 하는 것으로 보인다. 심리학자 조세프 르두(Joseph LeDoux)는 자극에 관한 정보가 눈에 들어온 다음 두 가지 서로 다른 경로를 따라 동시에 전달된다는 것을 발견했다. 눈에서 시상으로 가서 편도체로 바로 가는 '빠른 경로'(**그림 8.4**에서 초록색으로 표시) 및 눈에서 시상으로, 그다음 피질로 가고 그다음 편도체로 가는 '느린 경로'(그림 8.4에서 빨간색으로 표시)가 있다. 그래서 부엌에서 곰을 발견할 때, 곰에 관한 정보가 동시에 편도체와 피질에 도달한다. 피질이 그 정보에 대해 비교적 느리고, 충분한 조사를 수행하는 동안("이것은 동물처럼 보이는데, 아마 포유류인 것 같고, 아마 우르수스 종의 하나인 것 같다… "), 편도체는 그 정보를 빨리 사용해서 간단한 질문에 답한다. 그것은 "이 자극은 나의 생존과 관련이 있는가?" 만일 이 질문에 대한 편도체의 대답이 "예"라면, 그것은 신체 반응을 낳고, 여러분의 피질이 마침내 그 조사를 끝냈을 때, 여러분은 그것을 두려움이라고 할 것이다.

그림 8.4 공포의 빠른 그리고 느린 경로 한 자극에 관한 정보는 동시에 뇌에서 두 경로를 택한다. '빠른 경로'(초록색)는 시상에서 바로 편도체로 가며, '느린 경로'(빨간색)는 시상에서 피질로 가고 그다음 편도체로 간다. 편도체는 피질로부터 정보를 받기 전에 시상으로부터 정보를 받기 때문에, 사람은 그것이 무엇인지를 알기 전에 어떤 것을 두려워하게 될 수 있다.

Bear: Jim Zuckerman/Getty Images; Woman: Snap/Shutterstock

르두(LeDoux)의 연구는 우리가 어떻게 두려워하게 되는지를 보여준다. 그러면 어떻게 두려움을 멈추는가? 그림 8.4가 보여주듯이, 편도체는 빠른 경로(초록색)를 통해 시상으로부터 직접 정보를 받는데, 그것은 또한 느린 경로(빨간색)를 통해 피질로부터 정보를 받는다. 이 후자의 연결은 피질이 편도체에게 '말하는' 것을 허용한다. 그리고 그것이 가끔 말하는 것들 중 하나가 "침착해!"이다. 어떤 의미에서 편도체의 일은 정서적 가속 페달을 밟는 것이며 피질의 일은 브레이크를 밟는 것이다. 이것이 피질 손상이 있는 성인, 그리고 (피질이 아직 잘 발달되지 않은) 아동이 종종 자신의 정서 반응을 억제하는 데 어려움을 겪는(Cohen et al., 2016 ; Stuss & Benson, 1986) 이유이다. 사람들이 슬픔, 두려움, 혹은 화를 느껴보라고 요구받을 때, 편도체에서 활동의 감소를 보이고 피질 활동의 증가를 보인다(Damasio et al., 2000). 그러나 이 정서들을 느끼지 않도록 요구받으면, 그들은 피질 활동의 증가를 보이고 편도체에서 활동의 감소를 보인다(Ochsner et al., 2002).

여행객과 호랑이는 어떤 공통점이 있다. 각자는 상대편이 위협인지 아닌지를 결정하는 데 광속으로 작동하는 편도체를 가지고 있다. 여행객의 편도체가 조금 더 빨리 작동하기를 기대하자.

AP Photo/David Longstreath

이것들이 의미하는 바는 편도체가 뇌의 '공포 센터'라는 것인가? 뇌가 그렇게 단순한가? 뇌의 특정 영역들은 특정한 정서의 생성에 특수한 역할을 하는 것처럼 보이지만 ─ 전 뇌섬은 혐오에, 전안와 피질은 분노에, 전대상회 피질은 슬픔에 ─ 사실상 뇌는 서로 다른 정서들에 대해 서로 다른 '중추'를 가지고 있지 않다(Lindquist et al., 2012). 공포를 생성하는 데에서 편도체의 정확한 역할은 복합적이며 여전히 매우 잘 이해되고 있지 않다(Phelps & LeDoux, 2005). 편도체가 매우 활동적이지만 사람이 두려움을 느낀다고 보고하지 않는 경우가 있다(Feinstein et al., 2013). 게다가 편도체는 공포 외의 정서에도 역할을 하는 것으로 보인다(Phelps, 2006). 분명히 말할 수 있는 것은 우리는 편도체가 하는 일을 정확히 모른다는 것이지만 우리는 다른 변연계 및 비변연계 구조들은 물론, 피질과 편도체가 복잡한 방식으로 함께 움직여서, 정서를 함께 구성하는 신체 반응들과 마음의 경험을 생성한다는 것을 알고 있다.

정리문제

1. 정서 경험이 변동하는 두 차원은 무엇인가?
2. 평정과 행동 경향성의 차이는 무엇인가?
3. 제임스-랑게 설의 문제점은 무엇인가?

4. 이요인 설은 이전의 이론들을 기반으로 어떻게 성립되었는가?
5. 편도체와 피질은 공포를 낳는 데 어떻게 상호작용하는가?

정서적 의사소통

레오나르도는 로봇이며, 느낄 수 없다. 그러나 그는 웃고 찡그릴 수 있고, 윙크하고 고개를 끄덕일 수 있다. 정말로, 레오나르도와 상호작용하는 사람들이 그가 기계라는 것을 곧 잊는데 레오나르도가 자신이 실제로는 경험하지 않는 정서들을 표현하는 데 능숙하기 때문이다. **정서 표현** (emotional expression)은 정서 상태에 관한 관찰 가능한 신호인데, 비록 로봇에게 그것을 표현하도록 가르칠 수 있을지라도 사람은 자연스럽게 그렇게 한다. 정서는 우리가 ─ 억양과 굴절에서부터 말소리의 성량과 지속시간에 이르기까지 ─ 말하는 방식에 영향을 주는데, 이것은 왜 관찰자들이 목소리만을 가지고도 우리의 정서 상태를 종종 추측하는지의 이유이다(Banse & Scherer, 1996; Cordaro et al., 2016; Frick, 1985; Sauter et al., 2010). 사람들은 또한 시선의 방향, 걸음걸

- 보편성 가설을 지지하는 그리고 반대하는 증거를 서술한다.
- 얼굴피드백 가설을 설명한다.
- 사람들이 어떻게 속이는지 그리고 어떻게 속임수를 탐지하는지를 서술한다.

정서 표현 정서 상태에 관한 관찰 가능한 신호

이의 리듬, 혹은 우리가 팔에 손대는 방식 등으로부터 우리의 정서 상태를 종종 추측할 수 있다(Dael et al., 2012; Dittrich et al., 1996; Hertenstein et al., 2009; Parkinson et al., 2017; Wallbott, 1998). 어떤 의미에서, 우리는 모두 우리 내부에서 일어나는 일에 대해 말하는, 걸어다니는 광고판이다.

물론, 신체의 어느 부분도 정서 상태를 전달하는 데 얼굴보다 더 정교하게 설계되어 있지 않다(Jack & Schyns, 2017). 얼굴 피부 아래에 놀라울 정도로 미묘하고 상세하게 정서 상태에 대한 정보를 전달하게 하는, 1만 개 이상의 독특한 형상(configuration)을 만들어낼 수 있는 근육들이 있다(Campos et al., 2013; Ekman, 1965)(**그림 8.5** 참조). 이 형상들의 일부는 특정 정서 상태와 일관되게 관련되어 있다(Davidson et al., 1990; Mehu & Scherer, 2015). 예를 들면, 여러분이 행복을 느낄 때 여러분의 큰광대근(입꼬리를 위로 당기는 근육)과 여러분의 안륜근(눈의 바깥 가장자리를 주름지게 하는 근육)은 우리가 '미소'라고 부르는 독특한 표정을 낳는다(Ekman & Friesen, 1982; Martin et al., 2017).

그림 8.5 인간 관찰자는 적어도 스무 가지의 표정을 구별할 수 있는데, 여기에 표시되어 있다(Du et al., 2014).

Image Courtesy of Aleix M. Martinez

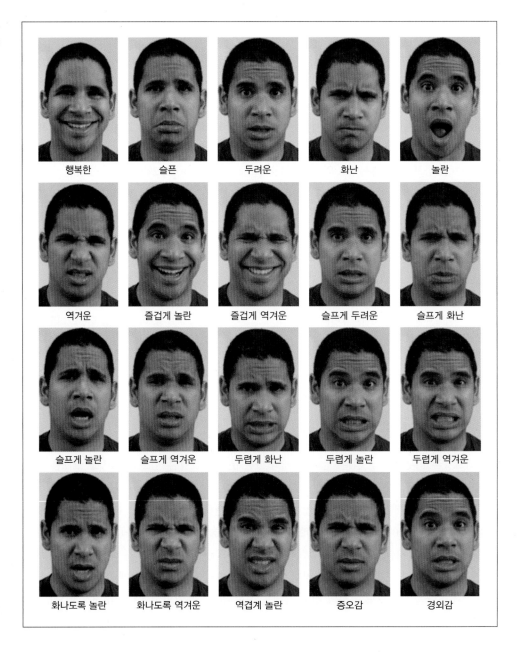

의사소통적 표현

왜 우리의 정서는 온 얼굴에 쓰여 있는가? 1872년 찰스 다윈은 인간과 동물의 정서 표현(*The Expression of the Emotions in Man and Animals*)이라는 책을 출판했는데, 여기에서 그는 정서 표현의 진화론적 중요성에 대해 숙고했다. 그는 사람과 동물이 어떤 자세 및 얼굴 표현들을 공유하는 것처럼 보인다는 것에 주목하고 이런 '드러내기(display)'는 내적 상태에 대한 정보를 서로 의사소통하기 위한 것이라고 주장하였다. 그런 의사소통이 어떻게 유용할 것인지를 이해하는 것은 어렵지 않다(Shariff & Tracy, 2011; Tracy et al., 2015). 만일 지배적인 동물이 이를 드러내고 '나는 화났어'라는 메시지를 전달하면, 그리고 복종적인 동물이 그 머리를 낮추고 '나는 두려워'라는 메시지를 전달할 수 있다면, 이 둘은 실제로 피를 흘리는 일 없이 서열을 확립할 수 있을 것이다. 이런 의미에서 정서 표현들은 비음성적인 언어의 단어들과 다소 비슷하다.

표현의 보편성

물론 언어는 모든 사람이 같은 말을 하지 않는다면 유용하지 않으며, 이 점이 다윈이 **보편성 가설**(universality hypothesis)을 개발하도록 한 이유인데, 이 가설은 모든 정서 표현은 모든 시대에 모든 장소에서 모든 사람에게 같은 것을 의미한다고 주장한다. 예를 들어, 모든 사람은 자연스럽게 미소로 행복을 표현하고, 모든 사람은 미소가 행복을 나타낸다는 것을 자연스럽게 이해한다.

다윈이 부분적으로 옳았다는 증거가 있다. 어떤 표정은 보편적인 것처럼 보인다. 예컨대 선천적인 맹인이어서 인간 얼굴을 본 적이 없는 사람들도 행복할 때 미소를 지으며(Galati et al., 1997; Matsumoto & Willingham, 2009), 생후 이틀 된 아기도 쓴맛 나는 것이 입에 들어오면 혐오 표정을 짓는다(Steiner, 1973, 1979). 게다가 사람들은 다른 사람들, 심지어 다른 문화권 사람들의 정서 표현의 의미를 식별하는 데 꽤 능숙하다(Ekman & Friesen, 1971; Elfenbein & Ambady, 2002; Frank & Stennet, 2001; Haidt & Keltner, 1999). 1950년대에 연구자들은 분노, 혐오, 공포, 행복, 슬픔 및 놀람을 표현하는 서양인들의 사진을 찍어서 사우스포르(South Fore) 지역의 사람들에게 보여주었다. 이 사람들은 파푸아뉴기니의 고지대에서 석기 시대의 삶을 살고 있었으며 그때까지 근대 세계와의 접촉이 거의 없었다. 연구자들은 이 참가자들에게 각 사진을 ('행복' 또는 '염려'와 같은) 단어에 짝짓도록 요청했는데, 사우스포르인들이 한 짝짓기가 미국인들이 한 것과 매우 유사하다는 것을 발견했다.

그러나 연구는 또한 어떤 정서 표현들, 수치, 행복, 및 슬픔 등은 독특한 문화적 '액센트'가 있다는 것을 시사한다(Elfenbein, Beaupre et al., 2007)(**그림 8.6** 참조). 이런 연구들은 보편성 가설이 과장되었다고 주장한다. 인간은 많은 표정들의 정서적 의미에 대해 상당한 일치를 보이지만,

노부유키 추지는 권위 있는 밴클리번 국제 피아노 경연에서 우승한 피아니스트이다. 그는 선천적 맹인이었고 결코 표정을 본 적이 없지만, 백만 달러의 상을 받자마자 바로 백만 달러의 미소를 지었다.

Kyodo/Newscom

보편성 가설 모든 정서 표현은 언제 어디에서나 모든 사람에게 같은 것을 의미한다는 이론

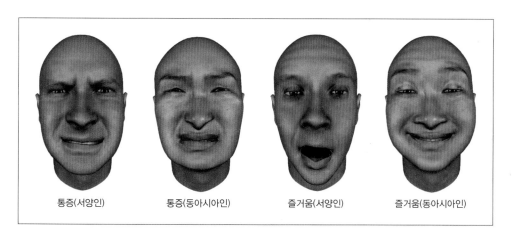

| 통증(서양인) | 통증(동아시아인) | 즐거움(서양인) | 즐거움(동아시아인) |

그림 8.6 통증과 쾌감의 얼굴들 서양인과 동아시아인은 강한 신체적 통증의 경험을 얼굴이 어떻게 표현하는가에는 동의하지만, 강한 신체적 쾌감의 경험을 얼굴이 어떻게 표현하는가에 대해서는 동의하지 않는다. 예컨대 동아시아인은 오르가즘이라는 신체적 쾌감이 행복 표정과 상당히 비슷한 표정을 낳을 것으로 기대하지만, 서양인은 그것이 놀람 표정과 상당히 비슷한 표정을 낳을 것으로 기대한다.

Distinct Facial Expressions Represent Pain and Pleasure Across Cultures. Chaona Chen, et al. PNAS Oct 2018, 115 (43). Copyright 2018, National Academy of Sciences.

얼굴피드백 가설 정서 표현은 그것이 보통 나타내는 정서 경험을 유발할 수 있다는 이론

드러내기 규칙 정서의 적절한 표현을 위한 규범

조나선 칼브(Jonathan Kalb)는 헌터 대학의 연극학과 교수인데, 안면신경마비에 걸려 미소 짓는 능력을 잃었다. "과거 13년 동안, 나의 미소는 한 쪽 면의 큰 웃음과 다른 쪽 면의 찡그림 사이의 조화되지 않은 줄다리기였다. 공포 표정에 이어 붙인 기쁨의 표정이었다. 손상된 미소 능력의 효과 중 최악은 그것이 나의 기쁨 경험을 약화시킬 수 있다는 것이다. 나의 뇌는 보통 사람이 미소로부터 받는 것과 같은, 미소를 중계할 뿐만 아니라 그 행복한 감정을 강화시키는, 피드백 메시지를 받지 않는다. 나는 이 상실로부터 황폐해졌다"(Kalb, 2015).

Jonathan Kalb

이 일치는 보편성에는 못 미친다고 말하는 것이 안전해 보인다(Cordaro et al., 2018).

표현의 원인과 결과

정서가 정서 표현을 일으킨다는 것, 즉 행복이 미소를 낳고 슬픔이 찡그림을 낳을 수 있다는 것을 이미 알고 있다. 그러나 그것이 반대 방향으로 작동하기도 한다는 것은 몰랐을 것이다. **얼굴피드백 가설**(facial feedback hypothesis, Adelmann & Zajonc, 1989; Izard, 1971; Tomkins, 1981)은 정서 표현이 그것이 보통 나타내는 정서 경험을 유발할 수 있다고 주장한다. 예를 들어, 적절한 상황에서 입술로 연필을 물고 있도록 요구받을 때에 비해 이로 연필을 물고 있도록 요구받을 때(이것은 큰광대근의 수축을 일으킨다) 사람은 더 행복하다고 느낀다(Strack et al., 1988; 다음도 참조, Marsh et al., 2018; Noah et al., 2018; Strack, 2016)(그림 8.7 참조). 이와 비슷하게 이마를 아치형으로 만들도록 지시받을 때(놀람의 표정), 사람들은 어떤 일이 더 놀랍다고 생각하며, 코를 찡그리도록 지시받을 때(혐오의 표정), 냄새가 덜 즐겁다고 느낀다(Lewis, 2012). 이런 일들은 표정과 정서 상태는 오랜 시간 동안 강력하게 연합되어 있기 때문에(딩동! 파블로프가 기억나는가?), 그리고 결국 그 각각이 다른 것을 불러일으키는 힘을 가지고 있기 때문에 생긴다. 이런 효과는 얼굴에 국한되지 않는다. 예를 들어, 주먹을 쥐도록 요구받을 때 사람들은 더 주장적이라고 느끼며(Schubert & Koole, 2009), 다리를 펴고 서서 허리에 손을 짚도록 요구받을 때 더 자신 있다고 느낀다(Carney et al., 2010).

정서 표현이 정서 경험을 일으킬 수 있다는 사실은 왜 사람들이 다른 사람들의 정서 표현을 알아보는 데 매우 능숙한지를 설명하는 데 도움이 된다. 사람들이 교류할 때, 그들은 교류 중인 상대방의 신체 자세와 표정을 무의식적으로 흉내 낸다(Chartrand & Bargh, 1999; Dimberg, 1982). 우리의 대화 파트너가 미소 짓는 것을 볼 때 우리도 역시 웃는다(Foroni & Semin, 2009). 표정은 우리로 하여금 그것이 나타내는 정서를 경험할 수 있게 하기 때문에, 대화 파트너의 표정을 흉내 내는 것은 파트너가 느끼는 것을 우리가 느끼게 할 수 있다. 이것은 우리가 파트너의 정서를 쉽게 식별하게 해준다. 만일 친구의 찡그림이 여러분을 찡그리게 하고, 여러분의 찡그림이 여러분을 슬프게 한다면, 여러분은 친구가 무엇을 느끼는지를 알려고 매우 심각하게 생각할 필요가 없다.

이것이 사람들이 자신의 표정을 지을 수 없을 때, 예컨대 얼굴 근육이 보톡스로 마비된다면, 다른 사람의 정서를 알아보는 것이 어려운 이유이다(Niedenthal et al., 2005). 자기 자신의 정서를 경험할 수 없을 때 또한 사람들은 다른 사람의 정서를 식별하는 것이 어렵다(Hussey & Safford, 2009; Pitcher et al., 2008). 예를 들면 편도체가 손상된 사람들은 공포와 분노를 느끼지 않고 그 결과 다른 사람에게서 그런 정서 표현들 알아보는 데 보통 서투르다(Adolphs et al., 1999). 뒤집어 보면, 다른 사람들이 느끼는 것을 알아차리는 데 타고난 재능을 가진 사람은 또한 타고난 흉내꾼일 것이다(Sonnby-Borgstrom et al., 2003).

가식적인 표현

정서 표현은 우리의 진정한 느낌들을 전달하거나, 혹은 전달하지 않을 수 있다. 친구가 여러분의 헤어스타일에 대해 비아냥거리는 언급을 할 때, 여러분은 이마를 찡그리거나 과장되게 눈알을 굴리면서 경멸을 드러낼 수 있으나, 여러분 할머니가 같은 말을 한다면 우리는 애써 참으면서 가짜 미소를 지을 것이다. 동료에게 경멸을 드러내는 것은 허용되나 할머니에게는 아니라는 것을 아는데, 이런 지식을 **드러내기 규칙**(display rules)이라 하는데, 이것은 **정서의 적절한 표현을 위한 규범**이다(Ekman, 1972; Ekman & Friesen, 1968).

다른 문화의 사람들은 서로 다른 드러내기 규칙을 사용한다. 한 연구에서 일본인 및 미국인

대학생들이 자동차 사고와 절단 수술에 관한 불쾌한 영화를 봤다(Ekman, 1972; Friesen, 1972). 학생들이 실험자들이 자신들을 관찰하고 있다는 것을 몰랐을 때 일본인 및 미국인 학생들은 비슷한 혐오의 표정을 보였으나, 실험자가 자신들을 관찰하고 있다는 것을 알았을 때 일본인 학생들은 즐거운 표정으로 자신의 혐오를 드러내지 않았지만 미국인 학생들은 그렇게 하지 않았다. 왜? 일본에서 존경받는 사람의 면전에서 부정적인 정서를 드러내는 것은 무례하다고 간주되기 때문에, 일본인들은 관찰되고 있을 때 자신의 표정을 숨기거나 중성화하는 경향이 있다. 문화가 다르면 드러내기 규칙이 다르다는 사실은 사람들이 자신의 문화 출신 사람들의 표정을 보통 더 잘 알아보는 이유들 중 하나일 것이다(Elfenbein & Ambady, 2002)('차이의 세계 : 치즈라고 하세요' 참조).

물론 우리 문화의 드러내기 규칙들은 지키려는 시도는 항상 성공하지 않는다. 미인 대회에서 차점자가 우승자를 축하하는 것을 지켜본 적이 있다면 누구라도 목소리, 몸짓, 그리고 얼굴이 종종 그 사람의 진정한 감정 상태를 드러낸다는 것을 안다. 예를 들어, 대부분의 사람들은 입꼬리를 올리는 큰광대근을 쉽게 통제할 수 있으나, 눈꼬리를 주름지게 하는 안륜근은 그렇지 않다. 이것이 눈가의 주름이 미소의 진실성을 알 수 있는 좋은 단서가 되는 이유이다(**그림 8.7** 참조).

그림 8.7 믿음직한 근육은 얼마나 믿음직한가? 진정한 미소(왼쪽)는 종종 눈 가장자리의 찡그림을 동반하며, 가짜 미소(오른쪽)는 그렇지 않다. 눈 찡그림은 행복에 대한 믿음직한 신호이다. 그러나 완전히 믿음직한 신호인 것은 아니다! 행복한 사람이 항상 자신의 눈을 찡그리지는 않으며(Crivelli et al., 2015), 대부분의 사람이 찡그림을 가짜로 만들 수는 없지만, 어떤 사람은 그럴 수 있다(Gunnery et al., 2013).

Courtesy Magda Rychlowska and Paula Niedenthal

거짓말

때때로 사람들은 미소를 지으며 거짓말을 하지만, 그만큼 자주 말로도 거짓말을 한다. 거짓을 말하는 것은 우리의 언어적 · 비언어적 행동 모두에 영향을 미친다는 것을 연구가 보여준다(DePaulo et al., 2003). 거짓말쟁이는 진실을 말하는 사람들보다 더 천천히 말하고, 질문에 답하는 데 더 오래 걸리고, 덜 자세하게 말하는 경향이 있다. 꽤 이상한 것은 어떤 사람이 거짓말한다는 것의 사인들 중 하나는 그 사람의 수행이 다소 너무 좋은 경향이 있다는 것이다. 진실을 말하는 사람들은 장황한 세부묘사를 포함시키며("내가 지난주 블루밍데일스 백화점에서 본 것과 같은 신을 신고 있는 강도를 발견했고, 나는 그가 무엇을 지불했는가를 궁금해 하고 있었다."), 자발적으로 정정하며("그는 키가 6피트였는데, 아니 실제로 6피트 2인치에 더 가까운 것 같았다."), 그리고 자기의심을 표현한다("나는 그가 파란 눈이라고 생각하지만, 정말로 확신하지는 않아."). 거짓말쟁이는 이들 중 어느 것도 덜 하는 경향이 있다.

진실을 말하는 사람과 거짓말쟁이 간의 관찰 가능한 차이가 있다면, 여러분은 사람들이 그 중 하나를 다른 것과 구별하는 데 꽤 능숙하리라고 생각할 것이다. 그러나 대부분의 경우, 거짓말 탐지 실험의 참가자들은 우연보다 크게 더 잘하지 않는다(Bond & DePaulo, 2006 ; cf. ten Brinke, Vohs, & Carney, 2016). 한 가지 이유는 사람들은 다른 사람들이 진실을 말한다고 믿는 경향이 있으며, 이것은 왜 사람들이 진실을 말하는 사람을 거짓말쟁이로 오인하는 것보다 더 자주 거짓말쟁이를 진실을 말하는 사람으로 오인하는 경향이 있는지를 설명해준다(Gilbert, 1991). 둘째 이유는 사람들은 거짓말을 탐지하려고 할 때 무엇을 살펴봐야 할지를 모른다는 것이다(Vrij et al., 2011). 예컨대 사람들은 빨리 말하기가 실제로 그렇지 않은 경우에도 거짓말의 신호라고 믿으며, 천천히 말하기는 실제로 그런데도 거짓말하기의 신호라는 것을 알아차리지 못한다. 사람들은 서투른 거짓말 탐지기일 뿐 아니라, 그들이 꽤 서투른 거짓말 탐지기라는 것을 모르는 것처럼 보인다. 한 사람의 거짓말 탐지 능력과 그 능력에 대한 그 사람의 확신 간의 상관은 실제적으로 영('0')이다(DePaulo et al., 1997).

거짓말 탐지기는 질문하는 동안 한 사람의 혈압, 맥박, 호흡률, 피부 전도성을 측정한다. 그것은 제대로 작동하는가? 전직 CIA 요원인 앨드리치 에임즈는 현재 러시아 정부에 국가 기밀을 판매한 대가로 종신형을 살고 있는데, 체포되기 전 몇 가지 거짓말 탐지 검사를 통과했으며, 그 기계를 속이는 것은 쉽다고 주장한다.

Mark Wilson/Getty Images

큰 수를 더하거나 큰 바위를 옮기는 것과 같은 어떤 일을 매우 쉽게 할 수 없을 때, 우리는 종종 그 일을 기계에게 넘긴다. 기계는 우리보다 거짓말을 더 잘 탐지할 수 있을까? 비록 몇 개의 회사들이 뇌 스캔을 써서 거짓말을 탐지할 수 있다고 주장하지만, 과학적 증거는 음 … 사실을 말하자면 그렇지 않다는 것을 시사한다. 적어도 현재 뇌 스캔은 한 사람이 거짓말을 하는지 아닌지를 상당히 정확하게 가려낼 수 없다(Farah et al., 2014). 그러나 전통적인 거짓말 탐지기인 폴리그래프(polygraph)의 경우는 어떤가? 아마도 여러분이 알고 있듯이, 폴리그래프는 스트레스와 관련된 생리적 반응들을 재는데, 스트레스는 사람들이 거짓말이 탄로 나는 것을 두려워할 때 종종 느끼는 것이다. 폴리그래프는 우연 수준보다 더 높은 정확률로 거짓말을 탐지할 수 있지만, 그 오류율은 여전히 너무 높아 그것을 신뢰할 만하거나 유용하게 사용할 수 없다. 간단히 말해, 사람도 기계도 거짓말 탐지에 특별히 능숙하지 않은데, 이것은 거짓말하기가 계속 사람들 사이에 인기 있는 종목인 이유이다.

차이의 세계

치즈라고 하세요

아프리칸 미국인, 아시안 미국인, 유로피언 미국인 등 다른 모든 종류의 미국인들이 나란히 살고 일하면서, 미국을 지상에서 문화적으로 가장 다양한 나라 중 하나로 만든다. 그러나 다양성은 난제를 만들어 내는데, 그중 하나는 의사소통이다. 여러 문화들이 서로 다른 드러내기 규칙들, 즉 정서를 비언어적으로 표현하는 방법들을 가지고 있는데, 이것은 다른 배경을 가진 미국인들이 자신의 이웃들(의 마음)을 읽는 데 곤란을 겪으리라는 것을 시사한다. 그러나 아직까지 그런 문제가 있는 것처럼 보이지 않는다. 어떻게 그런가?

이를 알아내기 위해, 연구자들은 82개의 서로 다른 문화에서 온 사람들이 다른 문화에서 온 사람의 정서적 표현들을 알아보는 정확도를 분석하였다(Wood et al., 2016). 첫째 연구자들은 역사적, 유전적, 사회학적 자료를 써서 82개 문화 각각의 문화적 다양성을 계산하였다. 브라질과 미국 같은 국가들은 다양성에서 높은 점수를 받은 반면, 일본과 에티오피아와 같은 국가들은 낮은 점수를 받았다(옆의 지도 참조). 둘째, 그들은 이 문화들 각각에서 온 사람의 표정이 다른 문화의 사람들에 의해 얼마나 쉽게 식별될 수 있는지를 계산하였다. 그들이 이 두 측정치를 비교하였을 때, 정적 상관관계가 발견되

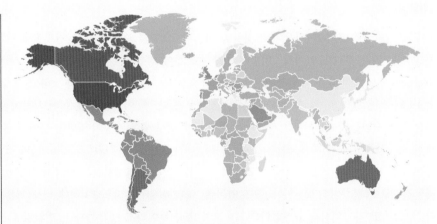

문화의 다양성. 더 어두운 색은 더 큰 문화적 다양성을 가리킨다.

었다. 문화가 더 다양할수록, 그 구성원의 표정은 다른 문화의 구성원에 의해 더 쉽게 이해될 수 있다. 왜 그렇게 되는가?

연구자들은 문화적으로 거의 다양하지 않은 국가들에서, 사람은 살짝 쳐든 눈썹이나 콧구멍의 순간적 벌렁거림 같은 미묘한 표현으로 의사소통 할 수 있는데, 모든 사람이 같은 드러내기 규칙을 알고 따르기 때문이다. 그러나 문화적으로 다양한 국가들에서, 다른 배경을 가진 사람들은 다른 세트의 규칙을 따르므로, 서로 의사소통을 하기 위해서는 아주 명백해서 지구상의

어떤 사람에 의해서도 정확하게 식별될 수 있는 표현을 사용하도록 학습해야 한다.

미국인들은 많이 웃는데(Talhelm et al., 2018), 비미국인은 종종 이것을 우리의 낙관주의, 허위, 또는 순진함의 신호로 받아들인다. 그러나 미국인의 이가 드러나는 큰 웃음은 실제로 우리의 다양성에서 비롯되는 복잡한 의사소통 문제에 대한 분명한 해결책일 것이다. 얼굴이 많은 말을 할 때, 얼굴은 자연히 큰소리로 말하는 것을 배운다.

정리문제

1. 정서적 표정이 보편적이라고 하는, 또는 그렇지 않다고 하는 증거는 무엇인가?
2. 드러내기 규칙이란 무엇인가?

3. 진실한 표정과 진실하지 않은 표정을 구별하는 특징은 무엇인가?
4. 실제 세상에서 거짓말쟁이를 탐지하는 데 거짓말 탐지기를 쓰는 것의 문제점은 무엇인가?

동기의 본질

레오나르도는 로봇이고, 명령받은 것을 하며, 그 이상은 하지 않는다. 그는 원하는 것이나 충동을 가지고 있지 않고, 즉 우정이나 초콜릿을 갈망하지 않고 숙제를 미워하지 않기 때문에, 그는 자기 자신의 행동을 개시하지 않는다. 그는 주도하기보다는 반응적이며, 개시자라기보다는 반응자이다. 여러분이 가지고 있지만 레오나르도에게 결핍된 활기는 **동기**(motivation)라고 하는데, 목적적인 행동의 내적 원인을 일컫는다. 여러분은 굶주림을 느끼기 때문에 먹고, 피곤함을 느끼기 때문에 잔다. 여러분은 외로움을 느끼기 때문에 친구를 찾고, 지루함을 느끼기 때문에 친구한테서 벗어난다. 여러분이 하는 모든 것이 어떤 이유 때문에 하는 것이다. 그런데 그 이유들은 무엇인가? 그것들은 어디에서 오는가? 그리고 그것들은 어떻게 여러분이 그것에 대한 행동을 하도록 하는가?

본능

신생아에게 한 방울의 설탕물을 주면 아기는 미소를 지으며, 1만 달러짜리 수표를 주면 아기는 전혀 관심 없다는 듯이 행동한다. 그 아기가 대학에 갈 때, 이 반응들은 완전히 역전된다. 천부적으로 우리가 어떤 동기를 부여받았으며, 경험은 우리에게 다른 것을 제공한다는 것은 분명해 보인다. 윌리엄 제임스(1890)는 특정한 목표를 찾는 자연적 경향성을 본능이라고 불렀으며, 자연은 사람, 펭귄, 앵무새, 강아지들이 무엇을 원하도록 배우지 않았음에도 그 무엇을 원하고, 그것에 대해 생각조차 하지 않음에도 그것을 생성하는 행동을 수행하도록 회로로 짜여 있다고 주장하였다.

그러나 1930년쯤, 본능이란 용어는 유행에서 멀어졌는데, 일부는 미국 심리학의 열렬한 새 경향, 즉 행동주의의 면전에서 추방되었기 때문이다. 행동주의는 제1장에서 살펴보았다. 행동주의자들은 본능 개념을 두 가지 근거에서 배격하였다. 첫째, 그들은 행동을 불러일으키는 외적 자극에 의해 행동이 충분히 설명되며 내적 상태에 대해 가설을 세울 필요가 전혀 없다고 믿었다. 둘째 행동주의자들은 복잡한 행동들이 회로로 짜인 것이 아니라 학습된 것이라고 믿었다. 본능은 이런 원칙을 위반하였다. 그것은 타고난 것이며 내적인 것이므로 행동주의자들에게는 이론적 가치가 전혀 없었다.

추동

행동주의자들은 내적 상태를 별로 사용하지 않았으나 이로 인해 어떤 현상을 설명하는 것이 어려워졌다. 예를 들어, 모든 행동이 단순히 어떤 외적 자극에 대한 반응이라면, 우리에 가만히 앉아 있는 쥐가 왜 갑자기 일어나서 이리저리 두리번거리며 음식을 찾기 시작하는가? 환경에서 어떤 것도 변화하지 않았는데 왜 쥐의 행동은 변화했는가? 두리번거리는 쥐는 가시적이고, 측정 가능한, 외적인 어떤 자극에 반응하고 있는 것인가? 명백한 답은 쥐는 외적 자극에 반응하는 것

학습목표

- 본능의 개념과 왜 행동주의자들이 그것을 배격했는지를 설명한다.
- 추동의 개념을 서술한다.
- 쾌락주의 원칙과 어떻게 그것이 정서 조절에 영향을 미치는지를 설명한다.

동기 목적적인 행동의 내적 원인

모든 동물은 본능을 갖고 태어난다. 스페인 팜프로나에서 매년 열리는 황소 경주에서 어느 사람도 황소가 달리는 사람을 쫓아가도록 가르칠 필요가 없으며, 어느 사람도 달리는 사람이 도망가라고 가르칠 필요가 없다.

AP Photo/Lalo R. Villar

추동감소 이론 모든 유기체의 일차적 동기는 자신의 추동을 감소시키는 것이라고 주장하는 이론

쾌락주의 원리 사람은 즐거움을 경험하고 고통을 피하도록 동기화되어 있다는 주장

정서 조절 자신의 정서 경험에 영향을 주기 위해 사람들이 쓰는 전략

이 아니라 내적 자극에 반응하는 것이라는 것인데, 이에 관해서 심리학자들이 쥐의 행동을 설명하려고 한다면 쥐 내부에 일어나는 일에 관해 말해야 할 것이라는 것을 뜻한다. 그러나 쥐의 '믿음'과 '욕망'에 대해 말하지 않고서 어떻게 그렇게 할 수 있을 것인가?

온도조절기에 대해 이야기해보자. 온도조절기가 방이 너무 춥다는 것을 탐지할 때, 그것은 불을 켜고 열을 방 안으로 보내기 시작하라는 신호를 화로에 보낸다. 나중에 온도조절기가 방이 최적의 온도에 이르렀다는 것을 감지할 때, 그것은 불을 끄고 열을 보내는 것을 멈추라고 화로에 신호를 보낸다. 방이 최적 온도에 있으면, 온도조절기는 평형 상태(equilibrium)에 있다고 한다(이 말은 '같다'와 '균형'을 가리키는 라틴어에서 왔다). 이때 그것은 화로에게 불을 켜라고 혹은 불을 끄라고 말하지 않는다. 단지 벽 저쪽에 걸려 있을 뿐이며 기꺼이 아무것도 하지 않는다.

뇌와 신체도 같은 식으로 작동한다. 뇌는 신체의 수분, 혈당 수준, 온도 등을 주시한다. 몸이 비평형 상태에 있다는 것을 감지하면, 뇌는 마시기, 먹기, 떨기 등의 교정 작동을 개시하도록 신호를 보낸다. 나중에 평형 상태가 회복되었다는 것을 감지하면, 뇌는 앞의 작동을 중지하라는 신호를 보낸다. 평형 상태라는 말은 행동주의자들이 믿음과 욕망에 대해 말하지 않고서 쥐의 내부 상태에 대해 말하는 편리한 방법을 주었다. 당시 가장 중요한 행동주의자들 중 한 사람인 클라크 헐(Clark Hull)에 따르면, 비평형 상태는 헐이 추동이라 부른 '욕구(need)'를 낳았는데, 그의 **추동감소 이론**(drive-reduction theory)은 모든 유기체의 일차적 동기는 그 추동을 감소시키는 것이라고 주장하였다. 이 이론에 따르면 동물은 실제로 먹도록 동기화되어 있거나 음식이 보상을 준다는 것을 실제로 알아차리는 것이 아니다. 그보다 동물들은 음식을 향한 추동을 감소시키도록 동기화되어 있으며, 보상적이라고 발견하는 것은 이 추동의 감소이다.

비록 본능 및 추동이란 말은 심리학에서 더 이상 널리 사용되지 않지만, 두 개념은 여전히 우리에게 무엇인가를 가르쳐준다. 본능 개념은 자연이 우리에게 어떤 욕구를 부여했다는 것을, 추동 개념은 우리 행동은 종종 그 욕구를 충족하려는 시도라는 것을 일깨운다. 그렇다면 어떤 종류의 욕구들을 우리가 가지고 있는가?

쾌락주의 원리

사람이 동기화되어 하는 많은 일 중에서 긍정적 정서를 경험하고 부정적 정서를 회피하는 것은 중요하다. **쾌락주의 원리**(hedonic principle)는 사람이 즐거움을 경험하고 고통을 피하도록 일차적으로 동기화되어 있다는 주장이다. 비록 우리는 평화와 번영부터 건강과 안전에 이르기까지 많은 것을 원하지만, 우리가 그것들을 원하는 것은 단 한 가지 이유 때문이다. 그것들은 우리를 행복하게 한다. 우리가 치과의사가 치아에 드릴을 사용하거나 일찍 일어나 지루한 수업을 듣는 데 돈을 지불하는 것처럼 기분이 안 좋은 일을 의도적으로 할 때조차, 우리는 그것들이 나중에는 한층 더 기분 좋게 할 것이라고 믿기 때문에 그런 일을 하는 것이다(Michaela et al., 2009; Miyamoto et al., 2014; Tamir & Ford, 2012; Tamir et al., 2015).

그렇다면 그런 목적을 어떻게 달성하는가? **정서 조절**(emotion regulation)은 자기 자신의 정서 경험에 영향을 주기 위해 사람들이 쓰는 전략들을 일컫는다. 열 중의 아홉 명의 사람들이 적어도 하루에 한 번 자신의 정서 경험을 조절하려 한다고 보고하며(Gross, 1998), 그렇게 하기 위해 1,000가지 이상의 다른 전략들을 묘사한다(Parkinson & Totterdell, 1999). 이 전략들 중 몇 가지는 행동적 전략이며(예 : 원치 않는 정서를 일으키는 상황을 피하기), 몇 가지는 인지적 전략인데(예 : 원하는 정서를 일으키는 기억을 불러일으키기; Webb et al., 2012), 그것들이 어떻게 작동하든 간에 어떤 전략이 가장 효과적인지를 사람들이 잘 알지는 않는 것 같다(Heiy & Cheavens, 2014; Troy et al., 2018).

예를 들면, 대부분의 사람들은 정서의 외적 징후들을 억제하는 것을 가리키는 억압이 자신의 정서 상태를 조절하는 효과적인 방법이라고 생각한다. 침울하면 그냥 똑바로 서서 윗입술을 단단히 해라. 그러면 금세 기분이 좋아질 것이다! 그러나 그렇지 않다(Gross, 2002; Kalokerinos et al., 2015). 억압은 정서를 조정하는 비교적 비효과적인 방법일 뿐만 아니라, 또한 상당한 노력을 요구하므로 사람들이 일상생활에서 성공적으로 일하는 것을 더 어렵게 만든다(Franchow & Suchy, 2015). 그 반대로, 대부분의 사람들은 자신의 느낌을 말로 표현하는 것을 포함하여, **감정 명명하기**(affect labeling)는 자신의 정서에 거의 영향이 없을 것으로 생각한다. 그러나 사실 감정 명명하기는 정서 상태의 강도를 줄이는 데 꽤 효과적인 방법인 것으로 드러났다 Lieberman et al., 2011; Torre & Lieberman, 2018)(**그림 8.8** 참조).

정서 조절에서 가장 효과적인 전략들 중 하나는 **재평정**(reappraisal)인데, 이것은 정서를 유발하는 자극에 대해 생각하는 방식을 바꿈으로써 자신의 정서 경험을 바꾸는 것을 말한다(Gross, 1998). 한 연구에서 참가자들이 장례식 중 울고 있는 여인의 사진과 같이 부정적 정서를 일으키는 사진을 볼 때 그들의 두뇌가 스캔되었다. 그다음 어떤 참가자들은 예컨대 사진 속의 여인이 장례식이 아니라 결혼식에 있었다고 상상하면서 그 사진을 재평정해 보라고 요구받았다. 참가자들이 그 사진을 처음 보았을 때, 그들의 편도체가 활동적으로 되었다는 것을 연구 결과들이 보여주었다. 그러나 그들이 그 사진을 재평정할 때, 피질이 활동적이 되었고 몇 분 후에 그들의 편도체는 비활동적이 되었다(Ochsner et al., 2002). 다른 말로 하면, 참가자들은 단지 그 사진을 다른 식으로 생각함으로써 자신의 편도체의 활동을 낮출 수 있었다.

재평정은 하나의 기술이다. 대부분의 기술들과 마찬가지로, 그것은 학습될 수 있으며(Denny & Ochsner, 2014; Smith et al., 2018), 대부분의 기술들과 마찬가지로 어떤 사람은 원래부터 다른 사람들보다 더 잘한다(Malooly et al., 2013), 재평정을 특히 잘하는 사람들이 정신적으로 신체적으로 더 건강하며(Davidson et al., 2000; Gross & Muñoz, 1995), 더 좋은 인간관계를 갖는 경향이 있다(Cooke et al., 2018; Bloch et al., 2014). 재평정이 심리치료사들이 정서적 문제들을 겪는 사람들을 가르치기 위해 흔히 시도하는 기술들 중 하나라는 점을 고려하면 이것은 놀랍지 않다(Jamieson et al., 2013). 다른 면에서 보면, 이 기술에는 어두운 면이 있다. 자신들이 보는 사태들에 대해 기분을 좋게 하기 위해 사태들을 보는 방식을 능숙하게 바꾸는 사람은 고통을 겪는 사람들에 대해 덜 동정적일 수 있다(Cameron & Payne, 2011). 재평정이 얼마나 효과적인지를 안다면, 여러분은 사람들이 항상 재평정을 할 것이라고 기대할 것이지만, 여러분은 틀렸다(Heiy & Cheavens, 2014). 사람들은 재평정을 덜 사용하는 경향이 있는데, 그것은 실행하는 데 얼마간의 노력이 필요한 전략이기 때문이다(Milyavsky et al., 2018).

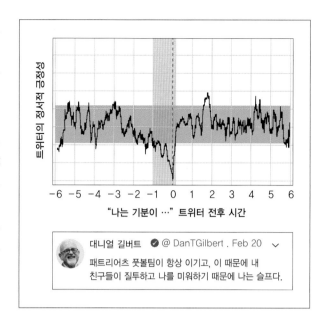

그림 8.8 140개의 문자를 가지고 감정을 명명하기 연구자들은 오랜 시간 동안 거의 7만 5,000개의 트위터의 정서 내용을 분석해서 발견한 것은, 한 사용자의 트위터가 부정적 정서 단어가 잇따르는 "나는 기분이 … (I feel)"라는 구절을 포함할 때, 한 시간 내에 그 사용자의 트위터들이 훨씬 더 많은 긍정적인 정서 단어를 포함하기 시작한다는 것이었다(Fan et al., 2019). 이 발견에 대한 한 가지 해석은 자신의 부정적 정서를 명명하는 것은 사용자들이 그것들을 극복하는 것을 도와준다는 것이다.

재평정 정서를 유발하는 자극에 대해 생각하는 방식을 바꿈으로써 자신의 정서 경험을 바꾸는 과정

정리문제

1. 정서와 동기는 어떻게 관련되어 있는가?
2. 심리학자들은 왜 본능 개념을 포기했는가?
3. 추동감소 이론은 무엇인가?

4. 쾌락주의 원리는 무엇인가?
5. 정서 조절에 관한 두 가지 효과적 전략은 무엇인가?

동기화된 몸

사람은 기분 좋은 것을 좋아한다. 어떻게 그렇게 하는가? 심리학자 에이브러햄 매슬로우(Abraham Maslow, 1954)는 사람은 자신의 욕구가 충족될 때 기분 좋게 느낀다고 믿었으며, 인간 욕구들의 목록은 그 욕구들 각각이 얼마나 '절박한지'에 따라 조직될 수 있다고 주장했다. 매슬로우는 가장 절박한 인간 욕구가 바닥에 있고 덜 절박한 욕구는 위에 있는 위계를 설계했는데(**그림 8.9** 참조), 한 가지 규칙으로서 그 하위 수준의 욕구가 충족될 때까지, 상위 수준의 욕구를 경험하지 않는다고 주장했다. 매슬로우에 따르면, 사람은 지적 성취나 도덕적 결벽성을 경험하도록 동기화되어 있지만, 음식, 물, 수면에 대한 더 기본적 욕구들이 충족될 때까지 이 욕구를 경험하지 않는다. 매슬로우의 위계에서, 가장 절박한 욕구는 다른 동물과도 공통되는 것들인데, 먹는 욕구 및 짝짓기하는 욕구이다(Kenrick et al., 2010). 모든 욕구들 중 가장 기본적인 하나를 살펴보면서 시작하자. 즉 여러분이 최근에 가졌고 곧 다시 가질 욕구이다.

굶주림

동물은 먹음으로써 물질을 에너지로 전환하며, 먹고자 하는 추동은 굶주림이라 불린다. 그런데 굶주림은 정확하게 무엇이며, 그것은 어떻게 생성되는가? 매 순간 여러분의 몸은 그것의 현재 에너지 상태에 대한 보고를 뇌로 보내고 있다. 만일 여러분의 몸에 에너지가 충분하지 않다면(즉, 그것이 비평형 상태에 있다면), 몸은 굶주림 스위치를 켜도록 명령하는 신호를 뇌로 보내고, 만일 여러분의 몸에 에너지가 충분하다면 그것은 굶주림 스위치를 끄도록 명령하는 신호를 뇌로 보낸다(Gropp et al., 2005). 이 신호들이 무엇인지 혹은 그것들이 어떻게 전달되고 수신되는지를 정확하게 아무도 모르지만, 연구를 통해 몇 가지 후보들이 확인되었다.

예를 들면, 그렐린(ghrelin)은 위장에서 만들어지는 호르몬인데, 뇌로 하여금 굶주림 스위치를 켜게 하는 신호들 중 하나인 것 같다(Inui, 2001; Nakazato et al., 2001). 사람들이 그렐린 주사를 맞으면, 그들은 몹시 배고파하게 되고 보통보다 약 30% 이상 더 먹는다(Wren et al., 2001). 대조적으로 렙틴(leptin)은 지방 세포에 의해 분비되는 화학물질인데, 뇌가 굶주림 스위치를 끄게 하는 신호들 중 하나이다. 렙틴 결핍을 갖고 태어난 사람들은 자신들의 식욕을 조절하는 데에 곤란을 겪는다(Montague et al., 1997). 어떤 연구자들은 화학물질이 굶주림을 켜고 끄고 한다는 이런 이야기가 너무 단순하다고 생각한다. 사실, 그들은 굶주림이라 불리는 일반적 추동은 없으며 그보다 많은 여러 가지 굶주림이 있으며, 그 각각은 독특한 영양적 결핍에 대한 반응이며 그 각각은 독특한 화학적 전달자에 의해 켜진다고 믿는다(Rozin & Kalat, 1971). 예를 들어, 단백질을 박탈당한 쥐는 지방과 탄수화물을 물리치고 단백질을 게걸스럽게 먹으려 할 것인데, 이는 그 쥐가 일반적인 굶주림이 아니라 특정한 '단백질 굶주림'을 경험하고 있다는 것을 시사한다(Rozin, 1968).

굶주림이 한 신호인지 여러 신호인지는 모르지만, 우리는 이 신호의 일차 수신자는 시상하부라는 것을 안다. 시상하부의 여러 부위들이 각기 다른 신호들을 받는다(**그림 8.10** 참조). 외측 시상하부는 '굶주림 켜기' 신호를 받는데, 이것이 파괴되면 음식으로 가득 찬 우리 안에 앉아 있는 동물들이 굶어서 죽을 것이다. 복내측 시상하부는 '굶주림 끄기' 신호를 받는데, 이것이 파괴되면 동물은 질병과 비만 지점에 이르기까지 잔뜩 먹을 것이다(Miller, 1960; Steinbaum & Miller,

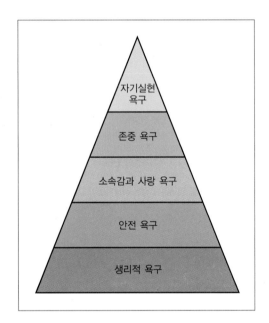

그림 8.9 매슬로우의 욕구 위계 심리학자인 에이브러햄 매슬로우는 이 욕구들이 위계를 이루는데, 생리적 욕구는 기초가 되고, 자기실현 욕구는 정점에 있다고 믿었다.

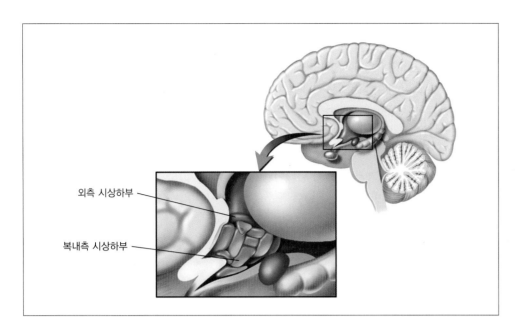

그림 8.10 굶주림, 포만, 시상하부 보통 외측 시상하부는 굶주림을 켜는 신호를 받으며, 복내측 시상하부는 굶주림을 끄는 신호를 받는다.

Image Courtesy of Aleix M. Martinez

외측 시상하부

복내측 시상하부

1965). 이 두 구조들은 한때 각각 뇌의 '굶주림 중추'와 '포만 중추'로 생각되었으나, 이런 견해는 지나치게 단순한 것으로 드러났다(Woods et al., 1998). 시상하부 구조들은 분명히 굶주림의 켜고 끄기에 중요한 역할을 하지만, 그것들이 이러한 기능을 수행하는 정확한 방법은 여전히 충분히 이해되지 않고 있다(Stellar & Stellar, 1985).

섭식장애

굶주림의 느낌들은 언제 먹을지와 언제 멈출지를 우리에게 말한다. 그러나 섭식장애를 가지고 있는 대략 1,000만 명 내지 3,000만 명의 미국인들에게 먹기는 훨씬 더 복잡한 일이다(Hoek & van Hoeken, 2003; Hudson et al., 2006). 더 잘 알려진 섭식장애들 중 세 가지를 잠깐 살펴보자.

- **폭식장애**(binge eating disorder, **BED**)는 단기간에 많은 칼로리를 섭취하는, 반복적이고 통제되지 않는 일화들이 특징인 섭식장애이다. BED를 가진 사람은 단지 몇 시간에 걸쳐 많은 양의 음식을 재빨리 섭취한다. 그들은 자주 자신의 행동에 대한 통제력의 부족을 느낀다고 보고하는데, 즉 "그냥 먹기를 멈출 수 없다"라는 감각이다.
- **신경성 폭식증**(bulimia nervosa)은 폭식과 잇따르는 보상 행동을 특징으로 하는 섭식장애이다. 폭식증을 가진 사람은 폭식을 하지만, 그다음 그들은 자신의 먹기를 보상하는 행위를 한다. 예컨대 금식, 과다한 운동, 이뇨제나 완화제 먹기, 또는 몸에서 음식을 배출하기 위해 구토를 유도한다. BED나 신경성 폭식증을 가진 사람은 어떤 주기에 빠져 있다. 그들은 슬픔과 불안과 같은 부정적 정서들을 덜기 위해 먹지만, 그다음 몸무게 증가에 대한 관심은 그들이 죄책감이나 자기혐오 같은 부정적 정서를 경험하게 만든다(Sherry & Hall, 2009; cf. Haedt-Matt & Keel, 2011).
- **신경성 거식증**(anorexia nervosa)은 뚱뚱해지는 것에 대한 강력한 공포와 음식 섭취에 대한 심각한 제약을 특징으로 하는 섭식장애이다. 거식증을 가진 사람은 왜곡된 신체상을 가지고 있는 경향이 있으며, 이것은 그들로 하여금 실제로는 수척해져 있음에도 자신들이 살쪘다고 믿게 한다. 그리고 그들은 먹기에 대한 심각한 통제를 충동에 대한 의지의 승리로 보는, 높은 수준의 완벽주의자인 경향이 있다. 거식증은 종종 치명적이다. 그것은 글자 그대로 자신을

폭식장애(BED) 짧은 시간 내에 많은 칼로리의 음식을 먹는 일들이 재발되고 통제되지 않는 특성을 가진 섭식장애

신경성 폭식증 폭식과 잇따른 보상적 행동으로 특징지어지는 섭식장애

신경성 거식증 과체중이 되는 것에 대한 강력한 공포와 음식 섭취를 심하게 제한하는 특징이 있는 섭식장애

이디쉬 아이너는 2013년 미스 이스라엘에서 1등을 차지했으며, 같은 해 이스라엘은 체질량지수가 18.5 미만인 모델을 보여주는 광고를 추방하는 첫 번째 나라가 되었다. 그 이후, 이탈리아, 스페인, 프랑스도 비슷한 법을 통과시켰다.

Noam Galai/Getty Images

굶겨서 죽음에 이르도록 한다.

이런 섭식장애들의 기원에는 유전적인(Zerwas & Bulik, 2011), 경험적인(Innis et al., 2011), 그리고 심리적인(Klump et al., 2004) 요인들이 있는 것으로 보이지만, 문화도 마찬가지로 중요한 역할을 할 것이다(Hogan & Strasburger, 2008). 예를 들어 거식증을 가진 여성들은 보통 마른 것이 곧 아름다움이라 믿는다. 이런 생각이 어디에서 유래했는지를 이해하는 것은 어렵지 않다. 평균적인 미국 여성은 키가 약 163cm이며 몸무게는 약 77kg이 나가는데(Fryar et al., 2016), 평균적인 패션 모델은 약 178cm이며 약 53kg이다(Rosenbaum, 2016)(**그림 8.11** 참조). 비록 자신의 몸에 대한 미국 여성의 만족이 지난 30년 동안 증가하였지만(Karazsia et al., 2017), 날씬해야 한다는 압박은 여전히 강하다. 거식증은 일차적으로 여성에게 영향을 주지만, 남성도 이런 장애를 가진 여성 쌍둥이가 있다면 거식증적으로 될 수 있는 위험이 가파르게 증가하는데(Procopio & Marriott, 2007), 이는 거식증이 태내에서 여성 호르몬에 대한 노출과 관련이 있을 수 있음을 시사한다.

비만

폭식증과 거식증은 심각한 문제이지만, 세계 인구 중 작은 비율에 영향을 준다. 오늘날 가장 만연한 먹기 관련 문제는 비만인데, 체질량지수(body mass index, BMI)가 30 혹은 그 이상인 것으로 정의된다. 여러분은 구글에 'BMI Calculator'를 입력하기만 하면 여러분의 체질량지수를 계산할 수 있는데, 여러분이 알게 된 지수를 좋아하지 않을 가능성이 많다. 비만인 미국 아동과 10대의 비율은 1970년대 이후 세 배 이상 증가했으며(Fryar et al., 2018), 2017년에 미국의 어떤 주도 20%보다 더 낮지 않다(**그림 8.12** 참조). 가장 좋은 수학적 모형이 가리키는 것은 오늘날 미국 아동의 다수는 그들이 35세가 될 때 비만일 것이라는 것이다(Ward et al., 2017). 문제는 미국에만 국한되지 않는다: 세계 인구 중 거의 30%가 과체중이거나 비만이며, 어떤 나라도 지난 30년 동안 비만 비율을 줄이지 못하였다(Ng et al., 2014).

대부분의 연구자는 극히 높은 BMI가 건강하지 못하다는 것에 동의한다. 매년, 비만 관련 질병은 30만 명을 상회하는 목숨을 앗아간다(Mokdad et al., 2003). 건강의 위험뿐만 아니라, 비

그림 8.11 실제와 이상 이 신체 시뮬레이션은 BMI 시각화를 써서 만들어졌으며, 여러분이 보듯이 평균적인 미국 여성(왼쪽)과 평균적인 패션 모델(오른쪽)은 매우 닮아 보이지 않는다.

Simulations © 2013 Copyright Max Planck Gesellschaft

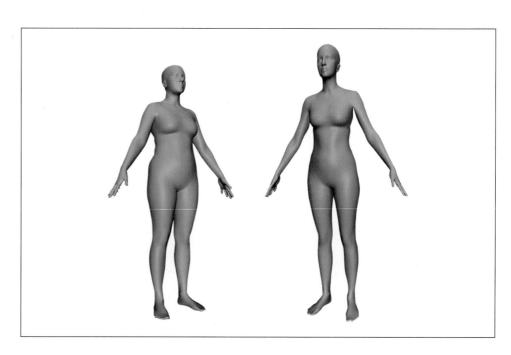

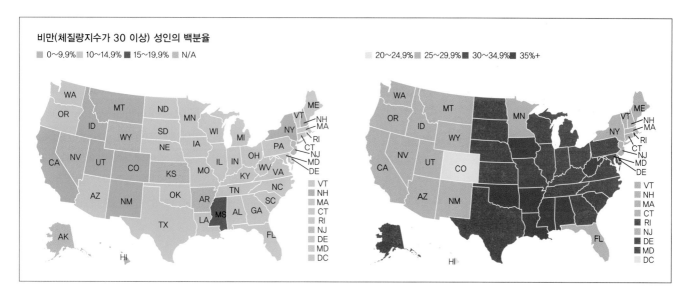

비만(체질량지수가 30 이상) 성인의 백분율
■ 0~9.9% ■ 10~14.9% ■ 15~19.9% ■ N/A   ■ 20~24.9% ■ 25~29.9% ■ 30~34.9% ■ 35%+

그림 8.12 비만의 지리학 이 지도는 1990년(왼쪽)과 2017년(오른쪽) 각 주에서 미국의 비만율을 보여준다. 비만은 이제 모든 주에서 심각한 문제이지만 특히 미국의 중부에서 그렇다.

만인 사람은 더 낮은 심리적 안녕감, 더 낮은 자존감, 더 낮은 삶의 질을 가지고 있는 경향이 있으며, 그들은 다른 사람들에 의해 더 부정적으로 비쳐진다(Gallup, 2014; Hebl & Heatherton, 1997; Kolotkin et al., 2001; Sutin et al., 2015). 비만이란 낙인은 매우 강력해서 평균 체중의 사람도 비만인 사람과 어떤 관계가 있을 때 부정적으로 비쳐진다(Hebl & Mannix, 2003). 이 모든 것이 사실이고, 슬픈 일이다. 한 과학자가 지적했듯이, 우리는 '비만한 사람이 아니라 비만에 대한 전쟁'이 필요하다(Friedman, 2003).

비만의 원인

비만의 일차적 원인은 신비한 것이 아니다. 우리가 너무 많이 먹는다. 그런데 왜? 결국 우리는 아프도록 숨 쉬지 않고 아프도록 잠 자지 않는데, 왜 우리는 아프도록 먹는가? **진화적 불일치**(evolutionary mismatch)는 선조의 환경에서 적응적이었던 특성이 현대 환경에서 비적응적일 수 있다는 생각을 가리킨다(Mayr, 1942; Riggs, 1993). 수십만 년 전에 우리 조상들이 직면한 음식 관련 문제는 기아(굶주림)였으며, 인간은 이를 회피하기 위해 두 가지 전략을 진화시켜 왔다. 첫째로 우리는 한 입당 많은 양의 에너지를 제공하는 음식들에 대한 강한 매력을 발달시켰다. 이것이 우리들 대부분이 시금치와 차보다 치즈버거와 밀크쉐이크를 더 좋아하는 이유이다('최신 과학 : 당신의 뇌는 금붕어인가' 참조). 둘째로 우리 몸은 남는 음식 에너지를 지방 형태로 저장할 수 있는 능력을 발달시켰는데, 이것은 음식이 충분할 때 우리가 필요한 것보다 더 많이 먹을 수 있도록 했으며 음식이 부족할 때는 비축물에 의지해서 살도록 하였다. 이 두 가지 적응은 인간 종이 칼로리가 풍부한 음식을 얻기 힘들었던 세상에서 생존할 수 있게 하였지만, 문제는 우리는 더 이상 그런 세상에 살지 않는다는 것이다(Li et al., 2018). 대신 우리는 초콜릿 컵케이크부터 소시지 피자까지, 현대 기술이 만든 칼로리 폭탄이 비싸지도 않고 쉽게 얻어지는 세상에 살고 있다(Simpson & Raubenheimer, 2014).

우리가 너무 많이 먹는 다른 이유들도 있다. 예를 들어, 사람들은 슬프거나 불안할 때, 혹은 편리할 때, 혹은 다른 모든 사람들이 그렇게 할 때 종종 먹는다(Herman et al., 2003). 때때로 우리는 시계가 먹어야 한다고 가리킨다는 이유로 먹는데, 이것이 왜 기억상실증을 가진 사람이 첫째 점심을 마쳤다는 것을 기억하지 못하고 직후에 두 번째 점심을 행복하게 먹으려고 하는 이유이다(Rozin et al., 1998). 비만은 또한 매우 물려받기 쉬운데(Allison et al., 1996), 이것은 생물학적

진화적 불일치 조상 시대의 환경에 적응적이었던 특성이 현대 환경에서 부적응적일 수 있다는 생각

바다거북이는 진화적 불일치로 고통받는다. 밤에 해안가에서 알이 부화할 때, 막 부화한 새끼들은 불빛을 향해 움직인다. 이 경향성은 거북이의 조상 시대 환경에는 적응적이었는데, 달빛을 반사하는 바다가 주변에서 가장 밝은 것이었기 때문이다. 그러나 이제 그 특성은 부적응적인데, 부화한 새끼들은 인간 거주지의 불빛에 의해 바다로부터 떨어지도록 유혹받고, 거기에서 어쩔 도리 없이 죽기 때문이다.

Rene Van Bakel/ASAblanca via Getty Images

신진대사 신체가 에너지를 사용하는 속도

비만율이 증가하는 한 가지 이유는 '정상 식사량'이 점점 더 늘어나고 있다는 것이다. 연구자들이 1000년부터 1800년 사이에 그려진 52개의 '최후의 만찬' 그림을 분석했을 때, 접시의 평균 크기가 66%나 증가했다는 것을 발견했다.

Scala/Art Resource, NY

인 혹은 유전적인 성분이 있을 수 있음을 시사한다. 게다가 어떤 연구는 환경의 독소가 내분비 시스템의 기능을 방해하고 비만이 되도록 하는 성향을 갖게 한다고 주장하며(Grün & Blumbert, 2006; Newbold et al., 2005), 어떤 연구들은 비만은 장에서 '좋은 박테리아'의 부족으로 유발된다고 주장하며(Liou et al., 2013), 어떤 연구는 비만은 해마에서 생기는 일상적 노쇠의 결과일 수 있다고 주장하며(Stevenson & Francis, 2017), 어떤 연구는 비만인 사람의 뇌는 단지 보상에 더 민감하다고 주장한다(Stice & Yokum, 2016). 원인이 무엇이든, 비만인 사람은 종종 렙틴에 저항적이며(즉, 그들의 뇌는 굶주림을 끄라고 뇌에 전달하는 화학 신호에 반응하지 않는다), 렙틴 주사조차 도움이 되지 않는 것처럼 보인다(Friedman & Halaas, 1998; Heymsfield et al., 1999).

비만의 정복

우리 뇌와 신체는 현재와 매우 다른 세상을 위해 설계되어 있는데, 이것이 체중을 늘리기는 매우 쉽고 날씬해지기는 매우 어려운 이유이다. 우리 몸이 체중 증가를 추구하는 것만큼이나 우리 몸은 체중 감소에 저항하는데, 다음 두 가지 방식을 사용한다.

- 체중이 늘어나면, (보통 남자라면 배에서, 여자라면 넓적다리와 궁둥이에서) 우리 몸의 지방 세포의 크기와 수 모두에서 증가를 경험한다. 그러나 우리가 체중을 잃을 때, 지방 세포의 크기는 감소하지만 그 수는 감소하지 않는다. 한번 우리 몸이 지방 세포를 더하게 되면, 그 세포는 거의 영원히 우리와 함께 한다. 우리가 체중을 줄일 때 그것은 더 작아질 것이지만, 사라지지는 않을 것이다. 그것은 항상 거기에 있어서 다시 커질 때를 기다리고 있다.

- 우리 몸은 우리의 **신진대사**(metabolism)를 줄임으로써 식이조절에 반응하는데, 신진대사는 몸이 에너지를 사용하는 비율이다. 우리 몸이 굶주림을 감지할 때(이것은 우리가 몸에 먹이기를 거부할 때 몸이 내리는 결론이다), 몸은 음식을 지방으로 전환시키는 더 효율적인 방법을 찾는다. 이것은 우리 조상들을 위해서는 놀라운 술책이었지만, 현재의 우리에게는 정말로 문젯거리이다.

이 모든 것은 왜 비만을 피하는 것이 그것을 극복하는 것보다 더 쉬운지를 설명해준다(Casazza et al., 2013). 그리고 비만을 피하는 것이 일부 심리학자들이 작은 개입이지만 큰 효과가 있는 방법을 써서 사람들을 도우려고 하는 바로 그것이다(Thaler & Sunstein, 2008). 예컨대, 한 연구는 샐러드 바에서 완숙 달걀을 더 건강한 재료들로부터 몇 인치만 떨어져 놓으면 사람들이 달걀을 10% 더 적게 먹는다는 것을 보였다(Rozin et al., 2011). 10%의 달걀은 여러분에게 많은 것으로 보이지 않을 것이지만, 여러분이 매일 달걀 2개를 먹는 사람이라면, 단지 10%로 양을 줄이는 것은 여러분이 매년 1.5파운드 체중을 줄이게 할 것이며, 이것은 고등학교 25주년 동창회에서 여러분을 더 날씬한 사람이 되도록 만들어 줄 것이다. 사람들은 설탕이 많이 든 음료수가 메뉴판의 위 혹은 아래에 있는 것보다 중간에 있을 때 그것을 덜 주문할 것이다(Dayan & Bar-Hillel, 2011). 그들은 작은 포크보다 큰 포크가 주어질 때 더 적게 먹는다(Mishra et al., 2012). 그리고 케이크를 스스로 자를 때 케이크를 더 적게 먹는다(Hagen et al., 2016). 이런 그리고 많은 다른 연구가 환경에서의 작은 변화가 우리의 허리둘레에 큰 차이를 만들 수 있다는 것을 보여준다(Cadario & Chandon, 2019).

당신의 뇌는 금붕어인가

칼로리가 아보카도에 더 많은가, 아니면 스니커즈 바에 더 많은가? 만일 여러분이 대부분의 사람들과 비슷하다면, 여러분은 캔디에 과일보다 더 많은 칼로리가 있다고 추측했으리라. 그러나 여러분은 틀렸다. 아보카도는 스니커즈 바보다 칼로리가 약 50% 더 많이 있다. 세상에 과카몰리(아보카도를 으깨어 만든 멕시코 요리-역주)가 그렇다니!

우울해 하지 말라. 음식의 칼로리 양을 추정하는 문제가 제기될 때, 대부분의 사람은 실마리를 찾지 못한다. 그러나 뇌는 뇌를 가진 사람이 모르는 사실을 알고 있을지 모른다는 것을 한 연구는 시사한다.

연구자들은 참가자들에게 50개의 음식들을 보여준 다음 참가자들에게 각 음식이 얼마나 많은 칼로리를 가지고 있을지를 추정하도록 요구했다(Tang et al., 2014). 아래 그림의 도표 A는 각 음식물의 실제 칼로리 밀도(그램당 칼로리 수)와 참가자가 추정한 칼로리 밀도 간의 상관관계를 보여준다. 완전히 편평한 선분이 가리키는 것은 이 두 측정치 간의 상관관계가 0이라는 것이다. 다른 말로 하면, 참가자들은 어떤 음식이 칼로리가 풍부하며 어떤 것이 칼로리가 빈약한지를 전혀 구별할 수 없었다.

다음으로 연구자들은 각 음식물을 먹기 위해 얼마나 지불할 것인지를 참가자들에게 물었다. 도표 B는 각 음식물의 실제 칼로리 밀도와 참가자가 그것을 먹기 위해 지불하려는 액수 간의 상관관계를 보여준다. 선분이 정적 기울기를 보이는데, 이것은 참가자들은 칼로리가 빈약한 것보다 칼로리가 풍부한 음식물을 먹을 기회에 더 많이 지불하려고 한다는 것을 의미한다. 복내측 전전두 피질(자극의 가치를 계산하는 데 관여하는 뇌 영역)의 신경 활동도 역시 실제 칼로리 양과 정적으로 상관되어 있었다. 다른 말로 하면, 참가자는 칼로리가 풍부한 음식을 먹기를 원하였으며, 그들의 뇌는 칼로리가 풍부한 음식에 정적으로 반응하였다. 그러나 참가자 자신은 어떤 음식이 칼로리가 풍부한지를 구별할 수 없었다!

사람들이 음식에서 칼로리를 계산해온 것은 겨우 몇십 년이 되었을 뿐이다. 그러나 뇌는 수십만 년 동안 음식을 갈망하고 가치를 따져 왔다. 진화를 통해 뇌에 에너지를 가장 많이 공급하는 칼로리가 풍부한 음식을 찾고 이에 즐거워하도록, 비록 우리가 그런 음식이 어떤 음식인지를 의식적으로는 모를지라도, 우리 뇌의 회로가 만들어져온 것으로 보인다. 만일 여러분이 베이글 혹은 바나나에 얼마나 많은 칼로리가 있는지를 알고 싶다면, 얼마나 많이 한 입 베어물고 싶은지를 자신에게 물어보라.

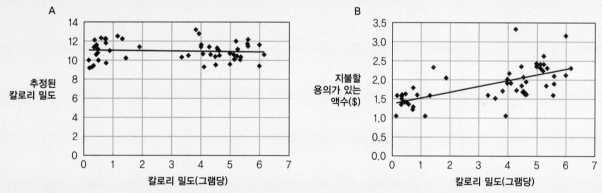

패널 A는 음식물의 칼로리 밀도에 대한 참가자의 추정치와 실제 칼로리 밀도 간의 상관관계를 보여준다. 패널 B는 참가자들이 그 음식물을 먹기 위해 지불할 용의가 있었던 액수와 그것의 실제 칼로리 밀도 간의 상관관계를 보여준다.

성 욕구

음식은 우리를 동기화시키는데, 그것이 없으면 우리가 죽기 때문이다. 비록 성은 우리의 개인적 생존에 필수적이지 않지만, 우리 DNA의 생존에 필수적이며, 이것이 성적 욕구가 거의 모든 사람의 뇌에 내장되도록 진화한 이유이다. 일반적인 회로의 구성(scheme)은 간단하다. 샘(glands)이 혈관을 통해 뇌로 이동하여 성적 흥미를 자극하는 호르몬을 방출한다. 그러나 이 회로 배선 구성의 세부사항은 복잡하다.

세 가지 호르몬이 핵심적 역할을 한다. DHEA(dihydroepiandosterone)라는 호르몬은 성적 욕구의 초기 출현에 관련된 것으로 보인다. 소년과 소녀는 모두 약 6세에 천천히 작동하는 이 호르몬을 생성하기 시작하는데, 이것은 왜 소년과 소녀들이 모두 약 10세에 그들 최초의 성적 관심을 경험하는지를 설명해준다. 두 가지 다른 호르몬은 더 성 특정적인 효과를 가진다. 남성과 여

암컷 젤라다의 가슴에서 빨간색의 변색(위 사진)은 그녀가 배란기에 있으며 성적으로 수용적이라는 것을 나타낸다. 그래서 그녀의 짝은 (다른 수컷이 그녀에게 수정하지 않도록 확실히 하기 위해) 그녀를 정확히 언제 지켜야 할지를 알고, 다른 짝짓기 기회를 찾기 위해 언제 자리를 떠나야 할지를 안다. 대조적으로 인간 여성의 성적 관심(아래쪽)은 그녀들의 배란 주기에서 특정 시기에만 한정되지 않으며, 그녀의 신체는 자신의 생식력에 대해 어떤 명백한 신호도 드러내지 않는다.

Michael Nichols/National Geographic/Getty Images; Jupiterimages/Stockbyte/Getty Images

성 모두 테스토스테론과 에스트로겐을 생산하는데, 남성들은 전자를 더 많이 생산하고, 여성들은 후자를 더 많이 생산한다. 제10장에서 배울 것이지만, 이 두 호르몬이 사춘기를 특징짓는 신체적·심리적 변화에 주로 책임이 있다. 그러나 그것들은 또한 성인(성체)의 성적 욕구에도 책임이 있는가?

그 답은 그 성체가 쥐인 한, "예"인 것으로 보인다. 테스토스테론은 수컷 쥐의 성적 욕구를 조절하며, 에스트로겐은 암컷 쥐의 성적 욕구와 수태를 조절하는데, 대부분의 포유류에게 같은 사실이 적용된다. 이것이 왜 대부분의 포유류의 암컷이 에스트로겐 수준이 높을 때를 제외하면 성에 관심이 거의 혹은 전혀 없는지의 이유이다. 에스트로겐 수준이 높은 때는 암컷이 배란 중이거나 '발정기'일 때이다. 그러나 인간은 다르다. 여성 몸에서 에스트로겐 수준은 매달의 월경 주기의 경과 중 극적으로 변하지만, 성적 욕망은 거의 변하지 않는다.

에스트로겐이 여성의 성적 추동의 호르몬적 기초가 아니라면 무엇이 그러한가? 두 가지 증거는 그 답이 테스토스테론, 즉 남성의 성성(sexuality)을 움직이는 바로 그 호르몬임을 시사한다. 첫째, 남성은 자연적으로 여성보다 더 많은 테스토스테론을 가지고 있으며, 일반적으로 남성은 더 강한 성 추동을 가지고 있다. 남성은 여성보다 성에 대해 더 많이 생각하고, 성적 환상을 가지고, 자위하고, 교제의 초기 시점에 성 행위를 원하며, 상대방의 낮은 성 추동에 대해 불평을 하는 경향이 있다(Baumeister et al., 2001). 둘째 여성에게 테스토스테론이 주어지면, 그녀들의 성 추동이 증가한다. 이러한 사실은 테스토스테론이 남성과 여성 모두에서 성 동기의 호르몬적 기초일 수 있음을 시사한다.

남자와 여자가 평균적으로 다른 수준의 성적 추동을 가지고 있지만, 그들은 성 행위를 하는 데에는 비슷한 이유를 보고한다. 예컨대 대학생들이 보고하는 성 행위를 가진 이유들은, 파트너에게 신체적으로 끌렸거나("알렉스는 눈이 아름답다."), 정서적 연결을 늘리려고("나는 더 깊은 수준에서 의사소통하고 싶었다."), 불안감을 완화시키려고("이것이 알렉스가 나와 시간을 보내게 하는 유일한 방법이었다."), 목적을 위한 수단으로서("나는 인기를 얻고 싶었다."), 혹은 이 이유들 중 여러 가지이다(Meston & Buss, 2007). 비록 남자들이 여자보다 순수하게 신체적 이유들로 성 관계를 갖는다고 더 많이 보고하는 경향이 있지만, **표 8.1**은 남자와 여자는 가장 흔한 이유

표 8.1 여성과 남성이 보고한 성관계를 가진 상위 열 가지 이유	
여성	**남성**
1	나는 그 사람에게 끌렸다.	나는 그 사람에게 끌렸다.
2	나는 신체적 쾌락을 경험하고 싶었다.	그것은 기분이 좋다.
3	그것은 기분이 좋다.	나는 신체적 쾌락을 경험하고 싶었다.
4	나는 그 사람에 대한 나의 애정을 보이고 싶었다.	그것은 재미있다.
5	나는 그 사람에 대한 나의 사랑을 표현하고 싶었다.	나는 그 사람에 대한 나의 애정을 보이고 싶었다.
6	나는 성적으로 각성되었고, 해소를 원했다.	나는 성적으로 각성되었고, 해소를 원했다.
7	나는 흥분되었다.	나는 흥분되었다.
8	그것은 재미있다.	나는 그 사람에 대한 나의 사랑을 표현하고 싶었다.
9	나는 사랑하고 있다는 것을 깨달았다.	나는 오르가슴에 도달하고 싶었다.
10	나는 '가장 중요한 순간'에 있었다.	나는 파트너를 기쁘게 해주고 싶었다.

Information from Meston & Buss, 2007.

들에서 극적으로 다르지 않다는 것을 보여준다. 모든 성 관계가 이런 이유들 중 하나에 의해 동기화되는 것은 아니라는 것을 주목할 만하다. 미국 성인 15명 중 한 명은 자신의 인생의 어느 시점에 성 관계를 갖도록 강요되었다고 보고한다(Basile et al., 2007). 우리는 제12장에서 성적 매력과 관계성에 대해 훨씬 더 많은 이야기를 할 것이다.

내재적 동기 그 자체로 보상적인 행동을 취하고자 하는 동기

외재적 동기 보상으로 이어지는 행동을 취하고자 하는 동기

정리문제

1. 왜 어떤 동기는 다른 것보다 선행하는가?
2. 굶주림은 어떤 목적에 이바지하는가?
3. 무엇이 BED, 폭식증, 거식증을 유발시키는가?
4. 비만의 원인은 무엇인가?

5. 왜 식이요법은 그렇게 힘들고 비효과적인가?
6. 어떤 호르몬이 남성과 여성에서 성적 흥미를 조절하는가?
7. 왜 사람들은 성 관계를 갖는가?

동기화된 마음

학습목표

- 내재적 및 외재적 동기들의 이점을 설명한다.
- 보상과 위협이 어떻게 역효과를 낼 수 있는지를 설명한다.
- 사람들이 자신의 동기들을 의식하게 되는 때를 설명한다.
- 회피 동기가 접근 동기보다 더 강력하다는 것을 우리가 어떻게 아는지를 설명한다.

생존과 재생산은 모든 동물의 제일 순위의 일이므로, 우리가 음식과 성에 의해 강하게 동기화되어 있다는 것은 놀랍지 않다. 그러나 인간은 다른 일에 의해서도 역시 동기화된다. 그렇다. 우리는 초콜릿과 낭만적인 것들과의 키스를 갈망하지만 또한 우리는 우정과 존중, 안전과 확실성, 지혜와 의미 그리고 훨씬 더 많은 것을 갈망한다. 우리의 심리학적 동기들은 우리의 생물학적 동기만큼 어느 모로 보나 강력할 수 있지만, 그것들은 두 가지 중요한 방식으로 차이가 난다.

첫째, 비록 우리는 대부분의 다른 동물들과 생물학적 동기들을 공유하지만, 우리의 심리학적 동기들은 독특한 것으로 보인다. 침팬지와 토끼 그리고 개똥지빠귀와 거북이는 모두 성행위를 하도록 동기화되어 있지만, 단지 인간만이 그 행위를 더 깊은 의미로 채우도록 동기화된 것처럼 보인다. 둘째, 비록 우리의 생물학적 동기들은 음식, 성, 산소, 잠, 몇 개의 다른 것들 등 몇 가지 기초적인 종류들이지만, 우리의 심리학적 동기들은 너무 많고 다양하여, 어떤 심리학자도 완벽한 목록을 만들 수 있었던 적이 없었다(Hofmann et al., 2012). 그럼에도 불구하고 여러분이 불완전한 목록을 살펴보기만 한다면, 심리학적 동기들은 세 가지 핵심 차원에 따라 달라진다는 것을 재빨리 알아차릴 것이다. 그것들은 외재적 대 내재적, 의식적 대 무의식적 그리고 접근 대 회피 차원들이다. 이 차원들 각각을 차례대로 살펴보자.

내재적 대 외재적

감자칩을 먹는 것과 심리학 시험을 보는 것은 여러 가지로 다르다. 한 가지는 여러분을 뚱뚱하게 만드는 반면, 다른 것은 여러분을 괴팍하게 만들며, 한 가지는 여러분이 입술을 움직이는 것을 필요로 하는 반면 다른 것은 그렇게 하지 않는 것을 요구하며, 한 가지는 즐거운 일이어서 돈을 내서 갖도록 하는 반면, 다른 것은 불쾌해서 여러분은 그러기 위해 돈을 내지 않을 것이다. 그러나 이런 활동들 간에 가장 중요한 차이는, 시험은 어떤 목적에 이르는 수단이며, 감자칩은 그 자체로 목적이라는 것이다. **내재적 동기**(intrinsic motivation)는 그 자체로 보상적인 행동을 취하고자 하는 동기이다. 맛있기 때문에 감자튀김을 먹고 기분이 좋기 때문에 자전거를 타고, 듣기 좋기 때문에 음악을 들을 때, 우리는 내재적으로 동기화되어 있다. 이런 활동들은 보수가 없는데 그것들이 바로 보수이기 때문이다.

역으로 **외재적 동기**(extrinsic motivation)는 보상으로 이어지는 행동을 취하고자 하는 동기이다. 잇몸병을 피하기 위해 치실을 사용할 때, 집세를 내기 위해 열심히 돈을 벌 때, 치실을 사고 집세

무하메드 부아지지는 과일 상인이었다. 2010년 그는 튀니지 정부의 처우에 항의하기 위해 분신을 했으며, 그의 극적인 자살은 '아랍의 봄'이라 알려지게 된 혁명에 불을 붙였다. 명백하게도, 정의의 욕구와 같은 심리적인 욕구는 생물학적 욕구보다 한층 더 강력할 수 있다.

Fethi Belaid/AFP/Getty Images

를 낼 만큼 충분한 돈을 벌게 해 줄 학사학위를 받기 위해 심리학 시험을 볼 때, 우리는 외재적으로 동기화되어 있다. 이런 것들 중 어느 것도 그 자체로 혹은 저절로 즐거움의 원천이지 않으나, 결국에는 모든 것이 즐거움을 증가시킬 수 있다.

외재적 동기

외재적 동기는 부당한 비난을 받는다. 미국인들은 사람들이 '자신의 가슴을 따라야 한다' 그리고 '자신이 사랑하는 것을 하라'고 믿는 경향이 있고, 단지 자신들의 부모를 기쁘게 하기 위해 어떤 학과를 선택하는 학생들을, 그리고 단지 돈을 벌기 위해 직업을 택하는 부모들을 안쓰럽게 느끼는 경향이 있다. 그러나 사실은 미래에 더 큰 보상을 줄 것이라고 믿기 때문에 현재에 보상적이지 않은 행동에 몰두하는 우리의 능력은 우리 종의 가장 중요한 재능들 중의 하나이며, 어떤 다른 종도 우리가 할 수 있는 것만큼 잘할 수 없다(Gilbert, 2006). 사람들이 즐거움을 얼마나 잘 지연시킬 수 있는가, 혹은 '보상 지연'에 대한 연구에서(Ayduk et al., 2007; Mischel et al., 2004), 참가자들은 보통 자기가 당장 원하는 무엇(예 : 아이스크림 한 큰 술)을 지금 얻는 것과 기다려서 나중에 더 많이(예 : 내일 아이스크림 두 큰 술) 얻는 것 간의 선택에 직면한다. 연구들은 보상을 지연시킬 수 있는 네 살배기 아이들이 10년 후에 더 지적이고 사회적으로 더 유능하며, 대학에 들어갈 때 더 높은 SAT 점수를 얻는다는 것을 보여준다(Mischel et al., 1989). 사실 보상을 지연시키는 능력은 아이들의 IQ보다도 학교에서 아이들의 성적에 대한 더 좋은 예측 인자이다(Duckworth & Seligman, 2005). 명백하게 외재적 동기를 위해 언급되어야 할 것이 있다.

내재적 동기

내재적 동기를 위해서도 언급할 것이 많이 있다(Patall et al., 2008). 사람들은 내재적으로 동기화될 때 더 열심히 일하며, 그들은 자신이 하는 일을 더 즐기며, 더 창의적으로 한다. 두 종류의 동기에는 모두 이점들이 있는데, 이것은 우리 중 많은 사람들이 똑같은 활동들에 의해 내재적으로 그리고 외재적으로 동기화되는 삶, 이를테면 우리가 가장 좋아하는 바로 그것을 함으로써 큰 돈을 버는 삶을 구축하려고 하는 이유이다. 누구든 예술가, 운동선수, 혹은 니키 미나즈(Nicki Minaj)의 전속 파티 플래너가 되는 것을 꿈꾸지 않았겠는가?

아쉽게도, 여러분이 사랑하는 것을 하면서 돈을 벌면서 또한 여러분이 하는 일을 계속 사랑하기는 어렵다는 것을 연구들이 보여주는데, 보상은 내재적 보상을 약화시키기 때문이다(Deci et al., 1999; Henderlong & Lepper, 2002). 예를 들면, 한 연구에서 퍼즐을 완성하는 데 내재적으로 동기화된 대학생들은 퍼즐을 완성하는 데 보수를 받거나 대가 없이 그것을 완성하였다. 돈을 받은 학생들은 나중에 그 퍼즐을 가지고 놀 가능성이 더 낮은 경향이 있었다(Deci, 1971; 다음도 참고, Lepper Greene & Nisbet, 1973). 어떤 조건들에서, 사람들은 보상을 어떤 활동의 내재적 좋음에 관한 정보로 해석하는데("그들이 나에게 돈을 줘서 그 퍼즐을 하도록 한다면, 그것은 매우 재미있는 것일 리가 없어"), 이것은 보상이 때때로 내재적 동기를 약화시킬 수 있다는 것을 의미한다.

위협도 같은 효과를 만들 수 있다. 예를 들면, 일단의 보육원들이 아이들을 데리러 오는 데 지각하는 부모들에게 질리게 되었을 때, 일부는 지각에 대한 벌금을 규정으로 만들었다. **그림 8.13**이 보여주듯이, 벌금은 지각을 감소시키지 않았으며, 오히려 증가시켰다(Gneezy & Rustichini, 2000). 왜? 대부분의 부모들은 아이들을 정시에 데리러 오는 것에 이미 내재적으로 동기화되어 있기 때문이다. 그러나 보육원이 지각에 대해 벌금을 부과하기 시작하였을 때, 부모들은 아이들을 정시에 데리러 오는 것에 외재적으로 동기화되게 되었고, 지각의 대가는 특별히 크지 않았기 때문에, 그들은 여분의 시간 동안 아이들을 보육원에 맡겨 두기 위해 작은 벌금을 지불하기로 결

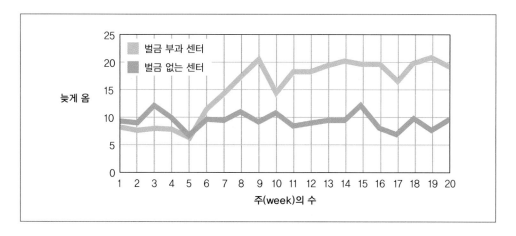

그림 8.13　위협이 역효과를 낼 때　위협은 한때는 내재적으로 동기화되었던 행동들이 외재적으로 동기화되게 할 수 있다. 늦게 아이를 데려가는 부모들에게 벌금제도를 도입했던 놀이방 센터들은 늦게 오는 부모들의 수가 증가하는 것을 보았다.

정하였다. 위협과 보상이 내재적 동기를 외재적 동기로 바꿀 때, 의외의 결과들이 뒤따를 수 있다.

의식적 대 무의식적

상을 받은 예술가들이나 과학자들이 어떻게 해서 훌륭한 일을 이루었는지를 설명해 달라는 질문을 받으면, 그들은 보통 "나는 형태로부터 색을 해방시키고 싶었다" 혹은 "나는 세상에서 천연두를 없애고 싶었다"와 같은 말을 한다. 그들은 "나는 나의 아버지의 성취를 뛰어넘어서 어머니에게 내가 그녀의 사랑을 받을 가치가 있다는 것을 증명하고 싶었다"는 말은 거의 결코 하지 않는다. 수상자들은 자신의 **의식적 동기**(conscious motivation)를 설명하는데, 이것은 한 사람이 의식하고 있는 동기이다. 그러나 정의상 그들은 자신의 **무의식적 동기**(unconscious motivation)를 설명하는 데에는 어려움이 있는데, 이것은 사람들이 의식하지 못하는 동기이다(Aarts et al., 2008; Bargh et al., 2001; Hassin et al., 2009).

　모든 사람이 무의식적 동기를 가지고 있다. 예를 들어, 사람들은 **성취 욕구**(need for achievement)에서 서로 다른데, 이것은 가치 있는 문제를 해결하고자 하는 동기이다(McClelland et al., 1953). 이 기본적 동기는 보통 무의식적인데, 이것은 생각이나 감정이 점화될 수 있는 것과 거의 같은 방식으로 점화자극이 될 수 있음을 연구들이 시사한다. 예를 들어 성취와 같은 단어들이 컴퓨터 화면에 의식적으로 알아볼 수 없을 정도로 매우 빨리 제시될 때, 사람들은 특히 열심히 퍼즐을 풀려고 할 것이며(Bargh et al., 2001), 만일 실패한다면 특히 기분이 안 좋게 느낄 것이다(Chartrand & Kay, 2006).

　무엇이 우리가 동기들을 의식할지 말지를 결정하는가? 대부분의 행위들은 한 가지 이상의 동기를 가지고 있으며, 행위 실행의 난이도가 이 동기들 중 어느 것을 의식하게 될지를 때때로 결정한다(Vallacher & Wegner, 1985, 1987). 행위가 쉬우면(예 : 전구를 끼우기), 우리는 우리의 가장 일반적 동기(예 : 도와주기 위해)를 의식하지만, 행위가 어려우면(소켓에 꽉 낀 전구와 씨름하기) 우리는 더 구체적인 동기(예 : 소켓의 나사선에 바르게 놓기)를 의식한다. 예를 들면, 한 실험의 참가자들은 정상적 머그잔으로 커피를 마시거나, 아니면 머그를 다루기 어렵도록 바닥에 무거운 추가 달린 머그잔으로 커피를 마셨다. 무엇을 하고 있느냐고 질문받았을 때, 정상적 머그잔으로 마시고 있었던 이들은 자신들이 '욕구를 충족시키고' 있었다고 설명한 반면에, 추가 달린 머그잔으로 마시고 있었던 사람들은 자신들이 '삼키고' 있다고 설명했다(Wegner et al., 1984). 우리가 어떤 행위를 실행하는 난이도는 우리 동기들 중 어느 것을 우리가 의식할지를 결정하는 여러 요인들 중 하나이다.

일론 머스크는 아마 성취 욕구가 높다. 51세인 억만장자는 페이팔과 테슬라, 스페이스 X와 하이퍼루프에 이르기까지 수많은 회사를 세웠으며, 더 많은 회사를 세우려고 한다. "보통 사람도 특이하게 될 수 있다고 생각한다. 포기하도록 강요받지 않는다면 포기해서는 안 된다"고 그는 말했다.

Ray Tamarra/Getty Images

의식적 동기　사람이 의식하고 있는 동기

무의식적 동기　사람이 의식하지 못하는 동기

성취 욕구　가치 있는 문제를 해결하고자 하는 동기

접근 대 회피

시인 제임스 서버(James Thurber, 1956)는 "모든 사람은 죽기 전에 배우려고 해야 한다 / 그들이 무엇으로부터, 그리고 어디로, 그리고 왜 달리는가를"이라고 썼다. 이 구절이 일깨우듯이, 쾌락주의 원리는 두 가지 독특한 동기를 실제로 묘사한다. 우리가 쾌락'으로 달려가'게 하는 동기와 우리가 고통'으로부터 도망치'게 하는 동기이다. 심리학자들은 훨씬 덜 시적이고 다소 더 정확하기 때문에, 이것들을 **접근 동기**(approach motivation), 즉 **긍정적 결과를 경험하고자 하는 동기**와 **회피 동기**(avoidance motivation), 즉 **부정적인 결과를 피하고자 하는 동기**라고 부른다. 즐거움과 고통은 한 동전의 양면일 수도 있지만, 실제로 그것들은 두 측면이다. 쾌락은 단지 고통의 결핍이 아니며, 고통은 단지 쾌락의 결핍이 아니다. 그것들은 독특한 경험들이며, 뇌의 다른 부위에서 일어나는 독특한 패턴의 활동들과 연관되어 있다(Davidson et al., 1990; Gray, 1990).

모든 다른 것이 똑같다면, 회피 동기는 접근 동기보다 더 강력한 경향이 있다는 것을 연구들은 보여준다. 이것은 설명하기 쉽다. 대부분의 사람들은 앞면이 나오면 그들에게 100달러를 지불하지만 뒷면이 나오면 여러분에게 80달러를 요구하는 동전 던지기에 여러분은 내기를 할 것인가? 수학적으로 봐서, 이것은 매우 매력적인 내기일 것인데, 잠정적 이득이 똑같이 가능한 잠정적 손실보다 더 크기 때문이다. 그러나 대부분의 사람들은 이 내기를 거부하는데, 그들은 80달러를 잃는 고통이 100달러를 따는 즐거움보다 더 강할 것으로 예상하기 때문이다. **손실 혐오**(loss aversion)는 똑같은 크기의 이득을 획득하는 것보다 손실을 회피하는 것에 더 관심을 갖는 경향성(Kahneman & Tversky, 1979, 1984)인데, 그 효과는 극적일 수 있다.

워싱턴 D.C. 지역의 식료품 가게들은 고객들이 쇼핑백을 재사용할 때에는 언제나 5센트의 보너스(재정적 이득)를 줘서, 혹은 재사용하지 않을 때는 언제나 세금을 물림으로써(재정적 손실), 혹은 이런 일 중 어느 것도 하지 않거나, 모두 함으로써 쇼핑백 재사용을 동기화하고자 했다. **그림 8.14**가 보여주듯이, 돈을 잃는다는 전망은 쇼핑객의 행동에 큰 영향을 주었으나, 같은 양의 돈을 얻는다는 전망은 전혀 영향을 주지 않았다(Homonoff, 2013).

그래서 실제로 모든 사람이 피하려고 하는 한 가지는 무엇인가? 물론 죽음이다. 모든 동물은 살아 있으려고 애쓰지만, 단지 인간만이 무엇을 하든지 간에 결국 여러분은 죽을 것이기 때문에 이런 모든 노력이 궁극적으로 헛수고라는 것을 알고 있다. 어떤 심리학자들은 이런 앎이 독특하게 인간적인 '실존적 공포'를 만들어내고 인간 행동의 상당 부분은 이를 다루려는 시도라고 주장해 왔다. **공포관리이론**(terror management theory)은 자신의 필멸성을 아는 것에 대해 사람들이 문화적 세계관을 발달시킴으로써 반응한다는 이론이다. 문화적 세계관은 무엇이 좋고 옳고 참인지에 관

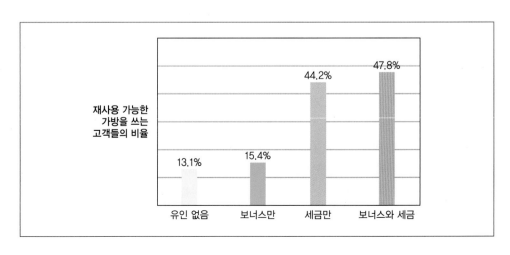

그림 8.14 손실의 힘 회피 동기는 보통 접근 동기보다 더 강력하다. 워싱턴 D.C. 지역에서 쇼핑객은 5센트 세금을 피하기 위해 쇼핑백을 재사용하고자 강하게 동기화되어 있지만, 5센트 보너스를 얻기 위해 쇼핑백을 재사용하는 데에는 전혀 동기화되어 있지 않다(Homonoff, 2013).

한 일단의 공유된 믿음들이다(Greenberg et al., 2008 ; Solomon et al., 2004). 이런 믿음들은 사람들이 자신들을 필멸의 동물들 이상의 존재로 보게 하는데, 그들은 의미의 세계 안에 살고, 그 안에서 그들은 상징적 불멸성(예 : 위대한 유산을 남기거나 자식들을 가짐으로써)을 그리고 아마도 글자 그대로의 불멸성(예 : 경건해지고 내세의 한 자리를 얻음으로써)을 이룰 수 있기 때문이다. 이 이론에 따르면, 문화적 세계관은 일종의 방패인데 자신의 필멸성에 대한 확실한 앎이 만들어내는 압도적인 불안에 대항해서 우리를 보호해준다.

정리문제

1. 내재적 및 외재적 동기란 무엇인가?
2. 왜 사람은 보상을 지연시켜야 하는가?
3. 왜 보상은 때때로 역효과를 내는가?
4. 사람이 자신의 동기를 의식하게 만드는 것은 무엇인가?
5. 손실 혐오란 무엇인가?

제8장 복습

정서의 본질

- 정서에는 배후에 있는 두 가지 차원, 즉 각성과 유인가가 있다.
- 정서는 한 사건에 대한 해석 혹은 평정이다. 정서는 행동 경향성을 불러일으키는데, 이것은 사람이 진화적 의미가 있는 특정한 방식으로 행동하도록 준비시킨다.
- 제임스-랑게 설은 자극이 특정한 신체적 반응을 일으키고, 이것이 정서 경험을 낳는다고 주장한다. 이요인 이론은 자극이 일반적인 생리적 각성을 일으키고 그다음 이것이 특정한 정서로 해석된다고 주장한다.
- 한 자극에 대한 정보는 (자극에 대한 신속한 평정 역할을 하는) 편도체와 (자극에 대해 더 느리고 더 종합적인 분석을 하는) 피질에 동시에 전달된다.

정서적 의사소통

- 목소리, 몸, 얼굴은 모두 한 사람의 정서 상태에 대한 정보를 전달한다. 어떤 정서 경험은 보편적일 수 있다고 주장하는 연구가 있다.
- 정서는 표현을 낳지만, 표현도 정서를 낳을 수 있다.
- 사람들은 정서를 언제 그리고 어떻게 표현해야 할지를 말하는 드러내기 규칙을 따른다, 문화가 다르면 드러내기 규칙도 다르다.
- 진실한 그리고 진실하지 못한, 언어적 및 비언어적 표현들 간에 믿을 만한 차이점들이 있지만, 사람들은 그것들을 구별하는 데 보통 서투르다. 폴리그래프는 우연 수준 이상으로 거짓말을 탐지할 수 있으나, 그것의 오류율이 너무 높아 유용하게 사용할 수 없다.

동기의 본질

- 모든 유기체는 어떤 동기를 가지고 태어났으며 경험을 통해 다른 동기를 획득한다.
- 추동 감소 이론은 신체의 비평형 상태가 유기체가 감소시키도록 동기화되어 있는 추동을 낳는다고 주장한다.

- 쾌락주의 원리는 사람은 즐거움을 경험하고 고통을 피하도록 동기화되어 있으며, 이 기본 동기가 다른 모든 동기의 기초를 이룬다고 주장한다.
- 사람들은 자신의 정서를 조절하는 데 항상 가장 효과적인 전략을 쓰지 않는다는 것을 연구들이 보여준다. 예를 들어, 감정 명명하기(자신의 정서에 이름 붙이고 묘사하는 것)와 재평정(정서 유발 사건에 대해 생각하는 방식을 바꾸는 것)은 모두 효과적이지만 잘 활용되지 않는다.

동기화된 몸

- 매슬로우의 욕구 위계에서 생리적 동기들은 보통 심리적 동기보다 우선한다.
- 가장 기본적인 생리적 동기들 중 하나는 굶주림인데, 이것은 여러 종류의 화학적 전달들 간의 복잡한 상호작용의 결과이다.
- 섭식장애와 비만에는 유전적, 경험적, 환경적, 심리적, 문화적 기원이 있다.
- 비만은 세계에서 가장 흔한 먹기 관련 문제이며, 그것을 치료하기보다 예방하는 것이 더 쉽다.
- 대부분의 다른 포유류와 달리, 인간 남성과 여성의 성 추동은 모두 테스토스테론에 의해 조절된다. 남자와 여자는 여러 가지 같은 이유로 성 행동에 몰입한다.

동기화된 마음

- 내재적 동기는 외적 보상과 처벌에 의해 약화될 수 있다.
- 사람은 자신의 가장 일반적 동기를 의식하는 경향이 있고, 그들이 자신의 행동을 수행하는 데 곤란을 겪을 때에만 더 구체적인 동기를 의식하게 된다.
- 회피 동기가 접근 동기보다 보통 더 강력하다는 사실은 사람이 손실을 혐오하게 만든다.

핵심개념 퀴즈

1. 정서들은 다음 어떤 두 차원에서의 위치에 의해 묘사될 수 있는가?
   a. 평정과 행위
   b. 각성과 유인가
   c. 본능과 추동
   d. 고통과 즐거움
2. 어떤 이론이 정서는 자신의 일반적 생리적 각성에 대한 사람의 해석이라고 주장하는가?
   a. 공포관리이론
   b. 제임스와 랑게 설
   c. 이요인 이론
   d. 추동 감소 이론
3. 어떤 뇌 구조가 한 자극물이 좋은지 나쁜지에 대한 신속한 평정에 가장 직접적으로 관여하고 있는가?
   a. 피질
   b. 외측 시상하부
   c. 편도체
   d. 복내측 시상하부
4. _____은(는) 사건에 대한 새로운 방식으로 생각하는 것을 포함하는 정서 조절 전략이다.
   a. 감정 명명하기
   b. 강렬화
   c. 억압
   d. 재평정
5. _____은(는) 정서 표현들이 정서 경험을 유발할 수 있다는 생각이다.
   a. 드러내기 규칙
   b. 진화적 불일치
   c. 보편성 가설
   d. 얼굴피드백 가설
6. 쾌락주의 원리가 주장하는 것은
   a. 미소는 모든 문화에서 같은 것을 의미한다.
   b. 사람들은 쾌락을 경험하고 고통을 피하도록 일차적으로 동기화되어 있다.
   c. 유기체는 추동을 감소시키도록 동기화되어 있다.
   d. 어떤 동기는 선천적으로 회로가 짜여져 있다.
7. 특정한 목표를 찾으려는 타고난 경향성을 _____라고 한다.
   a. 본능
   b. 행동 경향성
   c. 무의식적 동기
   d. 평정
8. 매슬로우에 따르면, 가장 기본적인 욕구는
   a. 자기실현과 자기존중
   b. 다른 동물과 공통적이다
   c. 더 높은 욕구들이 충족될 때까지 경험되지 않는다.
   d. 소속감과 사랑
9. 어떤 진술이 참인가?
   a. 남자와 여자는 여러 가지의 같은 이유로 성 행동에 몰두한다.
   b. 소년과 소녀는 매우 다른 나이에 최초의 성적 흥미를 경험한다.
   c. DHEA(dihydroepiandosterone) 호르몬은 남성에서 성적 흥미의 출현에 중요한 역할을 하지만 여성에게서는 그렇지 않다.
   d. 인간 남성의 성 추동은 테스토스테론에 의해 조절되는 반면 인간 여성의 성 추동은 에스트로겐에 의해 조절된다.
10. 다음 중 어느 것이 보편성 가설을 조금도 지지하지 않는가?
    a. 선천적인 맹인은 기본 정서와 연관된 표정을 짓는다.
    b. 생후 며칠밖에 되지 않은 아기들이 쓴맛에는 혐오 표정으로 반응한다.
    c. 로봇은 정서 표현을 드러낼 수 있도록 만들어져 왔다.
    d. 연구자들은 외부 세계와의 접촉이 거의 없이 석기시대 사람으로 사는 격리된 사람들이 서양인들의 정서 표현을 알아본다는 것을 발견했다.
11. 다음 진술 중 어느 것이 정확하지 않은가?
    a. 어떤 얼굴 근육은 진실한 표정에 일관되게 관여한다.
    b. 빨리 말하기는 어떤 사람이 거짓말한다고 알리는 믿을 만한 단서가 아니다.
    c. 연구들은 인간의 거짓말 탐지 능력은 매우 좋다는 것을 보여준다.
    d. 폴리그래프는 우연보다 더 좋은 비율로 거짓말을 탐지하지만, 그 오류율은 여전히 꽤 높다.
12. 다음 중 어느 것이 심리적 동기가 변동하는 차원이 아닌가?
    a. 내재적-외재적
    b. 의식적-무의식적
    c. 회피-접근
    d. 평정-재평정
13. 다음 활동 중 어느 것이 외재적 동기의 결과와 가장 비슷한가?
    a. 십자말풀이를 완성하기
    b. 음악가로서의 경력을 추구하기
    c. 디저트로 아이스크림을 먹기
    d. 이를 치실로 관리하기

핵심용어

공포관리이론	신경성 거식증	이요인 이론	진화적 불일치
내재적 동기	신경성 폭식증	재평정	추동 감소 이론
동기	폭식장애	접근 동기	손실 혐오
드러내기 규칙	신진대사	정서	평정
무의식적 동기	얼굴피드백 가설	정서 조절	회피 동기
보편성 가설	외재적 동기	정서 표현	행동 경향성
성취 욕구	의식적 동기	제임스-랑게 설	쾌락주의 원리

생각 바꾸기

1. 뉴스를 시청하면서 여러분과 친구는 음식점에서 팬을 때린 연예인에 관한 이야기를 듣는다. 연예인은 "그냥 참지를 못했어요. 내가 하던 짓을 봤지만, 그냥 자신을 통제할 수 없었어요"라고 말했다. 뉴스에 따르면, 그 연예인은 분노 조절 수업을 받도록 판결 받았다. 여러분 친구는 "폭력을 변명하는 것이 아니지만, 분노 조절 수업이 매우 유용한지를 나는 확신하지 못하겠어. 내 말은 너는 네 감정을 통제할 수 없어. 그것들을 그냥 일어날 뿐이야"라고 말한다. 여러분은 그 말이 왜 틀렸는지를 여러분 친구에서 설명하기 위해 어떤 증거를 사용할 것인가?

2. 여러분 친구들 중 한 사람이 막 그의 남자친구에 의해 버림받았고 그는 엄청난 충격을 받았다. 그는 자신의 방에서 나서기를 거부하면서 며칠을 보냈다. 여러분과 여러분의 룸메이트는 이 어려운 시기 동안 그를 예의주시하기로 결정한다. 여러분 룸메이트가 말하기를, "부정적 감정은 매우 파괴적이야. 우리는 모두 그것 없이 지내는 것이 더 좋을 거야." 여러분은 부정적인 정서들은 우리의 생존에 실제로 매우 중요하다는 것을 룸메이트에게 어떻게 납득시킬 것인가?

3. 한 친구가 교육학을 전공하고 있다. "우리는 오늘, 과정을 통과했거나 성취 시험에서 잘한 학생들에게 현금 보상을 주려고 한 몇몇 도시에 대해 배웠어. 그것은 아이들이 좋은 학점을 받도록 뇌물을 주는 것이고, 아이들에게 돈 주는 것을 멈추자마자, 그들은 공부하는 것을 멈출 거야." 여러분 친구는 외재적 동기가 내재적 동기를 약화시킨다고 가정한다. 이 그림은 어떤 식으로 더 복잡해지는가?

4. 여러분 친구들 중 한 사람은 자유 시간의 전부를 야외 활동하는 데 쓰고, 자신의 근육질의 복근을 매우 자부하는 운동광이다. 그런데 그의 룸메이트는 뚱뚱하다. 여러분 친구는 말한다. "나는 계속 그에게 식이 조절하고 운동하라고 말하고 있지만, 그는 결코 체중을 줄이지 않아. 만일 그가 의지력이 조금 더 있었더라면, 그는 날씬해질 수 있을 텐데." 여러분 친구에게 무슨 말을 할 것인가? 체중 감소를 그렇게 어렵게 만드는 것은 무엇인가?

핵심개념 퀴즈 정답

1. b; 2. c; 3. c; 4. d; 5. d; 6. b; 7. a; 8. b; 9. a; 10. c; 11. c; 12. d; 13. d

언어와 사고

영국 소년인 크리스토퍼는 언어에 놀라운 재능을 보였다. 여섯 살 때, 누나의 학교 교과서로 불어를 혼자 배웠고, 책을 보면서 3개월 만에 그리스어도 습득했다. 그의 재능이 워낙 비범해, 성인이 된 크리스토퍼는 16개국 언어로 유창하게 대화할 수 있었다. 영어를 불어로 번역하는 시험에서는 불어를 모국어로 쓰는 사람 수준의 점수를 받았다. 인위적으로 만든 인공언어를 제시받았을 때도, 언어를 공부하는 고학년 학생들조차 해독이 거의 불가능하다고 여기는 복잡한 규칙들을 쉽게 이해할 수 있었다(Smith & Tsimpli, 1995).

크리스토퍼가 아주 똑똑하고 아마도 천재일 것이라고 여러분이 결론 내렸다면 틀렸다. 오히려 그는 아주 제한적인 인지 능력을 가진 석학인 셈이다. 그는 표준적인 지능검사에서 정상에 훨씬 못 미쳤고, 네 살짜리도 쉽게 푸는 인지 과제를 풀지 못했다. 심지어 그는 오목과 같은 쉬운 게임 규칙도 배울 수가 없었다. 그의 놀라운 재능에도 불구하고 그는 보호 시설에서 살 수밖에 없었는데, 독립적으로 생활해 나가는 데 필요한 여러 의사결정, 추리, 문제해결과 같은 인지 능력을 갖추고 있지 않았기 때문이다.

크리스토퍼가 보인 강점과 약점이 바로 인지가 서로 다른 능력으로 이루어졌다는 강력한 증거를 제공하는 것이다. 언어를 신속하게 습득할 수 있는 사람이라고 해도 의사결정이나 문제해결의 천재는 아닐 수 있다. 추리에 뛰어난 사람이 언어 숙달에 특별한 능력을 보이지 않을 수도 있다. 이 장에서 인간을 특징짓는 여러 고등 인지 기능에 관해서 배울 텐데, 언어 습득과 사용, 개념과 범주의 형성, 의사결정, 그리고 지능 자체의 구성 성분 등이다. 또한 지능은 어디서 유래하며, 어떻게 측정하고, 지능을 증진시킬 수 있는가에 대해 배울 것이다.

크리스토퍼는 교과서에 있는 외국어를 습득하는 데 탁월하다. 하지만 간단한 다른 인지 능력 검사들은 풀지 못했다.

zoom-zoom/iStock/Getty Images

- 언어의 기본 특성을 기술한다.
- 언어 발달의 이정표를 설명한다.
- 언어 발달에 관한 행동주의자, 생득론자 및 상호작용론자의 이론을 비교한다.
- 대뇌의 언어 중추를 기술한다.

언어와 의사소통 : 규칙에서 의미까지

대부분의 사회적 종들은 서로 메시지를 전달할 수 있는 소통체계를 가지고 있다. 꿀벌은 먹이가 있는 장소를 벌집에서의 방향과 거리를 나타내는 '팔자 춤'으로 소통한다(Kirchner & Towne, 1994; Von Frisch, 1974). 벨벳원숭이는 주된 천적인 표범, 독수리, 뱀의 출현을 다르게 나타내는 경고 소리를 갖고 있다(Cheney & Seyfarth, 1990). 표범 경고는 나무 위로 높이 올라가게 하고, 독수리 경고는 하늘을 쳐다보게 한다. 각기 다른 경고 소리가 단순한 언어에서의 단어와 같은 기능과 의미를 전달하는 것이다.

언어(language)란 의미를 담고 있으며 문법의 규칙에 따라 결합될 수 있는 신호들을 사용하여 타인과 소통하는 체계이다. **문법**(grammar)이란 의미 있는 내용을 만들기 위해 언어의 단위들이 어떻게 결합되어야 하는지를 구체화하는 규칙의 집합이다. 인간 언어의 복합 구조는 다른 단순 신호 체계와는 구별되며, 훨씬 다양한 범위의 생각이나 개념을 표현할 수 있고 유니콘이나 민주주의 같은 추상적 개념을 포함한다.

인간 언어의 구조

대략 4,000개 정도의 인간 언어가 있고 언어학자는 이를 50개 정도의 계보로 묶는다(Nadasdy, 1995). 이들 간의 차이에도 불구하고 모든 언어들은 소리의 집합과 이들을 결합하여 의미를 만들어 내는 기본 구조를 모두 공유하고 있다.

무선적 잡음이 아닌 말로 알아챌 수 있는 소리의 가장 작은 단위를 **음소**(phoneme)라고 한다. 이러한 소리 언어의 기본 구성요소는 어떻게 산출되느냐에 따라 다르다. 예를 들어 *ba*를 말하면, 소리가 나자마자 성대 목청이 진동하지만, *pa*를 말할 때는 *p* 소리가 시작되고 성대가 진동하는 사이에 60ms의 지연이 있다.

모든 언어는 어떻게 음소가 결합하여 말을 산출하는지를 나타내는 **음성 규칙**(phonological rules)이 있다. 예를 들어 첫 *ts* 음은 독일어에서는 허용되지만, 영어에서는 아니다. 보통 사람들은 교육을 받지 않아도 음성 규칙을 배운다. 그리고 규칙이 위반되면 그 소리가 이상하다고 여긴다.

언어 의미를 담고 있으며 문법의 규칙에 따라 결합될 수 있는 신호들을 사용하여 타인과 소통하는 체계

문법 의미 있는 내용이 되기 위해 언어의 단위들이 어떻게 결합되어야 하는가를 규정하는 규칙의 집합

음소 무선적인 잡음이 아닌 말소리로 재인할 수 있는 소리의 가장 작은 단위

음성 규칙 어떻게 음소들이 말소리로 결합될 수 있는가를 나타내는 규칙의 집합

꿀벌들은 벌집에서 먹이가 있는 거리와 방향을 나타내는 팔자 춤으로 먹이가 있는 장소에 관해 서로 소통한다.

DigitalVision/Getty Images; Media Bakery

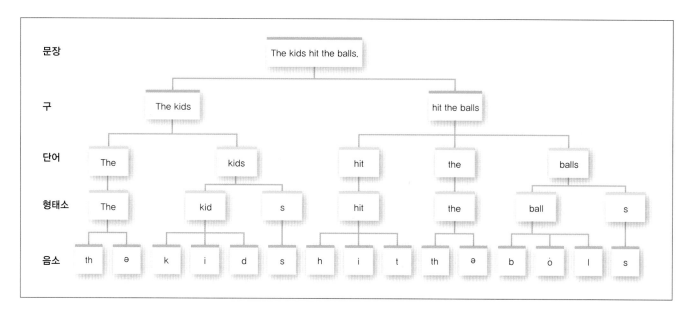

그림 9.1 언어의 단위 한 문장은 더 작은 단위인 구, 형태소, 음소로 계속 쪼개질 수 있다. 모든 언어는 음소와 형태소가 단어를 이루고, 이것들이 구로 결합되어 최종 문장이 된다.

음소는 합쳐져 **형태소**(morphemes)가 되며, 이는 의미를 갖는 언어의 가장 작은 단위가 된다(**그림 9.1** 참조). 예를 들어 여러분의 뇌는 말소리 *dog*의 시작에 *d* 음을 알아채지만, 이는 특별한 의미는 갖지 않는다. 반면에 형태소 *dog*은 뜻을 갖는 말의 요소로 파악한다. 그리고 *dog*에 *s*를 붙이면(*dogs*) 그 단어의 의미가 변하기에, *s*는 형태소로 기능한다.

모든 언어는 **형태 규칙**(morphological rules)을 갖고 있는데, 이는 어떻게 형태소가 결합되어 단어를 구성하는지를 나타낸다. 어떤 형태소는 내용 형태소로 사물이나 사건을 지칭한다(예 : cat, dog, take). 다른 종류는 기능 형태소로 문장을 연결하는 문법적인 기능(and, or, but)하거나 시간(when)을 나타낸다. 인간 언어의 대략 반 정도는 기능 형태소로, 이것들로 인해 바로 지금 여기에 있는 실제 대상을 언어적으로 지시하는 것을 넘어서, 추상적인 생각을 표현하도록 허용하는 복잡한 인간 언어가 가능하다.

단어들은 결합되고 재결합되며 무한한 새로운 문장을 만들어 낼 수 있는데, 이는 단어들이 결합되어 구나 절을 형성하는 규칙, 즉 **통사 규칙**(syntactical rules)의 지배를 받는다. 가장 단순한 영어 통사 규칙은 모든 문장은 하나 이상의 명사와 동사를 포함해야 한다는 것이다(**그림 9.2** 참조). 그래서 "dogs bark"는 완전한 문장이지만, "the big gray dog over by the building"은 문장이 아니다.

언어 발달

언어는 복잡한 인지적 기술이지만, 우리는 별다른 노력 없이 말하고 이해하는 것을 배운다. 우리는 학교 가기 전부터 친구나 가족과 복잡한 대화를 할 수 있다. 언어 발달의 다음과 같은 세 가지 특성을 염두에 둘 필요가 있다. 첫째로, 아이들은 언어를 놀랄 만한 속도로 배운다. 평균적인 한 살짜리는 10개 정도의 어휘를 갖는데, 네 살이 되면 1만 개까지 늘어나며, 이는 아이들이 평균적으로 매일 6~7개의 새로운 단어를 배워야만 하는 것이다. 둘째로, 아이들이 말하기를 배우며 거의 잘못을 저지르지 않고, 잘못도 자신이 습득한 문법 규칙을 적용하는데, 특히 과도하게 적용하다 보니 생긴다. 이는 놀랄만한 성취라고 할 수 있다. 10개의 단어로 문장을 만든다고 할 때 조합할 수 있는 가능성은 300만 개가 되지만, 이중 문법적이며 동시에 의미 있는 조합은 몇 개가 되지 않는다(Bickerton, 1990). 셋째로, 모든 언어 발달 단계에서 아이들은 그들이 말할 수 있는 것보다 듣는 말에 대한 이해를 더 잘한다.

형태소 언어의 가장 작은 의미 단위

형태 규칙 어떻게 형태소들이 결합되어 단어를 이루는가에 관한 규칙의 집합

통사 규칙 어떻게 단어들이 결합되어 구나 문장을 이루는가에 관한 규칙의 집합

그림 9.2 **통사 규칙** 통사 규칙은 어떻게 단어들이 결합되어 문장을 이루는가를 나타낸다. 모든 문장은 하나 이상의 명사를 포함하며, 이는 형용사, 관사와 명사구를 이룬다. 또한 문장은 하나 이상의 동사를 포함하는데 이는 명사구, 부사 혹은 관사와 함께 동사구를 이룬다.

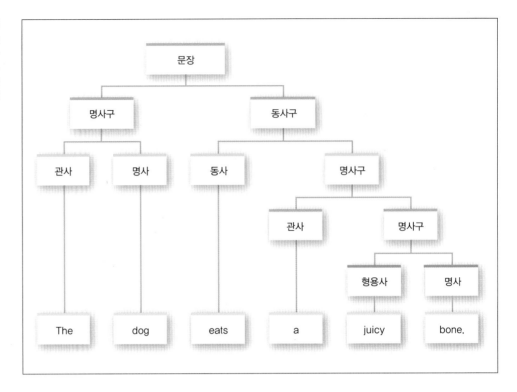

말소리 구별

태어났을 때, 영아들은 인간 언어에서 나타나는 모든 대비되는 소리들을 구별할 수 있다. 이러한 능력은 첫 6개월 내에 잃어버리고, 부모와 마찬가지로 그들 주변에서 말하는 언어에 포함되어 있는 대비 소리들만을 구별할 수 있다. 예를 들어 영어에서는 *l*과 *r*이 *lead*, *read*에서처럼 구별된다. 하지만 이 소리는 일본어에서는 구별되지 않으며 하나의 음소에 속한다. 일본 성인들은 이 음소의 차이를 들을 수 없으나 미국 성인은 구별할 수 있으며, 일본 영아들도 구별할 수 있다. 같은 이유로, 미국 화자들은 일본어의 흔한 대비를 듣지 못한다.

한 연구에서 연구자들은 "la-la-la" 또는 "ra-ra-ra"의 컴퓨터 합성 소리를 반복적으로 들려주었다(Kuhl et al., 2006). 이들은 '머리 돌리기'라고 알려진 방법을 사용했는데, 옆 사진에 있는 것처럼 영아가 엄마 무릎에 앉은 상태에서 배경 소리가(예 : 'ra') 목표가 되는 말소리(예 : 'la')로 바뀌면 움직이는 시각화면 쪽으로 머리를 돌리도록 훈련한다. 6개월에서 8개월 된 미국 아이나 일본 아이 모두 'ra'가 'la'로 바뀌면 화면 쪽으로 머리를 돌렸으며, 반대도 마찬가지로, 이는 두 소리의 차이를 알아차린다는 것을 보여준다. 10~12개월 미국 아이들에게서는 이 효과 훨씬 강했으나 일본 아이들은 두 소리를 구별하는 능력이 감소하는 것으로 나타났다.

비록 영아는 말소리를 구별할 수는 있지만 발음할 수 없으며, 쿠쿠 소리, 울음, 웃음 등과 같은 소리에 의존하여 소통한다. 4~6개월 사이에 말소리를 옹알거리기 시작한다. 듣게 되는 말소리 언어와는 관계없이 모든 영아들은 동일한 옹알이 순서를 거친다. 예를 들어 *d*나 *t* 소리가 *m*이나 *n*보다 우선한다. 심지어 청각장애 영아들도 전혀 듣지 못한 옹알이 소리를 내고 정상 영아와 같은 단계를 거친다(Ollers & Eilers, 1988). 바로 이런 점이, 영아들이 듣는 소리를 단순히 모방하는 것이 아니며 옹알이가 자연적인 언어 발달의 한 부분이라는 증거가 된다.

그러나 옹알이가 계속되기 위해서는 스스로 그 소리를 들을 수 있어야 한다. 사실 옹

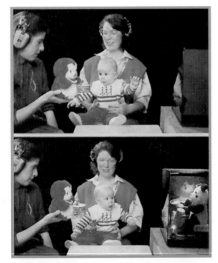

이 비디오 검사에서 영아는 단일 말소리가 반복되는 동안에 장난감 동물의 움직임 장면을 보고 있다. 몇 번의 반복 후 소리가 바뀌고 장면이 바뀌고 이어 둘 다 다시 바뀐다. 만약 영아가 소리가 바뀔 때 주의를 돌린다면 새로운 장면을 기대하는 것이고, 이는 두 말소리를 구별해 낼 수 있다는 것을 보여주는 것이다.

알이가 늦게 나타나거나 멈추면, 청각에 문제가 있을 가능성을 검사해야 한다. 옹알이에서의 문제가 입말 장애를 일으킬 수 있지만 언어 획득을 필연적으로 방해하는 것은 아니다. 미국식 수화(ASL)로 소통하는 부모를 둔 청각장애 영아들도, 정상아들이 옹알이 소리를 시작하는 4~6개월 시기에 동일하게 손으로 옹알이를 시작한다(Petitto & Marentette, 1991).

언어 이정표

10~12개월 사이에 첫 단어(혹은 신호)를 말한다. 18개월이 되면 50개 정도의 단어를 말할 수 있고, 그 몇 배를 이해할 수 있게 된다. 아장아장 걷는 유아들은 보통 동사 전에 명사를 배우며, 일상생활의 구체적 대상의 이름을 우선 배운다(예 : 의자, 탁자, 우유)(**표 9.1** 참조). 이때쯤 어휘가 폭발적으로 증가한다. 평균적인 아이들이 학교에 갈 때쯤 1만 개 정도의 어휘 수를 보이는 것이 이상한 게 아니다. 5학년이 되면 평균적인 아이들은 4만 단어의 뜻을 알고, 대학교에 갈 때면 20만 개 정도의 어휘를 보인다. 아이들이 단 한 번의 노출만으로 한 단어를 밑바탕이 되는 개념에 대응시키는 **신속한 대응**(fast mapping)이 바로 이렇게 빠른 속도로 학습이 일어나게 하는 것이다(Kan & Kohnert, 2008; Mervis & Bertrand, 1994). 이렇게 놀랄 정도로 쉬운 어휘 학습 과정은, 나중에 아주 노력을 들여 배워야 하는 수학이나 쓰기 같은 개념이나 기술과 아주 극적인 대비가 된다.

24개월경에는 아이들이 "more milk" 또는 "throw ball"과 같은 두 단어 문장을 만들기 시작한다. 이런 문장을 **전보식 말**(telegraphic speech)이라고 하는데, 기능 형태소는 빠져 있고 대부분 내용어들만으로 이루어지기 때문이다. 비록 전치사, 관사와 같은 기능어는 생략되어 있지만, 이 두 단어 문장은 문법적이라고 할 수 있는데, 아이들이 배워야 하는 언어의 통사 규칙과 일치하는 방식으로 단어들의 순서, 즉 어순을 이루기 때문이다. 예를 들면 공을 던져 달라고 할 때, "ball throw"가 아니라 "throw ball"이라고 표현하며, 우유를 더 달라고 할 때, "milk more"가 아니라 "more milk"라고 표현한다. 이런 원시적으로 보이는 표현 속에, 자기가 배우고 있는 언어의 통사 규칙을 이미 파악하고 있으며 이를 지키고 있다는 것을 이 두 살짜리가 보여주고 있다.

문법 규칙의 출현

아이들이 문법 규칙을 쉽게 획득한다는 증거는 아이들이 문장을 만들 때 하는 흥미로운 오류에서 나온다. 여러분이 두세 살짜리들이 말하는 것을 듣는다면, "I ran", "You ate"에서처럼 자주 사

영아들이 옹알이를 하는 거의 같은 시기에 청각장애 아기들은 손으로 옹알이하는 것을 부모로부터 배운다.
Robin Trimarchi/KRT/Newscom

신속한 대응 아이들이 한 번의 노출만으로도 단어를 밑바탕이 되는 개념에 대응시킬 수 있다는 사실

전보식 말 기능 형태소 없이 내용어들만으로 이루어진 말

표 9.1	언어 이정표
평균 연령	언어 이정표
0~4개월	말소리(음소) 간의 차이를 알고 있음. 쿠쿠 소리, 특히 말소리에 대한 반응
4~6개월	자음 옹알이
6~10개월	몇몇 단어와 단순한 요청 이해
10~12개월	단일 단어 사용 시작
12~18개월	30~50개 정도의 어휘(단순명사, 형용사, 행위동사)
18~24개월	1,000개가량의 두 단어 구, 구와 불완전한 문장 산출
24~36개월	1,000개가량의 어휘. 구와 불완전 문장 산출
36~60개월	1만 단어 이상의 어휘 증가. 완전 문장 산출. 문법적 형태소(과거형에 대한 -ed)와 기능어(the, and, but 같은) 숙달. 질문, 부정 사용 가능

용되는 동사의 올바른 과거형을 사용한다는 것을 알아챌 수 있다. 하지만 같은 아이들이 4~5세에는 동사의 틀린 형태, 즉 "I runned", "You eated"처럼 전혀 들어 보지 않았을 표현을 사용한다(Prasada & Pinker, 1993). 이유는 어린아이들은 자신이 소통하려는 것을 나타내기 위해 특정한 소리(즉, 단어)를 외워 사용하기 때문이다. 하지만 아이들이 그 언어의 문법적인 규칙을 획득하면서는 **과잉일반화**(overgeneralize)하는 경향이 있다. 예를 들어 아이가 과거형으로 *-ed*를 사용한다는 것을 과잉일반화하여, run 대신에 *runed*를, 심지어는 ran 대신에 *ranned*를 사용한다.

이러한 오류는 언어 획득이 단순히 성인 말을 모방하는 것이 아니며, 대신에 자신의 주변에서 듣는 말에서 문법적인 규칙을 획득하고 이 규칙을 사용하여 전혀 들어 보지 못했던 동사의 형태를 사용한다는 것을 의미한다. 아이들은 자신이 문법적인 규칙을 배운다는 명시적인 자각도 없이 이런 식으로 처리하는 것이다. 사실 아이나 성인도 자신의 모국어에 대한 문법 규칙을 말로 정확히 표현하지 못하며, 단지 이 규칙을 따라 말을 할 뿐이다.

세 살 정도 되었을 때, 아이들은 기능어를 포함하는 완전한 문장을 산출한다(예 : "Give me *the* ball" "That belongs *to* me"). 다음 2년 동안 문장은 더욱 복잡해지며, 4~5세가 되었을 때 여러 언어 획득 과정이 완료된다. 그리고 아이들이 성숙하며, 언어 기술이 더 세련되어지고, 유머, 풍자, 역설과 같은 미묘한 소통의 측면이 추가된다.

언어 발달과 인지 발달

언어 발달은 전형적으로 일련의 단계를 걸쳐 전개되며, 한 이정표가 다음 단계로 넘어가기 전에 달성된다. 거의 모든 유아들이 한 단어 발화에서 시작하여 전보식 말로 변하고 기능 형태소를 포함하는 단순 문장을 만든다. 어떤 부모들이 주장하듯이 갑자기 말에서 문장을 쓰기 시작한다는 증거는 찾기 어렵다. 이러한 질서 정연한 진전은 특정한 언어에 대한 경험과는 관계없는 일반적인 인지 발달에서 기인한 것일 수 있다(Shore, 1986; Wexler, 1999). 예를 들어, 아마도 유아는 초기 단기 기억의 한계로 한 단어 혹은 두 단어 발화부터 시작할 것이다. 그리고 여분의 인지적 발달이 이루어져야만 단순 문장을 구성해낼 용량이 갖게 될 것이다. 반면, 이러한 진전은 특정 언어에 대한 경험에 의존할 수도 있으며, 그 언어에 대한 아이의 지식을 반영하는 것일 수도 있다(Bates & Goodman, 1997; Gillette et al., 1999).

이러한 두 가능성을 분리해내기 위해, 연구자들은 입양 전에는 영어를 전혀 모르던 학령 전 외국 입양아의 영어 습득을 검토하였다(Snedeker et al., 2007, 2012). 만약 영아들이 보이는 영어 습득의 특징에 맞는 이정표의 순서가 일반적인 인지 발달의 부산물이라면, 이 영아보다 인지적으로 더 진전되어 있는 외국에서 입양된 아이들은 다른 습득의 패턴을 보여야 한다. 하지만 이 언어 발달의 이정표가 어떤 특정 언어(영어)에 대한 경험에 결정적으로 의존하는 것이라면 이 나이 든 아이들의 언어 학습은 영아들과 같은 순서의 진전을 보여야 한다. 주된 결과는 명확했다. 즉, 외국에서 입양된 아이들의 언어 습득도, 아이들의 질서 정연한 언어 발달 이정표와 같았다. 이 아이들도 한 단어 발화에서 시작해 단순한 단어 조합으로 변했다고 한다. 더구나 어휘에서도 보통 아이들과 같이 처음에는 명사가 주로 많이 사용되었으며, 기능 형태소는 거의 사용되지 않았다고 한다. 이 결과들은 언어 발달의 핵심적인 이정표가 영어 경험에서 의존한다는 것을 나타내는 것이다.

아이 경험의 다른 측면도 언어 발달에 영향을 끼친다. 다른 사회경제적 계층(SES), 즉 복지 지원 가정(낮은 SES)부터 근로 계층(중간 SES)과 전문직(높은 SES)에 속한 1~2살에 걸친 아이들의 언어 발달 연구는 이 SES가 강한 영향을 끼친다는 것을 강조한다. 3살에 도달했을 때 높은 SES 가정의 아이들은 낮은 SES 가정에 속한 아이들보다 수백만 이상의 단어에 더 노출되었다(Hart&

영어권 부모에게 입양된 중국 학령 전 아이들은 영어 사용 가정에서 태어난 유아와 거의 같은 언어 이정표를 거치며 발달하는데, 이는 일반적 인지 발달보다는 영어 경험을 반영한다는 것을 시사한다.

Marvin Joseph/Washington Post/Getty Images

Risley, 1995). 이는 '3,000만 단어 격차'로 널리 알려져 있다. 이 연구자들은 또한 이 아이들이 3학년이 되었을 때 이러한 초기 언어 격차가 여러 언어와 인지 검사 수행을 아주 높게 예언할 수 있다는 것을 발견했다. 무엇이 낮은 SES 아이들의 문제가 되는 이 지체를 만든 것일까? 엄마-아이의 상호작용을 녹화한 연구(Hirsh-Pasek et al,. 2015)는 이 상호작용에서 엄마가 사용하는 단어의 양과 질이 모두가 중요하다는 것을 발견했다. 즉 엄마가 사용하는 단어가 많을수록 아이의 높은 수행을 예언하였으며, 이는 언어적 경험이 언어 발달에 중요함을 다시 강조하는 것이다.

언어 발달 이론

우리는 어떻게 언어가 발달하는가에 관해 상당히 많이 알고 있는데, 그러면 이 과정의 밑바탕은 무엇일까? 언어 습득 과정은 행동주의자, 생득론자, 상호작용론자들 같은, 세 가지 서로 다른 접근을 하는 이론가들 사이에 상당한 논쟁 그리고 (때로는) 성난 싸움의 주제였다.

행동주의자들의 설명

스키너 같은 행동주의자들의 언어 학습에 관한 설명에 따르면, 다른 기술 학습과 마찬가지로 말하기를 배운다. 즉, 제7장에서 배운 것처럼 강화, 조성, 소거 등의 조작적 조건 형성의 기본 원리를 따른다는 것이다(Skinner, 1957). 영아들이 성장하며 말소리를 내기 시작한다. 강화되지 않는 소리는 점진적으로 소멸할 것이고, 강화를 받은 것은 발달하는 아이들의 레퍼토리에 남게 된다. 그래서 예를 들면, 영아들이 "prah"라고 소리를 낼 때는 무관심하다가, "da-da"라는 소리와 조금이라도 닮은 소리를 내면, 미소를 짓거나, 놀라거나, "아유 아빠라고 하네!" 하는 식으로 좋아하며 부모는 강화를 할 것이다. 또한 아이들은 성장하며 듣는 말소리를 모방한다. 그러면 부모나 어른들은 문법적인 것은 강화하고 비문법적인 것은 무시하거나 처벌하며 그 소리를 조성할 것이다. "I no want milk"라는 표현은 부모들이 비웃으며 없애 버릴 것이고 "No milk for me, thanks"라는 표현은 아마도 강화할 것이다.

이러한 행동적 설명은 언어 발달에 관한 단순한 설명이라는 점에서 매력적이지만, 언어 발달의 여러 기본적인 특성을 설명하지 못한다(Chomsky, 1986; Pinker, 1994; Pinker & Bloom, 1990).

비록 행동주의자의 설명은 이미 부인되고 있지만, 실제로 부모들이 "다다" "마마" 소리를 강화한다.

UntitledImages/Getty Images

생득론자들의 설명

행동주의 접근에 신랄하게 응수한 언어학자 촘스키(1957, 1959)는 언어 학습 능력은 대뇌에 내장되어 있으며, 일반적 지능과 구별된다고 주장하였다. 이러한 **생득론적 이론**(nativist theory)은 언어 발달을 선천적이고, 생물학적 능력으로 가장 잘 설명할 수 있다고 주장한다. 촘스키에 따르면 인간의 두뇌는 언어 학습을 촉진하는 과정들이 모여 있는 **보편적 문법**(universal grammar)이 장착되어 있다는 것이다.

크리스토퍼의 이야기는 언어 발달의 생득론적 관점과 일치한다. 그는 일반적 지능이 낮음에도 불구하고 언어 습득에서는 천재적 재능을 보였다. 이를 통해, 언어 능력은 다른 정신적 능력과 다르다는 것을 알 수 있다. 다른 사람들은 정반대의 모습을 보이기도 한다. 이들은 정상 혹은 정상에 가까운 지능이지만 언어를 배우는 것이 어렵거나 불가능한 것으로 보인다. **부전실어증**(genetic dysphasia)으로 알려져 있는 이 장애는 다른 지능은 정상이지만, 언어의 문법적 능력에 결함이 있는 상태를 말한다. 예를 들어 이 질환을 가진 한 아이는 지난 주말에 무엇을 했는지 써보라고 했더니 한 여자 아이가 "On Saturday I watch TV"라고 적었다. 이 아이가 전하려는 이야기는 맞으며 단지 문법이 틀렸다는 것을 알아야 한다. 그녀의 선생님은 과거에 있었던 일에는 −ed를

생득론적 이론 언어 발달은 타고난 생물학적 능력에 의해 가장 잘 설명될 수 있다는 견해

보편적 문법 언어 학습을 촉진하는 과정들의 집합

부전실어증 다른 지능은 정상이지만, 언어의 문법적능력에 결함이 있는 상태

"생각을 가져라. 말을 잘해라.
단어들을 조합해라. 문장을 만들어라."

© Sidney Harris/Sciencecartoonsplus.com

붙이는 규칙을 설명하면서, "On Saturday, I watched TV" 문장으로 수정해주었다. 일주일 뒤에도 마찬가지로 그 여자 아이에게 지난주에 무엇을 했는지 종이에 적어보게 하였다. 그녀는 "On Saturday I wash myself and I watched TV and I went to bed"라고 적었다. 그녀는 과거시제 형태가 watched와 went라는 것은 기억하였지만, 그 규칙을 washed와 같은 다른 단어의 과거시제 형태에는 일반화시키지 못했다.

언어를 습득하는 과정에서 결정적 시기가 있다는 것을 보여주는 증거도 생득론적 관점과 일치한다. 이는 지니라는 여자아이의 불행한 사례를 통해 극적으로 확인할 수 있다(Curtiss, 1977). 지니는 생후 20개월부터 부모에 의해서 독방에 갇혀 지냈다. 그녀의 아버지는 가족들에게 그녀와 이야기하는 것을 허락하지 않았고, 그녀에게 늑대처럼 으르렁거리거나 짖게만 했다. 이런 끔찍한 생활은 지니가 열세 살까지 지속되었다. 이후 지니의 생활은 점차적으로 향상되었고, 몇 년 동안 언어 교육을 받았지만 언어의 습득 시기를 놓쳤다. 그녀의 언어 능력은 어린아이 수준에 머물러 있었다. 지니는 단어를 말하거나 자신의 생각을 전달할 수는 있었지만 문법 규칙을 습득하는 것은 불가능했다.

다른 연구들은 일단 사춘기에 도달하면 언어를 습득하는 것이 아주 힘들게 된다는 생각을 지지한다(Brown,1958). 예를 들어 한 연구에서, 연구자는 이민자들의 영어 습득에서 중요한 요인은 그들이 미국에 머문 기간보다 오히려 이민 간 시기에 달려 있다는 것을 확인했다(Johnson & Newport, 1989). 일찍 이민을 간 아이들은 외국어를 쉽게 배울 수 있는 최적의 시기인 반면, 사춘기 시기 이후에 이민 간 사람은 그 나라에서 지낸 시간에 관계없이 연령이 늦으면 늦을수록 영어를 능숙하게 사용하는 것이 더 어려웠다. 최근의 fMRI 연구는 아동기 초기(1~5세 사이)에 외국어를 습득하는 것이 나중에 습득(9세 이후)하는 것과 대뇌에서 아주 다른 표상을 형성하게 한다고 한다(Bloch et al., 2009).

영어를 제2언어로 사용하는 이민자들은 사춘기 전에 영어를 배우게 되면 그 후에 배우는 경우보다 더 유창하게 된다고 한다.

Paul Irish/Toronto Star via Getty Images

상호작용론자의 설명

생득론은 언어 능력이 '어떻게' 발달하는지를 제대로 설명하지 못하고 단지 '왜'만을 설명한다는 점에서 종종 비판을 받았다. 상호주의자들의 접근은 영아들이 언어를 습득할 수 있는 생득적인 능력을 갖추고 태어나지만, 사회적 상호작용이 결정적 역할을 한다고 주장한다. 상호작용주의자들은 부모가 언어 습득 과정을 단순화하는 방식으로 자녀들의 수준에 맞춰서 언어적 상호작용을 한다는 것을 지적한다. 부모들은 아이들에게 단어를 천천히, 또박또박 말하며 평상시 그들이 말하는 것보다 단순한 문장을 사용했다(Bruner, 1983; Farrar, 1990).

생물학적 요인과 경험의 상호작용을 보여주는 또 다른 연구로는 청각장애 아동들이 새로운 언어를 만들어 사용한 흥미로운 예가 있다(Senghas et al., 2004). 1980년경 전에는 니카라과에서 청각장애 아동들은 대개 집에만 있거나 다른 청각장애 아이들과 접촉 없이 지냈다. 1981년, 몇 명의 청각장애 아이들은 새로 설립된 직업훈련학교에 입학했다. 처음에 학교에서는 공식적인 수화를 가르쳐주지 않았고, 집에서 수화를 배운 경험이 있는 아이들이 아무도 없었지만 아이들은 차츰 자신들이 만들어낸 손동작을 사용하여 의사소통을 하였다. 초기에는 이 손동작이 단순했으나, 지난 30년에 걸쳐 이 니카라과 수화는 상당히 발전했으며, 지금은 복잡한 개념의 독립적인 구성성분을 나타내는 수화를 포함하는 것처럼 보다 성숙한 언어의 특징들을 많이 포함하게 되었다(Pyers et al., 2010). 복잡한 구조의 수화를 발달시킨 이들의 행동은 생득적 특성(언어를 사용하려는 사전 경향성)과 경험(격리된 청각장애인 집단 속에서 성장) 간의 상호작용을 잘 보여준다.

니카라과 청각장애 아이들은 공식적인 교육을 받지 않았는데도 문법적인 규칙이 완전한 자신들의 수화를 만들었다. 이 언어는 과거 25년에 걸쳐 진화하고 발전되었다.

Susan Meiselas/Magnum

언어 발달과 대뇌

초기 영아기에는 언어 처리과정이 뇌의 여러 영역에 걸쳐 광범위하게 분포되어 있다. 하지만 언어 처리과정은 뇌의 언어 중추라고 할 수 있는 두 영역, 브로카 영역과 베르니케 영역에 점차 집중된다. 좌반구의 전두엽에 위치한 **브로카 영역**(Broca's area)은 구어나 수화 언어의 산출과 관련된다(**그림 9.3** 참조). 베르니케 영역(Wernicke's area)은 좌측 측두엽에 위치해 있으며 언어를 이해하고 해석(구어건 수화건)하는 데 관여하는데, 이 두 영역을 합쳐서 대뇌의 언어 중추라고 표현한다.

이들이 손상되면 언어를 이해하거나 산출하는 데 어려움을 겪는 **실어증**(aphasia)이라는 증상을 겪게 된다. 브로카 영역이 손상된 환자는 문법 구조가 복잡해지면 이해하는 데 어려움을 보이긴 하지만 언어를 이해하는 능력은 비교적 양호한 편이다. 하지만 그들의 심각한 증상은 언어 산출에 있다. 전형적으로 브로카 실어증 환자들은 몇 개의 내용어로 구성된 단어를 더듬거리며 힘들게 말한다. "어… 월요일, 어… 공원. 두 명, 어… 친구, 그리고, 어… 30분." 반면에 베르니케 실어증 환자들은 문법적 오류 없이 말을 유창하게 하지만, 의미 없는 말을 하거나 말을 이해하는 데 심각한 손상을 보인다. 다음의 예는 베르니케 실어증 환자가 말한 것이다. "나는 기분이 매우 좋아요. 바꿔 말하면, 나는 담배를 피우곤 했어요. 나는 잘 몰라요. 전혀 들어본 적이 없네요."

브로카와 베르니케 영역만큼 중요한 다른 언어 영역도 역시 관여한다. 예를 들어, 우반구 역시 언어 처리에 기여한다(Jung-Beeman, 2005). 많은 뇌 영상 연구는 언어 과제 수행 시 우반구가 활성화된다는 것을 보여주며, 뇌전증 치료 때문에 청소년기에 전 좌반구를 제거한 아이들이 언어 능력을 회복할 수 있다는 것으로 밝히고 있다.

몇몇 연구는 제2언어 배우기가 대뇌에 지속적인 변화를 초래한다고 한다(Mechelli et al., 2004; Stein et al., 2009). 예를 들어, 이중 언어자는 단일 언어자에 비해 언어에 관여하는 좌반구의 회백질의 밀도가 더 높다고 한다. 그리고 이 증가된 밀도는 제2언어가 유창한 개인에게서 더 현저하다고 한다(Mechelli et al., 2004, **그림 9.4** 참조). 이러한 대뇌 변화는 여러 장점이 있다. 예를 들어 이중 언어자는 단일 언어 사용자에 비해 알츠하이머 발병이 늦은 경향이 있으며(Schweizer et al., 2012; Woumans et al., 2015), 어떤 연구들(모든 연구는 아니지만)은 단일 언어 아이에 비해, 두 언어에 능숙한 중산층 아이들의 여러 인지 기능 측정치가 우수함을 보여준다.

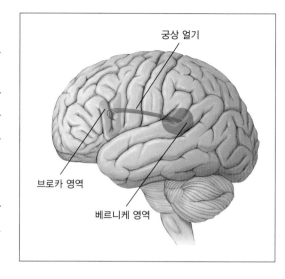

그림 9.3 브로카와 베르니케 영역 브로카 영역이 손상된 사람은 문장을 산출하는 데 어려움이 있지만 의미가 맞는 말을 산출한다. 베르니케 영역이 손상된 환자는 문장을 만들어 내기는 하지만 의미가 없다.

실어증 언어를 이해하거나 산출하는 데 어려움을 겪는 증상

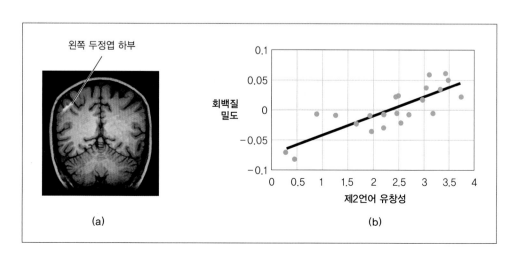

그림 9.4 이중 언어가 대뇌의 구조를 바꾼다. 제2언어를 배우는 것이 대뇌의 회백질의 밀도를 증가시킨다. (a) 왼쪽 두정엽의 하부를 보여주고 있는데, 단일 언어자에 비해 이중 언어자가 회백질 밀도가 더 높다. (b) 제2언어가 능숙해질수록 하부 두정엽에서의 회백질의 밀도가 높아진다(Mechelli et al., 2004).

Data From © Mechelli et al., Structural Plasticity in the Bilingual Brain, 2004. Nature, 431, 157, Fig. 1A.

1. 언어와 문법이란 무엇인가?
2. 영아들은 성인이 갖지 못한 어떤 언어 능력을 갖고 있는가?
3. 언어 이정표란 무엇인가?
4. 어떻게 아이들은 문법 규칙을 배우고 사용하는가?

5. 행동주의자, 생득론자, 상호작용론자들은 언어 발달을 어떻게 설명하는가?
6. 브로카와 베르니케 영역은 무엇인가?
7. 이중 언어가 대뇌에 어떻게 영향을 끼치는가?

학습목표

- 왜 개념들이 우리의 사고 능력에 근본적인지 그 이유를 안다.
- 개념에 관한 친족 원형과 본보기 이론을 비교한다.
- 개념 처리와 체제화에 대뇌가 어떻게 관여하는지 기술한다.

가족 구성원들은 정의적 속성을 공유하고 있지 않음에도 불구하고 가족의 유사성이 있다. 대신에 공통 특징을 공유하는 것이다. 이런 특성들을 공유하는 사람은 가족에 속하는 것으로 범주화될 수 있을 것이다.

Blend Images/Superstock

개념 사물이나 사건 또는 그 밖의 자극들이 가진 공통된 속성을 묶거나 범주화하는 심적 표상

원형 이론 새로운 대상을 한 범주의 '최고'의 혹은 '가장 전형적인' 구성원과 비교하면서 분류한다는 이론

본보기 이론 새로운 사례를 범주의 다른 사례들에 대한 기억과 비교함으로써 범주 판단을 한다는 이론

개념과 범주 : 우리는 어떻게 사고하는가

JB라는 69세 노인이, 다른 지각과 인지 과제는 잘할 수 있는데 단어의 의미 이해에 어려움이 있었다. 그 후 몇 년에 걸쳐, 그는 색깔을 말하는 데 어려움이 있었고, 심지어는 사물의 전형적인 색깔(예 : 딸기는 빨갛고, 바나나는 노랗다)을 맞추지도 못했다고 한다. 하지만 여전히 색깔을 분류할 수 있었으며, 정상인과 마찬가지로 녹, 황, 적, 청 등의 컬러 패치를 구분할 수는 있었다고 한다. 언어 능력은 감소했지만, 색깔이라는 개념은 정상적으로 유지하고 있는 것으로, 이 발견은 개념을 이해하기 위해서는 언어 이외의 요인을 살펴볼 필요가 있다는 것을 보여준다(Haslam et al., 2007).

개념(concept)은 사물이나 사건 또는 그 밖의 자극들이 가진 공통된 속성을 묶거나 범주화하는 심적 표상을 말한다. 뇌는 세상에 관한 개념을 조직화하여 공유하는 유사성에 기초해 범주로 분류한다. '개'라는 범주는 '작고, 털이 있는 네발이고 꼬리를 흔들며 짖는 동물'일 것이다. 우리는 이러한 범주를 주로 일상생활에서 경험하는 사물이나 사건들 간의 유사성을 파악하여 형성한다. '의자'에 대한 우리의 범주는, "튼튼함, 딱딱함, 앉을 수 있는 도구와 같은 특징이 포함될 것이다. 우리는 주로 우리가 일상생활에서 경험하는 대상이나 사건 간의 유사성을 알아채면서 이들 범주를 형성한다. 개념은 우리가 사고하는 능력과 세상을 의미 있게 만드는 데 기본이 된다.

개념과 범주에 관한 심리학 이론

개의 정의가 무엇일까? 모든 개를 포함하며 모든 개 아닌 것을 제외할 수 있는 '개 범주'의 규칙을 생각해 낼 수 있을까? 아마도 대부분 사람들은 할 수 없겠지만, 그런데도 개라는 용어를, 개와 개 아닌 것을 구별할 수 있을 정도로 현명하게 사용할 수 있다. 두 가지 이론이 사람들이 이러한 범주화라는 활동을 어떻게 하는지에 관한 설명을 시도한다.

원형 이론(prototype theory)은 새로운 대상을 한 범주의 '최고'의 혹은 '가장 전형적인' 구성원과 비교하면서 분류한다고 주장한다(Rosch, 1973, 1975; Rosch & Mervis, 1975). 원형은 범주의 가장 전형적인 세부 특징을 많이(혹은 전부를) 가지고 있다. 북부 미국인에게는 '새' 범주의 원형은 굴뚝새와 같은 것일 것이다. 날 수 있는 깃털과 날개가 있으며, 알을 낳고 철새인 크기가 작은 동물이다(**그림 9.5** 참조). 사람들은 새로운 사례를 범주의 원형과 비교해 범주 판단을 한다. 그러기에 원형 이론에 따르면, 여러분의 원형이 굴뚝새라면 카나리아가 타조보다 새의 더 좋은 예가 된다고 간주할 것인데, 카나리아가 타조보다는 굴뚝새와 더 많은 세부 특징을 공유하고 있기 때문이다.

대조적으로, **본보기 이론**(exemplar theory)에 따르면 우리는 새로운 사례를 범주의 다른 사례들에 대한 기억과 비교함으로써 범주 판단을 한다는 것이다(Medin & Schaffer, 1978). 여러분이 숲속을 걷고 있는데, 곁눈질로 늑대로 보이는 네발 달린 동물을 발견했지만 여러분 사촌의 독일 셰퍼드가 생각났다고 하자. 여러분은 그 동물이 개일 것으로 판단하는데, 그 동물은 여러분이 마주친 경험이 있는 다른 개와 두드러지게 유사하기 때문이다. 말하자면, 이는 '개' 범주의 좋은 예시(또

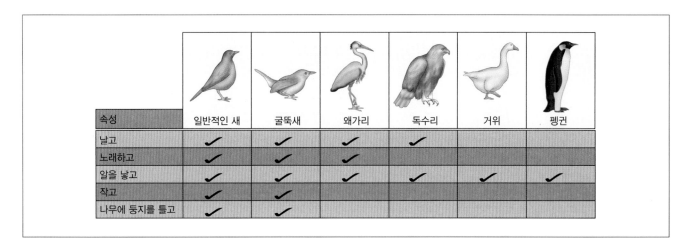

속성	일반적인 새	굴뚝새	왜가리	독수리	거위	펭귄
날고	✓	✓	✓	✓		
노래하고	✓	✓	✓			
알을 낳고	✓	✓	✓	✓	✓	✓
작고	✓	✓				
나무에 둥지를 틀고	✓	✓				

는 본보기)가 된다. 본보기 이론은 원형 이론에 비해 범주화의 여러 측면을 더 잘 설명해주는데 (Ashby & Rosedahl, 2017; Nosofsky et al., 2018), 특히 우리가 원형적인 개가 어떤지뿐만 아니라 특정한 개가 어떻게 생겼는지도 회상할 수 있다는 것을 잘 설명해준다. **그림 9.6**이 원형 이론과 본보기 이론의 차이를 보여준다.

그림 9.5 범주의 결정적 속성 우리는 일반적인 새가 많은 결정적 속성을 가지고 있다고 생각하는 경향이 있으나, 모든 새가 이 속성을 전부 갖고 있는 것은 아니다. 북미에서는 굴뚝새가 펭귄, 타조보다는 새의 더 좋은 예가 된다.

본보기들

원형

본보기 이론   원형 이론

새 자극

그림 9.6 원형 이론과 본보기 이론 원형 이론은 우리가 새로운 사례를 한 범주의 원형 (혹은 가장 전형적인) 구성원과 비교하며 분류한다고 보는 반면, 본보기 이론은 새로운 대상을 범주의 모든 구성원들과 비교하며 분류한다고 본다.

Juniors Bildarchiv/F237alamy; GK Hart/Vikki Hart/ Stone/Getty Images; Age Fotostock/Superstock; Pixtal/Pixtal/Superstock; Imagebroker/Alamy; Otsphoto/ Shutterstock

개념, 범주 및 대뇌

뇌 영상 기법을 사용하는 연구자들은 우리가 개념과 범주화를 형성할 때, 원형과 본보기 이론 모두를 사용한다고 결론 내렸다. 시각피질은 원형 형성과 관련이 있는 반면, 전전두엽과 기저핵은 본보기를 학습하는 것과 관련 있다(Ashby & Ell, 2001; Ashby & O'Brien, 2005). 이러한 증거는 학습에 기반한 본보기는 분석과 의사결정(전전두엽)을 수반하는 반면, 원형 형성은 심상 처리과정(시각피질)을 수반하는 보다 총체적인 처리과정임을 시사한다.

개념과 범주를 대뇌와 연결시키는 가장 놀랄 만한 증거는 지난 30여 년간 수행된 선도적인 연구에서 기인한다고 할 수 있다. 두 신경심리학자(Warrington & McCarthy, 1983)는 한 환자가 여러 종류의 인공물을 알아보는 데 어려움을 겪었으며, 그 사물에 대해 어떠한 정보도 인출하지 못하였으나 생물체와 음식에 대한 지식은 지극히 정상적이라는 것을 보고하였다. 그리고 다음 해 뇌 손상을 입은 4명의 환자들이 반대의 패턴을 보인다는 것을 보고하였는데, 즉 여러 종류의 인공물을 알아보거나, 그 사물에 대한 정보를 인출하는 것은 정상이었으나, 생물체와 음식에 대해 재인하는 능력은 심각하게 손상받았다(Warrington & Schallice, 1984). 그리고 이후 거의 100건의 유사한 사례가 보고되었다(Martin & Caramazza, 2003). 이런 통상적이지 않은 사례를, 즉 특정한 범주에 속하는 물체를 인식하는 능력이 상실된 반면, 그 밖의 범주에 속하는 물체를 인식하는 능력은 정상적인 것으로 나타나는 증후군을 **범주 특정적 결함**(category-specific deficit)이라고 부르게 되었다.

범주 특정적 결함의 유형은 뇌의 어느 부위가 손상되었는가에 따라 증상이 다르다. 결함은 대개 뇌졸중이나 대뇌피질의 좌반구 영역에 손상을 입은 사람에게서 나타난다(Mahon & Caramazza, 2009). 뇌의 좌측두엽의 앞쪽 부위에 손상을 입게 되면 사람을 인식하지 못하며, 좌측두엽의 아래 부위에 손상을 입게 되면 동물을 인식하지 못하게 된다. 그리고 측두엽이 후두엽과 두정엽과 만나는 부위에 손상을 입게 되면 도구의 이름을 인출하는 능력에 어려움을 겪게 된다(Damasio et al., 1996). 유사하게, 건강한 사람이 똑같은 과제를 수행할 때의 뇌 영상은(**그림 9.7** 참조) 동물보다 도구의 이름을 말할 때 뇌의 동일한 부위가 더 활성화되었으며, 역으로도 마찬가지의 결과를 보였다(Martin, 2007; Martin & Chao, 2001).

어떻게 특정한 대뇌 영역이 도구나 동물과 같은 대상 범주를 선호하도록 발달된 것일까? 한 fMRI 연구에서 시각장애인과 정상인을 대상으로, 동물을 지칭하거나 도구를 언급하는 단어들을 들려주었는데, 범주 선호적인 영역이 시각장애인과 정상인에게서 유사한 유형의 활동 패턴을

촉감은 맹인들이 범주 선호적인 대뇌 반응을 발달시키는 한 방식이다.

Rizwan Tabassum/Getty Images

그림 9.7 범주 특정 처리에 관여하는 대뇌 영역 fMRI로 스캔하며 참가자들에게 동물이나 도구의 이름을 속으로 말하도록 하였다. 피험자들이 동물을 말할 때는 여러 영역(노랑)에서 fMRI 활동이 증가했으며 도구를 말할 때는 다른 영역(보라)에서 증가된 반응을 보였다. 좌우의 이미지가 뒤바뀌어 제시되어 있다.

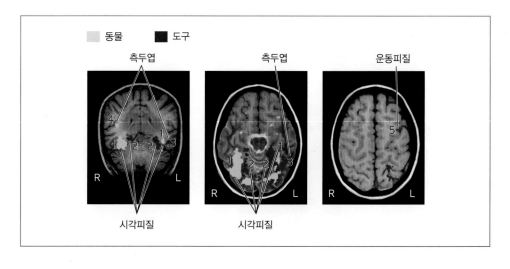

보였다는 것이다(Mahon et al., 2009). 두 집단 모두에서 동물과 도구에 반응하는 시각 영역과 측두엽이 그림 9.7에 보이는 것처럼 같은 방식이었다. 이 결과는 시각 영역의 범주 특정적 체제화가 개인의 시각 경험에 의존하는 것은 아니라는 강력한 증거를 제공한다. 대뇌의 범주 특정적 범주화는 태어날 때부터 결정되어 있다는 설명이 가장 단순해 보인다(Bedny & Saxe, 2012; Mahon et al., 2009).

정리문제

1. 개념이란 무엇인가?
2. 개념이 왜 우리에게 유용한가?
3. 원형 이론과 본보기 이론은 어떻게 다른가?

4. 대뇌가 감각과 지각 입력을 체제화하도록 '사전회로화'되어 있다는 증거는 무엇인가?

결정하기 : 합리적이고 그렇지 못하고

우리는 범주와 개념을 사용해서 하루 평균 수백 가지가 넘는 결정과 판단을 한다. 어떤 결정은 쉽다. 어떤 것을 입을 것인지, 아침은 무엇을 먹을 것인지, 그리고 수업에 걸어갈 것인지 자전거를 탈 것인지 아니면 운전을 하고 갈 것인지. 그리고 어떤 것들은 좀 더 어렵다. 어떤 차를 살 것인지, 어떤 아파트를 빌릴 것인지, 누구와 금요일 저녁을 보낼 것인지, 그리고 졸업 후에 어떤 직업을 가져야 할 것인지 말이다. 어떤 결정은 건전한 판단에 기초하고 그렇지 못한 경우도 있다.

합리적 이상

경제학자들은, 우리가 합리적인 존재이고 자유롭게 결정을 할 수 있다면, **합리적 선택 이론**(rational choice theory)이 예측하는 대로 행동할 것이라고 주장한다. 이 이론에 따르면, 우리는 어떤 것이 일어날 가능성이 얼마인지를 결정하고, 그 결과의 가치를 판단한 후, 이 둘을 곱하여 결정을 내린다(Edwards, 1955). 이것이 의미하는 바는 우리의 판단이 가능한 결과들에 우리가 부여하는 가치에 의존한다는 것이다. 가령 예를 들면 500불을 가질 10%의 기회와 2,000불을 얻을 20%의 기회 중 하나를 선택을 하도록 요청받았다고 하자. 합리적인 사람이라면 두 번째 기회를 선택할 것인데, 첫 번째 선택의 기대되는 돈은 고작 50불(500불×10%)인 반면에 두 번째 선택의 기대되는 돈은 400불(2,000불×20%)이기 때문이다. 가장 높은 기댓값을 가진 선택을 택한다는 것이 너무나 명확하다. 그런데 이 이론이 우리의 일상생활에서의 의사결정을 얼마나 잘 기술할 수 있을까? 많은 경우에 있어 대답은 "별로 잘하지 못한다"는 것이다.

사람들이 항상 합리적인 선택을 하는 것은 아니다. 복권 당첨금이 평소보다 커지면, 대박을 기대하며 더 많은 사람들이 복권을 산다. 하지만 더 많은 사람이 복권을 사서 당첨 확률은 낮아진다. 역설적으로 당첨금이 상대적으로 적을 때 당첨 확률이 큰 것이다.

Santa Rosa Press Democrat/Zumapress.com/Alamy

비합리적 현실

새로운 사건이나 사물을 이미 가진 범주로 분류하는 능력이 얼마나 유용한 기술일까? 맙소사, 아니다. 우리의 인지 활동이 쉬우면서도 정확하게 일어나도록 하는 동일한 원리들이 불쑥 튀어올라 결정 과정을 괴롭힐 수 있다.

빈도와 확률을 판단하기

다음 단어 목록을 검토해보라.

block table block pen telephone block disk glass table clock telephone block watch table candy

합리적 선택 이론　우리는 어떤 것이 일어날 가능성이 얼마인지를 결정하고, 그 결과의 가치를 판단한 후, 이 둘을 곱하여 결정을 내리며 선택한다는 고전적 이론

가용성 편향 기억에서 쉽게 가용한 항목이 더 빈번하게 일어난다고 판단하는 오류

아마 여러분은 *block*과 *table*이란 두 단어가 다른 단어들보다 더 많이 등장했다는 사실을 쉽게 알 수 있을 것이다. 사실 많은 연구가 사람들은 어떤 일이 발생한 빈도를 아주 잘 추정한다는 것을 보여준다. 반면에 우리는 **확률**, 즉 어떤 것이 일어날 가능성을 요구하는 과제는 잘 수행하지 못한다.

한 실험에서 100명의 의사에게, 유방 X-레이 사진 테스트에서 유방암의 가능성 증거가 보이는 여성들 중에 유방암이 걸릴 가능성을 예측하라고 부탁받았다. 이 의사들에게 유방암이 일어날 드문 확률(이 연구를 했을 시기에는 인구 중에 1%) 그리고 이러한 상황을 진단한 방사선학자들의 기록들(정확하게 79%만이 인지되었고 잘못 진단될 10%의 확률) 또한 고려하라고 말했다. 100명의 의사들 중 95명이 유방암이 일어날 확률을 75%로 예측하였다. 정확한 답은 8%였다!(Eddy, 1982). 하지만 확률 정보 대신에 빈도 정보를 사용하여 반복하면 전혀 다른 결과를 얻을 수 있다. '1%의 여자가 유방암에 걸린다'는 진술 대신에 '1,000명 중 10명이 실제 유방암이다'라고 문제를 진술할 경우는 확률을 사용해 문제를 기술했을 때 정답이 8%이었던 것과 비교해 46%의 의사들이 맞는 답을 도출했다(Hoffrage & Gigerenzer, 1998). 이 발견은 여러분이 조언을 얻고 싶을 때(아주 전문적인 의사결정에서라도), 최소한 여러분의 문제를 확률이 아닌 빈도로 기술해야 한다는 것을 시사한다.

가용성의 편향

그림 9.8에 있는 이름 목록을 살펴보자. 이제는 책을 보지 말고 남자 이름의 수와 여자 이름의 수를 추정해보자. 몇몇 여자 이름은 유명한 사람이며 남자 이름은 하나도 그렇지 않다는 것을 알아챘는지 모르겠다. 여자 이름이 남자보다 많다고 생각하여 추정이 틀리지 않았는가(Tversky & Kahneman, 1973, 1974)? 만약 여러분이 유명한 남자 이름과 유명하지 않은 여자 이름이 포함된 목록을 보았다면 반대가 사실일 것이다. 사람들은 전형적으로 **가용성 편향**(availability bias), 즉 기억에 쉽게 이용할 수 있는 항목들이 더 빈번하다고 판단하는 경향의 희생자가 되고 만다.

가용성 편향이 우리의 추정에 영향을 끼치는 데 기억 강도와 출현의 빈도가 직접 관련되어 있기 때문이다. 자주 일어나는 것들은 덜 빈번히 일어나는 것들보다 더 쉽게 기억되기에, 기억이 잘되는 것들이 더 빈번하다고 자연스럽게 결론 내린다. 유감스럽게도 이 경우 더 잘 기억나는 것은 빈도 때문이 아니라 더 큰 친숙성 때문이다.

Jennifer Aniston	Robert Kingston
Judy Smith	Gilbert Chapman
Frank Carson	Gwyneth Paltrow
Elizabeth Taylor	Martin Mitchell
Daniel Hunt	Thomas Hughes
Henry Vaughan	Michael Drayton
Agatha Christie	Julia Roberts
Arthur Hutchinson	Hillary Clinton
Jennifer Lopez	Jack Lindsay
Allen Nevins	Richard Gilder
Jane Austen	George Nathan
Joseph Litton	Britney Spears

그림 9.8 가용성 편향 이 목록에 있는 이름을 살펴보고, 여자 이름과 남자 이름의 수를 추정해보자.

결합 오류

다음을 읽어보자.

> 린다는 31세의 독신 여성으로, 솔직하고 활달한 성격의 소유자이다. 대학 때 심리학을 전공했고 사회적 차별과 사회정의 실현에 큰 관심을 두고 반핵운동에도 적극적으로 참여했다.

다음 중 린다에게 더 잘 어울리는 표현은 무엇일까?

a. 린다는 은행원이다.
b. 린다는 은행원이며, 여권 신장 운동에 적극적이다.

한 연구에서 89%의 참가자들은 논리적으로 맞지는 않지만 a보다 b가 린다와 더 잘 어울리는 표현이라고 응답했다(Tversky & Kahneman, 1983).

이를 **결합 오류**(conjunction fallacy)라고 부르며 각각의 사건이 일어날 확률보다 2개 이상의 사건이 함께 일어날 가능성이 크다고 생각한다. 실제는 반대가 맞다. **그림 9.9**에서 보이는 대로, 위의 사건들이 동시에 일어날 가능성(결합해서)은 항상 한 사건이 일어 날 확률보다 낮다.

대표성 간편법

일단의 심리학자들이 엔지니어들과 변호사들을 인터뷰한 뒤 총 100명의 기술문을 작 성하였다. 이 기술문들은 70명의 엔지니어들과 30명의 변호사들에 근거한 것이다. 다 음은 기술문의 일부이다. 각 설명을 읽어본 뒤, 그 사람이 엔지니어인지 변호사인지 맞혀 보자.

1. 잭은 사회, 정치 관련 서적을 많이 읽는다. 인터뷰 중 논쟁에 특별난 재능을 보였다.
2. 톰은 여가 시간에 수학퍼즐 맞추기를 즐기는 외톨이 타입이다. 인터뷰 중 속내를 잘 드러내 보이지 않았다.
3. 해리는 활달하며 라켓볼광이다. 인터뷰 중 통찰력이 요구되는 질문을 막힘없이 대 답하는 달변가였다.

많은 연구에서 참여자들은 잭을 변호사로 톰을 엔지니어로 응답하는 경향이 높 았고, 해리의 경우 "두 직업에 모두 어울리는 설명이다"라고 답했다(Kahneman & Tversky, 1973). 하지만 앞에서 엔지니어가 변호사보다 두 배 이상 많이 포함되어 있 다는 것을 기억한다면, 이 비율에 기초해 해리는 엔지니어일 가능성이 더 크다. 사람들은 한 사 건의 발생 가능성, 즉 **기저율**(base rate)에 대한 정보를 무시한 채, 우리가 느끼는 유사성에 따 라 판단을 내린다. 연구자들은 이런 현상을 **대표성 간편법**(representativeness heuristic)이라 부르 며 이는 한 사건이나 물체를 전형성(원형)에 따라 비교하여 판단을 내리는 것을 뜻한다(Kahneman & Tversky, 1973).

틀 효과

만약 어떤 특정한 약이 70%의 효과를 보였다고 들었을 때, 사람들은 대개 아주 인상적이기에 무 려 70%의 효과를 가지고 있는 약을 구매하는 건 현명하다고 생각한다. 하지만 이들에게 30%의 실패 확률에 대해서 언급해보자. 객관적인 정보는 동일하다. 즉, 70%의 성공률은 30%의 실패율 을 의미하는 것에 주목하라. 이처럼 정보가 표현되는 방식이 달라지면 그 결과 또한 상당히 바뀌 게 된다(Tversky & Kahneman, 1981). 이를 한 문제가 어떤 식으로 표현되는지(틀 속에 들어가는지) 에 따라 동일한 문제에 서로 다른 대답들이 나타날 수 있다는 **틀 효과**(framing effect)라고 부른다.

가장 심각한 틀 효과가 **매몰비용 오류**(sunk-cost fallacy)로 이는 사람들이 이미 투자된 비용을 고 려하여 현재 상황에 대한 결정을 내리는 것을 뜻한다. 좋아하는 밴드의 야외 공연을 보기 위해 장장 3시간 동안 줄을 서서 100달러라는 거금을 들여 티켓을 구입하는 상황을 상상해보자. 하지만 공 연 당일, 날씨는 춥고 비까지 내리고 있다. 만약 콘서트에 간다면, 여러분은 분명 비참한 느낌이 들 것이다. 하지만 여러분은 티켓을 구입하는 데 들어간 100달러라는 돈과 시간이 아까워 공연 을 보러 가기로 한다.

여러분에게는 두 가지 선택권이 있다: (1) 100달러를 버리는 셈 치고 집에서 편하게 쉰다. 또 는 (2) 100달러가 아까워 빗속에서 악몽 같은 시간을 견뎌낸다. 결과적으로 보면 어차피 100달러 는 여러분의 손에 돌아올 수 없는 돈이다. 여러분이 어떤 선택을 내리든 되돌아올 수 없는 비용,

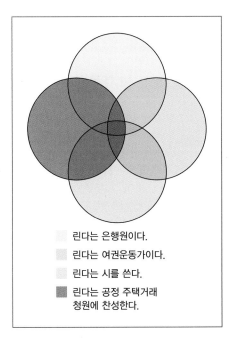

그림 9.9 결합 오류 새로운 정보가 첨가되면 한 사람 에 관한 모든 사실이 진실일 확률이 증가한다고 사람들은 종종 생각한다. 사실 확률은 극적으로 감소한다. 이런 모 든 가능성이 교차하면 어느 한 가능성 하나보다 영역이 훨씬 작아진다.

린다는 은행원이다.
린다는 여권운동가이다.
린다는 시를 쓴다.
린다는 공정 주택거래 청원에 찬성한다.

결합 오류 각각의 사건이 일어날 확률보 다 2개 이상의 사건이 함께 일어날 가능성 이 높다고 사람들이 생각하는 오류

대표성 간편법 한 사물이나 사건을 그 대 상이나 사건의 원형과 비교하여 확률을 판 단하는 정신적인 지름길

틀 효과 사람들은 문제가 표현되는(혹은 틀 지워지는) 바에 따라 같은 문제에 대해 다른 답을 낸다.

매몰비용 오류 사람들이 이미 투자된 비 용을 고려하여 현재 상황에 대한 결정을 내리는 틀 효과

틀 효과가 부자를 만들어줄 수 있다고?

미래의 필요를 위해 돈을 절약하는 것이 아주 중요하다는 데 재정 전문가들은 동의하는데, 거의 40%의 미국 성인들이 은퇴를 위한 저축을 하고 있지 않다고 한다(Martin, 2018). 2016년에서 2018년까지 미국 성인들의 가장 큰 재정적인 후회가 은퇴를 위한 저축을 하지 않은 것이라고 보고했다고 하는데도 불구하고, 이들 중 단지 반 정도만 이를 위해 계획을 세웠다고 한다(Tepper, 2018). 사람들로 하여금 더 저축하게 하여 재정적인 건강에 기여하고 심리적인 고통을 줄여주는 방법을 찾아야 한다. 틀 효과를 이용하는 게 한 가지 방법이 될 수 있다.

한 연구에서 연구자들은 거의 1,000명의 성인들에게 은퇴할 때 적절하다고 생각하는 자금의 양을 질문하였다. 그리고 이를 총액(일시불)의 형태로(즉 10만 불) 혹은 생활을 위한 매달

비용으로(즉 매달 500불) 틀을 제공하였다. 상대적으로 적은 금액에 대해서는, 사람들이 총액을 더 중요하게 평가했다. 매달의 소요 비용이라는 틀에서는 그 금액이 구매력이 적은 금액이지만 총액은 상당한 액수가 될 수 있기 때문일 것이라고 연구자들은 추측했다.

허쉬필드, 수, 베나르치(Hershfield, Shu, & Benartzi, 2019)는 이를 뒤집어, 큰 총액보다는 금액을 적은 양으로 나눈 같은 자금이 심리적으로 분리하는 데 덜 고통스러울 것이라고 추리하였다. 이들은 에이콘(Acorn) 투자회사와 함께 연구를 수행하였는데, 스마트폰 앱에서 온라인 계좌를 개설할 때 적은 여부의 돈을 투자할지 혹은 큰 돈을 투자할 지를 허용하도록 하였다(세부 사항은 www.acorns.com 참조). 이 연구에서 에이콘에 새로 계좌를 개설한 사용자에게 매달 150불을 저축하는 데 서명할지 알아보

았다. 몇 명의 사용자에게는 매일 5불을 저축하는 틀을 제공하고, 다른 사용자에게는 주당 35불을 저축하는 틀을 만들었으며 세 번째 집단에게는 한 번에 150불을 저축하는 틀을 제공하였다.

만약 사람들이 큰 돈인 총액을 같은 금액의 적은 자금보다 분리하는 데 심리적으로 더 고통스럽다면, 더 많은 사람들이 주나 월별보다는 적은 금액을 매일하는 저축에 더 많이 서명했어야 한다. 실제 결과는 일치했다. 매일의 틀은 29%의 사용자가, 주는 10%, 매달이라는 틀에서는 7% 사용자가 서명했다. 그리고 매일 틀로 참여한 사용자들이 다른 두 조건보다 더 이 프로그램을 지속했다.

이 결과들은, 노년의 재정적 후회를 피할 수 있는 방법이 있다는 것을 시사한다. 즉 심리적으로 고통스럽지 않을 정도의 적은 금액을 가능한 한 빈번하게 떼어 놓으면 된다.

이것이 바로 매몰비용이다. 여러분이 더 이상 원하지 않음에도 불구하고 시간과 돈을 투자했기 때문에 계속해야 한다고 느끼게 된다.

심지어 미국 프로농구(NBA)도 매몰비용의 오류를 피해 가지는 못한다. 코치들은 팀을 승리로 이끌 수 있는 선수를 기용하여 그 선수를 최대한 오래 그 팀에 소속시켜야 한다. 하지만 연봉이 가장 높은 선수들이 제 기량을 발휘하지 못할 때도, 그들은 연봉이 낮은 선수들보다 경기를 많이 치르고, 같은 팀에 더 오래 소속된다(Staw & Hoang, 1995). 코치들은 팀이 패배함으로써 발생되는 손실을 인식하기보다는 연봉을 높게 준 선수들에게 들인 투자를 정당화하는 행위를 한다. 틀 효과는 대가를 치를 수 있으며, 부를 증가시키는 데 이용될 수 있다('최신 과학 : 틀 효과가 부자를 만들어줄 수 있다고?' 참조).

낙관성 편향

이외에 사람들의 의사결정은 종종 **낙관성 편향**(optimism bias)을 보인다. 즉, 사람들은 자신들이 앞으로 다른 사람들과 비교하여 부정적인 사건은 덜 경험하고 긍정적인 사건은 더 경험할 것이라고 믿는다(Sharot, 2011). 예를 들어 사람들은 자신이 다른 사람에 비해 자신의 집을 소유하며 더 오래 살 것이라고 믿고 있으며, 심장 발작이나 음주 문제를 덜 겪을 거라고 믿고 있다(Weinstein, 1980). 비록 미래에 대한 낙관이 심리적·신체적 건강에 좋은 것이지만 그리고 실제 낙관적인 개인이 심리적으로 적응 잘하며 스트레스를 잘 다룬다(Nes & Sergerstrom, 2006)고 하지만 너무 심한 낙관성은 해가 될 수 있는데, 목표 달성을 위해 필요한 단계를 취하지 않도록 만들 수 있기 때문이다.

낙관성 편향 자신들이 앞으로 다른 사람들과 비교하여 부정적인 사건은 덜 경험하고 긍정적인 사건은 더 경험할 것이라고 믿는 편향

왜 우리는 결정 과정에서 오류를 범하는가

여러분이 본 것처럼, 우리의 일상 결정 과정은 오류와 한계 투성이다. 우리의 결정은 문제가 어

떻게 제시되느냐에 따라(예 : 빈도의 틀인가 아니면 확률의 틀인가? 또는 절약의 틀이 아닌 손해의 틀인가?) 심하게 달라진다. 우리는 또한 매몰비용 오류, 결합 오류, 낙관성 편향 같은 오류에 취약하다. 심리학자들은 왜 우리가 일상생활에서 이런 결정의 실패를 경험하는가를 설명하기 위해 여러 이론을 만들어왔다. 가장 영향력 있는 이론인 **전망 이론**(prospect theory)은, 사람들은 잠재적인 손실을 평가할 때 위험을 감수하는 선택을 하고, 잠재적인 이익을 평가할 때는 위험을 피하는 선택을 한다고 주장했다(Tversky & Kahneman, 1992).

예를 들어 여러분이 다음 두 아파트 중 하나를 빌린다고 하자. 둘 다 한 달에 400불인데, A 아파트는 첫 달 월세에서 300불을 다시 돌려받을 수 있고, B 아파트는 추첨을 하여 400불을 돌려받을 확률이 80%라면 어떤 선택을 하겠는가. 여러분은 대다수의 사람들처럼 400불보다는 300불을 선택할 것이다. 그러나 아파트의 훼손으로 인해 확실히 300불의 벌금을 내야 하는 것과 추첨을 해서 400불의 벌금을 내야 하는 80%의 확률 중에 선택을 해야 한다면 대부분의 사람들은 추첨을 하는 선택, 즉 확실한 손실보다는 확실하지 않은 잠재적인 높은 손실을 선택할 것이다. 이러한 위험 선호에서의 비대칭성이 보여주는 것이 바로, 손실을 피할 수 있다면 기꺼이 위험을 감수하고, 이득을 잃을 수 있는 경우는 위험을 피하는 것으로 나타나게 된다.

결정하기와 대뇌

엘리엇이라고 밝혔던 환자는 뇌종양이 발달하기 전까지는 성공한 사업가, 남편, 아버지였다. 수술 후 그의 지적 능력은 괜찮아 보였지만, 일상생활에서 중요하고 그렇지 않은 활동을 구별하지 못했고, 일상적인 일에 많은 시간을 소비해야 했다. 그는 직장을 잃었고, 여러 위험한 사업에 손을 대다 파산하고 말았다. 그는 무슨 일이 일어났는지 말하는 데 어려움이 없었지만, 그의 기술이 너무 초연하고 감정이 없어 마치 그의 추상적 지적 능력이 정서적 · 사회적 능력과 해리된 것 같았다.

연구는 엘리엇의 결함에 대한 이러한 해석이 올바르다는 것을 확신시켰다. 한 연구에서, 연구자들은 건강한 자원자들이 위험한 의사결정 과제를 해결할 때 전전두엽이 손상된 환자와 어떻게 다른가를 비교하였다(Bechara et al., 1994, 1997). 참가자들은 잃거나 딸 수 있는 금액이 정해져 있는 네 벌(decks)의 카드 중 하나를 선택하도록 하였다. 두 벌의 카드는 보통 많이 따고 많이 잃는 반면('위험 벌'), 다른 두 벌은 적게 따거나 잃게('안전한 벌') 되어 있었다.

건강한 참여자는 처음에는 네 벌에서 동등하게 카드를 선택하다가, 점점 안전 카드 벌, 즉 잠재적인 이득은 적지만 손실도 적은 카드 벌로 이동하였다. 반면에 전전두엽이 손상된 환자는 엘리엇의 실생활에서의 문제를 그대로 반영했다. 그들은 위험한 카드 벌과 안전한 벌에서 동등하게 카드를 선택했고, 결국 파산하게 되었다. 이러한 수행은 엘리엇의 실생활을 그대로 보여준다. 건강한 참여자들은 위험한 벌에서 카드를 선택하는 것을 고려만 해도 예견적인 정서 반응을 보이기 시작했다. 그들의 피부 저항 반응(galvanic skin response, GSR) 점수는 어떤 벌이 다른 것보다 더 위험하다고 말하기 전에 현저하게 증가했다(Bechara et al., 1997). 전전두엽에 손상을 입은 환자는, 그들이 위험한 벌에서 카드를 선택했다고 생각했을 때 이러한 예견적인 정서 반응을 보이지 않았다. 확실히 그들의 정서 반응이 그들의 생각을 지시하지 않았으며, 그러기에 **그림 9.10**에 나타난 것처럼 위험한 결정을 계속했다.

전전두엽 손상 환자에 대한 추후 연구들은 그들의 위험한 결정이 행동의 결과에 대한 둔감성 때문에 나타났다고 제안한다(Naqvi, Shiv, & Bechara, 2006). 즉각적인 결과를 넘어서 사고할 수 없기에, 손실이 증가하고 이득이 감소하는데도 선택을 변경할 수 없었던 것이다(Bechara, Tranel,

전망 이론 사람들은 잠재적인 손실을 어림잡을 때 위험을 감수하고 잠재적인 이익을 어림잡을 때는 위험을 피하는 선택을 한다는 주장

그림 9.10 위험한 의사결정의 신경과학
위험한 의사결정 연구에서 연구자들은 건강한 통제집단의 선택을 전전두엽이 손상된 사람들의 선택과 비교하였다. 참여자들은 네 벌의 카드에서 한 카드를 선택하는 게임을 하였는데, 두 벌은 위험한, 즉 이득도 크고 손실도 컸으며 나머지 두 벌은 '안전한', 즉 적게 따고 적게 잃는 카드를 포함하고 있었다. 게임 초반에는 두 집단 모두 두 종류의 카드에서 동일한 빈도로 선택하였으나, 게임이 진행되면서 건강한 통제집단은 두 벌의 나쁜 카드를 피했으며, 이 '위험한' 벌의 카드에서 선택을 고려할 때 큰 정서적인 반응[피부 저항 반응(SCR)]을 보였다. 반면에 전전두엽이 손상된 환자들은 계속 두 종류의 카드를 동일한 빈도로 선택하였으며, 정서적인 학습의 증거를 보이지 않았다. 이 참여자들은 결국 돈을 모두 잃게 되었다고 한다(Data from Bechara et al., 1997).

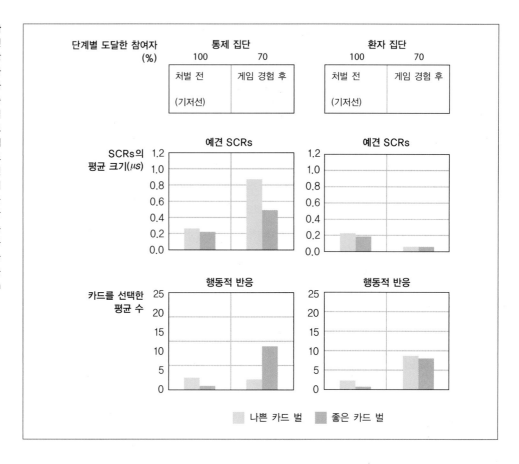

& Damasio, 2000). 흥미롭게도 알코올이나 코카인 같은 물질 의존 개인들도 전전두엽 환자처럼 도박 과제를 잘하지 못한다고 한다(Bechara et al., 2001).

이러한 결과는 도로 안전과 같은 일상의 문제에 중요한 시사점이 있다. 한 연구에서는 음주운전(driving while impaired with alcohol, DWI)으로 기소된 사람들을 검사하였는데, 도박 과제를 잘 수행하지 못하는 범죄자들이 잘하는 사람들보다 더 자주 DWI를 범한다는 것이다(Bouchard, et al., 2012). 미래의 행동 결과에 둔감한 또 다른 집단이라고 할 수 있는 폭음자들도 역시 도박 과제에 문제가 있다는 관련 연구도 있다(Danner et al., 2012).

건강한 개인의 도박 과제 수행 과정에 관한 뇌 영상 연구는, 안전한 결정에 비교해 위험한 결정을 할 때 전전두엽 영역이 활성화된다는 것을 보여준다. 실제로 전전두엽에서 활성화된 영역은 도박 과제를 잘 수행하지 못하는 피험자들이 전형적으로 손상받은 부분이다(Fukui et al., 2005; Lawrence et al., 2009). 뇌 영상 연구와 환자 연구를 종합하면, 위험한 결정의 여러 측면이 결정적으로 전전두엽에 의존한다는 것을 명확히 보여준다.

정리문제

1. 결정 과정에서 합리적 선택의 중요성은 무엇인가?
2. 어떤 것이 일어날 가능성(확률)보다는 빈도를 고려하는 것이 더 나은 결정을 하게 하는 이유는?
3. 어떻게 기억의 강도와 출현의 빈도가 관련되는가?
4. 어떻게 더 많은 정보가 틀린 결론으로 이끄는가?

5. 무엇이 한 사건의 기저율을 무시하게 만드는가?
6. 문제의 틀이 어떻게 사람들의 답에 영향을 끼치는가?
7. 왜 이익을 얻을 때보다 손실을 피하기 위해 위험을 감수하는가?
8. 위험 행동에서 전전두엽은 어떤 역할을 하는가?

지능

이 장 서두에 소개한 크리스토퍼는 여러 나라의 언어를 빠르게 배울 수 있지만 기본적인 인지 기능이 결여되어 있는 사람이다. 우리는 그를 지적인 사람이라고 할 수 있을까? 어린 아동들의 게임의 규칙도 배울 수 없는 그를 지적인 사람이라고 보는 것은 어렵지만 16개의 언어를 자유자재로 구사할 수 있는 그를 지적인 사람이 아니라고 하기도 어렵다. 아인슈타인과 만화 캐릭터인 바보 심슨 중 누가 더 지적인지를 분간하는 일은 쉽다. 그런데 우리가 살아가는 현실은 크리스토퍼나 우리 자신들과 같이 어떤 때는 명석하고, 대체로 사리 분별을 잘하지만 때때로 우매하고 바보 같은 행동을 하는 사람들로 구성되어 있다.

많은 심리학자들은 지능을 다음과 같이 정의한다. **지능**(intelligence)은 문제들을 해결하기 위하여 생각하고, 경험으로부터 배울 수 있는 능력이다(Gottfredson, 1997). 지난 한세기 동안 심리학자들은 지능은 어떻게 측정하고, 정확히 무엇이며, 지능의 원천은 무엇이며, 개인차는 왜 발생하는지에 대하여 연구해왔다. 비록 아직 논쟁중이지만, 심리학자들은 이제 이러한 물음들에 대한 답을 제공하고 있다.

지능은 어떻게 측정될 수 있는가

사명을 가진 사람은 때로 위험할 수 있다. 1920년대 헨리 고다드(Henry Goddard)라는 심리학자는 이민자 도착지인 엘리스섬에서 이민자들을 대상으로 지능검사를 실시하였다. 그는 검사 점수를 근거로 유태인, 헝가리인, 이탈리아인, 러시아인들은 '정신박약'이라는 결론을 내렸다. 또한 그는 자국민인 미국 시민을 대상으로 지능검사 점수에 근거하여 정신박약자들을 가려내고자 하였으며 이들이 대부분의 사회 문제를 일으킨다고 주장하였다. 고다드는 이렇게 지능검사에서 낮은 점수가 나온 이민자들이나 시민들을 격리하여 통제할 필요가 있음을 제안하였으며 심지어 자식을 낳을 권리를 박탈할 것을 주장하기도 하였다(Goddard, 1913, p. 107). 실제로 이러한 주장의 영향을 받아서 미국은 동유럽과 남부 유럽국가로부터의 이민을 제한하는 법을 제정하였으며 27개 주에서는 정신장애자의 임신을 제한하는 관련 불임법을 제정하였다.

학습목표

- 지능을 정의한다.
- 지능검사들이 어떻게 그리고 왜 개발되었는지 설명한다.
- 지능의 중요성을 설명한다.
- 지능의 3수준 위계 이론을 설명한다.

지능 문제들을 해결하기 위하여 생각하고, 경험으로부터 배울 수 있는 능력이다.

20세기 초 미국에서는 지능이 아주 낮은 사람을 강제적으로 거세하는 법이 있었다. 이러한 법은 광범위하게 지지되었으며 연방대법원도 해당 법의 합헌성을 지지한 바 있다.

The Harry H. Laughlin Papers, Truman State University

MEANS PROPOSED FOR CUTTING OFF THE SUPPLY OF HUMAN DEFECTIVES AND DEGENERATES

I. LIFE SEGREGATION
II. STERILIZATION
III. RESTRICTIVE MARRIAGE
IV. EUGENIC EDUCATION
V. SYSTEM OF MATINGS
VI. GENERAL ENVIRONMENTAL
VII. POLYGAMY
VIII. EUTHANASIA
IX. NEO-MALTHUSIAN DOCTRINE
X. LAISSEZ-FAIRE

고다드 이후 지능검사는 교육에 도움을 주고자 한 본래의 목적을 달성하는 데 괄목할 만한 성공을 거두었지만 계속해서 다른 인종, 종교, 국가 출신의 사람들에 대한 차별을 정당화하고 편견을 조장하는 데 사용된 측면이 있었다. 지능검사가 이렇게 혐오스러운 목적을 달성하기 위해서도 가끔 쓰였다는 것은 역사의 아이러니라고 하지 않을 수 없다. 원래 지능검사는 극빈층 아동들이 학교에서 배우고 지적으로 성장하는 것을 도우려는 숭고한 목적으로 개발되었기 때문이다. 19세기 말, 프랑스는 대대적인 교육 개혁을 단행하여 귀족 중심 교육에서 6~13세의 모든 계층의 아이들이 한 반에서 학습하는 초등학교 교육시스템을 구축하였다. 그런데 동년배의 아동들이라도 학교 교육을 위한 학습 능력이 너무나 달랐다. 이에 심리학자 알프레드 비네(Alfred Binet)는 학교들이 아동들의 학습 능력을 측정하기 위한 객관적인 방법을 사용해야 한다고 주장하였다. 그와 그의 제자 시어도어 시몽(Theodore Simon)은 논리 과제, 단어 기억, 그림 복사, 음식/비음식 구별, 각운 과제 같은 일련의 학습 능력 측정 과제와 '여러분이 중요한 일을 하기 전에 먼저 해야 할 일은 무엇인지요?'와 같은 종합적 판단 능력을 측정하는 과제를 고안했다.

해리 하이디 핸킨스는 4살 때 특별히 높은 지능을 가진 사람들의 조직인 멘사에 최연소 회원으로 가입되었다. 그녀의 IQ는 159였다. 이는 아인슈타인과 같은 IQ이다.

Solent News/Shutterstock

이러한 측정 과제는 아동들의 기존 성적과는 관계없이 학습에 대한 적성(aptitude)을 재고자 한 것이었다. 비네와 시몽이 아동의 정신 능력을 측정하기 위하여 교육 현장에 적용하도록 제안한 방식은 연령별로 다른 집단에 있는 아동들의 평균 검사 점수를 계산하고 특정 아동의 점수와 가장 가까운 평균 점수를 가진 연령대를 찾으면 된다는 것이었다. 예로, 특정 아동이 10세이지만 8세 집단의 평균 점수와 유사한 점수를 얻었다면 이 아동의 정신 연령은 8세이고 따라서 보충 교육이 필요하다는 방식이었다.

이러한 지능 계산 방식은 아동들에게는 대체로 괜찮지만 성인들은 연령대에 따라 지능이 크게 다르지 않기에 문제가 있다는 것을 알 수 있다(Arkman, 2017). 이에 심리학자들은 **지능지수**(intelligence quotient, **IQ**)라는 지능 계산 방식을 고안했는데 이는 특정 개인의 검사 점수를 그 개인이 속한 연령 집단의 평균 점수로 나누고 지수 100을 곱하는 방식이다. 이러한 방식에 따르면 자신이 속한 연령 집단과 유사한 지적 수행을 보이면 IQ 100이 된다.

지능검사

현대 대부분의 지능검사는 초기 비네와 시몽이 만든 검사에서 발전되어 왔으며, 가장 널리 사용되고 있는 지능검사는 원제작자의 이름에서 유래된 웩슬러 지능검사(Wechsler Adult Intelligence Scale)와 웩슬러 아동 지능검사(Wechsler Child Intelligence Scale)이다. 이들 검사들은 비네와 시몽의 지능 검사와 마찬가지로 다양한 과제와 설문으로 구성되어 있는데, 유사성과 상이점 찾기, 단어의 의미를 표현하기 등의 하위 과제로 구성되어 있다. **표 9.2**에 이들 과제의 샘플이 있다.

수십 년간의 연구에서 웩슬러 지능검사 점수는 한 사람의 인생에서 많은 주요 측면을 예측하는 것으로 밝혀졌다. 일례로 높은 지능검사 점수는 향후 수입과 유의미한 관련이 있다. 한 연구에서는 형제들 중에서 지능이 낮았던 형제는 높은 형제에 비하여 반 정도의 수입밖에는 없기도 하였다. 이러한 결과가 나온 부분적인 이유는 지능이 높은 사람은 좀 더 인내심이 있고 위험 감지 능력이 뛰어나고 타인의 반응을 예측하고 이에 대응하는 법을 잘 알기 때문이다. 그러나 좀 더 핵심적인 이유는 지능이 높은 사람들은 좀 더 교육을 많이 받고 학교에서 성적이 우수했기 때문이다(Roth et al., 2015).

이뿐만 아니라 지능이 높은 사람들은 더 건강하다. 그들은 흡연과 음주량이 적고 적절한 운동과 식사 습관을 갖고 있다. 당연히 지능이 높은 사람은 수명도 길다. 요점은 간단하다. 지능은 사람들이 중요하다고 여기는 가치에 필요한 능력이다.

지능지수 특정 개인의 검사 점수를 그 개인이 속한 연령 집단의 평균 점수로 나누고 지수 100을 곱하는 방식

표 9.2 웨슬러 지능검사의 하위 검사			
WAIS-IV 검사	핵심 하위 검사	질문과 과제	
어휘이해 검사	어휘	검사 시행자는 수검자에게 특정 어휘의 의미를 묻는다: 의자(쉬움), 주저하는(보통), 주제넘은(어려움)	
	유사성	검사 시행자는 수검자에게 19개의 단어 쌍을 보여주고, 공통점을 얘기해보라고 한다: 사과와 배의 유사성, 페인팅과 심포니 오케스트라 유사성	
	정보	일반 상식 질문으로 사람, 장소, 사건을 포함한다. 1주일 안에 며칠이 있는지 말하기, 프랑스 수도, 3대양을 말하기, 신곡의 저자 말하기.	
지각추론검사	블록 디자인	검수자는 삼각형과 사각형의 빨강과 흰색의 2차원으로 된 패턴을 보고, 이를 기억하여 빨강과 흰색의 큐브로 다시 만들기	
	행렬 추리	오른쪽에 그림의 예에서 맨아래 왼쪽에 논리적으로 들어가야 할 도형을 사지 선택에서 찾기	
	시각퍼즐 맞추기	다음과 같은 퍼즐을 완성하도록 한다: 세 가지 조각을 가지고 그림 완성하기	
작업기억 검사	숫자 범위	검수자는 숫자 2~9로 이루어진 리스트를 보고 이를 반복하도록 한다. 그 후 두 번째 작업으로 반복된 숫자를 거꾸로 말하도록 한다. 3-7-4와 같은 리스트는 용이한 것이고, 3-9-1-7-4-5-3-9은 어려운 예이다.	
	산수	쉬운 것부터 어려운 것까지 산수 문제 풀기	
처리속도 검사	상징 검색	검수자는 2개의 심벌 중 주어진 심벌 리스트에 포함될 수 있는 것이 있는지를 말한다. 이러한 리스트는 많으며 2분 안에 최대한 많은 문제를 푼다	
	코딩	검수자는 90초 안에 십자가, 원, 거꾸로 된 T자 등과 일치하는 부호가 몇 개인지를 쓴다.	

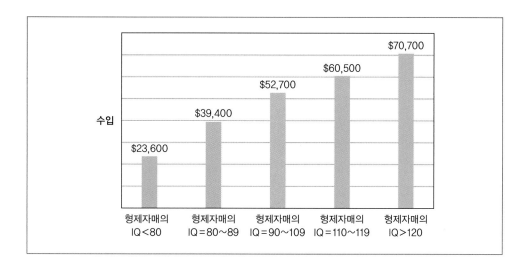

그림 9.11 형제 사이에서 지능과 수입의 관계 이 그래프는 90~109 사이 지능지수 형제(분홍색 막대)와 그보다 낮거나 높은 형제(파란색 막대)들 간의 수입을 보여주고 있다.

지능이란 무엇인가

숀 펜은 당대 자타가 공인하는 유명한 남자 배우로서 아카데미 최우수 연기상 2회와 골든 글로브 최우수 연기상 2회를 포함하여 다수의 상을 수상하였다. 따라서 2018년 그가 처음으로 출판한 소설에 대한 언론의 서평을 들었을 때 놀랐을 수도 있다. 일례로 **뉴욕타임스**는 소설이 너무 재미없다고 했고, **워싱턴 포스트**는 숀 펜은 소설가가 되기에 자격 미달이라고 혹평을 했으며 원래 직업에 집중할 것을 권고했다. 가디언 신문사도 그의 글은 인간이 쓴 것 같지 않고 로봇이 쓴 것처럼 보인다고 혹평을 했다.

숀 펜과 같은 사람이 연기 능력은 타의 추종을 불허하지만 글쓰기는 보통 정도라는 사실은 사람은 예술적 영역에서 모두 잘할 수 있는 것은 아닌 것으로 보인다. 연기와 글쓰기가 다른 능력이라고 가정한다면 어떤 사람이 예술적 재능이 뛰어나다는 묘사는 모순되는 측면이 있다. 한 세

지능은 성공의 예측변인이다. 토머스 제퍼슨은 가장 지능이 높았던 대통령이었고, 캘빈 쿨리지는 가장 낮았던 대통령으로 여겨진다. 토머스 제퍼슨은 독립선언문을 작성하였고 캘빈 쿨리지는 대공황 때의 대통령이었다.

John Parrot/Stocktrek Images/Getty Images; Stock Montage/Getty Images

기 동안 심리학자들은 지능이나 재능이 하나의 단일 개념인지 아니면 여러 개의 독립적인 능력으로 나누어질 수 있는지에 많은 관심을 보였다. 즉, 지능이 성적부터 수명까지 예측하는 중요한 변인이라고 한다면 지능이라고 불리우는 단일 개념인지가 초점이다.

지능의 위계성

지능이 여러 종류의 지적 활동을 가능케하는 단일 능력이라면 지능이 높은 사람은 모든 지적 활동을 잘하고, 낮은 사람은 모두 못할 거라는 논리가 형성된다. 다시 말하면, 지능이 단일 기제라면 여러 종류의 능력 검사들에 대한 사람들의 수행은 서로 높은 상관관계를 가질 것이다.

이러한 가설을 검증하기 위하여 스피어먼(Spearman, 1904)은 아동들에게 색깔 변별, 음의 고저 변별, 무게 변별 과제를 수행하도록 하고 여기에서의 수행과 다양한 교과목과의 성적과 학급 선생님에 의하여 평정된 아동의 지적 능력 점수 간 상관관계를 알아보았다. 연구 결과, 대부분의 과제들 간의 점수는 유의미한 상관관계를 보였다. 예로 음의 고저를 잘 변별하는 학생은 대수방정식 풀이와 같은 수학 능력 점수도 높았다. 이는 보편적 지능의 존재를 지지하는 증거이다. 그런데 과제들 간에 상관관계는 유의미하였지만 완전히 일치하지는 않았다는 것이다.

사회심리학자 제니퍼 리처슨은 인종 간의 상호작용에 관한 역동 연구로 맥아서 재단으로부터 천재상을 수상하였다. 스피어먼의 g 지능 요소에 의하면 그녀는 심리학에서 탁월한 능력이 있으므로 다른 대부분의 일을 잘해야 한다.

John D. & Catherine T. Macarthur Foundation

즉 한 과제에서 1등을 한 사람은 다른 과제들에서도 좋은 성적을 받았지만 반드시 1등을 하지는 않았다는 것이다. 이는 각 과제 수행에 필요한 과제 특정적 적성이 있음을 의미한다. 이러한 결과를 바탕으로 스피어먼은 **이요인 지능 이론**(two factor theory of intelligence)을 만들었는데, 주요 내용은 모든 지적 과제를 풀기 위해서는 일반지능(g)과 과제 특수지능(s)이 필요하다는 것이다.

스피어먼의 결론이 그럴듯해 보이지만 모든 심리학자가 동의한 것은 아니었다. 루이스 서스톤(Louis Thurstone, 1938)은 스피어먼의 데이터에서 모든 과제가 유의미하게 상관되어 있지만, 같은 능력을 재는 검사들인 경우는 상관관계가 훨씬 높다는 것을 지적하였다. 일례로 언어 능력과 관계된 과제의 점수는 지각 능력과 관계된 과제의 점수보다는 또 다른 언어 능력과 관계된 과제의 점수와 더 높은 상관이 있다는 것에 주목하였다. 즉 능력의 종류별로 상대적으로 더 높은 상관관계를 갖는다는 것이다. 이러한 데이터 패턴을 바탕으로 사람들에게 일반지능이 있는 것이 아니고 지각, 언어, 수리 능력과 같이 몇몇 안정적이고 독립적인 **기본적 정신 능력**(primary mental ability)이 있다고 보았다. 이러한 기본 능력들은 일반적인 것도 아니고 특정적인 것도 아니다. 서스톤은 지능이라는 단일 능력보다는 이러한 기본 능력이 핵심이라고 보았다.

지난 60여 년 동안 13만 명의 데이터를 분석하여 스피어먼과 서스톤의 제안이 모두 옳다는 것을 증명함으로써 이러한 논쟁은 끝이 났다. 구체적으로 이 기법은 많은 지적 능력들 간의 상관은 **그림 9.12**에서와 같이 세 수준의 위계 구조로 가장 잘 반영된다는 것을 보여주었다. 이 세 수준의 가장 위에 스피어먼이 주장했듯이 일반 지능 요인(g), 중간에 서스톤의 기본적인 정신 능력들, 맨 밑에 과제 특수지능(s)으로 이루진다는 것이다. 이 위계 모형은 사람들은 지능이라고 부르는 일

이요인 지능 이론 스피어먼의 이론에 의하면 지능검사 점수는 일반지능(g)과 과제 특수지능(s)에 의하여 결정된다.

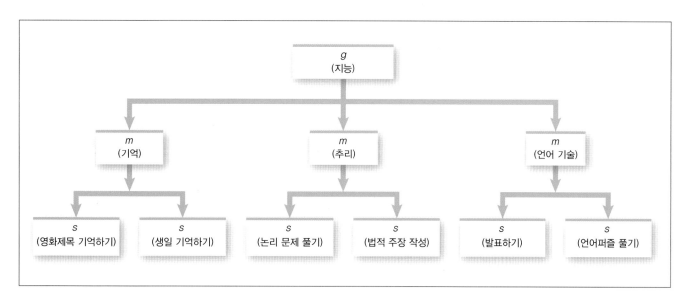

9.12　**지능의 3수준 위계 이론**　대부분의 지능검사 데이터는 3수준 위계의 지적 능력으로 설명할 수 있다. 맨위는 일반지능(g)이고 맨아래는 특정 능력이고, 가운데 몇몇 중간 수준 능력들로 구성된다.

반 능력이 있고, 지능은 여러 개의 중간 수준 능력으로 구성된다고 상정한다. 아울러 중간 능력은 어떤 일을 수행하는 특정 능력들로 구성되어 있다. 그동안의 연구 결과는 8개의 중간 수준 능력들이 있다고 밝혔다. 이들은 기억과 학습, 시지각, 청지각, 인출 능력, 인지적 속도, 처리 속도, 고정적 지능, 유동적 지능이다.

　　이러한 여덟 가지 능력 중 마지막 두 가지 능력을 제외하고는 말 그대로 이해가 가능하다. **결정적 지능**(crystallized intelligence)은 경험을 통하여 얻어진 지식을 저장하고 사용할 수 있는 능력을 의미하며 주로 사실적 정보와 어휘 지식을 측정하게 된다. **유동성 지능**(fluid intelligence)은 창의적인 문제를 추론하고 해결할 수 있는 능력을 의미하며 시간적 제한하에서 새로운 영역의 추상적 문제를 풀도록 한다(**그림 9.13** 문제 예 : 위의 패턴을 완성시키는 도형은 무엇인가?). 결정적 지능과 유동성 지능과 관련된 문제들은 각각 뇌의 다른 영역에서 담당하는 것으로 보인다. 한 종류의 지능이 손상되더라도 다른 지능은 영향을 받지 않기 때문이다. 치매성 질환은 유동성 지능보다는 결정적 지능에 영향을 주고 전두엽 손상은 결정적 지능보다는 유동성 지능에 더 많은 영향을 준다(Blair, 2006).

결정적 지능　경험을 통하여 얻어진 지식을 적용할 수 있는 능력

유동성 지능　창의적인 문제에 대하여 추론하고 해결할 수 있는 능력

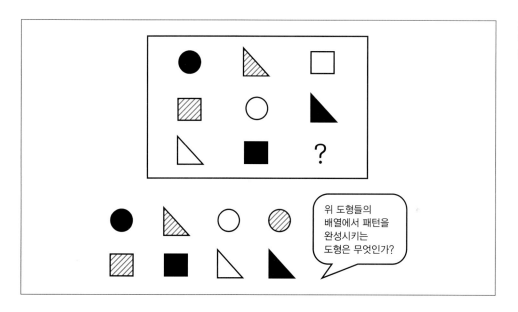

그림 9.13　레이븐의 매트릭스 문제의 예　결정적 지능보다는 유동성 지능을 재는 검사

정서지능 감정에 대한 추론 능력과 감정을 사용하여 문제를 해결할 수 있는 능력

표준 지능검사가 잴 수 없는 능력은 무엇인가

표준 지능검사는 상술한 3수준 이론으로 잘 설명할 수 있는데, 심리학자들은 전통적인 지능검사로 측정할 수 없는 지능의 요소가 존재한다고 보고 있다. 일례로 로버트 스턴버그(Robert Sternberg)라는 심리학자는 지능의 유형에는 분석적 지능, 창의적 지능, 실용적 지능이라고 명명된 세 가지 유형이 있다고 제안하였다. **분석적 지능**은 문제를 인식하고 정의한 다음 해결 전략을 찾는 능력이고, **창의적 지능**은 다른 사람이 생각하지 못하는 해결책을 찾는 능력이고, **실제적 지능**은 일상 장면에 해결책을 적용하고 유용하게 되도록 하는 능력이다.

한 연구의 예로 우유 공장 현장에서 효율적으로 우유를 만들어내는 복잡한 방법을 체험적으로 개발한 노동자는 도시 사무직 노동자보다 그 일을 월등히 잘한다. 그런데 그 우유 노동자의 지능검사 점수는 낮다는 사실은 실용적 지능과 분석적 지능이 서로 다른 지능 유형이라는 것을 의미한다(Scribner, 1984). 스턴버그는 실용적 지능이 어떤 사람의 직무 수행을 분석적 지능보다 더 잘 예측한다고 주장한다(cf. Brody, 2003; Gottfredson, 2003).

전형적인 지능검사가 측정할 수 없는 또 다른 지적 능력으로 **정서지능**(emotional intelligence)을 들 수 있다. 정서지능은 자신이나 타인의 정서를 추론하고 정서를 조절할 수 있는 능력이다(Mayer, Roberts, & Barsade, 2008; Salovey & Grewal, 2005). 지능적인 사람들은 특정한 사건이 어떠한 정서를 일으키는지 알고 있으며 그러한 정서를 인식하고 묘사하고 조절할

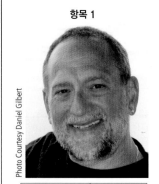

항목 1		항목 2	
		스콧은 해야 할 일들을 생각하면 걱정이 많다. 그는 시간만 많으면 할 수 있다고 생각하고 있다. 그런데 직장상사가 추가 일거리를 부여했다. 그는 어떻게 느낄까?	

감정	하나를 선택
a. 행복한	O
b. 화난	O
c. 두려운	O
d. 슬픈	O

감정	하나를 선택
a. 좌절과 염려	O
b. 만족과 평온	O
c. 수치와 수용	O
d. 슬픔과 죄책감	O

정서지능 검사의 두 항목. 1번 항목(왼쪽 : 행복, 화남, 두려움, 슬픔)은 정서적 표정 인식능력 측정. 2번 항목(오른쪽 : 좌절과 걱정, 만족과 평안, 수치와 수용, 슬픔과 죄책감)은 외부 사건에 대한 예상되는 정서반응 예언 능력 측정

수 있는 능력이 있다. 그들은 정서를 다루어 더 좋은 결정을 할 줄 알며 타인의 표정과 목소리 톤으로부터 정서를 읽을 수 있다. 정서적 지능이 높은 사람들은 사회적 기술이 뛰어나며 친구가 많다는 연구가 있다(Eisenberg et al., 2000; Mestre et al., 2006; Shulz, Izard, & Bear, 2004). 또한 정서적 지능이 높은 사람들은 사회적 상호작용에서 타인으로부터 유능하다고 판단되고(Brackett et al., 2006), 연애 기술이 좋으며(Brackett, Warner, & Bosco, 2005), 직무 관계도 좋다(Lopes et al., 2006). 이러한 것을 종합하면 정서적 지능이 높은 사람들은 행복하고(Brackett & Mayer, 2003), 건강하며, 삶의 만족도가 높다는 것은 당연한 결과이다(Ciarrochi, Chan, & Caputi, 2000; Mayer, Caruso, & Salovey, 1999).

표준 지능검사는 비서구권 문화에서 중요하다고 여겨지는 몇몇 중간 수준 지적 능력을 제대로 잴 수 없을 수도 있다. 일례로 서양인은 말을 자주 하고 빨리 하는 사람들을 지적이라고 여기는 반면, 아프리카인들은 신중하고 조용한 사람을 지적이라고 지각하는 경향이 있다(Irvine, 1978). 유교 문화에서는 생각에서의 융통성과 타인의 지혜를 습득하는 능력을 중시하고(Pang et al., 2017), 도교 문화에서는 겸손과 자기 인식을 중시하고, 불교 문화에서는 결심과 정신 수행을 중요시 여긴다(Yang & Sternberg, 1997). 또 다른 연구에서는 서양인과는 다르게 동양인과 아프리카인은 지능에는 사회적 책임감과 협동심도 포함이 되는 것으로 생각하며(Azuma & Kashiwagi, 1987; Serpell, 1974; White & Kirkpatrick, 1985), 아프리카 국가 짐바브웨에서 '지능'을 뜻하는 단어 *naware* 사회적 관계에서 조심함과 현명함을 의미한다(Sternberg & Grigorenko, 2004).

헝가리 체스 그랜드 매스터인 유디트 폴가르와 일본의 배우 이와나가 테츠야는 영재급 지능지수를 갖고 있다. 그런데 그들의 문화는 지능에 대해서 다른 해석을 하기도 한다. 서양에서는 지능을 합리적인 사고를 할 수 있는 능력으로 보지만 동양에서는 상황에서의 모순과 복잡성을 인식할 수 있는 능력으로 보기도 한다.

이러한 사실을 바탕으로 일련의 연구자들은 문화마다 지능에 대한 정의가 다를 수 있다는 것을 인정하고 있다. 그러나 다른 연구자들은 지능에 대한 정의의 차이는 표현상의 차이일 뿐 문화 간 지능 기제는 유사하다고 보고 있다. 다시 말하면, 모든 문화는 당면한 문제를 푸는 능력을 중시하므로 문화적 차이가 나는 것은 단지 중요하다고 생각하는 문제의 종류라는 것이다.

정리문제

1. 지능검사가 처음에 개발된 이유는 무엇인가?
2. 지능지수는 무엇인가?
3. 지능검사 점수가 개인의 일생의 어떤 결과를 예측할 수 있는가?
4. 스피어먼과 서스톤의 논쟁은 어떤 것이었고 어떻게 해결되었는가?
5. 유동성 지능이 결정적 지능과 다른 점은 무엇인가?
6. 정서 지능이 높은 사람이 가지고 있는 기술은 무엇인가?

지능의 원천은 어디인가

수학적 계산 지식은 습득해야 하지만 어떻게 눈 깜박임을 하는지는 온전히 유전되는 것이다. 인간의 능력에 있어서 습득해야 하는 것이 있지만 동시에 가지고 태어나는 능력도 있다. 인간 대부분의 흥미로운 능력은 유전과 습득의 조합물이다. 지능이 이러한 전형적인 조합물이다. 우선 유전의 영향을 알아보자.

학습목표

- 유전이 지능에 미치는 영향을 기술한다.
- 환경이 지능에 미치는 영향을 기술한다.

지능에 대한 유전의 영향

형제자매와 같이 친족들 간에는 대체로 지능이 유사하다는 사실은 유전이 지능에 미치는 영향에 관한 좋은 증거처럼 보이지만 환경도 유사했기 때문에 좋은 예가 되지 못한다. 즉, 친족들은 유전자를 공유하는 부분이 있지만 성장 과정에서 다른 요소들도 공유한다. 일례로 형제자매는 통상 부모와 같은 집에서 생활하고, 같은 학교에 가고, 같은 음식을 먹고, TV 프로그램과 영화 등

이란성 쌍생아 2개의 난자와 2개의 정자가 각각 결합한 별도의 수정란에서 낳은 쌍생아

일란성 쌍생아 하나의 난자와 하나의 정자가 결합한 수정란이 둘로 나누어져 낳은 쌍생아

아드리아나 스콧과 타마라 라비는 뉴욕에 있는 맥도날드 주차장에서 우연히 처음 만난 쌍생아이다. "우리는 한동안 서로 멍하니 서로 쳐다보고 있었다" 아드리아나는 나를 바라보고 있던 놀란 경험을 회고했다. 이들은 일란성 쌍생아로 출생과 동시에 각각 다른 가정으로 입양된 것으로 밝혀졌다.

©Angel Franco/The New York Times/Redux

을 공유한다. 그러므로 이들의 지능검사 간의 유의미한 상관은 유전에 기인한 것일 수도 있고 공유된 경험에 기인한 것일 수도 있다. 유전과 환경의 상대적 영향을 알기 위해서는 이 중 한 가지만 공유하거나, 모두 공유하거나 아무것도 공유하지 않은 조건들을 비교해야 한다. 같은 부모 아래 형제자매들은 유전과 환경을 모두 공유하는 조건이고 출생에서 각각 다른 가정에 입양된 조건은 유전은 공유하지만 환경이 다른 조건이고, 각각 다른 가정에서 입양되어 길러진 형제자매는 환경은 공유하지만 유전은 다른 조건이다.

더욱이 다른 시기에 태어난 형제자매들은 50%의 유전자만 공유하기 때문에 해석이 복잡해질 수 있다. 한편, **이란성 쌍생아**(fraternal twins)도 2개의 난자와 2개의 정자가 결합하여 만들어진 수정란에서 발달한 쌍생아이기 때문에 50%의 유전자를 공유한다. **일란성 쌍생아**(identical twins)는 하나의 난자와 하나의 정자가 결합하여 만들어진 수정란이 둘 이상으로 분리되어 발달한 쌍생아이므로 100% 같은 유전자를 공유한다. 이러한 조건의 사람들을 대상으로 심리학자들은 공유된 유전자와 환경의 다른 조합을 가진 조건을 비교하여 유전과 환경의 상대적 영향을 밝혀냈다.

한 가지 결론은 다음과 같다: 각각 다른 가정에서 입양되어 동일한 가정에서 길러진 형제자매의 지능지수 간의 상관은 각각 다른 가정으로 입양된 이란성 쌍생아들의 지능지수 간의 상관보다 낮다. 이는 유전이 지능에 미치는 지대한 영향을 보여주는 것이며 놀랄만한 일은 아니다. 결국 지능은 뇌의 구조와 기능에 의해서 결정되며 유전자가 뇌의 구조와 기능을 설계하는 역할을 한다. 실제로 지능은 대부분의 인간의 특질들을 결정하기 때문에 지능에도 절대적인 영향을 미치지 않는다면 모순이다.

지능에 대한 환경의 영향

지능은 유전에 의해서 영향을 받지만 환경도 영향을 준다. **그림 9.14**에서 보는 바와 같이 지능은 한 사람의 생애에 걸쳐서 변한다(Owens, 1966; Schaie, 1996, 2005; Schwartzman, Gold, & Andres, 1987). 대부분의 사람들의 지능은 청년기부터 중년기까지 상승하고 노년기 이후에 낮아지며(Kaufman, 2001; Salthouse, 1996a, 2000; Schaie, 2005), 이는 뇌의 처리 속도 저하인 것으로 보고되었다(Salthouse, 1996b; Zimprich & Martin, 2002).

지능이 한 사람의 생애에 걸쳐 변하는 것처럼 세대를 걸쳐서도 변하는 경향이 있다(**그림 9.15** 참조). 제임스 플린에 의하여 우연히 발견되어서 **플린 효과**라 불리우는 현상은 한 세기 전 지능보다 현재의 지능이 평균 30 정도 높다는 것이다(Dickens & Flynn, 2001; Flynn, 2012). 현재 평균

그림 9.14 시간에 따른 지능의 변화
지능은 평생에 걸쳐 변화한다. 자라면서 높아지다가 중년에 정점에 다다르고 그후로 나이가 들면서 내려간다.

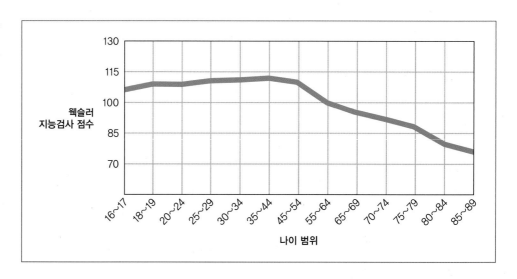

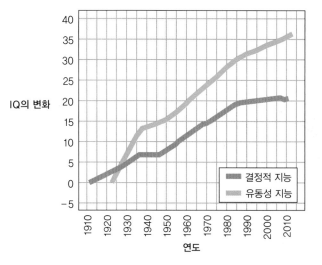

그림 9.15 플린 효과 101세인 카티자흐(오른쪽에서 두 번째 사람)가 5대 가족과 찍은 사진이다. 플린 효과는 그래프처럼 지능지수가 세대에 걸쳐 꾸준히 올라가는 효과를 의미한다. 다만, 최근에 와서는 이러한 효과가 나타나지 않고 있다.

지능을 가진 사람들은 한 세기 전의 95% 인구보다 더 지능적이라는 것이다! 그렇다면 왜 한 세대의 지능은 전 세대보다 평균적으로 높은가? 일련의 연구자들은 교육, 영양, 부모 양육에 그 원인을 돌리고(Lynn, 2009; Neisser, 1998), 하지만 플린을 포함하여 대부분의 연구자들은 산업 기술 혁명은 삶의 방식에 큰 영향을 주어서 사람들이 지능검사에서 사용하는 것과 정확히 유사한 추상적인 문제들을 풀 기회가 많아졌을 것으로 추론하고 있다. 즉, 연습이 점수를 높였다는 것이다(Flynn, 2012).

그렇다면 유전과 환경은 어떻게 지능을 결정하는가? 그것은 우리의 유전자는 우리 지능의 범위를 결정해줄 수 있지만 우리의 경험이 이 범위에서 어디에 지능이 떨어질지를 결정해준다(Hunt, 2011; 그림 9.15). 이러한 경험의 가장 강한 경험 요인이 경제 수준과 교육이다.

경제 수준 : 빈곤은 지능의 적이다

돈으로 사랑을 살 수 없을지 모르지만 지능은 살 수 있는 것 같다. 한 사람의 지능을 예측할 수 있는 가장 좋은 예측인자는 소위 말하는 집안의 **사회경제적 지위**(socioeconomic status, SES)이다. 높은 사회경제적 지위에서 자란 것과 낮은 사회경제적 지위에서 자란 것은 지능지수 12~18 정도의 차이를 보인다(Nisbett, 2009; van Ijzendoorn, Juffer, & Klein Poelhuis, 2005). 한 연구에서는 낮은 사회경제적 지위의 가정에서 태어난 아동들 중에 높은 사회경제적 지위의 가정으로 입양된 아이와 원래 가정에서 그대로 자란 아이의 추후 지능지수를 비교하였다. 결과는 높은 사회경제적 지위의 가정으로 입양된 아이의 지능지수가 평균 14 정도 높았다(Schiff et al., 1978). 이 아동들은 같은 유전자를 공유했지만 입양된 사회경제적 환경으로 인하여 많은 차이를 보인 것이다.

그렇다면 어떻게 사회경제적 지위가 지능에 영향을 미치는가? 한 가능성은 뇌 자체에 대한 영향이다. 낮은 사회경제 수준의 아동들의 영양과 의료 혜택은 열악할 가능성이 있으며 더 큰 삶의 스트레스와 공기오염이나 납 중독과 같은 환경공해에 노출될 가능성이 있다. 이러한 요인들은 모두 뇌의 발달과 연관되어 있다(Chen, Cohen, & Miler, 2010; Evans, 2004; Hackman & Farah, 2008).

사회경제 수준은 뇌의 학습이 일어나는 환경에도 영향을 미친다. 지적인 자극은 지능을 높이는데(Nelson et al., 2007), 높은 사회경제 수준의 환경에서 지적 자극 요소가 많다(Nisbett, 2009). 일례로 높은 사회경제 수준의 부모는 아이에게 책을 읽어줄 가능성이 더 크며 책의 내용과 실제

낮은 사회경제적 지위의 부모들이 아동들과 더 많은 대화를 유발하기 위하여 로드 아일랜드 주의 프로빈스시는 프로빈스 토크라는 대화 프로그램을 시작했다. 한달에 한번씩 아동들이 착용한 소형 축음기는 부모와 아동이 얼마나 말을 하고, 부모와 아동의 대화 양은 어떤한지를 녹음하게 되고 데이터를 컴퓨터화한다. 그런 다음에 담당자가 가정을 방문하여 피드백을 주게 된다.

Katherine Taylor/The New York Times/Redux Pictures

세계와 연관 짓는 질문을 더 한다(빌리는 고무 오리를 가지고 있다. 너는 고무 오리를 가지고 있는 누구를 알지?; Heath, 1983; Lareau, 2003). 연이어 이들은 아이에게 지적으로 자극적인 질문을 한다("오리는 풀을 먹을까?"). 반면 낮은 사회경제 수준의 부모는 일방적인 지시를 하는 경향이 있다("고무오리를 치워버리렴."; Hart & Risley, 1995). 3세 때까지 평균적인 높은 사회경제 환경에서 자란 아이들은 약 3,000만 개의 단어를 듣게 되지만 낮은 사회경제 환경에서 자란 아이들은 1,000만 개 정도의 단어를 듣게 된다. 그 결과, 높은 사회경제 환경에서 자란 아이들이 낮은 사회경제 환경에서 자란 아이들보다 50% 정도 더 많은 단어를 알게 된다. 분명히 빈곤은 지능의 적이다.

교육의 영향 : 학교는 지능의 친구

빈곤이 지능의 적이라고 한다면 교육은 지능의 친구이다. 정규 교육 정도와 지능 간에는 비교적 높은 상관관계가 있다(Ceci, 1991; Neisser et al., 1996). 이러한 높은 상관은 똑똑한 사람들이 계속 학교에 남게 되기 때문일 수도 있고, 실제로 학교가 사람들을 영리하게 만들기 때문일 수도 있다(Ceci & Williams, 1997). 이를 뒷받침하는 연구로 학교가 전쟁이나 팬데믹 상황이었을 경우나, 단지 양질의 교사 부족의 상황에 있었으면 아동들의 지능이 떨어졌다는 보고가 있다(Nisbett, 2009).

이러한 연구 결과들은 누구나 교육으로 수재가 될 수 있다는 것일까? 불행하게도 그렇게 될 수 없다. 연구 결과, 정규교육이 어느 정도 지능을 높일 수는 있어도 교육 기간이 끝나면 효과는 사라진다는 것이다. 일례로 유치원이나 유아원 취학 연령 기간에 양질의 교육을 받았던 낮은 사회경제적 집안의 아동들의 지능지수는 유의미하게 향상이 되었지만, 그 아동들이 초등학교로 진학한 후에는 향상되었던 지능이 낮아졌다. 그런데 교육이 지능을 향상시키는 장기간의 효과는 없는 것으로 보이지만 읽기 능력과 같이 필수적인 능력을 장기간에 걸쳐서 향상시키는 것은 분명하다. 건강, 부, 행복과 같은 주요 결과에 대해서 읽기 능력은 지능보다도 강한 영향을 미친다.

유전과 환경의 상호작용

유전과 환경은 뇌에 각각 독립적인 영향을 미치지만 이들은 서로 역동적으로 상호작용을 하여 지능에 영향을 미친다. 제3장에서 본 바와 같이 후생유전학은 환경이 유전의 영향이 일어날지를 결정한다고 보고 있다. 즉, 유전이 지능에 영향을 미칠지에 관한 버튼 역할을 환경이 한다는 것이다. 환경의 버튼이 켜지게 되면 유전은 지능과 뇌의 기능에 영향을 미칠 수 있지만 환경의 버튼이 꺼져 있으면 유전은 아무런 역할을 못한다. 과학자들은 지능에 영향을 미치는 50개 정도의 유전자를 밝혀 냈지만 이들이 지능에 영향을 미칠지를 결정하는 건 환경이라고 말한다.

유전과 환경이 지능에 영향을 미치는 방식이 또 하나 있다. 유전이 어떠한 환경에 접근할지 회피할지를 결정할 수 있다(Dickens & Flynn, 2001; Nisbett, 2009; Plomin et al., 2001; Tucker-Drob et al., 2013). 일례로 외향성을 유발하는 유전자는 어떤 아이들로 하여금 다른 급우들과 더 어울리도록 만들게 되어 결과적으로 학교에서 지내는 시간을 증가하게 되며, 자연히 지능이 올라갈 수 있다. 이러한 유전자는 아이들의 뇌 구조를 바꾸어서 지능을 향상시키는 것이 아니라, 간접적으로 아이들로 하여금 지능을 향상시킬 수 있는 환경은 선택하게 하고 그렇치 않은 환경은 피하게 한다는 것이다.

그런데 이와 같이 유전과 환경이 상호작용하는 패턴은 둘 중 어느 하나가 유전에 절대적인 영향을 미치는지에 대한 결론을 도출해내기 어렵게 만들고 있다. 일례로 뇌의 기능을 저하시키는 유전자가 평상시 작동을 안 하는 아이가 환경 스트레스의 노출로 인해서 이러한 유전자가 작동하게 되었다면, 이 아이의 낮아진 지능은 환경 스트레스의 영향인지 유전자의 영향인지 불분명하다. 또 다른 예로 외향성을 유발하는 유전자로 인하여 많은 학교 과외 활동과 적극적인 수행을 유발하여 관련 독서와 교육 활동에 더 참가하였다면 향상된 지능이 '외향성 유전자'의 영향인지 더 많은 학교 교육의 영향인지 단정하기 어렵다. 이러한 경우들은 유전과 환경의 영향이 복잡한 양상이며 과학자들은 이에 대한 이해의 걸음마 단계라고 볼 수 있다. 유전과 환경의 상호작용에 관해서는 각각이 지능에 미치는 영향이 불분명하다.

정리문제

1. 쌍생아 연구에 있어서 유전과 환경이 지능에 미치는 영향은 어떻게 보고 있나?

2. 환경이 지능에 미치는 가장 큰 영향은 무엇인가?

3. 유전자는 환경과 어떻게 상호작용하여 지능에 영향을 미치는가?

최신 과학

뇌 열어보기

인간이 다른 종보다 뛰어날 수 있는 큰 장점 중 하나는 인간의 뇌는 환경에 의해서 프로그램될 수 있다는 것이다. 거북이, 도마뱀, 파리는 특정 자극에 정해진 방식으로만 반응하도록 진화되어 왔다는 것이다. 포유류 중에서도 특히 인간은 환경에 민감한(environment sensitive) 종으로서 최소한의 하드웨어를 가지고 태어나 환경에 의하여 프로그램되도록 설계되었다는 것이다. 이러한 점이 인간으로 하여금 광범위하고 다양한 물리적·문화적 환경에서 적절히 기능하도록 하였다.

하지만 이러한 뇌의 환경 민감성은 영원히 지속되지 않는다. 18세경에 대뇌는 두꺼워지고 아동기 때만큼 환경에 민감하지 않게 된다. 뇌의 환경적 민감성이 인간을 똑똑하게 만드는 변인이라면 우리 중에 똑똑한 사람은 보통 사람들보다 환경에 대한 민감성이 더 오래 지속되는지 의문이다. 과연 그럴까? 이러한 의문에 답하기 위하여 연구자들은 1,100명의 일란성과 이란성 쌍생아의 지능을 영아기와 성인기에 측정하였다. 연구자들은 각 연령대의 지능지수 차이가 유전 또는 환경에 의하여 결정되는지를 조사하였다. 결과는 흥미롭다. 아동기 지능의 변화는 환경에 영향을 받는데 성인은 영향을 받지 않는다는 것이다. 그런데 낮은 지능을 가진 사람들은 초기 청년기까지 환경의 영향이 있는데 높은 지능을 가진 사람들은 환경의 영향이 청년기 전반에 영향이 있다는 것이다. 즉, 높은 지능의 사람들은 환경의 영향이 길다는 것이다.

아래 그래프는 이러한 환경과 유전의 영향을 연령대별로 나타내고 있다. 그래프들은 유전의 영향(주황색 선)과 환경의 영향(자주색 선)을 나타내고 있는데, 높은 지능의 사람이든 낮은 지능의 사람이든 이러한 영향이 끝나는 점은 동일하다. 다른 점은 높은 지능을 가진 사람들은 유전과 환경의 영향이 더 길지만 낮은 지능을 가진 사람들은 이들의 영향이 일찍 끝난다는 것이다. 아무도 높은 지능의 사람들에게 있어서 환경의 영향이 더 오래 지속되는지 아직 밝혀지지 않았고, 환경이 높은 지능의 원인인지 아니면 결과인지는 모른다. 우리가 아는 것은 아동기와 같이 뇌의 환경에 대한 개방성이 삶을 더 효율적으로 살게 하는 변인이라는 것이다.

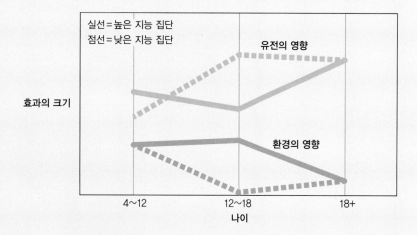

학습목표

- 영재아와 지체아에 대한 잘못된 인식을 기술한다.
- 집단 간 지능 차이의 원인에 대해서 밝혀진 점과 아직 모르는 점을 기술한다.
- 지능 향상 방법을 기술한다.

빈센트 반 고흐는 정신적인 문제가 많은 천재 화가로서 정평이 나왔다. 하지만 데이터는 정신 질환은 높은 지능 집단보다는 낮은 지능 집단에서 많은 것으로 나타났다.

Lee Foster/Alamy

누가 가장 지적인가

지능에서의 개인차

평균 지능은 100이며 약 70%의 사람들이 지능 85와 115 사이에 있다(**그림 9.16** 참조). 이러한 중간 범위 위의 지능을 가진 사람을 지적으로 뛰어나다고 하고, 이 범위 아래의 지능을 가진 사람을 지적으로 떨어진다고 한다. 지능지수의 양극단에 있는 사람들의 공통점이 있는데 통상 여성보다는 남성일 가능성이 크다. 다시 말하면, 남성과 여성의 평균 지능은 같지만 남성 지능의 변산이 여성보다 크기 때문에 남성이 아주 낮거나 높은 범위에 더 많다(Hedges & Nowell, 1995; Lakin, 2013; Wai, Putallaz, & Makel, 2012). 이러한 차이의 한 원인은 남자아이와 여자아이의 사회화 과정이 다른 방식으로 이루어지기 때문이다. 아울러 이러한 차이가 남녀의 타고난 생물학적 차이에도 기인하는지는 심리학에서 뜨거운 논쟁거리로 남아 있다(Ceci, Williams, & Barnett, 2009; Spelke, 2005).

지능의 중간 범위에 위치하는 대부분의 우리들은 지능지수 양극단 쪽의 지능을 가지고 사는 사람들에 대한 몇 가지 오해를 갖고 있다. 일례로 몇몇 할리우드 영화에서는 이러한 지능지수가 높은 사람에 대해서 고통을 가지고 사는 천재(통상 남성)로 묘사하고 있고 통상 명석하고 창의적이지만, 기괴하며 오해받기 쉽고, 의기소침한 사람으로 묘사한다. 그러나 대부분의 경우 할리우드 영화들은 지능과 정신병 간의 관련성을 실제와는 거꾸로 묘사하고 있는 것이다. 실제 세계에서는 높은 지능을 가진 사람은 낮은 지능을 가진 사람보다 정신병에 걸릴 가능성이 적다(Dekker & Koot, 2003; Walker et al., 2002). 그리고 영재급 지능을 가진 아동들은 몇몇 영화와는 다르게 일반인들과 같이 생활하는 데 잘 적응하는 것으로 보고되었다(Garland & Zigler, 1999; Neihart, 1999).

한편, 영재들에 대한 또 다른 오해는 영재들은 모든 영역에서 뛰어날 것이라는 것이다. 사실은 재능이 있는 아이들은 통상 모든 영역에 있어서 뛰어나지 않고, 수학, 언어 또는 음악 등 한 가지 영역에서만 뛰어나다. 재능이 있는 아이의 95%가 수리 능력과 언어 능력 중 한 가지에만 뛰어나다(Achter, Lubinski, & Benhow, 1996). 이와 같이 재능이 있는 아동들은 한 가지 영역에만 뛰어나기에 그 영역을 집중적으로 섭렵하기 위하여 애쓴다. 실제로 몇몇 연구는 이러한 영재급 아동들과 보통 아동들과의 큰 차이는 해당되는 재능 영역에 투자하는 시간의 차이에 기인한다고 주장한다(Ericsson & Charness, 1999).

지능 스펙트럼의 하위 범위에 있는 사람들을 지적인 장애가 있다고 분류하는데 통상 지능지수 70 이하가 기준이다. 이 범위들에 들어가는 70%가 남성이며 가장 흔한 지적장애의 원인으로

그림 9.16 지능지수 정상분포 지능검사 점수별로 각 구간에 해당되는 사람들의 비율을 보여주고 있다.

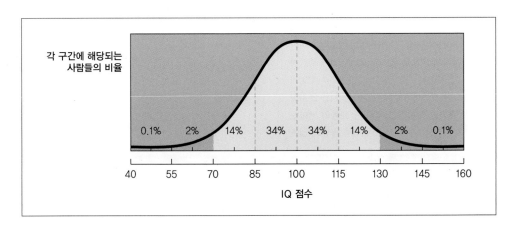

각 구간에 해당되는 사람들의 비율

0.1% 2% 14% 34% 34% 14% 2% 0.1%

40 55 70 85 100 115 130 145 160

IQ 점수

는 다운증후군(염색체 21번의 세 번째 복사체의 존재가 원인)과 태아 알코올 증후군(임신 중 산모의 음주가 원인)이다. 이러한 지적장애를 가진 사람들은 영재급 아동들과는 다르게 거의 모든 인지적 과제에서 손상된 수행을 보인다. 아울러 일반인들은 지적장애를 가진 사람들에 대한 오해가 많다. 일례로 지적장애를 가진 사람들은 불행할 것으로 생각한다. 그러나 최근 조사에 의하면 다운증후군을 가진 사람들의 96%는 삶 자체에 만족하며 외모와 자신에 대해서도 만족하는 것하는 것으로 나타났다. 지적장애를 가진 사람들은 많은 도전에 직면하며 그중 힘든 것이 일반인들이 그들에 대해 오해하고 있는 것들이다.

지능에 있어서 집단 간 차이

1990년대 초 스탠퍼드대학교 교수 루이스 터먼은 비네와 시몽의 성과를 향상하여 스탠퍼드-비네 지능 스케일이라고 불리는 지능검사를 개발하였다. 그의 검사의 산물 가운데 하나는 백인이 흑인보다 더 좋은 수행을 보인다는 것이다. 여기서 그는 다음과 같은 의문을 가졌다. 열등 인종은 정말 열등한 것일까? 아니면 교육의 기회가 없었기 때문일까? 그 스스로 답하기를 "그들의 우둔함은 인종에 기인하거나 그들의 가계에서 유전되는 것이다"라는 결론을 내렸다(Terman, 1916, pp. 91-92).

그의 주장은 맞는 것인가? 터먼의 주장의 요점은 세 가지 포인트로 나눌 수 있다. 첫째는 지능은 유전자의 영향을 받는다. 둘째, 특정 인종의 사람들은 다른 인종의 사람들보다 좋은 지능검사 수행을 나타낸다. 셋째, 이러한 인종 간 지능검사의 차이는 유전자의 다름에 기인한다. 사실상 모든 현대의 과학자들은 세 번째 주장만을 제외하고는 터먼의 주장에 동의한다. 사실 이 포인트는 지능 연구에 있어서 격렬한 논쟁의 주제였으며 논란이 많은 주장이었다. 과학은 우리에게 어떠한 답을 주는가?

이 문제에 답하기 전에 한 가지 분명히 해둘 것이 있다. 지능의 집단 간 차이는 본질적으로 있을 수 있는 문제라는 것을 인정하는 것이다. 즉, 노벨 수상자들이 구두 판매상들보다 지적인 것은 당연하다. 다만, 우리가 쉽게 받아들일 수 없는 것은 어떤 인종, 국가, 성이 다른 인종, 국가, 성보다 더 지적일 수 있느냐 하는 문제이다. 지능은 모두가 가지고 싶어 하는 적성이고 어떤 집단이 어떻게 태어났느냐와 어디에 거주하느냐에 따라서 지능이 결정되는 것은 공평하지 않다고 여기기 때문이다.

하지만 실제는 공평성을 떠나서 지능과 관련된 능력에 있어서 여성은 언어 의미 정보의 접근과 사용, 복잡한 산문의 산출과 이해, 정교한 운동 기술, 언어 속도에 있어서 남성보다 우월하고, 남성은 시공간 기억에서의 정보 변형, 특정 운동, 시공간적 반응, 추상적 수학과 과학에서의 유연한 추리에 있어서 여성보다 우월하다(Halpern et al., 2007; Nisbett et al., 2012).

지능검사에서 아시안은 백인계보다 우수한 성적을 얻으며 백인계는 흑인계보다 우수한 성적을 얻는 것으로 나타났다(Neisser et al., 1996; Nisbett et al., 2012). 이와 같은 집단 간 지능 능력별 차이에 관한 연구는 축적된 상태이다(Suzuki & Valencia, 1997, p. 1104). 결국 집단 간 지능의 차이는 집단 내 지능에서의 차이보다는 훨씬 적지만 어떤 집단이 다른 집단보다 지능이 높다는 터먼의 제안은 타당한 것으로 밝혀졌다. 그렇다면 이러한 원인은 무엇인가?

검사와 검사자

집단 간 지능 차이가 있는 한 가지 가능성은 지능검사 자체에 문제가 있을 수 있는 것이다. 실제로 초기 지능검사가 대개 유럽 백인들에게 익숙한 문제를 포함하고 있어서 문화적으로 편향되어 있었다는 것은 사실이다. 비네와 시몽이 개발한 검사에서 물어보기를 "어떤 사람이 여러분에게

이사벨라 스프링무홀은 다운증후군을 가진 패션 디자이너인데, 런던 패션쇼에 작품을 출시하였다. BBC 영국방송은 그녀를 영감적이고 혁신적인 100대 패션 디자이너로 선정하였다.

Leonardo Alvarez Hernandez/Getty Images

고정관념 위협 다른 사람이 가지고 있는 부정적 고정관념대로 행동할지 모른다는 염려

결례를 하여 죄송하다고 사과하면 어떻게 하시겠습니까?"라는 질문에 유럽계 문화와 부합하게 "사과를 받아들인다"는 반응은 정답으로 채점되지만, "더 많은 것을 원한다"는 오답으로 채점된다. 하지만 초기 지능검사는 그러한 면이 있었더라도 현대 지능검사는 거의 한 세기 동안 꾸준히 개정되고 발전하여 문화적으로 편향된 문항을 찾아보기가 힘들다(Suzuki & Valencia, 1997).

그런데 현재의 지능검사들이 문항들은 편향되지 않았다 하더라도 검사 환경은 편향되어 있을 수 있다. 일례로 미국의 흑인들은 답안지 맨 위에 인종을 적도록 하였을 경우에는 인종적 고정관념에 관한 불안이 스스로 야기되어 검사 수행이 안 좋아지는 경향이 있다(Steele & Aronson, 1995). 한편 **고정관념 위협**(streotype threat)은 다른 사람이 가지고 있는 부정적 고정관념대로 행동할지 모른다는 염려이며, 이는 수행에 영향을 미치기도 한다. 여성은 남성보다 수학을 못한다는 고정관념과 관련된 불안이 야기되어 수학과 관련된 검사에서 수행이 안 좋아진다. 반면에 같은 아시아계 여성들에게 성별 대신에 인종을 적도록 하였을 경우에는 아시아인들은 수학적 능력이 뛰어나다는 고정관념이 활성화되어 수학과 관련된 검사에서 수행이 좋아진다(Shih, Pittinsky, & Ambady, 1999). 이러한 연구 결과들은 지능검사가 실시되는 환경이 집단에 차등적으로 영향을 주며, 지능검사에서 실제 지능을 반영하지 않은 결과를 산출할 수 있음을 시사한다.

환경과 유전자

검사 상황과 같은 편향이 지능검사에서의 집단 간 차이를 일부 설명할 수 있지만, 전적으로 설명하지는 못한다. 대부분의 과학자들은 양육 환경이 지능검사 점수에 중요한 변인임에 동의하고 있다. 일례로 미국의 흑인 아동들은 백인 아동들보다 더 낮은 사회경제적 지위를 가진 집안에 태어났을 가능성이 크다(예 : 편부모 슬하 양육). 자세히 기술하면, 흑인 아동들은 수입이 낮은 집에 태어나고 좋지 않은 학교에 다니고 출생 당시 체중이 낮고 영양 상태가 열악하고 만성 질병률이 높으며 이에 대한 치료를 제대로 받지 않는 경향이 있다. 아울러 좋지 않은 학교에 다니며 편

현실 세계

인종 차별과 지능검사

19세기 비네와 시몽은 지능검사와 같이 객관적인 측정을 통하여 아동들의 지능을 산출하는 것이 선입견과 편견을 가질 수 있는 현장의 교사를 통하여 아동들의 지적 능력을 측정하는 것보다 낫다고 보았다. 그러나 20세기 초 지능검사는 점수가 낮은 가난하고 교육받지 못한 사람들에게 강제 불임시키는 것을 포함한, 극악무도한 형태의 차별을 정당화하는 데 사용되어 오명을 얻었다. 현재까지도 많은 사람들은 지능검사와 인종 차별을 같은 선상에 놓고 생각하고 있다.

그런데 이러한 역사는 아이러니한 측면이 있다. 미국 플로리다주에서는 지능검사 대신에 현장 교사들과 학부모들의 주관적 판단에 따라 영재 교육을 받을 수 있는 아동들을 선발하는 정책을 폈다. 그 결과 유색인종들은 현격히 대표성을 잃었다.

2005년에 들어서 플로리다주는 다시 옛날 방식으로 돌아가는 개혁을 했다. 즉, 초등학교 2학년 아동들은 예비검사를 거쳐서 지능검사로서 영재 교육 프로그램에 들어갈 수 있는 아동들을 선발하였다. 결과는 어땠을까?비네와 시몽이 의도한 바대로 사람의 선입견과 편견의 부작용을 방지하고 흑인 아동이 영재 교육 프로그램을 받는 비율이 74%나 증가하였다. 히스패닉 아동들은 더욱 더 큰 증가 비율인 118%나 더 영재 교육 프로그램을 받게 되었다(Card & Giuliano, 2016).

그런데 불행하게도 이러한 정책은 오래가지 못했다. 2010년 플로리다주는 교육예산 삭감으로 지능검사를 더 이상 실시할 수 없게 되어서 다시금 주관적인 평가 시스템으로 회귀하였다.

예상대로 유색인종이 영재교육 프로그램을 받는 비율은 크게 낮아졌다. 지능검사는 좋은 것도 아니고 나쁜 것도 아니다. 지능검사는 도구일 뿐이다. 우리가 사는 세상을 좋게도 할 수 있고 나쁘게 할 수도 있는 것이다.

부모 슬하에서 양육되는 경우가 백인들보다 높다(Acevedo-Garcia, McArdle, Osyuk, Lefkowitz, & Kringold, 2007; National Center for health Statistics, 2004). 이러한 요인들을 감안하면 흑인들의 지능검사 점수가 백인들보다 평균 10점 더 낮다는 것은 놀라운 사실이 아니다.

그렇다면 이러한 인종 집단 간 차이는 무엇이 유발하는가? 현재까지 과학자들은 인종 간의 차이가 유전자에 기인한다는 유의미한 연구는 없었으며, 유전자의 영향을 받지 않는다는 몇 가지 관련 사실을 발견하였다. 일례로 미국 흑인들은 평균 약 20%의 유럽계 유전자가 가지고 태어나는데, 유럽계 유전자를 더 많이 갖고 태어난 흑인이 더 적게 갖고 태어난 흑인과는 지능에 있어서 차이가 없다(Loehlin, 1973 ; Nisbett et al., 2012 ; Scarr et al., 1977). 유사한 연구로 미국 흑인 부부 간 집안에서 태어난 아동과 흑백 인종 부부 간에서 태어난 아동들이 각각 중산층 가정에 입양되어 양육된 후에도 이들 간의 지능 차이가 없다(Moore, 1986). 이러한 연구가 인종 간 지능의 차이가 유전자에 기인할 수 있다는 가능성을 완전히 배제하는 것은 아니지만, 그러할 가능성이 낮음을 시사한다. 지능에 영향을 미치는 유전자를 분리해서 어떤 집단이 다른 집단보다 그러한 유전자를 더 많이 가졌다는 것을 밝히는 것이 확실한 검증방법이다. 그러기 전에는 심리학자들은 유전자와 지능 간의 관련성을 지지하지 않을 것이다.

지능 향상

지능은 돈과 교육으로 향상될 수 있다. 그러나 대부분의 사람들은 부자가 아니며 교육은 시간이 오래 걸리고 비용이 많이 드는 것이 사실이다. 그렇다면 보통 사람들의 부모가 아이들의 지능을 올릴 수 있는 효율적인 방법이 있을까? 최근에 연구자들은 지난 수십 년간 이러한 문제에 대하여 연구되어 온 과학적 성과물에 대한 분석을 시작하였다(Protzko, Aronson, & Blair, 2013). 그 결과 다음의 네 가지 사항이 아동의 지능과 관계가 있음을 발견하였다.

- 첫째로 모유에서 발견되는 복합 불포화 지방산을 산모와 신생아에게 식이요법으로 제공하는 것은 아동의 지능을 약 4점 올릴 수 있는 것으로 밝혀졌다(Boutwell et al., 2018).
- 둘째, 사회경제적 지위가 낮은 집안의 아동들에게 초기 교육 개입 프로그램에 참여하도록 하면 아동들의 지능을 약 6점 올릴 수 있다.
- 셋째, 부모가 아동과 상호작용을 하면서 아동에게 책을 읽혀주는 것은 약 6점의 향상을 일으킨다.
- 마지막으로 정규교육이 시작되기 전에 아동을 프리스쿨(preschool)에 보내는 것은 약 6점을 향상시킨다.

부모가 아이들의 지능을 올리기 위해서 해줄 수 있는 부분이 있다. 일련의 최근 연구들은 고수준의 인지기능을 쓰도록 장기간 정신적 훈련(mental exercise)을 받으면 유동성 지능이 다소 향상되며, 노인들은 지능의 저하를 늦출 수 있는 것으로 밝혀졌다(Salthouse, 2015). 이러한 인위적인 훈련이 지능을 향상시키거나 저하를 늦출 수 있는지는 논쟁거리이지만, 매우 유력한 방법으로 여겨지고 있다.

미래에는 지능 향상이 더 단순해질 수도 있다. **인지적 향상자**(cognitive enhancers)라는 약은 지적 행동에 영향을 주는 심리적 과정을 향상시킬 수 있는 약이다. 일례로 애더럴이나 리탈린과 같은 전통적인 자극제는 사람들의 주의력, 작업 기억에서 정보 조작력, 융통성 있는 통제 반응력을 높이는 것으로 밝혀졌다(Sahakian & Morein-Zamir, 2007). 이러한 이유로 지난 수십 년간 이러한 약을 사용하는 건강한 사람들이 많이 생겼다. 약들이 인지적 기능을 향상시키지만 부작용이 있

부모들은 자녀들의 지능을 향상시킬 수 있는 방법을 끊임없이 찾는다. 한 연구는 악기연주를 배우는 것은 지능을 유의미하게 향상시킨다는 것을 보고하였다(Protzko, 2017) 다른 연구에서는 악기 연주와 지능 간에 인과관계는 없다고 보고하였다(Sala & Gobet, 2018).

Jose Luis Pelaez Inc/Getty Images

인지적 향상자 지적 행동에 영향을 주는 심리적 과정을 향상시킬 수 있는 약

지능이 전부가 아니다

배리 슈워츠는 스와 드모어대학의 사회 이론 및 사회 행동학 교수이다. 선택의 역설(2004) 등 다수의 저서가 있다.

©Toby Madden/eyevine/ Redux

지능은 중요하다. 그렇다면 지능이 인생을 결정하는가? 배리 슈워츠(Barry Schwartz) 교수는 그렇게 보지 않고 있다. 그는 우리가 지능을 적절하게 사용하게끔 할 수 있는 몇몇 덕성을 겸비하고 있지 않는다면 인생의 행복과 올바른 성과를 가져올 수 없다고 주장한다. 그는 대학교나 교육기관이 '무엇을' 생각할지를 가르치기보다는 9개의 주요 지적 덕성을 교육하고 증명함으로써 '어떻게' 생각할지를 가르쳐야 한다고 주장한다. 이들 9개의 지적 덕성은 무엇인가?

어떻게 생각하는지에 관한 능력은 몇 가지 인지적 기술과 관련되어 있다. 예로, 통계적 분석력, 개념적 융통성, 분석적 통찰력, 표현적 명확성을 들 수 있다. 이러한 기술과는 별도로 어떻게 생각할지를 배우기 위해서는 몇몇 지적 덕성의 발달이 필요하며 이러한 발달은 좋은 학생, 직장인, 시민이 되는 길이다.

진리 추구 : 좋은 학생이 되기 위해서는 진리를 추구해야 한다. 진리를 추구하는 것은 지적으로 매력적인 일이다. 그런데 진리는 고정되어 있지 않다. 한 개인이 생각하는 진리가 있듯이 다른 사람이 생각하는 진리가 있다. 또한 오늘 진리로 생각하는 것을 내일은 다른 것을 진리로 생각할 수 있다. 모든 것은 관점의 차이일 뿐 상대적인 것이다. 진리를 안다고 생각하는 사람들은 단지 그들의 힘과 지위를 이용하여 다른 사람에게 강요하는 것일 수도 있다.

이러한 진리에 대한 상대주의는 인간의 진리 추구 역사에서 일어났던 일이다.

지적인 엘리트 집단에 의해서 진리라고 여겨졌던 것을 따랐던 대중들은 진리가 관점의 문제라는 것을 깨닫기 시작했다. 점차 소외되었던 관점이 주목받기도 한다. 이러한 관점은 우리의 이해를 증진시키기도 한다. 그러한 이유는 소외되었던 관점이 예전에는 몰랐던 진리의 측면을 우리에게 인식시켜주었기 때문이다. 이것은 단지 그들이 진리가 아니라 객관적 진리인 경우도 있다. 우리가 얻을 수 있는 것은 진리의 일부분이라는 이러한 인식은 어쩌면 객관적인 진리가 세상에 존재하지 않을 수 있다는 생각을 불러일으킨다.

정직 : 정직은 학생들로 하여금 아는 것의 한계를 수용할 수 있게끔 해준다. 실수를 인정하는 힘이 된다. 세상이 보는 상식과는 다른 진리도 받아들일 수 있는 힘을 준다.

공정심 : 다른 사람의 주장을 평가하는 데 있어서 공정한 마음이 필요하다.

겸손 : 겸손은 학생들로 하여금 우리의 한계와 실수를 인정하게끔 하고 타인으로부터 도움을 청할 수 있는 덕성이다.

인내 : 학생들은 인내가 필요하다. 가치 있는 지식과 성과는 쉽게 오지 않는다

용기 : 학생들은 동의하지 않는 교수와 같은 권위자나 타인 앞에서 자신들이 믿는 것을 주장할 수 있는 지적 용기가 필요하다. 학생들은 쉽게 얻어지지 않을 수도 있는 진리를 추구할 수 있는 위험성을 감수하는 것이 필요하다.

경청 : 학생들은 경청하지 않고는 타인이나 교수로부터 배울 수가 없다. 경청은 용기도 필요한데 이는 무거운 대화는 학생이 향후 어떻게 삶을 살아나갈지와 같은 세계관이 흔들릴 수 있는 가능성도 있기 때문이다.

관점 바꾸기와 감정이입 : 관점 바꾸기와 감정이입을 지적 덕성에 포함하는 것은 어색할 수 있다. 하지만 제대로 된 관점 바꾸기를 하기 위해서는 지적인 정교함이 필요하다. 어린 학생들은 급우들이 화가 난 것을 인지할 수는 있지만 어떻게 위로할지에 관한 능력은 적다. 그들은 급우를 기분 좋게 하는 일을 함으로써 위로하려고 한다. 모든 교육기관의 선생님들은 '앎의 저주'를 극복해야 한다. 선생님들은 자신들이 가르치고자 하는 것을 스스로가 이해하기 전의 상태를 되뇌이지 않으면 학생들에게 제대로 설명할 수 없다. 무엇이든 당사자가 이해한 것은 당사자에게만 명확한 것이다.

지혜 : 마지막으로 학생들은 아리스토텔레스가 얘기한 실용적 지혜가 필요하다. 여기 소개한 지적 덕성은 적절한 균형점을 찾지 않으면 극단으로 흐를 수 있다(아리스토텔레스는 이를 '평균'이라 부름). 즉, 지혜는 소심함과 분별없음, 부주의와 집착, 주장과 경청, 경솔함과 고집, 신뢰와 의심, 감정이입과 무관심의 균형을 찾게 해줄 수 있다. 또한 지혜는 이들 지적 덕성들 간에 충돌할 때 조정의 역할을 하기도 한다. 감정이입, 공정성, 개방성은 진리 추구와 충돌할 수 있는 것이다. 실용적 지혜가 필요하다.

특정 직업에서의 훈련과 지적 덕성의 함양은 통상 서로 상충하지는 않는다. 지적 덕성은 직장인이 변화에 개방적이고, 실수를 인정하고 실수로부터 배우고, 융통성 있게 하는 힘이 된다. 지적 덕성이 있는 직장인은 어려운 문제에 부정확한 해결 방식으로 적당히 타협하지 않고, 도움이 필요할 때 도움을 청하게 된다. 직장은 지적 덕성을 가진 사람들이 필요하지만 직장에서 이를 배우기 적합하지는 않다. 대학교나 교육기관에서 이를 훈련해야 한다.

슈워츠는 진리 추구, 공정심, 그리고 휴식 없이 지능으로만은 한계가 있다고 주장한다. 그의 주장이 맞는가? 그렇다면 어떻게 가르칠 수 있나? 그의 지적 덕성 리스트는 전부인가? 더 필요한 덕성이 있는가? 이러한 의문은 어렵지만 중요하다. 아이러니한 것은 이러한 의문에 대한 답 또한 지능으로만 할 수 없다는 것이다.

으며 남용될 수 있다.

가까운 미래에는 인지적 향상이 약의 화학작용으로 뇌의 기능을 바꾸는 것이 아니라 출생 시 뇌의 기본 구조를 바꿈으로써 이루어질 것으로 예견하고 있다. 과학자들은 뇌 해마(hippocampus)의 발달을 제어하는 유전자를 조작하여 뛰어난 기억과 학습 능력이 있는 '천재 쥐'들을 만들어내는 데 성공했다. 이러한 유전자 편집 기술(gene editing)은 해당되는 동물뿐만 아니라 후속 세대의 유전자까지 변경시킬 수 있는 가능성도 있다.

아직 아무도 안전하고 강력한 '스마트 필(똑똑하게 만드는 약)'이나 '유전자 편집 기술'을 개발하지는 못했지만 많은 전문가들은 수년 내에 현실화될 것으로 보고 있다(Farah et al., 2004; Rose, 2002; Turner & Sahakian, 2006).

전통적인 인지기능 향상 방법과 최신 기술들 간에 분명한 경계가 있는 것은 아니다. 애더럴이라는 약과 최근의 정신적 훈련 모두 뇌의 기능을 바꾸어줌으로써 인지적 기능을 향상시키는 것이기에 중복되는 기전이 많다. 일부 학자들은 뇌의 기전보다는 윤리적인 측면을 강조한다. 약과 최근의 기억 훈련이 모두 유동성 지능을 향상시키지만 약은 처방으로 해결되는 데 반해 훈련은 많은 노고와 개입이 필요하다는 것이다. 우리에게 던져진 물음은 지능과 같이 모두가 원하는 인간의 속성이 노력이나 자연에서 주어지는 것보다는 돈으로 살 수 있는 세상에 살고 싶은가이다. 조만간 우리는 이러한 질문을 스스로 해보는 시대에 돌입할 것이며, 이에 대한 대답은 고수준의 지능이 필요할 것이다.

정리문제

1. 영재아와 지체아에 대해서 통상 가지고 있는 잘못된 인식은 무엇인가?
2. 영재아와 보통 아이들을 구별하는 가장 큰 특징은 무엇인가?
3. 검사 환경이 어떻게 지능검사 점수에 영향을 미칠 수 있는가?
4. 유전자가 지능에 영향을 미치지 않는다는 증거들은 무엇인가?
5. 지능을 향상시킬 수 있는 인위적인 방법은 무엇인가? 윤리적인 이슈는 무엇인가?

제9장 복습

언어와 의사소통 : 규칙에서 의미까지
- 인간 언어는 음소에서 형태소, 구에서 최종 문장까지 복잡한 조직을 특징으로 한다.
- 아이들은 인간 언어의 모든 대비되는 소리들을 구별할 수 있으나, 첫 6개월 안에 이 능력을 잃는다. 소리 옹알이는 4~6개월에 나타나고, 첫 단어는 10~12개월에 말하거나 수화로 표현한다.
- 아이들은 명시적으로 가르치지 않아도 발달 과정에서 문법적인 규칙을 습득한다.
- 언어 학습에 대한 행동주의자들의 설명은 조작적 조건형성에 기초하며, 생득론자는 인간에게 언어를 처리할 수 있는 생물학적 소인이 있다고 주장한다. 상호작용론자는 언어학습을 생물학적 과정이자 사회적 과정이라고 설명한다.
- 언어를 산출하고 이해하는 우리의 능력은 대뇌의 서로 다른 그러면서도 상호작용하는 영역에 의존하는데, 브로카 영역은 언어 산출에, 베르니케 영역은 이해에 결정적이다.

개념과 범주 : 우리는 어떻게 사고하는가
- 우리는 대상, 사건, 여러 자극에 관한 지식을 개념, 원형 및 본보기로 만들어 정리한다.
- 우리는 두 이론이 제안하는 과정에 의해 개념을 획득한다. 원형 이론은 우리가 한 범주의 가장 전형적인 구성원을 사용해 새로운 항목을 평가한다고 기술하며, 본보기 이론은 새로운 항목을 범주의 구성원들에 관한 저장된 기억과 비교한다고 기술한다.
- 원형과 본보기는 대뇌의 다른 부분에서 처리된다.
- 대뇌는 살아있는 것과 인공물 같은 개념을 서로 다른 범주로 조직화하는데, 그런 범주의 발달에는 시각적 경험이 필수는 아니다.

결정하기 : 합리적이고 그렇지 못하고
- 인간의 결정 과정은 완전하고 합리적인 과정과는 거리가 있는데, 이러한 실수들은 인간의 마음이 어떻게 작용하는지 알려준다.
- 사람들에게 확률 판단을 하도록 하면, 기억의 강도나, 원형과의 유사성을 판단하고, 빈도를 추정하는 것처럼 우리가 해결하는 방법을 알고 있

는 것으로 문제를 바꿀 것이다.
- 이득을 얻는 것보다 손실을 피하는 것이 더 중요하다고 느끼기 때문에 틀 효과는 우리의 선택에 영향을 끼친다. 우리가 자각하지 못하지만 정서적 정보가 우리의 결정 과정에 강하게 영향을 끼친다.
- 전전두엽은 의사결정에 중요한 역할을 하는데, 전전두엽 손상 환자는 건강한 개인보다 더 위험한 결정을 한다.

지능

- 지능은 자신의 문제를 풀고, 경험을 통하여 배울 수 있는 정신능력이다. 비네와 시몽은 기존 성적과는 관련 없는 아동의 학습 적성을 측정하려고 지능검사를 개발하였다.
- 지능 검사는 지능지수 또는 IQ라고 불리는 점수를 산출한다. 이는 어떤 개인의 점수가 집단 평균으로부터 떨어져 있는 정도를 반영한다.
- 지능검사에서는 통상적으로 한 가지 지적능력 검사에서 좋은 점수를 받으면 다른 지적능력 검사에서도 좋은 점수를 받는다는 사실은 일반지능(g)의 존재를 말해준다. 하지만 때때로 두 가지 하위능력 검사 간에 관계성이 높지 않은 경우도 있다는 사실은 특수지능(s)의 존재를 말해준다. 아울러 이러한 일반지능(g)과 특수지능(s) 사이에 '중간 수준 능력'이 있다.
- 실용적 지능, 창의적 지능, 정서지능은 표준 지능검사가 잴 수 없는 중

간 수준 능력들이다.

지능의 원천은 어디인가

- 유전자와 환경은 모두 지능에 지대한 영향을 미친다.
- 사회경제적 지위는 지능에 강력한 영향을 미치고 교육은 단기간에 한해서 영향을 미친다.
- 어떤 사람이 갖는 유전자는 부모에 의하여 결정되지만 그러한 유전 성향이 발현되는 것은 적절한 환경 노출에 달려있다.

누가 가장 지적인가

- 지능은 정신건강과 관련이 유의미하며, 영재들은 보통 아이들과 마찬가지로 환경에 대체로 잘 적응한다. 통상적인 인식과는 달리 지체아들은 자기 자신에 대해서 만족해하고, 삶에서 행복하다.
- 특정 집단의 지능검사 점수는 높을 수 있는데 이는 검사 환경이 영향을 미치는 경우가 있기 때문이다. 아울러 낮은 사회경제적 가정 환경이 영향을 미칠 수 있기 때문이다.
- 집단들 간의 지능 차이가 유전자에 기인한다는 강력한 증거는 없다.
- 지능은 취학 전 교육 환경, 정신 훈련, 약물 등에 의해서 향상될 수 있다. 이러한 방법들 중에 특정 방법들은 부작용과 윤리적인 문제를 안고 있다.

핵심개념 퀴즈

1. 단어들이 결합하여 구나 문장을 만들게 되는 규칙은?
   a. 음성 규칙
   b. 형태소 규칙
   c. 구조 규칙
   d. 통사 규칙
2. 타고난 생물학적 능력으로 언어 발달을 설명하는 것은?
   a. 신속한 대응
   b. 행동주의
   c. 생득론자 이론
   d. 상호작용론자 설명
3. 브로카 영역으로 불리는 대뇌 영역의 손상이 일으키는 것은?
   a. 언어 이해 실패
   b. 문법적인 말 산출 어려움
   c. 영아 옹알이 재등장
   d. 쓰기 어려움
4. 한 범주의 '가장 전형적인' 구성원은?
   a. 원형
   b. 본보기
   c. 개념
   d. 정의
5. 본보기에 기초한 학습은 분석과 결정을 포함하며 대뇌의 어떤 영역을 포함한다는 증거가 있는가?
   a. 시각 피질
   b. 전전 피질
   c. 일차 청각 피질
   d. 운동감각 피질
6. 문제가 어떻게 표현되느냐에 따라 동일한 문제에 대해 사람들이 다른 대답을 하는 것은?
   a. 가용성 편향
   b. 결합 오류
   c. 대표성 간편법
   d. 틀 효과
7. 지능검사는 (   )
   a. 학교에서 급우보다 뒤처지는 아동들의 반 배정을 위해 개발되었다.
   b. 교육적인 성과보다는 적성을 측정하기 위하여 개발되었다.
   c. 이민을 막는 데 사용되었다.
   d. 러시아에서 개발되었다.
8. 다음 중 지능검사가 예측할 수 있는 것은?

   a. 학업성적
   b. 정신건강
   c. 건강
   d. a, b, c 모두
9. 사람들이 한 종류의 정신능력이 높을 때 다른 종류의 정신능력도 대체로 높다는 것은 무엇을 의미하는가?
   a. 정신능력 검사들은 서로 완벽하게 관계가 있다.
   b. 지능은 의미 있게 측정할 수 없다.
   c. 지능이라고 불리는 일반능력이 있다.
   d. 지능은 유전된 것이다.
10. 대부분의 심리학자들이 동의하는 지능의 구조는 무엇인가?
    a. 일련의 집단요인
    b. 이요인 구성
    c. 단일, 일반 능력
    d. 세 수준 위계 구조
11. 지능이 전형적으로 측정하는 것은 무엇인가?
    a. 분석적 지능
    b. 창의적 지능
    c. 실용적 지능
    d. a, b, c 모두
12. 지능에 영향을 미치는 것은?
    a. 유전
    b. 유전과 환경
    c. 환경
    d. 유전과 환경은 아님
13. 지능의 변화는 어떻게 일어나는가?
    a. 전 생애기간과 세대에 걸쳐서
    b. 전 생애기간에 걸쳐서 영향을 주지만 세대를 걸쳐서는 아니다.
    c. 세대를 걸쳐서 영향을 주지만 전 생애기간에는 아니다.
    d. 전 생애기간과 세대에 걸쳐서 모두 아니다.
14. 어떤 사람의 사회경제적 지위는 지능에 어떠한 영향을 미치는가?
    a. 지대한 영향
    b. 무시할 정도의 영향
    c. 적은 영향
    c. 알 수 없다.

핵심용어

가용성 편향	부전실어증	음성 규칙	편차 IQ
가족 유사성	비공유된 환경	음소	표면구조
개념	비율 IQ	이란성 쌍생아	합리적 선택 이론
결정적 지능	빈도 양식 가설	이요인 지능 이론	형태 규칙
결합 오류	생득론적 이론	일란성 쌍생아	형태소
공유된 환경	신속한 대응	전망 이론	지능
대표성 간편법	실어증	전보식 말	지능지수 IQ
매몰비용 오류	심층구조	정서지능	편견위협
문법	언어	지능	인지적 향상자
범주 특정적 결함	원형	통사 규칙	
본보기 이론	유동적 지능	틀 효과	

생각 바꾸기

1. 여러분이 각 나라의 언어에 따라 우리가 생각하는 방식이 달라진다는 것을 배우고 이를 친구에게 알려줬다고 상상해보자. 그랬더니 친구는 사람들은 공평하다는 것이 진리인데 사실일 수 없다고 반박하였다. 여러분은 어떻게 친구의 논리를 반박할 것인가?

2. 2011년 9월 **와이어드** 잡지는 미식축구에서 감독들이 '네 번째 공격 결정(fourth down decision)'을 논의하는 기사를 실었다. 네 번째 공격에서 첫 공격을 얻기 위해 위험한 러닝 공격이나 패스 공격을 하든지 혹은 안전하게 공격권을 상대방에게 넘겨주는 선택을 할 수 있다. 통계 분석은 위험한 선택이 보통 더 나은 선택이라는 것을 보여주는데, 감독들은 90% 이상 안전한 선택을 한다고 한다. 이 기사를 읽고 여러분의 친구가 믿을 수 없다며, "감독이 어리석지 않고 이기려고 하는데 왜 늘 틀린 결정을 한다는 거지?"라고 말했다고 하자. 이 친구는 인간은 합리적인 결정자라는 가정을 한다. 어떤 측면에서 이 친구가 틀릴 수 있겠는가? 무엇 때문에 감독들이 비합리적인 결정을 하게 만들었을까?

3. 생물학 수업에서, 주제가 유전학으로 바뀌었다. 교수는 과학자들이 더 똑똑한 쥐를 만들기 위해 유전자 편집을 어떻게 사용했는지 설명한다. 당신의 반 친구가 "그럴 줄 알았어"라고 말한다. "결국 '똑똑한 유전자'가 있는 거야. 어떤 사람들은 그걸 가지고 있고, 어떤 사람들은 가지고 있지 않아. 그래서 어떤 사람들은 똑똑하지만 어떤 사람들은 그렇지 않은 거야." 유전자와 환경이 지능에 영향을 미치는 방법에 대해 그 친구에게 뭐라고 말할 것인가?

4. 어느 친구가 여러분에게 말하기를 그는 IQ가 102이고 그의 여동생은 104라고 한다. 그러면서 그 친구는 여동생이 자신보다 더 똑똑하다고 생각하고 있다. 여러분은 그 친구에게 지능검사 점수와 지능과의 관계는 무엇이라고 말해주겠는가? 지능검사 점수는 무엇을 측정하는 것이라고 말해주겠는가?

5. 수학과에서 종신 재직 중인 남성 교수가 종신 재직 중인 여성 교수보다 약 9대 1로 더 많다는 전국 조사 결과가 나왔다. 여러분의 친구 중 한 명은 "하지만 그것은 사실이야. 여학생들이 남학생들만큼 수학을 잘하지 못하기 때문에, 수학과 관련된 직업을 선택하는 여학생들이 더 적은 것은 놀라운 일이 아니야"라고 말한다. 이 장에서 읽은 지적 능력의 집단 차이를 고려해 볼 때, 당신의 친구에게 이 사실을 어떻게 설명하겠는가?

핵심개념 퀴즈의 정답

1. d; 2. c; 3. b; 4. a; 5. b; 6. d; 7. a; 8. d; 9. c; 10. d; 11. a; 12. b; 13. a; 14. a; 15. b

발달

의 어머니는 그를 아디라고 불렀고 그에게 애정을 쏟았지만, 그의 아버지는 그다지 다정하지 않았다. 그의 누이는 후에 다음과 같이 회상했다 : 아디는 "매일 매질을 당했어요." 그의 아버지는 그가 공무원이 되기를 원했지만 아디가 진정으로 사랑한 것은 미술이었고, 그의 어머니는 그러한 고상한 관심을 조용히 응원하였다. 그의 어머니가 말기 암 진단을 받았을 때 아디는 겨우 18세였다. 그의 누이는 아디가 "넘쳐나는 부드러움으로 투병 중의 어머니를 마치 어린 아이처럼 돌봤다. 그는 포기할 줄 모르고 어머니를 돌봤고, 어머니가 가질 수 있는 어떤 희망이든 충족시킬 수 있기를 바랐으며, 그녀를 위한 그의 큰 사랑을 보여줄 수 있는 어떤 것이라도 하였다"고 말했다. 그녀가 사망했을 때 아디는 비탄에 잠겼지만, 슬퍼할 시간이 없었다. 후에 그가 쓴 대로, "가난과 어려운 현실은 나에게 빠른 결정을 하도록 만들었다. 나는 어떻게든 나 자신의 생계를 해결해야 하는 문제에 직면했다." 아디는 그의 아버지의 희망을 거역하고 화가가 되기로 결심했다. 그는 미술학교에 지원했으나 매정하게도 탈락당했고, 또한 아디는 어머니 없이, 집도 없이, 그리고 무일푼으로 공원 벤치에서 자고, 노숙자 보호소에서 살며, 무료 급식소에서 끼니를 해결하면서, 5년의 긴 세월 동안 도시의 거리를 헤매고 돌아다녔다. 그러는 내내 그의 스케치와 수채화를 팔려고 필사적으로 노력했다.

그러나 이 이야기는 한 잊힌 화가에 대한 이야기가 아니다. 정말로, 아디는 엄청난 명성을 얻었고, 오늘날 전 세계에서 온 수집가들은 그의 그림을 사기 위해 경쟁한다. 그의 작품 중 가장 큰 컬렉션은 그러나 개인 혹은 심지어 박물관에 있지 않다. 오히려, 그것은 미국 정부가 소유하고 있으며 워싱턴 D.C.의 창문도 없는 방 안에 가두어져 있다. 오랜 기간 이 컬렉션을 담당한 큐레이터 마릴루 예르네스는 "나는 자주 작품들을 보며 궁금해한다, "만약 그가 미술 학교에 합격했다면? 제2차 세계대전이 일어났을까?" 왜 아디의 큐레이터는 스스로에게 저 질문을 했을까? 그것은 그의 어머니가 그를 아디라고 불렀을지라도, 나머지의 우리들은 그를 바로 아돌프 히틀러로 알고 있기 때문이다.

20세기의 최악의 대량 학살자를 그림 그리기를 좋아한 온순한 아동으로, 혹은 병든 어머니를 보살핀 동정심 있는 청소년으로, 혹은 예술을 위해서 추위와 배고픔을 견딘 헌신적인 젊은이로 생각하는 것

태내기 : 전망이 있는 자궁

영아기와 아동기 : 지각하기, 행동하기, 생각하기

영아기와 아동기 : 유대하기, 돕기

청소년기 : 간격에 유의하기

성인기 : 우리가 믿을 수 없는 변화

아디는 여기 보이는 정밀하고 잘 조직된 수채화를 포함하여 여러 스타일로 그림을 그렸다. 2013년, 그의 작품 중 한 작품은 경매에서 4만 달러에 팔렸다.

Interfoto/Alamy

생애를 거치며 인간은 그들이 어떻게 보고, 생각하고, 느끼고, 행동하는가에 있어 연속성과 변화를 모두 보여준다.

Peter Dazeley/Getty Images

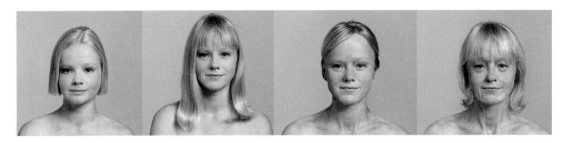

은 왜 그렇게 어려울까? 결국에는 우리는 처음부터 현재의 우리와 같은 사람으로 출발하지 않았다. 우리는 한때 우리였던 그 아기와는 전혀 다르고, 그리고 우리가 언젠가 될 노인과는 완전히 다르다. 출생부터 영아기까지, 아동기부터 청소년기까지, 초기 성인기부터 노년기까지, 인간은 시간이 지나면서 변화한다. 인간은 외모, 사고, 감정, 활동에서 급격한 변화를 경험함과 동시에 놀라운 일관성을 보이기도 한다. **발달심리학**(developmental psychology)은 일생 동안의 연속성과 변화에 대한 학문이며, 지난 세기 동안 발달심리학자들은 이 발달에 대해 대단히 놀라운 발견들을 해왔다.

인간 발달의 그 이야기는 수정부터 시작한다. 첫째, 우리는 수정과 출생 사이의 9개월을 살펴볼 것이고 태내기의 사건들이 앞으로 다가올 많은 것들을 위한 단계를 어떻게 준비하는지 볼 것이다. 그 후, 우리는 영아기와 아동기, 즉 이 세상 그리고 다른 사람들과의 관계에 대해 어떻게 이해해야 할지를 배우는 시기에 대해 살펴볼 것이다. 이어서 우리는 아동이 보다 독립적이면서 성적인 존재가 되는 단계인 청소년기라는 비교적 새로운 개념을 살펴볼 것이다. 마지막으로 우리는 사람들이 보편적으로 부모를 떠나고 파트너를 발견하고 자녀를 가지는 단계인 성인기를 살펴볼 것이다.

학습목표

- 태내 발달의 세 단계를 기술한다.
- 인간이 덜 발달된 뇌를 가지고 태어나는 것이 어떠한 이유에서 유리한지 설명한다.
- 태내 발달이 태아의 발달에 어떻게 영향을 미치는지 설명한다.

태내기 : 전망이 있는 자궁

우리는 대부분 아마도 생일을 세어서 나이를 계산할 것이다. 그러나 사실은 우리는 태어난 날에 이미 9개월이었다. 발달의 태내 단계(prenatal stage)는 출생과 함께 끝나며, 9개월 전 약 2억 개의 정자가 여성의 질에서부터 자궁을 거쳐서 나팔관까지 여행할 때 시작된다. 초대되는 자는 많으나 선택되는 자는 적다. 어떤 정자들은 결함이 있어서 충분히 활발하게 헤엄쳐서 전진하지 못하며, 다른 정자들은 틀린 방향으로 향해서 난자가 없는 나팔관에 도달한다. 모든 것을 고려하였을 때, 정자 100만 개당 오직 하나만이 난자에 가까이 다가가는 데 성공하여 난자를 보호하는 외부 코팅을 약화시키는 화학물질을 방출하게 된다. 첫 번째 정자가 난자의 표면을 통과하는 순간에 난자는 화학물질을 방출해서 코팅을 다시 봉하여 나머지 모든 정자가 들어오지 못하게 막는다. 하나의 성공한 정자는 그를 따른 199,999,999명의 여행자를 이긴 후에 꼬리를 버리고 난자를 수정시킨다. 약 12시간 후, 난자는 정자의 핵과 융합할 것이고, 고유한 한 인간의 태내 발달이 시작될 것이다.

태내 발달

그 고유한 한 인간은 이름을 가지고 있다. **접합체**(zygote)는 난자와 정자로부터의 유전 물질을 포함하는 수정란이며, 이것의 아주 짧은 생애는 **접합기**(germinal stage)라고 불린다. 접합기는 수정부터 2주 동안의 기간이다. 이 단계 동안 단일 세포인 접합체는 2개의 세포로, 그다음에 4개 세포로, 그다음에 8개 세포 등으로 분열한다. 영아가 태어나는 시기의 그 신체는 수조 개의 세포를 포함하는데, 각 세포는 원래의 접합체에서부터 유래한다. 접합기 동안 접합체는 나팔관에서 이동해 내려와서 자궁벽에 착상한다. 이것은 어려운 여정으로, 모든 접합체 중 약 절반이 실패하는데, 그 이유는 접합체가 결함이 있거나 혹은 자궁의 잘못된 부위에 착상하기 때문이다. 남성 접합체는 특히나 이 여정을 마칠 가능성이 낮으며, 아무도 그 이유를 정확히 알지 못하나, 여러 코

발달심리학 일생 동안의 연속성과 변화에 대한 학문

접합기 수정부터 2주 동안의 태내 발달 기간

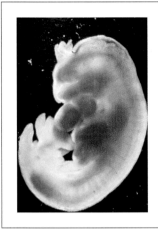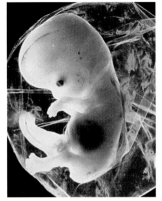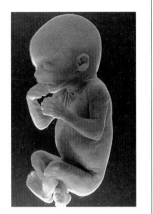

그림 10.1 태내 발달 인간은 태내 발달 9개월 동안 극적인 발달을 경험한다. 이 사진들은 30일 된 배아(대략 양귀비 씨앗 크기), 8주 된 배아(대략 라즈베리 크기), 그리고 5개월 된 태아(대략 바나나 크기)를 보여준다.

Claude Edelmann/Science Source; Biophoto Associates/Science Source; James Stevenson/Science Source

미디언들은 이는 남성 접합체들이 특히 길을 멈추고 어느 방향으로 갈지를 묻는 것을 특히나 꺼리기 때문일 것이라고 제안해 왔다.

접합체가 자궁벽에 착상하는 데 성공하는 순간 그것은 이전의 이름을 버리고 **배아**(embryo)라는 새로운 이름을 얻는다. **배아기**(embryonic stage)는 수정으로부터 약 2주부터 약 8주까지 지속되는 기간이다(**그림 10.1** 참조). 이 단계 동안 착상된 배아는 계속 분열하고 그 세포들은 분화하기 시작한다. 2.5cm 정도의 길이밖에 되지 않지만, 배아는 이미 팔과 다리를 가지고 있으며, 심장이 뛴다. 배아는 또한 여성의 출산과 관련된 장기들의 시초를 가지고 있으며, 남성 배아의 경우에는 테스토스테론이라는 호르몬을 생산하기 시작해서 생식 기관을 남성화한다.

약 9주에 배아는 **태아**(fetus)라는 새로운 이름을 가진다. **태아기**(fetal stage)는 수정 후 9주부터 출생할 때까지 지속되는 태내 발달 기간이다. 태아는 골격과 근육을 가지고 있어서 움직일 수 있다. 태아기 동안 뇌세포들은 다른 뇌세포와 소통할 수 있게 하는 축색과 수상돌기를 생성하기 시작한다. 뇌세포는 또한 뉴런의 축색을 둘러싸는 지방 덮개를 형성하는 **수초화**(myelination)라고 알려진 과정(제3장에서 묘사됨)을 겪기 시작한다. 플라스틱 덮개가 주방 가전 기구의 전선을 절연하듯이 수초는 뇌의 신경세포를 절연하여 축색을 따라 이동하는 신경 신호의 누출을 막는다. 수초화는 태내기 동안 시작되지만 성인기까지도 끝나지 않는다.

태아기 동안 인간의 뇌는 빠르게 성장하지만, 다른 영장류의 뇌와는 달리, 인간 태아의 뇌는 성인의 뇌 크기와는 거리가 멀다. 침팬지 신생아의 뇌는 어른 침팬지 뇌 크기의 60%에 가깝지만, 인간 신생아의 뇌는 성인 뇌 크기의 25%밖에 되지 않으므로 인간의 뇌 발달의 75%는 자궁 밖에서 이루어진다고 말할 수 있다. 왜 인간은 이처럼 덜 발달한 뇌를 가지고 태어날까? 첫째, 인간은 매우 큰 머리를 가지고 있고, 만약 신생아의 머리가 성인 크기에 가깝다면, 그 신생아는 결코 어머니의 산도를 통과할 수 없을 것이다. 둘째, 우리 인간 종의 가장 큰 재능 중 하나는 기후, 사회 구조 등이 다른 광범위한 새로운 환경에 적응할 수 있는 능력이다. 따라서 환경의 요구에 적합하거나 혹은 적합하지 않은 완전히 발달한 뇌를 가지고 세상에 태어나기보다는 인간은 덜 발달된 뇌를 가지고 태어난다. 인간의 뇌는 그 사람이 최종적으로 살아갈 환경 안에서 많이 발달하고 이를 통해 각 환경에서 요구하는 독특한 능력들을 획득하게 된다.

태내 환경

환경이라는 단어는 아마도 여러분에게 푸른 들판과 파란 하늘을 생각하게 할 것이다. 그러나 자궁 역시도 환경이며, 이는 발달에 강력한 영향을 주는 환경이다(Coe & Lubach, 2008; Glynn &

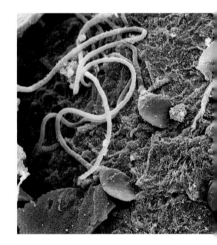

이 전자현미경은 인간의 정자 몇 개를 보여주는데, 그중 하나가 난자를 수정시키고 있다. 많은 사람들이 생각하는 것과 반대로 수정은 바로 일어나지 않는다. 그것은 보통 성관계 후 1~2일 사이에 일어나지만, 길게는 5일 후에 일어날 수도 있다.

Eye of Science/Science Source

배아기 2주부터 약 8주까지 지속되는 태내 발달 기간

태아기 9주부터 출생할 때까지 지속되는 태내 발달 기간

수초화 뉴런의 축색을 둘러싸는 지방 덮개의 형성

이 아동은 태아 알코올 증후군(FAS)과 관련된 몇 가지 눈에 보이는 얼굴 특징, 즉 짧은 안검열, 편평한 얼굴, 코 아래 편평한 융기, 얇은 윗입술, 그리고 덜 발달한 턱을 가지고 있다.

Rick's Photography/Shutterstock

Sandman, 2011; Wadhwa et al., 2001). 여성의 혈류는 그녀의 아직 태어나지 않은 자녀의 혈류와 태반을 통해 분리되어 있지만, 많은 물질들이 태반을 통과할 수 있다. **테라토겐** (teratogen)은 어머니로부터 아직 태어나지 않은 자녀에게 전달되어 발달을 저해하는 모든 물질을 의미한다.

테라토겐은 생선의 수은, 물속의 납, 그리고 공기 중의 페인트 먼지 등을 포함하나, 가장 흔한 테라토겐은 알코올과 담배다. **태아 알코올 증후군**(fetal alcohol syndrome, FAS)은 어머니가 임신 중 다량의 알코올을 섭취해서 일어나는 발달장애이며, 태아 알코올 증후군을 가지고 태어난 아동은 다양한 뇌의 이상과 인지적 결함을 가진다(Carmichael Olson et al., 1997; Streissguth et al., 1999). 어떤 연구들은 가벼운 음주가 태아에게 해롭지 않다고 제시하지만, 어느 정도가 가벼운 음주인지에 대한 합의는 거의 없다(Warren & Hewitt, 2009). 반면, '전혀 마시지 않는 것'이 완전히 안전하다는 것에 대해서는 모두가 동의한다.

담배에 대해서는 이러한 논란거리가 없다. 임신 시 흡연한 어머니들의 아동들은 더 작으며, 조산으로 태어날 가능성이 높고, 그리고 영아기(Wiebe et al., 2014)와 아동기 (Espy et al., 2011; Fried & Watkinson, 2000) 두 시기 모두 지각과 주의에 문제를 가질 확률이 높다. 간접흡연조차도 출생 시 저체중과 주의와 학습의 결함을 일으킬 수 있다 (Makin et al., 1991; Windham, Eaton, & Hopkins, 1999). 임신 중 흡연이 정확히 얼마나 위험한가? 매우! 연구에 의하면 임신 시 흡연은 사산아를 출산할 가능성을 47%나 높인다(Marufu et al., 2015).

임신한 어머니가 섭취하는 것들이 그녀의 아직 태어나지 않은 자녀에게 위해를 끼칠 수 있지만, 그녀가 섭취하는 데 실패하는 것들 또한 그럴 수 있다. 임신 중 충분한 영양을 섭취하지 않는 여성들은 여러 신체적 문제와 심리적 어려움에 취약한 자녀를 두게 된다(Neugebauer et al., 1999; Susser et al., 1999).

태내 환경에는 아직 태어나지 않는 아동에게 영향을 미칠 화학물질이 풍부하지만, 또한 정보도 풍부하다. 태아는 어머니의 심장박동, 그녀의 소화와 관련된 위장의 소리, 그리고 그녀의 목소리를 들을 수 있다. 신생아는 모르는 여성의 목소리를 들을 때보다 어머니의 목소리를 들을 때 젖꼭지를 더 힘차게 빨 것인데(Querleu et al., 1984), 이는 태어날 때부터 이미 신생아들은 어머니의 목소리에 더 익숙하다는 것을 의미한다. 낯선 사람들이 이야기하는 두 언어를 들려주면 신생아들은 자신의 어머니의 모국어를 듣는 것을 선호하는데, 이는 신생아들이 이미 그들의 어머니의 발화의 박자와 리듬에 익숙하다는 것을 보여준다(Byers-Heinlein et al., 2010). 태아들이 자궁 안에서 무엇을 듣는가는 이들이 향후에 스스로 낼 소리에도 영향을 준다. 어머니의 모국어 억양을 모방해서, 프랑스 신생아는 올림 가락으로 울고 독일 신생아는 내림 가락으로 운다(Mampe et al., 2009). 분명히 태아는 듣고 있다.

테라토겐 어머니에게서 아직 태어나지 않은 아기에게 전달되는 물질 중 발달을 저해하는 물질

태아 알코올 증후군 임신 중 다량의 알코올 섭취로 인한 발달장애

정리문제

1. 태내기의 세 단계는 무엇인가?

2. 덜 발달한 뇌를 가지고 태어나는 것의 적응적 이점은 무엇인가?

3. 자궁 내 환경은 아직 태어나지 않은 아기에게 어떠한 영향을 미치는가?

4. '태아가 듣고 있다'라는 것을 지지하는 증거는 무엇인가?

영아기와 아동기 : 지각하기, 행동하기, 생각하기

신생아들은 대변을 보고, 트림을 하고, 잠 자고, 우는 것 이상으로 별로 하는 것이 없어 보인다. 그렇지만 보이는 게 전부는 아니다. **영아기**(infancy)는 출생부터 18~24개월까지의 발달 단계이며, 지난 수십 년 동안, 연구자들은 우리가 겉으로 볼 수 있는 것보다 더 많은 것들이 영아의 내부에서 일어나고 있음을 발견하였다.

지각 발달

조부모, 이모, 삼촌, 그리고 다른 친척들이 만약 아기가 자신을 볼 수 없다고 생각한다면 아기 침대 주위에 서서 웃긴 표정을 짓지 않을 것이다. 신생아들의 시각 능력은 제한되어 있으며, 신생아가 20피트(약 6m) 거리에서 볼 수 있는 세부 수준은 성인이 600피트(약 183m) 거리에서 볼 수 있는 세부 수준과 대략 같다(Banks & Salapatek, 1983). 반면에 아기들은 8~12인치(약 20~30cm), 즉 수유 시 아기의 눈과 어머니의 얼굴 사이 정도의 거리에 있는 것들을 볼 수 있다.

심리학자들은 신생아가 볼 수 있는 혹은 볼 수 없는 것이 무엇인지 어떻게 아는가? 제7장에서 살펴보았던 습관화, 즉 자극에 대한 노출 빈도가 증가할수록 유기체가 자극에 대해서 덜 강하게 반응하게 되는 경향성을 기억해보자. 만약 신생아가 하나의 자극이 여러 번 제시되었을 때 이에 습관화되었다면 이것은 그 신생아가 그 자극을 볼 수 있음을 의미한다. 신생아에게 한 물체를 반복적으로 보여줄 경우, 신생아들은 처음에는 길게 응시하겠지만 그 물체가 제시될 때마다 점점 더 짧게 응시할 것이다. 그 물체가 90도 회전하면 신생아는 다시 열심히 응시하는데, 이것은 신생아가 그 변화를 인식했다는 것을 의미한다(Slater et al., 1988). 신생아는 특히 얼굴과 같은 물체에 주의를 기울인다(Biro et al., 2014). 예를 들어, 한 연구에서 신생아들은 움직이는 모양들이 제시될 경우(**그림 10.2** 참조), 그 모양들이 얼굴의 속성을 지니고 있을 때 그 움직임을 눈으로 더 길게 추적하였다(Johnson et al., 1991; cf. Kwon et al., 2016). 분명히 영아들은 보고 있다—그리고 그들이 가장 자세히 살펴보는 것은 우리이다!

운동 발달

영아는 두 눈을 바로 사용할 수 있지만, 대다수 다른 부분들을 사용하는 법을 배우는 데는 상당히 더 많은 시간을 소비해야 한다. **운동 발달**(motor development)은 닿기, 쥐기, 기기, 걷기와 같은 신체 활동을 수행하는 능력이 발현되는 것이다. 영아는 몇 개의 **운동 반사**(motor reflex)를 가지고 태어나는데, 이는 특정 감각 자극 양식에 의해서 촉발되는 특정 운동 반응 양식이다. 예를 들면, 근원 반사(rooting reflex)는 영아가 뺨에 닿는 모든 물체를 향해서 입을 움직이게 하고, 빨기 반사(sucking reflex)는 입에 들어오는 모든 물체를 빨게 한다. 이 두 가지 반사는 신생아가 어머니의 젖꼭지를 찾아서 먹기 시작하도록 해주는데, 이 행동은 너무나 중요하기 때문에 자연은 안전 조치를 취해 우리 모두의 하드웨어에 그것을 내장시켰다.

더욱 정교한 운동 행동의 발달은 두 가지 일반적인 법칙을 따른다. 첫째는 **두미 법칙**(cephalocaudal rule, 또는 '위에서 아래로' 법칙)으로, 운동 기술이 머리에서부터 발까지 순서대로 나타나는 경향성을 기술한다. 영아는 처음에 머리, 다음에 팔과 몸통, 마지막으로 다리에 대한 통제력을 얻는 경향이 있다. 어린 영아를 배가 아래로 가게 엎드려 놓으면 팔에 의지함으로써 머리와 가슴을 들 수 있겠지만 보통 다리에 대한 통제력은 거의 없다. 두 번째 법칙은 **중심말단 법칙**(proximodistal rule, 또는 '안에서 밖으로' 법칙)으로, 운동 행동이 중심에서부터 말단까지 순서대로 나타나는 경향성을 기술한다. 영아는 팔꿈치와 무릎보다 먼저 몸통을 통제하는 것을 배우고, 손

그림 10.2　영아는 사회적 자극을 추적한다
신생아들은 얼굴의 속성을 가진 모양(왼쪽)을 얼굴의 속성이 뒤섞인 모양(가운데) 혹은 얼굴의 속성이 없는 모양(오른쪽)보다 더 오랫동안 시선으로 추적한다.

Adapted from Johnson et al., 1991

영아기　출생 시부터 18~24개월까지의 발달 단계

운동 발달　신체 활동을 수행할 수 있는 능력의 출현

운동 반사　특정 감각 자극 양식에 의해서 촉발되는 특정 운동 반응 양식

두미 법칙　머리에서 발까지 순서대로 출현하는 운동 기술의 경향성을 기술하는 '위에서 아래로'의 법칙

중심말단 법칙　중심에서부터 말단까지 순서대로 출현하는 운동 행동의 경향성을 기술하는 '안에서 밖으로'의 법칙

그림 10.3 **운동 발달** 영아는 머리에서부터 발까지 그리고 중심에서부터 말단까지 자신의 몸을 통제하는 것을 배운다. 이러한 행동은 엄격한 시간표대로 나타나지는 않지만, 엄격한 순서를 따라 나타난다.

Simulations © 2013 Copyright Max Planck Gesellschaft

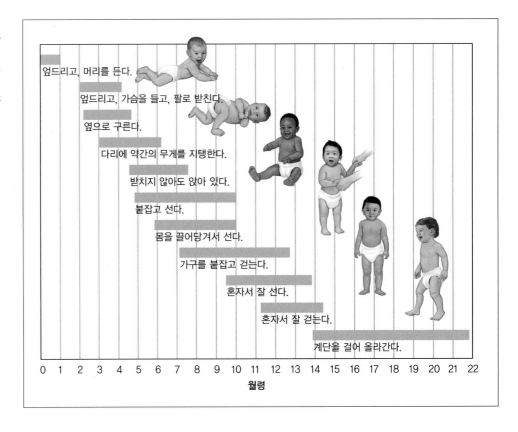

엎드리고, 머리를 든다.

엎드리고, 가슴을 들고, 팔로 받친다.

옆으로 구른다.

다리에 약간의 무게를 지탱한다.

받치지 않아도 앉아 있다.

붙잡고 선다.

몸을 끌어당겨서 선다.

가구를 붙잡고 걷는다.

혼자서 잘 선다.

혼자서 잘 걷는다.

계단을 걸어 올라간다.

0 1 2 3 4 5 6 7 8 9 10 11 12 13 14 15 16 17 18 19 20 21 22

월령

장 피아제(1896~1980)는 현대 발달심리학의 아버지이며 동시에 베레모가 잘 어울리는 최후의 남성이다.

Patrick Grehan/Getty Images

인지 발달 영아와 아동이 생각하고 이해하는 능력을 얻는 과정

감각운동기 출생부터 시작하여 영아기 동안 지속되는 발달 단계로, 이 단계 동안 영아는 세상을 감각하고 그 안에서 움직이며 세상에 대한 정보를 얻는다.

도식 세상이 작동하는 방식에 대한 이론

과 발보다 먼저 팔꿈치와 무릎을 통제하는 것을 배운다(**그림 10.3** 참조). 운동 기술은 일반적으로 순서대로 나타나지만, 엄격한 시간표에 따라 발달하는 것은 아니다. 오히려 이러한 기술이 나타나는 시기는 영아의 체중, 근육 발달, 일반적인 활동 수준 등 많은 요인들에 의해서 영향을 받는다.

인지 발달

영아들은 볼 수 있고 들을 수 있으며 그들의 신체를 움직일 수 있다. 그렇다면 그들은 사고할 수 있을까? 20세기 전반부에 스위스의 생물학자 장 피아제(Jean Piaget)는 **인지 발달**(cognitive development), 즉 영아와 아동들이 생각하고 이해할 수 있는 능력을 얻는 과정에 대해 연구하기 시작하였다. 피아제는 이 과정에서 영아와 아동들이 물리적 세계가 어떻게 작동하는지, 그들 자신의 마음이 어떻게 작동하는지, 그리고 다른 사람들의 마음이 어떻게 작동하는지에 대하여 배운다고 주장하였다. 그들이 이 세 가지 이해를 어떻게 성취해내는지 살펴보자.

세상을 발견하기

피아제(1954)는 인지 발달이 4단계(감각운동, 전조작기, 구체적 조작기, 형식적 조작기)로 일어난다고 제안했다(**표 10.1** 참조).

　　감각운동기(sensorimotor stage)는 출생부터 시작해서 영아기 동안 지속되는 발달 단계로, 이 단계 동안 영아는 감각과 운동을 통해 세상에 대한 정보를 얻는다.

　　영아는 눈, 입, 손가락을 사용하여 환경을 활발하게 탐색함으로써 **도식**(schemas)을 구성하기 시작하는데, 도식은 세상이 작동하는 방식에 대한 이론이다. 만일 영아가 동물 인형을 잡아당겨서 그것을 가까이 오게 할 수 있다는 것을 학습한다면, 그러한 관찰은 물리적 대상이 어떻게 움직이는가('내가 물건을 잡아당기면 가까이 온다.')에 대한 영아의 이론에 통합되어서 영아는 후에 딸

표 10.1 피아제의 인지 발달 4단계	
단계	**특징**
감각운동(출생~2세)	영아는 움직임과 감각을 통해서 세상을 경험하고, 도식을 발달시키고, 의도적으로 행동하기 시작하며, 대상영속성을 이해한다는 증거를 보여준다.
전조작(2~6세)	아동은 운동 기술을 습득하지만 물리적 속성의 보존을 이해하지 못한다. 아동은 이 단계가 시작될 때 자아중심적으로 사고하지만 끝날 때는 타인의 마음에 대한 기본적인 이해를 한다.
구체적 조작(6~11세)	아동은 물리적 대상과 사건에 대해 논리적으로 사고할 수 있고 물리적 속성의 보존을 이해한다.
형식적 조작(11세 이후)	아동은 추상적 명제와 가설에 대해서 논리적으로 사고할 수 있다.

랑이나 공과 같은 다른 물건을 가까이하고 싶을 때 그 이론을 사용할 수 있다. 피아제는 이것을 **동화**(assimilation)라고 불렀다. 동화는 영아가 새로운 상황에 자신의 도식을 적용하는 과정이다. 물론 영아가 집에서 키우는 고양이의 꼬리를 잡아당긴다면 고양이는 반대 방향으로 달아날 것이다. 세상에 대한 영아의 이론은 때때로 경험에 의해서 부당성이 증명되는데, 이는 영아의 주목을 특별히 끌게 되고(Stahl & Feigenson, 2015), 그리고 그들의 도식을 조정하게 한다('살아있지 않은 것은 내가 잡아당길 때 가까이 오지만 살아있는 것은 소리를 내며 도망가는구나.'). 피아제는 이것을 **조절**(accommodation)이라고 불렀다. 조절은 영아가 새로운 정보를 고려하여 자신의 도식을 수정하는 과정이다.

피아제는 영아가 물리적 세계의 몇 가지 가장 기본적 원칙에 대해 놀라울만큼 무지하다고 보았고, 따라서 반드시 경험을 통해 그것을 습득해야 한다고 제안했다. 예를 들면, 여러분은 신발장 속에 구두를 넣어 둘 때 벽장문을 닫고 잠시 후 문을 열었을 때 신발장이 비어 있다면 여러분은 상당히 놀랄 것이다. 그러나 피아제에 따르면, 영아는 **대상영속성**(object permanence)에 대한 이해를 가지고 있지 않기 때문에 이 상황을 놀라워하지 않을 것이다. 대상영속성은 대상이 눈에 보이지 않을 때라도 계속 존재한다는 사실이다. 피아제는 생애 초기 몇 개월 동안 영아들이 마치 물체가 눈에서 보이지 않으면 사라진 것처럼 행동한다는 것을 발견하였다.

하지만 현대의 연구자들은 피아제가 생각했던 것보다 훨씬 일찍 영아들이 대상영속성에 대해 알고 있다는 사실을 발견했다. 예를 들어, 한 연구에서 영아에게 앞뒤로 젖혀지는 작은 다리를 보여주었다(**그림 10.4** 참조). 영아가 이것에 익숙해진 후, 상자 하나를 그 다리 뒤에 두었는데, 그 상자는 다리가 움직이는 경로에 위치하여 영아가 볼 수 없는 곳에 있었다. 일부 영아는 **가능한 사건**(possible event)을 보았는데, 이 사건에서는 다리가 젖혀지다가 마치 보이지 않는 상자 때문에 그 움직임이 막힌 것처럼 갑자기 정지하였다. 다른 영아들은 **불가능한 사건**(impossible event)을 보았는데, 이 사건에서는 다리가 마치 보이지 않는 상자 때문에 그 움직임이 방해받지 않는 것처럼 멈추지 않고 끝까지 젖혀졌다. 4개월 된 영아는 가능한 사건보다 불가능한 사건에 대해 더 오랫동안 응시하였고, 이는 영아가 그것에 대해 의아해했다는 것을 보여준다(Baillargeon et al., 1985). 불가능한 사건을 불가능하게 하는 유일한 것은 보이지 않는 상자가 다리의 움직임을 막아야 한다는 사실(그러나 그렇지 않았다)이며, 이는 영아들이 그 상자가 더 이상 눈에 보이지 않더라도 계속해서 존재한다는 사실을 깨달았음을 의미한다. 이러한 연구들은 피아제가 생각했던 것보다 영아들이 대상영속성에 대한 이해를 더 일찍 하고 있음을 보여준다(Shinskey & Munakata, 2005; Wang & Baillargeon, 2008).

동화 영아가 새로운 상황에 자신의 도식을 적용하는 과정

조절 영아가 새로운 정보에 비추어 자신의 도식을 수정하는 과정

대상영속성 대상이 눈에 보이지 않을 때라도 그것이 계속 존재한다는 사실

전조작 아동에게 같은 양의 액체로 채워진 같은 크기의 유리컵을 보여주면, 아동은 두 컵 중 어떤 컵도 더 많지 않다고 옳게 말한다. 그러나 한 컵의 액체를 더 높고 가는 컵에 부었을 때, 아이는 더 높은 컵의 액체가 '더 많다'고 틀리게 말한다. 구체적 조작 아동들은 붓는 것과 같은 조작이 액체의 보이는 모습은 변화시키지만, 실제 부피는 변화시키지 않는다는 것을 알기 때문에 이러한 오류를 보이지 않는다.

Maya Barnes Johansen/The Image Works

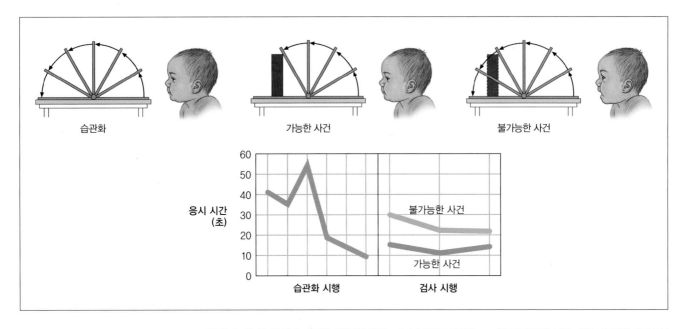

그림 10.4 불가능한 사건 습관화 시행에서 영아는 다리가 앞뒤로 움직이고 그 경로에 아무것도 없는 것을 지루해질 때까지 보았다. 이후, 검사 시행에서 다리 뒤쪽에 상자가 놓이고, 영아는 두 사건 중 하나를 보게 되었다. 가능한 사건에서는 상자로 인해 다리가 끝까지 뒤로 가지 못했고, 불가능한 사건에서는 다리의 움직임이 방해받지 않았다. 그래프는 습관화 동안과 검사 시행 동안 영아의 응시 시간을 보여준다. 검사 시행에서 영아들은 가능한 사건보다 불가능한 사건에 더 큰 관심을 보였다(Baillargeon et al., 1985).

마음을 발견하기

영아기 다음의 긴 기간을 **아동기**(childhood)라고 부르는데, 약 18~24개월에 시작해서 약 11~14세까지 지속되는 기간이다. 피아제에 따르면, 인간은 **전조작기**(preoperational stage)에 아동기로 진입한다. 전조작기는 약 2세에 시작해서 약 6세에 끝나는 인지 발달의 단계로서, 이 단계 동안 아동은 물리적 세계에 대한 기초적인 이해를 발달시킨다. 그 후 **구체적 조작기**(concrete operational stage)에서 아동기를 마치는데, 이 단계는 약 6세에 시작해서 약 11세에 끝나는 인지 발달의 단계로서, 이 단계 동안 아동은 여러 행위 혹은 '조작'이 물리적 세계의 구체적 대상을 어떻게 변형시킬 수 있는가를 학습한다.

이 단계들 사이의 차이는 피아제가 아동에게 한 줄로 늘어선 컵을 보여주고 각 컵에 달걀을 하나씩 넣으라고 한 그의 독창적인 실험에 의해 잘 설명된다. 전조작기 아동은 이것을 할 수 있었고, 그다음에 달걀과 컵의 수가 같다는 데 쉽게 동의했다. 그 후 피아제는 달걀을 꺼내서 컵보다 간격을 띄어서 긴 줄로 늘어놓았다. 전조작기 아동은 달걀의 줄이 컵의 줄보다 더 길기 때문에 틀림없이 달걀이 더 많다고 지적하면서, 이제 컵보다 달걀이 더 많다고 틀리게 주장하였다. 이와 반대로, 구체적 조작기 아동은 달걀을 더 긴 줄로 펼쳐 놓았을 때에도 달걀의 수는 변하지 않는다고 옳게 보고하였다. 그들은 펼쳐 놓기와 같은 조작이 구체적 물체의 한 세트의 외양(appearance)을 변화시킬지라도, 양(quantity)은 그 세트의 변하지 않는 속성이라는 것을 이해하였다(Piaget, 1954). 피아제는 이러한 아동의 통찰을 **보존**(conservation)이라고 불렀다. 보존은 대상의 외양이 변하더라도 그 대상의 양적인 속성은 변하지 않는다는 이해이다.

전조작기 아동은 왜 보존 개념을 완전히 이해하지 못할까? 성인은 자연스럽게 주관과 객관을, 외양과 실재를, 무엇이 보이는 방식과 실제하는 방식을 자연스럽게 구분한다. 우리는 자동차가 실제 빨간색이지만 해질 무렵에는 회색으로 보이고, 고속도로가 실제 말라있어도 더울 때는 젖은 것처럼 보일 수 있음을 안다. 착시는 바로 그것이 이렇게 보이지만 실제로는 저렇다는 것을

아동기 약 18~24개월에 시작해서 약 11~14세까지 지속되는 발달 단계

전조작기 약 2세에 시작해서 약 6세에 끝나는 발달의 단계로서, 아동은 물리적 세계에 대한 기초적인 이해를 발달시킨다.

구체적 조작기 약 6세에 시작해서 약 11세에 끝나는 발달의 단계로서, 아동은 다양한 행위 혹은 조작이 물리적 세계의 구체적 대상을 어떻게 변형시킬 수 있는가를 배운다.

보존 대상의 외양이 변하더라도 대상의 양적 속성은 변하지 않는다는 이해

우리가 알기 때문에 우리를 즐겁게 하는 것이다. 전조작 아동은 이러한 구분을 하지 않는다. 아동이 전조작기에서 구체적 조작기로 이동함에 따라, 그들은 보이는 세상이 꼭 실제 세상과 같은 것은 아니라는 것을 깨닫기 시작한다.

아동들이 이 직관을 가질 때만이 그들은 둥근 찰흙이 굴려지거나, 늘어나거나, 납작해질 때, 하나의 형태가 다른 형태보다 더 크게 보인다는 사실에도 불구하고 찰흙의 양은 여전히 같다는 것을 이해할 수 있다. 그들은 낮고 넓은 비커에서 높고 좁은 실린더로 옮겨 물을 부으면, 실린더 속의 물의 높이가 더 높다는 사실에도 불구하고 물의 양은 여전히 같다는 것을 이해할 수 있다. 요약하면 그들은 으깨고, 붓고, 펼쳐 놓는 것과 같은 어떤 조작들이 대상이 무엇인지를 변화시키지 않으면서 대상의 겉모습을 변화시킬 수 있다는 것을 이해하기 시작한다.

아동들은 구체적 조작기에서 물리적 문제들을 푸는 것을 배우고, **형식적 조작기**(formal operational stage)에서 비물리적 문제들을 푸는 것을 배운다. 형식적 조작기는 약 11세에 시작하는 인지 발달의 마지막 단계이며, 이 단계 동안 아동은 추상적 개념에 대해서 추론하는 것을 배운다. 아동기는 형식적 조작이 시작될 때 끝나며, 사람들은 자유와 사랑 같은 추상적 개념에 대해서, 아직 일어나지 않은 사건들에 대해서, 그리고 일어났을 수도 있지만 일어나지 않은 사건들에 대해서 체계적으로 추론할 수 있다. '자유'와 '사랑'이라는 단어가 지시하는 것은 이 세상에 구체적 사물로 존재하지 않지만 형식적 조작기의 사람들은 그러한 개념들에 대해 구체적 조작기 아동이 으깨기와 펼치기에 대해 생각하고 추론하는 것과 동일한 방식으로 생각하고 추론할 수 있다. 추상적 개념들을 생성하거나, 고려하거나, 추리하거나 혹은 정신적으로 '조작하는' 능력이 형식적 조작의 특징이다.

타인의 마음을 발견하기

아동은 발달하면서 자신의 마음을 발견한다. 또한 타인의 마음도 발견한다. 전조작기 아동은 자신이 대상을 정신적으로 표상하는 마음을 가진다는 사실을 완전히 이해하지 못하기 때문에, 또한 타인이 종종 동일한 대상을 정신적으로 다르게 표상할 수 있는 마음을 가진다는 사실을 완전히 이해하지 못한다. 그래서 전조작기 아동은 일반적으로 타인이 세상을 자신이 보는 것과 같이 볼 것으로 기대한다. 3세 아동에게 탁자의 반대편에 있는 사람이 무엇을 볼 것인지 물으면, 그들은 전형적으로 그 사람이 자신이 보는 것을 본다고 주장한다(**그림 10.5** 참조). **자아중심성**

형식적 조작기 약 11세에 시작하는 인지 발달의 마지막 단계로, 아동은 추상적 개념에 대해서 추론하는 것을 배운다.

자아중심성 세상이 다른 관찰자에게 다르게 보인다는 것을 이해하지 못하는 것

어린 아동에게 숨으라고 하면 아이는 종종 자신의 눈을 가린다. 아이는 다른 사람을 볼 수 없기 때문에 다른 사람도 자신을 볼 수 없다고 생각한다(Russell, Gee, & Bullard, 2012).

Courtesy of Daniel Gilbert

그림 10.5 자아중심성 전조작기 아동들은 다른 사람들이 자신과 동일한 관점을 공유한다는 잘못된 믿음을 가지고 있다. 이 아동은 나무를 볼 수 있지만, 어른이 무엇을 볼 수 있냐고 물으면 그녀는 '나무'라고 대답할 것이다. 아동은 그녀가 나무를 볼 수 있지만 어른은 볼 수 없다는 것을 깨닫지 못하는 것 같다.

마음 이론 마음은 세상에 대한 정신적 표상을 만들고, 이 정신적 표상이 행동을 이끈다는 것에 대한 이해

(egocentrism)은 세상이 다른 사람들에게 다르게 보인다는 것을 이해하지 못하는 것이다.

3세 아동들이 다른 사람들이 자신들이 보는 것을 언제나 보지는 못한다는 것을 깨닫지 못하는 것처럼 그들은 사람들이 자신이 아는 것을 언제나 알지는 못한다는 사실을 깨닫지 못한다. 이러한 사실은 틀린 믿음(false belief) 과제(Wimmer & Perner, 1983)를 통해 나타난다. 이 과제의 표준 버전에서 아동은 맥시라는 이름의 인형이 찬장 속에 약간의 초콜릿을 넣어 두고 방을 떠나는 것을 본다. 잠시 후에 두 번째 인형이 들어와서 초콜릿을 발견하고 다른 찬장에 옮겨 놓는다. 그다음에 아동은 맥시가 돌아와서 초콜릿을 어디에서 찾으려고 할 것인지에 대한 질문을 받는다. 즉, 그가 처음에 초콜릿을 넣었던 첫 번째 찬장에서 찾을 것인가 아니면 아동이 현재 초콜릿이 어디 있는지 알고 있는 두 번째 찬장에서 찾을 것인가?

대다수 5세 아동은 맥시가 초콜릿이 옮겨지는 것을 보지 못했기 때문에, 첫 번째 찬장에서 찾으려고 할 것을 알았다. 그러나 3세 아동은 맥시가 두 번째 찬장을 찾아볼 것이라고 전형적으로 주장했다. 왜일까? 이는 그 아동은 초콜릿이 실제로 그곳에 있다는 것을 알기 때문이고, 그들은 그들이 아는 것은 모두가 알고 있다고 가정하기 때문이다! 아동은 4~6세 사이의 어느 시기에 이러한 틀린 믿음 과제에서 정답을 맞힐 수 있으나(Callaghan et al., 2005), 어떤 문화의 아동은 다른 문화의 아동보다 더 일찍 정답을 맞히기도 한다(Liu et al., 2008). 그러나 결국엔 대부분의 아동들이 종국에는 그들 자신과 다른 사람들이 마음을 가지고 있음을 이해하게 되고 이 마음들은 세상을 서로 다르게 표상할 수 있음을 이해하게 된다. 아동들이 이런 것들을 이해하게 되면 **마음 이론**(theory of mind)을 획득하였다고 본다. 마음 이론은 마음이 세상에 대한 **표상**을 생성한다는 것과 그 표상들이 행동을 안내한다는 것을 이해하는 것이다.

아동이 마음 이론을 습득하는 연령은 아동의 형제 수, 아동이 역할놀이를 하는 빈도, 아동이 상상의 친구를 갖는지 여부, 그리고 아동 가족의 사회경제적 지위, 그리고 심지어 문화('차이의 세계 : 그건 내가 들은 것 중 가장 멍청한 거야!' 참조)와 같은 다양한 요인들의 영향을 받는 것으로 보인다. 하지만 연구자들이 연구한 모든 요인들 중 언어가 가장 중요한 것으로 보인다(Astington & Baird, 2005). 아동의 언어 기술은 그들이 틀린 믿음 과제를 얼마나 잘 수행하는가에 대한 훌륭한 예측 변인이다(Happé, 1995). 청각장애 아동 중 그들의 부모가 수화를 모르는 아동들은 우리가 앞으로 더 자세히 살펴볼 자폐를 가진 아동들처럼 마음 이론을 늦게 획득한다(DeVilliers, 2005; Peterson & Siegal, 1999; Peterson et al., 2016; Pyers & Senghas, 2009). 자폐를 가진 아동들은 그들이 믿지 않는 것을 다른 사람들은 믿을 수 있음을 이해하는 데 있어 더 느리며(Baron-Cohen, Leslie, & Frith, 1985; Senju et al., 2009), 그는 당황함과 수치심과 같은 믿음에 기초한 정서를 이해하는 데 어려움을 갖는다(Baron-Cohen, 1991; Heerey, Keltner, Capps, 2003).

인지 발달에 대한 피아제의 견해는 참으로 획기적이었다. 어느 심리학자도 이 분야에 그렇게 깊고 지속적인 영향을 주지 못했다. 이러한 견해의 많은 부분이 꽤 잘 지지되어 왔지만, 피아제가 틀렸던 것들도 있다. 첫째, 피아제는 아동이 유치원을 졸업하고 1학년이 되는 것과 같은 방식으로 한 단계를 졸업하고 다음 단계가 된다고 생각했다. 현대 심리학자들은 발달을 더욱 연속적이며 덜 단계적으로 본다. 인지 발달은 졸업식 날 같기보다는 계절의 변화와 더 닮았다. 둘째, 단계 간 변화는 피아제가 생각했던 것보다 일반적으로 일찍 일어난다(Gopnik, 2012). 해마다 똑똑한 연구자들은 영아와 아동을 대상으로 실험하는 새로운 방법을 발견하고, 해마다 교과서 저자들은 인지적 이정표가 성취되는 연령을 낮춰야 한다. 앞으로 몇 년 안에 접합체가 수학을 할 수 있다고 발견되더라도 너무 놀라지는 말라.

자폐를 가진 사람들은 종종 사소한 세부, 단어, 숫자에 오랫동안 집중할 수 있는 특별한 능력을 갖는다. 토킬 손(오른쪽)은 Specialisterne.com이라는 회사를 설립했는데, 그 회사는 그의 아들 라즈(왼쪽)와 같이 자폐가 있는 사람들에게 그들이 '신경학적으로 전형적인(neurotypical)' 사람들이 할 수 있는 것보다 더 잘할 수 있는 직업을 찾아준다.

Joachim Ladefoged/VII/Redux

그건 내가 들은 것 중 가장 멍청한 거야!

든 사람들은 이 세상을 조금씩 다르게 본다. 아동들이 발달함에 따라 그들은 마음 이론을 획득하고 마음 이론의 한 요소는 다른 사람들이 다른 믿음을 가질 수 있음을 깨닫는 것이다.

피아제는 어쩔 수 없이 의견 충돌이 일어날 수밖에 없는 사회적 상호작용의 과정 속에서 아동들이 이러한 이해를 하게 된다고 생각했다. 어떤 아동이 "그 강아지는 나빴어요"라고 말하고, 그의 아버지가 "아니야, 그는 착해"라고 대답한다. 한 놀이 친구가 "우리 집은 빨간색이야"라고 말하고 다른 친구는 "너가 틀렸어. 그건 파란색이야!"라고 대답한다. 아동들이 듣는 이 모든 의견의 불일치들은 아동들로 하여금 다른 사람들은 세상에 대한 다른 믿음을 가질 수 있다고 믿도록 이끈다.

비록 서구권 사회에서는 의견에 동의하지 않을 대상이 되는 걸 좋아하지만, 모든 문화에서 미국 사람들이 그러한 것처럼 좋은 논쟁을 가치 있게 여기는 것은 아니다. 예를 들어, 많은 동양 문화에서는 어른과 가정의 화합을 존중할 것을 권장하고, 또한 사람들이 대인 간 갈등을 피할 것을 권장한다. 따라서 이러한 문화권에서 성장하는 아동들은 평상시에 사람들이 서로의 믿음에 대해 반박하는 것을 듣지 않는다. 그렇다면 그들은 서로 다른 사람들은 다른 믿음을 가질 수 있음을 어떻게 이해하게 되는 것인가?

정답은 : 느-리-게이다! 예를 들어, 한 연구에서 77%의 호주 학령전기 아동들은 다른 사람들이 다른 믿음을 가질 수 있음을 이해하였으나, 이란 학령전기 아동들의 47%만이 같은 이해를 보였다(Shahaeian et al., 2011). 이란 아동들이 단지 느리게 배우는 것일까? 그렇지 않다. 실제 그들은, 마음 이론의 다른 측면들, 예를 들어 다른 사람들이 다른 것들을 좋아한다는 이해를 호주 아동들과 동일하게 획득하였으며 사람들은 그들이 보는 것을 알고 보지 못하는 것은 모른다는 것을 호주 아동들에 비해 더 잘 이해했다. 이란의 학령전기 아동들은 호주의 학령전기 아동들만큼 빠르게 배우는 것으로 나타났지만, 그들은 믿음에 대한 논쟁에 덜 노출되기 때문에 다른 사람들이 서로 다른 믿음을 가질 수 있음을 이해하는 데 조금 더 시간이 걸린다. 호주에서 나타난 이 패턴은 미국에서도 발견되며, 이란에서 나타난 이 패턴은 중국에서도 발견되는데, 이는 서양과 동양 문화의 안정적인 차이일 수 있음을 시사한다(Wellman et al., 2006).

결국에는, 당연하게도 모든 사람들은 인간은 언제나 다른 사람들과 의견이 일치하는 것이 아니라는 것을 깨닫게 된다. 그러나 그들의 마음을 말하고 다른 사람들 앞에서 그 차이를 표출하도록 권장받는 곳에서 사는 사람들은 그것을 다른 것보다 조금 더 일찍 파악한다. 최소한 그

것이 연구 결과가 제안하는 것이다. 여러분은 이에 동의하는가? 왜 동의하지 않는가? 여러분의 무엇이 문제인가?

부모가 자동차에 자전거를 넣는 가장 좋은 방법에 대해 논쟁하고 있을 때, 자녀들은 사람들이 서로 다른 믿음을 가질 수 있음을 배운다. 어머니는 아버지가 입을 닫아야 한다고 믿고 있고, 아버지는 그렇게 믿지 않는다. 그러나 그는 입을 닫을 것이다. 아마도 곧.

Photoalto/Laurence Mouton/Getty Images

우리 문화를 발견하기

피아제는 아동을 세상에 나가 관찰하고 이론을 발전시킨 다음, 그 이론을 새로운 증거에 비추어서 수정하는 외로운 과학자로 보았다. 그러나 대다수 과학자는 혼자서 출발하지 않는다. 그보다는 그들은 경험이 더 많은 과학자들, 전해 내려오는 이론들, 그리고 선조들의 연구 방법들에 의해 훈련을 받기도 하고, 다른 사람들의 의견을 구하기도 한다. 러시아의 심리학자인 레프 비고츠키(Lev Vygotsky)에 따르면, 아동들도 거의 같은 일을 한다. 비고츠키는 인지 발달은 아동이 구체적 대상보다는 자신이 속한 문화의 구성원들과 상호작용한 주요 결과라고 믿었다(Vygotsky, 1978). 예를 들면, 대부분의 영아들은 유리병을 스스로 열지 못하지만, 만약 어른이 어떻게 하는지를 보면 병을 여는 법을 배울 수 있다. 아동들은 그들의 종이 축적해온 지혜를 얻게 되는데, 이는 다른 대부분의 동물과는 다르게, 그들은 그들이 다른 사람들로부터 배울 수 있도록 해주는 필수적인 세 가지 기술을 가지고 있기 때문이다(Meltzoff et al.,2009; Striano & Reid, 2006; Whiten, 2017).

비고츠키가 주목한 바와 같이, 아동들은 세상을 자기 스스로 발견하는 외로운 탐험가가 아니다. 오히려, 그들은 그들이 알아야 하는 것들의 많은 것들을 알려주는 가족, 지역사회, 그리고 사회의 일원이다.

Dragon Images/Shutterstock

그림 10.6 공동 주의 공동 주의는 아동들로 하여금 타인에게서 배우도록 한다. 12개월 영아가 성인과 상호작용하고(a), 그 후 그 성인이 한 대상을 볼 때(b), 영아는 전형적으로 같은 대상을 볼 것이나(c), 그 성인이 눈을 뜨고 있을 때만 그러할 것이다 (Meltzoff et al., 2009).

1 **공동 주의**(joint attention)는 타인이 초점을 맞추는 것에 초점을 맞추는 능력이다. 만일 성인이 머리를 왼쪽으로 돌린다면, 어린 영아(3개월)와 나이 든 영아(9개월)는 모두 왼쪽을 볼 것이다. 하지만 성인이 먼저 눈을 감고 그다음에 왼쪽을 본다면, 어린 영아는 왼쪽을 볼 것이지만 나이 든 영아는 그러지 않을 것이다(Brooks & Meltzoff, 2002). 이것은 더 어린 영아들은 성인의 머리 움직임을 따라가지만 조금 더 큰 영아들은 성인의 시선을 따라간다는 것을 시사한다(**그림 10.6** 참조). 즉, 그들은 그들이 성인이 보고 있다고 생각하는 것을 보려고 노력하는 것이다(Rossano et al., 2012).

2. **모방**(imitation)은 타인이 하는 것을 하는 경향성이다(Jones, 2007). 영아는 성인을 모방하지만, 매우 어릴 때부터 영아는 성인의 행위 자체보다는 성인의 의도를 흉내 내기 시작한다. 18개월 영아는 성인이 병의 뚜껑을 열려고 하다가 손이 미끄러지는 것을 볼 때, 영아는 미끄러지는 것을 모방하지 않고, 그 대신 뚜껑을 제거하여 의도했던 행위를 수행할 것이다(Meltzoff, 1995, 2007; Yu & Kushnir, 2014).

3. **사회적 참조**(social referencing)는 타인의 반응을 세상에 대한 정보로 사용하는 능력이다(Kim et al., 2010; Walden & Ogan, 1988). 새로운 장난감에 접근하는 영아는 엄마가 그 장난감이 위험하다고 생각하는지 또는 그렇지 않다고 생각하는지에 대한 단서를 구하기 위해서 자주 멈추고 돌아보면서 엄마의 얼굴을 살펴볼 것이다. 이것은 아동들이 성인에게 의지하여 그들이 무엇을 두려워하고 두려워하지 않아야 하는가를 구분하는 많은 예시 중 하나다('다른 생각 : 불 끄고 말하지 마!' 참조).

공동 주의("나는 네가 보는 것을 본다."), 모방("나는 네가 하는 것을 한다."), 그리고 사회적 참조("나는 네가 생각하는 것을 생각한다.")는 영아가 그의 종의 다른 구성원에게서 학습할 수 있도록 해주고 그들 스스로 혼자는 아마 발견하지 못할 세상에 대한 어떤 것들을 발견하게 해주는 세 가지 기본 능력이다(Heyes, 2016).

다른 생각

불 끄고 말하지 마!

에리카 크리스타키스는 초기 아동기 교육가이며 작은 존재의 중요성 : 어린 아동들이 어른들에게 정말로 필요로 하는 것(2017)의 작가이다.

Photo by Andrea Reese, courtesy Erika Christakis

정치적 스펙트럼의 좌파 그리고 우파 모두에서 미국 사람들은 총기 폭력은 미국의 가장 두려운 문제라는 것에 동의한다. 최근 몇 년 동안 급증한 학교에서의 총기 난사에 대한 반응으로 많은 공립 학교들은 현재 아동들에게 스스로를 공격으로부터 어떻게 보호해야 하는지를 가르치는 '총격 훈련(active shooter drills)'을 시행한다. 언뜻 보기에 이것은 좋은 생각처럼 보인다. 결과적으로 미리 준비해서 나쁠 것이 무엇이겠는가?

작가이자 교육자인 에리카 크리스타키스(Erika Christakis)에 따르면 나쁜 것은 이것이다. 우리는 어떤 정당한 이유 없이 우리의 아동들을 두렵게 만들고 있다. 그녀의 논지는 다음과 같다.

전국적으로 어린 아동들에게 총알을 피할 수 있도록 지그재그로 달리기를 가르치고 있다. 나는 유치원에서 5세와 6세 아동들이 총기를 소지한 사람이 들어올 수 없도록 의자와 책상을 '요새처럼' 쌓기를 교육받는 과정에서 바리케이드라는 단어가 어휘 목록에 추가되었다는 것을 들은 적이 있다. 매사추세츠주의 한 유치원 교실에서는 '반짝 반짝 작은 별'의 멜로디에 맞춰, '닫아, 닫아, 문을 닫아/불을 끄고, 아무 말도 하지 마' 노래를 할 수 있는 봉쇄에 대한 포스터를 걸어둔다….

국립교육통계센터의 보고에 의하면 2015~16년, 공립 학교의 95%가 총기 사고 훈련을 실시하였다. 워싱턴 포스트의 최근 분석에 의하면 2017~18년 동안 410만 명 이상의 학생들이 적어도 한 번의 봉쇄 또는 봉쇄 훈련을 경험했고, 이는 유치원이나 프리스쿨 학생들은 약 22만 명을 포함한다.

아동과 청소년의 주요 사망의 원인인 우발적 상해로 인한 사망과 비교하였을 때 학교 총기 난사로 인한 사망은 매우 드물다. 2016년, 미국의 5~9세까지 연령 중 사고로 인한 사망(익사, 화재, 추락, 교통사고로 인한 사망자를 포함하는 범주)은 787건이었다. 이것은 이 연령 집단이 2,000만 이상이라는 것을 고려할 때는 작은 숫자이다. 암은 그다음으로 가장 흔한 사망의 원인이었으며, 선천적 기형이 그 뒤를 따랐다. 모든 종류의 살인은 네 번째였다. 이 숫자에 맥락을 좀 더 부여하자면, 워싱턴 포스트는 1999년 콜로라도주의 콜럼바인 고등학교 총기 사고로부터 미국의 학교에서 총에 맞아 사망한 사람(아동 및 성인)은 150명 이하였다. 1년에 150명이 아니라, 거의 20년 동안 150명이다.

만약 그 준비에 단점이 없다면, 가능성이 희박하더라도 우리 아이들을 대비시키는 건 하나의 방법일 수 있다. 그러나 이 케이스에서 우리의 노력은 값비싼 대가를 치를지도 모른다…. 퓨 리서치 재단의 2018년 설문조사 결과, 그러한 사건이 드물다는 사실에도 불구하고, 미국 청소년의 57%가 학교 총기 난사에 대해 걱정하고 있는 것으로 나타났다. 이는 아동들이 이미 급격히 증가하는 불안, 자해, 자살에 시달리고 있는 시기에 발생한다. 미국 국립정신건강연구원이 재정을 지원한 획기적인 연구에 따르면 13~18세 사이의 아동 중 32%가 불안장애를 가지고 있으며, 22%는 심각한 손상이나 고통을 일으키는 정신질환을 앓고 있다. 불안으로 고통받는 아동들 중에서, 그것이 시작되는 중간 연령은 6세이다.

재난에 대한 우리의 과잉 대비는 현대 생활의 특히 슬픈 아이러니를 드러낸다. 현대의 선물 중에는 어린 시절이 있어야 하는데, 그것은 젊은이들이 죽거나 탄광 아래로 내려갈 염려 없이 성장할 시간과 공간을 모두 갖는 새로운 삶의 단계이다. 대체로, 이것은 달성되었다. 미국의 아동들은 분명히 이전 시대보다 안전하고 건강하다. 1800년대 아동 사망률이 40% 이상인 것과 비교하면, 오늘날 미국의 5세 미만 아동의 사망률은 1% 미만(혹은 아동 1,000명 당 6.6명 사망)이다. 이 감소는 기적적이다. 하지만 다른 많은 영역에서처럼, 우리는 승리의 문턱에서 패배를 낚아채기로 작정한 것 같다. 우리가 어린 시절을 기대할 수 있는 바로 그 순간, 우리는 그것을 버릴 위험에 처했다…. 우리 아이들은 비교적 안전할 수 있지만, 어린 시절 자체가 위험에 처해 있다.

정리문제

1. 연구자들은 습관화를 통해 신생아가 볼 수 있는지 없는지 어떻게 연구할 수 있는가?
2. 두미 법칙과 중심말단 법칙은 무엇인가?
3. 피아제의 인지발달의 각 단계에서는 무엇이 일어나는가?
4. 틀린 믿음 과제는 무엇을 제시하는가?
5. 아동이 마음 이론을 얼마나 빨리 획득할 것인지를 결정하는 가장 중요한 요인은 무엇인가?
6. 아동이 문화의 다른 구성원으로부터 배우도록 하는 세 가지 기술은 무엇인가?

- 애착과 그 네 가지 유형을 서술한다.
- 피아제가 주장한 아동의 도덕 발달을 특징짓는 세 가지 전환에 대해 서술한다.
- 콜버그의 도덕 추론 발달 단계에 대해 묘사한다.
- 왜 도덕 추론이 도덕 발달이라는 큰 그림의 한 부분일 뿐인지에 대해 설명한다.

갓 부화한 새끼 새와 마찬가지로 인간 영아도 생존하기 위해서 자신의 어머니에게 가까이 있을 필요가 있다. 새끼 새와는 달리 인간 영아는 자신이 어머니에게 가는 것이 아니라 어머니를 자기에게 오도록 하는 방법을 안다.

John St. Germain/Alamy; Peter Burian/Corbis

영아기와 아동기 : 유대하기, 돕기

영아와 아동들은 세상, 그들의 마음, 그리고 다른 사람들에 대해 어떻게 생각해야 하는지 배운다. 그러나 그들은 관계를 형성하고, 이 다른 마음들과 정서적 유대를 쌓고, 또한 무엇이 옳은지 그른지에 대해 추론하고 이에 따라 행동하는 것을 배운다. 사회 발달과 도덕 발달은 영아기와 아동기의 가장 중요한 프로젝트이다. 각각에 대해 살펴보자.

사회 발달

콘라트 로렌츠(Konrad Lorenz)가 아이였을 때, 그의 이웃은 그에게 태어난 지 하루 된 아기 오리를 선물했고, 그 오리는 그가 가는 어디든 따라 다니기 시작하였다. 몇십 년 후, 로렌츠는 그것이 어떻게 그리고 왜 일어나는지를 설명한 것에 대해서 노벨 생리학상을 수상하였다(Lorenz, 1952). 아기 오리를 키워본 누구든 아기 오리가 어미를 따라다니는 것을 알았고, 그 행동이 어떤 종류의 타고 태어난 본능임을 가정하고 있었다. 그러나 로렌츠는 진화가 아기 오리들이 그들의 어미를 따르도록 설계했다기보다는 그들이 부화할 때 처음 보는 소리나는 움직이는 대상을 따르도록 설계하였음을 깨달았다. 대부분의 경우, 그 대상은 실제 그들의 어미였으나, 만약 그것이 한 어린 남자아이였다면 아기 오리는 자신의 어미보다는 그 남자아이를 대신 따를 것이다. 아기 오리들은 그들의 어미를 특별히 따르도록 준비되어 있지 않았다. 그들은 유대를 형성하도록 준비되어 있었다.

애착 형성

아기 오리들처럼 인간 아기들도 생존에 어른이 필요하며 따라서 그들 역시 유대를 형성하도록 준비된 채로 세상에 태어난다. 성인을 뒤뚱거리며 따라갈 수 없기 때문에, 대신 성인이 그들을 뒤뚱거리며 따라오도록 하는 것들을 한다. 그들은 울고, 기분이 좋아 까르륵거리거나, 옹알이를 하거나, 미소를 짓고, 이러한 신호들은 어른들로 하여금 그들에게 다가가 그들을 안아올리거나, 위로하고, 기저귀를 갈아주거나, 먹이게 만든다. 영아는 처음에 이런 신호들을 신호 범위 내의 아무에게나 보내지만, 6개월이 되면 가장 좋고, 빠르고, 가장 자주 반응하는 특정한 성인을 향해 그 신호들을 보내기 시작한다.

그 사람은 **주 양육자**(primary caregiver)라고 불리우며, 그들은 곧 영아의 우주의 정서적 중심이 된다. 영아는 주 양육자가 있는 자리에서 안전하게 느끼고 행복하게 기어다니며 자신의 환경을 탐색할 것이다. 하지만 만일 자신의 주 양육자가 너무 멀어지면, 영아는 안전하지 않다고 느끼기 시작하며, 자신과 주 양육자 사이의 거리를 좁히기 위해서 아마도 자신의 양육자에게로 다가가거나 양육자가 자신에게로 다가올 때까지 우는 등의 행동을 취한다. 주 양육자와의 정서적 유대가 바로 **애착**(attachment)이다(Bowlby, 1969, 1973, 1980). 이 유대는 너무나 중요해서 불행한 상황으로 인하여 애착을 형성할 기회를 잃은 아기들은 광범위한 신체적, 정신적, 그리고 정서적 손상에 취약하다(Gillespie & Nemeroff, 2007; Kessler et al., 2008; O'Connor & Rutter, 2000; Rutter et al., 2004).

애착 유형

영아들은 애착을 형성하나, 모든 애착이 동일한 질은 아니다(Ainsworth et al., 1978). 애착의 질을 측정하는 보편적인 방법은 영아와 주 양육자(많은 경우 어머니)를 실험실로 오게 하고, 주 양육자가 잠시 방을 떠났다가 돌아오는 몇 단계의 에피소드를 제시하는 것을 포함한다. 영아들은

일련의 고전적 실험에서 심리학지 해리 할로우(1958)은 아기 리서스 원숭이들을 따로 떼어내 키운 다음 그들을 두 '대리 엄마'가 있는 우리에 넣었다. 하나는 철사로 만들어졌고 음식을 제공하는 것이었고 다른 하나는 천으로 만들어졌고 음식을 제공하지 않았다. 아기 원숭이들은 천으로 된 엄마에게 매달려 대부분의 시간을 보냈고, 이는 할로우로 하여금 원숭이들조차도 "유대하도록 타고 태어났다"고 결론내리도록 하였다.

PR INC/Science Source

이러한 에피소드에 네 가지 방식 중 하나의 방식으로 반응하는 경향을 보인다. 이 네 가지 방식은 **애착 유형**(attachment stlyes) 혹은 주 양육자가 존재 혹은 부재에 대한 특정한 반응 양식으로 알려져 있다.

애착 유형　주 양육자가 함께 있거나 없을 때 보이는 반응 양식의 특징

기질　생물학적 기반을 가지는 주의와 정서적 반응성의 양식

1. 안정 애착. 양육자가 방을 떠날 때 영아는 고통스러워할 수도 있고 고통스러워하지 않을 수도 있다. 양육자가 돌아올 때 고통스러워하던 영아는 양육자에게로 가서 진정되는 반면, 고통스러워하지 않던 영아는 눈짓이나 인사를 표현한다. 모든 문화에서 다수의 영아들은 안정애착을 갖는다.
2. 양가 애착. 양육자가 방을 떠날 때 영아는 고통스러워하고 양육자가 돌아올 때 영아는 양육자를 거부하거나 양육자가 달래려는 시도를 거절한다. 벗어나기 위해 등을 구부리고 꿈틀대면서 달래려는 시도를 모두 거절하고 양육자를 거부한다.
3. 회피 애착. 양육자가 떠날 때, 영아는 고통스러워하지 않고, 양육자가 돌아올 때, 영아는 양육자를 무시한다.
4. 혼란 애착. 양육자가 떠나거나 돌아올 때, 영아는 일관된 반응 패턴을 보이지 않는다.

아동의 애착 유형의 일부는 아동의 **기질**(temperaments), 즉 생물학적 기반을 가지는 주의 그리고 정서적 반응 양식에 의해 결정된다(Kagan, 1997; Rothbart & Bates, 2006; Thomas & Chess, 1977). 예를 들어, 갑작스러운 움직임이나 큰 소리 혹은 친숙하지 않은 사람들과 같은 새로운 자극에 대해 겁 많은 반응을 보이는 영아들의 경우, 조용하고 주의깊고 그리고 수줍은 성인이 될

어떤 부모들은 자녀를 주간 탁아소(어린이집)에 지내게 하는 것이 애착 과정을 방해할까 봐 걱정한다. 그러나 대규모의 한 종단연구는 애착 유형은 어머니의 민감성과 반응성의 영향을 강하게 받지만, 주간 탁아의 질, 양, 안정성, 또는 유형의 영향은 없거나 거의 적다는 것을 보여주었다 (Friedman & Boyle, 2008).

David Grossman/Alamy

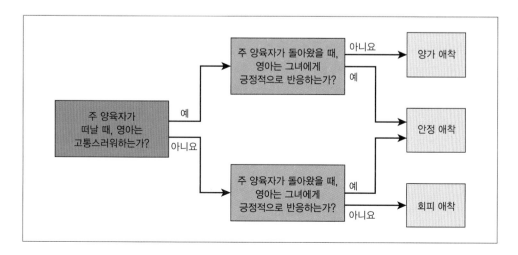

그림 10.7　애착 유형　영아가 주 양육자가 떠나고 돌아올 때 어떻게 반응하는가를 통해 연구자들은 영아의 애착 유형을 파악한다. 영아가 이 셋 중의 하나의 패턴을 일관적으로 보이지 않는다면 그 영아의 애착 유형은 혼란 애착이라고 한다.

가능성이 높으며, 친숙하지 않은 사람이나 새로운 환경을 피할 가능성이 높다(Schwartz et al., 2003). 타고 태어나는 것(nature)은 주 양육자가 떠나거나 혹은 돌아오는 것을 포함한 상황에 대한 영아들의 반응에 있어 분명히 한 역할을 한다.

그러나 환경(nurture)은 더욱 큰 역할을 하는 것으로 보인다. 양육자가 어떻게 생각하고, 느끼고, 그리고 행동하는지는 영아의 애착 유형에 강한 영향을 미친다. 예컨대, 안정 애착 영아의 어머니들은 그들의 자녀의 정서 상태, 특히 영아가 안정을 찾기 위한 '요구'를 특히나 잘 탐지해내며, 이러한 요구에 특히나 반응적이다(Ainsworth et al., 1978; De Wolff & van IJzendoorn, 1997; van IJzendoorn & Sagi, 1999).

어머니의 행동은 그녀의 영아의 애착 유형과 상관관계를 갖지만, 그것이 실제 영아의 애착 유형에 인과적 영향을 미치는 것일까? 그렇게 보인다. 연구자들은 특별히 예민하고 까다로운 6개월 영아의 젊은 어머니들을 대상으로 연구하였다. 절반의 어머니들은 영아의 정서적 신호에 민감하게 그리고 영아에게 더욱 잘 반응하게 도와주도록 설계된 훈련 프로그램에 참가하였다. 1년 후에, 훈련을 받은 어머니의 영아들은 훈련을 받지 않은 어머니의 영아들보다 안정 애착 유형을 가질 가능성이 더 높았다(van den Boom, 1994, 1995).

애착 유형의 효과

주 양육자와 상호작용의 결과로 영아는 심리학자들이 **내적 작동 모델**(internal working model)이라 부르는 것을 발달시키는데, 그것은 관계가 작동하는 방식에 대한 신념의 집합체이다(Bretherton & Munholland, 1999). 예를 들어, 안정 애착 영아들은 그들이 불안을 느낄 때 자신의 주 양육자가 반응할 것이라고 확신하는 것처럼 보이고, 회피 애착 영아들은 자신의 주 양육자가 반응하지 않을 것이라고 생각하는 것처럼 보인다(**그림 10.8** 참조). 양가 애착 영아는 어떤 특정한 상황에서든 자신의 주 양육자가 반응할 것인지 아닌지 확신하지 못하는 것처럼 보인다. 마지막으로, 혼란 애착 유형의 영아는 주 양육자와의 관계에 대해서 혼란스러워하는 것으로 보이며, 따라서 어떤 심리학자는 이러한 유형이 주로 학대받아 온 아동의 특징이라고 추측한다(Carolson, 1998; Cicchetti & Toth, 1998).

영아의 애착 유형, 그리고 그와 동반하는 내적 작동 모델은 장기적인 영향을 갖는다(Waters et al., 2015). 예를 들어, 아기였을 때 안정 애착이었던 성인은 더 뛰어난 학업 성취(Jacobson & Hoffman, 1997), 높은 심리적 안녕감(Madigan et al., 2013), 그리고 더 성공적인 사회적 관계(McElwain et al., 2011; Schneider et al., 2001; Simpson et al., 2011; Sroufe et al., 1990; Steele et al., 1999; Vondra et al., 2001)를 보였다. 우리가 소리나는 움직이는 물체, 즉 대부분의 우리들이 엄마라고 부르는 존재와 처음 맺었던 유대는 앞으로 다가올 우리의 발달에 영향을 미치는 강력한 힘이다.

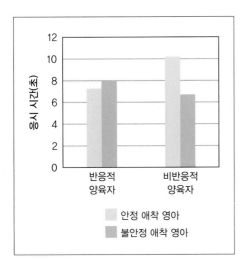

그림 10.8 내적 작동 모델 영아들은 그들의 기대와 맞지 않는 장면을 오랫동안 응시한다. 안정 애착 영아들은 어머니가 그녀의 아기를 위로하기보다는 무시하는 장면을 더 오랫동안 바라본다. 불안정 애착 영아들은 반대이다(Johnson et al., 2007).

도덕 발달

영아들은 하나의 구별을 빠르게 잘하는데, 그것은 쾌락과 고통 사이의 구별이다. 영아가 맨 처음 기저귀를 차기도 전에, 언제 무엇이 좋게 또는 나쁘게 느껴지는지 구별할 수 있고, 소리가 미치는 거리 안에 있는 누구에게나 그가 전자를 강하게 선호한다는 것을 증명할 수 있다. 하지만 그 다음 몇 년 동안, 그들은 자신의 즐거움('음식을 던지는 것은 재미있다.')이 종종 다른 사람의 고통('음식을 던지는 것은 엄마를 화나게 한다.')이라는 것을 알아차리기 시작하는데, 그것은 영아가 생존하기 위해서는 타인들이 필요하고 그들을 화나게 하는 것은 성공적인 전략이 아니기 때문에 문제가 되게 된다. 그래서 영아들은 자신의 욕구와 주변 사람들의 욕구의 균형을 잡는 방법을 학습하기 시작하고, 그들은 옳고 그름 사이의 구별을 발달시킴으로써 부분적으로 그것을 한다. 어떻게 이것이 이루어지는가?

도덕적 추론

피아제는 아동들과 게임을 하며 시간을 보내면서 그들에게 그 게임들의 규칙을 어떻게 이해하게 되었는지 그리고 만약 그 규칙을 어긴 아동들에게는 어떤 일이 생길 것인지를 물어보았다. 아동들이 말하는 것을 주의 깊게 들으며, 피아제는 그들이 발달함에 따라 아동의 옳고 그름에 대한 사고, 즉 도덕적 추론이 변화하는 세 가지 방식을 확인하였다(Piaget, 1932, 1965).

1. **현실주의에서 상대주의로의 전환.** 매우 어린 아동은 도덕 규칙을 사람들이 생각하고 말하는 것과는 관련 없는 세상에 대한 현실적이고 신성불가침한 진리로 간주한다. 어린 아동은 일반적으로 다른 사람을 때리는 것과 같은 나쁜 행동은 모두가 그것을 허용했다 할지라도 착한 행동이 될 수 있다고 믿지 않는다. 그러나 그들이 성숙해감에 따라, 아동들은 어떠한 도덕적 원칙들은 인간이 고안한 것이며, 사람들은 그것을 변화시키거나 완전히 폐기하는 데 동의할 수 있다는 것을 깨닫기 시작한다.

2. **지침에서 원리로의 전환.** 어린 아동들은 도덕 규칙을 특정 상황에서의 특정 행동을 위한 지침으로서 생각한다("모든 사람은 순서대로 아이패드를 가지고 놀 수 있고 그다음에 자기 왼쪽에 앉은 아동에게 넘겨야 한다."). 아동은 성숙함에 따라 규칙은 공평성과 공정성같이 더욱 일반적인 원리의 표현이라는 것을 알게 된다. 이것은 특정 규칙이 일반적인 원리에 어긋날 때 폐기되거나 수정될 수 있다는 것을 의미한다("만일 제이슨이 지난번에 그의 순서를 놓쳤다면, 그는 지금 두 번의 기회를 가져야 한다.").

3. **결과에서 의도로의 전환.** 어린 아동에게는 의도하지 않았으나 큰 해를 입힌 행위("레이코는 우연히 아빠의 아이패드를 고장냈다.")가 약간의 해를 입힌 의도적인 행위("레이코는 화가 나서 아빠의 연필을 부러뜨렸다.")보다 '더 그릇된' 것으로 보이는데, 이것은 어린 아동은 행위의 도덕성을 행위자의 의도에 의해서가 아니라 행위의 결과에 의해서 판단하는 경향이 있기 때문이다. 아동이 성숙함에 따라 행위의 도덕성이 행위자의 마음 상태에 따르는 것임을 알기 시작한다(Cushman et al., 2013; Nobes et al., 2017).

심리학자 로렌스 콜버그(Lawrence Kohlberg)는 피아제의 통찰을 도덕 추론의 발달에 대한 더욱 상세한 이론을 만드는 데 사용했다(Kohlberg, 1958, 1963, 1986). 콜버그는 아동과 성인 모두

피아제에 따르면, 어린 아동은 도덕 규칙이 사람과 문화에 따라 다를 수 있다는 것을 깨닫지 못한다. 예를 들어, 힌두교 사람들은 소를 먹는 것이 비도덕적이라고 생각하지만 미국인들은 맥도널드에서만 1년에 10억 파운드 이상의 소고기를 먹는다!

Noah Seelam/Getty Images; Alex Segre/Alamy

전인습적 단계 행위의 도덕성이 행위자에게 나타날 결과에 의해서 주로 결정되는 도덕 발달 단계

인습적 단계 행위의 도덕성이 사회적 규칙에 얼마나 동조하는가에 의해서 주로 결정되는 도덕 발달 단계

후인습적 단계 행위의 도덕성이 핵심 가치를 반영하는 보편적인 원리들의 집합에 의해서 결정되는 도덕 발달 단계

에게 '도덕적 딜레마'(예 : 가난한 남편이 그의 죽어가는 아내를 살리기 위해 약국에서 약을 훔쳐야 하는가?)를 어떻게 해결할 것인가를 물어보았다. 그들의 반응에 기초하여, 그는 도덕 발달에 각기 다른 세 단계가 있다고 결론 내렸다. 콜버그에 따르면, 이 질문에 대한 사람들의 반응은 도덕적 추론이 3단계로 발달한다는 것을 나타낸다.

1. 대다수의 아동들은 행위의 도덕성이 행위자의 결과에 의해서 주로 결정되는 도덕 발달 단계인 **전인습적 단계**(preconventional stage)에 있다. 이 단계의 사람은 다음과 같이 추론할 수 있다: "만일 그 남편이 도둑질을 한다면 감옥에 갈 수 있으므로, 그는 그래서는 안 된다."

2. 대다수의 청소년들은 행위의 도덕성이 그 행위가 사회적 규칙을 얼마나 따르는가에 의해서 주로 결정되는 도덕 발달 단계인 **인습적 단계**(conventional stage)에 있다. 이 단계의 사람은 다음과 같이 추론할 수 있다: "도둑질은 법을 어기는 것이므로, 그 남편은 약을 훔쳐서는 안 된다."

3. 대다수 성인들은 행위의 도덕성이 핵심 가치를 반영하는 보편적인 원리들의 집합체에 의해서 결정되는 도덕 발달 단계인 **후인습적 단계**(postconventional stage)에 있다. 이 단계의 사람은 다음과 같이 추론할 수 있다: "인간의 생명은 신성한 것이며, 따라서 그 남편은 약을 훔쳐야 한다."

도덕적 추론을 넘어

도덕적 추론의 발달이 콜버그의 이론에서 묘사된 기본적인 궤적을 따르는 것처럼 보일지라도 우리는 콜버그가 생각했던 것처럼 세 단계가 분리되지는 않았다는 것을 알고 있다. 예컨대, 한 사람은 전인습적, 인습적, 후인습적 사고를 다른 상황에 따라 적용할 수 있는데, 이것은 발달하는 사람이 '단계에 도달한다'기보다는 특정한 경우에 사용하거나 사용하지 않을 수 있는 '기술을 습득한다'는 것을 시사한다.

더불어, 도덕적 추론은 도덕 발달에 대한 이야기의 한 부분일 뿐이라는 것이 밝혀졌다. 예를 들어, 아동들이 의식적인 추론을 할 수 있기 한참 전부터 그들은 놀라울만큼의 '도덕적 감각'을 보인다(Blake et al., 2014; Zahn-Waxler et al., 1992). 16개월 영아들이 한 인형이 다른 인형들을 도와주거나 혹은 방해하는 인형극을 볼 때, 영아들은 도와주는 인형에게 더 손을 뻗어 만진다(Hamlin et al., 2007; Margoni & Surian, 2018). 1세들은 성인이 찾고 있는 물건이 그들에게 보이면 도움이 되도록 그쪽을 손가락으로 가리킨다(Aknin et al., 2012). 요약하자면, 영아와 어린 아동들은 어른들의 도덕적 감수성의 많은 측면을 가지고 있는 것으로 보인다.

그들은 또한 동일한 도덕적 한계의 많은 측면을 가지고 있는 것으로 보인다. 그들은 과거에 그들에게 착하게 행동한 사람들을 선호하고(Paulus, 2016), 낯선 사람들보다 친숙한 사람들을 선호하며, 그들 집단의 구성원을 다른 집단의 구성원보다 선호한다(Wynn et al., 2018). 이러한 연구들은 도덕성은 단순한 추론의 결과라기보다는 우리의 진화적 유산의 일부에 뿌리를 두고 있는 공평성 혹은 돕거나 협력하고자 하는 욕구와 같은 심리적인 경향성의 기초임을 제안한다.

정리문제

1. 애착은 어떻게 평가되는가?
2. 양육자는 영아의 애착 유형에 어떻게 영향을 미치는가?
3. 피아제에 따르면 도덕 발달을 특징짓는 세 가지 전환은 무엇인가?

4. 콜버그의 세 가지 도덕 발달 단계는 무엇인가?
5. 영아들과 아동들이 '도덕적 감각'을 가지고 있다는 것을 제안하는 증거들은 무엇인가?

청소년기 : 간격에 유의하기

아동기와 성인기 사이는 독립적인 기간으로 볼 수 없을지는 몰라도, 이전 단계와 이후 단계와는 분명히 구분되는 연장된 발달 단계이다. **청소년기**(adolescence)는 성적 성숙의 시작(약 11~14세)과 함께 시작해서 성인기의 시작(약 18~21세)까지 지속되는 발달의 기간이다. 배아에서 태아로의 변화나 영아에서 아동으로의 변화와 달리, 이 변화는 갑작스럽고 분명하게 구분된다. 단지 3~4년 내에 보통 청소년은 약 18kg이 늘고 약 25cm가 자란다. 여아의 경우, 이 모든 성장은 10세경에 시작해서 16세경에 끝난다. 남아의 경우 그것은 약 2년 늦게 시작하고 끝난다.

이 성장 급등의 시작은 **사춘기**(puberty) 시작 즉, 성적 성숙과 관련된 신체 변화의 시작을 나타낸다. 이러한 변화는 **일차 성징**(primary sex characteristics)과 관련되며, 그것은 사춘기에 변화하고 생식에 직접 관련되는 신체 구조이다(예 : 여아의 경우 월경이 시작되고, 남아의 경우 사정하기 시작함). 또한 **이차 성징**(secondary sex characteristics)과도 관련되는데, 그것은 사춘기에 변화하지만 생식에는 직접 관련되지 않는 신체 구조이다(예 : 여아의 경우 유방이 발달되고 남아의 경우 얼굴에 털이 남). 이러한 모든 변화는 호르몬 생산의 증가에 의해 나타나는데, 특히 여아의 경우 에스트로겐, 남아의 경우 테스토스테론이 증가한다.

청소년기 동안 신체가 변화하는 것처럼 뇌도 변화한다. 예를 들어, 사춘기 직전, 뇌의 다른 영역을 연결하는 조직의 성장률이 뚜렷하게 증가한다(Thompson et al., 2000). 6~13세 사이에 측두엽(언어에 전문화된 뇌 영역)과 두정엽(공간 관계를 이해하는 데 전문화된 뇌 영역) 사이의 연결들이 빠르게 증식한 다음에 멈추는데, 대략 이때 언어 학습의 결정적 시기가 끝난다. 또한 사춘기 전에 전전두엽에서 새로운 시냅스의 수가 크게 증가한다. 그 이후, 사춘기 동안 두뇌는 자주 사용되지 않는 시냅스 연결들이 제거되는 시냅스 '가지 치기'를 거친다. 분명히 청소년의 뇌는 현재 진행 중인 일로 보인다(**그림 10.9** 참조).

청소년기의 연장

사춘기가 시작되는 나이는 개인에 따라서(예 : 사람들은 동성 부모가 사춘기에 도달한 나이에 사춘기에 도달하는 경향이 있다) 그리고 문화에 따라서(예 : 아프리카계 미국 여아가 유럽계 미국 여아보다 먼저 사춘기에 도달하는 경향이 있다) 차이가 있다. 그것은 또한 세대에 따라서도 차이가 있다(Malina et al., 1988; Sawyer et al., 2018). 예를 들면, 19세기에는 스칸디나비아, 영국, 그리고 미국 여아가 약 17세에 첫 월경을 하였지만, 1960년에는 그 연령이 약 13세까지 떨어졌다

라이프치히의 유명한 합창단은 문제에 처했다. 남아들은 9세에 합창단에 들어오고 그들의 목소리가 변하기 전까지 소프라노를 부른다. 요한 세바스찬 바흐가 합창단 지휘자였던 1723년 시절에는 그 변화는 약 17세에 일어났다. 오늘날, 그것은 약 12세경 일어난다. 그 결과로, 남아가 노래를 할 줄 알게 될쯤이면 그는 더 이상 소프라노가 아니다. 그 결과로, 합창단은 고군분투하고 있다.

Wolfgang Kluge/AP Images

청소년기 성적 성숙의 시작(약 11~14세)과 함께 시작해서 성인기의 시작(약 18~21세)까지 지속되는 발달의 기간

사춘기 성적 성숙과 관련된 신체 변화의 시작점

일차 성징 사춘기에 변화하는 신체 구조로 생식과 직접 관련됨

이차 성징 사춘기에 변화하는 신체 구조로 생식과 직접 관련되지는 않음

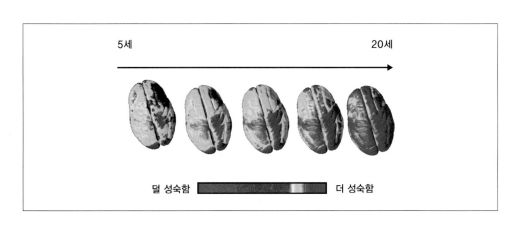

| 5세 | 20세 |
| 덜 성숙함 | 더 성숙함 |

그림 10.9 사춘기의 뇌 이 그림은 대뇌피질이 어떻게 발달하는지를 보여준다(마치 뇌가 테이블 위에 올려져 있고 여러분이 그것을 위에서 내려다본다고 상상해보라). 중앙에 위치한 부분(지각 및 감각과 관련된)은 5세에 이미 성숙한 반면, 피질의 앞쪽 부분(비판적 사고 및 충동 통제와 관련된)은 한참 나중까지 완전한 성숙에 도달하지 않는다는 사실을 눈여겨보라.

Dynamic mapping of human cortical development during childhood through early adulthood, Nitin Gogtay, et al., PNAS May 25, 2004 101 (21) 8174–8179, Copyright (2004) National Academy of Sciences, U.S.A.

산업화 이전 사회의 약 60% 정도는 청소년이라는 단어를 가지고 있지 않은데, 그것은 그러한 단계가 없기 때문이다. 크로보의 여아가 초경을 하면 나이 든 여성들은 그녀를 2주간 격리된 곳으로 데리고 가서 성관계, 피임, 그리고 결혼에 대해 가르친다. 이후, 공식적 의식이 열리며, 며칠 전까지 아동으로 간주되던 이 어린 여성은 그 후에 성인으로 간주된다.

MyLoupe/Getty Images

(Patton & Viner, 2007). 중국과 같이 새롭게 산업화된 국가의 경우, 여아의 초경 연령이 과거 25년 동안 10년당 5개월씩 감소되었다(Song et al., 2014). 유사하게, 미국 남아가 사춘기의 초기 신호를 나타내는 연령이 9~10세 사이로 떨어졌다(Herman-Giddens et al., 2012).

단 몇십 년 전에 비해서 오늘날 사춘기의 시작이 왜 이렇게 빨리 나타나는 것일까? 최소 여아의 경우, 주요 원인은 식단(Ellis & Garber, 2000)인 것으로 나타난다. 젊은 여성들은 과거 어느 때보다 더 높은 체지방을 가지고 있으며, 체지방은 에스트로겐을 분비하고 사춘기를 앞당긴다. 어떤 증거들은 흡사 에스트로겐을 따라 하는 환경적인 독소에 대한 노출이 역할을 한다고 제안한다(Buck Louis et al., 2008). 스트레스는 여아의 빠른 사춘기를 가져오는 또 다른 원인으로 나타난다(Belsky, 2012; Belsky et al., 2015). 연구들은 여아가 갈등 수준이 높은 예측되지 않는 가정, 생물학적인 아버지가 함께 거주하지 않는 가정에서 성장하거나 혹은 어린 시절의 성적 학대의 피해자일 경우 사춘기에 더 빨리 도달함을 보여준다(Greenspan & Deardorff, 2014).

원인이 무엇이든, 빠른 사춘기는 중요한 심리적 결과를 가진다. 바로 2세기 전에는, 사람들이 결혼을 하거나 직업을 갖는 등 사회에서 성인의 역할을 수용할 준비가 되는 것과 대략 같은 때에 신체적으로도 성숙하였기 때문에 아동기와 성인기 사이의 간격이 비교적 짧았다. 하지만 오늘날 사람들은 전형적으로 3~10년 이상 학교에 다니고, 예전에 비해 훨씬 늦게 직업을 갖거나 결혼을 한다(Fitch & Ruggles, 2000). 따라서 사람들이 신체적으로 성인이 되는 연령은 낮아진 반면에, 그들이 성인으로서의 역할과 책임을 맡는 나이는 높아짐에 따라 청소년기의 시기가 연장되었다.

청소년들은 성인의 신체를 가질 수 있지만, 사회는 그들을 성인으로 취급하지 않는다. 실제, 미국 10대들은 현역 미국 해군 혹은 수감된 중범죄자들보다 두 배 많은 제약의 대상이다(Epstein, 2007a)! 청소년들은 이 제약들에 항의하기 위한 행동들을 자주 하며 흡연, 음주, 약물 사용, 성행위, 그리고 범죄 행위 등과 같은 것들을 함으로써 자신이 성인임을 나타내고자 한다. 그러나 여전히, 청소년기의 문제들은 넷플릭스가 우리에게 믿도록 하려는 것만큼 널리 퍼져있는 것은 아니다(Steinberg & Morris, 2001). 연구는 '맹렬한 호르몬'의 희생자인 '변덕스러운 청소년'은 주로 신화라는 것을 시사한다. 청소년은 아동보다 정서가 더 변덕스럽지 않으며(Buchanan et al., 1992), 그의 호르몬 수준의 변동은 그의 기분에 단지 작은 영향을 줄 뿐이다(Brooks-Gunn et al., 1994). 비록 청소년이 성인보다 더 충동적이고 또래의 영향을 받기 쉬울 수 있지만(**그림 10.10** 참조), 그들은 적절한 정보에 근거해서 현명한 결정을 할 수 있다(Steinberg, 2007). 정확한 사실은 청소년기는 대부분의 청소년들에게 끔찍하게 문제되는 시간이 아니며, 청소년들은 그들이 자신을 스스로 곤경에 처하게 만들어낸 어떤 문제이든지 '끊는' 경향이 있다(Epstein, 2007b; Martin et al., 2014; Sampson & Laub, 1995).

무모한 행동들을 시도하는 청소년들은 일반적으로 무모한 성인이 되지 않는다. 그들이 그때까지 살아있는 한은 말이다. 17세의 마리아 드로쉬는 그녀가 운전 중 충돌하여 사망할 때 그녀의 어머니에게 문자를 보내고 있었다. 그녀의 어머니는 마리아의 차의 잔해를 마을마다 끌고 다니며 사람들이 운전을 하며 문자를 보내지 않도록 설득한다. 2017년 고등 학생 중 40%가 지난 30일간 운전 중 최소 한 번 문자를 보낸 적이 있다(Kann et al., 2018).

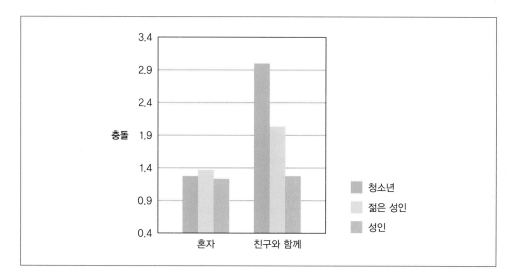

성의 발현

사춘기는 누군가에겐 다른 사람들에게보다 더 어려울 수 있다. 또래보다 일찍 사춘기를 맞는 여아에게 그것은 특히 어렵다. 이 조숙한 여아들은 우울, 비행, 그리고 질병의 위험이 높다(Mendle et al., 2018; Mendle et al., 2007). 조숙한 청소년들은 청소년기에 대처하는 데 필요한 기술을 발달시키기 위한 시간을 또래만큼 갖지 못하지만(Petersen & Grockett, 1985), 성숙해 보이기 때문에 사람들은 그가 성인처럼 행동할 것으로 기대한다. 더불어, 성인 남성들은 이러한 여아들을 음주 혹은 성행위와 같이 아직 그들이 준비되지 않은 활동들을 하도록 이끌 수 있다(Ge et al., 1996). 어떤 연구들은 여아의 경우, 사춘기가 일어나는 시기가 사춘기의 출현 자체보다 정서와 행동 문제에 더 큰 영향을 준다는 것을 제시한다(Buchanan et al., 1992).

사춘기가 일어나는 시기는 남아에게는 그런 일관된 효과를 갖지 않는다. 어떤 연구들은 조숙한 남아들이 또래보다 더 잘한다고, 어떤 연구는 더 못한다고, 어떤 연구는 전혀 차이가 없다고 제시한다(Ge et al., 2001).

성적 지향 : 생물학의 문제

어떤 청소년들의 경우, 사춘기는 동성의 구성원에게 매력을 느끼는 사실에 의해서 더욱 복잡해진다. 현재 고등학생인 학생들 중, 약 8%가 레즈비언, 게이, 양성애자 혹은 성전환자로 인지한다(Kann et al., 2018). 이 청소년들은 대부분의 또래와는 다르고, 가족, 친구, 그리고 지역사회로부터 종종 무시당하거나 거부당하는 소수이다. 75개 국가에서 동성의 구성원과 성적 행위를 하는 것은 불법이며, 11개국에서 사형에 처할 수 있다(Bailey et al., 2016). 미국인들은 빠르게 게이, 레즈비언, 양성애자, 그리고 성전환자들을 점점 더 수용하고 있지만(**그림 10.11** 참조), 많은 사람들이 아직 정도에 따라 인정하지 않으며, 사회적 반감은 한 청소년의 삶을 자연히 어렵게 만든다.

어떤 사람이 주로 동성 혹은 이성에게 성적으로 지향하는 것을 결정하는 것은 무엇인가? 오랫동안 심리학자들은 그 답은 양육이라고 보았다. 하지만 현대의 연구는 부모의 성적 지향을 포함하여 양육의 어떠한 측면도 자녀의 궁극적인 성적 지향에 주요한 영향을 미친다는 것을 확인하지 못했다(Patterson, 2013). 유사하게, 또래는 성적 행위를 하는 의사결정을 내림에 있어 측정 가능한 영향력을 가지고 있지만, 그들은 한 청소년의 성적 지향에 영향을 미치지 않는다(Brakefield et al., 2014).

그렇다면 성적 지향을 결정하는 것은 무엇인가? 상당한 증거들은 생물학과 유전이 중요한 역

그림 10.11 동성 결혼에 대한 태도의 변화 1965년, 미국에서는 동성연애가 불법이었고 미국인들은 그것이 정신 질환이라고 생각했다. 그러나 상황이 변했다. 예를 들어, 10년도 채 안 돼 동성 결혼에 대한 미국인들의 태도가 완전히 뒤바뀌었고, 2015년 미국 전역에서 합법화되었다.

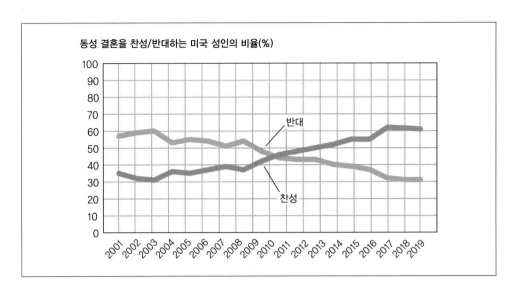

동성 결혼을 찬성/반대하는 미국 성인의 비율(%)

할을 한다고 제시한다. 예를 들어, 동성애 남성의 이란성 쌍생아(유전자를 50% 공유함)는 동성애자가 될 확률은 15%이지만, 동성애 남성의 일란성 쌍생아(유전자를 100% 공유함)는 약 50%이다(Bailey & Pillard, 1991; Gladue, 1994). 여성에 대한 연구에서도 유사한 패턴이 나타났다(Bailey et al., 1993). 나아가 게이와 레즈비언의 뇌는 이성애자인 반대 성별 사람들과 어떤 부분에서 유사하게 보인다(Savic & Lindstrom, 2008). 예를 들어, 이성애자인 남성과 동성애자인 여성(모두 여성성을 사랑하거나 여성에게 매력을 느낌)의 뇌의 좌우반구는 크기가 다른 경향이 있지만, 이성애자인 여성과 동성애자인 남성(모두 남성성을 사랑하거나 혹은 남성에게 매력을 느낌)의 경우는 크기가 같다. 어떤 증거는 태내 높은 수준의 안드로젠이 남성과 여성 태아 모두 남성성에 대한 성적 선호를 갖도록 할 수 있다는 것을 제시하며(Ellis & Ames, 1987; Meyer-Bahlberg et al., 1995), 어떤 연구들은 어머니의 면역 체계가 그녀의 남아 자녀의 성적 지향에 있어 역할을 할 수 있다고 제안한다(Balthazart, 2018).

성적 지향의 과학은 아직 역사가 짧고 상반되는 발견들로 가득 찼지만, 최소한 두 가지의 결론은 논의의 여지가 없다. 첫째, 그것의 결정인자가 무엇으로 밝혀질지에 대한 완전한 이야기가 무엇이든, 성적 지향은 분명히 생물학적이며 유전적인 요소를 가지고 있다는 것이다. 그것은 단지 '라이프스타일 선택'이 아니며, '전환' 혹은 '회복' 치료가 게이, 레즈비언, 양성애자를 이성애자로 바꿀 수 있다는 증거는 없다(America Psychological Association, 2009).

둘째, 인간의 성적 지향은 이성애 그리고 양성애의 한 단어로 명명할 수 있는 것보다 훨씬 더 복잡하고 다양하다. 심리적인 끌림, 성적 행동, 생물학적 성, 그리고 성 정체성은 서로 다른 것들로, 언어가 부과하는 단순한 범주들을 거부하며, 그냥 보기에도 셀 수 없이 다양한 변주들로 조합된다('현실 세계 : 우리 스스로를 받아들이기' 참조). 실제, 미국 성인을 대상으로 한 최근의 조사에서는 게이와 레즈비언이라고 밝힌 사람들의 비율은 '무언가 다른 것(something else)', 혹은 답을 알지 못한다고 말한 사람들의 비율보다 아주 조금 더 컸을 뿐이다(Ward et al., 2014). 인간은 그들 스스로에 대해 더 많이 배워야 할 성적 생명체이다.

성적 행동 : 선택의 문제

성적 지향은 선택의 문제가 아닐 수 있지만, 성적 행동은 그러하며, 많은 10대들이 그것을 선택한다. 비록 성적으로 활발한 미국 고등학생의 백분율은 감소했지만(**그림 10.12** 참조), 아직 3분의 1에 가깝다. 성행위는 많은 10대들에게 긍정적이며 보상적인 경험이지만(Basilenko et al.,

우리 스스로를 받아들이기

섹 슈얼리티(sexuality)는 신체와 마음을 모두 포함한다. 하지만 사람들의 몸은 옷 아래에 숨겨져 있고 사람들의 마음은 그들의 눈 뒤에 숨겨져 있어서 현실의 섹슈얼리티의 복잡성과 다양성은 놓치기가 너무 쉽다. 그것을 이해하려면 세 가지 구분되지만 관련된 개념을 이해해야 한다.

1. 섹스(sex)는 우리가 타고 태어난 신체를 말한다. (전부는 아니지만) 대부분의 인간의 신체는 남자(그들은 XY 염색체와 음경을 가지고 있음) 혹은 여자(그들은 XX 염색체와 질을 가지고 있음)이다.
2. 젠더(gender)는 우리의 정체성을 말한다. 그것은 우리가 어떻게 자신을 보고, 다른 사람들이 우리를 보기를 바라는 지이다. (전부는 아니지만) 대부분의 성인은 자신을 남성 또는 여성으로 인식한다.
3. 성적 지향(sexual orientation)은 우리가 매력을 느끼는 사람의 종류를 말한다. (전부는 아니지만) 대부분의 사람들은 반대의 섹스와 젠더의 사람에게 끌린다.

이 세 가지 차원은 인간 섹슈얼리티의 모든 중요한 측면을 포착하지는 못하지만, 우리가 서로를 이해하고 대화할 수 있도록 도와준다. 아래 표에는 이 차원에서 서로 다른 사람들을 지칭하는 데 일반적으로 사용되는 용어가 나와 있다(이에 대한 더 자세한 내용은 http://www.glaad.org/reference/transgender 참조).

라틴어에서 *trans*라는 접두사는 '…의 반대쪽에(on the other side)'를 의미하고, 접두어 *cis*는 '…의 이 쪽에(on this side)'를 의미한다. 따라서 *트랜스젠더*(transgender)라는 용어는 섹스와 젠더가 일치하지 않는 사람을 말하며, *시스젠더*(cisgender)라는 용어는 섹스와 젠더가 일치하는 사람을 말한다. 남자(male)과 여자(female)은 한 사람의 섹스(sex)를 가리키지만, 성인 남성(men)과 성인 여성(women)은 한 사람의 젠더를 가리키는 것에 주목하라.

대부분의 사람들은 그들의 섹스보다는 그들의 젠더로 묘사되는 것을 선호하기 때문에, 트랜스젠더와 시스젠더 여성 모두 일반적으로 그녀(she)라고 불리는 것을 선호하고, 시스젠더와 트랜스젠더 남성 모두 일반적으로 그(he)라고 불리는 것을 선호한다. 이러한 형용사나 대명사가 그들을 제대로 표현하지 않는다고 느끼는 사람들이 있다. 일반적으로 타인의 섹스, 젠더, 지향에 대해 그들이 스스로를 생각하는 방식으로 이해하는 것이 일리가 있다.

그러한 방식으로 이야기를 하는 것 역시 일리가 있다. 소외된 집단을 묘사하는 단어는 시간이 지남에 따라 경멸적인 함축성을 띠는 경우가 많다. 예를 들어, 호모섹슈얼(homosexual)이라는 단어는 전통적으로 동성 지향을 가진 사람들을 지칭하는 중립적인 표현으로 사용되어 왔지만, 일부 사회에서는 게이와 레즈비언 사람들을 지칭하는 것이 무례한 방식이 되었다. 반면, 한때 경멸적이었던 용어들은 때때로 그들이 처음에 품위를 떨어뜨리려고 했던 사람들에 의해 복구되기도 한다. 예를 들어, 어떤 사회에서 퀴어(queer)는 이제 시스젠더(cisgender)와 이성애자가 아닌 사람들을 긍정적으로 묘사하고 있다. 1998년 이후 샌프란시스코에서 전국퀴어아트페스티벌이 성행하고 있지만 20년 전만 해도 그 이름은 상상조차 할 수 없는 비방이었다.

대다수의 사람들은 시스젠더이며 이성애자이고, 이 모든 다른 범주와 용어들은 그들 중 일부로 하여금 단순했던 시절을 그리워하게 한다. 하지만 사실은 더 단순한 시절은 없었다. 단지 인간의 섹슈얼리티의의 복잡성이 우리의 시야 뒤에 감추어져 비밀이었던 시절이었다. 미국에서 그런 시대는 이제 지나갔고, 우리의 다양성의 모든 범위가 자랑스럽게 나타나고 있다.

		섹스					
		남자			여자		
		젠더			젠더		
		남성	여성		남성	여성	
성적 지향의 대상	남성	시스젠더 동성애 남성	트랜스젠더 이성애 여성		트랜스젠더 동성애 남성	시스젠더 이성애 여성	
	여성	시스젠더 이성애 남성	트랜스젠더 동성애 여성		트랜스젠더 이성애 남성	시스젠더 동성애 여성	
	남성과 여성	시스젠더 양성애 남성	트랜스젠더 양성애 여성		트랜스젠더 양성애 남성	시스젠더 양성애 여성	

2015), 다른 사람들, 특히 너무 일찍 시작하는 경우에는 문제이다. 15세 이전에 성행위를 시작한 10대들은 더 낮은 자기 가치감과 더 높은 불안, 우울, 공격성, 그리고 물질 사용을 보인다(Golden et al., 2016). 성적으로 활발한 고등학생 중 절반 정도만이 그들의 마지막 성적 만남에서 콘돔을 사용하였다고 보고하였고(Kann et al., 2018), 이는 그들이 성적으로 전달되는 감염에 걸리게 할 확률을 높인다.

무엇이 10대들이 성적 행동에 대해 현명한 선택을 하도록 할 수 있을까? 포괄적인 성교육은 효과적인 도구이다. 연구들은 그러한 교육이 10대들이 처음으로 성관계를 하는 것을 연기시키

그림 10.12 10대의 성관계는 줄어들고 있다 미국 고등학생 중 성적으로 활발한 (지난 3개월간 성관계를 맺은 적이 있는지로 정의된) 학생의 숫자는 지난 10년간 줄어들고 있다.

Adapted from the Centers for Disease Control and Prevention's "Youth Risk Behavior Survey 1991–2017," https://www.cdc.gov/healthyyouth/data/yrbs/pdf/trendsreport.pdf

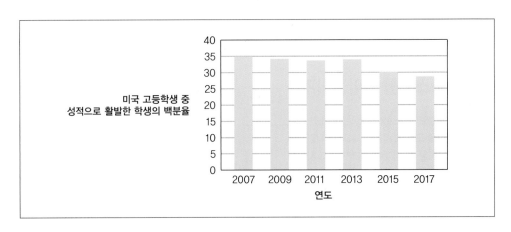

미국 고등학생 중
성적으로 활발한 학생의 백분율

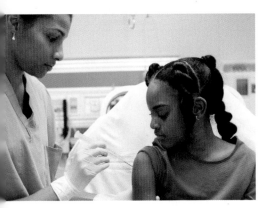

인간 유두종 바이러스는 자궁경부암에 이르게 할 수 있는 성적으로 전파되는 질병이다. 다행히 그것을 예방할 수 있는 백신이 있다. 어떤 부모는 예방 접종을 하는 것이 딸이 성교를 일찍 하도록 부추길 것이라고 걱정하지만, 연구는 예방 접종을 한 젊은 여성이 예방 접종을 하지 않은 젊은 여성보다 성교를 더 일찍 하지 않는다는 것을 보여준다 (Cook et al., 2018).

Blend Images/ERproductions Ltd/Getty Images

고, 그들의 파트너의 수를 감소시키고, 성관계 시 그들이 콘돔이나 다른 방법의 피임을 사용할 가능성을 증가시키고, 임신하거나 성병에 감염될 가능성을 낮추어 준다 (Chin et al., 2012; Mueller et al., 2008; Satcher, 2001). 이러한 이익의 증거자료에도 불구하고, 미국 학교에서 성교육은 종종 부재하거나, 허술하거나, 완전히 금욕의 목표에 기초한다. 이것은 불행한 일인데, 오직 금욕에 대한 프로그램들은 대부분 효과가 없는 것으로 나타났으며(Kohler et al., 2008; Santelli et al., 2017), 그리고 어떤 연구들은 심지어 금욕 서약을 하는 10대는 서약을 하지 않는 10대와 마찬가지로 성관계를 할 가능성이 있지만, 피임을 사용할 가능성은 더 낮다고 제시한다(Rosenbaum, 2009). 또한 불행한 것은, 10대 엄마들은 자녀가 없는 10대 여성들보다 학문적 그리고 경제적 성취의 거의 모든 측정에서 더 낮은 수행을 보이고, 10대의 자녀들은 나이든 어머니의 자녀들보다 교육적 성공과 정서적 안녕의 대부분의 측정에서 더 낮은 수행을 보인다(Olausson et al., 2001).

부모로부터 또래로

자신과 그들의 세상을 보는 아동의 관점은 그들의 부모의 관점에 밀접하게 연결되어 있으나, 사춘기는 청소년들을 부모 대신 또래에 향하게 함으로써, 그 유대를 싹둑 잘라버리고자 하는 새로운 욕구의 집합체를 만들어낸다. 심리학자 에릭 에릭슨(Erik Erikson, 1959)은 개인이 각 단계에서 직면하는 주요 과업(혹은 '핵심 사건')을 통해 인생의 각 단계를 특징지었다. 그의 심리사회적 발달 단계(**표 10.2** 참조)가 제시하는 청소년기의 주요 과업은 성인 정체성의 발달이다 (Becht et al., 2017). 청소년들은 그들의 정체성을 다양한 방식으로 달성한다. 어떤 청소년들은 여러 가지 중 한 가지에 결과적으로 관여하기 이전 여러 정체성을 탐색하며, 다른 청소년들은 개인적 탐색을 거의 하지 않고 부모, 종교, 혹은 문화에 의해 그들에게 규정된 정체성들을 받아들인다(Kroger, 2017; Marcia, 1966, 1993). 언제, 어떻게 그것들을 발견하든 간에 청소년의 정체성은 또래에 대한 초점이 확장된다는 하나의 공통점을 가진다(Roisman et al., 2004).

부모로부터 또래로의 이 전환은 여러 이유로 어려울 수 있다. 첫째, 아동은 자신의 부모를 선택할 수 없지만, 청소년은 자신의 또래를 선택할 수 있다. 그것만으로 청소년은 새로운 가치, 태도, 신념, 그리고 관점을 발달시키도록 그들을 이끌 집단에 합류함으로써 자신을 형성할 힘을 갖는다(Shin & Ryan, 2014). 이 기회가 부과하는 책임은 압도적일 수 있다(Tarantino et al., 2014). 둘째, 청소년이 더 큰 자율성을 얻으려고 애쓸 때 부모는 당연히 반대한다. 예를 들어, 부모와 청소년은 늦게까지 귀가하지 않거나 성교를 하는 것 같은 특정한 성인 행동이 허용되는 나이에 대

표 10.2   에릭슨의 심리사회적 발달 단계

에릭슨에 의하면, 각 발달 '단계'에 '핵심 사건'은 도전이나 '위기'를 형성하며, 사람들은 이를 긍정적 혹은 부정적으로 해결한다.

연령	핵심 사건	위기	긍정적 해결
출생부터 12~18개월까지	먹이기	신뢰 대 불신	아동은 자신의 기본적인 생리적·사회적 욕구를 충족시키기 위해 환경에 의존할 수 있다는 믿음을 발달시킨다.
18개월부터 3세까지	배변 훈련	자율성 대 수치심/ 의심	아동은 자신이 통제할 수 있는 것을 배우고, 자기통제를 발달시키며, 이에 따라 자기통제를 부적절하게 사용한 것에 대한 후회와 슬픔의 느낌을 발달시킨다.
3~6세	독립성	주도성 대 죄책감	아동은 행동을 주도적으로 시작하고, 탐색하고, 상상하며, 행동에 대해 후회하는 것을 배운다.
6~12세	학교	근면성 대 열등감	아동은 기준 혹은 다른 사람들과 비교해서 일을 잘해내거나 바르게 해내는 것을 배운다.
12~18세	또래 관계	정체감 대 역할혼미	청소년은 타인, 그리고 자기 스스로의 내적 생각과 욕구와 관련된 자기감을 발달시킨다.
19~40세	애정 관계	친밀감 대 고립감	사람들은 사랑을 주고받을 수 있는 능력을 발달시킨다. 관계에 대한 장기적인 헌신을 시작한다.
40~65세	양육하기	생산성 대 침체감	사람들은 다음 세대의 발전을 이끄는 것에 대한 관심을 발달시킨다.
65세부터 죽음까지	인생에 대한 숙고와 수용	자아통합 대 절망	사람들은 삶에 대해 살아온 그대로 수용하는 느낌과 주변 사람들, 그리고 개인이 평생 발전시킨 인간 관계의 중요성을 발달시킨다.

해서 동의하지 않는 경향이 있으며, 여러분은 어떤 쪽이 이 갈등에서 어떤 주장을 옹호할지에 대해 말해줄 심리학자가 필요하지 않다(Deković et al., 1997; Holmbeck & O'Donnell, 1991). 청소년과 부모는 누가 청소년의 행동을 통제해야 하는가에 대해서 종종 생각이 다르기 때문에, 그들의 관계는 더 갈등적이고 덜 가깝게 되며, 그들의 상호작용은 더 짧고 덜 빈번하게 된다(Larson & Richards, 1991).

청소년들이 그들의 부모에게서 멀어지면서 그들은 그들의 또래에게로 향한다. 다양한 문화들, 역사적 시기들 그리고 종들에서조차 이 또래 관계는 유사한 방식으로 진화한다(Dunphy, 1963; Weisfeld, 1999). 대부분의 어린 청소년들은 처음에 동성의 또래들과 집단 혹은 '소집단(clique)'을 형성하는데, 그들 중 많은 수가 아동기 동안 친구였다(Brown et al., 1994). 다음에 남성 소집단과 여성 소집단이 마을 광장이나 쇼핑몰 같은 공공장소에서 만나기 시작하며, 그들은 오직 집단으로, 공공장소에서만 상호작용하기 시작한다. 몇 년 후 이러한 동성 소집단의 나이 든

"너는 내가 자유로운 신분이라고 말할 때 자유로운 신분인 것이다."

© Charles Barsotti/The New Yorker [www.cartoonbank.com]

동성 소집단의 청소년들은 이성의 소집단을 공공 장소에서 만난다. 이후 이들은 혼성 소집단을 형성하고, 낭만적 관계의 커플이 되어 떠날 것이고, 결혼을 할 것이며, 그후 자녀들이 같은 행동을 할 때 자녀들을 걱정할 것이다.

Adriansherratt/Alamy

구성원들은 집단을 떠나서 더 작은 혼성 소집단을 형성하는데, 그것은 사적으로 구성될 수도 있고 공적으로 구성될 수도 있지만 보통 집단으로서 구성된다(Molloy et al., 2014). 마지막으로, 커플(보편적으로는 남성과 여성이지만 언제나 그러한 것은 아님)들이 작은 혼성 소집단을 떠나서 낭만적 관계를 시작한다.

또래가 청소년의 신념과 행동에 상당한 영향력을 행사하지만, 이 영향력은 또래가 압력을 가하기 때문이 아니라 청소년들이 또래를 좋아하고 또래에게 잘 보이고 싶어 하기 때문이다(Smith et al., 2014; Susman et al., 1994). 청소년들은 나이가 들면서 그들이 경험하는 또래 압력에 저항하는 경향성이 증가한다(Steinberg & Monahan, 2007). 또래에 의한 수용은 청소년에게 대단히 중요하며, 또래로부터 거부당하는 청소년은 위축되고, 외롭고, 우울한 경향이 있는데(Pope & Bierman, 1999), 이는 부분적으로 성인에 비해 청소년들은 또래로부터의 부정적인 피드백을 훨씬 더 심각하게 받아들이기 때문이다(Rodman et al., 2017). 다행스럽게도, 7학년에 괴짜였던 사람들의 경우 청소년 초기에는 인기가 없지만, 청소년 후기에는 또래들이 덜 엄격해지고 더 관대해짐에 따라 인기를 얻을 수 있다(Kinney, 1993).

정리문제

1. 사춘기에 두뇌는 어떻게 변화하는가?
2. 이른 사춘기의 결과는 무엇인가?
3. 청소년기를 특별히 어렵게 만들 수 있는 요인들은 어떤 것들인가?
4. 성적 지향을 결정하는 것은 무엇인가?

5. 왜 많은 청소년들이 성관계에 대해 현명하지 않은 선택을 하는가?
6. 에릭슨의 심리사회적 발달 단계는 무엇인가?
7. 가족과 또래관계는 청소년기를 어떻게 변화시키는가?

학습목표

- 성인기의 신체적 · 심리적 변화에 대해 서술한다.
- 결혼과 자녀가 성인의 행복과 어떠한 관련을 가지는지 서술한다.

성인기 : 우리가 믿을 수 없는 변화

성인기(adulthood)는 대략 18~21세에 시작해서 생애의 나머지까지 지속되는 발달 단계이다. 신체 변화가 질주 속도에서 기는 속도로 느려지기 때문에, 많은 사람들이 성인기를 발달 과정이 마지막으로 우리를 인도하는 목적지로 생각하고, 중년기 성인은 초기 성인이 단지 집 대출금을 가진 상태인 것처럼, 혹은 노년기 성인은 중년기 성인이 단지 주름을 가진 것처럼, 일단 도착하면 우리의 여행은 거의 완성된다고 생각한다. 그러나 발달에 대한 이러한 이해는 틀렸다. 관찰하기에는 좀 더 어렵긴 하지만, 우리가 처음으로 적법하게 맥주를 마실 때부터 적법하게 마지막 호흡을 할 때까지 수많은 신체적 · 인지적 · 정서적 변화가 일어난다.

능력의 변화

20대 초는 건강, 체력, 활력, 용맹함의 절정기이며, 심리학은 생물학과 밀접하게 연결되기 때문에, 또한 대부분의 인지 능력이 가장 예리한 시기이기도 하다. 만약 여러분이 보편적인 대학생이라면 바로 이 시기가 여러분이 그 어느 때보다도 멀리 보고 잘 듣고, 그리고 더 쉽게 기억할 시기이다. 즐길 수 있을 때 즐기라. 26~30세 사이의 어느 때부터 여러분의 신체는 느린 쇠퇴의 과정을 시작하게 된다. 근육은 지방으로 대치될 것이고, 피부 탄력이 줄어들 것이고, 감각 능력은 둔해질 것이고, 뇌세포는 점점 더 빠른 속도로 죽어갈 것이다.

이러한 신체적 변화는 심리적 결과를 수반하게 된다(Hartshorne & Germine, 2015; Salthouse, 2006). 예를 들어, 여러분의 두뇌가 노화함에 따라, 전전두엽과 그것의 피질하 연결들은 뇌의 다른 영역들보다 더 빨리 퇴화할 것이고(Raz, 2000), 여러분은 노력, 주도성, 그리고 전략을 필요

성인기 대략 18~21세에 시작해서 생애 남은 시기까지 유지되는 발달 단계

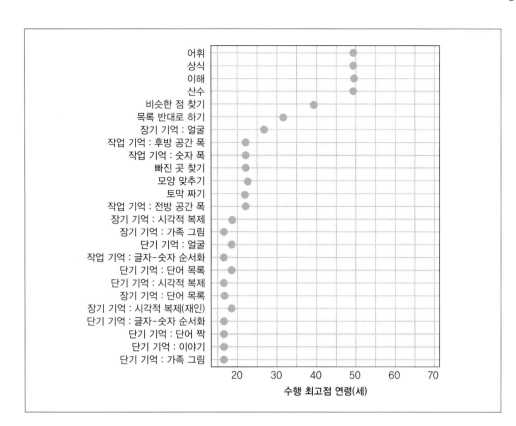

그림 10.13 인지 수행의 연령차 이 표는 작업 기억, 단기 기억, 장기 기억과 다른 인지적 능력의 검사 수행에서 최고점을 보이는 연령을 나타낸다.

Data from Hartshorne & Germine (2015)

로 하는 인지 과제에서 뚜렷한 쇠퇴를 경험할 것이다. 여러분의 기억은 일반적으로 나빠질 것이지만, 어떤 종류는 다른 종류에 비해 더 빠르게 나빠질 것이다. 예를 들어, 여러분은 장기 기억(정보를 인출하는 능력)에서보다 작업 기억(현재 '마음속에' 정보를 유지하는 능력)에서 더 큰 쇠퇴를 경험할 것이고, 의미 기억(단어 의미와 같은 일반적인 정보를 기억하는 능력)에서보다 일화 기억(특정한 과거 사건을 기억하는 능력)에서 더 큰 쇠퇴를 경험할 것이다. **그림 10.13**이 보여주는 것과 같이 대부분(그러나 전부는 아님)의 인지적 과제에서의 수행은 사람들이 젊을 때 최고조이다.

따라서 나쁜 뉴스는 나이 든 성인은 기억과 주의에서 쇠퇴를 경험한다는 것이다. 좋은 뉴스는 그들이 종종 일을 다르게 해서 이를 보상한다는 것이다(Bäckman & Dixon, 1992; Salthouse, 1987). 예를 들어, 나이 든 체스 선수는 젊은 선수보다 말의 위치를 훨씬 더 불완전하게 기억하지만, 체스판을 더 효율적으로 탐색하는 방법을 배우기 때문에 똑같이 체스를 잘 둔다(Charness, 1981). 나이 든 타이피스트는 젊은 타이피스트보다 더 느리게 반응하지만, 다음 단어를 더 잘 예상하기 때문에 똑같이 빠르고 정확하게 타자를 친다(Salthouse, 1984). 나이 든 비행기 조종사들은 젊은 조종사보다 무의미 단어의 리스트를 기억하는 것은 어려워하지만 매 비행 시 관제탑에

US항공 조종사 체슬리 '설리' 설런버거는 그의 58번째 생일을 일주일 남기고 허드슨강에 완벽하게 비상 착륙해서 탑승객 전원의 생명을 구했다. 탑승객 중 아무도 더 젊은 조종사를 원하지 않았다.

Noah Berger/AP Images; Steven Day/AP Images

서부터 받는 진행 명령은 똑같이 잘 기억한다(Morrow et al., 1994).

두뇌 역시도 보상하는 방식으로 작동한다. 제3장를 통해 알고 있는 바와 같이, 젊은 두뇌는 매우 분화되어서 상이한 부분들은 상이한 기능들을 한다. 하지만 뇌가 노화하면서 분화가 감소한다(Lindenberger & Baltes, 1994). 예를 들면, 젊은 성인이 언어 정보를 작업 기억 속에 유지하려고 시도할 때 그의 왼쪽 전전두 피질이 오른쪽 것보다 더 강하게 활성화되며, 젊은 성인이 공간 정보를 작업 기억 속에 유지하려고 할 때는 오른쪽 전전두 피질이 왼쪽 것보다 더 강하게 활성화된다(Smith & Jonides, 1997). 하지만 이러한 좌우반구의 비대칭성은 나이 든 성인의 경우 상당히 많이 사라지는데(**그림 10.14** 참조), 이것은 나이 든 뇌가 한 영역의 쇠퇴하는 능력에 대해 다른 영역에 도움을 요청함으로써 보완하고 있다는 것을 시사한다(Cabeza, 2002). 신체의 기계장치는 시간이 지나면서 망가지며, 뇌가 그 도전에 대처하는 한 가지 방법은 노동의 분배를 변화시키는 것이다.

목표의 변화

할아버지가 그의 양말을 어디에 두었는지를 찾을 수 없는 한 가지 이유는 그의 전전두 피질이 예전처럼 기능하지 않기 때문이다. 하지만 다른 이유는 양말의 위치는 할아버지가 기억하려고 애쓸 만큼의 종류의 것이 아니기 때문이다(Haase et al., 2013). 젊은 성인은 일반적으로 그들의 미래에 유용한 정보(예 : 다가오는 저녁 약속을 계획하기 위해 식당 후기를 읽는 것)를 얻는 것을 지향하지만, 나이 든 성인은 일반적으로 현재에 정서적 만족을 가져오는 정보(예 : 탐정 소설 읽기)를 지향한다. 젊은이들은 긴 미래를 가지고 있기 때문에, 그들의 요구를 충족시킬 내일의 정보에 대해서 주의를 기울이고, 생각하고, 기억하는 데 그들의 시간을 투자한다. 노인들은 훨씬 더 짧은 미래를 가지고 있기 때문에, 오늘의 그들의 정서적 요구를 만족시킬 긍정적인 정보에 대해서 주의를 기울이고, 생각하고, 기억하는 데 그들의 시간을 소비한다(Carstensen & Turk-Charles, 1994).

예를 들어, 노인들은 일련의 불쾌한 얼굴들을 기억하려고 노력할 때 젊은이들보다 훨씬 못하지만, 일련의 유쾌한 얼굴들을 기억하려고 노력할 때는 단지 약간만 못한다(Mather & Carstensen, 2003). 젊은 성인에 비해서 나이 든 성인은 일반적으로 긍정적인 정서를 유지하는 것과 부정적인 정서를 감소시키는 것을 더 잘할 수 있으며(Ford et al., 2018; Isaacowitz, 2012; Isaacowitz & Blanchard-Fields, 2012; Mather & Carstensen, 2005), 일상 생활에서 부정적 정서를 더 적게 경험한다(Carstensen et al., 2000; Charles et al., 2001; Mroczek & Spiro, 2005; Schilling

그림 10.14 나이 든 뇌와 젊은 뇌의 양측성 이 그림은 젊은 성인과 나이 든 성인이 기억 과제를 실시할 때의 뇌 스캔이다. 젊은 성인의 뇌는 한쪽이 다른 쪽보다 훨씬 큰 활동을 보이지만, 나이 든 성인의 뇌는 양쪽이 비슷한 정도의 활동을 보인다.

Roberto Cabeza, Center for Cognitive Neuroscience, Duke University. Research from Cabeza et al. (1997) and Madden et al. (1999).

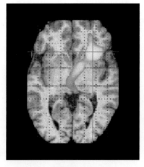
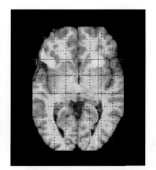

젊은 성인 나이 든 성인

단어-짝 단서 회상

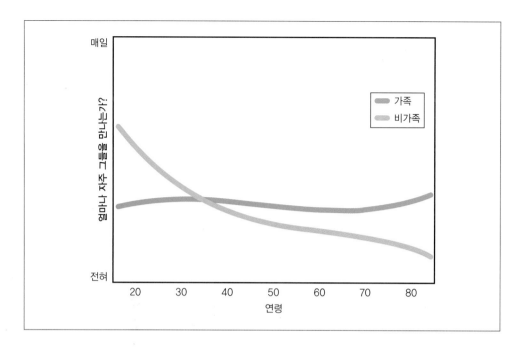

그림 10.15 나이 들며 친구는 덜 중요해 지지만 가족은 그렇지 않다 사람들이 살아가는 동안 가족과 보내는 시간은 크게 변화하지 않지만, 친구와 함께 보내는 시간은 극적으로 감소한다.

Adapted from Sander, Schupp, & Richter (2017)

et al., 2013; Stone et al., 2010). 이 모든 것을 토대로 보면, 후기 성인기가 생애에서 가장 행복하고 가장 만족스러운 기간이라고 본다는 것을 아는 것은 놀라운 일이 아니다.

그들은 '내일을 위해 저축'하는 것을 걱정하지 않기 때문에, 나이 든 성인들은 젊은 성인에 비해 개인의 재정적 이득을 더 포기하려 하고 대신 공공의 이익에 더 기여하고자 한다(Freund & Blanchard-Fields, 2014). 또한 그들은 이익이 되는 경험보다는 정서적 만족을 지향하므로, 나이든 성인들은 큰 무리의 지인들보다는 가족과 소수의 친한 친구들과 함께 시간을 보내는 것을 선택한다(Chui et al., 2014; David-Barrett et al., 2016; **그림 10.15** 참조). 대다수 60세 사람들이 하는 말은 "새로운 사람들을 만나러 가자"가 아니라, "오랜 친구들을 자주 만나러 가자"이다. 슬프지만 교훈적인 것은 이러한 노인의 특성을 나타내는 인지적 · 정서적 변화의 많은 부분이 불치병 때문에 미래가 단축된 젊은이들에게서 또한 관찰된다는 것이다(Carstensen & Fredrickson, 1998).

역할의 변화

청소년기에 시작하는 부모로부터의 심리적 분리는 보통 성인기에는 물리적 분리가 된다. 사실상 모든 인간 사회에서 젊은 성인은 집을 떠나고, 결혼하고, 자신의 자녀를 가진다. 결혼과 부모되기는 성인기 생애의 두 가지 가장 두드러지는 특징이다. 평균적인 대학생 나이의 미국인은 27세경에 결혼하고, 대략 1.8명의 자녀를 두고, 배우자와 자녀 모두를 가장 큰 기쁨의 원천으로 간주할 것이다. 그러나 실제 그러한가?

실제, 결혼한 사람들은 독신, 사별, 이혼, 혹은 동거 여부와 상관없이 미혼인 사람들보다 어느 정도 더 행복하다고 보고한다(Dion, 2005; Johnson & Wu, 2002; Lucas & Dyrenforth, 2005). 하지만 어떤 연구자들은 행복한 사람들이 결혼할 가능성이 더 많기 때문에 결혼한 사람들이 더 행복할 것이며 결혼은 행복의 원인이 아니라 결과일 수 있다고 제안한다(Lucas et al., 2003). 과학자들은 이 두 입장이 모두 장점이 있다는 데 일반적으로 동의하는 것으로 보인다. 결혼을 앞으로하게 될 사람들은 결혼을 끝내 하지 않는 사람들보다 결혼하기 전에도 더 행복한 경향이 있지만, 결혼은 한층 더 추가적인 행복의 이득을 주는 것으로 보인다(Helliwell & Grover, 2014). 주목할

젊은 성인들은 노화의 문제를 과대평가한다. 1965년 더 후의 피트 타운센드는 '나의 세대'라는 곡에서 "그들의 시선은 끔찍하게 차가워. 나는 더 늙기 전에 죽고 싶어"라고 노래하였다. 75세에 타운센드는 여전히 투어를 하며 녹음을 하고 있으니, 명백하게 그는 그의 입장을 재고하였다.

Jeff Kravitz/Getty Images

연구는 결혼이 행복에 긍정적인 영향을 미친다는 것을 보여준다. 특히 처음 5분 동안.

Courtesy of Daniel Gilbert

만한 것은 결혼은 과거 수십 년간 대부분의 서구 국가에서 인기가 줄었고 대신 미혼으로 사는 것이 많은 사람들에게 점점 더 매력적이고 만족스러운 선택지가 되었다(DePaulo & Morris, 2006; Pepping et al., 2018). 이러한 트렌드가 유지된다면, 결혼이 주는 행복의 상승은 곧 과거의 일이 될 수 있다.

자녀는 또다른 이야기이다. 연구에 의하면 평균적으로 자녀는 그들의 부모의 행복을 증가시키지 않으며 그리고 그것을 감소시킬 수 있다(Stanca, 2016). 결혼 만족도는 결혼 생활 중에 극적으로 감소하는데, 자녀의 존재는 이 감소의 일부에 기여하는 것으로 나타났으며, 자녀가 자라 집을 떠나면 그 감소가 둔화된다(Van Laningham et al., 2001). 미국 여성의 일상 활동 중 순간 순간 행복을 측정한 한 연구는 여성들은 먹을 때, 운동할 때, 쇼핑할 때, 낮잠 잘 때, 혹은 텔레비전을 시청할 때에 비해 자녀를 돌볼 때 덜 행복하며, 가사를 할 때보다 조금 더 행복할 뿐이라는 것을 보여주었다(Kahneman et al., 2004).

이 모든 것이 사람들이 자녀가 없으면 더 행복할 것이라는 것인가? 꼭 그렇지만은 않다. 연구자들은 사람들을 부모가 되도록 혹은 부모가 되지 않도록 무선적으로 할당할 수 없기 때문에, 부모되기의 효과에 대한 연구들은 필연적으로 상관관계이다. 다른 변인들을 통제하였을 때, 자녀를 갖기를 원하거나 혹은 가진 사람들은 자녀를 가지기를 원치 않거나 혹은 가지지 않은 사람들보다 평균적으로 덜 행복할 수 있고, 자녀를 원하지만 가지지 않은 사람들은 더욱 덜 행복할 수 있다. 명확해 보이는 것은 자녀를 키운다는 것은 어려운 일이며 사람들은 그들이 자녀를 키우는 도중이 아닐 때 그 일을 특별히 더 보람 있는 것으로 본다는 것이다.

정리문제

1. 성인기와 관련된 인지적 변화는 어떠한가?
2. 성인들은 그들의 능력이 감소하는 것을 어떻게 보완하는가?
3. 사람들은 성인기의 목표를 어떠한 방식으로 바꾸는가?

4. 후기 성인기는 왜 대부분의 사람들에게 행복한 시간인가?
5. 연구들은 결혼과 자녀가 행복과 어떻게 관련되어 있다고 보여주는가?

제10장 복습

태내기 : 전망이 있는 자궁

- 발달심리학은 일생 동안의 연속성과 변화를 연구한다.
- 태내 발달 단계는 정자가 난자를 수정시켜서 접합체를 생산할 때 시작한다. 접합체는 2주에 배아로 발달하고 그 후 8주에는 태아로 발달한다.
- 인간은 덜 발달된 뇌를 가지고 태어나며 이는 출산 과정의 핵심적인 지점으로 출산 이후 사회적·물리적 환경에 적응할 수 있도록 한다.
- 태내 환경은 태아에게 중요한 신체적·심리적 영향을 미친다. 임신부가 먹는 음식 외에도 테라토겐(태아의 발달을 손상시키는 물질)은 태아에게 영향을 줄 수 있다. 가장 일반적인 테라토겐은 담배와 알코올이다.
- 자궁 안에서 태아는 소리를 들을 수 있고 어머니 목소리처럼 자주 듣는 소리에 친숙해진다.

영아기와 아동기 : 지각하기, 행동하기, 생각하기

- 영아들은 제한된 시력을 가지고 있지만 제한된 시력으로 물체를 보고 기억할 수 있다.

- 영아들은 자신의 몸을 위에서 아래로 그리고 중심에서 바깥으로 통제하는 것을 배운다.
- 영아는 세상이 어떻게 작용하는지에 대한 이론들을 천천히 발달시킨다. 피아제는 이 이론들이 아동들이 세상에 대한 기본적인 사실들을(그들의 눈에 보이지 않는 물체가 계속해서 존재하며 그 물체는 표면적 변화로는 바뀌지 않는 지속적인 속성들을 가질 수 있다는 사실과 같은) 학습하는 4단계를 거쳐서 발달한다고 믿었다.
- 생각과 감정에 대한 언어를 듣는 것은 아동들이 마음 이론을 획득하는 것을 돕는다.
- 인지 발달은 또한 사회적 상호작용을 통해 일어나며, 영아들은 다른 사람들로부터 배울 수 있는 여러 능력들을 가지고 있다.

영아기와 아동기 : 유대하기, 돕기

- 매우 어린 나이에 인간은 자신의 주 양육자에 대한 강한 정서적 연결을 발달시킨다. 이러한 연결의 질은 양육자의 행동과 아동의 기질 모두에

의해서 결정된다.

- 피아제는 아동들의 옳고 그름에 대한 추리가 처음에는 세상에 대한 결코 침해할 수 없는 진실에 기초하지만, 더욱 성숙해감에 따라 아동들은 행위자의 의도나 행위자가 추상적인 도덕적 원리를 따르는 정도를 고려하기 시작한다고 결론 내렸다.
- 콜버그가 제안한 도덕 발달 이론은 어떠한 행위의 결과를 평가하는 것에서 그 행동이 사회적 규칙을 지켰는지의 여부, 그리고 마지막으로 그것이 핵심 가치와 일치하는지로 발전한다.
- 영아들은 착한 사람에 대한 선호 그리고 공정성에 대한 고려와 같은 몇몇의 '도덕적 감각'을 가지고 있는 것으로 보인다.

청소년기 : 간격에 유의하기

- 청소년기는 사춘기와 함께 시작되며, 인간 신체의 성적 성숙의 시작이다.
- 청소년기는 그 어느 때보다도 일찍 시작되며, 젊은이들의 성인 사회로의 진입은 더 늦게 나타난다.
- 청소년은 위험하거나 불법적인 일을 다소 더 하는 경향이 있지만, 자신이나 타인에게 심각하거나 지속적인 해를 가하는 일은 드물다.
- 연구에 의하면 생물학과 유전은 한 사람의 성적 지향을 결정하는 데 중

요한 역할을 한다. 성교육은 위험한 성 행동을 줄일 수 있음이 밝혀졌다.

- 청소년이 성인의 정체성을 발달시켜나감에 따라, 그들은 부모로부터 점점 더 많은 자율성을 추구하고 더욱 또래 지향적이 되어서, 동성 소집단을 형성하고, 그 후 혼성 소집단을 형성하고, 마침내 커플로서 짝을 이룬다.

성인기 : 우리가 믿을 수 없는 변화

- 대부분의 인지적 과제 수행의 최고조는 사람들이 20대일 때이다.
- 나이 든 사람들은 다양한 전략을 발달시켜 그들의 인지적 쇠퇴를 보완한다.
- 점진적인 신체적 쇠퇴가 성인기 초기에 시작되며 명백한 심리적 결과를 가진다.
- 나이 든 사람은 정서적인 만족을 더욱 지향하는데, 이것은 그들이 정보에 주의를 기울이고 기억하는 방식, 사회적 관계망의 크기와 구조, 그리고 그들의 행복에 영향을 준다.
- 대부분의 사람들에게 성인기는 집을 떠나고, 결혼을 하고, 자녀를 갖는 것을 의미한다. 부모되기의 책임은 사람들의 행복에 있어 중대한 어려움을 수반한다.

핵심개념 퀴즈

1. 태내 발달의 순서는?
   a. 태아, 배아, 접합체
   b. 접합체, 배아, 태아
   c. 배아, 접합체, 태아
   d. 접합체, 태아. 배아
2. 학습은 _____ 시작된다.
   a. 자궁 안에서
   b. 출생 시
   c. 신생아 단계에
   d. 영아기에
3. 중심말단 법칙이란?
   a. 운동 기술이 중앙에서 말단의 순서로 나타난다.
   b. 운동 기술이 위에서 아래의 순서로 나타난다.
   c. 근원 반사와 같은 운동 기술들은 타고 태어난다.
   d. 간단한 운동 기술들은 더 세련된 운동 기술들이 나타남에 따라 사라진다.
4. 테라토겐에 대한 취약점에 대한 다음의 설명 중 옳은 것은?
   a. 임신 초기의 심한 알코올 사용은 중요한 뇌의 체계가 아직 발달하지 않았기 때문에 아마도 태아에게 손상을 주지 않을 것이다.
   b. 마시는 물속의 납과 같은 환경적 독소에 어머니가 노출되는 것은 태아의 발달을 방해할 수 있다.
   c. 임신 중 흡연하는 여성의 아기는 발달에 손상을 받을 수 있지만, 간접흡연에 노출되는 것은 괜찮다.
   d. 위의 모든 것이 옳다.
5. 피아제에 따르면, 아동들이 가지고 있는 세상이 작동하는 방식에 대한 이론은 _____(으)로 알려져 있다.
   a. 동화
   b. 조절
   c. 도식
   d. 습관화
6. 아동이 인간의 행동은 정신적 표상에 의해서 안내된다는 것을 이해하게 되면, 아동은 _____을(를) 습득한 것이다.
   a. 공동 주의
   b. 마음 이론

   c. 형식적 조작 능력
   d. 자아중심성
7. 영아가 새로운 상황에서 무엇을 할 것인지에 대한 단서를 얻기 위해서 어머니의 얼굴을 살필 때, 영아는 _____(이)라고 알려진 능력을 보여주는 것이다.
   a. 공동 주의
   b. 사회적 참조
   c. 모방
   d. a, b, c 모두
8. 애착 능력은 선천적일 수 있으나, 애착의 질은 _____에 의해서 영향을 받는다.
   a. 아동의 기질
   b. 아동의 정서 상태를 이해하는 주 양육자의 능력
   c. 아동과 주 양육자 사이의 상호작용
   d. a, b, c 모두
9. 콜버그에 따르면, 도덕 추론 발달의 각 단계는 특정한 부분에 초점을 두는 것에 의해 특징지어진다. 다음 중 이 단계들의 순서로 옳은 것은?
   a. 결과에 초점, 윤리적 원칙에 초점, 사회적 규칙에 초점
   b. 윤리적 원칙에 초점, 사회적 규칙에 초점, 결과에 초점
   c. 결과에 초점, 사회적 규칙에 초점, 윤리적 원칙에 초점
   d. 사회적 규칙에 초점, 결과에 초점, 윤리적 원칙에 초점
10. 증거는 미국 청소년이 _____(라)는 것을 보여준다.
    a. 아동보다 더 정서 변화가 크다
    b. 맹렬한 호르몬의 희생자
    c. 알코올 문제를 발달시킬 가능성이 있다
    d. 아동기와 성인기 사이의 연장된 간격 속에 살고 있다
11. 과학적 증거는 _____(이)가 개인의 성적 지향을 결정하는 데 중요한 역할을 한다는 것을 제시한다.
    a. 개인적 선택
    b. 부모양육 유형
    c. 형제자매 관계
    d. 생물학

12. 청소년은 _____(와)과의 관계를 가장 중요시한다.

    a. 또래   b. 부모

    c. 형제자매   d. 부모가 아닌 권위 있는 인물

13. 건강, 체력, 활력, 그리고 용맹함의 절정기는?

    a. 아동기   b. 10대 초반

    c. 20대 초반   d. 30대 초반

14. 자료가 제시하는 바로는, 대다수 사람들에게 후기 성인기는 _____,

    a. 부정적 정서의 증가를 특징으로 한다.

    b. 가장 유용한 정보에 주의를 기울이며 보내는 기간이다.

    c. 대단히 만족스럽다.

    d. 훨씬 더 넓은 범위의 사람들과 교류하기 시작하는 시기이다.

15. 자료가 제시하는 바로는, 평균적으로 자녀를 갖는 것은 _____,

    a. 사람들의 행복을 증가시킨다.

    b. 사람들의 행복을 감소시킨다.

    c. 사람들의 행복에 영향을 미치지 않는다.

    d. 아버지들의 행복은 감소시키나, 어머니의 행복은 증가시킨다.

핵심용어

감각운동기	마음 이론	애착	일차 성징
구체적 조작기	발달심리학	애착 유형	자아중심성
기질	배아기	영아기	전인습적 단계
내적 작동 모델	보존	운동 반사	전조작기
대상영속성	사춘기	운동 발달	접합기
도식	성인기	이차 성징	조절
동화	수초화	인습적 단계	중심말단 법칙
두미 법칙	아동기	인지 발달	

생각 바꾸기

1. 여러분의 친구 하나가 최근에 결혼했고, 그녀와 남편은 아기를 가지려고 계획하고 있다. 여러분은 그 친구에게 일단 임신하면 음주를 중지해야 한다고 말한다. 그녀는 비웃는다. "사람들은 마치 임신한 여자가 술을 마시면 자신의 아기를 살해하고 있는 것처럼 생각하게 해. 자, 내 엄마는 나를 임신했을 때 주말마다 포도주를 마셨지만 나는 멀쩡해." 여러분의 친구가 태내 발달에 대한 알코올의 효과에 대해서 이해하지 못하고 있는 것은 무엇인가? 여러분은 그녀에게 어떤 다른 테라토겐에 대해서 말하겠는가?

2. 여러분은 지금 슈퍼마켓에 있는데, 이때 한 어머니가 유모차에서 울고 있는 아기와 함께 걸어가고 있다. 마켓 점원이 선반에 진열하면서 여러분 옆에 서 있다. 그는 고개를 저으며 기대서서 말한다. "나는 아마 저 아기는 하루 종일을 어린이집에서 보냈다는 데 걸겠어요. 내 말은, 엄마와 하루 종일 떨어져 있는 것은 아기를 망치는 게 아니겠어요?" 여러분은 어떻게 생각하는가? 과학적인 연구들은 이 점원의 가설을 지지하는 어떤 증거를 제공하는가?

3. 여러분과 룸메이트는 한 젊은 남성이 부모에게 자신이 동성애자라고 말하는 영화를 보고 있다. 부모는 나쁘게 반응하고 그가 성적 지향을 바꾸는 것을 학습할 수 있는 '캠프'로 그를 보내기로 결정한다. 룸메이트는 여러분을 돌아보며, "너 이것에 대해서 뭐 아는 것 있어? 사람들이 정말 동성애자에서 이성애자로 변할 수 있어?"라고 묻는다. 여러분은 친구에게 '전환 치료'에 대해 그리고 성적 지향을 결정하는 요인들에 대해서 무엇이라고 말하겠는가?

4. 여러분의 사촌 중 하나가 방금 30세가 되었고, 두렵게도, 그는 흰 머리카락을 하나 발견했다. "이것은 끝이다"라고 그가 말한다. "곧 나는 시력을 잃고, 새로운 턱이 생기고, 휴대폰을 사용하는 법을 잊어버리기 시작할 거야. 노화는 바로 길고, 느리고, 괴로운 쇠퇴야." 여러분은 사촌을 격려하기 위해서 무엇을 말할 수 있겠는가? 우리가 나이 들면서 삶의 모든 것이 더 나빠지는가?

핵심개념 퀴즈 정답

1. b; 2. a; 3. a; 4. b; 5. c; 6. b; 7. b; 8. d; 9. c; 10. d; 11. d; 12. a; 13. c; 14. c; 15. b

성격

스 테파니 조안 안젤리나 저마노타는 성장 과정에서 이미 독특한 개성을 선보였던 것 같다. 어린 시절 그녀는 때때로 있었던 가족 모임에 발가벗은 몸으로 나타났다고 전해진다. 지금은 레이디 가가로 알려진 팝 스타로서 그녀는 자신의 그 튀는 모습의 전통을 계속 유지하고 있다. 그녀의 데뷔 앨범인 'The Fame'과 'The Fame Monster'라는 타이틀, 그리고 자신의 팬들을 'Little Monster'라고 부르고 자신은 'Mother Monster'라고 부르는 데서 이미 그녀는 장래에 많은 화제를 불러일으킬 것을 예고했던 것 같다. 그러나 그녀는 우리의 대다수와 마찬가지로 일차원적인 사람이 아니다. 그렇다. 그녀는 별난 스타일의 사람이기는 하지만(어느 때는 고기로 만든 옷을 입고 나오는가 하면, 또 어느 때는 깃털로 만든 옷을 입고 등장하는 등), 그녀는 또한 [그녀의 노래 '나는 원래 이렇게 태어났어요 (Born this way)'에서 볼 수 있듯이] 게이, 양성애자, 레즈비언, 성전환자인 사람에 대한 평등한 대우를 주창하는 등 인본주의와 자기결정권에 대한 열렬한 지지자이다. 레이디 가가는 그녀만의 독특함을 가지고 있는 사람이다. 본질적인 의미에서 성격을 가지고 있는 사람으로서, 그녀는 그녀를 다른 사람들과 구분 짓게 만드는 심리적 특성들을 갖고 있다.

한 사람의 성격을 형성하게 만드는 요인이 무엇인가는 아직 명확하게 밝혀져 있지 않다. 여러분의 성격은 다른 어떤 사람의 성격과도 다른데, 그 성격은 집에서든, 학교 교실에서든 또는 다른 어느 곳에서든, 여러 상황에 걸쳐서 상당히 일관성 있게 나타난다. 사람들은 어떤 방식으로, 그리고 왜 서로 간에 심리적으로 다른가? 심리학자들은 많은 사람의 서로 다른 독특한 성격에 관한 연구를 통해 성격 심리학의 이러한 핵심 문제들에 대한 해답을 줄 수 있는 정보를 과학적으로 수집한다.

성격(personality)이란 *한 개인이 보이는 특징적인 사고, 행동, 감정의 양식*을 말한다. 레이디 가가의 이런 기벽이 그녀의 원래 모습이든 아니면 사람들에게 보여주기 위한 것이든 상관없이 그런 것들은 어쨌든 그녀의 모습이며 그녀의 성격을 나타내는 것이다. 이 장에서 우리는 성격에 관해 탐구해볼 것인데, 먼저 성격의 본질이 무엇이며, 성격이 어떻게 측정되는가를 살펴보고, 그다음에 성격의 이해를 위한 네 가지 주요 접근 방식에 대해 알아볼 것이다. 이 장의 마지막 부분에서는 사람이 자신의 모습을 어떻게 보는가의 관점이 그 사람의 성격이 어떻게 형성되게 만들고 또 자신의 성격을 어떻게 정의하게 만드는지를 알아보기 위하여 자기(self)에 관한 심리에 대해 논의할 것이다.

성격 한 개인이 보이는 특징적인 사고, 행동, 감정의 양식

2010년 9월 MTV 비디오 뮤직상 시상식에서 고기로 만든 옷을 입고 있고, 2019년 골든 글로브상 시상식에서 깃털 옷을 입고 있는 가수 레이디 가가

PA Wire/AP Images; Vittorio Zunino Celotto/Getty Images

- 과거의 사건과 예상되는 사건이 어떻게 성격 차이를 만들게 되는지 설명한다.
- 성격 측정에서의 질문지 방법과 투사적 방법을 비교한다.

성격 : 성격의 본질과 측정 방법

누군가가 여러분에게 "여러분은 성격이 없습니다"라고 말한다면, 여러분은 어떤 기분일까? 밖에 나가서 아무나 데려와서 이 사람과 비슷하다고 해도 상관이 없을 판박이같이 우중충한 얼간이가 된 느낌일까? 통상 사람은 의식적으로 자신의 성격을 만들어 가지는 않는다. 성격은 일생을 통한 인생의 여정 속에서 자연스럽게 만들어지는 것으로 알려져 있다. 심리학자들은 성격의 발달 과정을 이해하고자 노력하는 가운데 성격의 유형(사람은 어떤 면에서 서로 다른가?), 형성 과정(사람의 성격은 왜 서로 다른가?) 및 계량적 측정(성격은 어떻게 측정될 수 있는가?)의 문제에 대해 깊이 숙고해 왔다.

성격의 유형과 형성 과정

초기의 생물학자들이 모든 식물과 동물을 열심히 분류하려고 했던 것과 마찬가지로, 성격심리학자들도 사람들의 여러 가지 성격을 유형으로 구분하여 이름을 붙이고 그 내용을 설명하는 것으로써 성격 연구를 시작하였다. 생물학이 생물 종 간의 차이가 어떻게 발생하게 되었는지를 설명하는 다윈의 진화론에 힘입어 학문으로서의 본 궤도에 올랐듯이, 성격에 관한 연구도 사람들의 심리적 특성이 서로 어떻게 차이 나게 되었는지를 설명할 수 있게 됨으로써 더 성숙한 단계로 발전하게 되었다.

도널드 트럼프   루스 베이더 긴즈버그

드웨인 존슨   오프라 윈프리

위 사람들의 성격을 한 명씩 설명해보시오.

The White House; Chip Somodevilla/Getty Images; Frazer Harrison/Getty Images; Michael Kovac/Getty Images

무엇이 레이디 가가에게 이렇게 극단적으로 튀는 행동을 하게 만들었는가? 심리학자들은 사람들 간에 성격이 서로 차이 나게 되는 이유를 (1) 성격 형성에 영향을 주는 과거 사건 또는 (2) 독특한 성격 특성이 나타나게 만드는 예상되는 사건을 갖고 설명하려고 한다. 생물학적 과거 사건으로서는 스테파니 저마노타가 부모로부터 물려받은 유전인자를 들 수 있겠는데, 이것이 그녀의 과시적인 행동(이 말이 꼭 고기 옷과 깃털 옷을 입는 것만을 지칭하는 것은 아님)과 논란을 불러일으키는 행동을 하는 성격으로 만들었을 수 있다. 행동의 원인이 되는 과거 사건에 관심을 가지는 연구자들은 유전인자, 뇌, 기타 여러 가지 생물적 요인을 연구할 뿐만 아니라 잠재의식, 상황 요인 및 대인관계 환경 요인도 탐구한다. 앞으로 일어날 사건을 고려한다는 것은 본인 자신의 주관적인 시각을 중요시한다는 것인데, 이런 주관적 시각은 통상 희망이나 공포, 열망 등에서 찾아볼 수 있는 그 사람의 내밀하고 개인적인 시각을 말한다.

스테파니 저마노타라는 이름을 가진 어린아이가 어떻게 레이디 가가라는 성인으로 성장했는가를 이해하려면 (또는 그가 누구이든 상관없이 그 사람의 인생을 이해하려고 한다면) 당연히 그 사람의 과거 사건과 예상되는 사건 간의 상호작용에 대해서 알아보아야 할 것이다. 즉, 우리는 그녀의 과거사가 그녀의 동기를 어떻게 형성했는가를 알아보아야 한다.

성격의 측정

심리학자들이 측정해온 것 중에서 아마도 측정하기가 가장 어려운 것 중의 하나가 바로 성격일 것이다. 한 사람의 독특한 모습을 어떻게 포착해낼 수 있을 것인가? 그런 성격 중에서 어떤 측면이 우리가 알아야 할 중요한 부분인가? 또 우리는 그것을 어떻게 측정해야 하는가? 성격 측정 방법은 일반적으로 질문지 기법과 투사검사의 두 가지로 크게 구분된다.

질문자형 성격검사

한 사람의 성격에 대해 알아보려고 한다면, 여러분은 메모 용지를 들고 그 사람을 졸졸 따라다니면서 그 사람이 행동하고, 말하고, 생각하고, 느끼는 모든 것(그리고 이러한 여러분을 그가 경찰에 신고할 때까지 걸리는 시간이 얼마인지까지를 포함해서)을 하나도 빠짐없이 기록하면 될 것이다. 관찰 내용 중에서 어떤 것은 여러분이 주관적으로 느낀 인상일 수도 있고("5일째 : 신경질이 나기 시작하는 것 같아 보인다."), 다른 것은 누구에게나 똑같이 객관적으로 관찰될 수 있는 것일 수도 있다("7일째 : 내 연필을 집어서 두 동강이를 내 버리고는 나의 손을 깨물었다.").

심리학자들은 측정 대상자의 심기를 건드리지 않으면서도 성격에 관한 객관적인 자료를 획득할 수 있는 방법을 찾아내었다. 가장 많이 쓰이는 방법이 **자기보고**(self-report) 방법인데, 이는 대상자가 주로 질문지나 면접을 통하여 자신의 사고, 감정, 행동에 관한 주관적인 정보를 본인이 제공하도록 하는 방식이다. 전반적인 행복도(Lyubomirsky, 2008; Lyubomirsky & Lepper, 1999)와 같은 일반적인 성격 특성에서부터 모욕에 대한 반응 시간(Swan & Rentfrow, 2001)이나 서비스에 대한 불만 정도(Lerman, 2006)와 같은 특수한 성격 특성에 이르기까지 광범위하게 성격을 측정하는 척도가 자기보고식 방법에 기초하여 제작되었다.

가장 많이 사용되는 성격검사 중의 하나가 **미네소타 다면적 성격검사**(Minnesota Multiphasic Personality Inventory, MMPI)인데, 이것은 충분한 연구를 거쳐서 만들어진 검사로서 성격 특성과 심리적인 문제를 측정하는 데 사용되는 임상적 질문지이다. MMPI는 1939년에 개발된 이래로, 다년간에 걸쳐서 여러 차례 개정되었는데, 현재의 최신판은 MMPI-2-RF이다(재구성 판; Ben-Porath & Tellegen, 2008). 이 MMPI-2-RF는 자신의 모습을 묘사하는 338개의 문항으로 구성되어 있는데, 응답자는 이 문항들을 보고 '맞다', '틀리다' 또는 '잘 모르겠다'로 응답하게 되어 있다. MMPI-2-RF는 다양한 심리적 특성을 측정하는데, 임상적 문제(예 : 반사회적 행동, 사고장애), 신체적 문제(예 : 두통, 인지적 불편 증상), 내향화 문제(예 : 불안, 자기 불신), 외향화 문제(예 : 공격성, 약물 중독), 대인관계 문제(예 : 가족관계 문제, 회피 성향)가 그것이다. MMPI-2-RF에는 타당도 검증 척도가 들어 있어서 응답자의 수검 태도와 검사 결과를 왜곡하려고 하는 거짓 응답 성향을 확인할 수 있다.

MMPI-2-RF와 같은 성격검사는 사용하기가 쉽다. 필요한 것이라고는 검사지와 연필 한 자루가 전부이다(어떤 경우에는 컴퓨터로도 한다). 응답자의 점수가 계산되면, 이 점수를 수많은 다른 수검자의 평균 점수와 비교해본다. 각각의 응답에 대해 별도의 해석이 필요 없으므로(즉, '맞다'는 그대로 맞는다는 뜻이고, '틀리다'는 그대로 틀리다는 뜻이다), 검사를 시행하는 사람에 의해서 나올 수 있는 측정 편향이 최소화된다. 자기보고식 검사는 이처럼 검사 결과를 얻기 쉽다는 장점이 있지만, 여러 가지 문제점도 갖고 있다. 한 가지 문제는 사람들이 사회적으로 바람직한 방향으로 응답하는 경향을 보인다는 것인데, 이것은 사람이 일반적으로 상대방의 기분을 거스르거나 자신을 당혹스럽게 만드는 응답을 잘 하지 않는 경향을 말한다. 이것보다 더 큰 문제는 사람이 자기 자신에 대해 모르는 것이 많으므로, 자기 자신에 관해 제대로 응답할 수 없는 것이 많다는 사실이다!

투사검사

앞서 언급된 자기보고식 방법의 문제점을 해결한다는 취지에서 두 번째 유형의 성격 측정 방법이 개발되었는데, 과연 그 문제가 해결되었는지는 확실치 않다. **투사검사**(projective technique)로 알려진 이 검사는 일련의 표준화된 모호한 자극에 대한 응답자의 반응을 분석하여 성격의 내면에 들어 있는 특성을 밝혀내기 위해 만들어진 검사이다. 투사 검사 개발자들은 사람이 자신의 희망, 관심사,

자기보고 대상자가 주로 질문지나 면접을 통해 자신의 사고, 감정, 행동에 관한 주관적인 정보를 본인이 제공하도록 하는 방식

미네소타 다면적 성격검사(MMPI) 성격과 심리적 문제를 진단하는 데 사용되는 잘 연구된 임상적 질문지

투사검사 일련의 표준화된 모호한 자극들에 대한 응답자의 반응을 분석하여 그 사람의 성격 내면에 들어 있는 특성을 밝히기 위해 만들어진 검사

질문지형 성격 검사는 응답자에게 자신이 어떤 성격 특성을 가지고 있는가를 대답하도록 묻는다. 사람이 자신의 성격을 정확하게 대답하고 있다고 믿을 수 있는가?

Spencer Grant/Photoedit

그림 11.1 표본 로르샤흐 잉크 반점 수검자에게 이 표본과 같은 카드를 보여주고 "이것은 무엇처럼 보입니까?"라고 묻는다. 그가 무엇을 보고, 어떤 부분을 보며, 왜 그렇게 본다고 믿는지에 대한 응답은 그 사람의 성격의 무의식적 측면을 반영하는 것으로 가정된다.

Science Source

그림 11.2 TAT 모호한 내용의 장면을 담은 그림을 수검자에게 보여주고, 이 그림에서 현재 무슨 일이 벌어지고 있는지를 이야기하게 한다. 그 이야기의 주요 주제, 등장인물들의 생각과 감정, 그 이야기의 전개와 결말이 그 수검자의 성격의 무의식적 내용에 관한 유용한 지표가 된다고 본다(Murray, 1943).

Lewis J. Merrim/Science Source

로르샤흐 잉크 반점 검사 한 세트의 비구조화된 잉크 반점들에 대한 응답자의 반응을 분석하여 그 사람의 내면에 들어 있는 사고와 감정을 밝히는 것으로 알려진 투사적 성격검사

주제 통각 검사(TAT) 내용이 모호하게 보이는 인물 그림을 보고 응답자가 그 그림에 대해 말하는 내용을 분석하여 응답자의 심리 저변에 들어 있는 동기, 관심사, 사회를 바라보는 방식을 밝히는 것으로 알려진 투사적 성격 검사

충동, 세상을 보는 방식 등과 같은 자신이 의식하지 못하고 있는 성격 특성을 애매한 자극에 대해 투사하며, 또한 자신의 이러한 투사 반응을 인식하지 못한다고 가정한다.

이 유형의 검사 중에서 가장 널리 알려진 방법은 **로르샤흐 잉크 반점 검사** (Rorschach Inkblot Test)인데, 이것은 한 세트의 비구조화된 잉크 반점에 대한 반응을 분석하여 응답자의 내면에 들어 있는 사고와 감정을 밝힌다고 보는 방법이다. 잉크 반점의 한 예가 **그림 11.1**에 나와 있다. 이 검사에 대한 응답자의 반응은 그 반응을 분류하는 (그 일부는 심리적인 문제를 가지고 있는 사람을 대상으로 한 연구에서 도출된) 복잡한 방식에 따라 채점된다(Exner, 1993; Rapaport, 1946). 예를 들면, 그림 11.1을 볼 때 대다수는 여기서 새나 사람을 본다. 그런데 여기서 아주 남다른 것을 보는 사람은 (예 : "나는 벨벳 치즈버거를 먹고 있는 두 마리의 사자가 보여요.") 다른 대다수 사람과는 아주 다른 사고와 감정을 갖고 있는 것이다.

주제 통각 검사(Thematic Apperception Test, TAT)는 내용이 모호한 인물 그림을 보고 그 그림에 대해 응답자가 설명하는 이야기를 분석하여 응답자의 내면에 깔린 동기, 관심사 그리고 그가 세상을 바라보는 방식을 밝혀낸다고 보는 방법이다. 이 검사가 어떤 것인지 알아보려면 **그림 11.2**를 보라. 검사 시행자는 응답자에게 그림을 보여주고 그 그림이 담고 있는 내용이 무엇인지를 말해 보라고 하면서 다음과 같은 질문을 한다. "이 사람들은 어떤 사람들인가?", "현재 그들에게 어떤 일이 벌어지고 있는가?", "그들이 이런 상황을 맞게 된 이유는 무엇일까?", "그런 다음에는 어떤 일이 일어날 것인가?" 똑같은 그림을 보면서도 사람마다 서로 매우 다른 내용의 이야기를 내어놓는다. 그런 그림을 보고 이야기를 만들 때 응답자는 자신을 그 그림 속의 주인공에게 동일시하고, 다른 사람과 세상에 대한 자기 생각을 그 그림 속의 여러 가지 모습에 투사한다고 보는 것이다. 따라서 그 그림으로부터 일반적으로 나올 수 있는 내용이 아닌 이야기는 응답자 자신만의 욕구와 내적 갈등이 투사된 것으로 보는 것이다.

심리학계에서는 투사적 검사의 가치에 대해서 아직 논쟁이 진행 중이다. 예를 들면, 응답자가 자신을 학대했던 아버지에 관한 이야기를 했다면, 검사자가 이 이야기에 대해 해석을 해야 한다(이것이 정말로 응답자의 부친에 관한 이야기인지, 아니면 재미 삼아 또는 튀어 보이려고 만들어 낸 이야기인지?). 그러므로 이 검사를 통하여 어떤 사람의 성격에 관한 풍부한 이야깃거리를 얻었다 할지라도, 이 투사 검사는 기본적으로 한 심리학자가 어떤 한 사람에 대해 개인적이고 직관적으로 잘 파악해보려고 하는 한 가지 방식 정도로 이해되어야 한다(McClelland et al., 1953). 엄격한 과학적 기준에 따라 측정한다고는 하지만, 로르샤흐나 TAT 검사와 같은 투사적 검사는 행동 예측에서의 신뢰도나 타당도가 현재까지는 확실하게 검증된 것은 아니다(Lilienfeld, et al., 2003).

과학 기술을 사용한 방법

자기보고식 질문지 검사나 투사검사가 아닌 다른 새로운 성격 측정 방법이 개발되고 있다(Robins et al., 2007). 무선 커뮤니케이션, 실시간 컴퓨터 분석, 자동 행동 식별 등과 같은 첨단 기술을 사용한 방법들이 메모지를 들고 피검사자 주변을 뱅뱅 도는 식의 측정 방법을 넘어서는 새로운 성격 측정 방법의 출현을 예고하고 있다. 예를 들면 여성이 남성보다 더 말을 많이 한다는 고정관념이 396명의 미국 및 멕시코 대학생을 대상으로 하여 그들의 대화 내용을 무작위적으로

발췌하여 기록하는 '전자기록기(electronically activated recorder, EAR)'를 부착하고 여러 날을 지내도록 한 연구에서 시험대에 올랐다(Mehl et al., 2009). 결과는 어떻게 나왔을까? 남성이나 여성 모두 하루에 평균 말하는 단어의 수가 각각 1만 6,000개로, 말을 많이 하는 정도가 남녀 간에 똑같은 것으로 나왔다. 사람이 서로 어떻게 다른가(그리고 또 서로 어떻게 다르지 않은가)를 측정하는 진일보한 측정 방법이 성격을 이해하는 데 중요한 발판이 되고 있다.

심리학자들은 또한 사람의 성격 특성을 규명하고 사람이 자신을 어떤 방식으로 표현하는지를 파악하기 위해 소셜 미디어를 이용하고 있다. EAR과 같은 방법의 주요 장점은 사람들이 (실험실에서 실험적으로 만들어 놓은 조건이 아니라) 실생활에서 다른 사람과 상호작용하고 있는 행동을 연구할 수 있게 해준다는 것이다. 예를 들면, 한 연구에서 7만 5,000명의 사람이 자신의 페이스북에 올린 글에 있는 7억 개의 단어와 구를 분석하여, 그 글을 올린 동일 인물에게 한 성격 검사 결과와 비교하였다. 그 결과를 보면 자기 자신을 표현하는 방식에 있어서 남성과 여성 간에 차이가 있는 것으로 나타났으며, 또 이러한 차이는 나이와 성격에서도 나타났다. 예를 들면 여성은 감정에 관한 단어를 더 많이 사용하는 반면, 남성은 사물에 관한 단어와 비속어를 더 많이 사용한다. 밖에 나돌아다니는 일이나 모임에 관한 글을 많이 올리는 사람은 외향성 점수가 높았고, 불평을 많이 올리는 사람은 신경성 점수가 높았으며, 컴퓨터나 포켓몬에 관한 글을 많이 올리는 사람은 내향성 점수가 높았다. 소셜 미디어 산업이 계속 발전함에 따라 심리학자들도 거기에서 나오는 기술을 활용하여 성격을 연구하는 신기술을 만들어내고 있다.

전자기록기로 연구 참여자 수백 명의 대화를 녹음해본 결과 남성과 여성이 말을 많이 하는 정도는 서로 같은 것으로 나타났다(Mehl et al., 2007).

Thanks to Stephanie Levitt; © Matthias Mehl, University of Arizona

정리문제

1. 성격은 보는 사람의 눈에 들어 있다는 말은 무슨 뜻인가?
2. 질문지형 성격검사와 투사검사의 신뢰도를 비교하라.

3. EAR과 소셜 미디어를 사용한 측정 방법의 장점은 무엇인가?

특성적 접근 : 행동 패턴의 식별

여러분이 알고 있는 어떤 사람들에 관한 이야기를 쓴다고 한번 생각해 보자. 그들의 독특한 특징을 잡아내기 위하여 여러분은 아마도 다음과 같이 그들의 성격 특성을 묘사할 것이다: 키이샤는 우호적이고 적극적이며 거만하다; 세스는 괴팍하고 유머가 있으며 피상적이다. 시간 여유가 있다면 아마도 유의어 사전을 동원해가면서 윌리엄은 **명민하지만, 극악무도하고, 그러나 수려한 용모**를 가진 사람이라는 식으로 현학적인 묘사를 할 수도 있다. 성격에 대한 특성적 접근은 사람들 간의 차이점을 특징적으로 나타내는 이런 특성 용어를 사용한다. 특성 이론가들은 두 가지 주요 과제에 직면한다: 성격 특성과 관련된 거의 무한한 개수의 형용사를 적정 개수로 축약하는 것과 사람이 그러한 성격 특성을 갖게 되는 원인이 생물적 요인, 즉 유전적 요인에 의한 것인지를 밝히는 일이다.

행동의 원인과 동기로서의 성격 특성

성격에 대해서 생각해보는 한 가지 방식은 그것을 성격 특성의 조합으로 보는 것이다. 최초의 특성 이론가 중의 한 사람인 고든 올포트(Gordon Allport, 1937)는 물체가 그것이 가지고 있는 속성으로 묘사될 수 있듯이 인간은 그가 가지고 있는 성격 특성으로 묘사될 수 있다고 생각하였다. 그는 **성격 특성**(trait)을 특정한 그리고 일관성 있는 방식으로 행동하게 만드는 비교적 불변적인 성향(disposition)이라고 보았다. 예를 들면 책을 책장에 알파벳 순서대로 잘 정리해놓고, 옷장에는 옷

성격 특성 특정한 그리고 일관성 있는 방식으로 행동하게 만드는 비교적 불변적인 성향

을 깔끔하게 걸어 놓으며, 할 일들을 스마트폰이나 달력의 일정표에다 명확하게 써 놓는 사람은 정돈을 잘하는 특성이 있다는 이야기를 들을 것이다. 이 성격 특성은 여러 다양한 상황에서 일관성 있게 나타난다.

이 '정돈성'이라는 성격 특성은 그 사람의 모습이 어떠한가를 알아볼 수 있게 해주기는 하지만, 그가 왜 그렇게 행동하는 사람이 되었는지는 설명해주지 못한다. 그 사람은 왜 그런 방식으로 행동하는가? 그 원인은 원래 그런 방식으로 행동하게 만드는 성향을 갖고 있기 때문일 수도 있고, 아니면 그런 행동을 하게 만드는 동기 요인이 있기 때문일 수도 있다. 올포트는 성격 특성을 그 사람이 원래 가지고 있는 성향으로서, 그 성향에 맞는 행동이 일관성 있게 나오게 만드는 원인으로 보았다. 예를 들면 그 사람의 정돈성은 그 사람의 내적인 속성으로서 그 사람에게 여러 다양한 상황에서 늘 물건을 정돈하고 단정하게 행동하게 만든다. 그러나 다른 성격심리학자들은 동기가 성격 특성인 것처럼 보이는 것이라고 본다. 어떤 사람이 스낵바를 들락거리는 이유는 스낵바를 들락거리는 성격 특성이 있어서가 아니라 배고픔이라는 동기가 있기 때문이듯이, 어떤 사람이 옷장을 잘 정돈하고 책들을 알파벳순으로 정리하는 이유는 정돈의 어떤 동기가 있기 때문이라는 것이다(Murray & Kluckhohn, 1953).

핵심 성격 특성에 대한 탐색

정돈성과 같은 하나의 성격 특성을 잡아서 그것만 심층적으로 파고드는 것으로는 인간 성격의 본질(사람이 서로 어떻게 다른지를 정의하는 핵심적인 성격 특성들의 집합)에 대하여 충분히 알아낼 수 없다. 성격 연구자들은 핵심이 되는 성격 특성들을 찾아내기 위하여 다양한 방법들을 동원해왔다.

초기의 연구는 성격을 묘사하는 형용사 연구에 집중하였다

수많은 세대를 거쳐서 살아오는 동안 사람은 단어를 사용하여 사람들을 묘사해왔는데, 이러한 방식과 비슷하게 초기의 심리학자들도 성격을 표현할 때 사용되는 형용사가 내포하고 있는 핵심 내용을 찾아냄으로써 이 핵심적인 성격 특성들을 알아낼 수 있다고 생각하였다. 이런 생각에 입각한 한 분석에서, 영어 사전에 들어 있는 성격 관련 단어를 일일이 공들여 검색하여 1만 8,000개가 넘는 성격 특성 후보를 찾아내었다(Allport & Odbert, 1936)! 이 성격 특성 후보들은 사용이 편리한 적정 개수로 축약할 수 있는데, 이것은 이 성격 특성들이 위계적으로 조직되어 있어서(**그림 11.3** 참조) 더 일반적이고 추상적인 성격 특성은 더 세부적이고 구체적인 성격 특성보다 더 상위 수준에 놓인다는 전제 위에서 가능해진다. 가장 상위 수준의 성격 특성은 성격 차원 또는 성격 요인이라고 불린다.

그렇다면 몇 개의 성격 요인이 있는 것일까? 연구자마다 그 개수는 달라진다. 카텔(Cattell, 1950)은 (1만 8,000개의 특성을 축약해서, 그러나 아직도 여전히 많은) 16요인 성격 이론을 제시했는데, 다른 학자들은 그보다 훨씬 더 적은 개수의 성격 요인을 갖는 이론을 제안하였다(John et al., 2008). 한스 아이젱크(Hans Eysenck, 1967)는 단지 2개의 주요 성격 특성(나중에는 3개로 확장함)만을 갖는 성격 이론을 만들었다. 아이젱크가 찾아낸 한 가지 차원은 외향성 차원인데, 이것은 사람을 사교적이고 적극적(외향적)인 사람과 내성적이고 조용한(내향적) 사람으로 구분하는 것이었다. 그가 찾아낸 두 번째 차원은 신경증 차원인데, 이것은 신경증적 또는 정서적으로 불안정한 성향과 정서적으로 더 안정된 성향을 구분하는 차원이었다. 그는 행동의 원인을 외향성과 신경증이라는 두 핵심적인 성격 특성의 조합으로 설명할 수 있다고 생각했다. 그가 제안한 세 번째 차원은 정신증(psychoticism)이었는데, 이것은 사람의 충동성 또는 적대성의 정도를 말하

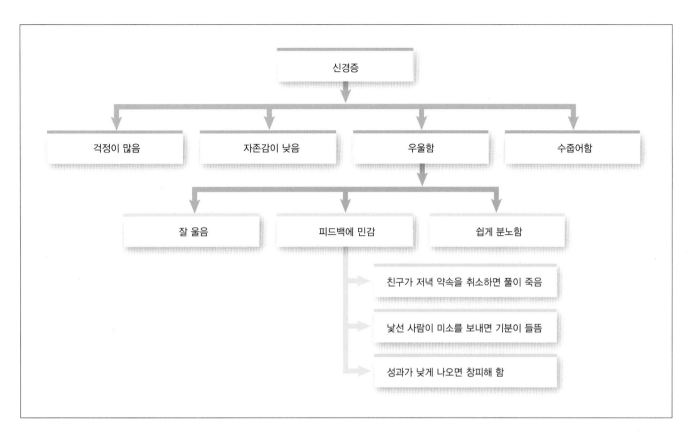

그림 11.3 성격 특성의 위계 구조 성격 특성들은 위계적으로 조직화되어 있는데, 말하자면 신경증과 같이 상위 위계에 있는 성격 특성은 그 아래에 많은 수의 더 구체적인 행동들과 연결되어 있다(Eysenck, 1990).

는 것이다[현재 널리 사용되는 '정신병증(psychotic)'이라는 용어는 현실감의 상실을 특징으로 하는 비정상적 심리 상태를 의미한다. 이것은 제14장에서 더 논의된다].

성격의 기본 차원에 대한 학자들 간의 합의가 이루어짐 : 성격의 빅 파이브 차원

오늘날 대부분의 성격 연구자들은 성격 특성이 2개, 3개, 16개 또는 1만 8,000개보다는 5개의 요인으로 가장 잘 축약된다고 보는 데 동의한다(Denissen et al., 2019; John & Srivastava, 1999). 이 **빅 파이브**(Big Five)는, 애칭으로서도 사용되는데, 성격의 5요인 모델의 다섯 가지 성격 특성인 개방성(openness to experience), 성실성(conscientiousness), 외향성(extraversion), 동의성(agreeableness), 신경성(neuroticism)을 말한다(**표 11.1** 참조, 영문 첫 글자들의 조합인 O.C.E.A.N.으로 기억하면 외우기가 쉽다). 이 분야의 선구자인 카텔과 아이젱크의 연구와도 공통점이 많은 이 5요인 모델은 몇 가지 이유로 인해 현재 널리 호응을 받고 있다. 첫째, 이 5요인은 의미가 서로 중복되지 않으면서도 다양한 성격 특성을 최대한 포괄하는 균형성을 갖추고 있다는 점이 검증되었다. 둘째, 여러 가지 다양한 종류의 자료를 사용한 많은 연구(자신의 성격에 대한 자신의 묘사, 자신의 성격에 대한 타인의 묘사, 면접자의 체크 리스트 면접, 행동 관찰)에서도 똑같이 이 5요인이 나온다. 세 번째, 그리고 아마도 가장 중요한 이유로서, 이 5요인 기본 구조는 아동, 다른 문화권의 성인, 나아가 다른 언어를 사용하는 사람을 포함하여 아주 다양한 유형의 연구 대상자에게서 똑같이 나온다는 사실로서, 이것은 이 5요인이 인류 보편성을 갖는 것이라는 점을 시사한다(Denissen et al., 2019). 이 5요인 성격 특성은 또한 페이스북과 같은 SNS에서의 온라인 행동 역시 잘 예측하는 것으로 나온다('최신 과학 : 표면에 드러나는 성격' 참조).

표 11.1	빅 파이브 요인 모델	
	높은 점수	낮은 점수
개방성	상상력이 풍부한········· 실제적인 다양한··························· 일정한 독립적인····················· 동조적인	
성실성	체계적인····················· 비체계적인 조심성 있는················ 조심성 없는 자제력이 있는············ 자제력이 약한	
외향성	사교적인····················· 수줍어하는 재미있는····················· 진지한 싹싹한························· 말이 없는	
동의성	온건한························· 과격한 신뢰하는····················· 의심하는 도움을 주는················ 비협조적인	
신경성	근심이 많은················ 편안한 불안전한····················· 안전한 자학하는····················· 자족하는	

빅 파이브 5요인 모델의 성격 특성들 : 개방성, 성실성, 외향성, 동의성, 신경성

표면에 드러나는 성격

어떤 사람을 친구인지 적인지, 재미있는 사람인지 지루한 사람인지를 판단할 때 여러분은 그런 판단을 어떻게 내리는가? 여러분은 다른 사람의 성격에 대한 여러분의 인상은 확실한 근거에 입각한 것이라고 생각하고 싶을 것이다. 여러분은 사람의 외모나 인스타그램 또는 트위터에 나와 있는 글과 같은 뭔가 피상적인 것을 바탕으로 사람의 성격을 판단하려고 하지는 않을 것이다. 이런 것들은 성격을 판단하는 근거로 삼기에는 너무 피상적인 것으로 보일 수 있겠지만, 바로 그런 피상적인 단서가 성격을 너무나 정확하게 알 수 있게 해준다는 사실이 밝혀진 것이다.

우리는 책의 겉표지를 보고 그 책에 대해 상당히 정확한 정보를 얻을 수 있다는 사실이 밝혀졌다. 연구자들은 컴퓨터 과학의 발전된 기술을 사용하여 사람들의 온라인 발자취, 말하자면 온라인에 올린 자신에 관한 게시글이나 사진, 동영상과 같은 온라인 정보를 분석한다. 온라인 발자취는 그 사람의 성격에 관해 상당히 많은 것을 말해주는 것으로 나타났다. 최근의 한 연구에서는 14개의 연구에서 나온 결과를 종합 분석했는데, 그 결과 SNS(예컨대 인스타그램, 트위터, 페이스북)에 올린 게시물의 내용과 자기보고를 통해 측정한 5요인 성격 특성 간

에 상당히 높은 상관관계가 있는 것으로 나왔다(Azucar et al., 2018). 표면에 나타난 성격의 지표가 피부 속 심층부에 들어있는 것보다 더 나은 지표가 될 수 있다.

성격 연구는 소셜 미디어에 나타난 내용 말고도 온라인에서의 행동과 실제 사회적 행동이 모두 성격과 밀접한 상관이 있다는 것을 보여준다. 예를 들면, 스마트폰 사용 자료를 분석해보면 외향성과 동의성이 높은 사람이 다른 사람과 함께 보내는 시간이 더 많은 것으로 나타난다(Wilt & Revelle, 2019). 또한 왓츠앱과 같은 앱을 통하여 친구들과 메시지를 주고받는 시간이 외향성이 높은 사람은 더 많은 데 비해, 성실성이 높은 사람은 훨씬 더 적다(Montag et al., 2015). 우리 생각에는 성실성이 높은 사람은 SNS를 하는 시간을 아껴서 Intro Psych에 있는 심리학 과제물을 읽는 것처럼 더 중요한 곳에 그 시간을 쓰는 것으로 보인다.

사람들은 겉표지를 보고 책의 내용을 판단할 수 없다고 말하지만, 최근의 몇몇 연구자들은 인스타그램에 올린 사진을 보고 그 사람을 판단할 수 있다고 주장한다.

5요인에 관한 연구는 사람의 성격이 그의 일생을 통하여 잘 변하지 않는 경향이 있다는 것을 보여주고 있다. 일생의 어느 한 시점에서 측정한 점수가 그 이후에 측정한 점수, 심지어는 수십 년 후에 측정한 점수와도 강한 상관관계를 보인다(Caspi et al., 2005). 윌리엄 제임스(William James)는 "우리의 대다수는 나이가 30이 되면 성격이 석고처럼 굳어져서 다시는 유연해질 수 없다"(James, 1890, p. 121)고 말했지만, 이것은 좀 너무 과도한 의견인 것으로 판명되었다. 아동기에는 통상적으로 변화가 더 크고, 청소년기가 되면 변화가 더 적어지는데, 어떤 사람은 성인이 되어서도 성격에 변화가 일어난다(Srivastava et al., 2003). 일반적으로 사람은 20대에 약간 더 양심적이고(이게 계속 유지되면 얼마나 좋을까요!), 30대에는 좀 더 동의성이 강해진다(이런 친구를 많이 사귀는 게 좋다!). 신경성은 나이가 들면서 점차 감소하는데, 이것은 여성의 경우에서만 그렇다(Srivastava et al., 2003). 우리의 성격은 계속 바뀌는 것이니까, 현재 자신의 성격의 장점을 그때그때 최대한 잘 활용하는 게 좋을 것 같다.

성격의 생물적 원소로서의 성격 특성

성격 특성이 잘 변하지 않고 안정성을 갖는 이유는 무엇인가? 많은 특성 이론가들은 뇌와 생물적 메커니즘이 변화하지 않는 것이기 때문에 성격 특성 또한 일생에 걸쳐 거의 변화하지 않을

수밖에 없다고 본다. 저 유명한 피니어스 게이지의 사례가 생생하게 보여주듯이, 뇌 손상은 성격을 변화시키는 것이 분명하다(제3장 참조). 폭발 사고로 쇠막대가 전두엽을 관통한 이후로 게이지가 사회적 적응성과 성실성에서 급격한 손상을 보이게 된 사실을 여러분은 기억할 것이다(Damasio, 1994). 사실상 어떤 사람의 성격이 크게 변했을 때 검사를 해보면 많은 경우 이들에게서 알츠하이머병, 뇌졸중, 뇌종양 등과 같은 문제가 그 배후에 있다는 것이 밝혀졌다(Boyle, 2018). 뇌에 있는 화학 물질의 변동을 일으키는 약물 처치가, 예컨대 외향성을 증가시키고 신경증을 완화하는 것과 같은 식으로, 성격을 변화시킬 수 있다(Bagby et al., 1999).

유전인자, 성격 특성, 성격

성격에서 생물적 요인의 역할이 중요하다는 것에 대한 가장 강력한 증거는 유전학 분야에서 나온다. 간단히 말해서 여러분의 유전인자가 어떤 사람의 유전인자와 더 비슷하면 할수록 두 사람 간의 성격이 비슷할 가능성은 더 커진다. 최근의 한 연구에서 10만 명 이상의 사람들에게서 자료를 수집하였는데, 이 자료를 분석한 결과 사람들 간의 성격 차이를 설명하는 변량의 약 40%가 유전적 요인인 것으로 나타났다(Vukasovic & Bratko, 2015). 당연히 유전적 요인이 모든 것을 다 설명하지는 않는다. 성격 차이를 설명하는 변량의 나머지 60%는 경험 요인과 기타 요인에 기인하는 것이다.

유전자는 다양한 방식으로 사람의 성격에 영향을 미치는데, 말하자면 여러 가지 일에 대한 사고방식이 얼마나 경직된 사람이 되거나 유연한 사람이 될 것인지를 결정한다. 그래서 가족끼리는 성격이 서로 비슷할 수는 있는데, 그렇다고 완전히 같지는 않으므로 추수감사절 저녁에 모여서 정치 문제나 종교 문제로 이야기할 때 의견 충돌이 없을 수 없다.

Simonkr/Getty Images

성격 차이의 일부는 부모의 양육 방식의 차이에 기인하는 것인가? 이것은 분명히 아닌 것 같다. 유전인자가 서로 100% 같은 일란성 쌍생아의 경우 그들이 같은 가정에서 자라든 아니면 입양으로 인해 서로 다른 가정에서 자라든 상관없이 그들 간의 성격은 매우 유사한 것으로 나온다(McGue & Bouchard, 1998; Tellegen et al., 1988). 사실상 다소 충격적인 발견 사실은 부모의 이혼이나 부모의 양육 방식과 같은 환경적인 요인은 성격에 직접적인 영향을 거의 미치지 않는다는 것이다(Plomin & Caspi, 1999). 이런 연구 결과에 따라서 본다면 단순히 같은 가정에서 성장한다는 것이 사람을 서로 비슷하게 만들지는 않는다는 것이다. 그보다 두 형제가 서로 비슷하다면, 이것은 주로 유전적인 유사성에 기인하는 것이라고 보아야 한다.

유전인자가 같은 사람은 행동과 태도가 서로 매우 유사하다. 한 연구에서 1만 3,000명의 사람의 DNA를 분석하고 보수주의적 태도와 진보주의적 태도를 자기보고식으로 측정하였다. 이 연구는 보수주의-진보주의와 심리적 유연성의 정도와 관련된 유전적 요인 간에 상관관계가 있다는 것을 밝혔는데, 여기서 심리적 유연성이란 환경 변화에 따라 그에 맞추어 생각을 적절히 변경하는 성향을 말하는 것으로, 이 심리적 유연성이 사회적 · 정치적 문제에 대해 어떤 관점을 갖게 되는가에 영향을 주는 요인 중의 하나라고 한다(Hatemi et al., 2011). 심리학자들의 최근 연구는 유전인자에서의 차이가 성격 발달에서 어떤 영향을 미치는가를 밝히려고 한다.

남녀 차이 : 생물적으로 결정되는가 아니면 문화적으로 조형되는가?

여러분은 전형적인 여성적 성격이나 전형적인 남성적 성격이 있다고 보는가? 남을 잘 도와주는 성격 등을 포함하여 여러 가지 다양한 성격 특성에서 여성과 남성 간에 일관성 있는 차이를 보이는 것은 없다. 전반적으로 남성과 여성은 성격이 서로 다르기보다는 유사한 것이 훨씬 더 많은 것으로 보인다(Hyde, 2005). 그러나 연구자들은 남성과 여성 간에 성격 특성, 태도, 행동에서 일관성 있는 차이를 보이는 것이 일부 있다는 것을 발견했다. 예를 들면 남성은 주장성, 자존감, 자극 추구 성향이 더 높은 데 비해, 여성은 신경증, 동의성, 성실성이 더 높은 것으로 나타난다(Costa et al., 2001 ; Schmitt et al., 2008).

흥미롭게도 성인에게서 존재하는 많은 남녀 차이는 나이가 증가하면서 더 뚜렷해진다는 것이다. 예를 들면 2만 명 이상의 연구 대상자가 참여한 150여 편의 연구를 종합해보면 정서 표현 방식에서 남녀 차이가 나타난다는 것이다(남자아이들이 분노와 같은 보다 외부 지향적인 정서를 더 많이 보이는 데 비해, 여자아이들은 슬픔이나 불안과 같은 내부 지향적인 정서를 더 많이 보이는데, 이런 결과는 바로 앞에서 언급되었던 연구 결과들과 일치한다)(Chaplin & Aldao, 2013). 그런데 이러한 차이는 아동이 사춘기에 접어들면서 훨씬 더 현저해지는데, 이런 결과는 아이들이 자신의 정서를 표현하는 방식을 학습하는 데 문화적 요인이 영향을 준다는 점을 시사한다. 성격에서의 남녀 차이가 사춘기에 접어들 때까지는 나타나지 않는다는 사실은 세계의 여러 나라에서 수행된 십여 편의 연구들에서도 보고되고 있는데, 이는 이러한 현상이 인류 보편적인 현상이라는 점을 시사한다(DeBolle et al., 2015)('차이의 세계 : '남성적' 성격과 '여성적' 성격이 따로 있는가?' 참조).

차이의 세계

'남성적' 성격과 '여성적' 성격이 따로 있는가?

남녀 간의 성격 차이가 그렇게 큰 것은 아니지만. 이런 차이가 있다는 사실은 사람들의 주목을 많이 이끌고 또 그만큼 많은 논쟁을 불러일으킨다. 진화론적 입장의 사람들은 번식에서 성공하기 위한 행동이 남녀 간에 서로 다르므로 성격에서도 남녀 간에 차이가 나는 방향으로 진화가 이루어졌을 것이라고 본다. 예를 들면, 남성에게 있어서의 공격성은 여성을 차지하기 위한 경쟁에서 경쟁자를 위협하는 데 적응적인 가치가 있는 것이며, 여성에게 있어서의 동의성과 보살핌 성향은 자식의 생존을 보호하고 보장하기 위해 진화되어 나온 것이라는 것이다(Campbell, 1999). 그러나 이런 문제와 관련해서 남녀 간에 뇌의 구조에서 차이가 있는지는 과학적으로 아직 명확하게 밝혀지지 않았다(Rippon, 2019).

진화론적 입장과는 달리 사회인지적 입장은 남녀 간의 성격과 행동에서의 차이는 사회적으로 허용되는 직업, 활동, 가정에서의 역할 등에서 남녀 각자에게 부과된 문화적 기준과 기대의 차이에서 나온 결과라고 본다(Eagly & Wood, 1999). 신체적 크기와 자녀의 육아 책임에서의 자유로움 때문에 남성은 역사적으로 더 큰 권력을 갖는 역할(후기산업화 사회에서는 이런 신체적 힘이 꼭 필요하지 않게 된 그러한 역할)을 담당하게 되었다. 이러한 차이가 점점 더 증폭되어서 남성은 일반적으로 주장성이나 공격성이 요구되는 역할(즉, 관리자, 교장 선생님, 외과 의사)을 담당하게 되고, 여성은 지원이나 보살핌이 강조되는 역할(즉, 간호사, 보모, 교사)을 추

남성의 특징과 여성의 특징을 평가하는 방식이 문화에 따라 다르지만, 힌두교의 신인 아르드바나리스바라는 인간의 성정의 두 부분을 결합한 모습을 보여주고 있다. 한쪽은 남성이고 다른 한쪽은 여성인 이 신은 신성의 이중적 본질을 상징하고 있다. 남성과 여성이 옆으로 나란히 붙어 있는 이 자웅동체가 갖는 단 한 가지의 현실상의 문제는 이 몸에 맞는 옷을 찾는 일이다.

Ardhanarishvara, University of California, Berkeley Art Museum and Pacific Film Archive, gift of Jean and Francis Marshall, 1999.15.10. Photographed by Ben Blackwell

구하게 된 것이다.

성격에서의 성차의 원천과는 상관없이, 사람이 남성성과 여성성의 고정관념에 대해 개인적으로 동일시하는 정도가 사람들 개개인 간에 나타나는 중요한 성격 차이의 원천이 된다. 산드라 벰(Sandra Bem, 1974)은 전형적으로 남성적인 특성(예 : 자립성, 독립성, 주장성)과 전형적으로 여성적인 특성(예 : 호의성, 공감성, 친절성)에 동일시하는 정도를 측정하는 척도(벰의 성 역할 질문지)를 개발하였다. 벰은 심리적으로 양성성인 사람(두 성별 세계에서 가장 좋은 특성들을 갖는 사람으로서 친절성과 같은 긍정

적인 여성적 특성과 주장성과 같은 긍정적인 남성적 특성에 모두 동일시하는 사람)이 어느 한 성 역할에만 강하게 동일시하거나 어떤 성 역할에도 동일시하지 않는 사람보다 더 적응적이라고 본다. 현재까지의 연구 결과들은 벰의 이런 생각을 지지한다. 예를 들면, 자신의 생물적인 성별과는 상관없이, 양성성의 성 역할에 동일시하는 사람은 남성성이나 여성성의 어느 하나의 성 역할에 동일시하는 사람에 비해 우울증이 더 적은 것으로 나타난다(Vafaei et al., 2016). 이런 결과는 여기 그림에 나와 있는 힌두신에게도 좋은 소식이다.

연구에 따르면 남녀 간에 성격이 약간의 차이를 보이는데, 아동기에는 차이가 거의 보이지 않다가 사춘기가 되면 차이가 점차 나타나기 시작한다고 하는데, 이것은 남녀의 성격 차이가 문화적으로 학습되는 것일 수 있다는 점을 시사한다. 이 남매는 성격이 서로 같아 보인다. 그런데 그림 속의 개는 표정이 밝은 모습이다.

Eric Raptosh Photography/Getty Images

청소년기가 되어야 남녀 간의 성격 차이가 나게 만드는 데 작용하는 또 다른 요인으로는 사춘기에 나타나는 성호르몬에서의 차이를 생각해볼 수 있다. 제10장에서 보았듯이 청년기에는 많은 변화가 일어나는데(말하자면 호르몬이 증가하고, 친구들과의 활동이 많아지는 데 비해, 부모님과 보내는 시간은 적어지는 것 등), 어떤 요인에서의 변화가 다른 어떤 요인에서의 변화를 초래하게 만드는지를 알아내기가 어렵다. 그러나 흥미롭게도 호르몬이 성격에 미치는 효과는 실험을 통해 연구해볼 수 있다. 최근의 한 연구는 성전환 남성 표본에 대해 그들이 (남성적 신체를 갖게 해주는) 남성 호르몬 처치를 받는 3개월 동안을 추적 조사했다. 남성 호르몬 처치를 받기 전후에 실시한 성격검사 결과를 보면 이들은 남성 호르몬 처치 이후에 자기 자신을 더 남성적인 사람이라고 보는 것으로 바뀌었고, 성격검사 점수도 비성전환 남성의 점수에 훨씬 더 많이 가까워졌다(Keo-Meier et al., 2015).

대뇌에 들어 있는 성격 특성

어떤 신경생물적 메커니즘이 성격 특성의 발달에 영향을 주는가? 아이젱크(1967)는 대뇌피질의 각성 수준에서의 개인차가 외향성과 내향성 간의 차이의 원인이 된다고 보았다. 아이젱크는 외향성의 사람은 (제3장에 나와 있는 바와 같이, 각성 수준을 통제하는 뇌 부위인) 망상체(reticular formation)가 쉽게 자극이 되지 않기 때문에 강한 자극을 추구한다고 생각하였다. 아이젱크의 주장에 따르면 외향성의 사람은 대뇌피질이 강한 각성 수준의 충분한 긴장 상태를 느끼기 위하여 사회 활동, 파티 그리고 심리적 자극을 느끼게 해주는 여러 가지 활동을 하게 된다는 것이다. 반면에 내향성의 사람은 그들의 대뇌피질이 쉽게 적정 수준 이상의 수준으로 자극되므로 독서나 조용한 활동을 선호한다는 것이다.

행동 연구 및 생리학적 연구 결과는 전반적으로 아이젱크의 견해를 지지한다. 내향성의 사람과 외향성의 사람에게 여러 다른 수준의 강도로 자극을 주어보면 내향성의 사람이, 레몬주스 방울을 혀에 떨어뜨렸을 때 더 많은 침을 분비한다든가 전기 쇼크나 큰 소리의 소음에 대해 더 부정적으로 반응한다든가 하는 식으로, 더 강하게 반응한다(Bartol & Costello, 1976; Stelmack, 1990). 이러한 반응은 집중하는 능력에 영향을 준다. 외향성의 사람은 (바텐더 일이나 가르치는 일과 같은) 주의 분산 요인이 많고 심리적 각성 수준을 높이게 만드는 상황에서 과제를 더 잘 수행하는 경향을 보이는 데 비해, 내향성의 사람은 (도서관 사서나 야간 경비 업무와 같은) 조용한 환경에서 집중이 필요한 일에서 과제를 더 잘 수행한다(Lieberman & Rosenthal, 2001; Matthews

외향적인 사람은 많은 사람, 큰 소리, 밝은 색깔과 같은 강한 자극을 추구한다. 내향성의 사람은 부드럽고 조용한 환경을 더 좋아한다. 즉석 문제 : 마일리 사이러스는 내향적일까 외향적일까?

Kevin Winter/Getty Images

& Gilliland, 1999).

제프리 그레이(Jeffrey Gray, 1970)는 아이젱크의 각성 수준에 관한 견해를 더 발전시켜서 외향성-내향성 차원과 신경증 차원은 뇌 체계의 두 가지 기본 축이 된다고 주장했다. 행동 활성화 체계(behavioral activation system, BAS), 즉 '진행(go)' 체계는 보상이 나올 것으로 예상되는 상황에서 나오는 반응인 접근 행동을 유발한다. 외향성의 사람은 BAS가 쉽게 활성화되는 사람이며, 따라서 주변 환경에 적극적으로 개입하고, 사회적 강화를 추구하며, '진행(go)'을 할 준비가 되어 있는 사람이다. 행동 억제화 체계(behavioral inhibition system, BIS), 즉 '정지(stop)' 체계는 처벌을 신호하는 자극에 대한 반응으로서 행동을 억제한다. 따라서 불안 성향이 높거나 내향적인 사람은 BIS가 잘 활성화되고, 부정적인 결과에 초점을 두며, '정지(stop)' 신호가 나오는지를 살핀다.

뇌 영상 촬영을 통한 연구들에 의하면 핵심 성격 특성은 각각의 특성과 관련된 뇌 부위의 크기의 차이에서 나오는 것일 수 있다는 것이다. 예를 들면, 자기보고로 측정된 신경증은 위협에 대한 민감성과 관련된 뇌 부위의 크기와 상관이 있고, 동의성은 타인의 심리 상태에 관한 정보 처리와 관련된 뇌 부위, 성실성은 자기규제와 관련된 뇌 부위, 그리고 외향성은 보상에 관한 정보 처리와 관련된 뇌 부위와 상관이 있다(DeYoung et al., 2010). 뇌의 구조와 활동이 우리의 성격 특성의 형성에 어떻게 영향을 미치는지를 알아보고자 하는 연구는 아직 걸음마 단계에 있지만, 이 분야는 많은 사람이 우리 각자가 어떻게 각 개인의 독특한 모습으로 발달하게 되는가에 대해 더 잘 알 수 있게 하는 데 많은 도움을 줄 것으로 생각되는 촉망되는 연구 분야이다.

정리문제

1. 사람은 성격 특성대로 행동하는가?
2. 5요인 모델의 장점은 무엇인가?
3. 쌍생아 연구가 성격에 관해 알 수 있게 해주는 것은 무엇인가?

4. 남녀 간에 유의미한 성격 차이가 있는가?
5. 외향성의 사람이 내향성의 사람보다 더 강한 자극을 추구한다는 사실에 대해 신경학은 어떻게 설명하는가?

학습목표

- 원초아, 자아, 초자아를 구분해서 설명한다.
- 방어기제가 어떤 방식으로 불안감을 감소시키는지를 설명한다.

정신역동적 접근 : 의식의 저변에 내재된 욕구

프로이트(Freud)는 개인차에 초점을 둔 거시적 이론의 관점에서 성격을 이해하려고 하기보다는, 성격에 대해 더 미시적으로 들여다보았다. 즉, 한 개인의 사고와 행동 속에 들어 있는 아주 미묘한 이상 징후에 대해 주의 깊은 분석을 함으로써 알 수 있는 의미와 시사점을 찾으려고 했다. 신체적인 문제에서 비롯되는 것으로는 보이지 않는 그러한 장애를 갖고 그를 찾아오는 환자를 치료하면서 그는 후에 프로이트적 착오(Freudian slip)라고 불리게 된 일상생활에서의 실수와 기억 오류가 일어나게 되는 원인이 무엇인지를 탐구하였다.

프로이트와 그의 추종자들의 이론(제15장에서 논의됨)은 **정신역동적 접근**(psychodynamic approach)이라고 불리는데, 이것은 성격이 주로 의식 영역 밖에서 작용하는 요구, 갈등, 욕망에 따라 형성되며, 이러한 동기가 정서장애를 가져올 수 있다고 보는 접근이다. 이 관점에 의하면 성격 형성의 참된 원동력은 대부분이 우리가 의식하지 못하는 힘이라는 것이다.

마음의 구조 : 원초아, 자아, 초자아

정신역동적 접근 성격을 의식 밖의 영역에서 작용하며 정서장애를 가져올 수 있는 요구, 갈등, 욕망에 따라 형성되는 것으로 보는 접근

환자를 괴롭히는 정서적 문제를 설명하기 위하여 프로이트는 마음이 서로 독립적이면서 상호작용을 하고, 또한 서로 갈등하는 성분들인 원초아, 자아, 초자아로 구성되어 있다고 보았다.

가장 기초가 되는 성분인 **원초아**(id)는 출생 시부터 타고나는 추동(drive)을 그 속에 포함하고 있는 부분인데, 이것은 우리의 신체적 요구, 심리적 욕구, 욕망, 충동, 그리고 특히 성적 추동과 공격적 추동의 원천이다. 이 원초아는 어떤 종류의 충동에 대해서도 이의 즉각적인 만족을 추구하는 방식으로 작동한다. 만약 여러분이 이 원초아의 지배만 받는다면 여러분은 식당에서 음식을 서빙받기 위해 기다리는 동안 허기가 지는 것을 참지 못하고 가까이에 있는 아무 식탁에서 음식을 그냥 집어다 먹어 버리게 될 것이다.

원초아와 정반대가 되는 것이 **초자아**(superego)인데, 이는 문화적 규범이 내면화되어 생긴 심리 성분으로, 이런 문화적 규범은 주로 부모가 권위를 행사하는 것을 보는 가운데 학습하게 된다. 이 초자아는 일종의 양심처럼 작용하는데, 우리가 무언가 잘못된 행동이나 생각을 하면 (죄책감이나 고통스러운 감정을 불러일으킴으로써) 처벌을 하고, 바람직한 기준에 맞는 행동을 하면 (자긍심이나 자랑스러운 느낌을 느끼게 함으로써) 보상을 준다.

정신분석 이론에 따르면 마음의 마지막 성분은 **자아**(ego)인데, 이것은 외부세계와의 접촉 과정에서 발달하는 것으로서, 삶에서의 현실적 요구를 잘 처리할 수 있게 해주는 성격의 한 성분이다. 이 자아는 욕구의 즉각적인 충족을 지연할 수 있게 해주고, 현실 세계에서 효과적으로 기능할 수 있게 해주는 통제 기제이다. 이것은 원초아와 초자아 간에서 조정자 역할을 한다. 이 자아는 옆 사람이 가지고 있는 음식을 낚아채고 싶은 여러분의 충동을 저지하고, 음식점에서 정당하게 식대를 지불하고 식사를 하도록 만들어준다.

프로이트는 이 세 가지 마음의 성분이 상호작용을 할 때 이들 간의 상대적 강도(즉, 주로 어떤 성분이 더 우세한가)가 한 개인의 성격의 기본 구조를 결정한다고 보았다. 그는 원초아, 자아, 초자아 간의 역동은 주로, 자아가 생각할 때는 현실 세계에서 위험에 빠지게 만들고, 초자아의 입장에서는 처벌을 받게 만든다고 보는 그런 욕구를 원초아가 충족하고자 할 때와 같이, 원치 않는 생각이나 감정이 생길 때 일어나는 불편한 감정인 불안감에 의해 좌우된다고 생각하였다. 자아가 불안감이라는 형태로 나타나는 '경고 신호'를 받으면, 이 불안감을 없애기 위한 시도로서 방어적인 입장을 가지게 된다. 프로이트에 의하면 자아는 여러 가지 종류의 **방어기제**(defense mechanism) 중의 하나를 사용하여 자아를 방어하는데, 방어기제란 용납되지 않는 충동에 따르는 공포심에서 생기는 불안감을 감소시켜주는 무의식적 대처 기제이다(**표 11.2** 참조). 정신역동주의 심리학자들은 방어기제가 불안감을 극복하고 외부세계에 효과적으로 적응하도록 도와주는데, 이러한 특징적인 방어 방식은 사람이 세상을 살아가는 방식, 즉 성격의 핵심적인 모습이 된다고 생각한다.

프로이트는 또 사람의 기본적인 성격은 6세 이전에 경험하는 5개의 아주 예민한 일련의 시기, 즉 생의 단계들을 통해 형성되는데, 한 단계에서의 경험이 그 뒤에 오는 단계에 영향을 준다고 보았다. 프로이트는 이 시기들을 **심리성적 단계**(psychosexual stages)라고 불렀는데, 이것은 아동이 어릴 때 시기별로 신체의 다른 부위에서 성적 쾌감을 느끼게 되는데, 양육자가 아동의 이 쾌감 경험을 훈육하고 간섭하는 가운데 성격 형성이 이루어지게 된다고 하는 생애의 초기 기간의 단계들을 말한다(**표 11.3** 참조). 그는 아동의 쾌감 추구 행동이 어른들에 의해 간섭받을 때 아동은 갈등을 경험하게 된다고 주장하였다. 단계별로 다른 신체 부위가 아동의 주관적 경험을 주도한다. 프로이트는 이 심리성적 단계에서 겪는 문제와 갈등이 성인기의 성격을 형성하는 데 영향을 준다고 보았다.

이 모든 내용을 우리는 어떻게 받아들여야 할까? 정신역동적 설명은 실증적 증거가 없고 검증이 가능한 예측보다는 사후적 해석에 초점을 맞춘 이론이라는 비판을 받는다. 심리성적 단계 이론은 지난 과거의 삶을 해석하는 데는 잘 들어맞는 해설의 틀을 제공해주지만, 연구를 통해 검증이 가능한 명백한 예언적 명제들은 제시하지 못한다.

지그문트 프로이트는 명예롭게도 그의 버블헤드 인형이 제작된 최초의 심리학자이다. 그와 같은 심리학자가 계속해서 나오기를 바라며.

The Photo Works

표 11.2 방어기제

방어기제	내용	예
억압	고통스러운 경험이나 용납되지 않는 충동을 의식으로부터 제거하는 것 : '동기적 망각.'	화가 났을 때 두들겨 패고 싶은 생각을 억누름, 나쁜 기억은 잊어버림
합리화	자신의 심리 저변에 들어있는 동기나 감정을 (주로 자신으로부터) 숨기기 위하여 자신이 보이는 이해하기 어려운 감정이나 행동에 대하여 합당해 보이는 설명을 갖다 붙이는 것	교실의 낡은 환풍기를 탓하면서 어려운 과목의 수강을 철회하는 것
반동형성	자신을 위협하는 내적 욕구나 환상을 무의식적으로 정반대의 과장된 형태의 반응으로 대치하는 것	좋아하는 사람에게 무뚝뚝하게 대하는 것
투사	자신을 위협하는 감정, 동기, 또는 충동의 원인을 다른 사람이나 다른 집단으로 돌리는 것	자기 자신이 부정직하다고 알고 있기 때문에 다른 사람도 역시 부정직하다고 보는 것
퇴행	내적 갈등과 공포심을 극복하기 위해 안전이 보장되던 시기인 발달의 초기 단계의 미성숙한 행동을 하거나 그때의 의식 상태로 되돌아가는 것	스트레스에 대한 반응으로 적절한 성인 언어를 구사할 수 있음에도 불구하고 어린아이처럼 말하는 것
대치	용납되지 않는 욕망이나 충동을 중립적이거나 덜 위협적으로 느껴지는 것으로 바꾸는 것	방문을 세게 쾅 닫는 것, 화가 나게 만든 사람이 아닌 다른 사람에게 소리를 지르는 것
동일시	더 힘이 있어 보이거나 난관을 더 잘 극복할 수 있을 것으로 보이는 사람의 특성을 무의식적으로 자신의 것으로 채택함으로써 공포심이나 불안감을 처리하는 것	친구의 괴롭힘을 받은 아이가 다른 아이를 괴롭히는 사람이 되는 것
승화	용납되지 않는 성적 충동이나 공격 충동을 사회적으로 용인되고 문화적으로 가치 있는 것으로 인정되는 활동으로 해소하는 것	분노를 축구나 럭비 또는 신체 접촉이 이루어지는 스포츠를 통해 해소하는 것

표 11.3 프로이트의 심리성적 단계

단계	내용
구순기	입, 빨기, 수유와 관련된 쾌감과 욕구불만을 중심으로 경험이 이루어지는 단계
항문기	항문, 대변과 소변의 보류와 방출, 그리고 배변 훈련과 관련된 쾌감과 욕구불만이 경험의 주류를 이루는 단계
남근기	남근 부위와 관련된 쾌감, 갈등, 욕구불만과 아울러 애정, 미움, 질투, 갈등과 같은 강렬한 근친상간적 감정의 극복과 관련된 경험이 주류를 이루는 단계
잠복기	지능, 창조성, 대인관계 및 운동 기술의 발달이 일차적 관심사가 되는 단계
성기기	서로를 충족시켜주며 상호 호혜적인 방식으로 타인과 사랑하고, 일하고, 관계를 맺을 수 있는 역량을 갖춘 성숙한 성인의 성격이 발달하는 단계

정리문제

1. 프로이트에 따라 설명한다면, 원초아, 초자아, 자아가 어떻게 상호작용하여 성격을 형성하는가?

2. 불안감을 감소시키기 위하여 우리가 사용하는 방어기제로는 어떤 것이 있는가?

학습목표

- 성격에 대한 인본주의적-실존주의적 접근에 관해 설명한다.
- 자아실현 경향성과 실존적 불안이 성격 발달에서 어떤 역할을 하는지 설명한다.

인본주의적-실존주의적 접근 : 선택의 주체인 성격

1950년대와 1960년대에 심리학자들은 완전히 다른 시각에서 성격을 알아보려는 시도를 하기 시작하였다. 즉, 인간이 자신의 성격 형성의 기초가 되는 올바른 선택이라는 것을 어떤 방식으로 하는가를 알아보고자 하였다. 인본주의 심리학자들은 인간이 선천적으로 선하고 성장 잠재력을 갖고 태어난다는 것을 골자로 하는 인간 본성에 대한 긍정적이고 낙관적인 관점을 강조하였다. 실존주의 심리학자들은 인간이 의미 추구라는 문제 및 죽음의 불가피성이라는 문제와 씨름하면서 자유롭게 자신의 삶을 창조하고 영위해 나갈 책임을 갖는 주체라는 점에 초점을 맞추었다. 인본주의-실존주의적 접근은 이러한 자신들의 새로운 관점에 따라서 적응적인 성격이 어떻게 형성되는가의 문제를 알아보았다.

자아실현 경향성　자신의 타고난 잠재력을 실현하고자 하는 인간적 동기

인간의 욕구와 자아실현

인본주의자들은 사람이 자신의 타고난 잠재력을 실현하고자 하는 인간적 동기인 **자아실현 경향성**(self-actualizing tendency)을 성격에서의 핵심 요인으로 본다. 지식의 추구, 창조성의 표현, 영적 계발에 대한 갈망, 사회 공헌 욕구 등이 모두 자아실현의 예들이다. 제8장에서 보았듯이, 인본주의 학자인 에이브러햄 매슬로우(Abraham Maslow, 1943)는 욕구의 위계를 제안하였는데, 이것은 인간의 본질적인 욕구를 우선순위에 따라 배열한 모델로서, 이 모델에 따르면 기본적인 생물적 욕구와 안전의 욕구가 먼저 충족되어야 그다음에 더 상위 수준의 심리적 욕구가 나타난다는 것이다. 사람은 이 기본적인 욕구가 충족된 후에야 자아실현의 욕구와 같은 상위 수준의 욕구를 추구하게 되는데, 이 상위 수준의 욕구란 선량해지고, 활력이 넘치며, 인생의 의미를 발견하고자 하는 욕구이다.

인본주의 심리학자들은 사람들 간의 성격 차이는 각 개인이 심리적 욕구를 충족하려고 하는 시도가 환경에 의해 어떻게 촉진 또는 차단되는가에 따라 생기게 된다고 설명한다. 예를 들면 훌륭한 과학자, 예술가, 부모, 교사가 될 수 있는 잠재력을 갖고 태어난 사람이 그의 에너지와 자원을 안전의 욕구나 소속의 욕구 등과 같은 기본적인 욕구를 충족하는 데 쓰고 있다면 그의 이러한 잠재적 재능은 결코 실현될 수 없을 것이다. 연구에 의하면 자신의 진정한 본성과 능력에 맞지 않는 목표를 설정하고 이를 위한 삶을 사는 사람은 자신의 삶과 목표가 서로 잘 맞는 사람보다 덜 행복하다는 것을 보여준다(Ryan & Deci, 2000).

자신이 잘할 수 있는 바로 그런 일을 할 때 그 사람의 기분은 정말로 좋을 것이다. 자신의 능력에 딱 맞는 그런 일을 할 때 사람은 **충일감**(flow)이라고 하는, 에너지가 충만하여 집중하는 심리 상태가 된다(**그림 11.4** 참조)(Csikszentmihalyi, 1990). 자신의 능력에 비해 너무 쉬운 일은 지루함을 초래하고, 너무 어려운 일은 불안감을 불러일으키는 데 비해, 자신의 능력에 딱 맞는 일은 충일감을 경험하게 해준다. 예를 들어 여러분이 피아노를 칠 줄 아는데, 여러분이 잘 알고 있어서 여러분의 연주 실력에 딱 맞는 쇼팽의 전주곡을 치게 되는 경우 여러분은 아마도 이 충일감을 경험할 것이다. 사람은 다른 어느 때보다, 바로 이런 때 더 없는 행복감을 느낀다고 한다. 인본주의자들은 바로 이러한 절정 경험, 즉 충일감이 그 사람의 인간적 잠재력이 실현되었음을 알려주고, 성격이 얼마나 잘 발달하였는가의 정도를 나타내는 지표라고 본다.

실존으로서의 성격

실존주의자들은 인본주의자들의 성격 이론에 대해 많은 부분 동의하지만, 양육 환경의 질과 같은 문제보다는 인간으로서의 조건과 같은 보다 더 심오한 문제에 초점을 맞춘다. 실존주의자들은 우리 자신의 실존에 대한 인식과 어떤 행동이 옳은 것인가에 대한 판단 능력과 같은 인간으로서의 조건이 양날의 측면을 갖고 있다고 주장하였다. 말하자면 이러한 것들은 인간의 삶을 엄청나게 풍부하게 해주고 존엄하게 만들어주

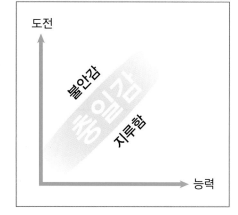

그림 11.4　충일감 경험　자신의 능력에 비해 어렵더라도 지나치게 어렵지 않은 그런 일을 할 때 우리는 기분이 좋다. 지루함과 불안감의 중간에 있는 느낌이 바로 '충일감 경험'이다(Csikszentmihalyi, 1990).

실존주의적 접근 성격을 자신의 삶과 죽음이 관건이 되는 현실 앞에서 각 개인이 내리는 선택과 결정에 따라 만들어지는 것이라고 보는 관점

사회-인지적 접근 성격을 사람이 일상생활에서 접하는 상황에 대해 어떻게 생각하고 또 그 상황에 대응하여 어떻게 행동하는가의 관점에서 보는 접근

기도 하지만, 그것들은 또한 인간에게 죽음을 불사해야 하는 것과 같은 마주하고 싶지 않은 현실에 마주치지 않을 수 없게 만들기도 한다. **실존주의적 접근**(existential approach)은 성격을 자신의 삶과 죽음이 관건이 되는 현실 앞에서 각 개인이 내리는 선택과 결정에 따라 만들어지는 것이라고 보는 관점이다.

실존주의적 관점에 따르면, 삶의 의미를 발견하고 자유 선택에 따르는 책임을 감수하고자 할 때 직면하게 되는 어려움은 실존주의자들이 실존적 불안감(angst, 완전체가 되고자 하는 것과 관련된 불안감)이라고 부르는 그런 불안감을 불러일으킨다는 것이다. 인간이 목표와 실천 행동을 무한하게 고려할 수 있는 능력이 있다는 것이 신나는 일이기도 하지만, 그러한 능력은 또한 "왜 나는 지금 여기에 존재하는가?"라든가 "나의 삶의 의미는 무엇인가?" 등과 같은 심오한 질문을 던지게 만들기도 한다.

존재의 의미에 대하여 생각하다 보면 죽음의 불가피성에 대해 생각해보지 않을 수 없게 된다. 그렇다면 만약 삶이, 우리가 이미 알고 있는 것처럼, 언젠가는 끝나는 것이라면, 삶의 목적은 무엇이어야 하는가? 이를 다른 시각에서 본다면, 삶은 그처럼 유한한 것이기 때문에 더 의미가 있는 것이 아닌가? 실존주의 이론가들은 사람이 이런 심오한 실존적 문제를 매일매일 또는 매 순간순간 생각하고 있다고는 보지 않는다. 사람은 의미와 죽음에 대하여 늘 깊이 사색하기보다는, 대개는 실존적 불안감과 공포심에 당면할 때 이를 처리하는 데 도움을 줄 피상적인 답을 찾게 되는데, 이때 그 사람이 생각해서 만들어내는 방어 방식이 바로 그 사람의 성격 형성의 기초가 된다(Binswanger, 1958; May, 1983). 어떤 사람은 자신의 삶을 물질적 소유를 추구하는 것을 중심으로 영위한다. 또 어떤 사람은 실존적 현실을 잊기 위하여 약물 중독 또는 습관적인 인터넷 서핑, 비디오 게임, TV 시청 등과 같은 행위 중독에 빠진다.

실존주의자들이 볼 때 건강한 해답은 그 문제에 정면으로 직면해서 실존의 고통을 수용하고 감내하는 것을 배우는 것이다. 사실상 완전히 인간적으로 된다는 것은 실존적 현실을 부정하거나 자위적 환상을 부둥켜안고 있으려고 하기보다는 그것에 직면하는 것을 의미한다. 그렇게 하려면 인간이 생래적으로 가지고 있는 불안감과 생존의 한 부분인 비존재에 대한 공포를 수용하려는 용기가 있어야 한다. 이러한 용기는 무조건적 긍정적 존중을 제공해줄 수 있는 사람들과의 지지적인 관계를 발전시킬 때 육성될 수 있다. 사랑받는다는 것에는 그러한 실존적 불안을 퇴치하는 데 도움을 주는 무언가가 들어 있다.

정리문제

1. 인본주의-실존주의적 접근이 특성적 접근이나 정신역동적 접근과 다른 점은 무엇인가?
2. 자아실현이란 무엇을 말하는가?
3. '충일감'은 어떻게 만들어지는가?
4. 성격에 대한 실존주의적 접근이란 무엇인가?
5. '실존적 불안감(angst)'이란 무엇이며, 이것은 어떻게 생겨나는가?

학습목표

- 성격에 대한 사회-인지적 접근을 설명한다.
- 개인적 구성 개념이 어떻게 성격 차이를 만드는 핵심 요인이 되는지를 설명한다.
- 통제에 대한 인식이 행동에 어떤 영향을 미치는지 식별한다.

사회-인지적 접근 : 상황 속에서의 성격

사람답다고 하는 것은 어떤 것을 두고 하는 말인가? **사회-인지적 접근**(social-cognitive approach)은 성격을 사람이 일상생활에서 접하는 상황에 대해 어떻게 생각하고 또 그 상황에 대응하여 어떻게 행동하는가의 관점에서 본다. 이 접근 방식은 사회심리학, 인지심리학, 그리고 학습 이론에서 나온 통찰 내용을 통합하여 사람이 당면 상황을 어떻게 경험하고 어떻게 해석하는지의 문제에 강조점을 둔다(Bandura, 1986; Mischel & Shoda, 1999; Wegner & Gilbert, 2000).

사회-인지 분야의 연구자들은 현재 상황과 과거의 학습 역사가 모두 행동의 중요한 결정 요인이라고 보고, 사람이 당면 상황을 어떻게 인식하는가에 초점을 둔다. 사람은 자신의 목표, 행동의 결과, 그리고 다양한 상황에서 자신이 목표를 달성하는 방식에 대해 생각한다(Lewin, 1951). 사회-인지적 접근은 성격과 상황이 어떤 방식으로 상호작용하여 행동을 만들어내고, 성격이 그 상황을 어떤 방식으로 해석하게 만드는지, 그리고 사람의 목표와 기대가 그 상황에 대한 반응에 어떤 방식으로 영향을 주는지를 알아본다.

인간-상황 논쟁 행동이 성격 요인과 상황 요인 중 어떤 것에 의해 더 크게 영향을 받는가의 문제

개인적 구성 개념 사람이 자신이 겪는 경험의 의미를 찾는 데 사용하는 잣대

남의 시험지를 훔쳐보려고 하는 학생은 다른 학생들보다 과자를 더 잘 훔치거나 할머니에게 거짓말을 더 많이 할까? 사회-인지적 연구에 의하면 한 상황에서의 행동이 반드시 다른 상황에서의 그런 행동을 예측해주지는 않는다고 한다.

Glow Images/Getty Images

다양한 상황에서의 성격의 일관성

사회-인지적 접근의 핵심에는 행동이 성격 요인과 상황 요인 중 어떤 것에 의해 더 크게 영향을 받는가의 문제가 논란의 초점이 되는 **인간-상황 논쟁**(person-situation controversy)이라는 당연히 제기될 만한 질문이 들어 있다. 이 논쟁은 월터 미셸(Walter Mischel, 1968)이 심리검사로 측정된 성격 특성이 많은 경우 개인의 행동을 잘 예측해주지 못한다는 주장을 제기하면서부터 본격적으로 시작되었다. 미셸은 또한 어떤 사람이 한 상황에서 어떻게 행동할 것인가를 안다는 것이 그 사람이 다른 상황에서는 또 어떻게 행동할 것인가를 예측하는 데 별로 도움이 되지 않는다고 하였다. 예를 들어서, 하츠온과 메이가 아동이 시험을 볼 때 부정행위를 하려고 마음먹은 정도를 측정하여 그들의 정직성을 평가한 한 고전적 연구의 결과를 보면 그러한 부정직성은 여러 상황에 걸쳐서 일관성 있게 나오지 않았다(Hartshorne & May, 1928). 학교 시험 상황에서의 정직성의 검사 결과는 다른 상황에서, 예를 들면 돈을 훔칠 수 있는 상황에서, 그 아동이 정직하게 행동할 것인가 여부를 예측하는 데 거의 아무런 소용이 없었다. 미셸은 검사를 통해 측정된 특성은 행동을 잘 예측해주지 못하는데, 그 이유는 행동이란 것이 성격 이론가들이 인정해주고 싶어 하는 정도 이상으로 상황 요인에 의해 더 많이 결정되기 때문이다.

그렇다면 성격이라는 것은 없다는 말인가? 우리는 모두 오로지 상황이 요구하는 바대로 행동하는가? 연구 결과를 보면 행동을 정확하게 예측하기 위해서는 성격과 상황이라는 두 요인에 관한 정보가 모두 필요하다는 것으로 밝혀졌다(Fleeson, 2004; Mischel, 2004). 어떤 상황에서는 그 상황의 힘이 너무나 강해서 거의 모든 사람이 성격과는 상관없이 똑같이 행동하게 될 것이다(Cooper & Withey, 2009). 장례식장에서는 거의 모든 사람이 어두운 표정을 짓고 있고, 지진이 일어났을 때는 거의 모든 사람이 벌벌 떤다. 그러나 그런 압력이 약한 상황에서는 성격이 행동에 더 큰 영향을 미칠 수 있다(Funder, 2001). 하츠온과 메이 연구(Hartshorne & May, 1928)에서의 아동들을 보면, 시험 부정 성향을 측정하는 심리 검사상에서의 결과는, 그 상황이 비슷한 한에 있어서, 이후의 시험 칠 때의 시험 부정행위에 대한 상당히 좋은 예측 요인이 되었다. 그렇다면 성격의 일관성은 언제 그리고 어디서 어떤 종류의 행동이 나타날 것인가의 문제로 귀결되는 것으로 보인다('현실 세계 : 우리의 성격은 상호작용하는 상대에 따라 달라지는가?' 참조).

개인적 구성 개념 : 성격 형성의 핵심 요인

상황을 해석하는 방식에서의 개인차를 우리는 어떻게 알 수 있는가? 상황이라는 것은 보는 사람의 눈에 따라 다르게 해석될 수 있다. 어떤 사람에게는 금광으로 보이는 것이 다른 사람에게는 쓸모없는 구덩이로 보일 수도 있다. 조지 켈리(George Kelly, 1955)는 이미 오래전에 지각자의 성격을 알아보고자 할 때 이러한 시각차를 이용할 수 있다는 것을 알았다. 그는 사람이 사회적 세계를 각자 다른 시각에서 바라보는데, 이러한 시각차는 사람이 자신이 겪는 경험의 의미를 찾는 데 사용하는 잣대인 **개인적 구성 개념**(personal construct)을 통하여 보는 데서 나오게 된다고 주장하

우리의 성격은 상호작용하는 상대에 따라 달라지는가?

사회-인지 심리학자들은 사람의 행동은 그 사람의 성격과 그 사람이 들어 있는 상황의 두 가지 모두의 영향을 받는다고 주장한다. 예를 들면, 교실에 앉아 있을 때와 클럽에서 춤을 추고 있을 때의 여러분의 행동은 서로 다를 것이다. 그런데 여러분의 성격과 행동은 대화하는 상대방이 다를 때에도 달라지는가?

사람들 대다수에게 그 대답은 예이다. 예를 들면 우리는 부모님을 대할 때(엄마 안녕? 아빠 안녕하세요?)와 친구들을 대할 때(야! 자식아 뭐 해?) 말과 행동이 달라진다. 2개국 언어를 사용할 줄 아는 사람은 한 언어에서 다른 언어로 그 사용 언어가 바뀔 때 성격도 약간씩 달라진다고 한다(Ramirez-Esparza et al., 2004). 왜 우리의 성격은 상호작용하는 상대에 따라서 달라지는가? 한 가지 가능한 설명은 사람은 상호작용하는 상대방과의 친밀도에 맞추어서 자신의 성격이나 언어를 바꾼다는 것이다. 또 다른 설명으로는 상대방이 나를 대하는 방식에 영향을 주기 위해서 그렇게 한다는 것이다. 예를 들면, 최근의 한 연구를 보면 권력을 가진 사람은 아랫사람에게 자신이 부드럽고 호감이 가는 사람이라는 것을 보여주기 위해서 더 겸손한 모습을 보이는 데 비해, 아랫사람은 자신의 힘을 과시하기 위해 고분고분한 모습을 보이지 않으려고 한다는 것이다(Swencionis & Fiske, 2016). 그런데 이 두 상황 모두에서 상호작용하는 사람 모두가 서로 간에 비슷하다는 점을 강조하려고 노력한다는 것이다. 성격, 유사성, 지각된 역량 등과 같은 것이 채용과 승진 심사에서 영향을 미친다는 것(Rivera, 2012; Tews et al., 2011)은 성격이 우리의 삶의 현실에서 엄청나게 큰 영향력을 갖고 있다는 사실을 의미한다.

였다. 예를 들어 광대에 대한 각 개인의 서로 다른 구성 개념에 대해 한번 생각해보자. 어떤 사람은 광대를 재미있는 구경거리로 보는가 하면, 다른 사람은 그를 불쌍한 사람으로 볼 것이며, 또 어떤 사람은 그를 너무나 무서운 인물로 생각해서 심지어는 맥도날드조차도 가지 말아야 할 곳으로 생각하게 될 수도 있다.

켈리는 개인적 구성 개념의 차이가 성격 차이의 핵심 요인이 되며, 따라서 서로 다른 개인적 구성 개념이 서로 다른 행동을 하게 만든다고 보았다. 느긋하게 점심을 먹으며 긴 휴식 시간을 갖는 것이 여러분에게는 게으른 것으로 보일런지 모른다. 그러나 여러분의 친구는 그러한 점심 시간이 친구들과 어울릴 수 있는 가장 좋은 기회라고 생각하며, 항상 책상 앞에 앉아서 점심을 먹는 여러분이 이해가 되지 않을 수 있다. 사회-인지 이론은 같은 상황에서 여러 가지 다른 반응이 나오는 이유를 사람이 서로 다른 방식으로 세상을 경험하고 해석하기 때문으로 설명한다.

이 사람들 가운데 둘은 키가 더 크고 다른 한 사람은 더 작은가? 두 사람은 맨 머리이고 한 사람은 후드를 썼는가? 또는 두 사람은 딸이고 한 사람은 어머니인가? 조지 켈리는 우리가 삶에서 사람을 구분하는 데 사용하는 개인적 구성 개념이 우리들 성격의 기본 요소가 된다고 보았다.

Daniel Wegner

개인적 목표와 기대가 자신만의 독특한 행동 방식을 만든다

사회-인지 이론은 상황을 바라보는 한 개인의 독특한 시각은 그의 개인적 목표에서 나타나며, 이 목표는 대다수의 경우 의식적인 것으로 본다. 사실상, 사람은 보통 이번 주말에 데이트할 생각이라든가, 심리학에서 좋은 성적을 받겠다든가, 훌륭한 경력을 쌓겠다든가, 이놈의 과자 봉지를 열어야겠다든가 등등 자신의 목표를 말한다. 이러한 목표는 통상 그 사람이 처한 상황, 좀 더 크게 본다면 그 사람이 담당하고 있는 역할과 생애 단계에 부합하는 것들이다(Cantor, 1990; Vallacher & Wegner, 1985). 예를 들어, 청소년의 공통적인 목표는 인기인이 되는 것, 부모와 가족으로부터 확실하게 독립하는 것, 좋은 대학교에 들어가는 것 등이 된다. 성인의 공통적인 목표는 의미 있는 경력을 쌓는 것, 배우자를 찾는 것, 재정적인 안정을 확보하는 것, 가정을 꾸리는 것 등이 된다.

사람은 자신이 할 행동에 따라 앞으로 나오게 될 결과에 대한 예상치인 **성과 기대**(outcome expectancy)를 통하여 목표를 행동으로 일부 구현한다. 마치 실험실의 쥐가 막대를 누르면 먹이알이 나온다는 것을 학습하는 것처럼, 우리는 '내가 사람들에게 친절하게 대해주면, 그들도 나에게 친절하게 대해줄 것이다'라든가 '내가 사람들에게 손을 내밀며 나의 손가락을 당겨보라고 요구하면, 그 사람들은 나를 피할 것이다'라는 것을 배운다. 따라서 우리는 우리의 목표에 더 가까이 가는 결과를 가져오게 해줄 것으로 예상되는 행동을 택하는 것을 학습하게 된다. 성과 기대는, 그것이 쓴 것이든 단 것이든 간에, 직접 경험을 통해서 또는 다른 사람의 행동과 그 행동의 결과를 관찰하는 것을 통해서 학습된다.

목표 달성에 대한 성과 기대는 사람마다 다르다. 인생에서 자신에게 일어나는 일이 완전히 자신의 통제하에 있다고 생각하는 사람이 있는가 하면, 이 세상을 자신이 하는 행동과는 무관하게 자신에게 상과 벌을 내리는 곳으로 믿는 사람도 있다. 보상에 대한 통제력이 자기 자신에게 있다고 보는지 아니면 외부 환경에 있다고 보는지에 대한 개인의 인식 경향을 **통제 소재**(locus of control)라고 한다(Rotter, 1966). 자신이 자신의 운명을 통제한다고 믿는 사람은 내적(internal) 통제 소재형의 사람이라고 하고, 결과라는 것은 무작위적으로 나오는 것이며, 운에 의해 결정되고, 다른 사람에 의해 통제된다고 믿는 사람은 외적(external) 통제 소재형의 사람이라고 한다. 이러한 신념은 감정과 행동에서의 개인차로 나타난다. 예를 들면 내적 통제 소재형의 사람은 외적 통제 소재형의 사람보다 불안감이 더 적고, 더 많은 것을 성취하며, 스트레스를 더 잘 극복한다(Lefcourt, 1982). 이 특성 차원에서 여러분의 위치가 어디쯤 될 것인가를 알고 싶다면 **표 11.4**에 있는 통제 소재 척도의 표본 문항들에서 선택지를 하나씩 골라보시라.

성과 기대 자신이 하는 행동에 따라 앞으로 나오게 될 결과에 대한 예상치

통제 소재 보상에 대한 통제력이 자기 자신에게 있다고 보는지 아니면 외부적인 환경에 있다고 보는지에 대한 개인의 인식 경향

자신이 줄에 매달려 있는 꼭두각시 같다는 생각이 드는 날이 있을 것이다. 여러분이 외적 통제 소재형의 사람이라면, 그래서 여러분의 인생이 다른 사람이나 운명의 손에 달려 있다고 믿는다면, 많은 나날을 꼭두각시 같다는 그런 생각을 하며 지낼 것이다.

Asia Images/Superstock

표 11.4　로터의 통제 소재 척도

아래의 각 쌍의 문항을 보고 귀하의 신념을 가장 잘 나타낸다고 생각하는 문항을 선택하시기 바랍니다. 그런 다음 아래에 있는 답을 확인해보면 귀하가 내적 또는 외적 통제 소재 성향 중 어떤 성향의 사람인지 알 수 있을 것입니다.

1. a. 사람이 인생에서 당하는 여러 가지 불행한 일 중 많은 것이 불운에서 나온다.
   b. 사람의 불운은 자기 자신이 한 잘못에서 나온다.

2. a. 일어나도록 정해져 있는 일은 결국 그렇게 일어나고야 마는 것을 나는 자주 보았다.
   b. 운명을 믿기보다는 행동 방향을 자신이 명확하게 결정하는 편이 더 낫다.

3. a. 성공은 열심히 노력한 결과의 산물이며, 운 따위와는 거의 또는 전혀 상관이 없다.
   b. 좋은 일자리를 잡는 것은 대부분 시운이 잘 맞았기 때문이다.

4. a. 나는 어떤 계획을 세울 때, 그 계획을 잘 실현할 수 있을 거라고 믿는다.
   b. 많은 일이 운에 의해 좌우되기 때문에 너무 먼 미래의 계획을 세우는 것은 그리 현명한 일이 아니다.

출처 : Rotter, 1966

정답 : 1b, 2b, 3a, 4a를 선택한 사람은 내적 통제 소재 성향의 사람임.

정리문제

1. 사회인지 연구자들은 성격이 과거 경험에서 형성된다고 보는가 아니면 현재의 당면 상황에서 형성된다고 보는가?
2. 사회-인지적 접근에서는 성격검사로 측정한 성격 특성이 행동을 얼마나 잘 예측한다고 보는가?
3. 성격이나 당면 상황 중 어떤 것이 사람의 행동을 더 잘 예측하는 요인인가?
4. 개인적 구성 개념이란 무엇을 말하는가?
5. 외적 통제 소재형보다 내적 통제 소재형이 갖는 장점은 무엇인가?

학습목표

- 자기개념에는 어떤 내용이 있는지 설명한다.
- 사람이 자존감을 가지려고 하는 세 가지 이유를 설명한다.

자기 : 거울 속의 성격

어느 날 아침에 일어나 화장실에 들어가서 거울을 보는데, 그 거울 속에서 여러분을 바라보고 있는 얼굴이 누구인지 알아볼 수 없는 일이 일어나는 장면을 한번 상상해보라. 이것은 한 여성의 기막힌 실제 사연으로, 이 여성은 결혼한 지 30년이 되었고 성장한 두 아이의 어머니인데, 어느 날부터 거울에 비친 자신의 얼굴을 보고 그 얼굴이 마치 다른 사람인 것처럼 반응하기 시작하였다(Feinberg, 2001). 그녀는 거울 속에 있는 사람에게 말을 하면서 그가 누구인지를 다그쳤다. 거울에서 아무런 반응이 없자 그녀는 그 사람이 침입자라고 생각하여 거울을 공격하려고 하였다. 그녀의 남편은 이 이상한 행동에 놀라서 그녀를 신경학자에게 데려갔고, 그 신경학자는 그녀에게 그 거울 속에 있는 사람이 바로 그녀 자신이라는 것을 점진적으로 이해시킬 수 있게 되었다.

우리의 대다수는 어떤 거울이든 그 거울 속에서 우리 자신을 바라보고 있는 얼굴에 아주 친숙해 있다. 거울 속에 있는 자신의 모습을 알아보게 되는 우리의 능력은 (제5장에서 논의된 바와 같이) 18개월경이 되어야 발달하게 되는데, 이러한 능력은 거울이 있는 환경에서 자란 침팬지나

빈센트 반 고흐, 파블로 피카소, 프리다 칼로, 완다 윌즈, 미셸 바스키아, 살바도르 달리의 이 자화상들은 이 미술가들의 자기개념 중 어떤 모습을 그리고 있는가?

유인원에게도 있다. 거울 속의 자신을 알아본다는 것은, 자기 자신의 생각, 감정, 행동에 주의를 기울이게 하는 '반성적 사고'라고 하는 엄청난 능력이 있다는 것을 나타내는 것인데, 이러한 능력은 우리에게 우리 자신의 성격에 관한 생각을 구성할 수 있게 해준다. 자신이 유머 감각이 전혀 없다는 것을 결코 알지 못하는 암소나 자신이 너무나 붙임성이 있다는 것을 결코 알지 못하는 고양이와는 달리, 인간은 자기 자신에 대하여 풍부하고도 자세한 지식을 갖고 있다.

자기개념 자신의 행동, 성격 특성, 기타 개인적특징에 대한 본인의 인식

자기개념

자기 자신에 대해 묘사해보라는 요청을 받으면, 여러분은 아마도 자신의 신체적 특징(남성 또는 여성, 키가 크다 또는 작다. 피부가 검다 또는 희다), 활동(힙합, 얼터너티브 록, 재즈, 또는 클래식 음악을 듣는다), 성격 특성(외향적 또는 내향적, 동의적 또는 독립적), 또는 사회적 역할(학생, 아들 또는 딸, 하이킹 클럽의 멤버, 크럼핑 댄서)을 말할 것이다. 이러한 특징들은, 자신의 **행동**, 성격 특성, 기타 개인적 특징에 대한 본인의 의식적 인식인, **자기개념**(self-concept)을 구성한다. 한 사람의 자기개념은 체제화된 일단의 지식으로서 사회적 경험을 통해 발달하고 일평생 그 사람의 행동에 심대한 영향을 미친다.

자기개념의 체제화

자기 자신에 대한 지식은 (제6장에서 논의된 일화적 기억과 의미적 기억 간의 차이에서 나타나는 바와 같이) 우리의 인생에서 일어나는 사건들에 관한 이야기와 성격 특성의 두 가지 방식으로 체제화되는 것 같다.

자기개념 중에서 (자신에 관해서 자신이 말하는 이야기인) **자기서사**(self-narrative)는 길이가 매우 짧을 수도 있고, 매우 길 수도 있다. 여러분의 인생 이야기는 여러분의 출생과 성장에 관한 이야기에서부터 출발할 수 있으며, 일련의 결정적 순간들에 관한 이야기로 이어지다가, 오늘날 여러분이 처해 있는 시점에 관한 이야기에서 끝날 것이다. 여러분은 여러분에게 영향을 준 주요한 경험을 선택할 것이다. 자기서사는 여러분이 인생에서 겪은 최고 (그리고 최악의) 순간들을 갖고 여러분을 주연 인물로 하여 엮은 하나의 이야기이며, 이러한 내용을 한데 묶어서 자기개념 속에 통합시킨다 (McAdams, 1993, McLean, 2008).

자신의 자기서사(여러분이 이제까지 해온 행동)와 자기개념(자신이 알고 있는 자신의 모습)에 대해 생각해보라. 이 둘 간에 서로 맞지 않는 부분이 있는가? 잘했든 못했든 여러분이 했던 일 중에서 여러분의 자기개념과 맞지 않는 것이 있는가? 있다면 여러분은 그것을 어떻게 설명할 것인가?

Cavan Images/Getty Images

자기개념은 또한 배려성, 똑똑함, 나태함, 적극성 등과 같은 좀 더 추상적인 성격 특성들로 체제화된다. 사람은 자신을 정의하는 데 있어서 특히 중요한 저마다의 어떤 독특한 성격 특성을 찾아낸다(Markus, 1977). 예를 들면 어떤 사람은 자신을 독립적인 사람으로 정의하는 데 비해서, 다른 사람은 자신의 독립성 정도에 대해서는 별로 신경 쓰지 않고, 그 대신에 자신의 옷차림 감각을 더 강조한다.

자기서사적 자기개념과 성격 특성적 자기개념이 항상 서로 일치하는 것은 아니다. 예를 들면 여러분은 자신을 정직한 사람이라고 생각하지만, 여러분은 또한 어릴 때 부모님의 서랍장에서 동전들을 한 움큼 쥐어 가놓고는 편리하게도 그것을 되돌려 놓는 것을 잊어버리던 때가 기억날 것이다. 우리 자신을 기술하는 데 우리가 사용하는 성격 특성들은 추상화된 개념이며, 따라서 우리의 인생 이야기 속의 모든 일화와 반드시 일치하지는 않는다. 사실상 연구에 의하면 우리 자신의 행동과 성격 특성에 관한 지식의 저장 내용은 그리 잘 통합되어 있지 않다고 한다(Kihlstromet al., 2002). 예를 들면, 기억 상실증을 가지고 있는 사람은 자기개념 특성은 온전하게 남아 있지만, 행동에 관한 기억은 상실될 수 있다(Klein, 2004). 사람은 자신이 어떠어떠한 사람이라는 생각은 강하게 갖고 있지만, 그런 방식으로 행동했던 구체적인 예를 단 한 가지도 기억해내지 못할 수 있다.

자기확증 자기개념을 지지해 주는 증거를 찾는 성향

자존감 자신을 좋아하고, 가치 있게 여기며, 수용하는 정도

자기개념의 원인과 효과

자기개념은 어떻게 생겨나며, 그것은 우리에게 어떤 영향을 미치는가? 우리는 자신만의 개인적인 통찰을 통해 자기에 대한 지식을 얻기도 하지만, 그보다는 다른 사람과의 상호작용을 통해 자기개념을 더 많이 습득하게 된다. 특히 어린 아동은 그들의 부모, 교사, 형제, 친구로부터 자신의 성격에 관한 피드백을 많이 받는데, 이것이 그에게 자신이 어떤 사람인가에 관한 생각을 형성하게 하는 데 도움을 준다. 성인조차도 다른 사람이 피드백을 주지 않으면 자신이 '친절한지' 또는 '똑똑한지'를 알기 어렵다. 말하자면, 자기에 대한 개념은 주로 다른 사람과의 관계 속에서 발전되고 유지되는 것이다.

그러나 인생을 살아가면서, 우리는 다른 사람이 우리 자신의 모습에 관해 말해주는 것에 대해 점점 덜 신경 쓰게 된다. 남들이 우리 자신에 대해 말한 모든 것들이 축적되어 일반화된 모습으로 정립되고, 이런 일반화된 모습을 우리는 고집스럽게 견지한다. 냉장고를 속바지라고 강변하는 사람에게 우리는 격렬하게 반박해대는 것과 마찬가지로, 자신의 모습에 대해 자신과 다르게 보는 사람에 대항해서 우리는 자신의 자기개념을 방어하려고 한다.

자기개념은 너무나 불변적이어서, 이 자기개념은 여러 상황에 걸쳐서 행동이 일관성 있게 나오게 만드는 효과를 발휘한다(Lecky, 1945). 우리는 **자기확증**(self-verification)이라고 하는 **자기개념을 지지해주는 증거를 찾는** 성향을 갖고 있으며, 따라서 만약 어떤 사람이 우리가 우리 자신을 보고 있는 것과 아주 다르게 우리를 볼 때 매우 곤혹스러워진다. 한 연구에서 자신을 순종적이라고 생각하는 사람에게 그가 매우 지배적이고 강력해 보인다는 피드백을 주었다(Swann, 1983). 그러자 그는 자신이 갖고 있는 생각과 완전히 다른 이런 정보를 수용하기보다는 원래의 모습보다 훨씬 더 순종적으로 행동하는 모습을 보였다. 실존주의 이론가들이 강조하는 바와 같이, 사람은 자신이 어떠어떠한 사람이라고 알고 있는 것에서 친숙함과 안정성이라는 편안한 느낌을 얻는다.

나는 내가 어떤 사람인가로 나 자신을 정의하고 싶지 않아요.

P.C. Vey/ The New Yorker Collection/Cartoonbank.com

자존감

여러분은 자기 자신에 대해서 생각할 때, 자신이 좋고 가치 있는 사람이라고 느끼는가? 여러분은 자신을 좋아하는가? 아니면 기분이 유쾌하지 않고 자신에 대해 부정적이며 자기비판적인 생각을 하고 있는가? **자존감**(self-esteem)이란 사람이 자신을 **좋아하고, 가치 있게 여기며, 수용하는 정도**를 말한다. 자존감을 연구하는 학자들은 통상 연구 참가자에게 **표 11.5**에 나와 있는 것과 같은 자존감 측정 질문지(Rosenberg, 1965)를 작성하게 한다. 자기 자신에 대해 긍정적인 문항에는 강하게 동의하고 부정적인 문항에는 강하게 동의하지 않는 사람은 자존감이 높은 것으로 평가된다.

일반적으로 자존감이 낮은 사람과 비교해볼 때, 자존감이 높은 사람이 더 행복하고 더 건강한 삶을 살며, 스트레스를 더 잘 극복하고, 난관을 더 잘 견디는 경향이 있다(Baumeister et al., 2003). 성격의 이러한 면이 어떻게 발달하게 되는가? 그리고 자존감이 높건 낮건 간에 왜 모든 사람이 높은 자존감을 가지기를 원하는 것처럼 보이는가?

자존감의 원천

자존감을 결정하는 한 가지 중요한 요인은 누구를 비교 대상자로 선택하는가이다. 예를 들면, 제임스(James, 1890)는 세계 대회에서 2등을 한 운동선수라면 자신을 아주 자랑스럽게 느껴야 하는 것이 마땅하겠지만, 만약 그 선수의 비교 기준이 세계 1등이라면 그 운동선수는 그렇게 느끼지 않을 수도 있다는 점을 지적하였다. 실제로 1992년 올림픽의 시상식 자리에서 은메달을 딴 선수가 동메달을 딴 선수보다 표정이 덜 행복해 보였다(Medvec et al., 1995). 실제의 자기가 이상

이것은 2018년 동계 올림픽 남자 스노보드 하프파이프의 메달 수상자의 사진이다. 왼쪽부터 은메달인 일본의 아유무 히라노, 금메달인 미국의 숀 화이트, 동메달인 오스트레일리아의 스카티 제임스가 메달을 받고 포즈를 취하고 있다. 히라노의 얼굴에 나타난 표정을 금메달과 동메달을 받은 선수의 표정과 한번 비교해보라.

Andreas Rentz/Getty Images

표 11.5 로젠스버그의 자존감 척도

아래의 문장을 읽고 매우 동의하면 SA, 동의하면 A, 동의하지 않으면 D, 매우 동의하지 않으면 SD에 ○표를 하시기 바랍니다.

1. 나는 나에 대해 전반적으로 만족한다.	SA	A	D	SD
2. 때때로 나는 자신이 전혀 가치가 없다고 생각한다.	SA	A	D	SD
3. 나는 좋은 자질이 많다고 생각한다.	SA	A	D	SD
4. 나는 대부분의 다른 사람들만큼 일을 잘할 수 있다.	SA	A	D	SD
5. 나는 내세울 것이 별로 없는 사람이라는 생각이 든다.	SA	A	D	SD
6. 나는 때때로 쓸모없는 사람이라고 생각한다.	SA	A	D	SD
7. 나는 가치 있는 사람이며, 최소한 남만큼은 되는 사람이라고 생각한다.	SA	A	D	SD
8. 나는 스스로가 자신을 좀 더 존중하는 것이 좋겠다고 생각한다.	SA	A	D	SD
9. 전체적으로 볼 때 나는 실패자라는 생각이 든다.	SA	A	D	SD
10. 나는 자신에 대해 긍정적으로 생각한다.	SA	A	D	SD

출처 : Rosenberg, 1965.

채점: 문항 1, 3, 4, 7, 10번에 대해서는 SA=3, A=2, D=1, SD=0; 문항 2, 5, 6, 8, 9에 대해서는 SA=0, A=1, D=2, SD=3점을 줄 것. 총점이 높을수록 자존감이 더 높은 것임.

적인 자기(되고 싶은 자기)에 미치지 못하는 경우 사람은 슬픔과 낙담에 빠진다. 실제의 자기가 되어야 할 자기와 서로 다르다는 것을 인식할 때 사람은 불안감이나 초조감을 느낀다(Higgins, 1987).

자존감에 대한 욕구

자존감이란 것이 왜 그렇게 대단한 것인가? 왜 사람은 자신의 밝은 면은 보려고 하고 어두운 면은 보려고 하지 않는가? 자존감의 이점들에 대해 언급하는 주요 이론들은 사회적 지위, 소속감, 안전감이라는 것에 초점을 맞춘다.

1. **사회적 지위.** 자존감이 높은 사람은 다른 사회적 동물들에서 지위가 높은 동물이 보이는 것과 비슷한 방식으로 행동한다. 예를 들면 우두머리 수컷 고릴라는 자신감 있고 편안한 모습을 보이며, 불안해하거나 위축된 모습을 보이지 않는다. 인간에게서도 높은 자존감은 아마도 높은 사회적 지위를 나타내는 것일 수 있으며, 또한 그 사람이 존경받을 만한 가치가 있는 사람임을 암시해 주기 때문에 이러한 인식이 자연스럽게 그러한 감정 반응을 내보이게 만드는 것이다(Barkow, 1980; Maslow, 1937).

2. **소속감.** 진화론에 따르면 초기의 인류 중 당시의 험난한 환경 속에서 생존하여 자신의 유전자를 후손에게 물려줄 수 있었던 사람은 다른 사람과 동떨어져 혼자서 자기를 방어해야 했던 사람이기보다는 다른 사람과 좋은 관계를 유지할 수 있었던 사람이라는 것이다. 따라서 자존감은 자신이 다른 사람에게 어느 정도 수용되고 있는가의 느낌에 대한 내적인 계기판이 되는 것이다(Leary & Baumeister, 2000). 진화론에 따르면 우리는 자신의 가족, 직장, 문화에 소속되는 것을 추구하는 쪽으로 진화해왔으며, 자존감이 높다는 것은 곧 우리가 그런 집단에 수용되고 있다는 것을 나타내주는 것이므로 사람은 높은 자존감을 추구하게 되었다는 것이다.

3. **안전감.** 성격에 관한 실존주의 및 정신분석적 접근은 부정적 자존감의 근저에 들어있는 불안

서바이벌(미국 CBS 방송의 리얼리티 서바이벌 쇼), 더 배첼러(미국 ABC 방송의 리얼리티 짝찾기 쇼), 빅 브라더(미국 CBS 방송의 리얼리티 서바이벌 쇼). 집단 속에서 살아남기 위해 싸워야만 하는 내용을 주제로 한 쇼들이 오늘날 왜 이렇게 인기가 많은가? 그것은 진화론에서 말하는 소속의 욕구를 잘 이용하고 있기 때문인가? (아니면 출연자가 그 집단에서 쫓겨나는 모습을 시청자가 즐기기 때문인가?)

CBS Photo Archive/Getty Images

자기봉사 편향 성공에 대해서는 자신의 탓을 내세우고 실패에 대해서는 자신의 탓을 부정하려고 하는 경향성

자기애 자신을 대단한 사람으로 보며 다른 사람이 자신에 대해 경탄해주기를 바라고, 또 다른 사람을 이용하려고 하는 성격 특성

감의 원천이 궁극적으로는 죽음에 대한 공포라고 주장한다(Solomon et al., 1991). 이러한 관점에서 보면, 인간에게서 죽음의 불가피성에 대해 생각해본다는 것은 공포심을 불러일으키는 일이며, 따라서 사람은 (돈을 버는 것 또는 멋있어 보이는 옷을 입는 것과 같은) 자신이 속한 문화권에서 의미 있고 가치 있는 것으로 인정되는 활동에 몰입함으로써 이러한 생각을 떨쳐버리려고 한다. 자존감에 대한 욕구는 죽음의 불가피성에 관한 생각과 연합되어 있는 불안감으로부터 도피하는 한 가지 방법으로서, 자기 자신에게서 가치를 발견하고 싶은 욕구에서 나온다. 자존감이 높을수록 언젠가는 자신이 더 존재하지 않게 될 것이라는 사실을 알고 있는 것에서 느끼는 불안감이 더 적어질 것이다.

그런데 우리는 모두가 평균보다 더 나을 수가 있는가

낮은 자존감이 기분 나쁜 것이고 높은 자존감이 기분 좋은 것이 되는 이유가 무엇이든 상관없이, 사람은 일반적으로 자신을 긍정적으로 보려고 한다. 사실상 우리는 자신을 좋게 보기 위해 많은 경우 편향된 방식으로 정보를 처리한다. **자기봉사 편향**(self-serving bias)에 관한 연구들은 사람이 성공에 대해서는 자신의 탓을 내세우고 실패에 대해서는 자신의 탓을 부정하려고 한다는 것을 밝히고 있다. 여러분도 자신에게 이런 경향이 있다는 것을 눈치채고 있을 것인데, 특히 시험에서 성적이 잘 나왔을 때 ("나는 공부를 정말 열심히 했고, 또 이 과목은 내가 자신 있는 과목이야.") 또는 성적이 잘 나오지 않았을 때("시험 문제가 정말 이상하게 나왔고, 게다가 그 교수는 정말 불공정해.") 여러분이 하는 귀인에서 이를 잘 볼 수 있을 것이다.

전반적으로 사람은 대다수가 자기봉사 편향을 통하여 높은 자존감을 가지려는 욕구를 충족시키고, 자신에 대해 이유 있는 긍정적 시각을 유지한다(Miller & Ross, 1975; Shepperd et al., 2008). 예를 들면, 운전자의 90%가 자신의 운전 실력이 평균보다 더 좋다고 생각하고, 직장인의 86%가 자신의 직무 수행 능력이 평균보다 더 높다고 평가한다. 대학 교수조차도 94%가 다른 교수와 비교해볼 때 자신의 강의 실력이 평균보다 위라고 생각한다(Cross, 1977). 통계학적으로 볼 때 한 집단의 평균은 평균이라야 맞는 것이지 평균보다 더 높을 수는 없는 것이므로 이런 식의 판단은 절대로 맞는 것이 될 수 없다. 그러나 이런 심리적 오류는 적응적인 것이 될 수 있다. 자존감을 높이기 위한 이런 자기봉사 편향을 사용하지 않는 사람은 우울증, 불안감, 그리고 이와 관련된 건강상의 문제를 가질 위험성이 더 높은 경향을 보인다(Taylor & Brown, 1988).

그 반면, 상당수의 사람이 **자기애**(narcissism)라고 불리는 극단적으로 긍정적인 자존감을 가지고 있는데, 이런 사람은 자신을 대단한 사람으로 보며 다른 사람이 자신에 대해 경탄해 주기를 바라고, 또 다른 사람을 이용하려고 하는 특성을 보인다. 자기애가 극단적으로 되면 이것은 성격장애로 분류된다(제14장 참조). 자신을 이렇게 과대 포장해서 보는 성향이 초래하는 문제점을 알아본 연구에 의하면, 이런 성향을 가진 사람들의 문제는 대다수가 어떤 비용을 치르더라도 그러한 과대망상적인 시각을 방어하려고 하는 욕구에서 나온다는 것이다. 예를 들면 자기애가 매우 높은 청소년에게 그가 수행한 과제의 결과가 창피한 정도의 수준이라는 피드백을 주었을 때, 그는 공격성이 높아져서 게임 상대방을 처벌하는 상황이 되었을 때 그 처벌의 강도를 매우 강하게 하더라는 것이다(Thomaes et al., 2008).

자기는 성격 중에서 본인이 알고 있고 또 보고할 수 있는 부분이다. 우리가 이 장에서 보았던 일부 성격 측정 방법은 (자기보고 방식의 성격 질문지와 같이) 자기개념을 측정하는 방법과 실제로 전혀 다르지 않다. 이 둘은 모두가 자기의 행동과 성격 특성에 대한 본인의 지각과 기억에 의존하는 것이다. 그러나 성격은 또한 이것 이상으로 더 깊은 곳에서 작용하는 것이다. 정신역동적 접근에서 밝히고 있는 무의식적 힘은 자기보고 방식으로는 알 수 없는 행동의 이유와 정신장애

의 원천에 대해 말해준다. 인본주의 및 실존주의적 접근은 우리 인간이 직면하고 있는 심오한 관심사와 우리가 자기관(self-view)을 만드는 데 영향을 주는 모든 힘을 파악하기가 어렵다는 것을 일깨워주고 있다. 마지막으로, 사회인지적 접근은 성격이 어떤 방식으로 사회생활에 대한 우리의 지각에 영향을 주는지를 강조하면서, 자기라는 것을 다시 무대의 중심으로 올려놓고 있다. 결국 자기는 모든 사람의 사회적 세계의 중심축이다.

나는 내 자존감의 수준을 너무나
정확하게 알고 있어서 그게 괴로워.

Ariel Molvig/The New Yorker Collection/www.cartoonbank.com

정리문제

1. 자기개념은 무엇으로 구성되어 있는가?
2. 자기서사는 자기개념의 형성에 어떤 역할을 하는가?
3. 성격 특성이 왜 구체적인 행동과 항상 일치하지 않는가?
4. 자기개념은 행동에 어떤 방식으로 영향을 주는가?
5. 자기확증 편향은 우리의 행동에 어떤 영향을 미치는가?

6. 자존감이란 무엇인가? 우리는 왜 높은 자존감을 가지기를 원하는가?
7. 타인과의 비교가 자존감에 어떤 영향을 미치는가?
8. 인류의 진화 과정에서 자존감은 어떤 역할을 하였는가?
9. 과도한 자존감을 가지게 되는 이유는 무엇인가?

제11장 복습

성격 : 성격의 본질과 측정 방법

- 심리학에서 성격이란 한 사람의 특징적인 행동, 사고, 감정의 양식을 말한다.
- 사람들 간에 성격 차이가 나는 이유는 크게 두 가지 요인의 영향인 것으로 보인다: 그 하나는 생물적 유전 요인, 생활 환경, 문화와 같은 과거 사건이고, 다른 하나는 그 사람의 희망, 꿈, 공포와 같은 것에서 나타나는 예상되는 사건이다.
- 성격검사는 자기보고 방식으로 측정하는 MMPI-2-RF와 같은 성격 문항 검사와 모호한 자극에 대한 반응을 통해 측정하는 로르샤흐 검사 및 TAT 검사와 같은 투사적 방법의 두 가지로 나뉜다.
- 새로운 하이테크 방법이 더 효과적인 성격 측정 방법이 될 것으로 보인다.

특성적 접근 : 행동 패턴의 식별

- 특성적 접근은 개개인의 행동 특성을 파악하는 데 사용할 수 있는 핵심적 성격 차원을 찾아내려고 한다. 사람의 행동, 사고, 감정은 엄청나게 다양한 방식으로 표출되는데, 성격심리학자는 이것들을 핵심적인 몇 가지의 요인으로 축약하려고 노력한다.
- 많은 성격심리학자들이 현재는 빅 파이브 성격 요인, 즉 개방성, 성실성, 외향성, 동의성, 신경성에 초점을 맞춘다.
- 쌍생아 연구 결과를 보면 사람은 유전인자가 서로 비슷할수록 성격도 더 비슷한 것으로 나온다.
- 외향성자는 내향성자에 비해 각성 상태를 통제하는 뇌 부위인 망상체가 덜 쉽게 자극이 된다, 따라서 외향성자는 심리적 자극을 얻기 위해 개인적 활동이나 사람들과의 상호작용을 더 많이 추구한다.

정신역동적 접근 : 의식의 저변에 내재된 욕구

- 프로이트는 성격이 원초아, 자아, 초자아 간의 상호작용을 통해 만들어지는 역동에 따라 형성되는데, 이들 간의 상호작용의 역동은 무의식 수준에서 일어나는 것으로 보았다.
- 방어기제는 마음에 용납될 수 없는 충동으로 인해 야기되는 불안감을 감소시키기 위해 우리의 마음이 사용하는 방법이다.
- 프로이트는 성장기의 아동이 일련의 심리성적 단계를 경험하는 과정에서 성격 특성이 형성된다고 보았다.
- 정신역동적 설명은 실증적 증거가 없고, 사후적인 설명에 불과하다는

비판을 받는다.

인본주의적-실존주의적 접근 : 선택의 주체인 성격

- 인본주의적-실존주의적 접근은 사람이 나름대로 최선을 다해서 하려는 선택의 방식이 바로 그의 성격을 형성한다고 본다.
- 인본주의자들은 성격이 자아실현을 추구하고 각 개인의 독특한 잠재력을 발전시키려는 본성적인 욕구에 따라 형성된다고 본다.
- 실존주의자들은 사람이 실존적 불안 그리고 삶의 의미와 죽음의 불가피성이라는 문제를 처리하기 위해 택하는 방어 반응에 초점을 둔다.

사회-인지적 접근 : 상황 속에서의 성격

- 사회-인지적 접근은 성격이 상황 속에서의 개인의 행동에서 나온다는 점에 초점을 둔다. 사회-인지적 성격 이론가들에 따르면 사람은 다른 상황에서는 다르게 행동하지만, 같은 상황에서는 같은 행동을 한다는 것이다.
- 개인적 구성 개념은 사람이 자신이 겪는 경험의 의미를 해석하는 기준인데, 이 구성 개념이 그의 성격이 어떤 것인가를 말해준다.
- 사람은 성과 기대를 통해 자신의 목표를 행동으로 구현한다.
- 자신의 운명은 자신에 의해 결정된다고 보는 사람(내적 통제 소재형)은 운명이나 타인에 의해 결정된다고 보는 사람(외적 통제 소재형)에 비해 스트레스에 더 잘 대처하고 성취하는 것도 더 많은 경향을 보인다.

자기 : 거울 속의 성격

- 자기개념은 자기에 관해 자신이 알고 있는 지식인데, 여기에는 구체적 내용인 자기서사와 추상적 개념인 성격 특성의 두 가지가 들어 있다.
- 사람의 자기개념은 타인으로부터의 피드백을 통해 발달하게 되는데, 사람은 자기확증 과정을 동원하여 이 자기개념이 옳다는 것을 확인하려고 한다.
- 자존감은 자기에 대한 자신의 평가인데, 이 자존감은 타인에 의한 수용과 자신이 하는 타인과의 비교 평가에서 나온다. 사람이 긍정적 자존감을 추구하는 이유를 설명하기 위해 제안된 이론들은 사람이 지위, 소속감, 또는 죽음의 불가피성으로부터의 상징적인 보호의 느낌을 얻기 위해 그렇게 한다고 본다.
- 사람은 자기봉사 편향을 통해 자기를 긍정적으로 보려고 애쓴다.

핵심개념 퀴즈

1. 심리학에서 말하는 성격이란?
   a. 한 개인의 특징적인 행동, 사고, 감정의 양식을 말한다.
   b. 심리적으로 표현되는 개인의 생물적 특성을 말한다.
   c. 한 개인의 현재 행동의 원인이 되는 과거 경험을 말한다.
   d. 사람이 문화적 규범에 따라 취하는 반응 방식을 말한다.

2. 다음 중 MMPI-2-RF와 같은 자기보고식 성격 측정 방법의 단점이 아닌 것은?
   a. 사람은 남에게 자신을 잘 보이려는 방식으로 응답할 수 있다.

   b. 사람 중에는 검사 문항에 대해 무조건 동의 또는 무조건 부동의를 하는 사람이 있다.
   c. 검사 결과의 해석에 검사자의 편향이 개입될 수 있다.
   d. 사람은 자신의 성격 특성 중 어떤 것은 자신도 잘 모르기 때문에 정확한 응답이 되지 못할 수 있다.

3. 투사 검사에서 사용하는 기법 중 옳은 것은?
   a. 질문지 문항   b. 자기보고
   c. 모호한 자극에 대한 반응   d. 통계적 방법

4. 특정한 방식과 일관성 있는 방식으로 행동하게 만드는 비교적 불변적인 성향을 무엇이라고 하는가?

a. 동기
b. 목표
c. 성격 특성
d. 반사행동

5. 다음 중 빅 파이브 성격 요인에 해당하지 않는 것은?

a. 성실성
b. 동의성
c. 신경증
d. 정돈성

6. 생물적 요인이 성격 형성에 중요한 역할을 한다는 주장에 대한 결정적인 증거는 다음 중 무엇에 관한 연구에서 가장 잘 볼 수 있는가?

a. 부모의 양육 방식
b. 서로 다른 가정에서 성장한 일란성 쌍생아
c. 뇌 손상
d. 요인 분석

7. 프로이트가 말한 심리 성분 중에서, 배가 고플 때 여러분에게 식당에 들어가자마자 남의 테이블 위에 있는 음식을 다짜고짜 집어 먹고 싶게 만드는 것은?

a. 원초아
b. 자아
c. 초자아
d. 억압

8. 여러분이 어떤 과목의 시험을 잘 못 보아서 그 과목의 수강을 취소하면서 수강을 취소한 이유를 그 교수님과 잘 맞지 않기 때문이라고 하였다. 프로이트는 여러분이 어떤 방어기제를 사용하고 있다고 말하겠는가?

a. 퇴행
b. 합리화
c. 투사
d. 반동형성

9. 인본주의자들은 성격이 다음의 어떤 목표를 지향한다고 보는가?

a. 실존
b. 자아실현
c. 자아 통제
d. 승화

10. 실존주의자들의 견해에 따르면, 인생의 의미를 발견하고자 하고 자유의지에 의한 선택의 결과에 대한 책임을 수용하고자 할 때 직면하게 되는 감정을 무엇이라고 하는가?

a. 실존적 불안감
b. 충일감
c. 자아실현 경향성
d. 죽음의 불가피성의 부각

11. 사회-인지 이론가에 따르면 사람이 자신이 하는 경험의 의미를 찾을 때 사용하는 차원은 다음 중 어떤 것인가?

a. 개인적 구성 개념
b. 성과 기대
c. 통제 소재
d. 개인적 목표

12. 타일러는 고과 평정에서 계속 낮은 점수를 받아 왔다. 그는 그 원인을 자신에게 항상 가장 어려운 과제를 주는 상사 때문이라고 생각한다. 이런 타일러는 아래 중 어떤 유형의 사람인가?

a. 외적 통제 소재형
b. 내적 통제 소재형
c. 수행 불안이 높음
d. 개인적 구성 개념 미숙

13. 우리가 자신에 대해서 알고 있는 내용을 _____(이)라고 하고, 자신에 대해 느끼고 있는 것을 _____(이)라고 한다.

a. 자기서사, 자기확증
b. 자기개념, 자존감
c. 자기개념, 자기확증
d. 자존감, 자기개념

14. 자존감의 이점에 대해 논의하는 주요 이론들은 어디에 초점을 두고 있는가?

a. 지위
b. 소속감
c. 안전감
d. a, b, c 모두

15. 자신의 성공에 대해서는 자기가 잘한 것 때문이라고 하고, 자신의 실패에 대해서는 자신의 책임을 거부하려고 하는 사람이 있다면 이 사람이 지금 보이는 성향은?

a. 자기애
b. 암묵적 자기중심주의
c. 자기봉사 편향
d. 성명-글자 효과

핵심용어

개인적 구성 개념	성격 특성	자기확증	주제 통각 검사(TAT)
로르샤흐 잉크 반점 검사	성과 기대	자기보고	초자아
미네소타 다면적 성격검사(MMPI)	실존주의적 접근	자기애	통제 소재
방어기제	원초아	자아	투사검사
빅 파이브	인간-상황 논쟁	자아실현 경향성	
사회-인지적 접근	자기개념	자존감	
성격	자기봉사 편향	정신 역동적 접근	

생각 바꾸기

1. 대통령 후보가 TV 생방송에서 그의 어머니를 '페티(petty)'라고 표현하는 프로이트적 말실수를 한다. 그는 '예쁘다(pretty)'라는 말을 하려고 했다고 얼른 말을 고친다. 그다음 날 그 장면이 퍼져나가면서 아침 토크쇼에서 그 후보자가 해소되지 않은 심리성적 갈등이 남아 있어서 남근기에 고착된 성격을 갖고 있을 가능성이 있다는 식의 토론이 나온다. 말하자면 그는 어머니에 대한 근친상간적 애정과 아버지에 대한 질투심을 아직 극복하지 못한 상당히 불안정한 성격의 사람일 것이라는 뜻이다. 여러분의 룸메이트가 여러분이 심리학 강의를 듣고 있다는 것을 알고 여러분의 생각을 묻는다. "우리는 정말로 말 한마디 실수한 것으로 그 사람이 성적 욕구가 억압되어 있으며, 어머니와의 사랑에 빠져 있다고 해석할 수 있는 것인가?" 여러분은 어떻게 대답할 것인가? 성격에 관한 프로이트의 생각이 얼마나 많은 현대의 심리학자들에게 수용되고 있는가?

2. 잡지를 읽다가 성격에 관한 선천성-후천성 논쟁에 관한 글을 보게 된

다. 이 글은 몇 건의 입양아에 관한 연구를 담고 있는데, 입양된 아이들의 성격이 (이들은 유전인자는 서로 전혀 같지 않지만 같은 가정에서 성장한다) 식구가 아닌 사람들과 다를 바가 전혀 없었다는 것이다. 이것은 가정환경이 그리고 부모의 행동이 성격에 미치는 영향이 매우 미미함을 시사한다. 여러분은 이 글을 친구에게 보여주는데, 그 친구는 이 결과를 별로 믿지 않는다. "나는 부모의 애정을 받지 못한 아이가 지속적인 인간관계를 형성하기 어렵다고 생각해." 여러분은 이 친구에게 선천성, 후천적 환경, 그리고 성격 간의 관계에 관해 어떻게 설명할 것인가?

3. 여러분의 친구 중의 한 사람이 성격검사를 제공하는 온라인 사이트를 하나 발견하였다. 그는 그 검사에 응답했고, 검사 결과 자신이 '감각적'인 성격이기보다는 '직관적'인 성격의 사람으로서 구체적이고 즉각적인 경험에 초점을 맞추기보다는 더 큰 그림을 보려고 하는 유형의 사람인 것으로 나왔다고 말한다. 그는 "이것이 내가 다른 사람의 생일과 같은 세세한 것을 잘 기억하지 못하고, 프로젝트를 기한 내에 마치지 못하는 이유를 아주 잘 설명해주는 것 같다"라고 말한다. 이 친구에게 인터넷 검사를 통하여 자기진단을 하는 것의 위험성에 대해 말해주는 것 이외에도 성격 유형과 행동 간의 관계에 대해 무엇을 더 말해줄 수 있을 것인가? 성격검사에서 나온 점수가 그 사람의 실제 행동을 얼마나 잘 예측해주는가?

4. 한 친구가 여러분에게 자신의 남자친구가 바람을 피웠다면서 그와는 다시는 만나지 않을 것이고 또 "한 번 바람을 피운 사람은 계속 바람을 피우게 된다"고 하면서 바람을 피운 적이 있는 사람은 앞으로 절대 만나지 않을 것이라고 말한다. 그녀는 또 성격과 인격은 세월이 흘러도 변하지 않는 것이기 때문에 사람은 언제나 똑같은 결정을 내리고 똑같은 실수를 반복해서 하게 된다고 설명한다. 이 친구의 말이 맞는 것인지 아니면 틀린 것인지를 가려주기 위해서 우리는 성격과 상황 간의 상호작용에 관해 어떤 것을 말해줄 수 있을까?

핵심개념 퀴즈 정답

1. a; 2. c; 3. c; 4. c; 5. d; 6. b; 7. a; 8. b; 9. b; 10. a; 11. a; 12. a; 13. b; 14. d; 15. c

사회심리학

존 맥케인은 미국 상원의원으로 선출되기 아주 오래전 미국 해군 소속의 전투비행사였다. 그의 비행기는 북베트남에서 격추되었고, 그는 5년 동안 전쟁 포로 생활을 하였다. 넬슨 만델라는 남아프리카 공화국의 대통령으로 선출되기 아주 오래전에 정치가로서 남아공의 인종차별 정책을 자행하는 정부에 저항 운동을 하다가 27년의 옥살이를 하였다. 두 사람 모두 다양한 유형의 고문을 경험하였는데, 그중 한 가지가 단연 최악의 것이었다고 입을 모았다.

고문은 통상 산소, 물, 음식, 잠과 같이 사람에게 절대적으로 필요한 것들을 박탈하는 방법을 사용하는데, 고문을 하는 사람들은 오랜 세월에 걸쳐 사람에게 사회적 상호작용을 박탈하는 것이 아주 효과가 있다는 것을 알아내었다. 만델라는 "나는 감옥 생활에서 독방 고문이 가장 무서운 것임을 알게 되었다. 내가 알기로는 남자 수형자들은 독방 감금보다는 채찍질을 당하는 것을 더 선호한다"라고 회고하였다. 죄수를 대상으로 한 연구를 보면 장기간의 독방 생활은 정신병 증상을 유발하게 하며(Grassian, 2006), 짧은 기간이라고 할지라도 사회적 고립은 심각한 타격을 준다고 한다. 사람은 보통 사회적으로 고립되는 경우 우울증에 빠지고, 병이 나며, 더 빨리 사망하게 될 가능성이 커진다. 사실상, 사회적 고립은 흡연이나 비만만큼 건강에 해롭다(Cacioppo & Patrick, 2008; Holt-Lunstad, 2018).

그런데 왜 그런가? 달팽이나 지네는 다른 달팽이나 지네가 필요하지 않다. 스컹크, 무스, 오소리, 땅떼지도 마찬가지이다. 사실상 지구상에 있는 동물 중 대다수는 다른 동물에 의존하기보다는 혼자서 살아간다. 그런데 왜 사람은 이렇게나 다른가? **사회심리학**(social psychology)은 *사회성의 원인과 결과를 연구하는 분야*이다. 모든 다른 동물과 마찬가지로 인간도 생존과 번식이라는 두 가지 과제를 해결해야 하는데, 이 장을 읽어보면 알게 되겠지만, 사회성이라는 것이 이 두 가지 과제를 해결하게 해주는 데 아주 훌륭한 요소라는 것이다. 여러분은 또 사람이 상대방을 어떻게 이해하고 예측함으로써 누구를 신뢰하고 누구를 신뢰하지 말아야 할지를 아는 방식에 대해서도 알게 될 것이다. 마지막으로 여러분은 사람이, 그것이 효과가 있기도 하고 없기도 하지만, 다른 사람을 어떤 방식으로 나름 교묘하게 조작하고 통제하는지를 알게 될 것이다.

대인 상호작용

대인 매력

대인 지각

대인 영향

사회심리학 사회성의 원인과 결과를 연구하는 분야

존 맥케인과 넬슨 만델라는 여러 해를 감옥의 독방에서 지냈는데, 두 사람 모두 독방이 최악의 고문 방식이었다고 말하였다.

Brooks Kraft LLC/Corbis via Getty Images; GETTY IMAGES

대인 상호작용

모든 동물은 생존하기 위해서 음식과 물이 필요하고, 어떤 동물은 이성의 동반자와 집이 필요하고, 어떤 사람은 출시되는 바로 그 날의 한정판 아이폰이 필요하다. 이 모든 것들이 자원인데, 이런 자원의 확보와 관련된 문제는 이런 자원이 거의 모두가 충분하지 않다는 것에서 나온다. 말하자면 누군가가 그 자원을 갖게 되면 다른 존재는 그것을 가질 수 없다. 당연히 모든 존재는 그 자원을 갖는 존재가 되기를 바랄 것인데, 인간은 그 자원을 자신이 확보하기 위하여 두 가지 방법을 발전시켰다. 한 가지는 남을 해치는 것이고 다른 한 가지는 남을 돕는 것이다. 이 둘은 서로 완전히 반대되는 것이지만, 같은 문제를 해결하는 서로 다른 방법이다.

공격 행동

희소 자원이 당근이나 동굴이나 아이폰이라면 여러분이 그 자원을 확보하는 가장 간단한 방법은 그것을 취하는 것이고, 그렇게 하는 여러분을 저지하려는 자는 그게 누구든 한 방 먹이는 것이다. **공격 행동**(aggression)이란 다른 사람을 해치려는 목적을 갖고 하는 행동인데(Anderson & Bushman, 2002; Bushman & Huesmann, 2010), 이는 사실상 모든 동물이 자신의 목표를 달성하기 위해 사용하는 한 가지 방법이다. **욕구불만-공격 가설**(frustration-aggression hypothesis)에 따르면 동물은 자신의 목표 달성이 차단될 때 공격을 하게 된다는 것이다(Dollard et al., 1939). 여기서 욕구불만이란 말은 어떤 감정을 의미하는 것이 아니라 목표 달성이 차단되었다는 것을 의미한다. 한 침팬지가 바나나(목표)를 원하는데, 그 바나나가 다른 침팬지의 손에 있다면(욕구불만) 그 침팬지는 그 바나나를 갖기 위해 공격할 것이다(공격). 이것은 어떤 사람이 돈(목표)이 필요한데, 그 돈이 다른 사람의 손에 있다면(욕구불만) 그 사람은 그 돈을 갖기 위해 공격을 하는 것(공격)과 같은 것이다.

이런 유형의 공격은 **선제적 공격**(proactive aggression)으로 알려져 있는데, 이것은 **계획된 공격**이고 목적이 있는 공격이라는 의미이다(Wrangham, 2017). 상대 조직원을 냉혹하게 살해하는 마피아 조직의 청부살인자는 선제적 공격을 하는 것이다. 이런 유형의 공격은 특정한 목적을 위한 수단으로써 관련 대상자를 특정적으로 지향하는 것이기 때문에(그 청부살인자가 할 일은 상대 조직원을 죽이는 것이지 그날 같은 레스토랑에서 식사하고 있는 사람을 아무나 죽이는 것이 아니다) 이는 공격자의 생각에 이득이 비용보다 크다고 믿을 때만 일어나며(그 청부살인자는 자신이 잡힐 가능성이 있다고 생각한다면 방아쇠를 당기지 않을 것이다), 격앙된 감정 상태와는 상관없는 일이다(이것은 단지 과업일 뿐이다).

그러나 모든 공격이 선제적인 것은 아니다. **반응적 공격**(retroactive aggression)은 **부정적 감정 상태에 따르는 반응으로 일어나는 것**이다. 사람이 해고당했을 때 그 사람은 화가 날 것이고, 그래서 집에 갔을 때 아내에게 고함을 지를 것인데, 이것은 반응성 공격이다. 이런 유형의 공격은 고통이나 분노 경험과 밀접하게 관련이 있는 것으로 그 공격이 지향하는 특정 대상이 없다. 쥐가 고통스러운 전기 쇼크를 당하면 그 쥐는 우리 안에 있는 모든 것들, 즉 다른 쥐나 심지어 테니스 공도 공격한다(Kruk et al, 2004). 실험실에서 피험자에게 신체적 고통을 가하면(손을 얼음물에 넣고 있게 하는 것이 안전하면서도 신체적 고통을 줄 수 있는 방법이다) 자신을 고통스럽게 만든 것과 관련이 없는 사람에 대해서도 공격성이 증가한다(Anderson, 1989; Anderson et al., 1997).

선제적 공격과는 달리 반응적 공격은 비용이 이득보다 큰 경우에도 일어난다. 직장에서 해고되어 화가 난 남편이 아내에게 소리를 지른다고 해도 직장에서 다시 부를 일은 없을 것이며, 아내에게 화를 내면 그의 인생이 나아지기보다는 더 불행해질 뿐이다. 반응적 공격은 대개가 부정

공격 행동 다른 사람을 해치려는 목적을 갖고 하는 행동

욕구불만-공격 가설 동물은 자신의 목표 달성이 차단될 때 공격을 하게 된다는 원리

선제적 공격 계획되고 목적이 있는 공격

반응적 공격 부정적 감정 상태에 따르는 반응으로 일어나는 공격

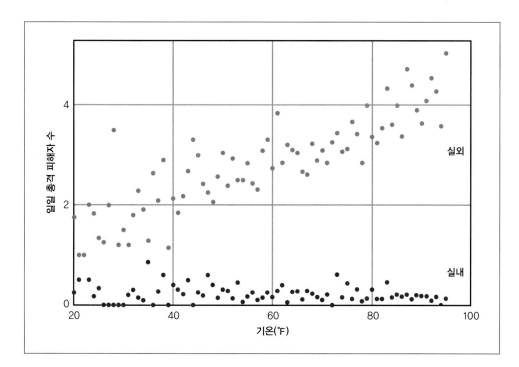

그림 12.1 기온과 공격 이 도표는 2015~2017년 기간 필라델피아에서의 실외 기온과 총격 피해자의 수 간의 관계를 보여준다. 실외 온도가 높아질수록 실외에서의 폭력 사건의 수는 증가하지만, 실내에서의 폭력 사건의 수는 변화가 없다는 사실을 주목하라.

출처 : Asher, 2018

적 경험에 대한 반응인데, 이것은 왜 많은 폭력 행위(주취 소동에서부터 살인에 이르기까지)가 더운 날이나, 사람이 언짢아 있을 때, 짜증 나 있을 때, 화가 나 있을 때 더 많이 일어나는가를 설명해준다(Rinderu, Bushman, & Van Lange, 2018)(**그림 12.1** 참조). 사실상 기온과 폭력 사건 간의 관계는 너무나 확실한 것이므로 학자들은 미국에서 다음의 수 세기 동안 기후 변화에 따른 폭력 사건의 증가가 어느 정도 될 것인지를 정확하게 예측할 수 있다(Burke et al., 2015).

생물적 요인이 공격 행동에 어떤 방식으로 영향을 주는가

만약 어떤 사람이 반응적 공격 행동을 할 것인지를 알고 싶다면 여러분은 그에게 한 가지 질문을 해보면 되는데, 그것은 "당신은 남자입니까?"라는 질문이다. 폭력 행동은 모든 행동 중에서 가장 성별과 관련된 행동 중의 하나이다. 폭행, 구타, 살인 등과 같은 폭력 범죄는 거의 모두가 남성(특히 젊은 남성)에 의해 일어나는데, 미국의 경우 살인 사건의 약 90%, 강력 범죄의 약 80%가 남성에 의해 저질러진다(Strueber et al., 2006). 비록 세계의 대다수 사회가 여성보다는 남성을 더 공격적이 되도록 키우지만, 이런 남성의 공격성이 단지 어릴 때 장난감 병정을 갖고 놀고 아이스하키 게임을 보며 자랐기 때문만은 아니다. 연구에 의하면 공격성은 테스토스테론이라고 하는 호르몬의 수준과 상관관계가 있는데, 이 호르몬은 통상 여성보다는 남성, 노인보다는 젊은이에게 더 많다(Carre & Archer, 2018).

남성의 테스토스테론의 양은 증가하기도 하고 감소하기도 하는데, 테스토스테론의 수준이 증가할 때 남성은 대인 갈등 상황에서 상대방을 제압하는 능력에서의 힘과 자신감을 더 크게 느끼는 경향을 보인다(Eisenegger et al., 2011; Eisenegger et al., 2010). 테스토스테론은 또한 남성에게 도발에 대해 더 민감하게 만들고(Ronay & Galinsky, 2011), 보복의 징후를 더 잘 발견하지 못하게 만든다. 예를 들면, 한 실험에서 피험자에게 중성적인 모습에서 점차 위협적인 모습으로 변화하는 얼굴을 들여다보다가 그 표정이 위협적인 것으로 느끼는 순간을 보고하게 하였다(**그림 12.2** 참조). 소량의 테스토스테론을 처치받은 피험자가 그 얼굴을 위협적으로 인식하는 것에서 더 둔감한 것으로 나타났다(van Honk & Schutter, 2007; 또한 Olsson et al., 2016 참조). 쉽게 짐작할

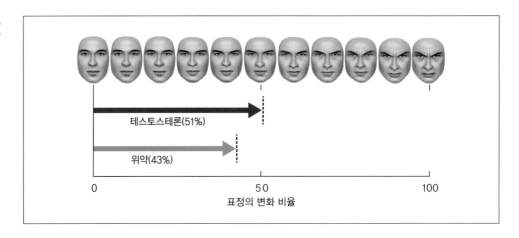

그림 12.2 **무서운 표정 찾기** 테스토스테론 주사를 맞은 피험자는 위협적인 얼굴을 덜 위협적으로 느낀다.

출처 : Van Honk, J., & Schutter, D. J. (2007).

수 있듯이, 자신의 힘을 과신하고 있는 사람이 주차장소를 방금 탈취당한 상대방이 너무나 화가 나 있다는 것을 빨리 알아채지 못한다면 그 결말은 주먹다짐이 될 것임은 불을 보듯 뻔한 일이다.

남성에게서 테스토스테론의 수준을 증가시켜 공격 행동을 자극하는 가장 확실한 방법의 하나는 그들의 지위나 지배성에 대한 자존심을 건드리는 것이다. 사실상 모든 살인 사건의 4분의 3은 '지위 경쟁'이나 '체면을 세우기 위한 싸움'으로 분류될 수 있다(Daly & Wilson, 1988). 널리 알려진 지혜와는 달리, 자존감이 낮은 사람보다는 비현실적으로 자존감이 높은 남성이 공격 행동을 하기가 더 쉬운데, 그 이유는 그러한 남성은 특히나 다른 사람의 행동을 자신의 지위에 대해 자신이 가지고 있는 그 대단한 자부심에 대한 도전으로 생각하기 쉽기 때문이다(Baumeister et al., 1996). 남성은 여성의 주목을 이끌기 위한 경쟁을 하는 상황에서 이러한 도전에 특히나 더 민감하며(Ainsworth & Maner, 2012), 그런 경쟁에서의 패배는 참혹한 결과를 초래할 수 있는데, 특히 여성에게는 무서운 결말을 가져올 수 있다. 가임기의 여성이 현재의 남자친구나 과거의 남자친구에게 살해당하는 비율은 여성이 암으로 사망하는 비율과 비슷하다(Garcia-Moreno et al., 2006).

여성도 남성과 마찬가지로 공격적일 수 있지만, 여성의 공격 행동은 반응적인 것보다는 선제적인 것이 더 많은 경향을 보인다. 남성보다 여성은 신체적인 공격에 개입되는 경우가 훨씬 더 적지만 언어적 공격(Denson et al., 2018)이나 사이버 폭력(Barlett & Coyne, 2014)에 개입되는 경우는 남성과 비슷하다. 사실상 여성이 남성보다 사회적인 상처를 주는 것, 말하자면 공격 대상자를 따돌린다든가(Benenson et al., 2011), 그들에 대한 악성 소문을 퍼뜨린다든가(Bjorkqvist, 2018; Card et al., 2008; Richardson, 2014) 하는 식의 공격 행동은 더 많이 한다. 남성과 여성 모두 공격 행동을 하나의 도구로 사용하지만, 그것을 사용하는 방식이 서로 다르다.

문화가 공격 행동에 어떤 방식으로 영향을 주는가

공격 행동이 생물적으로 결정되기도 하지만, 문화에 의해서도 크게 영향을 받는다. 예를 들면 미국에서의 폭력 범죄는 북부보다는 남부 지역에서 더 많은데, 남부 지역의 남자는 자신의 지위가 도전받는다고 느낄 때 공격적으로 대응하도록 배우지만, 북부 지역의 남자는 갈등 상황을 관계 기관에 의뢰하여 해결하도록 배운다(Brown et al., 2009; Nisbett & Cohen, 1996). 한 세트의 일련의 실험(Cohen et al, 1996)에서 연구자들은 남부 주와 북부 주에서 온 실험 참가자에게 똑같은 모욕감을 느끼게 하였다. 실험을 마치고 실험실을 떠날 때 복도에서 거구의 사람이 자신을 향해 걸어오고 있었는데, 실험 중에 모욕감을 경험했던 남부 출신자는 길을 비켜주기 전까지 그 사람을 향해 얼굴을 치켜드는 모습을 보이는 데 비해, 북부 출신자는 그냥 얌전하게 길을 비켜주었다. 북부 출신 남자들이 더 온건한 사람들이기 때문인가? 그렇지는 않은 것 같다. 모욕감을 경험하지 않은 조건에서는 남부 출신자가 북부 출신자보다 더 먼저 길을 비켜주었다. 남부 출신자는 모욕감을 느끼고 있는 경우에서는 더 공격적으로 되지만, 그렇지 않은 경우에서는 더 온건하게 행동하는 것으로 보인다.

공격 행동은 이의 표출을 더 쉽게 허용하는 문화에서 더 많다. 미국의 살인율은 캐나다의 살인율보다 세 배나 더 높은데, 그 한 가지 이유는 미국의 인구는 전 세계의 4%에 불과한데 미국인은 전 세계의 총의 반을 소지하고 있다는 데 있다. 공격 행동은 그것을 머릿속에 더 쉽게 떠올리게 만드는 상황에서 더 잘 일어나는 것 같다(Labella & Masten, 2017). 연구에 의하면 폭력 영화를 시청하거나 폭력적 내용의 비디오 게임을 하면 사람(특히 아동)은 공격 행동이 증가하며(Anderson et al., 2010; Anderson et al., 2017; Bender et al., 2017; Calvert et al., 2017), 협동 행동이 감소한다는 것을 보여주고 있다(Ferguson, 2010; Sheese & Graziano, 2005).

그러나 다행인 것은 문화가 공격성을 조장할 수도 있지만, 공격성을 또 완화할 수도 있다는 사실이다(Fry, 2012). 예를 들면, 캐나다 북쪽 지역에 사는 이누이트 사람들은 갈등을 총이나 칼로 해결하는 대신 노래자랑을 하게 해서 여기서 이기는 사람이 승자가 되는 방식을 사용한다(Briggs, 2000). 전쟁을 벌이기보다는 아메리칸 아이돌 선발 방식과 같은 방법을 쓴다는 것이 정말 멋지게 보인다.

협동

공격 행동이 아마도 희소 자원 문제를 해결하는 가장 간단한 방법일 수 있겠지만, 그것이 가장 우수한 방법은 아닌데, 그 이유는 함께 일하면 혼자서 일할 때보다 모두가 더 많은 것을 얻을 수 있기 때문이다. **협동**(cooperation)이란 둘 또는 그 이상의 사람들 간에 상호 호혜적인 이익을 얻을 수 있게 하는 행동인데(Rand & Nowak, 2016), 이것은 인류가 만들어낸 것 중에서 언어, 불, 무료 2일 배송 등과 더불어 가장 위대한 업적 중의 하나이다(Axelrod, 1984; Henrich, 2018; Nowak, 2006; Rand, 2016). 도로와 슈퍼마켓, 칫솔과 스마트폰, 발레와 수술이 모두 협동의 산물이며, 협동이 없었다면 인류가 이룩한 중요한 성취는 대다수가 아마도 생각조차 하기 어려웠을 것이다. 그런데 협동의 이득이 이렇게나 자명한데 어째서 사람은 협동을 택하지 않는 경우가 많은가?

협동의 위험성

협동이 이익을 주는 것이기는 하지만 위험성을 또한 내포하고 있는데, 죄수의 딜레마라고 불리는

메이저 리그 야구의 투수는 조준에는 특급의 명수이므로, 그가 '빈볼'로 타자를 맞혔다면, 그것은 의도한 것이었다고 볼 수밖에 없다. 투수의 빈볼 비율의 통계를 보면 북부 출신보다 남부 출신이 40%나 더 많다(Timmerman, 2007).

Matt Brown/Getty Images

협동 둘 또는 그 이상의 사람들 간에 상호 호혜적인 이익을 얻을 수 있게 하는 행동

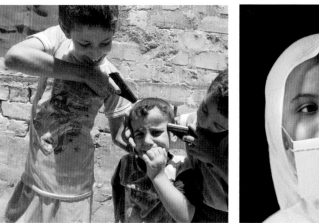

사는 지역이 어딘가에 따라 폭력은 일상인 것일 수도 있고 생각조차 할 수 없는 것일 수도 있다. ISIS와 같은 야만적인 극단주의자를 일상으로 접하고 사는 이라크의 아이들은 사형집행 놀이가 매일 하는 놀이의 하나이다. 그런가 하면 인도의 자이나교도는 모든 생명을 신성시하므로 이곳 아이들은 숨을 쉴 때 곤충이나 세균을 들이마셔서 그들을 해치는 일이 생기지 않도록 마스크를 쓴다.

Hadi Mizban/AP Images; Manish Swarup/AP Images

집단 다른 사람들과 구별되는 어떤 공통점을 가지고 있는 사람들의 집합체

편견 소속 집단에 근거하여 어떤 사람에 대해 가지고 있는 긍정적 또는 부정적인 평가

게임이 그 내용을 잘 보여준다. 당신과 당신의 친구인 터커가 은행 컴퓨터를 해킹하여 수백만 달러를 절도한 혐의로 체포되어 있다고 가정하자. 경찰은 당신의 컴퓨터에서 도난당한 은행의 코드를 발견하였지만, 당신과 친구 중에서 누가 해킹했는지는 모른다. 당신과 터커는 서로 격리된 방에서 심문을 받고 있는데, 조사관은 두 사람 모두에게 상대방이 해킹했다는 내용이 들어있는 진술문에 확인 서명을 할 것을 종용한다. 그러면서 다음과 같은 조건을 제안한다. 당신이 확인 서명을 했는데 터커는 하지 않았다면, 당신은 무죄 방면이 되고 터커는 3년의 징역형을 받게 된다. 반대로 터커가 확인 서명을 했는데 당신은 하지 않았다면, 당신은 감옥에서 3년을 보내게 될 것이고, 터커는 오늘 밤 바로 집으로 가게 될 것이다. 그런데 당신이 확인 서명을 했는데, 터커도 역시 서명을 했다면 어떻게 될 것인가? 그렇게 되면 두 사람 모두 2년의 징역형을 받게 될 것이다. 그리고 당신이 서명을 거부했는데 터커도 역시 거부했다면 어떻게 되는가? 그렇게 되면 두 사람은 모두 징역형을 받게 되는데, 형기는 1년이다. 자 그렇다면 당신은 어떻게 하는 것이 좋을까? 이것은 단순한 산술의 문제가 아니다. **그림 12.3**을 잘 연구해보면, 당신과 터커가 서로 협동하여 둘 다 서로의 혐의를 부정해주는 것이 가장 현명한 선택이 될 터인데, 그 이유는 그렇게 하는 경우 둘 다 가벼운 형량으로 일을 끝낼 수 있기 때문이다. 그러나 만약 당신은 협동을 선택했는데 터커가 당신을 배반하고 확인 서명을 하면 친구는 무죄 방면되고 당신은 오랜 기간을 감방에서 보내게 될 것이다. 이 게임에서처럼 협동은 이익을 줄 수 있지만, 상대방이 자신의 이익을 위해 당신을 이용할 수 있으므로 위험성 또한 따른다. 당신은 터커가 협동할 것이라고 믿을 수 있는 경우에만 협동을 택하는 것이 좋다. 당신은 터커를 믿는가?

집단은 협동의 위험을 어떻게 줄여 주는가

터커는 당신의 오랜 친구이므로 당신은 그를 협동할 수 있는 사람이라고 믿을 것이다. 그러나 만약 그가 당신이 그리 잘 알지 못하는 사람이라면 어떨까? 그런 경우라면 당신은 어떤 선택을 할 것인가? 알려진 바에 따르면, 이 세상 사람들은 이런 경우 그 사람이 속해 있는 집단이 무엇인가에 따라 그 판단이 달라진다는 것이다. **집단**(group)은 다른 사람들과 구별되는 어떤 공통점을 가지고 있는 사람들의 집합체이다. 우리는 모두 가족과 팀으로부터 종교 집단과 국가에 이르기까지의 수많은 집단의 한 구성원이다. 이 모든 집단은 한 가지 공통점을 갖고 있는데, 그것은 집단의 구성원들은 서로를 잘 봐주는 사람들일 것이라고 믿는다는 것이다. **편견**(prejudice)은 오로지 소속 집단에 근거하여 어떤 사람에 대해 내리는 평가인데(Dovidio & Graertner, 2010), 일반 사람들은 이 단어를 부정적인 의미를 갖는 말로 사용하지만, 심리학자들은 부정적 평가와 긍정적 평가를 모두 의미하는 용어로 사용한다(Allport, 1954). 연구에 따르면 사람들이 다

뉴욕시에 있는 '더티 레몬'의 음료수 판매 방식을 보면 구매자가 매점에 들어가 냉장고에서 음료수를 선택해서 나오기만 하면 된다. 구매자가 나중에 이 회사에 문자를 보내면 구매액이 결제된다. 부정행위를 하는 사람이 적다면 큰 문제가 없겠지만, 만약 너무 많은 사람이 부정행위를 하면 이 판매 방식은 문을 닫게 될 것이다. 이런 '양심적 판매 제도'는 죄수의 딜레마의 현실판이다.

Richard Levine/Alamy

그림 12.3 죄수의 딜레마 게임 죄수의 딜레마 게임은 협동의 위험성을 보여준다. 상호 협동은 양쪽에게 중간 수준의 이익을 가져다주지만, 한쪽은 협동했는데 다른 쪽은 협동하지 않으면 협동한 쪽은 아무 이익이 없게 되고 협동하지 않은 쪽은 큰 이익을 얻게 된다.

	터커가 서명을 거부 (즉 그는 당신에게 협동)	터커가 서명 (즉, 그는 당신에게 협동하지 않음)
당신이 서명을 거부 (즉, 당신은 터커에게 협동)	둘 모두 징역 1년	당신은 징역 3년 터커는 무죄 방면
당신이 서명 (즉, 당신은 터커에게 협동하지 않음)	당신은 무죄 방면 터커는 징역 3년	둘 모두 징역 2년

른 집단의 사람에 대해 항상 부정적인 편견을 갖는 것은 아니지만, 자기 집단의 사람에 대해서는 거의 모든 경우에서 긍정적인 편견을 갖는다(Brewer, 1999; DiDonato, et al., 2011). 사람은 '집단 1' 또는 '집단 2'와 같은 아무런 의미를 갖지 않는 집단에 무작위적으로 할당되었을 때조차도 자신이 속한 집단의 사람에게 더 잘 대해준다(Hodson & Sorrentino, 2001; Locksley, et al., 1980). 단지 "당신은 우리 중의 하나이고 그들 중의 하나가 아니다"라는 것을 아는 것만으로도 내집단 편애가 일어나기에 충분한 것 같다(Tajfel et al., 1971). 터커가 당신이 잘 모르는 사람이라 할지라도 그가 당신이 졸업한 고등학교를 나왔거나, 같은 동네에 살고 있거나, 같은 종교, 같은 피부색, 같은 신발 취향의 사람이라면 당신은 그를 믿을 수 있는 사람으로 생각하게 될 가능성이 커진다.

같은 집단의 사람은 상호 호의를 베풀 수 있는 사람으로서 믿을 수 있으므로 집단 소속이라는 것이 협동의 위험성을 줄여준다. 이것이 집단이 갖는 이점 중의 하나이다. 그러나 집단은 또한 비용을 치르게 할 수 있다. 예를 들면, 집단으로 결정을 하게 되는 경우 그 결정이 그 집단에서 가장 우수한 사람이 혼자서 하는 것보다 더 나은 경우가 거의 없으며, 나아가 더 못한 경우도 많다(Baumeister et al., 2016; Minson & Mueller, 2012). 이런 일이 일어나는 이유는 아래에 나와 있는 바와 같이 여러 가지가 있다.

- 집단은 종종 그 구성원의 전문성을 충분히 활용하지 못한다(Hackman & Katz, 2010). 예를 들면 (학교 위원회와 같은) 집단은 의사결정을 할 때 전문가인 구성원(재정 담당자)의 의견에는 너무 적은 비중을 부여하는 반면, 지위가 높거나(시장), 발언량이 많은 사람(시장)의 의견에는 너무 큰 비중을 부여한다.

- **공통 지식 효과**(common knowledge effect)는 집단 토론 시 집단이 구성원 모두가 공유하는 정보에 초점을 두는 경향성을 말한다(Gigone & Hastie, 1993; Kerr & Tindale, 2004). 이것의 문제는 모든 사람이 공유하고 있는 정보(카페 운영 비용)는 상대적으로 덜 중요한 것인데 비해, 정말로 중요한 정보(동일한 예산 부족 문제를 스웨덴에서 해결한 방법)는 소수의 사람만이 알 수 있다는 것이다.

- 중간 강도의 의견("올해에 체육관은 리모델링을 하지 말아야 할 것 같은데.")을 갖고 테이블에 모인 사람들이, 토론을 하는 중에 많은 사람이 자신과 같은 입장이라는 것을 알게 되었다는 그런 단순한 이유로 인해, 극단적인 결정("체육관을 폐쇄하고 체육관 관련 담당자를 모두 해고합시다.")으로 끝맺음을 할 수 있다(Isenberg, 1986). **집단 극화**(group polarization)는 혼자서 결정할 때보다 집단으로 결정할 때 더 극단적인 결정을 하게 만드는 집단의 경향성을 말한다(Myers & Lamm, 1975).

- 사람은 통상 집단의 다른 사람들이 어떻게 느끼고 있을까를 신경 쓰는 나머지 그렇게 해야 할 필요가 있는 경우에도 '배를 흔들기를' 꺼린다. **집단 사고**(groupthink)는 인화 단결을 유지하기 위해 만장일치로 가게 되는 집단의 경향성이다(Janis, 1982). 대인관계 조화가 중요한 것이기는 하지만(특히나 그 집단이 합창단이라면), 집단은 종종 그 대인관계 조화를 달성하기 위해 의사결정의 질이 희생되게 한다(Turner & Pratkanis, 1998).

집단이 치르는 비용은 저조한 수준의 의사결정을 범하는 것에만 머무르지 않는다. 사람은 혼자라면 절대 하지 않을 끔찍한 일을 집단 속에 들어가면 저지른다(Yzerbyt & Demoulin, 2010). 왜 인간은 가끔 집단으로 모였을 때 린치, 폭동, 집단 강간과 같은 나쁜 짓들을 하게 되는가? 한 가지 이유는 **자아 정체 망각**(deindividuation) 때문인데, 이것은 사람이 집단 속에 파묻힐 때 자신이 가지고 있는 가치관을 망각하게 되는 데서 일어나는 현상이다(Postmes & Spears, 1998). 여러분은 보

공통 지식 효과 집단 토론 시 집단이 구성원 모두가 공유하는 정보에 초점을 두는 경향성

집단 극화 혼자서 결정할 때보다 집단으로 결정할 때 더 극단적인 결정을 하게 만드는 집단의 경향성

집단 사고 인화 단결을 유지하기 위해 만장일치로 가게 되는 집단의 경향성

자아 정체 망각 사람이 집단 속에 파묻힐 때 자신이 가지고 있는 가치들을 망각하게 되는 현상

책임감 분산 사람이 자신과 같은 행동을 할 것으로 보이는 다른 사람이 주변에 있으면 자신이 꼭 그 행동을 해야 한다는 책임감이 감소되는 경향성

주변인 개입 위급 상황을 당한 낯모르는 사람을 돕는 행위

석 가게 진열대의 유리창을 깨고 거기에 있는 롤렉스 시계를 탈취하지는 않을 것인데, 그 이유는 약탈이라는 것이 여러분의 개인적 가치관과 배치되기 때문이다. 그러나 여러분이 꽉 찬 군중 속에서 떠밀리고 있을 때 어떤 사람이 갑자기 유리창을 깨부순다면 여러분은 다른 사람들이 무슨 말을 하고 무슨 행동(그리고 약탈)을 하는지를 듣고 보느라고 머릿속이 복잡해져서 여러분이 가지고 있는 개인적 가치관이 어떤 것인지를 생각할 수 없게 된다.

우리가 집단을 이루면 잘못된 행동을 하게 되는 두 번째 이유는 **책임감 분산**(diffusion of responsibility) 때문인데, 이것은 사람이 자신과 같은 행동을 할 것으로 보이는 다른 사람이 주변에 있으면 자신이 꼭 그 행동을 해야 한다는 책임감이 감소되는 경향성을 말한다. 예를 들면, **주변인 개입**(bystander intervention), 즉 위급 상황을 당한 낯모르는 사람을 돕는 행위에 관한 연구를 보면 곤경에 처한 불쌍한 사람에 대해 주변에 사람이 더 많이 있을수록 그를 도와주는 사람이 더 적어진다는 것인데, 이는 단순히 그 주변 그 사람들이 자신보다 도움을 주기에 더 마땅한 사람인 것으로 모두가 생각하기 때문이다(Darley & Latane 1968; Fisher et al., 2011). 만약 캠퍼스에서 자전거를 타다가 넘어진 학생을 보았다면, 주변에 수백 명의 다른 학생이 있는 경우보다 여러분이 그 장면을 목격한 유일한 사람일 때 그를 도와주어야 한다는 책임감을 더 많이 느낄 것인데, 이는 다른 학생이 주변에 많이 있는 경우에는 도와줄 책임감이 그 모든 사람에게 분산되기 때문이다 (**그림 12.4** 참조).

이처럼 집단은 잘못된 의사결정을 내리고 잘못된 행동을 조장할 수 있다. 그렇다면 우리에게는 집단이 없는 것이 더 나을까? 그건 절대 그렇지 않다. 집단은 협동이 내포하고 있는 위험성을 줄여 줄 뿐만 아니라 인간의 전반적인 신체적 건강, 행복감, 안녕감에 아주 중요한 공헌을 한다(이것이 바로 인간 사회의 문명화가 갖는 가치이다). 집단에서 배척당한다는 것은 인간이 겪을 수 있는 경험 중에서 가장 고통스러운 것 중의 하나이어서(Eisenberger et al., 2003; Uskul & Over, 2014; Williams, 2007), 일상적으로 배척을 받는 사람이 불안하고, 고독하며, 우울하고, 질병에 더 잘 걸리며, 조기 사망의 위험성이 높다는 것(Cacioppo & Patrick, 2008; Cohen, 1988; Leary, 1990)은 전혀 놀라운 일이 아니다. 집단이 우리에게 잘못된 판단과 잘못된 행동을 하게 만들기도 하지만, 또한 우리 인간의 협동성과 행복감, 그리고 안녕감의 핵심 요인이 되는 것이다. 우리는 집단 속에서 살기도 어렵지만, 집단 없이도 살기 어렵다.

그림 12.4 폭도의 규모와 잔인성의 정도
폭도는 끔찍한 일을 종종 저지른다. 이 두 사람은 자동차를 훔쳤다는 이유로 마을 사람에게 린치를 받게 되려는 순간에 경찰에 의해 구조되었다. 폭도의 수가 많아질수록 책임감 분산의 가능성이 더 커지므로 폭도의 규모가 클수록 그들의 잔인성은 더 끔찍해진다(Leader et al., 2007; Ritchey & Ruback, 2018).

AP Images

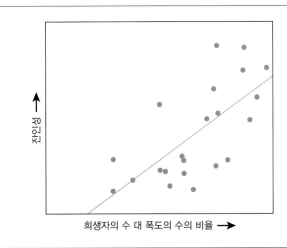

희생자의 수 대 폭도의 수의 비율 →

잔인성

이타적 행동

협동은 희소 자원의 문제를 해결해준다: 우리는 경쟁하기보다는 협동하는 것이 더 이득이다. 그런데 우리가 다른 사람에게 협동하는 이유가 오로지 이득을 보기 때문만인가? 글쎄, 우리는 아무 이유 없이도 그냥 남에게 잘 대해줄 수 있지 않은가? **이타적 행동**(altruism)이란 자신이 손해를 볼 수 있음에도 불구하고 남을 이롭게 하는 의도적 행동인데, 과학자와 철학자들은 인간이 정말로 순수하게 이타적일 수 있는가의 문제를 놓고 수 세기에 걸쳐 논쟁을 이어오고 있다. 이런 논쟁은 제기하는 것 자체가 이상해 보일 수도 있다. 말하자면 사람은 부상자를 위해 헌혈하고, 노숙자에게 음식을 나누어 주며, 시간을 내어 노인에게 봉사한다. 우리는 자원해서 봉사하고, 기부하고, 공헌하며, 십일조를 낸다. 사람은 언제나 좋은 일을 한다. 그런데 어떤 연유로 사람이 과연 이타적인가 여부의 문제를 놓고 논쟁이 벌어질 수 있을까? 그 이유는 겉보기에 이타적으로 보이는 많은 행동이 그런 행동을 하는 이면에 숨겨진 이득이 있기 때문이다. 예를 들면, 땅다람쥐는 천적 동물을 보면 경고 신호를 보내는데, 이 행동은 자신을 잡아먹힐 위험에 처하게 만들지만, 다른 땅다람쥐가 피신할 수 있게 만들어 준다. 이런 행동은 이타적인 것처럼 보이지만, 실제로는 그렇지 않은데, 그 이유는 도움을 주는 땅다람쥐가 도움을 받는 땅다람쥐의 친족이기 때문이다. 친족의 생존을 증진하고 있는 동물은 결국 그 자신이 가지고 있는 유전자의 생존을 증진하는 것이 된다(Hamilton, 1964). **친족 선택**(kin selection)이란 친족을 돕는 개체의 유전자가 살아남게 만드는 진화의 과정인데, 친족을 돕는 것이 이타적으로 보이지만, 많은 학자는 이것을 이기성의 위장된 모습의 행동이라고 생각한다.

친족이 아닌 개체를 돕는 것도 반드시 이타적인 것은 아니다. 수컷 개코원숭이는 부상의 위험을 무릅쓰면서 친족이 아닌 다른 개코원숭이가 싸움에서 이기도록 도우며, 그 시간에 뭔가 다른 것을 할 수 있는데도 불구하고 친족이 아닌 다른 원숭이의 털을 골라 주는 데 시간을 들인다. 그러나 밝혀진 바에 의하면 대부분의 영장류 동물의 사회에서는 오늘 어떤 도움을 베푼 동물은 그 다음 날 그 도움을 되돌려 받는다는 것이다. **상호적 이타 행동**(reciprocal altruism)은 차후에 보답을 받을 것이라는 기대에서 남을 이롭게 하는 행동을 말하는데, 이타적이라는 단어가 들어 있기는 하지만 많은 학자는 이것은 전혀 이타적인 것이 아니라고 생각한다(Trivers, 1971). 여러모로 상호적 이타 행동은 단지 기간이 연장된 형태의 협동이다.

인간이 아닌 동물의 행동에서는 진정한 의미의 이타적 행동이라고 확실하게 볼 수 있는 것은 없다(Bartal et al., 2011 참조). 그렇다면 사람의 경우는 어떠한가? 우리는 무언가 다른가? 그렇기도 하고 아니기도 하다. 다른 동물과 마찬가지로 사람도 모르는 사람보다는 친족을 더 많이 돕고(Burnstein et al., 1994; Komter, 2010), 우리가 도와준 사람에게 나중에 그 도움을 갚기를 기대한다(Burger et al., 2009). 그러나 다른 동물과는 달리 사람은 베풀어준 은혜를 결코 되돌려 받을 가능성이 없는 완전히 낯모르는 사람에게도 은혜를 베푸는 것은 확실하다(Batson, 2002; Warneken & Tomasello, 2009). 우리는 우리의 유전자를 전혀 공유하고 있지 않은 사람을 위해 출입문을 붙잡아주고, 보답을 결코 되돌려 받을 수 없을 식당 종업원에게 팁을 준다. 우리는 모르는 사람에게 길도 알려주고, 충고도 해주며, 심지어 어느 때는 주차 공간도 내어준다('차이의 세계 : 부탁 좀 드려도 될까요?' 참조). 나아가 우리는 그 이상의 것도 한다. 웨슬리 오트리가 지하철이 막 들어오고 있는데 한 학생이 넘어져서 철로에 떨어지는 것을 보았을 때 그는 떨어진 사람이 자신과 같은 유전자를 가지고 있는 사람인지 그리고 그가 나중에 은혜를 보답할 것인지를 묻지 않았다. 그는 바로 철로로 뛰어들어 그 학생의 위를 덮친 다음 열차가 지나갈 때까지 그 학생을 누르고 있었는데, 2~3cm의 간격을 두고 열차는 지나갔다. 이것이 이타적 행동이다.

이타적 행동 자신이 손해를 볼 수 있음에도 불구하고 남을 이롭게 하는 의도적 행동

친족 선택 친족을 돕는 개체의 유전자가 살아남게 만드는 진화의 과정

상호적 이타 행동 차후에 보답을 받을 것이라는 기대하에서 남을 이롭게 하는 행동

웨슬리 오트리는 모르는 사람의 목숨을 구하려고 지하철 선로에 몸을 던졌다. "판단할 겨를이 전혀 없었어요… 뭔가 훌륭한 일을 했다고 생각하지는 않습니다. 나는 도움이 필요한 사람을 본 것뿐이었어요. 나는 옳다고 느끼는 것을 했습니다(Buckley, 2007).

Robert Kalfus/Splash News/Newscom

부탁 좀 드려도 될까요?

인간을 동물과 구분 짓게 해주는 것 중의 한 가지는 사람은 낯선 사람의 부탁을 들어준다는 사실이다. 물론 때때로 그렇다는 것이지 항상 그런 것은 아니다. 어떤 부탁은 들어주기에 합당한 것이지만, 어떤 것은 전혀 그렇지 않은 것도 있다. 어떤 부탁이 합당한 것이고 어떤 부탁이 그렇지 않은 것인가?

그 답은 아마도 문화에 있는 것 같다. 한 연구에서(Jonas et al., 2009), 연구자들은 대학교의 주차장의 주차권을 가지고 있는 학생들에게 두 가지 부탁 중 한 가지를 했다. 어떤 학생들에게는 일주일 동안 그 학생 개인의 주차 권한을 양보해 줄 수 있을 것인지를 물었고("이 건물에서 수행되는 연구 프로젝트에 참여하는 사람들의 편리를 위해 학생의 주차 권한을 좀 사용할 수 있을까요?"), 또 다른 학생들에게는 모든 학생이 일주일 동안 주차 권한을 양보해줄 수 있을 것인지를 물었다("테니스 대회가 있어서 그런데, 일주일 동안 학교의 모든 주차장을 닫아도 될까요?"). 이 부탁은 둘 다 그 학생들이 잘 모르는 사람에게 그들의 주차 권한을 양보해달라는 부탁이므로, 학생들에게는 두 가지 부탁 모두가 불편한 일이다. 그런데 이 두 가지 부탁 중 어떤 것이 더 불편하게 느껴질까?

그림에서 보듯이 유럽계 미국인 학생은 본인(그 학생만)의 주차 권한을 양보해달라는 부탁

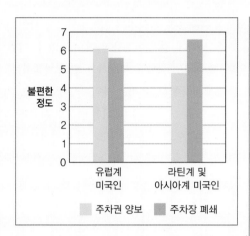

에서 더 불편함을 보였다. 사람은 각자가 자신의 이익을 추구하는 것이 맞다고 보는 개인주의 문화권 가정 출신의 학생은 연구자가 자신만을 특정해서 다른 모든 사람은 그대로 보유하고 있는 권한을 포기해 달라는 요구가 더 불편하게 느껴지는 것이다. 그러나 라틴계와 아시아계 미국인 학생은 완전히 그 반대의 반응을 보였다. 다수의 욕구를 소수의 욕구보다 더 소중하게 여기는 집단주의 문화권 가정 출신의 학생은 소수의 학생이 테니스 시합을 할 수 있게 해주기 위해서 다수의 학생이 주차 권한을 포기하게 만드는 부탁을 받을 때 더 불편함을 느낀다. 라틴계 학생과 아시아계 학생은 다른 모든 사람이 불편해하지 않는다면 그들 자신은 불편함을 겪어도 괜찮다고 생각한다. 대다수 사람은 모르는 사람에게 부탁할 때는 그럴만한 내용의 부탁을 하게

사람은 사회생활에서 부탁받고, 부탁하며, 부탁을 들어주고, 부탁을 거절하며 살아간다. 어느 정도가 받아들여지기에 너무 큰 부탁일까? 그것은 전적으로 여러분이 누구에게 부탁하느냐에 따라 다르다.

Mint Images/Getty Images

될 것인데, 여기서 그럴만하다는 것의 기준은 자신이 성장한 문화에 따라 달라진다.

인간은 다른 인간을 돕는데, 때로는 엄청난 손해가 있음에도 불구하고 그렇게 한다. 그래서 인간은 우리가 알고 있는 것보다 훨씬 더 이타적일 수 있다(Gerbasi & Prentice, 2013; Miller & Ratner, 1998). 사실상 어떤 학자들은 인간의 이타적 성향이야말로 인간이 지구상의 모든 동물을 지배할 수 있게 만든 유일한 핵심적 특성이라고 생각한다(Hare, 2017).

정리문제

1. 욕구불만-공격 가설은 공격 행동을 어떤 식으로 설명하는가?
2. 성별이 공격성에 왜 그리고 어떤 방식으로 영향을 주는가?
3. 문화가 공격성에 영향을 줄 수 있다는 증거로는 어떤 것이 있는가?
4. 협동이 초래하는 손해와 이득은 무엇인가?

5. 집단은 어떤 방식으로 협동의 위험성을 줄여주는가?
6. 사람은 집단 속에 들어갔을 때 왜 그리고 어떤 방식으로 행동이 달라지는가?
7. 이타적으로 보이는 이기적 행동을 우리는 어떻게 설명할 수 있는가?

대인 매력

사회적 행동은 생존에 유용한 것인데, 특히나 이 사회적 행동은 번식에서는 절대적으로 필수적인 것으로서, 번식은 두 사람이 서로 간에 극히 사회적으로 되기 전까지는 일어날 수 없는 것이다. 번식에 이르는 길의 첫 번째 단계는 그 길을 함께 여행하기를 원하는 누군가를 발견하는 것인데, 심리학자들은 사람들이 이 문제를 어떻게 해결하는가를 보여준다.

선택성

할리우드의 사람이 아니라면, 사람은 아무나하고 짝을 맺지 않는다. 그보다 사람은 성적 상대자를 가려서 선택하는데, 이 지구상에서 몇 분간만 살았던 사람이라면 누구나 아는 것으로서, 여성이 남성보다 이 선택을 하는 데 있어서 더 까다롭다(Feingold, 1992a; Fiore et al., 2010). 연구자들이 연구 협조자에게 대학 캠퍼스에서 모르는 학생에게 다가가 "저와 데이트를 한 번 하실까요?"라는 요청을 하게 했을 때 남성의 약 절반과 여성의 약 절반이 그 데이트 신청에 동의하는 결과를 얻었다. 그 반면, 그 연구 협조자가 모르는 학생에게 다가가서 "오늘 저와 같이 잘까요?"라는 요청을 했을 때 여성은 아무도 수락하지 않았지만, 남성은 4분의 3이 수락하였다(Clark & Hatfield, 1989). 여성이 공개된 장소에서 모르는 사람이 하는 성관계 제의를 거절하는 데는 여성이 짝의 선택에서 더 까다롭다는 이유 외에도 여러 가지 다른 이유가 있겠지만(Conley, 2011), 연구에 의하면 대부분의 일상적인 상황에서도 남성보다 여성이 무엇을 선택할 때 더 까다로운 경향을 보인다는 것이다(Buss & Schmitt, 1993; Schmitt et al., 2012).

　그런데 왜 그런가? 한 가지 이유는 인간의 생물적 속성에 있다. 여성은 일생을 통틀어서 적은 수의 난자를 생산할 뿐만 아니라 한 번 임신하면 이후 최소 9개월여를 임신할 수 없게 되며, 임신하면 더 많은 영양의 섭취가 필요하고, 질병에 걸리거나 사망할 위험성이 높아진다. 그래서 여성이 성관계를 갖는다는 것은 장기간의 심각한 위험성을 감수하겠다는 것이다. 그 반면, 남성은 일생을 통하여 수십억 개의 정자를 생산하는데, 오늘 아이를 하나 가졌다고 해서 내일 또 다른 아이를 가지는 능력에서 제한을 받지 않는다. 남성이 성관계를 갖는 데서 잃게 되는 것은 몇 분의 시간과 찻숟가락 한 스푼 정도의 체액 손실이 전부이다. 인간의 기본적인 생물적 특성이 성관계가 남성보다 여성에게서 위험성이 더 크게 되어 있으므로 배우자 선택에서 여성이 남성보다 훨씬 더 까다롭게 행동하게 되는 것은 수긍이 가는 일이다.

　생물적 속성이 선택 성향에 영향을 주는 한 요인이지만, 문화와 개인적 경험도 마찬가지로 중요한 역할을 한다(Finkel & Eastwick, 2009; Peterson & Hyde, 2010; Zentner & Mitura, 2012). 예를 들면, 일반적으로는 여성이 남성에게 먼저 다가가기보다는 남성이 여성에게 먼저 다가가는 경우가 더 많은데, 그 결과로 여성은 선택의 대상이 더 많아지게 되므로 배우자의 선택에서 여성이 더 까다롭게 굴 수 있게 되는 것이다(Conley et al., 2011). 나아가 대부분의 문화권에서는 문란한 성관계에 관한 소문에 따르는 손해가 남성보다 여성에게서 더 크다(Eagly & Wood, 1999; Kasser & Sharma, 1999). 흥미롭게도 성적 대상자의 선택이 아주 중요한 결과를 가져오는 것일 때는(예를 들면, 데이트 파트너보다 아내를 선택해야 할 때) 남성도 여성이 하는 것과 똑같이 대상자 선택에서 아주 까다로워진다(Kenrick et al., 1990).

매력

데이트 상대, 연인, 일생의 동반자를 고를 때 많은 사항이 고려되겠지만, 우리가 매력이라고 부르는 이 단순한 감정은 가장 중요한 요소 중의 하나이다(Berscheid & Reiss, 1998). 연구에 의하면

해마는 수컷이 새끼를 품고 다니는데, 우연의 일치가 아니게, 짝 선택 시에 수컷이 암컷보다 더 까다롭다.

George Grall/National Geographic Image Collection

단순 접촉 효과 접촉하는 횟수가 많아질
수록 호감도가 더 증가하는 경향

이 너무도 중요한 감정은 상황적 요인, 신체적 요인, 심리적 요인에 의해 일어난다고 한다.

상황적 요인은 매력에 어떻게 영향을 주는가

매력을 결정짓는 가장 강력한 요인 중의 하나는 물리적 근접성인데 그 이유는 가까이 사는 사람일수록 만나게 될 가능성이 더 크기 때문이다(Festinger etal., 1950). 연구에 의하면 인간은 물론 여러 다른 동물도 낯선 자극보다 친숙한 자극을 일반적으로 더 좋아한다고 한다. 예를 들면, 어떤 실험에서 사람 얼굴을 컴퓨터 화면에 아주 짧게 비춰주는데, 실험 참가자가 이것을 보았다는 의식이 들지 못할 정도로 짧게 하였다. 이 실험 참가자에게 화면에 나오지 않았던 새로운 얼굴과 이전에 화면에 나왔던 얼굴을 (정상 속도로) 보여주었다. 실험 참가자는 어떤 얼굴이 이전에 한 번 본 것이고 어떤 얼굴이 새로 나온 것인지를 확실하게 구분할 수는 없었지만, 이전에 한 번 본 얼굴에 더 호감을 보이는 경향을 보였다(Monahanet al., 2000). **단순 접촉 효과**(mere exposure effect)란 어떤 대상에 대해 접촉하는 횟수가 많아질수록 호감도가 더 증가하는 경향이다(Bornstein, 1989; Van Dessel et al., 2019; Zajonc, 1968). 친숙해질수록 싫어지게 되기보다는 좋아지게 되는 것이 더 일반적인 것 같다.

신체적 요인은 매력에 어떻게 영향을 주는가

사람들이 같은 시간과 같은 장소에 있게 되면 서로가 상대방의 개인적 특성에 대해 알아가기 시작하는데, 가장 먼저 알게 되는 특성은 바로 상대방의 외모이다. 외모가 매력에 미치는 영향은 엄청나게 강력하다. 예를 들어, 한 연구를 보면 개인 광고가 응답을 받는 개수는 남자는 키, 여자는 몸무게가 가장 좋은 예측 요인인 것으로 나왔고(Lynn & Shurgot, 1984), 다른 연구에서도 온라인 데이트 상대를 선택하는 데 있어서 남성과 여성을 불문하고 신체적 매력이 유일한 예측 요인인 것으로 나타났다(Green et al., 1984). 외모가 잘생긴 사람은 성관계도 더 많이 갖고, 친구도 더 많고, 재미있는 일도 더 많다(Curran & Lippold, 1975). 심지어는 일생 중 버는 돈도 10%가량 더 많다(Hamermesh & Biddle, 1994, **그림 12.5** 참조). 외모의 효과는 너무나 강력해서 심지어는 연애 관계가 아닌 다른 관계에서도 강력한 영향을 미친다. 예를 들면, 어머니도 예쁘게 생기지 않은 자녀보다 예쁘게 생긴 자녀에게 애정을 더 많이 쏟고 더 잘 놀아준다(Langlois et al., 1995).

그러므로 아름다움은 그렇게 그 값을 하지만, 정확하게 말해서 그 아름답다는 것의 기준은 무엇일까? 미의 기준은 문화에 따라 다르기는 하지만, 이 기준은 놀라울 정도로 여러 문화에 걸쳐 공통적이다(Cunningham et al., 1995).

여배우 탈리아 스톰은 자신의 팬들이 자신을 보는 것과 똑같은 자신의 모습을 거울에서 보고 싶을 것이다. 그러나 그녀가 보는 자신의 모습과 팬들이 보는 자신이 모습은 같지 않다. 탈리아의 팬들은 그녀의 얼굴을 스크린에서 보므로 위 사진의 왼쪽에 있는 얼굴을 더 좋아할 것이다. 그러나 탈리아는 자신의 얼굴을 거울에서 보므로 위 사진의 오른쪽에 있는 '좌우가 바뀐 얼굴'을 더 좋아할 것이다. 단순 접촉 효과에 관한 연구에 의하면 사람은 자신의 얼굴이 거울상의 모습인 것을 더 좋아한다고 한다(Mita et al., 1977).

- 체형 : 모든 문화권에서 남자의 몸은 역삼각형(즉, 어깨는 넓고 허리와 엉덩이는 좁은 체형)일 때 더 매력적으로 보고, 여자의 몸은 모래시계형(어깨와 엉덩이는 넓고 허리는 가는 체형)일 때 더 매력적으로 본다(Deady & Law Smith, 2015; Singh, 1993).

- 대칭성 : 모든 문화권에서 사람은 얼굴과 몸이 양쪽으로 대칭일 때, 즉 얼굴과 몸의 왼쪽 반이 오른쪽 반의 거울상일 때 더 매력적으로 본다(Perilloux et al., 2010; Perrett et al., 1999).

- 나이 : 모든 문화권에서 (동성애자가 아닌) 보통의 여자는 나이가 더 많은 남자를 더 좋아하고, (동성애자가 아닌) 보통의 남자는 나이가 더 어린 여자를 더 좋아한다(Buss, 1989).

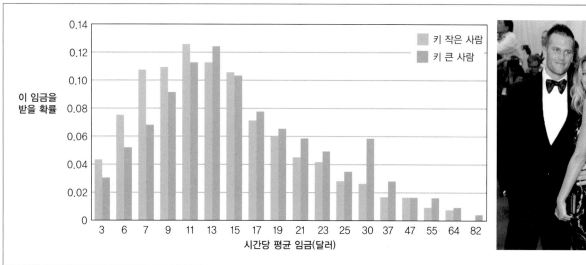

그림 12.5 **키가 중요하다** NFL의 쿼터백인 톰 브래디는 키가 190cm이고 그의 부인인 슈퍼모델 지젤 번천은 키가 175cm이다. 연구에 의하면 키가 1인치가 더 크면 연간 평균 800달러를 더 번다고 한다. 이 그래프는 미국의 백인 성인 남성의 시간당 평균 임금을 신장별로 분류하여 나타낸 것이다(Mankiw & Weinzierl, 2010).

Kevin Mazur/Getty Images

위에 든 미의 기준은 전반적인 건강 상태(대칭성)나 가임 능력(여성의 체형과 나이), 사회적 지배성과 자원 확보 능력(남성의 체형과 성숙성) 같은 것의 지표인 것으로 생각해볼 수 있다. 우리가 매력이라고 부르는 감정은 단순히 건강한 유전자와 자녀 양육 능력의 번식력을 갖춘 사람을 앞에 두고 있다는 것을 알게 해주는 자연의 섭리라고 볼 수 있다.

심리적 요인은 매력에 어떻게 영향을 주는가

신체적 외모는 쉽고 빨리, 그리고 사람들이 많을 때도 바로 평가가 되며(Lenton & Francesconi, 2010; Rogers & Hammerstein, 1949), 두말할 필요도 없이 어떤 사람이 우리의 주목을 이끌고 우리의 심장을 쿵쾅거리게 만들지를 결정하는 요인이다. 그러나 사람들은 일단 상호작용을 시작하게 되면 이내 외모 그 이상의 것에 주목하게 되는데(Crameret al., 1996; Regan, 1998), 이것이 바로 사람들이 오랜 기간에 걸쳐 서로를 알게 되면 신체적 매력의 중요성이 떨어지게 되는 이유이다(Hunt et al., 2015). 성격, 관점, 태도, 신념, 가치, 야망, 능력 등과 같은 사람의 내적 자질이 서로 간에 계속해서 관심을 가질 것인지를 결정하는 데 중요한 역할을 하는데, 사람이 대부분 매력을 느끼는 내적 자질은 어떤 것인가는 알기가 그리 어렵지 않다. 예를 들면, 지능, 충성심, 신뢰성, 친절성 등은 모든 사람에게서 매력적 자질 목록의 상위 순위에 있는 것들이다(Daniel et al., 1985; Ferrelly et al., 2007; Fletcher et al., 1999).

미의 기준은 문화에 따라 다르다. 마우리타니아 여성은 살찌기를 열망하고(왼쪽), 가나 남성은 키가 작은 것을 감사하게 생각한다(오른쪽).

Seyllou/AFP/Getty Images; Michael Dwyer/Alamy

열정적 사랑 황홀감, 친밀감, 강렬한 성적 매력 등의 느낌이 들어있는 경험

동반자적 사랑 상대방에 대한 애정, 신뢰감, 행복을 바라는 마음 등의 느낌이 들어 있는 경험

모든 사람의 매력적 자질 목록에 공통으로 들어있는 또 다른 자질은 유사성이다(Byrne et al., 1970; Montoya & Horton, 2013). 우리는 나이, 교육 수준, 종교, 인종, 사회경제적 지위, 성격, 정치적 신념 등이 비슷한 사람과 결혼한다(Botwin et al., 1997; Buss, 1985; Caspi & Herbener, 1990).

유사성이란 것이 어째서 그렇게 매력을 갖게 만드는가? 여기에는 최소한 세 가지 이유가 있다. 첫째, 비슷한 사람끼리는 무엇을 먹을 것이며, 어디에서 살고, 아이는 어떻게 키울 것이며, 돈은 어디에다 쓸 것인지 등의 여러 가지 문제에서 서로 합의가 쉽게 되기 때문에 상호작용하기가 쉽다. 둘째, 남들이 나와 태도와 신념이 같다는 것을 알게 되면, 우리는 자신이 가지고 있는 태도와 신념이 옳다고 생각하게 되고 따라서 자신감도 더 높아질 것이다(Byrne & Clore, 1970). 셋째, 우리가 나와 같은 태도와 신념을 가지고 있는 사람을 좋아하기 때문에, 똑같은 이유로 상대방도 나를 좋아할 것이라고 기대하게 되는데, 호감을 받는다는 것은 바로 매력의 강력한 원천이다(Aronson & Worchel, 1966; Backman & Secord, 1959; Condon & Crano, 1988).

관계

인간이 아닌 동물 중 대부분은 교미가 있은 지 약 7초 이후에 둘 간의 관계는 끝난다. 그러나 인간 유아는 그들이 자신을 스스로 보호할 수 있게 되기 위해서는 수년에 걸친 양육과 보호가 필요하므로 인간 성인은 보통 비교적 장기간의 관계를 유지한다. 대부분의 문화권에서 이 장기적인 관계는 결혼으로 구현된다. 최근 수십 년 동안 결혼이 점점 인기가 시들어가고 있기는 하지만(즉, 1960년에 결혼하지 않은 미국인은 22%이었는데, 그 수가 2018년에는 32%가 되었다), 아직은 결혼하는 사람이 대다수이고, 최근에는 20대 사람 중에서 약 75%가 결혼하는 것으로 추산된다(Wang & Parker, 2014).

사람들이 결혼하는 여러 가지 이유 중의 하나는 사랑하기 때문이라고 한다. 그런데 사랑이라는 것이 정확하게는 어떤 것인가? 사랑에는 몇 가지 유형이 있는 것 같다. **열정적 사랑** (passionate love)은 황홀감, 친밀감, 강렬한 성적 매력 등의 느낌이 들어 있는 경험이고, **동반자적 사랑** (companionate love)은 상대방에 대한 애정, 신뢰감, 행복을 바라는 마음 등의 느낌이 들어 있는 경험이다(Acevedo & Aron, 2009; Hatfield, 1988; Rubin, 1973; Sternberg, 1986). 이상적인 애정 관계에서는 이 두 가지 유형의 사랑이 모두 나타나지만, 이 두 유형의 사랑은 발전 속도, 경로, 지속 기간이 서로 매우 다르다(**그림 12.6** 참조). 열정적 사랑은 두 사람을 서로 결합하게 만드는 것인데, 이것은 급속하게 시작되어, 빨리 정점에 도달하고, 불과 수개월 내에 식기 시작한다(Aron

그림 12.6 열정적 사랑과 동반자적 사랑
열정적 사랑과 동반자적 사랑은 성장 곡선과 궤도가 서로 다르다. 열정적 사랑은 시작된 후 수개월이 지나면 식기 시작하지만, 동반자적 사랑은 느리지만 오랜 기간에 걸쳐 계속해서 성장한다.

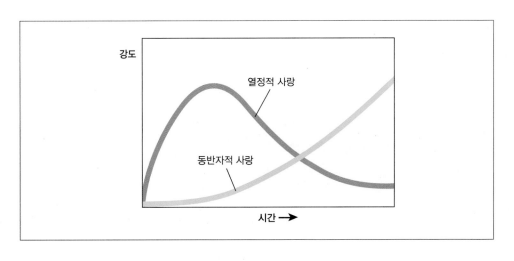

et al., 2005). 동반자적 사랑은 두 사람의 결합이 유지되도록 만드는 것인데, 이것은 시작되는 데 시간이 좀 걸리고, 느린 속도로 성장하며, 그 성장은 끝이 있을 필요가 없는 것이다(Gonzaga et al., 2001).

결혼은 이점(예컨대 사랑, 성관계, 경제적 안정)도 있지만, 또한 비용(예컨대 부가적인 책임, 개인적 자유의 제한, 부부 갈등 가능성)도 있다. 미국에서는 현재 결혼한 쌍의 3분의 1 이상이 이혼하게 된다. 왜 이혼하게 되는가? 사람은 비용 대 이익의 비율이 유리하다고 생각되는 한에서 그 관계를 유지한다(Homans, 1961; Thibaut & Kelley, 1959). 사람이 비용-이익 비율의 유불리를 따질 때 대략 두 가지 기준을 고려한다. 첫 번째는 더 나은 대안이 될 관계가 있는가이다. 두 번째는 그 관계에 자신이 이제까지 투입한 것이 얼마인가다. 수많은 해에 걸쳐 결혼 생활을 유지해온 부부에게는 유리한 것으로 보이는 비용-이익 비율이 결혼한 지 수개월밖에 되지 않은 부부에게는 유리하지 않은 비율로 보일 수 있는데, 이것이 신혼부부가 결혼 기간이 오래된 부부보다 이혼 가능성이 더 큰 이유 중의 하나이다(Bramlett & Mosher, 2002; Cherlin, 1992).

정리문제

1. 배우자를 선택할 때 왜 일반적으로 여성이 남성보다 더 까다로운가?
2. 매력을 느끼게 만드는 상황적 요인들로는 어떤 것이 있는가?
3. 신체적 매력이 왜 그렇게 중요한가?
4. 신체적 외모는 어떤 정보를 전달하는가?

5. 유사성은 매력에서 어떻게 그렇게 강력한 영향을 갖는가?
6. 사랑의 두 기본 유형은 무엇인가?
7. 사람은 둘 간의 관계에서 비용과 이익을 어떤 방식으로 저울질하는가?

대인 지각

여러분이 일상생활에서 만나는 수백만 개의 대상 중에서 다른 인간이야말로 단일하게 가장 중요한 대상이다. **사회인지**(social cognition)는 사람이 다른 사람에 대해 알아가는 과정을 말하는데, 우리의 뇌는 하루 종일 이 일을 하고 있다. 우리가 인식하고 있는지는 모르겠지만 우리의 뇌는 끊임없이 다른 사람의 생각과 감정, 신념과 욕구, 능력과 열망, 의도, 요구, 그리고 성격에 대해 추리한다. 이러한 추리는 그 사람이 소속해 있는 사회적 범주와 그 사람의 개인적 행동이라는 두 가지 종류의 정보에 근거해서 한다.

고정관념화 : 범주에 근거한 추리

인간의 마음이 가지고 있는 가장 뛰어난 기술 중의 하나는 새로이 접하는 것을 이전에 이미 만들어 놓은 범주에 집어넣을 수 있다는 것이다. 우리가 어떤 새로운 자극을 어떤 범주로 분류를 하는 순간('저것은 교과서이다.'), 우리는 그 범주에 관한 지식을 사용하여 그 새로운 자극의 속성에 대해 일부 합당하게 추측하고('그것은 아마도 비쌀 것이다.'), 그 추측에 따라서 행동하게 된다('나는 그것을 친구에게서 빌릴 생각이다'). 우리의 마음이 교과서에 대해서 추리하는 방식은 사람에 대해서 할 때도 똑같다. **고정관념화**(stereotyping)는 우리가 다른 사람에 대해 그가 소속해 있는 범주에 관한 지식에 근거하여 추리를 도출하는 과정이다. 우리가 어떤 사람을 성인 남성의 일본인 야구선수로 범주화하는 순간 바로 그 범주에 관한 지식을 사용하여 그 사람에 대하여 일부 근거 있게 추측하게 되는데, 예컨대 그는 얼굴 면도는 하지만 다리 면도는 하지 않을 것이고, 내야 플라이 볼 규칙을 잘 알고 있을 것이며, 도쿄에 대해서는 우리보다 더 잘 알고 있을 거라는 등의 추측을 한다는 것이다. 우리가 노인에게는 우리의 전화번호를 주는 대신 자리를 내어주고, 레

사회인지 사람이 다른 사람에 대해 알아가는 과정

고정관념화 사람이 다른 사람에 대해 그가 소속해 있는 범주에 관한 지식에 근거하여 추리를 도출하는 과정

스토랑에서는 종업원에게 페르마의 마지막 정리에 대해서 질문하기보다는 호박볶음 요리에 대해 질문하며, 길을 잃은 아이에게는 보드카 대신 과자를 주며 달래주는데, 우리는 이전에 만나본 적이 전혀 없는 사람에 대해서는 전적으로 그가 속해 있는 범주에 근거하여 추리한다. 이러한 예들이 시사하듯이, 고정관념화는 단순히 유용한 것 정도를 넘어서 필수적인 것이다(Allport, 1954; Liberman, 2017). 우리가 고정관념화를 하지 않는다면 이 세상은 어찌할 바를 모르는 노인들, 짜증으로 시달리는 종업원들, 더 자주 길을 잃고 싶은 아이들로 가득 찰지도 모른다.

그런데 언론인 월터 리프맨이 1936년에 **고정관념**이라는 용어를 처음 만든 이래로, 이 용어는 고정관념화가 종종 나쁜 결과를 가져오기 때문에 부정적인 의미를 갖는 것이 되었다. 연구에 의하면 고정관념은 자칫 오용될 수 있는 네 가지 속성을 가지고 있으므로 이런 일이 벌어지게 되었다는 것이다. 이 네 가지 속성에 대해 하나씩 알아보자.

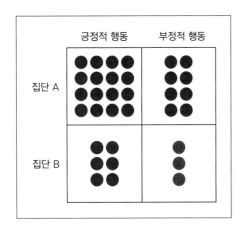

그림 12.7 없는 상관관계를 있는 것으로 보는 것 집단 A와 집단 B는 부정적 행동이 두 집단에서 모두 똑같이 3분의 1이므로, 이 두 집단은 '나쁜 정도'에서의 평균 점수에서 차이가 없다. 그러나 나쁜 행동과 집단 B의 사람이 되는 것은 둘 다 더 적게 일어나는 일인데, 두 가지의 드문 일이 동시에 일어나면 우리는 이것에 더 잘 주목하고 더 잘 기억하는 경향이 있다. 이런 경향성이 어떤 집단의 일원이라는 것과 부정적 행동 간에 실제로는 관계가 없는데 관계가 있는 것으로 보게 만든다.

1. 고정관념은 부정확할 수 있다

우리가 가지고 있는 고정관념 중에 어떤 것들은 맞는 것이다. 예를 들면 여자보다 남자가 스포츠에 더 열광적이라는 것이나, 던킨도너츠에 가는 사람들보다 스타벅스에 가는 사람들이 더 젊고 유행에 더 민감하다는 것과 같은 경우이다(Moskowitz, 2013). 그러나 우리의 고정관념 중 많은 것이 그 내용이 맞지 않는 것이다. 그런 고정관념은 어디에서 오는 것일까? 남들에게서 들은 것이다! 우리는 트윗을 읽고, TV를 보며, 노래 가사를 듣고, 부모님이 나누시는 얘기를 귀 너머로 듣는데, 이 모든 것들이 틀린 내용의 고정관념의 원천이 될 수 있다. 그런데 틀린 내용의 고정관념은 직접 경험에서도 나온다. 예를 들면 한 연구에서 연구 참가자에게 긴 목록의 긍정적 및 부정적 행동 항목을 보여주고, 각각의 행동이 집단 A 아니면 집단 B의 두 집단 중의 한 집단 사람들이 한 행동이라고 말해주었다(**그림 12.7** 참조). 이 행동 항목들은 두 집단 모두가 똑같이 그 행동 중의 3분의 1이 부정적 행동이 되도록 주의 깊게 배열하였다. 그러므로 긍정적 행동의 개수가 부정적 행동의 개수보다 더 많았다. 여기에다 집단 A의 사람 수가 집단 B의 사람 수보다 더 많게 했다. 따라서 부정적 행동이 긍정적 행동보다 일반적이지 않은 것이 되고, 집단 B의 사람이 집단 A의 사람보다 일반적이지 않은 사람이 된다.

실험 참가자들은 이 행동 항목들을 다 본 다음에 기억 검사를 하였다. 그들은 집단 A의 사람들이 한 행동 중 3분의 1이 부정적 행동이었다는 것을 정확히 기억했지만, 집단 B의 사람들이 한 행동은 절반이 부정적 행동이었다고 잘못 기억했다(Hamilton & Gifford, 1976). 왜 이런 결과가 나왔는가? 부정적 행동과 집단 B의 사람은 일반적이지 않은 사건인데, 두 가지의 일반적이지 않은 사건이 동시에 발생하는 경우 사람은 이런 경우에 대해 특별한 주의를 더 기울인다("잘 봐! 집단 B의 사람 중 하나가 유별난 행동을 했잖아"). 이것이 바로 다수 집단의 사람이 소수 집단의 사람(이들은 상대적으로 흔한 사람이 아니다)이 저지른 폭력 범죄(이것은 상대적으로 흔한 사건이 아니다)의 횟수를 과대평가하는 이유이다. 기본적으로 사람은 자신이 다른 사람을 직접적으로 관찰한 때에도 그 사람이 속한 집단에 대해 잘못된 내용의 신념을 만들어서 가질 수가 있는 것이다.

2. 고정관념은 남용될 수 있다

압핀은 모두가 서로 거의 똑같으므로 압핀에 대한 우리의 고정관념(작고, 값싸며, 찔리면 아픔)에 의해서 1개의 압핀에 관한 사실을 다른 모든 압핀에 대해 일반화하더라도 잘못될 일이 거의 없다. 그러나 인간에 관한 범주는 각 범주 내의 사람들 간의 다양성이 너무나 커서 우리의 고정관념은 그 범주에 들어 있는 각 개인에 대해 가장 희미한 단서 정도의 정보밖에 제공해줄 수 없다. 여러분은 아마도 여자보다 남자가 상체의 힘이 더 강할 것이라고 믿고 있을 터인데, 이러한 생각은 평균적으로 맞는 것이다. 그러나 각각의 성별 범주에 속하는 개개인의 상체 힘은 서로 너무나 달라서 어떤 사람의 성별이 무엇인가를 아는 것만으로는 그 사람이 얼마만큼의 무게를 들 수 있을지를 쉽게 알 수 없다.

따라서 집단 내의 사람들 간의 개인차가 큰 경우에는 고정관념이 거의 유용하지 않은데, 인간 집단의 경우는 집단 내 개인차가 거의 항상 매우 크다. 슬프게도 어떤 대상을 범주화하는 이 단순한 행동이 사람에게 집단 내의 개인차를 실제보다 더 적게 보게 만든다. 한 연구에서 실험 참가자에게 길이가 다른 일련의 선분을 보여주었다(**그림 12.8** 참조; McGarty & Turner, 1992; Tajfel & Wilkes, 1963). 어떤 실험 참가자에게는 그림 12.8의 오른쪽에 나와 있는 바와 같이 길이가 긴 선분에는 '집단 A'라는 이름이 붙여져 있고, 길이가 짧은 선분에는 '집단 B'라는 이름이 붙여져 있었다. 이 실험 참가자에게 그 선분들의 길이를 기억해보라고 했을 때 범주 명칭이 붙은 선분들을 본 실험 참가자는 같은 명칭의 범주에 들어 있는 선분 간의 길이의 차이를 과소평가하였다.

선분의 길이 판단에서 일어나는 일이 또한 사람에 대해서 하는 판단에서도 똑같이 일어난다. 사람을 아시아계 미국인 또는 원주민 미국인, 유대인 또는 기독교인, 예술가 또는 회계사 등과 같이 단순히 범주화하는 행동이 우리에게 이 범주와 관련된 고정관념의 유용성을 과대평가하게 만든다(Park & Hastie, 1987; Rubin & Badea, 2012).

3. 고정관념은 자가 지속적이 될 수 있다

레슬링보다 발레를 더 좋아하는 미식축구 선수를 만나보고, 타코보다 피시볼을 더 좋아하는 멕시코인을 만나보고 나서도, 왜 우리는 이 사람들이 속한 집단에 대한 우리의 고정관념을 바꾸거나 떨치지 못할까? 고정관념은 바이러스나 기생충처럼 한 번 우리의 마음속에 자리를 잡고 나면 그 고정관념을 박멸하려고 우리가 모든 총체적인 노력을 들이더라도 꿋꿋이 버틴다. 이것은 두 가지 이유로 그렇게 된다.

첫째, **지각 확증**(perceptual confirmation)이란 사람이 자신이 보기를 기대하는 것을 보는 경향성인데, 이것이 고정관념을 지속하게 만든다. 한 연구에서, 실험 참가자에게 대학교 남자 농구 경기의 라디오 중계방송을 들려주었다(Stone, Perry, & Darley, 1997). 선수 중의 어느 한 선수에 대해 어떤 실험 참가자에게는 그 선수가 흑인이라고 말해주었고, 다른 실험 참가자에게는 백인이라고 말해주었다. 그 게임에 대한 중계방송 청취 후에 실험 참가자에게 그 선수의 실력을 평가하게 하였다. 그 선수가 흑인이라고 생각했던 실험 참가자는 그 선수가 운동 능력이 좋고 게임을 잘 이

고정관념은 틀릴 수 있다. 실로모 쾨니히는 사람들 대다수가 가지고 있는 경찰관이나 랍비에 대한 고정관념에 들어맞는 사람이 아니지만, 그는 그 두 가지 모두이다.

Gino Domenico/AP Images

지각 확증 사람이 자신이 보기를 기대하는 것을 보는 경향성

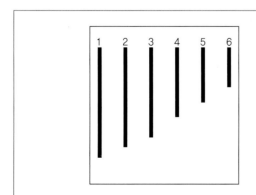
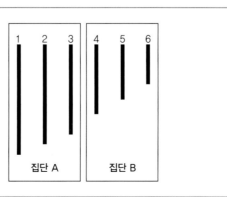

그림 12.8 범주화가 차이를 더 적게 보게 만든다. (왼쪽 상자에 있는 것처럼) 집단의 명칭이 없는 선분을 볼 때보다, 오른쪽(집단 A와 집단 B 상자)처럼 집단 명칭이 붙어 있는 선분을 볼 때 선분 1~3((마찬가지로 선분 4~6)의 길이 차이를 더 적게 본다.

집단 A   집단 B

암묵적 연합 검사는 사람이 두 가지 일을 얼마나 쉽게 연관성이 있는 것으로 보는 가를 측정한다(Greenwald, McGhee, & Schwartz, 1998). 이 검사를 사용한 연구들은 백인 미국인의 70%가 백인의 얼굴과 '평화'와 같은 긍정적 의미의 개념을 더 쉽게 연결짓고, 흑인의 얼굴과 '폭탄'과 같은 부정적 의미의 개념을 더 쉽게 연결짓으며, 그와 반대 방식의 연결은 잘 하지 않는다는 결과를 보여준다. 놀랍게도 아프리카계 미국인의 40%도 이와 똑같은 방식의 반응을 보인다. IAT 검사는 http://implicit.harvard.edu/implicit/에서 자신이 스스로 해볼 수 있다.

Colorblind Images/Blend Images/Alamy; Radius Images/Alamy

끌었다고 평가한 데 비해, 그 선수가 백인이라고 생각했던 실험 참가자는 그 선수가 농구 지능과 몸 움직임이 좋았다고 평가했다. 이렇게 서로 다른 평가를 한 실험 참가자는 모두가 똑같은 게임의 중계방송을 들었다는 사실을 기억하시라! 고정관념은 개개인에 대한 우리의 지각을 편향시킴으로써 자가 지속적이게 되는데, 사실이 그렇지 않은 경우에서조차도 그 사람들이 자신의 고정관념을 확인시켜주고 있다고 믿게 만든다.

둘째, **행동 확증**[behavioral confirmation, 자기실현적 예언(self-fulfilling prophecy)이라고도 함]은 남이 자신에게 기대하고 있는 바대로 행동하게 되는 경향성이다. 예를 들면, 누가 자신에 대해 부정적인 고정관념을 갖고 있다고 알게 되면, 그는 상대방이 자신에 대해 가지고 있는 부정적 고정관념이 증명되는 것을 두려워하는 **고정관념 위협감**(stereotype threat)을 느끼게 된다(Aronson & Steele, 2004; Schmader et al., 2008; Spencer et al., 2016; Walton & Spencer, 2009). 역설적으로, 이 위협감은 그에게 그를 위협하는 바로 그 고정관념을 확증하는 방향으로 행동하게 만든다. 한 연구(Steele & Aronson, 1995)에서 아프리카계 미국인 학생과 백인 미국인 학생에게 시험 문제를 주고 각 집단 학생의 절반에게는 시험지의 맨 꼭대기에 자신의 인종을 쓰게 하였다. 시험지의 첫 부분에 자신의 인종을 쓰지 않았던 학생은 모두가 자신의 원래 실력만큼 시험을 보았지만, 자신의 인종을 쓰게 한 조건에서는, 아프리카계 미국인 학생은 자신이 속한 집단에 대한 부정적 고정관념을 확증해줄 것 같은 불안감이 들었고, 이로 인해 자신의 원래 실력보다 못하게 시험을 보았다. 고정관념은 상대방이 기대하는 바 그대로를 정확하게 행동하게 만들고, 이것이 다시 그 상대방의 고정관념을 확인시켜주기 때문에 자가 지속적이게 되는 것이다(Klein & Snyder, 2003).

4. 고정관념은 무의식화 및 자동화될 수 있다

고정관념이 부정확하고 자가 지속적이라는 것을 알고 있다면 왜 우리는 그것의 사용을 결단력 있게 중단하지 못하는가? 그것은 고정관념화가 무의식적으로 일어나며(이것은 우리가 이것을 사용하고 있음을 의식하지 못한다는 의미이다), 자동적으로 일어나기(이것은 심지어 우리가 그렇게 하지 않으려고 노력하는데도 불구하고 그렇게 하지 못한다는 것을 의미한다) 때문이다(Banaji & Heiphetz, 2010; Greenwald et al., 1998; Greenwald & Nosek, 2001).

예를 들면 한 연구에서 실험 참가자에게 비디오 게임을 하도록 했는데, 총 또는 카메라를 들고 있는 흑인 또는 백인의 사진이 화면에 1초가 되지 않는 아주 짧은 시간 비추어졌다. 실험 참가자는 총을 들고 있는 사람에게 총을 발사하면 돈을 따고, 카메라를 들고 있는 사람에게 총을 발사하면 돈을 잃게 된다. 결과를 보면 실험 참가자는 카메라를 들고 있는 흑인에게 발사하거나, 총을 들고 있는 백인에게 발사하지 않는 식의 두 가지 유형의 실수를 보였다(Correll et al., 2002). 사진이 화면에 너무 짧은 시간 제시되어서 실험 참가자는 자신이 가지고 있는 고정관념에 비추어볼 충분한 시간이 되지 않음에도 불구하고 고정관념은 무의식적으로 작용하기 때문에 자신이 가지고 있는 고정관념을 확인할 필요 없이 카메라가 흑인의 손에 들려져 있을 때는 총으로 오인하고, 총이 백인의 손에 들려져 있을 때는 카메라로 오인하는 것이다(Correll et al., 2015). 나아가, 흑인 실험 참가자도 백인 실험 참가자와 똑같이 이러한 패턴의 실수를 보였다.

이것은 왜 그러한가? 그 이유는 고정관념이 우리가 다년간에 걸쳐서 친구와 친척, 책과 블로그, 농담과 영화, 심야 토크쇼 등을 통해 만나고 알게 되는 인간 범주들에 관한 모든 정보로 이루어지기 때문이다. 우리가 범죄 드라마나 랩 비디오에서 흑인이 총을 가지고 있는 것을 보면 우리의 마음에서는 이 두 가지가 자연스럽게 연결되는데, 우리가 이것이 뉴스가 아니고 예술이라는 것을 의식적으로 인식하고 있음에도 불구하고 우리의 뇌는, 우리가 제6장과 제7장에서 보았듯이 연합을 만들어내는 것이 뇌가 하는 일 중 가장 잘하는 일이기 때문에, 그러한 연합을 만들어

행동 확증 남이 자신에게 기대하고 있는 바대로 행동하게 되는 경향성

고정관념 위협감 상대방이 자신에 대해 가지고 있는 부정적 고정관념이 증명되는 것을 두려워하는 것

바이올린 연주자인 로리엔 베네트는 피츠버그 심포니 오케스트라에서 오디션을 받을 때 그녀의 성별을 시험관들이 알 수 없도록 스크린 뒤에서 연주하고 있다(왼쪽 사진). 왜 이런 방식으로 오디션을 보는가? 그 이유는 시험관이 오디션 대상자를 직접 눈으로 보지 않을 때 여성이 더 많이 선발된다고 하는 연구 결과(Goldin & Rouse, 2000)가 있기 때문이다. 이것이 사실이라면 국민의 성비에 비추어볼 때 주요 심포니 오케스트라에서의 여성의 비율이 더 낮은 것은 지각 확증 또는 행동 확증 또는 이 두 가지가 모두 작용한 것이 적어도 하나의 이유가 될 수 있음을 의미한다. 그러나 어쨌든 베네트(오른쪽 사진)는 오디션을 통과했고, 2001년 이래로 피츠버그 심포니 오케스트라에서 활동하고 있다.

내고 기억하게 된다. 우리의 뇌가 일단 이러한 연합을 만들고 나면 우리는 마치 파블로프의 개가 음식과 연합된 소리를 들을 때 침을 흘리는 것을 피할 수 없듯이 그 연합의 영향을 피할 수 없게 된다. 사실상, 어떤 연구는 고정관념을 의식적으로 사용하지 않으려고 하면 할수록 오히려 그 고정관념을 더 많이 사용하게 된다는 결과를 보여주고 있다(Macrae et al., 1994).

고정관념의 부정적 효과는 피할 수 없는 것인가

고정관념화가 무의식적이고 자동적으로 일어나는 것이기는 하지만, 고정관념의 부정적 효과가 절대로 피할 수 없는 것은 아니다(Blair, 2002; Kawakami et al., 2000; Milne & Grafman, 2001; Rudman et al., 2001). 예를 들면, 앞서 얘기된 '카메라와 총' 비디오 게임을 하기 전에 특별 훈련을 받은 경찰관은 그런 게임에서 보통 사람이 보이는 것과 같은 편향을 보이지 않았다(Correll et al., 2007). 그런데 경찰관이 백인보다 흑인에게 더 많이 발사하지 않기 위해서는 천 분의 수 초의 시간이 더 필요한데, 이것은 그들이 가지고 있는 고정관념이 보통 사람과 마찬가지로 그들의 지각에 무의식적이고 자동적으로 영향을 준다는 것을 나타낸다. 그러나 경찰관은 보통 사람과는 달리 실제로 백인보다 흑인에게 더 많이 발사하지 않았는데, 이것은 그들이 가지고 있는 고정관념이 자신의 행동에 영향을 미치지 못하도록 하는 방법을 학습했음을 나타낸다(Phills et al., 2011; Todd et al., 2011).

그렇다면 어떤 방법이 가장 효과적인가? 2014년에 한 무리의 심리학자들이 여러 연구자를 초청하여 흑인에 대한 무의식적 고정관념을 감소시킬 수 있는 가장 좋은 방법을 찾는 경연대회를 열고, 제안된 방법들을 서로 경쟁 붙여 보았다. **그림 12.9**에서 볼 수 있듯이, 이 방법들의 절반 정도가 상당한 효과가 있음을 보여주었는데, 이 방법들은 백인에게 흑인의 고정관념을 타파하게 해주는 흑인의 예를 접하게 하는 것이었다. 예를 들면, 가장 효과가 좋은 방법은 사람들에게 자신이 백인에게서 공격을 받았는데 흑인이 자신을 구해준다는 이야기를 아주 세부적으로 상상해보게 하는 방법이었다. 가장 효과가 낮은 방법은 사람들에게 단순히 흑인에 대해 동정심을 가져보게 하거나 흑인의 관점에서 생각해보게 하는 것이었다('현실 세계 : 역지사지 방법은 효과가 있는가?' 참조). 그러나 아직 가장 효과가 좋다는 방법조차도 효과가 그리 큰 것이 아니었다. 그러한 방법의 무의식적 편향의 변화 효과는 적었고 그 효과도 단기적이었으며, 이러한 약간의 변화조차도 그 사람들의 의식적 신념과 실제 행동에서의 변화로는 연결되지 않았다(Forscher et al., 2019).

이 연구 결과는 여러 면에서 문제점을 제기하고 있는데, 그중 가장 큰 문제는 이 연구에서 효과가 가장 낮은 것으로 나온 방법들이 무의식적 고정관념이나 '암묵적 편향'을 감소시키기 위하

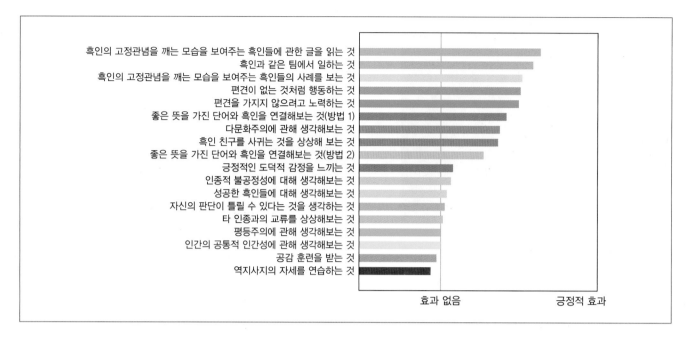

흑인의 고정관념을 깨는 모습을 보여주는 흑인들에 관한 글을 읽는 것
흑인과 같은 팀에서 일하는 것
흑인의 고정관념을 깨는 모습을 보여주는 흑인들의 사례를 보는 것
편견이 없는 것처럼 행동하는 것
편견을 가지지 않으려고 노력하는 것
좋은 뜻을 가진 단어와 흑인을 연결해보는 것(방법 1)
다문화주의에 관해 생각해보는 것
흑인 친구를 사귀는 것을 상상해 보는 것
좋은 뜻을 가진 단어와 흑인을 연결해보는 것(방법 2)
긍정적인 도덕적 감정을 느끼는 것
인종적 불공정성에 대해 생각해보는 것
성공한 흑인들에 대해 생각해보는 것
자신의 판단이 틀릴 수 있다는 것을 생각하는 것
타 인종과의 교류를 상상해보는 것
평등주의에 관해 생각해보는 것
인간의 공통적 인간성에 관해 생각해보는 것
공감 훈련을 받는 것
역지사지의 자세를 연습하는 것

효과 없음 　　　　　　긍정적 효과

그림 12.9 백인이 흑인에 대해 가지는 무의식적 고정관념을 감소시키는 18가지 방법의 효과성을 비교한 연구의 결과

여 학교, 기업, 기타 여러 조직체에서 많이 사용하고 있는 프로그램들과 같은 내용의 것이라는 점이다. 사실상 일단의 심리학자들이 많은 다양한 훈련 방법들에 관한 연구 문헌을 검토하여 내린 결론은 안타깝게도 "우리는 현재로서는 현실에서 사용되고 있는 여러 가지 프로그램과 정책이 정말 효과가 있는지 알 수 없고, 또 이 프로그램들이 어떤 조건에서 가장 효과가 있는지를 알 수 없다"는 것이었다(Paluck & Green, 2009, p. 357). 진실은 고정관념화의 부정적 효과를 없애는 방법을 과학자들도 아직 모른다는 것이다.

귀인 : 행위에 근거한 추론

1963년에 마틴 루서 킹 주니어 박사는 미국에 대한 자신의 비전을 담은 연설을 하였다. "나는 나의 네 아이가 언젠가는 그들의 피부 색깔에 의해서가 아니라 그들의 성품에 의해 판단되는 나라에서 살게 될 것이라는 꿈을 갖고 있습니다." 고정관념화에 관한 연구는 킹 박사의 염려가 여전히 맞는 염려라는 것을 보여주고 있다. 우리는 사실상 사람을 그의 성별, 국적, 종교, 나이, 직업뿐만 아니라 피부 색깔을 갖고도 판단하며, 그렇게 함으로써 때때로 엄청난 잘못을 범한다. 그렇다면 우리는 성품을 갖고 사람을 판단할 때 더 나은 판단을 하는가? 우리가 만약 고정관념의 '스위치를 끄고' 각 사람을 개별자로서 취급한다면, 그 사람을 더 정확하게 판단할 수 있을 것인가?

성향과 상황

꼭 그렇지는 않을 것이다. 사람을 개별자로 취급한다는 것은 그 사람이 하는 말과 행동을 보고 그 사람을 판단한다는 것을 의미한다. 이것은 한 사람의 말과 행동이 항상 그 사람의 진짜 모습을 나타내는 것이 아니기 때문에 생각처럼 그리 쉬운 일이 아니다. 정직한 사람도 때로는 곤경에 처한 친구를 구해주기 위해 거짓말을 할 수 있으며, 부정직한 사람도 때로는 자신의 신뢰도를 높이기 위해 진실을 말할 수 있다. 행복한 사람도 슬픈 날이 있고, 점잖은 사람도 난폭 운전을 할 수 있으며, 우리를 멸시하던 사람도 부탁할 일이 있을 때 우리에게 와서 알랑거릴 수 있다. 요약한다면, 사람의 행동은 때로는 그 사람의 품성, 특성, 성향과 같은 진짜 모습을 말해주는 것이기도 하지만, 또한 때로는 그것은 단지 그 사람이 처한 현재 상황의 모습을 말해주는 것이기도 하다.

역지사지 방법은 효과가 있는가?

다양성과 포용성을 장려하기 위해 많은 조직체가 그들의 구성원에게 다른 사람의 시각에서 세상을 바라보고 이해해보려고 하는 것이라는 의미를 갖는 '역지사지 훈련'에 참여할 것을 촉구한다. 이 훈련이 효과가 있을 수도 있고 없을 수도 있지만, 다른 사람이 사는 세상은 어떤 것일까를 생각해보는 것이 부작용은 없을까?

이 문제를 알아보기 위해 한 팀의 연구자들이 실험 참가자의 눈을 가리게 하고 유리잔에 물을 따르는 것부터 복도에서 계단이 어디에 있는지를 찾는 일에 이르기까지 다양한 일상생활의 과제를 하도록 하였다(Silverman et al., 2014). 통제 조건에 들어 있는 실험 참가자들은 실험집단의 실험 참가자가 그 과제를 수행하는 것을 단순히 참관하였다. 그 이후에 모든 실험 참가자는 시각장애인에 대한 자신의 감정과 시각장애인이 얼마만큼 독자적으로 일하고 생활할 수 있을 것인지에 대한 평가를 서술하였다.

눈가리개를 경험했던 실험 참가자의 서술 내용은 우리가 예상한 바와 똑같았다. 말하자면 그 경험이 실험 참가자를 시각장애인에 대해 더 우호적이고, 개방적이며, 동정적이고, 온정적으로 만들었다. 그러나 이들은 단순히 참관만 한 실험 참가자보다 시각장애인에 대해 그들이 시내를 돌아다니거나 요리하거나 직장 일을 하는 데서의 역량과 능력을 더 낮게 평가하였다. 다른 말로 한다면, 불과 몇 분의 시각장애인 체험을 한 것이 그들에게 시각장애인이 일상생활이 요구하는 과제를 대부분 할 수 없을 것이라는 생각을 하게 만든다는 것이다.

그러나 그런 생각은 맞지 않다. 시각장애인은 대부분이 유리잔에 물을 따르거나 복도에서 계단을 찾는 일은 완벽하게 잘할 수 있으며, 학교 교사로부터 회계사에 이르기까지 다양한 직장 일을 완벽하게 할 수 있다. 시각장애인이 그런 장애가 없는 사람만큼 할 수 없는 일(도로에서 차를 운전하는 것)도 있기는 하지만, 시각장애는 적정 시간을 훈련하면 충분히 잘 극복할 수 있는 장애이며, 심지어 어떤 일은 시각장애인이 더 잘하는 것도 있다(예 : 길에서 자동차 소리를 듣는 것). 이 연구에 참여했던 실험 참가자들은 시각장애인 경험은 충분한 시간을 가졌지만, 시각장애인으로서 적응할 시간은 충분히 가지지 못했다. 몇 분의 시각장애인 체험이 실험 참가자를 시각장애인에 대하여 더 공감하도록 만들었지만, 그 경험은 또한 그들에게 시각장애인으로 일생을 산다는 것이 어떤 것인지에 대해 잘못된 이해를 하게 만들기도 했다. 장애인이 되는 것이 어떤 것인지를 더 잘 알게 되기보다는 더 잘못 알게 된 것이다. 사람은 그 누구도 다른 사람의 경험 세계가 어떤 것인지를 진정하게 알 수 없다. 우리의 시각이 확장되도록 잘 설계된 훈련이 원래의 목적과는 정반대가 되는 결과를 가져올 수 있다는 사실은 많은 조직체에서 어떤 개선 프로그램을 도입할 때는 그 프로그램이 개선보다는 개악의 결과를 가져올 수 있다는 점을 고려해서 사전에 심리학자의 조언을 받는 것이 필요하다는 점을 알려주고 있다.

폴 스크럭스는 시각장애인이지만, 군복을 만드는 공장에서 기계 조작자로서 일하는 데 아무런 문제가 없다. 여러분이 두 눈을 감고 이 기계를 조작한다면 첫 한 시간 정도는 쉽지 않겠지만 그 이후부터는 아무 문제 없이 잘할 수 있을 것이다.

Jay Mallin/Bloomberg via Getty Images

사람을 제대로 이해하기 위해서는 그 사람이 하는 말과 행동을 알아야 할 뿐만 아니라, 그 사람이 왜 그런 말과 행동을 하는지도 알아야 한다. 생명의 귀중함을 역설하는 정치인이 진실로 낙태를 반대하는 사람인가 아니면 보수주의자의 표를 얻기 위해 그렇게 하고 있는가? 홈런을 친 그 야구 타자가 정말로 타고난 재능의 강타자인가 아니면 그때 마침 공이 날아가는 방향으로 바람이 세게 불어서 홈런이 된 것인가? 이러한 질문에 대한 답을 찾을 때 우리는 귀인을 하고 있는데, **귀인**(attribution)이란 사람이 하는 행동의 원인에 대한 추리를 말한다(Epley & Waytz, 2010; Gilbert, 1998). 어떤 사람의 행동을 그 행동이 일어난 상황의 어떤 일시적 요인 때문에 일어났다고 판단한다면 우리는 **상황 귀인**(situational attribution)을 하는 것이며("그는 때마침 불어온 바람 덕분에 공이 관중석까지 날아가는 행운을 누렸다."), 그 사람의 행동을 늘 특정한 방식으로 생각하고 느끼고 행동하는 그의 비교적 지속적인 경향성('성향') 때문에 일어났다고 판단한다면 우

귀인 사람이 하는 행동의 원인에 대한 추리

성공한 사업가이자 '샤크 탱크(비즈니스 리얼리티 쇼)'의 패널로 활동하는 로버트 헤이야비치는 "나는 성공이 전적으로 노력의 결과라고 생각한다. 자신의 운명은 자신이 만든다"라고 말했다. 그러나 대응 추리 현상에 관한 연구 결과를 보면 사람은 성공을 너무나 쉽게 지능과 집념의 결과라고 생각하고, 실패는 너무나 쉽게 무능과 게으름의 탓으로 돌린다는 것이다.

John Lamparski/WireImage/Getty Images

리는 성향 귀인(dispositional attribution)을 하는 것이다("그는 공을 보는 눈이 좋고 스윙이 강력하다.").

귀인 오류

연구에 의하면 사람이 성향 귀인이나 상황 귀인을 판단할 때 잘못을 자주 범한다는 것이다. **대응 추리 편향**(correspondence bias)이란 상황 귀인이 맞는 것인데 성향 귀인을 하는 경향을 말한다 (Gilbert & Malone, 1995; Jones & Harris, 1967; Ross, 1977). 이 편향은 너무나 많이 일어나므로 기본 귀인 오류(fundamental attribution error)로 불리기도 한다.

예를 들면, 한 실험에서 실험 참가자는 '퀴즈 진행자'가 어려운 퀴즈 문제를 만들어 제시하면 '퀴즈 풀이자'는 정답을 맞히는 상식 퀴즈 게임을 참관하게 된다. 퀴즈 진행자는 대부분 자신만이 알고 있는 독특한 내용을 가지고 남이 풀기 어려운 문제를 제시하였고, 따라서 퀴즈 풀이자는 그 문제를 대부분 맞히지 못하였다. 퀴즈 게임이 끝난 후에 이를 참관한 실험 참가자는 퀴즈 진행자와 퀴즈 풀이자에 대해 똑똑한 정도를 평가하게 된다. 퀴즈 진행자가 제시한 문제들은 수준이 높았고 퀴즈 풀이자는 이 문제들을 제대로 맞히지 못했지만, 이러한 질문과 답변의 수준은 그들 각각이 부여받은 역할의 산물이다. 말하자면 퀴즈 진행자는 쉬운 과제를 받은 것이며, 퀴즈 풀이자는 어려운 과제를 받은 것이다. 그들의 역할이 서로 바뀌었다면 그 퀴즈 풀이자도 똑같이 풀기 어려운 질문을 만들었을 것이고 그 퀴즈 진행자 역시 똑같이 대답을 잘하지 못했을 것이다. 그러나 참관자는 퀴즈 진행자와 퀴즈 풀이자의 과제 수행 수준을 각자의 성향에 귀인했고, 따라서 퀴즈 진행자가 퀴즈 풀이자보다 더 똑똑하다고 평가하였다. 운동 시합을 홈구장에서 하면 더 유리하다는 것과 기업가가 선대의 가업을 물려받으면 성공하기가 더 쉽다는 것을 잘 알고 있으면서도 우리는 그들의 승리와 성공을 그들의 재능과 집념에 귀인을 하는 경향을 보인다.

이 대응 추리 편향은 특정한 문화권(Choi et al., 1999)과 특정한 사람(D'Agostino et al., 1992; Li et al., 2012)에게서 더 잘 일어난다. 우리는 또 자신의 행동에 대해 귀인을 할 때보다 다른 사람의 행동에 대해 귀인을 할 때 대응 추리 편향을 더 많이 범한다. **행위자-관찰자 효과**(actor-observer effect)는 타인의 행동에 대해서는 성향 귀인을 하면서, 같은 행동인데 자신의 행동에 대해서는 상황 귀인을 하는 경향을 말한다(Jones & Nisbett, 1972). 대학교 학생들에게 자신과 친구가 전공을 선택한 이유가 무엇이었을까를 말해보라고 하면, 자신의 선택에 대해서는 상황을 이유로 대고("내가 경제학을 선택한 이유는 부모님께서 내가 대학교를 마치면 바로 자립할 수 있게 하라고 말씀하셨기 때문이다."), 친구의 선택에 대해서는 성향을 이유로 대는("리가 경제학을 선택한 이유는 그녀가 돈을 좋아하는 사람이기 때문이다.") 경향을 보였다(Nisbett et al., 1973).

행위자-관찰자 효과는 사람이 통상 다른 사람의 행동이 일어난 상황에 관한 정보보다 자신의 행동이 일어난 상황에 관한 정보를 더 많이 가지고 있는 데서 일어난다. 우리는 "뭔가 실용적인 전공을 선택해라"라는 부모님의 훈계는 기억하고 있지만, 우리는 리의 집에서 살지 않았기 때문에 그녀의 부모님도 똑같은 훈계를 하시는 것을 볼 수 없었다. 관찰자의 눈에는 상대방의 행동이 초점의 대상이고, 행위자의 눈에는 자신의 행동이 일어나고 있는 상황이 초점의 대상이 된다. 이것이 왜 사람들이 비디오테이프에 나오는 자신의 모습을 보게 되면(이것은 자신의 행동을 관찰자의 시각에서 보게 만든다) 갑자기 자신에 대해 성향 귀인으로 선회하게 되는 이유이다(Storms, 1973; Taylor & Fiske, 1975).

대응 추리 편향 상황 귀인이 맞는 것인데 성향 귀인을 하는 경향

행위자-관찰자 효과 타인의 행동에 대해서는 성향 귀인을 하면서, 같은 행동인데도 자신의 행동에 대해서는 상황 귀인을 하는 경향

정리문제

1. 고정관념은 어디에서 비롯되고, 어떤 기능을 하는가?
2. 고정관념이 가장 잘 맞지 않는 경우는 언제인가?
3. 고정관념은 왜 실제보다 더 그럴싸해 보이는가?

4. 고정관념을 벗어나기 어려운 이유는 무엇인가?
5. 귀인을 할 때 사람들은 어떤 오류를 범하는가?

대인 영향

학습목표

- 안락 추구 동기가 무엇인지 설명하고, 이 방법이 갖는 역효과는 무엇인지를 설명한다.
- 인정 추구 동기가 무엇인지 설명하고, 규범적 영향, 동조, 복종이 서로 어떻게 다른지 설명한다.
- 정확성 추구 동기가 무엇인지 설명하고, 정보적 영향, 설득, 일관성 추구가 서로 어떻게 다른지 설명한다.

엑스맨이나 어벤져스 영화를 보면서 자란 사람이라면 "어떤 종류의 초능력을 갖는 게 가장 좋을까?"라는 생각을 조금은 해보았을 것이다. 슈퍼 파워와 슈퍼 스피드를 갖고 있으면 확실히 좋은 점이 많을 것이며, 투명 인간이나 투시력을 가진 사람이 되면 돈도 많이 벌 수 있을 뿐만 아니라 재미도 있을 것이고, 또 날 수 있다면 얼마나 좋을 것인가? 그러나 근본적인 차원에서 본다면 다른 사람을 통제하는 능력이 아마도 가장 유용한 것일 것이다. 말하자면, 나 대신에 이런 위험한 일을 해줄 다른 누군가가 확실히 있다면, 군이 내가 나서서 외계인 권력자와 데스매치를 벌이거나 불타고 있는 건물에서 아이를 구하려고 불 속으로 뛰어들 필요가 있겠는가? 맛있는 음식, 좋아하는 일, 큰 집, 멋진 자동차 등과 같이 우리가 인생에서 원하는 이런 것들을 우리는 다른 사람으로부터 얻을 수 있으며, 사랑하는 가족, 충직한 친구, 자랑스러운 자녀, 훌륭한 사원 등과 같이 우리가 가장 원하는 것은 바로 그 사람들이 없다면 그 어떤 방법으로도 얻을 수 없다.

사회적 영향력(social influence)은 다른 사람의 행동을 변화시키고 지시하는 능력을 말한다(Cialdini & Goldstein, 2004). 모든 사회적 영향력의 근저에는 세 가지의 기본적 동기가 깔려있다. 첫째, 사람은 안락을 추구하고 고통을 회피하려는 동기[**안락 추구 동기**(hedonic motive)]를 갖고 있다. 둘째, 사람은 다른 사람에게 수용되는 것을 추구하고 배척되는 것을 회피하려는 동기[**인정 추구 동기**(approval motive)]를 갖고 있다. 셋째, 사람은 맞는 것을 믿고 틀린 것을 믿지 않으려는 동기[**정확성 추구 동기**(accuracy motive)]를 가지고 있다. 앞으로 보게 되겠지만, 대부분의 사회적 영향력의 시도는 이 동기 중의 어느 하나 또는 그 이상의 것에 호소하는 것이다.

안락 추구 동기

안락 추구 동기는 모든 동기 중에서 가장 기본적인 동기인데, 사회적 영향이란 우리가 어떤 사람에게 그가 다른 것을 하기보다는 우리가 원하는 것을 하는 것이 더 많은 즐거움을 얻게 되는 상

사회적 영향력 다른 사람의 행동을 변화시키고 지시하는 능력

hudabeauty | Follow | ▼ | •••

449 posts   42.8m followers   773 following

HUDA KATTAN
Makeup Artist & Blogger
Turned Business Woman
Love my InstaFam 😊
New SKINCARE @wishfulskin
Personal Page 👉 @huda
hudabeauty.com

후다 카탄은 인스타그램에서 4,200만 명 이상의 팔로워를 가지고 있는 소셜 미디어의 인플루언서인데, 이는 스페인의 전체 인구에 맞먹는 인원수이다. 그녀의 게시물이 피부미용 제품에 관한 사람들의 선택을 바꾸도록 할 수는 있겠지만, 직업, 정치 후보자, 투자에 대한 사람들의 선택을 바꾸게 할 수는 없을 것이다. 후다는 영향력이 있는 사람인가? 이 문제는 여러분이 영향이라는 것을 중요성의 측면에서 보는가 아니면 영향의 크기 면에서 보는가에 따라 달라질 수 있다.

과잉 정당화 효과 어떤 행동에 대해 보상을 주면 그 행동을 하려는 내적 동기가 감소되는 것

반발심 자신이 강제를 당하고 있다고 느낄 때 생기는 불유쾌한 감정

황을 만드는 것이다. 부모님, 선생님, 정부, 기업은 보상을 제시하거나 처벌로 위협함으로써 사람들의 행동에 영향을 준다(**그림 12.10** 참조). 이러한 영향 방법이 효과를 내는 것은 신기한 일이 아니며, 많은 경우 이 영향 방법은 효과가 아주 좋다. 싱가포르 공화국이 시민들에게 공공장소에서 껌을 씹다가 잡히면 1년의 징역형과 5,500달러의 벌금형을 받을 거라고 경고했을 때, 대부분의 미국 사람들은 이 소식에 분노를 표시하거나 아니면 즐기는 모습을 보였다. 그러나 이러한 분노와 비웃음이 잦아들 무렵, 싱가포르에서는 껌을 씹는 행위가 사상 최저의 기록으로 뚝 떨어진 사실을 여실히 보게 되었다. 징역형이라는 소리를 들으면 사람은 언제라도 눈을 번쩍 뜨게 되어 있다.

보상과 벌은 효과가 매우 좋기는 하지만 또한 역효과를 불러올 수 있다. **과잉 정당화 효과**(overjustification effect)란 어떤 행동에 대해 보상을 주면 그 행동을 하려는 내적 동기가 감소되는 것을 말한다(Deci et al., 1999). 예를 들면, 한 연구(Lepper et al., 1973)에서 아이들에게 컬러 펜을 주고 놀게 했는데, 그 아이 중의 일부에게 상을 주었다. 그다음 날 그 아이들에게 또 컬러 펜을 주었는데 그 전날 상을 받았던 아이들이 그 펜을 가장 덜 갖고 놀았다. 왜 그랬을까? 그 이유는 전날에 상을 받았던 아이는 그 펜을 갖고 그림을 그리는 것을 자신이 내면적으로 좋아서 하는 것이기보다는 남에게서 상을 받기 위해 하는 것으로 생각하게 되었는데, 그다음 날 상을 주려고 하는 사람이 아무도 없는데 그가 도대체 왜 그 컬러 펜을 갖고 놀겠는가?

보상과 벌은 또한 뇌물이나 위협으로 느껴질 수도 있으므로 역효과를 불러일으킬 수 있다. **반발심**(reactance)이란 자신이 강제를 당하고 있다고 느낄 때 생기는 불유쾌한 감정을 말하는데, 반발심을 느끼게 되면 사람은 자신에게 강제되고 있는 일을 하지 않음으로써 이 반발심을 처리하려고 한다. 한 연구(Pennebaker & Sanders, 1976)에서 연구자들은 대학 구내의 두 군데 화장실에 경고판을 설치했다. 한 경고판에는 "이 벽에 낙서하지 말아 주시기 부탁드립니다"라고 써놓았고 다른 경고판에는 "어떤 경우라도 이 벽에 낙서하는 것은 금지입니다"라고 써놓았다. 2주 후에 가 보았더니 두 번째 화장실 벽에 더 많은 낙서가 있었는데, 이것은 아마도 두 번째 경고판의 위협적인 어투가 학생들의 반감을 샀고, 학생들은 자신들이 낙서를 할 수 있다는 것을 보여주기 위해 낙서를 한 것으로 풀이된다.

인정 추구 동기 : 수용되는 것이 배척되는 것보다 더 좋다

타인은 우리에게서 기아, 약탈, 고독, 실패했을 때 맞게 되는 온갖 불행을 막아주는 존재이다. 우리는 안전, 생계, 유대 등을 타인에게 의존하는데, 이것이 남에게 거부당하고 배척당하는 것이

그림 12.10 과속의 비용 메사추세츠주의 과속에 대한 과태료는 보통 중간 정도 수준이었다. 주 의회는 이 법을 개정하여 18세 이하의 운전자가 과속으로 걸렸을 때 90일의 면허 정지 처분을 받는데, 운전면허를 회복하려면 500달러를 내야 하고, 8시간의 교육을 받아야 하며, 운전면허 시험을 다시 치러야 하도록 했다. 어떤 일이 벌어졌을까? 18세 이하 운전자의 사고 사망률이 단 3년 만에 38%가 감소했다. 다른 말로 한다면, 안락 추구 동기의 활용으로 8,000명 이상의 젊은 생명이 구제된 것이다.

Journal-Courier/Clayton Stalter/The Image Works

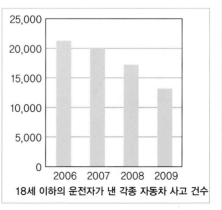

18세 이하의 운전자가 낸 각종 자동차 사고 건수

우리의 모든 경험 중 가장 고통스러운 경험이 되는 이유이다. 따라서 우리는 다른 사람이 우리를 좋아하고, 수용하고, 인정하게 만들도록 강력하게 동기화되는데(Baumeister & Leary, 1995; Leary, 2010), 이것은 우아하게 보이는 것이기는 하지만 우리를 다양한 형태의 사회적 영향에 취약해지게 만든다.

규범적 영향 : 우리는 합당하다고 생각하는 행동을 한다

엘리베이터를 타면 앞쪽을 바라보고 서 있어야 하고, 다른 사람이 있는 경우에는 두 사람이 엘리베이터를 타기 직전까지 서로 이야기를 나누었다 하더라도 엘리베이터 안에서는 옆 사람과 이야기를 해서는 안 되며, 엘리베이터 안에 단 두 사람만 있는 경우라면 서로 말을 해도 되지만, 이때도 서로 얼굴을 마주 보거나 뒤쪽을 보면 안 되게 되어 있다. 어느 누구도 여러분에게 이렇듯 장황하게 긴 엘리베이터 예절 규칙을 가르쳐 주지 않았지만, 여러분은 아마도 어디선가 이런 규칙을 습득하게 되었을 것이다. 사회적 행동을 규제하는 이런 불문율을 우리는 **규범**(norm)이라고 하는데, 이것은 한 문화권의 사람이 널리 공유하는 관습상의 행위 기준이다(Cialdini, 2013; Hawkins et al., 2019; Miller & Prentice, 1996). 우리는 규범을 너무나 쉽게 배우고 또 너무나 충실하게 그 규범을 지키는데, 이는 우리가 만약 그렇게 하지 않으면 다른 사람들이 우리를 용인하지 않을 것임을 알고 있기 때문이다(Centola & Baronchelli, 2015). 예를 들어 인류의 모든 문화는 **상호성 규범**(norm of reciprocity)을 갖고 있는데, 이것은 사람이라면 은혜를 베푼 사람에게 그 은혜를 갚아야 한다는 불문율이다(Gouldner, 1960). 친구가 점심을 샀다면, 반드시 그 호의를 갚아야 하는데, 만약 그렇게 하지 않는다면 그 친구는 기분이 언짢게 될 것이다. 상호성 규범은 너무나 강력해서, 연구자가 전화번호부에서 아무 이름이나 무작위로 뽑아서 그들 모두에게 크리스마스 카드를 보냈더니 거의 모든 사람이 크리스마스 카드 답장을 보내왔다는 것이다(Kunz & Woolcott, 1976).

규범은 사회적 영향이라는 게임에서 아주 강력한 무기가 된다(Miller & Prentice, 2016). **규범적 영향**(normative influence)은 다른 사람의 행동이 그 상황에서 합당한 행동이 무엇인가를 알려주는 것이 되는 현상이다(**그림 12.11** 참조). 예를 들면, 레스토랑의 종업원은 상호성 규범에 대해 누구보다도 잘 알고 있으므로, 고객에게 계산서를 줄 때 종종 사탕 하나를 곁들여준다. 연구에 의하면 공짜 사탕을 받은 고객은 자신을 위해 '뭔가를 좀 더' 해준 웨이터에게 자신도 '뭔가를 좀 더' 해주어야 한다는 의무감을 느끼게 된다고 한다(Strohmetz et al., 2002).

동조 : 우리는 남들이 하는 행동을 보고 따라한다

사람은 상호성 규범과 같이 우리가 잘 알고 있는 규범을 상기시킴으로써 우리에게 영향을 줄 수 있다. 여러분이 멋진 만찬장에서 이 작은 포크가 새우를 먹을 때 쓰는 것인지 아니면 샐러드를 먹을 때 쓰는 것인지를 알아낼 요량으로 옆에 있는 사람들을 은근슬쩍 훔쳐보는 자신을 발견한다면, 애매하고, 혼동되고, 처음 만나는 상황에서는 다른 사람이 새로운 규범을 정의해줌으로써 여러분에게 영향을 주는 존재임을 알게 될 것이다. **동조**(conformity)란 다른 사람이 하는 것을 따라서 하는 경향을 말하는데, 이것은 규범적 영향에서 나오는

규범 한 문화권의 구성원에게 널리 공유되는 관습상의 행위 기준

상호성 규범 사람은 자신에게 은혜를 베푼 사람에게 그 은혜를 갚아야 한다는 불문율

규범적 영향 다른 사람의 행동이 그 상황에서 합당한 행동이 무엇인가를 알려주는 것이 되는 현상

동조 다른 사람이 하는 것을 따라서 하는 경향

여러분은 어떤 사람이 저렇게 큰돈을 팁으로 내놓았을지 궁금하게 생각해본 적이 있는가? 사실은 그 돈은 많은 경우 여러분이 주는 팁을 받는 바로 그 사람이 거기에 꺼내 놓은 것이다. 그들은 큰 지폐가 거기 있으면 여러분이 누군가가 큰돈을 팁으로 주었다고 생각하고, 여러분도 그들과 똑같이 하는 것이 사회적으로 맞다고 생각하게 될 것임을 알기 때문이다.

Don Paulson Photography/Purestock/Superstock

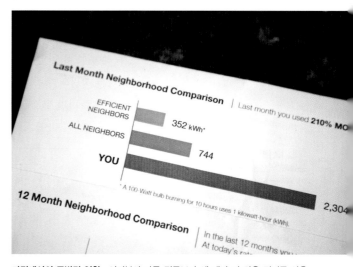

가정에서의 규범적 영향 여러분이 다른 집들보다 세 배나 더 많은 전기를 사용한 것으로 기록된 전기요금 고지서를 받아보았다면 어떤 생각이 들까? 설마 '자랑스럽다'라는 단어가 떠오르는 것은 아니지 않겠는가?

Max Whittaker/The New York Times/Redux

그림 12.11 연결 관계의 위험성 다른 사람의 행동은 무엇이 '정상적인가'를 정의해주기 때문에 우리는 다른 사람들이 하는 행동을 보고 그대로 따라 하게 된다. 과식이 그런 행동 중의 하나이다. 연구에 의하면 여러분이 아는 사람이 비만이 되면 여러분이 비만이 될 가능성이 급격히 증가한다고 한다(Christakis & Fowler, 2007).

Francis Dean/Dean Pictures/The Image Works

비만이 될 위험성은 평균적으로 다음과 같이 증가한다.

···57%
당신의 친구가
비만이 될 때

···171%
당신의 아주 친한 친구가
비만이 될 때

···100%
당신이 남성이고 당신의
남성 친구가 비만이 될 때

···38%
당신이 여성이고 당신의
여성 친구가 비만이 될 때

···37%
당신의 배우자가
비만이 될 때

···40%
당신의 형제자매 중의
한 사람이 비만이 될 때

···67%
당신이 여성이고 당신의
자매가 비만이 될 때

···44%
당신이 남성이고 당신의
남자 형제가 비만이 될 때

결과이다.

한 고전적 연구에서 심리학자인 솔로몬 애쉬(1951, 1956)는 실험 참가자를 실제는 훈련된 실험 보조자이지만 보통의 실험 참가자처럼 꾸민 7명의 다른 남성들과 한 방에 앉도록 배치했다. 실험자는 이 실험 참가자에게 3개의 선분이 그려져 있는 카드를 보게 될 것인데, 그가 할 일은 이 3개의 선분 중에서 어떤 것이 또 다른 카드에 그려져 있는 '기준 선분'과 길이가 같은지를 말하는 것이라고 설명해주었다(**그림 12.12** 참조). 실험자는 카드를 들고 각 실험 참가자에게 순서대로 대답하게 하였다. 진짜 피험자는 맨 마지막에 대답하게 되어 있었다. 첫 두 시행에서는 모든 것이 순조롭게 진행되었지만, 세 번째 시행에서 뭔가 정말로 이상한 일이 벌어졌다. 실험 보조자들이 모두 똑같이 틀린 대답을 하는 것이었다! 진짜 실험 참가자는 어떤 대답을 하였을까? 실험 참가자는 대부분의 시행에서 정답을 계속 말했지만 이 실험 참가자들 중의 75%가 최소한 한 번의 시행에서 동조하여 틀린 답을 따라 했다. 후속 연구는 이 실험 참가자들이 선분의 길이를 실제로 잘못 판단한 것이 아니었으며, 규범적 영향에 굴복한 것이었음을 밝혔다(Asch, 1955; Nemeth & Chiles, 1988). 이처럼 혼동되고 낯설고 애매한 상황에서는 잘못된 답을 하는 것이 그가 '해야 할 옳은 일'로 보였으며, 따라서 실험 참가자는 그렇게 한 것이다.

다른 사람의 행동은 우리에게 무엇이 적절하고, 적합하며, 기대되고, 수용되는지를 말해준다. 다른 말로 하면 그것은 규범을 정의해주는 것인데, 일단 규범이 정의되면, 우리는 그것을 존중해

그림 12.12 애쉬의 동조 연구 만약 오른쪽에 있는 선분(A, B, C) 중에서 어떤 것이 왼쪽에 있는 기준 선분과 길이가 같은가라는 질문을 받았을 때 여러분은 무엇이라고 말할 것인가? 동조에 관한 연구에 따르면 그 대답은 그 방에 있는 사람들이 같은 질문에 대해 어떻게 대답하는가에 따라 달라진다고 한다.

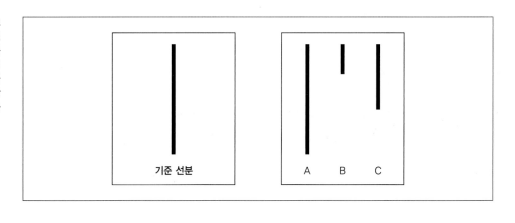

기준 선분

A B C

야 한다는 의무를 느끼게 된다. 예를 들면, 연구자들은 호텔의 객실에 투숙객이 사용하는 수건을 매일 세탁하기보다는 재활용해주기를 부탁하기 위해 다양한 문구의 메시지를 남겨두었다. 어떤 내용의 문구가 가장 효과가 좋았을까? 그것은 "우리 투숙객의 75%가 수건을 재활용해주셨습니다"라는 문구였다(Cialdini, 2005). 확실히, 규범적 영향은 좋은 일에도 활용될 수 있다('다른 생각 : 모든 학생의 91%가 이 글을 좋아합니다' 참조).

복종 : 우리는 남들이 하라고 하는 행동을 한다

일반적으로는 규범을 규정하고 또 이를 집행하는 특별한 권한을 갖는 것으로 모두가 인정하는 소수의 사람이 있다. 영화관에서 일하고 있는 사람이 빡빡머리에 밤 10시 통금이 있는 고교생 팬보이일 수 있지만, 이 영화관에서는 바로 그가 권한을 가지고 있는 사람이다. 따라서 그가 여러분에게 영화 상영 중에는 휴대전화로 문자 메시지를 하지 말아 달라고 요구하면 여러분은 그가 말한 대로 행동한다. **복종**(obedience)은 권위자가 하라고 말하는 것을 이행하는 경향을 말한다.

왜 우리는 권위자에게 복종하는가? 글쎄, 그렇다. 때로는 그들이 총을 갖고 있기 때문일 것이다. 많은 경우 권위자는 우리에게 보상을 주고 처벌을 부여할 수 있지만, 연구에 따르면 그들의 영향력은 많은 부분 규범에서 나온다고 한다(Tyler, 1990). 심리학자인 스탠리 밀그램(Stanley Milgram, 1963)은 심리학계에서 가장 악명 높은 실험 중의 한 실험에서 이를 증명해 보였다. 이 실험에서 실험 참가자는 실제로는 훈련된 실험 보조자인데 같은 실험 참가자인 것으로 소개되는, 중년의 한 남자를 만났다. 실험복을 입은 실험자는 실험 참가자에게 그가 선생 역할을 담당하게 되고 실험 보조자는 학생 역할을 담당하게 된다고 설명해주었다. 선생과 학생은 각각 다른 방에 들어가 앉아서, 선생이 인터폰을 통해서 학생에게 단어 목록을 읽어주면, 학생은 이 단어들을 선생에게 다시 암송하게 되어 있었다. 학생이 틀린 답을 하면 선생은 학생에게 전기 쇼크가 전달되게 되어 있는 버튼을 누른다(**그림 12.13** 참조). 이 전기 쇼크 발생기는 완전히 가짜이지만, 15V('약한 쇼크'라는 라벨이 붙어 있음)에서 450V('위험 : 극도의 쇼크'라는 라벨이 붙어 있음)까지 30개 수준의 전기 쇼크를 줄 수 있는 것처럼 보이게 되어 있었다.

학생 역할자를 의자에 묶어 놓은 다음 실험이 시작되었다. 학생 역할자가 처음 오답을 했을 때, 실험 참가자는 의무를 이행하듯이 15V의 전기 쇼크를 주었다. 학생 역할자가 오답을 계속하면 그때마다 한 단계씩 더 강한 쇼크가 가해졌다. 선생 역할자가 75V의 쇼크를 주었을 때 학생 역할자는 고통의 신음을 내었다. 150V에서 학생 역할자는 "더는 못하겠어요. 내보내 주세요!"라고 비명을 질렀다. 쇼크가 매번 가해질 때마다 학생 역할자의 비명은 더 처절해졌다. 330V의 쇼크가 가해진 이후에는 학생 역할자의 반응이 완전히 없어져 버렸다. 실험 참가자는 이 모든 것에

복종 권위자가 하라고 말하는 것을 이행하는 경향

그림 12.13 밀그램의 복종 연구 스탠리 밀그램의 복종 연구의 한 장면을 담은 이 역사적 사진을 보면 '학습자'(왼쪽) 역할을 하는 실험 협조자에게 가짜 전기 쇼크 장치의 연결선을 부착하고 있다.

From the Film Obedience © 1968 by Stanley Milgram, © Renewed 1993 by Alexandra Milgram; and Distributed by Alexander Street Press; Stanley Milgram, from the Film "Obedience." Rights held by Alexandra Milgram

모든 학생의 91%가 이 글을 좋아합니다

티나 로젠버그는 작가이자 퓰리처상, 미국 우수 도서상, 맥아더 '천재' 상의 수상자이다. 뉴욕 타임스의 논설위원이다. 그녀가 펴낸 최근의 책은 *Join the Club: How Peer Pressure Can Transform the World*이다.

Noah Greenberg
Photography

폭음은 미국의 모든 대학교가 가지고 있는 문제이다(Wechsler & Nelson, 2001). 학생들의 약 절반이 폭음한다고 말하고 있고, 폭음하는 학생은 수업에 빠지고, 학업에 뒤처지며, 음주 운전을 하고, 무방비로 성관계를 하는 경향이 훨씬 더 높다. 이 문제를 어떻게 할 것인가? 작가인 티나 로젠버그(Tina Rosenberg)가 이 문제에 대해 의견을 내놓았다.

대부분의 다른 대학교와 같이 디 캘브에 있는 노던일리노이대학교도 폭음의 문제를 안고 있었다. 1980년대에 이 대학교는 통상적인 방법으로 학생들의 음주를 줄이려고 해 보았다. 캠페인을 벌여서 십 대의 학생들에게 과음의 악영향에 관한 충고를 주었다. 이 대학교의 건강증진국의 기획자인 마이클 헤인즈는 이 방법은 "행동 변화를 위한 이론 중 '뾰족한 막대를 들고 뛰어다니지 마라. 네 눈을 찌를 수 있다' 이론이다"라고 말했다. 이 방법이 통하지 않자 헤인즈는 겁을 주는 방법과 바람직한 행동에 관한 정보를 함께 주는 식으로 두 가지 방법을 결합해보았다: "너무 많이 마시지만 않으면 괜찮다. 그러나 과음하면 나쁜 결과가 초래된다."

이 방법 역시 실패했다. 1989년, 설문 조사에 응한 학생의 45%가 자신은 파티에서 5잔 이상의 음주를 한다고 답변했다. 이 비율은 그 캠페인을 시작한 때에 비해 약간 더 높은 것이었다. 그리고 학생들은 과음이 훨씬 더 많다고 생각하고 있었고, 학생의 69%가 파티에서 그 정도의 술을 마신다고 믿었다.

그때 헤인즈는 뭔가 새로운 방법을 시도했다. 1987년에 그는 미국 교육부가 후원하는 고등 교육 기관에서의 음주 문제를 논의하는 학술대회에 참석했었다. 여기서 호바트앤드윌리엄스미스대학교의 사회학 교수인 웨스 퍼킨스(Wes Perkins)와 이 대학교의 상담센터의 심리학자인 앨런 버코이츠(Alan Berkowitz)가 자신들이 최근에 학술지에 실은 논문을 한 편 발표했는데, 그 내용은 학생들의 음주가 동료 학생에 의해 어떻게 영향을 받는가에 관한 것이었다. 이 학회에서 퍼킨스 교수는 "동료의 영향에 관한 연구는 수십 년 동안 발표되었는데, 새로울 것은 하나도 없다"고 말했다. 그들이 한 조사에서 새로 발견된 것은 학생들에게 그의 친구들이 술을 얼마만큼 마시느냐는 질문을 받으면 그들은 그 양을 엄청나게 과대평가한다는 것이었다. 만약 학생들이 친구들의 압력에 반응하고 있는 것이라면 그러한 압력은 상상 속의 친구들에게서 오는 것이라고 이 연구자들은 말했다.

퍼킨스와 버코이츠가 도출해 낸 이 "아하!" 결론은 이러하다. 즉, 학생들의 음주 행동은 단순하게 그들에게 사실이 무엇인가를 알려주면 변화가 될 수 있다는 것이다.

헤인즈는 노던일리노이대학교의 학생을 대상으로 설문 조사를 하였는데, 그 역시 학생들이 친구들의 음주량에 대해 잘못 알고 있다는 것을 발견하였다. 그는 새로운 캠페인을 벌이기로 하였는데, 그 주제는 "학생들의 대부분은 적당하게 마신다"이었다.

이 캠페인에서 핵심이 되는 부분은 이 대학교의 학생 신문인 노던 스타에 학생들의 사진과 "노던일리노이대학교 학생이 파티에서 마시는 술은 3분의 2(72%)가 다섯 잔 이하입니다"라는 캡션과 함께 실은 일련의 광고였다.

헤인즈의 직원들 역시 캠퍼스 음주에 관한 사실을 소재로 한 포스터를 만들었는데, 순찰 직원들이 교내를 순찰할 때 그 포스터를 벽에 붙이는 학생을 보면 그 학생에게 5달러를 지급할 것이라고 학생들에게 공고했다(직원들이 순찰하는 동안 학생들의 35%가 그 포스터를 벽에 붙이고 있었다). 그 후에 직원들은 다른 학생들보다 술을 더 많이 마시는 사설 남학생 기숙사와 사설 여학생 기숙사의 학생들을 위한 배지를 만들었는데, 이 배지에는 '우리들 대다수'라고 써 놓았고, 이 배지를 달고 있으면 5달러를 또 주겠다고 하였다. 배지의 글은 일부러 이해가 잘 가지 않는 문구로 해 놓았는데, 이는 대화를 시작하기 위한 구실이 되게 그렇게 한 것이었다.

이 사회 규범화 캠페인을 벌인 지 1년이 지난 후에 조사해본 결과 과음에 대한 지각은 69%에서 61%로 떨어졌다. 실제 과음은 45%에서 38%로 떨어졌다. 이 캠페인은 10년 동안 계속되었고, 그 결과 NIU 학생들은 동료 학생의 33%가 가끔 과음한다고 믿게 되었는데, 실제로는 25%만이 그러했고, 과음 감소율은 44%가 되었다.

왜 이런 아이디어가 더 널리 사용되지 않는가? 한 가지 이유는 이 방법이 논란의 소지가 있기 때문이었다. 대학교 학생들에게 "여러분 중의 대부분은 적당히 술을 마십니다"라고 말하는 것은 "술을 마시지 마시오"라고 말하는 것과 매우 다르다(사실상 그것은 너무나 달라서, 버지니아대학교에 본부를 두고 있는 미국 사회 규범 연구소는 맥주 회사인 앤호이저 부시에서 재정 지원을 받는데, 사회 규범화 정책에 대한 지원 삭감 결정을 받았다). 이 방법은 강력하고 명확하게 금주를 요구하는 메시지를 사용하게 만들기 위해 로비를 하는 사람들을 화나게 했다. 그러나 두말할 필요도 없이 금지 방법은 나쁜 행동을 감소시키지 못하지만, 사회 규범화 방법은 나쁜 행동을 감소시킨다.

로젠버그의 글은 사회 규범화가 행동 변화에 강력한 효과가 있는 방법이지만, 이 방법은 또 다른 중요한 문제를 제기한다는 점을 시사한다. 우리가 학생들에게 캠퍼스에서의 음주에 관하여 충고를 줄 때, 우리는 그들에게 진실이 무엇인지를 말해주어야 하는가(그 진실이란 것이 민망한 모습이기는 하지만), 아니면 최선의 행동이 무엇인지를 말해주어야 하는가(학생들이 그 최선의 행동을 하려고 하지는 않겠지만)? 이 문제에 대해 쉽거나 명백한 답은 없지만, 사회가 돌아가는 방식은 여하튼 그중 어느 하나를 선택한다는 것이다.

서 당연히 힘들어하며, 대부분은 실험자에게 실험을 중지할 것을 요청하였지만, 실험자는 "여러분은 다른 선택의 여지가 없습니다. 계속해야 합니다"라고만 대답하였다. 실험자는 실험 참가자에게 어떤 유형의 처벌로도 위협을 가하지 않았다. 그는 그저 클립보드를 손에 들고 서서, 권위 있는 모습으로, 실험 참가자에게 실험을 계속 진행할 것을 조용히 지시하고 있을 뿐이었다.

실험 참가자는 어떻게 행동했을까? 실험 참가자의 80%가 학생 역할자가 비명을 지르고, 불평하고, 간청하고, 마침내는 쓰러져 잠잠해진 이후까지도 쇼크 주는 것을 계속했다. 그리고 실험 참가자의 62%가 그 전 과정을 진행하여 최고 수준의 쇼크까지 주었다. 밀그램의 연구는 약 반세기 전에 수행되었지만, 최근에 수행된 반복 연구의 결과를 보면 복종률은 거의 같은 것으로 나타났다(Burger, 2009; Grzyb et al., 2017).

정상적인 사람이라면 과연 실험복을 입은 어떤 사람이 그렇게 하라고 말한다고 해서 낯모르는 사람에게 그런 전기 쇼크를 주겠는가? 이에 대한 답은 **정상**(normal)이라는 말이 사회 규범에 신경을 쓴다는 걸 의미하는 한에 있어서 "그렇다"인 것 같다. 이 실험의 실험 참가자들은 사람에게 상해를 주는 것이 잘못된 일이기는 하지만 항상 그런 것은 아님을 알고 있다. 의사는 아픈 주사를 놓고, 교사는 어려운 시험 문제를 낸다. 이처럼 그리고 많은 여러 상황에서 권위자가 더 높은 수준의 목표를 위해서 어떤 사람에게는 고통의 감내를 요구하는 것이 허용된다. 밀그램의 실험에서 실험자의 침착한 태도와 시종일관한 지시는 실험 참가자가 아닌 바로 그 실험자가 이 특정한 상황에서 무엇이 적합한 것인지를 알고 있는 사람이라는 것을 시사하고 있으므로 그 실험 참가자는 지시받는 대로 행동하는 것이다. 복종이라는 것이 군인과 훈련견에게만 적용되는 것은 아닌 것 같다.

정확성 추구 동기

우리는 배가 고프면 냉장고를 열고 사과를 집어 들게 되는데, 그 이유는 (a) 사과는 맛이 좋고, (b) 그 사과가 냉장고 안에 있다는 것을 우리는 알고 있기 때문이다. 다른 모든 행위와 마찬가지로 이 행위는 **어떤 대상에 대한 지속성 있는 긍정적 또는 부정적 평가**(사과는 맛있다)를 뜻하는 **태도**(attitude)와 **어떤 대상에 대한 지속성 있는 지식**(사과는 냉장고에 보관한다)을 뜻하는 **신념**(belief)에서 나오게 된다. 만약 우리가 가지고 있는 태도나 신념이 정확하지 않다면, 말하자면 좋거나 나쁜 것과 옳거나 그른 것을 알지 못한다면, 우리의 행동은 쓸모없는 것이 된다. 우리는 태도와 신념에 너무나 많은 것을 의존하고 있으므로 올바른 태도와 신념을 가지려고 동기화되어 있음은 놀라운 일이 아니며, 이 동기가 바로 우리에게 여러 가지 사회적 영향에 취약해지게 만든다.

정보적 영향 : 우리는 맞다고 생각하는 것을 한다

만약 쇼핑몰에 있는 사람들이 모두 갑자기 비명을 지르며 출구를 향해 내달린다면 여러분은 아마도 그 대열에 합류할 것인데, 이는 여러분이 그들을 따라 하지 않으면 그들이 여러분을 인정하지 않을까 봐 두려워서 그러는 것이 아니라, 그들의 행동이 여러분에게 내달려야 맞을 것 같은 뭔가가 있음을 제시하고 있기 때문이다. **정보적 영향**(informational influence)은 다른 사람의 행동이 무엇이 좋거나 맞는 것인가에 대한 정보를 제공해줄 때 일어난다. 여러분이 인도 한가운데 서서 머리를 뒤로 젖히고 길 건너편에 있는 높은 건물의 꼭대기를 한번 쳐다보고 있어 보면 여러분은 정보적 영향의 힘이 어떤 것인지를 알게 될 것이다(Milgram et al., 1969). 왜 그러한가? 연구에 따르면, 불과 몇 분 내에 다른 사람들도 가던 길을 멈추고 서서 같이 쳐다본다는 것이다. 왜 그런가? 여

태도 어떤 대상에 대한 지속성 있는 긍정적 또는 부정적 평가

신념 어떤 대상에 대한 지속성 있는 지식

정보적 영향 다른 사람의 행동이 무엇이 좋거나 맞는 것인가에 대한 정보를 제공해 줄 때 일어나는 현상

출판사와 서점에서는 왜 어떤 책이 '베스트셀러'라는 것을 그리도 열심히 홍보할까? 그들은 사람들이 그 책이 잘 팔리고 있다는 사실을 알면 그 책을 사고 싶은 마음이 더 커진다는 것을 알기 때문이다.

Joey Kotfica/Getty Images

설득 한 사람의 태도나 신념이 다른 사람과의 의사소통을 통해 영향을 받을 때 일어나는 현상

체계적 설득 이성에 호소하여 태도나 신념을 변화시키는 과정

간편적 설득 습관이나 감정에 호소하여 태도나 신념을 변화시키는 과정

러분이 쳐다보고 있는 것을 보면 그들은 뭔가 쳐다볼 만한 일이 있는 것이 틀림없다고 생각하게 되기 때문이다.

여러분은 끊임없이 이 정보적 영향의 표적이 된다. 청량음료를 '인기 상품'이라고 하거나 서적을 '베스트 셀러'라고 하는 광고들은 다른 사람들이 그 청량음료나 서적을 사고 있다는 것을 여러분에게 상기시키는 것인데, 이는 그 사람들은 여러분이 모르는 무언가를 알고 있으며, 따라서 그 사람들의 행동을 본받는 것이 현명하다고 암시하는 것이다. 시트콤을 보면 '녹음된 웃음소리'를 들려주는데, 이는 다른 사람들의 웃는 소리를 들으면 여러분은 그게 무언가 재미있는 것이 틀림없다는 생각을 부지불식간에 하게 될 것임을 제작자가 알고 있기 때문이다(Feinet al., 2007; Nosanchuk & Lightstone, 1974). 레스토랑이나 나이트클럽에서는 빈자리가 많이 있는데도 사람들을 밖에 줄 서서 기다리게 하는데, 이는 지나가는 사람이 그 줄을 보며 그곳은 줄 서서 기다릴 만한 뭔가가 있는 곳이라는 생각을 하게 된다는 것을 알고 있기 때문이다. 요약한다면, 이 세상이라는 곳은 우리가 잘 모르는 일들로 가득 찬 곳인데, 우리는 많은 경우 이 무지를 다른 사람의 행동에 주의를 기울여 봄으로써 고칠 수 있다. 이러한 경향성은 유용하기도 한 것이지만, 또한 우리에게 사회적 영향에 취약해지게 만든다.

설득 : 우리는 우리가 믿는 대로 한다

사람들은 그들이 하는 행동을 통해서 우리에게 영향을 줄 수 있지만, 말을 통해서도 또한 우리에게 영향을 줄 수 있다. **설득**(persuasion)은 한 사람의 태도나 신념이 다른 사람과의 의사소통을 통해 영향을 받을 때 일어난다(Albarracin & Shavitt, 2018; Berger, 2014; Petty & Wegener, 1998). 이것은 어떻게 작동하는가? 정치인 선거 후보자들은 주요 의제에 대한 훌륭한 공약을 제시하여 표를 얻으려고 하고, 또 유명 인사를 대동하고 미국 국기를 내세워서 표를 얻으려고 한다. 첫 번째 방법은 **체계적 설득**(systematic persuasion)이라고 하는데, 이것은 이성에 호소하여 태도나 신념을 변화시키는 과정이고, 두 번째 방법은 **간편적 설득**(heuristic persuasion)이라고 하는데, 이것은 습관이나 감정에 호소하여 태도나 신념을 변화시키는 과정이다(Chaiken, 1980; Petty & Cacioppo, 1986). 사람은 어느 때는 메시지의 내용을 주의 깊게 생각해보면서 증거를 살펴보고 논리를 분석한다. 또 어느 때는 깊이 생각하기보다는 어떤 주장을 믿을 것인가를 판단하는 데 단순하게 간편적 규칙이나 어림셈법을 사용한다. 어떤 형태의 설득 방법이 더 효과적일까? 이것은 설득 대상자가 증거의 경중 판단과 주장 내용의 분석에 대해 어느 정도 동기화되어 있는가에 달려있다.

예를 들면, 한 연구에서 학생들에게 졸업시험 제도를 도입하는 것에 관하여 논리성이 강한 연설 또는 약한 연설을 듣도록 하였다(Petty et al., 1981). 어떤 학생들은 그 연사가 유명한 대학교의 교수라는 말을 들었고, 다른 학생들은 그가 별로 유명하지 않은 어떤 고등학교의 학생이라는 말을 들었는데, 이것은 그 연설의 내용이 믿을 만한 것인지 아닌지를 판단하는 데 간편적으로 사

간편적 설득 방법은 강력한 힘을 발휘할 수 있다. 삼성은 최근에 출시한 스마트폰 광고에 축구 스타 데이비드 베컴을 등장시켜서 고객의 호응을 기대하고 있는데, 아마도 이 전략은 잘 먹힐 것이다. 사실 이 효과는 너무나 기본적이므로 다른 종에게서도 나타난다. 레서스원숭이에게 여러 회사의 로고를 높은 지위의 원숭이(중간 사진)와 짝짓거나 낮은 지위의 원숭이(오른쪽 사진)와 짝지어서 보여주었을 때, 그 원숭이들은 높은 지위의 원숭이와 짝지어진 회사 로고를 더 좋아하였다.

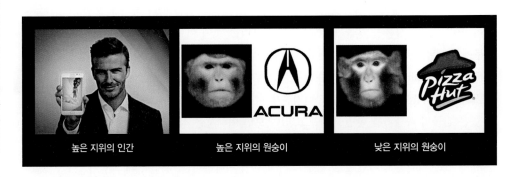

높은 지위의 인간   높은 지위의 원숭이   낮은 지위의 원숭이

용될 수 있는 정보이다(Hanel et al., 2018). 나아가 어떤 학생들에게는 그 대학이 그 시험 제도의 즉각 도입을 고려 중이라는 말을 해주었는데, 이는 그 학생들에게 연설의 내용을 신중히 분석해 보려는 동기를 강화하는 정보이다. 다른 학생들에게는 이 시험 제도가 그 학생들이 졸업한 후 언젠가 도입될 것이 고려 중인 것이라는 말을 해주었는데, 이것은 그들에게 연설 내용을 분석해보고자 하는 동기가 일어나지 않게 만드는 정보이다. **그림 12.14**에서 볼 수 있듯이, 학생들이 연설 내용을 분석해보고자 동기화되었을 때는 체계적 방법에서 설득이 더 잘되었다. 즉 그들의 태도와 신념은 연사의 지위에 의해서가 아니라 그 연설 내용의 논리성의 강도에 의해 영향을 받았다. 그러나 학생들이 연설 내용을 분석해보려는 동기가 일어나지 않았을 때는 간편적 방법에서 설득이 더 잘되었는데, 말하자면 그들의 태도와 신념은 연설 내용의 논리성의 강도에 의해서가 아니라 연사의 지위에 의해 영향을 받았다.

일관성 : 우리는 우리가 행한 것을 믿는다

한 친구가 여러분에게 토끼들이 남극 대륙에서 쿠데타를 일으켜서 모든 당근의 수출이 중단되었다고 하는 말을 들었다고 해서 여러분은 CNN 뉴스를 틀어 보려고 하지는 않을 것이다. 그 친구의 말은 여러분이 확실히 알고 있는 여러 가지 것들, 예를 들면 토끼는 혁명을 일으키지 못하며, 남극 대륙에서는 당근을 수출하지 않는다는 사실과 논리적으로 맞지 않기 때문에 여러분은 그 친구가 지금 농담하고 있는 게 아니면 술에 취해 있거나 완전 바보라는 것을 금방 알아차릴 것이다. 사람은 새로 접하는 사실들의 정확성을 자신이 이전에 갖고 있던 신념과 일관되는가를 진단해 봄으로써 평가한다. 이러한 방법이 어떤 것의 진위를 확인하는 완벽한 방법은 아니겠지만 상당히 잘 들어맞는 방법이다(Kruglanski et al., 2018). 우리는 진실을 추구하도록 동기화되어 있으며, 일관성이라는 것이 진실의 한 지표가 되기 때문에, 우리는 또한 일관성을 유지하도록 동기화되어 있다(Cialdini et al., 1995).

다른 동기와 마찬가지로 이것이 우리를 사회적 영향에 취약하게 만든다. 예를 들어 **문간에 발들여놓기 기법**(foot-in-the-door technique)은 작은 요구를 먼저 하고 그다음에 더 큰 요구를 하는 방법이다(Burger, 1999). 한 연구에서(Freedman & Fraser, 1966) 실험자들은 이웃집에 가서 문을 노크한 다음 집주인에게서 '안전 운전'이라고 쓰인 커다란 볼품없는 표지판을 그 집 앞뜰에 설치해도 될지에 대한 승낙을 받아낼 수 있을지를 알아보았다. 한 실험 조건에서는 집주인들에게 단순히 그 표지판을 세워도 되겠느냐고 물었는데, 집주인의 17%만이 승낙했다. 두 번째 실험 조건에서는 집주인들에게 먼저 주 의회에 제출할 안전 운전 증진을 촉구하는 탄원서에 서명해주기를

문간에 발 들여놓기 기법 작은 요구를 먼저 하고 그다음에 더 큰 요구를 하는 방법

그림 12.14 두 가지 설득 방법 실험 참가자가 동기가 일어났을 때는 체계적 설득 방법으로 더 잘 설득되었는데, 논리성이 강한 내용에는 동의하였고 논리성이 약한 내용에는 동의하지 않았으며, 연사의 지위에는 영향을 받지 않았다. 그러나 실험 참가자가 동기가 일어나지 않았을 때는 간편적 설득 방법으로 더 잘 설득되었는데, 지위가 높은 연사에게는 동의하였고 지위가 낮은 연사에게는 동의하지 않았으며, 연설 내용의 논리성에는 영향을 받지 않았다 (Petty et al., 1981).

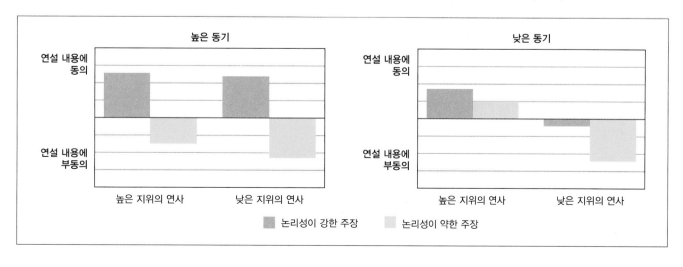

인지부조화 자신의 행동, 태도, 신념 간에 불일치가 있음을 인식할 때 일어나는 불편한 심기 상태

부탁하였고(여기에는 집주인의 대다수가 승낙했다), 그런 다음에 집주인들에게 그 볼품없는 표지판을 설치해도 될지를 물었다. 그랬더니 55%가 두 가지 부탁 모두를 승낙했다! 어째서 집주인들은 한 가지 부탁보다 두 가지 부탁을 더 잘 들어주는가?

자, 두 번째 실험 조건의 집주인들이 어떻게 생각했을지를 한번 상상해보라. 그들은 조금 전에 안전 운전이 중요한 것이라고 주장하는 탄원서에 서명은 했지만, 볼품없는 표지판을 자기 집 앞뜰에 세우는 것은 정말로 허락하고 싶지 않았을 것이다. 집주인들은 자신의 행동("나는 탄원서에 서명했다.")과 자신의 태도("나는 저 볼품없는 표지판이 싫다.") 간의 비일관성과 씨름하는 가운데 **인지부조화**(cognitive dissonance)를 겪게 되었을 것인데, 이것은 자신의 **행동, 태도, 신념** 간에 불일치가 있음을 인식할 때 일어나는 **불편한 심기 상태**이다(Festinger, 1957). 이 불편한 감정을 없애려면 그 감정을 불러일으킨 원인인 비일관성을 제거해야 하는데, 그러기 위해서 그들은 자신의 태도를 바꾸어서 그 볼품없는 표지판을 세우는 것을 허락하는 것이다(Aronson, 1969; Cooper & Fazio, 1984; Harmon-Jones et al., 2015). 사회적 영향력을 기르고 싶은 사람에 대한 교훈은 명확하다: 어떤 사람에게 어떤 행동을 하게 하려면 그 행동과 일관되는 태도를 먼저 공표하게 하는 것이다. 예를 들면, 호텔의 프런트 데스크에서 '지구의 친구'가 되어달라는 은근한 유도적 요청에 넘어간 투숙객은 그 호텔에 머무는 동안 수건 재사용 비율이 25% 이상 더 많았다(Baca-Motes et al., 2013).

그러나 모든 비일관성이 인지부조화를 불러일으키지는 않는다. 예를 들면, 한 연구에서 실험 참가자에게 매우 지루한 과제를 하게 하였다. 실험 참가자가 충분히 지루해졌을 때 실험자는 이 연구에 자원자가 더 필요하다고 하면서, 그 실험 참가자에게 복도에 나가서 자원자를 좀 찾아서 실험 참가를 부탁하면서, 실험 과제가 재미있는 것이므로 실험 참가가 괜찮을 것이라는 거짓말을 할 것을 부탁했다. 실험자는 어떤 실험 참가자에게는 이런 거짓말을 하는 대가로 1달러를 주겠다고 제의하였고, 다른 실험 참가자에게는 20달러를 주겠다고 제의하였다. 모든 실험 참가자는 거짓말을 하더라도 실험자를 도와야 한다는 사회적 압력에 굴복하여 그 부탁대로 하였는데, 그후에 이들에게 그 과제가 정말로 어느 정도 재미가 있었는지를 보고하게 하였다.

실험 참가자가 처해 있던 상황을 한번 생각해보자. 그들이 한 행동(즉, 그들은 다른 학생에게 그 과제가 재미있다고 거짓말을 했다)은 그들의 진짜 태도(즉, 그들은 그 과제가 지루하다고 생각했다)와 일치하지 않았다. 이 불일치가 그들에게 인지부조화를 경험하게 했는데, 그래서 그들은 자신의 태도를 변경했는가? 1달러는 그들이 다른 학생에게 거짓말을 하게 할만큼의 충분한 돈이 아니며, 따라서 그 실험 참가자들은 자신의 태도를 변경함으로써 자신의 행동을 정당화해야 했다(나는 정말로 그렇게 믿었기 때문에 그 학생에게 그 과제가 재미있다고 말하는 것은 맞는 행동이다). 그러나 1959년의 20달러는 요즘의 175달러에 맞먹는 큰돈이므로 20달러 조건의 실험 참가자들은 해롭지 않은 작은 거짓말을 정당화하기 위해 태도를 바꿀 필요는 없었다. 그 돈은 자신의 거짓말을 정당화하기에 충분히 큰 액수이었다. 기본적으로 사람은 비일관적이 되는 것을 무조건 싫어하므로 이런 심리가 잘 작동하도록 상황을 만들면 이것은 사회적 영향의 강력한 무기가 될 수 있다.

정리문제

1. 사회적 영향과 관련되는 세 가지 기본적 동기는 무엇인가?
2. 보상과 처벌을 사용하는 영향력 시도가 역효과를 가져오는 경우는 왜 그러한가?
3. 사람들에게 영향을 주려고 할 때 상호성 규범은 어떻게 사용될 수 있는가?
4. 왜 사람은 다른 사람들이 하는 행동을 따라 하는가?
5. 언제 그리고 왜 사람은 권위에 복종하는가?
6. 규범적 영향과 정보적 영향은 서로 어떻게 다른가?
7. 체계적 설득과 간편적 설득이 각각 효과적인 경우는 어떤 때인가?
8. 정확성 추구 동기가 왜 일관성 욕구를 자극하는가?
9. 인지부조화란 무엇인가? 사람은 이 인지부조화를 어떻게 감소시키는가?

제12장 복습

대인 상호작용

- 생존과 번식을 위해서는 희소 자원이 필요한데, 공격과 협동이 희소 자원을 획득하는 두 가지 방법이다.
- 공격은 선제적인 것과 반응적인 것이 있다. 선제적 공격은 사전 계획된 것이며 목적이 있는 것이다. 반응적 공격은 주로 부정적인 감정에서 나오는데, 이때 공격 행동을 할 가능성은 생물적 요인과 문화적 요인의 두 가지에 의해 영향받는다.
- 협동은 자원을 획득하는 데 아주 훌륭한 방법이기는 하지만, 상대방이 나를 이용할 수 있다는 위험성을 내포하고 있다. 이 위험성을 줄이는 한 가지 방법은 내집단 호의성을 가진 사람들의 집단에서 그들과 협동하는 것이다.
- 집단은 또한 비용을 치르게 한다. 집단 속에 들어가면 사람이 자신의 개인적 가치를 망각하게 되어 비윤리적 행동을 할 수 있고, 집단으로 의사결정을 하는 경우 집단은 그 집단에서 가장 우수한 사람이 하는 결정보다 더 못한 결정을 하는 경우가 많다.
- 이타적으로 보이는 행동에는 그 행동을 하는 사람의 숨은 이득이 그 속에 들어 있는 경우가 많다. 그러나 다른 동물과 달리 사람은 진정한 이타성을 가지고 있는 것으로 보인다.

대인 매력

- 생물적 특성과 문화가 남성보다 여성에게서 성관계와 번식의 비용을 더 크게 만들어 놓았는데, 이것이 이성 상대를 선택할 때 여성이 남성보다 더 까다롭게 하는 한 가지 이유이다.
- 매력은 상황적 요인, 신체적 요인, 심리적 요인에 의해 결정된다.
- 사람은 대부분 연인 관계를 장기적으로 유지하는데, 이 관계는 통상 결혼으로 나타난다. 이 관계는 보통 비용보다 이익이 더 크다고 믿는 한에서 유지된다.

대인 지각

- 사람은 다른 사람에 대해 그가 소속해 있는 사회적 범주와 그 사람의 개인적 행동에 근거하여 그 사람에 대하여 추리한다.
- 소속 범주에 근거한 추리는 잘못될 수 있는데, 범주에 대한 우리의 고정관념은 부정확하고, 남용되며, 자가 지속적이고, 무의식적 및 자동적으로 작용할 수 있다.
- 어떤 사람의 행동에 대해 그 행동이 일어난 상황이 아닌 그 사람의 성향에 귀인하는 경우 그 추리는 잘못될 수 있다.

대인 영향

- 사람은 안락을 추구하고 고통을 회피하려고 동기화되므로(안락 추구 동기) 보상과 처벌로 영향을 줄 수 있다. 이 영향 방법은 자신이 한 행동의 이유를 달리 생각하게 만들거나 자신이 조종당하고 있다고 느끼게 하여 역효과를 낼 수 있다.
- 사람은 다른 사람의 인정을 받고자 동기화되므로(인정 추구 동기) 상호성 규범과 같은 사회적 규범의 영향을 받게 된다. 사람은 많은 경우 규범이 무엇인지를 알기 위해 다른 사람의 행동을 살펴본다. 사람은 그렇게 할 필요가 없는 때에도 권위에 복종하는 경향이 있다.
- 사람은 무엇이 진실인가를 알고자 동기화된다(정확성 추구 동기). 사람은 진실이 무엇인지를 알기 위해 타인의 행동을 살핀다.
- 사람은 이성이나 감성에 의해 설득될 수 있다. 이 두 가지 설득 방식은 효과적인 경우가 서로 다르다.
- 사람은 자신의 태도와 행동이 서로 불일치할 때 마음이 불편해지는데, 어떤 경우에는 '인지부조화'라는 이 불편한 감정을 해소하고 일관성을 이루기 위해 태도를 행동에 맞게 변화시킨다.

핵심개념 퀴즈

1. 사람이 반응적 공격 행동을 보일지 여부를 가장 잘 예측할 수 있게 해주는 것은 다음 중 어떤 것인가?
   a. 기온
   b. 성별
   c. 문화
   d. 폭력물 비디오 게임 경험

2. 여성의 공격 행동의 특징은 다음 중 어떤 것인가?
   a. 선제적인 것보다는 반응적인 것이 더 많다.
   b. 테스토스테론 수준이 높을 때 더 많다.
   c. 신체적 공격보다는 사회적 공격이 더 많다.
   d. 욕구불만을 느끼는 것으로 그친다.

3. 죄수의 딜레마 게임은 다음 중 어떤 것을 보여주는 것인가?
  a. 내집단 호의성
  b. 책임감 분산
  c. 집단 극화
  d. 협동의 이익과 비용

4. 다음 중 집단에 소속하는 것의 단점이 아닌 것은 무엇인가?
  a. 같은 집단의 사람들은 서로에게 잘 대해준다.
  b. 사람은 다른 집단의 사람들에게 잘 대해주지 않는다.
  c. 집단은 때때로 잘못된 결정을 내린다.
  d. 집단은 혼자라면 하지 않을 극단적인 행동을 감행한다.

5. 인간이 아닌 동물에게서 보이는 이타적 행동은 다음 중 무엇으로 설명이 되는가?
  a. 친족 선택
  b. 복종
  c. 정보적 영향
  d. 인지부조화

6. 다음 중 상호적 이타성과 가장 관련이 높은 것은 무엇인가?
  a. 인지부조화
  b. 집단 속에서의 책임감 분산
  c. 장기적 기대에 입각한 협동
  d. 친척에 대한 협동

7. 여성이 배우자를 고를 때 더 까다로운 이유를 가장 잘 설명하고 있는 것은 무엇인가?
  a. 성관계는 남성보다 여성이 더 큰 비용을 치를 수 있다.
  b. 남녀 관계의 소문에 따르는 비용은 대개는 남성보다 여성이 더 크다.
  c. 여성은 임신하면 더 많은 영양의 섭취가 필요하고, 질병과 사망의 위험성도 높아진다.
  d. 위의 항목 모두이다.

8. 다음 중 매력에 영향을 미치는 상황 요인은 무엇인가?
  a. 물리적 근접성
  b. 유사성

  c. 좌우 대칭성
  d. 성격 특성

9. 사람들 간의 관계를 오랫동안 지속하게 만드는 요인은 다음 중 어떤 것인가?
  a. 열정적 사랑
  b. 상호 유사성
  c. 비용-이익 비율의 유리성
  d. 규범적 영향

10. 다음 중 사람이 고통보다 안락을 선호한다는 사실을 가장 잘 표현하는 것은 무엇인가?
  a. 집단 극화
  b. 간편적 설득
  c. 인지부조화
  d. 안락 추구 동기

11. 권위자가 지시하는 말을 따르는 경향을 무엇이라고 하는가?
  a. 설득
  b. 복종
  c. 동조
  d. 행동 확증

12. 사람이 타인에 대해 알아가는 과정을 무엇이라고 하는가?
  a. 사회적 영향
  b. 상호적 이타주의
  c. 사회인지
  d. 인지부조화

13. 다음 중 고정관념의 문제점이 아닌 것은 무엇인가?
  a. 고정관념은 부정확한 경우가 많다.
  b. 고정관념은 남용된다.
  c. 고정관념은 자동적이고 무의식적으로 작용한다.
  d. 고정관념은 사회적 범주가 개인에 관한 유용한 정보를 제공할 수 있다는 잘못된 가정에 기초하고 있다.

14. 어떤 사람의 행동이 상황 때문에 일어난 경우에도 성향 귀인을 하는 경향을 무엇이라고 하는가?
  a. 집단 사고
  b. 단순 접촉 효과
  c. 규범적 영향
  d. 대응 추리 편향

핵심용어

간편적 설득	동조	선제적 공격	집단
고정관념화	동반자적 사랑	설득	집단 극화
고정관념 위협감	문간에 발 들여 놓기 기법	신념	집단 사고
공격 행동	반발심	열정적 사랑	책임감 분산
공통 지식 효과	반응적 공격	욕구불만-공격 가설	체계적 설득
과잉 정당화 효과	복종	이타적 행동	친족 선택
귀인	사회적 영향력	인지부조화	태도
규범	사회인지	자아 정체 망각	편견
규범적 영향	사회심리학	정보적 영향	행동 확증
단순 접촉 효과	상호성 규범	주변인 개입	행위자-관찰자 효과
대응 추리 편향	상호적 이타 행동	지각 확증	협동

생각 바꾸기

1. 여러분이 사는 주의 주의원이 빨간 신호를 무시하고 달리는 난폭 운전자에 대해 무거운 과태료를 부과하는 법안을 상정하려고 한다. 여러분의 친구는 이것이 좋은 생각이라고 보고 있다. "교과서는 처벌과 보상에 관해 많은 것을 알려주고 있잖아. 간단한 거야. 난폭 운전을 처벌하면 그 빈도는 줄겠지." 이 친구의 말은 맞는가? 이 새로운 법안이 역효과를 불러오지는 않을까? 안전 운전을 증진하는 더 좋은 다른 정책은 없을까?

2. 여러분의 친구 중의 한 명이 사교적이고 재미있으며, 또 남자 농구팀

의 스타 플레이어다. 그는 내성적이며 파티에 가기보다는 컴퓨터 게임을 더 좋아하는 한 여자와 데이트를 시작했다. 여러분이 이들의 완전히 서로 다른 성격을 갖고 그를 놀리자 그는 "글쎄, 서로 반대되는 것이 매력이야"라고 답한다. 여러분 친구의 말이 맞는가?

3. 한 대형 법률 회사가 인종차별적 고용 정책으로 유죄판결을 받았다. 여러분의 친구가 이 사건을 신문에서 보고 "사람들은 항상 너무나 쉽게 인종차별이라고 떠들어 대. 물론 일부 인종차별주의자가 아직 있기는 하지만, 미국인에게 다른 인종에 대해 어떻게 생각하는지를 물어본 설문 조사 결과를 보면 다른 인종의 사람들에 대해 다들 좋게 생각한다고 답변한다는 것이야." 이 친구에게 여러분은 뭐라고 말할 것인가?

4. 여러분 친구 중의 하나가 네온 오렌지색의 조깅화와 낡은 중절모 차림을 하고 있다. 허구한 날 그런 차림이다. 그 친구는 "사람은 대부분 군중을 따라가지. 나는 안 그래. 나는 하나의 독자적인 개체이고, 그래서 다른 사람의 영향을 받지 않아"라고 말한다. 여러분 친구의 생각은

맞는가? 여러분은 그 친구에게 어떤 반대 주장을 제시하겠는가?

5. 한 친구가 실험 참가자가 연구자의 지시에 따라서 그러지 말아 달라고 간청하는 학습자에게 고통스러운 전기충격을 거리낌 없이 준다는 밀그램(1963)의 연구를 배웠다. 그녀는 "이런 얼빠진 사람들이 있을까! 나 같으면 절대로 그렇게 하지 않을 거야"라고 말한다. 그녀의 생각에 대한 지지 또는 반대의 증거로 여러분은 어떤 것을 들 수 있는가?

6. 친척들이 명절 저녁에 모였는데, 사촌 웬디가 그녀의 약혼자인 아만다를 데리고 왔다. 아만다는 친척 모두와 처음 만났는데, 그녀는 긴장해 있는 듯 보였다. 그녀는 말을 너무 많이 하고, 너무 크게 웃고 해서 모든 사람을 짜증 나게 했다. 나중에 삼촌 중의 한 분이 "웬디가 그런 짜증 나게 만드는 성격을 가진 사람과 결혼해서 일생을 살기를 원할 거라고는 상상하지도 못했구나"라고 말한다. 그 삼촌은 대응 추리 편향의 희생자가 된 것은 아닐까? 여러분은 어떻게 보는가?

핵심개념 퀴즈 정답

1. b; 2. c; 3. d; 4. a; 5. a; 6. c; 7. d; 8. a; 9. c; 10. d; 11. b; 12. c; 13. d; 14. d

스트레스와 건강

"**내**가 너의 목에 칼을 대고 있어. 소리 내지 마. 침대에서 내려와 나와 함께 가지 않으면 너와 너의 가족을 죽일 거야." 2002년 6월 5일 한밤중에 14세의 엘리자베스 스마트는 이 목소리에 잠을 깼다. 자신과 자신의 가족이 목숨을 잃을 것이 두려워 그녀는 조용히 유괴자를 따라 갔다. 엘리자베스는 부모가 지붕 공사를 위해 고용한 적이 있는 브라이언 데이비드 미첼에 의해 유괴되었다. 미첼과 그의 아내는 9개월 동안 엘리자베스를 감금하였고 그 기간 동안 미첼은 그녀를 여러 번 강간하였으며 그녀와 그녀의 전 가족을 죽이겠다고 협박하였다. 미첼, 그의 아내와 스마트가 거리를 걸어가는 도중 한 부부에 의해 목격되었는데, 그 부부는 최근 방영된 TV쇼 '아메리카 모스트 원티드'에서 그들을 본 적이 있는 것을 기억해내었고 바로 경찰에 신고하였다. 미첼과 그의 아내는 체포되었고 엘리자베스는 가족의 품으로 돌아왔다.

엘리자베스는 가장 스트레스가 되고 상상하기 어려운 환경에 오랫동안 있었다. 다행히도 그녀는 현재 안전하고 안정되었으며 행복한 결혼생활을 하고 있고 운동가로 일하고 있다. 그녀는 몇 개월 동안 생명을 위협하는 스트레스를 견디어냈고 이러한 경험이 그녀의 전 생애에 영향을 미칠 것은 의심의 여지가 없다. 매우 어려운 일을 겪었지만 그녀는 원래의 생활로 돌아왔고 행복하고 생산적인 삶을 살고 있다. 그녀의 스토리는 스트레스와 건강에 관한 좋은 예가 된다.

다행히도 엘리자베스 스마트가 경험한 스트레스를 우리는 거의 경험하지 않는다. 그러나 생은 **스트레스원**(stressors), 즉 개인에게 무엇을 요구하거나 개인의 안녕감을 위협하는 특정 사건이나 만성적인 압박감을 가지고 있다. 비록 이러한 스트레스원이 목숨을 위협하는 경우는 드물지만 즉각적으로 혹은 누적되어 건강에 영향을 미칠 수 있다.

이 장에서 우리는 내적 혹은 외적 스트레스원에 대한 신체적·심리적 반응인 **스트레스**(stress)를 유발하는 생의 사건들, 이러한 스트레스원에 대한 전형적인 반응들과 스트레스를 관리하는 기법에 관해 살펴볼 것이다. 스트레스가 건강에 상당한 영향을 미치기 때문에 이 장에서 스트레스와 건강 모두를 살펴보고자 한다. 질병과 건강이 단지 신체에만 관련되어 있지 않기 때문에 심리적 요인들이 질병의 발병과 치료에 미치는 영향과 건강을 유지하는 방법 등을 연구하는 심리학의 하위 분야인 **건강심리학**(health psychology)이라는 좀 더 일반적인 주제에 관해서도 살펴볼 것이다. 여러분은 질병을 어떻게 지각하는가가 병의 진행 과정에 영향을 미치는 것과 건강을 증진시키는 행동들이 어떻게 삶의 질을 높이는가를 이해하게 될 것이다.

스트레스의 근원

스트레스 반응 : 기력 상실

스트레스 관리 : 스트레스 대처

질병의 심리학 : 정신력에 달린 문제

건강심리학 : 행복감 느끼기

스트레스원 개인에게 무엇을 요구하거나 개인의 안녕감을 위협하는 특정 사건이나 만성적인 압박감

스트레스 내적 혹은 외적 스트레스원에 대한 신체 및 심리적 반응

건강심리학 신체 질병의 원인 및 치료와 건강 유지에 영향을 미치는 심리적 요인에 초점을 두는 심리학의 하위 분야

미소를 짓고 있는 소녀가 엘리자베스 스마트인데, 그녀는 이 두 사진을 찍은 시기의 사이 동안 유괴되어 강간을 당하고 거의 1년 동안 고통을 받았다. 스트레스가 되는 생의 사건들은 밖으로 드러나지 않은 채 자주 우리에게 영향을 미친다. 다행히도 가장 스트레스가 되는 생의 사건들에 대처할 수 있으며 이로 말미암아 다시 웃을 수 있게 된다.

SLCPD UPI Photo Service/Newscom; Michael Loccisano/Getty Images

학습목표

- 스트레스 사건과 만성 스트레스의 영향을 비교한다.
- 지각된 통제의 중요성을 설명한다.

스트레스의 근원

허리케인, 지진 혹은 화산 폭발 등과 같은 자연적 재앙은 명백한 스트레스의 근원이다. 그러나 우리 대부분이 경험하는 스트레스원은 우리의 안락한 생활 패턴에 영향을 미치는 사적인 사건과 매일매일 우리를 성가시게 하는 사소한 것들이다. 스트레스를 야기할 수 있는 생의 사건들, 만성적인 스트레스 근원, 지각된 통제 결핍과 스트레스원의 영향 사이의 관련성에 관해 살펴보자.

스트레스 사건

사람들은 생의 주요 사건들을 경험한 후 병을 앓는 것처럼 보인다. 실제로 한 개인이 경험한 생의 변화에 관한 스트레스 평정을 단순히 합한 것이 그 개인이 장차 앓게 될 질병의 중요한 지표가 된다(Miller, 1996). 예를 들어 개인이 한 해에 이혼을 하고 실직을 하며 친구의 죽음을 경험하면 이혼만을 경험한 사람에 비하여 병을 앓을 가능성이 더 높다.

대학생들이 경험하는 주요 사건들에 관한 목록(College Undergraduate Stress Scale, CUSS)이 **표 13.1**에 제시되어 있다. 여러분이 경험한 스트레스 사건들을 평가하기 원한다면 지난해에 여

표 13.1 대학생 스트레스 척도

사건	스트레스 평정	사건	스트레스 평정
강간을 당함	100	수면 부족	69
HIV 양성반응을 받음	100	주거지 변화	69
강간 의심을 받음	98	경쟁 혹은 대중 앞에서의 공연	69
친한 친구의 사망	97	육체적 싸움	66
가족의 사망	96	룸메이트와 불화	66
AIDS외 섹스를 통해 전염되는 질병 감염	94	직업 변화	65
임신에 대한 걱정	91	미래에 관한 주요 계획 발표	65
기말시험 주간	90	싫어하는 강의	62
애인의 임신에 대한 걱정	90	음주 혹은 약물 사용	61
시험 날 늦잠	89	교수와 불화	60
과목 낙제	89	신학기 시작	58
애인에게 속음	85	첫 번째 데이트	57
오래된 연인관계 청산	85	등록	55
친한 친구 혹은 가족이 중병에 걸림	85	안정된 애인관계 유지	55
재정적 어려움	84	학교 혹은 직장으로의 출퇴근	54
기말리포트 작성	83	동료로부터의 압박감	53
시험 중 부정행위 발각	83	처음으로 집을 떠나 생활함	53
음주 운전	82	병이 듦	52
학교 혹은 직장의 지나친 업무	82	외모에 대한 관심	52
하루에 두 번의 시험	80	모든 과목 A학점 받기	51
애인을 속임	77	좋아하는 과목이 어렵게 느껴짐	48
결혼	76	친구 사귀기: 친구와 잘 지내기	47
음주 혹은 약물 사용의 부정적 결과	75	동아리 가입	47
가장 친한 친구의 우울 혹은 위기	73	수업시간에 졸기	40
부모와의 불화	73	운동 경기 관람하기	20
수업 중 발표	72		

참고 : 여러분의 생의 변화 점수는 지난해에 여러분에게 일어났던 사건들에 할당된 점수를 합한 것이다.

Information from Renner & Mackin (1998).

러분에게 일어났던 사건들을 체크하고 각 사건의 점수를 합하면 된다. 심리학 개론을 수강한 대규모 대학생들의 평균 점수는 1,247점이었고 총점의 범위는 182~2,571점이었다(Renner & Mackin, 1998).

여러분이 목록을 살펴보면 왜 긍정적 사건들, 예를 들어 결혼을 하는 것이 목록에 포함되어 있는지 궁금할 것이다. 결혼은 즐거운 사건이 아닌가? 연구 결과에 의하면 부정적 사건에 비해 긍정적 사건은 심리적 고통을 덜 주고 더 적은 신체 증상을 초래한다(McFarlane et al., 1980), 그러나 긍정적 사건들은 자주 재적응과 준비를 요구하기 때문에 많은 사람들이 긍정적 사건들에도 극심한 스트레스를 경험하게 되며(예 : Brown & McGill, 1989), 이로 인하여 이러한 사건들도 생의 변화 점수를 계산하는 데 포함된다.

영화 '크레이지 리치 아시안'에서 완벽하게 보여주듯이 결혼은 긍정적 사건이지만 스트레스가 되기도 하는데, 이는 결혼 준비 동안 계획과 의사결정을 많이 해야 되기 때문이다(또는 친구와 가족 간의 상호작용에 어려움이 일어나기 때문이다).

Warner Bros/Kobal/Shutterstock

만성 스트레스원

결혼 혹은 실직 등과 같이 간혹 일어나는 사건들만이 우리가 당면하는 유일한 압박감이라면 우리의 생은 더 단순할 것이다. 적어도 이러한 사건들은 처음 일어날 당시에는 제한적이고 결국에는 해결될 수 있다. 그러나 불행하게도 우리의 생은 **만성 스트레스원**(chronic stressors), 즉 **지속적으로 혹은 반복적으로 일어나는 스트레스원에 계속하여 노출**된다. 긴장된 대인관계, 차별, 왕따, 과잉 업무, 재정 문제 등과 같은 사소한 스트레스원들이 간혹 일어난다면 무시하기 쉽지만, 이 스트레스원들이 누적되면 고통과 질병을 초래한다. 일상의 골칫거리를 많이 가지고 있다고 보고하는 사람들이 더 많은 심리적 증상(LaPierre et al., 2012)과 신체 증상(Piazza et al., 2013)을 보고하며 골칫거리의 효과가 생의 주요 사건들이 주는 효과보다 더 크고 더 오랫동안 지속된다.

많은 만성 스트레스원은 사회적 관계와 관련되어 있다. 예를 들어 제12장에 기술되어 있는 것처럼 사람들은 인종, 문화, 흥미, 인기 등에 근거하여 서로 다른 사회적 집단을 형성한다. 집단에서 소외되는 것이 스트레스가 될 수 있다. 오랜 시간 동안 반복적으로 집단 구성원의 타깃이 되는 것은 더 스트레스가 된다('차이의 세계 : 인종 차별이 스트레스와 질병을 초래하는가?' 참조). 만성 스트레스원은 특정 환경과도 관련되어 있다. 예를 들어 도시 생활의 특징들, 즉 소음, 교통혼잡, 밀집, 오염과 심지어 폭력의 위협까지도 만성 스트레스의 근원이 된다(Evans, 2006). 대도시에 거주하는 사람들이 소도시에 거주하는 사람들보다 스트레스에 대한 반응으로 더 큰 편도체 활성화를 보이고 시골에 사는 사람들이 가장 적은 활성화를 보인다(Lederbogen et al., 2011). 만성 스트레스원이 환경과 관련되어 있다는 연구 결과로 인하여 환경심리학, 즉 환경이 행동과 건강에 미치는 효과를 과학적으로 연구하는 분야가 생겨났다.

만성 스트레스원 지속적으로 혹은 반복적으로 일어나는 스트레스 근원

스트레스 사건에 대한 지각된 통제

재앙, 스트레스가 되는 생의 변화와 일상적 골칫거리는 어떤 공통점을 가지고 있는가? 물론 이러한 것들이 개인 혹은 현재 상황에 위협적이라는 것을 즉각적으로 알 수 있다. 스트레스원은 여러분으로 하여금 무엇을 하게 하는, 즉 스트레스원을 제거하거나 극복하기 위한 행동을 취하도록 하는 도전이다.

역설적으로 아무것도 할 수 없을 때, 즉 도전에 대항할 방법이 없을 경우가 가장 스트레스가 된다. **지각된 통제**에 관한 한 고전적 연구에서 연구자들은 사람들이 소음을 통제 혹은 통제하지 못할 경우 초래되는 후유증을 조사하였다(Glass & Singer, 1972). 참가자들에게 조용한 방 혹은 소음이 심한 방에서 퍼즐을 풀고 책의 교정을 보게 하였다. 소음에 노출된 경우 소음이 멈춘 후에

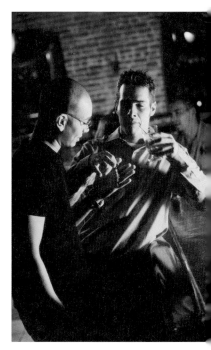

음주 운전과 같은 스트레스가 되는 생의 사건은 우리가 통제할 수 있다. 대리 운전자에게 키를 맡기면 음주 운전을 피할 수 있다.

Kwame Zikomo/Purestock/Alamy

인종 차별이 스트레스와 질병을 초래하는가?

여러분은 인종, 성, 성적 성향 혹은 다른 특징들 때문에 차별을 받은 적이 있는가? 만약 있다면 여러분은 차별이 상당한 스트레스를 준다는 것을 잘 알 것이다. 차별이 사람들에게 정확하게 어떤 영향을 미치는가?

차별이 다양한 방법을 통해 스트레스 수준을 상승시키고 건강에 부정적인 결과를 준다는 것이 보고되었다. 소외된 계층의 사람들이 차별로 말미암아 높은 수준의 스트레스를 경험하면 스트레스에 대처하기 위해 더 자주 비적응적 행동(예 : 음주, 흡연과 과식)을 한다. 이들은 의료 전문가들과의 상호작용에서도 어려움, 즉 임상가의 편견 혹은 치료에 대한 환자의 의심 등을 경험한다(Major, Mendes & Dovidio, 2013). 이

러한 요인들이 왜 소외된 사회계층에 있는 사람들이 사회적으로 인정받는 사람들보다 더 많은 건강 문제를 가지는가를 설명한다(Penner et al., 2010).

한 연구에서 백인과 흑인 참여자들을 동 인종 혹은 타 인종의 사람에 의해 사회적으로 거절당하는 경험을 하게 한 후 일반적인 사회적 거절에 비해 차별이 특히 해로운가를 조사하였다(Jamieson et al., 2013). 이를 검증하기 위해 연구 참가자들로 하여금 비디오 대화 프로그램을 통하여 서로 다른 방에 있는 두 명의 연구 공모자들에게 연설을 하게 하였다. 연설 후 연구 공모자들이 참가자들의 연설에 대해 부정적 피드백을 주었다. 참가자들은 연구 공모자들을 볼 수 없었지만 컴퓨터 아바타를 통해 연구 공모

자들이 자신과 동 인종인지 아닌지를 알 수 있었다. 동 인종의 사람으로부터 거절당하는 것이 더 높은 수준의 수치심과 회피 상태에서 나타나는 생리적 변화(코르티솔의 증가)와 관련된 한편 타 인종의 사람으로부터 거절당하는 것은 분노와 더 높은 수준의 위험에 대한 경계, 접근 상태와 관련된 생리적 변화(심박률의 증가와 낮은 혈관 저항) 및 더 높은 위험 감수와 관련되었다.

이와 같은 연구들은 서로 다른 사회적 집단에 속하는 사람들 사이에 현재 존재하는 건강상의 차이점을 설명할 수 있다. 연구 결과는 차별이 생리적 · 인지적 · 행동적 변화를 일으키고, 이러한 변화가 단기적으로는 개인으로 하여금 반응을 준비하게 하지만 장기적으로는 건강에 부정적 영향을 미치는 것을 보여준다.

실시된 과제의 수행을 저하시켰다. 그러나 이러한 수행의 극적인 감소가 소음이 제시되는 동안 버튼을 누르면 소음을 멈출 수 있다고 지시를 받은 사람들에게는 일어나지 않았다. 참가자들이 버튼을 누르지는 않았지만 '버튼'을 누를 수 있다는 것만으로도 소음의 해로운 영향을 받지 않을 수 있었다.

추후 연구들은 지각된 통제의 부족이 다른 스트레스원에도 작용하는 것을 관찰하였다. 예를 들어 밀집의 스트레스 효과는 사람들이 밀집으로부터 벗어날 수 없다고 느끼기 때문에 일어나는 것으로 여겨진다(Evans & Stecker, 2004). 여러분이 기숙사를 벗어나서 산책을 할 수 있다는 것을 안다면 좁은 기숙사 방에서 생활하는 것을 더 쉽게 여길 것이다.

정리문제

1. 스트레스 평정 척도에 있는 사건들 중 여러분과 관련되는 것이 있는가? 평정 중 어떤 것이 여러분을 놀라게 하는가?
2. 어떻게 긍정적인 사건이 스트레스가 될 수 있는가?
3. 만성적 스트레스원의 예를 들어보라.
4. 만성적 스트레스를 초래하는 환경 요인들에는 어떤 것이 있나?
5. 무엇이 사건을 가장 큰 스트레스로 만드는가?

학습목표

- 스트레스에 대한 신체적 반응을 설명한다.
- 스트레스에 대한 가능한 심리적 반응을 설명한다.

스트레스 반응 : 기력 상실

그날은 뉴욕의 일상적인 화요일이었다. 대학생들은 오전 수업을 받고 있었다. 직장인들은 출근하고 있었고 거리는 쇼핑객들과 관광객으로 번잡했다. 오전 8시 46분 아메리칸 에어라인 11기가 세계무역센터의 북쪽 타워와 충돌하였다. 사람들은 겁에 질려 이 광경을 바라보고 있었다. 어떻게 이런 일이 일어날 수 있는가? 끔찍한 사고처럼 보였다. 그 후, 즉 오전 9시 3분에 유나이티드 에어라인 175기가 세계무역센터의 남쪽 타워와 충돌하였다. 펜타곤과 펜실베이니아의 어느 곳

에서도 비행기 추락 사건이 발생하였다는 보고가 있었다. 미국이 공격을 받았고 어느 누구도 2001년 9월 11일 아침에 어떤 사고들이 뒤이어 발생할지 몰랐다.

　9/11 테러리스트들의 공격은 엄청난 스트레스가 되었고 많은 사람들에게 신체적 · 심리적 영향을 오랫동안 미쳤다. 이 사건이 일어난 지 몇 년 후에 실시된 연구들은 9/11 공격 당시 세계무역센터로부터 200마일 이상 떨어진 곳에 살았던 사람들에 비해 가까이(1.5마일 이내)에 거주하였던 사람들에서 편도체, 해마, 뇌섬엽, 전대상과 내측 전전두피질의 회백질 부피가 감소되어 있는 것을 관찰하였다. 이는 공격으로 인한 스트레스가 정서, 기억과 의사결정에 중요한 역할을 하는 뇌 영역들의 크기를 감소시킨 것을 시사한다(Ganzel et al., 2008). 9/11 사건에 관한 TV 보도를 많이 시청한 아동들이 적게 시청한 아동들에 비해 외상후 스트레스장애의 증상들을 더 많이 보였다(Otto et al., 2007). 스트레스는 정신과 신체의 어느 기관에도 변화를 초래하고 신체적 반응과 심리적 반응을 자극한다. 이에 관해 살펴보자.

신체 반응

투쟁 혹은 도피 반응(fight-or-flight response)은 위급 상황에 대한 정서적이고 생리적인 반응으로 이 상황에 대해 어떤 행동을 취할 준비를 하게 한다. 마음은 '내가 여기에 머물러서 이 상황과 싸울 것인가 아니면 미친 듯이 달아나야 하는가?'라고 묻고 신체는 이 상황에 반응하기 위해 준비한다.

　위협에 대한 반응으로 일어나는 뇌 활동은 시상하부에서 일어나고 시상하부는 가까이에 위치하는 뇌하수체를 자극하며 뇌하수체는 ACTH(adrenocorticotropic hormone의 약어, 부신피질자극 호르몬)라고 알려진 호르몬을 분비한다. ACTH는 차례로 신장 위에 위치하는 부신을 자극한다(**그림 13.1** 참조). 이 경로는 HPA(시상하부-뇌하수체-부신피질) 축이라고 불린다.

　부신이 카테콜아민(에피네프린과 노르에피네프린)을 포함한 호르몬을 분비하는데, 이 호르몬은 교감신경계의 활동을 증가시키는(이에 따라 심박수, 혈압과 호흡률이 상승하게 된다) 반면 부교감신경계의 활동을 감소시킨다(제3장 참조). 증가된 호흡률과 혈압은 근육에 더 많은 산소를 제공하여 공격 혹은 도피를 가능하게 한다. 또한 부신은 코르티솔(cortisol)이라는 호르몬도 분비하는데, 이 호르몬은 근육이 사용할 수 있는 에너지를 만들기 위해 혈당을 증가시킨다. 이 모든 것들은 전력을 다해 위협에 반응하기 위한 준비를 하는 과정이다.

일반적 적응 증후군

만약 테러리스트에 의한 9/11 공격이 며칠 혹은 몇 달 동안 계속된다면 어떤 일이 일어나겠는가? 1930년대부터 캐나다의 의사인 한스 셀리에(Hans Selye)는 쥐에게 열, 추위, 감염, 외상, 뇌출혈과 다른 만성 스트레스원을 제공하였다. 스트레스를 받은 쥐들이 생리적 반응을 보이기 시작하였는데, 여기에는 부신피질의 확대, 림프선의 축소와 위궤양이 포함되었다. 매우 다양한 스트레스원들이 유사한 생리적 변화를 초래한다는 점에 주목하여 그는 이 생리적 반응을 **일반적 적응 증후군**(general adaptation syndrome, **GAS**)이라고 불렀으며 GAS를 스트레스원과 무관하게 일어나는 세 단계의 생리적 스트레스 반응이라고 정의하였다.

　GAS는 세 단계를 거쳐 일어난다(**그림 13.2** 참조).

1. 첫 번째 단계가 투쟁 혹은 도피 반응과 동일한 경고 단계인데, 이 단계 동안 신체는 위협에 반응하기 위해 자원을 신속하게 동원한다.

9월 11일 많은 뉴욕 시민들이 경험한 사건처럼 죽음 혹은 상해의 위협은 심각하고 지속적인 신체 및 심리적 스트레스 반응을 야기한다.

Spencer Platt/Getty Images

투쟁 혹은 도피 반응　위급 상황에 대한 정서 및 생리적 반응으로 이는 행동을 취할 준비를 하게 한다.

일반적 적응 증후군(GAS)　당면하는 스트레스원과 무관하게 나타나는 세 단계의 생리적 반응

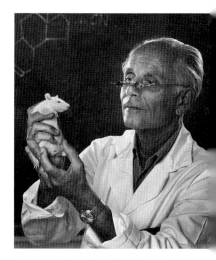

쥐와 함께 있는 한스 셀리에. 그는 쥐에게 다양한 스트레스를 제공하였지만 쥐는 놀랄만큼 평온해 보였다.

Yousuf Karsh/Julie Grahame

그림 13.1 **HPA 축** 두려운 자극을 지각한 몇 초 후 시상하부가 뇌하수체를 자극하고 뇌하수체는 차례로 부신을 자극하여 카테콜아민과 코르티솔을 분비하게 하는데, 이 호르몬들은 투쟁 혹은 도피 반응이 일어나게 한다.

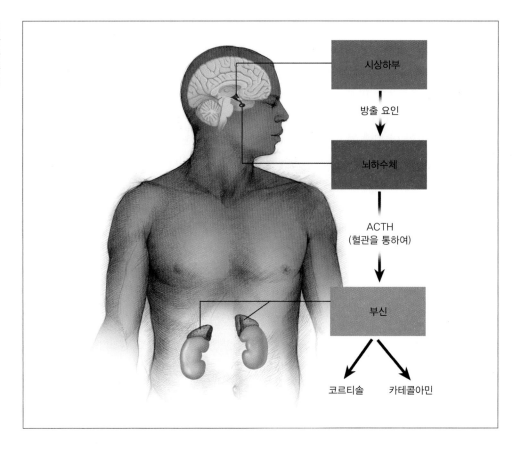

그림 13.2 **셀리에의 스트레스 반응의 세 단계** 셀리에의 이론에 의하면 시간이 지남에 따라 스트레스에 대한 저항이 생기지만 이 저항은 소진이 시작되기 전까지만 지속된다.

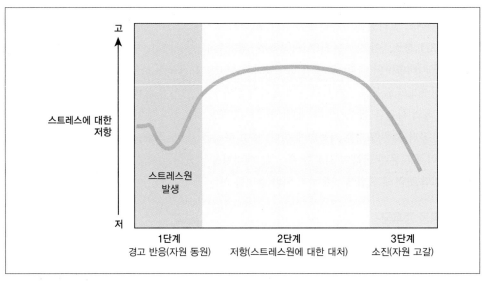

2. 그다음이 저항 단계인데, 신체가 스트레스원에 적응하고 대처하려고 노력하는 단계로서, 이 단계 동안 불필요한 과정, 즉 소화, 성장, 성적 충동 등이 중단된다.

3. 만약 GAS가 지나치게 지속되면 소진 단계에 이른다. 즉 신체의 저항이 붕괴되어 결국에는 감염, 종양 성장, 노화, 회복 불가능한 기관 손상 및 사망 등에 취약하게 된다.

스트레스는 건강과 노화 속도에 부정적 영향을 미친다

나이가 들면 신체는 천천히 붕괴되기 시작한다(이 책의 저자들 중 누구에게나 이에 관해 물어보라). 스트레스는 노화 과정을 상당히 촉진시킨다. 엘리자베스 스마트의 부모가 9개월 만에 딸과

만성 스트레스는 실제로 노화과정을 촉진시킨다. 전직 대통령들이 재임 기간 동안 어떻게 노화되었는가를 보라. 대학생활도 매우 스트레스를 주지만 다행히도 졸업 때 백발이 될 정도는 아니다.

Jüschke/Ullstein Bild via Getty Images; Tim Sloan/AFP/Getty Images; Stephen Jaffe/AFP/Getty Images; Yuri Gripas-Pool/Getty Images; Alex Wong/Getty Images; Max Mumby/Indigo/Getty Images

다시 만났을 때 딸이 너무 나이가 들어 보여 딸을 거의 알아보지 못하였다(Smart et al., 2003). 일반적으로 대인관계, 직업 혹은 그 외의 만성적인 스트레스에 노출된 사람들은 자신들의 신체가 실제로 쇠약해지고 노화되어 가는 것을 경험한다. 과거에 미국 대통령(세계에서 가장 스트레스가 많은 직업)을 역임한 세 사람의 재임 전과 재임 후의 사진들을 살펴보자. 첫 번째 사진 촬영 후 두 번째 사진 촬영이 8년 만에 이루어졌지만 사진에서 볼 수 있듯이 그들은 8년 전보다 훨씬 더 많이 나이가 들어 보인다. 왜 환경 내의 스트레스원이 노화 과정을 촉진시키는가?

이 과정을 이해하기 위해서는 노화가 어떻게 일어나는가를 어느 정도 아는 것이 필요하다. 신체 내의 세포들은 끊임없이 분열하고, 분열 과정 동안 염색체가 반복적으로 복사되어 유전 정보가 새로운 세포에 전달된다. 세포가 분열할 때마다 염색체의 끝에 있는 캡슐(telomere, 텔로미어라고 불린다)이 조금씩 짧아진다(텔로미어를 신발끈이 닳아 해지는 것을 막는 신발끈의 끝에 있는 테이프와 같다고 여길 수 있다). 시간이 지나면서 만약 텔로미어가 너무 짧아지면 세포가 더 이상 적절하게 분열하지 못한다. 엘리자베스 블랙번(Elizabeth Blackburn)과 동료들에 의해 이루어진 텔로미어 기능, 텔로미어와 노화 및 질병 사이의 관련에 관한 최근 발견은 지난 수십 년 동안 이루어진 과학적 발견 중 가장 흥미로운 것 중 하나로 여겨지고 있다(블랙번 박사는 2009년 노벨상을 수상하였다).

흥미롭게도 사회적 스트레스원이 이 과정에 중요한 역할을 할 수 있다. 만성 스트레스에 노출된 사람들의 경우 텔로미어의 길이가 짧다(Epel et al., 2004). 실험실 연구들은 코르티솔이 텔로

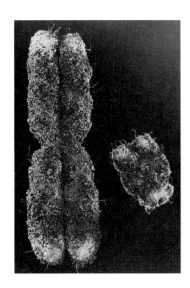

엘리자베스 블랙번 박사는 텔로미어(노란색으로 표시)의 기능에 관한 획기적인 발견으로 2009년 생리학 및 의학 분야에서 노벨상을 받았다.

Nathan Devery/Science Source; Thor Swift/The New York Times/Redux Pictures

면역계 박테리아, 바이러스와 다른 이물질로부터 신체를 보호하는 복잡한 반응 체계

A형 행동 패턴 적대심, 인내심 부족, 시간 촉박감과 경쟁적 성취를 특징으로 하는 행동 패턴

미어의 길이를 짧게 하고, 이 결과 노화가 촉진되며 암, 심혈관 질환, 당뇨병과 우울증을 포함한 다양한 질병이 발생할 가능성이 높아진다고 보고하고 있다(Blackburn et al., 2015). 다행히도 운동과 명상 등과 같은 활동이 만성 스트레스가 텔로미어의 길이를 짧게 하는 것을 막아 주는 것으로 여겨지는데, 이는 이러한 활동이 어떻게 수명 연장과 질병 위험의 가능성을 낮추는 등의 건강상의 이점을 제공하는가를 설명한다(Epel et al., 2009; Puterman et al., 2010).

만성 스트레스가 면역 반응에 영향을 미친다

면역계(immune system)는 박테리아, 바이러스와 다른 이물질로부터 신체를 보호하는 복잡한 반응 체계이다. 면역계는 스트레스원의 존재와 같은 심리적 영향에 대해 놀라울 만큼 반응한다. 스트레스원은 글루코코르티코이드(예 : 코르티솔)라고 알려진 호르몬이 뇌에 넘치게 하고(제3장 참조) 면역계를 손상시켜 침입자에 대한 싸움을 약화시킨다(Webster Marketon & Glaser, 2008). 예를 들어, 한 연구에서 의과대학생들 중 일부 연구 자원자들의 입천장에 경미한 상처를 입혔다. 연구자들은 이 상처가 여름방학 동안보다 시험 기간에 더 천천히 회복되는 것을 관찰하였다(Marucha et al., 1998).

스트레스가 면역 반응에 미치는 효과는 왜 사회적 지위가 건강과 관련되어 있는가를 설명하는 데 도움이 된다. 하층 수준의 생활을 하는 데서 오는 스트레스가 면역계를 약화시켜 감염 가능성을 높인다. 예를 들어 자신이 사회의 낮은 계층에 속하고 지지를 받지 못한다고 지각하는 사람들이 이런 사회적 부담을 가지지 않는 사람들에 비하여 호흡기 질환을 앓을 가능성이 더 높다(Lan et al., 2018).

스트레스가 심혈관 건강에 영향을 미친다

심장과 순환계도 스트레스에 민감하다. 예를 들어 주요 스트레스원을 경험하는 사람들이 다가오는 몇 년 안에 관상성 심장 질환(coronary heart disease, CHD)을 앓을 가능성이 높다(Crum-Cianflone et al., 2014; Song et al., 2019). 교감신경계를 오랫동안 각성시키는 만성 스트레스가 혈압을 지속적으로 상승시키고 점진적으로 혈관을 손상시킨다. 손상된 혈관은 **동맥경화**(atherosclerosis)로 알려진 과정에서 반점을 축적하고 반점이 많이 축적될수록 CHD의 가능성이 더 커진다.

크리스 록의 "부유한 50세는 가난한 35세와 같다"는 농담은 부유한 사람이 가난한 사람보다 더 건강하고 어려 보이는 것을 시사하는 연구 결과와 일치한다.

Andrew Toth/FilmMagic/Getty Images

한 획기적인 연구가 직업-관련 스트레스와 CHD 사이의 관련성을 보여주었다(Friedman & Rosenman, 1974). 연구자들이 3,000명의 건강한 중년 남성을 인터뷰하고 검사한 후 그들의 심혈관계의 건강 상태를 추적하였다. 이들 중 일부가 **A형 행동 패턴**(Type A behavior pattern), 즉 높은 적대심, 인내심 부족, 시간 촉박감, 경쟁적인 성취 **욕구를 특징으로 하는 행동 패턴**을 보였다. 다른 사람들은 덜 조급한 행동 패턴을 보였다(때로 B형이라고 부른다). A형 남성은 인터뷰어의 질문에 대한 대답(빨리 걷고 말하기, 늦게까지 일하기, 자신들을 위한 목표 설정, 남을 이기기 위해 열심히 일하기, 쉽게 좌절하고 타인에게 화를 냄)뿐만 아니라 질문에 대해 지나치게 밀어붙이거나 성급하게 답하는 태도에 의해 확인되었다. 인터뷰한 지 9년 후에 실시된 추적 연구에서 A형으로 분류된 남성이 B형의 남성보다 심장발작을 두 배나 더 경험한 것으로 밝혀졌다.

특히 남성에서 적대감은 흡연, 심지어 높은 수준의 LDL 콜레스테롤보다 심장 질환을 더 잘 예견한다(Niaura et al., 2002). 어느 누구에게나 스트레스가 심혈관계에 어느 정도 영향을 미치지만 스트레스 사건에 대해 적대적으로 반응하는 사람들에게 특히 해가 된다.

심리적 반응

스트레스에 대한 신체 반응은 마음의 반응과 서로 뒤얽혀 있다. 아마도 마음이 가장 먼저 하는 일은 사건이 위협적인가 혹은 아닌가와 만약 위협적이라면 이에 대해 어떤 대처를 할 수 있는가를 구분하는 것일 것이다.

탈진 정서적 요구가 많은 상황이 장기간 지속된 결과 발생하는 신체적·정서적·정신적 소진 상태로서 수행 및 동기 저하가 동반되어 나타난다.

스트레스의 해석은 두 단계로 이루어진다

한 자극이 스트레스인지 아닌지를 해석하는 것이 **일차적 평가**(primary appraisal)이다(Lazarus & Folkman, 1984). 일차적 평가는 여러분의 셔츠에 있는 작은 어두운 자국이 스트레스원(거미!)이라는 것 혹은 고함을 치는 사람들로 가득 찬 작은 차를 탄 채 아주 높은 곳에서 시속 70마일로 떨어지는 것(롤러코스터!)이 스트레스원이 아니라는 것을 인식하게 한다.

해석의 다음 단계가 **이차적 평가**(secondary appraisal), 즉 자신이 스트레스원을 처리할 수 있는지 혹은 없는지, 다시 말하면 자신이 그 사건을 통제할 수 있는가를 평가하는 단계이다(Lazarus & Folkman, 1984). 흥미롭게도 스트레스원이 위협적(여러분이 극복할 수 없는 것으로 믿는 스트레스원) 혹은 도전적(여러분이 통제할 수 있다고 자신하는 스트레스원)으로 지각되는가에 따라 신체 반응이 달라진다(Blascovich & Tomaka, 1996). 만약 여러분이 시험을 잘 준비하면 여러분에게 중간고사가 도전이 되고 공부를 하지 않으면 동일한 시험이 위협이 된다.

비록 위협과 도전 모두 심박률을 상승시키지만 위협은 혈관 반응(예 : 혈관 수축)을 증가시켜 고혈압이 일어나게 할 수 있다.

만성 스트레스가 탈진을 초래할 수 있다

여러분은 강의에 흥미를 잃은 교수의 수업을 수강한 적이 있는가? 이 증후군은 쉽게 인식된다. 즉, 교수는 소원하고 무미건조한 태도를 보이고 거의 로봇같이 행동하고 매일 단조로운 강의를 하고 학생들이 강의에 집중하고 있는가에는 관심을 보이지 않는다. 여러분이 이 교수가 되었다고 생각해 보자. 여러분은 젊은이들에게 좋은 정신을 심어 주기 위해 강의를 하기로 결정하였다. 열심히 강의 준비를 하였고 얼마 동안은 학생들을 가르치는 것이 흥미로웠다. 그러나 어느 날 여러분은 많은 학생들이 여러분의 강의를 지루하게 여기고 강의 내용에 관심을 두지 않는다는 것을 알게 되었다. 여러분이 강의를 하고 있는 동안 학생들이 문자와 쪽지를 보내고 수업이 끝나기 전에 책을 가방에 넣었다. 여러분은 강의실 밖에서만 자신의 직업에 만족할 것이다. 사람들이 특히 자신의 경력에 대해 이러한 것을 느끼게 되면 **탈진**(burnout), 즉 정서적 요구가 많은 상황에 오랫동안 놓이고 수행과 동기 수준이 저하되는 것이 동반될 때 초래되는 신체적·정서적·정신적 소진을 경험하게 된다.

탈진은 특히 다른 사람을 도와주는 전문가들에게서 문제가 된다(Fernandez Nievas & Thaver, 2015). 교사, 간호사, 성직자, 의사, 치과 의사, 심리학자, 사회사업가, 경찰관 등이 자신들의 직업에 대해 반복적으로 정서적 혼란을 경험하게 되면 단지 제한된 시간 동안에만 생산적으로 일을 할 수 있다. 결국 탈진 증상을 경험하는데, 즉 극도로 기진맥진하고 냉소적이며 일에 무심하며 비효율감을 느끼고 일을 완수하지 못한다(Maslach, 2003). 그들이 경험하는 불행감은 다른 사람들에게도 전파되는데, 즉 탈진된 사람들은 동료의 실패를 즐기거나 동료의 성공을 무시하는 등의 불만 많은 고용인이 되는 경향이 있다(Brenninkmeijer et al., 2001).

탈진의 원인은 무엇인가? 한 이론은 개인이 자신의 직업에 삶의 의미를 부여하기 때문이라고 제안한다(Pines, 1993). 만약 여러분이 단지 자신의 경력만으로 자신을 정의하고 직장에서의 성공으로 자신의 가치를 잰다면 직업에 실패할 경우 여러분에게 남는 것은 아무것도 없게 된다. 예

매우 지겨운 수업을 듣는 것보다 더 나쁜 것이 있을까? 여러분 자신이 그 강의를 담당하는 교수가 되어보는 것은 어떨까? 어떤 기법이 전문직 종사자들(교사. 의사, 간호사 등)이 스트레스로 말미암아 탈진되는 것을 막는 데 사용되는가?

Stock4B GMBH/Alamy

를 들어 탈진의 위험에 처한 교사가 시간을 가족, 취미 혹은 자신을 표현할 수 있는 다른 것들에 투자하면 좋다. 다른 이들은 정서적으로 스트레스가 되는 직업이 탈진을 야기하며 탈진이 일어나기 전에 스트레스의 극복을 위해 적극적으로 노력하는 것이 중요하다고 제안한다. 다음 절에서 살펴볼 스트레스 관리 기법들이 이러한 직업을 가진 사람들에게 생명의 은인이 될 것이다.

정리문제

1. 신체가 어떻게 투쟁 혹은 도피 상황에 반응하는가?
2. GAS의 세 단계는 무엇인가?
3. 텔로미어가 무엇이며 하는 기능은 무엇인가?
4. 어떻게 스트레스가 면역계에 영향을 미치는가?

5. 어떻게 만성적 스트레스가 심장발작의 가능성을 증가시키는가?
6. 위협과 도전의 차이는 무엇인가?
7. 왜 탈진이 특히 다른 사람을 돕는 전문가들에게 문제가 되는가?

학습목표

- 심리적 스트레스에 대처하는 기법을 설명한다.
- 스트레스를 감소시키는 신체활동이 무엇인지 설명한다.
- 상황 관리의 정의와 예를 제시한다.

스트레스 관리 : 스트레스 대처

90% 이상의 대학생들이 간혹 과제에 압도되는 느낌을 가지며 3분의 1 이상은 심각한 스트레스로 인하여 수강을 취소하거나 좋지 않은 학점을 받은 경험이 있다고 보고한다(Duenwald, 2002). 여러분이 침착하고 스트레스를 받지 않는다고 보고하는 소수에 속하는 것을 의심하지 않는다. 그러나 비록 여러분이 스트레스를 받지 않더라도 스트레스 관리 기법에 관심이 있을 것이다.

마음 관리

스트레스 관리의 상당 부분이 마음의 통제이다. 가능한 스트레스 사건에 대해 생각하는 방식을 변화시키면 그 사건에 대한 반응도 변화될 수 있다. 스트레스원에 대한 생각을 변화시키는 방법에는 억압, 합리화와 재구성의 사용이 포함된다.

1. 억압적 대처 : 인위적으로 긍정적 입장을 유지하기

억압적 대처 스트레스를 상기시키는 감정, 생각 혹은 상황을 회피하고 인위적으로 긍정적 입장을 유지한다.

여러분이 자신의 생각을 통제하는 것이 쉽지 않지만 일부 사람들은 불쾌한 생각을 마음에서 떨쳐 버릴 수 있는 것으로 보인다. **억압적 대처**(repressive coping)는 스트레스원을 상기시키는 감정, 생각 혹은 상황을 회피하고 인위적으로 긍정적 입장을 유지하는 것을 특징으로 한다. 엘리자베스 스마트가 구출된 후 몇 년 동안 감금되어 있던 과거보다 현재 일어나는 일에 더 초점을 맞추었던 것처럼 사람들은 스트레스 상황을 피하기 위해 자신들의 삶을 재정비한다. 만약 불쾌한 생각과 감정을 마음으로부터 떨쳐버리기를 잘하는 사람에게는 스트레스를 주는 생각이나 상황을 피하는 것이 바람직하게 보인다(Coifman et al., 2007). 그러나 일부 사람들에게는 불쾌한 생각과 상황을 회피하는 것이 매우 어려워 이러한 생각에 사로잡히게 된다(Parker & McNally, 2008; Wegner & Zanakos, 1994). 부정적 감정을 효과적으로 회피하지 못하는 사람들에게는 그 감정에 당면하는 것이 더 낫다. 이것이 합리적 대처의 기본 전제이다.

2. 합리적 대처 : 극복하기

합리적 대처(rational coping)에는 스트레스원에 당면하고 이를 극복하기 위해 노력하는 것이 포함된다. 이 전략은 억압적 대처와 상반되기 때문에 스트레스에 당면할 때 여러분이 할 수 있는 것 중 가장 불쾌하고 용기를 잃게 하는 것으로 여겨질 수 있다. 합리적 대처는 스트레스원의 장기적인 부정적 영향을 감소시키기 위해 스트레스원을 회피하기보다 그것에 맞서는 것을 요구한다(Hayes et al., 1999).

합리적 대처에는 세 가지 단계가 있다. 첫 번째 단계가 수용(acceptance)인데, 즉 스트레스원이 존재하고 당분간 없어지지 않을 것이라는 것을 인식하는 단계이다. 두 번째 단계인 노출(exposure) 단계에서는 스트레스원에 주의를 주고 그것에 대해 생각하며 심지어 그것을 찾아내려고 한다. 세 번째는 이해(understanding) 단계로서 스트레스원이 자신의 삶에 어떤 의미를 가지는가를 발견하고자 노력하는 단계이다.

외상이 특히 강할 경우 합리적 대처를 하기 어렵다. 예를 들어 강간 외상의 경우 강간이 일어났다는 것을 수용하는 것조차 시간이 걸리고 많은 노력이 필요하다. 처음에는 강간 사건을 부인하고 마치 그 일이 일어나지 않았던 것처럼 생활하려고 노력한다. 노출 단계 동안 심리치료가 도움이 되는데, 즉 희생자들로 하여금 자신들에게 일어났던 일에 당면하고 그것에 관해 생각하게 하는 것에 도움이 된다. 장기적인 노출(prolonged exposure)이라고 불리는 기법을 사용하여 강간 생존자들에게 그 사건을 말로 설명한 것을 녹음하게 하여 매일 듣게 하면 외상적 사건을 생각하는 것이 감소된다. 이는 정말 입에 쓴 약을 처방하는 것처럼 들리겠지만 놀랍게도 이 기법은 효과적인데, 즉 노출을 조금씩 점진적으로 허용하는 치료를 받은 사람들에 비해 불안과 외상후 스트레스장애의 증상들이 훨씬 더 감소하였다(Foa & McLean, 2016).

3. 재구성 : 사고 바꾸기

사고하는 방식을 변화시키는 것이 스트레스를 야기하는 생각에 대처하는 또 다른 방법이다. **재구성**(reframing)은 스트레스원의 위협을 감소시킬 수 있는 새롭거나 창의적인 방법을 찾는 것을 의미한다. 예를 들어 만약 여러분이 많은 사람들 앞에서 연설하는 것을 생각만 해도 불안을 경험한다면 청중이 여러분을 평가한다고 생각하는 대신 여러분 자신이 청중을 평가한다고 생각하면 청중 앞에서 연설하는 것이 수월해진다.

사람들이 스트레스 사건에 대해 생각하거나 글을 쓸 기회를 가질 경우 재구성이 자발적으로 일어날 수 있다. 예를 들어 일련의 연구들에서 대학생들이 자신들의 내면 깊숙이 자리 잡고 있는 생각과 감정에 관해 몇 시간 동안 쓰고 난 후 그들의 신체적 건강이 향상되는 것이 관찰되었다(Pennebaker, 1989). 다른 것에 관해 쓴 학생들에 비하여 자신을 노출한 집단 구성원들이 이후 몇

2018년 2월 플로리다주의 파크랜드에 위치한 마조리 스톤맨 더글러스 고등학교에서 발생한 총격 사건으로 17명의 학생 및 교직원이 사망하였고 또 다른 17명이 부상을 당하였다. 사람들은 이 총격 사건과 같은 생의 주요 스트레스 사건에 대해 서로 다르게 대처한다. 억압적 대처자들은 회피를 하고 합리적 대처자들은 수용, 노출 및 이해를 하고 재구성자들은 상황을 더 긍정적으로 생각하려고 노력한다.

John McCall/Sun Sentinel via Getty Images

합리적 대처 스트레스원에 당면하고 이를 극복하기 위해 노력한다.

재구성 스트레스원의 위협을 감소시킬 수 있는 새롭거나 창의적인 방법을 찾는 것

수업 시간에 발표하거나 과제를 수행하는 것이 두려운가? 불안이 여러분의 수행을 더 낫게 하는 데 도움이 된다고 생각을 재구성하면 실제로 여러분의 수행이 향상될 수 있다. 생각에서 벗어나 재구성해보라!

CAIAImage/Martin Barraud/Getty Images

달 동안 학생건강센터를 덜 방문하였고 아스피린을 덜 복용하였으며 더 좋은 학점을 취득하였다(Pennebaker & Chung, 2007). 실제로 쓰기를 통한 자기노출이 면역 기능을 향상시키는 반면(Pennebaker et al., 1988), 정서를 억압하는 것은 면역 기능을 약화시킨다(Petrie et al., 1998). 쓰기를 통한 자기노출의 긍정적 효과는 쓰기가 외상을 재구성하고 스트레스를 감소시키는 데 유용하다는 것을 반영한다.

신체 관리

스트레스는 목 근육의 긴장, 등의 통증, 위장 문제, 손의 땀 혹은 피곤한 얼굴 등으로 나타난다. 스트레스가 매우 자주 신체 증상으로 표현되기 때문에 신체 관리가 스트레스를 감소시킬 수 있다. 네 가지 기법을 살펴보기로 하자.

1. 명상 : 내면 들여다보기

명상(meditation)은 의도적으로 사색을 하는 것이다. 명상 기법은 다양한 종교와 관련되어 있거나 종교적 맥락과 무관하기도 하다. 일부 명상 기법은 마음속에 있는 생각을 지우는 것을 요구하고 다른 기법은 하나의 생각(예 : 촛불에 관한 생각)에 집중하는 것을 요구하고 또 다른 기법은 호흡이나 만트라('옴' 등과 같은 소리를 반복적으로 내는 것)에 집중하는 것을 요구한다. 적어도 모든 명상 기법은 공통적으로 조용한 시간을 요구한다.

명상 시간은 휴식과 생기를 다시 얻는 데 유용하다. 이러한 즉각적인 이점 외에도 많은 사람들이 의식 속으로 깊이 들어가거나 의식을 변형시키기 위해 명상을 하기도 한다. 명상을 하는 이유가 무엇이든지 간에 명상은 긍정적인 심리적 효과를 가지는 것으로 보이는데(Hözel et al., 2011), 많은 사람들은 명상이 주의 통제를 향상시키기 때문에 이런 효과를 가진다고 믿는다. 마음챙김을 포함한 많은 유형의 명상은 즉각적 경험에 주의를 집중하고 받아들이도록 가르치는 것에 초점을 둔다.

최근 연구에 의하면 명상을 몇 주 동안 집중적으로 한 사람들에서 텔로미어가 길어진다고 하는데 이는 스트레스와 노화 효과를 약간 역전시키는 것을 의미한다(Corklin et al., 2015). 요약하면 이러한 연구 결과는 명상가들이 자신들의 사고와 정서를 더 잘 조절할 수 있고 나아가 대인관계, 불안 및 의식적 통제가 요구되는 다양한 다른 활동을 더 잘 관리하는 능력을 가지고 있다고 제안한다(Sedlmeier et al., 2012).

정신건강과 웰니스의 열렬한 지지자인 영국의 해리 왕자는 최근 매일 명상을 한다고 공개하였다. 명상은 스트레스를 감소시키고 건강을 향상시키는 것으로 알려져 있다.

Adrian Dennis-WPA Pool/Getty Images

명상 내적 관조 훈련

2. 이완 : 평온 상상하기

여러분이 자신의 턱을 긁는다고 상상해 보라. 실제로 턱을 긁지 말고 턱을 긁는 것을 상상하면 여러분의 신체는 상상 속의 행동을 순서대로 행하기 위해 아주 경미하게 움직이는데, 즉 근육이 경미하게 긴장되고 이완된다. 우리의 신체는 우리가 매일 행하는 것을 생각하는 것에 반응한다. 이러한 생각은 우리가 전혀 아무것도 하고 있지 않다고 생각할 때조차 근육 긴장을 초래한다.

이완 치료(relaxation therapy)는 신체 근육을 의식적으로 이완하는 것을 통하여 긴장을 감소시키는 기법이다. 이완 치료를 받는 사람들은 한 번에 하나의 특정 근육집단을 이완하는 것 혹은 따뜻한 것이 신체에 흐르는 것을 상상하거나 느긋한 상황에 관해 생각하는 것을 요구받는다. 이러한 행동들 모두는 **이완 반응**(relaxation response), 즉 근육 긴장, 대뇌 활동, 심박수, 호흡률과 혈압이 감소되는 상태를 끌어낸다(Benson, 1990). 기본적으로 편안한 자세를 취하자마자 혹은 조용히 앉자마자 혹은 반복적으로 여러분의 주의를 끄는 것에 초점을 맞추자마자 이완된다.

일정 시간(예 : 45분) 동안의 규칙적인 이완은 스트레스 증상을 감소시키고 스트레스 반응의 생화학적 지표인 혈중 코르티솔 수준까지도 감소시킨다(Cruess et al., 2000). 여러분이 일상생활에서 어떻게 이 기법을 사용할 수 있을까? 굉장히 단순하다. 먼저 심호흡을 하라. 자연 속에서 산책을 하라. 실험 연구들은 직장인이 점심시간 동안 공원에서 짧은 시간 산책을 하여도 스트레스감이 감소되고(de Bloom et al., 2017) 자연 속에서 90분 산책을 하면(도시에서 산책하는 것과 비교하여) 반추의 감소뿐만 아니라 정신 장애의 위험을 높이는 것과 관련되어 있는 뇌 영역들의 활성화가 감소되는 것을 보고하고 있다(Bratman et al., 2015).

3. 바이오피드백 : 외적 모니터의 도움받기

이완하는 방법을 배우는 것 대신 스위치를 켜자마자 이완된다면 더 근사하지 않을까? 신체 기능에 관한 정보를 얻고 그 기능을 통제하기 위해 외적 모니터링 도구를 사용하는 **바이오피드백**(biofeedback)은 이완을 위해 첨단기술을 이용하여 개발되었다. 예를 들어 지금 여러분은 자신의 손가락이 따뜻한지 혹은 차가운지를 모르지만 여러분 앞에 전시되어 있는 전자체온계를 사용하여 체온을 감지하는 능력을 향상시키면(몇 번의 연습을 통해) 손을 더 따뜻하게 혹은 더 차갑게 할 수 있다(예 : Roberts & McGrady, 1996).

바이오피드백은 다른 방법으로는 알 수 없는 신체 기능을 통제하도록 도와준다. 예를 들어 여러분은 현재 자신의 뇌파가 어떠한지 잘 모른다. 그러나 사람들이 뇌전도 혹은 EEG(제3장 참조)를 사용하여 자신들의 뇌를 모니터하면 각성 상태를 시사하는 베타파에서 이완 상태를 시사하는 알파파로 뇌파를 변화시킬 수 있다. 그러나 뇌의 이완을 유도하기 위해 바이오피드백을 사용하는 것이 다소 기술적 과잉으로 드러나고 단순히 해먹에 누워 흥겨운 노래를 흥얼거리는 것보다 훨씬 더 효과적이지 않을 수 있다.

4. 에어로빅 운동 : 기분 북돋음

에어로빅 운동(일정 시간 동안 심박수를 증가시키고 산소 흡입량을 증가시키는 운동)이 심리적 안녕감과 관련되어 있다고 밝혀지고 있다(Hassmen et al., 2000). 여러 연구들에서 사람들을 에어로빅 운동 집단과 운동을 하지 않는 집단에 무작위로 할당한 결과 운동이 실제로 스트레스를 감소시키고 행복감을 증가시키는 것이 관찰되었다. 한 리뷰 연구는 90편의 연구 결과를 분석하였는데, 이 연구들은 만성 질환을 앓는 사람들을 운동 집단과 운동을 하지 않는 집단으로 무선 할당한 결과 운동을 하지 않는 집단에 비해 에어로빅 운동 집단에 속한 사람들에서 우울 증상이 유

이완 치료 신체 근육을 의식적으로 이완시킴으로써 긴장을 감소시키는 기법

이완 반응 근육 긴장, 피질 활성화, 심박수, 호흡률과 혈압이 감소된 상태

바이오피드백 신체 기능에 관한 정보를 얻고 신체 기능을 통제하기 위해 외적 모니터링 기계를 사용한다.

바이오피드백은 심박수, 호흡, 뇌의 전기적 활동 혹은 체온 등과 같이 직접적으로 느낄 수 없는 생리적 기능 수준을 시각 혹은 청각 피드백을 통해 보여준다.

Photo by Charles Baldwin of East Carolina University/Courtesy Dr. Carmen Russoniello

의하게 감소되는 것을 관찰하였다(Herring et al., 2012). 또 다른 리뷰 연구도 우울증 치료에 가장 효과적인 것으로 알려져 있는 심리치료만큼 운동이 우울증에 효과적이라고 보고하였고(Rimer et al., 2012). 조현병 환자들에서조차 운동이 긍정적인 신체 및 정신 건강 효과를 보인다(Gorczynski & Faulkner, 2011). 운동은 부작용이 없는 간단하면서도 효과가 매우 좋은 치료법이다!

이러한 긍정적 효과가 일어나는 원인에 대해서는 아직 명확하게 이해하지 못하고 있다. 연구자들은 이 효과가 기분에 긍정적 효과를 줄 수 있는 세로토닌(제3장 참조) 혹은 엔도르핀(제3장에 기술되어 있는 내인성 아편제 참조) 등과 같은 신경전달물질의 생산이 증가되기 때문이라고 제안하고 있다.

운동이 긍정적 기분을 북돋는 것을 넘어 여러분의 건강을 앞으로도 계속해서 유지하게 한다. 최근 연구에 의하면 에어로빅 운동이 미래의 스트레스원으로부터 더 빨리 회복하는 것을 돕는다고 한다(Bernstein & McNally, 2017). 아마도 행복감과 건강을 증진시키기 위해 할 수 있는 가장 간단한 것이 에어로빅 운동을 규칙적으로 하는 것일 수 있다. 여러분이 좋아하는 것을 선택하라. 즉 댄스 수업에 등록을 하거나 농구 게임을 규칙적으로 하거나 카누 조정을 시작해 보라. 그러나 이 모든 것을 한꺼번에 하지 말라!

상황 관리

여러분이 자신의 마음과 신체를 관리함으로써 스트레스에 대처하도록 노력하였다면 이제 스트레스 대처에 무엇을 관리하는 것이 남아 있는가? 주위를 둘러보면 온 세상이 그곳에 있다는 것을 알게 된다. 상황 관리는 스트레스가 여러분의 마음과 신체에 주는 영향을 감소시키기 위해 여러분의 생활 상황을 변화시키는 것을 의미한다.

1. 사회적 지지 : 친구와 함께 수영하기

국가안보위원회의 첫 번째 규칙은 "항상 친구와 같이 수영하라"인데 여러분이 물속에 빠질 경우 이 규칙이 명백하게 도움이 되지만 이 동일한 규칙이 위험이 위협할 때마다 적용된다는 것을 사람들이 잘 인식하지 못한다. 여러분이 스트레스를 받을 때 다른 사람이 도움을 줄 수 있다. **사회적 지지**(social support)는 다른 사람들과의 상호작용을 통하여 도움을 받는 것을 의미한다. 친구 및 가족과 좋은 관계를 유지하고 사회적 활동과 종교 모임에 참여하는 것이 운동을 하고 금연을 하는 것만큼 건강에 유익하다(Umberson et al., 2006).

대학 신입생들 중 많은 이들이 사회적 지지의 위기를 어느 정도 경험한다. 자신들이 고등학교 때 얼마나 사교적이고 인기가 많았는가와는 무관하게 신입생들은 만족스러운 새로운 사회적 관계를 발달시켜야 하는 과제가 매우 힘들다는 것을 발견한다. 당연히 고립감을 많이 느끼는 학생들이 독감 예방접종에 대해 감소된 면역 반응을 보인다(Pressman et al., 2005). 여러분이 새로운 사회적 상황에서 사람들과 친해지기 위해 보내는 시간이 여러분의 건강에 대한 투자일 수 있다.

사회적 지지가 스트레스로부터 보호해 주는 정도가 여성과 남성에서 매우 다르다. 여성들은 스트레스를 받으면 지지를 추구하는 반면 남성들은 덜 그러하다. 셸리 테일러(Shelley Taylor, 2002)의 성차에 관한 연구에 의하면 스트레스에 대한 투쟁 혹은 도피 반응은 주로 남성에서 일어나는 반응이다. 테일러는 스트레스에 대해 여성은 배려와 친교(tend-and-befreind), 즉 다른 사람들을 돌보고 돕는 것으로 반응한다고 주장한다. 남성은 직장에서 열심히 일한 후 좌절과 직업에 대한 걱정을 가지고 퇴근하여 맥주를 마시거나 분노를 느끼며 하루를 마감한다. 이와 동일한 스트레스를 받는 여성들은 자녀들과 시간을 보내거나 친구와 전화로 대화를 한다. 여성의 스트

운동은 스트레스의 감소에 도움이 되지만 70미터 협곡 위에 있는 흔들거리는 다리 위로 올림픽 성화를 봉송하는 존 스티바드에게는 그렇지 않을 것이다.

Matt Dunham/AP Images

사회적 지지 다른 사람들과의 상호작용을 통하여 얻는 도움

레스에 대한 반응, 즉 배려와 친교 반응은 왜 여성들이 남성들보다 더 건강하고 더 오래 사는가를 설명해준다. 스트레스에 대한 남성의 전형적인 반응은 스트레스의 건강하지 못한 효과를 확대하는 반면 여성의 반응은 스트레스가 마음과 신체에 미치는 효과를 감소시키며 그녀 주변에 있는 사람들에 대한 사회적 지지를 제공한다.

2. 종교 경험 : 세속적 보상의 수확

여론 조사에 의하면 미국인의 90%가 신을 믿으며 이들 중 대부분이 적어도 하루에 한 번 기도를 한다고 한다. 비록 신을 믿는 사람 중 많은 이들이 자신들의 믿음이 사후에 보상을 받을 것으로 여기지만 종교가 살아있는 동안에도 이점을 주는 것으로 드러났다. 많은 연구들이 신앙심(특정 종교 활동에의 참여)과 영성(특정 종교와 반드시 관련되어 있지 않지만 전능한 힘의 존재에 대한 믿음)이 긍정적인 건강 상태, 즉 심장질환 및 만성 통증의 감소와 심리적 건강의 향상과 관련되어 있음을 관찰하였다(Seybold & Hill, 2001).

　왜 신앙심 혹은 영성을 가지는 사람들이 더 나은 정신 및 심리적 건강을 가지는가? 신성한 치료법인가? 매주 예배에 참석하는 것과 같은 종교적/영적 생활이 건강에 긍정적으로 영향을 미치는 것으로 잘 알려져 있는 강하고 긴밀한 사회적 네트워크를 발달시킨다. 종교적인 사람은 종교에서 제공하는 건강한 권고를 받아들임을 통해 심리적으로나 신체적으로 건강할 수 있다. 다시 말하면 섭식 제한, 약물 사용 및 음주 금지와 일상생활에서 경험하는 사건들을 희망적이고 낙관적으로 보라는 권고를 따르며, 이 결과 더 긍정적인 건강 상태를 가진다(Seeman et al., 2003; Seybold & Hill, 2001). 물론 종교집단의 일부 주장, 예를 들어 중보기도의 긍정적 효과는 지지를 받지 못하고 있다(**그림 13.3** 참조). 심리학자들은 종교적 혹은 영적 활동의 효과를 검증하는데, 이는 왜 이러한 활동이 인간에게 긍정적 효과를 미치는가를 더 잘 이해하기 위해서이다.

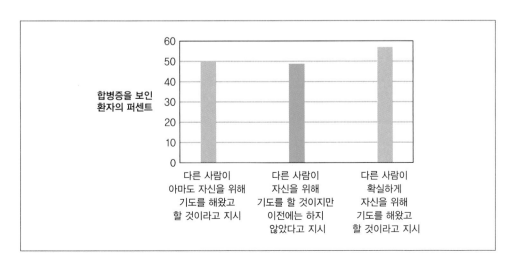

그림 13.3　나를 위한 기도? 도움을 필요로 하는 사람을 위해 기도(중보기도)하는 것이 실제로 그들을 돕는가를 조사하기 위해 연구자들은 중요한 수술을 받을 예정인 환자들을 세 조건에 무작위로 할당하였다 : 한 조건에서는 다른 사람이 아마도 자신을 위해 기도를 해 왔고 할 것이라고 지시하였고 다른 조건에서는 다른 사람이 자신을 위해 기도를 할 것이지만 이전에는 하지 않았다고 지시한 한편 또 다른 조건에서는 다른 사람이 확실하게 자신을 위해 기도를 해 왔고 할 것이라고 지시하였다. 불행하게도 다른 사람이 자신을 위해 기도를 했던 환자군과 하지 않았던 환자군 사이에 합병증의 차이가 없었다. 더욱이 다른 사람이 자신을 위해 기도를 해왔고 또 할 것이라고 지시를 받은 환자군이 다른 두 환자군에 비해 유의하게 많은 합병증을 보였다(Benson et al., 2006).

인터넷 회사 그루폰의 CEO인 앤드류 메이슨은 회사를 떠났는데, 그의 사임서에는 다음과 같은 내용이 기술되어 있다: 4년 반 동안 그루폰의 CEO로서 열심히 일한 나는 나의 가족과 더 많은 시간을 보내기 위해 회사를 떠나기로 결정하였다. 농담으로 -나는 오늘 해고되었다-. 그리고 다음과 같이 덧붙였다. "나는 이 회사에서 여러분 모두와 같이 일할 기회를 가졌다는 점에서 행운아이다. 나는 압박감에서 벗어나기 위해 당분간 휴식을 취하고자 한다(그루폰에 다니면서 얻은 살을 뺄 수 있는 다이어트 캠프를 찾고 있는데 혹시 좋은 캠프를 추천할 사람이 있는가?). 휴식은 앞으로 나에게 또 다른 생산적인 일을 할 수 있게 할 것이다." 이 글은 스트레스를 완화하기 위해 유머를 사용한 좋은 예이다.

Justin Lane/European Pressphoto Agency/Newscom

3. 유머 : 일소에 부침

문제가 있을 때 웃어넘기는 것은 멋져 보이지 않은가? 우리 대부분은 유머가 불쾌한 상황을 흩뜨리고 스트레스를 감소시킨다는 것을 알고 있다. 실제로 웃음이 가장 좋은 약인가? 병원 문을 닫고 환자들을 광대에게 보내야만 하는가?

유머가 우리로 하여금 스트레스에 대처하도록 도와준다는 이론을 지지하는 연구 결과가 있다. 예를 들어 한 연구에서 매우 높은 수준의 스트레스를 야기하는 산업 재해에 관한 필름을 남성들에게 보여준 후 한 집단에게는 그 사건들을 심각하게 묘사하게 하고 다른 집단에게는 가능한 한 재미있게 평하도록 요구하였다. 비록 두 집단의 남성들 모두 필름을 보는 동안 교감신경계 활동의 상승(심박수와 피부 전도의 상승과 체온의 감소)을 보였지만 유머 있게 필름을 평하도록 요구받은 사람들의 교감신경계 수준이 다른 집단에 속한 사람들보다 더 빨리 정상적인 각성 수준으로 되돌아왔다(Newman & Stone, 1996).

4. 일정 관리와 활동 : 일의 완수

때로 우리 대부분은 과제를 수행하는 것을 회피하고 뒤로 미룬다. 대학생들은 학기말 리포트를 쓰거나 시험 준비 등을 포함하는 학업 활동의 30~60% 정도를 미룬다고 보고한다(Rabin et al., 2011). 이들 중 일부는 자신들이 압박감을 가져야 일을 가장 잘하는 경향이 있다고 주장하거나 일을 완수한다면 마감일 바로 직전에 일을 마치는 것은 상관이 없다고 주장한다. 이러한 주장이 받아들일 만큼 가치가 있을까? 혹은 이 주장이 역효과를 내는 행동에 대한 미미한 변명일까?

대학생들의 높은 수준의 미루는 버릇은 낮은 학업 수행(Moon & Illingworth, 2005)과 높은 수준의 심리적 고통(Rice et al., 2012)과 관련된다. 실제로 최근 연구에 의하면 습관적으로 미루는 사람들이 고혈압과 심혈관 질환을 더 많이 앓는다고 하며, 이 결과는 이러한 건강 문제와 관련된 다른 성격 특성을 통제하여도 나타난다고 한다(Sirois, 2015). 비록 미루는 버릇을 없애는 데 효과적인 방법이 아직 입증되지 않지만 시간 관리 훈련 혹은 미루는 버릇을 만든다고 여겨지는 과정을 타깃으로 한 행동 기법을 통하여 대학생들의 미루는 버릇이 감소될 수 있다는 연구 결과가 있다(Glick & Orsillo, 2015). 만약 일을 미루는 버릇을 가지고 있다면 여기에 기술된 연구들이 미루는 버릇의 함정에 관한 경각심을 제공하기를 바란다.

정리문제

1. 스트레스를 주는 생각을 회피하는 것이 유용할 때는 언제인가? 언제 회피가 문제가 되는가?
2. 합리적 대처의 세 단계는 무엇인가?
3. 억압적 대처와 합리적 대처의 차이는 무엇인가?
4. 스트레스를 야기하는 사건에 관해 쓰는 것이 어떻게 도움이 되는가?
5. 명상의 긍정적 효과는 무엇인가?
6. 바이오피드백은 어떻게 작용하는가?
7. 운동의 이점은 무엇인가?
8. 사회적 지지의 이점은 무엇인가?
9. 왜 종교적 및 영적 활동이 건강에 이로운가?
10. 어떻게 유머가 스트레스를 감소시키는가?
11. 좋은 학습 습관이 좋은 건강을 어떻게 지지하는가?

학습목표

- 마음과 신체의 상호관계가 질병과 어떻게 관련되는가를 기술한다.

질병의 심리학 : 정신력에 달린 문제

마음이 신체 건강과 질병에 미치는 주된 영향 중의 하나가 신체 증상에 대한 마음의 민감성이다. 신체가 잘 기능하지 못하는 것을 인식하는 것은 치료 추구를 동기화한다는 점에서는 바람직하지만 질병에 대한 선입견에 지나치게 사로잡힐 경우 더 큰 문제가 초래된다.

질병의 심리적 효과

병을 앓으면 왜 기분이 나빠지는가? 여러분은 목이 간지럽거나 콧물을 훌쩍거리면 신체에 이상이 있는 것으로 생각한다. 그리고 몇 시간 후 전신이 아프고 에너지가 없어지며 식욕이 없어지고 열이 나며 멍하고 기운이 없어진 느낌을 가진다. 여러분이 아픈 것이다. 의문은 왜 병이 들면 이런 현상이 나타나는가이다. 질병 때문에 집에 머물고 해야 할 일을 하지 않으면 질병의 고통이 감소되지 않을까?

질병은 여러분을 여러 이유로 고통스럽게 한다. 아픈 반응(sickness response)의 일부인 고통은 뇌에 의해 일어나는 질병에 대한 통합적이고 적응적인 반응이다(Hart, 1988; Watkins & Maier, 2005). 여러분이 아픔을 느끼면 집에 머물기 때문에 오직 소수의 사람에게만 세균을 퍼트린다. 더 중요한 점은 아프면 활동을 하지 않고 누워 지내는데, 이 경우 다른 활동에 사용되는 에너지를 보존하여 병과 싸우게 된다. 식욕 감퇴 역시 적응적이다. 즉, 소화에 사용될 에너지가 보존되기 때문이다. 따라서 질병과 동반되어 나타나는 행동 변화는 무작위로 일어나는 병의 부작용이 아니라 신체가 질병과 싸우는 것에 도움이 된다.

뇌는 이렇게 해야 하는 것을 어떻게 아는가? 감염에 대한 면역 반응은 백혈구가 병원균을 잡아먹고 사이토카인을 분비하는 것으로부터 시작되는데, 사이토카인은 신체를 순환하는 단백질이다(Maier & Watkins, 1998). 사이토카인은 뇌로 들어갈 수 없지만 장, 위, 흉부에서부터 뇌로 연결되는 미주신경을 활성화시켜 "내가 감염되었다"라는 메시지를 뇌로 전달하게 한다(Goehler et al., 2000; Klarer et al., 2014). 이는 왜 우리가 아플 때 자주 '내장', 즉 신체의 가장 중심 부위의 불편함을 경험하는가를 설명한다.

흥미롭게도 아픈 반응은 감염 없이 단지 스트레스만으로 일어날 수 있다. 예를 들어 포식자의 냄새만으로도 동물은 열과 백혈구의 증가 등과 같은 감염 증상과 더불어 아픈 반응을 보인다(Maier & Watkins, 2000). 인간의 경우 아픈 반응, 면역 반응, 스트레스 사이의 관련성이 우울증에서 잘 관찰되는데, 우울증에서는 아픔에 관여하는 이 모든 기제들이 재빨리 일어난다. 따라서 우울증 환자들은 피로와 몸이 불편할 뿐 아니라 감염의 특징적인 신호인 혈중 사이토카인 수준의 상승을 보인다(Maes, 1995). 질병이 여러분을 우울하게 하는 것처럼, 심한 우울은 뇌의 아픈 반응을 일으키고 여러분으로 하여금 아픔을 느끼게 한다(Watkins & Maier, 2005).

질병의 인식과 치료 추구

불과 1분 전만 해도 여러분은 호흡에 대해 생각하지 않았을 수도 있지만 지금 이 문장을 읽고 있는 동안에는 여러분이 호흡하고 있는 것을 인식할 것이다. 때로 우리는 우리의 신체 상태에 대해 지나친 관심을 기울인다. 그러나 다른 때에는, 즉 특정 증상을 인식하기 전이나 필자가 특정 증상에 대해 기술하기 전까지 신체가 '자동적'으로 기능하는 것처럼 여긴다.

신체 증상에 주의를 주고 증상을 보고하는 정도는 사람마다 상당히 다르다. 많은 신체 증상을 보고하는 사람들은 부정적인 경향이 있는데, 즉 자신들을 불안하고 우울하며 스트레스를 많이 받는다고 기술한다(Watson & Pennebaker, 1989). 많은 증상을 호소하는 사람들이 실제로 여러 문제를 가지고 있는가 아니면 단지 불평을 많이 하는 사람인가? 한 연구에서 연구 참가자들이 자신들의 다리에 가해지는 열 자극(섭씨 43~48도)을 감수하였으며 예상한 바와 같이 일부 참가자들은 다른 참가자들에 비해 더 심한 통증을 경험하였다. 통증 자극이 가해지는 동안 실시된 fMRI 스캔은 높은 정도의 통증을 보고하는 참여자들에서 전대상 피질, 체감각 피질, 전전두 피질(고통스러운 신체 자극에 반응하는 영역들이다)이 특히 활성화하는 것을 보여주었다(**그림 13.4**

그림 13.4 **통증을 느끼는 동안의 뇌**
fMRI 스캔이 통증 자극 동안 높은 통증 민
감성(왼쪽)과 낮은 민감성(오른쪽)을 가지
는 사람의 뇌활성화를 보여준다. 높은 민
감성을 가지는 사람의 전대상피질과 일
차 체감각 영역의 활성화가 더 증가하였
다. 노랑이 가장 높은 수준의 활성화 수준
을 나타내고 그다음으로는 빨강, 밝은 파
랑과 어두운 파랑의 순이다(Coghill et al.,
2003).

Neural Correlates of Interindividual Differences in the
Subjective Experience of Pain, Coghill, McHaffie, &
Yen. Copyright 2003 National Academy of Sciences,
USA

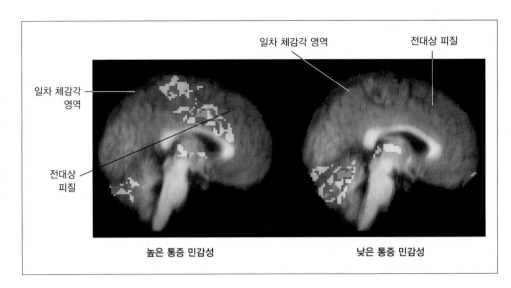

일차 체감각 영역

전대상 피질

일차 체감각
영역

전대상
피질

높은 통증 민감성

낮은 통증 민감성

정신신체 질환 마음과 신체가 상호작용
한 결과 초래되는 질병

신체 증상 장애 적어도 하나의 신체 증상
을 가지는 개인이 건강에 대해 지나친 불
안을 보이고 증상에 대해 지나친 관심을
보이며 지나치게 많은 시간과 에너지를 증
상과 건강에 대한 염려에 쏟는 일련의 심
리 장애

참조). 이 결과는 사람들이 자신들이 경험하는 통증의 정도를 정확하게 보고할 수 있다는 것을
시사한다(Coghill et al., 2003)('현실 세계 : 플라세보 상태의 뇌' 참조).

통증을 민감하게 보고하는 사람들과 상반되게, 일부 사람들은 증상과 통증을 덜 보고하거나
자신들이 아프다는 것을 무시하거나 부인한다. 증상에 둔감할 경우 이에 대한 대가를 치르게 되
는데, 즉 치료가 지연될 수 있거나 때로는 심각한 반격을 받을 수 있다. 한 연구에서 심장발작으
로 치료를 받은 경험이 있는 환자들 중 40%가 심장발작으로 의심되는 증상을 처음 인식한 때로
부터 6시간 이상이나 병원을 찾지 않았다고 보고하였다(Gurwitz et al., 1997). 이러한 사람들은
몇 시간 동안 증상이 없어지기만을 기다린다. 심장발작의 손상을 줄일 수 있는 치료는 빨리 이루
어져야만 유용하기 때문에 이러한 태도는 바람직하지 않다. 질병을 부인함으로써 고통에서 벗어
나려고 한다면 더 큰 신체적 위험에 노출될 수 있다.

신체 증상 장애

질병을 부인하는 것의 반대가 질병에 대해 지나치게 민감하게 반응하는 것인데, 이 경우 역시 위
험하다. 실제 증상 혹은 질병의 가능성에 대해 과민하게 반응하는 것이 다양한 심리적 문제의 근
원이 되고 신체 건강도 해칠 수 있다. **정신신체 질환**(psychosomatic illness), 즉 질병을 초래할 수
있는 마음과 신체의 상호작용을 연구하는 심리학자들은 마음(psyche)이 신체(soma)에 영향을 줄
수 있고 반대로 신체가 마음에 영향을 줄 수 있는 기제들을 탐구한다. 마음-신체 상호작용에 관
한 연구는 **신체 증상 장애**(somatic symptom disorders)라고 불리는 심리 장애에 초점을 맞추는데,
이 장애는 적어도 하나의 신체 증상을 가지는 개인이 자신의 건강에 대해 지나친 불안을 보이고 증상

얼마나 아픈가? 통증은 측정하기 어려운
심리 상태이다. 통증 정도를 숫자로 표시
하는 것이 내적 상태를 외적 표현으로 판
단하는 한 방법이다.

© 1983 Wong-Baker FACES Foundation. www.
Wong BakerFACES.org. Used with permission. Origi-
nally published in Whaley & Wong's Nursing Care of
Infants and Children. © Elsevier Inc.

웡-베이커 얼굴 통증 평정 척도

0	2	4	6	8	10
통증 없음	아주 약간 아픔	조금 아픔	조금 더 아픔	많이 아픔	아주 많이 아픔

플라세보 상태의 뇌

밴드(반창고)에는 어떤 기적적인 것이 있다. 전형적으로 유아들은 어떤 상처에도 즉각적인 고통 완화를 위해 밴드를 요구한다. 성인이 밴드를 붙여주면 아픔 혹은 통증이 "치료된다"고 아동들이 보고한다. 물론 밴드가 통증을 실제로 완화시켜주지 않는다. 완화시켜주는가?

의사들과 심리학자들은 오랫동안 플라세보(위약) 효과, 즉 치료 효과가 없는 물질 혹은 절차에 대해 임상적으로 의미있는 심리적 혹은 신체적 반응을 보이는 현상을 궁금해 하였다. 고전적인 플라세보는 설탕으로 만든 알약이지만 반창고, 주사, 전기담요, 목 문지르기, 동종요법(homeopathic remedies)과 친절한 말 등

도 플라세보 효과를 가질 수 있다(Diederich & Goetz, 2008).

어떻게 플라세보가 작용하는가? 통증 치료를 받는 사람들이 실제로 통증을 느끼지만 치료에 대한 자신들의 믿음에 맞게 경험을 왜곡되게 보고하는가? 혹은 플라세보가 환자가 경험하는 통증을 실제로 감소시키는가? 하워드 필즈와 존 레빈(Howard Fields & Jon Levine, 1984)은 플라세보가 모르핀과 유사하게 통증을 완화시켜주고 뇌에서 생산되는 화학물질인 엔도르핀(혹은 내인성 아편제)의 분비를 촉진시키는 것을 발견하였다(제5장 참조).

플라세보는 통증에 관여하는 특정 뇌 영역의 활성화도 감소시킨다. 한 연구에서 연구자원자

들이 전기 쇼크 혹은 열에 노출되어 있는 동안 뇌 활성화를 조사하였다(Wager et al., 2004). 자극 제시 전 일부 참여자들에게 피부에 바르는 플라세보 크림을 제공하면서 크림이 통증을 완화시키는 진통제라고 말해주었다. 또 다른 참여자들은 단지 통증만을 경험하였다. 다음의 이미지에서 볼 수 있듯이 플라세보가 제공되었던 참여자들은 시상, 전대상피질과 뇌섬엽의 활성화 감소를 보였는데, 이 영역들은 통증을 경험할 때 활성화를 보이는 통증에 민감한 뇌 영역들이다. 이러한 결과는 플라세보가 사람들로 하여금 자신들의 통증 경험을 잘못 보고하도록 하는 것이 아니라 통증 경험 동안 활동하는 뇌 영역들의 활성화를 감소시키는 것을 시사한다.

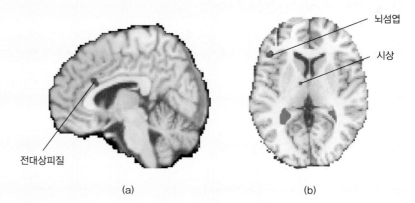

이 어린 소년처럼 많은 아동들은 신체의 어느 부위가 아프든지 간에 밴드를 붙이면 즉각적으로 통증이 완화된다고 보고한다. 비록 성인 대부분은 밴드가 통증을 치료하지 않는 것을 알지만 플라세보 효과는 전 생애 동안 매우 강하게 남는다.

Courtesy Matthew Nock

플라세보에 대한 뇌의 반응. 쇼크 동안 플라세보 진통제를 제공받은 사람들의 경우 쇼크에 반응하여 통증을 경험할 때 정상적으로 활성화를 보이는 일부 뇌 영역들이 활성화를 보이지 않는 것을 fMRI 스캔이 보여준다. 이 영역들에는 (a) 전대상피질과 (b) 뇌섬엽과 시상이 포함된다(Wager et al., 2004).

Courtesy of Tor Wager

에 대해 지나친 관심을 보이며 지나치게 많은 시간과 에너지를 증상과 건강에 대한 염려에 쏟는 경우이다. 이러한 장애들에 대해서는 제14장에서 더 자세하게 살펴볼 것이지만 이 장애가 신체 증상들과 관련되어 있기 때문에 스트레스와 건강에 관한 이 장에서 간략하게 살펴보기로 하자.

환자되기

아픈 것은 신체 상태의 변화 이상의 것, 즉 정체감의 변화를 포함할 수 있다. 이 변화는 특히 심각한 질병의 경우에 더 크다. 여러분이 자신이 이전과 다르다고 느끼는 변화는 여러분이 느끼고 행동하는 모든 것에 영향을 미칠 수 있다. 여러분은 인생에서 새로운 역할인 **환자 역할**(sick role), 즉 질병과 관련된 일련의 사회적으로 인정받는 권리와 의무를 가진다(Parsons, 1975). 환자는 일상의 많은 의무가 면제되고 정상적인 활동의 면제를 즐긴다. 예를 들어 아픈 아동은 학교에 가지 않고 숙제를 하지 않아도 되는 것에 덧붙여서 하루 종일 소파에 앉아 TV를 시청할 수 있으며 저녁

환자 역할　사회적으로 인정되는 질병과 관련되는 권리와 의무

감기에 걸렸을 때 집에 머무르는 것이 사회적으로 허용되는가 혹은 꾀병으로 여겨지는가?

Image Source/Getty Images

식사에서 자신이 싫어하는 반찬을 먹지 않아도 된다. 극단적으로 환자는 무례하거나 게으르거나 요구가 많거나 변덕스러운 것까지도 허용될 수 있다. 이러한 면제에 대한 대가로 환자 역할에는 의무가 뒤따른다. 환자는 질병을 즐기거나 환자 역할을 원해서도 안 되며 '바람직하지 않은' 아픈 상태를 끝내기 위해 치료를 받아야만 한다.

일부 사람들은 자신들이 원하는 것을 성취하기 위해 의학적 혹은 심리적 증상을 가장하는데, 이러한 유형의 행동을 꾀병(malingering)이라고 부른다. 질병이 가지는 많은 증상들을 가장할 수 없기 때문에 꾀병은 질병의 일부 증상들에만 한정될 수밖에 없다. 질병으로 인한 이차적 이익을 얻을 수 있는 경우, 예를 들어 휴식을 취할 수 있거나 내키지 않는 과제를 하지 않아도 되거나 다른 사람의 도움을 받을 수 있는 경우 병을 가장한 것이 의심된다. 아동이 냉담한 부모로부터 위로를 받을 수 있기 때문에 침대에 누워 있는 경우처럼 이차적 이익이 포착되기 매우 어려울 수도 있고, 혹은 보험금을 받을 수 있는 경우처럼 매우 명백할 수도 있다. 이러한 이유 때문에 꾀병을 진단하고 치료하는 것이 어려울 수 있다(Bass & Halligan, 2014).

환자-의료진 상호작용

대개 의료적 돌봄(medical care)은 생소한 상호작용을 통하여 일어난다. 상호작용의 한 측은 불쌍한 환자로서 질문과 검사를 받고 주사를 맞거나 통증을 경험하며 혹은 좋지 않은 소식을 듣는다. 상호작용의 또 다른 측은 의료진인데, 이들은 많은 사적 질문(그리고 신체의 매우 은밀한 부위를 조사)을 통해 환자의 정보를 얻고자 하고 환자가 가지는 문제와 해결책을 찾으려고 하며 어떤 방법으로든지 환자를 도우려고 하지만 많은 다른 환자들이 기다리고 있기 때문에 이 모든 것을 가능한 한 효율적으로 성취하고자 한다. 이 모든 상황이 치료보다는 주로 어색함을 제공하는 것으로 여겨진다.

의료적 상호작용을 효과적으로 이끄는 열쇠 중 하나가 의사의 공감(empathy)이다(Kelm et al., 2014). 성공적인 치료를 제공하기 위해 의사는 환자의 신체 및 심리적 상태를 동시에 이해해야만 한다. 간혹 의사는 환자의 정서를 알아차리지 못한 채 신체적 상태에만 초점을 맞춘다(Suchman et al., 1997). 특히 이는 불행한 일인데, 의료적 도움을 구하고자 하는 환자 중 상당수가 심리적 문제와 정서적 문제를 가지고 있기 때문이다(Wiegner et al., 2015). 가장 좋은 의사는 환자의 신체뿐만 아니라 마음도 치료한다.

의료적 돌봄의 상호작용에서 또 다른 중요한 점은 환자로 하여금 처방에 순응하도록 동기화하는 것이다(Miller & Rollnick, 2012). 처방 후 환자의 약병에 남아 있는 알약의 수를 셈으로써 환자의 순응 정도를 조사한 연구자들은 놀랍게도 환자들이 의사의 지시를 잘 따르지 않는 것을 발견하였다(그림 13.5 참조). 녹내장 치료를 위해 안약을 몇 시간마다 눈에 넣어야 하는 경우처럼 치료를 자주 해야 할 경우 특히 순응이 낮다. 또한 치료가 불편하거나 아플 경우, 예를 들어 당뇨병 관리를 위해 혈액 채취나 주사를 맞아야 하는 경우 순응이 낮아진다. 마지막으로 치료 횟수가 증가할수록 순응이 낮아진다. 이는 특히 노인 환자들이 가지는 문제인데, 이들은 언제 어떤 약을 복용해야 하는가를 기억하기가 쉽지 않기 때문이다. 의학적 돌봄의 실패는 환자 스스로 자신을 돌보는 데 관여하는 심리적 도전을 의료진이 인식하지 못하는 것으로부터 초래될 수 있다. 의사의 지시에 순응하도록 도와주는 것에는 의학이 아닌 심리학이 관여하며 건강 증진에 필수적인 부분이다.

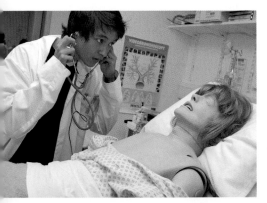

로봇 환자를 대상으로 실시되는 의료 훈련은 의사로 하여금 환자 돌봄의 기술적 측면을 학습하게 할 뿐이며 대인관계 측면을 학습할 기회는 거의 제공하지 않는다.

Dan Atkin/Alamy

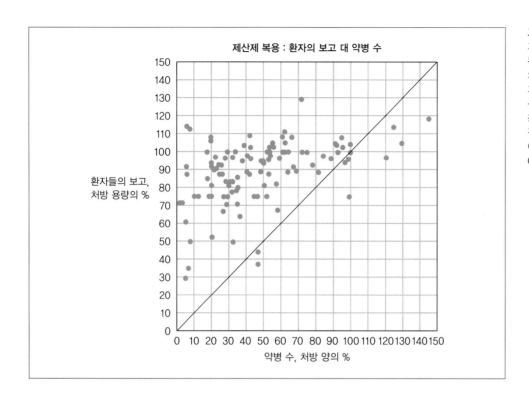

정리문제

1. 아픈 반응의 신체적 이점은 무엇인가?
2. 통증과 뇌의 활성화 사이의 관련성은 무엇인가?
3. 증상에 대한 과민반응이 어떻게 건강에 해가 되는가?

4. 환자가 되면 어떤 이점이 있는가?
5. 의사가 공감을 표현하는 것이 왜 중요한가?

건강심리학 : 행복감 느끼기

개인의 건강에 영향을 미치는 두 가지 유형의 심리적 요인이 건강과 관련되는 성격 특성과 건강한 행동이다. 성격은 비교적 지속적인 특성으로, 일부 사람들에게는 건강 문제에 특히 민감하게 하고 일부 사람들에게는 그렇지 않게 한다. A형 행동 패턴이 한 예이다. 성격은 전형적으로 우리가 선택하는 것이 아니기 때문에('나는 투덜대지 않고 어느 정도 유머와 외향성을 가지고 싶다.') 이 건강 원천은 개인의 통제 밖에 있다. 이와 상반되게 긍정적인 건강 행동은 적어도 원칙적으로는 누구나 할 수 있는 것이다.

성격과 건강

서로 다른 사회적 집단은 서로 다른 건강 문제를 가지고 있는 것으로 여겨진다. 예를 들어 여성에 비해 남성이 심장 질환에 더 취약하고 흑인이 아시아인이나 백인에 비해 천식에 더 취약하다. 이러한 일반적인 사회적 범주를 뛰어넘는 성격이 건강의 예측인자로 밝혀지는데, 즉 낙관성과 강인함에서의 개인차가 건강에 중요한 영향을 미친다.

낙관주의

'불확실한 때라도 나는 항상 최선을 기대한다'라고 믿는 낙관주의자가 '나에게 나쁜 일이 생길

학습목표

• 좋은 건강으로 이끄는 태도와 행동에 관해 설명한다.

것이다'라고 믿는 비관주의자에 비하여 더 건강한 경향이 있다. 예를 들어 수십 편의 연구(수만 명의 연구 참가자들이 포함)들을 리뷰한 연구에 의하면 조사한 모든 심리적 안녕감 중에서 낙관주의가 심혈관 건강을 가장 잘 예측한다고 한다(Boehm & Kubzansky, 2012).

신체적 건강 문제에 당면하였을 때 낙관주의가 심리적 건강을 유지하는 데 도움이 된다. 병이 났을 경우 낙관주의자들은 비관주의자들에 비해 긍정적 정서를 더 유지하고 불안과 우울 등과 같은 부정적 정서를 더 회피하고 의료진의 처방에 더 순응하며 다른 사람들과의 관계를 더 잘 유지한다. 예를 들어 유방암 수술을 받은 여성 중 낙관적인 사람들이 비관적인 사람들보다 치료 후 고통과 피로를 덜 경험하는 경향이 있는데 이는 이들이 치료 동안 사회적 접촉과 취미 활동을 유지하기 때문이다(Carver et al., 2003).

아드리안 헤슬렛은 2013년 보스턴 마라톤 대회에서 폭발된 폭탄 중 하나로부터 약 4피트 정도 떨어져 있었다. 비록 폭발로 말미암아 그녀는 왼발을 잃었지만 아드리안(중앙)은 자신의 댄서 경력을 계속하겠다고 맹세하였고 실제 그녀는 2016년 보스턴 마라톤 대회에 참가하였다. 그녀는 낙관적이고 이 낙관성이 긍정적인 건강 결과를 가져다준다.

Bill Greene/The Boston Globe via Getty Images

낙관주의는 신체적 건강을 유지하는 데에도 도움이 된다. 예를 들어 낙관주의는 심혈관 건강과 관련되어 있는 것으로 보이는데, 이는 낙관적인 사람들이 균형 잡힌 식습관과 운동 등과 같은 건강한 행동을 많이 하고 이 결과 심장 질환의 위험이 감소된다(Boehm et al., 2013).

낙관주의가 가지는 이점은 중요한 질문을 야기하는데, 즉 낙관주의와 비관주의의 특성이 장기간 안정적이라면(변화에 저항적이면) 비관주의자들도 낙관주의의 이점 중 일부를 가질 수 있는가이다. 연구 결과에 의하면 심지어 매우 완고한 비관주의자들도 훈련을 통하여 상당한 정도로 낙관적이 될 수 있고 이 훈련이 그들의 심리사회적 건강을 증진시킬 수 있다고 한다. 예를 들어 비관적인 유방암 환자들에게 10주 동안 스트레스 관리 기법을 훈련시킨 결과 그들은 낙관적이 되었으며 이완 훈련만을 받은 환자들에 비하여 유방암 치료 동안 고통과 피로를 덜 경험하였다(Antoni et al., 2001).

강인함

일부 사람들은 매우 강하여 다른 사람들은 도저히 견딜 수 없는 스트레스 혹은 혹사를 잘 견디어 낸다. 한 연구에서 스트레스에 저항적인 CEO들을 조사한 결과 이들이 매우 높은 수준의 스트레스를 보고하였지만 스트레스 때문에 질병을 앓게 된 사람들에 비해 비교적 병을 앓지 않았다(Kosaba, 1979). 스트레스에 저항적인 집단[강인(hardy)하다고 이름 붙임]은 여러 특성을 공유하였는데, 이 모든 특성들이 C 철자로 시작되었다. 그들은 헌신(commitment), 즉 생의 과제를 건성으로 하기보다는 적극적으로 당면하여 수행할 수 있는 능력을 가지고 있었다. 또한 그들은 통제감(control), 즉 자신들의 행동과 말이 자신들의 생과 주위 환경에 인과적 영향을 미칠 수 있다는 기대를 나타내었다. 그리고 그들은 변화와 성장의 기회를 수용하는 도전(challenge)을 기꺼이 받아들였다.

때로는 강인함이 무모하게 만들기도 한다. 코니아일랜드 북극곰 클럽 멤버들은 겨울철 일요일마다 바다에 뛰어든다.

Kathy Willens/AP Images

어느 누구나 강인해질 수 있는가? 한 연구에서 참여자들이 10주의 '강인함 훈련'에 참여하였는데, 훈련 동안 그들은 자신들의 스트레스를 검토할 것, 스트레스에 대처하는 전략을 세울 것, 스트레스에 대한 신체 반응을 살필 것과 자기연민에 빠지지 않고 변하지 않는 상황을 보상할 수 있는 방법을 찾을 것을 요구받았다. 통제 집단(이완과 명상 훈련에 참여하였거나 스트레스에 관해 집단 토의를 한 집단)에 비해 강인함을 훈련받은 집단이 개인적 스트레스를 덜 지각하였고 질병 증상을 덜 보고하였다(Maddi et al., 1998). 강인함 훈련은 대학생들에서도 긍정적 효과를 보이는데, 훈련 결과 학점이 좋아지는 경우도 있다(Maddi et al., 2009).

자기규제　선호하는 표준에 도달하기 위해 자신에 대해 의도적으로 통제를 가함

건강 증진 행동과 자기규제

우리의 성격을 전혀 바꾸지 않고서도 우리가 건강해질 수 있는 방법이 있다. 건강한 섭식 행동, 안전한 성행동과 금연의 중요성은 이제 상식이 되었다. 그러나 우리는 이러한 상식에 근거하여 행동하는 것처럼 보이지 않는다. 20세 이상의 미국인들 중 40%가 비만이다(Hales et al., 2017). 안전하지 못한 성행동이 얼마나 만연한가는 추정하기 어렵지만 6,500만 명의 미국인이 현재 치료 불능의 성행위 관련 질병(sexually transmitted disease, STD)을 앓고 있고 2,000만 명이 매년 하나 혹은 그 이상의 새로운 STD에 감염되고 있다(Satterwhite et al., 2013). 그리고 끊임없는 경고에도 불구하고 미국 성인 중 14%가 여전히 흡연을 한다(CDC, 2019b). 도대체 왜 이런 현상이 일어날까?

자기규제

여러분에게 이로운 것을 행하는 것이 반드시 쉽지만은 않다. 마크 트웨인은 다음과 같이 언급하였다. "건강을 지키는 유일한 길이 원하지 않는 것을 먹고 좋아하지 않는 것을 마시고 하고 싶지 않는 것을 하는 것이다." 건강 증진 행동에는 자기규제가 요구되는데, **자기규제**(self-regulation)란 자신을 원하는 규준에 놓기 위해 의도적으로 자신을 통제하는 것을 의미한다. 예를 들어 여러분이 치즈버거 대신 샐러드를 먹기로 결정했다면 여러분은 자신의 충동을 통제하고 여러분이 원하는 사람, 즉 건강한 사람이 될 수 있도록 행동해야 한다. 자기규제에는 장기적 이익을 위해 즉각적인 만족을 미루는 것이 포함된다.

한 이론은 자기통제가 일종의 약화될 수 있는 힘이라고 제안한다(Baumeister et al., 2007). 달리 표현하면 한 영역을 통제하면 자기통제력이 소모되어 다른 영역에서의 행동이 통제되지 않는다는 것이다. 이 이론을 검증하기 위해 연구자들은 굶주린 연구 참가자들 옆에 갓 구어 낸 따끈따끈한 초콜릿 쿠키를 두었다. 일부 참여자들에게는 쿠키 대신 건강식인 무를 먹게 한 반면 일부 참여자들에게는 마음껏 쿠키를 먹게 하였다. 추후 매우 어려운 도형 추적 과제를 수행할 때 무를 먹은 자기통제 집단이 쿠키를 먹은 자기탐닉 집단에 비하여 과제 수행을 더 쉽게 포기하는 경향을 보였는데, 이는 자기통제 집단이 자기통제력을 이미 많이 소모했다는 것을 보여준다고 해석되었다 (Baumeister et al., 1998). 이 실험의 결과가 시사하는 것은 성공적으로 행동을 통제하기 위해서는 투쟁 전략을 잘 선택하는 것이 필요하며 건강에 가장 해가 되는 개인적 약점을 주로 통제하는 것이 필요하다는 것이다. 그러나 가장 중요한 점은 이 효과의 정확한 본질이 여전히 논란이 되고 있다는 것인데 여러 연구팀들이 이 초기 연구 결과를 재현하는 데 실패하였다(예 : Lurquin et al., 2016).

어느 누구도 자기규제가 쉽다고 말하지 않는다. 여러분이 이 쿠키를 먹지 않는 유일한 이유는 아마도 사진이기 때문일 것이다. 진정으로 먹지 말기를 바란다.

Jean Sander/FeaturePics

때로 자기규제에는 신체적 힘보다 전략이 요구된다. 무술가들이 정확한 움직임을 사용하면 누구라도 덩치가 큰 공격자를 쉽게 넘어뜨릴 수 있다고 주장하듯이 건강하지 못한 충동을 극복하는 데 수완이 요구된다. 자기규제가 주요 도전이 되는 섭식, 안전한 성과 흡연에 대한 건강한 접근 방법을 살펴봄으로써 어떤 '현명한 움직임'이 이 투쟁에서 우리에게 도움이 되는가를 알아보자.

현명한 섭식 행동

많은 서구 문화권에서 국민의 평균 몸무게가 놀라울 만큼 증가하고 있다. 이 현상을 진화적 역사에 근거하여 설명하기도 한다. 즉, 우리 조상들은 흉년에 대비하여 많은 양의 칼로리를 비축하는 것이 생존에 필요하다는 것을 발견했다는 것이다. 그러나 21세기, 즉 산업혁명 이후에는 대부

미국인에 비해 프랑스인이 더 날씬한 이유 중 하나는 프랑스인이 패스트푸드 음식을 먹는 데 평균 22분이 소요되는 한편 미국인의 경우 평균 15분이 소요된다. 평균 식사 시간이 개인의 체중에 어떻게 영향을 미치는가?

Jeff Gilbert/Alamy

분의 사람들은 자신들이 섭취하는 모든 칼로리를 소비하지 못한다(Pinel et al., 2000). 그러나 왜 프랑스인들은 미국인들에 비해 기름진 음식을 더 많이 섭취함에도 불구하고 체중이 덜 나가는가? 한 가지 이유는 미국인보다 프랑스인의 활동량이 훨씬 더 많기 때문이다. 또 다른 이유는 프랑스인들의 식사량이 미국인들보다 훨씬 적고 이와 동시에 식사를 하는 데 훨씬 더 많은 시간을 소요한다는 것이다(Rozin, Kabnick et al., 2003). 지금 미국인은 전국적으로 일종의 먹기 경합을 벌이고 있는 것처럼 보이는 반면 프랑스인들은 적은 양의 음식을 더 천천히 먹으며, 이러한 식습관이 프랑스인들로 하여금 자신들이 무엇을 먹고 있는가를 더 의식하게 하는 것 같다. 역설적으로 이러한 식습관으로 말미암아 프랑스에서 프렌치 프라이의 소비량이 낮다.

프랑스에 가서 사는 것 이외에 여러분이 할 수 있는 것은 무엇인가? 연구에 의하면 다이어트가 항상 성공적이지 못하다고 하는데, 이는 의식적인 자기규제 과정이 스트레스에 의해 쉽게 방해를 받으며 이로 말미암아 사람들은 자신들이 극복하기 위해 노력하는 바로 그 행동을 탐닉함으로써 자신을 통제하는 것을 상실하게 된다고 한다. 이 결과는 제5장에서 살펴보았던 일반적 원리를 상기시키는데, 즉 무엇인가를 하지 않으려고 노력하면 바로 그 원하지 않은 행동이 나타난다는 것을 상기시킨다(Wegner, 1994a, 1994b).

그렇다면 다이어트를 하기보다는 정상 체중을 가지기 위해 운동과 영양에 더 관심을 가지는 것이 바람직하다(Prochaska & Sallis, 2004). 영양에 초점을 둔 섭식 행동을 강조하면 사람들은 음식에 관한 생각을 억제하기보다는 음식에 관해 자유롭게 생각할 수 있다. 음식 섭취를 감소시키는 것보다 활동을 증가시키는 것에 초점을 두면 사람들이 또 다른 긍정적이고 적극적인 추구 목표를 가진다. 무엇을 하지 않는 것보다 무엇을 하는 것에 초점을 둘 경우 자기규제가 더 효과적이다(Molden et al., 2009; Wegner & Wenzlaff, 1996).

성적 위험의 회피

안전하지 않은 성 행동은 사람들을 위험에 처하게 한다. 성에 적극적인 청소년과 성인 대부분이 원하지 않는 임신 등을 포함한 위험을 잘 알고 있음에도 불구하고 많은 이들이 여전히 위험한 성 행동을 한다. 왜 위험을 알고 있는 것이 위험을 피할 수 있는 행동으로 이끌지 못하는가? 위험 감수자들은 자신들이 **특별한 불사조**라는 착각을 가지는데, 즉 다른 사람들보다 자신들은 위험에 빠질 가능성이 희박하다고 믿는 편견을 가지고 있다(Perloff & Fetzer, 1986). 예를 들어 적극적으로 성행동에 참여하는 여대생들을 대상으로 한 연구에서 여대생들이 이듬해에 자신들이 임신할 가능성을 10% 미만이라고 답하였는데, 이는 여대생들의 평균 임신율인 27%보다 훨씬 낮은 것이다(Burger & Burns, 1988).

위험한 성행동은 긴박한 감정에 대한 충동적 결과이다. 술 혹은 향락적 약물 등으로 인하여 사고가 흐려질 경우 사람들은 임신, HIV 혹은 다른 많은 STDs의 위험성을 감소시켜 주는 콘돔을 사용하지 않는다. 위험한 성행위를 감소시킬 수 있는 한 방법이 사람들이 미리 계획할 수 있도록 도와주는 방법을 찾는 것이다. 성교육 프로그램은 청소년에게 다음과 같은 기회를 제공하는데, 즉 성경험이 많지 않은 청소년들이 성행위에 관한 결정을 내릴 때 자신들이 무엇을 해야 하는가에 관해 생각하는 것을 격려한다. 비록 성교육이 청소년에게 성에 관한 인식과 흥미를 부추긴다는 비난을 받지만 연구 결과는 명확하다. 즉, 성교육은 대학생이 안전하지 않은 성행위를 하는 것을 감소시키고 이에 따라 그들의 건강에 이익이 된다는 것이다(Li et al., 2017).

흡연하지 않기

흡연가 두 명 중 한 명은 폐암, 심장질환, 폐기종, 구강암 및 후두암 등과 같은 흡연 관련 질병으로 조기에 사망한다. 비록 미국 내 전반적인 흡연율이 감소하고 있지만 새로이 흡연을 시작하는 사람들이 많고 많은 이들이 여전히 흡연을 하고 있다. 대학생들도 다른 사람들처럼 흡연을 하는데, 질병통제예방센터(Center for Disease Control and Prevention, CDC)에 의하면 대학생 중 약 13%가 현재 흡연을 하고 있다고 한다. 흡연이 건강에 어떤 결과를 초래하는가가 많이 밝혀지고 있음에도 불구하고 왜 사람들은 금연을 하지 못하는가?

담배에 포함되어 있는 성분들 중 하나인 니코틴이 중독성을 가지기 때문에 흡연 습관이 생긴 다음에는 금연하는 것이 어렵게 된다(제5장 참조). 다른 유형의 자기규제처럼 금연 의지가 약하고 특히 스트레스를 받으면 쉽게 무너져 버린다. 예를 들어 9/11 사태 이후 여러 달 동안 매사추세츠주의 담배 소비량이 13%나 증가하였다(Phillips, 2002). 그리고 금연 후 얼마 동안 사람들은 흡연과 관련되어 있는 환경 내 단서에 여전히 민감하다. 예를 들어 식사나 술을 마신 후, 기분이 나쁠 경우, 불안하거나 다른 사람이 흡연하는 것을 보는 것 등이 흡연 욕구를 부추긴다(Shiffman et al., 1996). 좋은 소식은 흡연 욕구가 감소하고 금연을 오래 할수록 다시 흡연할 가능성이 낮아진다는 것이다.

금연을 도와주는 심리 프로그램과 기법에는 니코틴 껌이나 피부 패치 등과 같은 니코틴 대체물을 사용하는 것, 상담과 최면 등이 포함되지만 이러한 프로그램들이 항상 성공적이지는 않다. 서로 다른 방법을 사용하여 금연을 계속 시도하는 것이 가장 좋은 방법으로 여겨지고 있다(Schachter, 1982). 결국 영구적으로 금연을 하기 위해서는 금연을 다시 한 번 더 시도하는 것이 요구된다. 그러나 섭식 행동이나 성행동의 자기규제처럼 흡연의 자기규제에는 많은 노력과 생각이 요구된다. 건강한 방법으로 행동함으로써 건강을 유지하는 것이 생의 큰 도전 중 하나이다('다른 생각 : 과잉 육아의 위험' 참조).

정리문제

1. 왜 낙관주의자들이 더 건강한가?
2. 강인함이란 무엇인가?
3. 자기통제를 성취하고 유지하는 것이 왜 어려운가?
4. 왜 다이어트보다 운동이 체중 감소에 더 효과적인가?
5. 왜 미리 계획하는 것이 위험한 성행위를 감소시키는가?
6. 영구적으로 금연하기 위해서는 금연을 얼마나 많이 시도하는 것이 필요한가?

과잉 육아의 위험

줄리 리스콧-하임스
Photo Courtesy of Veronica Weber/Palo Alto Weekly

많은 부모가 자신들의 자녀를 스트레스 혹은 어려움을 경험하는 것으로부터 보호하기를 원한다. 이것은 매우 자연적인 것으로 우리는 우리가 사랑하는 사람이 상처를 받지 않고 가능한 한 최상의 생을 살기를 원한다. 그러면 이렇게 하는 것에 대한 단점이 있는가? 10년 동안 스탠퍼드대학교에서 신입생 담당 학장을 맡아온 줄리 리스콧-하임스는 '과잉 육아'가 자녀로 하여금 창의성, 능숙함, 확신감을 학습할 기회와 자신이 진정으로 누구인지를 발달시킬 기회를 빼앗는 등의 큰 해를 야기한다고 주장한다. 자신의 저서인 **어떻게 성인을 양육할 것인가**(*How to raise an adult?*)에서 리스콧-하임스는 어떻게 고압적인 '헬리콥터 부모'가 대학생 자녀에게 역효과를 내는가를 기술하였다.

나는 성장 중인 사람이 환경 혹은 다른 사람의 기대로부터 벗어나 자신이 원하는 사람이 되는 것을 지지하는 것에 관심을 가지고 있기 때문에 대학의 학장이 되었다. 나는 나의 도움을 필요로 하는 학생이 이민 1세대 대학생 혹은 저소득층의 학생일 것으로 기대하였고 이 학생들은 학장이 제공할 수 있는 멘토십과 지지를 확실히 받았다. 그러나 중산층 혹은 상류층 학생들이 가장 당황스러운 표정을 짓고 있다가 어머니 혹은 아버지가 어떤 상황이든지 간에 그 상황을 해결해 주면 안도의 표정을 짓는다. 대학생 자녀의 생활에 이렇게 관여하는 부모는 자녀가 앞으로 나아가는 것을 방해한다.

2013년 대학생의 정신건강 위기에 관한 걱정스러운 통계치, 특히 항우울제를 복용하는 학생 수에 관한 뉴스가 많이 방송되었다. 약 1,100명의 학생이 재학하고 있는 사립학교인 시카고 라틴 학교의 이사장직에서 은퇴한 찰리 고펜이 다른 학교에 재직하고 있는 동료에게 메일을 보내어 다음의 질문을 하였다: "여러분은 여러분 학교 재학생들의 부모들이 자신들의 자녀들이 예일대학교에서 우울하게 보내길 원하겠어요? 혹은 애리조나대학교에서 행복하게 보내길 원하겠어요?" 동료는 재빨리 다음과 같이 답하였다: "내 추측으로는 75%의 부모들이 차라리 자신들의 자녀들이 예일대학교에서 우울하게 지내기를 바랄 것 같습니다. 이들은 자신들의 자녀들이 20대에 정서적 문제를 수습할 수 있지만 과거로 되돌아가서 예일대학교 학사 학위증은 가질 수 없다고 생각합니다."

2013년 미국 대학 건강 연합회(American College Health Association)는 153개의 서로 다른 캠퍼스에 재학 중인 10만 명에 가까운 대학생들의 건강을 조사하였다. 지난 12개월 중 어느 시기에라도 자신들이 경험한 것을 물었을 때 다음과 같이 답하였다.

- 84.3%가 자신들이 해야만 하는 것들에 압도되었다.
- 60.5%는 매우 슬펐다.
- 57.0%는 매우 외로웠다.
- 51.3%는 엄청난 불안을 느꼈다.
- 8.0%는 심각하게 자살을 고려했다.

과잉 육아가 대학생의 정신건강 문제를 증가시키는 원인인지에 대해 여러분은 "예"라고 답할 수 있는가? 인과관계를 입증할 수 있는 연구가 아직 없지만 최근의 몇 연구는 상관이 있음을 보여준다.

2010년 뉴햄프셔의 킨주립대학의 심리학 교수인 네일 몽고메리(Neil Montgomery)가 300명의 전국 대학 신입생들을 조사한 결과 헬리콥터 부모의 자녀들이 새로운 생각이나 행동에 덜 개방적인 반면 더 상처를 받고 불안하고 자의식이 강한 것을 관찰하였다. "부모들로부터 더 많은 책임감을 부여받고 덜 관찰당하는 소위 말하는 '자유로운 레인저'들에서는 정반대의 효과가 관찰되었다"라고 몽고메리 연구에서 밝히고 있다. 2011년 채터누가에 위치한 테네시대학교의 테리 르모인(Terri LeMoyne)과 톰 부캐넌(Tom Buchanan)에 의해 실시된 연구는 300명 이상의 대학생을 대상으로 하였는데 '자녀 주위를 맴도는' 혹은 '헬리콥터' 부모의 대학생 자녀가 불안과 우울 등으로 말미암아 더 많이 약을 복용하는 것을 관찰하였다.

부모가 자녀를 대신해서 다음과 같은 일, 즉 깨우거나 데려다주거나 마감일 혹은 해야 할 일을 상기시켜주거나 납부를 하거나 질문에 답하거나 의사결정을 하거나 책임을 떠맡거나 모르는 사람들에게 말을 걸거나 혹은 책임자를 만나거나 등을 도맡아 하다가 자녀가 대학에 들어가거나 직장을 얻은 후 이러한 일을 대신 해 주지 않을 경우 자녀는 큰 쇼크를 받는다. 자녀는 자신의 한계를 경험하고 나아가 자신을 실패자로 여긴다. 자신이 필요로 하는 어떤 것이라도 부모가 해결해준다고 믿는 학생은 자신과 부모를 구분하지 못하는 문제를 가진다.

연구 결과가 보고되기 시작하는 최근에 이를 때까지 내가 인식하였던 것보다 더 중요한 것은 다음과 같다. 즉 연구 결과는 자신을 아는 것이 정신건강에 매우 중요한 요소라는 것을 보여준다. 여러분의 자녀는 혼자 힘으로 그곳에 있어야 한다. 이것은 여러분의 자녀가 문제 혹은 더 나쁘게는 위기에 놓여 있을 때 더욱 여러분이 받아들여야 할 진실이다. 그렇게 하는 것이 자녀에게 가장 좋은 약이다.

스트레스 상황에 노출되는 것이 반드시 나쁜 것일까? 어려운 상황에 대처하는가를 어떻게 달리 배울 수 있는가? 만약 우리가 대처하는 것을 배우지 못하면 리스콧-하임스가 기술한 나쁜 결과 중 일부를 경험할 가능성이 더 높아진다. 그러면 밖으로 나가서 스트레스를 경험하고 스트레스에 대처해 보자!

스트레스의 근원

- 스트레스원은 개인에게 무엇을 요구하거나 개인의 안녕을 위협하는 사건 혹은 위협이다.
- 스트레스의 근원에는 생의 주요 사건(행복한 사건조차)과 반복적으로 일어나는 만성 스트레스원이 포함된다.
- 사건을 통제할 수 없거나 도전에 대처할 방법이 없다고 지각하는 것이 가장 스트레스가 된다.

스트레스 반응 : 기력 상실

- 신체는 먼저 투쟁 혹은 도피 반응으로 스트레스에 반응하고, 이는 시상하부-뇌하수체-부신피질(HPA) 축을 활성화하여 위협에 당면하도록 혹은 위협으로부터 달아나도록 신체를 준비시킨다.
- 일반적 적응 증후군(GAS)은 스트레스 반응의 세 단계, 즉 경고, 저항, 소진 단계로 구성된다.
- 만성 스트레스는 면역계를 손상시키고 이로 말미암아 감염, 노화, 종양 성장, 기관 손상 및 사망에 취약하게 된다. 스트레스에 대해 분노로 반응하는 사람이 심장 질환에 가장 취약하다.
- 스트레스원을 극복할 수 있는지 혹은 없는지로 해석하는 것에 따라 스트레스에 대한 반응이 달라진다.
- 스트레스가 오래 지속되면 스트레스에 대한 심리적 반응으로 탈진이 초래된다.

스트레스 관리 : 스트레스 대처

- 스트레스 관리는 마음, 신체, 상황에 영향을 미치는 전략들을 포함한다.
- 마음 관리 전략에는 스트레스를 야기하는 생각을 억압하거나 스트레스를 야기하는 상황을 회피하거나 합리적으로 스트레스원에 대처하거나 재구성하는 것이 포함된다
- 신체 관리 전략에는 명상, 이완, 바이오피드백과 에어로빅 운동을 통하여 스트레스 증상들을 감소시키는 것이 포함된다.
- 상황 관리 전략에는 사회적 지지를 추구하는 것, 종교적 활동에 참여하는 것 혹은 스트레스 상황에서 유머를 찾는 것이 포함된다.

질병의 심리학 : 정신력에 달린 문제

- 질병의 심리학은 신체에 대한 민감성이 어떻게 질병 인식과 치료 추구에 영향을 미치는가에 관심을 둔다.
- 신체 증상 장애는 신체 문제에 지나치게 민감한 것으로부터 초래될 수
- 있다.
- 환자 역할은 질병과 관련된 일련의 권리와 의무이다. 일부 사람들은 이 권리를 얻기 위해 병을 가장한다.
- 성공적인 의료진은 환자의 신체적 상태와 심리적 상태 모두를 이해하기 위해 환자들과 상호작용한다.

건강심리학 : 행복감 느끼기

- 마음과 신체의 관련성은 성격과 행동의 자기규제가 건강에 미치는 영향을 통하여 알 수 있다.
- 낙관적이고 강인한 성격 특성이 질병 위험의 감소와 관련되는데, 이는 이러한 특성을 가진 사람이 스트레스에 잘 저항할 수 있기 때문이다.
- 많은 사람들에게 섭식 행동, 성행동, 흡연 등과 같은 행동에 관한 자기규제가 어려운데 이는 스트레스를 받으면 자기규제가 쉽게 붕괴되기 때문이다.

핵심개념 퀴즈

1. 여러분이 상당한 교통난, 소음과 오염이 있는 인구 밀도가 높은 도시에 살고 있다면 다음 중 어느 유형의 스트레스원에 노출될 것으로 여기는가?
   a. 문화적 스트레스원　　　　b. 간헐적 스트레스원
   c. 만성 스트레스원　　　　　d. 긍정적 스트레스원

2. 한 실험에서 두 집단이 과제를 완수하는 동안 방해를 받았다. A 집단에 속한 사람들에게는 버튼을 누르면 방해물을 제거할 수 있다고 지시를 주었다. 이 지시가 B 집단에게는 제공되지 않았다. 왜 B 집단보다 A 집단의 과제 수행이 더 나은가?
   a. B 집단은 다른 환경에서 과제를 수행하였다.
   b. A 집단은 수행을 방해하는 스트레스에 대한 통제를 지각하였다.
   c. B 집단이 A 집단보다 덜 방해를 받았다.
   d. B 집단에게 영향을 미치는 방해가 만성적이다.

3. 위협에 대한 반응으로 일어나는 뇌 활성화는 어느 부위에서 시작하는가?
   a. 뇌하수체　　　　　　　　b. 시상하부
   c. 부신　　　　　　　　　　d. 뇌량

4. 일반적 적응 증후군에 의하면 어느 단계 동안 신체가 스트레스원에 대처하기 위해 높은 각성 수준에 적응한다고 하는가?
   a. 소진　　　　　　　　　　b. 경고
   c. 저항　　　　　　　　　　d. 에너지

5. 스트레스에 대한 생리적 반응을 가장 정확하게 기술한 것은?
   a. A형 행동 패턴은 심리적 효과는 가지지만 생리적 효과는 가지지 않는다.
   b. 직무 관련 스트레스와 관상 심장 질환 사이의 관련성은 아직 밝혀지지 않았다.
   c. 스트레스원은 호르몬이 뇌에 넘치도록 하여 면역계를 강하게 한다.
   d. 면역계는 심리적 영향에 크게 반응한다.

6. 명상은 다음 중 어느 때에 일어나는 의식의 변형된 상태인가?
   a. 약물의 도움을 받을 때
   b. 최면을 통해
   c. 자연적으로 혹은 특별한 훈련을 통해
   d. 꿈 같은 뇌 활성화의 결과로

7. 에어로빅 운동을 하는 것은 다음 중 어느 것을 관리함으로써 스트레스에 대처하는 것인가?

a. 환경   b. 신체

c. 상황   d. 공기 흡입

8. 스트레스원을 새롭거나 창의적인 방법으로 생각하는 것을 통해 스트레스의 위협을 감소시키는 것을 무엇이라고 부르는가?

a. 스트레스 접종   b. 억압적 대처

c. 재구성   d. 합리적 대처

9. 종교 및 영적 활동과 관련되어 나타나는 긍정적 건강 효과는 다음 중 어느 것의 결과라고 여겨지지 않는가?

a. 사회적 지지의 증가   b. 건강한 행동하기

c. 희망과 낙관지지   d. 중보기도

10. 경미한 증상에 사로잡혀 자신이 생명을 위협하는 질병을 앓는다고 확대하여 믿는 사람은 어떤 진단을 받을 가능성이 있는가?

a. 사이토카인   b. 억압적 대처

c. 탈진   d. 신체 증상 장애

11. 질병을 가장하는 것은 다음 중 어느 것의 위반인가?

a. 꾀병   b. 신체형 장애

c. 환자 역할   d. B형 행동 패턴

12. 다음 중 성공적인 건강돌봄 제공자를 기술하고 있는 것은?

a. 제공자는 공감을 표현한다.

b. 제공자는 환자의 신체 및 심리적 상태 모두에 주의를 준다.

c. 제공자는 환자의 순응을 증진시키기 위해 심리적 기법을 사용한다.

d. 제공자는 위의 모든 것을 사용한다.

13. 아플 경우 비관주의자보다 낙관주의자들은 다음 중 어느 것을 더 행하는가?

a. 긍정적 정서를 유지한다.

b. 우울해진다.

c. 돌봄 제공자의 충고를 무시한다.

d. 다른 사람과의 접촉을 피한다.

14. 다음 중 강인함과 관련되지 않은 특성은?

a. 헌신감   b. 비난 회피

c. 통제감   d. 도전을 기꺼이 수용하기

15. 섭식 행동과 흡연 등과 같은 행동의 규제를 스트레스가 어떻게 하는가?

a. 강화한다.   b. 영향을 미치지 않는다.

c. 방해한다.   d. 정상화한다.

핵심용어

건강심리학	스트레스	일반적 적응 증후군	합리적 대처
만성 스트레스원	스트레스원	자기규제	환자 역할
면역계	신체 증상 장애	재구성	A형 행동 패턴
명상	억압적 대처	정신신체 질환	
바이오피드백	이완 반응	탈진	
사회적 지지	이완 치료	투쟁 혹은 도피 반응	

생각 바꾸기

1. 2002년 연구자들은 대학생들을 대상으로 비교적 스트레스가 없는 기간과 스트레스가 매우 많은 기간 동안 여드름이 심한 정도를 비교하였다. 수면 혹은 다이어트의 변화와 같은 요인들을 통제한 후 연구자들은 여드름이 심하게 많이 나는 것이 스트레스 수준이 증가하는 것과 매우 강하게 관련되어 있다고 결론 내렸다. 여러분의 룸메이트가 이 연구 결과에 놀라움을 보이면서 다음과 같이 말하였다. "여드름은 피부 질환이잖아. 여드름이 어떻게 마음의 상태와 관련되는지를 이해할 수 없네." 여러분은 스트레스가 의학적 질병에 미치는 영향에 관해 어떻게 생각하는가? 스트레스가 건강에 미치는 효과에 관한 다른 예들을 제시할 수 있는가?

2. 어려운 과목을 수강하고 있는 여러분의 친구가 그 과목을 감당할 수 없다고 말하였다. "나는 스트레스를 감당할 수 없어. 나는 때로 내가 멀리 떨어진 섬에 살고, 그 섬에서 태양 아래 누워 아무런 스트레스를 받지 않는 꿈을 꾸어." 여러분은 친구에게 스트레스에 관해 어떤 말을 해 줄 수 있는가? 스트레스는 나쁜 것인가? 스트레스가 없는 삶은 어떠할까?

3. 여름방학 동안 신경과에서 인턴을 한 여러분의 친구가 다음과 같이 말하였다. "가장 놀랄 만한 것 중의 하나가 정신신체 질환 환자야. 일부 환자들은 신경학적 원인 없이 발작 혹은 팔에 부분적으로 마비 증상을 보여. 신경과 의사는 이 환자들을 정신과에 의뢰하려고 했지만 많은 환자들은 신경과 의사가 자신들이 증상을 꾸미고 있는 것으로 여긴다고 생각하면서 큰 모욕감을 느끼는 것 같아." 여러분은 친구에게 정신신체 질환에 관해 무엇을 말해 줄 수 있는가? '마음'에서 생긴 질환이 발작이나 부분 마비와 같은 증상을 초래할 수 있는가 혹은 이 환자들이 자신들의 증상을 가장하는 것인가?

핵심개념 퀴즈 정답

1. c; 2. b; 3. b; 4. c; 5. d; 6. c; 7. b; 8. c; 9. d; 10. d; 11. c; 12. d; 13. a; 14. b; 15. c

정신장애

로빈 윌리엄스는 역사상 가장 웃기고 사랑받은 코미디언 중 한 명이었으며, 익살스럽고 즉흥적인 스타일로 잘 알려져 있다. 그는 2014년에 발표된 4개의 주요 영화를 비롯해 100여 편이 넘는 영화와 TV 쇼에 출연하였다. 2014년 8월 11일, 윌리엄스는 자신의 방문을 잠그고 벨트로 목을 매 자살하였다. 이렇게 성공하고 사랑받았던 사람이 왜 삶을 마감했을까?

배우로서 로빈 윌리엄스를 아는 많은 사람들은 그가 여러 해 동안 정신장애로 어려움을 겪어왔음을 모른다. 전 생애에 걸쳐, 윌리엄스는 약물과 알코올 사용장애 문제로 어려움을 겪었다. 그는 또한 오랫동안 지속된 우울한 기분, 즐거운 활동에 대한 감소된 관심, 가치 없다는 느낌, 섭식과 수면 문제로 특징되는 주요우울장애로 고통받아왔다. 죽음 바로 직전에 그는 점진적으로 신체와 정신 능력이 저하되는 상태인 파킨슨병과 치매를 진단받았다. 자살 사고를 가진 수많은 사람들은 자신들이 꼭 죽으려고 했다기보다는 장기간 정신장애와 투쟁하는 것과 같은 참을 수 없어 보이는 상황에서 도망치려 했다고 보고한다. 비록 확인할 수는 없으나, 윌리엄스의 자살도 이와 관련되었을 수 있다.

윌리엄스의 사례는 정신장애에 대한 여러 가지 중요 사실을 잘 보여준다. 정신장애는 지각된 행복이나 성공에 관계없이 누구에게도 영향을 줄 수 있다. 정신장애는 극단의 디스트레스와 장해로 특징되며, 일상활동을 영위하는 능력을 제한한다. 그러나 동시에, 이들의 대다수는 주변인에게 알리지 않고 조용히 고통받고 있다. 극단적인 경우 정신장애는 심각한 자해나 자살로 인한 죽음을 초래하는 등 치명적이 될 수 있다. 따라서 우리는 무엇이 정신장애이고 무엇이 이를 초래하는지 더 잘 이해할 필요가 있다.

이 장에서는 먼저, 심리학자가 어떤 사람의 생각, 정서, 행동이 '비정상'적일 때를 어떻게 결정하는지 살펴볼 것이다. 어떤 요소가 이런 결정을 내리는 데 중요한가? 그러고 나서 우울증, 조울증, 강박장애, 외상장애, 조현병, 아동기와 청소년기에 시작되는 장애, 성격장애, 자해 행동 등 다양한 정신장애를 살펴볼 것이다. 각각의 장애를 살펴보면서, 우리는 그 장애가 어떻게 표출되며 유병률과 원인이 무엇인지 조사할 것이다. 제15장에서는 현재 어떻게 각 장애가 치료되는지 논의할 것이다.

정신장애의 규명 : 이상이란 무엇인가

불안장애 : 과도한 공포, 불안, 회피

강박장애 : 지속적 사고와 반복적 행동

외상후 스트레스장애 : 외상 후 디스트레스와 회피

우울증과 조울증 : 과도한 감정 기복

조현병 및 기타 정신증 : 현실에 대한 감각을 잃다

아동기와 청소년기의 장애

성격장애 : 극단적 특성

자기위해 행동 : 의도적으로 스스로를 해하는 행동

배우이자 코미디언인 로빈 윌리엄스의 2009년 사진. 윌리엄스는 40년 이상 관객에게 웃음을 준 뛰어난 공연자였다. 하지만 개인적으로는 중독, 우울, 치매로 고통받았으며 자살로 삶을 마감하였다.

CBS Photo Archive/Getty Images

정신장애의 규명 : 이상이란 무엇인가

정신장애의 개념은 언뜻 보기에는 간단하게 보이지만 상당히 복잡하고 어려운 개념(예 : 무의식, 스트레스 혹은 성격 등과 유사) 중 하나이다. 사람들이 일반적으로 보이는 극단적 사고, 감정, 행동은 정신장애가 아니다. 예를 들면, 시험 전 심각한 불안, 사랑하는 사람의 상실에 대한 슬픔, 혹은 만취는 비록 유쾌하지는 않으나 정신장애는 아니다. 마찬가지로, 정상에서 벗어난 패턴을 보여도 그 사람이 정신장애를 가졌다고 말할 수는 없다. 그렇게 한다면 우리는 주변인과 다른 아이디어를 가진, 이른바 가장 창조적이고 비전을 가졌다고 간주되는 사람들에게도 정신장애 진단을 내려야 하기 때문이다.

그렇다면 정신장애는 무엇인가? 놀랍게도 '정신장애'의 정확한 정의에 대한 보편적인 동의를 찾기는 어렵다. 그러나 일반적으로 **정신장애**(mental disorder)를 심각한 디스트레스나 역기능을 초래하는 행동, 사고, 정서에 있어서 지속적 장해(disturbance) 혹은 역기능(dysfunction)이라고 정의하는 데 동의한다(Stein et al., 2010; Wakefield, 2007). 정신장애를 정의하는 방법 중 하나는 이 책에서 소개한 정상적인 심리과정에서의 역기능 혹은 결함(deficits)으로 간주하는 것이다. 정신장애를 가진 사람들은 지각, 기억, 학습, 정서, 동기, 사고 및 사회 과정에 문제를 보인다. 물론 이 정의로 대답할 수 없는 부분이 많다. 어떤 장해를 정신장애로 간주할 수 있는가? '지속적'이라면 얼마나 오랜 기간을 말하는가? 얼마나 많은 디스트레스와 장해가 있어야 하는가? 이런 질문들이 이 분야에서 주요 이슈로 오랫동안 논쟁이 되어 왔다.

정신장애 개념화

옛날부터 이상하게 행동하고 기이한 생각과 정서를 가진 사람들에 대한 보고는 많다. 최근까지 이런 어려움은 종교적 혹은 초자연적 힘의 결과로 간주되었다. 어떤 문화에서는, 아직도 정신병리를 혼령이나 귀신이 쓰였기 때문이거나, 죄에 대한 신의 심판이거나, 마녀나 무당에 홀린 결과로 해석한다. 많은 사회에서 정신장애를 가진 사람들은 공포의 대상이거나 놀림감이었으며, 정상에서 벗어났다는 '벌'로 때로 범죄자로 취급되어 벌을 받고 수감되거나 혹은 사형을 당하였다. 그러나 창의성이나 운동 혹은 엔터테인먼트 등과 같은 영역에서 정상으로부터의 이탈이 사회에 크게 도움이 될 수도 있으므로, 단지 정상으로부터 벗어나는 것에만 초점을 두는 것은 문제가 있다.

지난 200년 동안, 정신적인 이상을 보는 관점은 **의학 모델**(medical model)로 대체되어 왔는데, 이 모델에서는 **비정상적 정신 경험은 신체 질환처럼 질환**이며 생물학적인 원인과 증상 그리고 치료법이 있다고 본다. 비정상적 사고와 행동을 질환으로 개념화하는 것은 첫 단계로 진단을 통해 문제의 본질을 결정함을 의미한다.

정신장애 심각한 디스트레스나 역기능을 초래하는 행동, 사고, 정서에 있어서 지속적 장해 혹은 역기능

의학 모델 비정상적 정신 경험은 신체 질환처럼 질환이며 생물학적인 원인과 증상 그리고 치료법이 있다.

비록 정신장애가 정상으로부터의 이탈이지만, 이런 이탈이 모두 장애라고 볼 수 없다. 실제로 세상에 대해 서로 다른 관점과 정상으로부터 벗어난 행동이 미키 마우스, 아이폰, 인종적 편견 감소와 같은 혁신을 만들어냈다.

Lawrence Schiller/Polaris Communications/Getty Images; Shaun Curry/Afp/Getty Images; Howard Sochurek/The Life Picturecollection/Getty Images

진단을 통해 임상가는 장애를 시사하는 징후(객관적으로 관찰된 질병의 지표)와 증상(주관적으로 보고된 행동, 사고, 감정)을 평가함으로써 정신장애의 본질을 결정하려고 한다. 예를 들어, 코 훌쩍거리기와 기침은 감기의 증상이다. 로빈 윌리엄스의 우울감과 마음을 변화시키는 물질 사용에 대해 통제하려는 투쟁은 우울과 물질사용장애의 증상으로 볼 수 있다. 다음 세 가지의 의학적인 분류 용어 사이의 차이를 구별하는 것이 중요하다.

정신질환의 진단 및 통계 편람(DSM)
정신장애 진단을 충족하는 증상을 기술한 분류 체계로, 이 진단 체계는 특정 장애가 비슷한 다른 장애와 어떻게 구별되는지 보여준다.

- 장애는 일련의 관련된 징후와 증상을 말한다.
- 병은 신체에 영향을 주는 밝혀진 병리적 과정이다.
- 진단은 장애나 병이 현존하는지 아닌지에 대한 결정이다(Kraemer et al., 2007).

병이 있는지 아닌지 아는 것(진단하기)은 그 병에 대한 징후와 증상을 일으키는 신체의 질환 기제를 아는 것을 의미하지는 않는다.

　정신장애를 의학 문제로 보는 것은 고통받는 사람들이 비난보다는 보호와 치료를 받을 필요가 있음을 이해하게 해준다. 그러나 의학 모델에 대한 비판도 있다. 일부 심리학자들은 신체질환과 달리 병리에 대한 신체적 검사가 아닌 내담자의 주관적인 자기보고에 의존하는 것은 병의 기제에 대해 결정하는 데 부적절하다고 주장한다. 다른 사람들은 의학 모델이 정상적인 인간의 행동을 의학화 혹은 병리화한다고 비판한다. 예를 들어, 슬픔은 주요 우울증으로, 지나친 부끄러움은 사회불안장애, 학교에서 집중의 어려움은 주의력결핍 과잉행동장애로 간주될 수 있다. 이런 점들은 현재 우리가 사용하고 있는 정신장애를 정의하고 분류하는 방법에 대한 적절한 비판이기는 하지만, 의학모델은 정신장애를 마법이나 원죄에 대한 징벌로 보았던 다른 대안보다는 훨씬 낫다.

정신장애의 분류 : The *DSM*

의학 모델이 사람들에게 발생하는 다양한 형태의 이상행동을 분류하는 데 어떻게 이용되는가? 정신장애 영역에서 일하는 거의 대부분의 사람들은 **정신질환의 진단 및 통계 편람**(Diagnostic and Statistical Manual of Mental Disorders, *DSM*)을 사용한다. *DSM*은 정신장애 진단을 충족하는 증상을 기술한 분류 체계로, 특정 장애가 비슷한 다른 장애나 문제와 어떻게 구별되는지 보여준다. 각 장애에 진단명이 붙으며, 각각은 서로 다른 독립적인 질병으로 분류된다. 1952년에 처음 발표된 *DSM*의 초판은 장애에 대해 소통할 수 있는 일반 용어를 제시하였다. 그러나 초판들에 포함된 진단기준은 다소 애매하였다.

　그 후 몇십 년 동안, *DSM*의 개정판들은 진단에 필요한 자세한 증상의 목록(혹은 진단기준)으로 옮겨가고 있다. 예를 들어, 우울로 진단받으려면 극단적으로 슬프거나 우울(적어도 2주 이상)해야 할 뿐 아니라, 우울 증상 9개 중 5개(예 : 일상의 즐거운 활동에 대한 관심 감소, 체중 감소나 증가, 현저하게 줄거나 늘어난 수면, 에너지 상실, 무가치감 혹은 죄책감 혹은 주의 집중의 어려움)의 증상을 보여야 한다. 이렇게 자세한 증상 목록을 사용함으로써 정신장애를 진단하는 데 신뢰도 혹은 일관성을 크게 향상시킬 수 있었다. 한 사람을 면담하는 두 명의 임상가가 어떤 정신장애가 있는지 동의할 가능성이 높아졌고, (정신과와 임상심리학 분야에서) 진단 과정에 대한 신뢰를 크게 증가시켰다.

　2013년 5월, 미국 정신의학회는 개정판인 *DSM*의 5판을 발표하였다. *DSM*-5는 200개 이상의 정신장애를 포함하는 22개 주요 범주를 발표하였다(**표 14.1** 참조).

　DSM-5에 기술된 22개의 장애에는 특정 장애로 진단하기 위해서 충족해야 하는 특정 진단기준이 나열되어 있다. 미국 인구를 대표하는 샘플을 대상으로 한 대규모 연구들은 미국 인구의 약

표 14.1 *DSM*-5의 주요 정신장애 분류

1. **신경발달장애** : 발달 초반기에 시작되어 기능에 심각한 장애를 일으키는 상태로 지적장애(이전에는 정신지체라고 불림), 자폐증, ADHD가 있다.

2. **조현병 스펙트럼 및 기타 정신병적 장애** : 지각, 사고, 인지, 정서, 행동에서의 문제를 특징으로 하는 장애

3. **양극성 및 관련 장애** : *DSM*-5에서 정신증과 우울장애 사이에 위치한 조증에서 우울까지 기분의 급변과 정신증 경험을 포함하는 장애

4. **우울장애** : 우울한 기분이 극단적이고 오랜 기간 동안 나타날 때

5. **불안장애** : 공황장애, 범불안장애, 특정 공포증과 같이 개인의 기능에 손상이 갈 정도로 과한 불안과 공포를 특징으로 한다.

6. **강박 및 관련 장애** : 강박적인 사고 후에 그 사고에 대한 반응으로 강박적인 행동이 뒤따른다는 특징을 보인다.

7. **외상 및 스트레스 관련 장애** : 외상후 스트레스장애와 같은 외상 사건에 대한 반응으로 생겨난 장애

8. **해리장애** : 해리성 정체성 장애(이전에는 다중성격장애라고 불림)처럼 의식, 기억, 정체성에 갑작스러운 변화나 불일치성으로 특징되는 장애

9. **신체증상 및 관련 장애** : 심각한 디스트레스와 장해에 수반하여 고통이나 피로 등 신체적 증상을 경험하는 상태

10. **급식 및 섭식 장애** : 섭식증이나 폭식증처럼 음식 섭취가 건강이나 기능에 장애를 가져오는 경우

11. **배설장애** : 소변이나 대변을 부적절하게 보는 경우(예 : 침대에서 오줌 싸기)

12. **수면-각성장애** : 불면증이나 기면증, 수면 무호흡증과 같이 수면-각성 주기에 문제가 있는 경우

13. **성기능부전** : 조루증이나 발기부전처럼 성적 활동의 불만족과 관련 있는 문제

14. **성별 불쾌감** : 자신의 성별과 자신이 경험하거나 표현하는 성별 간에 괴리를 특징으로 하는 장애

15. **파괴적, 충동조절 및 품행장애** : 폭행장애, 간헐적 폭발장애, 상습 도벽증처럼 정서나 행동을 통제하는 데 문제가 있는 상태

16. **물질관련 및 중독 장애** : 심각한 문제를 일으킴에도 약물이나 기타 행동(예 : 도박)을 지속적으로 행하는 장애

17. **신경인지장애** : 알츠하이머병이나 외상으로 인한 뇌 손상으로 인해 유발된 사고 장애

18. **성격장애** : 심각한 문제를 일으키는 사고, 감정, 행동 등이 생애에 걸쳐 지속적으로 유지되는 것

19. **변태성욕장애** : 소아성애처럼 부적절한 성적 활동을 특징으로 하는 상태

20. **기타 정신질환** : 의학적 상태에 의한 변별되지 않는 정신장애처럼 위의 범주에는 속하지 않으나 심각한 디스트레스나 장해와 연관된 잔여 범주

21. **약물치료로 유발된 운동장애 및 약물치료의 기타 부작용** : 약물에 의해 유발된 신체적 운동(예 : 떨림, 경직)과 관련된 문제

22. **임상적 주의의 초점이 될 수 있는 기타 상태** : 남용, 방임, 관계나 기타 이슈와 연관된 문제

출처 : Information from *DSM*-5 (American Psychiatric Association, 2013).

차이의 세계

정신장애에 대한 문화의 역할

언어, 전통, 생활방식, 그리고 다른 요소들이 문화마다 다르듯이, 정신장애가 표현되는 방식도 문화마다 다르다. 이 장에서 배울 정신장애들은 모든 문화에서 다 나타나겠지만, 문화적 요소가 이런 장애가 경험되고 논의되고 설명되는 방식에 영향을 준다. *DSM*-5는 디스트레스에 대한 문화적 개념의 차이를 고려하는 프레임을 제시하는데, 세 가지 중요한 개념적 측면에서 구별한다.

• 문화적 증후군은 특정 문화에서 함께 나타나는 증상들을 말한다. 예를 들어, 타이진 교오후쇼(taijin kyofusho)는 사회불안(다른 사람의 부정적인 피드백에 대한 두려움을 보임)과 신체이형장애(자신의 외모에 치명적인 문제가 있다고 생각하고 이에 대해 과몰입됨)의 2개 *DSM*-5 장애가 결합된 일본에서 관찰되는 문화적 증후군이다.

• 디스트레스에 대한 문화적 관용구들은 디스트레스가 문화마다 다르게 얘기되고 표현되는 방식이다. 예를 들어, 쿠툰지시사(kutungisisaz) 혹은 "너무 생각을 많이 하는"는 짐바브웨에서 다수의 우울과 불안장애와 연결된 디스트레스를 표현하는 관용구이다.

• 문화적 설명이란 문화적으로 인지되는 방식으로 증상, 디스트레스, 그리고 장애의 원인에 대해 기술하는 것이다. 예를 들어, 다수의 남아시아 문화에서, 정신장애는 정자나 대소변의 형태로 몸속에 기거하는 건강의 핵심요소로 간주되는 하얀 물질인 햇(dhat)이나 해투(dhatu)가 사라지기 때문에 발생한다고 믿는다.

우리가 살고 있는 문화적 맥락은 우리가 정신장애를 어떻게 경험하고, 말하고 설명할지에 영향을 준다. 이는 자신의 문화 내의 그리고 자신

타이진 교오후쇼오는 사람들이 자신이 다소 부적절하고 공격적이라고 믿기 때문에 사회적 접촉을 두려워하고 피하는 일본 증후군이다. 이 증후군은 사회불안장애와 신체기형 장애라는 두 가지 *DSM*-5 상태의 결합된 형태로 보인다.

Arief Juwono/Getty Images

이 속하지 않은 문화에서 정신장애를 이해하려 할 때 중요하다.

절반이 일생 동안 적어도 하나의 정신장애를 경험한다고 보고한다(Kessler et al., 2005a). 그리고 정신장애를 가진 사람들의 80% 이상이 **공병**(comorbidity)을 보고하는데, 공병이란 한 사람에게 두 가지 이상의 장애가 동시에 발생하는 것을 말한다(Gadermann et al., 2012).

미국에서 관찰되는 정신장애는 전 세계적으로 관찰된다(**그림 14.1**). 예를 들어, 전 세계적으로 불안과 우울장애는 가장 빈번한 장애고 충동조절과 물질사용장애가 그다음으로 빈번하다(Kessler et al., 2007). 비록 모든 나라가 유사한 정신장애를 보이는 것처럼 보이지만, 문화적 상황 역시 어떻게 정신장애가 경험되고, 기술되고 평가되고 치료되는지에 영향을 미친다('차이의 세계 : 정신장애에 대한 문화의 역할' 참조). 이를 다루기 위해 *DSM-5*에서는 어떻게 내담자의 문화가 정신장애의 경험과 표현 설명에 영향을 주는지 임상가의 이해를 돕고자 특별 섹션을 두었다.

공병　한 사람에게 두 가지 이상의 장애가 동시에 발생하는 것

생물심리사회적 관점　정신장애를 생물학적 · 심리학적 · 사회적 요소의 상호작용의 결과로 설명하는 통합적 관점

질병의 원인

정신장애에 대한 의학 모델은 서로 다른 바이러스, 박테리아 혹은 유전적 이상이 서로 다른 신체질환의 원인이듯, 서로 다른 심리장애에도 특정 패턴의 원인(병인학)이 있을 수 있다고 제안한다. 의학 모델은 또한 각 정신장애 범주가 예후, 시간 경과에 따른 진행도, 치료나 완치에 대한 반응 등에서 유사함을 가정한다. 불행히도 이런 기본적인 의학 모델은 과잉단순화로 볼 수 있는데, 개인 내적 요인에 의한 단순 원인과 이에 따른 단순 치료에 초점을 두는 것은 유용하지 못하다.

대신, 대다수의 심리학자들은 **정신장애를 생물학적 · 심리학적 · 사회적 요소의 상호작용의 결과로 설명하는 통합된 생물심리사회적 관점**(biopsychosocial perspective)을 취한다(**그림14.2a**). 정신건강을 유발하는 생물학적 요소로는 유전적인 영향, 생물화학적 불균형, 뇌 구조와 기능의 이상 등이 있다. 심리적 요소에는 비적응적 학습과 적응, 인지적 편향, 비기능적 태도와 대인관계 문제 등이 있다. 사회적 요소로는 사회화, 스트레스를 주는 경험, 문화적 · 사회적 불평등이 있다. 이 요소들 간 수많은 상호작용은 서로 다른 개인이 서로 다른 이유로 유사한 장애(예 : 우울)를 겪을 수 있음을 시사한다. 사람들은 생물학적 원인(예 : 유전, 호르몬), 심리적 원인(예 : 잘못된 신념, 희망 없음, 상실에 대한 부적절한 적응 전략), 혹은 환경적 원인(예 : 스트레스와 외로움), 혹은 이

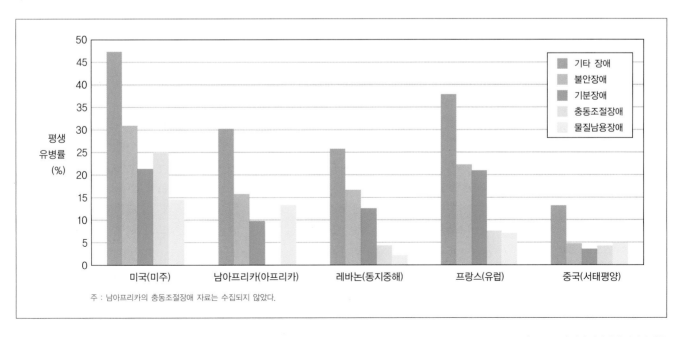

주 : 남아프리카의 충동조절장애 자료는 수집되지 않았다.

그림 14.1　전 세계 정신장애 평생 유병률

(Data from Kessler et al., 2007)

그림 14.2 정신장애 발병에 대한 제안 모델 (a) 생물심리사회모델은 생물학적·심리적·사회적 요소가 정신건강 및 정신장애 발병과 상호작용한다고 설명한다. (b) 취약성-스트레스 모델은 정신장애에 대한 경향성이나 취약성을 가진 사람이 주요 스트레스를 경험할 때 정신장애를 가지게 된다고 설명한다.

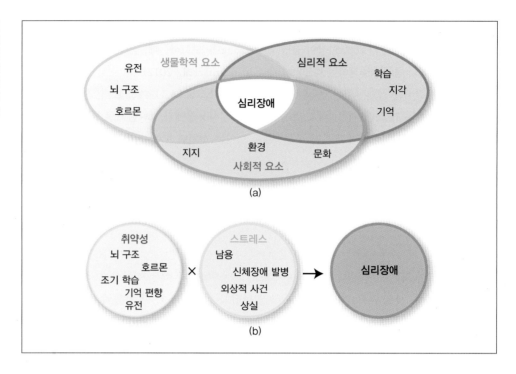

런 요소의 합에 의해 우울증에 걸릴 수 있다. 물론, 다양한 원인은 단일 치료가 없음을 의미한다.

대다수의 장애가 내적(생물과 심리학적) 그리고 외적(환경적) 원인을 가진다는 관찰에 근거해 **취약성-스트레스 모델**(diathesis-stress model)이라고 알려진 이론이 나오게 되었는데, 이 이론에서는 어떤 사람이 가진 심리적 장애에 대한 발병 경향성은 스트레스에 의해 유발될 때까지 잠재되어 있다고 본다(**그림 14.2b**). 취약성은 내적 성향이며, 스트레스는 외부 유발인자이다. 예를 들어, 대다수의 사람들은 2011년 9월 11일에 발생한 테러리스트의 공격에 대한 강한 정서적 반응에 대해 적응할 수 있었다. 그러나 부정 정서 경향을 가졌던 사람들은 그 사건의 끔찍함이 자신들의 적응 능력을 넘어서기 때문에 심리장애를 일으켰다. 비록 취약성이 유전되더라도 유전성은 운명이 아님을 기억하자. 취약성을 물려받은 사람도 병을 유발하는 스트레스를 경험하지 않을 수 있는 반면, 어떤 장애에 대한 유전적인 경향이 적어도, 스트레스를 심하게 겪으면 장애를 경험할 수 있다.

정신장애를 이해하는 새로운 접근 : RDoC

비록 *DSM*이 장애를 분류하는 유용한 틀을 제공하지만, 정신병리의 원인으로 보이는 생물심리사회적 요소에 대한 과학적 연구 결과는 개별 *DSM* 진단과 일치하지 않는다는 사실에 대한 우려가 높아지고 있다. 미국 정신건강기구(NIMH, 미국 정신건강연구의 대표적인 지원기관)는 현재 *DSM*에서 규정된 장애분류에 초점을 두지 않고 정신장애의 근본이 된다고 믿는 좀 더 생물학적·인지적·행동적 구조에 초점을 두는 새로운 틀을 제시하였다. 이 새로운 시스템은 **연구분야 기준프로젝트**(Research Domain Criteria Project, **RDoC**)라고 하는데, 이 새로운 시도는 정신장애를 일으키는 기본 과정을 밝힘으로써 정신장애를 분류하고 이해하는 것을 목적으로 한다. RDoC는 *DSM*을 즉각적으로 대체하는 것은 아니고 앞으로 발표된 개정판에 방향을 제시하기 위함이다.

RDoC를 이용하여, 연구자들은 유전자에서 세포 그리고 뇌 회로에 이르기까지 생물학적 영역, 학습, 주의 기억과 같은 심리 영역 그리고 사회적 과정이나 행동을 포함하는 다양한 수준의 분석을 통해 정신장애의 원인을 연구하고 있다. RDoC 접근은 표면적인 증상에 의거해 분류하

취약성-스트레스 모델 어떤 사람이 가진 심리적 장애에 대한 발병 경향성은 스트레스에 의해 유발될 때까지 잠재되어 있다.

연구분야 기준프로젝트(RDoC) 정신장애를 일으키는 기본 과정을 밝힘으로써 정신장애를 분류하고 이해하는 것을 목적으로 하는 새로운 시도

는 방법에서 벗어나 이 문제 행동을 일으키는 과정을 이해하려 한다. 예를 들어, 코카인 중독을 단일 장애로 보고 연구하기보다는, 무엇이 '보상에 대한 반응성-과도한 코카인 사용뿐 아니라 다른 중독 행동에서도 관찰되는 요소'에 문제를 일으켰는지 이해하려 한다. 기본 가정은 어떤 사람들은 보상추구행동을 억제하는 데 어려움이 있는데 이들은 중독에 취약하다. 중요한 사항은 어떤 과정이 중독과 같은 문제를 유발하는지 파악함으로써 보다 효과적인 치료를 개발할 수 있다는 것이다. 효과적인 치료에 대해서는 제15장에서 자세히 다룬다.

낙인의 위험

정신장애의 진단과 분류에서 낙인(labeling)의 효과는 매우 복잡하다. 정신과적 낙인은 '정신장애는 유약함의 증거이다' 혹은 '정신장애자는 위험하다'는 부정적인 고정관념과 편견을 유발하기 때문에 부정적인 결과를 초래할 수 있다. 정신장애와 관련된 낙인은 왜 진단 가능한 심리장애를 가진 사람들(약 60%)이 치료를 받지 않는지 설명해준다(Kessler et al., 2005c; Wang et al., 2005).

유감스럽게도 정신장애인에 대한 교육은 이런 증상을 가지고 태어난 사람들에 대한 낙인을 없애주지 못한다(Phelan et al., 1997). 사실상 정신과 진단이 만들어낸 기대는 심지어 정신건강 전문가의 판단을 흐리게 하기도 한다(Garb, 1998). 이 현상에 대한 가장 전형적인 예로, 연구자들이 여러 정신병원에 가서 조현병 환자에게서 관찰되는 '환청'을 호소하였다. 각 연구자들은 병원에 입원을 하였고, 증상이 사라졌다고 보고했다. 그렇지만 병원 스태프들은 이들을 정상으로 보기를 주저하였다. 이 '환자'들이 퇴원을 하는 데 평균 19일이 걸렸고, '조현병 관해 상태'라는 진단을 받고 퇴원하였다(Rosenhan, 1973). 명백하게 병원 관계자들은 이들 환자가 정신장애를 가졌다고 낙인을 했고, 이 낙인은 없어지지 않았다.

정신장애를 명명하되 사람에게는 낙인을 제한하는 데 문제가 있는 '중독성 성격'을 가지는지 이해하는 데 도움을 주려는 시도다.

Fstop/Superstock

정신장애를 가진 사람이 반드시 입원할 필요는 없다는 것을 감안할 때, 낙인의 효과는 우리를 불편하게 만든다. 버몬트에서 행한 한 연구에서 사회에 두기엔 너무 위험하여 몇 년간 기관에서 보호한 환자들의 삶을 추적하였다. 그들은 퇴원 후에도 지역사회에 아무런 해를 주지 않았다(Harding et al., 1987). 추후 다른 조사들도 정신장애를 가진 사람이 장애가 없는 사람들보다 위험하지 않음을 보고한다(Elbogen & Johnson, 2009).

낙인은 진단받은 사람이 자신을 어떻게 보느냐에 영향을 주기도 하는데, 정신장애로 낙인된 사람은 단순히 정신장애를 가진 사람으로 보는 것이 아니라, 스스로가 가치가 없다고 보고 절망한다. 자신을 열등하다고 생각하는 사람들은 자신이 패배했다는 태도를 가질 수 있으며 그 결과로 회복하려 노력하지 않을 것이다. 이와 같은 결과를 막기 위해 임상가들은 장애를 가진 사람이 아니라 장애에 호칭을 적용시키기 시작했다. 예를 들어 어떤 사람을 '조현병 환자'가 아니라 '조현병을 가진 사람'으로 표현한다. 우리는 이를 따를 것이다.

정신장애를 명명하되 사람에게는 낙인을 하지 말아야 한다. 예를 들어 어떤 사람이 'ADHD이다'라고 하기보단 ADHD의 진단 기준을 충족한다고 기술해야 한다.

Robin Nelson/Photo Edit

정리문제

1. 정신장애란 무엇인가?
2. 의학모델은 비정상 행동을 어떻게 설명하는가?
3. 정신장애를 가진 사람을 돕기 위한 첫 단계는 무엇인가?
4. 장애, 질병, 진단 간 차이는 무엇인가?
5. *DSM*은 무엇이며 어떻게 변화되어 왔는가?
6. 생물심리사회적 관점은 무엇이며 취약성-스트레스 모델은 장애를 어떻

게 설명하는가?
7. 왜 평가에서 다양한 요소를 고려해야 하는가?
8. RDoC는 무엇이며 *DSM*과 어떻게 다른가?
9. 왜 장애에 대해 도움을 받으려 하지 않는가?
10. 낙인의 위험은 무엇인가?

불안장애 : 과도한 공포, 불안, 회피

"자, 이 과목 성적의 50%를 결정짓는 쪽지 시험을 보겠다." 교수가 이렇게 이야기했다면 여러분은 아마도 두려움을 느낄 것이다. 여러분의 반응은 정신장애를 가졌다는 신호는 아니다. 실제로 환경과 연관된 불안은 정상이며 적응적이다. 이 경우, 쪽지 시험을 대비하기 위해 지속적으로 공부하게 만들 수 있다. 그러나 실제의 위협과 도전에 맞지 않는 불안이 일어났을 때 그것은 부적응이다. 이는 마음의 평화를 해치고 정상적인 기능을 훼손시키며 삶을 방해한다. **불안장애** (anxiety disorder)는 현저한 불안을 특징으로 하는 정신장애의 한 종류이다. 사람들은 동시에 하나 이상의 불안장애를 경험하는데, 불안장애와 우울장애는 서로 공병률이 높다(Brown & Barlow, 2002 ; Jacobson & Newman, 2017). *DSM*-5에 기재된 불안장애에는 범불안장애, 공포증, 공황장애 그리고 강박장애가 있다.

공포증

47세의 메리는 3명의 자녀를 둔 어머니로 폐쇄된 공간에서 심한 공포증을 느끼는 폐쇄공포증으로 치료를 받았다. 메리는 어렸을 때 언니 오빠들이 그녀를 벽장에 가두고 무섭게 했던 어린 시절의 공포를 떠올렸다. 메리는 직장을 구하려고 했지만 엘리베이터와 다른 폐쇄 장소에서의 공포 때문에 집에서 나올 수 없었다(Carson et al., 2000). 많은 사람이 폐쇄된 공간에서 다소 불안을 느낀다. 그러나 메리의 공포는 실제 위험 정도와 맞지 않으며 일상 생활을 유지하기 어렵게 하기 때문에 비정상적이고 역기능적이다. *DSM*-5는 **공포증**(phobic disorder)을 특정 대상, 활동 혹은 상황에 대한 뚜렷한, 지속적인 그리고 과한 공포로 정의한다. 공포증을 가진 사람은 공포가 비이성적임을 알고 있지만, 이것이 일상의 기능을 방해하는 것을 막지는 못한다.

특정공포증(specific phobia)은 개인의 기능을 뚜렷하게 저해하는 특정 물체나 상황에 대한 비합리적인 공포이다. 특정공포증은 다음의 다섯 가지의 카테고리로 나뉜다: (1) 동물(개, 고양이, 쥐, 뱀, 거미들), (2) 자연 현상(높이, 어둠, 물, 태풍), (3) 상황(다리, 엘리베이터, 굴, 폐쇄된 장소), (4) 피, 주사, 상처, (5) 질식이나 구토 그리고 아동의 경우 시끄러운 소리나 특정 캐릭터 등에 대한 공포. 미국에서 약 12%의 사람들이 살아가는 동안 특정공포증을 보이며(Kessler et al., 2005a), 그 비율은 여성이 남성보다 약간 높다(Kessler et al., 2012).

사회공포증(social phobia)은 대중 앞에서 굴욕이나 창피를 당하게 되는 것에 대한 비합리적인 공포에 연관되어 있다. 사회공포증은 대중 연설, 공공장소에서의 식사와 같이 어떤 상황에 제한되기도 하며, 혹은 관찰되거나 잘 모르는 타인과 상호작용해야 하는 다양한 사회적 상황에 일반화되기도 한다. 사회공포증을 가진 사람들은 타인이 자신을 평가할지도 모르는 상황을 피하려고 노력하며, 대중 앞에 노출되는 것을 피할 수 없을 때 강렬한 불안과 고통을 경험한다. 사회공포증은 일반적으로 초기 청소년기에서 초기 성인기 사이에 발병한다(Kessler et al., 2005a). 많은 사람이 사회공포증을 경험하는데, 남자 12%와 여자 14%가 생의 어떤 한 시기에 진단을 받는다 (Kessler et al., 2012).

누가 위험한가

왜 공포증은 이렇게 흔한가? 특정공포증과 사회공포증의 유병률이 높다는 것은 사람들이 특정 물체나 상황에 대해 두려워하는 성향이 있음을 암시한다. 사람들이 공포를 느끼는 상황과 물체는 실제로 위험을 느끼게 만들기도 한다. 예를 들어, 높은 장소에서 추락하거나 사나운 개의 공격을 받거나 혹은 독사의 공격을 받는 것 등을 들 수 있다. 낯선 타인들이 공격하거나 물어뜯지

불안장애 현저한 불안이 특징인 정신장애의 한 종류

공포증 특정 대상, 활동 혹은 상황에 대한 뚜렷한, 지속적인 그리고 과한 공포

특정공포증 개인의 기능을 뚜렷하게 저해하는 특정 물체나 상황에 대한 비합리적인 공포

사회공포증 대중 앞에서 굴욕이나 창피를 당하게 되는 것에 대한 비합리적인 공포

는 않지만 앞으로의 친구, 직업, 결혼에 대한 여러분의 관점에 영향을 줄 수 있다. 물론 매우 드물기는 하지만 실제로 그들이 공격할 수도 있다.

이 같은 관찰은 사람들은 본능적으로 특정 공포를 가지기 쉽다(Seligman, 1971)는 공포증에 대한 **준비된 이론**(preparedness theory)의 기본 가정이다. 준비된 이론은 인간과 원숭이가 꽃이나 장난감 토끼와 같은 중립적 자극물보다는 뱀이나 거미 같은 자극물에 대해 더 빨리 공포 반응을 일으킨다는 연구에 의해 지지되었다(Cook & Mineka, 1989). 공포증은 특히 진화를 통해 우리가 피하도록 학습한 사물에 대해 생겨나기 쉽다.

준비된 이론   사람들은 본능적으로 특정 공포를 가지기 쉽다는 이론

생물학적 혹은 환경적 요소

신경생물학적 요소 역시 중요한 역할을 한다. 예를 들어, 공포증을 보이는 사람은 신경전달물질인 세로토닌과 도파민에 이상을 보인다(Frick et al., 2015; Plavén-Sigray et al., 2017). 그리고 감정 연합 발달에 연결된 뇌 영역인 편도체에서 과도한 활동을 보인다(정서와 동기를 다룬 제8장에서 논의됨). 흥미롭게도, 사회공포증을 가진 사람들이 사회적 평가와 관련된 과제(예 : 발표하기)에서 사회공포증이 없는 사람들보다 더 디스트레스를 느끼지만, 실제 그들이 신체적으로 더 각성되는 것은 아니다(Jamieson et al, 2013). 이 사실은 사회공포증이 특정 상황에 대한 비정상적 신체 반응이라기보다는 그 상황에 대한 주관적 경험 때문임을 시사한다.

이러한 증거들은 환경의 영향이나 공포반응의 형성에 미치는 양육의 영향을 보여준다. 박식한 이론가 존 왓슨(John Watson, 1924)은 오래전에 공포증이 고전적 조건화될 수 있음을 보여주었다(제7장에서 어린 앨버트와 하얀 쥐 논의를 보라). 비슷하게 개에게 물린 경험은 개와 고통 간의 연합을 형성하여 모든 개에 대한 불합리한 공포를 가져올 수 있다. 공포증이 두려워하는 물체에 대한 경험에서 학습되었다는 아이디어는 공포증 발생에 대해 완전하게 설명하지 못한다. 연구들은 일관적으로 공포증을 가진 사람들이 그렇지 않은 사람들보다 고전적 조건형성의 근거인 두려워하는 물체와의 나쁜 경험이 더 많지는 않다는 사실을 보고한다(Craske, 1999; McNally & Steketec, 1985). 더군다나 많은 사람이 개에 물리지만 공포증을 가지게 되는 것은 아니다. 이런 문제점에도 불구하고 공포증이 학습에 의한 것이라는 이론은 치료에 유용한 모델을 제공한다(치료를 다룬 제15장 참조).

공포증은 어떤 특정 대상이나 활동 혹은 환경에 대한 과도하고 끊임없는 공포와 관련된 불안장애이다. 일부 공포증은 고전적 조건형성을 통해 학습되기도 하는데, 여기선 불안을 유발하는 무조건적 자극(US)과 연합된 조건화된 자극(CS)이 조건화된 공포반응(CR)을 유발한다고 본다. 친구가 개 공포증을 가지고 있는데, 그 정도가 너무 심해서 이웃집 개가 자신을 향해 짖을 것이 두려워 밖에 나가지 못한다고 가정해보자. 제7장에서 배운 고전적 조건형성의 원리를 이용해 어떻게 그가 공포를 극복하도록 도울 것인가?

Mathew Nock

공황장애와 광장공포증

대학생인 20세의 웨슬리는 하루에 두세 번씩 공황발작을 일으켜 치료실을 찾았다. 어디서 왔는지 모르는 '강렬하고, 소름끼치는 공포'가 갑자기 파도처럼 밀려오며 발작이 시작되는데, 어지러움, 가슴이 조여드는 것 같은 증상, 기절하거나 죽을 것 같다는 생각이 수반되었다. 웨슬리의 발작은 몇 년 전에 시작되었고 그 후 간헐적으로 발생하였다. 웨슬리는 이런 발작이 계속될 것이고 피할 수 없을 것이란 생각에 버스, 기차, 공공 장소를 피하기 시작했기 때문에 치료를 받기로 결정했다.

웨슬리의 상태는 **공황장애**(panic disorder)라 불리며 공포감으로 이어지는 갑작스러운 신체적·심리적 복합증상이 특징이다. 급성 공황발작 증상은 일반적으로 몇 분간 지속되며, 숨이 차고 심장이 두근거리고 진땀이 나고 어지러우며 이인증(depersonalization, 자신의 육체에서 이탈되는 느낌) 혹 비현실화(derealization, 외부 세상이 낯설고 진짜가 아닌 것 같은 느낌) 그리고 미치거나 죽을 것 같은 공포를 수반한다. 놀랍지 않게, 공황발작 시 사람들은 자신이 심장발작을 일으킨 것이라 믿고 응급실이나 주치의에게로 달려간다. 불행히도, 공황발작 시 나타나는 여러 증상이 의학적인 질병과 유사하기 때문에, 공황발작이라는 정확한 진단을 받기까지 여러 해가 걸린다(Meuret et al., 2017). *DSM-5*의 진단기준에 따라 예상치 못한 발작을 반복 경험하여 또 다른 발작에 대한 심한 불안을 보일 경우에만 공황장애 진단을 내린다.

공황장애의 가장 일반적인 합병증은 **광장공포증**(agoraphobia), 즉 공공장소에 대한 공포와 관련된 특정 공포증이다. 웨슬리를 포함해 광장공포증이 있는 사람들은 공공장소에 있는 것을 두려워하는 것이 아니라, 자신들이 공적 장소에 있고 피하거나 도움을 얻을 수 없을 때 뭔가 끔찍한 일이 발생할 것 같아 두려워한다(예 : 공황 증상). 심한 경우에는 광장공포증과 함께 공황장애를 가질 수 있으며, 그 사람은 때로 몇 년씩 집 밖을 나가지 못한다.

누가 위험한가

미국 인구의 대략 22%가 스트레스가 극심한 시기(Telch et al., 1989)에 적어도 한 번 공황발작을 겪었다고 보고한다(Kesseler et al., 2005b). 공황장애를 진단하기 위해서는 에피소드와 함께 또 다른 발작에 대한 큰 두려움과 불안이 수반되어야 한다(Kesseler et al., 2005b). 이 판단 기준을 적용하면, 대략 5%의 사람들이 생의 어느 시기에 공황장애로 진단되며, 공황장애는 남성(3%)보다 여성(7%)에게 더 흔하다(Kessler et al., 2012).

광장공포증은 뭔가 나쁜 일이 발생하고 거기서 도망치지 못하기 때문에 공공장소에 있는 것에 대한 두려움을 말한다.

생물학적 요소

공황발작을 경험하는 사람은 불안의 신체적 증상에 과민하게 반응하고, 이를 자신에게 매우 위험한 것으로 해석한다. 이와 같이 공황발작은 '공포 그 자체에 대한 공포'로 개념화할 수 있다. 이를 증명하기 위해, 연구자들은 공황장애를 가진 사람들과 가지지 않은 사람들에게 공황발작의 증상과 비슷한 빠르고 가쁜 숨, 그리고 심장 두근거림을 유발하는 화학물질인 젖산 나트륨에 대한 반응을 비교하였다. 공황장애를 가진 사람들은 이 화학물질에 더 예민하게 반응하였다 : 공황장애의 60~90%가 몇 분 안에 공황발작을 경험한 반면, 공황장애가 없는 사람들은 이 물질로 공황발작을 일으키지 않았다

범불안장애

범불안장애(GAD) 안절부절못함, 피로, 집중력 문제, 민감함, 근육 긴장, 수면 문제 등 세 가지 이상이 수반되는 만성적인 과도한 걱정

24세 여성인 지나는 대학원 1년 차에 불안으로 힘든 경험을 하기 시작했다. 처음에는 과제를 다 마칠 수 있을 것인지에 대해 걱정하였다. 곧 자신(예 : 진단되지 않은 문제가 있는 것은 아닌지?)과 남자 친구(담배를 피고 있는데, 암이 걸리고 있는 것은 아닌지)의 건강까지 걱정하게 되었다. 1년 동안 과도하게 걱정을 한 나머지 걱정과 격한 마음의 동요, 피로, 우울과 슬픔을 치료하기 위해 휴학을 했다.

　지나의 증상은 전형적인 **범불안장애**(generalized anxiety disorder, **GAD**) — 지속되는 불안이 어떤 특정 위협에 국한되지 않으므로 범불안장애로 부름 — 로 과장되고 불합리한 것이 특징이다. GAD로 고통받고 있는 사람들은 다음 증상 중 세 가지 이상이 수반되는 만성적인 과도한 걱정을 한다. 즉, 안절부절못함, 피로, 집중력 문제, 민감함, 근육 긴장 그리고 수면 문제이다. 범불안장애로 고통받는 사람들에게 통제할 수 없는 걱정은 자신감을 침식해 단순한 결정조차 내리지 못하는 통제 상실을 경험하게 만든다. 예를 들어, 지나는 가게에서 어떤 채소를 사야 하는지 저녁은 뭘 준비해야 하는지와 같은 일상적인 결정을 내리는 것도 어려워했다.

누가 위험한가

약 6%의 미국인은 살면서 GAD로 인해 고통받기도 하는데(Kessler et al., 2005a), 여성의 비율(8%)이 남성(5%)보다 높다(Kessler et al., 2012). 연구들은 생물학적 및 심리적 요소가 GAD의 위험을 높임을 보여준다

생물학적 혹은 환경적 요소

이 성차의 원인에 대해선 정확히 밝혀진 게 없지만, 생물학적으로는 GAD는 신경전달물질의 불균형으로 인한 것으로 본다. 심리적 설명은 GAD에 대한 불안을 유발하는 상황에 주목한다. 불안은 특히 대도시에 살고 있는 저소득층 사람들, 혹은 정치적ㆍ경제적 문제로 예측 불가능한 환경에 처해진 사람들 사이에 만연하다. 아동기 예측 불가능한 외상 경험(Bandoli et al., 2017)은 미래의 지각된 위험과 관련된 상황(파산으로 인한 주택 상실) 또는 상실을 경험할 가능성을 증가시키므로(Kendler et al., 2003), GAD를 가질 확률을 증가시킨다(McLaughlin et al., 2012). 그러나 GAD 발병이 예상되는 모든 사람들이 발병하는 것이 아니라는 사실은 개인적 취약성이 이 장애의 핵심 요소라는 취약성-스트레스 모델을 지지한다.

정리문제

1. 불안장애란 무엇인가?
2. 불안은 언제 도움이 되고 언제 해가 되는가?
3. 공포증은 무엇이며 어떤 유형이 있는가?
4. 왜 우리는 특정 공포증에 취약한가?

5. 공황장애는 무엇인가?
6. 왜 사람들은 공공장소에서 광장공포증을 보이는가?
7. 범불안장애는 무엇인가? 어떤 요소가 이 장애를 일으키는가?

학습목표

● 강박장애의 증상과 잠재적 원인에 대해 기술한다.

강박장애(OCD) 반복적이고 침투적인 사고(강박관념)와 그 생각을 없애기 위한 의식적 행위(강박충동)가 개인의 기능을 심각하게 저해하는 장애

하위 맨델은 성공한 코미디언이다. 그러나 그의 강박장애와의 투쟁은 웃음과는 거리가 멀다. 미국 인구의 2%에 해당하는 사람들처럼 맨델은 세균에 오염될 것에 대한 과도한 걱정으로 그의 일상생활을 방해하는 반복적인 확인과 씻기 행동을 보였다. 그는 자신의 강박장애와 효과적인 치료의 중요성에 대한 자신의 생각을 공식적으로 밝혔다.

Charles Sykes/AP Images

강박장애 : 지속적 사고와 반복적 행동

누구나 한번쯤은 다시 집으로 돌아가 문을 잠궜는지 가스레인지를 껐는지 확인하고픈 참을 수 없는 충동을 경험한 적이 있을 것이다. 혹은 사다리 밑이나 금이 간 곳은 걷지 않는 등 미신 행동을 하는 때도 있을 것이다. 어떤 사람에게 그런 생각과 행동은 통제를 벗어나 심각한 문제가 된다.

네 아이의 엄마인 34세 카렌은 몇 달 동안 아이들이 심각한 사고를 당하는 침투적이고 반복적인 사고를 경험하여 치료를 찾았다. 이 외에 과도하게 숫자를 세는 의식 행위가 일상생활을 방해하고 있었다. 예를 들어, 식료품 구입 시 진열대에 있는 첫 번째 품목을 택하면(시리얼 한 박스라 가정하자) 큰아이에게 나쁜 일이 일어날 것이라는 느낌을 받았다. 두 번째 품목을 선택하면 둘째 아이에게 재난이 닥칠 것 같고, 나머지 애들에게도 나쁜 일이 생길 수 있다고 느꼈다. 그녀의 숫자에 대한 몰입은 흡연과 커피 마시기 패턴으로까지 확대되었다. 예를 들어 커피 한 잔을 마시면, 아이들을 보호하기 위해서 네 잔을 더 마셔야 한다고 느꼈다. 카렌은 숫자 세는 의식이 비합리적임을 알고 있었지만 멈추려고 할 때 극도로 불안해졌다(Oltmanns et al., 1991).

카렌의 증상은 전형적인 **강박장애**(obsessive-compulsive disorder, **OCD**)로, 반복적이고 침투적인 사고(강박관념)와 그 생각을 없애기 위한 의식적 행위(강박충동)가 개인의 기능을 심각하게 저해한다. 강박관념이 불안을 만들고 강박행동이 그것을 감소시키기 때문에 불안은 이 장애에 중요한 역할을 한다. 강박장애에서 이러한 강박행동과 사고는 매우 강렬하며, 빈번하고, 비이성적이며 과도하게 경험된다. 강박관념을 극복하려고 그것을 억압하거나 무시하는 것은 효과가 거의 없다. 실제로(의식을 다루는 제5장에서 논의) 사고의 억압은 강박관념의 강도와 빈도를 오히려 증가시킬 수 있다(Wegner, 1989; Wenzlaff & Wegner, 2000). 불안의 역할에도 불구하고, 강박장애는 불안장애와 원인이 다르고 뇌에서 다른 신경회로를 통해 유지된다고 간주되므로 *DSM*-5에서 불안장애와 따로 분리된다.

누가 위험한가

비록 미국에서 28%의 성인이 일생 동안 어떤 시점에서 강박장애나 강박행동을 경험한다고 보고하지만(Ruscio et al., 2010), 약 2%만이 실제 강박장애로 진단된다(Kessler et al., 2005a). 불안장애와 같이 강박장애의 비율은 남성보다 여성에게 높다(Kessler et al., 2012). 강박행동은 강도와 빈도에서 상당히 다르다. 예를 들어, 어떤 사람들은 감염에 대한 공포를 없애려고 15분 동안 손을 씻지만, 다른 사람들은 몇 시간 동안 소독 살균제와 극도의 뜨거운 물로 손을 씻거나 손에서 피가 날 때까지 문지른다.

생물학적 혹은 환경적 요소

강박장애를 앓고 있는 사람을 괴롭히는 강박관념은 실제적 위협(오염, 공격, 질병)이 될 수 있는 걱정에서 시작되는데, 이는 준비된 이론을 지지한다. 집을 나선 뒤 스토브의 불을 껐는지 아닌지

걱정하는 것은, 실제로 집에 가보니 스토브의 불이 켜져 있었을 수도 있는 상황에 대한 적절한 걱정이다. 준비성의 개념은 강박장애를 공포증과 같은 진화론적 맥락에 두게 된다(Szechtman & Woody, 2006). 하지만 공포증과 마찬가지로 진화론적 목적을 가진 공포가 왜 그렇게 부적응이 되는가를 설명하려면 다른 요소들을 고려해야 한다.

OCD는 200년 전부터 임상가들이 알고 있었으나, 이 장애와 관련된 정확한 생물학적 기제에 대해서는 과학적인 이해가 제한되어 있다(Stone, 1997). 지난 몇십 년간 뇌 영상 연구는 주요 요소 중 하나가 습관 행동과 관련된 특정 뇌 회로, 피질 선조체 시상 겉질 회로(cortico-striato-thalamo-cortical loop, 피질과 선조체와 시상을 연결하는 부분)의 과활동 혹은 과연결임을 시사한다(Dougherty et al., 2018; Milad & Rauch, 2012). 이 뇌 회로의 활동을 감소하는 것이 OCD의 치료에 다소 효과적임을 보여주지만, 아직 이 방법은 개발과 테스트 중이다(이 접근에 대해서는 제15장 참조).

정리문제

1. 강박장애는 무엇인가?
2. 강박장애를 치료하는 데 의도적 효과는 얼마나 효과적인가?

3. 강박장애을 일으키는 요소들은 무엇인가?

외상후 스트레스장애(PTSD) 지속적인 신체적 각성, 트라우마를 준 사건에 대한 원하지 않는 생각이나 이미지의 반복적인 경험을 특징으로 하는 장애

외상후 스트레스장애 : 외상후 디스트레스와 회피

학습목표

• PTSD의 증상과 잠재적 원인에 대해 기술한다.

외상이나 스트레스 사건에 대한 심리학적 반응은 스트레스 장애를 유발할 수 있다. 예를 들어, 무섭고 통제 불가능한 경험을 했던 사람은 **외상후 스트레스장애**(posttraumatic stress disorder, PTSD)를 갖게 되는데, 이 장애는 지속적인 신체적 각성, 트라우마를 준 사건을 생각나게 하는 트라우마에 대한 원하지 않는 생각이나 이미지의 반복적인 경험을 특징으로 한다.

누가 위험한가

트라우마 사건이 남긴 심리적인 상처는 아마도 전쟁에서 가장 두드러질 것이다. 전쟁에서 돌아온 군인들은 전쟁터에 대한 회상 장면, 과도한 불안과 놀람 반응과 같은 PTSD의 증상을 경험한다. 이런 증상의 대부분은 끔찍한 사건에 대한 정상적인 반응이고, 시간과 함께 사라지는 것이 일반적이다. 그러나 PTSD 환자에게 이런 증상은 상당히 오래 지속된다. 예를 들어, 최근 이라크 전쟁에서 돌아온 미국 병사의 12%가 PTSD의 진단기준을 충족하며, 이 비율은 다른 비 서구 국가나 개발도상국에 비해 매우 높다(Keane et al., 2006). PTSD의 영향은 희생자, 목격자, 가해자뿐 아니라 도시에서 끔찍한 사건을 경험한 일반 사람들에게도 관찰된다. 일생을 통해 약 7%의 미국인이 PTSD로 고통받고 있다(Kessler et al., 2005a).

생물학적 혹은 환경적 요소

트라우마 사건에 노출된 모든 사람들이 다 PTSD를 진단받는 것이 아니라는 사실은 사람들의 트라우마에 대한 민감도가 다르다는 것을 시사한다. 뇌 영상 연구들은 PTSD와 관련된 중요한 신경학적 정보를 제공한다. 특히 PTSD는 편도체에서 과도한 활동을 보이며(위협적인 정보나 공포 조건과 관련 있는 영역), 내측 전전두엽(공포 조건형성의 소거에 중요한 영역)에서의 활동 감소, 그리고 해마(기억과 관련된 뇌 부분으로 신경과학과 행동 그리고 기억을 다룬 제3장과 제6장에서 논의됨)의 크기 감소가 보고된다(Shin et al., 2006).

전쟁에서 겪은 충격적인 사건은 많은 사람들을 PTSD로 고통받게 만든다. PTSD가 확실한 진단이 어려운, 보이지 않는 상처임에도 펜타곤(미 국방성 고위층)은 전쟁으로 인한 심리적인 결과는 적들의 공격으로 사망하거나 부상 입은 사람들에게 주어지는 퍼플하트(Purple Heart)의 대상 장애는 아니라고 결정하였다(Alvarez & Eckholm, 2009).

Jim Barber/Shutterstock

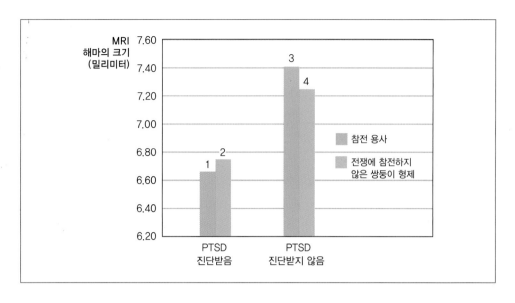

그림 14.3 베트남 참전 용사와 그들의 쌍둥이 형제의 평균 해마 크기 네 집단 참가자의 평균 해마 크기 (1) PTSD 진단을 받은 참전용사 (2) PTSD 진단을 받은 비참전 쌍둥이 형제, (3) PTSD를 진단받지 않은 참전 용사, (4) PTSD 진단을 받지 않은 비참전 쌍둥이 형제. 집단 1과 2의 참가자들의 해마 크기가 집단 3과 4의 참가자들보다 작았다. 이 결과는 작은 크기의 해마가 PTSD 발병 조건에 더 민감함을 보여준다(Gilbertson et al., 2002).

물론 중요한 질문은 이런 특징을 가지고 있는 사람의 뇌가 트라우마를 경험하면 PTSD가 발생할 확률을 높이는지 혹은 이것이 트라우마의 결과인지에 대한 것이다. 예를 들어, 감소된 해마의 크기가 뇌를 스트레스에 민감하게 만드는 사전 조건을 보여주는가? 혹은 트라우마 사건 그 자체가 해마의 세포를 죽이는가? 한 중요한 연구에서는 PTSD를 가진 일부 전쟁용사들뿐 아니라 전쟁 경험이 없거나 PTSD가 없는 이들의 쌍둥이 형제 자매에게서도 해마의 크기 감소를 보고하였다(**그림 14.3**)(Gilbertson et al., 2002). 이 결과는 전쟁용사들의 축소된 해마의 크기는 전쟁에 노출되었기 때문이 아니라, 태어나면서부터 해마의 크기가 작았을 수 있음을 시사한다. 즉, 이들은 트라우마에 노출되면 외상후 장애를 보일 가능성을 증가시키는 조건을 가지고 태어났을 수 있다.

정리문제

1. 외상후 스트레스장애는 무엇인가?

2. 뇌 구조와 기능은 외상후 스트레스장애에 대한 취약성과 어떤 연관이 있는가?

학습목표

- 기분장애의 증상에 대해 기술한다.
- 우울과 조울증을 포함한 기분장애에 영향을 주는 생물학적, 유전적, 환경적 요소를 규명한다.

우울증과 조울증 : 과도한 감정 기복

여러분은 지금 어떤 기분을 느끼고 있다. 간식 시간이라서 기분이 좋을 수도 있고 친구에게 좋지 않은 말을 들어 기분이 나쁠 수도 있고 혹은 이유 없이 기분이 좋거나 나쁠 수도 있다. 제8장에서 배웠듯이 기분은 상대적으로 지속되는 비특정적인 감정 상태이다. 비특정적이라 함은 어떤 기분이 드는 이유를 모르는 경우가 많기 때문이다. 기분의 변화는 서로 다른 색의 불빛이 무대를 밝히는 것처럼 우리의 경험을 다양하게 만들어준다. 그러나 로빈 윌리엄스와 기분장애를 가진 사람들에게 기분은 너무 강렬해서 목숨을 위협하는 행동을 하게 만들기도 한다. **기분장애**(mood disorders)는 기분상 문제를 가장 큰 특징으로 하는 정신장애로 두 가지 형태인 우울증(단극성 우울증이라고도 함)과 양극성장애(극심한 우울에서 극심한 조증까지 경험하여 붙여진 이름)가 있다.

기분장애 기분상 문제를 가장 큰 특징으로 하는 정신장애

우울장애

모든 사람들이 때때로 슬프고 회의적이고 동기 저하를 느낀다. 대다수의 사람들은 이런 기간이 상대적으로 짧거나 약하게 경험하지만, 우울은 이런 전형적인 슬픔을 넘어선다. 주치의에게 만성피로를 호소하고 있는 34세 마크는 전형적인 우울증을 보여준다. 의사와 면담 동안, 그는 잠을 자거나 유지하는 것이 어려워 항상 피곤하기 때문에 어떤 의학적 문제가 있지 않을까 걱정된다고 호소했다. 그는 운동을 할 기운이 없었고, 체중이 5kg나 늘었다고 했다. 그는 친구들과 만나는 것에 대한 관심을 잃었다. 성활동을 포함해 어떤 것도 그에게 즐겁지 않으며, 주의 집중이 어렵고 자꾸 잊어버리며, 성마르고 참을성 없어지고, 좌절을 많이 한다고 했다. 마크의 기분과 행동의 변화, 그리고 희망 없고 피곤한 느낌은 정상적인 슬픔의 범위를 벗어난다. 우울장애는 역기능적이고, 만성적이며 사회적·문화적으로 수용되는 범위를 벗어난다.

단극성 우울증이라고 알려진 '우울증'이라고 불리는 **주요우울장애**(major depressive disorder, 혹은 **단극성 우울증**)는 적어도 2주간 지속되는 무가치함, 기쁨 상실, 무기력, 수면과 섭식문제를 동반하는 심하게 우울한 정서 상태를 말한다. 어떤 사람들은 계절에 따라 반복적인 우울 에피소드를 경험하기도 하는데, 이를 **계절성 기분장애**(seasonal affective disorder, **SAD**)라고 한다. 거의 대부분의 경우, SAD 에피소드는 가을이나 겨울에 시작되어 봄에 없어지는데 이는 추운 겨울 동안 빛의 수준이 감소되기 때문이다(Westrin & Lam, 2007). 그러나 여름 우울 에피소드를 겪는 사람이 없는 것은 아니다. 겨울과 관련된 우울 패턴은 위도가 높은 지역에서 더 흔하다.

누가 위험한가

미국인 중 약 18%는 사는 동안 우울증을 겪는다(Kessler et al., 2012). 평균적으로, 주요우울증은 약 12주 정도 지속된다(Eaton et al., 2008). 그러나 치료받지 않으면 약 80%가 적어도 한 번 이상 재발을 경험한다(Judd, 1997; Mueller et al., 1999).

불안장애와 유사하게 우울의 비율은 남성(14%)보다 여성(22%)에게 높다(Kessler et al., 2012). 여성들의 위험도가 높은 이유로 사회경제적 수준을 들 수 있다. 여성들은 남성에 비해 수입이 적은데, 가난은 우울증을 초래할 수 있다. 호르몬에서의 성차도 이유가 된다. 에스트로겐, 안드로겐과 프로게스테론은 우울증에 영향을 준다. 어떤 여성은 호르몬 수준의 변화로 산후우울

주요우울장애(단극성 우울증) 적어도 2주 혹은 그 이상 심하게 우울한 정서상태가 지속되며, 무가치함, 기쁨 상실, 무기력, 수면과 섭식장애를 동반하는 질병

계절성 기분장애(SAD) 계절에 따라 반복되는 우울 에피소드

산후우울증은 우울함을 초래하며, 초보 엄마들은 극단의 슬픔, 죄책감, 단절감 그리고 심지어 자살을 고려하게 만들기도 한다. 여배우 브룩쉴즈는 산후우울증에 대한 자신의 경험을 책으로 출판하였다.

증(postpartum depression, 출산 후에 오는 우울)을 경험한다. 여성에게 우울이 높다는 사실은 여성들이 자신의 우울을 직면하고 치료를 찾는 비율이 높음을 반영한다고 볼 수 있다(Nolen-Hoeksema, 2012).

생물학적 요소

1950년대를 시작으로 연구자들은 신경전달물질인 노르에피네프린과 세로토닌 수준을 증가시키는 약물이 우울증을 줄일 수 있음을 발견했다. 이 발견은 우울증이 이런 신경전달물질에 의해 전적으로 혹은 부분적으로 발생할 수 있음을 시사하였고, 이는 우울증의 약물치료에 혁명을 일으켜(Schildkraut, 1965), 뇌에서 세로토닌을 증가시키는 프로작이나 졸로프트 같은 인기 처방 약물의 개발과 확산을 가져왔다. 그러나 모든 우울증 환자들의 신경전달물질의 수준이 낮은 것은 아님을 보여주었다. 예를 들어, 어떤 연구는 일부 우울증 환자의 노르에피네프린 수준이 높음을 보고하였다(Thase & Howlan, 1995). 또한 항우울성 약물은 즉시 신경 화학적 전달체계를 변화시키지만, 우울증 증상을 완화시키는 데 적어도 2주가 걸리며 대부분의 경우, 우울 증상을 줄이는 데 그리 효과적이지 않다. 우울증의 생물 화학적 모델도 모든 우울증을 다 설명하기엔 부족하다.

그럼에도 불구하고, 연구들은 우울증에서 뇌의 어떤 부위가 비정상을 보이는지 알려주기 시작했다. 예를 들어, 24개의 뇌 영상 연구를 고찰한 최근 연구에서는 부적 자극(단어나 이미지)을 볼 때 우울증을 앓는 사람은 정서 정보를 처리하는 뇌 영역에 활동 증가를 보이며, 인지 통제와 관련된 영역에 활동 감소를 보인다고 결론내렸다(**그림 14.4**)(Hamilton et al., 2012). 많은 우울이 우울증에서 보이는 서로 다른 심리학적 특성과 관련된 많은 생물학적 시스템의 상호작용의 결과로 발생함을 가정할 때, 이 장애에 대한 생물학적 원인을 완전히 이해하기까지는 상당한 시간이 소요될 것이다(Young et al., 2016).

우울을 일으키는 부정적인 사고

낙관주의자들이 장밋빛으로 칠한 안경을 쓰고 세상을 본다면, 우울증을 겪는 사람들은 어두운 회색 안경을 쓰고 세상을 본다. 그들의 부정적인 인지 스타일은 상당히 일관적인데, 어떤 연

그림 14.4 뇌와 우울 부적 정보가 제시될 때, 우울한 사람은 편도체, 섬엽, 전대상회 등의 정서처리와 연관된 영역의 활동 증가와 배측 선조체, 배외측전전두엽 등 인지 통제와 관련된 영역의 활동 감소를 보인다(Hamilton et al., 2012).

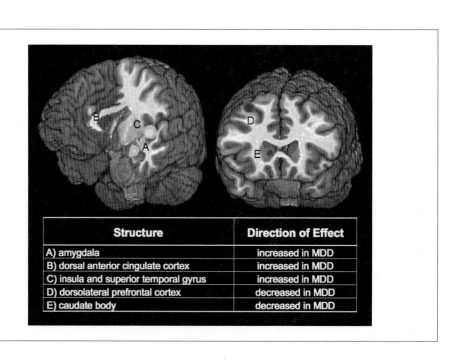

Structure	Direction of Effect
A) amygdala	increased in MDD
B) dorsal anterior cingulate cortex	increased in MDD
C) insula and superior temporal gyrus	increased in MDD
D) dorsolateral prefrontal cortex	decreased in MDD
E) caudate body	decreased in MDD

구자들은 이것이 어린 시절 경험에서 형성된 부정적인 자기사고 때문이라고 주장한다(Blatt & Homann, 1992; Gibb et al., 2001). 우울증에서 사고의 역할을 강조한 최초의 이론가인 아론 T. 벡(Aaron T. Beck, 1967)은 우울한 환자들이 스스로의 경험에 대해 잘못된 지각을 하고, 부정적인 감정 상태를 유발하고 유지시키는 비기능적 태도를 취한다고 보고했다. 그는 이 관찰을 통해 우울증에 대한 인지 모델을 발표하였는데, 이 모델에서는 어떤 정보에 관심을 두고, 처리하고, 기억히는가에 대한 편견이 우울을 만든다고 가정한다.

이 아이디어를 더 확대하여, 연구자들은 경험의 원인에 대한 부정적인 추론의 역할을 강조하는 우울증 이론을 제안하였다(Abramson et al., 1978). **무기력 이론**(helplessness theory)에선 우울증을 겪기 쉬운 사람들은 자동적으로 부정적인 경험을 내적(예 : 자신의 실수), 안정적(예 : 변화하기 어려운), 전반적(예 : 만연한)인 것으로 귀인한다고 한다. 예를 들어, 우울증 위험이 있는 학생은 수학시험에서 나쁜 성적을 얻게 되면 이는 낮은 지능(내적)으로 귀인하여 앞으로도 낮아질 가능성이 있다고 본다(안정적). 반대로, 우울의 가능성이 없는 학생은 성적을 외적 요인(비효과적인 교수법), 안정적이지 않고(결석), 특정적인 요인(재미없는 과목)으로 귀인하는 등 반대 반응을 보인다.

최근 연구에서는 우울한 사람들이 회색 안경을 쓰고 세상을 보는 것처럼 중성 정보를 부정적으로 해석하고, 부정적인 정보를 더 잘 회상하며, 부정적 정보에 관심을 두지 않는 데 어려움이 있음을 보고한다(Gotlib & Joormann, 2010). 예를 들어, 시험에서 나쁜 성적을 받은 우울증의 위험을 가진 학생은 선생님이 좋은 의도로 한 말("시험 잘 봤다.")을 부정적으로 해석하거나('비꼬는 말을 하시는구나!'), 시험 점수나 부정적인 코멘트를 잘 잊지 못하고, 나쁜 시험 결과를 더 잘 기억한다('난 영어 시험을 잘 봤어. 하지만 지난달 수학 시험 점수는 잊지 못할 거야.'). 이런 편견은 우울증에서 관찰되는 내적 · 안정적 · 일반적 귀인 성향을 설명해준다. 예를 들어, 우울증에 걸린 사람은 부정 정보가 제시되었을 때 주의 및 기억과 관련된 뇌 부위에서 이상을 보인다(Disner et al., 2011). 비록 아직 우울증에 대해 다 이해하고 있는 것은 아니지만, 퍼즐의 조각이 맞춰지면서 의문이 풀리고 있다.

우울증에 대한 인지 모델은 약 2000년 전 그리스의 스토아 철학파에 의해 사용된 사고방법을 근간으로 한다. "사람들은 사물에 의해서가 아니라 사물에 대해 가지는 원칙과 개념에 의해 고통받는다"는 에페테투스의 명언은 우울증에 대한 인지 모델의 근간 원리로 인지 이론가들에 의해 자주 인용된다.

Mary Evans Picture Library/Alamy

양극성장애

20세의 대학 2학년생 줄리는 5일 동안 잠을 못 자고 극단적으로 활동적이고 이상한 생각으로 인해 치료를 받았다. 줄리는 친구에게 자신이 '남자나 여자가 아닌 제3의 성'이기 때문에 월경을 하지 않는다고 했다. 그녀는 자신을 섹스 없이 출산이 가능한 '슈퍼우먼'이라고 주장했다. 그녀는 자신이 세계를 핵 전쟁으로부터 구할 수 있다고 생각했고 선거철도 아닌데 미국 국회의원 선거 캠페인을 벌였다. 그녀는 자신의 생각을 잊을 것 같아서, 생각을 적은 메모 수백 개를 기숙사 벽이나 가구에 마구 붙여 놓았다(Vitkus, 1999).

줄리는 조증 이외에 우울증을 앓은 적이 있었다. 이런 복합적인 증상에 대한 진단이 **양극성장애**(bipolar disorder)인데, 이 장애는 비정상적이고 일관적으로 올라간 기분(조증)과 저조한 기분(우울증)의 반복으로 특징된다. 조울증의 3분의 2 정도에서, 조증 삽화는 울증 삽화 바로 전에 선행하거나 바로 뒤에 뒤따른다(Whybrow, 1997). 양극성장애의 우울 단계와 주요우울증은 임상적으로 구분이 되지 않는 경우가 많다(Johnson et al., 2009). 조증 단계에서는 기분이 고조되고 급격히 변하며 성마른 상태가 최소 1주 이상 지속된다. 다른 주요 증상으로는 과대망상, 수면 욕구의 감소, 언어 증가, 급격한 사고 전환, 주의 분산 및 무분별한 행동(강박적인 도박, 성행위, 절제 없는 소비) 등이 있다. 환각(잘못된 지각)이나 망상(잘못된 믿음)이 있을 수도 있어, 때론 조현병(뒷부분에 설명됨)으로 잘못 진단되기도 한다.

무기력 이론 우울증을 겪기 쉬운 사람들은 자동적으로 부정적인 경험을 내적(예 : 자신의 실수), 안정적(예 : 변화하기 어려운), 전반적(예 : 만연한)인 것으로 귀인한다는 이론

양극성장애 비정상적이고 일관적으로 올라간 기분(조증)과 저조한 기분(우울증)의 반복을 특징으로 하는 상태

심리학자 케이 레드필드 제미슨은 자신의 조울증 투병기에 대해 여러 권의 베스트셀러를 썼다.

Leonardo Cendamo/Getty Images

누가 위험한가

양극성장애의 평생 유병률은 약 2.5%로 남녀 차이가 없다(Kessler et al., 2012). 양극성장애는 재발이 되는데, 걸린 사람의 90%는 일생 동안 여러 번의 에피소드로 고생한다(Coryell et al., 1995). 불행히도 양극성장애는 지속되는 경향이 있다. 한 연구에선 24%의 참가자가 6개월 이내에 재발했으며, 재발 시 회복에 약 6개월이 소요되며, 77%가 회복 후 4년 내에 적어도 한 번의 재발을 경험한다고 보고했다(Coryell et al., 1995).

어떤 사람들은 조현병과 기분장애(특히 양극성장애)를 가진 사람들이 창의성과 지능이 높다고 주장한다(Andreasen, 2011). 조증의 경우, 조증이 심해지면 높아지는 에너지와 기이함과 포부가 위대한 작품을 만들게 한다고 생각한다. 아이작 뉴턴, 빈센트 반 고흐, 에이브러햄 링컨, 어니스트 헤밍웨이, 윈스턴 처칠, 시어도어 루스벨트 등이 이 장애를 앓고 있었다고 추정된다.

생물학적 혹은 환경적 요소

다른 장애와 마찬가지로, 양극성장애도 여러 개의 유전자의 상호작용으로 관련된 증상들이 발현된다고 본다. 그러나 이를 증명하기는 어렵다. 이에 더하여 양극성장애와 조현병뿐 아니라 주요우울증, 자폐증 및 주의력결핍 과잉행동장애에 관련된 일반적인 유전적 위험요소에 대한 증거가 있다. 이런 장애는 감정 조절의 문제, 인지적 손상 및 사회적 위축과 같은 증상을 공유한다(Cross-Disorder Group of the Psychiatric Genomics Consortium, 2013). 이런 연구 결과는 관련 없다고 생각했던 장애를 가진 사람들의 증상이 왜 비슷한지를 이해하게 해준다는 점에서 흥미롭다. 비록 일부 유전 링크가 밝혀졌으나 현재 우리는 어떻게 서로 다른 생물학적 요소가 작용을 해서 조울이나 다른 장애에서 보이는 증상을 일으키는지 잘 알지 못한다.

제3장에서 배운 후생적인 유전자 변화가 어떻게 조울증 및 이와 관련된 장애의 발병에 영향을 주는지 설명해준다는 증거가 축적되고 있다. 핥거나 그루밍에 시간을 덜 쓰는 엄마 쥐를 가진 새끼 쥐는 취약한 스트레스 반응을 이끄는 후생적인 유전자 변화를 보임을 기억하라. 비슷한 종류의 후생적인 유전자 변화가 정신장애 증상을 보이는 사람들에게도 나타나는 듯 보인다. 예를 들어, 한 사람은 조울증이나 조현병을 보이나 다른 한 사람은 정상인 일란성 쌍생아에 대한 연구(DNA의 100%를 공유하는 쌍둥이)는, 특히 조울증이나 조현병의 뇌 발달과 발병에 중요하다고 알려진 유전자 위치에서 유의하게 서로 다른 후생적인 유전자 차이를 보임을 보고한다(Dempster et al., 2011; Labrie et al., 2012).

때로 조증과 우울증 에피소드 전에 스트레스를 주는 생활 사건들이 발생한다(S. L. Johnson et al., 2008). 한 연구에선 심한 스트레스를 겪고 있는 사람들은 스트레스를 겪고 있지 않은 환자들에 비해서 조증 및 우울증 에피소드를 극복하는 데 약 세 배 정도 더 오래 걸린다고 보고한다(Johnson & Miller, 1997). 신경증과 성실성(conscientiousness)과 같은 성격 특성은 양극성장애 증상을 예측한다고 알려져 있다(Lozano & Johnson, 2001). 마지막으로, 정신장애를 가진 가족과 이야기할 때 적대감, 비난, 과도한 감정적 몰입을 얼마나 많이 하느냐를 측정하는 표출된 정서(expressed emotion)라는 측정치에서 높은 점수를 얻은 가족 구성원과 사는 환자들은 지지적인 가족과 사는 환자들에 비해 재발의 가능성이 높다(Miklowitz & Johnson, 2006). 이는 양극성장애에만 국한되지 않는다. '표출된 정서'는 다양한 정신장애의 재발과 관련되어 있다(Hooley, 2007).

조현병 및 기타 정신증 : 현실에 대한 감각을 잃다

39세인 마거릿은 사랑하지도 않는 남자와 결혼해서 두 명의 자녀를 둔 자신을 신이 벌한다고 믿었다. 그녀는 어느 날 설거지 도중 나이프 위에 십자가 모양으로 놓여 있었던 포크를 보고 신이 그녀와 아이들에게 영생을 내려 영원히 불행한 삶을 살아가게 만들었다고 믿게 되었다. 한 지역 방송이 주인공이 서로 소리지르며 싸우는 시트콤 에피소드를 방영하자, 그녀는 이것을 자신의 부부 갈등이 영원히 계속될 것이라는 신의 계시로 생각했다. 그녀는 아이들의 동공이 수축되거나 이완되지 않을 것 — 영생의 사인 — 이라는 믿음을 갖게 되었다.

마거릿은 가장 널리 알려진 동시에 가장 많이 연구된 정신장애, 조현병을 앓고 있다. 조현병은 가장 불가사의하고 파괴적인 정신장애 중 하나이다. **조현병**(schizophrenia)은 정신분열장애의 하나로(정신분열은 현실 감각의 와해이다), 기본 정신 과정의 심각한 손상, 즉 현실에 대한 왜곡된 지각, 변화된 혹은 무딘 정서, 사고 · 동기 · 행동의 장애를 특징으로 한다. *DSM-5*에서는 다음 증상이 적어도 한 달간, 둘 또는 그 이상 발생하고 이런 증상들이 적어도 6개월 이상 지속될 때 조현병 진단이 내려진다.

조현병의 증상

조현병의 증상은 일반적으로 정적, 부적 그리고 인지적 증상으로 구분한다.

조현병의 **정적 증상**(positive symptoms)은 다음과 같이 조현병이 없는 사람들에게는 보이지 않는 사고와 행동을 포함한다.

- **환각**(hallucination)은 실제 자극이 없음에도 불구하고 진짜 있는 것처럼 느끼는 지각 경험이다. 조현병과 관련된 이상 지각은 있지도 않은 것에 대해 듣거나 보거나 냄새 맡는 것, 촉각적으로 경험하는 것 등이 있다. 조현병 환자의 약 65%는 반복적인 환청을 경험한다(Frith & Fletcher, 1995). 환청은 주로 명령하고 야단치며 이상한 행동이나 신랄한 비판을 한다.
- **망상**(delusion)은 잘못된 믿음 체계로 정상에서 벗어나고 과장되며 비논리적임에도 지속적으로 유지된다. 예를 들어, 조현병을 가진 사람은 자신이 예수, 나폴레옹, 노아의 방주에서 노아, 혹은 다른 유명한 사람이라고 믿는다. 피해 망상은 아주 흔하다. 어떤 사람들은 미국 정보기관, 악마, 외계인 혹은 다른 나쁜 힘이 자신에게 해를 가하거나 감정을 통제하기 위해 음해한다고 믿는데, 이는 고통스러운 망상을 정당화하기 위한 시도일 수 있다(Roberts, 1991).
- **와해된 언어**(disorganized speech)는 관련 없는 주제로 생각이 빠르고 모순되게 전환하는 의사소통상의 심각한 손상을 말한다. 조현병의 비정상적 언어 패턴은 생각을 조직하고 주의를 기울이는 데 어려움이 있음을 보여준다. 예를 들어, 어떤 조현

조현병 기본 정신 과정의 심각한 손상, 즉 현실에 대한 왜곡된 지각, 변화된 혹은 무딘 정서, 사고 · 동기 · 행동의 장애

정적 증상 조현병이 없는 사람들에게는 보이지 않는 사고와 행동

환각 실제 자극이 없음에도 불구하고 진짜 있는 것처럼 느끼는 지각 경험

망상 분명히 잘못된 믿음 체계로 정상에서 벗어나고 과장되며 비논리적임에도 지속적으로 유지된다.

와해된 언어 관련 없는 주제로 생각이 빠르고 모순되게 전환하는 의사소통상의 심각한 손상

조현병을 앓는 사람들은 환청과 망상을 경험하며, 어떤 것이 실제이며 어떤 것이 마음이 만들어낸 것인지 구별하지 못한다. 노벨 경제학상 수상자인 존 내쉬의 조현병 경험은 **뷰티풀 마인드**라는 책과 영화에 잘 묘사되어 있다.

Eli Reed/Dreamworks/Universal/Kobal/Shutterstock

심각하게 와해된 행동 상황에 매우 부적절하거나 목적 달성에 비효과적인, 그리고 특정 운동 이상을 수반하는 행동

긴장 행동 모든 운동의 현격한 감소 혹은 근육 경직성이나 과잉행동의 증가

부적 증상 정서나 행동에서의 결함 혹은 장해로, 정서적·사회적 철회, 무감각, 언어 표현력의 제한, 다른 정상적인 행동, 동기 및 정서의 부재나 부족을 포함

인지적 증상 인지적 능력, 특히 실행 기능, 주의, 작업 기억에서의 결함

도파민 가설 조현병은 도파민 활동과 관련되어 있다는 가설

병 환자는 "여기가 어디죠?"라는 의사의 물음에 이렇게 답한다. "난 16년 동안이나 금주를 해왔죠. 나는 카터 대통령 이후로 쉬고 있습니다. 알죠? 'penwrap'(이런 영어 단어는 없음-역자 주) 말이에요. 난 워너 브라더스 스튜디오와 계약을 맺었고 유진은 포르노그래프의 기록을 깼지만 마이크는 저항하고 있어요." (Carson et al., 2000, p. 474).

• **심각하게 와해된 행동**(grossly disorganized behavior)은 상황에 매우 부적절하거나 목적 달성에 비효과적인, 그리고 특정 운동 이상을 수반하는 행동이다. 환자들은 어린아이 같은 우스개 행동이나 부적절한 성적 행동(공공장소에서 자위), 헝클어진 외모, 소리 지르거나 욕하기 등을 보일 수 있다. 이상한 움직임을 보이거나 경직된 자세, 정상에서 벗어난 틀에 박힌 행동, 기괴한 표정 혹은 과잉행동 등, 운동 기능에 이상을 보이기도 한다.

• **긴장 행동**(catatonic behavior)은 모든 운동의 현격한 감소 혹은 근육 경직성이나 과잉행동의 증가를 말한다. 긴장증을 보이는 사람들은 움직이는 것에 대해 강력히 저항하거나(누군가가 옮기려고 할 때), 긴장증 마비를 보이며 주변 환경을 인식하지 못하고 전혀 반응하지 않게 된다. 게다가 약물치료를 받는 환자는 조현병의 치료에 많이 사용되는 약물에 대한 부작용으로 운동 증상(경직이나 경련)을 보일 수 있다.

조현병의 **부적 증상**(negative symptoms)은 정상적인 정서나 행동에서의 결함 혹은 장해로, 정서적·사회적 철회, 무감각, 언어 표현력의 제한, 다른 정상적인 행동, 동기 및 정서의 부재나 부족을 지칭한다. 정적 증상(positive symptoms)이 조현병 환자에게 '새로 나타난' 특성이라면, 부적 증상은 조현병 환자에게 '잃어버린 혹은 감소된' 특징을 말한다.

조현병의 **인지적 증상**(cognitive symptom)은 인지 능력, 특히 실행 기능, 주의, 그리고 작업 기억에서의 결함을 말한다. 이 증상들은 정적 및 부적 증상보다 덜 이상하고 밖으로 표현되지 않기 때문에 가장 알아차리기 어렵다. 그러나 이런 인지적 결함은 조현병 환자가 친구 관계를 유지하고 직업을 수행하지 못하게 만드는 주된 원인이 된다(Green et al., 2000).

누가 위험한가

조현병의 발병률은 약 0.5%이며(Simeone et al., 2015), 여자보다 남자에게 더 빈번하게 발생한다(McGrath et al., 2008). 조현병은 청소년기 전에 발병하는 경우는 매우 드물다(Rapoport et al., 2009). 발병률이 상대적으로 낮지만, 조현병 환자가 정신장애 입원환자 중 대다수를 차지하며, 다른 환자들보다 훨씬 더 입원기간이 길다Chen et al., 2017). 조현병 환자의 입원율은 이 병이 사람들의 생을 얼마나 황폐하게 만드는지 보여준다.

조현병을 가진 사람들은 평생 장해를 가지며 고통을 받지만, '다른 생각 : 성공과 조현병'에선 이들 중 일부가 성공적인 직업과 풍성한 삶을 영위할 수 있음을 보여준다.

생리적인 요소

조현병에서는 유전적인 요소가 큰 역할을 한다. 가족 연구는 조현병 환자와 유전적으로 가까운 사람일수록 같은 질병이 발병할 가능성이 커짐을 보여준다(Gottesman, 1991). 예를 들어, **그림 14.5**처럼, 조현병을 가진 일란성 쌍둥이는 이란성 쌍둥이나 형제 자매보다 이 병을 가질 확률이 높다(Hilker et al., 2018).

1950년대에 신경전달물질인 도파민의 수준을 낮춰 조현병의 증상을 줄일 수 있는 주요 안정제가 개발되면서 발전이 있었다. 이 발견으로 조현병은 도파민의 과잉 활동과 관련되어 있다는 **도파민 가설**(dopamine hypothesis)이 나오게 되었다. 이 가설은 왜 도파민 수준을 올리는 암페타민이 조현병의 증상을 약화시키는지 설명하는 데 사용되었다(Harro, 2015).

긴장형 조현병을 가진 사람은 비정상적 자세로 몇 시간 동안 움직이지 않는다.

Grunnitus Studio/Science Source

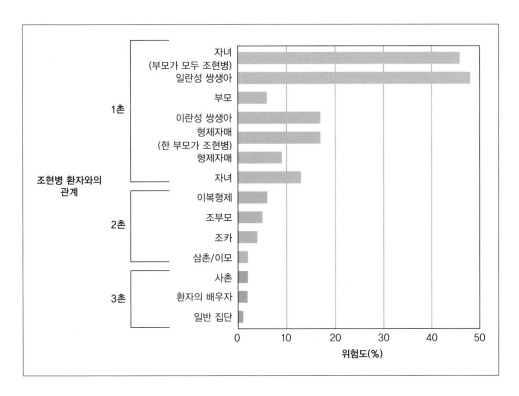

그림 14.5 **조현병을 발병시키는 평균 위험도** 친인척 간 조현병의 위험도는 관계가 가까울수록 더 높다. 예를 들어, 이란성 쌍둥이나 형제자매와 비교했을 때 한쪽이 조현병인 일란성 쌍둥이는 조현병을 일으킬 확률이 더 높다.
양 부모가 모두 조현병인 사람은 한 부모 또는 이모나 삼촌 같은 친척이 조현병인 사람에 비해 조현병을 일으킬 확률이 높다 (data from Gottesman, 1991).

이렇게 간단하면 좋겠지만, 도파민 가설이 부적절하다는 많은 증거들이 있다(Moncrieff, 2009). 예를 들어, 많은 조현병 환자는 도파민 차폐(dopamine-blocking) 약물(예 : 신경안정제)에 잘 반응하지 않으며, 이 경우 재발률이 높다. 더군다나 이 약물들은 도파민 수용기를 매우 빠르게 막지만, 환자들은 일반적으로 몇 주 후에나 효과를 나타낸다. 마지막으로 연구들은 다른 신경전달물질이 조현병과 관련되어 있음을 보여주었는데, 이 결과들은 조현병이 여러 가지 다른 생리화학적 요소 간 복잡한 상호작용에 의한 것임을 시사한다(Risman et al., 2008 ; Sawa & Snyder, 2002). 요약하면, 조현병에서 신경전달물질의 정확한 역할은 아직 밝혀지지 않았다.

마지막으로 신경영상기술은 조현병 환자 뇌의 독특한 비정상성에 대한 증거를 제시하였다. 한 연구에서는 조현병이 발병한 청소년들을 대상으로 MRI를 찍어 뇌 변화를 추적 조사하였다 (Thompson et al., 2001). 이 연구자들은 MRI 사진을 정상적인 뇌 사진과 몰핑(이미지 변화에 사용되는 컴퓨터 애니메이션 기법-역자 주)하는 방법으로, 두정엽에서 시작해서 뇌의 대부분의 영역에서 진행성 조직 손상을 발견하였다(**그림 14.6**). 일반적으로 세월이 지남에 따라 정상적인 뇌의 가지치기(pruning)로 인해 회백질 손실이 생기지만, 조현병의 경우 그 손실 정도가 병리적으로 보일 만큼 확실하다.

사회적/심리적인 요소

이런 모든 생물학적 요소와 함께 조현병을 일으키는 몇 가지 심리 혹은 사회적인 요소를 고려해 볼 수 있다. 많은 연구들은 가정 환경 요소가 조현병의 발병과 회복에 영향을 미침을 보여준다. 건강한 가족과 극심하게 와해된 가족(심각한 갈등, 의사소통의 부족, 혹은 관계가 복잡한 가족)에 입양된 아동들의 조현병 발병률을 비교한 대규모 연구가 있다(Tienari et al., 2004). 생모가 조현병을 가진 아동들에게 와해된 가족 환경은 조현병의 발병 가능성을 증가시킨다. 생모가 조현병이 없었던 경우 와해된 가족의 효과는 그리 크지 않다. 이 결과는 이전에 기술했던 취약성-스트레스 모델을 지지한다.

성공과 조현병

엘린 색스는 서던캘리포니아대학교 의법대 교수이며 중심의 흔들림 : 광기로의 여행(*The Center Cannot Hold: My Journey Through Madness*)이라는 책의 저자이다.

Photo by Mikel Healey, Courtesy Elyn R. Saks

조현병으로 진단받은 사람들은 그 장애가 평생 지속된다는 설명을 듣는다. 비록 현존하는 치료가 조현병을 가진 사람이 보이는 망상적 사고 및 환각을 감소시키나, 조현병 환자는 전일 직업을 가지거나 관계 유지가 어렵고 높은 삶의 질을 달성하기 어렵다.

엘린 색스(Elyn Saks)는 조현병 진단을 받았고 예후에 대해 설명을 들었다. 뉴욕타임스에 기사(2013)가 실린 후 어떤 일이 발생했는지를 기술한다.

30년 전에 나는 조현병 진단을 받았습니다. 예후는 좋지 않았는데, 독립적인 생활이나 직업을 유지하고 배우자를 찾아 결혼하는 것이 불가능하다고 들었습니다. 나는 요양 병원에서 살게 될 것이며 낮병원 공동구역에서 정신장애로 어려움을 겪는 다른 환자들과 함께 종일 TV를 보게 될 것이라 들었습니다.

그래서 내 삶을 이야기식으로 풀기로 마음먹었습니다. 나는 현재 서던캘리포니아대학교 법학과의 주임교수입니다. 나는 서던캘리포니아대학교 의대 정신과의 정신과 외래교수이기도 합니다. 맥아더 기관에서 큰 규모의 연구비를 받았습니다.

난 오랫동안 진단을 부인했지만, 이젠 조현병이 있음과 평생 치료를 받을 것임을 받아들였습니다. 그러나 난 내 병의 예후에 대해선 동의하지 않습니다.

전통적인 정신과적 개념화나 진단 분류 기준에 의하면 나 같은 사람은 있을 수 없습니다. 내가 조현병이 아니거나 혹은 성취를 하지 못했을 것입니다. 그러나 나는 망상 증상을 가지고 있고, U.S.C.의 교수 심의 위원회를 통과했습니다. 난 조현병이 있고 성취도 했습니다. 그리고 내가 예외가 아니라는 것을 보여주기 위해 U.S.C.와 U.C.L.A.의 연구에 참여도 했습니다. 망상과 환각과 같은 증상을 가지고도 학문적·전문적 성취를 이룬 조현병 환자들도 있습니다.

지난 몇 년 동안, 내 동료와 나는 LA 지역에 사는 고기능 조현병을 가진 20명의 연구 참가자를 모집했습니다. 그들은 경증의 망상 혹은 환각과 같은 증상으로 고통받고 있었습니다. 그들의 평균 나이는 40세였고, 반은 여성, 반 이상은 소수민족이었습니다. 모두 고졸 이상으로 대부분이 대학 중퇴나 대졸이었습니다. 이들은 의사, 변호사, 심리학자, 비영리단체의 대표를 포함하여 대학원생, 중간관리자, 기술자, 전문가들이었습니다. 동시에 대다수는 독신에 아이가 없었는데, 3명을 제외하고는 4분의 3 이상이 2~5회 이상의 입원 경험이 있었습니다.

이 환자들은 어떻게 공부를 지속했고 전문직을 유지할 수 있었을까요? 약물이나 심리치료 외에 모든 참가자가 자신의 조현병을 다스리는 기술을 개발해 사용하고 있었습니다. 어떤 이는 인지적인 기술을 개발했습니다. 석사학위를 가진 교육자 한 사람은 "근거가 있는지? 혹은 이게 그저 지각 문제인지?"라고 스스로 질문함으로써 자신

의 환각을 직면하는 방법을 배웠다고 보고했습니다. 다른 참가자는 "난 악마의 소리를 끊임없이 듣기 때문에 이를 끊임없이 무시하려 노력한다"고 보고합니다.

우리 연구에 참가자가 보고한 다른 기술은 감각 정보를 통제하는 기술입니다. 어떤 사람들에겐 주거 공간을 단순하게 만드는 것(아무것도 없는 벽, TV도 없고, 조용한 음악만 트는 것)일 수 있고, 다른 사람들에게는 주의를 분산시키는 음악일 수 있습니다. 간호보조사로 일하는 어떤 환자는 "다른 것을 듣지 않으려고 시끄러운 음악만 틀어 놓습니다"라고 보고합니다. 다른 사람들은 운동, 건강한 식습관, 금주, 충분한 수면을 취합니다.

연구 참가자들에게 증상을 다루는 데 가장 도움이 된다고 보고된 방법은 일입니다. 환자 중 교육자 한 사람은 "일은 내가 누구인지를 말해주는 중요한 부분입니다"라고 강조합니다. "조직에서 유용한 사람이 되면 조직에서 존경받는다고 느낍니다. 조직에 속하는 것은 가치가 있는 일이죠." 이 사람은 주의를 분산시키기 위해 주말에도 일합니다. 즉, 일을 함으로써 조현병의 증상을 줄일 수도 있다는 것입니다.

이게 바로 의사들이 환자에게 직업을 기대하거나 추구하지 말라고 하는 것이 불편하게 들리는 이유이죠. 조현병에 대한 전통적인 정신과적 접근에서는 환자들을 특징짓는 증상군을 파악하려 합니다. 때문에 많은 정신과 의사들은 약으로 증상을 치료하는 것이 정신장애를 치료하는 것으로 봅니다. 그러나 이 관점은 개개인의 강점과 능력을 파악하지 못하게 함으로써 환자들이 성취하고 싶은 것들을 과소평가하게 만듭니다. 뉴욕타임스는 최근 고기능 자폐 성인의 세밀한 부분에 대한 기억 능력과 주의 집중력을 높이 사서 이들을 고용한 회사에 대한 기사를 실었습니다.

사람들의 증상뿐 아니라 장점을 고려한 이런 접근법은 정신장애를 둘러싼 회의감을 줄이는 데 도움을 줍니다. 어떤 조현병 환자가 언급했듯이 '장애 안의 건강함'을 찾는 것이 치료의 목표가 되어야 합니다. 의사들은 환자가 관계를 형성하고 의미 있는 일을 하도록 도와야 합니다. 환자가 자신의 증상을 잘 다룰 수 있는 기술을 개발하고, 원하는 삶의 질을 찾을 수 있게 고무시켜야 합니다. 그리고 그걸 성취할 수 있게 환자에게 활용 가능한 자원, 즉 치료, 약물, 지지를 제공해야 합니다.

엘린 색스의 사례는 놀라운 동시에 고무적이다. 물론 이 사례는 흔히 볼 수 있는 사례는 아니다. 어떻게 그녀나 연구에 참여했던 다른 사람들의 사례를 해석해야 할까? 이들은 예외적 인물일까? 예외적으로 좋은 결과를 양산한 사람들을 모은 것일까? LA 지역의 크기를 고려했을 때 이런 예외적인 결과를 보인 사람들만 골라 모았다고 생각할 수도 있다. 혹은 색스 교수가 정신장애를 개념화하고, 분류하고 평가하는 현재 체계가 가진 중요한 한계점을 지적한 것일까? 우리는 잘못된 것에 너무 관심을 두고 병리만 치료하고 개개인이 자신의 문제를 극복하고 잘 기능하고 양질의 삶의 질을 성취하게 만드는 장점을 무시하는 것은 아닐까? 이런 질문들은 심리과학의 방법론을 통해 테스트할 수 있으며, 이를 통해 얻은 답은 많은 사람들의 삶을 향상시키는 데 도움을 줄 것이다.

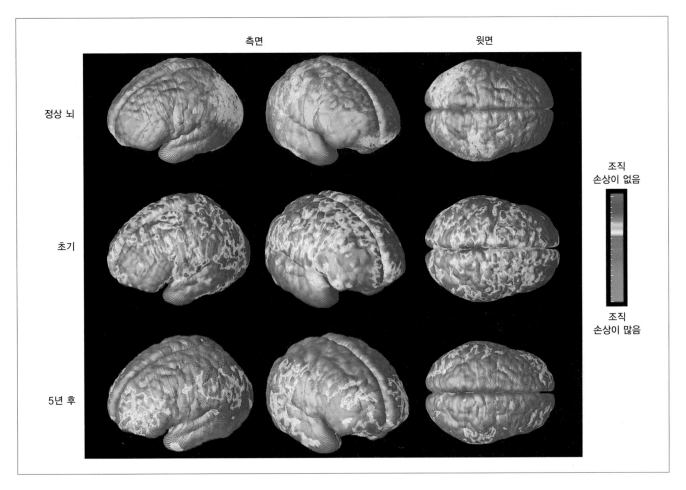

그림 14.6　**청소년 조현병 환자의 뇌 조직 손상**　MRI 사진들은 조현병으로 진단된 청소년들에게서 뇌 조직의 손상이 있음을 보여준다. 정상적인 뇌(첫 번째 열)는 '가지치기'로 인한 조직 손상이 별로 없다. 두 번째 열은 일부 영역에서 손상을 보여준다. 이 상태에 있는 환자는 환각이나 기괴한 사고 등의 증상을 경험한다. 5년 후의 사진(마지막 열)은 대뇌피질 전반에 걸쳐 상당한 조직 손상을 보여준다. 이 시기의 환자는 망상이나 비조직적인 언어와 행동, 사회적 철수와 같은 부적 증상을 보인다.

Thompson et al., (2001), National Academy of Sciences, Usa

정리문제

1. 조현병이란 무엇인가?
2. 조현병의 정적, 부적, 그리고 인지적 증상은 무엇인가?
3. 조현병에서 유전의 역할은 무엇인가?

4. 어떤 생물학적 요소가 조현병과 관련 있는가?
5. 조현병 환자의 뇌에는 어떤 변화가 일어나는가?
6. 어떤 환경적 요소가 조현병과 관련 있는가?

아동기와 청소년기의 장애

이제까지 기술한 대다수의 장애는 아동기, 청소년기 그리고 성인기에 발병할 수 있다. 조울증과 조현병과 같은 일부 장애는 초기 성인기까지 발병하지 않는다. 하지만 정의상 어떤 장애는 아동기가 청소년기에 발병한다. 이 시기에 발병하지 않는다면 추후 발병하지 않을 것이다. 자폐성 범주 장애, 주의력결핍 과잉행동장애, 그리고 품행장애는 가장 일반적이고 잘 알려진 장애로 다음에서 간단하게 고찰할 것이다.

학습목표

- 자폐증의 특징을 설명한다.
- ADHD와 부주의 문제 간 차이를 정의한다.
- 왜 품행장애의 원인을 규명하기 어려운지 설명한다.

자폐스펙트럼장애 어린 시기에 나타나며 지속적인 의사소통 결함과 제한되고 반복적인 행동 패턴 및 관심과 활동을 보이는 상태

콜로라도주립대학교 동물과학과의 교수인 템플 그랜딘은 자폐증을 가진 사람도 성공적인 전문 직업을 가질 수 있음을 보여주는 증거다.

Vera Anderson/WireImage/Getty Images

자폐스펙트럼장애

마르코는 4세로 외동아들이다. 엄마가 하루 종일 같이 있으면서 놀고 말하려고 했지만 아직까지 한 단어로밖에 말하지 못하며 관심사가 매우 적다. 혼자서 자동차나 기차를 가지고 노는데, 그 놀이가 세상에서 가장 즐거운 일로 보인다. 돌아가는 기차 바퀴를 보면서 몇 시간이고 앉아 있거나 기차를 앞뒤로 밀거나 하면서 노는데, 완전 자기 세계에 빠져 다른 사람에게는 관심이 없다. 마르코의 부모는 마르코가 말을 잘 하지 못하고, 다른 사람들에게 관심이 없으며, 특별한 이유 없이 팔을 반복적으로 흔드는 등 특정한 매너리즘 때문에 걱정을 하게 되었다.

자폐스펙트럼장애(autism spectrum disorder, **ASD**)는 어린 시기에 나타나며 지속적인 의사소통 결함과 제한되고 반복적인 행동 패턴 및 관심과 활동을 보이는 상태를 말한다. *DSM*-5에서는 *DSM*-IV에서 여러 장애로 구분[자폐장애, 아스퍼거, 아동기 붕괴성 장애, 달리 지정되지 않은 전반적 발달장애(pervasive developmental disorder not otherwise specified, PDD-NOS)]되었던 것을 통합하였다. *DSM*-5에서 정의되었듯이, ASD 내에는 전에는 서로 다르다고 간주되었던 자폐증, 아스퍼커 장애, 아동기 붕괴성 장애가 포함된다.

누가 위험한가

특히 최근의 진단적 정의가 변화로 인해 ASD의 실제 유병률을 알기는 어렵다. 1960년대에는 자폐증이 1만 명당 4명이 발병하는 희귀병으로 간주되었다. 시간 경과에 따라 추정치가 점차로 증가하였고, 최근에는 인구 1만 명당 60명으로 추정된다(Newschaffer et al., 2007).

이 증가 추세가 ASD에 대한 인지도나 인식의 증가, 스크리닝과 진단도구의 발달이 이유인지 혹은 다른 요인 때문인지는 알 수 없지만, 남아가 여아에 비해 4 : 1의 비율로 높게 발생하고 있다. ASD의 원인은 잘 알려지지 않았으나, 많은 연구가 ASD가 예방주사에 의해 발병한다는 근거를 제공하지 못했다(Mandy & Lai, 2016).

생물학적 요소

최근 모델에선 ASD가 타인의 정신 상태에 대해 아는 공감 능력에 대한 결함은 있으나, 사물의 구조와 기능을 조직하는 법칙에 대한 이해를 보여주는 체계화에는 탁월한 능력이 있다고 본다(Baron-Cohen & Belmonte, 2005). 이 모델과 더불어, 뇌 영상 연구들은 자폐증을 가진 사람들이 다른 사람들의 마음을 이해하는 뇌 부위의 활동이 감소되어 있고, 기초 사물 지각과 연관된 뇌 부위는 활동이 더 활발함을 보여준다(Sigman et al., 2006).

비록 많은 ASD가 일생 동안 장애를 보이고, 이로 인해 관계를 유지하거나 직업을 가지고 기능하는 데 어렵기는 하지만, 많은 이들은 성공적인 커리어를 쌓기도 한다. 유명한 행동과학자이자 작가인 템플 그랜딘(Temple Grandin, 2006)은 자신의 자폐증에 대한 경험을 책으로 출판하였다. 그녀는 3세 때 자폐증 진단을 받았으며, 말을 늦게 시작했고, 특이한 버릇과 촌스러운 행동으로 놀림을 많이 받았다. 다행스럽게도, 그녀는 적응하는 방법을 발달시켰고 자신이 가진 독창적 능력인 동물의 행동을 이해하는 능력을 발견할 수 있었다(Sacks, 1996). 그녀는 콜로라도주립대학교의 동물과학과 교수이고, 동물의 이해(*Animals in Translation*)란 책을 쓴 유명한 작가이며 목장, 농장 혹은 동물원에서 주로 사용하는 동물 관리 제품의 세계적인 디자이너이다. 템플 그랜딘의 이야기는 행복한 결말도 있음을 보여준다. 종합하면, ASD로 진단된 사람들은 경로(trajectories)가 매우 다양한데, 어떤 이는 정상 혹은 그 이상의 기능을 하지만, 다른 이는 심각한 장애로 어려움을 겪는다. 자폐증은 아동기 장애이나, 성인기에는 다양한 모습으로 나타날 수 있다('최신 과학' 참조).

자폐증의 바람직한 결과

자폐증은 일생 동안 대인관계, 교육, 직업적 기능에 심각한 어려움을 경험하는 장애로 간주된다. 다수의 최근 연구들은 이런 관점을 변화시키는 데 일조하고 있다.

많은 연구들은 아동기에 자폐증 진단을 받았으나 현재 진단기준을 충족하지 않는 사람들을 보고하는데, 한 연구에선 2살 때 ASD로 진단된 17%가 4세 때 진단기준을 충족하지 않았음을 보고한다(Moulton et al., 2016). 몇 가지 설명이 가능하다. 가장 분명한 경우는 자폐증으로 진단받은 일부 아동이 잘못 진단되었고 이 장애를 겪고 있지 않았을 가능성이다. 아마도 그들은 다른 아이들에 비해 부끄럼을 많이 탔거나 조용하고 언어 발달이 늦었을 수 있으며, 이 때문에 잘못 진단을 받았을 수 있다. 또 다른 가능성은 이 아동들의 증상이 경증이라 진단을 받은 후 치료가 되었을 수 있다.

하나의 중요한 연구를 통해 ASD를 효과적으로 치료할 가능성이 보고되었는데, 그 연구에서는 자폐증으로 진단받은 아동을 주당 40시간의 치료를 받는 집중적인 행동치료집단에 20명,

그리고 주당 10시간 이내의 치료만 받는 통제집단에 20명을 배정하였다(Lovaas, 1987). 놀랍게도, 2년 후 이 치료집단에 대한 사후조사에서 집중적인 행동치료집단에 속한 아동의 47%가 지적·교육적 측면에서 정상 수준의 기능—정상적인 초등학교 1학년 과정 이수—을 보이게 된 것으로 나타났다. 통제집단에 속한 아동의 경우 이 조건을 충족한 아동은 겨우 2%에 불과했다. 후속 연구들은 집중적이고 장기적인 행동치료를 받은 영유아들이 유의한 지능, 언어 그리고 사회적 기능의 향상을 보임을 시사한다(Dawson et al., 2010). 이런 향상은 치료가 끝난 후에도 몇 년간 지속된 것으로 보고된다(Estes et al., 2015).

조기 발견과 치료가 긍정적인 결과를 가져온 것을 감안할 때, 모든 아동에 대해 ASD 선별검사를 해서 조기 개입을 해야 할까? 이건 큰 논쟁 영역이다. 최근 한 보고는 모든 아동을 대상으로 한 선별검사의 장점이 잘못된 진단의 위험보다 높지 않다고 주장한다(Siu & U.S. Preventive Task Force, 2016). 그러나 일부

사람들은 어린 ASD 아동을 정확하게 탐색하고 치료하는 도구를 가지고 있으므로 최선의 결과를 위해 모든 아동들에게 선별검사를 실시해야 한다고 주장한다(e.g., Dawson & Sapiro, 2019). 추후 몇 년간 연구자와 정책가들은 이 이슈에 대해 적극적으로 조사할 것이다.

한때 자폐증을 평생 지속되는 장애를 가지는 상태로 보았다. 최근 연구들은 조기교육이 ASD로 판단된 다수의 아동이 정상 수준의 기능을 하도록 도울 수 있음을 시사한다.

Courtesy UC Davis MIND Institute

주의력결핍 과잉행동장애

수업시간이나 교재를 읽을 때 주의가 흐트러졌던 경험이 있을 것이다. 때때로 우리는 집중에 어려움을 느낀다. **주의력결핍 과잉행동장애**(attention deficit/hyperactivity disorder, **ADHD**)는 정상적인 집중의 어려움과는 차원이 다른 주의력과 과잉행동 혹은 충동성에 심각한 문제가 있어 기능하는 데 큰 어려움을 겪는 경우를 말한다. 이는 가끔씩 경험하는 공상이나 과한 활동과는 다르다. ADHD의 진단기준을 충족하기 위해선 부주의에 대한 다양한 증상(예 : 지속적인 주의, 조직, 기억 그리고 지시 따르기의 문제), 과잉행동–충동성(예 : 자리에 잘 앉아 있거나 차례 기다리기의 어려움, 타인을 방해), 혹은 이 둘 모두를 가지고 있어야 한다. 대다수의 아동들은 때로 이런 문제를 보이기는 하지만, ADHD의 진단기준을 충족하기 위해선, 적어도 2개 세팅(예 : 학교나 집)에서 적어도 6개월 이상 이런 행동 중 많은 행동을 기능에 장애가 있을 정도로 보여야 한다.

누가 위험한가

약 10%의 남아와 4%의 여아가 ADHD로 진단받는다(Polanczyk et al., 2007). 오랫동안 ADHD는 아동과 청소년에게만 있으며 성인이 되면 없어진다고 보았다. 그러나 최근에는 이 장애가 성인기까지 지속된다고 본다. 동일한 진단기준이 아동과 성인에 적용된다(예 : ADHD 아동들은 교실에서 주의와 집중에 어려움을 겪지만, 성인들은 미팅에서 비슷한 어려움을 경험할 수 있다).

약 4%의 성인이 ADHD 진단을 받으며, 이 성인들은 남자, 이혼 상태, 무직자이며, 치료를 받은

주의력결핍 과잉행동장애(ADHD) 정상적인 집중의 어려움과는 차원이 다른 주의력과 과잉행동 혹은 충동성에 심각한 문제가 있어 기능하는 데 큰 어려움을 겪는 경우

경험이 없을 가능성이 크다(Kessler, Adler, et al., 2006). 불행히도 많은 사람들이 ADHD를 아동기 장애로 간주하고, 성인들은 이 질병으로 고통받을 것이라고 생각하지 못하고 있다. 이것이 성인 ADHD 중 치료받는 사람이 적고, 직장이나 대인관계에서 많은 어려움을 겪고 있는 이유이다.

생물학적 요소

다른 장애와 같이 ADHD 역시 다양한 증상의 유무에 따라 진단이 내려지므로, 단일 원인 때문에 발생한다고 보기 어렵다. 몇몇 연구들은 ADHD의 강한 유전의 영향을 보고한다(Farone et al., 2005). 뇌 영상연구들은 ADHD로 진단받은 사람들의 뇌 용량이 작고(Castellanos et al., 2002) 주의와 행동 억제와 연관된 전두피질하 연결망(frontosubcortical network)에서 구조적 · 기능적 결함이 있음을 시사한다(Makris et al., 2009). 다행스러운 점은 ADHD의 약물치료가 효과적이며, 심리적 · 학업적 문제를 가질 가능성을 줄일 수 있다는 보고이다(Biederman et al., 2009).

품행장애

8세 소년 마이클은 행동이 점점 통제 불가능해지고 부모와 교사가 이를 다룰 수 없게 되어 엄마에 의해 의뢰되었다. 마이클은 집에서는 형제자매들을 위협하고, 가족에게 컵과 접시를 던지고 부모를 가격하거나 발로 차기도 한다. 집 밖에서 마이클은 가게에서 물건을 훔치고, 교사에게 대들고 학교에서 교장에게 침을 뱉는 등의 문제 행동을 보인다. 최근에 마이클의 부모는 마이클이 침대보에 불을 지르려 하는 것을 목격하기도 했다. 부모들은 장난감을 뺏거나, 권리를 축소하거나 스티커 차트를 이용해 마이클을 통제하려고 시도했으나, 어떤 것도 마이클의 행동을 변화시키지는 못하였다. 정신과 의사는 마이클을 **품행장애**(conduct disorder), 즉 아동이나 청소년이 지속적으로 타인이나 동물에 대한 공격, 물건 파괴, 속임수나 도둑질, 혹은 심각한 규정 위반을 하는 상태로 진단했다.

누가 위험한가

미국인의 약 9%가 품행장애를 겪은 경험을 보고한다(남아는 12%, 여아는 7%, Nock et al., 2006). 품행장애의 진단기준을 충족하려면 15개의 증상 중 적어도 3개 이상을 보여야 한다. 이는 약 3만 2,000개의 증상 조합이 가능하다는 것이고, 이는 곧 품행장애가 상당히 다양한 증상을 가진 집단임을 시사한다. 이 다양성은 품행장애의 원인 파악을 어렵게 한다.

생물학적 혹은 환경적 요소

최근 연구자들은 어떤 뇌 구조 및 기능적 요소(예 : 계획과 의사결정을 담당하는 뇌 영역의 감소된 활동)가 환경적 요소(예 : 비행집단에의 소속 여부)와 상호작용하는지 경로를 밝히기 위해 노력하고 있다.

심리학자들은 품행장애에 수반되는 집단 괴롭힘 등 위험한 행동을 줄이기 위해 품행장애의 원인을 규명하려 한다.

FatCamera/Getty Images

정리문제

1. 자폐증은 무엇인가?
2. 자폐증과 공감은 어떤 관계가 있는가?
3. ADHD는 무엇인가?
4. ADHD 진단기준은 무엇인가?

5. 품행장애란 무엇인가?
6. 품행장애 진단을 내리기 위해 3만 2,000개의 증상의 조합이 어떻게 가능한가? 이 진단을 받은 집단에 대해 무엇을 말해주고 있는가?

성격장애 : 극단적 특성

성격을 다뤘던 장에서 논의했듯이, 우리는 생각하고 사고하고 느끼는 방법이 서로 다르다. 때로 성격 특성은 너무 극단적이어서 정신장애로 간주되기도 한다 **성격장애**(personality disorders)는 문화적인 기대 수준에서 벗어난 사고, 감정, 타인과의 관계 형성, 충동 통제 등을 보이며, 기능장애나 디스트레스를 초래한다. 성격장애는 청소년기나 초기 성인기에 시작되며 오랫동안 지속된다.

　성격장애의 유형을 보고 난 후 사람들을 감옥에 가게 만드는 반사회적 성격장애를 살펴볼 것이다.

성격장애 유형

DSM-5에는 열 가지 성격장애가 있다(**표 14.2** 참조). 이 장애들은 세 가지 유형으로 나뉜다. (1) 이상한/독특한, (2) 연극적/별난, (3) 불안한/억제된.

　성격장애는 여러 가지 이유로 가장 많은 논쟁을 불러일으켰다. 첫째, 성격의 문제가 장애인지에 대한 의문이다. 약 15%의 미국인이 *DSM*-5 성격장애 기준을 충족한다는 사실은 많은 사람들에게 문제가 있으며 진단이 필요함을 시사한다. 그러나 성격 문제가 뚜렷하게 구별되는 '장애'인지 혹은 제11장에서 기술된 빅 파이브 특질(Trull & Durrett, 2005)과 같은 기질 차원의 극단으로 봐야 하는지는 의문으로 남아 있다.

학습목표

- 성격장애를 규명한다.
- 반사회적 성격장애의 진단적 신호를 설명한다.

성격장애 문화적인 기대 수준에서 벗어난 사고, 감정, 타인과의 관계 형성, 충동 통제 등을 보이며, 기능장애나 디스트레스를 초래한다.

표 14.2	성격장애의 유형	
유형	성격장애	특징
A. 이상한/독특한	편집성	타인을 믿지 못하고, 타인이 악의적인 마음을 가지고 있다고 의심. 친구를 의심하거나 친구가 자신에게 적대감을 가졌다고 생각하기 쉬움. 화나 성질을 내기 쉽지만, 정서적으로는 무덤덤한 편. 질투가 많고 방어적이며, 비밀이 많고 지나치게 심각함
	조현성	극단적인 내향성과 관계로부터의 철회. 혼자 있기를 원하며 타인에게 관심이 적음. 유머가 없고 대인관계가 없으며, 때로 자신의 생각과 감정에 몰두, 공상가. 가까워지는 것을 두려워하며 사회기술이 매우 부족, '외톨이'로 보임
	조현성	말하고 옷 입는 방법이 독특하고 괴상함. 이상한 신념. 초능력이나 텔레파시 같은 '마술적 사고.' 대인관계 형성의 어려움. 대화 시 상대에게 응답하기보다는 혼잣말을 하는 등 비정상적으로 반응. 말하는 내용이 두서가 없고 따라가기 어려움(경증 조현병일 수 있음)
B. 연극적/별난	반사회성	도덕성이나 시민의식이 낮음. 속임과 범죄, 법을 어긴 경험이 있음. 충동적이고 공격적, 폭력적인 행동. 공감이 부족하고 타인을 해치고 죄책감이 적음. 남을 속이고, 부주의하며, 무감각함. 약물 남용과 알코올 중독의 위험이 큼
	경계성	불안정한 기분, 매우 감정적이고 극단적인 대인관계. 기분 변화가 잦고 분노 및 예측 불가능한 충동성을 보임. 타인의 관심을 얻거나 마음대로 조절하기 위해 자해와 자살 위협 및 제스처. 자기상이 불안정하고 타인을 '완전히 좋거나' '완전히 나쁜' 사람으로 보는 경향
	연극성	항상 타인의 관심을 추구. 관심을 얻기 위해 과장된 언어, 자극적인 의상, 꾀병을 부림. 모든 사람들이 자신을 사랑한다는 믿음. 기분파, 활기차지만 지나치게 드라마틱하고, 열정적이고, 경박함. 깊이가 없고 변하기 쉬운 감정. '무대에 있는 듯한 느낌'
	자기애성	과도한 자기존중감, 자신과 성공에 대한 환상에 빠져 있음. 자신의 성취를 과장하고, 다른 사람들이 자신을 위대하게 여길 것이라 생각. 첫인상은 좋으나 장기적인 관계는 맺기 어려움. 다른 사람을 나쁘게 이용
C. 불안한/억제된	회피성	사람들이 자신을 좋아한다는 확신이 없으면 사회적으로 불안하며 불편해함. 조현성 성격장애자와는 달리 사회 접촉을 갈구. 비판받는 것을 두려워하고 다른 사람 앞에서 망신당할 것을 걱정. 거부당할까 두려워 사회적 상황을 피함
	의존성	복종적, 의존적, 과도하게 승인 · 확인 · 감독받으려 함. 다른 사람들에게 매달리고 그들을 잃을까 두려워함. 자신감 부족. 혼자 있으면 불편해함. 가까운 관계가 끝나면 절망적이 되거나, 헤어지면 자살을 생각할 수 있음
	강박성	꼼꼼하고 질서를 중시하는 완벽주의자. 모든 것을 '제대로' 하려는 과도한 욕구. 융통성 없는 높은 기준과 신중함이 생산성을 방해하기도 함. 실수에 대한 두려움이 크고 통제하려 함. 감정에 대한 표현이 미숙(강박장애와는 다름)

Information from *DSM*-5 (American Psychiatric Association, 2013).

반사회성 성격장애(APD) 아동기나 초기 청소년기에 시작되어 성인에 이르기까지 다른 사람의 권리를 무시하거나 침범하는 패턴을 지칭

앙리 데지르 랑드뤼는 신문에 '외로운 마음'이라는 칼럼을 써서 미망인들을 만난 연쇄 살인마였다. 그는 미망인들로부터 돈을 뜯어낼 수 있는 정보를 충분히 확보한 후, 10명의 여성과 한 여성의 아들을 살해하였다. 그는 1922년 연쇄살인으로 처형당했다.

Three Lions/Hulton Archive/Getty Images

반사회성 성격장애

가장 잘 연구된 성격장애로 **반사회성 성격장애**(antisocial personality disorder, **APD**)는 아동기나 초기 청소년기에 시작되어 성인에 이르기까지 다른 사람의 권리를 무시하거나 침범하는 패턴을 지칭한다. 반사회적 인물 혹은 사이코패스는 반사회성 성격장애 중 특히 냉혈하고 다른 사람을 조정하며 무례하나 말이 번지르르하고 매력적인 사람을 일컫는다(Cleckley, 1976; Hare, 1998). 예를 들어, 앙리 데지르 랑드뤼(Henri Desiré Landru)의 예를 살펴보자. 랑드뤼는 1914년부터 '결혼에 관심 있는' 여성을 현혹하기 위해서 칼럼을 쓰기 시작했고, 10명을 유혹하였다. 그는 여자들을 속여 현금을 갈취하였으며, 그녀들과 자녀, 그리고 개를 독극물로 살해한 뒤 오븐에서 시체를 불태웠다. 그는 결혼한 상태였으며 다른 애인도 있었다. 그는 노트에 살인 과정을 모두 기록하였다. 랑드뤼와 같은 연쇄살인범의 잔혹한 행동은 무섭기도 하지만, 불량배나 사기꾼, 학교 주변에서 속도를 줄이지 않고 달리는 운전자들과 같이 모두 인간의 고통에 대해 놀랄 만큼 무지하다는 공통점이 있다.

누가 위험한가

반사회성 성격장애를 가진 많은 사람들은 범죄를 저지르고, 범죄의 극악함이나 빈도 때문에 잡힌다. 한 연구에 포함된 2만 2,790명 중에서 47%의 남성과 21%의 여성이 반사회성 성격장애로 진단받았다(Fazel & Danesh, 2002). 이 같은 통계는 '범죄 성격'이라는 개념을 지지해준다.

반사회성 성격장애 진단을 받은 성인은 일반적으로 열다섯 살 이전에 품행장애의 역사가 있다. 성인기에 일곱 가지 진단기준 중 3개 이상을 보이는 사람들에게 반사회성 성격장애의 진단이 내려진다. 즉, 불법행위, 속임수, 충동성, 신체적 공격, 부주의, 무책임, 죄책감 부족이다. 인구의 약 3.6%가 반사회성 성격장애를 가지며, 발생 비율이 여성보다 남성에게서 세 배가량 높다(Grant et al., 2004).

생물학적 요소

반사회성 성격장애를 가진 사람들의 뇌에 이상이 있다는 증거가 축적되고 있다(Blair et al., 2005). 예를 들면, '증오', '시체'와 같은 부정적인 정서 단어를 본 범죄형 사이코패스들은 범죄를 저지르지 않은 사람들보다 편도체와 해마(공포조건화와 관련 있는 두 영역)가 덜 활동적이었다(Kiehl et al., 2001). 이런 연구들은 반사회성 성격장애인이 공포를 경험하지만 자신이 처한 환경에서 위협을 탐지하거나 반응하는 능력이 감소되어 있음을 시사한다(Hoppenbrouwers et al., 2016).

정리문제

1. 성격장애는 무엇인가?
2. 반사회성 성격장애의 특징은 무엇인가?

3. 왜 감옥 통계가 '범죄 성격'이라는 아이디어를 지지하는가?

학습목표

- 자살의 위험을 높이는 요소를 설명한다.
- 비자살성 자기위해 행동의 동기에 대해 알고 있는 것을 설명한다.

자기위해 행동 : 의도적으로 스스로를 해하는 행동

우리는 모두 살아남으려는 내적 동기를 가지고 있다. 배가 고프면 밥을 먹고, 빨리 달리는 차는 피하며, 나와 가족을 위한 생활수단을 확보하기 위해 학교에 간다. 비정상적인 행동의 가장 극단적인 예 중 하나는 사람들이 삶에 대한 동기와 반대로 행동하며 자의적으로 자기위해 행동을 하는 경우이다. 의도적으로 자기를 위해하는 사람들에 대한 기록은 역사가 기록된 초반기에도 발견된다. 그러나 사람들이 왜 스스로를 해하는지 이해를 하게 된 것은 몇십 년밖에 되지 않았다. *DSM*-5에서는 더 연구가 필요한 특별 섹션에 두 가지 자기위해 행동, 즉 자살행동과 비자살 자기위해 행동을 포함한다.

자살 의도적으로 자기가 자초한 죽음

자살 시도 죽으려는 의도로 잠재적으로 위해한 행동을 하는 경우

자살행동

35세 회계사인 팀은 겉으로 보기엔 행복하고 성공적인 삶을 살아 왔다 그는 고등학교 때부터 사귄 친구와 결혼하였고, 두 명의 자녀를 두고 있다. 그러나 과거 몇 년 동안 업무가 많아졌고, 극심한 직업 관련 스트레스를 경험하기 시작하였다. 동시에 경제적으로 어려워지기 시작했고, 점점 더 음주량이 증가하였는데, 이 모든 것들이 가족에게 심각한 고통을 주었고 일까지 영향을 주기 시작했다. 얼마 전 저녁 아내와 심한 말다툼을 한 후, 욕실로 들어가 처방받은 약 한 통을 모두 복용하는 자살시도를 하였다. 팀은 병원으로 실려가 자살행동에 대한 치료를 받았다.

의도적으로 자기가 자초한 죽음을 의미하는 **자살**(suicide)은 미국에서 열 번째 죽음의 원인이자, 15~24세 사이 두 번째 죽음의 원인이다. 미국에서 매년 HIV-AIDS로 생을 마감하는 사람의 약 다섯 배에 해당하며, 타살보다 두 배가 높다(Murphy et al., 2018).

죽으려는 의도로 잠재적으로 위해한 행동을 하는 치명적이지 않은 **자살 시도**(suicide attempt)는 자살보다 더 빈번하다. 미국에서 약 15%의 성인은 살면서 자살에 대해 생각해본 적이 있다고 보고하였고, 5%는 실제로 시도한 적이 있다고 한다.

자살 사고나 행동이 10세 이전에는 나타나지 않지만, 성인기로 가기 전인 12~18세 사이에 급격하게 증가한다고 보고한다(**그림 14.7** 참조)(Nock et al., 2013).

누가 위험한가

미국은 물론 전 세계적으로 약 80%의 자살은 남성에게 발생한다. 남자가 자살로 더 많이 죽기는 하지만, 여자가 남자보다 자살 생각이나 자살 시도를 하는 경우가 더 많다(Nock et al., 2008). 다

우리는 모두 살고자 하는 내적인 욕망을 가지고 있다. 그렇다면 사람들은 왜 스스로를 해하는 일을 하는가?

Piotr Powietrzynski/Getty Images

그림 14.7 청소년기 자살행동 시작 연령
미국 청소년의 전국 대표 표집을 대상으로 한 최근 설문은 아동기에는 자살행동이 드물지만(1~4세 사이엔 0%), 12세가 되면 급격히 증가하기 시작해 청소년기까지 계속해서 상승함을 보여준다(data from Nock et al., 2013).

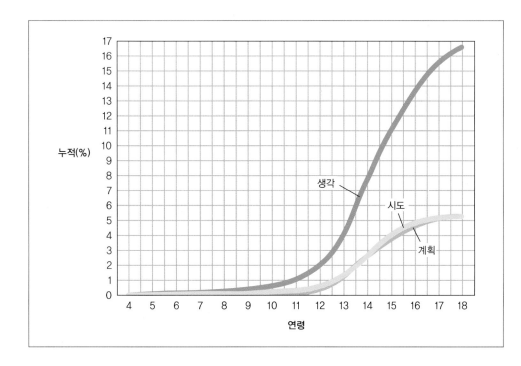

비자살 자기위해(NSSI) 죽으려는 의도 없이 자신의 신체에 직접적·의도적으로 해를 가하는 행동

른 인종집단에 비해 백인의 자살률이 높은데, 전체 자살의 90%를 차지한다(Centers for Disease Control and Prevention, 2013). 불행히도 왜 이런 사회인구학적 차이가 있는지에 대해선 아직 잘 알지 못한다.

환경적 요소

높은 자살률, 사람들은 왜 자살하려 하는 것일까? 짧은 답은 우리는 아직 그 이유를 모르며 매우 복잡하다는 것이다. 자살 시도 후 병원에서 면담을 진행하는 경우, 자살을 시도했던 대다수의 사람들은 견딜 수 없는 심적 상태나 피할 수 없는 상황을 피하려 죽으려 했다고 보고한다(Boergers, Spirito, & Donaldson, 1998). 이와 일치하게 연구들은 중복 정신장애처럼 극심하게 고통스러운 상태를 경험할 때 자살행동의 위험이 증가한다고 보고한다(자살한 사람들의 90% 이상이 적어도 1개의 정신장애를 가지고 있었다) — 아동기와 성인기 동안의 심각하게 나쁜 사건에 대한 경험(예 : 신체적 혹은 성적 폭력)이나 심각한 의학 문제(Nock, Borges, & Ono, 2012). 왜 일부 사람들이 부정적인 사건에 대해 자살 사고와 행동으로 반응하는지에 대한 포괄적인 이해와 이런 파괴적인 결과를 예측하고 예방하기 위한 좋은 방법에 대한 탐구가 지속되고 있다.

비자살 자기위해 행동

18세 대학생인 루이자는 일주일에 1회, 특히 자신이나 타인에 대해 화나 분노를 느낄 때, 허리 아래쪽과 허벅지 위쪽을 칼로 자해한다. 그녀는 화나 분노를 자주 느끼고 있었는데, 14세경부터 마음을 안정시키기 위해 자기위해 행동을 시작했다고 한다. 루이자는 매번 이런 일을 하고 나면 부끄럽기는 하지만, 진짜 화가 나게 되면 어떻게 진정할 수 있는지 모르기 때문에 이 행동을 멈출 수 없다고 보고한다.

루이자는 죽으려는 의도 없이 자신의 신체에 직접적·의도적으로 해를 가하는 **비자살 자기위해**(nonsuicidal self-injury, **NSSI**)라는 행동을 하고 있다.

누가 위험한가

비자살 자기위해 행동은 고대부터 보고되고 있지만, 지난 몇십 년 동안 그 비율이 급증하고 있다. 최근 연구들은 청소년의 약 15~20%, 그리고 성인의 약 3~6%가 살면서 이런 행동을 한 적이 있음을 보고한다(Muehlenkamp et al,. 2012). 보고율은 남녀, 인종이나 민족에 관계없이 비슷하다. 자살행동처럼, 비자살 자기위해 행동은 아동기에는 관찰되지 않으며, 청소년기에 급증하다가 성인기에 감소한다.

환경적 요소

일부 국가에서는 피부를 칼로 긋거나 상처를 내는 것이 사회적으로 받아들여지며, 어떤 경우에는 통과 의식으로 장려되기도 한다(Favazza, 2011). 어떤 국가에선 자기위해 행동이 사회적으로 받아들여지지 않는데, 죽을 의도도 없이 왜 의도적으로 스스로를 위해하는 것일까? 연구들은 자기위해 행동을 하는 사람들은 부정적 사건에 대해 강한 정서적·심리적 반응을 보이며, 이런 반응이 받아들여질 수 없다고 지각하기 때문에 이런 반응의 강도를 줄이기 위해 비자살적 자기위해 행동을 함을 시사한다(Nock, 2009). 우리가 이해하지 못하지만 많은 사람들이 자기위해 행동을 하며, 비자살 자기위해 행동에 대한 연구가 활발히 진행되고 있다는 증거가 있다.

불행히도 자살행동과 같이, 비자살적 자기위해 행동에 대한 유전적 그리고 신경생물학적 영향에 대해선 알려진 바가 없으며 이런 행동에 대한 효과적인 약물은 없다. 또한 행동치료나 예방

서구 문화에서는 자기위해 행동을 병리적으로 보지만 서아프리카 베닌 공화국의 젊은 청년의 경우와 같은 일부 문화에서 피부 벗겨내기는 성인기로 가는 의식으로 또는 한 종족의 상징으로 본다.

Eric Lafforgue/Art in All of US/Getty Images

프로그램에 대한 증거도 매우 제한적이다(Mann et al., 2005). 따라서 자살행동이나 비자살적 자기위해 행동은 가장 위해하고 위험한 정신장애 중 하나이며, 복잡한 질병이다. 최근 이런 행동에 대한 우리의 이해가 크게 높아진 것은 사실이나, 이를 효과적이고 정확하게 예측하고 예방하기 위해 갈 길은 아직 멀다.

정리문제

1. 어떤 요소가 자살로 연결되는 디스트레스한 상태를 만드는가?
2. 자살 시도자를 대상으로 한 병원 인터뷰는 왜 하는가?
3. 비자살적 자해는 무엇인가?

4. 자해행동을 병리적으로 보는 관점에 문화는 어떤 역할을 하는가?
5. 사람들은 왜 자해를 하는가?

제14장 복습

정신장애의 규명 : 이상이란 무엇인가

- *DSM-5*는 정신장애를 디스트레스나 장해를 발생시키는 사고, 정서, 행동에 문제를 경험할 때 발생하는 것으로 규정하는 범주 시스템이다. *DSM-5*는 과정의 타당성을 높이기 위해 문화적 고려요소를 포함한 자세한 진단기준을 제공한다.
- 의학모델에서는 비정상적인 생각과 행동을 증상과 회복방법이 있는 장애로 간주한다.
- 생물심리사회모델에 따르면, 정신장애는 생물학적·심리적·사회적 요소의 상호작용에서 온다. 이 모델에서는 개인이 스트레스에 의해 유발되는 장애에 대해 소인을 가지고 있음을 보고한다
- 취약성-스트레스 모델은 특정 사람은 스트레스를 받을 때 발병하는 특정 장애에 대한 취약성이 있음을 시사한다.
- RDoC는 정신장애에 대한 생물, 인지, 행동 측면에 초점을 맞추는 새로운 분류체계이다.
- 정신과적 낙오는 부정적인 편견을 일으키기도 하는데, 이것이 사람들이 도움을 찾지 않는 이유이기도 하다.

불안장애 : 과도한 공포, 불안, 회피

- 불안장애를 가진 사람들은 정상적 기능을 불가능하게 만드는 비이성적인 걱정과 공포를 가진다.
- 공포증은 특별한 사물, 활동 혹은 상황에 대해 가지는 과도한 공포와 회피를 말한다. 준비된 이론은 사람들이 본능적으로 특정한 공포에 대해 소인을 가진다고 본다.
- 공황장애를 앓고 있는 사람들은 무서울 수 있는 갑작스럽고 강렬한 불안 발작을 경험하며, 이는 광장공포증이나 대중 앞에서의 굴욕에 대한 공포를 유발할 수 있다.
- 범불안장애는 만성적인 불안상태로 특정 사물이나 상황과 관련되어 있지 않다.

강박장애 : 지속적 사고와 반복적 행동

- 강박장애를 가진 사람들은 반복적이고, 불안을 유발하는 사고를 경험하며, 이로 인해 의식적이고 비이성적인 행동을 한다.
- 강박장애는 실제 공포와 관련되며 준비된 이론을 지지한다.

외상후 스트레스장애 : 외상 후 디스트레스와 회피

- 전쟁이나 강간처럼 끔찍하고, 생을 위협하는 사건은 만성적인 신체 각성, 사건에 대한 원치 않는 사고나 이미지 그리고 그 사건을 상기시키는 것들에 대한 회피를 경험하게 하는 외상후 스트레스장애를 유발할 수 있다.
- 연구들은 PTSD와 관련된 신경학적 요소를 밝혀내었다.

우울증과 조울증 : 과도한 감정 기복

- 기분장애는 정서 불안정이 두드러진 특징인 정신장애이다.
- 우울장애(단극성 우울증)는 극심한 우울 기분이 적어도 2주간 지속되는 경우를 말하며, 과한 자기비판, 죄책감, 주의 집중의 어려움, 자살 사고,

수면과 식욕 감퇴, 피곤한 증상을 포함한다. 관련 장애인 기분부전증은 증상이 적어도 2년 이상 지속되는 경우를 말한다.
- 양극성장애는 우울증과 조증 간 극도의 감정 변화를 보이는 불안정한 정서 상태이다. 조증 시기에는 비정상적이고 지속적으로 흥분되고, 정도를 벗어난 성마른 기분이 적어도 일주일 이상 계속된다.
- 우울은 사회경제적, 호르몬, 유전적, 신경학적 요소와 관련된다. 무기력 이론에서는 정보가 처리되는 방식의 편향이 우울을 유발한다고 본다.

조현병 및 기타 정신증 : 현실에 대한 감각을 잃다

- 조현병은 환각, 와해된 사고와 행동, 감정적·사회적 철수를 수반하는 심각한 질병이다.
- 정적 증상은 이 장애가 없는 사람들에게는 관찰되지 않는 생각과 행동이다. 부적 증상은 정상 행동의 부재를 말한다. 인지적 증상은 집행기능, 주의, 작업 기억의 손상을 말한다.
- 인구의 약 1%가 조현병을 겪지만, 정신과 입원환자의 상당 부분을 차지한다. 이 병에 걸릴 확률은 생물학적 연관성이 올라갈수록 높아진다.
- 도파민 억제 약물이 조현병의 증상을 줄인다는 보고가 있었는데, 이는 이 질병이 과도한 도파민 활동과 관련 있음을 시사한다. 그러나 최신 연구들은 조현병이 다양한 신경전달물질 사이의 복잡한 상호작용에 의해 발병함을 시사한다.

아동기와 청소년기의 장애

- ASD는 초기 아동기에 발생하며, 지속적인 의사소통의 결함, 제한되고 반복적인 행동, 관심, 활동이라는 특징을 지닌 장애이다.
- ADHD는 12세 이전에 시작되며 기능에 심각한 장해를 일으키는 부주의, 과잉행동, 충동성의 영역에서 심각하고 지속적인 문제행동 패턴을 보인다.
- 품행장애는 아동기나 청소년기에 시작되며 사람이나 동물에 대한 공격, 기물 파손, 사기나 도둑질 혹은 심각한 규정 위반 등, 비정상적인 행동을 지속적으로 보이는 경우를 말한다.

성격장애 : 극단적 특성

- 성격장애는 디스트레스나 기능에 장애를 일으키는 지속적인 형태의 사고, 감정, 타인과의 관계 혹은 충동 통제를 보인다.
- 반사회적 성격장애는 도덕성이나 도덕적 행동의 부재를 특징으로 한다. 반사회적 성격장애를 가진 사람들은 남을 조정하려 하고, 위험하며, 부주의하고, 남이나 자신에게 해를 입힌다.

자기위해 행동 : 의도적으로 스스로를 해하는 행동

- 자살은 미국을 포함해 전 세계적으로 대표적인 죽음의 원인이다.
- 자살로 죽는 사람들의 대다수는 정신장애를 가졌다.
- 비자살 자기위해 행동은 자살 의도 없이 행해진다.
- 자살행동과 비자살 자기위해 행동은 둘 다 고통스러운 정신 상태로부터 벗어나려는 의도로 행해진다.

핵심개념 퀴즈

1. 심리장애를 증상과 회복을 가진 질환으로 개념화하는 것을 _____(이)라고 한다.
   a. 의학모델
   b. 골상학
   c. 기초 증후군 모델
   d. 진단체계
2. *DSM*-5는 _____(으)로 가장 잘 기술할 수 있다.
   a. 의학모델
   b. 분류 시스템
   c. 이론적 가정들의 집합
   d. 신체적 정의의 모음
3. 장애의 공병률은 _____ 이다.
   a. 내적 기능장애로부터 비롯된 증상들
   b. 장애로부터 발생한 상대적 사망 위험률
   c. 한 사람에게 2개 이상의 장애가 동시에 발생한 것
   d. 정상에서 비정상까지 연속선상에 있는 장애
4. 정상적으로 기능하는 능력을 감소시키는 비이성적 걱정과 공포는 _____의 지표이다.
   a. 유전적 비정상성
   b. 기분부전
   c. 취약성
   d. 불안장애
5. RDoC는 _____(을)를 목표로 한다.
   a. *DSM*-5의 대체
   b. 연구자들이 정신장애에 대해 증상에 기반한 분류에서 정신장애를 유발하는 기저 과정으로 관점을 변화하는 것
   c. 사람들을 정신장애로 낙인하는 데서 오는 부정적 결과를 방지하는 것
   d. 연구자들이 정신분석 증상에 근거한 정신장애를 좀 더 잘 분류할 수 있게 돕는 것
6. _____ 장애는 특정 사물이나 상황에 대해 불안해하는 것과 관련 있다.
   a. 범불안장애
   b. 환경
   c. 공황
   d. 공포
7. 광장공포증은 때로 _____의 결과로 발생한다.
   a. 준비된 이론
   b. 강박장애
   c. 공황장애
   d. 사회불안
8. 켈리는 세균에 대한 공포로 인해 하루에도 반복적으로, 때론 30분 이상씩 뜨거운 물에 손을 씻는다. 켈리는 어떤 장애를 가졌을 가능성이 높은가?

   a. 공황장애
   b. 강박장애
   c. 공포증
   d. 범불안장애
9. 다음 중 PTSD의 증상이 아닌 것은?
   a. 만성적인 신체적 각성
   b. 외상사건을 생각나게 할 물건이나 장소에 대한 회피
   c. 외상 사건에 대한 반복적이고 침투적인 생각
   d. 잘못 학습된 조건화된 공포 반응
10. _____ 간 극단적인 정서는 조울증의 특징이다.
    a. 우울과 조증
    b. 스트레스와 무기력
    c. 불안과 각성
    d. 강박관념과 강박행동
11. 조현병은 다음 중 어떤 항목과 관련 있나?
    a. 환각
    b. 비조직적인 사고와 행동
    c. 정서적 및 사회적 철회
    d. a, b, c 모두
12. 자폐증은 다음 중 어떤 항목과 관련있나?
    a. 의사소통 결핍과 제한되고 반복적인 행동
    b. 환각과 망상
    c. 자살 사고
    d. 조현병
13. 주의력결핍 과잉행동장애는
    a. 7세 이전에 발병해야 한다.
    b. 성인기로는 지속되지 않는다.
    c. 때로 성인기까지 지속된다.
    d. 남아들에게만 영향을 준다.
14. 짐은 반사회성 성격장애로 진단받았다. 이 장애를 가진 사람들은
    a. 정서적으로 분리되어 있고 , 다른 사람을 의심하고, 거절에 대한 극심한 공포를 가진다.
    b. 사회적 상호작용을 피하고, 사회적 기술이 없으며, '외톨이'로 보인다.
    c. 말하고 옷 입는 것이 이상하고, 관계 형성이 어렵다.
    d. 남을 조정하려 하고 충동적이고 공감하지 못한다.
15. 미국에서 자살위험이 가장 높은 사람은
    a. 남자
    b. 백인
    c. 정신장애를 가진 사람
    d. a, b, c 모두

핵심용어

강박장애(OCD)	무기력 이론	양극성장애	정신질환의 진단 및 통계 편람(*DSM*)
계절성 기분장애(SAD)	반사회성 성격장애(APD)	연구분야기준프로젝트(RDoC)	정적 증상
공병	범불안장애(GAD)	와해된 언어	조현병
공포증	부적 증상	외상후 스트레스장애(PTSD)	주요우울장애(단극성 우울증)
공황장애	불안장애	의학 모델	주의력결핍 과잉행동장애(ADHD)
광장공포증	비자살 자기위해(NSSI)	인지적 증상	준비된 이론
기분장애	사회공포증	자살	취약성-스트레스 모델
긴장 행동	생물심리사회적 관점	자살 시도	특정공포증
도파민 가설	성격장애	자폐스펙트럼장애(ASD)	품행장애
망상	심각하게 와해된 행동	정신장애	환각

생각 바꾸기

1. 여러분은 주요우울증을 앓았던 엄마와 살던 자신의 어려웠던 어린 시절에 대해 기술하는 유명인의 인터뷰를 보고 있다. "엄마는 며칠 동안이나 아무것도 먹지 않고 침대에 누워 있었습니다. 어떨 때 가족들은 이를 무시했죠. 우리 부모는 이민자였고 정신장애는 부끄러운 일로 생각하는 문화에서 자라났죠. 사람들은 타인의 도움 없이 자신의 문제를 극복할 힘을 가지고 태어났다고 믿었기 때문에, 엄마는 치료를 받지 못했습니다." 정신장애에 대한 의학모델이 어떻게 이 여성이 치료를 받게 도와줄 수 있는가?

2. 여러분이 다가올 심리학 시험을 준비하고 있는데, 룸메이트가 다가와 "헬스장에 있다가 수를 만났어. 수는 완전히 조현병이야. 한순간 친절했다가 다음 순간 못되게 굴어." 여러분은 이걸 바로잡아야겠다고 생각한다. 여러분의 룸메이트가 기술한 행동은 조현병을 가진 사람과 어떻게 다른가?

3. 친구 중 한 명이 망상과 동기 저하 등, 심각한 정신장애를 앓고 있는 가족을 두고 있다. "정신과 의사에게 갔었고, 조현병 진단을 받았어. 제삼자 의견을 듣고 싶어 다른 의사에게 갔더니 양극성장애라고 하더라고. 둘 다 좋은 의사이고 모두 *DSM*을 사용하고 있어. 왜 둘의 진단이 다르지?" 친구에겐 뭐라고 할 것인가?

4. 이 장을 읽은 후, 여러분의 친구 중 하나가 안도의 한숨을 쉰다. "드디어 알아냈어. 나한테 맨날 말썽만 일으키고 주변 사람을 비난하는 형이 있어. 속도 위반 딱지를 떼면 절대 자기 잘못이라고 하지 않아. 경찰이 자기만 골라냈거나 다른 운전자 때문에 빨리 달린 것이라 설명하지. 난 항상 내 형을 패배재로만 생각했어. 그런데 지금 막 형이 성격장애를 앓고 있다는 걸 깨달았어!" 여러분은 친구의 형에 대한 진단에 동의하는가? 자기진단이나 친구나 가족에 대한 진단의 위험성에 대해 친구에게 어떻게 경고할 것인가?

핵심개념 퀴즈 정답

1. a; 2. b; 3. c; 4. d; 5. b; 6. d; 7. c; 8. b; 9. d; 10. a; 11. d; 12. a; 13. c; 14. d; 15. d

정신장애의 치료

정킨스 박사가 "오늘은 주차장에 있는 죽은 쥐를 만져보려고 합니다"라고 말하자 크리스틴은 "네, 지금 할게요. 전 준비되었어요"라고 대답했다. 두 사람은 주차장으로 나가서 50분 동안 죽은 쥐를 건드리고 만졌다. 그리고 사무실로 돌아와서 다음 치료회기 전까지 크리스틴이 7일 동안 연습할 혐오스러운 것들의 목록을 만들기 시작했다.

이건 크리스틴의 강박증 치료회기에 대한 기술이다. 이 치료를 노출 및 반응방지법(exposure and response prevention, ERP)이라 부르는데, 이 치료를 통해 환자들은 점차적으로 강박 사고를 가진 대상에 노출되어도 강박행동을 하지 않게 된다. 크리스틴은 자신이 곧 세균에 감염되어 암으로 사망할 것이라는 공포를 포함한 강박을 가지고 있고, 하루에 몇 시간씩 몸을 닦고 주변의 모든 것을 알코올 솜으로 닦는 강박행동을 한다. 암에 걸릴 확률을 줄이기 위해 자신이 안전하다고 생각하는 강박행동을 하지 못하게 하면서 ERP를 통해 핵심적인 강박에 수십 번 노출되면 환자들은 자신의 강박 사고가 맞지 않으며 강박행동을 할 필요가 없음을 배우게 된다. ERP는 두려울 수 있으나, 강박과 강박행동을 줄이고, 강박 장애인이 일상에서 잘 기능할 수 있게 돕는 아주 효과적인 방법임이 증명되었다. 강박장애를 치료하는 데 가장 효과적이라고 알려진 ERP가 개발되기 전까지는 치료가 불가능하다고 보았다(Foa & McLean, 2016). ERP는 마지막 장에서 배우게 될 정신장애 극복을 돕는 수많은 기법 중 하나이다.

이 장에서는 왜 사람들이 심리적인 도움을 필요로 하는지 살펴본 후, 정신역동, 인본주의, 실존주의, 행동주의, 인지이론에 근거한 심리치료뿐 아니라 뇌의 구조와 기능을 직접적으로 조작하는 생물학적 치료법을 포함한 심리치료에 대해 가장 일반적인 접근 방법을 살펴볼 것이다. 어떤 치료가 가장 효과적이며, 어떻게 그 치료가 작동하는지 살펴볼 것이다. 마지막으로 정신장애에 대해 혁신적인 기술을 도입하는 새로운 평가 및 치료법에 대해서도 탐색할 것이다.

치료 : 필요한 사람들을 돕기

심리치료 : 상호작용을 통한 마음 치유

생물학적 치료 : 뇌를 통한 마음 치유

치료 효과 : 더 좋게 혹은 더 나쁘게

환자가 자신의 두려움이나 불안을 일으키는 근원에 대해 직면하는 것을 배우는 노출치료는 불안장애를 치료하는 데 효과적이라고 밝혀졌다.
Keith Binns/Getty Images

치료 : 필요한 사람들을 돕기

미국 인구의 약 46.4%의 사람들이 일생 동안 한 번 이상 정신장애를 앓으며(Kessler, Berglund, et al., 2005), 약 26.2%의 사람들은 한 해 동안 적어도 하나 이상의 장애로 고통받고 있다(Kessler, Chiu, et al., 2005). 이는 개인에겐 고통을 줄 뿐 아니라 일상생활을 지속하는 데 방해가 된다. 앞의 예에서 크리스틴을 생각해보자. 치료를 받지 않았다면 그녀의 인생에 큰 어려움을 주는 강박장애로 지속적으로 고통을 받았을 것이다. 크리스틴은 바로 손을 씻을 수 없는 경우, 돈을 포함해서 다른 사람이 만졌던 것은 만질 수 없었기 때문에 커피숍 일을 그만두어야 했다. 청결함을 지속적으로 확인받으려 했기 때문에 남자친구와의 관계가 점점 소원해지고 있었다. 이런 문제들은 크리스틴의 불안과 우울을 가중시켰고, 이것이 다시 강박 사고를 더 강하게 만들었다. 크리스틴은 이 악순환을 끊고 싶어 했다. 그녀에겐 효과적인 치료가 필요했다.

정신장애는 개인적 부담이 크고 경제적 지출이 높다. 우울증은 전 세계적으로 장애를 일으키는 두 번째 원인이다(Ferrari et al., 2013), 최근 조사에선 우울 관련 작업 손실이 연간 300~500억 달러에 이른다고 추정한다(Kessler, 2012). 기타 심리 문제에 대해서 비슷한 추정액을 가정한다면, 전체 액수는 천문학적 수준이 될 것이다. 정신장애에 대한 효과적인 치료로 개인은 물론 사회도 이익을 얻을 수 있다.

불행히도, 지난 1년간 미국에서는 정신장애를 가진 사람의 18%만이 치료를 받았고, 소득이 낮거나 개발도상국의 경우, 같은 기간 동안 치료받는 비율은 더 낮았다(Wang et al., 2007). 심지어 치료를 받는 정신장애인들도 발병 후 치료를 받기까지 평균 10년이 소요되었다(Wang et al., 2004)!

왜 치료를 받지 않는가

치통이 있으면 치통을 없앨 확률이 크기 때문에 대다수의 사람들은 치과에 가서 치료를 받는다. 고통의 근원이 분명하고 확실한 치료가 있으면 빠르고 효과적인 반응을 하게 된다. 반면에 정신장애의 진단에서 치료까지 가는 길은 분명하지 않으며 사람들은 언제 치료를 받고 어디로 가야 하는지에 대해 잘 모른다. 다음은 사람들이 치료를 받지 않는 대표적인 세 가지 이유이다.

1. 사람들은 자신이 가진 정신장애가 효과적으로 치료될 수 있다는 사실을 모른다. 치료를 찾지 않는 정신장애를 가진 사람 중, 약 45%가 치료가 필요하다고 생각하지 않았기 때문에 치료를 받지 않았다고 보고한다(Mojtabai et al., 2011). 정신장애는 그 원인을 잘 모르는 경우가 많고 혈액 검사나 엑스레이에 의해 진단되지 않기 때문에 신체장애만큼 심각하게 간주되지 않는다.
2. 도움을 받지 못하게 하는 믿음이나 환경 같은, 치료 자체에 대한 장애물도 있다. 어떤 사람들은 자신은 자기가 다룰 수 있어야 한다고 믿는다. 실제로 이 믿음이 정신장애를 가진 사람들이 치료를 찾지 않거나(72.6%) 치료를 중단하는(42.2%) 가장 큰 이유이다(Mojtabai et al., 2011). 치료를 막는 또 다른 믿음은 치료가 효과적이지 않다는 믿음이나 다른 사람으로부터의 낙인이다.
3. 구조적인 어려움도 치료를 받지 못하게 만드는 이유가 된다. 좋은 변호사나 배관공을 찾기 어려운 것처럼, 좋은 심리학자도 찾기 어렵다. 가능한 치료 종류가 무수히 많은 것도 혼란의 이유가 된다('현실 세계 : 심리치료의 유형' 참조). 또 다른 이

이가 아프면 치과 의사에게 간다. 심리학자를 언제 찾아가야 되는지 어떻게 알 수 있을까?

Allison Leach/The Image Bank/Getty Images

심리치료의 유형

정신건강전문가로부터 도움을 받을 준비가 되어 있다면 어디에서 도움을 찾을 것인가? 치료자는 배경이나 훈련 측면에서 매우 다양하며, 이는 그들이 제공하는 서비스의 종류에 영향을 미친다. 여기 몇 가지 주요 '전문가'를 소개한다(다음의 설명은 미국을 배경으로 하므로 우리나라 상황과 다를 수 있다-역자 주).

- **심리학자** 심리치료를 하는 심리치료자는 박사학위를 가지고 있다(Ph.D. 혹은 Psy.D.). 정신장애의 평가, 연구, 치료에 집중적인 훈련을 마쳐야 한다. 청소년, 수면 문제 등 특정 전문영역이 있고, 주로 말로 하는 치료를 한다. 심리학자는 각 주에서 면허를 받아야 한다.
- **정신과의사** 정신과의사는 정신장애를 평가하고 치료하는 데 전문가 과정을 마친 의사이다. 정신과의사는 약물을 처방하고, 가끔 심리치료를 한다. 일반의도 정신장애에 대한 약을 처방할 수 있다. 그러나 일반의는 정신장애의 진단이나 치료에 대한 훈련을 받지 못했기 때문에 심리치료를 제공하지는 못한다.
- **임상/정신건강 사회사업가** 사회사업가는 사회사업에서 석사학위를 가진 사람으로 극빈자, 부랑자 혹은 가족 갈등과 같은 다양한 삶을 사는 사람들과 일하도록 훈련받는다. 임상 혹은 정신보건 사회사업가는 정신질환을 가진 사람들을 돕도록 전문훈련을 받는다.

- **상담가** 어떤 주에선 상담가는 석사학위를 마쳐야 하고 치료에 집중 훈련을 받아야 하는 반면, 다른 주에서는 최소한의 훈련이나 관련된 교육만 받으면 되게 되어 있다. 학교에서 일하는 상담가는 일반적으로 석사학위를 가지고 있으며, 교육 현장에서 상담에 대한 특별한 훈련을 받는다.

어떤 사람들은 전문가처럼 들리는 용어, 예를 들어 마음/신체 치유 치료자 혹은 결혼 적응 지도사를 만들어 치료를 제공하기도 한다. 면허 관련 규정을 피하기 위해 만들어진 것이다. 전문성이나 역량 교육, 혹은 자격을 갖춘 치료사를 선택하는 것이 안전하다.

의사, 학교 상담가, 가족이나 지인이 좋은 치료사를 추천해줄 수 있다. 대학 클리닉을 방문하거나 혹은 면허증을 가진 정신건강 전문가를 소개해주는 미국심리학회와 같은 조직의 인터넷 사이트를 이용할 수 있다. 전문가에게 연락하면 누가 적절한 치료자인지에 대한 조언을 제공할 수 있을 것이다.

치료를 받기 전에, 치료자가 자신이 가진 문제에 적절한지 아닌지 평가하기 위해 다음과 같은 질문을 던져봐야 한다.

- 어떤 유형의 문제를 주로 치료합니까?
- 내가 가진 문제에 이런 유형의 치료가 얼마나 효과적입니까?

Maskot/Getty Images

- 내 문제가 좋아지고 있다는 것을 어떻게 알 수 있습니까? 어떤 측정방법을 사용할 수 있습니까?

이런 질문에 대한 치료자의 응답은 그 사람의 배경이나 경험뿐 아니라 내담자를 치료하는 접근법에 대해서 정보를 제공한다. 여러분은 이 정보에 근거하여 자신이 원하는 서비스의 유형에 대해 결정을 내릴 수 있다.

유로 치료를 감당할 수 없거나(치료를 원하나 받지 못하는 사람), 임상가가 부족하거나, 치료회기 참석이 어렵거나, 클리닉으로 갈 수 있는 교통 수단이 부족할 수 있다(Mojtabai et al., 2011).

도움을 구하는 경우에도 효과적인 치료를 받지 못할 수도 있다는 것이 문제를 복잡하게 한다. 치료를 처음 받는 사람들의 대다수는 처음엔 주로 정신건강 전문가가 아니라 일반의에게 먼저 치료를 받는다(Wang et al., 2007). 심지어 정신건강 전문가를 찾아가도, 항상 가장 효과적인 치료를 받는 것은 아니다. 실제로 정신장애를 가진 사람의 40% 이하만 적절하다고 판단되는 치료를 받는다. 치료를 선택하기에 앞서 혹은 치료를 권하기에 앞서 어떤 치료가 가능하며 특정 장애에 어떤 치료가 가장 좋은지 확실하게 알아야 한다.

치료적 접근

치료는 크게 두 가지로 나뉜다. (1) 환자의 뇌와 행동을 변화시키기 위해 환자와 임상가가 환경을 이용하는 심리치료와 (2) 약물, 수술 혹은 기타 직접적인 방법을 통해 뇌를 직접 치료하는 생물학적 치료. 어떤 경우엔 심리치료와 생물학적 치료를 동시에 받기도 한다. 크리스틴의 강박증의 경우, 강박 사고와 강박 충동을 줄이기 위해 ERP뿐 아니라 약물을 사용하였다. 뇌의 생리학적·화학적 측면에 대해 알아갈수록 뇌에서 시작되는 정신건강에 대한 접근법이 점점 확대되고 있다.

정리문제

1. 정신장애에 대한 개인, 사회 및 경제적 비용은 어느 정도인가?
2. 정신장애를 가진 사람들의 치료를 막는 요인들은 무엇인가?

3. 가장 대표적인 두 가지 치료방법은 무엇인가?

심리치료 당면한 문제로부터 회복하거나 지지를 제공하려는 목적으로 치료자와 심리적 문제로 고통받는 사람 사이에 이루어지는 상호작용

절충적 심리치료 환자와 문제에 따라 다양한 형태의 치료에서 온 기술을 사용한다.

정신역동적 심리치료 일반적으로 환자들에게 어린 시절의 사건을 조사하고 자신의 심리 문제에 대한 통찰을 갖게 고무한다.

심리치료 : 상호작용을 통한 마음 치유

심리적 치료, 혹은 **심리치료**(psychotherapy)는 당면한 문제로부터 회복하거나 지지를 제공할 목적으로 사회에서 인정받은 임상가와 심리적 문제로 고통받는 사람 사이에 이루어지는 상호작용이다. 약 500가지 형태의 심리치료가 있다. 한 설문에서 심리치료자들에게 자신의 이론적 접근에 대해 물었다(Norcross & Rogan, 2013; **그림 15.1** 참조). 약 4분의 1 이상이 환자와 문제에 따라 여러 형태의 치료에서 온 기술을 사용하는 **절충적 심리치료**(eclectic psychotherapy)를 사용한다고 보고했다. 이 관점에선 치료자가 모든 환자와 모든 종류의 문제에 한 가지 이론만 고집하기보다는 현재 당면한 문제에 따라 적절한 이론적 접근을 취하도록 고무한다. 그러나 그림 15.1이 보여주듯, 대부분의 심리치료사들은 정신역동이나 인본주의 및 실존치료, 행동치료, 인지행동 치료 혹은 집단치료 등 한 가지 접근법을 고수한다. 이제 심리치료의 네 가지 주요 접근법에 대해 알아보자.

정신역동적 치료

정신역동적 치료는 프로이트의 성격에 대한 정신역동 이론에 근거한다(제12장 참조). **정신역동적**

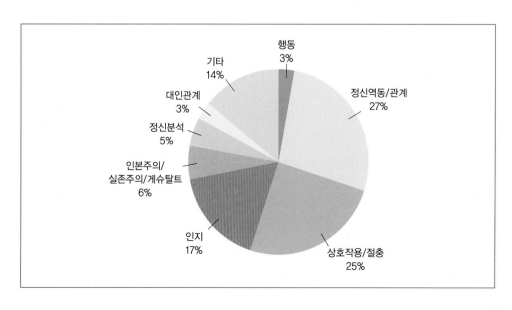

그림 15.1 **21세기의 심리치료에 대한 접근** 다양한 주요 심리치료 접근을 가진 심리학자의 비율을 보여주는 표. 주요 심리치료 접근별 심리학자의 비율을 나타낸다(Norcross & Rogan, 2013).

심리치료(psychodynamic psychotherapies)는 자신의 심리적 문제에 대한 통찰을 갖기 위해 어린 시절 사건을 살펴보고 이해하도록 고무한다. 정신분석은 최초의 정신역동 치료였으나, 대인관계 심리치료와 같은 현대적 정신분석 치료에 의해 대체되고 있다.

정신분석

성격을 다룬 제11장에서 살펴보았듯이, 정신분석자들은 사람들이 공격성과 성적 욕구를 가지고 태어나지만 발달 기간 동안 방어기제 등을 통해 억압되었다고 간주한다. 정신분석가는 내담자가 억압된 갈등을 의식세계로 가져오게 도와 내담자가 그것을 이해하고 이것의 부정적 결과를 최소화하게 돕는다.

　전통적인 정신역동법에선 주 4~5회의 회기를 평균적으로 약 3~6년에 걸쳐 진행한다(Ursano & Silberman, 2003). 회기 동안 내담자는 분석가를 마주보지 않고 소파에 누워, 분석가의 가이드에 따라 떠오르는 생각과 감정을 자유롭게 표현한다. 때때로 분석가는 내담자가 표현하는 정보에 반응할 수 있으나, 자신의 가치와 판단을 표현하지 않는다. 정신역동의 목적은 프로이트가 통찰을 발달시키는 것이라고 부르는 무의식을 이해하는 것이다.

전통적인 정신분석에서, 환자는 장의자에 눕고 치료자는 환자가 보지 못하게 뒤로 앉는다.

Antoine Devourard/Patrick Allard/Rea/Redux

정신분석치료

최근에는 전체 임상가의 약 5%만이 프로이트식 정신분석을 진행한다(그림 15.1). 그러나 프로이트의 통찰과 기술은 보다 최근에 적용되는 보다 넓은 범위의 정신분석치료에서 여전히 영향력을 발휘하고 있다. 약 30%를 차지하는 이 새로운 치료법은 내용과 절차 측면에서 전통적인 정신분석과 다르다. 가장 많이 사용되는 정신분석 치료는 **대인관계치료**(interpersonal psychotherapy, IPT)로 내담자에게 현재 관계를 개선하게 돕는 데 중점을 두는 심리치료이다(Weissman et al., 2000). 내용 측면에서는 내담자에게 대인관계 행동이나 감정을 이야기하게 하는 IPT 대화법을 사용한다. 특히 내담자의 애도(사랑하는 사람의 상실에 대한 과도한 반응), 역할 갈등(배우자와의 갈등), 역할 이동(새로운 직업의 시작, 결혼, 은퇴같이 사회적 지위의 변화) 혹은 대인관계 부족(관계를 시작하거나 유지하는 데 필요한 기술의 부족)에 초점을 맞춘다. 대인관계 기능에 초점을 두는 치료는 대인관계가 향상되면 우울 증상이 사라진다는 믿음에 근거한다.

　IPT와 같은 현대 정신분석 심리치료는 절차 측면에서 고전적 정신분석과는 다르다. 현대 정신분석 치료에서는 초반에 치료자와 내담자는 얼굴을 마주 보고 있다. 게다가 치료는 덜 집중적인데, 회기는 주 1회로 몇 달 정도만 지속된다. 고전적인 정신분석과는 반대로, 해석에 더하여 지지나 충고를 더 많이 제공한다(Barber et al., 2013). 과거와는 달리 치료자가 내담자의 진술을 무의식적인 성적 혹은 공격적 충동의 신호로 해석할 가능성은 낮다. 그러나 대다수의 정신분석 치료자가 통찰을 무의식적 과정으로 보는 것은 달라지지 않았다. 프로이트의 카우치는 여전히 살아 있다.

영화 굿 윌 헌팅에서 맷 데이먼이 연기한 주인공은 로빈 윌리엄스가 연기한 치료자와 매우 끈끈한 유대관계를 맺었다. 정신분석 치료에서처럼 치료자는 그들의 관계를 환자의 방어기제의 와해를 막고 내적 갈등을 해소하는 데 이용한다. 치료자와 환자 간에 형성된 강력한 관계와 삶을 변화시킨 치료는 치료자의 꿈이다.

Miramax/Kobal/Shutterstock

근거가 무엇인가

비록 정신역동 치료가 오래되었고 많이 사용되기는 하지만, 효과성에 대한 근거는 상대적으로 적다. 일부 연구 결과는 정신역동치료가 효과적이라는 근거 있음을 시사하나(Shedler, 2010), 다른 연구들은 인지행동치료가 정신역동치료보다 효과적임을 보여준다(Tolin, 2010; Watzke et al., 2012).

대인관계치료(IPT) 　내담자에게 현재 관계를 개선하게 돕는 데 중점을 두는 심리치료

인본주의와 실존주의 치료

인본주의와 실존주의 치료는 정신분석이 인간의 본성에 대해 갖는 부정적인 관점에 대한 반동으로 시작되었다. 20세기 중반까지는 주로 성과 죽음에 집중해왔다. 인본주의와 실존주의 치료는 인간의 본성을 긍정적으로 가정하며 성장을 위한 개인의 노력을 강조한다. 인본주의와 실존주의 치료자들은 심리적인 문제는 소외감과 외로움에서 기인한 것으로, 이런 감정들은 자신의 잠재력(인본주의)에 도달하는 것에 실패했거나 삶에서 의미(실존주의)를 찾는 데 실패했기 때문으로 본다. 비록 인본주의와 실존주의 치료에 대한 관심은 1960년대와 70년대에 정점에 다다랐으나, 일부 치료자는 지금도 이 접근법을 계속 사용하고 있다. 이 관점을 가진 치료로 잘 알려진 두 가지 치료법은 인간 중심 치료법(인본주의 접근)과 게슈탈트 치료(실존주의 치료)이다.

인간 중심 치료

인간 중심 치료[person-centered therapy, 혹은 **내담자 중심 치료**(client-centered therapy)]는 모든 사람은 성장하려 하며, 이 성장이 치료자의 수용과 진실된 반응으로 촉진될 수 있다고 가정한다. 인간 중심 치료는 각 개인이 자신감의 향상, 직업에 대한 결정 혹은 치료 빈도 및 기간 등, 자신의 치료 목표에 대해 스스로 결정할 수 있다고 본다. 이 비지시적인 치료법에선, 치료자는 내담자가 무엇을 해야 하는지에 대한 충고나 제안을 하지 않는다. 대신 치료자는 내담자의 말을 다른 말로 바꾸거나, 생각이나 기분을 반향(예 : "여러분이 ~라고 이야기한 것이라 생각한다.")한다. 인간 중심 치료자는 적절한 지지가 주어지면 내담자는 무엇을 해야 할지 인식할 것이라고 믿는다.

인간 중심 치료자들은 세 가지 기본적인 자세를 보여주어야 한다.

1. **일치감** 이는 치료 관계에서 개방성과 정직 그리고 치료자가 모든 측면에서 일관된 메시지를 전달하는 것을 말한다. 예를 들어 치료자의 말과 표정 그리고 몸짓에서 같은 메시지를 보내야 한다. 비웃는 듯한 얼굴을 하고 "여러분 말이 타당합니다"라고 말하면 안 된다.
2. **공감** 내담자의 관점으로 세상을 봄으로써 내담자를 이해하려고 노력하는 것으로 치료자가 내담자의 걱정 근심 및 공포를 이해할 수 있게 해준다.
3. **무조건적 긍정적 수용** 환자가 자신의 사고나 생각을 표현하는 게 안전하다고 생각할 수 있게 환자에게 비판 없이 따뜻하게 대하는 것을 말한다.

목표는 정신역동 치료에서처럼 억압된 갈등을 발견해내는 것이 아니다. 대신 내담자의 경험을 이해하고 지지를 통해 내담자의 경험을 반영하고 스스로 성장하려는 성향을 고무시키려고 한다. 이런 치료 스타일은 내담자가 생각이나 감정을 자유롭게 표현하도록 둔다는 점에서 정신분석과 유사하다.

게슈탈트 치료

게슈탈트 치료(gestalt therapy)는 환자가 자신의 생각, 행동, 경험과 감정을 인식하여 스스로에 대해 책임감을 가지거나 책임을 지게 만드는 것을 목표로 한다. 게슈탈트 치료자들은 내담자에게 열정적이고 따뜻하게 대하는데, 이 점은 인간 중심 치료자와 같다. 내담자의 인식을 증가시키기 위해 게슈탈트 치료자는 내담자에 대한 자신들의 인상을 내담자에게 반영한다.

게슈탈트 치료자는 치료 회기 중 어떤 순간에 일어나는 경험과 행동을 강조한다. 예를 들어, 내담자가 지난주에 받았던 스트레스에 대해 이야기하면, 치료자는 "무슨 일이 일어났는지를 설명하는 기분이 어떤가요?"라는 질문으로 내담자의 현재 경험으로 관심을 돌린다. 이 기술은 '초점'이라 불린다. 내담자는 자신의 감정을 행동으로 옮길 것을 안내받는다. 이렇게 하는 방법 중

게슈탈트 치료의 하나로, 내담자는 다른 사람이 자신과 마주 앉아 있는 상상을 하도록 지시받는다. 내담자는 의자를 옮겨가면서 상대방에게 하고 싶은 말을 하고, 그 사람이 어떻게 반응했을지 상상하며 훈련을 한다.

Photoalto/Alamy

하나는 빈 의자 기법인데, 이 기법에선 내담자가 다른 사람(예 : 배우자, 부모 혹은 직장 동료)을 자기 바로 앞의 빈 의자에 앉히는 상상을 하게 만든다. 내담자는 의자를 옮겨 역할을 바꿔 가며 상대방에게 하고 싶은 말을 하고, 그 사람이 어떻게 반응했을지 상상하게 한다.

행동 및 인지 치료

앞에서 기술한 말하는 치료와는 달리, 행동 및 인지 치료는 내담자의 정신병리를 완화하거나 극복하려는 목적으로 현재 보이는 사고와 행동을 실제로 바꾸려고 한다. 심리치료가 진화되면서, 정신역동에선 내담자가 누워서 시작해 앉게 되지만, 행동 및 인지 치료에선 매일 매일 행동 변화를 기록하게 숙제로 내준다.

행동치료 : 부적절한 행동 패턴을 변화시키기

프로이트가 이전 세대의 임상가가 사용했던 최면과 기타 방법에서 정신분석법을 발달시켰듯이, 행동치료는 초창기 행동심리학자들이 실험실에서 발견해낸 결과물을 근거로 발달되었다. 제1장에서 보았듯이, 행동주의 운동은 평가가 어렵고 관찰이 불가능한 '보이지 않는' 정신적 과정을 가정하는 이론에 대한 심리학자들의 좌절로부터 시작되었다. 행동주의자들은 정신역동 개념이 특히 증명하기 힘들다는 것을 깨달았다(어떤 사람이 무의식적 갈등을 가진다는 것 혹은 통찰이 발생했다는 것을 어떻게 알 수 있나?). 반면에 행동주의 원칙은 관찰 가능한 증상에만 관심을 가진다(예 : 비행기를 타지 못하는 것과 같은 공포 대상에 대한 회피 등). **행동치료**(behavior therapy)는 질병 행동은 학습된 것이며 관찰 가능한 부적응 행동을 보다 생산적인 행동으로 바꾸는 것을 통해 증상 완화가 가능하다고 가정한다. 다양한 행동치료기법이 제7장에서 배웠던 조작적(강화와 처벌에 초점) 및 고전적 학습이론(소거에 초점)을 근거로 다양한 장애의 치료에 개발되었다. 다음은 세 가지 행동기법의 예이다.

1. **원하지 않는 행동 제거하기** 세 살짜리 남자아이가 상점에서 떼쓰기 행동을 보인다면 어떻게 하겠는가? 행동치료자는 떼쓰기 직전과 직후에 어떤 일이 일어나는지 조사한다. 조용하게 만들기 위해 사탕을 주었는가? 조작적 조건형성에 대한 연구는 행동은 결과(행동에 뒤따르는 강화 혹은 처벌 사건)에 의해 영향받으며 이것들을 조절하는 것이 행동 변화를 돕는다고 한다. 행동을 강화하지 않고(사탕을 주지 않는다), 벌(일정 시간 동안 식품점에서 벽을 보며 타임아웃)을 주는 것으로 문제행동을 제거할 수 있다.

2. **바람직한 행동 촉진하기** 사탕과 타임아웃은 아동의 행동에 지대한 영향을 줄 수 있으나, 성인에게는 잘 적용되지 않는다. 조현병을 가진 사람을 어떻게 좀 더 일상 활동을 하게 만들 수 있을까? 코카인 중독자를 어떻게 약을 끊게 할 수 있을까? 이런 경우 가장 효과적이라고 증명된 행동치료 방법은 **토큰 경제**(token economy)이다. 이 방법에선 내담자에게 바람직한 행동을 하는 경우 '토큰'을 주고, 내담자는 나중에 이를 보상과 바꿀 수 있다. 예를 들어, 코카인 중독의 경우, 바람직한 행동은 코카인을 사용하지 않는 것일 것이다. 코카인 미사용을 확인한 후에 돈이나 버스패스, 옷 등의 보상으로 바꿀 수 있는 바우처를 제공하는 프로그램은 코카인 사용을 유의하게 줄인다고 한다(Petry et al., 2013). 비슷한 체계를 교실, 산업현장, 상업광고(예 : 비행기나 크레딧 카드 보상 프로그램)에서 바람직한 행동을 증가시키기 위해 사용할 수 있다.

3. **원하지 않는 감정 반응 줄이기** 공포를 줄이는 가장 강력한 방법은 공포스러운 물건이나 상황에 대한 점진적인 노출이다. **노출치료**(exposure therapy)는 감정을 유발하는 자극을 직접적으로

행동치료자는 강화로부터 타임아웃을 이용해 떼쓰기를 치료한다. 이 방법은 조작적 조건형성의 행동원리에 근거한 것으로, 아동이 바람직하지 않은 행동을 한 경우엔 보상을 주지 않는다.

Matthew Nock

행동치료 질병 행동은 학습된 것이며 관찰 가능한 부적응 행동을 보다 생산적인 행동으로 바꾸는 것을 통해 증상 완화가 가능하다고 가정하는 치료 유형

토큰 경제 내담자에게 바람직한 행동에 대해 나중에 보상으로 바꿀 수 있는 '토큰'을 제공하는 행동치료의 한 형태

노출치료 감정을 유발하는 자극을 직접적으로 그리고 반복적으로 직면하는 것으로 결국에는 이로 인해 감정 반응을 줄이는 치료 접근 방법

표 15.1 사회공포증에 대한 노출 위계	
항목	공포(0~100)
1. 파티를 열고 직장동료를 초대한다.	99
2. 음주하지 않고 파티에 1시간 동안 가 있는다.	90
3. 신디를 저녁에 초대하고 영화를 같이 본다.	85
4. 직장 면접에 간다.	80
5. 상사에게 하루 휴가를 요청한다.	65
6. 직장에서 회의 때 질문을 한다.	65
7. 동료들과 점심을 먹는다.	60
8. 버스에서 낯선 이에게 말을 건다.	50
9. 10분 이상 사촌과 통화한다.	40
10. 주유소에서 길을 묻는다.	35

출처 : Information from Ellis (1991).

노출치료에서, 공공변기에서 오염을 두려워하는 강박장애를 가진 환자에게 일주일에 세 곳의 공공화장실을 방문하고 변기를 만진 후 손을 닦지 말라는 숙제를 줄 수 있다.

Benkrut/iStock/Getty Images

인지치료 내담자가 자신과 타인 세계에 대해 가지고 있는 왜곡된 생각을 알아차리고 이를 고치도록 돕는 심리치료 형태

인지적 재구조화 내담자에게 부정적 감정을 유발하는 자동사고, 가정과 예측에 대해 스스로 질문하게 가르치고 이 부정사고를 보다 현실적이고 긍정적인 믿음으로 바꾸게 돕는 치료 방법

그리고 반복적으로 직면하는 것으로 결국에는 이로 인해 감정 반응이 줄어든다고 본다. 이 기술은 습관화와 반응소거 과정에 의거한다. 예를 들어, 크리스틴의 사례에서 임상가는 그녀를 강박 사고(먼지나 세균)에 점차적으로 노출시켰고, 크리스틴은 반복 노출로 인해 먼지나 세균으로부터 점점 덜 고통받게 되었다. 크리스틴은 이전에 두려워했던 자극에 노출되어도 해를 입지 않는다는 것을 배웠다. 유사하게, 행동치료에선 사회적 상호작용이 두려워 학교나 직장에서 기능을 못하는 사람에게 처음엔 한 사람과 짧게 대화하는 것을 상상하는 것으로, 다음엔 중간 크기의 집단에 좀 더 길게 말하게, 마지막으로 큰 집단에 연설을 하는 것에 노출시킨다. 행동치료자들은 내담자가 공포 대상이나 상황에 점차적으로 노출되게 노출 위계를 사용한다. 쉬운 상황을 먼저 연습하고 거기서 공포가 줄면 내담자는 더 어렵거나 공포스러운 상황으로 넘어간다(**표 15.1** 참조).

인지치료 : 왜곡된 사고를 변화시키기

행동치료가 개인의 행동에 초점을 맞추는 반면, **인지치료**(cognitive therapy)는 이름이 시사하듯, 내담자가 자신과 타인 그리고 세상에 대한 왜곡된 사고를 인식하고 수정하는 데 초점을 맞춘다(Beck, 2019). 예를 들어, 행동주의자들은 공포증을 고전적 조건형성의 결과로 설명하는데, 여기선 개에게 물린 경험이, 개와 고통의 경험의 연결을 통해 개 공포증으로 발전하게 된 것으로 본다. 인지 이론가들은 이 사건의 해석을 좀 더 강조한다. 개에게 물린 후 갖게 된 "개는 너무 위험하다"는 새롭고 강력한 믿음에 초점을 둔다.

인지치료는 내담자에게 부정적 감정을 유발하는 자동사고, 가정과 예측에 대해 스스로 질문하게 가르치고 이 부정사고를 보다 현실적이고 긍정적인 믿음으로 바꿀 수 있게 돕는 **인지적 재구조화**(cognitive restructuring)라는 기술을 이용한다. 특히 치료자는 특정 신념을 지지하거나 반대되는 증거를 조사하게 돕거나, 바람직하지는 않지만 조절 가능한 결과를 받아들이게 가르친다. 예를 들어, 우울한 내담자는 한 과목에서 낮은 성적을 받았다는 이유로 자신이 멍청하며 대학에서 수강하는 과목을 절대로 패스할 수 없다고 생각할 수 있다. 이 경우, 치료자는 내담자가 자신의 믿

음이 얼마나 타당한지 조사하는 것을 돕는다. 치료자는 이전 학점이나 시험 성적, 과목에서 수행이나 학업 이외에 내담자의 지능을 보여주는 사례 등의 근거를 고려해야 한다. 치료회기에, 인지치료자는 내담자가 현실에 근거해 균형 잡힌 사고를 하도록 돕기 위해 부정적인 사고를 지지하거나 지지하지 않는 증거를 찾아내게 돕는다. 다시 말하면, 임상가는 내담자가 세상을 볼 때 쓰는 검은 렌즈를 제거하되, 핑크빛 안경으로 대처하기보다는 투명한 안경으로 세상을 보게 돕는다. 다음에는 인지치료 회기가 어떻게 진행되는지 보여주는 회기 녹취록 일부를 간단히 소개한다.

> **임상가** : 지난주에 ○○ 님에게 ○○ 님을 매우 우울하게 만드는 상황에 대해 적어도 하루에 한 번씩 혹은 자동사고가 떠오를 때마다 생각기록을 하라고 했습니다. 하셨습니까?
>
> **내담자** : 네.
>
> **임상가** : 잘하셨습니다. 이 숙제를 해와서 매우 기쁩니다. 같이 살펴봅시다. 첫 번째 기록한 상황이 무엇이죠?
>
> **내담자** : 글쎄요. 금요일 저녁에 재미도 있겠고 기분도 좋아질 것 같아서 친구와 외출을 했습니다. 그런데 기분이 나빠져서 아무와도 말을 하지 않았고, 구석에 앉아서 계속 술만 마시게 되었고, 그 파티에서 너무 취해 정신을 놓았습니다. 다음 날 너무 창피했고 더 우울해졌습니다.
>
> **임상가** : 그렇군요. 어떤 생각이 자동적으로 떠올랐나요?
>
> **내담자** : 제 자신을 통제할 수 없고, 앞으로도 통제가 불가능할 것 같고, 친구가 나를 패배자로 생각하고, 나와 더 이상 같이 어울리길 원하지 않을 것이라는 생각을 했어요.
>
> **임상가** : 그 생각을 지지하는 증거가 뭐가 있죠?
>
> **내담자** : 글쎄요. 음… 난 너무 취했기 때문에 사람들이 나를 패배자로 생각했을 거예요. 안 그런 사람이 있을까요?
>
> **임상가** : 좋아요. 그럼 이제 그 생각을 지지하지 않는 증거에 대해 잠시 생각해봅시다. 친구가 ○○ 님이 패배자가 아니라고 생각하거나 ○○ 님과 어울리고 싶어 한다는 것을 지지하는 증거는 없나요?
>
> **내담자** : 친구들은 나를 안전하게 집으로 데려다주었고, 다음 날 전화해서 그 전날 있었던 일에 대해 농담을 했어요. 친구 토미는 "우리도 그런 경험이 있어"라는 말을 했고, 이번 주에 다시 같이 나가길 원한다고 했어요.
>
> **임상가** : 매우 흥미롭네요. 한편으로는 ○○ 님은 우울했고 패배자이며 친구들이 좋아하지 않을 것이라 생각했고, 다른 한편으로는 술을 많이 마시기는 했지만 친구들은 곁에 있어 줬고, 실제로 다시 같이 어울리기를 원한다는 증거를 가지고 있네요. 맞나요?
>
> **내담자** : 아, 네. 그러네요. 그렇게 생각해본 적이 없어요.
>
> **임상가** : 그럼 지금부터 별로 실제적인 증거가 없는 첫 번째 사고를 증거에 근거한 균형 있는 것으로 대처하려고 합니다. 새로운 사고로 뭐가 가능할까요?
>
> **내담자** : 내 친구들은 나를 돌봐야 했기 때문에 내가 너무 취한 것에 대해 그리 좋지만은 않았으나, 친구로서 내 곁에 있어 줬고, 나와 같이 어울리기를 원한다. 뭐 그렇게요?
>
> **임상가** : 아주 잘하셨습니다. 증거에 의하면 지금 그 말은 맞는 것 같네요.

인지치료에서는 인지적 재구조화 기술 이외에 사고를 보다 균형 잡히고 정확한 것으로 변화하려는 시도로, 원지 않는 생각과 감정에 대처하는 기술을 사용하는데, 이 기술들은 명상과 유사하다(제5장 참조). 그중 한 가지 기법을 **마음챙김 명상**(mindfulness meditation)이라 하는데, 이 기법에선 내담자가 매 순간 현재에 충실하여 자신의 사고, 감정, 감각을 인식하고 문제가 되기 전에 증상을 깨달을 수 있도록 가르친다. 한 연구에서 우울증을 극복한 사람들이 60주간의 평가 기간에 마음챙김 기반 인지치료를 받았을 경우, 기존 치료를 받은 사람들에 비해 재발할 가능성이 반으로 줄어들었다(Teasdale et al., 2000).

> **마음챙김 명상** 내담자가 매 순간 현재에 충실하여 자신의 사고, 감정, 감각을 인식하고 문제가 되기 전에 증상을 깨달을 수 있도록 가르치는 인지치료 기법

전통적인 인지치료는 비적응적 사고를 변화시키는 것이 없다면, 새로운 형태는 사람들이 그런 사고를 좀 더 인식하고, 그 사고가 지나가게 명상 연습과 결합한다.

Filadendron/Getty Images

인지행동치료 : 접근법의 결합

역사적으로, 인지와 행동치료는 서로 다른 치료 시스템으로 간주되었다. 오늘날 불안과 우울을 다루는 치료자는 인지와 행동 치료 전략을 결합한 **인지행동치료**(cognitive behavioral therapy, CBT)를 이용한다. 전통적인 방법과는 달리, CBT는 특정 문제를 다룬다는(예 : 공황 발작의 빈도를 줄이고, 우울증에서 회복해서 다시 일터로 복귀하는 것) 의미에서 문제 중심이며, 치료자가 환자가 이런 문제를 다룰 수 있는 특정 전략을 선택하게 돕는다는 의미에서 행동 지향적이다. 내담자는 노출 연습을 한다든지, 행동변화기술을 이용한다든지, 혹은 증상(예 : 우울의 심각도나 공황 발작 증상)을 모니터링하기 위해 일기를 사용하는 등 뭔가를 할 것으로 기대된다. 이 점이 목표를 직접 상의하거나 목표 설정에 대한 동의를 구하지 않으며 내담자가 꼭 해야 할 일이 치료회기 출석인 정신역동 치료나 다른 치료와는 다른 점이다.

인지행동치료는 다양한 장애에 효과적임이 밝혀졌다(Butler et al., 2006)('최신 과학 : 심리치료의 재부팅'을 참조하라). CBT는 단극성 우울, 범불안장애, 공황장애, 사회공포증, 외상후 스트레스장애, 아동기 우울 및 불안장애에 매우 효과적이다.

집단치료 : 동시에 여러 사람을 치료하기

정신병리를 오로지 개인에게 영향을 주는 질병으로 생각하는 것이 일반적이다. 그러나 사람들은 다른 사람과 함께 살고 있고 다른 사람들과의 관계가 질병을 발생시키거나 악화시킬 수 있다. 우울한 사람은 친구나 사랑하는 사람들과 멀어지면 외로울 수 있고, 불안한 사람은 부모의 압력을 걱정할 수 있다. 이 생각은 사람들이 병을 얻을 때와 같이 개인적 노력보다는 사회적 과정을 통해 병을 치료할 수 있음을 보여준다.

커플과 가족치료

커플이 '문제가 있을 때' 둘 중 어느 누구도 정신병리가 없을 수 있다. 문제가 있는 것은 관계 그 자체이다. 커플치료는 결혼, 동거 혹은 연애 커플이 관계 안에서 일어나는 문제를 해결하기 위해 같이 치료를 받는 것을 말한다. 예를 들어, 어떤 커플은 자신들의 관계에 대해 만족하지 않기 때문에 도움을 구할 수 있다. 이 경우, 두 사람 모두가 치료회기에 참석할 것을 기대하며, 문제는 커플 중 한 사람 때문이라기보다는 관계에서 발생했다고 본다. 치료는 그들의 반복되는 역기능적 패턴을 바꿈으로써 양쪽 모두의 변화를 목적으로 한다.

때로 치료가 더 큰 집단을 필요로 하는 경우가 있다. 한 구성원이 어떤 문제, 예를 들어 청소년 알코올 남용 문제를 가질 수 있으나, 문제의 근원은 다른 가족과의 관계에서 비롯되었을 수 있다. 엄마가 알코올 중독자로 은연중에 청소년 자녀에게 술을 마시게 조장하고, 아버지는 출장으로 집을 비우거나 가족을 방치했을 수 있다. 이 경우, 치료자는 가족 성원 모두를 치료하는 가족치료의 형태로 전체 구성원을 함께 치료하는 게 효과적일 수 있다. 가족치료는 청소년이나 아동이 문제를 가질 때 특히 효과적이다.

집단치료

이러한 생각에서 한 단계 더 나아가, 내담자가 혹은 가족이 심리치료자와의 대화로 나아질 수 있다면 그 사람은 치료자와 대화하는 다른 내담자들을 통해서도 나아질 수 있을 것이다. 이것이 여러 명의 참가자들(보통 처음에는 서로를 모른다)이 집단 내에서 자신의 문제를 해결하는 방법인 **집단치료**(group therapy)이다. 집단 속의 치료자는 개별 치

가족은 여러 가지 이유로 치료를 받는데, 특정 구성원이 가진 문제를 돕기 위한 것일 수 있고 혹은 가족 내 한 사람 이상과의 관계에서 발생한 문제를 해결하기 위함일 수 있다.

심리치료의 '재부팅'

현대 심리치료는 심리과학의 발전에 근거한 정교한 치료를 많이 개발해냈으며, 이 치료들은 실제로 사람들의 심리적 고통의 감소를 보여주는 실험연구에 의해 지지되고 있다. 그러나 심리치료는 여러 가지 측면에서 아직 초보적인 수준이다. 심리치료는 초창기 시작 때나 프로이트의 시대와 같이 아직도 주로 치료자가 내담자와 주 1회씩 만나서 내담자가 자신의 심리장애에 대해 이야기하게 만드는 방법을 사용한다. 심리학 연구자 앨런 캐즈딘(Alan Kazdin)은 최근 기술 발전을 이용하여 심리치료 연구와 실제를 '재부팅'할 필요가 있음을 주장한다(Kazdin, 2018; Kazdin & Blase, 2011).

예를 들어, 사용자의 스마트폰으로 매일 설문을 보내 증상을 관찰하는 앱을 사용함으로써, 심리학자는 자살 사고를 경험하는 사람들에 대해 배울 수 있다(Kleiman et al., 2018). 전통적인 치료가 내담자를 주 1회 보는데, 자살 의도를 가진 내담자가 회기 사이에 자살 생각이 난다면 어떻게 해야 하나? 연구자들은 위험에 처한 사람들을 파악하고 언제든지 전화나 컴퓨터로 개입을 제공할 수 있는 컴퓨터 혹은 전화 기반 앱을 만들기 시작했다. 예를 들어, 어떤 플랫폼에서는 인공지능을 사용하며 사용자의 심리적인 디스트레스 기간을 파악하기 위해 사람들의 문자 메시지 내용을 탐지하고 다른 사람들에게 도움을 구하게 고무하는 인공지능이나 자동화된 챗봇을 사용한다(e.g., Jaroszewski et al., 2019).

치료 평가 조건화(Therapeutic Evaluative Conditioning, TEC)로 불리는 또 다른 스마트

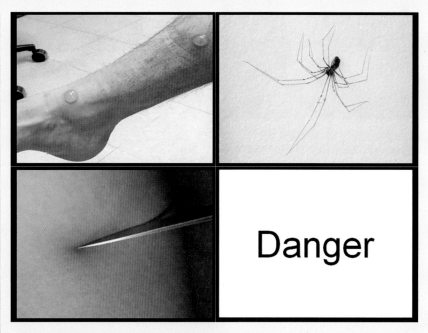

치료평가 조건화에서 내담자는 자살이나 자해 관련 이미지(왼쪽)를 혐오스러운 이미지(오른쪽)와 짝짓게 훈련받는다. 시간이 지나면 내담자는 자살/자해에 혐오를 일으키며 위해 행동을 덜 할 수 있다.

Joseph C. Franklin

폰 앱은 사용자의 자살이나 자해 자극을 뱀이나 거미 같은 혐오 자극과 반복적으로 연합시킨다. 기본 가정은 조작적 조건형성에서와 같이 이런 이미지를 반복해서 연합시키면, 시간이 지남에 따라 사람들은 자살 및 자해 관련 이미지를 뱀이나 거미가 일으키는 혐오 감정과 연합시킬 것으로 본다. 연구자들은 매일 몇 분씩 한 달동안 이런 연합게임을 한 사람들이 자살이나 자해 행동의 유의한 감소를 보였다고 보고한다(Franklin et al., 2016).

비록 컴퓨터나 스마트폰 기반 개입의 효과성을 지지하는 자료는 제한적이나 이 분야의 발전은 상당히 고무적이다(Wisniewski et al., 2019).

비록 보고 기술 및 도구의 발전이 새로운 중재의 기회를 넓힌 것은 사실이나, 심리학자들은 어떤 것이 건강을 증진시키는 데 도움이 되고 어떤 것은 비효과적이나 그럴듯하게 보이게 만드는지 주의 깊게 평가해야 한다.

료자라기보다는 토론의 리더 역할을 하면서, 개별 내담자와 대화하는 동시에 집단 구성원들 사이의 대화를 고무시키며 회기를 진행한다.

사람들은 왜 집단치료를 선택하는가? 한 가지 장점은 다른 사람과 집단에 참여하는 것은 내담자가 고통이 자신만의 것이 아님을 알게 해준다. 또한 집단 성원은 서로에게 적절한 행동의 모델이 될 수 있고 자신들의 문제를 어떻게 다룰 것인가에 대한 통찰을 나눌 수 있다. 집단치료는 개인치료만큼 효과적일 수 있다(예 : Jonsson & Hougaard, 2008). 따라서 사회적 입장에서 보면 집단치료가 훨씬 효율적이다.

집단치료의 단점도 있다. 비슷한 필요를 가진 사람들을 모으기 힘들다. 이건 특히 우울이나 공황장애와 같은 특정 문제에 초점을 두는 CBT의 경우에 더 그렇다. 집단치료에서는 한 사람 이

자조집단은 특정 심리 문제를 다루는 비용 효율적이고 시간 효율적이며 치료 효과적인 방법이다. 많은 사람들은 자조집단을 선호하지만, 이게 효과적일까? 어떻게 이를 확인하는가?

Sturti/Getty Images

상의 성원이 집단 내 다른 성원을 염두에 두지 않으면 문제가 된다. 어떤 집단 성원은 토론을 독차지하거나, 다른 집단 성원을 위협하거나, 집단 내 다른 성원을 불편하게 만든다(예 : 다른 성원에게 데이트를 신청하기). 마지막으로, 집단 내 내담자는 개별 치료 때보다 치료자의 관심을 덜 받는다.

자조 및 지지집단

집단치료의 가장 중요한 형태 중 하나는 자조집단과 지지집단으로 특정 장애나 일상의 어려움에 초점을 두는 집단으로 주로 임상가보다는 유사 문제로 어려움을 겪었던 구성원에 의해 운영된다. 가장 유명한 자조 및 지지집단은 익명의 알코올중독자들(Alcoholics Anonymous, AA), 익명의 도박중독자들(Gamblers Anonymous), 알아넌 가족모임(Al-Anon, 음주 문제를 가진 사람들의 가족이나 친구를 위한 프로그램)이다. 다른 자조집단으로 암 생존자들이나 자폐아를 둔 부모, 기분장애, 섭식장애, 약물중독 등 거의 모든 정신장애를 가진 사람들을 위한 지지집단을 들 수 있다. 자조 및 지지집단은 비용 면에서 효율적일 뿐 아니라, 사람들에게 특정 문제로 고생하고 있는 사람이 자신뿐이 아님을 깨닫게 하고 각각의 개인적인 성공 경험을 바탕으로 서로에게 지도와 지지를 제공하는 기회를 갖게 한다.

어떤 경우에 자조 및 지지집단은 득보다는 해가 되는 경우가 있다. 어떤 성원은 공격적이거나 서로 치료에 방해가 되는 행동(예 : 공포 상황을 피하게 만들거나 술로 대처하게 하는)을 하게 만든다. 중증도 문제를 가진 사람들이 심각한 문제를 가진 사람들을 보며 문제가 되지 않는다고 생각했던 증상들에 대해 과민하게 되기도 한다. 자조 및 지지집단은 훈련된 치료자가 진행하는 것이 아니므로, 이런 집단을 평가할 기제가 없고 질을 확인할 방법도 거의 없다.

AA는 미국 내에서 130만 명의 회원이 있으며, 전 세계적으로 117만 7,000개 집단의 미팅이 진행되고 있다(Alcoholics Anonymous, 2016). 성원들은 생애에 걸쳐 금주라는 목표를 달성할 수 있게 '12단계'를 따르도록 고무되는데, 이 단계들은 절대적인 힘을 믿고, 기도와 명상을 하며, 타인에게 해가 되지 않게 하는 것을 포함한다. 거의 모든 성원은 한 주 여러 번 있는 집단 미팅에 참석하며, 미팅 사이에 자신의 '조력자'로부터 부가적인 지지를 받는다. 일부 연구가 AA의 효과성을 조사하였는데, AA의 12단계 프로그램이 약물 사용을 중단하는 데 인지행동 개입만큼 효과적임을 보고한다(Kelly et al., 2017).

종합해볼 때, 심리치료에 대한 사회적 접근은 인간관계가 우리에게 얼마나 중요한지 보여준다. 심리치료가 어떻게 작용하는지, 한 치료가 다른 치료보다 나은지, 어떻게 문제가 시작되는지 이해하기 위해 어떤 이론을 적용해야 하는지는 명확하지 않을 수 있다. 그러나 개인치료나 모든 다른 형태의 집단치료를 포함한 사람들 사이의 사회적 상호작용이 정신장애를 치료하는 데 유용함은 분명하다.

정리문제

1. 정신역동의 근거는 무엇이고 핵심적인 기술은 무엇인가?
2. 현대 정신역동 이론가들은 프로이트식 분석과 어떤 측면에서 다른가?
3. 인본주의에서 보는 인간의 본성에 대한 관점은 정신역동의 관점과 어떻게 다른가?
4. 내담자 중심주의와 게슈탈트 치료의 특징은 무엇인가?
5. 행동주의자들이 본 정신역동 이론의 문제점은 무엇인가?
6. 인지 재구조화의 개념에 담긴 생각은 무엇인가?
7. CBT은 왜 문제 중심이고 활동 중심으로 볼 수 있나?
8. 언제 집단치료가 최선의 선택이 되는가?
9. 자조 및 지지 집단은 전통적인 심리치료와 어떻게 다른가?

생물학적 치료 : 뇌를 통한 마음 치유

역사가 시작된 이후로 사람들은 정신상태를 변화 혹은 향상시키고자 물질을 사용하여 왔다. 사람들은 기원전 7000년경부터 알코올을 만들려고 과일이나 다른 자연적인 물질들을 발효시켜왔다(McGovern et al., 2004). 고대 그리스의 의사들은 우울과 불안을 포함한 다양한 장애를 치료하기 위해 테리악(theriac)이라는 물질을 처방했다. 비록 테리악이 붉은 장미, 당근과 독사의 살점 등 많은 재료를 포함하지만, 특히 그중 하나인 아편이 긍정 효과를 발생시킨 것으로 본다. 1800년대 후반에, 비록 다수의 부작용으로 인해 금지된 약물로 분리되기는 하였으나, 의사들은 또한 코카인이 우울, 두통, 소화 등 다양한 문제에 대한 치료제로 작용할 수 있음을 발견하였다(Markel, 2011). 그 이후로 약물치료는 아편이나 코카인처럼 사용자를 기분 좋게 만드는 것은 포함하지 않는 방향으로 발전하게 된다. 그 대신에, 연구자들이 다른 정신장애와 관련된다고 믿는 뇌의 특정 신경전달물질을 목표로 하게 되었다. 이런 치료가 정신장애를 치료하는 가장 일반적인 의학적 접근이다.

항정신성 약물

항정신성 약물(antipsychotic drug)은 조현병이나 관련 장애에 사용하는 약물이다. 첫 번째 항정신성 약물은 1950년대에 나온 클로르프로마진(약물 이름은 토라진)으로 안정제로 처음 개발되었다. 또 다른 약물인 티오리다진(멜라릴)과 할로페리돌(할돌) 역시 개발되었다. 조현병을 가진 사람들은 이상한 증상을 보였고, 때로 그 행동이 너무 파괴적이고 다루기가 힘들었기 때문에 항정신성 약물이 소개되기 전에는 그 사람들과 다른 사람들을 보호하는 오직 유일한 방법은 병원에 장기입원을 시키는 것이었다. 이런 약물들이 소개된 이후로, 정신과 병원의 환자 수가 3분의 2 이상으로 줄었다. 항정신성 약물은 수십만 명의 탈기관화(deinstitutionalization)를 가능하게 하였고 **심리적 상태와 증상에 대한 약물의 효과를 연구하는 정신약물학**(psychopharmacology)의 주요한 발달 계기가 되었다.

　이 항정신성 약물들은 뇌의 특정 부위의 도파민 수용기를 막는 것으로 보인다(제14장 참조). 약물은 이 영역의 도파민 활동을 줄인다. 조현병 약물의 효과는 조현병이 시냅스에 있는 도파민 과다로 인한 것이라는 '도파민 가설'을 세우게 만들었다. 연구들은 실제로 뇌의 중변연계 영역의 도파민 과다가 환각이나 망상과 같은 조현병의 심한 정적 증상과 관련 있다고 한다(Marangell et al., 2003).

　비록 항정신성 약물이 정적 증상에 효과적이기는 하지만, 무감정 및 사회적 위축과 같은 조현병의 부적 증상은 도파민 저활성화와 관련된 것으로 밝혀졌다. 이 발견은 왜 항정신성 약물이 부적 증상을 없애지 못하는지를 설명하는 데 도움을 준다. 부적 증상을 다루기 위해서는 도파민 수용기를 막는 약물 대신에, 가용한 도파민의 양을 증가시켜야 한다. 이게 바로 의학치료가 전반적인 심리적 효과가 있으나 특정 증상을 개선시키지는 못함을 보여주는 좋은 예이다.

　지난 몇십 년 동안 클로자핀(클로자릴), 리스페리돈(리스페리달), 올란제핀(자이프렉사)을 포함하여 새로운 세대의 항정신성 약물이 소개되었다. 이 새로운 약물들은 비전형적 항정신성 약물로 불린다(이전 약물은 전형적 혹은 전통적 항정신성 약물로 지칭한다). 오래된 항정신성 약물과는 달리, 이 새로운 약물들은 두 종류의 수용기를 모두 막음으로써 도파민과 세로토닌 체계에 모두 영향을 주는 것으로 보인다. 세로토닌 수용기를 막을 수 있는 능력은 새로운 발전으로 보이는데, 조현병의 주요 증상의 일부(인지적·지각적 문제와 감정 저해)가 뇌에서 세로토닌 활동 증가와 관련 있을 가능성이 있기 때문이다. 이는 왜 비전형적 항정신성 약물이 적어도 조현병의 정

학습목표

- 항정신성약물이 뇌에 어떻게 효과적인지 설명한다.
- 항불안약물의 위험을 파악한다.
- 최신 항우울제가 뇌에 어떻게 영향을 주는지 설명한다.
- 어떤 약초가 효과적이라고 증명되었는지 밝힌다.
- 심리치료와 약물치료를 결합하는 것에 대한 장단점을 논한다.
- 심리치료와 명상이 효과적이지 않을 때 사용하는 치료 옵션에 대해 설명한다.

항정신성 약물　조현병과 관련된 정신증을 치료하는 데 사용하는 약물

정신약물학　심리적인 상태와 증상에 대한 약물 효과의 연구

항불안제 공포나 불안 경험을 줄이는 데 도움이 되는 약물

항우울제 사람들의 기분을 고양시키는 데 도움이 되는 약물

적 증상에 오래된 약물만큼 효과가 있을 뿐 아니라 부적 증상에도 잘 드는지를 설명해준다(Galling et al., 2017).

다른 모든 약물과 같이 항정신성 약물에도 부작용이 있다. 이런 부작용으로는 얼굴, 입과 말초에 불수의적 움직임을 수반하기도 한다. 실제로 환자들은 전통적 항정신성 약물이 주는 부작용을 줄이기 위해 다른 약을 필요로 하기도 한다. 새로운 약물에 대한 부작용은 과거 항정신성 약물에 비해서 약하다. 이런 이유로 비전형적 항정신성 약물이 조현병 치료에 가장 많이 쓰이고 있다(Meltzer, 2013).

항불안제

항불안제(antianxiety medications)는 공포나 불안 경험을 줄이는 데 도움이 되는 약물이다. 가장 일반적으로 사용되는 항불안 약물은 벤조디아제핀(benzodiazepines)으로 신경전달물질인 GABA(Gamma-aminobutyric acid)의 활동을 활성화하는 진정제의 한 종류이다. 제3장에서 읽었듯이, GABA는 뇌의 특정 뉴런을 억제하여 사람을 얌전하게 만드는 효과를 낸다. 일반적으로 처방되는 벤조디아제핀에는 디아제팜(바리움), 로라제팜(아티반), 알프라졸람(자낙스)이 있다. 벤조디아제핀은 몇 분 안에 효과가 시작되며 불안장애 증상을 줄이는 데 효과적이다.

그럼에도 요즘 의사들은 벤조디아제핀이 중독성이 높을 수 있기 때문에 매우 조심스럽게 처방한다(Bandelow et al., 2017). 졸림 또는 처짐과 같은 부작용이 있고, 협응력과 기억에 부정적인 효과가 있다. 그리고 벤조디아제핀은 알코올과 결합되면 호흡을 억제해 사고사의 원인이 되기도 한다.

항우울제와 기분 안정제

항우울제(antidepressant)는 사람들의 기분을 고양시키는 데 도움이 되는 약물들이다. 1950년대에 처음 소개된 항우울제 두 가지는 MAOI(monoamine oxidase inhibitor)와 삼환계 항우울제(tricyclic antidepressants)이다. MAOI는 모노아민 옥시다제라는 효소가 노르에피네프린, 세로토닌, 도파민과 같은 신경전달물질을 분해하는 것을 방해하는 약물이다. 삼환계 항우울제는 노에피네프린

TV에서 특정 약물에 대한 광고를 보았을 것이다. 소비자에게 직접적인 광고가 효과적인가? 물론이다. 최근 한 연구에선 환자로 위장한 사람을 의사에게 보내서 특정 약물을 요청하게 시켰고, 환자의 요구가 의사의 행동에 상당한 효과를 미친다는 것이 밝혀졌다. 특정 약물에 대한 요구는 요구하지 않은 약물보다 그 약물을 받을 가능성을 한층 증가시킨다(Kravitz et al., 2005).

Monkey Business/Getty Images

과 세로토닌의 재흡수를 막음으로써 뉴런 사이의 시냅스 공간의 신경전달물질의 양을 증가시킨다. 이 두 가지 부류의 항우울제는 혈압을 올리고 변비를 초래하며 배뇨가 어렵거나 시야가 흐려지고 심장이 빨리 뛰는 등의 부작용이 있기 때문에 잘 처방되지 않는다(Marangell et al., 2003).

가장 많이 사용되고 있는 항우울제는 선택적 세로토닌 재흡수 억제제(SSRIs)로 플루옥세틴(프로작), 시탈로프람(세렉사), 파록세틴(팍실) 등이 있다. SSRI는 뇌에서 세로토닌의 재흡수를 방해하여 뉴런 사이의 시냅스 공간에 세로토닌이 더 많게 만들어준다. 시냅스에서 세로토닌이 많으면 많을수록 뉴런이 이를 인식하고 신호를 보내준다. SSRI는 낮은 세로토닌 수준이 우울의 원인이 된다는 가정하에 개발되었다. 이 가설을 지지하듯, SSRI는 우울을 비롯해 다양한 종류의 문제에 효과적이다. SSRI는 선택적이라고 불리는데, 이는 세로토닌과 노르에피네프린에 모두 작용하는 다른 삼환계 항우울제와는 달리 세로토닌 체계에만 특정적으로 작용하기 때문이다(**그림 15.2** 참조).

마지막으로, 지난 몇 년간 에펙서(벤라팍신)와 웰뷰트린(부프로피온)과 같은 새로운 항우울제가 개발되었다. 에펙서는 세로토닌과 노르에피네프린 재흡수 억제제(serotonin and norepinephrine reuptake inhibitor, SNRI)이다. SSRI가 세로토닌에만 작용하는 반면, SNRI는 세로토닌과 노르에피네프린 모두에게 영향을 준다. 반면, 웰뷰트린은 노르에피네프린과 도파민 재흡수 억제제이다. 이런 새로운 항우울제는 삼환계 항우울제나 MAOI보다 부작용이 적은 것으로 보인다.

대부분의 항우울제는 효과를 보기까지 한 달 정도 걸린다. 우울의 증상을 경감시키는 것 이외에, 거의 모든 항불안제는 불안장애를 효과적으로 치료한다. 그러나 미국 식약청에 의해 진행된 출판 및 미출판된 자료에 근거한 고찰에서는 항우울제가 위약집단(설탕으로 만들어진 약물성분이 없는 알약)보다 약간 더 효과적임을 보고한다(Kirsch et al., 2008).

비록 항우울제가 주요우울증을 치료하는 데 효과적이지만 양극성장애 환자에게는 처방되지 않는데, 기분을 올리는 과정에서 조증 에피소드를 유발할 가능성이 있기 때문이다(제14장 참조). 그 대신 양극성장애는 기분 안정제로 치료하는데, 이 약은 조증과 우울증의 기복을 막아준다. 기분 안정제로 리튬과 발프로에이트가 주로 사용된다.

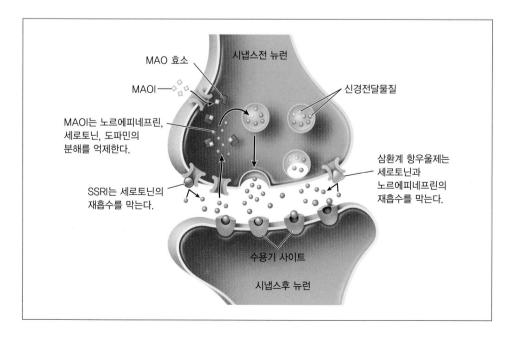

MAO 효소

MAOI

MAOI는 노르에피네프린, 세로토닌, 도파민의 분해를 억제한다.

SSRI는 세로토닌의 재흡수를 막는다.

시냅스전 뉴런

신경전달물질

삼환계 항우울제는 세로토닌과 노르에피네프린의 재흡수를 막는다.

수용기 사이트

시냅스후 뉴런

그림 15.2 항우울제 약물 활동 MAOI, SSRI, 혹은 삼환계 항우울제와 같은 항우울제는 세로토닌, 도파민, 노르에피네프린과 같은 신경전달물질이 분해되거나 재흡수되는 것을 막는 활동을 한다. 이러한 활동은 시냅스 간격에서 신경전달물질이 더 잘 분비되고 남게 만들어 시냅스후 뉴런의 수용기를 보다 활성화시킨다. 이러한 약물들은 우울을 감소시키고, 때로 불안이나 다른 질병을 경감시킨다.

허브와 자연제품

미국인 2,000명 이상을 대상으로 한 설문조사에서, 불안장애를 앓는 7%와 우울장애를 앓는 9%가 자신의 문제를 치료하기 위해 허브, 약초, 메가비타민, 유사의약품 등 대체 약품을 사용한다고 보고했다(Kessler et al., 2001). 사람들이 이런 제품을 이용하는 가장 큰 이유는 쉽게 살 수 있고 비싸지 않으며 합성이나 인조'약'에 대한 '자연' 대체물로 생각하기 때문이다. 허브와 자연제품은 정신건강 문제를 치료하는 데 효과적인가? 혹은 그것들은 그저 가짜 약에 불과한가?

이 질문에 대한 답은 간단하지 않다. (미국보건국과 같은) 검열기관은 허브제품을 약품으로 분류하지 않는다. 따라서 안정성과 논리성 확립을 위한 철저한 연구를 요하지 않는다. 다른 약품과의 상호작용, 내성, 금단증상, 부작용, 적절량, 기제, 효과성, 제조회사마다 다른 제품의 순수도 등, 허브제품에 대한 과학적 정보는 거의 없다(Jordan et al., 2010).

허브와 자연제품의 효과성을 보여주는 연구가 조금 있기는 하지만, 증거는 확실하지 않다(Lake, 2009). 예를 들어, 고추풀의 경우, 우울 경감에 위약조건보다 효과가 있음을 보여준 연구(예 : Lecrubier et al., 2002)가 있는 반면, 다른 연구들은 효과가 없다는 결과를 보고한다(예 : Hypericum Depression Trial Study Group, 2002). 오메가 3 지방산은 낮은 우울증 및 자살과 연결되어 있는데, 다양한 치료 연구는 오메가 3가 우울을 줄이는 데 플라시보 집단보다 우수함을 밝혀냈다(**그림 15.3** 참조)(Lewis et al., 2011; Parker et al., 2006). 비록 이런 허브약품과 치료가 지속적으로 연구될 가치가 있긴 하지만, 이런 제품들은 안정성과 효과성이 알려질 때까지 철저히 감독되고 조심스럽게 이용되어야 한다.

밝은 빛에 반복적인 노출을 하는 **광선치료**(phototherapy)는 계절에 따라 다른 우울 패턴을 보이는 사람들에게 유용하다. 계절성 우울증(SAD, 제14장 참조)을 가진 사람들이 이에 속한다. 전형적으로 이 사람들은 치료를 목적으로 전등을 이용해 아침에 밝은 빛에 노출된다. 일부 연구들은 광선치료가 SAD에 항우울제만큼이나 효과적이며(Thaler et al., 2011), 비계절성 우울에도 긍정적인 효과(부작용은 없음)를 보임을 보고한다(Perera et al., 2018).

약물과 심리치료 결합하기

심리치료와 약물이 모두 정신장애를 치료하는 데 효과적이라면, 자연스럽게 다음 질문은 "어떤

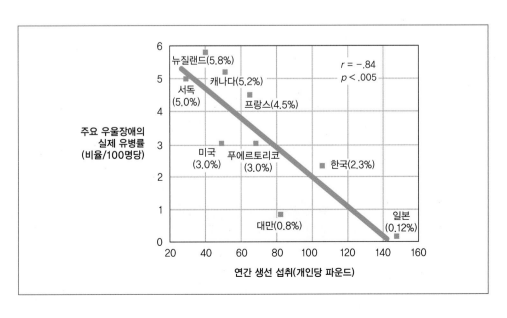

그림 15.3 오메가 3 지방산과 우울증 생선(오메가 3의 주요 영양원)을 많이 먹는 나라는 우울 유병률이 낮다(Hibblen, 1998). 그러나 상관이 인과관계가 아님을 기억하라. 다른 요소가 이 관계를 설명할 수 있다. 예를 들어, 해변 가까이 사는 것이나 또는 건강에 관심을 두는 것이 높은 오메가3 섭취나 낮은 우울을 예측한다.

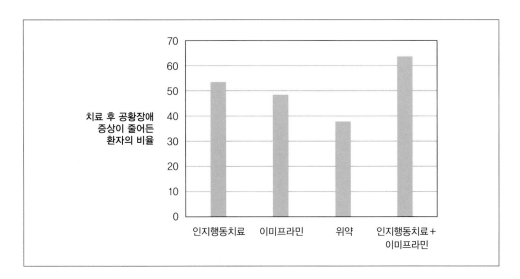

그림 15.4   **공황장애에 대한 약물과 심리치료의 효과**   공황장애에 대한 인지행동치료와 약물(이미프라민)의 효과를 살펴본 연구는 인지행동치료, 약물 그리고 이 둘을 결합한 치료의 경우 단기적으로는 이 세 조건 모두가 위약조건보다는 결과가 좋았지만, 치료 효과 측면에서 서로 유의하게 차이가 나지 않는다고 보고한다 (Barlow et al., 2000).

것이 더 효과적인가?"이다. 심리치료와 약물의 결합은 각각 보다 더 효과적인가?

답은 어떤 문제인지에 따라 다소 다르다. 예를 들어, 조현병과 양극성장애의 경우 연구자들은 약물이 심리치료보다 효과적이며 약물이 치료의 필수 요소라고 보고한다. 불안와 우울장애의 경우, 약물과 심리치료는 비슷하게 효과적이다. 한 연구는 공황장애의 치료에 인지행동치료와 이미프라민(토프라닐로 알려진 항우울제) 그리고 이 둘이 결합된 치료와 위약 조건을 비교하였다 (Barlow et al., 2000). 12주 치료 후에 인지행동치료 단독 그리고 이미프라민 단독 조건은 위약조건보다 효과가 월등히 좋았다. 결합 조건에서, 반응률은 위약 조건보다 높았지만, 인지행동치료 단독이나 약물 단독 조건보다 유의하게 높지는 않았다(**그림 15.4** 참조). 많은 게 항상 좋은 것은 아니다('다른 생각 : 진단 : 인간' 참조).

심리치료와 약물이 모두 효과적이라면, 이 둘은 비슷한 기제를 통해 작용하는가가 궁금해진다. 사회공포증 환자에 대한 연구는 세로토닌 재흡수 억제제(SSRI)나 인지행동치료 후에 뇌척수액의 패턴을 살펴보았다(Furmark et al., 2002). 양쪽 치료집단의 환자에게 곧 대중연설을 해야 할지도 모른다고 알려주었을때, 각 치료에 잘 반응했던(효과를 보였던) 환자들은 PET 스캔 시 편도체, 해마 그리고 주변 대뇌 영역에서 활동 감소를 보였다. 대중 연설 시(**그림 15.5** 참조), 해마 옆에 위치한 편도체는 감정 정보의 기억에 중요한 역할을 한다. 이런 결과는 두 치료 모두 위협과 관련된 뇌 영역에 동일한 효과를 보임을 시사한다.

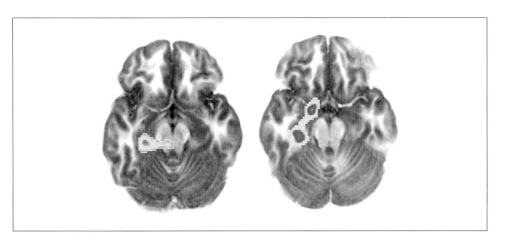

그림 15.5   **뇌에서 약물과 치료의 효과**   사회공포증 환자의 PET 스캔은 인지행동치료(왼쪽)와 SSRI인 시탈로프람(오른쪽)으로 치료받은 집단에서 모두 치료 후 편도체와 해마에서 활동의 감소가 발생했음을 보여준다(Furmark et al., 2002).

진단 : 인간

테드 거프는 작가이자 브라운 대학의 방문 강사이다.

Courtesy Ted Gup

더 많은 사람들이 심리치료와 약물치료를 받아야 하는가? 혹은 숫자가 줄어야 하는가? 일부는 정신장애를 가진 대다수의 사람들이 치료를 받지 않으며, 치료되지 않은 정신장애는 고통과 괴로움의 원인이 된다고 주장한다. 반면, 우리는 정상 행동을 너무 성급하게 '장애'로 간주하고 우리를 불편하게 하는 행동-사고-감정을 약물로 해결하려 한다고 주장하는 사람들이 있다. 테드 거프(Ted Gup)도 이 중 하나이다. 다음은 2013년 4월 3일 뉴욕타임스에 '진단 : 인간'이라는 제목으로 실린 기사이다.

11%, 약 640만 명의 학령기 아동이 주의력결핍 행동장애로 진단을 받는다는 사실은 소름을 돋게 만든다. 내 아들 데이비드도 그 진단을 받았다.

아들은 초등학교 1학년 때 진단을 받았다. 심지어 아들을 만나기 전에 약을 처방한 정신과 의사들도 있었다. 한 정신과 의사는 아들이 약을 먹기 전까지는 만나지 않겠다고 말했다. 1년 동안 나는 약을 거부했지만, 결국 항복했다. 그래서 데이비드는 증상을 호전시킨다고 알려진 리탈린, 애더럴 그리고 다른 약을 복용하였다.

좀 더 커서는 데이비드는 '천방지축'으로 불렸다. 몸에 비해 에너지가 좀 많았다. 그는 소파에서 천장까지 정신없이 뛰었으며, 크고 작은 떼쓰기를 하는 등 기운이 넘쳐 났다.

데이비드는 대학교 4학년인 21세에 알코올과 약물의 치명적인 조합으로 인해 자기 방 바닥에서 시체로 발견되었다. 2011년 10월 18일이었다. 아무도 그에게 헤로인과 알코올을 마시게 하지 않았으나 나는 나와 내 주변 사람들의 탓으로 돌리고 싶다. 나는 심리치료의 가치를 폄하하는 시스템에 나도 모르게 물들어 급하게 약을 시작했고 이로 인해 의도하지 않게 약물 자가 처방이 문제가 없다는 메시지를 전달한 것이다.

내 아들은 천사가 아니었으며(우리에겐 천사였지만), 애더럴을 먹고 싶어 안달하는 친구들 사이에 약을 제공하는 시장을 만들었다. 그가 한 일은 용서되지 않지만, 이해할 수는 있다. 그가 한 일은 큰 제약회사가 아동에게 테스트된 바 없고 승인이 나지 않은 약물을 원래의 승인 내용과 다른 목적으로 사용해(off-label use) 이익을 추구하는 자신이 자란 사회를 반영하는 시장을 만든 것이다.

약물을 권장하는 환경에서 자란 학생들은 수행 증진을 위해 학급에서 약물을 배급함으로써 전문가들과 경쟁한다. 그리고 우리는 왜 그들이 약물을 남용하는지 못내 궁금하다. 부모들은 유감스럽게도 아이들이 학교나 가정에서 배우며, 청소년으로서 혹은 성인으로서 창조한 문화는 그들이 아동기 때 경험한 것을 모방한 작은 세계임을 깨닫는다.

우리는 방송과 대중매체가 수면에서 성생활까지 다 고칠 수 있다고 주장하는 커다란 제약 시장인 시대에 살고 있다. 나는 인간이라는 것 자체가 빠르게 하나의 조건으로 전락하는 것에 공포를 느낀다. 마치 우리가 애도와 상실에 대한 극단적인 고통을 받아들이지 못하는 듯하다. 우리는 생사, 인간성, 노화의 패턴 그리고 결국 사망 원인에 대한 혼란스러움으로부터 놀랄만큼 멀어지고 소원해져 간다.

도전과 어려움은 병리화되고 무시되어 가고 있다. 적응기술을 기르기보다는 그 능력을 과소평가하고, 있지도 않은 지름길을 찾으며, 삶에서 기대야 하는 탄력성을 망가뜨리고 있다.

정신장애를 명명하고 치료하는 것에 대해 너무 많이 온 건 아닌지? 혹은 너무 덜 간 것은 아닌지? 한편으로 우리는 성급하게 정상행동에 대해 진단하고 약물을 줘서는 안 된다. 하지만 다른 한편으로 정말 정신장애로 고생하고 있는 사람들에게 도움을 제공해야 한다. 한 가지 가능성은 잘 훈련된 전문가에 의해 철저하게 평가받은 후 진단하고 치료할 수 있게 만드는 것이다. 이렇게 되었을 때, 우리는 정신건강전문가가 내담자가 가진 문제가 정말 장애이며 치료가 필요한지 아니라면 그냥 인간으로서 누구나 겪는 문제인지에 대해 조심스럽게 결정 지을 수 있다.

약물과 심리치료를 결합하기 어려운 가장 큰 이유는 이 치료가 서로 다른 전문가에 의해 제공된다는 것이다. 정신과 의사들은 의대에서 약물 투여(심리치료도 같이 할 수 있음)를 훈련받는 반면, 심리학자들은 약물이 아닌 심리치료를 훈련받는다. 이 말은 치료의 조절에 심리학자와 정신과의사 사이의 협업이 필요하다는 것이다.

심리학자가 처방권을 가져야 하는가에 대한 문제는 심리학자와 의사 간 오랜 논쟁 이슈였다. 오늘날 5개의 주(루이지애나, 뉴멕시코, 일리노이, 아이오와, 아이다호)에서 심리학자가 약물을 처방하는 법을 통과시켰고, 또 다른 5개의 주에서 이를 고려 중이다. 반대자들은 심리학자는 약물이 다른 약물과 어떻게 상호작용하는지 이해하기 위한 의학적 수련을 받지 못했다고 주장한다. 찬성하는 사람들은 철저한 훈련이 있는 한 환자들의 안전 문제는 없을 것이라 주장한다. 현재로선 약물과 심리치료의 조절은 정신과 의사와 심리학자의 협업을 요한다.

약물 이외의 생물학적 치료

약물은 효과적인 생물학적 치료법이지만, 일부에게 약물은 효과가 없으며 부작용도 심하다. 이런 사람들에게 심리치료도 효과적이지 않으면 증상 완화에 어떤 방법이 사용될 수 있을까? 도울 수 있는 다른 방법이 있기는 하지만, 좀 위험하며 잘 알고 있는 방법도 아니다.

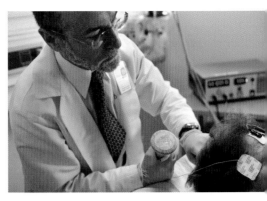

ECT는 심한 우울증 치료에 효과적일 수 있다. 부작용을 줄이기 위해서 마취 상태에서 실시한다.

Richard Perry/The New York Times/Redux

심각한 정신장애에 대한 생물학적 치료로 가장 많이 사용되는 것은 충격 치료라고도 불리는 **전기충격요법**(electroconvulsive therapy, ECT)인데, 이는 뇌에 전기 충격을 가함으로써 짧은 발작을 유발시키는 방법이다. 1초 미만 동안 환자의 두개골에 충격을 준다. ECT는 양극성장애 치료에 사용되기도 하였지만, 주로 항우울제에 반응하지 않는 심한 우울증을 치료하는 데 사용되었다(Khalid et al., 2008; Poon et al., 2012). 환자는 미리 근육이완을 처치받고 마취를 한 후 ECT를 받으므로 절차를 의식하지 못한다. ECT의 주요 부작용은, 일반적으로 치료 종료 후 1~2개월 후에 회복되긴 하지만, 단기 기억의 손상이다. 게다가 이 과정을 거치는 환자들은 때로 후에 두통이나 근육통을 호소한다. 이런 부작용에도 불구하고 치료는 효과적이다. ECT는 모의 ECT, 위약집단 및 삼환계나 MAOI 같은 항우울제보다 효과적이다(Pagnin et al., 2008).

두개골 간 자기 자극법(transcranial magnetic stimulation, TMS)은 강력한 전극을 띤 자기를 환자의 두피 위에 배치하여 뇌의 신경활동을 변화시키는 방법이다. TMS가 우울 치료로 사용될 때, 전극을 좌우 양쪽 팔꿈치 바로 위에 꼽고, 좌 혹은 우 전전두엽(우울을 담당한다고 여겨지는 영역)을 자극한다. ECT와 달리 TMS는 비침투적이고 부작용이 적다. 약한 두통과 약한 간질 발작이 있지만 미미하여 기억이나 주의집중에 영향을 주지 않는다. 4~6주 동안 왼쪽 전전두엽 피질에 TMS를 사용해 약물에 반응을 보이지 않는 환자들을 치료하는 것이 효과적임을 보고한다(Perera et al., 2016). 실제로 TMS와 ECT를 비교한 최근 연구는 두 과정이 모두 효과적이며, 차이가 없다고 보고한다(Janicak et al., 2002). 다른 연구들은 조현병의 환청을 치료하는 데 사용될 수 있음을 밝혀냈다(Aleman et al., 2007).

아주 드문 경우에, 심각하고 치료에 반응하지 않는 특정 정신과적 질병을 치료하기 위하여 뇌의 특정 부분을 외과적으로 파괴하는 **정신외과술**(psychosurgery)이 사용된다. 정신외과술은 1930년대 처음으로 로보토미(lobotomy)를 실시한 이후로 역사적으로 논쟁이 되어왔다. 로보토미는 환

전기충격요법(ECT) 뇌에 전기 충격을 가함으로써 짧은 발작을 유발시키는 방법

두개골 간 자기 자극법(TMS) 강력한 전극을 띤 자기를 환자의 뇌에 심어 뇌의 신경활동을 변화시키는 치료

정신외과술 특정 뇌 부위를 외과적으로 파괴하는 것

두개골 간 자기자극법은 연구자와 임상가가 전기 지팡이를 이용하여 뇌 활동을 변화시키게 하는 기술이다.

Orlando Sentinel/Getty Images

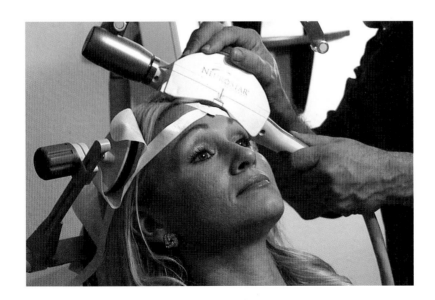

자의 눈동자나 뇌의 측면에 구멍을 뚫어 어떤 도구를 삽입하는 절차이다. 목적은 감정을 담당한다고 알려진 뇌의 안쪽 영역인 시상 등과 전두엽의 연결을 끊는 것이다. 비록 일부 로보토미가 긍정적인 결과를 산출했으나 극심한 피로감, 어린아이 같은 충동 등과 같은 영구적이고 치명적인 부작용을 보일 수도 있다. 1950년대 항정신성 약물의 발전은 공격적인 환자를 치료하는 안전한 방법을 제공하였고 로보토미를 더 이상 사용하지 않게 되었다(Swayze, 1995).

정신외과술은 요즘에는 거의 사용되지 않으며, 다른 치료가 모두 효과가 없고, 증상이 너무 심각한 극단적인 사례에만 사용된다. 현대 정신외과술에서는 특정 증상과 관련 있다고 밝혀진 특정 뇌 부위를 제거하기 위해 아주 세밀한 제거술이 이용된다. 예를 들어 다양한 약물이나 인지치료에 반응하지 않는 강박증을 가진 사람들은 대상회절개술(cingulotomy)이나 피막전개술(anterior capsulotomy)이라고 불리는 특정 수술 절차로부터 도움을 받을 수 있다. 대상회절개술은 대상회(그림 3.18 참조) 혹은 대상회전(cingulate gyrus, 뇌량 위의 골)의 일부를 파괴하는 것이다. 강박 사고와 강박행동에 관련된 것으로 알려진 뇌의 두 영역은 정신외과술의 사례가 많지 않기 때문에 다른 치료보다 이 기법에 대한 연구가 상대적으로 적다. 그러나 연구들은 정신외과술이 심각한 강박장애 환자에게 장, 단기적으로 현저한 향상을 가져온다고 보고한다(Csigó et al., 2010; van Vliet et al., 2013).

뇌 자극법(deep brain stimulation, DBS)이라 불리는 마지막 방법은 정신외과술과 ECT 혹은 TMS 등과 같은 전기자극을 혼합해 이용하는 방법이다. 뇌 자극법은 작은 전동 기구를 뇌에 삽입하고 목표 장애와 관련 있다고 생각되는 뇌의 특정 부분에 전기자극을 하는 방법이다(**그림 15.6** 참조). 이 기술은 강박장애 치료에 매우 효과적이며(Abelson et el., 2009) 다양한 신경학적 문제가 있는 사람을 도울 수 있다. 이 방법은 파킨슨병이 가져오는 몸 떨림(Perlmutter & Mink, 2006)이나 다른 치료로는 불가능한 심각한 우울에 효과적임이 밝혀졌다(Mayberg et el., 2005). 정신외과술을 마지막 치료 방법으로 보았던 예전과는 달리 특정 정신장애에서 비정상적으로 가능하다고 알려진 뇌 회로에 초점을 맞추는 새로운 치료가 효과적일 수 있다는 희망이 생겨나고 있다(Ressler & Mayberg, 2007).

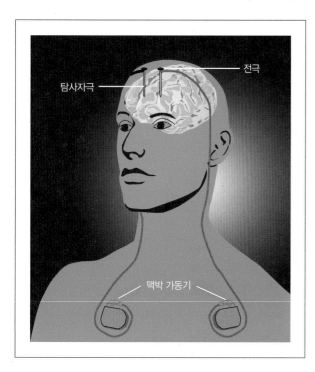

전극

탐사자극

맥박 가동기

그림 15.6 DBS 깊은 뇌 자극은 배터리로 움직이는 자극을 정신장애를 일으킨다고 여겨지는 뇌의 특정 영역에 꽂아 전기자극을 전달하는 방법이다.

정리문제

1. 항정신성 약물은 무슨 작용을 하는가?
2. 비전형적 항정신성약물의 장점은 무엇인가?
3. 항불안제를 처방할 때 주의해야 하는 이유는 무엇인가?
4. 항우울제는 신경전달물질에 어떻게 영향을 주는가?
5. 항우울제가 왜 조울증에는 처방되지 않는가?
6. 왜 약물처럼 약초나 자연 물질을 면밀히 조사하지 않는가?

7. 어떤 약초가 효과적이라고 증명되었는가?
8. 정신장애를 치료하는 데 치료와 약물이 비슷하게 작용하는가?
9. ETC의 장점과 위험성은 무엇인가?
10. TMS의 절차는 무엇인가?
11. 정신외과술은 언제 가장 적절한가?

치료 효과 : 더 좋게 혹은 더 나쁘게

이 장의 초반에 소개한 크리스틴과 죽은 쥐를 생각해보자. 크리스틴이 노출과 반응 방지 대신 정신분석이나 정신외과술을 받았다면? 이런 대안 치료가 그녀의 강박증 치료에 효과적이었을까? 이 장을 통해서 우리는 정신장애를 가진 사람들을 돕기 위한 다양한 심리적·생물학적 치료법을 살펴보았다. 그러나 이런 치료법이 과연 효과적인가? 그렇다면 어떤 치료가 다른 치료보다 나은가?

제2장에서 배웠듯이, 어떤 효과에 대해 특정한 원인을 찾는 것은 매우 어려운 탐색 과제이다. 특히 내담자와 전문가는 그냥 좋아진 것을 느끼거나, 그대로거나 혹은 더 나빠진 것 같다는 느낌대로 결론을 내리는 것처럼 치료 평가에 대해 매우 비과학적인 방법을 택하기 때문에 원인 규명은 매우 어렵다. 치료의 효과성에 대한 결정은 착각을 일으키기 쉬우며 오직 조심스럽고 과학적인 평가에 의해서만 가능하다.

치료 착각

여러분이 병이 났고 의사가 "약을 복용하시오"라고 했다고 상상해보자. 의사의 지시를 따랐고 회복되었다고 하자. 무엇 때문에 회복되었다고 생각하는가? 한 가지 가능성은 약물로 병을 고쳤다고 생각할 수 있다. 그러나 이런 결론은 치료 착각과 관련되었을 수 있다. 세 가지 종류의 치료 착각에는 자연 치유, 위약효과 혹은 재구조화된 기억이 있다. 각각을 자세히 살펴보자.

1. 자연 치유

자연 치유는 증상이 평균 수준으로 돌아오는 경향을 말한다. 이는 그냥 좋아졌는데 치료가 병을 낫게 했다고 잘못 결론을 내릴 때 발생한다. 사람들은 일반적으로 증상이 극심할 때 치료나 약을 찾는 경향이 있는데, 이 경우, 내담자의 증상은 치료를 받았는지에 관계없이 좋아지게 마련이다. 아주 밑바닥에 있을 때는 올라올 수밖에 없다. 예를 들어, 치료받을 만큼 심각한 우울증은 무엇을 하든 몇 달 안에 좋아지게 마련이다. 치료가 전형적인 질병의 경과와 다시 건강을 되찾는 사이클과 일치하기 때문에 우울증 치료를 받는 사람은 치료가 효과적이라는 착각을 하게 된다. 치료가 효과적이라는 것을 혹은 관찰된 변화가 자연적인 치유에 의한 것이 아니라는 것을 어떻게 알 수 있는가? 제2장에서도 논의했듯이 우울한 사람의 반을 치료 집단에 할당하고 나머지는 치료를 받지 않게 한 후 치료를 받은 사람이 더 많이 좋아지는지 보는 실험을 할 수 있다. 다음에서 설명하듯이 이 방법이 바로 연구자들이 서로 다른 치료법을 테스트하는 방법이다.

2. 위약 효과

추정되는 치료의 활성성분 질환은 관련 없는 비특정적 효과에 의해서 회복될 수도 있다. 그 예로 **위약**(placebo), 즉 치료 효과가 생기리라는 기대하에 적용하는 가짜 약물이나 절차에 의해서 발생하는 긍정적 효과를 들 수 있다. 예를 들어, 두통이 있었고 통증약이 포함되지 않은 알약을 타이레놀이나 아스피린으로 생각하고 먹었고, 그 결과로 두통이 사라졌다면 그 알약은 위약으로 볼 수 있다. 위약은 심리치료에서 큰 영향을 끼칠 수 있다. 불안, 우울 그리고 다른 정서적 의학적 문제를 가진 많은 사람들이 위약 치료 후에 상당한 호전을 보였다는 연구들이 있다.

3. 재구조화된 기억

세 번째 치료 착각은 내담자의 회복에 대한 동기가 최초 증상에 대해 **재구성된 기억**을 만들 때 발

학습목표

- 치료 착각을 기술한다.
- 치료연구에서 사용하는 연구방법을 설명한다.

위약 치료 효과가 생기리라는 기대하에 적용하는 가짜 약물이나 절차

"만약 이게 도움을 주지 못해도 걱정 마세요. 이건 위약입니다."
Paul Noth/The New Yorker Collection/Cartoonbank.com

생한다. 치료 때문에 호전되었다고 생각하지만, 실은 치료 전의 증상이 실제보다 훨씬 더 나빴었다고 잘못 기억하고 있을 수 있다. 예를 들어, 치료의 효과에 대해 기대가 큰 내담자는 과거 증상이나 문제를 더 나쁘게 기억하여 치료가 보다 효과적이었다고 생각함으로써 전혀 도움이 안 되었던 치료조차 효과가 있었다고 평가할 수 있다.

치료 연구 : 근거 찾기

우리가 사용하는 치료가 실제로 작용하며 필요 없거나 위험한 절차로 시간을 낭비하는 것이 아니라는 것을 어떻게 확신하는가? 심리학자들은 제2장에 기술된 방법을 이용해 이전 장에서 다룬 각기 다른 정신장애에 어떤 치료가 효과적인지를 확인하는 실험을 진행한다.

치료 결과 연구는 어떤 특정 치료가 증상을 줄이는지를 평가하기 위해 설계된다. 예를 들어, 우울에 대한 새로운 치료 효과를 연구하기 위해서 연구자는 우울을 가진 사람들을 모집하고 6주 기간 동안 그중 반은 새로운 치료 집단에 그리고 나머지 반은 무처치 통제집단에 무선적으로 배정한다. 두 집단의 우울 증상에서의 변화를 비교함으로써 우리는 무처치 통제집단에 비해 치료집단에서 우울이 어느 정도 향상되었는지 알 수 있다.

반면, 우리는 위약 효과에 의해서 어떤 치료를 받아도 증상의 변화가 있을 수 있음을 알고 있다. 관찰된 변화가 위약 효과에 의한 것인지 판단하기 위해서는 환자의 반은 선호되는 치료에 그리고 나머지 반은 효과적으로 보이는 치료에 무선할당할 수 있다. 이상적으로 치료는 이중 맹목 실험(double-blind experiment), 즉 참가자와 연구자/치료자가 모두 어떤 참가자가 어떤 치료를 받는지 모르는 연구에 의해 평가되어야 한다. 약물 연구의 경우, 실제 약물과 위약을 참가자나 연구자 모두에게 같게 보이도록 만드는 것이 어렵지 않다. 심리치료 연구에선 참가자와 연구자를 모르게 만드는 것은 더욱 어렵다. 그럼에도 치료를 다른 치료(다른 심리치료나 약물)나 무처치 집단과 비교함으로써, 연구자들은 어떤 치료가 효과적이며 서로 다른 장애에 어떤 치료가 가장 효과적인지 결정할 수 있다.

근거에 따르면 어떤 치료가 효과적인가

한스 아이젱크(Hans Eysenck, 1916~1997)라는 뛰어난 심리학자는 1957년부터 발표된 심리치료 효과에 대한 연구를 고찰하고 심리치료, 특히 정신분석은 효과적이지 않을 뿐 아니라 회복을 방

표 15.2 약물이나 다른 치료와 비교한 특정 심리치료 목록		
장애	치료	결과
우울	인지행동치료	심리치료=약물 심리치료＋약물＞각각 치료
공황장애	인지행동치료	심리치료＞추후 회기에서 약물 심리치료=종료 시 약물 심리치료와 약물＞위약
외상후 스트레스장애	인지행동치료	심리치료＞현재중심치료
불면증	인지행동치료	심리치료＞약물 또는 위약
알츠하이머 환자의 우울과 신체 건강	운동과 행동관리	심리치료＞일반적인 의학 처치
걸프전 군인의 장애	인지행동치료와 운동	심리치료＞일상적인 치료 혹은 대안치료

출처 : Information from Ellis (1991).

해할 수도 있다는 결론을 내려 치료자들을 분노시켰다(Eysenck, 1957). 그 후로 많은 연구자들이 연구를 통계적으로 조사하였고, 보다 긍정적인 결론을 내렸다. 일반적으로 심리치료를 받은 환자는 받지 못한 환자들의 4분의 3보다 더 잘 기능하며(Seligman, 1995; Smith et al., 1980), 치료의 효과성을 지지하는 강력한 증거가 있다(Nathan & Gorman, 2002). 핵심 질문은 "어떤 치료가 어떤 문제에 효과적인가?"로 귀결된다(Hunsley & Di Giulio, 2002).

어떤 심리학자들은 모든 심리치료가 비슷하게 효과적이라고 주장한다. 이 관점에선 모든 심리치료에 공통적인 전문가와의 접촉이나 관심과 같은 일반적인 요소가 변화를 일으킨다고 주장한다(Luborsky et al., 2002). 반면, 다른 학자들은 특정 증상을 치료하는 어떤 치료는 다른 치료보다 더 효과적이라고 주장한다. 최근 치료에 대한 고찰은 약물을 포함해서 다른 치료와 비슷하거나 더 효과를 보고한 다수의 특정 심리치료를 밝혀냈다(Barlow et al., 2013). **표 15.2**는 이런 치료법의 목록이다.

일부 연구자와 임상가는 대학에서 진행된 잘 통제된 연구에서 나온 연구들이 실제 현장에서도 작용할 것인가에 대해 의문을 가질 수 있다. 예를 들어, 문헌에 보고된 거의 대부분의 연구는 인종을 다양하게 포함하지 않고 있기 때문에 이런 치료법이 인종 및 문화적으로 다양한 사람들에게 효과적일지가 의문이다. 가능한 모든 정보를 포괄적으로 고찰한 한 연구는 비록 한계는 있지만 근거기반 심리치료가 소수 민족 내담자에게도 효과적임을 보여주었다(Miranda et al., 2005).

연구에서 효과적으로 증명된 치료(소수인종의 비율이 낮음)는 다양한 인종의 사람들에게 비슷하게 효과적임이 증명되었다(Miranda et al., 2005).

Wavebreak Media Ltd/Alamy; Mary Kate Denny/Photoedit

의원성 질병 의학적 혹은 심리치료의 결과로 발생하는 증상이나 장애

어떤 치료가 효과적인가에 대한 질문보다 심리치료나 약물치료가 실제로 부작용이 있는지에 대한 질문이 더 어렵다. 약물 광고에 있는 부작용 목록, 약물 상호작용 가능성 그리고 합병증이 찍혀 있는 목록을 살펴본 사람이라면 약물치료의 위험성에 대해 확실하게 알 것이다. 심리치료에 사용되는 일부 약물은 중독될 수 있고, 심각한 금단 증상과 장기의존을 초래할 수 있다. 어떤 사람들은 약물은 원하지 않는 증상을 다른 것으로 바꾸는 것(우울을 성적 무관심으로, 불안을 중독으로, 성마름을 늘어짐이나 무감각으로)일 뿐이라고 약물치료를 강력하게 비판한다(Breggin, 2000).

심리치료의 위험은 포착이 어렵지만 어떤 경우엔 실제로 그것을 지칭하는 표현이 있다. **의원성 질병**(iatrogenic illness)은 의학적 혹은 심리치료의 결과로 발생하는 증상이나 장애이다(Boisvert & Faust, 2002). 예를 들어 이런 질병은 실제로 내담자는 질병이 없는데 심리학자가 질병이 있다고 확신할 때 생길 수 있다. 결과적으로 치료자는 내담자가 진단을 받아들이고 그 장애를 치료하기 위해 치료받기를 조장한다. 그 질병에 대해 치료를 받으면서, 내담자는 어떤 상황하에선 바로 그 질병의 조짐을 보일 수 있고, 그때 의원성 질병이 발생하게 된다. 예를 들어, 치료를 받으면서 자신이 해리성 정체성장애(혹은 다중 인격장애)가 있다고 믿거나, 혹은 치료 전에는 증거가 전혀 없었지만 치료 중 최면이나 암시를 통해 어린 시절 외상을 겪었고 그 사건에 대한 기억을 '회복'했다고 주장하는 내담자들이 있다(McNally, 2003).

심리학자들은 효과적인 치료방법뿐 아니라 해가 되는 치료 목록도 만들어내었다. 이렇게 하는 목적은 다른 연구자, 임상가 그리고 대중에게 어떤 치료를 피해야 하는지 알려주기 위함이다. 고등학교 때 D.A.R.E.(Drug Abuse and Resistance Education, 약물 남용 및 저항 교육)가 있었는가? 결정적-사건 스트레스 보고(critical-incident stress debriefing, CISD), 신성한 통찰, 혹은 부트캠프 프로그램에 대해 들어본 적이 있는가? 효과적일 것처럼 들리지만 과학적인 실험들은 이런 치료에 참가했던 사람들이 실제로 그 후에 증상이 악화되었음을 보고한다(표 15.3; Lilienfeld, 2007)!

치료의 강력한 영향력을 조절하기 위해, 심리학자들은 정신질환을 가진 사람을 치료할 때 지켜야 하는 윤리적인 기준을 가지고 있다(American Psychological Association, 2002). 미국심리학회 회원으로 남기 위해선 이런 기준을 지켜야 한다. 또한 면허증위원회 또한 치료에서 윤리기준을 얼마나 잘 지키는지를 감독한다. 이런 윤리 기준은 다음을 포함한다. (1) 내담자에게 도움이 되고 해를 끼치지 않기, (2) 내담자와 신뢰관계 구축, (3) 정확성, 정직성, 믿음을 증진, (4) 공정하고 편견이 없는 치료 제공, (5) 모든 사람들의 존엄과 가치를 존중. 정신장애를 겪고 있는 사람이 심리학자에게 도움을 구하러 오면 적어도 이런 기준을 고수해야 한다. 이상적으로 환자가 고통에서 벗어나기를 원하면 그렇게 될 가능성이 커진다.

표 15.3 해가 될 수 있는 심리치료

치료 유형	잠재적 해	증거
결정적-사건 스트레스 보고	PTSD 위험성 증대	RCT
스캐얼드 스트레이트 (Scared Straight)	품행문제의 악화	RCT
품행장애 대상의 부트캠프	품행문제의 악화	메타분석(논문고찰)
D.A.R.E. 프로그램	술과 약물 사용 증대	RCT

출처 : Information from Lilienfeld (2007).

정리문제

1. 세 가지 치료 착각은 무엇인가?
2. 위약 효과란 무엇인가?
3. 치료 효과성 연구에 사용되는 방법은 무엇인가?
4. 이중 맹목 실험이 치료 효과성을 평가하는 데 왜 중요한가?

5. 심리학자들은 어떤 치료가 효과적이며 어떤 치료가 위험할 수 있는지 어떻게 알 수 있나?
6. 심리치료는 어떻게 해가 될 수 있는가?

제15장 복습

치료 : 필요한 사람들을 돕기

- 정신장애는 가끔 잘못 이해되는 경우가 있고, 이 때문에 치료되지 않은 채 방치된다.
- 치료되지 않은 정신장애는 개인의 능력에 영향을 미칠 뿐 아니라 사회나 경제적인 부담이 되기 때문에 그 대가가 매우 비싸다.
- 정신장애로 고통받는 사람들의 대다수는 필요한 도움을 받지 못한다. 또한 자신이 문제가 있다는 사실을 의식하지 못하며, 도움받는 것에 관심이 없거나, 혹은 치료를 받는 데 현실적인 어려움이 있다.
- 치료에는 마음에 초점을 두는 심리치료와 뇌와 신체에 초점을 두는 의학 및 생물학적 방법, 그리고 이 두 가지 접근의 결합된 형태가 있다.

심리치료 : 상호작용을 통한 마음 치유

- 정신분석을 포함한 정신역동 치료는 내담자가 자신의 무의식적 갈등에 대해 통찰할 수 있게 돕는 것을 강조한다.
- 인본주의(예 : 내담자 중심 치료)와 실존적 접근(예 : 게슈탈트 치료)은 내담자가 개인적 성장감을 발달시키는 데 초점을 둔다.
- 행동치료는 특정 문제행동에 대해 학습이론을 적용한다.
- 인지치료는 내담자가 살면서 일어나는 사건에 대해 생각하는 방법을 바꾸고 인지행동치료는 인지와 행동적 접근의 결합이다.
- 집단치료는 커플이나 가족 혹은 자신의 문제를 해결하려는 목적으로 모인 사람들을 주요 대상으로 한다.

생물학적 치료 : 뇌를 통한 마음 치유

- 항정신성 약물은 특정 뇌 부분에서 도파인 수용체를 막음으로써 도파인 활동을 줄인다. 이 약물 등은 조현병의 정적 증상을 치료하는 데 사용된다.
- 항불안제는 불안장애를 줄이는 데 사용되는데, 남용의 위험이 있다.
- 항우울제는 뇌의 세로토닌 수준에 영향을 주며 우울과 관련 장애를 치료하는 데 사용한다.
- 약초나 자연 물질은 관련 기관에 의해 약물로 간주되지 않으므로 엄격한 조사를 받지 않는다. 비록 그 효과성에 대한 과학적 정보가 제한되기는 하지만, 일부는 긍정적인 효과가 있는 것으로 보인다.
- 약물은 심리치료와 결합되어 사용된다.
- 전기충격요법(ECT), 두개골 간 자기자극법(TMS), 정신외과술과 같은 생물의학적 치료는 다른 치료가 모두 효과가 없는 극한 사례에서 사용된다.

치료 효과 : 더 좋게 혹은 더 나쁘게

- 치료 중 향상이 반드시 치료가 효과적임을 시사하지 않는다. 그보다는 자연 치유, 비특정적 치료 효과(예 : 위약 효과) 그리고 재구조화된 기억 과정을 반영하는 것일 수 있다.
- 치료 연구는 치료 효과 여부를 결정하기 위해 위약 통제나 맹목기법 등 과학적인 연구 방법을 사용한다.
- 정신장애의 치료는 무처치 치료보다 일반적으로 더 효과적이지만, 어떤 장애에는 특정 치료가 효과적이며, 일부 치료는 특정 장애에 대해 다른 치료보다 효과적이다. 심리치료와 약물 모두 윤리적으로 고려해야 하는 위험이 있다.

핵심개념 퀴즈

1. 정신장애가 있을 때 치료를 받지 않는 이유가 아닌 것은?
   a. 사람들은 자신이 가진 장애가 치료가 필요하다는 것을 인지하지 못할 수 있다.
   b. 정신장애를 가진 사람들의 장해의 수준은 만성 신체 장애를 가진 사람들과 같거나 높다.
   c. 도움을 받지 못하게 막는 신념이나 상황 등 치료 방해 요소가 있다.
   d. 자신이 문제가 있다고 인지하는 사람들도 어디서 서비스를 받아야 하는지 모른다.
2. 다음 중 옳게 기술한 것은?

   a. 정신장애는 매우 드문데, 100명 중 1명 만이 심리장애를 겪는다.
   b. 정신장애를 가진 대다수의 개인들은 치료를 찾는다.
   c. 여자와 남자는 정신장애에 대해 치료를 찾을 확률이 비슷하다.
   d. 대부분의 경우에 정신장애는 신체장애만큼 심각하지 않다.
3. 정신장애에 대한 가장 효과적인 치료는 _____이다.
   a. 요가
   b. 최면
   c. 심리치료, 약물 혹은 이 둘의 결합된 것
   d. 대다수의 사람들이 그냥 좋아지므로 아무것도 하지 않는 것

4. 절충적 심리치료는 _____,
   a. 꿈의 해석에 집중한다.
   b. 내담자에게 생소한 환경을 소개한다.
   c. 다양한 치료로부터 기술을 가져온다.
   d. 저항 분석에 초점을 둔다.

5. 다양한 정신분석치료는 _____이라는 강조점을 공유한다.
   a. 집단적인 무의식의 영향
   b. 심리적 문제에 대해 책임감을 가지는 것의 중요성
   c. 행동과 인지적 접근의 결합
   d. 통찰을 심리장애의 무의식적 원인으로 발전시키는 것

6. 어떤 유형의 치료가 고도에 대한 비이성적인 공포를 가진 사람들에게 가장 효과적인가?
   a. 정신분석 치료   b. 게슈탈트 치료
   c. 행동치료   d. 인본주의적 치료

7. 마음챙김 훈련은 어떤 치료의 일부인가?
   a. 대인관계 치료   b. 인본주의 치료
   c. 정신분석 치료   d. 인지치료

8. 어떤 유형의 치료가 내담자의 활동을 강조하는가?
   a. 인지행동치료   b. 인본주의 치료
   c. 실존주의 치료   d. 집단치료

9. 자신의 잠재성에 도달하는 데 실패한 것을 조사하는 것은 _____접근과 관련되는 반면, 삶에서 의미를 찾는 데 실패한 것에 대해 조사하는 것은 _____ 접근을 반영한다.
   a. 인지 : 행동   b. 인본주의 : 실존주의
   c. 정신분석 : 인지행동   d. 실존주의 : 인본주의

10. 항정신성 약물은 _____(을)를 치료하기 위해 개발되었다.
    a. 우울   b. 조현병
    c. 불안   d. 정서장애

11. 비전형 항정신성 약물은 _____,
    a. 각 개인에 따라 서로 다른 신경전달물질에 작용한다.
    b. 도파민 체제에만 작용한다.
    c. 세로토닌 체제에만 작용한다.
    d. 도파민과 세로토닌 체제에만 작용한다.

12. 항우울제는 _____ (우울을 가진 사람들에게) 가장 효과적이다.
    a. 우울을 가지지 않는   b. 경증
    c. 중증   d. 심한

13. 전기경련요법, TMS, 그리고 심리치료의 공통점은?
    a. 치료에 약초가 포함된다.
    b. 특정 뇌 영역의 외과적 절단과 관련 있다.
    c. 약물 외의 생물학적 치료로 간주한다.
    d. 심리치료와 병행되어 사용된다.

14. 환자나 치료자가 환자의 향상을 치료 효과로 귀인하는 것은 어떤 치료 착각에 속하는가?
    a. 비특정적 치료 효과   b. 자연적 향상
    c. 재구성 기억의 오류   d. 평균으로의 회귀

15. 최근 연구는 전형적인 심리치료를 받은 환자가 치료받지 않는 환자들의 _____ 만큼 효과적임을 보여준다.
    a. 1/2   b. 동수
    c. 1/4   d. 3/4

핵심용어

게슈탈트 치료	심리치료	인지행동치료(CBT)	집단치료
광선치료	위약	전기충격요법	토큰 경제
노출치료	의원성 질병	절충적 심리치료	항불안제
대인관계치료(IPT)	인간 중심 치료(내담자 중심 치료)	정신약물학	항우울제
두개골 간 자기 자극법	인지적 재구조화	정신역동적 심리치료	항정신성 약물
마음챙김 명상	인지치료	정신외과술	행동치료

생각 바꾸기

1. 친구 중 한 사람이 자동차 사고로 가족을 잃었고, 상심이 크다. 학교에 등교하지 않고 있고, 확인해보니 잘 자지도 먹지도 못하고 있다. 그 친구를 돕고 싶지만 어떻게 도울지 몰라 학교 상담소에 방문해 치료자를 만나보라고 권했다. 그 친구는 "정신이 이상한 사람만 치료를 받아"라고 한다. 친구의 믿음을 바꾸기 위해 어떤 말을 해줘야 할까?

2. 슬픔에 잠긴 친구와 대화를 하다가, 룸메이트가 들어왔다. 룸메이트는 치료에 대한 제안에 찬성했을 뿐 아니라 한 술 더 떠서 "내 치료자의 이름을 알려줄게. 그 치료자는 내가 담배 끊는 것을 도와줬어. 네 우울증도 금방 치료해줄 수 있을 거야"라고 말한다. 왜 좋은 치료자가 모든 사람에게 다 도움이 될 것이라 가정하는 것이 위험한가?

3. 제2장에서 루이스 헤이의 베스트셀러인 **당신만이 당신의 인생을 치유할 수 있다**가 일종의 심리치료의 보급을 촉진했음을 배웠다. 독자에게 생각을 바꾸는 방법을 가르쳐 내면세계뿐 아니라 신체 건강까지 향상시켰다. 제2장에선 자신의 주장을 타당화하기 위해 과학적 근거가 필요하지 않다는 헤이의 말도 인용했다. 이 관점이 맞는가? 이 장에서 기술하는 주요 심리치료 유형에 과학적 근거가 있는가? 효과성을 평가하기 위한 과학적 실험방법은 무엇인가?

4. 2009년 6월, 팝의 아이콘인 마이클 잭슨이 수면제인 프로포폴 과다복용으로 사망하였다. 프로포폴은 인가되지 않았으나 가끔 항불안제로도 사용된다. 부검 결과 그의 사체에서는 벤조디아제핀, 로라제팜

과 다이아제팜을 포함한 다량의 처방약물이 검출되었다(잭슨의 심장 전문의인 콘래드 머리 박사는 후에 치명적인 복용량을 처방함으로써 과실치사 혐의로 유죄판결을 받았다. 2008년 히스 레저와 2016년 프린스, 릴 핍과 같은 음악인, 2017년 톰 페티 그리고 2019년 야구 투수 타일러 스케그 등 유명인들의 죽음도 불안과 우울에 주로 처방되는 약물 때문인 경우가 많다. 룸메이트는 "이런 약물은 위험합니다"라고 말하면서 "심리적인 문제가 있는 사람들은 심리치료를 받아야 하며, 믿을 만한 의사가 처방해도 약물은 피해야 합니다"라고 주장한다. 약물이 잘못 사용되면 위험하다는 것에는 동의하지만, 심각한 정신장애에 사용하는 것을 어떻게 정당화할 수 있을까?

핵심개념 퀴즈 정답

1. b; 2. d; 3. c; 4. c; 5. d; 6. c; 7. d; 8. a; 9. b; 10. b; 11. d; 12. d; 13. c; 14. a; 15. d

심리과학을 위한 필수 통계학

측정치를 그림으로 제시하기

빈도분포 특정 속성의 측정치가 가질 수 있는 값 각각에 대해 갖게 되는 횟수를 보여주는 그래프 표현

심리학자들이 데이터를 수집하게 되면. 그들은 숫자로 채워진 커다란 스프레드시트를 얻게 된다. 이런 숫자들에 의미가 부여될 수 있게 하기 위해, 그들은 종종 그래프 표현을 활용한다. 가장 일반적인 그래프 표현 유형은 **빈도분포**(frequency distributions)인데, 이는 **특정 속성의 측정치가 가질 수 있는 값 각각에 대해 갖게 되는 횟수를 보여주는 그래프 표현**이다. 예를 들어, **그림 A.1**의 위 그래프는 시 규모의 센서스 결과를 보여주는데, 매사추세츠주, 서머빌의 거주자들에게 자신들의 현재 행복도 수준을 1(매우 불행하다)에서 10(매우 행복하다)까지 범위의 평정척도에 보고하도록 한 것이다. 측정된 속성은 행복도였고, 행복의 조작적 정의는 평정척도인 것이고 이 평정치의 가능한 모든 값들(1에서 10 사이)은 수평축에 제시되어 있다. 수직축은 자신의 행복도를 평정하기 위해 이 값들을 사용하여 센서스에 응답한 남녀의 수를 보여준다(남성 또는 여성, 이와 다른 것으로 자신을 표시한 사람들은 이 그래프에는 나오지 않는다). 예를 들어 자신의 행복도를 10점

그림 A.1 빈도분포 위의 그래프는 매사추세츠주 소머빌시의 남성 거주자 수(녹색 표시)와 여성 거주자 수(오렌지색 표시)를 보여주기 위해 막대를 사용하였다. 그들은 10점 척도상의 각 수치에 각자의 행복도를 평정하였다. 아래 왼쪽 그래프는 같은 데이터를 실선을 사용하여 보여주었다. 아래 오른쪽 그래프는 가설적인 정상분포 선(보라색 표시)을 추가하였다.

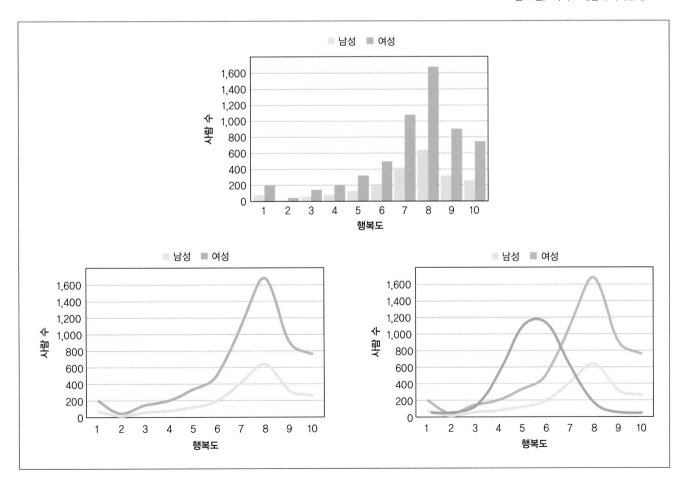

정상분포 측정치의 빈도가 중앙에서 가장 높고, 양끝으로 가면서 점차 체계적으로 줄어드는, 수학적으로 정의된 빈도분포

최빈치 가장 빈번히 관찰되는 측정치

평균 모든 측정치의 평균값

중앙값 측정치 정중앙의 값보다 크거나 같은 값 또는 작거나 같은 값

척도에서 8로 평정한 사람이 여성은 1,677명, 남성은 646명임을 그래프는 보여준다. 아래의 왼쪽 그래프는 정확히 똑같은 데이터를 보여주는데, 막대가 아닌 부드러운 선을 사용하였다. 이것도 대개 빈도분포를 표현하는 동일하게 일반적인 방법이다.

언뜻 보기에, 이 그래프들은 시트에 있는 숫자 모두를 표현한 것이 아닌 특정 표본에 대한 것을 보여준다. 예를 들어, 분포의 형태를 보면, 여러분은 즉각 이 표본의 사람들은 꽤 행복해 하는 듯 보이며, 여성보다 남성들이 훨씬 적게 응답하였고, 남성, 여성 모두 8이 가장 대중적인 응답이었고, 양성 모두 자신의 행복을 10이라고 표현한 사람이 1이라고 표현한 사람보다 세 배 많았다.

그림 A.1의 분포는 정적으로 편포되기(positively skewed, 분포가 왼쪽으로 기울어 있다는 것으로 꼬리가 오른쪽으로 길게 뻗어감)보다는 부적으로 편포되어(negatively skewed, 분포가 오른쪽으로 기울어 있다는 것으로 꼬리가 왼쪽으로 길게 뻗어감) 있다. 즉 행복도를 평가하기 위해 척도의 중간점 아래의 숫자를 선택한 사람이 매우 적었다. 빈도분포는 거의 어떤 형태를 취할 수도 있지만, 편의상 그림 A.1의 아래 오른쪽 그래프에 특별한 형태가 제시되었다. 여러분이 보다시피, 이 분포는 정중앙에 최고 점수가 있고 같은 방식으로 양 끝으로 수치가 떨어진다. 이 분포는 비편포적, 또는 대칭적(symmetrical)인데, 이는 왼쪽 반이 오른쪽 반의 거울 이미지라는 것을 의미한다. 이런 분포를 **정상분포**(normal distribution)라고 하는데, 측정치의 빈도가 중앙에서 가장 높고, 양끝으로 가면서 점차 체계적으로 줄어드는, 수학적으로 정의된 빈도분포를 의미한다. 정상분포는 중요한데, 만일 충분히 많은 데이터를 확보할 수 있다면 현실 세계도 종종 이러한 모습을 띠기 때문이다. 예를 들어, 여러분이 키, 혈압, IQ 또는 구두 크기를 그래프로 만든다면, 언제나 정상분포를 볼 수 있을 것이다. 어쨌든 정상분포는 종종 종의 곡선(bell curve)이라 불린다. 그러나 가우스 분포(Gaussain distribution)라고 공개적으로 불리기도 한다.

측정치 기술하기

빈도분포는 표본에 있는 모든 측정치를 그림으로 나타내게 되므로, 해당 표본에 대한 꽉 차고 완전한 그림을 보여주게 된다. 그러나 종종 꽉 찬 완전한 그림은 우리가 알고 싶어 하는 것 이상일 수 있다. 친구에게 어떻게 지냈냐고 물을 때, 이전 6개월 동안 매일 매일의 행복도 평정치 빈도분포를 보여주기를 원하는 것은 아니다. 오히려 우리는 그런 그래프가 보여주는 핵심적인 정보를 담고 있는 간략한 요약 진술을 듣고 싶어하는 것이다. 예를 들어 "나는 아주 잘 지내", 또는 "뭐 조금 굴곡이 있었지 뭐" 같은 거 말이다. 심리학에서는 빈도분포에서 얻을 수 있는 핵심정보를 담고 있는 간략한 요약진술문을 **기술통계치**(descriptive statistics)라고 부른다. 두 가지 중요한 기술통계치가 있다. 즉, 빈도분포의 중심경향성(central tendency)을 기술해주는 것과 빈도분포에서의 변산성(variability)을 기술해주는 것이다.

중심경향성 : 분포의 중앙은 어디인가

중심경향성 기술은 빈도분포의 **중심**(center) 또는 중간점 가까이에 놓이는 경향이 있는 측정치에 대한 진술문이다. 만일 한 친구가 "잘 지내고 있어"라고 진술한다면, 시간에 따른 행복도 평정의 빈도분포에 대한 중심경향성(또는 대략 중앙점 부근)을 기술하고 있는 것이다(**그림 A.2** 참조). 중심경향성을 나타내는 세 가지 일반적인 기술치가 있다. **최빈치**(mode), **평균**(mean), **중앙값**(median)이다. 최빈치는 가장 빈번히 관찰되는 측정치를 말하고, 평균은 모든 측정치의 평균값을 말하며, 중앙값이란 중앙에 있는 값, 즉 측정치 정중앙의 값보다 크거나 같은 값 또는 작거나 같은 값을 말한다. **그림 A.3**은 이런 기술통계치들이 각기 어떻게 계산되는지를 보여준다.

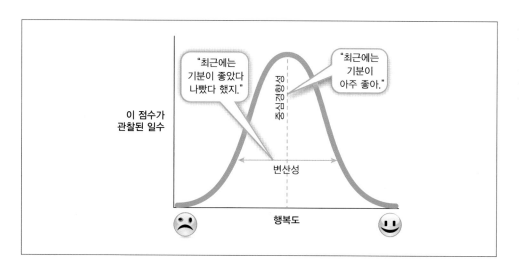

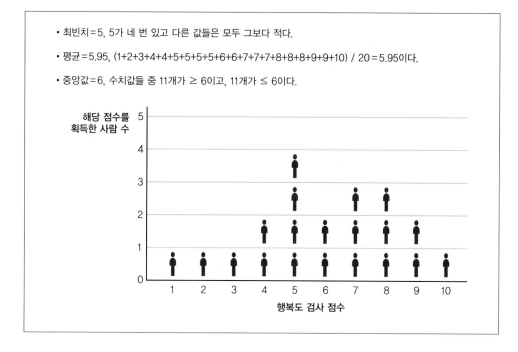

그림 A.3 기술통계치 계산하기 이 빈도분포는 10점 척도상에 자신의 행복도를 평정한 20명의 데이터를 보여준다. 기술통계치에는 중심경향성(평균, 중앙값, 최빈치 등)과 변산성 측정치(범위, 표준편차 등)가 포함된다.

우리는 왜 이런 세 가지 다른 중심 경향성 측정치를 필요로 하는가? 분포가 정상분포일 때는 그럴 필요가 없는데, 이때는 세 측정치 모두 같은 값이기 때문이다. 그러나 분포가 편포되어 있으면, 평균은 긴 꼬리 쪽으로 이동하게 되고, 최빈치는 튀어나온 혹에 머물고, 중간값은 두 값 사이에 위치하게 된다(**그림 A.4** 참조). 이 세 측정치들이 다른 값을 가질 때, 그들 중 한 가지만 계산하는 것은 데이터에 대해 잘못된 요약을 제공하게 된다. 예를 들어, 워싱턴주 시애틀에 사는 대략 40만 가구의 연간 수입을 측정하였다면, 평균이 대략 8만 4,000달러라는 것을 발견하였을 것이다. 그런데 표본에 몇몇 특이한 가구들이 포함되었다. 예컨대 빌 게이츠(그의 순자산은 950억 달러)와 제프 베조스(그의 순자산은 1,500억 달러)가 포함되었다. 그러나 평균에 더해서 중앙값을 계산하였다면, 그 값이 6만 2,000달러라는 더 낮은 값을 가진다는 것을 발견할 것이다. 각 측정치는 독립적으로 사용된다면 잠재적으로 오도될 가능성이 있다. 그러나 이들이 같이 사용된다면, 몇몇 초갑부 거주자를 가진 중상 계층 시로서 시애틀의 그림을 보다 정확히 묘사할 수 있을 것이다. 실제로 여러분이 '평균적인 사람'에 관한 어떤 새로운 사실을 들었지만, 중앙값, 최빈

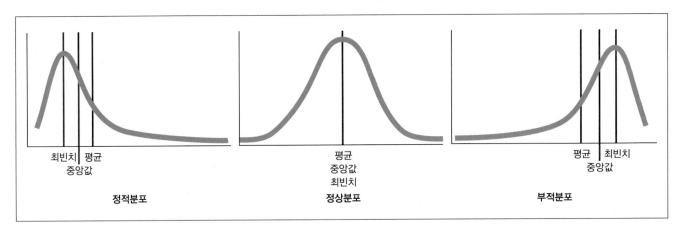

그림 A.4 다른 형태의 분포 빈도분포가 정상일 때, 평균, 중앙값 및 최빈치는 모두 동일하지만, 정적으로 편포되거나 부적으로 편포되었을 때, 이 세 중심경향성 측정치는 각기 다른 값을 가진다.

치, 또는 빈도분포의 형태에 대해서는 아무것도 듣지 못했을 경우엔 항상 의심해 보아야 한다.

변산성 : 분포는 얼마나 넓게 펼쳐져 있는가

중심경향성의 기술이 빈도분포에서 측정치의 위치에 관한 진술이라면, 변산성 기술치는 측정치들이 서로 다른 정도에 관한 진술, 또는 대략적으로 분포의 범위가 얼마나 넓은가에 대한 진술이다. 만일 여러분의 친구가 최근 "기분이 좋았다 나빴다 하지 뭐"라고 말한다면, 이는 자신의 행복도 평정 사이의 변산성을 기술하고 있는 것이다. 가장 간단한 변산성 기술치는 **범위**(range)이다. 이것은 빈도분포상 가장 큰 기술치에서 가장 작은 기술치를 뺀 값이다. 범위는 계산하기 쉽다. 그러나 평균처럼, 이 값도 단일 측정치에 의해 극적으로 영향을 받을 수 있다. 만일 어떤 사람이 여러분에게 샌디에이고의 기온이 화씨 25도에서 화씨 111도상라고 이야기한다면, 샌디에이고가 굉장히 가변성이 큰 기후를 가진 지역이라는 잘못된 인상을 가질 수 있다. 사실 샌디에이고는 굉장히 안정된 기후를 보이는 지역으로, 화씨 75도 이상으로 덥거나 화씨 50도 미만으로 추운 적은 거의 없는 지역이다. 샌디에이고의 기후가 화씨 25도와 화씨 111도를 기록한 적은 있으나, 지난 100년 동안 단 한 번 일어난 일이었다.

변산성의 다른 측정치는 극단적인 값에 덜 영향을 받는다. 한 가지 그런 측정치는 **표준편차**(standard deviation)인데, 이는 빈도분포에서 측정치들이 평균과 보통 얼마나 차이가 나는지를 기술해 주는 통계치이다. 다른 말로 하면, 평균적으로 여러 측정치들이 분포의 중심으로부터 얼마나 떨어져 있는가? **그림 A.5**에서 보듯이, 두 가지의 빈도분포는 동일한 평균을 갖고 있지만 범위와 표준편차는 매우 다르다.

상관 측정하기

제2장에서 읽은 것처럼, 두 변인이 상관되어 있다는 것은 두 변인의 값이 동시에 연동되어 움직인다는 것을 의미한다. 즉, 한 변인의 값이 증가하게 되면, 다른 변인의 값도 역시 상승(또는 하강)하게 된다. 상관이 중요한 이유 중의 하나는 두 변인이 상관되어 있을 경우에, 여러분은 한 변인의 값에 대한 지식을 이용하여 다른 변인의 값을 예측할 수 있다는 것이다. 예를 들어, 우리 대부분은 키와 몸무게가 정적으로 상관되어 있다는 것을 경험으로 알고 있다. 그래서 만일 여러분이 어떤 사람의 키가 2미터라는 것을 알면, 이 사람이 대략 90킬로그램 정도의 몸무게가 될 것이라고 현명한 추측을 할 수 있다. 여러분의 추측은 대부분 맞을 것이다. 물론 항상 맞지는 않는다.

범위 빈도분포상 가장 큰 기술치에서 가장 작은 기술치를 뺀 값

표준편차 빈도분포에서 측정치들이 평균과 보통 얼마나 차이가 나는지를 기술해 주는 통계치

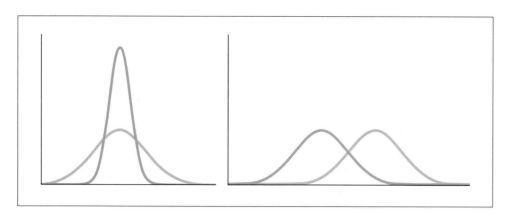

그림 A.5 **분포는 변산성 또는 중심경향성에서 차이가 날 수 있다.** 왼쪽의 그림은 중심 경향성은 동일한데 변산량이 다른 두 가지 분포를 보여준다. 오른쪽 그림은 변산량은 같은데 중심경향성이 다른 두 가지 분포를 보여준다.

예를 들어 프로 농구선수 토렌스 퍼거슨은 키가 2미터인데, 몸무게는 단지 83킬로그램이다. 여러분의 예측이 얼마나 옳을지는 키와 몸무게 사이의 상관의 강도에 달려 있다. 상관이 강하면, 거의 모든 순간 여러분의 예측이 맞을 것이다. 그러나 상관이 약하다면, 예측은 종종 맞지 않을 것이다. **상관계수**(correlation coefficient)는 상관의 강도와 방향 둘 다에 대한 수학적 측정치이고, 이것은 문자 r로 상징화되어 표현된다. r의 값은 -1에서 1 사이의 범위를 가진다.

상관계수(r) 상관의 강도와 방향 둘 다에 대한 수학적 측정치이고, 이것은 문자 r로 상징화되어 표현된다.

- r이 1이면, 변인들은 완전한 정적 상관을 보여준다(**그림 A.6** 참조). 예를 들어, 만약에 키가 1센티미터 증가할 때마다 몸무게가 고정된 양(예로 1킬로그램)만큼 증가한다면, 그때 이 두 변인들 간의 상관은 완전히 정적인 상관을 보인다. 이 경우에, 어떤 사람의 키를 정확히 알게 되면, 그 사람의 몸무게가 얼마나 될지를 정확하게 예측할 수 있다.

- r이 -1이면, 변인들은 완전한 부적 상관을 보여준다(그림 A.6 참조). 예를 들어, 만약에 키가 1센티미터 증가할 때마다 몸무게가 고정된 양만큼 줄어든다면, 그때 이 두 변인들 간의 상관은 완전히 부적인 상관을 보인다. 다시 한번, 어떤 사람의 키를 정확히 알게 되면 그 사람의 몸무게가 얼마나 될지를 정확하게 예측할 수 있다.

- r이 0이면, 변인들은 무상관을 보여준다(그림 A.6 참조). 예를 들어, 만약에 키가 1센티미터 증가할 때마다 어떤 때는 몸무게가 증가하고, 어떤 때는 몸무게가 감소하고, 어떤 때는 몸무게의 변화와 아무런 관계가 없다면, 두 변인들 간에 아무런 상관도 보이지 않을 것이다. 이 경우에는 어떤 사람의 키가 얼마인지를 아는 것이 몸무게를 예측하는 데 어떤 역할도 하지 못하게 될 것이다.

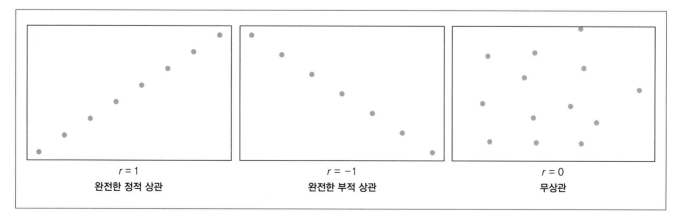

$r = 1$
완전한 정적 상관

$r = -1$
완전한 부적 상관

$r = 0$
무상관

그림 A.6 **상관관계 그래프화** 위 그림은 그래프로 표시될 때 나타날 수 있는 세 가지 상관관계를 보여준다.

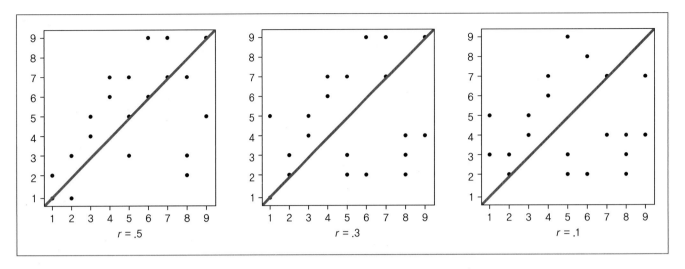

그림 A.7 강도에 차이가 있는 정적 상관관계 이 세 그래프 각각의 대각선은 '규칙'을 나타낸다. 규칙에 대해 예외가 적을 때 정적 상관관계는 강해지고 *r*은 1에 가까워진다. 그러나 예외가 많고 광범위해질 때, 정적 상관은 약해지고 *r* 값은 0에 가까워진다.

1과 −1의 상관은 현실 세계에서는 극히 드문 일이다. 즉, 키와 몸무게는 정적인 상관관계가 있다. 즉, 하나가 증가할 때 다른 하나도 증가한다. 그러나 그들 간의 상관관계는 완벽하지는 않다(즉, 몸무게의 증가 단위가 키의 상응하는 증가와 피할 수 없게 연계되어 있지는 않다). 우리는 *r*의 사잇값을 부여해서 이런 상황을 표시하게 되는데, 정적 상관의 경우 0과 1사이 어디, 부적 상관일 경우 −1과 0 사이 어디가 된다. 두 변인 간 연동에 대한 규칙에 예외가 많이 발생할수록, *r*은 0에 가까워진다.

그림 A.7은 두 변인이 정적인 상관을 가지는 세 가지 사례를 보여준다. 각 그래프에서 대각선은 두 변인이 완전한 정적 상관관계를 보여줄 때(즉 *r*이 1일 경우), 보기를 기대하는 데이터를 보여준다. 의미상, 대각선은 "한 변인이 1단위 증가하면, 다른 변인도 1단위 증가한다"는 '규칙'을 나타낸다. 따라서 대각선 위에 있지 않은 모든 점은 '규칙에 대한 예외'이다. 보다시피, '규칙에 대한 예외'의 크기와 수는 *r*의 값을 아주 극적으로 변화시킨다. 그림 A.7의 왼쪽 그림은 *r*=0.5의 아주 강한 상관을 보여주고, 오른쪽 그림은 *r*=0.1의 아주 약한 상관을 보여준다. 이 그래프들 간의 유일한 차이점은 여러분이 왼쪽에서 오른쪽으로 갈수록 대각에서 떨어진 점들이 더 많다는 것이다. *r*의 기호(−, +)는 관계의 방향(정적 또는 부적)을 말해주고, *r*의 절댓값(0과 1 사이)은 규칙에 대한 예외의 수와 크기에 대해 말해준다. 즉, 한 변인에 대한 지식을 활용해서 다른 변인에 대해 예측하는 것이 얼마나 정확할지에 대해 말해준다.

통계적 검증 : 조건의 차이가 우연이 아님을 확실히 하기

동전을 100번 던지면, 그중에 대략 50번은 앞면이 나올 것으로 여러분은 기대한다. 그러나 아주 아주 오랫동안 한 번에 한 번씩, 앞면이 60번, 또는 70번일 수도 있고 더 드물게는 100번이 될 수도 있다. 물론 이런 일이 자주 일어나지는 않을 것이다. 그러나 충분한 횟수만큼, 100번 동전 던지기를 한다면 그런 일이 결국 발생하게 될 것이다. 그래서 어떻게 하라고? 누가 동전 던지기를 신경 쓰는가?

제2장에서 감독을 받는 아이들과 감독을 받지 않는 아이들을 무선할당해서 폭력적 비디오 게임이나 비폭력적 비디오 게임을 하게 하는 실험을 했던 것을 기억해보자. 각 아동들을 실험 조건에 할당하기 위해 동전 던지기를 함으로써 무선할당을 하였다. 정상적으로 이런 절차는 대략 동

일한 수의 감독받은 아동과 감독받지 못한 아동이 각 조건에 할당되도록 해줄 것이다. 그러나 동전 던지기의 본성 때문에, 아주 아주 오랫동안 한 번에 한 번씩, 동전 던지기는 더 많은 수의 감독받지 않은 아동이 폭력적인 비디오 게임을 하고 더 많은 수의 감독받은 아동이 비폭력적인 게임을 하게 하도록 할당할 수도 있다. 아주 우연히 말이다. 이런 일이 발생하게 되면, 과학자는 "무선할당이 실패하였다"고 말하게 된다(실제로는 동전이 무선할당을 만들어내는 데 실패하였다고 말해야 함에도 불구하고 말이다). 무선할당에 실패하게 되면, 우리는 더 이상 종속변인에서의 변화(이 실험에서는 공격성)가 독립변인에서 만들어진 변화(이 실험에서는 비디오 게임의 폭력성)가 원인이 되어 발생한 것이라고 확신할 수 없게 된다. 대신 이런 변화는 부모에 의한 감독의 차이 때문에 발생할 수도 있는데, 이것은 두 집단에 똑같이 반영되지 않았을 수도 있다.

무선할당이 실패하면, 심리학자들은 자신들이 실험을 하였을 때 이런 일이 발생하였는지 아닌지를 어떻게 알 수 있나? 불행하게도, 그들은 확실히 알 수 없다. 그러나 그들은 실험을 할 때마다 무선할당이 실패하게 될 확률을 계산할 수 있다. 심리학자들은 실험할 때마다 이런 계산을 한다. 그리고 무선할당이 실패하면 그런 결과가 일어날 확률이 5%보다 낮다는 것을 계산을 통해 보여줄 수 없으면, 그 실험의 결과를 받아들이지 않는다. 그런 결과가 **통계적으로 유의하다**(statistically significant)고 받아들여지는 것인데, 심리학자는 전형적으로 "$p < .05$"라고 기술함으로써 이를 표시한다. 이는 단순히 무선할당이 실패하면 결과가 관찰될 수 있는 확률(p)이 5%보다 적다($< .05$)는 것을 의미한다.

심리학자들은 무선할당이 실패할 확률이 5%보다 적을 때($p < .05$), 자신들의 결과를 받아들인다. 그러나 그럴 경우 약 5% 정도로, 그들이 **1종 오류**(Type I error)를 범하고 있다는 것을 의미한다. 이런 오류는 실제로는 인과관계가 없는데도 두 변인 사이에 인과관계가 있다고 결론지을 때 발생한다. 실제론 아무 관련이 없는데도, 폭력적인 비디오 게임을 하는 것이 아동들 표본에 대해 공격성을 증가시켰다고 심리학자들이 결론짓는다면, 이 결론은 1종 오류가 되는 것이며, 이는 **잘못된 긍정**(false positive)이라고 알려진 것이다. 여러분이 추측했다시피, 실제로는 인과관계가 있는데도 두 변인 사이에 인과관계가 없다고 결론지을 때, **2종 오류**(Type II error)가 발생한다. 실제로는 관련이 있는데도, 폭력적인 비디오 게임을 하는 것이 아동들 표본에 대해 공격성을 증가시키지 못했다고 심리학자들이 결론짓는다면, 이 결론은 2종 오류가 되는 것이며, 이는 **잘못된 부정**(false negative)이라고 알려진 것이다.

심리학자들은 실험을 설계하고 데이터 분석을 할 때 이런 오류를 줄이기 위해 최선을 다한다. 그러나 아무리 최선의 노력을 하더라도 몇 가지 위험이 상존한다. 이런 사실이 심리학 연구에서 반복검증(replication, 매번 같은 결과가 산출되는지를 알아보기 위해 동일한 실험을 수행하는 것)이 중요한 기능을 하는 이유이다. 이는 다른 모든 과학에서도 수행되는 일이다. 최선의 실험조차 두 변인이 인과적으로 관련되어 있다고 결론짓게 할 수는 없다. 즉 두 변인이 인과적으로 관련되어 있을 수 있다고 결론짓는 것만이 허용될 뿐이다. 더 쉽고 더 많은 증거가 재생산될수록, 두 변인 간에 인과관계가 존재할 수 있다는 것을 더 확신하게 된다.

1종 오류 실제로는 인과관계가 없는데도 두 변인 사이에 인과관계가 있다고 결론지을 때 발생하는 오류

2종 오류 실제로는 인과관계가 있는데도 두 변인 사이에 인과관계가 없다고 결론지을 때 발생하는 오류

핵심용어

범위	정상분포	평균	2종 오류
빈도분포	중앙값	표준편차	
상관계수	최빈치	1종 오류	

가설 이론에 따라 만들어진 반증 가능한 예언

가용성 편향 기억에서 쉽게 가용한 항목이 더 빈번하게 일어난다고 판단하는 오류

가현 운동 다른 위치에서 매우 빠르게 연속하여 나타나는 교대되는 신호들의 결과로 경험되는 운동 지각

간상체 야간시를 위해 낮은 빛 조건에서 작동하는 광수용기

간편적 설득 습관이나 감정에 호소하여 태도나 신념을 변화시키는 과정

간헐적 강화 수행한 반응들 중 일부에 대해서만 강화가 주어지는 조작적 조건형성 원리

간헐적 강화 효과 간헐적 강화 계획에서 유지된 조작행동들은 연속 강화 아래 유지되던 행동보다 소거에 대해 더 잘 저항한다는 사실

감각 감각 기관에 대한 단순한 자극하기

감각 기억 감각 정보가 몇 초 동안만 유지되는 장소

감각 뉴런 외부 세계로부터 정보를 받아 이 정보를 척수를 통해 뇌로 전달하는 뉴런

감각 순응 지속되는 자극에 대한 민감성은 유기체가 현재의 (변하지 않는) 조건에 순응하면서 시간에 걸쳐 쇠퇴하는 경향이 있다.

감각운동기 출생부터 시작하여 영아기 동안 지속되는 발달 단계로, 이 단계 동안 영아는 세상을 감각하고 그 안에서 움직이며 세상에 대한 정보를 얻는다.

강박장애(OCD) 반복적이고 침투적인 사고(강박관념)와 그 생각을 없애기 위한 의식적 행위(강박충동)가 개인의 기능을 심각하게 저해하는 장애

강화물 그 자극으로 이어지는 행동의 확률을 증가시키는 역할을 하는 어떤 자극이나 사건

강화원리 보상받는 어떤 행동은 반복되고, 그렇지 않은 행동은 반복되지 않는다고 진술하는 원리

개념 사물이나 사건 또는 그 밖의 자극들이 가진 공통된 속성을 묶거나 범주화하는 심적 표상

개인적 구성 개념 사람이 자신이 겪는 경험의 의미를 찾는 데 사용하는 잣대

개재 뉴런 감각 뉴런, 운동 뉴런 혹은 다른 개재 뉴런들을 서로 연결하는 뉴런

거울 뉴런 동물이 어떤 행동, 예를 들어 팔을 뻗어 물건을 집거나 물건을 조작하는 등의 행동을 할 때 활성화되고 다른 동물이 동일한 행동을 하는 것을 관찰하는 동안에도 활성화된다.

건강심리학 신체 질병의 원인 및 치료와 건강 유지에 영향을 미치는 심리적 요인에 초점을 두는 심리학의 하위 분야

검증력 속성의 강도에서의 차이나 변화의 존재를 탐지해 내는 능력

게슈탈트심리학 마음이 지각적 경험을 창출하는 방법을 강조하는 심리학에 대한 접근

게슈탈트 치료 환자가 자신의 생각, 행동, 경험과 감정을 인식하여 스스로에 대해 책임감을 가지거나 책임을 지게 만드는 것을 목표로 한다.

게이트웨이 약물 복용 시 더 해로운 약물 복용으로 이어질 가능성을 높이는 약물

결정적 지능 경험을 통하여 얻어진 지식을 적용할 수 있는 능력

결합 문제 뇌가 특징들을 어떻게 서로 연결 지어 우리가 시각적 세상에서 마구 떠다니는 혹은 잘못 결합된 특징들 대신에 통합된 물체를 보는지의 문제

결합 오류 각각의 사건이 일어날 확률보다 2개 이상의 사건이 함께 일어날 가능성이 높다고 사람들이 생각하는 오류

경험적 연구방법 관찰에 필요한 일련의 규칙과 기법

경험주의 정확한 지식은 관찰을 통해 획득된다는 신념

계절성 기분장애(SAD) 계절에 따라 반복되는 우울 에피소드

고유감각 신체 위치에 대한 감각

고전적 조건형성 중성적인 자극이 어떤 반응을 자연히 일으키는 자극과 짝지어진 이후에 같은 반응을 낳을 때 일어나는 학습 유형

고정간격 계획(FI) 적절한 반응이 만들어진다면 강화물이 고정된 시간 간격으로 제공되는 조작적 조건형성 원리

고정관념 위협감 상대방이 자신에 대해 가지고 있는 부정적 고정관념이 증명되는 것을 두려워하는 것

고정관념 위협 다른 사람이 가지고 있는 부정적 고정관념대로 행동할지 모른다는 염려

고정관념화 사람이 다른 사람에 대해 그가 소속해 있는 범주에 관한 지식에 근거하여 추리를 도출하는 과정

고정 대뇌에서 기억이 안정화되는 과정

고정비율 계획(FR) 강화가 특정한 수의 반응을 한 다음에 제공되는 조작적 조건형성 원리

공격 행동 다른 사람을 해치려는 목적을 갖고 하는 행동

공병 한 사람에게 두 가지 이상의 장애가 동시에 발생하는 것

공통 지식 효과 집단 토론 시 집단이 구성원 모두가 공유하는 정보

에 초점을 두는 경향성

공포 관리이론   사람들이 문화적 세계관을 발달시킴으로써 자신의 필멸성을 아는 것에 반응한다는 이론

공포증   특정 대상, 활동 혹은 상황에 대한 뚜렷한, 지속적인 그리고 과한 공포

공황장애   공포감으로 이어지는 갑작스러운 신체적 · 심리적 복합 증상을 특징으로 하는 장애

과잉 정당화 효과   어떤 행동에 대해 보상을 주면 그 행동을 하려는 내적 동기가 감소되는 것

과학적 연구방법   경험적 증거를 사용하여 사실을 찾아내는 절차

관찰자 편파   관찰자의 기대가 자신들이 관찰한다고 믿는 것과 실제로 관찰되는 것 두 가지 모두에 영향을 미치는 경향

관찰학습   다른 성원의 행동을 관찰함으로써 학습하는 과정

광선치료   밝은 빛에 반복적인 노출을 하는 치료

광장공포증   공공장소에 대한 공포와 관련된 특정 공포증

교감신경계   도전적이거나 위협적인 상황에서 신체를 준비시키는 일련의 신경

교세포   신경계에서 관찰되는 지지 세포

교   소뇌로부터 오는 정보를 뇌의 나머지 영역으로 전달하는 뇌 구조

구성주의   마음의 기본 요소를 분리하고 분석하려고 시도한 심리학에 대한 접근

구성타당도   측정되고 있는 것이 해당 속성을 정확하게 특징짓는 정도

구체적 조작기   약 6세에 시작해서 약 11세에 끝나는 발달의 단계로서, 아동은 다양한 행위 혹은 조작이 물리적 세계의 구체적 대상을 어떻게 변형시킬 수 있는가를 배운다.

군집화   작은 조각들의 정보를 더 큰 집단 혹은 덩어리로 결합시키는 것

귀인   사람이 하는 행동의 원인에 대한 추리

규범적 영향   다른 사람의 행동이 그 상황에서 합당한 행동이 무엇인가를 알려주는 것이 되는 현상

규범   한 문화권의 구성원에게 널리 공유되는 관습상의 행위 기준

기능주의   정신 과정의 적응적 중요성을 강조한 심리학에 대한 접근

기대 이론   사람들이 특정 상황에서 알코올이 자신들에게 어떤 영향을 미칠 것이라고 기대하는 것에 따라 알코올의 효과가 나타난다고 주장하는 이론

기면증   깨어 활동하는 동안 갑작스럽게 수면 발작이 일어나는 장애

기분장애   기분상 문제를 가장 큰 특징으로 하는 정신장애

기억   오랜 시간에 걸쳐 정보를 저장하고 인출해 내는 능력

기억 오귀인   잘못된 출처에 생각이나 기억을 할당하는 것

기저막   내이에 있는 한 구조물로 이소골에서 난원창을 통해 중계된 진동에 맞추어 위아래로 움직인다.

기저핵   의도적 행동에 관여하는 일련의 피질하 구조

기질   생물학적 기반을 가지는 주의와 정서적 반응성의 양식

긴장 행동   모든 운동의 현격한 감소 혹은 근육 경직성이나 과잉행동의 증가

길항제   신경전달물질의 기능을 봉쇄하는 약물

낙관성 편향   자신들이 앞으로 다른 사람들과 비교하여 부정적인 사건은 덜 경험하고 긍정적인 사건은 더 경험할 것이라고 믿는 편향

내분비계   호르몬으로 알려져 있는 화학적 메시지를 생산하고 혈관 속으로 분비하여 다양한 기본 기능, 즉 신진대사, 성장과 성적 발달 등에 영향을 미치는 분비선의 네트워크

내성법   훈련받은 관찰자에 의한 주관적 경험의 분석

내융모세포   기저막에 들어가 있는 전문화된 청각 수용기 뉴런

내재적 동기   그 자체로 보상적인 행동을 취하고자 하는 동기

내적 작동 모델   관계가 어떻게 작동하는가에 대한 신념의 집합

내적 타당도   인과관계를 설정하게 해주는 실험의 특정 특성

노출치료   감정을 유발하는 자극을 직접적으로 그리고 반복적으로 직면하는 것으로 결국에는 이로 인해 감정 반응을 줄이는 치료 접근 방법

뇌량   뇌의 좌 · 우면에 위치하는 많은 영역들을 연결하는 두꺼운 신경섬유 밴드로서, 두 대뇌반구들이 서로 정보를 교환하게 한다.

뇌전도(EEG)   뇌의 전기적 활동을 기록하는 기계

뇌하수체   신체의 호르몬 생산 체계의 '주분비선'으로 신체의 많은 다른 분비선들의 기능에 영향을 미치는 호르몬을 분비한다.

뉴런   정보 처리 과제를 수행하기 위해 신경계 내의 다른 세포와 의사소통하는 세포

단기 기억   비감각적 정보를 1분까지는 아니지만 몇 초 이상 지속시켜 주는 장소

단순 접촉 효과   접촉하는 횟수가 많아질수록 호감도가 더 증가하는 경향

단안 깊이 단서   한 눈으로 보았을 때 깊이에 관한 정보를 주는 장면의 여러 측면

달팽이관   액체가 채워진 관으로 소리의 진동을 신경 흥분으로 변환하는 세포가 있다.

대뇌피질   뇌의 가장 바깥층으로 육안으로도 볼 수 있으며 2개의 대뇌반구로 나뉜다.

대상영속성   대상이 눈에 보이지 않을 때라도 그것이 계속 존재한다는 사실

대응 추리 편향   상황 귀인이 맞는 것인데 성향 귀인을 하는 경향

대인관계치료(IPT)   내담자에게 현재 관계를 개선하게 돕는 데 중점을 두는 심리치료

대표성 간편법   한 사물이나 사건을 그 대상이나 사건의 원형과 비교하여 확률을 판단하는 정신적인 지름길

도식   세상이 작동하는 방식에 대한 이론

도파민 가설 조현병은 도파민 활동과 관련되어 있다는 가설

독립변인 실험에서 조작되는 변인

동기 목적적인 행동의 내적 원인

동반자적 사랑 상대방에 대한 애정, 신뢰감, 행복을 바라는 마음 등의 느낌이 들어 있는 경험

동의 표시 연구 참여에 관한 언어적 동의가 연구 참여로 인해 발생할 수 있는 모든 위험 요소에 대해 고지받은 성인에 의해 작성되었다는 것

동조 다른 사람이 하는 것을 따라서 하는 경향

동화 영아가 새로운 상황에 자신의 도식을 적용하는 과정

두개골 간 자기 자극법(TMS) 강력한 전극을 띤 자기를 환자의 뇌에 심어 뇌의 신경활동을 변화시키는 치료

두미 법칙 머리에서 발까지 순서대로 출현하는 운동 기술의 경향성을 기술하는 '위에서 아래로'의 법칙

두정엽 촉각 정보를 처리하는 기능을 가지는 대뇌피질 영역

드러내기 규칙 정서의 적절한 표현을 위한 규범

로르샤흐 잉크 반점 검사 한 세트의 비구조화된 잉크 반점들에 대한 응답자의 반응을 분석하여 그 사람의 내면에 들어 있는 사고와 감정을 밝히는 것으로 알려진 투사적 성격검사

마리화나(카나비스) 대마의 잎과 꽃으로 테트라히드로카나비놀이라고 불리는 향정신성 약물을 포함하고 있다.

마약성 진통제(아편제) 통증을 완화하는 양귀비로부터 파생된 매우 중독성이 강한 약물

마음 이론 마음은 세상에 대한 정신적 표상을 만들고, 이 정신적 표상이 행동을 이끈다는 것에 대한 이해

마음챙김 명상 내담자가 매 순간 현재에 충실하여 자신의 사고, 감정, 감각을 인식하고 문제가 되기 전에 증상을 깨달을 수 있도록 가르치는 인지치료 기법

마음-신체 문제 어떻게 마음이 뇌 혹은 신체와 관련되는가에 관한 이슈

만성 스트레스원 지속적으로 혹은 반복적으로 일어나는 스트레스 근원

말초신경계(PNS) 중추신경계와 신체의 기관 및 근육을 연결하는 신경계의 일부

맛봉오리 맛 변환의 기관

망막 안구 뒤에 받쳐져 있는 빛에 민감한 조직

망상 분명히 잘못된 믿음 체계로 정상에서 벗어나고 과장되며 비논리적임에도 지속적으로 유지된다.

망상체 수면, 깸과 각성 수준을 통제하는 뇌 구조

매몰비용 오류 사람들이 이미 투자된 비용을 고려하여 현재 상황에 대한 결정을 내리는 틀 효과

맹점 망막에서 어떤 감각도 일으키지 않는 시야에서의 특정 위치

면역계 박테리아, 바이러스와 다른 이물질로부터 신체를 보호하는 복잡한 반응 체계

명상 내적 관조 훈련

모집단 사람들 전체 집단

몽유병 잠을 자는 동안 일어나서 걸어 다니는 경우

무기력 이론 우울증을 겪기 쉬운 사람들은 자동적으로 부정적인 경험을 내적(예 : 자신의 실수), 안정적(예 : 변화하기 어려운), 전반적(예 : 만연한)인 것으로 귀인한다는 이론

무선표집 모집단에 속한 모든 사람들이 표본에 포함될 가능성이 동일하게 참여자를 선정하는 기법

무선할당 운에 따라 참가자들을 특정 조건에 할당하는 절차

무의식 사람들이 자각하지 못하는 정보를 포함하는 마음의 부분

무의식적 동기 사람이 의식하지 못하는 동기

무조건반응(UR) 무조건 자극에 의해 확실하게 생성되는 반사적인 반응

무조건자극(US) 유기체에게 자연스럽게 일어나는 반응을 확실하게 생성하는 무엇

무주의맹 주의의 초점에 있지 않은 물체를 지각하지 못하는 현상

문간에 발 들여 놓기 기법 작은 요구를 먼저 하고 그다음에 더 큰 요구를 하는 방법

문법 의미 있는 내용이 되기 위해 언어의 단위들이 어떻게 결합되어야 하는가를 규정하는 규칙의 집합

문화심리학 문화가 정신적 삶에 어떻게 영향을 미치는지에 대한 연구

미네소타 다면적 성격검사(MMPI) 성격과 심리적 문제를 진단하는 데 사용되는 잘 연구된 임상적 질문지

미래 기억 미래에 해야 할 것을 기억하는 것

민감도 약한 자극에 얼마나 잘 반응하는가의 정도

민감화 자극의 제시가 그 이후의 자극에 대해 반응의 증가를 낳을 때 발생하는 단순한 형태의 학습

바이오피드백 신체 기능에 관한 정보를 얻고 신체 기능을 통제하기 위해 외적 모니터링 기계를 사용한다.

반발심 자신이 강제를 당하고 있다고 느낄 때 생기는 불유쾌한 감정

반복검증 동일 모집단의 새로운 표본을 활용하여 이전 실험과 동일한 절차를 활용하는 실험

반사회성 성격장애(APD) 아동기나 초기 청소년기에 시작되어 성인에 이르기까지 다른 사람의 권리를 무시하거나 침범하는 패턴을 지칭

반응시간 어떤 자극이 제시되고 그 자극에 사람이 반응하는 데 걸린 시간의 양

반응적 공격 부정적 감정 상태에 따르는 반응으로 일어나는 공격

발달심리학 심리적 현상이 일생에 걸쳐 변하는 방식에 대한 연구

방심 주의의 감소로 인해 기억을 실패하게 하는 것

방어기제   용납되지 않는 충동에 뒤따르는 공포심에 의해 생기는 불안감을 감소시켜주는 무의식적 대처 기제

배아기   2주부터 약 8주까지 지속되는 태내 발달 기간

범불안장애(GAD)   안절부절못함, 피로, 집중력 문제, 민감함, 근육 긴장, 수면 문제 등 세 가지 이상이 수반되는 만성적인 과도한 걱정

범주 특정적 결함   특정한 범주에 속하는 물체를 인식하는 능력이 상실된 반면, 그 밖의 범주에 속하는 물체를 인식하는 능력은 정상 적인 것으로 나타나는 증후군

베버의 법칙   모든 감각 영역에서 겨우 탐지될 수 있는 자극의 변화 는 넓은 강도 범위에 걸쳐서 표준 자극에 대한 일정한 비율과 같다.

변동간격 계획(VI)   행동은 그 직전의 강화 이후 경과한 평균 시간 에 기초해서 강화된다는 조작적 조건형성 원리

변동비율 계획(VR)   강화의 제공이 반응들의 특정한 평균 수에 근 거하는 조작적 조건형성 원리

변별   유사하지만 별개인 자극들을 구별할 수 있는 능력

변인   차이가 나는 값을 가질 수 있는 속성

변화맹   사람들이 한 장면의 시각적 세부 사항의 변화를 탐지하지 못하는 현상

변환   감각 수용기들이 환경의 물리적 신호를 신경 신호로 바꾸는 과정. 이 신호가 중추신경계로 보내진다.

보존   대상의 외양이 변하더라도 대상의 양적 속성은 변하지 않는 다는 이해

보편성 가설   모든 정서 표현은 언제 어디에서나 모든 사람에게 같 은 것을 의미한다는 이론

보편적 문법   언어 학습을 촉진하는 과정들의 집합

복종   권위자가 하라고 말하는 것을 이행하는 경향

본보기 이론   새로운 사례를 범주의 다른 사례들에 대한 기억과 비 교함으로써 범주 판단을 한다는 이론

부교감신경계   신체가 평상시의 안정 상태로 돌아오는 것을 도와주 는 일련의 신경

부적 증상   정서나 행동에서의 결함 혹은 장해로, 정서적·사회적 철회, 무감각, 언어 표현력의 제한, 다른 정상적인 행동, 동기 및 정 서의 부재나 부족을 포함

부전실어증   다른 지능은 정상이지만, 언어의 문법적 능력에 결함 이 있는 상태

부호화   우리가 지각하고, 생각하고, 느끼는 것을 지속적인 기억으 로 변환하는 과정

부호화 특수성 원리   정보가 초기에 부호화되었던 구체적인 방식을 다시 만들어내도록 도와주면 이러한 것이 효율적인 기억 단서가 될 수 있다는 원리

불면증   잠이 들기 어렵거나 잠을 지속적으로 자는 것이 어려운 경우

불안장애   현저한 불안이 특징인 정신장애의 한 종류

불응기   활동 전위가 생성된 후 새로운 활동 전위가 생성되지 못하

는 시기

비자살 자기위해(NSSI)   죽으려는 의도 없이 자신의 신체에 직접 적·의도적으로 해를 가하는 행동

빅 파이브   5요인 모델의 성격 특성들 : 개방성, 성실성, 외향성, 동 의성, 신경성

사고 억제   의도적으로 어떤 생각을 회피하는 것

사고 억제의 반동 효과   억제 후 더 자주 사고가 의식으로 돌아오는 경향

사례연구법   개인 한 명을 연구함으로써 과학적 지식을 얻는 방법

사춘기   성적 성숙과 관련된 신체 변화의 시작점

사회공포증   대중 앞에서 굴욕이나 창피를 당하게 되는 것에 대한 비합리적인 공포

사회심리학   사회성의 원인과 결과를 연구하는 분야

사회인지   사람이 다른 사람에 대해 알아 가는 과정

사회적 영향력   다른 사람의 행동을 변화시키고 지시하는 능력

사회적 지지   다른 사람들과의 상호작용을 통하여 얻는 도움

사회-인지적 접근   성격을 사람이 일상생활에서 접하는 상황에 대 해 어떻게 생각하고 또 그 상황에 대응하여 어떻게 행동하는가의 관 점에서 보는 접근

사후설명   연구의 참된 본성이나 진짜 목적을 언어적으로 설명해 주는 것

상관   한 변인 값에서의 변산이 다른 변인 값의 변산과 동기화되어 있는 결과로 발생하는 관계

상태 의존 인출   부호화하고 인출하는 동안 같은 상태에 있을 때 정 보를 더 잘 기억할 수 있는 경향

상호성 규범   사람은 자신에게 은혜를 베푼 사람에게 그 은혜를 갚 아야 한다는 불문율

상호적 이타 행동   차후에 보답을 받을 것이라는 기대하에서 남을 이롭게 하는 행동

생득론적 이론   언어 발달은 타고난 생물학적 능력에 의해 가장 잘 설명될 수 있다는 견해

생물심리사회적 관점   정신장애를 생물학적·심리학적·사회적 요소의 상호작용의 결과로 설명하는 통합적 관점

생물적 준비성   다른 것보다 특정한 종류의 연합을 학습하는 경향성

선제적 공격   계획되고 목적이 있는 공격

설득   한 사람의 태도나 신념이 다른 사람과의 의사소통을 통해 영 향을 받을 때 일어나는 현상

섬광 기억   우리가 놀라운 사건에 대해 들었을 때 언제, 어디에 있 었는가에 대한 상세한 기억

성격장애   문화적인 기대 수준에서 벗어난 사고, 감정, 타인과의 관 계 형성, 충동 통제 등을 보이며, 기능장애나 디스트레스를 초래한다.

성격 특성   특정한 그리고 일관성 있는 방식으로 행동하게 만드는 비교적 불변적인 성향

성격 한 개인이 보이는 특징적인 사고, 행동, 감정의 양식

성과 기대 자신이 하는 행동에 따라 앞으로 나오게 될 결과에 대한 예상치

성인기 대략 18~21세에 시작해서 생애 남은 시기까지 유지되는 발달 단계

성취 욕구 가치 있는 문제를 해결하고자 하는 동기

세포체(소마) 정보 처리 과제를 조정하고 세포의 생존을 유지하게 하는 뉴런의 구성 요소

소거 US 없이 CS가 반복 제시될 때 일어나는, 학습된 반응의 점진적인 제거

소뇌 정교한 운동 기술을 통제하는 후뇌의 큰 구조

손실 혐오 같은 크기의 이득을 얻는 것보다 손실을 피하는 데 더 관심이 많은 경향성

수면 마비 잠에서 깨어났지만 움직이지 못하는 경우

수면 무호흡증 잠을 자는 동안 짧은 시간 호흡이 멈추어지는 장애

수상돌기 다른 뉴런으로부터 정보를 받아들여 이를 세포체로 전달하는 뉴런의 구성 요소

수용기 신경전달물질을 수용하고 새로운 전기적 신호를 생성하게 하거나 생성하지 못하게 하는 세포막의 일부분

수초 뉴런의 축색을 둘러싸고 있는 지방 물질의 절연층

수초화 뉴런의 축색을 둘러싸는 지방 덮개의 형성

순행 간섭 초기에 학습했던 것들이 나중에 습득된 정보들에 대한 기억을 손상시키는 상황

순행성 기억 상실증 단기 기억 저장소에서 장기 기억 저장소로 새로운 정보를 이동시킬 수 없는 것

스트레스 내적 혹은 외적 스트레스원에 대한 신체 및 심리적 반응

스트레스원 개인에게 무엇을 요구하거나 개인의 안녕감을 위협하는 특정 사건이나 만성적인 압박감

습관화 자극에 대한 반복된 혹은 지속된 노출이 반응의 점차적인 감소를 낳는 일반적 과정

시각적 심상 부호화 새로운 정보를 정신적 그림으로 바꾸어 저장하는 것

시간 부호 뇌가 청신경에서 활동전위의 시간 맞추기(정보)를 써서 여러분이 듣는 음높이를 판단하도록 돕는 과정

시냅스 한 뉴런의 축색과 다른 뉴런의 수상돌기 혹은 세포체 사이의 접합부 혹은 영역

시상 감각 기관으로부터 전달되는 정보를 여과하여 대뇌피질에 전달하는 피질하 구조

시상하부 체온, 배고픔, 갈증과 성행동을 조절하는 피질하 구조

신경계 정보를 전 신체에 전달하는 뉴런들의 네트워크

신경성 거식증 과체중이 되는 것에 대한 강력한 공포와 음식 섭취를 심하게 제한하는 특징이 있는 섭식장애

신경성 폭식증 폭식과 잇따른 보상적 행동으로 특징지어지는 섭식

장애

신경전달물질 시냅스를 건너 정보를 수용하는 뉴런의 수상돌기로 정보를 전달하는 화학물질

신념 어떤 대상에 대한 지속성 있는 지식

신뢰도 속성의 강도에서의 차이나 변화의 부재를 탐지해 내는 능력

신속한 대응 아이들이 한 번의 노출만으로도 단어를 밑바탕이 되는 개념에 대응시킬 수 있다는 사실

신진대사 신체가 에너지를 사용하는 속도

신체 증상 장애 적어도 하나의 신체 증상을 가지는 개인이 건강에 대해 지나친 불안을 보이고 증상에 대해 지나친 관심을 보이며 지나치게 많은 시간과 에너지를 증상과 건강에 대한 염려에 쏟는 일련의 심리 장애

신호 탐지 이론 정신물리학 실험의 자료를 분석하는 방법으로, 소음, 기대, 동기, 및 목표를 함께 감안하면서 개인의 지각적 민감도를 측정한다.

실어증 언어를 이해하거나 산출하는 데 어려움을 겪는 증상

실존주의적 접근 성격을 자신의 삶과 죽음이 관건이 되는 현실 앞에서 각 개인이 내리는 선택과 결정에 따라 만들어지는 것이라고 보는 관점

실험 변인들 간에 인과적 관계가 있는지를 결정하기 위한 기법

심각하게 와해된 행동 상황에 매우 부적절하거나 목적 달성에 비효과적인, 그리고 특정 운동 이상을 수반하는 행동

심리치료 당면한 문제로부터 회복하거나 지지를 제공하려는 목적으로 치료자와 심리적 문제로 고통받는 사람 사이에 이루어지는 상호작용

심리학 마음과 행동의 과학적 연구

아동기 약 18~24개월에 시작해서 약 11~14세까지 지속되는 발달 단계

안정 전위 한 뉴런의 세포막 안과 밖의 전하 차이

알코올 근시 알코올이 주의를 방해하고 이로 말미암아 복잡한 상황을 매우 단순하게 반응하는 것

암묵 기억 기억하려고 애쓰지 않고 기억하고 있다는 것을 알지도 못하지만, 과거의 경험들이 후에 행동이나 수행에 영향을 주는 것

암묵학습 정보 획득의 과정과 산물에 대한 자각과 대체로 독립적으로 일어나는 학습

암송 마음속으로 반복함으로써 단기 기억에 정보를 유지하는 처리 과정

암시성 개인의 기억에 외부 출처에서 온 잘못된 정보들을 통합하는 경향성

애착 주 양육자와의 정서적 유대

애착 유형 주 양육자가 함께 있거나 없을 때 보이는 반응 양식의 특징

야경증 공황발작 및 강렬한 정서적 각성과 더불어 갑작스럽게 잠에서 깨는 경우

약물 내성　시간이 지남에 따라 동일한 약물 효과를 얻기 위해 약물의 양이 증가되는 경향

양극성장애　비정상적이고 일관적으로 올라간 기분(조증)과 저조한 기분(우울증)의 반복을 특징으로 하는 상태

양안 부등　두 눈의 망막 이미지의 차이로서 깊이에 관한 정보를 준다.

억압　용납되지 않는 사고와 기억을 의식에서 배제하여 무의식 속에 남겨두려는 정신 과정

억압적 대처　스트레스를 상기시키는 감정, 생각 혹은 상황을 회피하고 인위적으로 긍정적 입장을 유지한다.

언어　의미를 담고 있으며 문법의 규칙에 따라 결합될 수 있는 신호들을 사용하여 타인과 소통하는 체계

얼굴피드백 가설　정서 표현은 그것이 보통 나타내는 정서 경험을 유발할 수 있다는 이론

역동적 무의식　일생 동안 숨겨온 기억, 마음 깊숙이 존재하는 본능과 욕망 그리고 이러한 것들을 통제하려는 내적 노력 등을 포함하는 역동적 체계

역행 간섭　나중에 학습한 것들이 이전에 습득했던 정보에 대한 기억을 손상시키는 상황

역행성 기억 상실증　사고나 수술을 받은 날 이전의 기억들을 잃어버리는 것

연관통　내부 손상으로 인해 신체 표면에 통증을 느끼는 것인데, 내부 및 외부 영역에서 오는 감각 정보가 척수에 있는 동일한 신경 세포로 수렴할 때 발생한다.

연구분야 기준프로젝트(RDoC)　정신장애를 일으키는 기본 과정을 밝힘으로써 정신장애를 분류하고 이해하는 것을 목적으로 하는 새로운 시도

연수　척수가 두개골 안으로 연장된 것으로 심박수, 혈액 순환과 호흡을 조율한다.

연합 영역　피질에 등록된 정보에 감각과 의미를 부여하는 데 관여하는 뉴런들로 구성된 피질 영역

열정적 사랑　황홀감, 친밀감, 강렬한 성적 매력 등의 느낌이 들어 있는 경험

염색체　DNA를 이중나선형으로 감싸고 있는 DNA 가닥

영상 기억　빠르게 쇠퇴하는 시각 정보의 저장소

영아기　출생 시부터 18~24개월까지의 발달 단계

와해된 언어　관련 없는 주제로 생각이 빠르고 모순되게 전환하는 의사소통상의 심각한 손상

외상후 스트레스장애(PTSD)　지속적인 신체적 각성, 트라우마를 준 사건에 대한 원하지 않는 생각이나 이미지의 반복적인 경험을 특징으로 하는 장애

외재적 동기　보상으로 이어지는 행동을 취하고자 하는 동기

외적 타당도　변인이 정상적이며, 전형적이고, 현실을 반영하는 방식으로 조작적으로 정의되어야 한다는 실험의 속성

외현 기억　사람들이 의식적으로 혹은 의도적으로 과거의 경험을 인출하려는 행동

요구특성　사람들로 하여금 다른 사람들이 원하거나 기대한다고 생각하는 대로 행동하게 만드는 관찰 상황의 특성

욕구불만-공격 가설　동물은 자신의 목표 달성이 차단될 때 공격을 하게 된다는 원리

운동 뉴런　신호를 척수에서부터 근육으로 전달하여 움직임이 일어나게 하는 뉴런

운동 반사　특정한 감각 자극 양식에 의해서 촉발되는 특정 운동 반응 양식

운동 발달　신체 활동을 수행할 수 있는 능력의 출현

원초아　출생 시부터 타고나는 추동을 그 속에 포함하고 있는 마음의 한 부분. 이것은 우리의 신체적 요구, 심리적 욕구, 욕망, 충동, 특히 성적 추동과 공격적 추동의 원천이다.

원형 이론　새로운 대상을 한 범주의 '최고'의 혹은 '가장 전형적인' 구성원과 비교하면서 분류한다는 이론

위약　치료 효과가 생기리라는 기대하에 적용하는 가짜 약물이나 절차

유동성 지능　창의적인 문제에 대하여 추론하고 해결할 수 있는 능력

유전자　유전 전달을 가능하게 하는 주요 단위

음높이　소리가 얼마나 높은지 혹은 낮은지의 정도

음량　소리의 강도

음색　같은 음높이와 음량을 가진 두 가지 음원을 구별하게 해 주는 소리의 질

음성 규칙　어떻게 음소들이 말소리로 결합될 수 있는가를 나타내는 규칙의 집합

음소　무선적인 잡음이 아닌 말소리로 재인할 수 있는 소리의 가장 작은 단위

음향 기억　빠르게 쇠퇴하는 청각 정보의 저장소

의미 기억　세상에 대한 일반적인 지식을 구성하는 개념과 사실들이 연합되어 있는 네트워크

의미 부호화　새로운 정보를 이미 기억에 있는 지식과 의미에 충만하게 연결하는 과정

의식　세상과 정신에 관한 개인의 주관적 경험

의식의 변형된 상태　세상과 마음에 관한 정상적인 주관적 경험에서 상당히 이탈된 경험 형태

의식적 동기　사람이 의식하고 있는 동기

의원성 질병　의학적 혹은 심리치료의 결과로 발생하는 증상이나 장애

의학 모델　비정상적 정신 경험은 신체 질환처럼 질환이며 생물학적인 원인과 증상 그리고 치료법이 있다.

이란성 쌍생아　2개의 난자와 2개의 정자가 각각 결합한 별도의 수

정란에서 낳은 쌍생아

이론 자연 현상에 대한 가설적 설명

이완 반응 근육 긴장, 피질 활성화, 심박수, 호흡률과 혈압이 감소된 상태

이완 치료 신체 근육을 의식적으로 이완시킴으로써 긴장을 감소시키는 기법

이요인 이론 자극이 일반적인 생리적 각성 상태를 유발하고, 이것이 특정한 정서로 해석된다는 이론

이요인 지능 이론 스피어먼의 이론에 의하면 지능검사 점수는 일반지능(g)과 과제 특수지능(s)에 의하여 결정된다.

이중맹목 연구 연구자와 참여자 모두 참여자가 어떻게 행동하도록 기대되는지를 모르는 연구

이중 처리 이론 뇌에 두 가지 서로 다른 체계가 존재하여 정보를 처리한다고 주장하는 이론. 즉 한 체계는 빠르고 자동적이며 무의식적 과정에 관여하고 다른 체계는 느리고 노력을 기울이며 의식적인 과정에 관여한다는 주장

이차 성징 사춘기에 변화하는 신체 구조로 생식과 직접 관련되지는 않음

이차 조건형성 CS가 이전 절차에서 무조건자극과 연합된 어떤 자극과 짝지어지는 조건형성

이타적 행동 자신이 손해를 볼 수 있음에도 불구하고 남을 이롭게 하는 의도적 행동

인간 중심 치료(내담자 중심 치료) 모든 사람은 성장하려 하며, 이 성장이 치료자의 수용과 진실된 반응으로 촉진될 수 있다고 가정한다.

인간-상황 논쟁 행동이 성격 요인과 상황 요인 중 어떤 것에 의해 더 크게 영향을 받는가의 문제

인습적 단계 행위의 도덕성이 사회적 규칙에 얼마나 동조하는가에 의해서 주로 결정되는 도덕 발달 단계

인지 발달 영아와 아동이 생각하고 이해하는 능력을 얻는 과정

인지부조화 자신의 행동, 태도, 신념 간에 불일치가 있음을 인식할 때 일어나는 불편한 심기 상태

인지신경과학 뇌와 마음(특히 인간)의 관계성에 대한 연구

인지심리학 인간의 정보처리에 대한 연구

인지적 무의식 개인이 경험하지 않음에도 불구하고 개인의 사고, 선택, 정서와 행동에 영향을 미치는 모든 정신 과정

인지적 재구조화 내담자에게 부정적 감정을 유발하는 자동사고, 가정과 예측에 대해 스스로 질문하게 가르치고 이 부정사고를 보다 현실적이고 긍정적인 믿음으로 바꾸게 돕는 치료 방법

인지적 증상 인지적 능력, 특히 실행 기능, 주의, 작업 기억에서의 결함

인지적 향상자 지적 행동에 영향을 주는 심리적 과정을 향상시킬 수 있는 약

인지지도 환경의 물리적 특징들에 대한 정신적 표상

인지치료 내담자가 자신과 타인 세계에 대해 가지고 있는 왜곡된 생각을 알아차리고 이를 고치도록 돕는 심리치료 형태

인지행동치료(CBT) 인지와 행동 기법의 합

인출 단서 저장된 정보를 연합하고, 마음속에 있는 정보를 가져오도록 도와주는 외적 정보

인출 이전에 부호화되고 저장되었던 마음속에 있는 정보를 끄집어내는 과정

인출-유발 망각 장기 기억에서 한 항목을 인출한 것이 나중에 관련된 항목의 회상을 해칠 수 있는 과정

일란성 쌍생아 하나의 난자와 하나의 정자가 결합한 수정란이 둘로 나누어져 낳은 쌍생아

일반적 적응 증후군(GAS) 당면하는 스트레스원과 무관하게 나타나는 세 단계의 생리적 반응

일반화 CS가 획득 시기 동안 사용된 CS와 약간 달라도 CR이 관찰되는 현상

일시성 과거의 시간에 무슨 일이 일어났는지 잊어버리는 것

일주율 자연적으로 일어나는 24시간 주기

일차 성징 사춘기에 변화하는 신체 구조로 생식과 직접 관련됨

일화 기억 특정한 시간과 장소에서 발생했던 개인의 과거 경험들의 집합

자극제 중추신경계를 흥분시켜 각성과 활성화 수준을 증가시키는 약물

자기개념 자신의 행동, 성격 특성, 기타 개인적 특징에 대한 본인의 인식

자기규제 선호하는 표준에 도달하기 위해 자신에 대해 의도적으로 통제를 가함

자기보고 대상자가 주로 질문지나 면접을 통해 자신의 사고, 감정, 행동에 관한 주관적인 정보를 본인이 제공하도록 하는 방식

자기봉사 편향 성공에 대해서는 자신의 탓을 내세우고 실패에 대해서는 자신의 탓을 부정하려고 하는 경향성

자기선택 참여자에 관한 어떤 것이 참여자의 조건을 결정할 때 일어나는 문제

자기애 자신을 대단한 사람으로 보며 다른 사람이 자신에 대해 경탄해주기를 바라고, 또 다른 사람을 이용하려고 하는 성격 특성

자기확증 자기개념을 지지해 주는 증거를 찾는 성향

자발적 회복 학습된 행동이 휴지 기간 후에 소거로부터 회복되는 경향

자살 시도 죽으려는 의도로 잠재적으로 위해한 행동을 하는 경우

자살 의도적으로 자기가 자초한 죽음

자아실현 경향성 자신의 타고난 잠재력을 실현하고자 하는 인간적 동기

자아 외부세계와의 접촉 과정에서 발달해 나오는 것으로서, 인생에서의 현실적인 요구를 처리할 수 있게 해주는 성격의 한 성분

자아 정체 망각 사람이 집단 속에 파묻힐 때 자신이 가지고 있는 가치들을 망각하게 되는 현상

자아중심성 세상이 다른 관찰자에게 다르게 보인다는 것을 이해하지 못하는 것

자연관찰 자연스러운 상황에서 아무런 방해 없이 사람들을 관찰함으로써 과학적인 정보를 얻어내는 기법

자연선택 유기체의 생존과 번식을 조장하는 특별한 속성이 다른 속성들보다 다음 세대로 전달될 가능성이 더 크다는 원리

자연적 상관 우리 주변 세상에서 관찰되는 상관관계

자율신경계(ANS) 혈관, 신체 기관과 내분비선을 통제하는 불수의적이고 자동적인 명령을 전달하는 일련의 신경

자의식 개인의 주의가 자신에게 향해 있을 경우에 일어나는 의식 수준

자존감 자신을 좋아하고, 가치 있게 여기며, 수용하는 정도

자폐스펙트럼장애 어린 시기에 나타나며 지속적인 의사소통 결함과 제한되고 반복적인 행동 패턴 및 관심과 활동을 보이는 상태

작업 기억 단기 저장소에서 정보가 능동적으로 유지되는 것

잠재학습 어떤 것이 학습되었으나 미래의 어느 시점까지 행동적 변화로 표출되지 않는 과정

장기 기억 몇 시간, 며칠, 몇 주 또는 몇 년 동안 정보가 유지되는 장소

장기 시냅스 강화(LTP) 시냅스 연결들의 강화로 발생한 향상된 신경 처리과정

장소 부호 뇌가 전체 기저막에 걸쳐서 융모세포의 상대적 활동에 관한 정보(예 : 어떤 것은 더 활동적이고 다른 것은 덜 활동적이다)를 써서 여러분이 듣는 음높이를 판단하도록 돕는 과정

재고정 회상된 기억도 붕괴에 취약할 수 있어서 다시 고정되는 과정

재구성 스트레스원의 위협을 감소시킬 수 있는 새롭거나 창의적인 방법을 찾는 것

재평정 정서를 유발하는 자극에 대해 생각하는 방식을 바꿈으로써 자신의 정서 경험을 바꾸는 과정

저장 시간이 지나도 기억에서 정보를 유지하는 처리 과정

전기충격요법(ECT) 뇌에 전기 충격을 가함으로써 짧은 발작을 유발시키는 방법

전두엽 운동, 추상적 사고, 계획, 기억과 판단 등에 관여하는 대뇌 피질 영역

전망 이론 사람들은 잠재적인 손실을 어림잡을 때 위험을 감수하고 잠재적인 이익을 어림잡을 때는 위험을 피하는 선택을 한다는 주장

전보식 말 기능 형태소 없이 내용어들만으로 이루어진 말

전이 적절성 처리 우리가 나중에 이용할 수 있는 인출 단서들에 적절한 방식으로 정보를 처리했을 때 기억이 한 상황에서 다른 상황으로 더 잘 전이된다는 것

전인습적 단계 행위의 도덕성이 행위자에게 나타날 결과에 의해서 주로 결정되는 도덕 발달 단계

전정 시스템 내이의 달팽이관 옆에 위치한, 액체로 채워진 3개의 반고리관과 인접 기관

전조작기 약 2세에 시작해서 약 6세에 끝나는 발달의 단계로서, 아동은 물리적 세계에 대한 기초적인 이해를 발달시킨다.

절대역 시행들 중 50%로 어떤 자극을 겨우 탐지하는 데 필요한 최소한의 자극 강도

절차 기억 연습의 결과로서 점진적으로 습득하는 기술 또는 행하는 방법을 아는 것

절충적 심리치료 환자와 문제에 따라 다양한 형태의 치료에서 온 기술을 사용한다.

점화 최근에 어떤 자극에 노출된 결과로 어떤 단어나 대상 등의 자극이 더 잘 생각나게 만드는 능력

접근 동기 긍정적 결과를 경험하고자 하는 동기

접합기 수정부터 2주 동안의 태내 발달 기간

정밀도 매우 유사한 두 자극을 얼마나 잘 구별할 수 있는가의 정도

정보적 영향 다른 사람의 행동이 무엇이 좋거나 맞는 것인가에 대한 정보를 제공해 줄 때 일어나는 현상

정서 독특한 주관적 경험과 생리적 활동을 포함하며, 사람이 행동하도록 준비시키는 일시적 상태

정서 조절 자신의 정서 경험에 영향을 주기 위해 사람들이 쓰는 전략

정서지능 감정에 대한 추론 능력과 감정을 사용하여 문제를 해결할 수 있는 능력

정서 표현 정서 상태에 관한 관찰 가능한 신호

정신물리학 자극의 물리적 특성과 관찰자의 지각을 체계적으로 관련짓는 방법

정신분석 사람들에게 그들의 무의식적 마음의 내용에 대한 통찰을 제공하려는 목적을 가진 치료

정신분석 이론 무의식이 감정, 사고 및 행동에 미치는 영향을 강조하는 일반 이론

정신신체 질환 마음과 신체가 상호작용한 결과 초래되는 질병

정신약물학 심리적인 상태와 증상에 대한 약물 효과의 연구

정신역동적 심리치료 일반적으로 환자들에게 어린 시절의 사건을 조사하고 자신의 심리 문제에 대한 통찰을 갖게 고무한다.

정신역동적 접근 성격을 의식 밖의 영역에서 작용하며 정서장애를 가져올 수 있는 요구, 갈망, 욕망에 따라 형성되는 것으로 보는 접근

정신외과술 특정 뇌 부위를 외과적으로 파괴하는 것

정신장애 심각한 디스트레스나 역기능을 초래하는 행동, 사고, 정서에 있어서 지속적 장해 혹은 역기능

정신질환의 진단 및 통계 편람(DSM) 정신장애 진단을 충족하는 증상을 기술한 분류 체계로, 이 진단 체계는 특정 장애가 비슷한 다른 장애와 어떻게 구별되는지 보여준다.

정신 통제   마음의 의식적 상태를 바꾸려는 시도

정신 통제의 모순 과정   정신 과정은 모순된 오류를 낳는데, 이는 오류를 모니터링하는 것 자체가 오류를 낳게 할 수 있기 때문이다.

정적 증상   조현병이 없는 사람들에게는 보이지 않는 사고와 행동

제3 변인 문제   제3 변인이 두 변인 모두에 대해 원인이 될 수 있기 때문에, 두 변인 간의 자연적인 상관은 그들 간의 인과관계의 증거로 받아들여질 수 없다는 사실

제임스-랑게 설   감정은 어떤 자극에 대한 자신의 생리적인 반응에 대한 지각일 뿐이라는 이론

조건반응(CR)   무조건반응과 유사하나 조건자극에 의해 생성되는 반응

조건자극(CS)   이전에는 중성적이었으나 US와 짝지어진 후에 유기체에 어떤 신뢰할 만한 반응을 내는 자극

조성   희망하는 최종 행동으로 가는 연속적인 단계들을 강화함으로써 생기는 학습

조작적 정의   측정 가능한 용어로 특정 속성을 기술하는 것

조작적 조건형성   유기체의 행동 결과가 미래에 그 행동을 되풀이할지를 결정하는 학습 유형

조작행동   환경에 어떤 영향을 주는, 유기체가 수행하는 행동

조작화   특정 변인의 값을 적극적으로 변화시킴으로써 특정 변인의 인과적인 검증력을 결정하기 위한 기법

조절   눈이 망막 위에 선명한 상을 유지하게 하는 과정

조절   영아가 새로운 정보에 비추어 자신의 도식을 수정하는 과정

조직적 부호화   일련의 항목들 간의 관계를 인식하여 정보를 범주화하는 행동

조현병   기본 정신 과정의 심각한 손상, 즉 현실에 대한 왜곡된 지각, 변화된 혹은 무딘 정서, 사고·동기·행동의 장애

종말 단추   축색으로부터 확장되어 나온 혹처럼 생긴 구조

종속변인   실험에서 측정되는 변인

주변인 개입   위급 상황을 당한 낯모르는 사람을 돕는 행위

주요우울장애(단극성 우울증)   적어도 2주 혹은 그 이상 심하게 우울한 정서상태가 지속되며, 무가치함, 기쁨 상실, 무기력, 수면과 섭식장애를 동반하는 질병

주의력결핍 과잉행동장애(ADHD)   정상적인 집중의 어려움과는 차원이 다른 주의력과 과잉행동 혹은 충동성에 심각한 문제가 있어 기능하는 데 큰 어려움을 겪는 경우

주의   특정 정보에 대한 능동적이고 의식적인 처리

주제 통각 검사(TAT)   내용이 모호하게 보이는 인물 그림을 보고 응답자가 그 그림에 대해 말하는 내용을 분석하여 응답자의 심리 저변에 들어 있는 동기, 관심사, 사회를 바라보는 방식을 밝히는 것으로 알려진 투사적 성격 검사

준비된 이론   사람들은 본능적으로 특정 공포를 가지기 쉽다는 이론

중심말단 법칙   중심에서부터 말단까지 순서대로 출현하는 운동 행동의 경향성을 기술하는 '안에서 밖으로'의 법칙

중심와   시력이 가장 좋은 망막의 영역인데, 거기에는 간상체가 전혀 없다.

중추신경계(CNS)   뇌와 척수로 구성된 신경계의 일부

지각 대비   두 가지로부터 온 감각 정보는 매우 유사함에도 두 물체를 다르다고 지각하는 원리

지각   정신 표상을 형성하기 위한 감각의 조직화, 식별 및 해석

지각 조직화   특징들을 집단화하고 분리하여 전체 물체를 의미 있는 방식으로 조직되게 만드는 과정

지각 항상성   감각 신호의 측면들이 변함에도 불구하고 지각은 항상적이라는 원리

지각 확증   사람이 자신이 보기를 기대하는 것을 보는 경향성

지능   문제들을 해결하기 위하여 생각하고, 경험으로부터 배울 수 있는 능력이다.

지능지수   특정 개인의 검사 점수를 그 개인이 속한 연령 집단의 평균 점수로 나누고 지수 100을 곱하는 방식

진정제   중추신경계의 활성화를 감소시키는 약물

진화심리학   인간의 마음이 자연선택에 의해 조성되어온 방식에 대한 연구

진화적 불일치   조상 시대의 환경에 적응적이었던 특성이 현대 환경에서 부적응적일 수 있다는 생각

집단 극화   혼자서 결정할 때보다 집단으로 결정할 때 더 극단적인 결정을 하게 만드는 집단의 경향성

집단   다른 사람들과 구별되는 어떤 공통점을 가지고 있는 사람들의 집합체

집단 사고   인화 단결을 유지하기 위해 만장일치로 가게 되는 집단의 경향성

집단치료   여러 명의 참가자들(보통 처음에는 서로를 모른다)이 집단 내에서 자신의 문제를 해결하는 방법

집착   우리가 잊고 싶어 하는 사건에 대한 침투적인 기억

차단   산출해 내려고 노력하지만 기억에 있는 정보를 인출하는 데 실패하는 것

착각 접합   뇌가 여러 물체들의 특징을 잘못 결합하여 생긴 지각적 착오

책임감 분산   사람이 자신과 같은 행동을 할 것으로 보이는 다른 사람이 주변에 있으면 자신이 꼭 그 행동을 해야 한다는 책임감이 감소되는 경향성

처벌물   그 자극으로 이어지는 행동의 확률을 감소시키는 역할을 하는 어떤 자극이나 사건

척수 반사   신속한 근육 수축이 일어나게 하는 신경계의 단순한 경로

철학적 경험론   모든 지식은 경험을 통해 획득된다는 관점

철학적 관념론   물리적 세계에 대한 지각이 감각 기관에서 오는 정

보에 대한 뇌의 해석이라는 관점

철학적 생득론 일부 지식은 획득되는 것이 아니라 타고난 것이라는 관점

철학적 실재론 물리적 세계에 대한 지각이 전적으로 감각 기관에서 오는 정보에 의해 일어난다는 관점

철학적 유물론 모든 정신적 현상은 물리적 현상으로 환원될 수 있다는 관점

철학적 이원론 마음과 육체는 근본적으로 다른 것이라는 견해

청소년기 성적 성숙의 시작(약 11~14세)과 함께 시작해서 성인기의 시작(약 18~21세)까지 지속되는 발달의 기간

체계적 설득 이성에 호소하여 태도나 신념을 변화시키는 과정

체성신경계 수의근과 중추신경계 사이로 정보를 전달하는 일련의 신경

초자아 문화적 규범이 내면화되어 생긴 심리 성분으로, 주로 부모가 권위를 행사하는 것을 보는 가운데 학습된다.

촉지각 손으로 물체를 접촉하거나 붙잡음으로써 환경을 적극적으로 탐색하는 것

최면 무통 최면에 민감한 사람들에서 관찰되는 최면을 통한 통증 감소

최면 한 사람(최면가)이 암시를 하면 다른 사람(참여자)의 세상에 관한 주관적 경험의 변화가 초래되는 사회적 상호작용

최면 후 기억상실증 망각하라는 최면 암시 후 기억을 인출하지 못함

최소가지차이(JND) 겨우 탐지될 수 있는 자극(예 : 음량 혹은 명도)에서 최소한의 변화

최소한의 의식 마음이 감각을 받아들이고 이 감각에 대해 반응할 경우 일어나는 낮은 수준의 감각 인식과 반응

추동감소 이론 모든 유기체의 일차적 동기는 자신의 추동을 감소시키는 것이라고 주장하는 이론

추상체 색을 탐지하고, 정상적인 주간 조건에서 작동하며, 정밀한 세부에 초점을 맞추게 하는 광수용기

축색 정보를 다른 뉴런, 근육 혹은 내분비선으로 전달하는 뉴런의 구성 요소

출입문 제어 이론 몸에 있는 통증 수용기로부터 오는 신호들은 피부 혹은 뇌로부터 오는 피드백을 통해 척수에 있는 중간뉴런에 의해 중지되거나, 제어될 수 있다는 생각에 기초한 통증 지각 이론

출처 기억 언제, 어디서, 어떻게 정보를 얻었는지 기억하는 것

충만한 의식 개인이 자신의 정신 상태를 인식하여 이를 보고할 수 있는 의식 수준

취약성-스트레스 모델 어떤 사람이 가진 심리적 장애에 대한 발병 경향성은 스트레스에 의해 유발될 때까지 잠재되어 있다.

측두엽 청각과 언어에 관여하는 대뇌피질 영역

친족 선택 친족을 돕는 개체의 유전자가 살아남게 만드는 진화의 과정

칵테일 파티 현상 사람들이 가까이에서 들리는 소리를 여과하면서까지 한 메시지에 주의를 주는 현상

쾌락주의 원리 사람은 즐거움을 경험하고 고통을 피하도록 동기화되어 있다는 주장

타인의 마음 문제 우리가 다른 사람의 의식을 지각할 때 가지는 근본적인 어려움

탈진 정서적 요구가 많은 상황이 장기간 지속된 결과 발생하는 신체적·정서적·정신적 소진 상태로서 수행 및 동기 저하가 동반되어 나타난다.

태도 어떤 대상에 대한 지속성 있는 긍정적 또는 부정적 평가

태아기 9주부터 출생할 때까지 지속되는 태내 발달 기간

태아 알코올 증후군 임신 중 다량의 알코올 섭취로 인한 발달장애

테라토겐 어머니에게서 아직 태어나지 않은 아기에게 전달되는 물질 중 발달을 저해하는 물질

토큰 경제 내담자에게 바람직한 행동에 대해 나중에 보상으로 바꿀 수 있는 '토큰'을 제공하는 행동치료의 한 형태

통사 규칙 어떻게 단어들이 결합되어 구나 문장을 이루는가에 관한 규칙의 집합

통제 소재 보상에 대한 통제력이 자기 자신에게 있다고 보는지 아니면 외부적인 환경에 있다고 보는지에 대한 개인의 인식 경향

투사검사 일련의 표준화된 모호한 자극들에 대한 응답자의 반응을 분석하여 그 사람의 성격 내면에 들어 있는 특성을 밝히기 위해 만들어진 검사

투쟁 혹은 도피 반응 위급 상황에 대한 정서 및 생리적 반응으로 이는 행동을 취할 준비를 하게 한다.

특정공포증 개인의 기능을 뚜렷하게 저해하는 특정 물체나 상황에 대한 비합리적인 공포

틀 효과 사람들은 문제가 표현되는(혹은 틀 지워지는) 바에 따라 같은 문제에 대해 다른 답을 낸다.

페로몬 자기 종족의 다른 성원들에 의해 방출되는 생화학적 방향 물질로서 동물의 행동이나 생리작용에 영향을 미칠 수 있다.

편견 소속 집단에 근거하여 어떤 사람에 대해 가지고 있는 긍정적 또는 부정적인 평가

편도체 여러 정서 과정, 특히 정서 기억의 형성에 중요한 역할을 하는 변연계의 한 부분

편향 이전 경험의 기억에 현재의 지식, 신념, 감정 등이 왜곡된 영향을 끼치는 것

평정 어떤 자극 혹은 사건에서 정서 유관 측면에 대한, 의식적 또는 무의식적 평가와 해석

폭식장애(BED) 짧은 시간 내에 많은 칼로리의 음식을 먹는 일들이 재발되고 통제되지 않는 특성을 가진 섭식장애

표본 모집단에서 추출된 일부 집단

품행장애 아동이나 청소년이 타인과 동물에 대한 공격, 기물을 파손하고, 거짓말이나 도둑질 혹은 심각한 규정을 어기는 등, 정상에서 벗어난 행동 패턴

피질하 구조 대뇌피질 아래에 위치하는 전뇌 구조들로서 뇌의 중앙 가까이에 위치한다.

학습 학습자의 상태에 비교적 영속적인 변화를 낳는 어떤 경험으로부터 새 지식, 기술, 또는 반응을 획득하는 것

합리적 대처 스트레스원에 당면하고 이를 극복하기 위해 노력한다.

합리적 선택 이론 우리는 어떤 것이 일어날 가능성이 얼마인지를 결정하고, 그 결과의 가치를 판단한 후, 이 둘을 곱하여 결정을 내리며 선택한다는 고전적 이론

항불안제 공포나 불안 경험을 줄이는 데 도움이 되는 약물

항우울제 사람들의 기분을 고양시키는 데 도움이 되는 약물

항정신성 약물 조현병과 관련된 정신증을 치료하는 데 사용하는 약물

해마 새로운 기억을 형성하고 이 기억이 지식 네트워크와 통합되어 대뇌피질의 다른 부위들에 영구적으로 저장되는 데 중요한 역할을 하는 구조

행동 경향성 특정한 집합의 정서 유관 행동에 개입하려는 준비성

행동신경과학 뇌와 행동(특히 인간이 아닌 동물)의 관계성에 대한 연구

행동주의 과학적 탐구를 관찰 가능한 행동으로 제한하는 심리학에 대한 접근

행동치료 질병 행동은 학습된 것이며 관찰 가능한 부적응 행동을 보다 생산적인 행동으로 바꾸는 것을 통해 증상 완화가 가능하다고 가정하는 치료 유형

행동 확증 남이 자신에게 기대하고 있는 바대로 행동하게 되는 경향성

행위자-관찰자 효과 타인의 행동에 대해서는 성향 귀인을 하면서, 같은 행동인데도 자신의 행동에 대해서는 상황 귀인을 하는 경향

향정신성 약물 뇌의 화학적 메시지 체계를 변화시킴으로써 의식 혹은 행동에 영향을 미치는 화학물질

현상학 의식을 가지고 있는 사람에게 사물이 어떻게 보이는가에 관한 연구

협동 둘 또는 그 이상의 사람들 간에 상호 호혜적인 이익을 얻을 수 있게 하는 행동

형식적 조작기 약 11세에 시작하는 인지 발달의 마지막 단계로, 아동은 추상적 개념에 대해서 추론하는 것을 배운다.

형태 규칙 어떻게 형태소들이 결합되어 단어를 이루는가에 관한 규칙의 집합

형태소 언어의 가장 작은 의미 단위

환각 실제 자극이 없음에도 불구하고 진짜 있는 것처럼 느끼는 지각 경험

환각제 감각과 지각을 변화시키는 약물로서 자주 환시와 환청을 초래하게 한다.

환자 역할 사회적으로 인정되는 질병과 관련되는 권리와 의무

활동 전위 뉴런의 축색을 따라 시냅스로 전도되는 전기 신호

활성화-통합 모델 뇌가 수면 동안 무작위로 일어나는 신경 활동에 대한 의미를 찾을 때 꿈이 생산된다고 주장하는 이론

회피 동기 부정적 결과를 경험하지 않고자 하는 동기

획득 CS와 US가 함께 제시될 때의 고전적 조건형성의 단계

효과의 법칙 '만족스러운 상태'가 뒤따르는 행동들은 반복되는 경향이 있으며 '불쾌한 상태'를 낳는 것들은 되풀이될 가능성이 낮다는 원리

효능제 신경전달물질의 작용을 증가시키는 약물

후각구 전두엽 아래 비강 위에 위치한 뇌 구조

후각 수용기 뉴런(ORN) 냄새 분자를 신경흥분으로 변환하는 수용기 세포들

후뇌 척수 안으로 들어오거나 밖으로 나가는 정보를 통합하는 뇌 영역

후두엽 시각 정보를 처리하는 대뇌피질 영역

후성유전학 유전자를 구성하는 DNA의 기본 배열을 변화시키지 않으면서 유전자의 발현 여부 혹은 발현의 정도를 결정하는 환경적 영향을 연구하는 분야

후인습적 단계 행위의 도덕성이 핵심 가치를 반영하는 보편적인 원리들의 집합에 의해서 결정되는 도덕 발달 단계

히스테리 분명한 신체적 원인이 없는 기능의 상실

A1 영역 측두엽에 있는 일차청각피질

A형 행동 패턴 적대심, 인내심 부족, 시간 촉박감과 경쟁적 성취를 특징으로 하는 행동 패턴

REM 수면 급속 안구 운동과 높은 수준의 뇌 활성화가 특징인 수면 단계

V1 영역 일차시각피질을 포함하는 후두엽의 한 부분

Aarts, H., Custers, R., & Marien, H. (2008). Preparing and motivating behavior outside of awareness. *Science, 319,* 1639.

Abel, T., Alberini, C., Ghirardi, M., Huang, Y.-Y., Nguyen, P., & Kandel, E. R. (1995). Steps toward a molecular definition of memory consolidation. In D. L. Schacter (Ed.), *Memory distortion: How minds, brains and societies reconstruct the past* (pp. 298–328). Harvard University Press.

Abelson, J., Curtis, G., Sagher, O., Albucher, R., Harrigan, M., Taylor, S., Martis, B., & Giordani, B. (2009). Deep brain stimulation for refractory obsessive-compulsive disorder. *Biological Psychiatry, 57,* 510–516.

Abramson, L. Y., Seligman, M. E. P., & Teasdale, J. D. (1978). Learned helplessness in humans: Critique and reformulation. *Journal of Abnormal Psychology, 87,* 49–74.

Acevedo, B. P., & Aron, A. (2009). Does a long-term relationship kill romantic love? *Review of General Psychology, 13,* 59–65.

Acevedo-Garcia, D., McArdle, N., Osypuk, T. L., Lefkowitz, B., & Krimgold, B. K. (2007). *Children left behind: How metropolitan areas are failing America's children.* Harvard School of Public Health.

Achter, J. A., Lubinski, D., & Benbow, C. P. (1996). Multipotentiality among the intellectually gifted: "It was never there and already it's vanishing." *Journal of Counseling Psychology, 43,* 65–76.

Acikalin, M. Y., Watson, K. K., Fitzsimons, G. J., & Platt, M. L. (2018). Rhesus macaques form preferences for brand logos through sex and social status based advertising. *PLoS ONE, 13*(3), e0193055. https://doi.org/10.1371/journal.pone.0194055

Ackerman, P. L. (2014). Adolescent and adult intellectual development. *Current Directions in Psychological Science, 23*(4), 246–251. https://doi.org/10.1177/0963721414534960

Ackerman, P. L. (2017). Adult intelligence: The construct and the criterion problem. *Perspectives on Psychological Science, 12*(6), 987–998. https://doi.org/10.1177/1745691617703437

Addis, D. R., Wong, A. T., & Schacter, D. L. (2007). Remembering the past and imagining the future: Common and distinct neural substrates during event construction and elaboration. *Neuropsychologia, 45,* 1363–1377.

Addis, D. R., Wong, A. T., & Schacter, D. L. (2008). Age-related changes in the episodic simulation of future events. *Psychological Science, 19,* 33–41.

Adelmann, P. K., & Zajonc, R. B. (1989). Facial efference and the experience of emotion. *Annual Review of Psychology, 40,* 249–280.

Adolph, K. E., Cole, W. G., Komati, M., Garciaguirre, J. S., Badaly, D., Lingeman, J. M., Chan, G. L. Y., & Sotsky, R. B. (2012). How do you learn to walk? Thousands of steps and dozens of falls per day. *Psychological Science, 23*(11), 1387–1394. https://doi.org/10.1177/0956797612446346

Adolphs, R., Russell, J. A., & Tranel, D. (1999). A role for the human amygdala in recognizing emotional arousal from unpleasant stimuli. *Psychological Science, 10,* 167–171.

Aggleton, J. (Ed.). (1992). *The amygdala: Neurobiological aspects of emotion, memory and mental dysfunction.* Wiley-Liss.

Agin, D. (2007). *Junk science: An overdue indictment of government, industry, and faith groups that twist science for their own gain.* Macmillan.

Agren, T., Engman, J., Frick, A., Björkstrand, J., Larsson, E. M., Furmark, T., & Fredrikson, M. (2012). Disruption of reconsolidation erases a fear memory trace in the human amygdala. *Science, 337,* 1550–1552.

Ahlskog, J. E. (2011). Pathological behaviors provoked by dopamine agonist therapy of Parkinson's disease. *Physiology & Behavior, 104,* 168–172.

Ainsworth, M. D. S., Blehar, M. C., Waters, E., & Wall, S. (1978). *Patterns of attachment: A psychological study of the strange situation.* Erlbaum.

Ainsworth, S. E., & Maner, J. K. (2012). Sex begets violence: Mating motives, social dominance, and physical aggression in men. *Journal of Personality and Social Psychology, 103*(5), 819–829. https://doi.org/10.1037/a0029428

Aknin, L. B., Hamlin, J. K., & Dunn, E. W. (2012). Giving leads to happiness in young children. *PLoS ONE, 7*(6), e39211. https://doi.org/10.1371/journal.pone.0039211

Albarracín, D., & Shavitt, S. (2018). Attitudes and attitude change. *Annual Review of Psychology, 69*(1), 299–327.

Alcoholics Anonymous. (2016). Estimated worldwide A.A. individual and group membership. http://www.aa.org/assets/en_US/smf-132_en.pdf

Aleman, A., Sommer, I. E., & Kahn, R. S. (2007). Efficacy of slow repetitive transcranial magnetic stimulation in the treatment of resistant auditory hallucinations in schizophrenia: A meta-analysis. *Journal of Clinical Psychiatry, 68,* 416–421.

Allen, J. G., Flanigan, S. S., LeBlanc, M., Vallarino, J., MacNaughton, P., Stewart, J. H., & Christiani, D. C. (2016). Flavoring chemicals in e-cigarettes: Diacetyl, 2,3-pentanedione, and acetoin in a sample of 51 products, including fruit-, candy-, and cocktail-flavored e-cigarettes. *Environmental Health Perspectives, 124*(6), 733–739.

Allison, D. B., Kaprio, J., Korkeila, M., Koskenvuo, M., Neale, M. C., & Hayakawa, K. (1996). The heritability of body mass index among an international sample of monozygotic twins reared apart. *International Journal of Obesity, 20*(6), 501–506.

Allport, G. W. (1937). *Personality: A psychological interpretation.* Holt.

Allport, G. W. (1954). *The nature of prejudice.* Addison-Wesley.

Allport, G. W., & Odbert, H. S. (1936). Trait-names: A psycholexical study. *Psychological Monographs, 47,* 592.

Alvarez, L. W. (1965). A pseudo experience in parapsychology. *Science, 148,* 1541.

Alvarez, L., & Eckholm, E. (2009, January 7). Purple heart is ruled out for traumatic stress. *New York Times.* http://www.nytimes.com/2009/01/08/us/08purple.html

American Psychiatric Association. (2013). *Diagnostic and Statistical Manual of Mental Disorders (DSM–5)* (5th ed.). American Psychiatric Publishing.

American Psychological Association. (2002). *Ethical principles of psychologists and code of conduct.* Author. apa.org/code/ethics/index.aspx [includes 2010 amendments].

American Psychological Association. (2009). *Report of the American Psychological Association task force on appropriate therapeutic responses to sexual orientation.* Author.

Anand, S., & Hotson, J. (2002). Transcranial magnetic stimulation: Neurophysiological applications and safety. *Brain and Cognition, 50,* 366–386.

Anderson, C. A. (1989). Temperature and aggression: Ubiquitous effects of heat on occurrence of human violence. *Psychological Bulletin, 106,* 74–96.

Anderson, C. A., Berkowitz, L., Donnerstein, E., Huesmann, L. R., Johnson, J. D., Linz, D., Malamuth, N. M., & Wartella, E. (2003). The influence of media violence on youth. *Psychological Science in the Public Interest, 4,* 81–110.

Anderson, C. A., & Bushman, B. J. (2002). Human aggression. *Annual Review of Psychology, 53,* 27–51.

Anderson, C. A., Bushman, B. J., & Groom, R. W. (1997). Hot years and serious and deadly assault: Empirical tests of the heat hypothesis. *Journal of Personality and Social Psychology, 73,* 1213–1223.

찾아보기

ㅊ

역자 소개
(대표 역자 이하 가나다순)

민윤기(대표 역자)
충남대학교 심리학과 졸업
중앙대학교 대학원 심리학 석사
미국 노스캐롤라이나주립대학교 심리학 박사
현재 충남대학교 심리학과 교수

김명선
이화여자대학교 교육심리학과 졸업
고려대학교 대학원 심리학 석사
미국 조지아대학교 심리학 박사
현재 성신여자대학교 심리학과 교수

김영진
고려대학교 심리학과 졸업
서울대학교 대학원 심리학 석사
미국 켄트주립대학교 심리학 박사
현재 아주대학교 심리학과 교수

남기덕
육군사관학교 중어학과, 서울대학교 심리학과 졸업
서울대학교 대학원 심리학 석사
미국 일리노이대학교(어바나-샴페인) 심리학 박사
현재 육군사관학교 심리학과 명예교수

박창호
서울대학교 심리학과 졸업
서울대학교 대학원 심리학 석·박사
현재 전북대학교 심리학과 교수

이주일
서울대학교 심리학과 졸업
서울대학교 대학원 심리학 석·박사
SK 연수원, LG 인화원 근무
현재 한림대학교 심리학과 교수

이창환
고려대학교 심리학과 졸업
미국 텍사스대학교 심리학 석·박사
Haskins Laboratories 박사급 연구원
현재 서강대학교 심리학과 교수

정경미
연세대학교 심리학과 및 동 대학원 졸업
미국 하와이주립대학교 임상심리학 박사
미국 콜럼비아의과대학 소아정신과 임상강사 역임
현재 연세대학교 심리학과 교수

진경선
연세대학교 심리학과 졸업
연세대학교 대학원 심리학 석사
미국 일리노이대학교(어바나-샴페인) 심리학 박사
현재 성신여자대학교 심리학과 조교수